Kohlhammer
Deutscher Gemeindeverlag

**Kommunale Schriften
für Niedersachsen**
Herausgegeben vom
Niedersächsischen
Städte- und Gemeindebund

Niedersächsisches Kommunal-verfassungsgesetz

Kommentar

von

Robert Thiele
Ministerialdirigent a. D.

Kohlhammer
Deutscher Gemeindeverlag

© 2011 · 1. Auflage · Deutscher Gemeindeverlag GmbH · Verlagsort: Kiel · Gesamtherstellung: Deutscher Gemeindeverlag GmbH Kiel · Umschlag: Gestaltungskonzept Peter Horlacher · Nachdruck, auch auszugsweise, verboten – alle Rechte vorbehalten · Recht zur fotomechanischen Wiedergabe nur mit Genehmigung des Verlages

ISBN 978-3-555-01531-6

Vorwort

Zur ersten Auflage

Das neue Niedersächsische Kommunalverfassungsgesetz (NKomVG) beruht auf der Koalitionsvereinbarung 2008 bis 2013 von CDU und FDP. Diese erklärt die Absicht, durch eine Zusammenfassung der bestehenden Kommunalverfassungsgesetze zu einem einheitlichen Kommunalverfassungsgesetz Vorschriften zu reduzieren, Dopplungen zu vermeiden und die ehrenamtlichen Wirkungsmöglichkeiten zu verbessern. Dementsprechend führt das NKomVG die NGO, die NLO, das Gesetz über die Region Hannover, das Göttingen-Gesetz sowie die BekanntmachungsVO zusammen. Diese Zusammenfassung macht Sammelbezeichnungen erforderlich. Im Gesetz werden die Gemeinden, die Samtgemeinden, die Landkreise und die Region Hannover als Kommunen (§ 1 Abs. 1), die Hauptorgane Rat, Samtgemeinderat, Kreistag und Regionsversammlung als Vertretung, der Verwaltungs-, Samtgemeinde-, Kreis- und Regionsausschuss als Hauptausschuss und der Bürgermeister, Oberbürgermeister, Samtgemeindebürgermeister, Landrat und Regionspräsident als Hauptverwaltungsbeamter bezeichnet (§ 7). In allen Kommunen sind die wahlberechtigten Einwohner Bürger (§ 28 Abs. 2), die in die Vertretungen gewählten Mitglieder werden als Abgeordnete bezeichnet (§ 45 Abs. 1 Satz 2).

Der Gesetzentwurf der Landesregierung vom 18.6.2010 (Drs. 16/2510) bezeichnet als dessen wesentlichen Ziele
- die Erweiterung der kommunalen Handlungsspielräume,
- die Steigerung der Attraktivität und Effektivität der ehrenamtlichen Mitwirkung,
- die Verbesserung der Anwenderfreundlichkeit und praktischen Handhabbarkeit des Rechts,
- die Verringerung der Zahl der Gesetze und Rechtsvorschriften (Vorschriftenreduzierung),
- die Reduzierung zukünftigen Gesetzgebungsaufwands und
- die Änderung von Vorschriften über die Wahl und Altersgrenze von Hauptverwaltungsbeamten.

Als wesentliche inhaltliche Änderungen nennt die Begründung
- die Entlastung der Vertretung durch Einschränkung des Katalogs ihrer ausschließlichen Zuständigkeiten zugunsten einer Beschlusszuständigkeit der Orts- und Stadtbezirksräte (§§ 58 Abs. 2 Satz 1 Nr. 1, 93 Abs. 1 Satz 2 Nrn. 3, 7) und die Möglichkeit, weitere Angelegenheiten, deren Vermögenswert einen bestimmten Betrag nicht übersteigt, von ihrer Zuständigkeit auszunehmen (§ 58 Abs. 1 Nrn. 8, 16, 18), um dadurch ihre Arbeit zu straffen und auf das Wesentliche zu konzentrieren,
- die Entlastung des Hauptausschusses und Stärkung der Fachausschüsse durch die Ermächtigung, bestimmte Gruppen von Angelegenheiten auf einen Fachausschuss zu übertragen (§ 76 Abs. 3), um dadurch die Mitwir-

kung als Abgeordneter in einem Ausschuss verantwortlicher und attraktiver gestalten zu können,
– die Stärkung der Ortsräte und teilweise der Stadtbezirksräte durch Erweiterung ihrer Beschlusszuständigkeiten (§ 93 Abs. 1 Satz 2 Nrn. 1, 3, 4, 7, 10, 12) und die Möglichkeit, die notwendigen Haushaltsmittel in Form eines Budgets zu erhalten (§ 93 Abs. 2 Satz 4) zur Steigerung der Attraktivität ehrenamtlicher Mitwirkung im Orts-/Stadtbezirksrat,
– der Ausschluss des Hauptverwaltungsbeamten vom Vorsitz der Vertretung zur Schärfung von deren Profil und Hervorhebung der Bedeutung ehrenamtlicher Tätigkeit, die Herstellung des Benehmens mit dem Vorsitzenden bei der Aufstellung der Tagesordnung verbunden mit dessen Recht, deren Ergänzung verlangen zu können, die Stellvertretung des Hauptverwaltungsbeamten durch den Vorsitzenden bei der Einberufung der Vertretung und der Aufstellung der Tagesordnung (§ 59 Abs. 3), die Aufgabe des Vorsitzenden, das Los zu ziehen (§§ 67 Satz 7, 71 Abs. 2 Satz 5, 8 Satz 3),
– die Vereinfachung des Entschädigungsrechts (§ 55) und die Reduzierung gesetzlicher Verfahrensregelungen über die Ladungsfrist (§ 59 Abs. 1), spontane Anhörungen in Sitzungen (§ 62 Abs. 2) und die Anfertigung des Protokolls (§ 68) zur Stärkung von Satzungs- und Geschäftsordnungsautonomie der Kommune,
– die Reduzierung der Regelungen über die Verkündung von Rechtsvorschriften unter Zulassung der Nutzung des Internets und Aufhebung der Bekanntmachungsverordnung (§ 11),
– das Selbstauflösungsrecht der Vertretung wenn entgegen ihrem Antrag die Abwahl des Hauptverwaltungsbeamten nicht erfolgt (§ 70 Abs. 3),
– der Wegfall der Altersgrenze für Hauptverwaltungsbeamte (§ 83).

Während der parlamentarischen Beratungen sind noch die Regelungen eingefügt worden, nach denen der Hauptverwaltungsbeamte auf die Durchführung der Abwahl durch die Bürger verzichten kann, wenn die Vertretung sie beschlossen hat, und dann als abgewählt gilt (§ 82 Abs. 3) und der Hauptverwaltungsbeamte aus besonderen Gründen seine Versetzung in den Ruhestand beantragen kann (§ 83).

Die erste Auflage der Kommentierung des NKomVG knüpft an die in achter Auflage zur NGO erschienene an und behält deren Zielsetzung bei, praxisbezogene Hilfestellungen zu leisten. Dabei sind auch die Erläuterungen der inhaltlich unverändert gebliebenen Vorschriften unter Berücksichtigung inzwischen ergangener Rechtsprechung und neu aufgetretener Fragestellungen aktualisiert worden,

Hannover im September 2011   Robert Thiele

Inhaltsverzeichnis

Inhaltsverzeichnis

Abkürzungsverzeichnis

a.a.O.	am angegebenen Ort
Abs.	Absatz
a. E.	am Ende
AEUV	Vertrag über die Arbeitsweise der Europäischen Union
AG	Aktiengesellschaft
AGBaföG	Nieders. Gesetz zur Ausführung des Bundesausbildungs-förderungsgesetzes
AGB-Gesetz	Gesetz zur Regelung des Rechts der Allgemeinen Geschäftsbedingungen
AGKJHG	Gesetz zur Ausführung des Kinder- und Jugendhilfe-gesetzes
AGTierSG	Ausführungsgesetz zum Tierseuchengesetz
AktG	Aktiengesetz
AO	Abgabenordnung
AP	Arbeitsrechtliche Praxis. Nachschlagewerk des Bundes-arbeitsgerichts
ArbG	Arbeitsgericht
Art.	Artikel
BAG	Bundesarbeitsgericht
BAT	Bundesangestelltentarifvertrag
BauGB	Baugesetzbuch
BauR	Baurecht
BayVerwBl.	Bayerische Verwaltungsblätter
BeamtStG	Beamtenstatusgesetz
BBG	Bundesbeamtengesetz
BBesG	Bundesbesoldungsgesetz
BeamtVG	Beamtenversorgungsgesetz
BekVO-Kom	Verordnung über die öffentliche Bekanntmachung von Rechtsvorschriften kommunaler Körperschaften
Besch.	Gerichtsbescheid
Beschl.	Beschluss
BGB	Bürgerliches Gesetzbuch
BGBl.	Bundesgesetzblatt
BGH	Bundesgerichtshof
BGHZ	Entscheidungen des Bundesgerichtshofes in Zivilsachen
BMT-G II	Bundesmanteltarifvertrag für Arbeiter gemeindlicher Verwaltungen und Betriebe
BRRG	Beamtenrechtsrahmengesetz
BRS	Baurechtssammlung
BSHG	Bundessozialhilfegesetz
BStBl	Bundessteuerblatt Teil I und II
BVerfG	Bundesverfassungsgericht

Abkürzungsverzeichnis

BVerfGE	Entscheidungen des Bundesverfassungsgerichts
BVerfGG	Gesetz über das Bundesverfassungsgericht
BVerwG	Bundesverwaltungsgericht
BVerwGE	Entscheidungen des Bundesverwaltungsgerichts
BWVPr	Baden-Württembergische Verwaltungspraxis
DGO	Deutsche Gemeindeordnung
dng/DNG	die niedersächsische gemeinde
DÖD	Der Öffentliche Dienst
DÖV	Die Öffentliche Verwaltung, Zeitschrift für Verwaltungsrecht und Verwaltungspolitik
DRiG	Deutsches Richtergesetz
DRiZ	Deutsche Richterzeitung
Drs.	Drucksache des Nieders. Landtages
DVBauGB	Nieders.VO zur Durchführung des BauGB
DVBl.	Deutsches Verwaltungsblatt
ED-NStGB	Eildienst des Nieders. Städte- und Gemeindebundes
EigenbetriebsVO	Eigenbetriebsverordnung
EildienstLKT NW	Eildienst des Landkreistages Nordrhein-Westfalen
Erl.	Erläuterung
ESVGH	Entscheidungen des Hessischen VGH und des VGH Baden-Württemberg
EzKommR	Entscheidungssammlung zum Kommunalrecht
FGG	Gesetz über die Angelegenheiten der freiwilligen Gerichtsbarkeit
GBO	Grundbuchordnung
GemKVO	Gemeindekassenverordnung
GG	Grundgesetz für die Bundesrepublik Deutschland
ggf.	gegebenenfalls
GmbH	Gesellschaft mit beschränkter Haftung
GmbHG	Gesetz betreffend die Gesellschaften mit beschränkter Haftung
GMBl.	Gemeinsames Ministerialblatt, herausgegeben vom Bundesminister des Innern
GVBl.	(Nieders.) Gesetz- und Verordnungsblatt
GVG	Gerichtsverfassungsgesetz
GWB	Gesetz gegen Wettbewerbsbeschränkungen
HGB	Handelsgesetzbuch
HGrG	Haushaltsgrundsätzegesetz
h. M.	herrschende Meinung
HRR	Höchstrichterliche Rechtsprechung
HVB	Hauptverwaltungsbeamter

InsO	Insolvenzordnung
JWG	Gesetz für Jugendwohlfahrt
KaG	Kommanditgesellschaft auf Aktien
KAV	Kommunaler Arbeitgeberverband
KG	Kommanditgesellschaft
KGSt	Kommunale Gemeinschaftsstelle für Verwaltungs-vereinfachung
KJHG	Kinder- und Jugendhilfegesetz
KommP N	Kommunalpraxis Ausgabe Nordrhein-Westfalen, Niedersachsen, Schleswig-Holstein, Hamburg, Bremen
KPBl.	Kommunalpolitische Blätter
KrW-/AbfG	Kreislaufwirtschafts- und Abfallgesetz
KSchG	Kündigungsschutzgesetz
KStZ	Kommunale Steuerzeitschrift
LAG	Lastenausgleichsgesetz
LandwKammerG	Gesetz über Landwirtschaftskammern
LArbG	Landesarbeitsgericht
LBesG	Landesbesoldungsgesetz
LG	Landgericht
LHO	Landeshaushaltsordnung
LRH	Landesrechnungshof
Ls.	Leitsatz (gerichtl. Entscheidungen)
MBl.	(Nieders.) Ministerialblatt
MiStra	Anordnung über Mitteilungen in Strafsachen (Nds. MBl. 1998 S. 821)
MittNWStGB	Mitteilungen des nordrhein-westfälischen Städte- und Gemeindebundes
MiZi	Anordnung über Mitteilungen in Zivilsachen
m. w. N.	mit weiteren Nachweisen
NJW	Neue Juristische Wochenschrift
NAbfG	Nieders. Abfallgesetz
NAGBNatSchG	Nieders. Ausführungsgesetz zum Bundesnaturschutz-gesetz
NBauO	Nieders. Bauordnung
NBesG	Nieders. Besoldungsgesetz
NBG	Nieders. Beamtengesetz
NBrandSchG	Nieders. Brandschutzgesetz
NDG	Nieders. Deichgesetz
NDiszG	Nieders. Disziplinargesetz
Nds. AG SGB XII	Nieders. Gesetz zur Ausführung des Zwölften Buchs des Sozialgesetzbuchs
Nds.FischG	Nieders. Fischereigesetz
NDSG	Nieders. Datenschutzgesetz

Abkürzungsverzeichnis

Nds.Rpfl.	Nieders. Rechtspflege
Nds. SOG	Nieders. Gesetz über die öffentliche Sicherheit und Ordnung
NdsStGH	Nieders. Staatsgerichtshof
NdsVBl	Nieders. Verwaltungsblätter
NdsVwGG	Nieders. Verwaltungsgerichtsgesetz
NdsVwVfG	Nieders. Verwaltungsverfahrensgesetz
NFAG	Nieders. Gesetz über den Finanzausgleich
NGG	Nieders. Gleichberechtigungsgesetz
NGO	Nieders. Gemeindeordnung
NHundG	Nieders. Gesetz über das Halten von Hunden
NKAG	Nieders. Kommunalabgabengesetz
NKBesVO	Nieders. Kommunalbesoldungsverordnung
NKomZG	Nieders. Gesetz über die kommunale Zusammenarbeit
NKWG	Nieders. Kommunalwahlgesetz
NKWO	Nieders. Kommunalwahlordnung
NLO	Nieders. Landkreisordnung
NLWG	Nieders. Landeswahlgesetz
NMG	Nieders. Meldegesetz
NNatG	Nieders. Naturschutzgesetz
NNVO	Nieders. Nebentätigkeitsverordnung
NPersVG	Nieders. Personalvertretungsgesetz
NROG	Nieders. Gesetz über Raumordnung und Landesplanung
NSchÄG	Nieders. Schiedsämtergesetz
NSchG	Nieders. Schulgesetz
NSpG	Nieders. Sparkassengesetz
NStiftG	Nieders. Stiftungsgesetz
NStrG	Nieders. Straßengesetz
NStV-(NST-)N	Nieders. Städteverband (Städtetag) – Nachrichten
NV	Nieders. Verfassung
NVAbstG	Nieders. Volksabstimmungsgesetz
NVermG	Nieders. Gesetz über das amtliche Vermessungswesen
NVwVG	Nieders. Verwaltungsvollstreckungsgesetz
NVwZ	Neue Zeitschrift für Verwaltungsrecht
NVwZ-RR	NVwZ-Rechtsprechungs-Report
NWaldLG	Nieders. Gesetz über den Wald und die Landschaftsordnung
NWG	Nieders. Wassergesetz
NWVBl.	Nordrhein-Westfälische Verwaltungsblätter
OHG	Offene Handelsgesellschaft
OLG	Oberlandesgericht
OVG	Oberverwaltungsgericht
OVGE	Entscheidungen der Oberverwaltungsgerichte für das Land Nordrhein-Westfalen sowie für die Länder Niedersachsen und Schleswig-Holstein
OWiG	Ordnungswidrigkeitengesetz

PBefG	Personenbeförderungsgesetz
PersV	Die Personalvertretung
PrOVG	Preußisches Oberverwaltungsgericht
PrOVGE	Entscheidungen des preußischen Oberverwaltungsgerichts
RdErl.	Runderlass
Reformgesetz	Gesetz zur Reform des Nieders. Kommunalverfassungsrechts
RegionsG	Gesetz über die Bildung der Region Hannover
RdSchr.NST	Rundschreiben des Nieders. Städtetages
RGBl.	Reichsgesetzblatt
R & R	Rathaus und Recht
RVO	Reichsversicherungsordnung
SchlHA	Schleswig-Holsteinische Anzeigen
SGB	Sozialgesetzbuch
SKZ	Saarländische Kommunalzeitschrift
SRdSchr.NLT	Sonderrundschreiben des Nieders. Landkreistages
StOGrVO-Kom	Stellenobergrenzenverordnung für den kommunalen Bereich
StGB	Strafgesetzbuch
StabG	Gesetz zur Förderung der Stabilität und des Wachstums der Wirtschaft
TVöD	Tarifvertrag für den öffentlichen Dienst
UmwG	Umwandlungsgesetz
Urt.	Urteil
VBlBW	Verwaltungsblätter für Baden-Württemberg
VerwRspr	Verwaltungsrechtsprechung in Deutschland
VG	Verwaltungsgericht
VGH	Verwaltungsgerichtshof
VGV	Vergabeverordnung
VNV	Vorläufige Niedersächsische Verfassung
VwGO	Verwaltungsgerichtsordnung
VwRR N	Verwaltungsrechtsreport N – Beilage der KommP N
VwVfG	Verwaltungsverfahrensgesetz (Bund)
VwZG	Verwaltungszustellungsgesetz
ZBR	Zeitschrift für Beamtenrecht
ZKF	Zeitschrift für Kommunalfinanzen
ZustVO-OWi	Verordnung über sachliche Zuständigkeiten für die Verfolgung und Ahndung von Ordnungswidrigkeiten
ZustVO-SOG	Verordnung über die Zuständigkeiten auf verschiedenen Gebieten der Gefahrenabwehr

Abkürzungsverzeichnis

Niedersächsisches Kommunalverfassungsgesetz (NKomVG)

vom 17. Dezember 2010 (Nieders. GVBl. S. 576) mit Erläuterungen

Inhaltsübersicht

ERSTER TEIL: Grundlagen der Kommunalverfassung

§ 1 Selbstverwaltung

(1) Die Gemeinden, die Samtgemeinden, die Landkreise und die Region Hannover (Kommunen) verwalten ihre Angelegenheiten im Rahmen der Gesetze in eigener Verantwortung mit dem Ziel, das Wohl ihrer Einwohnerinnen und Einwohner zu fördern.

(2) In die Rechte der Kommunen darf nur durch Rechtsvorschrift eingegriffen werden.

§§ 1 Abs. 1, 4 Abs. 2, 71 Abs. 2 NGO, 1 NLO, 3 RegionsG

ERLÄUTERUNGEN zu § 1

1. Abs. 1 enthält eine gesetzliche Definition des Begriffs Kommune und knüpft damit an das durch Art. 28 Abs. 2 GG den Gemeinden und Gemeindeverbänden, zu denen neben den Landkreisen auch die Samtgemeinden und die Region Hannover zählen (§§ 2 Abs. 3 und 3 Abs. 1), und durch Art. 57 Abs. 1 NV den Gemeinden, Landkreisen und sonstigen öffentlich-rechtlichen Körperschaften garantierte **Recht auf Selbstverwaltung** an und verdeutlicht, dass dieses Recht nicht Selbstzweck ist, sondern das Ziel hat, das Wohl ihrer jeweiligen Einwohner zu fördern.

Das Grundgesetz verleiht den Kommunen gegenüber staatlichen Eingriffen, und zwar allen Gemeinden auch solchen zugunsten von Gemeindeverbänden, also auch zugunsten von Samtgemeinden und Landkreisen (BVerwG, Urt. v. 27.1.1984, DVBl. S. 820 bezüglich rheinl.-pfälz. Verbandsgemeinden; Urt. v. 4.8.1983, DVBl. S. 1152 bezüglich nieders. Landkreise; s. auch BVerwG, Urt. v. 15.11.2006, R&R 1/2007 S. 2, in dem dahingestellt bleibt, ob der Selbstverwaltungsgarantie eine interkommunale Geltung unmittelbar zukommt), sowohl einen absoluten als auch einen relativen Schutz: ein Kernbereich der Selbstverwaltung (vgl. dazu BVerfG, Beschl. v. 23.11.1988, BVerfGE 79 S. 127, BVerwG, Urt. v. 22.11.1957, DVBl. 1958 S. 277) ist absolut gegen jede gesetzliche Schmälerung gesichert, andere, diesen Kernbereich nicht berührende gesetzliche Maßnahmen (Gesetze oder Verordnungen: BVerfG, Beschl. v. 24.6.1969, BVerfGE 26 S. 228) bedürfen für ihre Zulässigkeit der sachlichen Rechtfertigung durch tragfähige Gründe des öffentlichen Wohls (BVerwG, Urt. v. 27.1.1984 a. a. O. mit weiteren Nachweisen).

Die Verletzung des Rechts auf Selbstverwaltung durch ein Bundes- oder Landesgesetz berechtigt die Kommune zur Verfassungsbeschwerde beim Bundesverfassungsgericht (§ 91 BVerfGG) und beim Nds. Staatsgerichtshof (Art. 54 Nr. 5 NV).

Inhaltlich gehören zum Selbstverwaltungsrecht u. a. die Organisationshoheit (BVerfG, Beschl. v. 26.10.1994, KommP N 1995 S. 64; Nds. StGH, Urt. v. 13.3.1996, KommP N 1996 S. 152 = NdsVBl. S. 86; zur Begrenzung durch gesetzliche Vorgaben s. BVerwG, Urt. v. 5.4 2005, R&R 3/2006 S. 9), die Personalhoheit (vgl. dazu BVerfG, Beschl. v. 26.11.1963, BVerfGE 17 S. 172), die Finanzhoheit (Nds. StGH, Beschl. v. 15.8.1995, KommP N 1995 S. 282; s. dazu BVerwG, Urt. v. 27.10.2010, NVwZ 2011 S. 424, zur Zulässigkeit der Beanstandung des Beschlusses über die Senkung der Realsteuerhebesätze, wenn sich die Gemeinde in einer anhaltenden Notlage befindet), die Planungshoheit und die Satzungsautonomie. Bei Aufgaben des übertragenen Wirkungskreises gehört die Organisation ihrer Erfüllung zum Selbstverwaltungsbereich (OVG Münster, Urt. v. 21.4.1953, OVGE 7 S. 138), so dass Weisungen bezüglich der Mittel der Aufgabenwahrnehmung der Gesetzesform bedürfen, also z. B. die Verpflichtung, Personal mit bestimmter Qualifikation einzusetzen oder bestimmte Einrichtungen zu schaffen und zu benutzen. Bei Selbstverwaltungsaufgaben entscheidet die Kommune auch, ob sie die Aufgabe selbst durchführt oder sich Dritter bedient; Private haben ohne entsprechende gesetzliche Regelung keinen Anspruch auf Beteiligung an der Durchführung (OVG Lüneburg, Beschl. v. 21.1.1987, Nieders. RPfl 1987 S. 139).

2. Die Notwendigkeit eines Gesetzes bei Eingriffen in die Rechte der Kommunen, die nach Maßgabe der Gesetze gewährleistet sind, ergibt sich bereits aus Art. 28 Abs. 2 GG und Art. 57 Abs. 1 NV.

§ 2   Gemeinden, Samtgemeinden

(1) Die Gemeinden sind die Grundlage des demokratischen Staates.

(2) Die Gemeinden sind Gebietskörperschaften und im Sinne des Artikels 57 Abs. 3 der Niedersächsischen Verfassung in ihrem Gebiet die ausschließlichen Träger der gesamten öffentlichen Aufgaben, soweit Rechtsvorschriften nicht ausdrücklich etwas anderes bestimmen.

(3) Die Samtgemeinden sind Gemeindeverbände.

§§ 1 Abs. 1, 2, 2 Abs. 1, 71 Abs. 3 NGO

ERLÄUTERUNGEN zu § 2

1. Abs. 1 bestimmt die Gemeinden zur **Grundlage des demokratischen Staates** und wiederholt damit die schon durch Art. 28 GG und Art. 57 NV gewährleistete institutionelle Garantie und die Notwendigkeit einer aus allgemeinen, unmittelbaren, freien, gleichen und geheimen Wahlen hervorgegangenen Volksvertretung.

2. **Anders als Art.** 44 Abs. 1 VNV, bezeichnet § 57 NV die Gemeinden nicht mehr als **Gebietskörperschaften**, sondern als öffentlich-rechtliche Körperschaften; eine Statusänderung ist damit nicht verbunden. Abs. 2 erhält nun aber insoweit eine selbstständige Bedeutung. Als Körperschaften des öffentlichen Rechts sind die Gemeinden Träger von Rechten und Pflichten. Sie sind jedoch grundsätzlich nicht grundrechtsfähig (BVerfG, Beschl. v. 16.5.1989, JZ 1990 S. 335), und zwar weder im Zusammenhang mit der Wahrnehmung öffentlicher Aufgaben, auch nicht als Sachwalter der einzelnen Bürger bei der Wahrnehmung ihrer Grundrechte, noch außerhalb des Bereichs der Wahrnehmung öffentlicher Aufgaben (BVerfG, Beschl. v. 8.7.1982, DVBl. S. 940 mit weiteren Nachweisen), und haben infolgedessen auch nicht das Petitionsrecht des Art. 17 GG. Eine Kommune kann sich also bei einem Zugriff auf ihr Eigentum nicht auf Art. 14 GG berufen (BVerfG, Beschl. v. 8.7.1982 a. a. O.), sondern ist auf eine andere öffentlich-rechtliche Norm zur Verteidigung ihres Eigentums angewiesen; in Betracht kommt dafür Art. 28 Abs. 2 GG, insbes. die Planungshoheit (OVG Lüneburg, Urt. v. 5.3.1991 – 7 L 110/89). Auch sind juristische Personen des öffentlichen Rechts über die §§ 185 ff. StGB durch § 823 Abs. 2 BGB zivilrechtlich gegen beleidigende Angriffe geschützt (BGH, Urt. v. 16.11.1982, DÖV 1983 S. 290).

3. **Abs.** 2 wiederholt darüber hinaus wörtlich Art. 57 Abs. 3 NV und betont damit noch einmal den **Grundsatz der Allzuständigkeit** der Gemeinden, und zwar ohne Rücksicht auf den Charakter der Aufgaben als eigene oder übertragene, weshalb entgegen einer älteren, früher auch hier vertretenen Ansicht (s. z. B. OVG Lüneburg, Urt. v. 8.3.1979, DNG 1979 S. 247) die Reichweite dieser Vorschrift und des Art. 57 Abs. 3 NV über die des Art. 28 Abs. 2 Satz 1 GG hinausgeht (Nds. StGH, Urt. v. 13.3.1996, KommP N 1996 S. 152 = NdsVBl. 1996 S. 87) und eine Vermutung für die Zuständigkeit der Gemeinden auch für die Aufgaben des übertragenen Wirkungskreises enthält (Nds. StGH, Urt. v. 6.12.2007, R&R Sonderheft Januar 2008 = NdsVBl. 2008 S. 37) mit der Folge, dass Gemeinden diese Aufgaben im Einzelfall nur nach dem Verhältnismäßigkeitsgrundsatz (s. dazu Nds. StGH, Urt. v. 13.3.1996 a. a. O.) entzogen werden können und ihnen ein Grundbestand davon erhalten bleiben muss (s. auch R&R 2/2007 S. 16). Zum Verhältnis der gemeindlichen Aufgabenträgerschaft zu der der Landkreise vgl. Erl. 2 zu § 5.
Für die staatliche Auftragsverwaltung sind die Gemeinden wegen ihrer besonderen Kenntnis der örtlichen Verhältnisse der geeignete Aufgabenträger. Ob es sich um Aufgaben der einen oder anderen Art handelt, bestimmt sich nach den §§ 5 und 6.

4. **Samtgemeinden** sind Gemeindeverbände, aber angesichts der Bestimmungen des Absatzes 2 und des § 3 Abs. 1 wohl keine Gebietskörperschaften. Sie haben das Recht der Selbstverwaltung (§ 1 Abs. 1) und es gilt für sie die für Gemeindeverbände bestehende Garantie des Art. 28 Abs. 2 Satz 2 GG und des Art. 57 Abs. 1 NV.

§ 3 Landkreise, Region Hannover

(1) Die Landkreise und die Region Hannover sind Gemeindeverbände und Gebietskörperschaften.

(2) ¹Die Landkreise und die Region Hannover sind, soweit in Rechtsvorschriften nichts anderes bestimmt ist, in ihrem Gebiet die Träger der öffentlichen Aufgaben, die von überörtlicher Bedeutung sind oder deren zweckmäßige Erfüllung die Verwaltungs- oder Finanzkraft der ihnen angehörenden Gemeinden und Samtgemeinden übersteigt. ²Sie unterstützen die ihnen angehörenden Gemeinden und Samtgemeinden bei der Erfüllung ihrer Aufgaben und sorgen für einen angemessenen Ausgleich der Gemeindelasten.

(3) Die für Landkreise geltenden Regelungen anderer Rechtsvorschriften sind auf die Region Hannover entsprechend anzuwenden, soweit nichts anderes bestimmt ist.

§§ 1 Abs. 1, 2 NLO, 3 Abs. 3, 7 Abs. 1 RegionsG

ERLÄUTERUNGEN zu § 3

1. Die Landkreise und die Region Hannover haben als Gebietskörperschaften und Gemeindeverbände einen rechtlich völlig identischen Status. Auch sonst erfüllt die Region Hannover alle Merkmale eines Landkreises, insbesondere erfüllt sie alle Kriterien des Leitbildes der 1977 landesweit durchgeführten Kreisreform (s. KommP N 1999 S. 48) und kann deshalb insoweit als Landkreis angesehen werden. Als Gemeindeverbände haben sie im Rahmen ihres gesetzlichen Aufgabenbereichs das Recht der Selbstverwaltung (Art. 28 Abs. 2 Satz 3 GG, Art. 57 Abs. 1 NV).

2. Die Erfüllung der überörtlichen und der die Finanzkraft der kreisangehörigen Gemeinden und Samtgemeinden übersteigenden Aufgaben sowie die Unterstützung ihrer Gemeinden und Samtgemeinden werden den Landkreisen und der Region Hannover durch Absatz 2 gesetzlich zugewiesen und gehören deshalb zum Aufgabenspektrum der Landkreise und der Region Hannover gem. Art. 28 Abs. 2 Satz 3 GG und des Art. 57 Abs. 1 NV. Diese Aufgabenstruktur wird durch die Modifikationen der Aufgabenzuweisung in den §§ 159 ff. nicht grundsätzlich verändert. Die Regelung des Absatzes 3 ist folgerichtig im Hinblick auf die Wesensgleichheit von Landkreis und Region Hannover,

§ 4 Aufgabenerfüllung der Kommunen

¹Die Kommunen erfüllen ihre Aufgaben im eigenen oder im übertragenen Wirkungskreis. ²Sie stellen in den Grenzen ihrer Leistungsfähigkeit die für ihre Einwohnerinnen und Einwohner erforderlichen sozialen, kulturellen, sportlichen und wirtschaftlichen öffentlichen Einrichtungen bereit.

§§ 2 Abs. 1 NGO, 17 Abs. 1 NLO, 3 Abs. 3 RegionsG

ERLÄUTERUNGEN zu § 4

Nähere Bestimmungen zum eigenen und zum übertragenen Wirkungskreis der Kommunen enthalten die §§ 5 und 6.
Soweit nicht gesetzlich die Schaffung von Einrichtungen vorgeschrieben ist, entscheiden die Kommunen darüber; eine Rechtspflicht zur Schaffung bestimmter Einrichtungen normiert die Vorschrift nicht. Die Leistungsfähigkeit der Kommune ist ein wesentlicher Maßstab für Umfang und Art der Bereitstellung der erforderlichen Einrichtungen.

§ 5   Eigener Wirkungskreis

(1) Zum eigenen Wirkungskreis der Kommunen gehören
1. bei den Gemeinden alle Angelegenheiten der örtlichen Gemeinschaft,
2. bei den Samtgemeinden die Aufgaben, die sie nach § 98 Abs. 1 Sätze 1 und 2 für ihre Mitgliedsgemeinden erfüllen,
3. bei den Landkreisen und der Region Hannover die von ihnen freiwillig übernommenen Aufgaben und
4. bei allen Kommunen die Aufgaben, die ihnen aufgrund von Artikel 57 Abs. 4 der Niedersächsischen Verfassung durch Rechtsvorschrift als Pflichtaufgaben zur Erfüllung in eigener Verantwortung zugewiesen sind.

(2) Im eigenen Wirkungskreis sind die Kommunen nur an die Rechtsvorschriften gebunden.

(3) ¹Die Landkreise können von kreisangehörigen Gemeinden und Samtgemeinden freiwillig übernommene Aufgaben und Einrichtungen mit deren Zustimmung übernehmen. ²In den Fällen des § 98 Abs. 1 Satz 2 ist auch die Zustimmung der Mitgliedsgemeinden erforderlich. ³Ohne Zustimmung der beteiligten Gemeinden und Samtgemeinden können diese Aufgaben und Einrichtungen von Landkreisen übernommen werden, wenn dies notwendig ist, um einem Bedürfnis der Einwohnerinnen und Einwohner des Landkreises in einer dem öffentlichen Wohl entsprechenden Weise zu genügen. ⁴Die Übernahmebedingungen werden von den Beteiligten vereinbart. ⁵Kommt eine Vereinbarung nicht zustande, so werden die Übernahmebedingungen von der Kommunalaufsichtsbehörde festgesetzt.

(4) ¹Aufgaben, die die Landkreise wahrnehmen, sollen den kreisangehörigen Gemeinden und Samtgemeinden auf deren Antrag überlassen werden, wenn diese die Aufgaben in einer dem öffentlichen Wohl entsprechenden Weise erfüllen können und wenn hierdurch die zweckmäßige Erfüllung der Aufgaben des Landkreises im Übrigen nicht gefährdet wird. ²Absatz 3 Sätze 4 und 5 gilt entsprechend.

§§ 4 NGO, 3 NLO, 3 Abs. 3 RegionsG

ERLÄUTERUNGEN zu § 5

1. Abs. 1 Nr. 1 und Nr. 4 konkretisiert § 2 Abs. 2, indem er bei den **Gemeinden** alle Angelegenheiten **der örtlichen Gemeinschaft** und die ihnen gesetzlich als eigene Aufgaben zugewiesenen dem eigenen Wirkungskreis zuordnet. Angelegenheiten der örtlichen Gemeinschaft sind nur solche Aufgaben, die in der örtlichen Gemeinschaft wurzeln oder auf die örtliche Gemeinschaft einen spezifischen Bezug haben (BVerfG, Urt. v. 30.7.1958, BVerfGE 8 S. 122; Urt. v. 24.7.1979, BVerfGE 52 S. 95; Beschl. v. 23.11.1988, BVerfGE 79 S. 127 = DNG 1989 S. 97– sog. Rastede-Entscheidung).
Die nach § 98 den **Samtgemeinden** gesetzlich und von Mitgliedsgemeinden übertragenen Aufgaben gehören zu deren eigenem Wirkungskreis (Absatz 1 Nr. 2). Darüber hinausgehende spezielle Aufgabenübertragungen auf Samtgemeinden (Absatz 1 Nr. 4) sind nicht erfolgt (sieht man von auch ihrer Pflicht zur Sicherung ihres Archivgutes ab, § 7 NArchG).
Die von den **Landkreisen** und der **Region Hannover** im Rahmen des § 3 Abs. 2 freiwillig übernommenen Aufgaben gehören zum eigenen Wirkungskreis (Absatz 1 Nr. 3). Zu den ihnen zugewiesenen Aufgaben (Absatz 1 Nr. 4) gehören u. a. die des öffentlich-rechtlichen Entsorgungsträgers (§ 6 NAbfG), des örtlichen Trägers der Sozialhilfe (§ 1 Nds. AGSGB XII) und der Jugendhilfe (§ 1 AGKJHG), des Trägers der Regionalplanung (§ 26 NROG) und die Sicherstellung der Krankenhausversorgung (§ 1 Nds. KHG).

2. In seiner Rastede-Entscheidung hat das BVerfG der Frage der verfassungsmäßigen **Aufgabenverteilung zwischen Gemeinden und Landkreisen** als Angelegenheiten der örtlichen Gemeinschaft i. S. v. Art. 28 Abs. 2 S. 1 GG diejenigen Interessen und Bedürfnisse bezeichnet, die in der örtlichen Gemeinschaft wurzeln oder auf sie einen spezifischen Bezug haben, die also den Gemeindeeinwohnern gerade als solchen gemeinsam sind, indem sie das Zusammenleben und -wohnen der Menschen in der Gemeinde betreffen, ohne dass es auf deren Verwaltungskraft ankommt, und den grundsätzlichen Vorrang der gemeindlichen Aufgabenwahrnehmung hinsichtlich der Aufgaben mit relevantem örtlichem Bezug bestätigt und ihren Entzug nur aus Gründen des Gemeininteresses vor allem dann für zulässig erklärt, wenn anders die ordnungsgemäße Aufgabenerfüllung nicht sicherzustellen wäre und wenn die den Aufgabenentzug tragenden Gründe gegenüber dem verfassungsrechtlichen Aufgabenverteilungsprinzip des Art. 28 Abs. 2 S. 1 GG überwiegen (s. auch mit derselben Argumentation des Zuständigkeitsvorrangs der Gemeinden vor den Gemeindeverbänden VerfGH NW, Urt. v. 9.2.1979, DVBl. 1979 S. 668 zur zwangsweisen Zuordnung von Gemeinden zu bestimmten Datenverarbeitungszentralen und Urt. v. 11.7.1980, DÖV 1980 S. 69 zur zwangsweisen Bildung einer Zweckverbandssparkasse).

3. Die grundgesetzliche Kompetenzordnung bindet die Kommune auch bei ihrer Tätigkeit als Hoheitsträger, weshalb sie einen öffentlich-rechtlichen Vertrag nicht mit Gründen aus einem Bereich kündigen kann, für den ihre Zuständigkeit nicht besteht (VGH Mannheim, Urt. v. 14.8.1992, NVwZ 1993 S. 903: Kündigung eines öffentlich-rechtlichen Werbenutzungsvertrages zu dem Zweck, auf dem Gebiet der Gemeinde ein über die bundesrechtlichen Beschränkungen hinausgehendes Werbeverbot für Tabakerzeugnisse und alkoholische Getränke durchzusetzen).

4. Zu einzelnen Aufgabenbereichen insbesondere des gemeindlichen Bereichs:
4.1 Partnerschaften mit ausländischen Kommunen (sog. **Städtepartnerschaften**) gehören nicht zu den in Art. 32 GG erfassten Beziehungen zu auswärtigen Staaten. Sie dienen vorrangig der Begegnung von Bürgern und gesellschaftlichen Gruppierungen der beteiligten Kommunen, insbesondere auf den Gebieten der örtlichen Kulturpflege, des Erfahrungsaustausches der Verwaltungen, der Jugend- und Erwachsenenbildung und ähnlicher kommunaler Angelegenheiten, sind also das Wohl der Einwohner zu fördern bestimmt (§ 1 Abs. 1) und rechtlich unbedenklich. Das BVerwG (Urt. v. 14.12.1990, NVwZ 1991 S. 685) rechnet sie folgerichtig zu den Angelegenheiten des örtlichen Wirkungskreises und sieht in ihnen ein neues Betätigungsfeld. Im Rahmen partnerschaftlicher Beziehungen oder eines verfestigten Kontaktes zu einer ausländischen Kommune können bestimmte Maßnahmen der **Entwicklungshilfe**, wie z. B. die Überlassung überzähligen Geräts, die Beratung bei der Durchführung eines Projektes, die Ausbildung und Unterweisung von Personal der ausländischen Kommune, als zulässig angesehen werden; dabei ist auch ein maßvolles finanzielles Engagement möglich, insbesondere dadurch, dass Initiativen der Bürgerschaft geweckt oder gefördert werden, die die Kommune finanziell unterstützt (mittelbare kommunale Entwicklungshilfe). Die finanzielle Förderung eines Projekts in einem Entwicklungsland, die in derartige partnerschaftliche Beziehungen nicht eingebettet ist, hat keinen Bezug zu den örtlichen Angelegenheiten und kann deshalb nicht als Aufgabe der Kommune angesehen werden.
4.2 Wirtschaftsförderung, die zur Erhaltung, Sicherung und Schaffung von Arbeits- oder Ausbildungsplätzen in der Kommune, zur Sicherung der örtlichen Wirtschafts- und Steuerkraft oder aus vergleichbaren Gründen im Interesse der wirtschaftlichen Unabhängigkeit, Wettbewerbsfähigkeit und Daseinsvorsorge der Kommune betrieben wird, ist eine originäre kommunale Aufgabe. Ihre Mittel können nicht nur in indirekten Fördermaßnahmen, wie z. B. der Schaffung günstiger Rahmenbedingungen bei der Städtebauplanung, bei der Infrastruktur, bei der Hebesatzgestaltung oder in der Beratung und Hilfestellung bei der Ansiedlung bestehen, sondern auch in direkten Maßnahmen, wie z. B. Investitionshilfen (vgl. VG Münster, Urt. v. 18.12.1962, DÖV 1963 S. 622: Investitionshilfe für einen neu anzusiedelnden Betrieb; OVG Lüneburg, Urt. v. 30.6.1976, Die Gemeinde S. 396: Verschaffung eines verbilligten Gewerbegrundstücks zur Verhinderung einer Betriebsverlagerung; OVG Münster, Urt. v. 23.6.1982, Eildienst LKT NW S. 301: Einräumung finanzieller Vorteile als Anreiz und Unterstützung für die Standortverlagerung eines Wirtschaftsunternehmens; VG Koblenz, Urt. v. 24.9.1982, Rdschr. NStV 96/83 v. 8.3.1983: Investitionszuschuss für die Schaffung von Arbeits- und Ausbildungsplätzen; VGH Kassel, Urt. v. 27.5.1988, DÖV 1989 S. 34: Gewährung eines Praxisgründungsdarlehns zur Ansiedlung eines Facharztes). Unter diesen Voraussetzungen kann in engen Grenzen auch die Bereitstellung von Risiko- oder Startkapital bei der Ansiedlung junger Unternehmen in Betracht kommen, wenn dabei nicht die Absicherung der Geschäftsrisiken im Vordergrund steht (zu Risikokapital als EU-Bei-

hilfe s. ABl. C 235/3 v. 21.8.2001). Wie die Wahrnehmung aller eigenen Aufgaben kann auch die Wirtschaftsförderung nur im Rahmen der Gesetze erfolgen (Abs. 2 und § 1 Abs. 1); dabei ist insbesondere hinzuweisen auf das Steuer- und Abgabenrecht (§§ 227 Abs. 1, 222 Satz 1 Abgabenordnung), auf das Wirtschaftsrecht der EU und auf die Vorschriften des Kommunalwirtschaftsrechts (§ 110). Es wird auch unter Berücksichtigung der Wesentlichkeitstheorie des BVerfG (z. B. Beschl. v. 8.8.1978, BVerfGE 49 S. 89) nicht verlangt werden können, dass Leistungen der Wirtschaftsförderung als Grundlage einer Satzung bedürfen, vielmehr genügen entsprechende Richtlinien der Vertretung. Die Förderung des **Profisports,** der zwar anders als der Breitensport dem Wirtschaftsleben zuzurechnen ist, kann wohl mit Blick auf die ausdrückliche Erwähnung der sportlichen Einrichtungen in § 4 auch dann als kommunale Angelegenheit angesehen werden, wenn ihr Ziel die Sportförderung und nicht die Verbesserung der allgemeinen oder besonderen Standortqualitäten der Kommune ist.

4.3 Die Gewährung einer gemeindlichen **Aufwendungsbeihilfe für kinderreiche Familien** ist keine Angelegenheit der örtlichen Gemeinschaft, sondern eine gesamtgesellschaftliche Aufgabe des Staates im Rahmen des Familienlastenausgleichs (OVG Münster, Urt. v. 19.1.1995, KommP N 1995 S. 101, Ls. = NVwZ 1995 S. 718).

Für die Zulässigkeit der kommunalen Betätigung in der **Telekommunikation** mit überörtlichen Verbindungen ist darauf abzustellen, dass der in der örtlichen Gemeinschaft bestehende spezifische Bedarf auf diesem Gebiet befriedigt wird. Auch der Abschluss von **Postagentur-Verträgen** mit der Deutschen Post AG zur Gewährleistung von Postdiensten in der Gemeinde dient der Wahrnehmung einer örtlichen Aufgabe.

4.4 In der Frage nach der Zulässigkeit der Befassung mit Angelegenheiten außerhalb der kommunalen Entscheidungskompetenz (insbesondere **verteidigungs- und friedenspolitische Angelegenheiten**) hält das BVerwG (Urteile v. 14.12.1990, NVwZ 1991 S. 682 und S. 684) es für zulässig, dass Kommunen sich zu möglichen Auswirkungen in ihrem örtlichen Umfeld äußern, und zwar auch vorsorglich, wenn sie nur darauf verzichten, eine in den Raum des allgemeinpolitischen Meinungsstreits reichende, gegen die Maßnahmen des zuständigen Entscheidungsträgers gerichtete Aussage zu formulieren. Bei spezifischem Bezug auf die örtliche Gemeinschaft ist auch eine Befassungskompetenz der kommunalen Organe hinsichtlich **staatlicher Auftragsangelegenheiten** in der Zuständigkeit anderer Behörden anzuerkennen (VG Schleswig, Urt. v. 16.11.1987, NVwZ 1988 S. 471). Zu den Grenzen einer sachlichen Befassung mit der gesetzgeberischen Gestaltung des Arbeitsförderungsgesetzes: OVG Koblenz, Urt. v. 15.3.1988, der landkreis 1988 S. 530. Zur Frage der Aufnahme entsprechender Anträge auf die Tagesordnung vgl. Erl. 1 zu § 56 und 6 zu § 59.

4.5 Die **Übernahme von Prozesskosten,** die Bürgern entstehen können, ist auch dann keine Aufgabe der Kommune, wenn mit dem Prozess Ziele verfolgt werden, die Interessen der Kommune entsprechen (VG Stuttgart, Urt. v. 4.6.1981, RdSchr.NST 349/87 v. 8.10.1987).

5. Nach Art. 57 Abs. 4 NV erfordert die **Zuweisung neuer Pflichten** im eigenen Wirkungskreis (zum übertragenen Wirkungskreis vgl. § 6 Abs. 1) ein Gesetz im materiellen Sinne, da sie einen Eingriff in das Recht der Gemeinden und Landkreise sowie der Region Hannover auf Bestimmung des eigenen Aufgabenkreises darstellt. Die Zuweisung einer neuen Pflicht ist auch die Umwandlung einer Aufgabe des übertragenen in eine des eigenen Wirkungskreises; zur Frage des dabei unzulässigen Formenmissbrauchs s. Nds. StGH, Beschl. v. 15.8.1995 KommP N 1995 S. 282.

Durch das verfassungsändernde Gesetz vom 27.1.2006 (GVBl. S. 58) ist mit Art. 57 Abs. 4 NV die sog. **Konnexität** eingeführt worden. Danach ist bei ab dem 1.1.2006 erlassenen Vorschriften für die durch Zuweisung von Pflichtaufgaben des eigenen Wirkungskreises verursachten erheblichen und notwendigen Kosten unverzüglich durch Gesetz der entsprechende finanzielle Ausgleich zu regeln. Bei einer Änderung von Zuweisungsvorschriften, die eine erhebliche Erhöhung der Kosten zur Folge hat, ist der Ausgleich entsprechend anzupassen; ist eine Verringerung der Kosten die Folge, kann eine Anpassung erfolgen. Bei vor dem 1.1.2006 erlassenen Vorschriften bleibt es bei der bisherigen Kostenabgeltung, jedoch gilt im Falle der Aufgabenverlagerung und Gesetzesänderung mit Kostenerhöhung dieselbe Kostenregelung wie bei neuen Zuweisungsgesetzen, wobei allerdings bei einer Kostenverringerung eine Anpassung entfällt.

6. Die Möglichkeit der Übernahme gemeindlicher Aufgaben und Einrichtungen durch den Landkreis und die Überlassung von Kreisaufgaben an die kreisangehörigen Gemeinden wird ohne das allseitige Einvernehmen nicht genutzt werden, zumal daneben auch die Möglichkeit kommunaler Zusammenarbeit besteht. Die Regelung gilt auch für Samtgemeinden, bei denen angesichts der ihnen fehlenden Kompetenz-Kompetenz nicht recht deutlich ist, welche freiwillig übernommenen Aufgaben sie dem Landkreis überlassen könnten. Zur Übernahme von Aufgaben in der Region Hannover s. § 165.

§ 6 Übertragener Wirkungskreis

(1) ¹Zum übertragenen Wirkungskreis der Kommunen gehören die staatlichen Aufgaben, die ihnen aufgrund von Artikel 57 Abs. 4 der Niedersächsischen Verfassung durch Rechtsvorschrift übertragen sind. ²Die Landkreise und die Region Hannover nehmen die Aufgaben der unteren Verwaltungsbehörden wahr, soweit durch Rechtsvorschrift nichts anderes bestimmt ist.

(2) ¹Die Kommunen erfüllen die Aufgaben des übertragenen Wirkungskreises nach Weisung der Fachaufsichtsbehörden. ²Ihnen fließen die mit diesen Aufgaben verbundenen Einnahmen zu.

(3) ¹Die Kommunen sind zur Geheimhaltung derjenigen Angelegenheiten verpflichtet, deren Geheimhaltung allgemein vorgeschrieben oder im Einzelfall von der dazu befugten staatlichen Behörde angeordnet ist. ²Verwaltungsvorschriften, die dazu dienen, die Geheimhaltung sicherzustellen, gelten auch für die Kommunen, soweit nichts anderes bestimmt ist.

(4) Hat eine Kommune bei der Erfüllung von Aufgaben des übertragenen Wirkungskreises eine Maßnahme aufgrund einer Weisung der Fachaufsichtsbe-

hörde getroffen und wird die Maßnahme aus rechtlichen oder tatsächlichen Gründen aufgehoben, so erstattet das Land der Kommune alle notwendigen Kosten, die ihr durch die Ausführung der Weisung entstanden sind.

§§ 6 NGO, 4 NLO, 3 Abs. 3 RegionsG

ERLÄUTERUNGEN zu § 6

1. Für die Übertragung staatlicher Aufgaben auf Kommunen ist eine Rechtsvorschrift, d. h. ein Gesetz im **materiellen** Sinne Voraussetzung. Wie für den Begriff der Aufgaben des eigenen Wirkungskreises gibt es auch für den der Aufgaben des **übertragenen Wirkungskreises** keine allgemeine formelle Bestimmung. Zu den Auftragsangelegenheiten gehören neben den ausdrücklich in dem betreffenden Gesetz als solche bezeichneten auch diejenigen den Kommunen übertragenen Aufgaben (s. dazu Erl. 1 zu § 17), bei deren Erfüllung sie wie eine staatliche Behörde dem uneingeschränkten Weisungsrecht unterliegen; die Anfechtung einer solchen Weisung kommt in Betracht (vgl. BVerwG, Beschl. v. 27.2.1978, DVBl. 1978 S. 638). Jedoch erstreckt sich das staatliche Weisungsrecht nicht auf die personelle und organisatorische Durchführung der Aufgaben, die eine Selbstverwaltungsaufgabe der Kommune bleibt. Diese wird nicht dadurch beeinträchtigt, dass die Kommune zur Durchführung einer Weisung bestimmte organisatorische und personelle Vorkehrungen treffen muss (z. B. Beschaffung eines Stahlschrankes zur gesicherten Unterbringung von Ausweisvordrucken), weil es sich nur um mittelbare, nicht aber um unmittelbare Auswirkungen der Weisung handelt (vgl. auch Erl. 7 zu § 170).
Grundsätzlich beschränken sich Weisungen auf allgemeine Anordnungen; wenn die Umstände es erfordern, kann aber auch eine Einzelfallregelung getroffen werden (vgl. OVG Lüneburg, Beschl. v. 6.1.1982, dng 1982 S. 116).
Zweifelhaft ist, welchen rechtlichen Charakter die Pflichten der Gemeinden zur **Auslegung von Plänen und Entwürfen** anderer Aufgabenträger haben, die ihnen durch Gesetz übertragen worden sind (vgl. z. B. § 17a Nr. 1 Fernstraßengesetz, §§ 73, 74 Verwaltungsverfahrensgesetz, § 38 Abs. 4 NStrG, § 14 NAGBNatSchG). Während einerseits der Standpunkt vertreten wird, dass es sich dabei um Amtshandlungen der Gemeinde handelt, die dieser durch Gesetz übertragen, aber weder als eigene zugewiesen sind (insoweit zweifelnd OVG Lüneburg, Beschl. v. 6.9.1984 – 2 OVG B 46/84, jedoch ohne abschließende Entscheidung) noch solche der örtlichen Gemeinschaft darstellen und deshalb dem übertragenen Wirkungskreis zuzuweisen sind (ebenso VG Stade, Beschl. v. 8.8.1984 –1 VG D 28/85 – und v. 16.4.1985 –1 VG D 27/84), vertritt das VG Hannover (Urt. v. 22.5.1980 – 6 VG A 249/79) im Anschluss an das OVG Rheinland-Pfalz (Urt. v. 28.9.1977, Leitsatz in DÖV 1978 S. 377, Urt. v. 18.11.1980 – 7 A 75/80) die Auffassung, dass diese Tätigkeit Amtshilfe i. S. des Art. 35 GG und des § 4 Abs. 1 Verwaltungsverfahrensgesetz sei, weil es sich um Handlungen tatsächlicher Art durch eine andere Verwaltungsbehörde zur Unterstützung einer Amtshandlung der ersuchenden Behörde handelt. Nach beiden Ansichten hat die Gemeinde gem. § 13 des Verwaltungskostengesetzes Anspruch auf Erstat-

tung ihrer Auslagen, insbesondere der Kosten für die öffentliche Bekanntmachung, für die Anmietung von Räumen, wenn für die Auslegung geeignete Räumlichkeiten nicht zur Verfügung stehen, und für die Vergütung von Personen außerhalb der Verwaltung, die eigens beauftragt werden müssen, um die Auslegung durchführen zu können. Zur Zuständigkeit der Samtgemeinden für die Auslegung von Plänen und Planfeststellungsbeschlüssen vgl. § 7 des Nieders. Verwaltungsverfahrensgesetzes.

Für die Heranziehung von Gemeinden für Aufgaben der Sozialhilfe s. § 8 Nds. AG SGB XII und die HeranziehungsVO-SozH v. 25.8.2001 (Nds. GVBl. 2001 S. 599) mit Regelungen über die Handlungs- und Prozessbefugnis sowie die Kostenerstattung.

2. Die Kostenregelung des Art. 57 Abs. 4 NV (s. Erl. 5 zu § 5) gilt auch für die Übertragung staatlicher Aufgaben und ihre gesetzliche Veränderung. Bis zur Einführung der Konnexitätsregelung im Jahrs 2006 bestand eine Verpflichtung zur vollen Deckung der beim Vollzug der übertragenen Aufgabe entstehenden Kosten nicht (Nds. StGH, Beschl. v. 15.8.1995 KommP N 1995 S. 282; s. auch schon OVG Lüneburg, Urt. v. 13.6.1990 – 4 OVG A 145/88, RdSchr. NLT Nr. 532/1990 v. 5.11.1990).

Die mit den Aufgaben verbundenen Einnahmen stehen den Kommunen zu (Abs. 2 Satz 2). Im Wesentlichen handelt es sich dabei um die Kosten für Amtshandlungen, die nach dem Verwaltungskostengesetz zu erheben sind.

3. Die Regelung des Abs. 3 über die **Geheimhaltung** ist durch das Zweite Gesetz zur Änderung der NGO und der NLO v. 18.4.1963 (GVBl. 1963 S. 255) im Zusammenhang mit einer Eskalation der Gefahr einer globalen militärischen Auseinandersetzung eingefügt worden, als sich die Notwendigkeit ergeben hatte, auch für die Gemeinden und Landkreise Vorschriften für die Geheimhaltung solcher Angelegenheiten zu treffen, die die Bundes- oder Landesregierung als geheim erklärt haben und die den Kommunen mitgeteilt werden sollen. Sie bezieht sich also nicht nur auf diejenigen Angelegenheiten, die für die Kommunen im Rahmen der militärischen und zivilen Verteidigung zuständig sind (vgl. z. B. § 2 des Gesetzes über den Zivilschutz), sondern gilt auch dann, wenn die Kommune bei der Erfüllung anderer Aufgaben, auch des eigenen Wirkungskreises, von Angelegenheiten Kenntnis erlangt, die der Pflicht zu dieser besonderen Geheimhaltung unterliegen. Für Aufgaben, die dieser Geheimhaltung unterliegen, ist gem. § 85 Abs. 1 Satz 1 Nr. 3 der HVB ausschließlich zuständig. Sie sind von der allgemeinen Unterrichtungspflicht ausgenommen (§ 56 Satz 2, § 58 Abs. 4 Satz 4, § 77 Satz 2, § 87 Abs. 1 Satz 1); über sie ist nur der stellvertretende Bürgermeister zu unterrichten (§ 85 Abs. 7; vgl. Erl. 10 zu § 85); s. im Übrigen das Niedersächsische Sicherheitsüberprüfungsgesetz (v. 30.3.2004, GVBl. S. 128, zul. geänd. durch Gesetz v. 16.1.2009, GVBl. S. 2). Die Vorschrift betrifft nicht die regelmäßig zur Wahrung des Persönlichkeitsrechts normierte Verschwiegenheitspflicht (z. B. Datenschutz, Steuergeheimnis).

4. Für **Amtspflichtverletzungen** bei der Wahrnehmung von Auftragsangelegenheiten haftet die Kommune, und zwar unabhängig davon, ob sie die Aufgaben von Beamten oder Arbeitnehmern i. S. d. TVöD erfüllen lässt (BGH, Urt. v.

21.6.1951, BGHZ 2 S. 350); jedoch ist der Staat nicht Dritter i. S. d. § 839 BGB, so dass für ihm bei der Erfüllung von Auftragsangelegenheiten zugefügten Schaden durch einen Bediensteten der Kommune diese nicht schadensersatzpflichtig ist (BHG, Urt. v. 5.5.1958, BGHZ 27 S. 210). Die Kommune ist aber berechtigt und, wenn die zuständige staatliche Behörde das verlangt, auch verpflichtet, als Dienstherr des Bediensteten diesem gegenüber den Schadensersatzanspruch gem. § 48 BeamtStG, § 51 NBG und sonst geltenden arbeitsrechtlichen Grundsätzen geltend zu machen. Rechtsgrundlage dafür ist die sog. **Schadensliquidation im Drittinteresse,** die im Zivilrecht entwickelt worden ist (vgl. BGH, Urt. v. 10.7.1963, BGHZ 40 S. 91) und auch im öffentlichen Recht gilt, wenn eine Körperschaft zwar im eigenen Namen und Kraft eigenen Rechts, aber für Rechnung oder im Interesse einer anderen Körperschaft tätig wird, wie in den Fällen der Auftragsverwaltung und der Amtshilfe (VGH Mannheim, Urt. v. 4.4.1973, ZBR 1974 S. 337; OVG Lüneburg, Urt. v. 22.3.1994, KommP N 1994 S. 43 = NdsVBl. 1995 S. 37) und in Fällen der Heranziehung des örtlichen durch den überörtlichen Träger der Sozialhilfe (OVG Koblenz, Urt. v. 18.5.1988, ZBR 1988 S. 394). Die Verpflichtung der Kommune zur Geltendmachung des Schadensersatzanspruchs ergibt sich aus § 110 Abs. 2 sowie § 34 Bundeshaushaltsordnung, § 6 Haushaltsgrundsätzegesetz (VG Hannover, Beschl. v. 29.12.1983 – 2 Hi VG D 57/83) und aus ihrer Pflicht, bei der Ausübung ihrer Funktionen als Dienstherr des betreffenden Bediensteten auf die Interessen des Landes Rücksicht zu nehmen (landesfreundliches Verhalten, vgl. OVG Münster, Urt. v. 8.1.1964, OVGE 19 S. 192, Beschl. v. 19.3.2004, NVwZ-RR 2004 S. 519). Die Kommune haftet nicht nach den Grundsätzen des öffentlichrechtlichen Erstattungsanspruchs, wenn sie Mittel in einer von den einschlägigen Vorschriften nicht gedeckten Weise ausgegeben hat (BVerwG, Urt. v. 30.11.1995, KommP N 1996 S. 125 Ls. = NVwZ 1996 S. 595).

Die Erhebung von Verwaltungskosten in Auftragsangelegenheiten ist wie die Aufgabe selbst eine Angelegenheit des übertragenen Wirkungskreises (vgl. RdErl. d. MI, d. MP u. d. übr. Min. v. 18.2.1970, MBl. 1970 S. 198).

5. Der **Erstattungsanspruch** des Abs. 4 besteht in den Fällen, in denen eine Fachaufsichtsbehörde die aufgehobene Entscheidung entweder durch Weisung oder durch sonstiges Verwaltungshandeln, z. B. durch die Versagung einer Genehmigung, in einer die Kommune bindenden Weise verursacht hat, d. h. die Verantwortung an sich gezogen hat (VG Stade, Urt. v. 24.3.1993 – 1 A 39/92). Zwar regelt Abs. 4 seinem Wortlaut nach nur den Fall, dass Kosten durch die Ausführung von Weisungen der Aufsichtsbehörde entstanden sind. Die Bestimmung muss ihrem Sinn nach aber in allen Fällen Anwendung finden, in denen die Aufsichtsbehörde auf andere Weise als durch die Erteilung einer Weisung die Verantwortung an sich gezogen hat, z. B. durch rechtsfehlerhafte Versagung einer vorgeschriebenen Zustimmung zu einem Verwaltungsakt, so dass die Kommune ebenso wenig wie bei Weisungen die Möglichkeit hat, auf die Schadensursache einzuwirken.

Eine **Weisung,** ob im Einzelfall oder allgemein ergangen, ist jede sachliche und rechtliche Direktive der Aufsichtsbehörde, der sich die Kommune im Blick auf die innere Einheit der Verwaltung oder aus anderen unumgänglichen Gesichtspunkten der Verwaltungspraxis nicht verschließen kann; sie kann auch in einer

Bekanntmachung zur Kenntnisnahme bestehen (vgl. VG Braunschweig, Urt. v. 26.6.1969, DVBl. 1971, S. 222), jedoch ist Voraussetzung, dass die Weisung die Kosten adäquat verursacht hat, was nicht der Fall ist, wenn die Fachaufsichtsbehörde über ein von der Kommune auszuführendes Gesetz durch Übersendung dessen Textes unterrichtet (VG Braunschweig, Urt. v. 7.4.1998, VwRR N S. 61). Zur Frage der Kostenerstattung im Falle des § 88 s. Erl. 4 zu § 88.

§ 7 Organe der Kommunen

(1) Organe der Kommunen sind die Vertretung, der Hauptausschuss und die Hauptverwaltungsbeamtin oder der Hauptverwaltungsbeamte.

(2) Die Organe tragen folgende Bezeichnungen:
1. **in Gemeinden: Rat, Verwaltungsausschuss und Bürgermeisterin oder Bürgermeister,**
2. **in großen selbstständigen und in kreisfreien Städten: Rat, Verwaltungsausschuss und Oberbürgermeisterin oder Oberbürgermeister,**
3. **in Samtgemeinden: Samtgemeinderat, Samtgemeindeausschuss und Samtgemeindebürgermeisterin oder Samtgemeindebürgermeister,**
4. **in Landkreisen: Kreistag, Kreisausschuss und Landrätin oder Landrat sowie**
5. **in der Region Hannover: Regionsversammlung, Regionsausschuss und Regionspräsidentin oder Regionspräsident.**

§§ 6 NLO, 16 RegionsG

ERLÄUTERUNGEN zu § 7

Organe der Kommunen sind neben den in Abs. 1 genannten auch andere Gremien, soweit ihnen Entscheidungszuständigkeiten übertragen sind, so die Orts- und Stadtbezirksräte (OVG Lüneburg, Urt. v. 27.4.1989, DVBl. 1989 S. 937), die mit Beschlusszuständigkeiten ausgestatteten sondergesetzlichen Ausschüsse nach § 73 (für den Jugendhilfeausschuss: BVerwG, Urt. v. 15.12.1994, NVwZ-RR 1995 S. 587) und ein Fachausschuss, soweit ihm Aufgaben des Hauptausschusses übertragen sind (§ 76 Abs. 3). Zur Rechtsstellung der kommunalen Vertretungen als Verwaltungsorgane s. Erl. 2 zu § 54.

§ 8 Gleichstellungsbeauftragte

(1) ¹Kommunen, die nicht Mitgliedsgemeinden von Samtgemeinden sind, haben eine Gleichstellungsbeauftragte zu bestellen. ²Die Gleichstellungsbeauftragten der kreisfreien Städte, der Landeshauptstadt Hannover, der Stadt Göttingen, der großen selbstständigen Städte, der Landkreise und der Region Hannover sind hauptberuflich zu beschäftigen.

(2) ¹Die Vertretung entscheidet über die Berufung und Abberufung der hauptberuflich beschäftigten Gleichstellungsbeauftragten. ²Betreffen die in § 107 Abs. 4 Satz 1 Halbsatz 1 und Satz 2 Halbsatz 1 genannten Beschlüsse Beschäftigte, die das Amt der Gleichstellungsbeauftragten hauptberuflich innehaben oder hierfür vorgesehen sind, so ist ausschließlich die Vertretung zuständig. ³Der Hauptausschuss kann eine ständige Stellvertreterin der hauptberuflich beschäftigten Gleichstellungsbeauftragten bestellen. ⁴Die Gleichstellungsbeauftragte soll vor der Bestellung gehört werden. ⁵Ist eine ständige Stellvertreterin nicht bestellt, so soll der Hauptausschuss eine andere Beschäftigte mit der Wahrnehmung der Geschäfte beauftragen, wenn die Gleichstellungsbeauftragte voraussichtlich länger als sechs Wochen an der Ausübung ihres Amtes gehindert ist; die Amtszeit der vorübergehenden Stellvertreterin endet zu dem Zeitpunkt, an dem die Gleichstellungsbeauftragte ihre Tätigkeit wieder aufnimmt.

(3) In Samtgemeinden und in Gemeinden, in denen die Gleichstellungsbeauftragte nicht hauptberuflich tätig ist, regelt die Vertretung durch Satzung die Berufung und Abberufung der Gleichstellungsbeauftragten sowie deren Stellvertretung; die Regelungen sollen dem Absatz 2 entsprechen.

§§ 5a Abs. 1 bis 3 NGO, 4a Abs. 1, 2 NLO, 17 Abs. 1, 2 RegionsG

ERLÄUTERUNGEN zu § 8

1. Die Pflicht zur Bestellung einer Gleichstellungsbeauftragten gilt für alle Kommunen, also Gemeinden, Samtgemeinden, Landkreise und die Region Hannover, mit Ausnahme der Mitgliedsgemeinden von Samtgemeinden. Sie wird als ebenso **mit der Verfassung vereinbar** anzusehen sein wie bei der Frauenbeauftragten (Nds. StGH, Urt. v. 13.3.1996, KommP N S. 152, s. auch zur schleswigholst. Regelung BVerfG, Beschl. v. 26.10.1994, KommP N 1995 S. 64). Finanzielle Erwägungen im Hinblick auf die Personalkosten rechtfertigen nicht eine Befreiung (VG Lüneburg, Urt. v. 25.2.1997, KommP N S. 216). In den in Abs. 1 Satz 2 genannten Kommunen muss, in anderen Kommunen kann die Gleichstellungsbeauftragte hauptberuflich, kann aber auch nicht hauptberuflich beschäftigt werden. **Mitgliedsgemeinden** von Samtgemeinden sind zur Bestellung einer Gleichstellungsbeauftragten nicht verpflichtet. Die Gleichstellungsbeauftragte der Samtgemeinde hat keine Kompetenzen für die Mitgliedsgemeinden, wenn sie von diesen jeweils zur eigenen Gleichstellungsbeauftragten bestellt worden ist (s. Erl. 2 a. E. zu § 98).
Die Funktion der Gleichstellungsbeauftragten kann **nur einer Frau** übertragen werden. Ob darin nicht anders als bei der Frauenbeauftragten (Nds. StGH, Urt. v. 13.3.1996 a. a. O.; BVerfG, Beschl. v. 26.10.1994 a. a. O.) im Hinblick auf die nicht mehr auf die spezifischen Belange von Frauen ausgerichtete Tätigkeit der Gleichstellungsbeauftragten (Abs. 2) ein Verstoß gegen Art. 3 Abs. 2 GG und NV und die kommunale Personalhoheit erblickt werden muss, kann zweifelhaft sein (offen gelassen vom BAG, Urt. v. 18.3.2010, R&R 4/2010 S. 1, das allein darauf abstellt, ob die in der Ausschreibung bezeichneten Anforderungen die Zurückweisung eines männlichen Bewerbers rechtfertigen). Als **hauptberuf-**

lich ist eine Beschäftigung gegen Dienstbezüge oder Arbeitsentgelt (Vergütung) anzusehen, die die Arbeitskraft der Beschäftigten mit mindestens der Hälfte der regelmäßigen Arbeitszeit beansprucht (s. auch Erl. 7 zu § 50; Nds. StGH, Urt. v. 13.3.1996 a. a. O.). Der Schaffung einer neuen Stelle bedarf es nicht, vielmehr kann auch eine vorhandene oder für andere Aufgaben neu eingestellte Bedienstete mit der Funktion der Gleichstellungsbeauftragten betraut werden (Nds. StGH, Urt. v. 13.3.1996 a. a. O.); die betreffende Bedienstete kann also neben ihrer wenigstens mit 50 v. H. einer Vollzeitkraft wahrgenommenen Funktion als Gleichstellungsbeauftragte mit anderen Verwaltungsaufgaben betraut werden, bezüglich derer sie keine herausgehobene Stellung hat, also insbesondere dem Weisungsrecht ihres Vorgesetzten unterliegt. Kommunen, die die Gleichstellungsbeauftragte **nicht hauptberuflich** beschäftigen müssen, können einer Frau diese Funktion zur ehren- oder nebenamtlichen oder -beruflichen Wahrnehmung übertragen. In Betracht kommen weibliche Bedienstete sowohl der Kommune als auch einer anderen Körperschaft, z. B. im Rahmen kommunaler Zusammenarbeit mit dem Landkreis oder einer anderen Gemeinde, auch deren hauptberufliche und ehren- oder nebenamtliche oder -berufliche Gleichstellungsbeauftragte, wobei Voraussetzung ist, dass die ordnungsgemäße Wahrnehmung der Funktion gewährleistet ist. Auch eine Abgeordnete oder eine sonstige Frau, die nicht Einwohnerin oder Bürgerin der Kommune sein muss (s. § 38 Abs. 2 Satz 3), kann mit der ehrenamtlichen Wahrnehmung der Aufgaben der Gleichstellungsbeauftragten betraut werden; sie kann diese Aufgaben auch in mehreren Kommunen ehrenamtlich erfüllen.
Die Vorschriften über die dienstrechtliche **Rechtsstellung** der Gleichstellungsbeauftragten (Abs. 2) gelten unmittelbar für alle hauptberuflichen Gleichstellungsbeauftragten, unabhängig davon, ob zur hauptberuflichen Beschäftigung eine Verpflichtung besteht oder nicht. Kommunen, die die Gleichstellungsbeauftragte nicht hauptberuflich beschäftigen, haben diese Rechtsstellung durch Satzung zu regeln und sollen sich dabei in der Regel an den Vorschriften für die hauptberufliche Gleichstellungsbeauftragte orientieren (Abs. 3 Halbsatz 2); regelmäßig genügt es, in der Satzung die entsprechende Anwendung des Abs. 2 Satz 1 und Sätze 3 bis 5 zu normieren. In begründeten Ausnahmefällen, die in der Praxis jedoch selten vorkommen werden, kann davon abgewichen werden, allerdings ermächtigt Abs. 3 nicht dazu, eine ehrenamtliche Gleichstellungsbeauftragte nur für eine bestimmte Dauer, z. B. die Wahlperiode, zu berufen (VG Hannover, Urt. v. 29.9.2000, VwRR N 2001, S. 29). Besondere Umstände müssten auch für die Festlegung einer anderen als der einfachen Mehrheit für die Berufung und Abberufung geltend gemacht werden. In der Satzung kann auch die Entschädigung der Gleichstellungsbeauftragten geregelt werden, die ihre Rechtsgrundlage in § 44 hat; die Regelung kann aber auch in der Entschädigungssatzung getroffen werden.

2. Die Vertretung ist ausschließlich zuständig, die Gleichstellungsbeauftragte in ihr Amt zu **berufen**, wobei es bei hauptberuflicher Beschäftigung um das Amt im funktionellen Sinne geht (Nds. StGH, Urt. v. 13.3.1996 a. a. O.). Für die Berufung als solche, die von der Einstellung nach § 107 Abs. 4 zu unterscheiden ist, ist das Einvernehmen des HVB anders als für die personalrechtlichen Entscheidungen nach § 107 Abs. 4 (s. unten) nicht vorgesehen. Die Berufung auf eine bestimmte Zeit ist gesetzlich nicht vorgesehen und stände auch nicht im Einklang mit der ausdrücklichen Regelung des Abs. 2 Satz 1 über die Abberufung und mit der Verpflichtung des Abs. 3, in der Satzung die Abberufung zu regeln. Für die **Abberufung** der hauptberuflichen Gleichstellungsbeauftragten, die keiner weiteren materiellen Voraussetzungen bedarf, genügt ein mit einfacher Mehrheit gefasster Beschluss. Die Abberufung der hauptberuflichen Gleichstellungsbeauftragten aus der Funktion lässt ihr Dienstverhältnis zur Kommune im Übrigen unberührt. Gegen die Abberufung kann die beamtete Gleichstellungsbeauftragte in gleicher Weise klagen wie der allgemeine Stellvertreter, dem diese Funktion durch Beschluss übertragen worden ist (s. Erl. 3 zu § 81). Die Ausgestaltung der Funktion der Gleichstellungsbeauftragten macht erkennbar, dass an ihre Wahrnehmung durch nur eine einzige Person gedacht ist.

Zur hauptberuflichen Gleichstellungsbeauftragten kann eine Beamtin oder sonstige Beschäftigte der Kommune berufen werden. Für die **personalrechtlichen Entscheidungen** der Gleichstellungsbeauftragten und einer Kandidatin für diese Funktion nach § 107 Abs. 4 ist ausschließlich die Vertretung zuständig; die Delegation auf den Hauptausschuss oder den HVB ist ausgeschlossen; die Maßnahmen sind an das Einvernehmen des HVB gebunden (§ 107 Abs. 4), und zwar auch dann, wenn die Berufung, die als solche des Einvernehmens nicht bedarf, und die Einstellung zusammenfallen. Die Ausweitung des Beschäftigungsvolumens einer teilzeitbeschäftigten hauptberuflichen Gleichstellungsbeauftragten durch Übertragung weiterer Aufgaben als Gleichstellungsbeauftragte oder zusätzlicher anderweitiger Aufgaben, ist keine Angelegenheit nach § 107 Abs. 4; für sie ist deshalb der HVB (§ 9 Abs. 3 Satz 1, § 85 Abs. 3) zuständig. Ist die Gleichstellungsbeauftragte Beamtin, endet ihre Funktion mit der **Beendigung des Beamtenverhältnisses** (§ 21 BeamtStG, § 30 f. NBG), ohne dass es eines zusätzlichen Beschlusses der Vertretung bedarf. Eine Gleichstellungsbeauftragte im Arbeitsverhältnis unterliegt nicht dem Schutz der §§ 15, 16 KSchG. Zur personalvertretungsrechtlichen Mitbestimmung bei Maßnahmen für hauptberufliche Gleichstellungsbeauftragte und zu ihrer Wählbarkeit für den Personalrat s. § 107 NPersVG.

Für den Fall einer außerordentlichen Kündigung gilt § 89. Zur **Vergütung** der Gleichstellungsbeauftragten s. zur vergleichbaren Vergütung der Frauenbeauftragten im Angestelltenverhältnis BAG, Urt. v. 20.3.1991, ZTR 1991 S. 376; v. 20.9.1995, ZTR 1996 S. 171 sowie RdSchr. des KAV A19/96 v. 1.7.1996 und Antwort der Landesregierung v. 30.11.1994 auf eine Große Anfrage zu den kommunalen Frauenbeauftragten (Drs. 13/634).

3. Die **Stellvertretungsregelung** (Abs. 2 Sätze 3 bis 5) gilt für hauptberufliche Gleichstellungsbeauftragte und soll durch Satzung für die nicht hauptberufliche Gleichstellungsbeauftragte ebenso getroffen werden. Der Hauptausschuss kann eine ständige Stellvertreterin berufen und soll eine Stellvertreterin bestellen, wenn eine ständige Stellvertretung nicht besteht und die Gleichstellungsbeauftragte voraussichtlich länger als sechs Wochen verhindert ist. In beiden Fällen ist das Einvernehmen des HVB nicht erforderlich. Die Berufung einer **ständigen Stellvertreterin** soll gewährleisten, dass im Falle jeder Verhinderung der Gleichstellungsbeauftragten, insbesondere einer kürzeren als sechs Wochen, deren

Aufgaben erfüllt werden. Es handelt sich also um eine Verhinderungsvertretung und der Begriff „ständig" bedeutet nur, dass nicht bei jeder Verhinderung eine Stellvertreterin neu bestellt wird, nicht dagegen, dass die Stellvertreterin wie der allgemeine Stellvertreter den HVB die Gleichstellungsbeauftragte auch bei deren Anwesenheit vertritt. Der Grund der Verhinderung, ob Krankheit, Urlaub oder anderweitige dienstliche Verpflichtung, spielt keine Rolle. Es ist nicht vorgeschrieben, in welchem Rechtsverhältnis die ständige Stellvertreterin beschäftigt wird, ob haupt- oder nicht hauptamtlich, ob neben- oder ehrenamtlich. Vor ihrer Bestellung soll die Gleichstellungsbeauftragte gehört werden. Darauf kann also nur bei Vorliegen besonderer Umstände verzichtet werden; zur Geltendmachung der Verletzung ihres Anhörungsrechts in einer kommunalverfassungsrechtlichen Streitigkeit s. Erl. 4 a. E zu § 9. Diese Regelung verdrängt das Beteiligungsrecht nach § 9 Abs. 5. Die Bestellung erfolgt durch Beschluss mit einfacher Mehrheit; auch ohne dass das ausdrücklich bestimmt ist, kann der Hauptausschuss die Stellvertreterin durch einen entsprechenden Beschluss wieder abberufen; nach allgemeinen Grundsätzen darf die Abberufung nicht willkürlich erfolgen, es genügt aber wie beim allgemeinen Stellvertreter des HVB der Verlust des Vertrauensverhältnisses auf Seiten der Vertretung oder des Hauptausschusses. Für eine Verhinderung von voraussichtlich **mehr als sechs Wochen** soll eine andere Bedienstete der Kommune mit der Wahrnehmung der Geschäfte beauftragt werden. Ob die Verhinderung voraussichtlich länger als sechs Wochen andauert, ergibt sich bei einer Beurlaubung aus deren Grund (z. B. Erziehungsurlaub gem. § 62 NBG, oder Sonderurlaub nach der SonderurlaubsVO), bei einer Krankheit aus dem ärztlichen Attest. Die Soll-Bestimmung bedeutet, dass von ihr nur in besonders begründeten Fällen abgewichen werden darf; denkbar ist eigentlich nur der Fall, dass sich eine Stellvertreterin nicht finden lässt. Zuständig für die Beauftragung ist der Hauptausschuss; § 58 Abs. 3 gilt hier wegen der speziellen Zuständigsbestimmung nicht. Ein Anhörungsrecht der Gleichstellungsbeauftragten ist für diesen Fall der Stellvertretung nicht vorgesehen; es könnte dieses auch im Falle einer überraschenden Verhinderung, z. B. infolge Erkrankung, oftmals nicht wahrgenommen werden. In beiden Fällen der Stellvertretung hat die Stellvertreterin alle Rechte und Pflichten der Gleichstellungsbeauftragten nach § 9 Abs. 4 bis 7; sie ist bei der rechtmäßigen Erfüllung ihrer Aufgaben nur der Vertretung gegenüber verantwortlich und an Weisungen auch des Hauptausschusses, der sie berufen hat, nicht gebunden.

§ 9   Verwirklichung der Gleichberechtigung

(1) ¹**Die Absätze 2 bis 6 gelten für hauptberuflich beschäftigte Gleichstellungsbeauftragte. ²Ist die Gleichstellungsbeauftragte nicht hauptberuflich tätig, so regelt die Vertretung die Aufgaben, Befugnisse und Beteiligungsrechte der Gleichstellungsbeauftragten durch Satzung. ³Die Regelungen sollen den Absätzen 2 bis 6 entsprechen.**

(2) ¹**Die Gleichstellungsbeauftragte soll dazu beitragen, die Gleichberechtigung von Frauen und Männern zu verwirklichen. ²Sie wirkt nach Maßgabe der Absätze 4 und 5 an allen Vorhaben, Entscheidungen, Programmen und Maß-**

nahmen mit, die Auswirkungen auf die Gleichberechtigung der Geschlechter und die Anerkennung der gleichwertigen Stellung von Frauen und Männern in der Gesellschaft haben. [3]Die Gleichstellungsbeauftragte kann zur Verwirklichung der in Satz 1 genannten Zielsetzung, insbesondere zur Verbesserung der Vereinbarkeit von Familie und Beruf, Vorhaben und Maßnahmen anregen, die Folgendes betreffen:

1. die Arbeitsbedingungen in der Verwaltung,
2. personelle, wirtschaftliche und soziale Angelegenheiten des öffentlichen Dienstes der Kommune oder
3. bei Gemeinden und Samtgemeinden Angelegenheiten der örtlichen Gemeinschaft, bei Landkreisen und der Region Hannover Angelegenheiten im gesetzlichen Aufgabenbereich.

[4]Die Vertretung kann der Gleichstellungsbeauftragten weitere Aufgaben zur Förderung der Gleichberechtigung von Frauen und Männern übertragen. [5]Die Gleichstellungsbeauftragte kann der Vertretung hierfür Vorschläge unterbreiten.

(3) [1]Die Gleichstellungsbeauftragte ist unmittelbar der Hauptverwaltungsbeamtin oder dem Hauptverwaltungsbeamten unterstellt. [2]Bei der rechtmäßigen Erfüllung ihrer Aufgaben ist sie nicht weisungsgebunden.

(4) [1]Die Gleichstellungsbeauftragte kann an allen Sitzungen der Vertretung, des Hauptausschusses, der Ausschüsse der Vertretung, der Ausschüsse nach § 73, der Stadtbezirksräte und der Ortsräte teilnehmen. [2]Sie ist auf ihr Verlangen zum Gegenstand der Verhandlung zu hören. [3]Die Gleichstellungsbeauftragte kann verlangen, dass ein bestimmter Beratungsgegenstand auf die Tagesordnung der Sitzung der Vertretung, des Hauptausschusses, eines Ausschusses der Vertretung, des Stadtbezirksrates oder des Ortsrates gesetzt wird. [4]Widerspricht sie in Angelegenheiten, die ihren Aufgabenbereich berühren, einem Beschlussvorschlag des Hauptausschusses, so hat die Hauptverwaltungsbeamtin oder der Hauptverwaltungsbeamte die Vertretung zu Beginn der Beratung auf den Widerspruch und seine wesentlichen Gründe hinzuweisen. [5]Satz 4 ist auf Beschlussvorschläge, die an den Hauptausschuss, den Jugendhilfeausschuss, die Stadtbezirksräte und die Ortsräte gerichtet sind, entsprechend anzuwenden. [6]Die Gleichstellungsbeauftragte ist auf Verlangen der Vertretung verpflichtet, Auskunft über ihre Tätigkeit zu geben; dies gilt nicht für Angelegenheiten, die der Geheimhaltung nach § 6 Abs. 3 Satz 1 unterliegen.

(5) [1]Die Hauptverwaltungsbeamtin oder der Hauptverwaltungsbeamte hat die Gleichstellungsbeauftragte in allen Angelegenheiten, die den Aufgabenbereich der Gleichstellungsbeauftragten berühren, rechtzeitig zu beteiligen und ihr die erforderlichen Auskünfte zu erteilen. [2]Dies gilt insbesondere in Personalangelegenheiten. [3]Die Gleichstellungsbeauftragte ist in dem für die sachgerechte Wahrnehmung ihrer Aufgaben erforderlichen Umfang berechtigt, die Akten der Kommunalverwaltung einzusehen. [4] Personalakten darf sie nur mit Zustimmung der betroffenen Beschäftigten einsehen.

(6) Die Gleichstellungsbeauftragte kann die Öffentlichkeit über Angelegenheiten ihres Aufgabenbereichs informieren.

(7) [1]Die Hauptverwaltungsbeamtin oder der Hauptverwaltungsbeamte berichtet der Vertretung gemeinsam mit der Gleichstellungsbeauftragten über die Maßnahmen, die die Kommune zur Umsetzung des Verfassungsauftrags aus

Artikel 3 Abs. 2 der Niedersächsischen Verfassung, die Gleichberechtigung von Frauen und Männern zu verwirklichen, durchgeführt hat, und über deren Auswirkungen. [2]Der Bericht ist der Vertretung jeweils nach drei Jahren, beginnend mit dem Jahr 2004, zur Beratung vorzulegen.

§§ 5a Abs. 2 bis 7, 4a Abs. 3 bis 8, 17 Abs. 3 bis 8 RegionsG

ERLÄUTERUNGEN zu § 9

1. Die Regelungen über die **Aufgaben** der Gleichstellungsbeauftragten und die Mittel und Instrumente ihrer Wahrnehmung gelten unmittelbar nur für die hauptberufliche Gleichstellungsbeauftragte. Für die nicht hauptberufliche hat die Vertretung dies durch Satzung zu regeln, wobei die Regelungen denen für die hauptberufliche entsprechen sollen. Es reicht also aus, in der Satzung zu bestimmen, dass die Abs. 2 bis 6 entsprechend gelten. Allerdings können insbesondere bei ehrenamtlicher Wahrnehmung der Funktion Modifikationen in Betracht kommen, etwa in der Weise, dass die Gleichstellungsbeauftragte auf die Teilnahme an den Sitzungen der Ausschüsse verzichtet und es die Verwaltung übernimmt, ihre etwaige Stellungnahme zu einem Tagesordnungspunkt vorzutragen. Es empfehlen sich diesbezügliche Absprachen mit der Gleichstellungsbeauftragten auch in den anderen Bereichen der Abs. 2 bis 7, die den konkreten Verhältnissen in der Kommune gerecht werden

2. Der **Aufgabenbereich** der Gleichstellungsbeauftragten bezieht sich nicht mehr allein auf die Gleichberechtigung von Frauen und Männern, sondern insbesondere auch auf die bessere Vereinbarkeit von Beruf und Familie (Abs. 2 Satz 3) und erstreckt sich auf alle **Angelegenheiten der Kommune** im eigenen und im übertragenen Wirkungskreis; er wird dadurch zugleich begrenzt. Ihre Zuständigkeit erstreckt sich auch auf die Regie- und Eigenbetriebe, für die also keine eigene Gleichstellungsbeauftragte zu berufen ist. Die Gleichstellungsbeauftragte ist nicht darauf beschränkt, bei den von der Kommune wahrgenommenen Aufgaben die Gewährleistung des Grundsatzes der Gleichberechtigung zu kontrollieren, sondern kann bei diesen und bei Angelegenheiten der örtlichen und überörtlichen Gemeinschaft, die von der Kommune bisher nicht wahrgenommen wurden, auch initiativ werden, weil Art. 3 GG und NV nicht nur ein Diskriminierungsverbot enthalten, sondern auch auf die künftige Durchsetzung der Gleichberechtigung abzielt (BVerfG. Urt. v. 28.1.1992, NJW 1992 S. 964). Bei Aufgaben, die die Kommune bisher nicht wahrnimmt, ist allerdings darauf Bedacht zu nehmen, dass für die Übernahme neuer Aufgaben, für die keine gesetzliche Verpflichtung besteht, die Vertretung ausschließlich zuständig ist (§ 58 Abs. 1 Nr. 19), so dass sie zunächst beschlossen haben muss, bevor die Gleichstellungsbeauftragte Aktivitäten in dieser Aufgabe entfalten kann (z. B. Schuldnerberatung, Hilfe bei Existenzgründungen, Präventionsmaßnahmen in den Bereichen Drogen, Jugendkriminalität oder sexueller Missbrauch von Kindern und Jugendlichen, Auflegung eines Hilfs- oder Förderprogramms, Durchführung von Betreuungsmaßnahmen); eine einfache Beratung (z. B. einer hilfesuchenden Frau) fällt jedoch nicht unter den Vorbehalt eines vorherigen Beschlusses der Vertretung, wohl aber im Zusammenhang damit der Einforderung von Maßnahmen der Gleichberechtigung in privaten oder öffentlich-rechtlichen Betrieben oder Unternehmen, sofern das überhaupt eine Angelegenheit der örtlichen Gemeinschaft ist.

Für die Aufgabenstellung der Frauenbeauftragten hat der Nds. StGH (Urt. v. 13.3.1996 a. a. O.) klargestellt, dass sie keine Organstellung hat, weil sie **keine Entscheidungsgewalt** besitzt, sondern sich ihre Kompetenzen auf die Informationsmöglichkeiten und Thematisierungschancen, auf Beteiligungs-, Mitwirkungs- und Anregungsrechte sowie auf eine Widerspruchsbefugnis beschränken; für die Gleichstellungsbeauftragte kann nichts anderes gelten. Bei der Übertragung weiterer Aufgaben im Rahmen des Abs. 2 Satz 4 ist deshalb zu bedenken, dass die Gleichstellungsbeauftragte nicht Kommunalorgan ist und sie dazu auch nicht durch Maßnahmen der Vertretung gemacht werden kann, indem ihr Entscheidungskompetenzen in Angelegenheiten der Kommune eingeräumt werden. Bei den weiteren Aufgaben, die ihr übertragen werden (Abs. 2 Satz 4), kann es sich also im Wesentlichen nur um solche zum Verfahren handeln, in dem die Gleichstellungsbeauftragte zur Verwirklichung der Gleichberechtigung beiträgt (z. B. Entwicklung von Förderplänen, Einrichtung Runder Tische, Durchführung von Sprechstunden). Die Gleichstellungsbeauftragte kann dafür Vorschläge unterbreiten (Abs. 2 Satz 5).

Alle Aktivitäten der Gleichstellungsbeauftragten im Rahmen des Abs. 2 sind zulässig, wenn sie dem Ziel verpflichtet sind, zur Verwirklichung der Gleichberechtigung und Verbesserung der Vereinbarkeit von Beruf und Familie beizutragen. In diesem Rahmen ist ihr auch gestattet, an **Besprechungen der Gleichstellungsbeauftragten** auf Kreis-, Bezirks- und Landesebene teilzunehmen, so wie das in anderen Bereichen der Kommunalverwaltung auch geübt wird.

3. Die Gleichstellungsbeauftragte ist **unmittelbar dem HVB unterstellt,** hat also direkten Zugang zu ihm. Er ist ihr Dienstvorgesetzter, soweit nicht für die personalrechtlichen Entscheidungen die Vertretung zuständig ist, gewährt also Urlaub, genehmigt Dienstreisen und trifft vergleichbare Entscheidungen in persönlichen Angelegenheiten der Gleichstellungsbeauftragten.

Bei der rechtmäßigen Erfüllung ihrer Aufgaben ist die Gleichstellungsbeauftragte **weisungsfrei,** d. h. sie hat insoweit keinen Vorgesetzten. Die Weisungsfreiheit besteht nicht bei nichtrechtmäßiger Aufgabenerfüllung; die Kontrolle darüber obliegt dem HVB. Im Rahmen rechtmäßiger Aufgabenerfüllung ist die Gleichstellungsbeauftragte allein der Vertretung verantwortlich und deshalb verpflichtet, ihr auf Verlangen Auskunft über ihre Tätigkeit zu geben (Abs. 4 Satz 6); einziges Sanktionsmittel ist die Abberufung.

4. Abs. 4 verleiht der Gleichstellungsbeauftragten weitgehende **Beteiligungs- und Mitwirkungsrechte** im Zusammenhang mit den Tätigkeiten der kommunalen Gremien und der Verwaltung; diese Rechte stehen nur ihr persönlich zu, nicht auch anderen Mitarbeitern. Sie kann aufgrund eigener Entscheidung an **allen Sitzungen,** auch nichtöffentlichen, **teilnehmen** (Abs. 4 Satz 1), und zwar unabhängig davon, ob Beratungsgegenstände ihren Aufgabenbereich betreffen, und kann verlangen, zu jedem Beratungsgegenstand gehört zu werden (Abs. 4 Satz 2). Wie einem Mitglied der Vertretung (§ 56) steht ihr ein nicht einschränkbares **Antragsrecht** in Bezug auf die Tagesordnung zu (Abs. 4 Satz 3), jedoch hat auch sie keinen Anspruch darauf, dass das betreffende Gremium sich mit dem Tagesordnungspunkt sachlich befasst und eine Sachentscheidung trifft (s. Erl. 6 zu § 59). Ihr Antragsrecht kann denselben Geschäftsordnungsregeln unterworfen werden wie das der Mitglieder der Vertreter. Ihr **Widerspruchsrecht** (Abs. 4 Sätze 4, 5) setzt voraus, dass ihr alle Vorlagen, durch die Beschlüsse der Vertretung, des Hauptausschusses, des Jugendhilfeausschusses, eines Stadtbezirks- oder Ortsrats vorbereitet werden, rechtzeitig zugeleitet werden. Die Pflicht des HVB, auf den Widerspruch der Gleichstellungsbeauftragten und dessen wesentliche Gründe hinzuweisen, trifft diesen als Organ; sie kann also auch von dem Sitzungsvertreter der Verwaltung erfüllt werden; der HVB kann es auch der Gleichstellungsbeauftragten selbst überlassen, ihren Widerspruch darzustellen und zu begründen. Die gesetzliche Regelung soll lediglich gewährleisten, dass das beschließende Gremium auch dann von dem Widerspruch Kenntnis erhält, wenn die Gleichstellungsbeauftragte, die die Beteiligungsrechte nur höchstpersönlich wahrnehmen, kann an der Sitzung nicht teilnimmt.

Die Gleichstellungsbeauftragte ist **rechtzeitig** an allen Angelegenheiten, die ihre Aufgaben berühren, zur Verwirklichung der Gleichberechtigung beizutragen, **zu beteiligen** (Abs. 5 Satz 1), d. h. in einem Stadium, in dem sie auf die Behandlung der Angelegenheit Einfluss nehmen kann. Als Formen der Beteiligung kommen z. B. in Betracht die Teilnahme an verwaltungsinternen Amtsleitungs- oder Dezernatsbesprechungen, Mitzeichnungsbefugnisse; die Regelung durch Dienstanweisung ist zulässig. Außerdem sind der Gleichstellungsbeauftragten die für ihre Aufgabenwahrnehmung **erforderlichen Auskünfte** zu erteilen (Abs. 5 Satz 1). Die Beteiligungs- und Auskunftsrechte bestehen insbesondere in **Personalangelegenheiten** (Abs. 5 Satz 2). Hier ist die Gleichstellungsbeauftragte z. B. an der Formulierung von Stellenausschreibungen und an Vorstellungsgesprächen zu beteiligen und ihr sind Bewerbungsunterlagen zugänglich zu machen. Sie hat ein umfassendes Akteneinsichtsrecht (Abs. 5 Satz 3). Die Einsichtnahme in Personalakten ist ihr jedoch nur mit Zustimmung des betroffenen Bediensteten gestattet (Abs. 5 Satz 4). In diesem Bereich kann es zu Überschneidungen mit Aufgaben des Personalrates kommen; im Konfliktfall haben die Vorschriften des NPersVG Vorrang. Wenn der Personalrat das ablehnt, kann die Gleichstellungsbeauftragte nach allgemeiner Meinung an gemeinsamen Besprechungen von Dienststelle und Personalrat i. S. des § 62 NPersVG nicht teilnehmen (offen gelassen vom BVerwG, Urt. v. 5.8.1983, PersV 1984 S. 71); zu anderen Gesprächen kann der HVB sie hinzuziehen.

Das Gesetz verpflichtet nicht zur Anhörung der Gleichstellungsbeauftragten, sondern gibt ihr nur das Recht, sich in Sitzungen zu Wort zu melden, so dass schon deshalb eine unterbliebene Anhörung auf die Wirksamkeit von Beschlüssen keine Auswirkungen hat; dasselbe gilt für die Beteiligung der Gleichstellungsbeauftragten nach Abs. 5 bezüglich der Wirksamkeit getroffener Entscheidungen, weil eine dem § 63 NPersVG entsprechende Regelung nicht besteht. Der Gleichstellungsbeauftragten wie einem Organ die Geltendmachung der Verletzung ihrer Anhörungs- und Beteiligungsrechte im Wege einer kommunalverfassungsrechtlichen Streitigkeit zu ermöglichen (so VG Frankfurt/Main, Urt. v. 11.1.1999, DVBl. S. 941 Ls.; offenbar ebenso BVerwG, Urt. v. 8.4.2010, DÖD S. 233; s. auch Nds. OVG, Urt. v. 15.2.2011, R&R 2/2011

S. 1, für das Klagerecht des Kreiselternrats bei der Besetzung des Schulausschusses), ist wegen ihrer fehlenden Organstellung problematisch; die Weisungsunabhängigkeit ist dafür keine ausreichende Grundlage, weil sonst auch das Rechnungsprüfungsamt (§ 154 Abs. 1 Satz 3) und die Beamten auf Zeit, soweit sie im Rahmen des § 67 Abs. 1 nicht dem Weisungsrecht des HVB unterliegen, diese Klagemöglichkeit beanspruchen könnten. Auf jeden Fall gewährleistet den Rechtsschutz der Gleichstellungsbeauftragten insoweit die Kommunalaufsicht.

5. Auch im Rahmen ihres Rechts, die **Öffentlichkeit** über Angelegenheiten ihres Aufgabenbereiches zu unterrichten (Abs. 6), ist die Gleichstellungsbeauftragte weisungsfrei. Die Unterrichtung kann mündlich, z. B. durch Pressekonferenzen, oder schriftlich, z. B. durch die Herausgabe eines Informationsblattes, vorgenommen werden. Diese Öffentlichkeitsarbeit verlangt, dass entsprechende Haushaltmittel zur Verfügung gestellt werden.

6. Für die **organisatorische Stellung** der Gleichstellungsbeauftragten ist von Bedeutung, dass sie weder Organ noch Behörde ist. Im Schriftverkehr muss sie deshalb den Briefkopf der Behörde verwenden, der regelmäßig den Namen der Kommune und darunter die Bezeichnung des jeweiligen HVB (§ 7 Abs. 2) enthält. Der Zusatz mit ihrer Funktionsbezeichnung „Die Gleichstellungsbeauftragte" ist zulässig. Sie zeichnet grundsätzlich „Im Auftrage", jedoch kann auf diesen Zusatz in der Schlusszeichnung verzichtet werden, wenn im Briefkopf oder unter der Unterschrift der Hinweis auf die Gleichstellungsbeauftragte als Verfasserin erfolgt. Die insoweit maßgeblichen Regelungen können durch Geschäftsanweisung vom HVB getroffen werden (§ 85 Abs. 3 Satz 1 Halbsatz 1). Im Behördenschriftverkehr hat die Gleichstellungsbeauftragte als Teil der Kommunalverwaltung den Dienstweg einzuhalten.

7. HVB und Gleichstellungsbeauftragte haben gemeinsam alle drei Jahre, beginnend mit dem Jahr 2004, zur Beratung in der Vertretung Bericht zu erstatten über die Maßnahmen, die zur Verwirklichung des Grundsatzes der Gleichberechtigung durchgeführt worden sind, sowie über deren Auswirkungen (Abs. 7). Sinnvollerweise wird der Bericht von der Gleichstellungsbeauftragten entworfen und von der Verwaltung gegebenenfalls ergänzt. Da die Vertretung über ihn beraten soll, ist er schriftlich vorzulegen, unterschrieben von der Gleichstellungsbeauftragten und dem HVB.

§ 10   Satzungen

(1) Die Kommunen können ihre eigenen Angelegenheiten durch Satzung regeln.

(2) [1]Ist eine Satzung unter Verletzung von Verfahrens- oder Formvorschriften, die in diesem Gesetz enthalten oder aufgrund dieses Gesetzes erlassen worden sind, zustande gekommen, so ist diese Verletzung unbeachtlich, wenn sie nicht schriftlich innerhalb eines Jahres seit Verkündung der Satzung gegenüber der Kommune geltend gemacht worden ist. [2]Dabei sind die verletzte Vorschrift und die Tatsache, die den Mangel ergibt, zu bezeichnen. [3]Satz 1 gilt

nicht, wenn die Vorschriften über die Genehmigung oder die Verkündung der Satzung verletzt worden sind.

(3) Satzungen treten, wenn kein anderer Zeitpunkt bestimmt ist, am 14. Tag nach Ablauf des Tages in Kraft, an dem sie verkündet werden.

(4) Jede Person hat das Recht, Satzungen einschließlich aller Anlagen und Pläne innerhalb der öffentlichen Sprechzeiten der Verwaltung einzusehen und sich gegen Erstattung der dadurch entstehenden Kosten Kopien geben zu lassen.

(5) [1]Ordnungswidrig handelt, wer vorsätzlich oder fahrlässig einem Gebot oder Verbot einer Satzung zuwiderhandelt, soweit die Satzung für einen bestimmten Tatbestand auf diese Bußgeldvorschrift verweist. [2]Die Ordnungswidrigkeit kann mit einer Geldbuße bis zu 5000 Euro geahndet werden. [3]Verwaltungsbehörde im Sinne des § 36 Abs. 1 Nr. 1 des Gesetzes über Ordnungswidrigkeiten (OWiG) ist die Kommune.

(6) Die Absätze 2 bis 4 gelten entsprechend für Verordnungen der Kommune und für die Erteilung von Genehmigungen für den Flächennutzungsplan.

§§ 6 NGO, 7 NLO, 18 RegionsG

ERLÄUTERUNGEN zu § 10

1. Satzungen sind Rechtsvorschriften, die von einer dem Staat eingeordneten juristischen Person des öffentlichen Rechts im Rahmen der ihr gesetzlich verliehenen Autonomie mit Wirksamkeit für die ihr angehörigen und unterworfenen Personen erlassen werden (BVerfG, Beschl. v. 9.5.1972, NJW 1972 S. 1504). Als Satzungen werden die Bebauungspläne der Gemeinden beschlossen (§ 10 Abs. 1 BauGB).

Satzungen sind objektives Recht, Gesetze im materiellen Sinne und binden innerhalb ihres Geltungsbereichs jedermann, auch die Kommune selbst, deren Verwaltung also keine Inzident-Verwerfungskompetenz hat (OVG Saarlouis, Urt. v. 20.2.1989, NVwZ 1990 S. 172; für baurechtliche Satzungen: BVerwG, Urt. v. 21.11.1986, BVerwGE 75 S. 142). Verstöße dagegen können kommunalaufsichtlich aufgegriffen werden mit dem Ziel, ggf. die Änderung oder Aufhebung der Satzung herbeizuführen.

Satzungen stehen im Range unter dem Landesgesetz. Gem. § 7 AG VwGO entscheidet das OVG auf Antrag über die Gültigkeit von Satzungen (§ 47 Abs. 1 Nr. 2 VwGO); für Satzungen nach dem BauGB gilt das unmittelbar gem. § 47 Abs. 1 Nr. 1 VwGO.

Satzungen im eigenen Wirkungskreis brauchen als Rechtsgrundlage nur die allgemeine Ermächtigungsnorm des § 10 anzugeben, sind also nicht an das strenge Zitiergebot des Art. 80 GG gebunden (BVerfG, Beschl. v. 2.5.1961, BVerfGE 12 S. 319). Satzungen im übertragenen Wirkungskreis (z. B. § 97 NBauO) müssen dagegen die besondere gesetzliche Ermächtigung angeben.

Satzungen können nur durch Satzung geändert oder aufgehoben werden.

2. Anknüpfend an die „Heilung" von Rechtsverletzungen beim Erlass von Satzungen nach dem BauGB (§§ 214, 215) bestimmt Abs. 2, dass die **Verletzung von Verfahrens- oder Formvorschriften des NKomVG** und rechtlicher Bestimmungen, die aufgrund des NKomVG erlassen worden sind, beim Zustandekommen von Satzungen **unbeachtlich ist,** wenn der Mangel nicht innerhalb eines Jahres schriftlich geltend gemacht worden ist. Dabei sind die verletzte Vorschrift und die Tatsache, die den Mangel ergibt, zu bezeichnen. Geltend gemacht ist der Mangel, wenn entweder der HVB gegen den Satzungsbeschluss Maßnahmen nach § 88 ergriffen, die Aufsichtsbehörde ihn gem. § 173 beanstandet oder ein Dritter ihn gerügt hat. Erforderlich ist, dass der Kommune die Rüge innerhalb eines Jahres seit Verkündung der Satzung (vgl. Erl. zu § 11) **schriftlich zugegangen** ist. Für die Berechnung der Ausschlussfrist, für deren Versäumung eine Wiedereinsetzung in den vorigen Stand nicht möglich ist, gelten die §§ 187 Abs. 1, 188 Abs. 2 BGB. Der Mangel kann auch im Rahmen eines anderweitigen Verfahrens (z. B. eines Rechtsbehelfsverfahrens), an dem die Kommune beteiligt ist, schriftsätzlich geltend gemacht werden.

Als Verletzungen von Verfahrens- oder Formvorschriften, die **geheilt werden können,** kommen insbesondere Verstöße gegen die Bestimmungen über das Mitwirkungsverbot (§ 41), die Einberufung (vgl. Erl. 1 und 2 zu § 59), die ortsübliche Bekanntmachung von Zeit, Ort und Tagesordnung der Sitzungen der Vertretung (vgl. Erl. 9 zu § 59), die Öffentlichkeit der Sitzungen (vgl. Erl. 1 zu § 64), die Beschlussfähigkeit der Vertretung (vgl. Erl. zu § 65), die notwendige qualifizierte oder einfache Mehrheit bei Abstimmungen (§ 66; ebenso VG Göttingen, Urt. v. 21.3.2007, R&R 3/2007 S. 3), die Anhörung der Stadtbezirks-, Ortsräte (vgl. Erl. 4 zu § 94) oder die Unterzeichnung der Satzung (soweit sie nicht gänzlich fehlt) in Betracht.

Nicht heilbar sind Verletzungen der Vorschriften über die Genehmigung und die Verkündung der Satzung (Abs. 2 Satz 3); obwohl zur Verkündungung nicht die Ausfertigung gehört, die einen eigenständigen Verfahrensbestandteil darstellt (VG Lüneburg, Urt. v. 7.11.2007, R&R 1/2008 S. 11) und wie der Satzungsbeschluss nur Grundlage und Voraussetzung für die Verkündung ist, sodass ihr Fehlen und ihre Mängel eigentlich geheilt werden könnten, sieht das Nds. OVG (Urt. v. 8.9.2010, DVBl. S. 1381=R&R 6/2010 S. 10) in der Ausfertigung den Anstoß des HVB zur Verkündung, ohne den dieser unwirksam ist (s. Erl 1 zu § 11). Verstöße gegen vorgeschriebene ortsübliche Bekanntmachungen im Rahmen des Verfahrens vor Erlass der Satzung sind dagegen heilbar (s. oben); dabei ist zu beachten, dass Verstöße gegen solche Bekanntmachungspflichten aufgrund des BauGB (vgl. §§ 2 Abs. 1 Satz 2, 3 Abs. 2) nur gem. § 214 BauGB geheilt werden können, wenn die Bekanntmachung überhaupt unterlassen worden ist. Ist unter Verletzung der ortsrechtlich bestimmten Art und Weise der Ortsüblichkeit bekanntgemacht worden, regelt sich die Heilung nach Absatz 2.

Ob ein Verstoß gegen die Vorbereitungspflicht des Hauptausschusses (§ 76 Abs. 1) geheilt werden kann, könnte wegen deren Stringenz (vgl. Erl. 2 zu § 76) zweifelhaft sein; es handelt sich allerdings um eine Verfahrensvorschrift i. S. d. Abs. 2. Dagegen ist die unterlassene Vorbereitung durch Fachausschüsse ohne Bedeutung für die Wirksamkeit der Satzung (vgl. Erl. 2 zu § 71).

An die **Bezeichnung** der verletzten Vorschrift und der den Mangel ergebenden Tatsache dürfen keine zu hohen Anforderungen gestellt werden. Die genaue Beschreibung des Sachverhalts (z. B. ein bestimmter Beschluss der Vertretung sei in nichtöffentlicher statt in öffentlicher Sitzung gefasst worden oder an der Beratung und Entscheidung in einer bestimmten Angelegenheit habe ein befangener Abgeordneter, auf dessen Stimme es bei der Entscheidung angekommen sei, mitgewirkt) reicht aus.

Das Recht, die Verletzung einer Verfahrens- oder Formvorschrift geltend zu machen, steht **jedermann** zu, ohne dass es dazu einer besonderen Befugnis, z. B. einer Beschwer, bedürfte, weil anderenfalls das Rügerecht leerliefe, was mit dem Ausnahmecharakter der Vorschrift nicht vereinbar wäre. Soweit der HVB oder die Aufsichtsbehörde den Mangel durch Einspruch oder Beanstandung geltend machen, richtet sich das weitere Verfahren nach den insoweit dafür vorgesehenen Vorschriften (§§ 88, 173). Hält die Kommune die Rüge eines Dritten für unbegründet, so teilt sie ihm das formlos mit; diese Mitteilung ist kein Verwaltungsakt. Die Rüge erhält jedoch für jedermann das Recht, sich auch nach Ablauf der Jahresfrist auf den gerügten Mangel zu berufen. Hält die Kommune die Rüge für begründet, setzt der Erlass einer wirksamen Satzung voraus, dass das Verfahren von dem Stadium ab wiederholt wird, in dem der Verfahrens- oder Formverstoß geschehen ist; mit der Verkündung der neuen Satzung beginnt eine neue Jahresfrist, binnen deren Mängel sowohl des wiederholten als auch des nicht wiederholten Verfahrensteils geltend gemacht werden können. Mängel, die nicht förmlich geltend gemacht worden sind, sind nach Ablauf der Jahresfrist unbeachtlich. Eine Verpflichtung der Kommune, **auf die Rechtsfolgen der Heilung** bei der Verkündung der Satzung **hinzuweisen**, besteht im Gegensatz zu § 215 Abs. 2 BauGB nicht. Bei Satzungen nach dem BauGB sowie bei Flächennutzungsplänen (vgl. Abs. 6) ist also in der Verkündung nur auf die Heilung von Vorschriften nach dem BauGB hinzuweisen.

3. In Anlehnung an Art. 45 Abs. 3 Satz 1 NV regelt Abs. 3, dass Satzungen, wenn in ihnen oder spezialgesetzlich, wie z. B. für Bauleitpläne durch §§ 6 Abs. 5, 10 Abs. 3 BauGB, kein anderer Zeitpunkt bestimmt ist, mit dem 14. Tag nach Ablauf des Tages **in Kraft tritt**, an dem sie verkündet worden ist (§ 11). Ein anderer Zeitpunkt kann nicht nur nach dem 14. Tag bestimmt werden, sondern, insbesondere bei rückwirkendem Inkrafttreten, auch vor diesem Tag, also z. B. der Tag nach der Verkündung oder ein anderes festes Datum.

Die **Rückwirkung** von Satzungen ist nach der Rechtsprechung (BVerwG, Urt. v. 19.2.1971, DVBl. 1971 S. 505; Urt. v. 26.2.2003, NVwZ-RR 2003 S. 522 = R&R 4/2003 S. 5) nur bei Wahrung des Rechtsstaatsprinzips, zu dessen wesentlichen Elementen die Rechtssicherheit gehört, zulässig. Sie ist besonders problematisch bei Regelungen, die den Bürger belasten, im Hinblick auf den Vertrauensschutz. Deshalb kommt eine Rückwirkung grundsätzlich nur in Betracht, wenn der Bürger mit der neuen Regelung rechnen musste, z. B. weil bisher nur eine vorläufige Regelung bestanden hat, weil formelle oder materielle Mängel geheilt werden oder wenn das bisherige Recht unklar oder verworren ist oder wenn sonst das Vertrauen des Bürgers in den Fortbestand des bisherigen Rechts nicht schutzbedürftig ist, z. B. weil er durch die neue Regelung keinen Schaden erleidet. Für die Rückwirkung von Abgabensatzungen vgl. § 2 Abs. 3 NKAG und Urteile des BVerwG v. 15.4.1983 (KStZ S. 205: rückwirkende Ersetzung einer unwirksamen Satzung mit der Folge höherer Beitragspflichten; KStZ S. 207: rückwirkende Schließung einer durch territoriale Neugliederung entstandenen Regelungslücke).

4. In der Satzung ist zu bestimmen, ob ein Verstoß gegen ein Gebot oder Verbot eine **Ordnungswidrigkeit** darstellt, wobei zugleich auf Abs. 5 zu verweisen ist. Der Gesetzgeber hat bewusst darauf verzichtet, Zuwiderhandlungen gegen alle Gebote und Verbote als Ordnungswidrigkeiten auszuweisen. Die Auswahl der Tatbestände ist vielmehr der Kommune überlassen, da es auch zweckmäßig sein kann, einzelne Gebote und Verbote nicht mit einer Geldbuße zu bewehren, sondern mit den **Zwangsmitteln des Nds. SOG** durchzusetzen. Das ist bei Maßnahmen der Gefahrenabwehr aufgrund der §§ 64 ff. Nds. SOG möglich, und zwar auch bei Angelegenheiten, die ganz oder teilweise, wie z. B. die Abfallbeseitigung, der Kommune durch Spezialgesetze als Angelegenheiten des eigenen Wirkungskreises übertragen sind, wenn diese Gesetze oder das NKomVG keine abschließende Regelung enthalten.
Für die Durchsetzung von Verwaltungsakten außerhalb der Gefahrenabwehr mit den Zwangsmitteln des Nds. SOG bildet § 70 NVwVG die Rechtsgrundlage.

5. Eine gesetzlich vorgeschriebene **Genehmigung** ist Wirksamkeitsvoraussetzung der Satzung, s. zunächst Erl. 1 bis 4 zu § 176.
Die Änderung einer Satzung bedarf der für die Satzung vorgeschriebenen Genehmigung; die Aufhebung, die den genehmigungsfreien Zustand wiederherstellt, ist genehmigungsfrei.
Genehmigung mit einer Maßgabe bedeutet Genehmigung für den Fall, dass die Satzung, wie mit der Maßgabe verlangt, durch entsprechenden Beitrittsbeschluss der Vertretung abgeändert wird (OVG Münster, Urt. v. 7.5.1969, DÖV 1970 S. 613); der Beitrittsbeschluss bedarf keiner Genehmigung (OVG Münster, Urt. v. 16.8.1967, OVGE 23 S. 240). Eine kommunale Satzung, die gegen ein Gesetz verstößt, wird nicht dadurch rechtswirksam, dass sie von der Aufsichtsbehörde trotz des Rechtsfehlers genehmigt wird (OVG Lüneburg, Urt. v. 2.7.1963, MBl. 1963 Rspr.-Beil. Nr. 9 S. 37).
Gegenüber der Kommune ist die Genehmigung wie ihre Versagung ein Verwaltungsakt, auf die bei Bebauungsplänen nach der Rechtsprechung des BVerwG (Urt. v. 21.11.1986, BVerwGE 75 S. 142) die Regeln über den rechtswidrigen Verwaltungsakt jedenfalls dann nicht uneingeschränkt angewendet werden können, wenn sie ortsüblich bekanntgemacht und das Normsetzungsverfahren damit abgeschlossen ist, weil die Genehmigung auch Mitwirkung an einem Rechtsetzungsverfahren ist. Für die Genehmigung von anderen Satzungen wird nichts anderes angenommen werden können. Sie ist zwar als Verwaltungsakt anfechtbar, es kann aber die Genehmigungsbehörde nicht gem. § 44 Abs. 5 VwVfG ihre Nichtigkeit feststellen oder sie gem. § 48 VwVfG zurücknehmen (BVerwG, Urt. v. 21.11.1986 a. a. O.); die Nichtigkeit der genehmigten Satzung kann die Genehmigungsbehörde bei Vorliegen der nötigen Voraussetzungen (vgl. BVerwG, Beschl. v. 15.3.1989, DVBl. 1989 S. 662) im gerichtlichen Normenkontrollverfahren feststellen lassen (§ 47 VwGO, § 7 AG VwGO); im Übrigen kann eine Norm grundsätzlich nur in dem für die Normsetzung geltenden

Verfahren aufgehoben werden (BVerwG, Urt. v. 21.11.1986 a. a. O.). Allerdings kann die Kommunalaufsichtsbehörde eine genehmigte Satzung beanstanden (OVG Lüneburg, Urt. v. 9.2.1989 – 3 L 26/89, für eine kraft Fiktion gem. § 175 Abs. 1 Satz 2 genehmigte Jagdsteuersatzung) und veranlassen, dass sie in dem dafür vorgesehenen förmlichen Verfahren aufgehoben wird (vom BVerwG, Urt. v. 21.11.1986 a. a. O. ausdrücklich nicht ausgeschlossen); sofern ein besonderes Aufhebungsverfahren nicht vorgeschrieben ist, kann die Aufsichtsbehörde zur Vernichtung des „bösen Scheins" die Aufhebung der Satzung nebst deren ordnungsgemäßer Bekanntmachung verlangen.

6. Nach Abs. 6 gelten die Abs. 2 bis 4 entsprechend auch für Verordnungen der Kommune und für die Erteilung der Genehmigung von Flächennutzungsplänen, die anders als Bebauungspläne nicht als Satzungen beschlossen werden. Die Vorschriften gelten nicht für Richtlinien, z. B. für die Benutzung öffentlicher Einrichtungen, und für die Geschäftsordnung der Vertretung (§ 69).

§ 11   Verkündung von Rechtsvorschriften

(1) [1]Satzungen sind von der Hauptverwaltungsbeamtin oder dem Hauptverwaltungsbeamten zu unterzeichnen und zu verkünden. [2]Die Verkündung erfolgt in einem amtlichen Verkündungsblatt, in einer oder mehreren örtlichen Tageszeitungen oder im Internet, soweit durch Rechtsvorschrift nichts anderes bestimmt ist. [3]Die Form der Verkündung ist in der Hauptsatzung zu bestimmen.

(2) [1]Das amtliche Verkündungsblatt muss in ausreichender Auflage erscheinen. [2]Es muss die Bezeichnung „Amtsblatt für ..." mit dem Namen der Kommune führen; dies gilt für ein gemeinsames Amtsblatt entsprechend. [3]In seinem Kopf sind Ort, Datum, Jahrgang und Nummer der jeweiligen Ausgabe anzugeben. [4]Das amtliche Verkündungsblatt darf neben Rechtsvorschriften auch andere amtliche Bekanntmachungen enthalten. [5]Außerdem können Rechtsvorschriften und andere amtliche Bekanntmachungen von anderen Körperschaften des öffentlichen Rechts sowie von Anstalten und Stiftungen des öffentlichen Rechts aufgenommen werden. [6]Andere Veröffentlichungen dürfen nur aufgenommen werden, wenn es sich um kurze Mitteilungen und nicht um Werbung zu Zwecken des Wettbewerbs im geschäftlichen Verkehr handelt.

(3) [1]Die Verkündung im Internet erfolgt durch Bereitstellung der Satzung auf einer Internetseite der Kommune unter Angabe des Bereitstellungstages. [2]Die Kommune hat in einer örtlichen Tageszeitung auf die Internetadresse, unter der die Bereitstellung erfolgt ist, nachrichtlich hinzuweisen. [3]Die örtliche Tageszeitung, in der Hinweise nach Satz 2 erscheinen, und die Internetadresse sind in der Hauptsatzung zu bestimmen. [4]Satzungen, die nach Satz 1 verkündet werden, sind dauerhaft im Internet bereitzustellen und in der verkündeten Fassung durch technische und organisatorische Maßnahmen zu sichern. [5]Die Bereitstellung im Internet darf nur auf einer ausschließlich in Verantwortung der Kommune betriebenen Internetseite erfolgen; sie darf sich jedoch zur Einrichtung und Pflege dieser Internetseite eines Dritten bedienen.

(4) [1]Sind Pläne, Karten oder Zeichnungen Bestandteile von Satzungen, so kann die Verkündung dieser Teile dadurch ersetzt werden, dass sie bei der Kom-

mune während der Dienststunden öffentlich ausgelegt werden und in der Verkündung des textlichen Teils der Satzungen auf die Dauer und den Ort der Auslegung hingewiesen wird (Ersatzverkündung). [2]Die Ersatzverkündung ist nur zulässig, wenn der Inhalt der Pläne, Karten oder Zeichnungen im textlichen Teil der Satzungen in groben Zügen beschrieben wird. [3]Sie bedarf der Anordnung der Hauptverwaltungsbeamtin oder des Hauptverwaltungsbeamten. [4]In dieser sind Ort und Dauer der Auslegung genau festzulegen.

(5) [1]Satzungen sind verkündet
1. im amtlichen Verkündungsblatt mit dessen Ausgabe,
2. in der örtlichen Tageszeitung mit deren Ausgabe, bei mehreren örtlichen Tageszeitungen mit der Ausgabe der zuletzt ausgegebenen Tageszeitung, oder
3. im Internet mit ihrer Bereitstellung nach Absatz 3 Satz 1.
[2]Im Fall der Ersatzverkündung ist die Satzung jedoch nicht vor Ablauf des ersten Tages der Auslegung verkündet.

(6) [1]Die Absätze 1 bis 5 gelten entsprechend für Verordnungen und öffentliche Bekanntmachungen der Kommunen nach diesem Gesetz sowie für die Erteilung von Genehmigungen für den Flächennutzungsplan. [2]Reicht der räumliche Geltungsbereich der Verordnung einer Kommune über ihr Gebiet hinaus, so hat die Kommune die Verordnung auch in dem anderen Gebiet zu verkünden und sich dabei nach den Vorschriften der Hauptsatzung der Kommune zu richten, die dort sonst für die Verordnung zuständig wäre.

§§ 6 Abs. 3 NGO, 7 Abs. 3 NLO, 18 Abs. 3 RegionsG, BekVO-Kom

ERLÄUTERUNGEN zu § 11

1. Satzungen sind vom HVB als Amtsinhaber zu **unterzeichnen**, und zwar muss die Unterschrift auf der Urschrift des beschlossenen Satzungstextes erfolgen. Bei einer aus Text und Anlagen (Plan, Zeichnung, Karte) bestehenden Satzung genügt die Unterschrift unter dem Satzungstext, wenn aus eindeutigen Angaben im Text oder auf andere Weise jeder Zweifel an der Zugehörigkeit der Anlage zur Satzung ausgeschlossen ist (OVG Lüneburg, Urt. v. 14.7.1993, dng 1994 S. 30; Urt. v. 15.6.1995, KommP N 1996 S. 217; Urt. v. 10.3.2005, R&R 3/2005 S. 7 = Nds. VBl. 2005 S. 266; Urt. v. 8.9.2010, R&R 6/2010 S. 10). Zur Vertretung bei der Unterzeichnung vgl. Erl. 4 a. E. zu § 81. Unterzeichnen bedeutet Unterschrift mit vollem Namen; das Abzeichnen mit einer Paraphe genügt nicht (OVG Münster, Urt. v. 12.2.1969, OVGE 24 S. 248); zur Abgrenzung zwischen Handzeichen und Unterschrift vgl. BGH, Urt. v. 11.2.1982, NJW S. 1467. Die in der Unterzeichnung liegende **Ausfertigung** der Satzung schafft die Originalurkunde, die Grundlage und Voraussetzung der Verkündung ist; jedoch ist die Ausfertigung nicht Bestandteil der Verkündung, sodass ihre Fehlerhaftigkeit keinen Verkündungsfehler bedeutet (zu den Folgen des Fehlens der Ausfertigung für die Verkündung s. Erl. 2 zu § 10). Die Beifügung des Dienstsiegels ist nicht vorgeschrieben (offengelassen Nds. OVG, Urt. v. 28.10.2004, R&R 1/2005 S. 3). Zur Bestätigung ihrer Authentizität ist die Angabe des Datums der Ausfertigung notwendig (VGH Baden-Württemberg, Urt. v.

10.8.1984, BauR S. 611, das einen Bebauungsplan wegen des Fehlens des Datums und eines kurzen, die Authentizität des Norminhalts und die Legalität des Verfahrens bestätigenden Textes auf dem Originallageplan für nichtig erklärt hat; ebenso OVG Lüneburg, Urt. v. 21.4.1998, VwRR N 1999 S. 47). Aus Bundes- (BVerwG, Urt. v. 16.12.1993, NVwZ 1994 S. 1010) und aus Landesrecht ist nicht ableitbar, dass die Ausfertigung auch die Legalität des Normsetzungsverfahrens bezeugt. Deshalb muss insbesondere auch ohne die inzwischen aufgehobene Rechtspflicht, auf eine aufsichtsbehördliche Genehmigung hinzuweisen, die Ausfertigung vor Erteilung der Genehmigung als zulässig angesehen werden (anders VG Braunschweig, Beschl. v. 1.6.1993 – 2 B 2066/93 – und für die insofern unterschiedliche Rechtslage VGH München, Urt. v. 11.3.1990, NVwZ-RR 1990 S. 588). Eine Satzung, die mit einer Maßgabe genehmigt worden ist, bedarf nach dem Beitrittsbeschluss der erneuten Ausfertigung (Nds. OVG, Urt. v. 28.10.2004 a. a. O.).
Die Ausfertigung, die nicht die Verwendung dieses Wortes verlangt (BVerwG, Beschl. v. 27.10.1998, VwRR N 1999 S. 57), muss, wie die Regelung des Abs. 1 über die Reihenfolge ergibt, vor der Verkündung erfolgen (BVerwG, Beschl. v. 27.1.1999, NVwZ S. 878, das es bundesrechtlich nicht ausschließt, dass ein Bebauungsplan am Tage der Ausfertigung noch verkündet wird, in der Übereinstimmung von Ausfertigungs- und Verkündungsdatum aber aus tatsächlichen Gründen ein Indiz dafür sieht, dass die Reihenfolge nicht gewahrt ist, und Sympathie für die Ansicht des VGH Baden-Württemberg, Beschl. v. 25.1.1995, BRS 57 Nr. 86 [1995] erkennen lässt, dass die Ausfertigung in diesem Falle verspätet ist; ebenso VG Lüneburg, Urt. v. 7.11.2007, R&R 1/2008 S. 11).
Ist die Ausfertigung einer Satzung vor ihrer Verkündung unterblieben, kann sie nachgeholt und die Satzung erneut verkündet werden, ohne dass es eines neuen Ratsbeschlusses bedarf; das gilt auch, wenn die Satzung rückwirkend auf den Zeitpunkt des gescheiterten Inkrafttretens in Kraft gesetzt wird (VGH Mannheim, Beschl. v. 22.3.1995 – 8 S 368/95); ebenso kann die vor der Ausfertigung erfolgte Verkündung mit rückwirkender Kraft nachgeholt werden, ohne dass es einer erneuten Ausfertigung bedarf (Nds. OVG, Urt. v. 8.9.2010, R&R 6/2010 S. 10 = DVBl. 2010 S. 1381).

2. Die **Verkündung** erfolgt nach den Abs. 2 bis 5 vorbehaltlich anderweitiger Regelung in einem amtlichen Verkündungsblatt, einer oder mehreren örtlichen Tageszeitungen oder im Internet; die Form bestimmt die Hauptsatzung. Sie ist für alle Rechtsvorschriften der Kommune maßgebend; ihre Verkündung in unterschiedlichen Verkündungsblättern ist also ausgeschlossen. Die Verkündung obliegt dem HVB als der Behörde der Kommune. Jedoch verlangt das Nds. OVG (Urt. v. 8.9.2010 a. a. O.; Urt. v. 21.12.2010, R&R 1/2011 S. 3), dass in jedem Einzelfall – eine allgemeine Handlungsanweisung ist insofern nicht ausreichend – anhand der Satzung, der Verkündung selbst oder jedenfalls einer Verfügung in den Verwaltungsvorgängen nach außen sichtbar wird, dass die Verkündung vom HVB oder seinem Stellvertreter veranlasst worden ist; das Gericht hält es aber offenbar für ausreichend, wenn in der Anweisung an die veröffentlichende Stelle der HVB als Behörde genannt wird. Es soll durch eine gesetzliche Ergänzung in Abs. 1 und 4 klargestellt werden, dass die Verkündung nicht vom HVB oder seinem Stellvertreter selbst veranlasst werden muss.

Zu verkünden ist der vollständige Wortlaut der Satzung einschließlich des Datums der Ausfertigung und des Namens dessen, der ausgefertigt hat; der Nichtabdruck der Unterschriften ist aber für die Wirksamkeit der Rechtsnorm unschädlich, wenn die Satzung bei der Verkündung tatsächlich ausgefertigt ist und die Ausfertigung durch Berichtigung in dem Verkündungsorgan bestätigt wird (BVerwG, Urt. v. 7.6.1978, DVBl. S. 914); nichts anderes kann für den Nichtabdruck des Datums der Beschlussfassung oder der Ausfertigung oder für die unrichtige Angabe einer Unterschrift oder eines Datums gelten.

Die Herausgabe eines **Amtsblatts** (Abs. 2) ist nicht wie früher bestimmten Kommunen vorbehalten. Die Herausgabe eines gemeinsamen Amtsblatts mit mehreren anderen kommunalen, angesichts der Regelung des Abs. 2 Satz 5 aber wohl nicht mit sonstigen anderen öffentlich-rechtlichen Körperschaften, Anstalten oder Stiftungen, ist zulässig. Im Amtsblatt können Rechtsvorschriften und andere amtliche Bekanntmachungen von Kommunen und sonstigen Körperschaften, Anstalten und Stiftungen veröffentlicht werden, sodass wie bisher Gemeinden ihre Satzungen im Amtsblatt des Landkreises verkünden können. Aussehen und zulässiger Inhalt des Amtsblatts sind, so wie bisher in der BekVO-Kom, vorgeschrieben. Die Verkündung ist mit der Ausgabe des Amtsblatts bewirkt (Abs. 5).

Alternativ zum Amtsblatt ist die Verkündung in einer oder mehreren **örtlichen Tageszeitungen** möglich; die Verkündung in einem Wochenblatt genügt nicht. Als örtlich ist eine Tageszeitung anzusehen, die in dem Gebiet der Kommune vorrangig verbreitet ist, für Gemeinden also auch die „Kreiszeitung". Nicht erforderlich ist, dass der Name der Kommune im Titel oder Untertitel der Zeitung genannt wird. Erfolgt die Verkündung in mehreren örtlichen Tageszeitungen, ist sie mit der Ausgabe der zuletzt ausgegebenen bewirkt (Abs. 5).

Außer im Amtsblatt und der Tageszeitung ist nunmehr auch die Verkündung im **Internet** möglich (Abs. 3). Sie erfolgt durch Bereitstellung der Satzung auf einer Internetseite der Kommune unter Angabe des Bereitstellungsdatums und ist damit bewirkt (Ab. 5). Die Internetadresse ist in der Hauptsatzung so zu bestimmen, dass der Zugriff auf das Satzungsrecht möglichst einfach ist. Der vorgeschriebene Hinweis in einer örtlichen Tageszeitung auf die Internetadresse, unter der die Bereitstellung der Satzung erfolgt ist – richtigerweise wohl zu verstehen als Hinweis auf die Bereitstellung mit Bezeichnung der Satzung und unter Angabe der Adresse – hat nur nachrichtliche, keine konstitutive Bedeutung; erfolgte er verspätet oder bliebe er, bliebe die Wirksamkeit der Verkündung davon unberührt. Die Verpflichtung, die Tageszeitung, in der der Hinweis vorgenommen wird, in der Hauptsatzung zu bestimmen, kann nur darauf zurückgeführt werden, dass dieser Hinweis nach der Regierungsvorlage (Drs. 16/2510, S. 105) zur Wirksamkeit der Verkündung wegen der „rechtsstaatlichen Anforderungen" gehören sollte. Die Bereitstellung muss dauerhaft gewährleistet sein, wobei Maßstab die Möglichkeit der Einsichtnahme in die Satzung bei der Kommune (§ 10 Abs. 4) sein kann, die nächtens und an den Wochenenden nicht besteht; im Übrigen wird nicht angenommen werden können, dass eine Satzung ihre Wirksamkeit verliert, wenn sie für einige Stunden während der üblichen Sprechzeiten der Verwaltung im Internet nicht verfügbar ist, Jedoch wird die Verfügbarkeit der Satzung regelmäßig überprüft werden müssen. Die Internetseite muss ausschließlich durch die Kommune betrieben werden, anders als beim Amtsblatt ist der gemeinsame Betrieb mit einer anderen Kommune nicht zulässig.

3. Wenn Pläne, Karten oder Zeichnungen Bestandteile einer Satzung sind, können diese im Wege der **Ersatzverkündung** (Abs. 5) bekannt gemacht werden. Besondere Regelungen der Ersatzbekanntmachung bestehen für die Bekanntmachung des Flächennutzungsplans und eines genehmigungsbedürftigen Bebauungsplans, bei denen die Erteilung der Genehmigung, und für die eines nicht genehmigungsbedürftigen Bebauungsplans, bei dem der Satzungsbeschluss ortsüblich bekannt zu machen ist (§§ 6 Abs. 5, 10 Abs. 3 BauGB). Für die Bekanntmachung eines Bebauungsplans ist die schlagwortartige Kennzeichnung des Plangebiets erforderlich, für die die bloße Angabe der Nummer des Bebauungsplans nicht ausreicht (BVerwG, Urt. v. 10.8.2000, VwRR N S. 127). Die Regelungen des BauGB gehen denen des NKomVG vor.

4. Wegen der strengen Anforderungen, die an eine rechtswirksame Verkündung zu stellen sind, bestehen Bedenken dagegen, wortgleiche Satzungen mehrerer Kommunen gemeinsam in der Weise bekannt zu machen, dass die Texte nur einmal veröffentlicht werden. Bei Satzungsänderungen besteht später die Gefahr, dass der jeweils geltende Satzungstext nur mit Schwierigkeiten zu ermitteln ist. An der Wirksamkeit einer Veröffentlichung zweifelt der Hess. VGH (Beschl. v. 20.8.1984, KStZ 1985 S. 56), wenn die Schriftgröße zu gering und die Drucktypen undeutlich sind und sich Paragraphenzahlen und -überschriften nicht vom Text abheben.
Die generelle Vorlage von Satzungen bei der Kommunalaufsichtsbehörde ist entfallen; vorzulegen sind sie nur noch dann, wenn das sondergesetzlich vorgeschrieben ist (z. B. § 114 Abs. 1 für die Haushaltssatzung); die Bekanntmachung vor einer vorgeschriebenen vorherigen Mitteilung ist nichtig (OVG Koblenz, Beschl. v. 23.2.1988 – 12 B 147/87 – mitgeteilt im SRdSchr. NLT Nr. 207/ 188 v. 12.7.1988).

5. Für den Erlass von **Verordnungen** und für die ortsübliche Bekanntmachung der Erteilung der **Genehmigung der Flächennutzungspläne** (§ 6 Abs. 5 BauGB) gelten die Regelungen für Satzungen in gleicher Weise. Sie werden vom HVB ausgefertigt und in der von der Hauptsatzung bestimmten Form verkündet oder ortsüblich bekanntgemacht. § 60 Nds. SOG gilt nicht für Verordnungen der Kommunen, für die insoweit § 55 Abs. 2 Satz 1 Nds. SOG mit der Verweisung auf die für Satzungen geltenden Vorschriften eine Sonderregelung enthält. Für tierseuchenbehördliche Verordnungen der Kommunen gilt § 3 Abs. 2 AG-TierSG.

6. Die Form der **öffentlichen Bekanntmachungen** nach dem NKomVG (der Abschlüsse, § 129 Abs. 2, der Entschädigung, § 138 Abs. 7, des Schlussberichts, § 156 Abs. 4, der Vereinbarungen der Region, § 165 Abs. 3), zu denen wegen desselben Zwecks und weil ein systematischer Unterschied zu den sonstigen öffentlichen nicht erkennbar ist, auch die ortsüblichen (des Gebietsänderungsvertrags, § 26 Abs. 3, des Ausgangs eines Einwohnerantrags, § 31 Abs. 6, der Sitzungen, § 59 Abs. 4) zählen (s. auch § 83 Abs. 1 NKWO, wonach Kommunen öffentliche Bekanntmachungen nach dem NKWG in ortsüblicher Weise vornehmen), bestimmt nicht mehr allein die Kommune, vielmehr gelten auch für sie

die Abs. 1 bis 5 entsprechend. In diesem Bereich reicht also die Bekanntmachung im Aushangkasten oder am schwarzen Brett nicht mehr aus. Für öffentliche (einschließlich ortsüblicher) Bekanntmachungen nach anderen Gesetzen (z. B. NKWG, BauGB) bestehen diese gesetzlichen Vorgaben nicht, sodass dort auch noch der Aushangkasten oder das schwarze Brett Verwendung finden können; allerdings könnte problematisch sein, für die Ortsüblichkeit der Bekanntmachungen nach dem NKomVG und nach anderen Gesetzen unterschiedliche Maßstäbe anzulegen. Bei öffentlichen Bekanntmachungen im Internet ist insbesondere im Rahmen des BauGB (z. B. § 2 Abs. 1: Aufstellungsbeschluss, § 3 Abs. 2: Auslegung der Entwürfe) wegen der vielfach damit verbundenen Anstoßfunktion (BVerwG, Urt. v. 6.7.1984, BVerwGE 69 S. 344) Bedacht auf den möglichst zeitnahen Hinweis in der Tageszeitung (Abs. 3 Satz 2) zu nehmen.

§ 12   Hauptsatzung

(1) ¹Jede Kommune muss eine Hauptsatzung erlassen. ²In ihr ist zu regeln, was durch Rechtsvorschrift der Hauptsatzung vorbehalten ist. ³Andere für die Verfassung der Kommune wesentliche Fragen können in der Hauptsatzung geregelt werden.

(2) Für Beschlüsse über die Hauptsatzung ist die Mehrheit der Mitglieder der Vertretung (§ 45 Abs. 2) erforderlich.

§§ 7 NGO, 8 NLO, 19 RegionsG

ERLÄUTERUNGEN zu § 12

1. Die **Hauptsatzung,** deren Erlass obligatorisch ist, ergänzt die Vorschriften des NKomVG um die Regelungen, die für die Verfassung der Kommune grundsätzliche Bedeutung haben. Sie enthält insbesondere die Vorschriften, die das Gesetz der Hauptsatzung vorbehält (z. B. §§ 19 Abs. 1, 58 Abs. 1 Nrn. 8, 14, 16, 18 und 20, Abs. 3, Satz 2, 74 Abs. 1 Satz 2, 76 Abs. 3, 85 Abs. 5 Satz 5, 90 Abs. 1 und 2, 91 Abs. 3, 93 Abs. 1 Satz 3, 95 Abs. 1, 99 Abs. 1 und 2, 108 Abs. 1 Satz 1 und Abs. 2). Regelungen von nicht grundsätzlicher Bedeutung, für die überdies ein rechtliches oder tatsächliches Bedürfnis nach häufiger Änderung besteht, sollten nicht in der Hauptsatzung getroffen werden. Dagegen kommen als Bestimmungen der Hauptsatzung in Betracht die über den Namen der Kommune und eine etwaige Bezeichnung, über Hoheitszeichen und Dienstsiegel, über die Art und Weise der öffentlichen und ortsüblichen Bekanntmachung (s. Erl. 6 zu § 11), ggf. über die Verringerung oder Erhöhung der Zahl der Abgeordneten (§ 46 Abs. 4 und 5, s. aber dort Erl. 3 mit den dagegen bestehenden Bedenken), die eines Satzungsbeschlusses mit absoluter Mehrheit bedarf (§ 46 Abs. 5).

2. Die qualifizierte Mehrheit für den Beschluss über die Hauptsatzung und ihre Änderung (Abs. 2), die aufgrund von § 45 Abs. 2 zu ermitteln ist, unterstreicht deren Bedeutung. Die Genehmigung ist nicht mehr vorgesehen.

§ 13 Anschlusszwang, Benutzungszwang

[1]Die Kommunen können im eigenen Wirkungskreis durch Satzung

1. für die Grundstücke ihres Gebiets den Anschluss
   a) an die öffentliche Wasserversorgung, die Abwasserbeseitigung, die Abfallentsorgung, die Straßenreinigung und die Fernwärmeversorgung,
   b) von Heizungsanlagen an bestimmte Energieversorgungsanlagen und
   c) an ähnliche dem öffentlichen Wohl dienende Einrichtungen
   anordnen (Anschlusszwang) sowie
2. die Benutzung
   a) der in Nummer 1 genannten Einrichtungen,
   b) der öffentlichen Begräbnisplätze und Bestattungseinrichtungen sowie
   c) der öffentlichen Schlachthöfe
   vorschreiben (Benutzungszwang),

wenn sie ein dringendes öffentliches Bedürfnis dafür feststellen. [2]Die Satzung kann Ausnahmen vom Anschluss- oder Benutzungszwang zulassen und den Zwang auf bestimmte Gebietsteile der Kommune und auf bestimmte Gruppen von Personen oder Grundstücken beschränken.

§§ 8 NGO, 9 NLO, 20 RegionsG

ERLÄUTERUNGEN zu § 13

1. Nach § 10 Abs. 1 hat die Kommune das Recht, ihre eigenen Angelegenheiten durch Satzung zu regeln. Wie sie das tut, insbesondere das Benutzungsverhältnis an ihrem **Eigentum** und an ihren **öffentlichen Einrichtungen** regelt, steht grundsätzlich in ihrem freien Ermessen (BGH, Urt. v. 24.10.1974, NJW 1975 S. 106, OVG Lüneburg, Urt. v. 26.8.1976, NJW 1977 S. 450). Die Benutzung ihres Eigentums kann sie insgesamt privatrechtlich in der Weise regeln, dass sie die Zulassung und die Benutzung, gestützt auf das Eigentum, privatrechtlich gestaltet; für eine Satzung ist in diesem Falle kein Raum. Regelt sie die Zulassung und Benutzung durch Satzung, dann handelt es sich um eine öffentlich-rechtliche Regelung.

2. Die Anordnung eines **Anschluss-** und eines **Benutzungszwangs** ist im eigenen Wirkungskreis der Kommune durch Satzung zugelassen. Dem Anschlusszwang unterliegen nur Grundstücke, deren Eigentümer oder dinglich Berechtigte dadurch verpflichtet werden, Vorkehrungen zum Anschluss und zur jederzeitigen Benutzbarkeit einer der in Satz 1 Nr. 1 genannten Einrichtungen zu treffen. Die mit der Anordnung des Anschlusszwangs einhergehende Anordnung des **Benutzungszwangs** verpflichtet die Betroffenen zur ausschließlichen Nutzung der angeschlossenen Einrichtung. Der Benutzungszwang, dem Personen unterliegen, schließt die Benutzung anderer Einrichtungen (z. B. eines eigenen Hausbrunnens) aus.

Der Anschluss- und Benutzungszwang kann nur für die im Gesetz genannten Einrichtungen eingeführt werden, also nicht auch z. B. für kulturelle Einrichtungen. Bei den in Abs. 1 Nr. 1 Buchst. c genannten muss es sich um solche dem öffentlichen Wohl dienende Einrichtungen handeln, sie müssen außerdem den im Gesetz genannten ähnlich sein. Der Anschluss- und Benutzungszwang enthält die Verpflichtung, den Anschluss ständig in benutzungsfähigem Zustand zu erhalten (OVG Lüneburg, Urt. v. 22.11.1984, KStZ 1985 S. 33), woraus eine Pflicht zur Anpassung folgt, wenn die Kommune die Einrichtung aus sachgerechten Gründen ändert (OVG Lüneburg, Urt. v. 23.11.1994, dng 1995 S. 244). Jedoch dürfen dem Anschlussnehmer die Einzelheiten der Lage, Führung und technischen Ausgestaltung des Hausanschlusses nur insoweit vorgeschrieben werden, wie das zur Durchsetzung des Anschluss- und Benutzungszwanges erforderlich ist (OVG Münster, Urt. v. 12.7.1995, KommP N 1996 S. 26).

Die Einrichtungen müssen **öffentliche Einrichtungen** sein, sie brauchen aber nicht im Eigentum der Gemeinde zu stehen, sondern können auch von ihr angemietet sein (Nds. OVG, Urt. v. 25.3.2004, NdsVBl. S. 210) oder einem privaten Betreiber gehören. Voraussetzung für die Wirksamkeit des Anschluss- und Benutzungszwanges ist in diesem Falle, dass sich die Kommune den erforderlichen Einfluss auf den privaten Betreiber vorbehält, damit die Einrichtung den Benutzern wie eine öffentliche Einrichtung der Kommune zur Verfügung steht (vgl. OVG Lüneburg, Urt. v. 1.11.1968, OVGE 25 S. 345; Hess. VGH, Beschl. v. 25.6.1974, DVBl. 1975, S. 913; BVerwG, Urt. v. 6.4.2005, R&R 3/2006 S. 9).

3. Beim Anschluss an die **Wasserversorgung** ermächtigt Satz 1 Nr. 2 zu der Bestimmung, den gesamten Bedarf an Trink- und auch an Brauchwasser ausschließlich der öffentlichen Wasserleitung zu entnehmen (OVG Lüneburg, Urt. v. 13.2.1970, OVGE 26 S. 414). Zum Inhalt des Begriffs „Frischwasserbedarf", der nach der Satzung allein aus der öffentlichen Wasserversorgung zu decken ist, vgl. Hess. VGH, Urt. v. 21.9.1983 (der gemeindehaushalt 1985 S. 14); dieses Gericht neigt dazu, den Wasserbedarf zum Tränken des Viehs auf der Weide, auch wenn das Wasser an einer anderen Stelle gezapft oder geschöpft und auf die Weide geschafft wird, als einen auf dem Weidegrundstück bestehenden Wasserbedarf anzusehen.

Über die Art und Weise der **Abwasserbeseitigung**, zu der nach § 96 NWG die Gemeinden verpflichtet sind, ob zentral oder dezentral, entscheidet die Gemeinde nach pflichtgemäßem Ermessen (OVG Lüneburg, Beschl. v. 3.4.1997, KommP N S. 273); sie muss dabei aber berücksichtigen, dass die Abwasserbehandlung durch dezentrale Anlagen nur in Ausnahmefällen und ersatzweise in Frage kommt (OVG Lüneburg, Urt. v. 13.8.1998, VwRR N 1999 S. 7). Die Durchsetzung des Anschluss- und Benutzungszwangs setzt nicht voraus, dass die Einrichtung in jeder Hinsicht rechtmäßig bestimmt ist (OVG Lüneburg, Urt. v. 25.6.1997, KommP N S. 339). Ein angeordneter Benutzungszwang schließt nicht aus, dass aufbereitetes Abwasser zunächst grundstücksbezogen wieder verwendet und erst bei Auftreten eines Überschusses zur Beseitigung überlassen wird (Nds. OVG, Urt. v. 18.9.2003, R&R 6/2003 S. 7). Allgemeine Geschäftsbedingungen für die Schmutzwasserbeseitigung bedürfen auch dann nicht der Satzungsform, wenn sie eine Satzung ergänzen (OVG Lüneburg, Urt. v. 25.6.1997 a. a. O.).

Auf dem Gebiet der **Abfallbeseitigung** ist nach § 13 Abs. 1 Kreislaufwirtschafts- und Abfallgesetz der Erzeuger oder Besitzer von Abfällen aus privaten Haushalten verpflichtet, diese dem Beseitigungspflichtigen (vgl. § 6 NAbfG) zu überlassen. Die Anordnung des Anschlusszwanges für die Grundstücke durch Satzung ist als die nicht abschließende bundesrechtliche Regelung des Abfallgesetzes ergänzende Spezialregelung zulässig (BayVGH, Beschl. v. 8.3.1978, BayVBl. 1979 S. 176; VG Braunschweig, Beschl. v. 31.3.1982 – 2 VG D 25/81; VGH Baden-Württemberg, Urt. v. 20.9.1982, Die Fundstelle 1983 Rdnr. 63) und Voraussetzung für die Gebührensatzung, durch die die Grundstückseigentümer für gebührenpflichtig erklärt werden, wodurch der Verwaltungsaufwand vermieden wird, der entstünde, wenn die Abfallbesitzer gebührenpflichtig wären. Grundlagen der satzungsmäßigen Regelungen für die Abfallentsorgung und für die Gebührengestaltung sind die besonderen Regelungen der §§ 11, 12 NAbfG. Zum Anspruch auf Befreiung vom Anschlusszwang bei kompostierbaren Stoffen s. OVG Münster, Urt. v. 13.12.1995, KommP N 1996 S. 178; Urt. v. 10.8.1998, KommP N 1998 S. 277.

Für den Bereich der **Straßenreinigung** ist § 52 NStrG Grundlage für Satzungsregelungen.

Das Gesetz zählt die Einrichtungen zur **Fernwärmeversorgung** zu den dem öffentlichen Wohl dienenden. Das erscheint angemessen im Hinblick darauf, dass solche Einrichtungen geeignet sind, schädlichen Umwelteinflüssen vorzubeugen (vgl. Art. 20a GG, §§ 1, 3 Abs. 4 Bundes-Immissionsschutzgesetz; vgl. auch VGH Baden-Württemberg, Urt. v. 11.11.1981, VBlBW 1982 S. 234). Allerdings ist zweifelhaft, ob der Anschluss- und Benutzungszwang im Hinblick auf das Örtlichkeitsprinzip mit Gründen des globalen Umweltschutzes begründet werden kann (verneinend zu einer der niedersächsischen vergleichbaren Regelung OVG LSA, Urt. v. 8.4.2008, R&R 4/2008 S. 7). Allein auf Gründe der Energieersparnis zur Verbesserung der Rentabilität kann der Anschluss- und Benutzungszwang für die Fernwärmeversorgung nach dem Wortlaut des Gesetzes nicht gestützt werden (s. auch Erl. 4).

Bei der **Ausgestaltung der Regelungen** über den **Benutzungszwang** sind unabhängig davon, ob sie öffentlich-rechtlichen oder privatrechtlichen Charakter haben, die aufgrund § 27 des früheren AGB-Gesetzes vom 9.12.1976 (BGBl. 1976 S. 3317) ergangenen AVBFernwärmeV v. 20.6.1980 (BGBl. 1980 S. 742) und AVBWasserV v. 20.6.1980 (BGBl. 1980 S. 750) sowie die aufgrund des Energiewirtschaftsgesetzes ergangenen AVBGasV v. 21.6.1979 (BGBl. I S. 676) und AVBEltV v. 21.6.1979 (BGBl. I S. 684) zu beachten. Diese Vorschriften gelten auch für die Ausgestaltung des Benutzungsverhältnisses durch Satzung; auf die Anpassungspflicht nach § 35 AVBFernwärmeV und § 35 AVBWasserV wird besonders hingewiesen. Es kann davon ausgegangen werden, dass die durch diese Vorschriften normierte Verpflichtung zur Freistellung vom Benutzungszwang die Grenze des der Kommune wirtschaftlich Zumutbaren überschreitet und deshalb spätestens dort endet, wo die Finanzierbarkeit der Einrichtung und damit die Einrichtung selbst durch die Freistellung gefährdet wäre. Außerdem können Einbußen infolge von Bezugsbeschränkungen dadurch ausgeglichen werden, dass unter Berücksichtigung kostenmäßiger Zusammenhänge für die Vollversorgung und die teilweise Versorgung unterschiedliche Preise verlangt werden (vgl. Schreiben des Bundesministers für Wirtschaft v. 6.1.1983, ED-NStGB Nr. 106/1983 v. 3.3.1983 = Rundschreiben NStV 95/83 v. 8.3.1983). Die Ablehnung der Beschränkung auf einen bestimmten Verwendungszweck oder Teilbedarf ist auch dann gerechtfertigt, wenn mit Folgeanträgen zu rechnen ist, die zu einer unzumutbaren Gebührenerhöhung für die verbleibenden Benutzer führten (BayVGH, Urt. v. 10.8.1984, KStZ 1985 S. 72). Eine Satzung, deren Benutzungsregelungen nicht gem. § 35 AVB angepasst sind, ist insoweit unwirksam (OVG Lüneburg, Urt. v. 27.1.1983 – 3 OVG A 121/80). § 27 Satz 3 AGB-Gesetz und § 35 Abs. 1 Halbsatz 2, Abs. 2 AVBWasserV sind mit dem Grundgesetz vereinbar (BVerfG, Beschl. v. 2.11.1981, Städte- und Gemeindebund 1982 S. 38).

4. Voraussetzung für die Anordnung des Anschluss- und Benutzungszwanges ist, dass die Kommune dafür ein **dringendes öffentliches Interesse** feststellt. In Abkehr von der bisherigen Rechtsprechung sieht das OVG Lüneburg (Urt. v. 8.1.1991, DÖV 1991 S. 610; Urt. v. 23.11.1994, dng 1995 S. 244) darin nicht mehr einen von der Aufsicht und den Gerichten voll überprüfbaren unbestimmten Rechtsbegriff, sondern gesteht der Kommune eine Einschätzungsprärogative zu, die gerichtlich nur darauf überprüfbar ist, ob nach den örtlichen Gegebenheiten Sinn und Zweck der Ermächtigung verkannt worden sind. Zur Unzulässigkeit der Anordnung des Benutzungszwanges für eine gemeindliche Leichenhalle, wenn Bestattungsunternehmer eigene Leichenhallen unterhalten: VGH Kassel, Urt. v. 28.10.1987, NVwZ 1988 S. 847; VGH München, Urt. v. 15.6.2005, NVwZ-RR 2006 S. 417).
Rein fiskalische Interessen, d. h. die Erhöhung der Einnahmen, würden die Einführung des Anschluss- und Benutzungszwanges nicht rechtfertigen, so z. B. die Anordnung des Benutzungszwangs für eine Friedhofskapelle als Bestattungseinrichtung zur Verbesserung ihrer Rentabilität. Jedoch braucht das dringende öffentliche Interesse nicht bei jedem einzelnen anzuschließenden Grundstück festgestellt zu werden, wenn das allgemeine öffentliche Interesse den allgemeinen Anschluss- und Benutzungszwang verlangt (OVG Münster, Urt. v. 5.11.1958, OVGE 14 S. 170, OVG Lüneburg, Urt. v. 13.2.1970 a. a. O.; im Zusammenhang mit dem Anschlusszwang sind aber Rentabilitätserwägungen nicht ausgeschlossen (OVG Lüneburg, Urt. v. 8.1.1991, a. a. O.).
Die Einführung des Anschluss- und Benutzungszwanges erfolgt durch Satzung; der Vollzug bedarf nach Ansicht des OVG Lüneburg (Urt. v. 16.2.1990 – 9 L 283/89) einer entsprechenden Aufforderung an den Verpflichteten mittels eines auf die Satzung gestützten Verwaltungaktes, der Dauerwirkung entfaltet, so dass es im Falle der Anfechtungsklage für seine Rechtmäßigkeit regelmäßig auf den Zeitpunkt der gerichtlichen Entscheidung ankommt (OVG Lüneburg, Urt. v. 11.8.1992, dng 1993 S. 129; Urt. v. 23.11.1994, dng 1995 S. 244).
Bei der Beurteilung der Frage, ob eine Anschlussleitung wegen technischer Mängel (z. B. Korrosion, unzureichende Druckfestigkeit) erneuerungsbedürftig ist, steht der Kommune ein Ermessensspielraum zu („Einschätzungsspielraum" OVG Münster, Urt. v. 3.5.1974, OVG E 29 S. 286, VG Braunschweig, Beschl. v. 30.8.1982 – 3 VG D 127/82).

5. Ausnahmen vom Anschluss- und Benutzungszwang, die die Satzung zulassen kann, müssen im Hinblick auf den Gleichbehandlungsgrundsatz sachlich gerechtfertigt sein. Die einzelnen Ausnahmetatbestände brauchen nicht in der Satzung aufgezählt zu werden; es genügt, sie durch unbestimmte Rechtsbegriffe (z. B. „in besonderen Fällen", „aus schwerwiegenden Gründen") zu beschreiben, und im Einzelfall, gerichtlich nachprüfbar, zu ermitteln, ob diese Voraussetzungen erfüllt sind (OVG Münster, Urt. v. 5.11.1958 a. a. O.). Der Umstand, dass nach Einführung des Anschluss- und Benutzungszwangs ein eigener Brunnen nicht weiter benutzt werden darf, begründet regelmäßig keinen Befreiungsanspruch (OVG Lüneburg, Urt. v. 13.2.1970 a. a. O., Beschl. v. 13.12.1968 a. a. O.), ebenso wenig die mit dem Zwang zur Benutzung der öffentlichen Einrichtung verbundenen Kosten (OVG Lüneburg, Urt. v. 27.1.1983 – 3 OVG A 121/80; Beschl. v. 13.3.2001, Nds. Rpfl. S. 467; anders, wenn bei der Schmutzwasserkanalisation für den einzelnen Grundstückseigentümer finanzielle Belastungen entstehen, die auch bei Berücksichtigung der mit einer zentralen Abwasserbeseitigung verbundenen Vorteile unzumutbar sind: NdsOVG, Beschl. v. 14.6.1999, VwRR 2000 S. 44), das Vorhandensein einer Kleinkläranlage (OVG Lüneburg, Beschl. v. 13.3.2001 a. a. O.), vergebliche Investitionen für die Wiederaufbereitungsanlage, Zerstörung von Baumwurzeln und der Wegfall der Möglichkeit, Brauchwasser zur Bewässerung zu verwenden (OVG Lüneburg, Urt. v. 25.9.1996, KommP N 1997 S. 149); auch ökologische Gründe können regelmäßig nicht die Befreiung rechtfertigen (vgl. Hess. VGH, Urt. v. 21.9.1983 a. a. O.). Vgl. auch Erl. 2.

§ 14 Gemeindearten

(1) [1]**Die Gemeinden, die nicht die Rechtsstellung einer kreisfreien Stadt haben (kreisangehörige Gemeinden), und die Samtgemeinden gehören einem Landkreis an.** [2]**Auf Mitgliedsgemeinden von Samtgemeinden sind die für Gemeinden geltenden Vorschriften dieses Gesetzes anzuwenden, soweit nicht ausdrücklich etwas anderes bestimmt ist oder die Vorschriften des Sechsten Teils, Zweiter Abschnitt Abweichendes regeln.**

(2) [1]**Die Gemeinden im Gebiet der Region Hannover gehören der Region Hannover an (regionsangehörige Gemeinden).** [2]**Auf die regionsangehörigen Gemeinden sind die für kreisangehörige Gemeinden geltenden Vorschriften anzuwenden, soweit durch Rechtsvorschrift nichts anderes bestimmt ist.**

(3) [1]**Gemeinden und Samtgemeinden mit mehr als 30 000 Einwohnerinnen und Einwohnern haben die Rechtsstellung einer selbstständigen Gemeinde.** [2]**Gemeinden und Samtgemeinden mit mehr als 20 000 Einwohnerinnen und Einwohnern können auf Antrag durch Beschluss der Landesregierung zu selbstständigen Gemeinden erklärt werden, wenn ihre Verwaltungskraft dies rechtfertigt und die zweckmäßige Erfüllung der Aufgaben des Landkreises oder der Region Hannover im Übrigen nicht gefährdet wird.** [3]**Die selbstständigen Gemeinden werden von dem für Inneres zuständigen Ministerium im Niedersächsischen Ministerialblatt bekannt gemacht.** [4]**Dabei ist anzugeben, wann die Aufgaben auf die selbstständigen Gemeinden übergehen.**

(4) [1]**Die Rechtsstellung einer selbstständigen Gemeinde ändert sich nicht, wenn die Einwohnerzahl auf weniger als 30 001 sinkt.** [2]**Die Landesregierung kann die Rechtsstellung einer selbstständigen Gemeinde entziehen, wenn die Einwohnerzahl einer selbstständigen Gemeinde auf weniger als 20 001 sinkt.** [3]**Der Entzug dieser Rechtsstellung und der Zeitpunkt, zu dem er wirksam wird, sind von dem für Inneres zuständigen Ministerium im Niedersächsischen Ministerialblatt bekannt zu machen.**

(5) Große selbstständige Städte sind die Städte Celle, Cuxhaven, Goslar, Hameln, Hildesheim und Lingen (Ems) sowie die Hansestadt Lüneburg.

(6) Kreisfreie Städte sind die Städte Braunschweig, Delmenhorst, Emden, Oldenburg (Oldenburg), Osnabrück, Salzgitter, Wilhelmshaven und Wolfsburg.

§§ 10, 12 NGO

ERLÄUTERUNGEN zu § 14

1. Alle Gemeinden und Samtgemeinden, die nicht zu den in Abs. 6 aufgezählten kreisfreien Städten gehören, sind **kreisangehörige Gemeinden,** alle Gemeinden der Region Hannover einschließlich der Landeshauptstadt Hannover (§ 15 Abs. 1) sind **regionsangehörige Gemeinden.** Die Gemeinden der Region Hannover nehmen sowohl im eigenen als auch im übertragenen Wirkungskreis besondere Aufgaben wahr (§ 162 ff).

2. Die **großen selbstständigen Städte** sind in Abs. 5 abschließend aufgezählt. Bis auf Lingen sind sie bis zur Verwaltungs- und Gebietsreform der 1970er Jahre kreisfrei gewesen.
Den Status der **selbstständigen Gemeinde** erlangt die Gemeinde oder Samtgemeinde ohne weiteres, wenn ihre Einwohnerzahl 30 000 überschreitet; maßgebend ist die vom Landesstatistikbehörde festgestellte Einwohnerzahl (§ 177). Die Bekanntmachung gem. Abs. 3 Satz 3 hat deklaratorische Bedeutung, die Angabe des Zeitpunktes des Aufgabenüberganges gem. Abs. 3 Satz 4 ist konstitutiv. Bei der Erklärung einer Gemeinde/Samtgemeinde zur selbstständigen Gemeinde gem. Abs. 3 Satz 2 hat das Kriterium, dass die zweckmäßige Erfüllung der Aufgaben des Landkreises/der Region nicht gefährdet wird, besondere Bedeutung. Deshalb spielt die entsprechende Stellungnahme des Landkreises/der Region im Rahmen der Anhörung eine entscheidende Rolle. Bisher ist noch kein Antrag einer Gemeinde abgelehnt worden.
Der Verlust der Rechtsstellung erfolgt durch den gesetzlich allein nach Absinken der Einwohnerzahl unter 20 001 geregelten Entzug; die freiwillige Aufgabe in anderen Fällen ist nicht vorgesehen
Selbstständige Gemeinden sind (Stand: 1.11.2011) Bad Pyrmont, Buxtehude, Einbeck, Hann. Münden, Helmstedt, Holzminden, Leer (Ostfriesland), Nienburg (Weser), Norden, Nordenham, Nordhorn, Northeim, Peine, Stade, Uelzen, Verden (Aller), Wolfenbüttel (Art. IV, § 4 Nr. 1 Abs. 1 des Achten Gesetzes zur Verwaltungs- und Gebietsreform v. 28.6.1977, GVBl. S. 233), Aurich, Georgsmarienhütte, Gifhorn, Melle, Seevetal (Bek. d. MI v. 1.8.1977, MBl. S. 822), Bramsche, Rinteln (Bek. d. MI v. 25.7.1979, MBl. S. 1448), Duderstadt (Bek. d. MI v. 28.7.1982, MBl. S. 978), Osterode am Harz (Bek. d. MI v. 1.3.1983, MBl. S. 235), Seesen (Bek. d. MI v. 18.5.1983, MBl. S. 524), Walsrode, Buchholz i. d. Nordheide (Bek. d. MI v. 21.9.1984, MBl. S. 779), Papenburg (Bek. d. MI v. 19.11.1984, MBl. S. 911), Meppen (Bek. d. MI v. 17.4.1985, MBl. S. 321), Varel (Bek. d. MI v. 30.5.1985, MBl. S. 455), Vechta (Bek. d. MI v. 22.10.1985, MBl. S. 1001), Ganderkesee (Bek. d. MI v. 23.7.1986, MBl.

S. 804), Achim (Bek. d. MI v. 24.5.1988, MBl. S. 492), Alfeld (Leine) (Bek. d. MI v. 7.2.1989, MBl. S. 187), Stuhr (Bek. d. MI v. 20.6.1991, MBl. S. 805), Weyhe (Bek. d. MI v. 30.7.1991, MBl. S. 981), Cloppenburg (Bek. d. MI v. 4.10.1993, MBl. S. 1234), Osterholz-Scharmbeck (Bek. d. MI v. 20.9.1996, MBl. S. 1586), Winsen (Luhe) (Bek. d. MI v. 27.2.1997, MBl. S. 341), nach Aufhebung der entsprechenden Ausschlussvorschriften (§ 85 Abs. 1 Satz 2 des Regionsgesetzes) Barsinghausen, Burgdorf, Garbsen, Laatzen, Langenhagen, Lehrte, Neustadt am Rübenberge, Seelze, Wunstorf (§ 7 Abs. 3 Nr. 3, § 85 Abs. 3 Satz 1 des Regionsgesetzes), Isernhagen, Sehnde, Springe (Bek. d. MI v. 30.11.2001, MBl. S. 942), Ronnenberg (Bek. d. MI v. 10.9.2002, MBl. S. 710), Wallenhorst (Bek. d. MI v. 30.10.2003, MBl. S. 716), Schortens (Bek. d. MI v. 11.5.2005, MBl. S. 402), Samtgemeinden Artland und Bersenbrück (Bek. d. MI v. 25.10.2005, MBl. S. 839), Uetze (Bek. d. MI v. 15.8.2006, MBl. S. 833), Wedemark (Beschl. d. LR v. 11.11.2008, MBl. S. 1153).

Der Sonderstatus der großen selbstständigen Städte und der selbstständigen Gemeinden besteht materiell im Wesentlichen darin, dass diese Gemeinden in unterschiedlichem Umfang Aufgaben des übertragenen Wirkungskreises erfüllen, die den Landkreisen obliegen (§ 17). Einen Sonderstatus als regionsangehörige Gemeinde hat die Landeshauptstadt Hannover (§ 15) und als kreisangehörige Gemeinde die Stadt Göttingen (§ 16). Die großen selbstständigen Städte sowie Hannover und Göttingen unterliegen außerdem nicht der Kommunal- und Fachaufsicht der Landkreise/der Region, wie die anderen kreisangehörigen Gemeinden, sondern der des für Inneres zuständigen Ministeriums und der fachlich zuständigen obersten Landesbehörden (§ 171 Abs. 1, Abs. 5 Satz 1 Nr. 1). Der Sonderstatus der sog. privilegierten Gemeinden unterliegt nicht dem Schutz des Art. 28 GG (BVerfG, Beschl. v. 21.6.1988, NST-N 1988 S. 326).

3. Statistisch ergibt die Einteilung in Gemeindearten folgendes Bild (Stand: 30.6.2010):

Gemeinden insgesamt:	1022 (davon 2 gemeindefreie Bezirke und ein bewohntes gemeindefreies Gebiet)
Kreisfreie Städte:	8
Sonderstatus:	2 (Hannover, Göttingen)
Große selbstständige Städte:	7
Selbstständige Gemeinden:	55
Einheitsgemeinden:	287 (zuzügl. 2 gemeindefreie Bezirke)
Samtgemeinden:	137
Mitgliedsgemeinden von Samtgemeinden:	735

§ 15   Landeshauptstadt Hannover

(1) Die Landeshauptstadt Hannover ist regionsangehörige Gemeinde; § 14 Abs. 2 Satz 2 findet keine Anwendung.

(2) [1]Die Landeshauptstadt Hannover hat die Rechtsstellung einer kreisfreien Stadt nach Maßgabe dieses Gesetzes. [2]Auf sie finden die für kreisfreie Städte

geltenden Vorschriften Anwendung, soweit durch Rechtsvorschrift nichts anderes bestimmt ist.

(3) Auf die Landeshauptstadt Hannover sind die kommunalwahlrechtlichen Vorschriften anzuwenden, die für die anderen regionsangehörigen Gemeinden gelten.

§ 10 Abs. 3 NGO

ERLÄUTERUNGEN zu § 15

1. Die **Landeshauptstadt Hannover** ist regionsangehörige Gemeinde, auf die jedoch vorbehaltlich anderweitiger Regelung (s. z. B. Abs. 3) die für die anderen regionsangehörigen Gemeinden geltenden Vorschriften für kreisangehörige Gemeinden (§ 14 Abs. 2 Satz 2) keine Anwendung finden (Abs. 1). Sie hat vielmehr einen **Sonderstatus** als kreisfreie Stadt (Abs. 2), der darin besteht, dass ihr bestimmte Kreisaufgaben des eigenen Wirkungskreises obliegen (§ 159 Abs. 2 Nrn. 1 und 2) und sie im Wesentlichen alle Kreisaufgaben des übertragenen Wirkungskreises wahrnimmt, soweit diese nicht auch für ihr Gebiet der Region Hannover übertragen sind (§ 159 Abs. 2 Nrn. 3 und 4; zur Entstehungsgeschichte s. Erl. zu § 159).

2. **Wahlrechtlich** hat die Landeshauptstadt Hannover die Rechtsstellung einer regionsangehörigen Gemeinde (Abs. 3), d. h. auf sie finden die Vorschriften für kreisangehörige Gemeinden Anwendung (§ 14 Abs. 2); ihre Einwohner sind also Einwohner der Region. Zu den wahlrechtlichen Vorschriften i. S. dieser Bestimmungen zählen auch die über die Unvereinbarkeit nach § 50 (so zu der früheren vergleichbaren Bestimmung des Göttingen-Gesetzes VG Braunschweig, Beschl. v. 21.12.1981 – 1 VG D 100/81).

§ 16   Stadt Göttingen

(1) Die Stadt Göttingen gehört dem Landkreis Göttingen an.

(2) Die für kreisfreie Städte geltenden Vorschriften sind auf die Stadt Göttingen anzuwenden, soweit durch Rechtsvorschrift nichts anderes bestimmt ist.

§ 10 Abs. 3 NGO

ERLÄUTERUNGEN zu § 16

Die **Stadt Göttingen** ist kreisangehörige Gemeinde (§ 14 Abs. 1) mit **Sonderstatus** (zur Entstehungsgeschichte s. Erl. zu § 168). Dieser besteht im Wesentlichen darin, dass auf sie prinzipiell die Vorschriften über kreisfreie Städte Anwendung finden, jedoch nur bezogen auf landesrechtliche, nicht dagegen auf bundes-

rechtliche Regelungen, wenn diese den Landkreisen und kreisfreien Städten
Aufgaben zuweisen (OVG Lüneburg, Urt. v. 16.4.1969 – IV OVGA 73/69 – zu
§ 96 BSHG; BVerwG, Urt. v. 22.8.1972 – BVerwG III C 121.69 – zu § 308
Abs. 1 LAG). Zu ihrer Behandlung als kreisangehörige Gemeinde bezüglich der
Aufgaben und der Finanzzuweisungen im Rahmen des NFAG und der Kranken-
hausumlage s. §§ 168, 169.
Auch ohne dass wie früher in § 1 Abs. 1 des Göttingen-Gesetzes eine ausdrückliche Klarstellung erfolgt, sind die Bürger der Stadt Kreiseinwohner. Sie nehmen
an der Wahl zum Kreistag teil.

**§ 17   Aufgaben der selbstständigen Gemeinden und der großen
        selbstständigen Städte**

**¹Die selbstständigen Gemeinden und die großen selbstständigen Städte erfül-
len in ihrem Gebiet neben ihren Aufgaben als kreisangehörige Gemeinden alle
Aufgaben des übertragenen Wirkungskreises der Landkreise, soweit Rechtsvorschriften dies nicht ausdrücklich ausschließen. ²Die Landesregierung kann
durch Verordnung Aufgaben bestimmen, die abweichend von Satz 1 durch die
Landkreise wahrgenommen werden. ³Voraussetzung dafür ist, dass die Erfüllung der Aufgaben für die selbstständigen Gemeinden oder die großen selbstständigen Städte einen unverhältnismäßigen Verwaltungsaufwand mit sich
bringen würde oder aus anderen Gründen unzweckmäßig erscheint.**

§§ 11 Abs. 1, 12 Abs. 1 NGO

ERLÄUTERUNGEN zu § 17

1. Grundsätzlich erfüllen die **großen selbstständigen Städte** und die **selbstständigen Gemeinden** diejenigen Aufgaben des übertragenen Wirkungskreises, die
den Landkreisen obliegen. Jedoch sind eine ganze Reihe dieser Aufgaben ausgenommen. Nach der Föderalismusreform kommt die Zuweisung von Aufgaben durch Bundesrecht nicht mehr in Betracht. Jedoch ist die Zuständigkeit der
großen selbstständigen Städte und der selbstständigen Gemeinden in zahlreichen Landesgesetzen ausgeschlossen, so insbesondere in § 24 Abs. 1 NROG,
§ 36 Abs. 1 NJagdG, § 54 Abs. 1 NNatSchG, § 43 Abs. 7 NWaldLG, § 12
Abs. 1 NPflegeG, § 15 Abs. 1 NHundG, § 41 Abs. 2 NAbfG, § 2 Abs. 1 AG-
TierSG, die der selbstständigen Gemeinden darüber hinaus in § 127 Abs. 2
Satz 2 NWG, § 30 Abs. 2 Satz 2 NDG, § 63 Abs. 1 NBauO (vgl. aber § 63
Abs. 2 NBauO, Art. IV § 4 Nr. 1 Abs. 2 des Achten Gesetzes zur Verwaltungs-
und Gebietsreform a. a. O.), im gesamten Nds. FischG (§§ 20 Abs. 2, 21
Abs. 1, 37 Abs. 2, 41 Abs. 1, 42 Abs. 2, 43 Abs. 1, 48 Abs. 3, 49 Abs. 3, 54
Abs. 1).
Schließlich ist von der Ermächtigung des Satz 2 durch Erlass folgender Verord-
nungen Gebrauch gemacht worden:
1. Allgemeine Verordnung über die den Landkreisen gegenüber den großen
   selbstständigen Städten und den selbstständigen Gemeinden vorbehaltenen

Aufgaben des übertragenen Wirkungskreises (AllgVorbehVO) v. 14.12.2004 (GVBl. S. 587), zuletzt geändert durch VO v. 3.8.2009 (GVBl. S. 316);

2. Allgemeine Zuständigkeitsverordnung für die Gemeinden und Landkreise zur Ausführung von Bundesrecht (AllgZustVO-Kom) v. 14.12.2004 (GVBl. S. 589), zuletzt geändert durch VO v. 25.5.2011 (GVBl. S. 123);

3. Verordnung über Zuständigkeiten auf dem Gebiet des Wirtschaftsrechts sowie in anderen Rechtsgebieten (ZustVO-Wirtschaft) v. 18.11.2004 (GVBl. S. 482), zuletzt geändert durch VO v. 6.7.2011 (GVBl. S. 251);

4. Verordnung über Zuständigkeiten auf den Gebieten des Arbeitsschutz-, Immissionsschutz-, Sprengstoff-, Gentechnik- und Strahlenschutzrechts sowie in anderen Rechtsgebieten (ZustVO-Umwelt-Arbeitsschutz) v. 18.11.2004 (GVBl. S. 454), zuletzt geändert durch VO v. 27.10.2009 (GVBl. S. 374);

5. Verordnung über sachliche Zuständigkeiten für die Verfolgung und Ahndung von Ordnungswidrigkeiten (ZustVO-OWi) v. 14.7.2011 (GVBl. S. 266).

Die Systematik der Zuständigkeitsregelung weicht gegenüber der ursprünglichen insoweit ab, als nicht mehr nur durch Gesetz und Vorbehaltsverordnung diejenigen Aufgaben genannt werden, für die die privilegierten Gemeinden abweichend vom Grundsatz des Abs. 1 Satz 1 nicht zuständig sind, sondern dass darüber hinaus in den weiteren genannten Verordnungen Zuständigkeiten auch den privilegierten Gemeinden übertragen werden mit der Folge, dass der Grundsatz des Abs. 1 Satz 1 an Bedeutung verloren hat, zumal auch noch spezialgesetzlich privilegierten Gemeinden Aufgaben zugewiesen werden (s. z. B. Genehmigung von Einleitungen in öffentliche Abwasseranlagen gem. § 3 ZustVO-Wasser v. 29.11.2004, GVBl. S. 550). Die neben den sondergesetzlich den Landkreisen gegenüber den großen selbstständigen Städten vorbehaltenen Aufgaben enthält § 2 der AllgVorbehVO, die Aufgabenzuweisungen an diese Städte ergeben sich aus § 1 Abs. 1 ZustVO-Umwelt-Arbeitsschutz und ZustVO-Wirtschaft, §§ 2 bis 5 AllgZustVO-Kom, §§ 1, 4 bis 6 ZustVO-OWi. Durch die AllgVorbehVO sind zusätzlich die in deren § 3 genannten Aufgaben den Landkreisen gegenüber den selbstständigen Gemeinden vorbehalten; Zuständigkeitszuweisungen an diese Gemeinden ergeben sich aus § 1 Abs. 1 ZustVO-Umwelt-Arbeitsschutz und ZustVO-Wirtschaft, §§ 3 bis 5 AllgZustVO-Kom, §§ 1, 4 bis 6 ZustVO-OWi und § 4 ZustVO-SOG.

Eine Sonderregelung enthält schließlich noch § 97 Nds.SOG, nach dessen Abs. 3 der Minister des Innern durch Verordnung die generelle gemeindliche Zuständigkeit aufheben und bestimmte Aufgaben den privilegierten Gemeinden, den Landkreisen und kreisfreien Städten und den Bezirksregierungen vorbehalten kann. Das ist geschehen durch die Verordnung über Zuständigkeit auf verschiedenen Gebieten der Gefahrenabwehr v. 18.10.1994 (GVBl. S. 457), zuletzt geändert durch VO v. 27.6.2008 (GVBl. S. 253), die in ihren §§ 3 und 4 Zuständigkeiten der großen selbstständigen Städte enthält.

Da das durch das NKomZG und auch sonst gesetzlich nicht ausgeschlossen ist, können die großen selbstständigen Städte und die selbstständigen Gemeinden die Aufgaben, die ihnen als solche obliegen, im Wege kommunaler Zusammenarbeit erfüllen und z. B. durch Zweckvereinbarung oder zur mandatsweisen Erfüllung auf den Landkreis übertragen.

2. Die finanzielle Regelung enthält § 12 NFAG.

§ 18 Aufgaben der kreisfreien Städte

Die kreisfreien Städte erfüllen neben ihren Aufgaben als Gemeinden in ihrem Gebiet alle Aufgaben der Landkreise.

§ 11 Abs. 2 NGO

ERLÄUTERUNGEN zu § 18

Bei den Aufgaben, die die kreisfreien Städte wie die Landkreise erfüllen, handelt es sich um die den Landkreisen zugewiesenen des eigenen Wirkungskreises und die diesen übertragenen staatlichen Aufgaben (§ 5 Abs. 1 Nr. 4 und § 6 Abs. 1). Die den Landkreisen nach § 3 Abs. 2 obliegenden überörtlichen und die Verwaltungs- und Finanzkraft kreisangehöriger Gemeinden übersteigenden Aufgaben gehören bei den kreisfreien Städten zu dem in § 2 Abs. 2 beschriebenen Aufgabenkreis. Ohne besondere Zuweisung an sie nehmen die kreisfreien Städte Aufgaben der unteren Verwaltungsbehörde nicht wahr (§ 6 Abs. 1 Satz 2).

ZWEITER TEIL: Benennung, Sitz, Hoheitszeichen

§ 19   Name

(1) [1]Jede Kommune führt ihren bisherigen Namen. [2]Auf Antrag einer Gemeinde oder eines Landkreises kann das für Inneres zuständige Ministerium den Namen der Gemeinde oder des Landkreises ändern. [3]Samtgemeinden können ihren Namen durch Änderung der Hauptsatzung (§ 99 Abs. 3) ändern.

(2) Ist der Name einer Gemeinde, einer Samtgemeinde oder eines Landkreises durch Gesetz festgelegt worden, so kann er erst nach Ablauf von zehn Jahren nach Inkrafttreten des Gesetzes geändert werden.

(3) Über die Benennung von Gemeindeteilen entscheidet die Gemeinde.

(4) [1]Ist eine Gemeinde oder ein Teil einer Gemeinde als Heilbad, Nordseeheilbad, Nordseebad, Kneipp-Heilbad oder Kneipp-Kurort staatlich anerkannt, so entscheidet die Gemeinde, ob das Wort „Bad" Bestandteil ihres Namens oder des Namens des Gemeindeteils wird. [2]Wird die staatliche Anerkennung aufgehoben, so entfällt der Namensbestandteil „Bad" nach Ablauf von fünf Jahren, es sei denn, die staatliche Anerkennung war mindestens zwanzig Jahre wirksam.

§§ 13 NGO, 10 NLO, 3 Abs. 3 RegionsG

ERLÄUTERUNGEN zu § 19

1. Der **Name der Kommune** ist entsprechend § 12 BGB gegen fehlerhafte Verwendung (falsche Bezeichnung, sog. Namensleugnung) im amtlichen Verkehr und unbefugten Gebrauch (sog. Namensanmaßung) geschützt; vgl. auch § 24 des Warenzeichengesetzes (s. aber Erl. 1 zu § 22). Zum Anspruch der Gemeinde darauf, dass ihr Name für die Bezeichnung eines Bahnhofs der Bundesbahn in der amtlichen Form benutzt wird, vgl. BVerwG, Urt. v. 8.2.1974 (DVBl. 1974 S. 522) und vom 6.7.1979 (DÖV 1980 S. 97) sowie v. 6.7.1979 (DÖV 1980 S. 99); es besteht kein Anspruch der Gemeinde auf Benennung der Anschlussstelle einer Autobahn mit ihrem Namen, wenn eine andere Benennung für die Orientierung der Verkehrsteilnehmer zweckmäßig ist (vgl. Hess. VGH, Urt. v. 18.11.1975, DVBl. 1977 S. 49; OVG Koblenz, Urt. v. 17.9.1985, DÖV 1986 S. 36). Ein Missbrauch des Namens liegt vor, wenn nach der Verkehrsanschauung seine von der Kommune nicht genehmigte Verwendung auf diese als Gebietskörperschaft Bezug nimmt, also nicht nur als Herkunfts- oder Ortsangabe dient (s. BGH, Urt. v. 15.3.1963, NJW 1963 S. 2267).

2. Der Name der Gemeinde oder des Landkreises kann auf deren oder dessen Antrag (vgl. § 58 Abs. 1 Nr. 3) durch MI **geändert** werden. Im Hinblick auf Art. 2 NV (Bindung der Exekutive an das Gesetz, hier regelmäßig die Reformgesetze, in denen die Gemeinde- und Landkreisnamen bestimmt worden sind),

ist die Namensänderung erst zehn Jahre nach Inkrafttreten des Gesetzes, in dem der Name festgelegt worden ist, möglich (Abs. 2). Bisher ist vereinzelt Anträgen entsprochen worden, wenn ihnen mit großer Mehrheit gefasste Beschlüsse zugrunde lagen und die Namensänderung, regelmäßig durch Beifügung eines Zusatzes, dazu diente, Verwechslungen vorzubeugen. Allerdings sind Anträge, die einen Doppelnamen zum Gegenstand hatten, bisher mit einer Ausnahme abgelehnt worden, weil auch der Gesetzgeber bei der Gemeindereform grundsätzlich darauf verzichtet hat, Doppelnamen zu verwenden. Die Bestimmung des Namens einer im Rahmen der Gemeindereform gebildeten neuen Gemeinde durch den Gesetzgeber verletzt nicht deren Selbstverwaltungsrecht des Art. 28 GG (BVerfG, Beschl. v. 17.1.1979, DVBl. 1979 S. 312). Die Änderung des Namens einer **Samtgemeinde** geschieht durch die Hauptsatzung (§ 73).

3. Die **besondere Benennung** von Gemeindeteilen hat rechtlich keine besonderen Auswirkungen und es ist angesichts ihrer eher ideellen Bedeutung zweifelhaft, ob sie denselben Schutz genießt wie der Gemeindename. Sowohl förmlich benannte Gemeindeteile als auch sonstige Ortsteile können zur Erhaltung altvertrauter Ortsnamen in der Beschriftung von Ortstafeln nach der StVO angegeben (vgl. RdErl. d. MW v. 27.9.1991, MBl. 1991 S. 1256), in Personalausweisen eingetragen (vgl. RdErl. d. MI v. 17.5.1978, MBl. 1978 S. 744). Die besondere Benennung von Gemeindeteilen ist jedoch Voraussetzung für ihre Verwendung in Personenstandsbüchern (vgl. RdErl. d. MI v. 26.5.2003, MBl. S. 500) nach dem, obwohl außer Kraft, weiterhin verfahren wird.
Die besondere Benennung erfolgt durch Beschluss des Rates (§ 58 Abs. 2 Nr. 1). Vielfach ist sie bereits durch Gebietsänderungsverträge vorgenommen und mit diesen genehmigt worden; außerdem sind aufgrund inzwischen geänderter Rechtsgrundlagen Gemeindeteile z. B. der Städte Salzgitter (Bek. d. Nds. MdI v. 19.2.1951, MBl. S. 64) und Göttingen (Bek. d. Nds. MdI v. 11.3.1965, MBl. S. 311) durch den MI besonders benannt worden. Auch Gemeindeteile, die früher selbstständige Gemeinden gewesen sind und deren Name als neuer Gemeindename fortbesteht, können besonders benannt werden, z. B. durch Voranstellung der Bezeichnung „Alt-" vor dem Gemeindenamen.

4. Nach Anerkennung einer Gemeinde oder des sie prägenden Gemeindeteils als Kurort nach der KurortVO v. 22.4.2005 (GVBl. S. 124; zum Verfahren s. RdErl. d. MW v. 24.10.2007, MBl. S. 1373) kann der Rat beschließen (§ 58 Abs. 1 Nr. 3 oder Abs. 2 Nr. 1), dass bei den genannten Kurorten die Bezeichnung „Bad" Bestandteil des Gemeindenamens oder der Benennung des betreffenden Gemeindeteils (Abs. 3, s. Erl. 3) ist, ohne dass es weiterer Voraussetzungen bedarf. Ausgenommen sind jedoch die im Gesetz nicht aufgeführten Kurorte nach § 1 Abs. 2 Nrn. 5 bis 9 und 11 der KurortVO. „Bad" ist also ein Teil des Namens der Gemeinde i. S. dieser Vorschrift und keine Bezeichnung i. S. des § 20 Abs. 2. Die Namensänderung sollte, auch wenn das nicht vorgeschrieben ist, aus Gründen der Rechtssicherheit in dem Bekanntmachungsblatt der Gemeinde bekanntgemacht werden; dasselbe gilt, wenn der Namensbestandteil fünf Jahre nach Aufhebung der Anerkennung – wenn diese nicht länger als zwanzig Jahre wirksam war – wieder entfällt.

§ 20 Bezeichnungen

(1) ¹Die Bezeichnung Stadt führen die Gemeinden, denen diese Bezeichnung nach bisherigem Recht zusteht. ²Auf Antrag kann das für Inneres zuständige Ministerium die Bezeichnung Stadt solchen Gemeinden verleihen, die nach Einwohnerzahl, Siedlungsform und Wirtschaftsverhältnissen städtisches Gepräge tragen.

(2) ¹Die Gemeinden können auch historische Bezeichnungen weiterhin führen. ²Auf Antrag einer Gemeinde oder Samtgemeinde kann das für Inneres zuständige Ministerium Bezeichnungen verleihen oder ändern.

§ 14 NGO

ERLÄUTERUNGEN zu § 20

1. Die **Bezeichnung Stadt** hat keine verfassungsrechtliche Bedeutung. Sie ist aber wie auch eine sonstige überkommene Bezeichnung (Abs. 2) als Bestandteil des Gemeindenamens entsprechend § 12 BGB gegen unbefugte Verwendung für eine Einrichtung geschützt, die auch von der Gemeinde betrieben werden könnte (z. B. Stadttheater; s. auch Erl. 1 zu § 19).
Die Verleihung der Bezeichnung setzt ein nach Einwohnerzahl, Siedlungsform und Wirtschaftsverhältnissen städtisches Gepräge voraus. Nach der Gemeindereform ist dabei die Struktur der „Kerngemeinde" entscheidend. Ob die Voraussetzungen erfüllt sind, lässt sich nur im Einzelfall beurteilen. Das Innenministerium geht davon aus, dass die Gemeinde mindestens 10 000 Einwohner, davon mindestens 5000 im Ortskern, aufweisen muss.

2. Überkommene Bezeichnungen sind in Niedersachsen Flecken, Bergstadt und Hansestadt. Sie können nur dann als überkommen beibehalten werden, wenn die Übung, sie zu benutzen, bei ihrer Aufnahme nicht gegen zwingendes Recht verstieß; mit dieser Begründung hat das OVG Lüneburg (Urt. v. 14.7.1970 – F II OVG A 11/68) die Weiterführung der Bezeichnung Kreisstadt versagt.
Bei der **Verleihung** einer von der Gemeinde bisher nicht geführten Bezeichnung ist davon auszugehen, dass die Bezeichnung einen ganz besonderen, in gewissem Sinne einmaligen Tatbestand voraussetzt, so dass der Zweck einer besonderen Hervorhebung mit Bezeichnungen wie Seehafenstadt, Kreisstadt, Heidestadt oder Universitätsstadt, die auf eine ganze Reihe von Gemeinden zutreffen würden, nicht erreicht wird. Insbesondere kommt die Verleihung einer Bezeichnung zur Erlangung eines Wettbewerbsvorteils gegenüber anderen Gemeinden nicht in Betracht.
Hat die Gemeinde eine überkommene Bezeichnung früher nachweislich geführt, bestehen gegen die Wiederverleihung keine Bedenken.

§ 21   Sitz einer Kreisverwaltung

Für die Änderung des Sitzes einer Kreisverwaltung ist die Genehmigung der Landesregierung erforderlich.

§§ 11 NLO, 3 Abs. 3 RegionsG

ERLÄUTERUNGEN zu § 21

Unter Kreisverwaltung ist die im engeren Sinne vom Landrat geleitete und beaufsichtigte Verwaltung (§ 85 Abs. 3) zu verstehen; maßgebend ist deshalb der **Ort**, an dem der **Landrat seine Geschäfte** wahrnimmt. Neben- oder Außenstellen der Kreisverwaltung werden von der Vorschrift nicht erfasst. Sie sind auf der Grundlage der kreislichen Organisationshoheit zulässig, gesetzlich können sie nicht vorgeschrieben werden (Nds. StGH, Urt. v. 14.2.1979, MBl. 1979 S. 547). Zuletzt durch das Achte Gesetz zur Verwaltungs- und Gebietsreform v. 28.6.1977 (GVBl. 1977 S. 233) sind die Sitze der meisten Kreisverwaltungen festgelegt worden. Auch sie können durch Organisationsentscheidung des Landkreises verändert werden, für die gesetzlich der Kreisausschuss zuständig ist (§ 76 Abs. 2 Satz 1).
Eine Sitzveränderung liegt nur vor bei Verlegung des Verwaltungssitzes in eine andere Gemeinde, nicht innerhalb der Sitzgemeinde. Sie ist eine **Maßnahme im Rahmen der kreislichen Selbstverwaltung**. Die Genehmigung der Landesregierung soll gewährleisten, dass die Belange des Landes bei der Änderung des Kreissitzes berücksichtigt werden. Die von dem Sitzverlust betroffene Gemeinde hat mangels Rechtsbeeinträchtigung kein Klagerecht. Der Landkreis kann wegen eines Ermessensfehlgebrauchs gegen die Versagung der Genehmigung klagen.

§ 22   Wappen, Flaggen, Dienstsiegel

(1) ¹Die Kommunen führen ihre bisherigen Wappen und Flaggen. ²Sie sind berechtigt, diese zu ändern oder neue anzunehmen.

(2) ¹Die Kommunen führen Dienstsiegel. ²Haben sie ein Wappen, so ist es Bestandteil des Dienstsiegels.

§§ 15 NGO, 12 NLO, § Abs. 3 RegionsG

ERLÄUTERUNGEN zu § 22

1. Die Annahme eines neuen oder die Änderung des bisherigen **Wappens** ist eine Angelegenheit der kommunalen Selbstverwaltung, über die die Vertretung beschließt (§ 58 Abs. 1 Nr. 3); dasselbe gilt für Flaggen. Eine Genehmigung ist

nicht mehr erforderlich. Auch künftig sollen Wappen und Flaggen den Regeln der Wappenkunde entsprechen und Verwechslungen mit gleichartigen Wappen und Flaggen vermieden werden. Als Richtschnur für die Gestaltung von Wappen können die Ausführungsanweisungen zu § 11 DGO dienen, die wie folgt lauten:

Die Wappen der Gemeinden dürfen in ihrer äußeren Form und Anlage nicht gegen solche Regeln der Wappenkunde verstoßen, die auf historischen, künstlerischen und praktischen Gesichtspunkten beruhen (Bedeutung, Einfachheit, Klarheit, Übersichtlichkeit). Das schließt jedoch nicht aus, dass anstelle alter Symbole auch solche Formen und Bilder verwendet werden, die der modernen Umwelt entlehnt, dem Volke gemeinverständlich und für die betreffende Körperschaft charakteristisch sind.

Die Wappen des Bundes und der Länder dürfen als kommunales Wappen nicht verwendet werden, ebenso wenig das Wappen einer anderen Kommune oder ein Familienwappen ohne Genehmigung des Wappenberechtigten. Den Kommunen wird empfohlen, sich schon vor der Beschlussfassung über die Annahme oder Änderung von Wappen von dem zuständigen Staatsarchiv beraten zu lassen. Das kommunale Wappen ist in entsprechender Anwendung des § 12 BGB gegen **unbefugte Verwendung** geschützt; vgl. auch § 27 des Warenzeichengesetzes. Das LG Osnabrück (Urt. v. 15.3.1996 – 12 S 524/95) lässt das allerdings nur bei kommerzieller Verwendung des Wappens gelten, nicht auch für den Fall, dass eine Partei in ihrem Mitteilungsorgan und auf Briefen und Drucksachen das Gemeindewappen verwendet, weil ein Missbrauch nur vorliege, wenn durch eine Verwechslungsgefahr eine Zuordnungsverwirrung hervorgerufen werde. Diese Rechtsprechung erscheint als zu eng. Die Kommune kann Dritten die Verwendung ihres Wappens gestatten. Eine Verwendung für gewerbliche Zwecke darf jedoch im Hinblick auf den Charakter als Hoheitszeichen und wegen der Gefahr einer Wettbewerbsverzerrung nur unter ganz besonders strengen Voraussetzungen gestattet werden.

Für die Beflaggung öffentlicher Gebäude der Kommune bestehen keine gesetzlichen Vorgaben mehr, nachdem das Gesetz über Wappen, Flaggen und Siegel und die VO über die Beflaggung öffentlicher Bauten v. 8.5.1991 (Nds. GVBl. S. 181) durch das Niedersächsische Wappengesetz (v. 8.3.2007, GVBl. S. 117) aufgehoben worden sind.

2. Die Führung des **Dienstsiegels** gehört in den Bereich der gesetzlichen Außenvertretung der Kommune. Fehlt sein gesetzlich vorgeschriebener Abdruck, ist das ein Verfahrensfehler, der z. B. eine Beglaubigung (§ 33 VwVfG) unwirksam macht (OVG Münster, Urt. v. 28.11.1977, DÖV 1978 S. 334); § 86 Abs. 2 schreibt für verpflichtende Erklärungen den Abdruck nicht mehr vor. Zum Abdruck des Dienstsiegels bei der Ausfertigung von Ortsrecht s. Erl. 1 zu § 11. Das Dienstsiegel führen der HVB und die von ihm dazu ermächtigten Bediensteten, auch die von kommunalen Anstalten und Einrichtungen; auch der Ortsvorsteher und der mit Hilfsfunktionen betraute Ortsbürgermeister können zur Führung des Dienstsiegels ermächtigt werden.

Das Dienstsiegel muss den Namen und gegebenenfalls das Wappen der Kommune erhalten; es kann bei kreisangehörigen Gemeinden der betreffende Landkreis in die Beschriftung aufgenommen werden. Aus der Anknüpfung der Siegelführung an die Behördeneigenschaft der Kommune ergibt sich, dass alle unselbstständigen Stellen und Einrichtungen der Kommune grundsätzlich einheitlich das Siegel mit der auf den Namen der Kommune lautenden Beschriftung führen. Andere Beschriftungen sind danach nicht zulässig; jedoch bestehen keine Bedenken dagegen, die siegelführende Dienststelle zusätzlich anzugeben. Der Verlust von Dienstsiegeln der Kommunen wird vom MI seit Oktober 1980 im MBl. nicht mehr bekanntgemacht, weil bei Diebstahl oder sonstigem Abhandenkommen eines Dienstsiegels auf entsprechende Anzeige der betreffenden Kommune eine Ausschreibung im INPOL-System – Sachfahndung – vorgenommen wird.

DRITTER TEIL: Gebiete

§ 23 Gebietsbestand

(1) ¹Das Gebiet der Gemeinde bilden die Grundstücke, die nach geltendem Recht zu ihr gehören. ²Das Gebiet des Landkreises besteht aus den Gebieten der kreisangehörigen Gemeinden und den zum Landkreis gehörenden gemeindefreien Gebieten. ³Das Gebiet der Region Hannover besteht aus den Gebieten der regionsangehörigen Gemeinden. ⁴Über Grenzstreitigkeiten entscheidet die Kommunalaufsichtsbehörde.

(2) Das Gebiet der Gemeinde soll so bemessen sein, dass die örtliche Verbundenheit der Einwohnerinnen und Einwohner gewahrt und die Leistungsfähigkeit der Gemeinde zur Erfüllung ihrer Aufgaben gesichert ist.

(3) Das Gebiet des Landkreises soll so bemessen sein, dass die Verbundenheit der Einwohnerinnen und Einwohner und die Verbundenheit des Landkreises mit den kreisangehörigen Gemeinden gewahrt und die Leistungsfähigkeit des Landkreises zur Erfüllung seiner Aufgaben gesichert ist.

(4) ¹Jedes Grundstück soll zu einer Gemeinde gehören. ²Aus Gründen des öffentlichen Wohls können Grundstücke außerhalb einer Gemeinde verbleiben oder ausgegliedert werden. ³Das für Inneres zuständige Ministerium regelt durch Verordnung die Verwaltung der gemeindefreien Gebiete. ⁴Es stellt hierbei sicher, dass deren Einwohnerinnen und Einwohner entweder unmittelbar oder durch eine gewählte Vertretung an der Verwaltung teilnehmen. ⁵Die Vorschriften dieses Gesetzes für kreisangehörige Gemeinden gelten für gemeindefreie Gebiete entsprechend.

§§ 16 NGO, 13 NLO, 1 RegionsG

ERLÄUTERUNGEN zu § 23

1. Die Vorschrift hat das **Hoheitsgebiet der Kommunen** zum Gegenstand. Grundstücke, die die Kommune privatrechtlich als Eigentum erwirbt, sind damit schon nicht ihr Gebiet i. S. dieser Vorschrift.

Für die Frage, welche Grundstücke nach geltendem Recht zum **Gemeindegebiet** gehören, ist die **historische Entwicklung** seit der Ausbildung der gemeindlichen Grenzen im 19. Jahrhundert maßgebend (sog. historisches Prinzip, vgl. OVG Lüneburg, Urt. v. 28.2.1967 – II OVG A 25/65, Urt. v. 24.2.1981, DVBl. S. 876). Im Bereich der Nordseeküste ist das Gebiet des Wattenmeeres bei der Ausbildung der Gemeindegrenzen nicht als Gemeindegebiet berücksichtigt worden, weil das Meer und der Meeresboden wegen ihrer Beschaffenheit weder Raum für kommunale Tätigkeiten boten noch als Gegenstand des Rechtsverkehrs in Betracht gezogen und auch nicht als Grundstück i. S. des Grundbuchrechts angesehen wurden, an welches das Kommunalrecht begrifflich anknüpfte. Die seewärtige Grenze der an der Küste gelegenen Gemeinden bildet deshalb regelmäßig die mittlere Tidenhochwasserlinie (vgl. OVG Lüneburg, Urt. v. 24.2.1981 a. a. O., vgl. auch § 1 Abs. 3 NWG). Die seewärts dieser Linie gelegenen Bereiche des Küstenmeeres sind ursprünglich gemeindefreies Gebiet, soweit sie nicht durch Hoheitsakt mit einer Grenzbestimmung dem Gebiet einer Gemeinde zugewiesen oder zum gemeindefreien Gebiet gem. Abs. 3 erklärt worden sind (OVG Lüneburg, Urt. v. 24.2.1981 a. a. O.). Das Gemeindegebiet verändert sich mit der natürlichen Änderung der mittleren Tidenhochwasserlinie (z. B. auch bei natürlichen Anlandungen und Abschwemmungen, OVG Lüneburg, Urt. v. 12.12.1958 – I OVG A 156/57). Bei künstlichen Aufschüttungen wird dagegen keine automatische Grenzänderung anzunehmen sein, die aufgespülten Flächen haben vielmehr zunächst den Status eines ursprünglich gemeindefreien Gebiets.

Anders als die Küstengewässer sind die Binnengewässer seit jeher dem Gebiet der Gemeinden zugerechnet worden. Bei den großen Strömen kann als Übergang zum Küstengewässer der Beginn des Mündungstrichters angenommen werden, der durch die Stelle gekennzeichnet wird, von der an die bis dahin etwa parallel verlaufenden Ufer des Flusses sich trichterförmig zur offenen See hin erweitern (vgl. BVerwG, Urt. v. 21.8.1981, BVerwGE 64 S. 29). Zum Beginn des Mündungstrichters der Elbe: BVerwG, Urt. v. 5.12.1986, Ls. in NVwZ 1987 S. 494).

Im Zweifel bildet bei Grenzflüssen die Flussmitte die Grenze zwischen Gemeinden (vgl. Pr. OVG, Urt. v. 3.10.1911, Pr. OVGE 60 S. 41).

Durch die Gesetze zur Neugliederung der Gemeinden der Jahre 1972 bis 1974 und zuletzt durch das Achte Gesetz zur Verwaltungs- und Gebietsreform v. 28.6.1977 (GVBl. 1977 S. 233) haben die meisten **Landkreise** ihren heutigen **Gebietszuschnitt** erfahren. Die Region Hannover ist durch die Einbeziehung der Landeshauptstadt in den Landkreis Hannover durch das Gesetz über die Region Hannover v. 5.5.2001 (GVBl. 2001 S. 348) entstanden. Zur Überschaubarkeit des Gebiets eines Landkreises für die sachgerechte Wahrnehmung der Aufgaben der Kreistagsabgeordneten s. LVerfG MV, Urt. v. 26.7.2007, NdsVBl. 2007 S. 271).

Eine **Grenzstreitigkeit** – und keine Gebietsänderung – liegt vor, wenn zwischen zwei Gemeinden um die gebietliche Zugehörigkeit eines Grundstücks gestritten wird (OVG Lüneburg, Urt. v. 5.12.1991 – 10 L 48/89).

2. Abs. 2 hat programmatischen Inhalt, der für die Gemeindereform in der sog. Absichtserklärung des Landtages vom 9.2.1971 (Drs. 7/382) konkretisiert worden ist.

Abs. 3 nimmt mit den Hinweisen auf die Verbundenheit der Einwohner und auf die Verbundenheit mit den kreisangehörigen Gemeinden auf die Eigenschaft des Landkreises als Gebietskörperschaft und als Gemeindeverband Bezug (§ 3 Abs. 1)

3. In Niedersachsen gibt es gegenwärtig (Stand: 1.11.2011) 18 **gemeindefreie Gebiete** und zwei **gemeindefreie Bezirke**, d. h. gemeindefreie Gebiete, die vom Innenministerium zu gemeindefreien Bezirken erklärt worden sind, weil sie dauernd bewohnt sind und eine eigene Verwaltung besitzen. Ihre Verwaltung regelt die VO über die Verwaltung gemeindefreier Gebiete v. 15.7.1958 (GVBl. S. 162), zuletzt geändert durch VO v. 9.9.2008 (GVBl. S. 305).

§ 24 Gebietsänderungen

(1) Aus Gründen des öffentlichen Wohls können Gemeinden oder Landkreise aufgelöst, vereinigt oder neu gebildet und Gebietsteile von Gemeinden oder von Landkreisen umgegliedert werden (Gebietsänderungen).

(2) Werden Gemeindegrenzen geändert, die zugleich Grenzen der Landkreise oder der Region Hannover sind, so bewirkt die Änderung der Gemeindegrenzen auch die Änderung der Grenzen der Landkreise oder der Region Hannover.

(3) Die Absätze 1 und 2 gelten für gemeindefreie Gebiete entsprechend.

§§ 17 NGO, 14 Abs. 1 NLO, 3 Abs. 3 RegionsG

ERLÄUTERUNGEN zu § 24

1. Vgl. zunächst Art. 59 NV. Nach Abschluss der Gemeinde- und Kreisreform und ihrer geringfügigen Korrektur durch wenige Einzelgesetze ist davon auszugehen, dass bis auf weiteres **Gebietsänderungen** durch Auflösung und Neubildung von Gemeinden und Landkreisen mit Rücksicht auf den Vertrauensschutz der Kommunen (BVerfG, Beschl. v. 12.5.1992, NVwZ 1993 S. 262), der auch weiterhin geltend gemacht werden kann (Nds. StGH, Urt. v. 6.12.2007, R&R Sonderheft v. 24.1.2008 = NdsVBl. 2008 S. 37), politisch nur in Betracht gezogen werden, wenn das dem Willen aller Beteiligten entspricht. Denkbare Grenzkorrekturen werden sich überwiegend daran orientieren, ob sie dazu dienen, die Erfüllung der in dem betroffenen Bereich wahrzunehmenden Aufgaben zu verbessern und zu erleichtern. Bei bewohnten Gebieten haben die Beziehungen der Bewohner als Ausdruck der örtlichen und überörtlichen Verbundenheit (§ 23 Abs. 2 und 3) besondere Bedeutung.

2. Abs. 2 korrespondiert mit § 23 Abs. 1 Satz 2, wonach das Kreisgebiet aus den zum Landkreis gehörenden Gemeinden und gemeindefreien Gebieten besteht.

3. Die Neubildung eines **gemeindefreien Gebiets** stellt eine Gebietsänderung dar (Abs. 3), die gem. § 25 Abs. 1 Satz 1 eines Gesetzes bedarf.

§ 25 Verfahren bei Gebietsänderungen

(1) [1]Für Gebietsänderungen ist ein Gesetz erforderlich. [2]Gebietsteile von Gemeinden oder von Landkreisen können auch durch Vertrag der beteiligten Kommunen umgegliedert werden; der Vertrag bedarf der Genehmigung der Kommunalaufsichtsbehörde.

(2) [1]Absatz 1 Satz 2 gilt für die vollständige oder teilweise Eingliederung gemeindefreier Gebiete in eine Gemeinde entsprechend. [2]Besteht in einem bewohnten gemeindefreien Gebiet eine gewählte Vertretung der Einwohnerinnen und Einwohner, so ist die Zustimmung der Vertretung erforderlich.

(3) ¹Verträge zur Änderung von Gemeindegrenzen, die eine Änderung der Grenzen der Landkreise herbeiführen, bedürfen der Zustimmung der beteiligten Landkreise. ²Satz 1 gilt für Verträge, die zu einer Änderung der Grenzen der Region Hannover führen, entsprechend.

(4) ¹Vor jeder Gebietsänderung von Gemeinden oder gemeindefreien Gebieten durch Vereinbarung oder Gesetz sind deren Einwohnerinnen und Einwohner anzuhören. ²Vor einer Gebietsänderung durch Gesetz sind auch die beteiligten Kommunen anzuhören.

(5) ¹Die Kommunen haben ihre Absicht, über die Änderung ihres Gebiets zu verhandeln, der Kommunalaufsichtsbehörde rechtzeitig anzuzeigen. ²Die Kommunalaufsichtsbehörde kann jederzeit die Leitung der Verhandlungen übernehmen.

§§ 18 NGO, 14 Abs. 2, 3 NLO, 3 Abs. 3 RegionsG

ERLÄUTERUNGEN zu § 25

1. Art. 59 NV und Abs. 1 verlangen für **Gebietsänderungen**, d. h. Auflösung, Vereinigung und Neubildung von Gemeinden, gemeindefreien Gebieten und Landkreisen sowie für die **Umgliederung von Gebietsteilen** von Gemeinden, gemeindefreien Gebieten und Landkreisen (§ 24 Abs. 1, 3) grundsätzlich ein **Gesetz im formellen Sinne**, und zwar unabhängig vom Willen der Beteiligten. Wegen der besonderen verfassungsrechtlichen Anforderungen an ein Gesetz zur Änderung von Ergebnissen der Gemeindereform s. Erl. 1 zu § 24 und Gutachten des Nds. StGH v. 13.12.1989, Drs. 11/4750.

2. Die Umgliederung von Gebietsteilen kann statt durch Gesetz auch durch **Vertrag** der beteiligten Gemeinden, gemeindefreien Gebiete und Landkreise erfolgen, wobei, wenn die Umgliederung eine Kreisgrenze ändert, die betroffenen Gemeinden und Landkreise an dem Vertrag beteiligt sind. Für gemeindefreie Gebiete ist Vertragspartner der öffentlich-rechtlich Verpflichtete (§ 2 der VO über die Verwaltung gemeindefreier Gebiete, s. Erl. 3 zu § 23). Bei Verträgen gemeindefreier Gebiete mit Einwohnervertretung ist deren Zustimmung erforderlich (Abs. 2 Satz 2). Wie die gesetzliche setzt auch die vertragliche Gebietsänderung das Vorliegen von Gründen des Gemeinwohls voraus (§ 24 Abs. 1), was bei der Genehmigung des Vertrages geprüft wird, die nicht eine bloße Rechtskontrolle darstellt (vgl. schriftlichen Bericht zum Entwurf einer NV, Drs. 12/5840). Kommt ein Vertrag über eine Gebietsumgliederung nicht zustande, obwohl Gründe des Gemeinwohls sie gebieten, ist ein Gesetz erforderlich. Die Eingliederung ursprünglich gemeindefreier Gebiete (z. B. Aufspülungsflächen an der Küste, Gebietszuwachs an der Landesgrenze) erfordert in jedem Fall ein Gesetz, weil diese Gebiete nicht der VO über die Verwaltung gemeindefreier Gebiete unterliegen und deshalb ein öffentlich-rechtlich Verpflichteter, der Vertragspartner sein könnte, nicht vorhanden ist (vgl. auch OVG Lüneburg, Urt. v. 24.2.1981, DVBl. S. 876).

3. Die bei Gesetzen gebotene **Anhörung** der beteiligten Gemeinden und Landkreise folgt bereits aus dem Rechtsstaatsprinzip und dem Selbstverwaltungsrecht und hat deshalb Verfassungsrang; sie ist Bestandteil des Rechtsetzungsverfahrens und dient der Information des Gesetzgebers, der abzuwägen hat, ob Gründe des Gemeinwohls die Gebietsänderung rechtfertigen (BVerfG, Beschl. v. 27.11.1978, BVerfGE 50 S. 195). Die Anhörung der Einwohner der beteiligten Gemeinden, bei Umgliederungen nicht nur der des Umgliederungsgebietes (nicht aber auch der beteiligten Landkreise), soll den Informationsstand des Gesetzgebers weiter verbessern. Für sie reicht es aus, das Vorhaben ortsüblich bekannt zu machen und dabei unter Angabe einer angemessenen Frist auf die Möglichkeit zur Äußerung hinzuweisen. Dasselbe Verfahren kann bei vertraglichen Gebietsänderungen angewendet werden. Während die unterbliebene Anhörung einer Gebietskörperschaft im Falle der Klage regelmäßig die Aufhebung des Gesetzes als verfassungswidrig zur Folge hat (BVerfG, Beschl. v. 27.11.1978 a. a. O.; s. auch NdsStGH, Urt. v. 3.6.1980, StGHE 3 S. 1), stellt die unterbliebene Anhörung der Einwohner zwar einen Gesetzesverstoß dar, welcher jedoch die Aufhebung eines Gesetzes oder eines Vertrages nicht rechtfertigt.

Die Unterrichtungspflicht des Abs. 5 korrespondiert mit dem Unterrichtungsrecht der Aufsichtsbehörde gem. § 172 Abs. 1. Sie soll der Aufsicht die Möglichkeit geben, sich rechtzeitig lenkend und koordinierend einzuschalten.

§ 26 Vereinbarungen und Bestimmungen zur Gebietsänderung

(1) ¹**Die Kommunen können durch Gebietsänderungsvertrag Vereinbarungen treffen, insbesondere über die vermögensrechtliche Auseinandersetzung, die Rechtsnachfolge, das neue Orts- oder Kreisrecht und Änderungen in der Verwaltung, soweit nicht eine Regelung durch Gesetz erfolgt. ²Gemeinden können durch Gebietsänderungsvertrag auch Vereinbarungen über die Einrichtung von Ortschaften treffen und bestimmen, dass der Rat einer aufzulösenden Gemeinde für den Rest der Wahlperiode als Ortsrat fortbesteht. ³Findet eine Neuwahl statt, so sollen die Kommunen ferner vereinbaren, wer bis dahin die Befugnisse der Organe wahrnimmt. ⁴Der Gebietsänderungsvertrag ist der Kommunalaufsichtsbehörde anzuzeigen; § 25 Abs. 1 Satz 2 bleibt unberührt.**

(2) Kommt ein Gebietsänderungsvertrag nicht zustande oder sind weitere Angelegenheiten zu regeln, so trifft die Kommunalaufsichtsbehörde die erforderlichen Bestimmungen.

(3) Der Gebietsänderungsvertrag und die Bestimmungen der Kommunalaufsichtsbehörde sind ortsüblich bekannt zu machen; enthält der Gebietsänderungsvertrag Vereinbarungen über das neue Orts- oder Kreisrecht, so ist der Vertrag nach den für dieses Recht geltenden Vorschriften bekannt zu machen.

§§ 18 NGO, 15 NLO, 3 Abs. 3 RegionsG

ERLÄUTERUNGEN zu § 26

Soweit Gebietsänderungen durch Gesetz erfolgt sind, enthält dieses regelmäßig Bestimmungen über die Rechtsnachfolge und das Ortsrecht (s. z. B. Gesetze v. 22.2.2001, GVBl. S. 74, 75), sodass Gebietsänderungsverträge vorrangig die anderen im Gesetz genannten Angelegenheiten zu regeln haben. Diese Verträge sind der Kommunalaufsichtsbehörde formlos anzuzeigen. Enthalten sie die Umgliederung von Gebietsteilen (§ 25 Abs. 1 Satz 2), bedürfen sie der Genehmigung (Abs. 1 Satz 4 2. Halbsatz).

Die Einhaltung von **Zusagen,** die einer untergegangenen Kommune durch Gebietsänderungsvertrag gemacht worden sind, überwacht grundsätzlich die Aufsicht (s. auch OVG Lüneburg, Urt. v. 31.5.1983 – 5 OVG A 78/81). Ein Klagerecht einer seit vielen Jahrzehnten nicht mehr bestehenden Kommune, eines für das Gebiet einer ehemaligen Gemeinde eingerichteten Ortsrats oder ihrer ehemaligen Einwohner ist abzulehnen; ebenso wenig kommt die Bestellung eines Pflegers oder Vertreters in Betracht, den das Gesetz nicht vorsieht.

Die im Zivilrecht entwickelten Grundsätze des Fortfalls der Geschäftsgrundlage und der sog. clausula rebus sic stantibus sind auch auf Gebietsänderungsverträge anwendbar (OVG Lüneburg, Urt. v. 19.7.1979 – III OVG A 126/77, Urt. v. 31.5.1983 – 5 OVG A 78/81).

Im Falle des Abs. 2 hat die Kommunalaufsichtsbehörde neben der Rechtmäßigkeit getroffener Vereinbarungen zu prüfen, welche Maßnahmen objektiv – nicht nach der subjektiven Vorstellung eines Beteiligten – zur Durchführung der Gebietsänderung, insbesondere zum Zwecke der Auseinandersetzung, notwendig sind; es können also keine Gegenstände geregelt werden, die im Zuge der Gebietsänderung bereits kraft Gesetzes übergehen oder im Wege der Rechtsnachfolge übertragen werden; auch privatrechtliche Gegenstände können betroffen sein (z. B. Eigentum an Versorgungsbetrieben); die Bestimmungen sind ein streitentscheidender Verwaltungsakt mit schiedsspruchähnlichem Charakter, der nur eingeschränkt überprüfbar ist (OVG Lüneburg, Urt. v. 17.10.1989 – 10 L 23/89).

Die ortsübliche Bekanntmachung (s. Erl. 6 zu § 11 und 9 zu § 59) gem. Abs. 3 ist Wirksamkeitsvoraussetzung unabhängig davon, ob die Regelungen Außenwirkung für Dritte entfalten (ebenso OVG Lüneburg, Urt. v. 17.10.1989, a. a. O.); Abs. 3 geht als Spezialgesetz gegenüber § 43 Abs. 1 VwVfG diesem vor (§ 1 Abs. 2 Nds. VwVfG).

Ein erst nach der im Neugliederungsgesetz bestimmten Frist abgeschlossener Gebietsänderungsvertrag ist unwirksam (OVG Lüneburg, Urt. v. 26.11.1985 – 3 OVG A 190/84).

§ 27   Rechtswirkungen der Gebietsänderung

(1) ¹Die Gebietsänderung, der Gebietsänderungsvertrag und die Bestimmungen der Kommunalaufsichtsbehörde begründen Rechte und Pflichten der Beteiligten. ²Sie bewirken den Übergang, die Beschränkung oder die Aufhebung von dinglichen Rechten. ³Die Kommunalaufsichtsbehörde ersucht die zustän-

digen Behörden, das Grundbuch, das Wasserbuch und andere öffentliche Bücher zu berichtigen.

(2) Für Rechts- und Verwaltungshandlungen, die aus Anlass der Gebietsänderung erforderlich werden, insbesondere Berichtigungen, Eintragungen und Löschungen in öffentlichen Büchern sowie Amtshandlungen der Vermessungs- und Katasterverwaltung, sind Kosten weder zu erheben noch zu erstatten.

(3) ¹Soweit der Wohnsitz oder Aufenthalt Voraussetzung für Rechte und Pflichten ist, gilt der Wohnsitz oder Aufenthalt in der früheren Kommune vor der Gebietsänderung als Wohnsitz oder Aufenthalt in der neuen Kommune. ²Das Gleiche gilt für gemeindefreie Gebiete.

§§ 20 NGO, 16 NLO, 3 Abs. 3 RegionsG

ERLÄUTERUNGEN zu § 27

1. Bei der Eingliederung einer Kommune in eine andere oder bei dem Zusammenschluss mehrerer Kommunen zu einer neuen Einheit gehen sämtliche öffentlichen und privaten Rechte und Pflichten allein durch die Gebietsänderung auf den neuen Träger über. Werden nur Teilflächen aus einer Kommune in eine andere umgegliedert, bewirkt allein die Gebietsänderung nur den Übergang der öffentlichen Rechte und Pflichten, soweit sie sich auf die umgegliederten Flächen beziehen; für sie können jedoch im Gebietsänderungsvertrag oder durch Bestimmung der Aufsichtsbehörde abweichende Regelungen getroffen werden. Privatrechtliche Rechte und Pflichten bedürfen dagegen für ihren Übergang einer entsprechenden Regelung durch den Gebietsänderungsvertrag oder entsprechende Bestimmungen der Aufsichtsbehörde.
Die für Ersuchen einer Behörde um Berichtigung öffentlicher Bücher vorgeschriebenen Förmlichkeiten (z. B. §§ 28 Satz 1, 29 Abs. 3 GBO), sind bei Ersuchen nach Abs. 1 Satz 3 einzuhalten (LG Verden, Beschl. v. 25.3.1975 – 1 T 107/75).
Wegen der Gebührenfreiheit bei der Bereitstellung von Angaben des amtlichen Vermessungswesens s. § 5 Abs. 4 NVermG. Vermessungskosten sind dagegen keine Rechtshandlungen i. S. d. Abs. 2.

2. Die Folgen der Umbildung von Kommunen für deren beamtetes Personal regeln die §§ 16 bis 18 BeamtStG und § 29 NBG. Dazu enthalten die RdErl. d. Nds. MdI v. 17.12.1970 (MBl. 1971 S. 58) und v. 27.3.1972 (MBl. S. 650) auch heute noch zutreffende Hinweise.

VIERTER TEIL: **Einwohnerinnen und Einwohner, Bürgerinnen und Bürger**

§ 28   Begriffsbestimmungen

(1) [1]Einwohnerin oder Einwohner einer Kommune ist, wer in dieser Kommune den Wohnsitz oder ständigen Aufenthalt hat. [2]Der Wohnsitz im Sinne dieses Gesetzes ist der Ort der Wohnung im Sinne des Melderechts. [3]Hat eine Person im Bundesgebiet mehrere Wohnungen, so ist ihr Wohnsitz der Ort der Hauptwohnung. [4]Weist sie jedoch nach, dass sich der Mittelpunkt ihrer Lebensbeziehungen am Ort der Nebenwohnung befindet, so ist dieser ihr Wohnsitz. [5]Hat eine Person keine Wohnung, so gilt der Ort des gewöhnlichen Aufenthalts als Wohnsitz.

(2) Bürgerinnen und Bürger einer Kommune sind die Einwohnerinnen und Einwohner, die zur Wahl der Vertretung dieser Kommune berechtigt sind.

§§ 21 NGO, 17 Abs. 2 NLO, 3 Abs. 3 RegionsG

ERLÄUTERUNGEN zu § 28

1. Einwohner sind alle natürlichen Personen mit Wohnsitz in der Kommune. Für die Definition des Begriffs Wohnsitz sind nicht die §§ 7 bis 11 BGB maßgebend, sondern wie schon bei den. Wohnsitzvoraussetzungen für das Wahlrecht seit der Wahlrechtsnovelle vom 24.1.2001 (Nds. GVBl. S. 15, s. KommP N 2000 S. 324 und 2001 S. 89) die melderechtlichen Vorschriften (Abs. 1 Satz 2), um auszuschließen, dass ein Wohnsitz an mehreren Orten besteht (§ 7 Abs. 2 BGB). Anknüpfungspunkt ist die Wohnung, deren Begriff in § 7 NMG als jeder umschlossene Raum, der zum Wohnen oder Schlafen benutzt wird, definiert ist und die Unterkunft an Bord eines Schiffes der Bundeswehr sowie Wohnwagen und Wohnschiffe, die nicht oder nur gelegentlich fortbewegt werden, einschließt. Für das Beziehen einer Gemeinschaftsunterkunft, also insbesondere für Soldaten, gilt § 16 NMG, für vorübergehende Aufenthalte, u. a. auch zur Verbüßung einer Haftstrafe, gilt § 17 NMG und für Schiffsbesatzungen auf Binnen- und auf Seeschiffen gilt § 14 NMG. Bei mehreren Wohnungen wird der Wohnsitz am Ort der Hauptwohnung im Sinne des Melderechts vermutet (Abs. 1 Satz 3), den die Meldebehörden feststellen (§§ 1, 8 NMG), wodurch bei Wahlen den Wahlorganen diesbezügliche eigenständige tatsächliche Ermittlungen erspart werden. Die Vermutung ist aber widerleglich, d. h. der Einwohner, nicht dagegen die zuständige Behörde, kann nachweisen, dass der Mittelpunkt seiner Lebensbeziehungen, der für die Bestimmung der Hauptwohnung in Zweifelsfällen maßgebend ist (§ 8 Abs. 1 Satz 3 NMG), am Ort einer melderechtlichen Nebenwohnung besteht. Für die Meldebehörde wird das insbesondere im Interesse einer wahl- und melderechtlich identischen Sachverhaltsfeststellung regelmäßig Anlass zur Überprüfung ihrer Daten sein; zur Berichtigung des Melderegisters durch Abmeldung von Amts wegen s. VG Hannover, Urt. v. 23.3.2005, R&R 4/2006 S. 11. Eine Wohnung im Ausland bleibt bei der Feststellung der Einwohnereigenschaft, insbesondere des Wahlrechts außer Betracht, eine Nebenwohnung in der Kommune genügt.

Als Wohnsitz von Personen ohne Wohnung gilt der Ort des gewöhnlichen Aufenthalts (Abs. 1 Satz 5). Nach § 30 Abs. 3 Satz 3 SGB I, der einen allgemeinen Grundsatz enthält, hat jemand den gewöhnlichen Aufenthalt dort, wo er sich unter Umständen aufhält, die erkennen lassen, dass er an diesem Ort oder in diesem Gebiet nicht nur vorübergehend verweilt (s. auch BVerwG, Urt. v. 4.6.1997, NVwZ-RR 1997 S. 751).

Zum Wohnsitz als Voraussetzung des Wahlrechts und der Wählbarkeit vgl. jeweils Erl. 3 zu § 48 und § 49.

2. Während Einwohner jeder Deutsche, Ausländer oder Staatenlose sein kann, ist **Bürger** nur der zur Wahl der Vertretung jeder der in § 1 Abs. 1 genannten Kommune Berechtigte (§ 48).

§ 29   Ehrenbürgerrecht

(1) Eine Gemeinde kann Personen, die sich um sie besonders verdient gemacht haben, das Ehrenbürgerrecht verleihen.

(2) Die Gemeinde kann das Ehrenbürgerrecht wegen unwürdigen Verhaltens wieder entziehen.

§ 30 NGO

ERLÄUTERUNGEN zu § 29

1. Die Vorschrift behandelt nur das **Ehrenbürgerrecht**. Es kann an jede natürliche lebende deutsche, ausländische oder staatenlose Person verliehen werden. Die Verleihung ist ein mitwirkungsbedürftiger Verwaltungsakt. Für den Beschluss ist wie für die Entziehung der Rat ausschließlich zuständig (§ 58 Abs. 2 Nr. 3). Eine staatliche Genehmigung ist nicht vorgesehen. Die Verleihung begründet keinerlei Pflichten gegenüber der Gemeinde. Das Ehrenbürgerrecht endet mit dem Tode, jedoch sind Nachwirkungen (z. B. Grabpflege) möglich. Auch die Entziehung ist ein Verwaltungsakt, nach dem Tode aber rechtlich bedeutungslos.

Die Vorschrift gilt nicht für **Samtgemeinden und Landkreise**; auch wenn sie Bürger haben (§ 28 Abs. 2), können sie ein Ehrenbürgerrecht nicht verleihen.

2. Über die Schaffung **sonstiger Ehrenbezeichnungen**, die von allen Kommunen geschaffen und verliehen werden können (z. B. Altbürgermeister, Ehrenlandrat, Ehrenbrandmeister) und die Voraussetzungen für ihre Verleihung und Entziehung entscheidet die Vertretung (§ 58 Abs. 1 Nr. 6) ohne gesetzliche Vorgaben. Sie kann sich wie beim Ehrenbürgerrecht die Entziehung wegen unwürdigen

Verhaltens vorbehalten; auch in diesem Bereich gibt es keine Genehmigungsvorbehalte.

§ 30 Benutzung öffentlicher Einrichtungen

(1) Die Einwohnerinnen und Einwohner sind im Rahmen der bestehenden Vorschriften berechtigt, die öffentlichen Einrichtungen der Kommune zu benutzen, und verpflichtet, die Gemeindelasten zu tragen.

(2) ¹Grundbesitzende und Gewerbetreibende, die ihren Wohnsitz nicht in der Kommune haben, sind in gleicher Weise berechtigt, die öffentlichen Einrichtungen zu benutzen, die in der Kommune für Grundbesitzende und Gewerbetreibende bestehen. ²Sie sind verpflichtet, für ihren Grundbesitz oder Gewerbebetrieb im Gebiet der Kommune die Kosten für die Einrichtungen mitzutragen, soweit Rechtsvorschriften dies bestimmen.

(3) Die Absätze 1 und 2 gelten entsprechend für juristische Personen und Personenvereinigungen.

§§ 22 NGO, 17 Abs. 2, 3 NLO, 3 Abs. 3 RegionsG

ERLÄUTERUNGEN zu § 30

1. Abs. 1 knüpft an § 4 Satz 2 an. Eine **öffentliche Einrichtung,** auf deren Schaffung einen Anspruch weder diese Vorschrift noch § 5 Parteiengesetz vermittelt (BVerwG, Urt. v. 18.7.1969, BVerwGE 32 S. 333), ist dann gegeben, wenn die Kommune ihren Einwohnern eine Einrichtung zur Benutzung zur Verfügung stellt und mit dieser eine in ihren Wirkungskreis fallende, ihr gesetzlich obliegende oder freiwillig übernommene Aufgabe erfüllt (OVG Münster, Urt. vom 23.10.1968, OVGE 24, S. 175). Dabei ist die Rechtsform, in der die Einrichtung betrieben wird, unerheblich, sodass auch wirtschaftliche Unternehmen, die auf Ertragserzielung ausgerichtet sind, öffentliche Einrichtungen darstellen, wenn sie unmittelbar einem öffentlichen Zweck zu dienen bestimmt sind und alle Einwohner sie benutzen können (z. B. kommunale Versorgungsbetriebe; OVG Lüneburg, Beschl. v. 7.6.1985, Fundstelle 1986 Rdnr. 58: eine kommunale Festhallen-GmbH). Hat die Kommune keine vertraglichen oder sonstigen Einwirkungsmöglichkeiten auf den Betreiber der Einrichtung zur Durchsetzung der gleichmäßigen Benutzung durch die Einwohner, dann fehlt der Einrichtung das Merkmal der Öffentlichkeit (BVerwG, Beschl. v. 21.7.1989, DVBl. 1990 S. 154; Nds. OVG, Beschl. v. 10.3.2007, R&R 3/2007 S. 11 = NdsVBl. 2007 S. 168). Nicht zu den öffentlichen Einrichtungen – jedenfalls in dem hier relevanten Bezug der personellen Reichweite des Benutzungsrechts – gehören Sachen im Gemeingebrauch (z. B. Straßen, öffentliche Plätze: OVG Lüneburg, Beschluss v. 25.4.1978, NJW S. 1939), deren Benutzung jedermann zusteht, und private Einrichtungen, mit denen die Kommune keine in ihren Wirkungskreis fallende Aufgabe erfüllt (z. B. eine Gastwirtschaft). Öffentliche Einrichtungen sind z. B. Schulen (s. dazu OVG Lüneburg, Urt. v. 9.5.1984, NSt-N 1985 S. 20; VG Hannover, Beschl. v. 11.6.1999, VwRR N 2000 S. 6), Krankenhäuser, Stadttheater, Stadthalle, Rathaus, Freizeitheim, Schwimmbad, Sportplatz, Saunaanlage (vgl. OVG Münster, Urt. v. 2.12.1985, der Gemeindehaushalt 1986 S. 115), eine kommunale oder von der Kommune angemietete Obdachlosenunterkunft (Nds. OVG, Urt. v. 25.3.2004, NdsVBl. S. 210) ein von der Gemeinde veranstalteter Flohmarkt.

Die **Benutzung** setzt regelmäßig eine öffentlich-rechtliche Zulassung voraus. Diese ist ein Verwaltungsakt und kann durch Rechtsakt (Widmungsbeschluss), durch Realakt oder andauernde Übung, die auch für den Umfang und die Grenzen des Nutzungszwecks maßgebend ist (Nds. OVG, Beschl. v. 28.2.2007, R&R 2/2007 S. 1), ausdrücklich oder konkludent (Duldung) erfolgen (OVG Lüneburg, Beschl. v. 27.10.1982 – 2 OVG B 41/82, Beschl. v. 7.6.1985 a. a. O., Urt. v. 25.3.2004, NdsVBl. S. 210; VG Düsseldorf, Beschl. v. 9.2.2000, VwRR N S. 81). Dasselbe gilt für die Änderung des Benutzungszwecks und für die Beendigung der Benutzung, die jederzeit (VGH Mannheim, Beschl. v. 11.5.1995, NVwZ-RR 1996 S. 681), jedoch nicht willkürlich erfolgen dürfen; eine Einschränkung der Widmung zu dem alleinigen Zweck, einen vorliegenden Zulassungsantrag ablehnen zu können, entfaltet für diesen noch keine Wirkung (BVerwG, Urt. v. 28.3.1969, BVerwGE 31 S. 368; VGH Mannheim, Beschl. v. 11.5.1995 a. a. O.; Nds. OVG, Beschl. v. 14.4.2011, R&R 4/2011 S. 1), Etwas anderes kann gelten, wenn die Nutzungsänderung aus einem anzuerkennenden allgemeinen Grund vorgenommen wird und nicht allein, um einen vorliegenden Antrag ablehnen zu können (Nds. OVG, Beschl. v. 14.4.2011 a. a. O.; VG Lüneburg, Urt. v. 27.4.1999, NdsVBl. 1999 S. 269, für den Fall einer schon länger diskutierten Einschränkung; s. auch OVG Bautzen, Beschl. v. 12.4.2001, NVwZ 2002 S. 615); dabei macht es keinen Unterschied, ob die Benutzung durch eine Verwaltungspraxis oder durch Satzung bestimmt wird (Nds. OVG, Beschl. v. 14.4.2011 a. a. O.). Die Zuständigkeit der Vertretung für Einrichtungen (§ 58 Abs. 1 Nr. 11) betrifft nur solche im Rahmen des Wirtschaftsrechts; regelmäßig ist bei anderen Einrichtungen für Entscheidungen über die Widmung und ihren Umfang die Zuständigkeit des Hauptausschusses anzunehmen. Zur Zuständigkeit bei Einrichtungen im Stadtbezirk und in der Ortschaft s. § 93 Abs. 1.

2. Der Anspruch der Einwohner auf **Zulassung zu den öffentlichen Einrichtungen** als Ausformung des allgemeinen Gleichheitssatzes (OVG Münster, Beschl. vom 29.6.1978, Der Städtetag 1979, S. 29, VGH Mannheim, Urt. vom 19.2.1979, NJW 1979, S. 1844) besteht im Rahmen des Widmungszwecks, der bestehenden Vorschriften (z. B. Benutzungsordnung) und nur in dem Umfang, der die gleiche Chance der Mitbenutzer wahrt (OVG Münster, Beschl. vom 29.6.1978 a. a. O.). Begrenzungen des Nutzungszwecks können sich aus den äußeren Umständen und der Natur der Sache ergeben (s. z. B. OVG Lüneburg, Beschl. v. 2.2.1979 – 2 OVG B 10/79: Benutzung eines historischen Rathaussaales; Urt. v. 1.7.1986 – 2 OVG A 152/83: Benutzung eines Saales in einem auch Bibliothekszwecken gewidmeten Gebäude). Sie können ferner in Vorschriften geregelt werden. Das OVG Lüneburg (Urt. v. 1.7.1986 a. a. O. wird abgedruckt RdSchr. NST 157/87 v. 12.5.1987) hält willkürliche Einschränkungen des Nutzungszwecks für unzulässig und „politische Veranstaltungen" als Ausschlussgrund für keinen ausreichenden Differenzierungsgesichtspunkt, der

Willkür auszuschließen vermag (wohl aber: „Parteipolitische Veranstaltungen",
zu diesem zulässigen Unterscheidungsmerkmal s. auch Nds. OVG, Beschl. v.
28.2.2007, R&R 2/2007 S. 1 und BVerfG, Beschl. v. 7.3.2007, R&R 2/2007
S. 6). Deshalb hat eine **politische Partei,** und zwar nach dieser Vorschrift jede,
die in der Gemeinde Mitglieder hat, im Rahmen des § 5 PartG auch nicht ortsansässige Parteien (OVG Magdeburg, Beschl. v. 5.11.2010, NVwZ-RR 2011,
S. 150), solange das Bundesverfassungsgericht nicht die Verfassungswidrigkeit
festgestellt hat (VGH Kassel, Urt. vom 28.11.1978, NJW 1979, S. 997), grundsätzlich einen Anspruch auf Benutzung von Räumlichkeiten und Grundstücken,
die die Kommune für politische Veranstaltungen zur Verfügung stellt. Ist jedoch
eine Schule bisher nur für schulische Zwecke bereitgestellt worden, besteht kein
Anspruch auf Benutzung für außerschulische (z. B. politische) Zwecke (OVG
Münster, Beschl. vom 7.9.1979, NJW 1980, S. 901; VG Lüneburg, Urt. v.
27.4.1999 NdsVBl. S. 269). Mit dem Gleichheitssatz ist vereinbar, wenn die
Kommune wegen Platzmangels auf einem als kommunale Einrichtung veran-
stalteten Volksfest eine Auswahl unter den sich bewerbenden Gewerbetreibenden nach deren Bekanntheits- und Bewährungsgrad (BVerwG, Beschl. v.
14.9.1981, NVwZ 1982 S. 194, VGH München, Beschl. v. 11.9.1981, NVwZ
1982 S. 120) oder nach dem Prioritätsprinzip vornimmt, bei dessen Anwendung jedoch den eigenen kommunalen Interessen nicht ohne jeden sachlichen
Grund der Vorrang eingeräumt sein darf (VGH Mannheim, Beschl. v.
5.10.1993, NVwZ-RR 1994 S. 111), oder einem originellen Karussell den Vorzug vor einem technisch modernen Fahrgeschäft einräumt (OVG Bremen, Urt.
v. 27.4.1993, NVwZ-RR 1994 S. 24) oder sonst nach dem Gesichtspunkt höherer Attraktivität entscheidet (OVG Münster, Urt. v. 27.5.1993, NVwZ-RR
1994 S. 157). Die Kommune ist an ihre eigenen Richtlinien gebunden (VGH
Kassel, Beschl. v. 27.11.1992, GewArch 1993 S. 248), die aber nur zulässige
Auswahlkriterien enthalten dürfen, also nicht z. B. die Pflicht, angebotene
Waren nur von Betrieben in der Kommune zu beziehen (OVG Koblenz, Urt. v.
13.7.1989, NJW-RR 1990 S. 808); ein Anspruch auf den bisherigen Standplatz
besteht nicht (VGH Kassel, Beschl. v. 27.11.1992, NVwZ-RR S. 548). Kein
zureichender Grund für die Zurückweisung einer selbstständigen Bewerberin ist
der Umstand, dass ihr Ehemann bereits zugelassen ist (BVerwG, Urt. v.
27.4.1984 – 1 C 26/82 – vgl. dng 1985 S. 20). Ein ordnungsgemäß durchge-
führtes Losverfahren ist ein Auswahlverfahren, das jedem Bewerber die gleichen
Zulassungschancen einräumt (Nds. OVG, Urt. v. 16.6.2005, R&R 4/2005 S. 1,
und in derselben Sache BVerwG, Beschl. v. 4.10.2005, R&R 6/2005 S. 1). Die
Bestimmung des Auswahlverfahrens wird, wenn es nicht generell durch eine
Richtlinie des Rates nach § 58 Abs. 1 Nr. 2 geregelt ist, regelmäßig als Geschäft
der laufenden Verwaltung anzusehen sein (Nds. OVG, Urt. v. 16.6.2005
a. a. O.; s. auch VG Oldenburg, Beschl. v. 1.7.2004, NVwZ-RR 2005 S. 127).
Mit den **bestehenden Vorschriften** sind nach Meinung des OVG Lüneburg (Urt.
v. 9.5.1984, NSt-N 1985 S. 20; s. auch VGH Mannheim, NVwZ-RR 1992
S. 90) in erster Linie satzungsförmige Regelungen gemeint, so dass Verwal-
tungsrichtlinien, die das gesetzliche Benutzungsrecht beschränken, im Hinblick
auf Art. 41 NV zu diesen Vorschriften nicht gerechnet werden können; sie können aber zur Interpretation des Widmungszwecks und der durch ihn gesteckten
Grenzen des Zulassungsanspruchs herangezogen werden (im Ergebnis ähnlich

VG Braunschweig, Urt. v. 25.11.1983 – 1 VG A 184/83). Die Heranziehung einer durch Beschluss des Hauptausschusses getroffenen Richtlinienregelung des Benutzungszwecks begegnet deshalb Bedenken (OVG Lüneburg, Urt. v. 1.7.1986 – 2 OVG A 152/83; s. auch VG Oldenburg, Beschl. v. 1.7.2004 a. a. O.). Eine im Rahmen des Benutzungszwecks erlassene Anstalts- oder Hausordnung bedarf der Satzungsform nicht, sie kann auch als Verwaltungsanordnung des Hauptverwaltungsbeamten ergehen.

Die Benutzung einer öffentlichen Einrichtung zur Durchführung einer Veranstaltung, die erklärtermaßen der Begehung von Straftaten oder Ordnungswidrigkeiten dienen soll, hat die Kommune zu verweigern, weil sie der Begehung von Delikten nicht Vorschub leisten darf (Hess. VGH, Beschl. v. 21.3.1983; 2 TG 23/83; OVG Lüneburg, Beschl. v. 27.4.1987 – 2 OVG B 29/87; VGH Mannheim, Beschl. v. 21.5.1987, NJW 1987 S. 2698: alle zur Veranstaltung einer „Initiative Volkszählungsboykott"; Hess. VGH, Beschl. v. 24.4.1993, DVBl. S. 618). Sie kann sie auch verweigern, wenn begründeter Anlass zu der Annahme besteht, dass Teilnehmer der Veranstaltung die Einrichtung beschädigen (OVG Lüneburg, Beschl. v. 7.6.1985, NJW S. 2347). Die Einschränkung des Zulassungsanspruchs zur Sicherung der Einrichtung vor drohenden Beschädigungen durch Dritte (z. B. Gegendemonstrationen) setzt voraus, dass eine ernste Gefahr droht und Schäden auf andere Weise (z. B. durch den Einsatz der Polizei) nicht abgewehrt werden können (VG Hannover, Beschl. v. 20.7.2007, R&R 1/2008, S. 1 und v. 10.2.1994, NVwZ S. 608; OVG Lüneburg, Beschl. v. 7.6.1985 a. a. O. im Anschluss an BVerwG, Urt. v. 18.7.1969, BVerwGE 32 S. 333). Im Übrigen kann für den Fall, dass Schäden an oder in der Einrichtung aufgrund gewaltsamer Protestaktionen zu befürchten sind, die Zulassung davon abhängig gemacht werden, dass der Veranstalter die Haftungsübernahme in angemessener Höhe erklärt (VGH Mannheim, Beschl. v. 9.4.1987, NJW 1987 S. 2697; VG Hannover, Beschl. v. 5.6.1989, dng 1990 S. 85, Beschl. v. 10.2.1994 a. a. O.).

Im Ermessen der Kommune liegt es, auch **Ortsfremden** die Benutzung der öffentlichen Einrichtung zu gestatten; geschieht das üblicherweise, dann ergibt sich daraus über Art. 3 GG eine Ermessensbindung (OVG Lüneburg, Beschl. v. 7.6.1985 a. a. O.).

Sind die Voraussetzungen des Zulassungsanspruchs erfüllt, ist es unerheblich, ob anlässlich einer Veranstaltung von auswärts kommende Personen auftreten (VGH München, Beschl. v. 19.3.1969, NJW S. 1078); deshalb hat z. B. eine örtliche Parteigliederung Anspruch auf Benutzung einer Einrichtung zur Durchführung eines Landes- oder Bundesparteitages, und zwar auch dann, wenn die Landes- oder Bundesparteiorganisation als Veranstalter auftritt. Für andere Vereinigungen gilt das entsprechend. Zweifelhaft ist, ob der Anspruch auch dann besteht, wenn eine örtliche Organisation nicht vorhanden ist; für die politischen Parteien wird er im Hinblick auf Art. 21 GG, § 5 Abs. 1 Parteiengesetz bejaht; im Übrigen wird er zu verneinen sein, weil bei juristischen Personen und Personenvereinigungen auf deren Status abzustellen ist und nicht auf den ihrer Mitglieder, so dass deren Sitz maßgeblich ist (so VGH Mannheim, Urt. v. 9.5.1988, BWVPr. 1989 S. 58; Nds. OVG, Beschl. v. 28.2.2007, R&R 2/2007 S. 1). Zum Anspruch von Fraktionen und Gruppen auf Überlassung kommunaler Einrichtungen s. Erl. 4 zu § 57.

Über die Zulassung hat die Kommune selbst zu entscheiden, darf die Entscheidung also nicht einem privaten Dritten (z. B. dem Schaustellerverband) überlassen (BayVGH, Urt. v. 17.2.1999, NVwZ S. 1122).

3. Während die Zulassung stets öffentlich-rechtlich ist, kann die **Benutzung** privatrechtlich oder öffentlich-rechtlich geregelt werden (s. BVerwG, Beschl. v. 21.7.1989, NJW 1990 S. 134), und zwar privatrechtlich auch dann, wenn für die Einrichtung ein Anschluss- und Benutzungszwang besteht (BVerwG, Urt. v. 6.4.2005, R&R 2/2006 S. 9). Die Regelung durch Satzung spricht regelmäßig für ein öffentlich-rechtliches Nutzungsverhältnis (BGH, Urt. v. 24.10.1974, NJW 1975 S. 106). Auch ohne Satzungsregelung ist die Benutzung öffentlich-rechtlich, wenn die Benutzer nach dem Widmungszweck der öffentlichen Einrichtung einen subjektiv-öffentlichen Anspruch auf Benutzung haben (VGH Mannheim, Beschl. v. 8.5.1978, NJW 1979 S. 1900); vgl. oben Erl. 1 und 2. Der Ausschluss von der Benutzung einer öffentlichen Einrichtung erfolgt mittels Verwaltungsakt (OVG Münster, Urt. v. 28.11.1994, DÖV 1995 S. 515).
Ist die Benutzung privatrechtlich geregelt, kann dafür ein privatrechtliches Entgelt gefordert werden. Bei öffentlich-rechtlicher Nutzung werden Gebühren erhoben (§ 5 NKAG), die durch Satzung festgelegt werden (§ 2 Abs. 1 NKAG). Jedoch kann die Regelung des Entgelts für die Benutzung einer öffentlichen Einrichtung grundsätzlich auch dann privatrechtlich erfolgen, wenn für die Einrichtung ein Anschluss- und Benutzungszwang besteht (OVG Lüneburg, Urt. v. 26.8.1976, NJW 1977 S. 450)

4. Regelungen über die von den Einwohnern zu tragenden **Lasten** enthalten die Realsteuergesetze, das NKAG und das BBauG (§ 127 ff.).
Zur Staffelung der **Kindergartenbeiträge** nach dem Einkommen der Eltern s. § 20 KiTaG, § 5 Abs. 3 NKAG und OVG Lüneburg, Urt. v. 23.11.1994, dng 1995 S. 128. Die Erhebung eines **Auswärtigenzuschlags zu Friedhofsgebühren** ist als Verstoß gegen den Grundsatz der speziellen Entgeltlichkeit (§ 5 Abs. 3 NKAG) unzulässig (OVG Münster, Urt. vom 23.10.1978, NJW 1979, S. 565, OVG Lüneburg, Urt. vom 25.1.1979, dng 1979, S. 167). Die allgemeinen Grundsätze des Abgabenrechts gelten sinngemäß auch für privatrechtliche Entgelte (VG Hannover, Urt. v. 13.5.1987 – 1 VG A 139/84). Die Benutzung einer nicht kostendeckend betriebenen Einrichtung ohne Benutzungszwang (Musikschule) kann Einheimischen gegen Erhebung einer abgesenkten Gebühr gestattet werden (BVerwG, Beschl. v. 30.1.1997, BVerwGE 104 S. 60). Die Überlassung von Einrichtungen an politische Parteien ohne oder gegen ermäßigtes Entgelt stellt eine unzulässige Parteienfinanzierung dar (BVerfG, Beschl. v. 19.5.1982, DÖV 1983 S. 153).

§ 31 Einwohnerantrag

(1) ¹**Einwohnerinnen und Einwohner, die mindestens 14 Jahre alt sind und seit mindestens drei Monaten den Wohnsitz in der Kommune haben, können beantragen, dass die Vertretung bestimmte Angelegenheiten berät (Einwohnerantrag). ²Einwohneranträge dürfen nur Angelegenheiten des eigenen Wirkungskreises der Kommune zum Gegenstand haben, für die die Vertretung nach § 58**

Abs. 1 oder 2 zuständig ist oder für die sie sich die Beschlussfassung nach § 58 Abs. 3 Sätze 1 und 2 vorbehalten kann. [3]Einwohneranträge, die Angelegenheiten betreffen, zu denen bereits in den letzten zwölf Monaten ein zulässiger Einwohnerantrag gestellt worden ist, sind unzulässig.

(2) [1]Der Einwohnerantrag muss in schriftlicher Form eingereicht werden; die elektronische Form ist unzulässig. [2]Er muss ein bestimmtes Begehren mit Begründung enthalten. [3]Im Antrag sind bis zu drei Personen zu benennen, die berechtigt sind, die antragstellenden Personen zu vertreten. [4]Der Einwohnerantrag soll einen Vorschlag enthalten, wie Kosten oder Einnahmeausfälle zu decken sind, die mit der Erfüllung des Begehrens entstehen würden. [5]Für den Einwohnerantrag ist je nach Einwohnerzahl die folgende Anzahl an Unterschriften erforderlich:

1. in Gemeinden und Samtgemeinden
   a) mit bis zu 10 000 Einwohnerinnen und Einwohnern die Unterschriften von mindestens 5 Prozent der Einwohnerinnen und Einwohner, ausreichend sind jedoch 400 Unterschriften,
   b) mit mehr als 10 000 bis 50 000 Einwohnerinnen und Einwohnern die Unterschriften von mindestens 4 Prozent der Einwohnerinnen und Einwohner, ausreichend sind jedoch 1 500 Unterschriften,
   c) mit mehr als 50 000 bis 100 000 Einwohnerinnen und Einwohnern die Unterschriften von mindestens 3 Prozent der Einwohnerinnen und Einwohner, ausreichend sind jedoch 2 500 Unterschriften,
   d) mit mehr als 100 000 Einwohnerinnen und Einwohnern die Unterschriften von mindestens 2,5 Prozent der Einwohnerinnen und Einwohner, ausreichend sind jedoch 8 000 Unterschriften,
2. in Landkreisen
   a) mit bis zu 100 000 Einwohnerinnen und Einwohnern die Unterschriften von mindestens 3 Prozent der Einwohnerinnen und Einwohner, ausreichend sind jedoch 2 500 Unterschriften,
   b) mit mehr als 100 000 Einwohnerinnen und Einwohnern die Unterschriften von mindestens 2,5 Prozent der Einwohnerinnen und Einwohner, ausreichend sind jedoch 8 000 Unterschriften,
3. in der Region Hannover die Unterschriften von mindestens 8 000 Einwohnerinnen und Einwohnern.

(3) [1]Jede Unterschriftenliste muss den vollen Wortlaut des Einwohnerantrags enthalten. [2]Ungültig sind Eintragungen, die
1. die Person nach Name, Anschrift und Geburtsdatum nicht zweifelsfrei erkennen lassen,
2. von Personen stammen, die nicht gemäß Absatz 1 Satz 1 antragsberechtigt oder gemäß § 48 Abs. 2 vom Wahlrecht ausgeschlossen sind.

(4) [1]Die Voraussetzungen der Absätze 1 bis 3 müssen bei Eingang des Einwohnerantrags erfüllt sein. [2]§ 48 Abs. 1 Satz 2 und § 177 Abs. 2 und 3 gelten entsprechend.

(5) [1]Über die Zulässigkeit des Einwohnerantrags entscheidet der Hauptausschuss. [2]Ist der Einwohnerantrag zulässig, so hat die Vertretung innerhalb von sechs Monaten nach Eingang des Antrags über diesen zu beraten; § 71 Abs. 1, § 76 Abs. 1 und § 85 Abs. 1 Nr. 1 bleiben unberührt. [3]Die Vertretung soll die im Antrag benannten Vertreterinnen und Vertreter der antragstellenden Personen anhören. [4]Das Ergebnis der Beratung sowie eine Entscheidung, die den Antrag für unzulässig erklärt, sind ortsüblich bekannt zu machen.

(6) ¹Wer einen Einwohnerantrag unterschreibt, hat den Anspruch, dass über diesen Antrag beraten wird, es sei denn, dass die Eintragung nach Absatz 3 ungültig ist. ²Der Anspruch verjährt sechs Monate nach Eingang des Antrags. ³Wird der Antrag für unzulässig erklärt, so verjährt der Anspruch drei Monate nach der Bekanntmachung dieser Entscheidung.

§§ 22a NGO, 17a NLO, 23 RegionsG

ERLÄUTERUNGEN zu § 31

1. Die Vorschrift ist verfassungsrechtlich insbesondere im Hinblick auf den Grundsatz der repräsentativen Demokratie unbedenklich, weil dem Demokratieprinzip plebiszitäre Elemente nicht fremd sind und das Entscheidungsrecht der Vertretung vorbehalten bleibt (OVG Lüneburg, Urt. v. 9.5.1984, NST-N S. 290). Antragsberechtigt sind **Einwohner** (§ 28 Abs. 1), auch Abgeordnete und Ausländer, die nicht EU-Bürger sind, vom 14. Lebensjahr an, die seit mindestens drei Monaten ihren Hauptwohnsitz (§ 28 Abs. 1 Satz 3) in der Kommune haben; zum Wohnsitz s. Erl. 1 zu § 28. Diese Voraussetzungen müssen bei Eingang des Einwohnerantrages bei der Kommune vorliegen (Abs. 4).

2. Der Antrag verpflichtet die Vertretung lediglich, über die Angelegenheit zu beraten. Sie kann ihn auch zur Grundlage weiterer Maßnahmen machen.

3. Gegenstand eines Einwohnerantrages können nur Angelegenheiten des eigenen Wirkungskreises sein (§ 5), zu denen Angelegenheiten des übertragenen Wirkungskreises auch dann nicht gehören, wenn die Vertretung sich bei ihnen die Beschlussfassung vorbehalten hat (VG Göttingen, Beschl. v. 8.2.2006, R&R 4/2006 S. 6). Außerdem muss es sich um Angelegenheiten handeln, für die die Vertretung zuständig ist (§ 58 Abs. 1, 2) oder sich die Beschlussfassung vorbehalten kann (§ 58 Abs. 3 Sätze 1, 2). Danach können alle dem Entscheidungsrecht der Vertretung, des Hauptausschusses oder eines Ausschusses nach § 76 Abs. 3, des Betriebsausschusses und des HVB (§ 85 Abs. 1 Satz 1 Nr. 7) unterfallenden Angelegenheiten auch Gegenstand eines Einwohnerantrags sein, also auch Resolutionen und Appelle gegenüber Dritten, z. B. dem Land oder dem Bund, und zwar auch im übertragenen Wirkungskreis, wenn Hoheitsrechte der Kommune konkret betroffen sind (VGH Mannheim, Urt. v. 8.2.1988, DVBl. S. 799, LS).

4. Zu den bis zu drei Personen, die berechtigt sind, **die Unterzeichner zu vertreten,** kann jede natürliche oder juristische Person, auch ohne Bürger oder Einwohner der Kommune zu sein, bestimmt werden. Der Benennung eines Mitglieds der Vertretung steht § 42 nicht entgegen. Für sich genommen hat weder sie noch die Unterstützung des Antrages ein Mitwirkungsverbot gem. § 41 zur Folge; ob dessen Voraussetzungen vorliegen, ist vielmehr aufgrund des konkreten Begehrens des Einwohnerantrags zu prüfen. Die Vertreter erhalten ihre Legitimation, das gemeinsame Anliegen vor der Vertretung zu vertreten, durch die Unterschriften; sie müssen also bei der Sammlung der Unterschriften feststehen und in derselben Weise den Unterschreibenden bekannt gemacht werden wie der Gegenstand des Antrags; eine Nachbenennung von Vertretern scheidet deshalb aus. Die Vertreter sind für das Verfahren im Verhältnis zur Vertretung und den anderen Organen der Kommune zu allen Verfahrenshandlungen (z. B. Einreichung, Rücknahme des Antrags) bevollmächtigt. Sie sind aber nicht Gesamtvertreter, können also selbstständig handeln (OVG Lüneburg, Urt. v. 9.5.1984, a. a. O.; a. A. für die Vertreter eines Bürgerbegehrens VG Lüneburg, Urt. v. 11.11.2009, R&R 6/2009 S. 6). Sie müssen bereits vor Beginn der Unterschriftensammlung benannt sein und sind nicht nachträglich austauschbar; sie können sich nicht durch Bevollmächtigte, also z. B. Rechtsanwälte, vertreten lassen (OVG Lüneburg, Urt. v. 9.5.1984, a. a. O.). Zum Mitwirkungsverbot s. Erl. 2 zu § 41.

5. Die Anforderungen an den **Deckungsvorschlag** dürfen nicht überspannt werden; nur wegen Fehlens eines „seriösen" Deckungsvorschlages darf der Antrag nicht für unzulässig erklärt werden.

6. Einwohneranträge an den **Stadtbezirks- oder Ortsrat** sind nicht zulässig; nach § 91 Abs. 5 gelten für sie die das Verfahren des Rats regelnden Vorschriften entsprechend, zu denen § 31 jedoch nicht gehört. Betrifft der Einwohnerantrag eine Angelegenheit innerhalb einer **Ortschaft** der Gemeinde, berechnet sich die Zahl der Unterschriften gleichwohl nach der Gesamteinwohnerzahl. In Samtgemeinden ist bei einer Angelegenheit der Samtgemeinde, für die der Samtgemeinderat zuständig ist, die Einwohnerzahl der Samtgemeinde zugrunde zu legen. Bis zum Eingang des Antrags bei der Kommune können Unterschriften zurückgezogen werden; die Rücknahme nach Eingang wirkt sich dagegen auf die Zulässigkeit des Antrags nicht aus. Gültig sind Unterschriften nur, wenn Name, Anschrift und Geburtsdatum die Person zweifelsfrei erkennen lassen; dazu müssen die Angaben vollständig sein, denn nur so kann die Wahlberechtigung geprüft werden. Zum Namen gehören grundsätzlich Vor- und Familienname, jedoch genügt der Eintrag des Nachnamens, wenn über die Identität des Unterschreibenden keine Zweifel bestehen (VG Schleswig-Holstein, Urt. v. 28.9.1995 – 6 A 381/95), zur Anschrift die Straßenbezeichnung und die Hausnummer, jedoch lässt das VG Lüneburg (Urt. v. 11.11.2009 a. a. O.) die Angabe nur des Wohnorts oder nur der Straße ausreichen, wenn durch Abgleich mit dem Wählerverzeichnis die Identifizierung des Unterzeichners ohne Schwierigkeiten möglich ist. Die Verwaltung ist über den Abgleich mit dem Wählerverzeichnis hinaus nicht verpflichtet, fehlende Angaben zu ermitteln, um sich Gewissheit über die Identität eines Unterzeichners zu verschaffen. Ist die notwendige Zahl gültiger Unterschriften beim Eingang des Antrages nicht erreicht, ist eine „**Nachlieferung**" **der fehlenden Unterschriften** nicht möglich. Es ist dann aber sofort ein neuer Einwohnerantrag möglich, weil die Jahresfrist (Abs. 1 Satz 2) nur bei einem zulässigen Einwohnerantrag besteht.
Über die Erfordernisse der Abs. 1 bis 3 hinaus dürfen keine weiteren Zulässigkeitsvoraussetzungen aufgestellt werden.
Ein Einwohnerantrag kann wie ein Tagesordnungsantrag **zurückgenommen** werden (vgl. Erl. 8 zu § 59), und zwar nicht nur durch übereinstimmende Erklärung aller beteiligten Einwohner, sondern auch durch jeden der benannten Vertreter. Ein erneuter Antrag zu demselben Gegenstand muss selbstständig die

gesetzlichen Voraussetzungen erfüllen, kann also nicht unter Berufung auf den zurückgenommenen Antrag gestellt werden. Wird ein zulässiger Einwohnerantrag – unabhängig davon, ob über die Zulässigkeit bereits entschieden worden ist – zurückgenommen, kann zu demselben Gegenstand innerhalb von zwölf Monaten kein neuer Antrag gestellt werden (Abs. 1 Satz 2).

7. Der Einwohnerantrag ist zulässig, wenn die Voraussetzungen der Abs. 1 bis 3 erfüllt sind, d. h., der Hauptausschuss hat nicht nur die formellen Voraussetzungen der Abs. 2 und 3 zu prüfen und festzustellen, sondern auch, ob der Gegenstand – bei Eingang des Einwohnerantrags (Abs. 4) – zum eigenen Wirkungskreis und zur Zuständigkeit der Vertretung nach § 58 Abs. 1 bis 3 gehört (OVG Lüneburg, Urt. v. 9.12.1987 – 2 OVG A 48/85); wegen des Deckungsvorschlags vgl. Erl. 5. Den Rechtsstreit über die Zulässigkeit des Antrags betrachtet das OVG Lüneburg (Urt. v. 9.12.1987 a. a. O.) als Kommunalverfassungsrechtsstreit, in dem richtiger Beklagter der Hauptausschuss ist. Mit der Beratung des Antrags in der Vertretung muss innerhalb von sechs Monaten seit seinem Eingang begonnen worden sein. Dazu genügt, dass die Vertretung den Antrag der Verwaltung, dem Hauptausschuss oder einem Fachausschuss zur näheren Prüfung überweist. Eine sachliche Entscheidung der Vertretung bedarf der notwendigen Vorbereitung; der Hinweis auf die §§ 71 Abs. 1, 76 Abs. 1 und 85 Abs. 1 Satz 1 Nr. 1 dient lediglich der Klarstellung; die bloße Beratung in der Vertretung bedarf dieser Vorbereitung nicht (vgl. § 76 Abs. 1 Satz 2).

8. Die **grundsätzlich gebotene Anhörung** der von den Antragstellern benannten Vertreter begründet für diese kein Recht auf Teilnahme an der Beratung. Ist der Gegenstand des Einwohnerantrags in nichtöffentlicher Sitzung zu beraten, können sie daran auch nicht als Zuhörer teilnehmen. Das Anhörungsrecht ist ein Annex zum Antragsrecht, dient also lediglich dessen Realisierung, nicht der (politischen) Darstellung der Antragsteller (VG Oldenburg, Beschl. v. 22.3.1984 – 2 VG D 11/64). Zur Äußerung im Rahmen der Anhörung sind nur die benannten Vertreter, nicht auch von ihnen Bevollmächtigte, z. B. Rechtsanwälte, berechtigt (OVG Lüneburg, Urt. v. 9.5.1984, a. a. O.).

9. Die **ortsübliche Bekanntmachung** (Abs. 5 Satz 4) erfolgt nach den entsprechenden Regelungen der Gemeinde (s. Erl. 6 zu § 11). Die Verjährungsfrist für den Anspruch auf Beratung (Abs. 6 Satz 2) ist mit der Frist zu seiner Beratung (Abs. 5 Satz 2) nicht vereinbar.

10. Vom Einwohnerantrag zu unterscheiden sind **Petitionen** i. S. d. Art. 17 GG an die Kommune und von Anregungen und Beschwerden an die Vertretung i. S. v. § 34; s. dazu Erl. zu § 34.

§ 32 Bürgerbegehren

(1) Mit einem Bürgerbegehren kann beantragt werden, dass Bürgerinnen und Bürger über eine Angelegenheit ihrer Kommune entscheiden.

(2) ¹Gegenstand eines Bürgerbegehrens können nur Angelegenheiten des eigenen Wirkungskreises der Kommune sein, für die die Vertretung nach § 58 Abs. 1 oder 2 zuständig ist oder für die sie sich die Beschlussfassung nach

§ 58 Abs. 3 Sätze 1 und 2 vorbehalten kann und zu denen nicht innerhalb der letzten zwei Jahre ein Bürgerentscheid durchgeführt worden ist. ²Unzulässig ist ein Bürgerbegehren über

1. die innere Organisation der Kommunalverwaltung,
2. die Rechtsverhältnisse der Mitglieder der Vertretung, des Hauptausschusses, der Stadtbezirksräte, der Ortsräte und der Ausschüsse sowie der Beschäftigten der Kommune,
3. die Haushaltssatzung, einschließlich der Haushalts- und Wirtschaftspläne der Eigenbetriebe, sowie über die kommunalen Abgaben und die privatrechtlichen Entgelte,
4. die Jahresabschluss der Kommune und die Jahresabschlüsse der Eigenbetriebe,
5. Angelegenheiten, die im Rahmen eines Planfeststellungsverfahrens, eines förmlichen Verwaltungsverfahrens mit Öffentlichkeitsbeteiligung oder eines abfallrechtlichen, immissionsschutzrechtlichen, wasserrechtlichen oder vergleichbaren Zulassungsverfahrens zu entscheiden sind,
6. die Aufstellung, Änderung, Ergänzung und Aufhebung von Bauleitplänen und sonstigen Satzungen nach dem Baugesetzbuch (BauGB),
7. Entscheidungen über Rechtsbehelfe und Rechtsstreitigkeiten sowie
8. Angelegenheiten, die ein gesetzwidriges Ziel verfolgen oder sittenwidrig sind.

(3) ¹Das Bürgerbegehren muss die begehrte Sachentscheidung genau bezeichnen und so formuliert sein, dass für das Begehren mit Ja und gegen das Begehren mit Nein abgestimmt werden kann. ²Das Bürgerbegehren muss eine Begründung sowie einen nach den gesetzlichen Bestimmungen durchführbaren Vorschlag enthalten, wie Kosten oder Einnahmeausfälle der Kommune zu decken sind, die mit der Ausführung der Sachentscheidung entstehen würden. ³Im Bürgerbegehren sind bis zu drei Personen zu benennen, die berechtigt sind, die antragstellenden Personen zu vertreten. ⁴Das Bürgerbegehren ist der Kommune in schriftlicher Form anzuzeigen. ⁵Wenn in der Anzeige beantragt wird, zu entscheiden, ob die Voraussetzungen nach den Sätzen 1 bis 3 und Absatz 2 vorliegen, hat der Hauptausschuss diese Entscheidung unverzüglich zu treffen.

(4) ¹Das Bürgerbegehren muss von mindestens 10 Prozent, in der Region Hannover von mindestens 48 000 der nach § 48 in der Kommune wahlberechtigten Einwohnerinnen und Einwohner unterzeichnet sein; dabei ist die bei der letzten Kommunalwahl festgestellte Zahl der Wahlberechtigten maßgeblich. ²§ 31 Abs. 3 gilt entsprechend.

(5) ¹Das Bürgerbegehren ist mit den zu seiner Unterstützung erforderlichen Unterschriften innerhalb von sechs Monaten bei der Kommune in schriftlicher Form einzureichen. ²Die Frist beginnt mit dem Eingang der Anzeige bei der Kommune. ³Die elektronische Form ist unzulässig. ⁴Wurde eine Entscheidung nach Absatz 3 Satz 5 beantragt, so beginnt die Frist mit der Bekanntgabe der Entscheidung, dass die Voraussetzungen der Absätze 2 und 3 Sätze 1 bis 3 vorliegen. ⁵Richtet sich das Bürgerbegehren gegen einen bekannt gemachten Beschluss der Vertretung, so beträgt die Frist drei Monate nach dem Tag der Bekanntmachung.

(6) ¹Das Bürgerbegehren hindert die Kommune nicht daran, über die im Bürgerbegehren bezeichnete Angelegenheit selbst zu entscheiden. ²Die Kom-

mune kann getroffene Entscheidungen vollziehen, die das Bürgerbegehren betreffen.

(7) ¹Der Hauptausschuss entscheidet unverzüglich über die Zulässigkeit des Bürgerbegehrens. ²Liegt bereits eine Entscheidung nach Absatz 3 Satz 5 vor, so entscheidet er lediglich darüber, ob die Voraussetzungen der Absätze 4 und 5 vorliegen. ³Ist das Bürgerbegehren zulässig, so ist innerhalb von drei Monaten ein Bürgerentscheid herbeizuführen. ⁴Die Vertretung kann den Bürgerentscheid abwenden, indem sie zuvor vollständig oder im Wesentlichen im Sinne des Bürgerbegehrens entscheidet.

§§ 22b Abs. 1 bis 8 NGO, 17b Abs. 1 bis 8 NLO, 24 Abs. 1 bis 8 RegionsG

ERLÄUTERUNGEN zu § 32

1. Die Vorschrift ist **verfassungsrechtlich** auch insoweit **unbedenklich**, als die Bürger (§ 28 Abs. 2), zu denen auch die wahlberechtigten Unionsbürger gehören (s. Erl. 1 zu § 48), anstelle der Vertretung entscheiden (s. Erl. 1 zu § 31); Art. 28 Abs. 1 Satz 4 GG sieht außerdem vor, dass in Gemeinden an die Stelle einer gewählten Körperschaft die Gemeindeversammlung treten kann. Der Vertretung ist generell nicht gestattet, die Durchführung eines Bürgerbegehrens zu beschließen, sondern nur zur Abänderung oder Aufhebung eines Bürgerentscheids vor Ablauf von zwei Jahren (§ 33 Abs. 4).

2. Gegenstand eines Bürgerbegehrens kann nur eine Angelegenheit des eigenen Wirkungskreises der Kommune (§ 5) sein, für die die Vertretung nach § 58 Abs. 1 oder 2 zuständig ist oder für die sie sich die Beschlussfassung nach § 58 Abs. 3 Sätze 1 und 2 vorbehalten kann, zu denen nicht innerhalb der letzten zwei Jahre ein Bürgerentscheid durchgeführt worden ist und die nicht zu den im Gesetz aufgezählten Angelegenheiten gehören, für die ein Bürgerbegehren ausgeschlossen ist (Abs. 2). Gegenstand eines Bürgerbegehrens können danach also auch Angelegenheiten sein, für die der Hauptausschuss oder ein Ausschuss nach § 76 Abs. 3, der Betriebsausschuss und im Rahmen der Geschäfte der laufenden Verwaltung der HVB zuständig ist, jedoch keine Angelegenheiten, für die die Vertretung aufgrund anderer Vorschriften als § 58 zuständig ist und die nicht von ihrem in § 58 Abs. 3 normierten Vorbehaltsrecht erfasst sind.

Alle Angelegenheiten, bezüglich derer den Organen ein Befassungsrecht eingeräumt ist (s. Erl. 1 zu § 5), können Gegenstand eines Bürgerbegehrens sein; das gilt auch für Appelle an andere Aufgabenträger und Resolutionen, die nicht nur eine unverbindliche Meinungskundgebung enthalten (OVG Münster, Urt. v. 23.4.2002, NVwZ-RR 2002 S. 766, zu einem Bürgerbegehren zur Erhaltung einer bestimmten Einrichtung). Zulässig sind auch Grundsatzentscheidungen, die noch durch Detailentscheidungen im Kompetenzbereich der Vertretung ausgefüllt werden müssen (Nds. OVG, Beschl. v. 7.5.2009, R&R 4/2009 S. 6 = NVwZ-RR 2009 S. 736). Angelegenheiten von juristischen Personen, z. B. Gesellschaften, an denen die Kommune beteiligt ist, sind keine, für die die Vertretung zuständig ist (auch wenn sie das Nds. OVG bezüglich des Auskunftsanspruchs dazu zählt, s. Erl. 4 zu § 56); die Erteilung einer Weisung an die Vertreter der Kommune in der Gesellschafterversammlung kann nicht Gegenstand eines Bürgerbegehrens sein, weil dafür die Vertretung nicht nach § 58, sondern nach § 138 Abs. 1 Satz 2 zuständig ist.

Die **Frist von zwei Jahren** ist vom Zeitpunkt des Eingangs des Bürgerbegehrens bei der Kommune zurückzurechnen, weil das der maßgebliche Zeitpunkt für die Zulässigkeit des Bürgerbegehrens ist (Abs. 5 Satz 1). Es ist unerheblich, ob beim Bürgerentscheid das Begehren angenommen oder, auch wegen Verfehlens des Quorums (§ 33 Abs. 3 Satz 3), abgelehnt worden ist, weil Sinn der Regelung die Vermeidung kurzfristiger Wiederholungen von Bürgerbegehren in derselben Angelegenheit ist. Deshalb kommt es auch nicht darauf an, mit welcher Zielrichtung die Angelegenheit Gegenstand des Bürgerentscheids gewesen ist; es genügt die Tatsache, dass sie es gewesen ist. Werden in einer Angelegenheit zwei parallele Bürgerbegehren betrieben, dann wird nach Durchführung des Bürgerentscheids in einem das andere unzulässig.

Zu den ausgeschlossenen Angelegenheiten:

Nr. 1: Zur **inneren Organisation der Kommunalverwaltung** gehören alle Gegenstände der Organisations- und Geschäftsleitungsgewalt (OVG Münster, Beschl. v. 12.2.1996, KommP N S. 312 = NVwZ-RR 1997 S. 110), und zwar sowohl die in der Zuständigkeit der Vertretung (z. B. die Ausschussbildung, Einrichtung von Arbeitskreisen und Kommissionen) als auch die der Regelung des HVB unterliegenden (insbesondere § 85 Abs. 3); mit welchem Personal Ämter, Dezernate oder vergleichbare Organisationseinheiten besetzt werden, ob mit Laufbahn- oder Zeitbeamten oder mit TVöD-Beschäftigten, sind Fragen der inneren Organisation. In Mitgliedsgemeinden von Samtgemeinden ist die Beibehaltung oder Einführung des Verfassungssystems mit oder ohne Gemeindedirektor (§ 106 Abs. 1) keine innerorganisatorische Angelegenheit (so OVG Münster, Beschl. v. 12.2.1996, a. a. O., zur Beibehaltung der zweigleisigen Verwaltungsführung). Auch die Frage der Einrichtung oder Abschaffung von Orts- und Stadtbezirksräten oder von Verwaltungsaußenstellen ist keine der inneren Organisation und kann deshalb Gegenstand eines Bürgerbegehrens sein. Dasselbe gilt für die Zahl der nach § 108 Abs. 1 durch die Hauptsatzung einzurichtenden Wahlbeamtenstellen (VGH Kassel, Beschl. v. 30.9.2003, NVwZ-RR 2004 S. 281).

Nr. 2: Gemeint sind die zu der Kommune bestehenden **Rechtsverhältnisse** zivil- und öffentlich-rechtlicher Natur, und zwar nicht nur die, die Angehörige des genannten Personenkreises individuell betreffen, sondern auch generelle Grundlagen der Rechtsverhältnisse, wie z. B. die Entschädigungssatzung (als wichtigster, wenn nicht einziger Anwendungsfall für Rechtsverhältnisse von Abgeordneten) und Regelungen über die Arbeitszeit (VG Düsseldorf, Urt. v. 6.12.2002, NVwZ-RR 2003 S. 451).

Nr. 3: Bei der **Haushaltssatzung** geht es um die Regelung des § 112 und nicht um Angelegenheiten mit Auswirkungen auf sie, weil dafür der Kostendeckungsvorschlag (Abs. 3 Satz 2) vorgesehen ist. Bei den **Abgaben und Entgelten** handelt es sich um alle Geldleistungen, die von den Kommunen erhoben werden, nicht etwa sind unter Abgaben nur die nach dem NKAG zu verstehen (NdsOVG, Beschl. v. 17.12.1999, VwRR N 2000 S. 30, und zur gleichlautenden nordrhein-westfälischen Bestimmung VG Düsseldorf, Urt. v. 20.11.1998,

VwRR N 1999 S. 38, zu Parkgebühren). Dabei geht es nur um diese selbst. Sind Abgaben und Entgelte nur mittelbar von dem Bürgerbegehren betroffen (z. B. Verkehrsberuhigung der Innenstadt, zu deren Erreichung auch die Einführung und Erhöhung von Parkgebühren dienen können, deren Regelung selbst, da Auftragsangelegenheit, durch Bürgerbegehren jedoch unzulässig ist, VG Osnabrück, Urt. v. 7.10.1997, VwRR N 1998 S. 20, bestätigt vom NdsOVG, Beschl. v. 17.12.1999, a. a. O.), handelt es sich nicht um einen Fall der Nr. 3 (s. auch VG Düsseldorf, Urt. v. 20.11.1998 a. a. O.). Modalitäten ihrer Erhebung, wie z. B. die Verpflichtung örtlicher Vermieter, anstelle der Kurverwaltung die Kurtaxe bei ihren Gästen einzuziehen, gehören nicht zu den ausgeschlossenen Gegenständen (a. A. VG Schleswig-Holstein, Urt. v. 28.9.1995 – 6 A 381/95). Im Zweifel ist aus der Begründung des Bürgerbegehrens zu ermitteln, ob die Abgaben oder Entgelte seinen Kern oder nur einen Annex darstellen (s. auch VG Köln, Urt. v. 19.11.1999, NVwZ-RR 2000 S. 455: Wegfall einer ganzen Einnahmeart mit einem für die Gemeinde erheblichen Volumen ist nicht Annex).
Nr. 4: Gemeint sind die Beschlüsse nach § 58 Abs. 1 Nr. 10, die als Gegenstand eines Bürgerbegehrens ungeeignet sind.
Nr. 5: Durch den Ausschluss aller **förmlichen Verfahren** soll insbesondere vermieden werden, dass Entscheidungen, die nach umfänglicher Öffentlichkeitsbeteiligung zu treffen sind, keine durch Einschaltung der Bürger getroffene Entscheidung soll entgegengestellt werden können. Erfasst sind deshalb nur Angelegenheiten, die im Rahmen eines der genannten förmlichen Verfahren zu entscheiden sind, nicht dagegen solche im Vorfeld. Deshalb kann eine **Grundsatzentscheidung** über die Schaffung einer Einrichtung, deren Erstellung ein Planfeststellungsverfahren erfordert, oder den Verzicht auf sie Gegenstand eines Bürgerbegehrens sein (Schriftlicher Bericht, Drs. 13/2400, S. 6 f; a. A. VG Koblenz, Urt. v. 20.6.1996 – 2 K 4245/95 KO; VG Minden, Urt. v. 4.10.1996, KommP N 1997 S. 277, bezüglich des Anliegens, alle außerhalb anfallenden Abfälle und Reststoffe nicht im Kreisgebiet abzulagern; VG Düsseldorf, Urt. v. 26.2.1999, VwRR N S. 74, das Vorfeldfragen von der plebiszitären Mitentscheidung ausnimmt). Eine begehrte Grundsatzentscheidung muss aber so konkret sein, dass die Vertretung im Bedarfsfall weiß, wie sie den Bürgerentscheid nach Abs. 7 Satz 4 abwenden kann (VG Oldenburg, Beschl. v. 17.6.2004, R&R 4/2004, bestätigt vom Nds. OVG, Beschl. v. 10.9.2004, NdsVBl. 2005 S. 52, s. auch R&R 2/2005 S. 14). Betroffen sind nicht nur die Fälle, in denen die Kommune selbst die für das Verfahren zuständige Behörde ist, sondern auch die, in denen die Kommune an einem solchen Verfahren beteiligt ist. Erfasst sind alle denkbaren Verfahrenshandlungen. Deshalb können auch Stellungnahmen, die die Kommune im Rahmen eines Planfeststellungs- oder Zulassungsverfahrens abzugeben hat, nicht Gegenstand eines Bürgerbegehrens sein. Zu den vergleichbaren Zulassungsverfahren gehören alle mit Öffentlichkeitsbeteiligung.
Nr. 6: Betroffen sind **Bauleitpläne** und die sonstigen Satzungen nach dem BauGB, nicht dagegen Satzungen der Gemeinde zum Schutz von Landschaftsbestandteilen nach § 22 NAGBNatSchG, die auch nicht der Nr. 5 unterfallen. Ein Bürgerbegehren ist auch hier zulässig, wenn der Gegenstand im Vorfeld oder außerhalb eines Bauleitplanverfahrens und ohne Zusammenhang mit ihm darauf unmittelbare Auswirkungen hat, wie z. B. die Ausweisung zusätzlichen Baulandes oder die Erhaltung eines Biotops im Gemeindegebiet. Steht dagegen das

Bürgerbegehren mit dem Planverfahren in Zusammenhang, ist unerheblich, dass es dieses nicht ausdrücklich erwähnt (VG Braunschweig, Urt. v. 27.5.2004, R&R 4/2004 S. 2, bestätigt vom Nds. OVG, Beschl. v. 17.12.2004 – 10 LA 84/04, s. R&R 1/2005 S. 15).

Nr. 7: Nicht nur die Einlegung von **Rechtsbehelfen,** sondern auch die Entscheidung über die Durchführung zivil- oder öffentlich-rechtlicher Gerichtsverfahren, einschließlich der Einlegung von Rechtsmitteln, und unabhängig davon, ob die Kommune Klägerin oder Beklagte ist, kann nicht Gegenstand eines Bürgerbegehrens sein.

Nr. 8.: Zu den Angelegenheiten, die gegen die **guten Sitten** verstoßen, gehört z. B. ein Antrag, der Teile der Bevölkerung diskriminiert oder sonst die Stimmung gegen sie aufzubringen geeignet ist. Auch eine Angelegenheit, die einen Vertragsbruch der Kommune zur Voraussetzung hat, muss als gegen die guten Sitten verstoßend angesehen werden. Als **gesetzeswidriges Ziel** wird z. B. angesehen die Verlegung des Wochenmarktes auf eine Fläche, die bauplanungsrechtlich als Gemeinschaftsstellplatzanlage festgesetzt ist (VG Schleswig, Urt. v. 19.2.1998, VwRR N S. 30),der Verzicht auf die Errichtung einer öffentlichen Schule trotz festgestellten Bedürfnisses (OVG Lüneburg, Beschl. v. 27.5.1998, KommP N S. 246) und die Forderung, einen Vertrag ohne Rücktritts- oder Kündigungsklausel nicht einzuhalten (VG Kassel, Urt. v. 12.5.2006, HSGZ 2008 S. 186); zulässig ist dagegen ein Bürgerbegehren, das sich gegen den Standort einer Schule richtet (OVG NW, Beschl. v. 15.11.1996, KommP N 1997 S. 22).

Nach gefestigter Rechtsprechung des NdsOVG (Beschl. v. 22.10.1999, VwRR N 2000 S. 14; Beschl. v. 24.3.2000, VwRR N S. 62) ist ein Bürgerbegehren unzulässig, das auf ein tatsächlich oder rechtlich unmögliches Ziel gerichtet ist; dazu gehört auch die Aufhebung eines Vertrages, der eine solche nicht vorsieht oder mit welcher der Vetragspartner nicht einverstanden ist. Das gilt auch dann, wenn die Unmöglichkeit darauf beruht, dass inzwischen die Kommune in der betreffenden Angelegenheit entschieden hat oder eine Entscheidung vollzogen worden ist (Abs. 6); um dem vorzubeugen, kann nach Ansicht des NdsOVG (Beschl. v. 24.3.2000 a. a. O.) im Wege der einstweiligen Anordnung die Kommune zur Zulassung des Bürgerbegehrens verpflichtet werden; das steht allerdings im Widerspruch zu der mit der Regelung des Abs. 6 verfolgten Absicht, dass die Kommune in der Durchführung ihrer Aufgaben durch ein Bürgerbegehren nicht aufgehalten werden soll (so auch die Vorinstanz VG Lüneburg, Beschl. v. 6.3.2000 – 5 B 3/00).

3. Da der Bürgerentscheid die Wirkung eines Beschlusses der Vertretung hat (§ 33 Abs. 4 Satz 1), muss das Bürgerbegehren eine **Sachentscheidung** (Abs. 3 Satz 1) formulieren, wie sie auch die Vertretung treffen könnte. Ein Begehren, durch das der Vertretung der Auftrag zu einer Sachentscheidung erteilt wird, genügt diesem Erfordernis nicht (OVG NW, Urt. v. 9.12.1997, KommP N 1998 S. 217; VG Stade, Urt. v. 20.7.2000, VwRR N 2001 S. 17); zulässig sind aber Teilentscheidungen im Rahmen eines komplexen Vorhabens, die die Vertretung im Rahmen der von ihr zu treffenden Entscheidungen zu berücksichtigen hat (z. B. die Begrenzung der Gesamtkosten einer Maßnahme). Die **Formulierung** muss nicht so konkret sein, dass der HVB den Bürgerentscheid nur noch umzusetzen braucht, jedoch muss die Fragestellung, die auch in einer Aussage bestehen kann, so bestimmt sein, dass die Bürger erkennen können, für oder gegen was sie ihre Stimme abgeben, was verlangt, dass sich der Gegenstand der Entscheidung unzweideutig aus dem Text des Bürgerbegehrens in sich widerspruchsfrei, inhaltlich nachvollziehbar und verständlich ergibt. Erläuterungen der Initiatoren oder von Vertretern inner- oder außerhalb des Verfahrens in der Presse, durch Informationsschriften oder im Internet bleiben unberücksichtigt (Nds. OVG, Beschl. v. 11.8.2008, R&R 6/2008 S. 7 = NdsVBl. 2008 S. 314; Beschl. v. 7.5.2009, R&R 4/2009 S. 5 = NVwZ-RR 2009 S. 735; VG Hannover, Urt. v. 23.2.2000, VwRR N 2001 S. 38; VG Stade, Urt. v. 20.7.2000, VwRR N 2001 S. 17, das die Formulierung, die Gemeinde solle alle rechtlich überhaupt vertretbaren Maßnahmen ergreifen, um Sendeanlagen auf ihrem Gebiet zu verhindern, für nicht genügend bestimmt ansieht). Es können mehrere inhaltlich zusammenhängende Fragestellungen verknüpft werden, jedoch ist in diesem Fall regelmäßig bei Unzulässigkeit eines Anliegens das gesamte Bürgerbegehren unzulässig (Nds. OVG, Beschl. v. 11.8.2008 a. a. O.). Wegen der großen Bedeutung der Bestimmtheit der Fragestellung kommt eine wohlwollende Auslegung nicht in Betracht (Nds. OVG, Beschl. v. 11.8.2008 a. a. O.), ebenso wenig eine Umdeutung. Die Formulierung des Bürgerbegehrens muss so sein, dass die Befürworter mit „Ja" und die Gegner mit „Nein" stimmen (Abs. 3 Satz 1).

4. Die vorgeschriebene **Begründung** und der **Deckungsvorschlag** müssen im Bürgerbegehren enthalten sein, damit die Bürger nachweisbar in Kenntnis aller wesentlichen Absichten und Umstände entscheiden können, ob sie das Begehren unterstützen wollen; deshalb ist eine Nachbesserung der Begründung nach Sammlung von Unterschriften nicht mehr möglich. Beide Elemente gehören also zum Bürgerbegehren und müssen deshalb wie dieses in den Unterschriftenlisten enthalten sein. Aus der **Begründung** müssen sich Sinn und Zweck des Bürgerbegehrens erschließen; sie kann bei einfachen Sachverhalten aus nur einem Satz bestehen, muss aber gegebenenfalls auch den Hintergrund beleuchten, wenn das zum Verständnis des Anliegens notwendig ist. Die Begründung darf Überzeichnungen und im Detail Unrichtigkeiten enthalten, muss in den tragenden Tatsachen aber richtig sein (OVG Münster, Urt. v. 23.4.2002, NVwZ-RR 2002 S. 766). Die Anforderungen an den **Deckungsvorschlag** sind wesentlich höher als beim Einwohnerantrag, weil im Falle des Erfolges der Bürgerentscheid wie ein Beschluss der Vertretung auszuführen ist. Der Deckungsvorschlag muss wenigstens überschlägig die Höhe der Kosten, und zwar sowohl der Herstellungs- oder Beschaffungskosten als auch gegebenenfalls von Folgekosten (Nds. OVG, Beschl. v. 11.8.2003, R&R 2003 S. 1 = NST-N 2003 S. 234 = NVwZ-RR 2004 S. 62; VG Hannover, Urt. v. 23.2.2000, a. a. O.), angeben und unter Berücksichtigung der aktuellen Haushaltslage (VG Düsseldorf, Urt. v. 13.2.1998, VwRR N S. 50) Aussagen zu ihrer Finanzierung enthalten (VGH Mannheim, Urt. v. 6.7.1982, VBlBW 1983 S. 269; VGH Kassel, Beschl. v. 23.11.1995, NVwZ-RR 1996 S. 409; Nds. OVG, Beschl. v. 11.8.2003 a. a. O.). Prognoseentscheidungen wie die über künftige Betriebs- und Folgekosten dürfen sich nicht in bloßen Spekulationen erschöpfen, sondern müssen durch eine sorgfältige Datenermittlung weitgehend abgesichert sein (Nds. OVG, Beschl. v. 11.8.2003 a. a. O.). Anzugeben sind auch Aufwendungen der Kommune für ein

Projekt, die bei Realisierung der mit dem Bürgerbegehren verfolgten Alternative nutzlos würden, ferner Schadensersatzleistungen und Vertragsstrafen (Nds. OVG, Beschl. v. 11.8.2008, a. a. O.). Die Initiatoren sind notfalls gehalten, sich über die Höhe der Kosten bei sachkundigen Stellen, z. B. bei der Verwaltung, die zu Auskünften verpflichtet ist, wenn diese ohne erhebliche Bemühungen erteilt werden können, zu informieren und sich mit der Haushaltslage vertraut zu machen (Nds. OVG, Beschl. v. 11.8.2008 a. a. O.). Zur Deckung der Herstellungs- oder Beschaffungskosten können im Haushalts- oder im Finanzplan Umschichtungen vorgeschlagen werden, z. B. bestimmte Maßnahmen zurückzustellen. Der bloße Hinweis auf die im Haushalt zum Erwerb von Grundstücken bereitgestellten Mittel ist als Deckungsvorschlag für die Kosten zum Erwerb eines Grundstücks als nicht ausreichend angesehen worden, weil nicht erklärt werde, welchen Bereichen des Haushalts Mittel entzogen werden sollen (VGH Kassel, Beschl. v. 23.11.1995, a. a. O.). In Betracht kommt auch eine Erhöhung der Finanzierungsmittel, z. B. durch Erhöhung der Steuereinnahmen oder der Kreditaufnahmen; ist jedoch die Genehmigung einer vorgeschlagenen Kreditaufnahme nach § 120 ausgeschlossen, dann fehlt es an einem durchführbaren Deckungsvorschlag. Bei Folgekosten muss dargelegt werden, ob und gegebenenfalls wie sie aus Entgelten oder allgemeinen Deckungsmitteln aufgebracht werden sollen. Der Deckungsvorschlag muss dem Grundsatz der Sparsamkeit und Wirtschaftlichkeit der Haushaltswirtschaft (§ 110 Abs. 2) genügen; unter diesem Gesichtspunkt ist von der Rechtsprechung (VGH Mannheim, Urt. v. 29.11.1982, VBlBW 1983 S. 309) ein Bürgerbegehren für unzulässig erklärt worden, das die Einrichtung eines Straßenbahnverkehrs anstelle eines bestehenden Omnibusverkehrs zum Gegenstand hatte, deren einziger Nutzen in einem höheren Komfort bestanden hätte. Ein ausreichender Deckungsvorschlag liegt nicht vor, wenn die Kostenermittlung so fehlerhaft vorgenommen worden ist, dass der Vorschlag zu ihrer Deckung unbrauchbar ist. Begründet das Bürgerbegehren plausibel, dass keine Kosten entstehen oder dass die Verwirklichung der vorgeschlagenen Maßnahmen kostenneutral oder sogar billiger als die von der Kommune vorgesehene Lösung durchgeführt werden kann, ist ein Deckungsvorschlag entbehrlich (VG Düsseldorf, Urt. v. 26.2.1999 a. a. O.; VG Hannover, Urt. v. 23.2.2000 a. a. O.; Nds. OVG, Beschl. v. 24.3.2000, VwRR N 2000 S. 62). Kommt der Bürgerentscheid zustande, ist die Kommune nicht an den Deckungsvorschlag gebunden, sondern kann eine anderweitige Finanzierung vornehmen.

5. Zur Benennung der bis zu **drei Personen,** die die Unterzeichnenden zu vertreten berechtigt sind s. zunächst Erl. 4 zu § 31. Werden mehrere Vertreter benannt, stellt das allein eine Vorsorge für Verhinderungsfälle dar, weshalb sie wie im Falle des § 31 nicht Gesamtvertreter sind (a. A. VG Lüneburg, Urt. v. 11.11.2009, R&R 6/2009 S. 6), was zudem gesetzlich zu regeln gewesen wäre (s. § 35 Abs. 2 GmbHG, § 78 Abs. 2 AktG), sondern alleinvertretungsberechtigt. Sie müssen auf jeder Unterschriftenliste benannt sein (OVG NW, Urt. v. 15.2.2000, VwRR N S. 78), ohne dass eine besondere Platzierung dafür vorgeschrieben ist (HessVGH, Urt. v. 28.10.1999, NVwZ-RR 2000 S. 451: auch unterhalb der Unterschriften) und sind ausschließlich Verfahrensvertreter mit allen sich daraus ergebenden Rechten, haben aber kein besonderes Anhörungs-

recht in der Vertretung, wenn sie den Gegenstand des Bürgerbegehrens behandelt, oder gar im Hauptausschuss bei dessen Entscheidung über die Zulässigkeit (s. zum Mitwirkungsverbot Erl. 2 zu § 41). Sie können das Bürgerbegehren bis zum Tage vor der Durchführung des Bürgerentscheids zurücknehmen, sind berechtigt, die Unterzeichner in gerichtlichen Verfahren über die Frage der Zulässigkeit des Bürgerbegehrens zu vertreten, haben aber nach Ablauf ihres Mandats durch den erfolgten Bürgerentscheid nicht das Recht, die ordnungsmäßige Umsetzung des Bürgerentscheids gerichtlich überprüfen zu lassen (Nds. OVG, Beschl. v. 7.5.2009, R&R 4/2009 S. 6 = NVwZ-RR 2009 S. 735). Werden mehr als drei Vertreter benannt, ist das Bürgerbegehren unzulässig (VGH München, Beschl. v. 21.2.1997, BayVerwBl. S. 473); das Ausscheiden eines Vertreters hat auf seine Zulässigkeit keine Auswirkungen. Für die drei Vertreter können auf der Unterschriftenliste Stellvertreter benannt werden, jedoch muss dann im Text des Bürgerbegehrens angegeben werden, unter welchen Voraussetzungen der Vertretungsfall für den einzelnen Stellvertreter eintritt (BayVGH, Beschl. v. 31.8.1998, VwRR By 1998 S. 406).

6. Das Bürgerbegehren ist der Kommune schriftlich **anzuzeigen** (Abs. 3 Satz 4). Die Kommune ist zur **Hilfestellung** bei Einleitung und Einreichung eines Bürgerbegehrens nicht verpflichtet (s. Erl. 2 zu § 37). Mit Rücksicht darauf, dass in der Anzeige die Vorprüfung des Vorliegens der in Abs. 2 und Abs. 3 Sätze 1 bis 3 genannten Voraussetzungen (Zulässigkeit des Gegenstandes, Bestimmtheit des Begehrens, Ordnungsmäßigkeit der Begründung und des Kostendeckungsvorschlags, Benennung der Vertreter) beantragt werden kann, muss die Anzeige durch einen der Vertreter vorgenommen werden. Wird der Antrag auf Vorprüfung gestellt, muss der Hauptausschuss unverzüglich, d. h. ohne schuldhaftes Zögern, entscheiden und die Entscheidung dem Anzeigenerstatter mitteilen. Wird die Unzulässigkeit des Bürgerbegehrens festgestellt, kann dagegen geklagt werden (s. unten Erl. 10).

7. Unabhängig von der Einwohnergröße der Kommune sind seit 2005 einheitlich die **Unterschriften** von 10 v. H. der bei der letzten Kommunalwahl Wahlberechtigten (in der Region Hannover 48 000) erforderlich (Abs. 4 Satz 1). Zulässig sind die Unterschriften von Personen, die im Zeitpunkt der Einreichung des Bürgerbegehrens (Abs. 5 Satz 1) wahlberechtigt sind.
Die Unterschriften sind in den Listen vorzunehmen und nur **gültig,** wenn sie die Person nach Namen, Anschrift und Geburtsdatum zweifelsfrei erkennen lassen und von wahlberechtigten Personen stammen (Abs. 4 Satz 2 i. V. m. § 31 Abs. 3 Satz 2); zu weiteren Einzelheiten s. Erl. 6 zu § 31. Die Anforderungen an die Vollständigkeit der vorzunehmenden Eintragungen zur sofortigen Identifizierung des Unterschreibenden haben hier besondere Bedeutung, weil anders als beim Bürgerantrag der Hauptausschuss unverzüglich über die Zulässigkeit zu entscheiden hat (Abs. 7 Satz 1), was Verwaltungsermittlungen über den Abgleich mit dem Wählerverzeichnis hinaus ausschließt. Die Angabe des Datums der Unterschriftsleistung als Nachweis dafür, dass Unterschriften nicht vor der Anzeige nach Abs. 3 Satz 4, mit der das Bürgerbegehren eingeleitet wird, auf Vorrat gesammelt worden sind, ist gesetzlich nicht gefordert; die „Beweislast" dafür, dass Unterschriften nicht innerhalb der Frist geleistet worden und deshalb ungültig sind, obliegt dem Hauptausschuss (VG Lüneburg, Urt. v. 19.11.2008,

R&R 1/2009 S. 4). Zur „Nachlieferung" von Unterschriften s. Erl. 6 zu § 31. Die **Rücknahme von Unterschriften** ist gesetzlich nicht ausgeschlossen (s. dagegen § 16 NVAbstG), sodass sie durch Erklärung gegenüber der Gemeinde bis zum Eingang des Bürgerbegehrens (Abs. 5 Satz 1) als zulässig angesehen werden muss (s. Erl. 6 zu § 31).

Jede **Unterschriftenliste** muss den vollen Wortlaut des Bürgerbegehrens enthalten (Abs. 4 Satz 2 i. V. m. § 31 Abs. 3 Satz 1). Die Verwendung loser Listen ohne den Text, die einer Liste mit Text angeheftet sind, genügt den gesetzlichen Voraussetzungen nur dann, wenn eine Manipulation ausgeschlossen ist (VGH Kassel, Beschl. v. 25.8.1997, NVwZ-RR 1998 S. 255); Fotokopien von Listen können zurückgewiesen werden.

8. Mit dem Eingang der Anzeige bei der Kommune beginnt die **sechsmonatige Frist** zur Einreichung des Bürgerbegehrens; für die Berechnung der Frist gelten §§ 187, 188 BGB entsprechend. Ist die Vorabentscheidung des Hauptausschusses nach Abs. 3 Satz 5 beantragt worden, dann beginnt die Frist mit der Bekanntgabe der Entscheidung. Richtet sich das Bürgerbegehren gegen einen bekannt gemachten Beschluss der Vertretung (sog. kassatorisches Bürgerbegehren) verkürzt sich die Einreichungsfrist auf **drei Monate** nach dem Tag der Bekanntmachung, die auch bestehen bleibt, wenn der Antrag nach Abs. 3 Satz 5 auf Vorabentscheidung gestellt wird (s. amtl. Begründung, Drs. 16/785). Gegen einen Beschluss gerichtet ist ein Bürgerbegehren dann, wenn es seine vollständige oder teilweise Korrektur oder eine wesentlich andere Lösung anstrebt (VG Braunschweig, Urt. v. 27.5.2004, R&R 4 (2004 S. 2); dabei braucht der Beschluss nicht bezeichnet zu sein. Nur bei bekannt gemachten Beschlüssen der Vertretung, nicht auch bei Entscheidungen anderer Organe, gilt die verkürzte Einreichungsfrist von drei Monaten. Als **Bekanntmachung** gilt die Verkündung (§ 11), die öffentliche (§ 11 Abs. 6) und die ortsübliche (§ 59 Abs. 4), nicht dagegen auch eine sonstige Bekanntgabe. Die Entstehungsgeschichte der Vorschrift (vgl. § 22b Abs. 3 der Regierungsvorlage Drs. 13/1450) erhellt, dass nur gesetzlich vorgeschriebene Bekanntmachungen gemeint sein sollten, jedoch hat das im Gesetzeswortlaut keinen Niederschlag gefunden, so dass auch die freiwillige Bekanntmachung einer Entscheidung die Abkürzung der Frist zur Folge hat (VG Lüneburg, Beschl. v. 16.12.2002, R&R 2/2003, S. 9). Die verkürzte Frist gilt auch, wenn der angefochtene Beschluss erst nach Einleitung des Bürgerbegehrens bekannt gemacht worden ist (VG Braunschweig, Urt. v. 27.6.2004, R&R 4/2004 S. 2 = NdsVBl. 2005 S. 78, vom Nds. OVG bestätigt, s. R&R 1/2005 S. 15).

9. Das Bürgerbegehren hat **keine aufschiebende Wirkung**, d. h. die Kommune kann in der betreffenden Angelegenheit Entscheidungen treffen und getroffene Entscheidungen vollziehen, und zwar auch Entscheidungen, gegen die sich das Bürgerbegehren richtet (Abs. 6 Sätze 1, 2; vgl. auch VG Hannover – Kammern Hildesheim –, Beschl. v. 12.3.1997, VwRR N 1997 S. 2 und OVG Lüneburg, Beschl. v. 27.5.1998 a. a. O.: Erst ein gegenteiliger Bürgerentscheid löst die Sperrwirkung aus). Wenn dem Bürgerbegehren dadurch die Grundlage entzogen wird, wird es unzulässig (s. Erl. 2 Nr. 8). Aus dieser Regelung, den ursprünglich hohen Quoren und an den zahlreichen ausgeschlossenen Angelegenheiten (Abs. 2) wird erkennbar, dass der Gesetzgeber bei der Einführung von

Bürgerbegehren und -entscheiden für sie kein weites Feld schaffen wollte (s. auch Bericht der Enquete-Kommission zur Überprüfung des Niedersächsischen Kommunalverfassungsrechts v. 6.5.1994, Drs. 12/6260 S. 58), weshalb nicht rechtliche (etwa aus dem Gesichtspunkt der Organtreue), sondern allein politische Gründe für die Rücksichtnahme auf ein Bürgerbegehren maßgebend sein können.

10. Die **Entscheidung über die Zulässigkeit** des Bürgerbegehrens hat der Hauptausschuss **unverzüglich** zu treffen, d. h. ohne schuldhaftes Zögern. Die Prüfung darf sich nicht auf das Vorliegen der formellen Voraussetzungen beschränken, sondern hat sich auch auf die materielle Rechtmäßigkeit des Anliegens zu erstrecken (Abs. 3 Satz 2 Nr. 8, s. auch OVG Lüneburg, Urt. v. 9.12.1987 – 2 OVG A 48/85). Dabei sind nur redaktionelle, aber keine konkretisierenden Klarstellungen des Fragetextes zulässig (VG Oldenburg, Beschl. v. 17.6.2004, a. a. O.). Ist schon eine Vorabentscheidung nach Abs. 3 Satz 5 getroffen worden (s. oben Erl. 6), dann ist nur noch zu entscheiden, ob die Voraussetzungen der Abs. 4 und 5 vorliegen (Unterschriftsquorum, Einreichungsfrist). Eine von der Vorabentscheidung abweichende Entscheidung in den dabei geprüften Voraussetzungen kommt nur in Betracht, wenn sich deren tatsächliche Verhältnisse inzwischen geändert haben. Die Entscheidung unterliegt der Kontrolle der Kommunalaufsichtsbehörde und kann von ihr wie jeder Beschluss beanstandet werden; bei fehlerhafter Annahme der Zulässigkeit ist die Aufsichtsbehörde nicht darauf beschränkt, den Ausgang des Bürgerentscheids abzuwarten, um dann gegebenenfalls gegen diesen vorzugehen (§ 173). Dasselbe gilt für Maßnahmen des HVB nach § 88. Die Vertreter der Unterzeichnenden sind an einem kommunalaufsichtlichen Verfahren nicht beteiligt. Die Entscheidung ist gegenüber den Unterzeichnenden ein **Verwaltungsakt** (so auch VGH Mannheim, Urt. v. 13.4.1993, NVwZ-RR 1994 S. 110; für dieselbe Rechtslage in Nordrhein-Westfalen VG Düsseldorf, Urt. v. 13.2.1998, VwRR N S. 50 und OVG Münster; Urt. v. 9.12.1997, NVwZ-RR 1999 S. 136; VGH München, Urt. v. 10.3.1999, NVwZ 2000 S. 219; offen gelassen von VG Oldenburg, Beschl. v. 17.6.2004, a. a. O.), der allerdings aus tatsächlichen Gründen nur angefochten werden kann, wenn die Zulässigkeit verneint wird. Die Entscheidung ist einem der benannten Vertreter schriftlich zuzustellen; die förmliche Bekanntmachung ist nicht vorgeschrieben. Als anfechtungsberechtigt (ohne Vorverfahren, § 8a Nds. AG VwGO) können nicht nur die Vertreter angesehen werden, die aus Gründen der Verfahrenserleichterung nur berechtigt sind, die Unterzeichnenden zu vertreten, sondern zur Anfechtung berechtigt ist jeder einzelne Mitunterzeichner, weil seine Rechtsposition auf Mitwirkung am Bürgerbegehren durch dessen verfahrensfehlerhafte Behandlung verletzt sein kann (VGH Kassel, Beschl. v. 16.7.1996, DVBl. 1997 S. 1280). Das OVG Lüneburg (Beschl. v. 8.12.1997, KommP N 1998 S. 89, v. 27.5.1998, KommP N S. 246 und v. 15.2.2011, R&R 2/2011 S. 1) betrachtet die Zulässigkeitsentscheidung nicht als Verwaltungsakt, sondern als eine im Innenrechtskreis der Kommune ergehende, sodass ihre Anfechtung durch den oder die Vertreter (Abs. 3 Satz 3) im Wege einer **kommunalverfassungsrechtlichen Streitigkeit** (vgl. Erl. 5 zu § 66) in Betracht kommt, für die ein Vorverfahren ebenfalls nicht notwendig ist; zu den Klagmöglichkeiten gegen den Bürgerentscheid s. Erl. 3 zu § 33. Ist das Bürgerbegehren zulässig, dann ist innerhalb von drei Monaten nach dem Tage der Entscheidung des

Hauptausschusses der Bürgerentscheid durchzuführen (Abs. 7 Satz 3). Wird allerdings die Entscheidung des Hauptausschusses (von den Vertretern oder der Kommunalaufsicht) angefochten, beginnt die Frist erst mit der Bestandskraft der Entscheidung. Wenn die Vertretung mindestens im Wesentlichen im Sinne des Bürgerbegehrens entscheidet, unterbleibt der Bürgerentscheid (Abs. 7 Satz 4); bei Angelegenheiten in der Zuständigkeit des Hauptausschusses oder des HVB muss die Vertretung gegebenenfalls von ihrem Vorbehaltsrecht (§ 58 Abs. 3) Gebrauch machen, was auch konkludent geschehen kann (Erl. 3 zu § 58). Ob der Beschluss der Vertretung im Wesentlichen dem Bürgerbegehren entspricht, beurteilt sich nach objektiven Kriterien, nicht allein nach der Vorstellung der Initiatoren.

§ 33 Bürgerentscheid

(1) **¹Der Bürgerentscheid findet an einem Sonntag in der Zeit von 8.00 Uhr bis 18.00 Uhr statt. ²Ein Bürgerentscheid darf nicht an dem Tag stattfinden, an dem Abgeordnete der Vertretung oder die Hauptverwaltungsbeamtin oder der Hauptverwaltungsbeamte gewählt werden.**

(2) **¹Die Abstimmungsberechtigten sind rechtzeitig vor dem Bürgerentscheid schriftlich zu benachrichtigen. ²Die Abstimmung in Briefform ist zu ermöglichen. ³Die Abstimmung soll in den Räumen stattfinden, die bei der letzten Kommunalwahl als Wahlräume bestimmt worden sind.**

(3) **¹Bei dem Bürgerentscheid darf nur mit Ja oder Nein abgestimmt werden. ²Die Abstimmenden geben ihre Entscheidung durch ein Kreuz oder in sonstiger Weise zweifelsfrei auf dem Stimmzettel zu erkennen. ³Der Bürgerentscheid ist verbindlich, wenn die Mehrheit der gültigen Stimmen auf Ja lautet und diese Mehrheit mindestens 25 Prozent der nach § 48 Wahlberechtigten beträgt; § 32 Abs. 4 Satz 1 Halbsatz 2 gilt entsprechend. ⁴Bei Stimmengleichheit ist das Bürgerbegehren abgelehnt.**

(4) **¹Ein verbindlicher Bürgerentscheid steht einem Beschluss der Vertretung gleich. ²Vor Ablauf von zwei Jahren kann der Bürgerentscheid nur auf Veranlassung der Vertretung durch einen neuen Bürgerentscheid abgeändert oder aufgehoben werden.**

§§ 22b Abs. 9, 10 NGO, 17b Abs. 9, 10 NLO, 24 Abs. 9, 10 RegionsG

ERLÄUTERUNGEN zu § 33

1. Den Tag der **Durchführung des Bürgerentscheids** bestimmt die Kommune, und zwar regelmäßig der Hauptausschuss (§ 76 Abs. 2 Satz 1); sie darf nicht am Tage einer Wahl der Vertretung oder des HVB stattfinden (Abs. 1) und zwar unabhängig davon, welche Kommune (Landkreis oder Gemeinde) der Bürgerentscheid und die Wahl betrifft. Wie eine Wahl muss sie an einem Sonntag in der Zeit von 8 bis 18 Uhr stattfinden. Die gleichzeitige Durchführung mehrerer Bürgerentscheide ist zulässig, wenn für jeden die Frist von drei Monaten (§ 32

Abs. 7 Satz 3) eingehalten wird. Wie bei der Kommunalwahl sind die Abstimmungsberechtigten zu benachrichtigen (§ 18 NKWO), ist die Abstimmung in Briefform zu ermöglichen und sollen dieselben Wahllokale wie bei der letzten Kommunalwahl genutzt werden. Das weitere Verfahren regelt die Kommune. Dazu bietet sich der Erlass einer Verfahrensordnung (Satzung) an, deren Inhalt sich an den Regelungen des NKWG und der NKWO über die Wahlorgane und die Wahlehrenämter (§§ 9 bis 12 NKWG), über die Wahlvorbereitungen (§§ 14 bis 20 NKWG), über die Wahlhandlung (§§ 30 bis 33 NKWG) und über die Feststellung und Bekanntgabe des Wahlergebnisses (§§ 34 ff. NKWG) sowie an den Vorschriften des Volksabstimmungsgesetzes (§§ 25 ff.) orientieren kann. Als rechtlich geboten muss die ortsübliche Bekanntmachung des Tages der Durchführung des Bürgerentscheids angesehen werden. Die Abstimmenden müssen wie die Unterzeichner des Bürgerbegehrens wissen, worüber sie entscheiden, d. h. ihnen muss neben dem Anliegen auch dessen Begründung und der Deckungsvorschlag für entstehende Kosten bekannt sein. Deshalb empfiehlt es sich, auch diese drei Elemente ortsüblich bekanntzumachen, weil das den Abdruck jedenfalls der Begründung und des Deckungsvorschlags auf den Stimmzetteln erspart. Es bestehen keine rechtlichen Bedenken dagegen, Unterzeichner des Bürgerbegehrens zu ehrenamtlichen Helfern bei der Durchführung des Bürgerentscheids zu berufen.

Die **Stimmzettel** sind so zu gestalten, dass die Abstimmenden nur ein Ja oder ein Nein anzukreuzen oder sonst zu kennzeichnen haben (Abs. 3 Sätze 1, 2). Aus § 32 Abs. 3 Satz 1 ist zu folgern, dass der Stimmzettel auch das Anliegen des Bürgerbegehrens wiedergeben muss. Bisher ist es auch von der Rechtsprechung hingenommen worden, dass die Begründung und der Kostendeckungsvorschlag auf dem Stimmzettel nicht enthalten sind, obwohl beide für den Abstimmenden dieselbe Bedeutung haben wie für denjenigen, der zu entscheiden hat, ob er das Bürgerbegehren unterstützt (s. Erl. 4 zu § 32).

2. Die Kommune kann sich durch ihre Organe an der **öffentlichen Diskussion** über das Anliegen des Bürgerbegehrens und des Bürgerbeschieds in sachlicher Form beteiligen, unterliegt insoweit also keinem Neutralitätsgebot (vgl. auch VG Stade, Beschl. v. 29.10.1998 und in derselben Sache OVG Lüneburg, Beschl. v. 6.11.1998, VwRR N 1999 S. 14; OVG NRW, Beschl. v. 16.12.2003, R&R 2/2004 S. 10). Sie kann eine Stellungnahme des für die Angelegenheiten zuständigen Organs öffentlich bekanntmachen, auch im Zusammenhang mit einer öffentlichen Bekanntmachung des Gegenstandes des Bürgerbegehrens, der Begründung und des Kostendeckungsvorschlags (vgl. § 25 NVAbstG).

3. Das gesetzliche **Quorum** für einen erfolgreichen Bürgerentscheid von 25 v. H. der bei der letzten Kommunalwahl nach § 48 Wahlberechtigten ist auch dann maßgebend, wenn eine Entscheidung der Vertretung einer qualifizierten Mehrheit bedürfte (z. B. Änderung der Zuständigkeiten der Stadtbezirks- und Ortsräte, § 93 Abs. 1 Satz 3, § 95 Abs. 1).

Der verbindliche Bürgerentscheid wird wie ein **Beschluss** der Vertretung behandelt, auch wenn es sich um eine Angelegenheit des Zuständigkeitsbereichs von Hauptausschuss oder HVB handelt, ist also wie dieser auszuführen (§ 85 Abs. 1 Satz 1 Nr. 2) und unterliegt ebenso der Rechtskontrolle des HVB (§ 88) und der Kommunalaufsichtsbehörde (§ 173); ein Wahlprüfungsverfahren findet deshalb nicht statt (NdsOVG, Urt. v. 20.2.2001, a. a. O.; s. auch VG Düsseldorf, Urt. v. 14.4.2000, VwRR N S. 98). Ein abstimmungsberechtigter Bürger kann im Wege der allgemeinen Feststellungsklage nach § 43 Abs. 1 VwGO nur geltend machen, durch die Art und Weise des Abstimmungsverfahrens an der Ausübung seines Stimmrechts verletzt zu sein (NdsOVG, Urt. v. 20.2.2001 a. a. O.). Die Vertreter nach § 32 Abs. 3 Satz 3 haben nicht das Recht, die ordnungsmäßige Umsetzung des Bürgerentscheids durch die kommunalen Organe gerichtlich überprüfen zu lassen (Nds. OVG, Beschl. v. 7.5.2009, R&R 4/2009 S. 6 = NVwZ-RR 2009 S. 735) Gegen eine kommunalaufsichtliche Maßnahme kann sich nur die Kommune wehren; die Unterzeichnenden und ihre Vertreter haben kein Klagerecht. Dritte können gegen einen Bürgerentscheid nur wie gegen einen Beschluss der Vertretung vorgehen.

Das Ergebnis des Bürgerentscheids muss nicht öffentlich bekanntgemacht, aber im Hinblick auf die Wirkung des Entscheids in öffentlicher Sitzung der Vertretung mitgeteilt werden. Das Ergebnis eines erfolgreichen Bürgerentscheids kann vor Ablauf von zwei Jahren (Abs. 4 Satz 2) nur durch einen **neuen Bürgerentscheid** abgeändert werden, wenn die Vertretung ihn beantragt. Diese Regelung soll Reaktionen auf die wesentliche Veränderung von Grundlagen des ersten Bürgerentscheids ermöglichen (OVG Schleswig-Holstein, Urt. v. 21.6.1995 – 2 L 121/94), nicht aber dazu dienen, einen der Vertretung unbequemen Bürgerentscheid auszuhebeln. Die Kontrolle der Rechtmäßigkeit des Antrags obliegt der Kommunalaufsichtsbehörde. Nach Ablauf der Frist von zwei Jahren ist die Vertretung frei in der Entscheidung über den Gegenstand des Bürgerentscheids.

4. Das Gesetz sieht eine **Kostenerstattung** an die Initiatoren, die Vertreter oder sonstige an dem Bürgerbegehren beteiligte Personen nicht vor, insbesondere besteht auch kein Anspruch darauf, dass die Kommune Unterstützung bei der Information der Öffentlichkeit über die Ziele des Bürgerbegehrens leistet (OVG Lüneburg, Beschl. v. 6.11.1998 a. a. O.). Die Kosten für die Durchführung des Bürgerentscheids trägt die Kommune.

5. Für **Samtgemeinden** und ihre **Mitgliedsgemeinden** gelten die Vorschriften über das Bürgerbegehren und den Bürgerentscheid ohne Einschränkungen und Besonderheiten (§ 1 Abs. 1). Ein Bürgerbegehren in Angelegenheiten der **Stadtbezirks-** und **Ortsräte** ist gesetzlich nicht vorgesehen.

§ 34 Anregungen, Beschwerden

[1]**Jede Person hat das Recht, sich einzeln oder in Gemeinschaft mit anderen schriftlich mit Anregungen und Beschwerden in Angelegenheiten der Kommune an die Vertretung zu wenden. [2]Die Zuständigkeiten des Hauptausschusses, der Ausschüsse der Vertretung, Stadtbezirksräte und Ortsräte und der Hauptverwaltungsbeamtin oder des Hauptverwaltungsbeamten werden hierdurch nicht berührt. [3]Die Vertretung kann dem Hauptausschuss die Prüfung von Anregungen und die Erledigung von Beschwerden übertragen. [4]Die Antragstellerin oder der Antragsteller ist darüber zu informieren, wie die Anregung oder die Beschwerde behandelt wurde. [5]Einzelheiten regelt die Hauptsatzung.**

§§ 22c NGO, 17c NLO, 25 RegionsG

ERLÄUTERUNGEN zu § 34

1. Die 1996 geschaffene Vorschrift reagiert auf die der h. M. entsprechenden damaligen Rechtsprechung des OVG Lüneburg (Urt. v. 30.5.1967, OVGE 23 S. 403, a. A. OVG Münster, Urt. v. 25.7.1978, DVBl. S. 895), nach der eine kommunale Vertretung **keine Volksvertretung** i. S. d. Art. 17 GG ist, weshalb Petitionen an sie als solche an die Kommune als „zuständige Stelle" angesehen werden und mit ihnen das jeweils zuständige Organ befasst wird. Sinn des Gesetzes ist es, dass der Vertretung alle Anregungen und Beschwerden, die an sie gerichtet sind, wenigstens zur Kenntnis gebracht werden; dabei kommt es nicht entscheidend auf die Adressierung an, sondern darauf, ob der Eingabe der Wunsch zu entnehmen ist, die „Volksvertretung" mit dem Anliegen zu befassen. Zu ihrer sachlichen Erledigung durch Entscheidungen ist die Vertretung jedoch nur in der Lage, wenn sie sachlich zuständig ist. Eine Veränderung der bestehenden Zuständigkeiten wird durch die Bestimmung nicht bewirkt. Inzwischen betrachtet offenbar auch das Nds. OVG (Beschl. v. 25.1.2008, R&R 5/2008 S. 13) die kommunalen Vertretungen als Volksvertretungen i. S. d. Art. 17 GG.

2. Das Recht, sich mit Anregungen und Beschwerden an die Vertretung zu wenden, steht **jeder Person** zu, unabhängig davon, ob sie in der Kommune wohnt oder sich überhaupt in ihr aufhält, ob natürliche oder juristische Person. Auch Bedienstete der Kommune und Abgeordnete sind nicht ausgenommen. Petitionen haben schriftlich zu erfolgen, so dass ihre mündliche Geltendmachung in öffentlicher Sitzung der Vertretung nicht in Betracht kommt; allerdings kann dazu möglicherweise die Fragestunde (§ 62 Abs. 1) instrumentalisiert werden. Besondere Voraussetzungen, z. B. eine rechtliche oder tatsächliche **Betroffenheit,** müssen für die Annahme einer Anregung oder Beschwerde nicht erfüllt sein. Dass die Vertretung sich nur mit Petitionen in **Angelegenheiten der Kommune** sachlich befassen darf, ist selbstverständlich (§§ 2 Abs. 2, 3 Abs. 2, 98 Abs. 1). Da das für die anderen Kommunalorgane ebenso gilt, muss es als zulässig angesehen werden, dass die Verwaltung eine Petition, die keine Angelegenheit der Kommune betrifft, ohne die Vertretung damit zu befassen, an die zuständige Stelle abgibt und das dem Petenten mitteilt.

3. Die **inhaltliche Behandlung** muss dem verfassungsrechtlichen Standard genügen, der darin besteht, die Petition entgegenzunehmen, sachlich zu prüfen und dem Petenten die Art der Erledigung schriftlich mitzuteilen; ein Anspruch auf sachliche Bescheidung und Erledigung im Sinne des Petenten besteht nicht (BVerwG, Urt. v. 22.5.1980, NJW 1981, S. 700; Nds. OVG, Beschl. v. 25.1.2008 a. a. O.). Die wiederholte Ausübung des kommunalen Petitionsrechts in gleicher Sache stellt einen Rechtsmissbrauch dar, der die Kommune grundsätzlich nicht zum Handeln verpflichtet (OVG Münster, Urt. v. 23.2.1993, NWVBl. S. 296).

4. Die **verfahrensmäßige Behandlung** von Eingaben muss sich an dem oben (Erl. 1) bezeichneten Zweck des Gesetzes orientieren. Die an die Vertretung gerichteten Petitionen können dieser unter einem einzigen Tagesordnungspunkt vorgelegt werden, wobei jedoch, wenn die Vertretung sich mit ihnen befasst und die Erledigung nicht dem Hauptausschuss übertragen hat, erkennbar sein sollte, um welche Eingabe es sich handelt, so dass auch die Petenten unterrichtet sind, wenn ihr Anliegen in der Vertretung behandelt wird. Die Behandlung kann darin bestehen, dass die Vertretung die Eingabe zur Kenntnis nimmt und sie, wenn sie sachlich nicht zuständig ist, mit oder ohne Empfehlung zu ihrer Erledigung dem zuständigen Organ überweist. In Angelegenheiten, in denen sie zuständig ist oder sich die Beschlussfassung nach § 58 Abs. 3 vorbehalten kann, kann sie einen **Eingabenausschuss** zur Vorbereitung ihrer Entscheidungen bilden (§ 71; s. auch OVG Lüneburg, Urt. v. 30.5.1967 a. a. O., das dem Rat das Recht abgesprochen hat, einen Eingabenausschuss für die Entgegennahme und Prüfung aller die Tätigkeit der Gemeindeverwaltung betreffenden Eingaben und Beschwerden zu bilden), aber auch die weitere Behandlung und verfahrensmäßige Erledigung dem Hauptausschuss übertragen, wogegen keine rechtlichen Bedenken bestehen (Nds. OVG, Beschl. v. 25.1.2008 a. a. O.). Es würde dem Sinn der Regelung nicht entsprechen, wenn die Vertretung, ohne sie zur Kenntnis zu nehmen, die gesamte Behandlung von Eingaben dem Hauptausschuss überließe, dieser also zum Adressaten der an die Vertretung gerichteten Petitionen würde.

Die Mitteilung an den Petenten über die Erledigung seiner Eingabe obliegt dem HVB. Als „unrentables Grundrecht", das zum „Betriebsluxus der freiheitlichen Demokratie" gehört, ist die Einreichung einer Petition und ihre Behandlung kostenfrei.

5. In der **Hauptsatzung** sind insbesondere Regelungen über Organzuständigkeiten bei der verfahrensmäßigen Behandlung der Eingaben (Erl. 4) zu treffen.

6. Die Vorschrift gilt nicht für **Stadtbezirks-** und **Ortsräte**, für die nur die Verfahrensvorschriften für den Rat entsprechend gelten, zu denen § 34 nicht zählt. Ihnen sind Eingaben nur vorzulegen, soweit sie für sie zuständig sind.

§ 35 Bürgerbefragung

[1]Die Vertretung kann in Angelegenheiten der Kommune eine Befragung der Bürgerinnen und Bürger beschließen. [2]Satz 1 gilt nicht in Angelegenheiten einzelner Mitglieder der Vertretung, des Hauptausschusses, der Stadtbezirksräte, der Ortsräte und der Ausschüsse sowie der Beschäftigten der Kommune. [3]Einzelheiten sind durch Satzung zu regeln.

§§ 22d NGO, 17d NLO, 26 RegionsG

ERLÄUTERUNGEN zu § 35

1. Die Vorschrift regelt die **Befragung aller Bürger** einer Kommune (§ 28 Abs. 2), bei der der Teilnehmerkreis entsprechend den Wahlrechtsvorschriften bestimmt wird. Sie ist für Fälle gedacht, in denen die Vertretung ihre Entschei-

dung vom Votum der Bürger abhängig machen will, ohne jedoch die Entscheidung den Bürgern zu übertragen; dabei geht es um das Votum der gesamten Bürgerschaft, nicht der von Teilen der Kommune. Eine solche Befragung stellt ein Instrument der Kundgabe des Bürgerwillens im Sinne einer Teilnahme an der Ausübung von Staatsgewalt dar, dessen Zulässigkeit ohne gesetzliche Ermächtigung zumindest zweifelhaft ist (s. BVerfG, Urt. v. 30.7.1958, BVerfGE 8 S. 104). Nicht betroffen sind Befragungen von Bürgern oder Einwohnern einer Kommune, die den Charakter einer **Meinungsumfrage** haben und die keiner gesetzlichen Regelung bedürfen; sie können auch von der Verwaltung durchgeführt werden.

Gegenstand einer Bürgerbefragung können alle **Angelegenheiten der Kommune** sein. Im Anschluss an eine für unzulässig angesehene Befragung der Bürger zur Abwahl des HVB sind in Anlehnung an § 32 Abs. 2 Satz 2 Nr. 2 die in Satz 2 genannten Angelegenheiten ausgeschlossen worden. Eine Meinungsumfrage kann auch zu den ausgeschlossenen Angelegenheiten durchgeführt werden.

2. Wenn eine Bürgerbefragung durchgeführt werden soll, sind durch **Satzung** der Gegenstand der Befragung und das Verfahren ihrer Durchführung zu regeln. Sie kann an einem Tag oder an mehreren Tagen durch Eintrag in eine im Verwaltungsgebäude ausliegende Liste oder durch Rücksendung einer übersandten und zu kennzeichnenden Postkarte durchgeführt werden. Für das Verfahren bieten sich im Übrigen die Vorschriften des NKWG als Vorbild an.

3. **Stadtbezirks-** und **Ortsräte** können eine Bürgerbefragung beschließen (§ 93 Abs. 3), s. Erl. 5 zu § 93.

§ 36 Beteiligung von Kindern und Jugendlichen

[1]**Gemeinden und Samtgemeinden sollen Kinder und Jugendliche bei Planungen und Vorhaben, die deren Interessen berühren, in angemessener Weise beteiligen.** [2]**Hierzu sollen die Gemeinden und Samtgemeinden über die in diesem Gesetz vorgesehene Beteiligung der Einwohnerinnen und Einwohner hinaus geeignete Verfahren entwickeln und durchführen.**

§ 22e NGO

ERLÄUTERUNGEN zu § 36

1. Die Vorschrift hat ihr Vorbild in Regelungen anderer Länder (insbes. § 47f GO Schleswig-Holstein) und korrespondiert mit § 8 Abs. 1 Satz 1 SGB VIII, nach dem Kinder und Jugendliche entsprechend ihrem Entwicklungsstand an allen sie betreffenden Entscheidungen der öffentlichen Jugendhilfe zu beteiligen sind, über dessen Anwendungsbereich sie aber hinausreicht. Die Begriffe „beteiligen" und „Verfahren" werden untechnisch verwendet, es handelt sich also nicht um die Regelung von Beteiligungsrechten an einem Verwaltungsverfahren, und ein Verstoß gegen die Vorschrift hat **keine rechtlichen Auswirkungen auf die Gültigkeit** von Beschlüssen und Maßnahmen.

2. Die Beteiligung ist vorgeschrieben bei Planungen und Vorhaben, die die Interessen von Kindern und Jugendlichen berühren; dabei geht es um eine **spezifische Betroffenheit,** nicht um eine allgemeine, von der die Kinder und Jugendlichen wie andere Einwohner erfasst werden. Damit kommen für eine Beteiligung regelmäßig Projekte mit Bezug auf Kinder und Jugendliche in Betracht, wie Maßnahmen im Zusammenhang mit Jugendtreffs, Spielplätzen, Sport- und Freizeiteinrichtungen, Jugendbegegnungsstätten. Die Beteiligung hat bei Planungen und Vorhaben **der Gemeinde oder Samtgemeinde** zu erfolgen, sodass es nicht darauf ankommt, welches Organ im konkreten Fall zuständig ist.

Die **Beteiligung** wird zweckmäßigerweise so **organisiert,** dass die Wünsche und Vorstellungen der Kinder und Jugendlichen bezüglich der Maßnahme möglichst einfach und umfassend ermittelt werden. Dazu bietet sich zunächst einmal an, die die Interessen von Kindern und Jugendlichen wahrnehmenden Vereine und Verbände anzuhören, sei es schriftlich durch die Verwaltung, sei es durch Anhörung im Fachausschuss. Es sollen aber über die im NKomVG schon enthaltenen zusätzlichen Beteiligungsformen entwickelt werden; dabei ist an die Einrichtung von Kinder- und Jugend**beiräten** oder -**parlamenten,** wie sie in Gemeinden schon bestehen, zu denken. Die aktive Beteiligung von Kindern und Jugendlichen an der Ausschuss- oder Ratsarbeit wird durch diese Regelung allerdings nicht ermöglicht. Die Verpflichtung, „unorganisierte" Kinder und Jugendliche „auf der Straße" zu beteiligen, kann nicht angenommen werden.

3. Die Soll-Regelungen verpflichten die Gemeinde zur Beteiligung und Entwicklung und Durchführung geeigneter Verfahren; auf sie kann nur im Einzelfall bei Vorliegen besonderer Umstände verzichtet werden (s. auch Erl. 9 zu § 71).

§ 37   Hilfe bei Verwaltungsangelegenheiten

(1) Die Gemeinden sind ihren Einwohnerinnen und Einwohnern in den Grenzen ihrer Verwaltungskraft dabei behilflich, Verwaltungsverfahren einzuleiten, auch wenn sie für deren Durchführung nicht zuständig sind.

(2) Die Gemeinden haben Vordrucke für Anträge, Anzeigen und Meldungen bereitzuhalten, die ihnen von anderen Behörden überlassen werden.

(3) [1]Die Gemeinden haben Anträge, die beim Landkreis, bei der Region Hannover oder bei einer Landesbehörde einzureichen sind, entgegenzunehmen und unverzüglich an die zuständige Behörde weiterzuleiten. [2]Die bei der Gemeinde eingereichten Anträge gelten als bei der zuständigen Behörde gestellt, soweit Bundesrecht dem nicht entgegensteht. [3]Rechtsbehelfe sind keine Anträge im Sinne dieses Gesetzes.

§ 22f NGO

ERLÄUTERUNGEN zu § 37

1. § 37 Abs. 1 verpflichtet die Gemeinde (für die Samtgemeinde s. § 98 Abs. 1 Satz 1 Nr. 7), in den Grenzen ihrer Verwaltungskraft ihren Einwohnern bei der **Einleitung von Verwaltungsverfahren behilflich zu sein,** auch wenn sie für deren Durchführung nicht zuständig ist. Für den **Begriff des Verwaltungsverfahrens** gilt die Bestimmung des § 9 des Verwaltungsverfahrensgesetzes vom 25.5.1976 (BGBl. I S. 1253): „Das Verwaltungsverfahren im Sinne dieses Gesetzes ist die nach außen wirkende Tätigkeit der Behörden, die auf die Prüfung der Voraussetzungen, die Vorbereitung und den Erlass eines Verwaltungsaktes oder auf den Abschluss eines öffentlich-rechtlichen Vertrages gerichtet ist; es schließt den Erlass des Verwaltungsaktes oder den Abschluss des öffentlich-rechtlichen Vertrages ein.“ Die den **Gemeinden obliegenden Pflichten** sind vielfältig. Es kann je nach Art des Verfahrens zu ihrer ordnungsgemäßen Wahrnehmung beispielsweise gehören, dass die Gemeinde Vordrucke bereithält, über Zuständigkeiten Auskünfte erteilt, die Vermittlung zu den zuständigen Behörden herstellt, auf zusätzliche Informationsmöglichkeiten hinweist, Einsicht in vorhandene gesetzliche Vorschriften gewährt, bei der Ausfüllung von Formularen und Anträgen hilft, Anträge formell, d. h. z. B. auf Vollständigkeit der Angaben und beizufügenden Unterlagen, vorprüft oder Anträge entgegennimmt und weiterleitet.

2. Der **Umfang gemeindlicher Hilfspflichten** wird durch die Verwaltungskraft der Gemeinde begrenzt und auf die Einleitung von Verwaltungsverfahren beschränkt. Einen Anspruch auf eine bestimmte Hilfsmaßnahme verleiht die Vorschrift nicht (OVG Lüneburg, Urt. v. 30.4.1992 – 10 L 47/90, das überdies Differenzierungen der Hilfestellung nach der persönlichen Situation des Einwohners z. B. als älterer und gebrechlicher Mensch für gerechtfertigt erklärt). Kein Verwaltungsverfahren ist die **Einleitung eines Bürgerbegehrens,** sodass die Gemeinde nicht verpflichtet ist, dessen Initiatoren bei der Formulierung des Anliegens, der Begründung und des Deckungsvorschlags (über Auskünfte hinaus, s. Erl. 4 zu § 32) Hilfestellung zu leisten oder über die Zulässigkeit vor der Entscheidung des Verwaltungsausschusses Auskünfte zu erteilen.
Steht einer Gemeinde für bestimmte Verwaltungsverfahren ausreichend ausgebildetes Personal nicht zur Verfügung, so ist sie z. B. zu einer Vorprüfung von Anträgen nicht verpflichtet; dasselbe würde für den – theoretischen – Fall gelten, dass die Gemeinde unvermutet mit einer Flut von Anträgen befasst würde, die sie hinsichtlich ihrer Hilfspflichten personell überfordern würde. Der Umfang der Hilfspflichten ist entsprechend der unterschiedlichen Verwaltungskraft für die Gemeinden verschiedenartig.
Die Verpflichtung der Gemeinden nach § 37 Abs. 1 beschränkt sich darauf, ihren Einwohnern für ein Verwaltungsverfahren den richtigen Weg zu weisen. Zur weitergehenden Betreuung oder gar Beratung bezüglich der Durchführung eines Verfahrens, für das die Gemeinde nicht zuständig ist, besteht nicht zuletzt auch im Hinblick auf die Haftungsrisiken und die Bestimmungen des Rechtsberatungsgesetzes keine Verpflichtung; diese Aufgaben sind den für die Durchführung zuständigen Behörden vorbehalten. Die auf die Einleitung des Verfahrens beschränkte rechtliche Beratung ist dagegen durch Art. 1 § 3 Nr. 1 des Rechts-

beratungsgesetzes gedeckt. Die von Gemeindebediensteten bei der Ausfüllung von Steuererklärungen für Gemeindeeinwohner geleistete Hilfestellung wird allerdings von den Strafgerichten als unzulässige Steuerberatung gem. § 5 des Steuerberatungsgesetzes geahndet. Dagegen wird die kommunale Schuldnerberatung nicht als unbefugte Hilfeleistung in Steuersachen angesehen (Schreiben BMF v. 27.11.1989 – IV A 4 – S 0820 – 43/89 – an die Bundesvereinigung der kommunalen Spitzenverbände). Für das den Gemeinden als Anlaufstelle entstehende Haftungsrisiko genießen sie nach Auskunft des Kommunalen Schadenausgleichs Hannover dessen vollen Haftpflichtdeckungsschutz.

Die Hilfeleistung der Gemeinde aufgrund des § 37 tritt neben die der zuständigen Behörde; die Einwohner können sich also auch künftig unmittelbar an die für die Entscheidung zuständige Behörde wenden.

3. § 37 Abs. 2 verpflichtet die Gemeinden, **Vordrucke für Anträge, Anzeigen und Meldungen,** die ihnen von anderen Behörden zur Verfügung gestellt werden, bereitzuhalten. Damit die Gemeinden ihre Funktion als Anlaufstelle voll erfüllen können, sollten ihnen in möglichst großem Umfang häufiger benötigte Vordrucke unaufgefordert, andere Vordrucke auf Anforderung überlassen werden. Der RdErl. des MI, d. StK u. d. übr. Min. v. 7.12.1988 (MBl. 1989 S. 5) enthält eine Liste derjenigen Vordrucke, die den Gemeinden regelmäßig kostenfrei überlassen werden.

4. Die Verpflichtung der Gemeinden zur **Entgegennahme und unverzüglichen Weiterleitung von Anträgen** (§ 37 Abs. 3) erstreckt sich nur auf diejenigen, die beim Landkreis oder bei einer Landesbehörde einzureichen sind. Nur bei ihnen gilt die Einreichung bei der Gemeinde als Antragstellung bei der zuständigen Behörde mit den sich daraus ergebenden Folgen, z. B. für die Wahrung einer Frist. Für Anträge, die bei anderen Behörden einzureichen sind, gilt dies dagegen nicht (OVG Lüneburg, Urt. v. 30.4.1992 a. a. O.). Hier haben die Gemeinden jedoch im Rahmen des § 37 Abs. 1 Hilfe zu leisten.

Anträge im Sinne des § 37 Abs. 3 sind alle Rechtshandlungen, die auf Einleitung, Fortführung oder Beeinflussung eines Verwaltungsverfahrens gerichtet sind. Danach kann ein Antrag auch vorliegen, wenn in der entsprechenden Vorschrift nicht dieses Wort, sondern die Bezeichnung Anmeldung oder Gesuch verwendet wird. Dagegen sind Rechtsbehelfe, insbesondere Widersprüche gem. § 68 VwGO, und Straf- und Ordnungswidrigkeitenanzeigen keine Anträge im hier gemeinten Sinne.

Die Wirkungen des § 37 Abs. 3 Satz 2 können nicht eintreten, wenn bundesrechtliche Bestimmungen die Wirksamkeit eines Antrages von seinem Eingang bei der zuständigen Behörde abhängig machen.

Die Verfahren, innerhalb deren die Gemeinden zur Entgegennahme und Weiterleitung von Anträgen verpflichtet sind, beziehen sich fast ausschließlich auf Angelegenheiten des übertragenen Wirkungskreises, so dass insoweit auch die Tätigkeit der Gemeinden diesem Wirkungskreis zuzuordnen ist.

5. Andere spezialgesetzliche Vorschriften, z. B. § 16 des Allgemeinen Teils des Sozialgesetzbuchs (SGB I) und § 71 der Niedersächsischen Bauordnung bleiben unberührt,.

§ 38   Ehrenamtliche Tätigkeit

(1) Ehrenamtliche Tätigkeit ist eine wesentliche Grundlage der kommunalen Selbstverwaltung.

(2) ¹Die Bürgerinnen und Bürger sind verpflichtet, Ehrenämter und sonstige ehrenamtliche Tätigkeiten für die Kommune zu übernehmen und auszuüben. ²Das Ehrenamt der Ortsvorsteherin oder des Ortsvorstehers und der Gleichstellungsbeauftragten kann von der Kommune nur mit Einverständnis der jeweiligen Person übertragen werden. ³Anderen Personen als Bürgerinnen und Bürgern kann die Kommune Ehrenämter und sonstige ehrenamtliche Tätigkeiten ebenfalls nur mit deren Einverständnis übertragen.

(3) Die Kommune kann die Übertragung einer ehrenamtlichen Tätigkeit jederzeit aufheben; eine Übertragung auf Zeit kann ohne Zustimmung des ehrenamtlich Tätigen nur aufgehoben werden, wenn ein wichtiger Grund vorliegt.

§§ 23 NGO, 18 NLO, 27 RegionsG

ERLÄUTERUNGEN zu § 38

1. Ehrenamtliche Tätigkeit ist die **Wahrnehmung eines Ehrenamtes,** d. h. eines bestimmten, abgegrenzten Kreises von ehrenamtlich wahrzunehmenden Verwaltungsgeschäften, die auf längere Zeit zu erledigen sind und für die bei Vorliegen der Voraussetzung des BeamtStG (§ 3 Abs. 2) die Begründung eines Ehrenbeamtenverhältnisses in Betracht kommt, sowie die **sonstige ehrenamtliche Tätigkeit,** die in der Mitwirkung bei der Durchführung einzelner Angelegenheiten der Kommune besteht. Die Kommune entscheidet im Rahmen ihres Organisationsrechts, welche Ehrenämter sie schafft und ob sie gegebenenfalls den Inhaber in das Ehrenbeamtenverhältnis beruft. Für das Ehrenamt des Ortsbürgermeisters mit Hilfsfunktionen (§§ 95 Abs. 2), des Ortsvorstehers (§ 96 Abs. 1 Satz 3), des Gemeindedirektors (§ 105 Abs. 1 Satz 4), des Kreis-, des Gemeinde- und des Ortsbrandmeisters (§§ 20 Abs. 4, 13 Abs. 2 NBrandSchG) ist die Berufung in das Beamtenverhältnis gesetzlich vorgeschrieben; das schließt nicht aus, dass auch andere in diesen Bereichen ehrenamtlich Tätige (z. B. der Vertreter des Bürgermeisters oder des Gemeindedirektors in Mitgliedsgemeinden von Samtgemeinden, Ortsbeauftragte mit Hilfsfunktionen für die Gemeinde) in das Ehrenbeamtenverhältnis berufen werden. Die Zuständigkeit für die Berufung ehrenamtlich Tätiger in das Ehrenbeamtenverhältnis richtet sich nach § 107 Abs. 4, im Übrigen nach den Zuständigkeitsregelungen für die Organe (§§ 58, 76, 85), sofern gesetzlich nichts anderes bestimmt ist (z. B. § 10 Abs. 1 NKWG). Danach ist vorbehaltlich der erfolgten Übertragung auf den Hauptausschuss oder den HVB die Vertretung für die Ernennung von Ehrenbeamten, der Hauptausschuss oder der HVB für die Berufung der übrigen ehrenamtlich Tätigen zuständig.

Keine ehrenamtliche Tätigkeit für die Gemeinde, sondern als Organ der Rechtspflege für das Land nimmt die Schiedsperson wahr, die gem. § 4 des Gesetzes über gemeindliche Schiedsämter vom Rat oder im Falle des § 93 Abs. 1 Satz 2

Nr. 7 vom Orts-/Stadtbezirksrat gewählt wird. Nicht ehrenamtlich ist regelmäßig der Standesbeamte tätig, der nach § 1 Abs. 2 der Nieders.VO zur Ausführung des Personenstandsgesetzes vom 13.4.1988 (GVBl. S. 53) in der Regel ein Beamter des gehobenen Dienstes sein muss.

2. Nur **Bürger** (§ 28 Abs. 2) sind zur Übernahme und Ausübung einer ehrenamtlichen Tätigkeit mit Ausnahme der in Abs. 2 Satz 2, genannten Ämter und vorbehaltlich der Ablehnungsmöglichkeit (§ 39 Abs. 1) **verpflichtet.** Die Durchsetzung dieser Pflicht erfolgt mittels Verwaltungsakts und setzt die Anhörung (§ 28 VwVfG) voraus; der Verstoß dagegen macht die Bestellung zu ehrenamtlicher Tätigkeit rechtswidrig (VG Gießen, Beschl. v. 2.4.1987 – V/VH 175/85). Die **Berechtigung zur Wahrnehmung** einer ehrenamtlichen Tätigkeit setzt die Bürgereigenschaft nicht voraus, so dass auch Personen vor Vollendung des 16. Lebensjahres, Nicht-EU-Ausländer und Personen, die ihren Wohnsitz nicht in der Kommune haben, eine ehrenamtliche Tätigkeit übernehmen können.

3. Für die **Ehrenbeamten** gelten im Übrigen die Vorschriften des BeamtStG und des NBG (§ 6 NBG). Ist die Bestellung zu sonstiger ehrenamtlicher Tätigkeit nicht für eine bestimmte Zeit erfolgt, kann sie jederzeit zurückgenommen werden (Abs. 2 Satz 1), wobei das OVG Lüneburg (Beschl. v. 11.12.1985 – 2 OVG A 34/85) dem Begriff jederzeit nur eine zeitliche Bedeutung beimisst und die sachlichen Grenzen des Entzugs unter Hinweis auf § 86 VwVfG dem jeweiligen Zusammenhang entnimmt; der Ehrenbeamte kann in diesem Falle nur nach § 31 NBG unter den dafür von der Rechtsprechung entwickelten Voraussetzungen entlassen werden (VG Braunschweig, Urt. vom 6.4.1961 – I A 150/60). Ist die Bestellung zu ehrenamtlicher Tätigkeit für eine bestimmte Zeit erfolgt, kann sie ohne Zustimmung des ehrenamtlich Tätigen vorzeitig nur aus wichtigem Grund zurückgenommen werden (Abs. 3); die vorzeitige Beendigung eines Ehrenbeamtenverhältnisses auf Zeit richtet sich nach den Bestimmungen des NBG (§§ 6, 30 ff.). Für sonstige **ehrenamtlich Tätige** kommt die entsprechende Anwendung der bürgerlich-rechtlichen Vorschriften über den Auftrag in Betracht (so zur Haftung: OVG Lüneburg, Urt. v. 24.8.1993 – 2 L 129/89).

4. Zur Frage der Arbeitsbefreiung für die Ausübung ehrenamtlicher Tätigkeit durch Angehörige des öffentlichen Dienstes vgl. § 1 der Sonderurlaubsverordnung des Bundes und § 4 Abs. 3 der Nds. Sonderurlaubsverordnung. Im Übrigen besteht, da § 29 TVöD nur noch Lohnfortzahlungsansprüche im Falle gesetzlich vorgeschriebener Freistellung bei der Erfüllung allgemeiner staatsbürgerlicher Pflichten regelt, für den davon betroffenen Personenkreis wie auch sonst ganz allgemein kein dem § 54 Abs. 2 vergleichbarer Anspruch auf Freistellung von beruflicher Tätigkeit für die Wahrnehmung ehrenamtlicher Tätigkeit für die Kommune.

§ 39   Verhinderung

(1) Die Übernahme einer ehrenamtlichen Tätigkeit kann abgelehnt und die Aufhebung der Übertragung verlangt werden, wenn der Bürgerin oder dem Bürger die Tätigkeit wegen des Alters, des Gesundheitszustandes, der Berufs- oder

Familienverhältnisse oder wegen eines sonstigen persönlichen Umstandes nicht zugemutet werden kann.

(2) [1]Wer ohne einen Grund nach Absatz 1 die Übernahme einer ehrenamtlichen Tätigkeit ablehnt oder ihre Ausübung verweigert, handelt ordnungswidrig. [2]Die Ordnungswidrigkeit kann mit einer Geldbuße geahndet werden. [3]Zuständige Behörde nach § 36 Abs. 1 Nr. 1 OWiG ist die Kommune. [4]Der Hauptausschuss, bei Abgeordneten die Vertretung, entscheidet, ob eine Ordnungswidrigkeit verfolgt und geahndet wird. [5]Im Übrigen trifft die Hauptverwaltungsbeamtin oder der Hauptverwaltungsbeamte die erforderlichen Maßnahmen.

§§ 24 NGO, 19 NLO, 28 RegionsG

ERLÄUTERUNGEN zu § 39

1. Ein **wichtiger Grund** für die Ablehnung einer ehrenamtlichen Tätigkeit oder das Ausscheiden aus ihr wird dann anzunehmen sein, wenn das öffentliche Interesse an der Übernahme oder Fortsetzung der ehrenamtlichen Tätigkeit hinter das Interesse des Bürgers, die Tätigkeit abzulehnen oder aufzugeben, zurückzutreten hat, was insbesondere dann der Fall sein wird, wenn bei Würdigung der Gesamtumstände des Falles die Tätigkeit dem Betroffenen nicht zumutbar ist (vgl. VGH Baden-Württemberg, Urt. v. 19.9.1983 – 1 S 2590/82). Danach kommen als wichtige Gründe in Betracht, wenn der Bürger

– mindestens 60 Jahre alt ist,
– anhaltend krank ist,
– ein geistliches Amt verwaltet,
– ein öffentliches Amt wahrnimmt, dessen Pflichten mit der ehrenamtlichen Tätigkeit nicht vereinbar sind,
– aus beruflichen Gründen häufig oder langandauernd von der Kommune abwesend ist,
– Ratsmitglied, Bundestags-, Landtags- oder Kreistagsabgeordneter ist,
– durch die Ausübung der ehrenamtlichen Tätigkeit in der Fürsorge für die Familie besonders belastet wird, z. B. bei Vorhandensein mehrerer minderjähriger Kinder,
– bereits mehrere Vormundschaften oder Pflegschaften führt.

2. Die Heranziehung zu ehrenamtlicher Tätigkeit ist ein **Verwaltungsakt;** ein Widerspruchsverfahren findet nicht statt (§ 8a Nds. AG VwGO). Die Anfechtungsklage ist gegen die Kommune zu richten. Wird das Verlangen nach dem Ausscheiden verweigert, kommt dagegen die Verpflichtungsklage gegen die Kommune in Betracht (vgl. VGH Baden-Württemberg, Urt. v. 19.9.1983 a. a. O.).

Das **Bußgeldverfahren** (Abs. 2), für das nach Einlegung des Einspruchs das Amtsgericht zuständig ist (§ 68 OWiG), kann im Streitfall erst eingeleitet werden, wenn über die Verpflichtung zur ehrenamtlichen Tätigkeit rechtskräftig entschieden ist.

§ 40 Amtsverschwiegenheit

(1) [1]Ehrenamtlich Tätige haben über Angelegenheiten, deren Geheimhaltung durch Gesetz oder dienstliche Anordnung vorgeschrieben oder der Natur der Sache nach erforderlich ist, Verschwiegenheit zu wahren; dies gilt auch nach Beendigung ihrer Tätigkeit. [2]Von dieser Verpflichtung werden ehrenamtlich Tätige auch nicht durch persönliche Bindungen befreit. [3]Sie dürfen die Kenntnis von Angelegenheiten, über die sie verschwiegen zu sein haben, nicht unbefugt verwerten. [4]Sie dürfen ohne Genehmigung über solche Angelegenheiten weder vor Gericht noch außergerichtlich aussagen oder Erklärungen abgeben. [5]Die Genehmigung wird für ihre Mitglieder von der Vertretung erteilt. [6]Bei den übrigen ehrenamtlich Tätigen erteilt der Hauptausschuss die Genehmigung; er kann diese Zuständigkeit auf die Hauptverwaltungsbeamtin oder den Hauptverwaltungsbeamten übertragen.

(2) Wer die Pflichten nach Absatz 1 vorsätzlich oder grob fahrlässig verletzt, handelt ordnungswidrig, wenn die Tat nicht nach § 203 Abs. 2 oder nach § 353b des Strafgesetzbuchs (StGB) bestraft werden kann; § 39 Abs. 2 Sätze 2 bis 4 gilt entsprechend.

§§ 25 NGO, 20 NLO, 29 RegionsG

ERLÄUTERUNGEN zu § 40

1. Zur **Verschwiegenheit** sind die ehrenamtlich Tätigen (für Ehrenbeamte gilt die Schweigepflicht gem. §§ 6, 46 NBG, § 37 BeamtStG), Abgeordnete, Ausschussmitglieder gem. § 71 Abs. 7, Mitglieder des Stadtbezirksrats und des Ortsrats verpflichtet. Sie geht, außer bei Straftaten, die nach Art und Umfang die Belange der Öffentlichkeit und der Volksgesamtheit in besonderem Maße berühren, der Pflicht der Polizei nach § 163 StPO vor. Die Regelung ist eine zulässige Einschränkung des Grundrechts der Meinungsfreiheit (BVerwG, Beschl. v. 12.6.1989, NVwZ 1989 S. 975).

2. Die Verschwiegenheitspflicht nach § 40 geht ebenso weit wie diejenige der Beamten (§ 37 BeamtStG), erstreckt sich also auf **alle Angelegenheiten,** die dem ehrenamtlich Tätigen gelegentlich seiner Tätigkeit bekannt geworden sind (OVG Münster, Urt. vom 22.9.1965, DÖV 1966 S. 504). Die Verschwiegenheitspflicht endet, wenn die Kenntnis der Angelegenheit, z. B. durch die Presse, jedermann zugänglich geworden ist (OVG Münster, Urt. v. 22.9.1965 a. a. O.). Sie erstreckt sich nicht nur auf das „Nicht-darüber-Reden", sondern auch auf das unbefugte Verwerten der Kenntnis geheimhaltungsbedürftiger Angelegenheiten, verbietet also, dass der ehrenamtlich Tätige insoweit Insider-Wissen ausnutzt (vgl. auch § 204 StGB). **Vertrauliche Unterlagen** sind so aufzubewahren, dass unbefugte Dritte von ihrem Inhalt keine Kenntnis erlangen können; zur Verpflichtung der Ehrenbeamten zur Rückgabe s. §§ 37 Abs. 6 BeamtStG, 46 NBG.

3. Gesetzlich vorgeschrieben ist die Schweigepflicht z. B. in Abgaben- und Steuersachen (§ 11 NKAG, § 30 AO) und in Sparkassenangelegenheiten (§ 14 NSpG). Für Mandatsträger kommt eine dienstliche Anordnung zur Verschwiegenheit nicht in Betracht, weil sie in keinem Dienstverhältnis zur Kommune stehen.

Ihrer Natur nach bedürfen alle Gegenstände der Geheimhaltung, die in nichtöffentlicher Sitzung behandelt werden müssen. Denn nach Sinn und Zweck des § 64 kommt der Ausschluss der Öffentlichkeit nur in Betracht, wenn das öffentliche Wohl oder berechtigte Interesse einzelner ihn erfordern (so auch OVG Münster, Urt. vom 20.5.1959, DÖV 1959 S. 835 und VG Koblenz, Urt. v. 29.6.1994 – 2 K 3044/93 Ko – für den Fall eines noch nicht spruchreifen und deshalb in nichtöffentlicher Sitzung behandelten, für die Kommune wirtschaftlich günstigen Vertragsabschluss; OLG Köln, Beschl. v. 29.4.1999, NVwZ 2000 S. 351, s. auch VwRR N 2000 S. 51, für die in nichtöffentlicher Sitzung erörterten näheren Umstände einer Beförderung).

Die Verschwiegenheitspflicht besteht auch dann, wenn die Öffentlichkeit entgegen dem Gesetz ausgeschlossen worden ist (OVG Rheinland-Pfalz, Urt. vom 24.11.1976, Die Fundstelle 1978 Rdnr. 485; VG Oldenburg, Urt. v. 29.9.2005, R&R 1/2006 S. 1), bezieht sich dann jedoch im Hinblick auf den Vertrauensschutz der Abgeordneten nur auf den Gang des Verfahrens und das Abstimmungsverhalten.

Da die **Sitzungen des Hauptausschusses** stets nichtöffentlich sind (§ 78 Abs. 2), kann nicht davon ausgegangen werden, dass alle von ihm behandelten Angelegenheiten ihrer Natur nach geheimzuhalten sind. Hier ist zu unterscheiden, ob durch die Nichtöffentlichkeit nur die Vertraulichkeit des Beratungsganges gesichert oder darüber hinaus auch die Öffentlichkeit von der Kenntnis bestimmter Tatsachen ausgeschlossen werden soll. In jedem Fall ist also über den **Beratungsgang**, d. h. über den Inhalt der von den einzelnen Mitgliedern geäußerten Meinungen und ihr Abstimmungsverhalten, Verschwiegenheit zu wahren. Das **Beratungsergebnis** unterliegt nur dann der Verschwiegenheitspflicht, wenn das öffentliche Wohl oder berechtigte Interessen einzelner das erfordern, d. h. wenn der Beratungsgegenstand unter Anlegung der Maßstäbe des § 64 in nichtöffentlicher Sitzung zu behandeln ist (vgl. Erl. 5 zu § 64).

Die Vereinbarung vertraulicher Behandlung einer Angelegenheit macht diese nicht zu einer geheimhaltungsbedürftigen, entscheidend ist vielmehr, ob nach den Maßstäben des § 40 ein Geheimhaltungsgrund vorliegt (BVerwG, Beschl. v. 8.2.2011, DVBl. 2011 S. 501 zur Geheimhaltun bei § 99 VwGO; LG Verden, Urt. v. 18.11.2009, R&R 6/2009 S. 2 zur Verschwiegenheitspflicht von Aufsichtsratsmitgliedern).

4. Die Verschwiegenheitspflicht besteht gegenüber **jedermann.** Deshalb dürfen vertraulich zu behandelnde Angelegenheiten auch in **Fraktionssitzungen** in Anwesenheit Dritter, die nicht Fraktionsmitglieder sind und der Verschwiegenheitspflicht des § 40 nicht unterliegen, nicht erörtert werden; als Fraktionsmitglieder gelten nach der gesetzlichen Definition (§ 57 Abs. 1) nur Abgeordnete, nicht dagegen die sonstigen kooptierten Parteimitglieder (s. Erl. 2 zu § 57); zur Verschwiegenheitspflicht sog. Fraktionsassistenten s. Erl. 4 zu § 57). Die Schweigepflicht besteht auch gegenüber den **Gerichten.** Die Aussagegenehmigung erteilt für Abgeordnete die Vertretung, für andere ehrenamtlich Tätige der Hauptausschuss, der diese Zuständigkeit auf den HVB übertragen kann (Abs. 1 Sätze 5, 6).

Von der Pflicht zur Amtsverschwiegenheit entbindet nicht die Überzeugung, ein gefasster oder beabsichtigter Beschluss sei rechtswidrig oder der Gegenstand bedürfe nicht der Geheimhaltung (VGH München, Urt. v. 23.3.1989, NVwZ 1989 S. 182, bestätigt vom BVerwG, Beschl. v. 12.6.1989, NVwZ 1989 S. 975).

Im **Spannungsverhältnis** zwischen der Verschwiegenheitspflicht und dem Recht der politischen Gremien, Fraktionen, Gruppen und Abgeordneten zur öffentlichen Erörterung von Kommunalangelegenheiten hat im Regelfall die Verschwiegenheitspflicht Vorrang; aus höherrangigen Gründen des öffentlichen Wohls kann ausnahmsweise etwas anderes gelten, z. B. wenn Missständen mit internen Maßnahmen und unter Einschaltung der Aufsichtsbehörde nicht abgeholfen wird (BVerwG, Beschl. v. 12.6.1989 a.a.O; VG Oldenburg, Urt. v. 29.9.2005, a. a. O.).

5. Für die **Ahndung** der Verletzung des Geheimhaltungsgebots ist von folgendem auszugehen: Ehrenbeamte und sonstige ehrenamtlich Tätige sind Amtsträger im Sinne des § 11 Abs. 1 Nr. 2 StGB, kommen also als Straftäter im Sinne der §§ 203 Abs. 2, 353b StGB in Betracht. Mandatsträger, deren Verwaltungsaufgaben nicht über die Wahrnehmung des Mandats in der Vertretung und den dazugehörigen Ausschüssen hinausgehen, sieht der BGH (Urt. v. 9.5.2006, NJW S. 2050) dagegen nicht als Amtsträger an (s. Erl. 2 zu § 54). Allerdings wird der Tatbestand des § 203 Abs. 2 StGB nur dann erfüllt, wenn ein fremdes Geheimnis preisgegeben wird, wozu ein Geheimnis der Kommune oder ihrer Organe nicht gerechnet wird. Den Schutz der Kommune bezüglich der Verschwiegenheit ihrer Funktionäre im Innenverhältnis gewährleistet § 353b StGB, der allerdings zur Voraussetzung hat, dass durch die Offenbarung des Geheimnisses wichtige öffentliche Interessen gefährdet werden; diese Voraussetzung wird nicht schon dadurch erfüllt, dass das Vertrauen der Einwohner der Kommune in die Verschwiegenheit der Selbstverwaltungsorgane erschüttert wird. Der „einfache" Bruch der Vertraulichkeit nichtöffentlicher Sitzungen ohne Preisgabe fremder Geheimnisse wird damit strafrechtlich nicht erfasst. Er kann deshalb nur als Ordnungswidrigkeit geahndet werden. Über die Einleitung des entsprechenden Verfahrens und die Ahndung entscheidet der Hauptausschuss, bei einem Abgeordneten die Vertretung. Die notwendigen Ermittlungen führt der HVB. Bei der Festsetzung der Höhe der Geldbuße (§ 17 OWiG), die eine Ermessensentscheidung darstellt, können die Höhe des Schadens, der durch den Verstoß hätte eintreten können, bei einem Vertrag die Beeinträchtigung des Vertrauensverhältnisses mit dem Vertragspartner und Abschreckungsgesichtspunkte berücksichtigt werden (VG Koblenz, Urt. v. 29.6.1994, a. a. O.).

Verletzt ein Ehrenbeamter seine Verschwiegenheitspflicht, ohne dadurch einen der Straftatbestände zu erfüllen, kann er nur disziplinarisch (§ 73 NDiszG), nicht dagegen gem. Abs. 2 belangt werden (OVG Lüneburg, Urt. v. 11.11.1969 – V OVG A 33/68).

Stellt die Vertretung durch – missbilligenden – Beschluss einen Verstoß gegen die Amtsverschwiegenheit fest, ohne ein Verfahren nach dem OWiG einzuleiten (zur Zulässigkeit eines solchen Beschlusses Nds. OVG, Urt. v. 30.11.1993,

R&R 6/2004 S. 1; a. A. VG Oldenburg, Urt. v. 29.9.2005, a. a. O., und Urt. v. 12.1.2010, R&R 1/2010 S. 13), kann ein Mandatsträger dagegen im Wege einer kommunalverfassungsrechtlichen Streitigkeit klagen.

§ 41 Mitwirkungsverbot

(1) [1]Ehrenamtlich Tätige dürfen in Angelegenheiten der Kommunen nicht beratend oder entscheidend mitwirken, wenn die Entscheidung einen unmittelbaren Vorteil oder Nachteil für folgende Personen bringen kann:
1. sie selbst,
2. ihre Ehegattin, ihren Ehegatten, ihre Lebenspartnerin oder ihren Lebenspartner im Sinne des Lebenspartnerschaftsgesetzes,
3. ihre Verwandten bis zum dritten oder ihre Verschwägerten bis zum zweiten Grad während des Bestehens der Ehe oder der Lebenspartnerschaft im Sinne des Lebenspartnerschaftsgesetzes oder
4. eine von ihnen kraft Gesetzes oder Vollmacht vertretenen Person.

[2]Als unmittelbar gilt nur derjenige Vorteil oder Nachteil, der sich aus der Entscheidung selbst ergibt, ohne dass, abgesehen von der Ausführung von Beschlüssen nach § 85 Abs. 1 Nr. 2, weitere Ereignisse eintreten oder Maßnahmen getroffen werden müssen. [3]Satz 1 gilt nicht, wenn die ehrenamtlich Tätigen an der Entscheidung der Angelegenheit lediglich als Angehörige einer Berufs- oder einer Bevölkerungsgruppe beteiligt sind, deren gemeinsame Interessen durch die Angelegenheit berührt werden.

(2) Das Verbot des Absatzes 1 Sätze 1 und 2 gilt auch für ehrenamtlich Tätige, die gegen Entgelt bei einer natürlichen oder juristischen Person des öffentlichen oder privaten Rechts oder einer Vereinigung beschäftigt sind, wenn die Entscheidung diesen Dritten einen unmittelbaren Vorteil oder Nachteil bringen kann.

(3) Das Verbot des Absatzes 1 Sätze 1 und 2 gilt nicht für
1. die Beratung und Entscheidung über Rechtsnormen,
2. Beschlüsse, welche die Besetzung unbesoldeter Stellen oder die Abberufung aus ihnen betreffen,
3. Wahlen,
4. ehrenamtlich Tätige, die dem Vertretungsorgan einer juristischen Person als Vertreterin oder Vertreter der Kommune angehören.

(4) [1]Wer annehmen muss, nach den Vorschriften der Absätze 1 und 2 an der Beratung und Entscheidung gehindert zu sein, hat dies vorher mitzuteilen. [2]Ob ein Mitwirkungsverbot besteht, entscheidet die Stelle, in der oder für welche die ehrenamtliche Tätigkeit ausgeübt wird. [3]Wird über eine Rechtsnorm beraten oder entschieden (Absatz 3 Nr. 1), hat die ehrenamtlich tätige Person vorher mitzuteilen, wenn sie oder eine der in Absatz 1 Satz 1 oder Absatz 2 genannten Personen ein besonderes persönliches oder wirtschaftliches Interesse am Erlass oder Nichterlass der Rechtsnorm hat.

(5) [1]Wer nach den Vorschriften der Absätze 1 und 2 gehindert ist, an der Beratung und Entscheidung einer Angelegenheit mitzuwirken, hat den Beratungsraum zu verlassen. [2]Bei einer öffentlichen Sitzung ist diese Person berechtigt, sich in dem für Zuhörerinnen und Zuhörer bestimmten Teil des Beratungsraumes aufzuhalten.

(6) ¹Ein Beschluss, der unter Verletzung der Vorschriften der Absätze 1 und 2 gefasst worden ist, ist unwirksam, wenn die Mitwirkung für das Abstimmungsergebnis entscheidend war. ²§ 10 Abs. 2 Satz 1 gilt jedoch entsprechend. ³Wenn eine öffentliche Bekanntmachung des Beschlusses nicht erforderlich ist, beginnt die Frist nach § 10 Abs. 2 Satz 1 mit dem Tag der Beschlussfassung.

§§ 26 NGO, 21 NLO, 30 RegionsG

ERLÄUTERUNGEN zu § 41

1. Die Vorschrift dient dem Zweck, die Sauberkeit der Kommunalverwaltung sicherzustellen, Korruption zu verhindern und schon ihren bösen Anschein sowie die Gefahren für das Vertrauen des Bürgers in die Objektivität der Verwaltung zu bekämpfen (vgl. etwa OVG Lüneburg, Beschl. v. 19.2.1981, NVwZ 1982 S. 44, OVG Münster, Urt. v. 20.9.1983, NVwZ 1984 S. 667). Sie steht damit in einem Spannungsverhältnis zu dem Recht und der Pflicht des zu ehrenamtlicher Tätigkeit berufenen Mandatsträgers, die ihm obliegenden Aufgaben in vollem Umfang und unbeeinträchtigt von Behinderungen wahrzunehmen. Da noch so vielfältige Ausschließungstatbestände im Hinblick auf die die kommunale Selbstverwaltung prägende Ortsnähe nicht wirklich gewährleisten können, bestimmte Einflussnahmen und Motivationen bei der Beratung und Entscheidung auszuschließen, und überdies zweifelhaft ist, welche der unterschiedlichen Interessen als schädlich oder unschädlich anzusehen sind, hat sich der Gesetzgeber zu einer **drastischen Reduzierung der Ausschließungsgründe** entschlossen (Enquete-Kommission zur Überprüfung des Niedersächsischen Kommunalverfassungsrechts, Bericht v. 6.5.1994, Drs. 12/6260, S. 103 ff, s. R&R 3/2007 S. 15).

2. Die Vorschrift gilt für ehrenamtlich Tätige, für Mitglieder der Vertretung (§ 55 Abs. 3), für andere Personen in Ausschüssen der Vertretung (§ 71 Abs. 7) und in Ausschüssen nach besonderen Rechtsvorschriften (§ 73), für Mitglieder des Ortsrats/Stadtbezirksrats (§ 91 Abs. 4) sowie für Kommunalbedienstete gem. § 87 Abs. 4 und verdrängt die für Verwaltungsverfahren bestehenden allgemeinen Regelungen der §§ 20, 21 VwVfG. Die Vorschrift gilt also bei der Teilnahme an Sitzungen auch für den – hauptamtlichen – **Bürgermeister**, § 87 Abs. 4 geht insoweit dem § 53 NBG vor. Im Übrigen gelten die §§ 20, 21 VwVfG für alle Beschäftigten, im Verwaltungsverfahren, für Beamte auch außerhalb (§ 53 NBG).

Dem selbst Betroffenen sind gleichgestellt
– sein Ehegatte oder Lebenspartner nach dem Lebenspartnerschaftsgesetz,
– seine Verwandten bis zum 3. Grade (§ 1589 BGB: Eltern, Großeltern, Urgroßeltern, Kinder – auch im Falle der Adoption, § 1754 BGB –, Enkel, Urenkel, Geschwister, Nichten, Neffen, Onkel, Tanten),
– seine Verschwägerten bis zum 2. Grade (§ 1590 BGB: Eltern, Großeltern, Kinder, Enkel, Geschwister des anderen Ehegatten), jedoch (entgegen § 1590

Abs. 2 BGB) nur solange, wie die die Schwägerschaft vermittelnde Ehe besteht,
- die von ihm kraft Gesetzes oder Vollmacht vertretene natürliche oder juristische Person (vgl. z. B. § 1793 BGB, § 26 BGB, § 78 AktG, § 10 Abs. 1 NSpG) mit Ausnahme des in Abs. 3 Nr. 4 bezeichneten Sonderfalles. **Vorstandsmitglieder** sind nur vom Mitwirkungsverbot betroffen, wenn sie zur Vertretung der juristischen Person befugt sind, und zwar unabhängig davon, ob sie Allein- oder mit anderen Gesamtvertreter sind. Auch Abgeordnete als Vertreter der Unterzeichner eines Bürgerantrags und -begehrens (§§ 31 Abs. 2, 32 Abs. 3) sind von der Mitwirkung an dessen Behandlung in der Vertretung oder Hauptausschuss ausgeschlossen (s. auch unten Erl. 4). Gesetzlicher Vertreter der Mitgliedsgemeinde einer Samtgemeinde ist, wenn kein Gemeindedirektor berufen ist, der Bürgermeister, der deshalb im Samtgemeinderat dem Mitwirkungsverbot in Angelegenheiten unterliegt, die der Mitgliedsgemeinde einen unmittelbaren Vor- oder Nachteil bringen können; dasselbe gilt für den Samtgemeindebürgermeister, der als Gemeindedirektor gesetzlicher Vertreter der Mitgliedsgemeinde ist. Der Samtgemeindebürgermeister, der gleichzeitig Gemeindedirektor ist, unterliegt als gesetzlicher Vertreter der Samtgemeinde bei der Mitgliedsgemeinde in Angelegenheiten dem Mitwirkungsverbot, die der Samtgemeinde einen unmittelbaren Vor- oder Nachteil bringen können.

3. Das Mitwirkungsverbot für Mandatsträger besteht bezüglich **aller Beratungen und Entscheidungen** in der betreffenden Angelegenheit, also nicht nur bezüglich derjenigen in der Vertretung, im Hauptausschuss und in den Ausschüssen der Vertretung, sondern auch außerhalb dieser Gremien (OVG Lüneburg, Urt. v. 16.7.1980, NStV-N 1981 S. 27, Urt. v. 27.8.1981, NVwZ 1982 S. 200, Urt. v. 28.10.1982, BRS 39 Nr. 20). Nach Abs. 6 bleibt die unzulässige Mitberatung ohne Beteiligung an der Entscheidung ohne Folgen (vgl. Erl. 11). Entscheidendes Kriterium für die Wirksamkeit von Beschlüssen ist allein, ob die unzulässige Mitwirkung an der Abstimmung für deren Ergebnis ausschlaggebend gewesen ist. Die **Vorbereitung des Beschlusses** der Vertretung durch die Fachausschüsse und den Hauptausschuss erfordert keine Beschlüsse; werden sie gleichwohl gefasst, bleiben sie dennoch Teil der Beratung, deren Fehlerhaftigkeit sich auf den entscheidenden Beschluss nicht auswirkt (Abs. 6; a. A. offenbar OVG Lüneburg, Urt. v. 28.10.1982 a. a. O., das, allerdings nach der Rechtslage vor Neufassung des Abs. 6, jedenfalls dann, wenn der Verwaltungsausschuss einen empfehlenden Beschluss fasst, bei dessen Unwirksamkeit annimmt, dem nachfolgenden Ratsbeschluss fehle die durch § 78 Abs. 1 vorgeschriebene Grundlage; vgl. auch OVG Lüneburg, Urt. v. 11.5.1985, dng 1986 S. 62).
Als **Angelegenheit** i. S. v. Abs. 1 kommen alle zur Beratung und Entscheidung gestellten Gegenstände in Betracht, also auch sog. innerorganisatorische Maßnahmen (z. B. § 53 Abs. 2), soweit das Mitwirkungsverbot nicht ausdrücklich aufgehoben worden ist (vgl. Abs. 3 Nrn. 2 und 3), und Maßnahmen zur Aufrechterhaltung der Sitzungsordnung (§ 63 Abs. 2, 3).

4. Nach Absatz 3 gilt das Mitwirkungsverbot nicht für die Beratung und Entscheidungen über **Rechtsnormen**, d. h. Satzungen und Verordnungen, für Beschlüsse zur **Besetzung unbesoldeter Stellen** und zur **Abberufung** aus ihnen sowie für **Wahlen**. Damit gilt das Mitwirkungsverbot nicht für **Bebauungspläne**, die als Satzungen ergehen (§ 10 BauGB), und die sonstigen Satzungen nach dem BauGB. Bei Besetzungen, Abberufungen und Wahlen gilt das Mitwirkungsverbot sowohl für die Beratung als auch für die Entscheidung nicht. Bei der Besetzung unbesoldeter Stellen ist unerheblich, in welchem Verfahren sie geschieht, ob durch Beschluss (§ 66), durch Wahl (§ 67) oder in dem besonderen Verfahren nach § 71 Abs. 6; dasselbe gilt für die Abberufung, die regelmäßig durch Beschluss (§ 66) erfolgt. Bei den Wahlen (Abs. 3 Nr. 3) handelt es sich auch um die der Wahlbeamten. Bei der Entscheidung der Vertretung zur Einleitung der Abwahl des HVB (§ 82) und zur Abberufung eines Beamten auf Zeit (§ 109 Abs. 3) besteht jedoch das Mitwirkungsverbot.

Voraussetzung für das Mitwirkungsverbot ist, dass die Entscheidung einem Angehörigen des vorbezeichneten Personenkreises (oben Erl. 1) einen **unmittelbaren Vor- oder Nachteil** (nicht wie bis 1996 einen besonderen Vor- oder Nachteil, weshalb die dazu ergangene Rechtsprechung, s. z. B. VG Hannover, Beschl. v. 26.8.1988, NST-N 1989 S. 177, nicht mehr einschlägig ist) bringen kann. Abs. 1 Satz 3 definiert den unbestimmten Rechtsbegriff „unmittelbar": Als solcher gilt nur derjenige Vor- oder Nachteil, der sich aus der Entscheidung ergibt, ohne dass, von der nach § 85 Abs. 1 Satz 1 Nr. 2 dem HVB obliegenden tatsächlichen Ausführung von Beschlüssen abgesehen, weitere Ereignisse eintreten oder Maßnahmen getroffen werden müssen. Damit besteht für alle Beschlüsse, die keiner Ausführung bedürfen oder fähig sind, wie Beschlüsse, mit denen ein in der Vertretung, im Hauptausschuss oder einem Fachausschuss gestellter **Antrag abgelehnt** wird, **Stellungnahmen, Resolutionen** oder **Einvernehmenserklärungen**, kein Mitwirkungsverbot. Sofern sie gegenüber anderen Stellen und Behörden im Rahmen eines förmlichen Verfahrens abzugeben sind, wie z. B. im Rahmen eines Raumordnungsverfahrens gegenüber der Landesplanungsbehörde (§ 15 Abs. 2 NROG), eines Verfahrens zur Ausweisung von Schutzgebieten nach dem Naturschutzgesetz gegenüber der zuständigen Naturschutzbehörde (§ 14 Abs. 1 NAGBNatSchG) oder als Einvernehmenserklärung nach § 36 BauGB, lösen überdies den Vor- oder Nachteil erst die in den Entscheidungen dieser Stellen oder Behörden liegenden weiteren Maßnahmen aus. Ebenso wenig besteht ein Mitwirkungsverbot bei **Vorentscheidungen**, die, Satzungen vergleichbar, der Umsetzung durch weitere Entscheidungen bedürfen (z. B. der Beschluss über die Zusammenfassung mehrerer Erschließungsanlagen zu einem Abrechnungsgebiet vor Erlass der Abgabensatzung und der Beitragsbescheide, der Beschluss über eine Planungsmaßnahme vor Vergabeentscheidungen). Auch bei **Flächennutzungsplänen** und ihren Änderungen, die nicht als Satzung beschlossen werden, besteht kein Mitwirkungsverbot, weil sie Vor- oder Nachteile erst mit ihrer Wirksamkeit entfalten können, für die die Erteilung der Genehmigung und deren ortsübliche Bekanntmachung als weitere Maßnahmen Voraussetzungen sind (§ 6 Abs. 5 BauGB).

Soweit ein Mitwirkungsverbot besteht, genügt die konkrete, nicht nur theoretische (OVG Münster, Urt. v. 18.6.1971, OVG E 27 S. 60, VG Braunschweig, Urt. v. 10.5.1985 – 1 VG A 158/84) **Möglichkeit eines unmittelbaren Vor- oder Nachteils**. Dieser muss nicht erheblich und kann auch ein ideeller sein. Ein zumindest ideelles Sonderinteresse besteht beim HVB bezüglich der ihm zu erteilenden Entlastung gem. §§ 129 Abs. 1, 58 Abs. 1 Nr. 10, jedenfalls soweit es um seine Amtszeit geht, weil mit dieser zumindest seine bisherige Amtsführung gebilligt und ihm das Vertrauen für die künftige Verwaltungsführung ausgesprochen wird. Er kann zwar an Verhandlungen über den Jahresabschluss und den konsolidierten Gesamtabschluss, den Schlussbericht des Rechnungsprüfungsamtes und seine Stellungnahme dazu (§ 129 Abs. 1) teilnehmen, nicht aber an Verhandlungen und dem Beschluss über die Entlastung, die von denen über die Abschlüsse, zu trennen sind.

5. Vom Zweck der Vorschrift des § 41 Abs. 1 Satz 3 her ist der Begriff **Berufs- oder Bevölkerungsgruppe** – bezogen auf die gesamte Kommune, nicht nur einen Teil von ihr (Straße, Ortschaft, eine kreisangehörige Gemeinde) – weit zu fassen, so dass ihm jeder nach objektiven Merkmalen bestimmbare Personenkreis, auch Gruppen juristischer Personen, unterfallen kann. Die Stärke der einzelnen Gruppe spielt dabei keine Rolle, jedoch verlangt das OVG Lüneburg (Urt. v. 25.1.1979, OVG E 34 S. 494), dass die Gruppe nicht nur durch ein Mitglied, sondern durch eine größere Anzahl von Mitgliedern tatsächlich vertreten ist. Es misst der Zugehörigkeit zu einer Gruppe auch keine rechtliche Bedeutung zu, wenn ein Mitglied über das Gruppeninteresse hinaus ein individuelles Sonderinteresse hat (z. B. ein Gewerbetreibender an einer Gebührensatzung, die seine Wettbewerbsfähigkeit gegenüber Konkurrenten außerhalb der Gemeinde beeinträchtigt). Als Gruppe sind anzusehen die Gewerbetreibenden bei der Entscheidung über die Höhe der Gewerbesteuer (OVG Rheinland-Pfalz, Urt. v. 1.8.1966, KStZ 1967 S. 61), die Grundsteuerpflichtigen bei der Festsetzung des Grundsteuerhebesatzes (BayVGH, Beschl. v. 11.2.1976, BayVerwBl. 1976 S. 341), die Hausbesitzer bei der Entscheidung über Anliegerbeiträge oder Grundsteuern; die Sozialversicherungsträger zählt das OVG Lüneburg (Beschl. v. 19.2.1981, NVwZ 1982 S. 44; Urt. v. 13.9.1983 – 5 OVG A 102/82) dagegen nicht dazu, weil sie nicht am allgemeinen Berufsleben teilnehmen und aufgrund ihrer Organisation und Aufgabenstellung auch nicht als Bevölkerungsgruppe anzusehen sind. Keine Gruppe bilden ferner die Grundstückseigentümer innerhalb eines Plangebietes (VGH Mannheim, Beschl. v. 31.8.1964, DVBl. 1965, S. 366) und die Teilnehmergemeinschaft nach dem Flurbereinigungsgesetz. Abs. 1 Satz 3 gilt auch im Falle des Abs. 2.

6. Nach dem Sinn der Vorschrift des Abs. 2 sind nur **Beschäftigungsverhältnisse** gemeint, innerhalb deren eine **Abhängigkeit** des Beschäftigten besteht, also Beamten-, Dienst- und Arbeitsverhältnisse, nicht dagegen ein Werkvertrag oder Vertrag mit einem Rechtsanwalt. Die frühere Formulierung „bei jemandem beschäftigt" ist durch die Aufzählung in Abs. 2 ersetzt worden. Wie bisher gehören auch die bei einer Gesellschaft des bürgerlichen Rechts oder bei einer Handelsgesellschaft („Vereinigung") gegen Entgelt Beschäftigten zu dem der Befangenheitsregelung unterfallenden Personenkreis.
Entgelt ist Vergütung, nicht dagegen Aufwandsentschädigung. Die Art der Tätigkeit, leitend oder untergeordnet, ist ohne Belang. Die Vorschrift gilt ohne Einschränkung auch für Angehörige des öffentlichen Dienstes (vgl. auch VG Sigmaringen, Urt. v. 25.5.1977, DVBl. 1978 S. 154), also auch z. B. für Bedienstete des Bundes, des Landes, des Landkreises und von Gemeinden, und zwar ohne Rücksicht darauf, ob aufgrund ihrer Beschäftigung tatsächlich ein Inter-

essenwiderstreit anzunehmen ist. Entscheidend ist, ob bei der natürlichen oder juristischen Person oder Vereinigung, bei der sie beschäftigt sind, ein unmittelbarer Vor- oder Nachteil eintreten kann. Ist das der Fall, sind alle bei ihr Beschäftigten vom Mitwirkungsverbot erfasst. Auch hier gilt das Mitwirkungsverbot nicht bei den in Abs. 3 genannten Angelegenheiten.

7. Eine sondergesetzliche Regelung des Mitwirkungsverbots enthält § 47 Abs. 3 NKWG (OVG Lüneburg, Urt. v. 3.2.1981 – 2 OVG A 97/77) und für das Vergaberecht § 16 VgV (s. OLG Celle – Vergabesenat –, Beschl. v. 9.4.2009, R&R 3/2009 S. 5).

8. Das Gesetz weist die Verpflichtung, ein **Mitwirkungsverbot** mitzuteilen, dem Betroffenen zu. Es ist nicht Amtspflicht des HVB, die Sachverhalte der Beratungsgegenstände darauf zu überprüfen, ob für ein Mitglied der Vertretung ein Mitwirkungsverbot besteht; wenn es ihm aus den Verwaltungsakten bekannt ist, sollte er den Vorsitzenden jedoch auf den Sachverhalt aufmerksam machen, damit dieser das betreffende Mitglied dazu befragen kann. Der **Entscheidung nach Abs. 4** bedarf es in der Praxis bei Zweifeln über das Bestehen eines Mitwirkungsverbots, wenn ein befangenes Mitglied sich weigert, den Beratungsraum zu verlassen und wenn ein Antrag auf Entscheidung gestellt wird. Das OVG Lüneburg (Beschl. v. 20.6.1983, NSt-N 1985 S. 75; ebenso OVG Münster, Urt. v. 16.9.1986, Städtetag 1987 S. 343) betrachtet das Übergehen eines solchen Antrages als derart schweren Verfahrensmangel, dass es die nachfolgenden Sachbeschlüsse unabhängig von dem Bestehen des Mitwirkungsverbots als unwirksam ansieht. Als innerorganisatorische Maßnahme bedarf der Beschluss der Vertretung nicht der Vorbereitung durch den Hauptausschuss. An der Entscheidung der nach Abs. 4 Satz 2 zuständigen Stelle (Vertretung, Hauptausschuss, Ortsrat/Stadtbezirksrat) darf das betroffene Mitglied nicht mitwirken (OVG Münster, Urt. v. 12.9.1962, OVGE 18 S. 104). Verneint die Stelle zu Unrecht das Mitwirkungsverbot, bleibt es gleichwohl beachtlich (OVG Lüneburg, Beschl. v. 5.7.1971, OVGE 27 S. 442). Gegen den Ausschluss von der Mitwirkung kann der Ausgeschlossene und die unterlegene Minderheit im Wege der kommunalverfassungsrechtlichen Streitigkeit klagen (VG Oldenburg, Urt. v. 10.6.1969, dng 1970 S. 69); jedoch fehlt die Klagebefugnis, wenn der Betroffene sich der Mitwirkung enthalten hat, ohne dass ein Beschluss nach Abs. 4 gefasst worden ist (VG Osnabrück, Urt. v. 21.6.1994, NST-N 1995 S. 65; VG Koblenz, Urt. v. 26.1.2006, NVwZ-RR 2006 S. 717). Ist ein Mitwirkungsverbot zu Unrecht angenommen worden, ist der Beschluss gleichwohl wirksam, solange das betroffene Mitglied die Verletzung seiner Mitgliedschaftsrechte nicht geltend macht (z. B. in einer kommunalverfassungsrechtlichen Streitigkeit) und daraufhin der Beschluss für unwirksam erklärt wird (OVG Münster, Urt. v. 12.9.1962, OVGE 18 S. 104; BayVGH, Urt. v. 31.7.1974, BayVBl 1976 S. 753; VG Koblenz, Urt. v. 26.1.2006 a. a. O.); für die Frage der Unwirksamkeit kommt es also nicht darauf an, ob gem. Abs. 6 die Stimme des unberechtigt Ausgeschlossenen das Abstimmungsergebnis entscheidend verändert hätte (BayVGH, Urt. v. 31.7.1974 a. a. O.). Verlässt ein Mitglied die Sitzung in der irrigen Meinung oder unter dem Vorwand der Befangenheit, so führt das allein nicht zur Rechtswidrigkeit eines in seiner Abwesenheit gefassten Beschlusses: rechtswidrig ist der Beschluss nur, wenn die Vertretung zu Unrecht eine Aus-

schlussentscheidung trifft (VGH Mannheim, Urt. v. 18.10.1986, NVwZ 1987 S. 1103). Bei einem Beschluss, der zu Unrecht ein Mitwirkungsverbot verneint oder bejaht, gilt § 88, jedoch kann der HVB bei unrechtmäßiger Annahme eines Mitwirkungsverbots seine Maßnahmen davon abhängig machen, ob der betreffende Abgeordnete die Verletzung seines Mitgliedschaftsrechts rügt.

9. Nach Abs. 5 hat das befangene Mitglied der Vertretung **den Beratungsraum zu verlassen;** bei einer öffentlichen Sitzung kann es sich im Zuhörerraum aufhalten; das Abrücken des Stuhles vom Beratungstisch genügt nicht (OVG Rheinland-Pfalz, Urt. v. 3.11.1981, Fundstelle 1983 Rdnr. 321; VGH Mannheim, Beschl. v. 11.10.1994 – 5 S 3142/93). Die Sitzungen des Hauptausschusses sind trotz des Teilnahmerechts anderer Abgeordneter nicht öffentlich (§ 78 Abs. 2), sodass ein befangenes Mitglied den Sitzungsraum zu verlassen hat. Das befangene Mitglied darf auch nicht in anderer Funktion, z. B. als Protokollführer, an der Beratung mitwirken. Die Vorschrift hat nur Ordnungscharakter; ein Verstoß als solcher bleibt ohne Folgen (vgl. Abs. 6 Satz 1). Zur Vermeidung des Anscheins unzulässiger Einflussnahme und von Zweifeln darüber, ob das befangene Mitglied mitgewirkt hat, ist die Vorschrift strikt zu beachten.

10. Die Pflicht zur **Offenbarung eines besonderen persönlichen oder wirtschaftlichen Interesses** am Erlass oder Nichterlass einer Rechtsnorm (Abs. 4 Satz 3) ist einer Verhaltensregel für Abgeordnete des Niedersächsischen Landtags nachgebildet (Abschnitt III der Anlage zur Geschäftsordnung des Niedersächsischen Landtages). Dabei handelt es sich um eine Ordnungsvorschrift, deren Verletzung sanktionslos bleibt. Die Form der Mitteilung ist nicht geregelt. Der Betroffene kann sie in der Sitzung bei deren Beginn oder nach Aufruf des Tagesordnungspunktes vor Aufnahme der Beratung selbst abgeben. Er kann statt dessen vorher den Vorsitzenden der Vertretung unterrichten, der die Mitteilung sodann in der Sitzung bekanntgibt. Die Offenbarung der besonderen Betroffenheit stellt ein Mittel der Kontrolle des politischen Handelns der Mandatsträger dar und muss deshalb so erfolgen, dass die Öffentlichkeit davon erfährt, d. h. in der ersten öffentlichen Sitzung der Vertretung oder des Ausschusses, in der die betreffende Rechtsnorm behandelt wird, muss aber nicht in jeder öffentlichen Sitzung wiederholt werden.

11. Ein Beschluss, der unter Verletzung der Vorschriften der Abs. 1 und 2 gefasst worden ist, ist unwirksam, wenn **die Stimmabgabe** des befangenen Abgeordneten für das Abstimmungsergebnis **ausschlaggebend** war (relative Unwirksamkeit). Er ist also wirksam, wenn der befangene Abgeordnete zwar an der Beratung, nicht aber an der Abstimmung mitgewirkt hat oder wenn er entgegen Abs. 5 den Beratungsraum nicht verlassen hat oder wenn er an der Abstimmung teilgenommen hat, das Abstimmungsergebnis sich aber ohne seine Stimmabgabe nicht entscheidend verändern würde (ebenso BayVGH, Urt. v. 16.3.1955, BayVGH E n. F. 8 S. 42, BGH Urt. v. 11.5.1967, BayVBl S. 278, OVG Münster, Beschl. v. 23.12.1991, NVwZ-RR 1992 S. 347, zur entsprechenden Regelung der bayer. und nw. GO). Ein Beschluss, der unter Verletzung der Abs. 1 und 2 gefasst worden ist, leidet zwar an einem Verfahrensmangel. Sofern er aber nicht unwirksam ist, ist dieser Mangel kein Grund für einen Bericht oder Einspruch gem. § 88 oder Maßnahmen der Kommunalaufsicht, weil dadurch der mit der

Regelung des Abs. 6 bezweckte Erfolg aufgehoben würde. Zur Geltendmachung der unzulässigen Mitwirkung durch ein anderes Mitglied der Vertretung im Wege der kommunalverfassungsrechtlichen Streitigkeit vgl. Erl. 5 zu § 66. Für Beschlüsse gilt die Heilungsvorschrift des § 10 Abs. 2 entsprechend, jedoch nur, soweit es sich um einen Verstoß gegen das Mitwirkungsverbot handelt. Auch in diesem Falle kann sich aber künftig jedermann auf den Mangel berufen, wenn er innerhalb der Jahresfrist geltend gemacht worden ist (vgl. Erl. 2 zu § 10).

§ 42 Vertretungsverbot

(1) ¹Ehrenbeamtinnen und Ehrenbeamte dürfen Dritte nicht vertreten, wenn diese ihre Ansprüche und Interessen gegenüber der Kommune geltend machen; hiervon ausgenommen sind Fälle der gesetzlichen Vertretung. ²Für andere ehrenamtlich Tätige gilt das Vertretungsverbot des Satzes 1, wenn die Vertretung im Rahmen ihrer Berufsausübung erfolgen und mit den Aufgaben ihrer ehrenamtlichen Tätigkeit im Zusammenhang stehen würde.

(2) Feststellungen über das Vorliegen der Voraussetzungen des Absatzes 1 trifft die Vertretung.

§§ 27 NGO, 22 NLO, 31 RegionsG

ERLÄUTERUNGEN zu § 42

1. Ehrenbeamten ist, soweit sie nicht als gesetzliche Vertreter handeln, jegliche Geltendmachung von Ansprüchen und Interessen Dritter gegenüber der Kommune untersagt. Das Vertretungsverbot besteht aber nur bei Geltendmachung unmittelbar gegen die Kommune gerichteter Ansprüche oder Interessen, nicht auch, wenn sie sich gegen einen Dritten richten und ihre Erfüllung lediglich Auswirkungen auf Rechte und Interessen der Kommune hat (OVG Münster, Beschl. v. 23.7.1981, NJW 1982 S. 67). Für **sonstige ehrenamtlich Tätige** (vgl. § 38), Abgeordnete (§ 54 Abs. 3), Ausschussmitglieder gem. § 71 Abs. 7, Mitglieder des Stadtbezirksrats und des Ortsrats (§ 91 Abs. 4 Satz 1) gilt das Vertretungsverbot nur, wenn es sich um eine Angelegenheit handelt, mit der sie oder das Gremium, dessen Mitglied sie sind, befasst sind oder befasst werden können; jedoch reicht die theoretische Möglichkeit der Behandlung der Angelegenheit nicht aus. Eine Vertretung in Angelegenheiten, die zu den **laufenden Geschäften der Verwaltung** gehören, ist im Hinblick auf die mögliche Vorbehaltszuständigkeit der Vertretung oder des Hauptausschusses nicht verboten; das Verbot tritt erst ein, wenn Vertretung und Hauptausschuss aufgrund eigener Zuständigkeit tätig werden (OVG Lüneburg, Urt. v. 3.2.1976, dng 1977 S. 97).

2. Das Verbot ist umfassend. Es betrifft bürgerlich- und öffentlich-rechtliche Ansprüche und Interessen im eigenen wie im übertragenen Wirkungskreis, im gerichtlichen und im behördlichen Verfahren (OVG Lüneburg, Urt. v.

13.12.1954, DVBl. 1955 S. 164). Jedoch ist gesetzlich klargestellt, dass sich das Verbot nur auf die **berufliche Geltendmachung** bezieht, nicht dagegen auf Tätigkeiten, die der ehrenamtlich Tätige im Rahmen seiner ehrenamtlichen Tätigkeit entfaltet.

Geltendmachung ist jede Form des Tätigwerdens im Auftrage eines Dritten, nicht aber die Erfüllung einer öffentlichen Aufgabe in Wahrnehmung des Abgeordnetenmandats. Sie liegt insbesondere nicht vor bei der Aufdeckung von Missständen im öffentlichen Interesse (OVG Lüneburg, Urt. v. 13.12.1954 a. a. O.), auch nicht, wenn ein Abgeordneter einen Einwohnerantrag (§ 31) oder ein Bürgerbegehren (§ 32) unterstützt (vgl. Erl. 4 zu § 31). Dem Verbot unterliegen danach in erster Linie **Rechtsanwälte, Steuerberater** (OVG Lüneburg, Urt. v. 13.12.1954 a. a. O.; OVG Rheinland-Pfalz, Urt. v. 2.5.1969, KStZ 1969 S. 183), **Makler** und **Architekten**. Das Verbot gilt nicht für den durch **Bürogemeinschaft** oder **Sozietät** verbundenen Rechtsanwalt, der nicht selbst Abgeordneter ist (BVerfG, Beschl. v. 20.1.1981, NStV-N 1981 S. 236, Beschl. v. 7.7.1982, NJW S. 2177).

Die Vertretung in einem bei der Kommune anhängigen **Ordnungswidrigkeitenverfahren** wird von dem Verbot nicht erfasst (BVerfG, Beschl. v. 21.10.1976, BVerfGE 41 S. 231, VGH Baden-Württemberg, Urt. v. 22.3.1979, DÖV 1979 S. 873).

Der dem Vertretungsverbot unterliegende Rechtsanwalt kann (muss: OVG Münster, Beschl. v. 5.7.1971, OVGE 27 S. 73, VHG München, Beschl. v. 29.1.1980, NJW 1980 S. 1870; VG Schleswig, Urt. v. 20.10.2000, NVwZ-RR 2001 S. 596) durch das Gericht zurückgewiesen werden (BVerfG, Beschl. v. 18.7.1979, DVBl. 1980 S. 49). Die von ihm bis zur Zurückweisung vorgenommenen Prozesshandlungen bleiben wirksam (BVerwG, Beschl. v. 8.12.1955, BVerwGE 3 S. 30; OVG Lüneburg, Urt. v. 13.11.1990 – 9 K 11/89).

3. Das BVerfG (Beschl. v. 7.10.1987, NJW 1988 S. 694) geht in ständiger Rechtsprechung davon aus, dass das kommunale Vertretungsverbot den Schutzbereich des Grundrechts des Art. 12 Abs. 1 GG (Freiheit der Berufsausübung) nicht berührt, hält das Verbot aber auch dann, wenn es an der Grundrechtsvorschrift zu messen sein sollte, für mit dem Grundsatz der Verhältnismäßigkeit vereinbar.

§ 43 Pflichtenbelehrung

[1]Ehrenamtlich Tätige sind durch die Hauptverwaltungsbeamtin oder den Hauptverwaltungsbeamten vor Aufnahme ihrer Tätigkeit auf ihre Pflichten nach den §§ 40 bis 42 hinzuweisen. [2]Der Hinweis ist aktenkundig zu machen.

§§ 28 NGO, 23 NLO, 32 RegionsG

ERLÄUTERUNGEN zu § 43

Die Pflichtenbelehrung hat nicht die Wirkung der förmlichen Verpflichtung nach dem Verpflichtungsgesetz (§ 11 Abs. 1 Nr. 4 StGB), weil bei ihr insbesondere nicht der Hinweis auf die strafrechtlichen Folgen einer Pflichtverletzung (§ 1 Abs. 2 Verpflichtungsgesetz v. 2.3.1974, BGBl. I S. 469, geändert durch § 1 Nr. 4 des Gesetzes v. 15.8.1974, BGBl. I S. 1942) vorgesehen ist. Ehrenamtlich Tätige, die keine Amtsträger i. S. d. § 11 Abs. 1 Nr. 2 StGB sind, können deshalb allein aufgrund der Pflichtenbelehrung nicht Täter von Amtsdelikten (vgl. z. B. §§ 203 Abs. 2, 331, 332, 353b StGB) sein. Dazu ist die förmliche Verpflichtung nach dem Verpflichtungsgesetz Voraussetzung (zu seiner Durchführung vgl. RdErl. d. MF v. 18.3.1975, MBl. S. 439 und zu den Zuständigkeiten im kommunalen Bereich RdErl. d. MI v. 16.10.1975, MBl. S. 1609). Vgl. auch Erl. 2 zu § 55.

Auch die Abgeordneten, Mitglieder von Ausschüssen nach § 71 Abs. 7 und Mitglieder des Stadtbezirksrats und des Ortsrats sind auf die Pflichten hinzuweisen. Für den Stadtbezirksrat und den Ortsrat erfolgt die Pflichtbelehrung durch den Bezirks- bzw. Ortsbürgermeister. Die Belehrung kann mit der Verpflichtung gem. § 60 verbunden werden.

Die Pflichtenbelehrung kann schriftlich vorgenommen werden. Amtsträger i. S. d. § 11 Abs. 1 Nr. 2 Buchstabe c) StGB, zu denen die Abgeordneten und die Mitglieder von Stadtbezirks- und Ortsräten nur unter besonderen Umständen gehören (Erl. 5 zu § 40), sollten bei dieser Gelegenheit zugleich über diese Eigenschaft aufgeklärt werden.

§ 44   Entschädigung

(1) ¹Wer ehrenamtlich tätig ist, hat Anspruch auf Ersatz seiner Auslagen, einschließlich der Aufwendungen für eine Kinderbetreuung, und seines nachgewiesenen Verdienstausfalls. ²Bei Personen, die keinen Anspruch auf Verdienstausfall geltend machen können, kann die Entschädigung auch einen angemessenen Pauschalstundensatz als Ausgleich von besonderen Nachteilen im Bereich der Haushaltsführung oder im sonstigen beruflichen Bereich beinhalten, die durch die ehrenamtliche Tätigkeit entstehen. ³Einzelheiten sind durch Satzung zu regeln. ⁴In der Satzung sind die Ansprüche auf Höchstbeträge zu begrenzen.

(2) ¹Ehrenamtlich Tätigen können angemessene Aufwandsentschädigungen nach Maßgabe einer Satzung gewährt werden. ²Wird eine Aufwandsentschädigung gewährt, so besteht daneben kein Anspruch auf Ersatz der Auslagen, des Verdienstausfalls und des Pauschalstundensatzes; in der Satzung können für Fälle außergewöhnlicher Belastungen und für bestimmte Tätigkeiten, deren Ausmaß nicht voraussehbar ist, Ausnahmen zugelassen werden.

(3) Die Ansprüche nach dieser Vorschrift sind nicht übertragbar.

§§ 29 NGO, 24 NLO, 33 RegionsG

ERLÄUTERUNGEN zu § 44

1. Die Vorschrift regelt die **Entschädigung der Ehrenbeamten und sonstigen ehrenamtlich Tätigen** (§ 38). Für die Entschädigung der Abgeordneten, Ausschussmitglieder gem. § 71 Abs. 7, Mitglieder von Stadtbezirks- und Ortsräten gilt § 55.

2. Auf **Ersatz der Auslagen, der Aufwendungen für eine Kinderbetreuung** und des **Verdienstausfalls** besteht gem. Abs. 1 ein gesetzlicher Anspruch. Für den Fall, dass ein Verdienstausfall nicht geltend gemacht werden kann, ermächtigt das Gesetz zur Zahlung eines angemessenen **Pauschalstundensatzes** als Ausgleich besonderer Nachteile bei der Haushaltsführung und im sonstigen beruflichen Bereich infolge der ehrenamtlichen Tätigkeit; ein Anspruch darauf besteht nicht mehr. Die Pauschalierung ist nicht zulässig, vielmehr müssen die Auslagen, der Verdienstausfall und die Voraussetzungen des Pauschalstundensatzes konkret nachgewiesen werden. Notwendig ist eine Satzungsregelung, die die Ansprüche auf Höchstbeträge begrenzt. Zum Ersatz der Aufwendungen einer Kinderbetreuung und zum Pauschalstundensatz s. Erl. 2 zu § 55.

Bei der Frage, ob statt dessen eine **Aufwandsentschädigung** gewährt werden kann, ist von folgendem auszugehen: Die Aufwandsentschädigung für ehrenamtliche Tätigkeit ist nach der überkommenen Definition der Ausführungsanweisung zu § 27 DGO eine Entschädigung für tatsächliche Aufwendungen, für Aufwand an Zeit und Arbeitsleistung, für entgangenen Arbeitsverdienst und für Haftungsrisiko. Sie ist also kein Entgelt und hat nicht den Zweck, den Lebensunterhalt des ehrenamtlich Tätigen auch nur teilweise sicherzustellen. Danach kommt die Gewährung einer Aufwandsentschädigung statt des Ersatzes der Auslagen und des Verdienstausfalls grundsätzlich nur in Betracht, wenn der ehrenamtlich Tätige Funktionen wahrnimmt, die seine Arbeitskraft und Zeit regelmäßig nicht unerheblich in Anspruch nehmen. Die danach notwendigen Regelungen sind durch Satzung zu treffen. Zur Entschädigung des ehrenamtlichen Bürgermeisters in Mitgliedsgemeinden von Samtgemeinden s. Erl. 6 zu § 105 und des nebenamtlichen Gemeindedirektors sowie seines Vertreters in Mitgliedsgemeinden von Samtgemeinden s. Erl. 2 und 3 zu § 106. Es bestehen keine Bedenken dagegen, auch den Ortsbürgermeistern für die Wahrnehmung von Hilfsfunktionen und den Ortsvorstehern eine Aufwandsentschädigung zu gewähren. Bei der Bemessung der diesbezüglichen Aufwandsentschädigung des Ortsbürgermeisters kann von der bisher für zulässig und angemessen angesehenen Erhöhung der für seine Mandatstätigkeit möglichen Entschädigung um bis zu 50 v. H. ausgegangen werden (vgl. Erl. 2 zu § 95). Bei der Ausschöpfung des danach zulässigen Höchstbetrages ist auf den Umfang der Hilfsfunktionen Bedacht zu nehmen. Für den Ortsvorsteher, der neben der Erfüllung von Hilfsfunktionen die Belange der Ortschaft gegenüber den Gemeindeorganen zur Geltung zu bringen hat (§ 96), können diese Grundsätze als Anhalt dienen. Jedoch sollte die Entschädigung des Ortsvorstehers nicht über der des Ortsbürgermeisters liegen. Mit dieser Entschädigung sind alle Auslagen, also auch die Fahrtkosten, und der Verdienstausfall abgegolten (Abs. 2 Satz 2). Ihr Höchstbetrag, der auf den Normalfall abstellt, kann überschritten werden, wenn höhere Aus-

lagen und ein höherer Verdienstausfall konkret nachgewiesen werden (vgl. OVG Lüneburg, Urt. v. 7.7.1981, dng S. 453).
Die Regelung des Abs. 2 Satz 2 2. Halbsatz ist vor allem mit Rücksicht auf mehrtägige Einsätze der Feuerwehrleute geschaffen worden, gilt aber auch für andere Fälle außergewöhnlicher, d. h. nicht üblicherweise mit der ehrenamtlichen Tätigkeit verbundener Belastungen sowie nicht vorhersehbaren Ausmaßes der Tätigkeit.
Für den Standesbeamten ist eine Aufwandsentschädigung nach dieser Vorschrift nicht mehr vorgesehen, weil er regelmäßig Beamter ist. Für seine Aufwandsentschädigung gilt § 5 NBesG.

3. Für die **steuerliche Behandlung** der Entschädigung sind maßgebend § 3 Nr. 12 des Einkommensteuergesetzes in Verbindung mit den dazu ergangenen Lohnsteuerrichtlinien 2002 v. 11.10.2001 (Bundessteuerblatt Sondernummer 1/2001). Danach kann in der Regel ohne weiteren Nachweis ein steuerlich anzuerkennender Aufwand von monatlich 154 Euro angenommen werden, wodurch die frühere sog. Drittelregelung (Steuerfreiheit von generell 33 1/3 v. H., mindestens 50 DM und höchstens 300 DM monatlich) erheblich verbessert worden ist. S. im Übrigen für den Ortsvorsteher Erl. d. MF v. 1.8.1978, MBl. S. 1653, geändert durch Erl. v. 23.2.1990, MBl. S. 247 und die Mitglieder Freiwilliger Feuerwehren Erl. d. MF v. 28.4.1983, MBl. S. 482.

4. Zur mangelnden Übertragbarkeit der Ansprüche (Abs. 3) s. Erl. 10 zu § 55.

FÜNFTER TEIL: Innere Kommunalverfassung

Erster Abschnitt: **Vertretung**

§ 45 Rechtsstellung und Zusammensetzung

(1) ¹Die Vertretung ist das Hauptorgan der Kommune. ²Mitglieder der Vertretung sind die in diese gewählten Abgeordneten sowie kraft Amtes die Hauptverwaltungsbeamtin oder der Hauptverwaltungsbeamte. ³Die Abgeordneten tragen in den Gemeinden und Samtgemeinden die Bezeichnung Ratsfrau oder Ratsherr, in den Landkreisen die Bezeichnung Kreistagsabgeordnete oder Kreistagsabgeordneter und in der Region Hannover die Bezeichnung Regionsabgeordnete oder Regionsabgeordneter.

(2) Schreibt dieses Gesetz für Wahlen, Abstimmungen oder Anträge eine bestimmte Mehrheit oder Minderheit vor, so ist die durch Gesetz oder durch Satzung geregelte Zahl der Mitglieder zugrunde zu legen, soweit in Rechtsvorschriften nichts anderes bestimmt ist.

§§ 31 NGO, 26 NLO, 34 RegionsG

ERLÄUTERUNGEN zu § 45

1. Auch ohne entsprechende gesetzliche Feststellung war schon seit jeher die Vertretung aufgrund ihrer Aufgabenstellung und der Überordnung über die anderen Organe das **Hauptorgan** der Kommune. Die durch das Reformgesetz von 1996 erfolgte gesetzliche Feststellung hat deshalb keine zusätzlichen rechtlichen Auswirkungen.

Als **Mitglieder der Vertretung** werden die in sie **gewählten Abgeordneten** und der **HVB** bezeichnet, die zusammen die Vertretung bilden. Die Begriffe Vertretung und Mitglieder der Vertretung beziehen deshalb den HVB mit ein; soll er nicht einbezogen sein (z. B. §§ 46 ff., 55, 57), ist nur von den Abgeordneten die Rede. Als Mitglied der Vertretung hat der HVB alle **Mitgliedschaftsrechte** in der Vertretung, soweit sie nicht den Abgeordneten vorbehalten sind. Sein Rederecht beruht zusätzlich auf § 87 Abs. 1 Satz 2 und kann deshalb Redezeitbeschränkungen nicht unterworfen werden. Die Ausübung seines Antragsrechts kann nach § 56 wie das der anderen Mitglieder der Vertretung nicht eingeschränkt werden und er hat bei Abstimmungen und Wahlen Stimmrecht wie alle Mitglieder der Vertretung. Wie alle anderen Mitglieder der Vertretung unterliegt er ferner den Ordnungsmaßnahmen nach § 63. Verfassungsrechtliche Bedenken gegen die Mitgliedschaft des HVB bestehen nicht (VG Lüneburg, Urt. v. 26.4.2006, R&R 4/2005 S. 2). Zum Beginn und zum Ende der Mitgliedschaft in der Vertretung s. Erl. zu § 51 und § 52.

2. Absatz 2 enthält eine **Auslegungsregel** für die Ermittlung bestimmter Mehrheiten und Minderheiten bei Wahlen, Abstimmungen und Anträgen. Anwendungsfälle sind insbesondere § 12 Abs. 2, § 46 Abs. 6, § 58 Abs. 4 Satz 3, § 59 Abs. 2 Satz 3, Abs. 3 Satz 5, § 63 Abs. 3, § 67 Satz 3, § 95 Abs. 1, § 154 Abs. 2 Satz 2. Gesetzliche Zahl der Abgeordneten ist die nach § 45 Abs. 1, die sich, wenn die Zahl der Mitglieder der Vertretung zugrunde zu legen ist, mit Rücksicht auf die Mitgliedschaft des HVB um 1 erhöht; nach Reduzierung oder Erhöhung der Zahl der Abgeordneten aufgrund von § 46 Abs. 4 und 5 ist diese reduzierte oder erhöhte Zahl Grundlage der Berechnung. Diese gesetzliche oder durch Satzung reduzierte oder erhöhte Zahl ist auch dann der Berechnung von Mehrheiten und Minderheiten zugrunde zu legen, wenn ein Sitz unbesetzt bleibt, weil z. B. auf einen Wahlvorschlag mehr Sitze entfallen sind als Bewerber auf ihm vorhanden sind (§ 36 Abs. 7 NKWG) oder weil keine Ersatzperson vorhanden ist (§ 44 Abs. 5 NKWG).

3. Zur organinternen **kommunalverfassungsrechtlichen Streitigkeit** vgl. Erl. 5 zu § 66.
Zu den **Verfügungsmitteln** des HVB für Repräsentationszwecke vgl. § 13 GemHKVO, zu den Mitteln für die Repräsentation der Ortschaft und des Stadtbezirks (§ 93 Abs. 1 Satz 2 Nr. 11) vgl. §§ 93 Abs. 2.

4. Die Feststellung der Ungültigkeit einer Wahl (§ 47 Abs. 1 NKWG) beeinträchtigt nicht die Wirksamkeit inzwischen von der Vertretung getroffener Beschlüsse und sonstiger Maßnahmen (OVG Münster, Urt. v. 16.3.1955, OVGE 10 S. 30).

§ 46   Zahl der Abgeordneten

(1) [1]Die Zahl der Ratsfrauen oder Ratsherren beträgt in Gemeinden und Samtgemeinden

mit bis zu		500 Einwohnerinnen und Einwohnern	6,
mit	501 bis	1 000 Einwohnerinnen und Einwohnern	8,
mit	1 001 bis	2 000 Einwohnerinnen und Einwohnern	10,
mit	2 001 bis	3 000 Einwohnerinnen und Einwohnern	12,
mit	3 001 bis	5 000 Einwohnerinnen und Einwohnern	14,
mit	5 001 bis	6 000 Einwohnerinnen und Einwohnern	16,
mit	6 001 bis	7 000 Einwohnerinnen und Einwohnern	18,
mit	7 001 bis	8 000 Einwohnerinnen und Einwohnern	20,
mit	8 001 bis	9 000 Einwohnerinnen und Einwohnern	22,
mit	9 001 bis	10 000 Einwohnerinnen und Einwohnern	24,
mit	10 001 bis	11 000 Einwohnerinnen und Einwohnern	26,
mit	11 001 bis	12 000 Einwohnerinnen und Einwohnern	28,
mit	12 001 bis	15 000 Einwohnerinnen und Einwohnern	30,
mit	15 001 bis	20 000 Einwohnerinnen und Einwohnern	32,
mit	20 001 bis	25 000 Einwohnerinnen und Einwohnern	34,
mit	25 001 bis	30 000 Einwohnerinnen und Einwohnern	36,
mit	30 001 bis	40 000 Einwohnerinnen und Einwohnern	38,
mit	40 001 bis	50 000 Einwohnerinnen und Einwohnern	40,
mit	50 001 bis	75 000 Einwohnerinnen und Einwohnern	42,
mit	75 001 bis	100 000 Einwohnerinnen und Einwohnern	44,
mit	100 001 bis	125 000 Einwohnerinnen und Einwohnern	46,

mit 125 001 bis 150 000 Einwohnerinnen und Einwohnern 48,
mit 150 001 bis 175 000 Einwohnerinnen und Einwohnern 50,
mit 175 001 bis 200 000 Einwohnerinnen und Einwohnern 52,
mit 200 001 bis 250 000 Einwohnerinnen und Einwohnern 54,
mit 250 001 bis 300 000 Einwohnerinnen und Einwohnern 56,
mit 300 001 bis 350 000 Einwohnerinnen und Einwohnern 58,
mit 350 001 bis 400 000 Einwohnerinnen und Einwohnern 60,
mit 400 001 bis 500 000 Einwohnerinnen und Einwohnern 62,
mit 500 001 bis 600 000 Einwohnerinnen und Einwohnern 64,
mit mehr als 600 000 Einwohnerinnen und Einwohnern 66.
[2]In Mitgliedsgemeinden von Samtgemeinden erhöht sich diese Zahl jeweils um eins.

(2) Die Zahl der Kreistagsabgeordneten beträgt in Landkreisen
mit bis zu 100 000 Einwohnerinnen und Einwohnern 42,
mit 100 001 bis 125 000 Einwohnerinnen und Einwohnern 46,
mit 125 001 bis 150 000 Einwohnerinnen und Einwohnern 50,
mit 150 001 bis 175 000 Einwohnerinnen und Einwohnern 54,
mit 175 001 bis 200 000 Einwohnerinnen und Einwohnern 58,
mit 200 001 bis 250 000 Einwohnerinnen und Einwohnern 62,
mit 260 001 bis 300 000 Einwohnerinnen und Einwohnern 64,
mit 300 001 bis 350 000 Einwohnerinnen und Einwohnern 66,
mit 350 001 bis 400 000 Einwohnerinnen und Einwohnern 68,
mit mehr als 400 000 Einwohnerinnen und Einwohnern 70.

(3) Die Zahl der Regionsabgeordneten beträgt 84.

(4) [1]In Gemeinden und Samtgemeinden mit mehr als 8 000 Einwohnerinnen und Einwohnern sowie in Landkreisen und der Region Hannover kann die Zahl der für die nächste allgemeine Wahlperiode zu wählenden Abgeordneten um 2, 4 oder 6 verringert werden. [2]Die Entscheidung ist bis spätestens 18 Monate vor dem Ende der laufenden Wahlperiode durch Satzung zu treffen. [3]Die Zahl von 20 Abgeordneten darf nicht unterschritten werden.

(5) [1]Werden Gemeinden oder Landkreise vereinigt oder neu gebildet oder Samtgemeinden neu gebildet, zusammengeschlossen oder umgebildet, so kann die Zahl der zu wählenden Abgeordneten bis zum Ende der nächsten allgemeinen Wahlperiode um 2, 4 oder 6 erhöht werden. [2]Die Erhöhung ist bei Vereinigung oder Neubildung von Gemeinden oder Landkreisen durch übereinstimmende Satzungen der beteiligten Gemeinden oder Landkreise zu regeln; bei Neubildung, Zusammenschluss oder Umbildung von Samtgemeinden gelten § 100 Abs. 1 Satz 5, § 101 Abs. 1 Satz 3 und § 102 Abs. 1 Halbsatz 2. [3]Die Satzungen müssen vor der Verkündung des Gesetzes, das die Vereinigung oder Neubildung regelt, verkündet worden sein.

(6) Beschlüsse nach Absatz 4 oder 5 bedürfen der Mehrheit der Mitglieder der Vertretung.

§§ 32 NGO, 27 NLO, 35 RegionsG

ERLÄUTERUNGEN zu § 46

1. Da der HVB stimmberechtigtes Mitglied der Vertretung ist (§ 45 Abs. 1), muss die **Zahl** der übrigen Mitglieder der Vertretung zur Vermeidung einer Patt-Situation **gerade** sein. Die für die Zahl der Mitglieder der Vertretung maßgebende Einwohnerzahl (nicht Zahl der Bürger, § 28 Abs. 1) wird ebenso ermittelt wie die auch sonst maßgebende Einwohnerzahl nach § 177. Es gilt aber ein von § 177 Abs. 1 Satz 2 abweichender Stichtag (§ 177 Abs. 2). Die Landesstatistik-behörde ermittelt und veröffentlicht regelmäßig die auf der Basis der letzten Volkszählung vom 25.5.1987 fortgeschriebene Einwohnerzahl der Kommunen zu den Stichtagen 30.6. und 31.12.; für einige größere Kommunen ermittelt sie die Einwohnerzahl außerdem zu einem monatlichen Stichtag. Kommen danach mehrere Stichtage in Betracht, muss die Kommune den maßgebenden festlegen.

2. Mit Rücksicht auf das Wahlrecht der EU-Bürger (§§ 48, 49) werden die **Angehörigen der Stationierungsstreitkräfte** von Mitgliedstaaten der EU bei der Feststellung der maßgebenden Einwohnerzahl berücksichtigt. Die Einwohner-anzahl erhöht sich um drei Personen für jede von nichtkaserniertem Personal dieser Stationierungsstreitkräfte und dessen Angehörigen am 30.6. des voran-gegangenen Jahres belegte und dem Landesstatistikbehörde gemeldete Wohnung (§ 177 Abs. 3); das kasernierte Personal bleibt unberücksichtigt.

3. Die Möglichkeit zur **Verringerung** der Zahl der Abgeordneten um 2, 4 oder 6, die vor allem angesichts der Probleme bei der Gewinnung von Kandidaten für die Kommunalwahlen eröffnet worden ist, haben alle Landkreise und die Region Hannover, aber erst Gemeinden und Samtgemeinden mit mehr als 8000 Einwohnern; dabei darf die Zahl von 20 Abgeordneten in keinem Falle unter-schritten werden. Die dazu vorgeschriebene Satzung, die der Mehrheit der Mit-glieder der Vertretung bedarf (Abs. 6) und jeweils für jede Kommunalwahl er-lassen werden muss, also keine Dauerwirkung für mehrere Wahlen entfaltet, muss spätestens 18 Monate vor dem Ende der Wahlperiode wirksam sein. Diese Frist dient dem Vertrauensschutz; deshalb kommt ein rückwirkendes Inkrafttre-ten nicht in Betracht. Aus demselben Grunde kann sie jedenfalls nach diesem Termin auch nicht wieder aufgehoben werden. Angesichts der begrenzten Gel-tung der Regelung empfiehlt sich nicht, sie in der Hauptsatzung zu treffen. Bei einer wiederholten Reduzierung der Zahl ist jeweils von der gesetzlichen auszu-gehen, nicht von der vorherigen durch Satzung reduzierten.

4. Die **Erhöhung** der Zahl der Abgeordneten in der neuen Vertretung um 2, 4 oder 6 ist in den in Abs. 5 Satz 1 genannten Fällen zur Erleichterung der Integ-ration der beteiligten Kommunen in der neuen Einheit möglich. Bei der Verei-nigung oder Neubildung von Gemeinden oder Landkreisen müssen dazu die beteiligten Kommunen übereinstimmende Satzungen mit der Mehrheit der Mit-glieder der Vertretung (Abs. 6) beschließen. Bei der Neubildung oder Um-bildung einer Samtgemeinde (§§ 100, 102) oder dem Zusammenschluss von Samtgemeinden (§ 101) ist die Erhöhung in der von den Beteiligten zu verein-barenden Hauptsatzung zu regeln (§§ 100 Abs. 1 Satz 5, 101 Abs. 1 Satz 3, 102 Abs. 1), wobei der Fall, dass im Zusammenhang mit dem Ausscheiden einer Gemeinde aus der Samtgemeinde (§ 102 Abs. 1) die Zahl der Abgeordneten erhöht werden soll, eher theoretisch ist. Im Falle der Vereinigung oder Neubildung einer Gemeinde oder eines Landkreises, die eines Gesetzes bedarf (§ 25 Abs. 1 Satz 1), müssen die Satzungen vor der Verkündung dieses Gesetzes nach § 11 verkündet worden sein.

Die **Dauer der Erhöhung** ist, auch wenn das in der Satzung nicht bestimmt werden muss, bis zum Ende der nächsten allgemeinen Wahlperiode begrenzt und kann nicht verlängert oder abgekürzt werden. Wird die Neuordnungsmaßnahme im Laufe einer Wahlperiode wirksam, dann gilt eine Erhöhung für die laufende und die folgende Wahlperiode, beim Wirksamwerden zum Beginn einer Wahlperiode gilt sie für die begonnene.

§ 47   Wahl und Wahlperiode der Abgeordneten

(1) [1]Die Abgeordneten werden von den Bürgerinnen und Bürgern in allgemeiner, unmittelbarer, freier, gleicher und geheimer Wahl gewählt. [2]Einzelheiten werden, soweit dieses Gesetz hierüber keine Vorschriften enthält, durch das Niedersächsische Kommunalwahlgesetz geregelt.

(2) [1]Die allgemeine Wahlperiode der Abgeordneten beträgt fünf Jahre. [2]Die nächste Wahlperiode beginnt am 1. November 2011.

§§ 33 NGO, 28 NLO, 36 RegionsG

ERLÄUTERUNGEN zu § 47

1. Absatz 1 Satz 1 wiederholt die in Art. 28 Abs. 1 Satz 2 GG, Art. 57 Abs. 2 Satz 1 NV niedergelegten und auch in § 4 Abs. 1 NKWG enthaltenen **Grundsätze für die Wahl** der kommunalen Abgeordneten; für die Wahl des HVB gelten sie gem. §§ 1, 45a NKWG. Die näheren Regelungen über die Durchführung der Kommunalwahlen außerhalb des NKomVG enthalten das NKWG und die NKWO. Zur **Neutralitätspflicht** von Organen und Amtsträgern im Wahlkampf s. BVerwG, Urt. v. 18.4.1997, NVwZ S. 1220; VG Osnabrück, Urt. v. 4.5.1999, VwRR N S. 82, bestätigt vom NdsOVG, Beschl. v. 22.7.1999 – 10 L 2790/99, durch Nichtzulassung der Berufung; Urt. v. 23.4.2002, R&R 2/2003 S. 5; Nds. OVG, Urt. v. 26.3.2008, R&R 2/2008 S. 1; VGH BW, Beschl. v. 17.2.1992, NVwZ S. 504; HessVGH, Urt. v. 10.10.1991, NVwZ 1992 S. 284, Urt. v. 25.2.1999, NVwZ S. 1365 und Urt. v. 10.7.2003, Hess. Städte- und Gemeindezeitung S. 345; VG Darmstadt, Urt. v. 11.9.2000, NVwZ-RR 2001 S. 173; VG Kassel, Urt. v. 16.6.2002, R&R 2/2003 S. 8 (s. auch die zusammenfassende Darstellung R&R 5/2010 S. 11); sie verbietet staatlichen und kommunalen Organen (zur Organstellung von Stadtbezirks- und Ortsräten s. Nds.OVG, Urt. v. 16.3.2005, R&R 4/2005 S. 7) sowie Amtswaltern in dieser Funktion im Hinblick auf die Freiheit und Gleichheit der Wahl die Beteiligung an der „heißen Periode" des Wahlkampfes, und zwar auch bei eigener Bewerbung; ein für das Wahlergebnis erheblicher Verstoß dagegen macht die Wahl ungültig.

2. Die gesetzliche Festlegung von Beginn und Ende der Wahlperiode hat insbesondere Bedeutung für Beginn (§ 51) und Ende (Wahl auf Dauer von fünf Jahren) der Mitgliedschaft in der Vertretung und für deren erste Sitzung nach ihrer Neuwahl (§ 59 Abs. 2 Satz 1). Besondere Regelungen gelten für den Fall einer einzelnen Neuwahl nach Auflösung der Vertretung infolge Beschlussunfähigkeit (§ 43 Abs. 1 NKWG, § 70 Abs. 4) und infolge Neubildung oder Gebietsänderung einer Kommune (§ 43 Abs. 2 und 3 NKWG). Der Erhaltung der Funktionsfähigkeit der Verwaltung dienen § 75 Abs. 2 und weitere sondergesetzliche Regelungen (z. B. § 13 Abs. 7 NSpG).

3. Da die Vertretung kein Parlament ist, gilt für sie nicht der **Grundsatz der Diskontinuität** der Wahlperioden (OVG Münster, Urt. v. 29.3.1971, OVGE 26 S. 225, OVG Lüneburg, Urt. v. 20.7.1978 – II OVG A 106/76); begonnene Verfahren müssen also von der neuen Vertretung fortgeführt werden.

4. Die Organisation und Durchführung der Wahl auf der Grundlage des NKWG und der NKWO obliegt den Kommunen im **eigenen Wirkungskreis** (anders VGH München, Beschl. v. 7.6.1985 – Nr. 4 B 84 A. 3230: übertragener Wirkungskreis).

§ 48   Recht zur Wahl der Mitglieder der Vertretung

(1) [1]Zur Wahl der Abgeordneten und der Hauptverwaltungsbeamtin oder des Hauptverwaltungsbeamten sind Personen berechtigt, die Deutsche im Sinne des Artikels 116 Abs. 1 des Grundgesetzes für die Bundesrepublik Deutschland sind oder die Staatsangehörigkeit eines anderen Mitgliedstaates der Europäischen Union besitzen und am Wahltag
1.   mindestens 16 Jahre alt sind und
2.   seit mindestens drei Monaten in der Kommune den Wohnsitz haben.
[2]Bei der Berechnung der Dreimonatsfrist nach Satz 1 Nr. 2 ist der Tag der Wohnsitz- oder Aufenthaltsnahme in die Frist einzubeziehen.

(2) Vom Wahlrecht ausgeschlossen sind Personen,
1.   für die nicht nur durch einstweilige Anordnung eine Betreuerin oder ein Betreuer zur Besorgung
     a)   aller ihrer Angelegenheiten oder
     b)   aller ihrer Angelegenheiten mit Ausnahme der in § 1896 Abs. 4 und § 1905 des Bürgerlichen Gesetzbuchs (BGB) bezeichneten Angelegenheiten
     bestellt ist,
2.   die durch Entscheidung eines Gerichts nach deutschem Recht kein Wahlrecht besitzen oder
3.   die sich aufgrund einer Anordnung nach § 63 in Verbindung mit § 20 StGB in einem psychiatrischen Krankenhaus befinden.

§§ 34 NGO, 29 NLO, 37 RegionsG

ERLÄUTERUNGEN zu § 48

1. Die Vorschrift gilt für die Wahl sowohl der **Abgeordneten** als auch des **HVB**. Grundlagen des Wahlrechts der Unionsbürger sind Art. 8b Abs. 1 des Vertrages über die Europäische Union und Art. 28 Abs. 1 Satz 3 GG; es galt erstmalig für die Kommunalwahlen am 15.9.1996. Das aktive Wahlrecht für Unionsbürger verletzt keine Grundrechte Deutscher (BVerfG, Beschl. v. 8.1.1997, NVwZ 1998 S. 52).

2. Wahlberechtigt ist, wer am Wahltag 16 Jahre alt wird. Die Herabsetzung des **Wahlalters** von 18 auf 16 Jahre galt erstmalig für die Kommunalwahlen am 15.9.1996. Sie verstößt nicht gegen Verfassungsgrundsätze (VG Hannover, Urt. v. 3.7.1997, VwRR N 1999 S. 11).

3. Zu den **Wohnsitzvoraussetzungen** s. Erl. 1 zu § 28. Im Anschluss an die Regelungen für Parlamentswahlen (z. B. § 12 Abs. 5 BWG) ist bei der Berechnung der Dreimonatsfrist der Tag der Wohnsitz- oder Aufenthaltsnahme in die Frist einzubeziehen

4. Für den **Ausschluss des Wahlrechts** gelten dieselben Voraussetzungen wie nach § 3 NLWG. Nur die **Bestellung eines Betreuers** für die Besorgung aller seiner Angelegenheiten, die in der Praxis selten vorkommen wird (§ 1896 Abs. 2 BGB), führt zum Ausschluss; dabei wird das Wahlrecht Geschäftsunfähiger in Kauf genommen. Am 1.1.1992 bestehende Entmündigungen gelten als Betreuungen in allen Angelegenheiten (Art. 9 § 1 des Betreuungsgesetzes). Von den für die Wohnsitzbestimmung und nach Abs. 2 notwendigen Tatsachen erhält die Kommune Kenntnis aufgrund der Mitteilungspflichten nach dem NMG (§§ 9 bis 20), dem FGG (§ 69 l) und der MiStra (vgl. auch §§ 22 Abs. 2 Nr. 1, 28 Abs. 2 NMG). Nach § 45a Abs. 1 StGB beginnt die Wirkung des Wahlrechtsverlusts (Abs. 2 Nr. 2) mit der Rechtskraft des Urteils. Der Verlust ist also auch während des Vollzugs der Freiheitsstrafe und einer neben ihr angeordneten Unterbringung nach den §§ 63, 64 oder 66 StGB wirksam. Die Frist des Wahlrechtsverlusts beginnt mit dem Ende der Freiheitsstrafe (§ 45a Abs. 2 StGB), seine Dauer verlängert sich also um die Dauer der Freiheitsstrafe bzw. des Maßregelvollzugs.

§ 49   Wählbarkeit

(1) ¹**Zur Abgeordneten oder zum Abgeordneten sind Personen wählbar, die am Wahltag**
1. mindestens 18 Jahre alt sind,
2. seit mindestens sechs Monaten im Gebiet der Kommune ihren Wohnsitz haben und
3. Deutsche im Sinne des Artikels 116 Abs. 1 des Grundgesetzes für die Bundesrepublik Deutschland oder Staatsangehörige eines anderen Mitgliedstaates der Europäischen Union sind.
²**§ 28 Abs. 1 Sätze 2 bis 5 und § 48 Abs. 1 Satz 2 gelten entsprechend.**

(2) Nicht wählbar sind Personen, die
1. nach § 48 Abs. 2 vom Wahlrecht ausgeschlossen sind,
2. durch Entscheidung eines Gerichts nach deutschem Recht nicht wählbar sind oder kein öffentliches Amt innehaben dürfen,
3. als Staatsangehörige eines anderen Mitgliedstaates der Europäischen Union nach dem Recht dieses Staates infolge einer zivilrechtlichen Einzelfallentscheidung oder einer strafrechtlichen Entscheidung nicht wählbar sind.

§§ 35 NGO, 30 NLO, 38 RegionsG

ERLÄUTERUNGEN zu § 49

1. Die Vorschrift gilt anders als § 48 nur für die Wählbarkeit der Abgeordneten. Die Wählbarkeit des HVB regelt § 80 Abs. 4.

2. Wählbar ist, wer spätestens am Wahltag 18 Jahre alt wird, seit mindestens sechs Monaten in der Kommune wohnt (s. dazu Erl. 1 zu § 28), wobei bei der Berechnung der Sechsmonatsfrist der Tag der Wohnsitz- oder Aufenthaltsnahme in die Frist einzubeziehen ist, und am Wahltag Deutscher oder Unionsbürger ist. Die einjährige Wartefrist als Deutscher ist durch Gesetz vom 16.5.2006 (GVBl. S. 202) aufgehoben worden.

3. Von den für die Wählbarkeit notwendigen Voraussetzungen erhält die Kommune Kenntnis aufgrund der Mitteilungspflichten nach dem NMG, dem FGG und der MiStra (s. Erl. 4 zu § 48); nichtdeutsche Unionsbürger haben zum Nachweis, dass sie nach Abs. 2 Nr. 3 nicht von der Wählbarkeit ausgeschlossen sind eine eidesstattliche Versicherung abzugeben (§ 32 Abs. 5 Nr. 2 NKWO). Zum Verlust der Wählbarkeit und der Fähigkeit zur Bekleidung öffentlicher Ämter vgl. Erl. 4 zu § 48. Die Wählbarkeit wird durch Untersuchungs- und durch Strafhaft nicht eingeschränkt.

§ 50   Unvereinbarkeit

(1) ¹Abgeordnete einer Kommune dürfen nicht sein:
1. Beamtinnen und Beamte mit Dienstbezügen im Dienst dieser Kommune,
2. im Rat der Mitgliedsgemeinde einer Samtgemeinde: Beamtinnen und Beamte mit Dienstbezügen im Dienst der Samtgemeinde,
3. im Rat oder Samtgemeinderat: die Landrätin oder der Landrat des Landkreises, dem die Gemeinde oder Samtgemeinde angehört, und deren oder dessen Stellvertreterinnen oder Stellvertreter nach § 81 Abs. 3 Sätze 1 und 3,
4. im Rat einer regionsangehörigen Gemeinde: die Regionspräsidentin oder der Regionspräsident und deren oder dessen Stellvertreterinnen oder Stellvertreter nach § 81 Abs. 3 Sätze 1 und 3,
5. im Samtgemeinderat: Beamtinnen und Beamte mit Dienstbezügen im Dienst einer Mitgliedsgemeinde dieser Samtgemeinde,

6. im Kreistag oder in der Regionsversammlung: die hauptamtliche Bürgermeisterin oder der hauptamtliche Bürgermeister einer dem Landkreis oder der Region Hannover angehörenden Gemeinde oder Samtgemeinde und deren oder dessen Stellvertreterinnen oder Stellvertreter nach § 81 Abs. 3 Sätze 1 und 3,
7. Beschäftigte, die unmittelbar Aufgaben der Kommunalaufsicht oder Fachaufsicht über diese Kommune wahrnehmen und hierbei befugt sind, Entscheidungen zu treffen, und
8. Beschäftigte im Dienst einer Einrichtung, eines Unternehmens, einer kommunalen Anstalt, einer gemeinsamen kommunalen Anstalt oder einer anderen juristischen Person oder sonstigen Organisation des öffentlichen oder privaten Rechts, die einer Gesellschafterversammlung, einem Aufsichtsrat, einem Verwaltungsrat oder einem vergleichbaren Organ unmittelbar verantwortlich sind, wenn die Kommune in der jeweiligen Organisation über die Mehrheit der Anteile oder Stimmrechte verfügt. ²Satz 1 Nr. 8 gilt entsprechend für die Vertreterinnen und Vertreter der dort bezeichneten Beschäftigten, denen die Vertretung nicht nur für den Verhinderungsfall übertragen wurde.

(2) Absatz 1 Satz 1 Nrn. 1, 2 und 5 ist auf hauptberufliche Arbeitnehmerinnen und Arbeitnehmer, die nicht überwiegend körperliche Arbeit verrichten, entsprechend anzuwenden.

(3) ¹Wird eine Person gewählt, die nicht Abgeordnete sein darf, so kann sie die Wahl nur annehmen, wenn sie der Wahlleitung nachweist, dass sie die zur Beendigung des Beamten- oder Arbeitnehmerverhältnisses erforderliche Erklärung abgegeben hat. ²Weist sie dies vor Ablauf der Frist zur Annahme der Wahl nach dem Niedersächsischen Kommunalwahlgesetz nicht nach, so gilt die Wahl als abgelehnt. ³Die Beendigung des Beamten- oder Arbeitnehmerverhältnisses ist der Hauptverwaltungsbeamtin oder dem Hauptverwaltungsbeamten spätestens vier Monate nach Annahme der Wahl nachzuweisen. ⁴Die Sätze 1 bis 3 gelten entsprechend bei einem Nachrücken als Ersatzperson. ⁵Stellt die Wahlleitung nachträglich fest, dass eine Person die Wahl angenommen hat, obwohl sie nach den Absätzen 1 und 2 nicht Abgeordnete sein darf, so scheidet sie einen Monat, nachdem ihr die Feststellung zugestellt worden ist, aus der Vertretung aus. ⁶Die Wahlleitung stellt den Verlust des Sitzes fest. ⁷Satz 5 gilt nicht, wenn die Person innerhalb der Monatsfrist nachweist, dass sie das Dienst- oder Arbeitsverhältnis beendet hat.

§§ 35a NGO, 30a NLO, 39 RegionsG

ERLÄUTERUNGEN zu § 50

1. Rechtsgrundlage der Regelung ist Art. 137 Abs. 1 GG, Art. 61 NV, wonach die Wählbarkeit von Beamten und Angestellten des öffentlichen Dienstes, unter die auch die Arbeitnehmer nach der Terminologie des TVöD fallen, gesetzlich beschränkt werden kann. Nach dem Beschluss des BVerfG vom 4.4.1978 (NJW 1978 S. 2385) ermöglicht die Verfassungsvorschrift nicht nur eine **Wählbarkeitsbeschränkung,** sondern angesichts der besonderen Verhältnisse im kommunalen Bereich dort auch den **faktischen Ausschluss** von der Wählbarkeit zu einem kommunalen Ehrenamt, wenn ansonsten der Gefahr von Interessenkollisionen nicht wirksam zu begegnen ist. Den früher als **Angestellte** bezeichneten Arbeitnehmern des öffentlichen Dienstes können nach der Entscheidung des BVerfG leitende Angestellte der Unternehmen und Organisationen, die von der Kommune mehrheitlich beherrscht werden, gleichgestellt werden. Von dieser Möglichkeit ist durch Abs. 1 Satz 1 Nr. 8 (nach Unterbrechung für die Wahlperioden 1996/2001 und 2001/2006) wieder Gebrauch gemacht worden (s. Erl. 6).

In Zweifelsfällen ist das Gesetz eng auszulegen, weil es Ausnahmetatbestände vom Grundsatz der Gleichheit der Wahl regelt.

2. Die Unvereinbarkeit von Amt und Mandat besteht für den in Abs. 1 Satz 1 Nrn. 1 bis 8 genannten Personenkreis. Zu den **Beamten mit Dienstbezügen im Dienst** der jeweils genannten Kommune (Abs. 1 Satz 1 Nrn. 1, 2 und 5) gehören auch teilzeitbeschäftigte (§§ 61, 62 Abs. 1 Satz 1 Nr. 1, 63 Abs. 2 NBG) und begrenzt dienstfähige (§ 27 BeamtStG) Beamte; die Mitgliedschaft des HVB in der Vertretung (§ 45 Abs. 1) ist kein Fall der Unvereinbarkeit (VG Lüneburg, Urt. v. 26.4.2006, R&R 4/2006 S. 2). Ferner gehören dazu auch zur Kommune **abgeordnete** und von ihr vergütete Beamte (§ 14 Abs. 4 BeamtStG). **Beamte auf Widerruf** im Vorbereitungsdienst und **Ehrenbeamte**, die keine Dienstbezüge haben, werden dagegen nicht erfasst. Nicht im Dienst der Kommune stehen von ihr zu einem anderen Dienstherrn abgeordnete Beamte und solche Beamte, die zur Dienstleistung einer anderen Einrichtung zugewiesen sind. **Ruhestandsbeamte** sind nicht Beamte „im Dienst", ebenso wenig Beamte, deren Rechte und Pflichten aus dem Dienstverhältnis wegen der Wahl in den Niedersächsischen Landtag oder in den Bundestag ruhen (§ 68 NBG, § 5 des Abgeordnetengesetzes). Klargestellt ist, dass ohne Bezüge beurlaubte Beamte nicht gehindert sind, ein Mandat zu übernehmen. Auch Beamte, die aus **familiären Gründen** (62 NBG) **beurlaubt** oder im Rahmen des Blockmodells der **Altersteilzeit** vom Dienst **freigestellt** sind (§ 63 Abs. 2 Satz 1 NBG), um danach in den Ruhestand zu treten, sind nicht mehr als im Dienst befindlich anzusehen.

3. Beamte mit Dienstbezügen (s. Erl. 2) der **Samtgemeinde** können weder Mitglieder des Samtgemeinderates (Abs. 1 Satz 1 Nr. 1) noch des Rates einer Mitgliedsgemeinde sein (Abs. 1 Satz 1 Nr. 2) und die einer Mitgliedsgemeinde weder Mitglieder in deren Rat (Abs. 1 Satz 1 Nr. 1) noch des Samtgemeinderates (Abs. 1 Satz 1 Nr. 5).

4. Neben dem **Landrat** des Landkreises, dem die Gemeinde oder Samtgemeinde angehört, sind dessen **allgemeiner Stellvertreter** (§ 81 Abs. 3 Satz 1) und die durch die Hauptsatzung bestellten **Sondervertreter** (§ 81 Abs. 3 Satz 3) an der Wahrnehmung eines Ratsmandats gehindert (Abs. 1 Satz1 Nr. 3); der Verhinderungsvertreter, den der Landrat kraft seiner Organisationshoheit für den Fall seiner eigenen Abwesenheit und die des allgemeinen Vertreters bestellt hat, ist nicht betroffen. Auch die stellvertretenden Landräte (§ 81 Abs. 2) sind an der Übernahme eines Ratsmandats nicht gehindert Für den Regionspräsidenten und seine Stellvertreter gilt dasselbe (Abs. 1 Satz 2 Nr. 4). Die Beschränkung der Wählbarkeit von Bediensteten der Landkreise ist mit dem Grundgesetz vereinbar (BVerfG, Beschl. vom 6.10.1981, NStV-N 1981 S. 376). Umgekehrt können die Bürgermeister kreis- oder regionsangehöriger Gemeinden und ihre Stellvertreter (§ 81 Abs. 3) nicht Mitglieder des Kreistags ihres Landkreises oder der Regionsversammlung sein (Abs. 1 Satz 1 Nr. 6).

Göttingen ist kreisangehörige Gemeinde i. S. d. Wahlrechts (§ 15 Abs. 1), sodass der Landrat des Landkreises Göttingen und sein(e) Stellvertreter nicht gleichzeitig Ratsmitglieder oder Ortsratsmitglieder in der Stadt sein können (VG Braunschweig, Urt. v. 7.9.1983 – 1 VG A 139/82) und der Oberbürgermeister und seine Stellvertreter nicht Mitglieder des Kreistags Göttingen. Dasselbe gilt für die Landeshauptstadt Hannover und die Region Hannover.

5. Die Regelung des Abs. 1 Nr. 7 unterwirft der Unvereinbarkeit sowohl beamtete als auch nichtbeamtete Beschäftigte der unmittelbaren Aufsichtsbehörden mit **Entscheidungsbefugnissen** in Aufsichtsangelegenheiten gegenüber der Kommune, d. h. diejenigen, die abschließende Zeichnungsbefugnis haben, nicht aber auch diejenigen, die Entscheidungen lediglich vorbereiten. Soweit Ministerien unmittelbar Kommunal- und Fachaufsicht wahrnehmen (§ 171 Abs. 1 und 5) unterliegen deren Staatssekretäre der Unvereinbarkeit, nicht dagegen auch die Minister, die nicht deren Beschäftigte sind (Art. 34 Abs. 1 NV).

Zur Kommunalaufsicht gehört auch die **überörtliche Prüfung** gem. § 2 des Gesetzes zur Neuregelung der überörtlichen Kommunalprüfung v. 16.12.2004 (GVBl. S. 638) sowie die sog. **verstärkte Kommunalaufsicht**, der die Kommunen bei bestimmten Selbstverwaltungsaufgaben unterliegen (z. B. Forstaufsicht, Straßenaufsicht, Sparkassenaufsicht); schließlich zählt dazu die in Genehmigungs- und Anzeigevorbehalten bestehende Rechtskontrolle, wie z. B. §§ 6, 10 BauGB, § 152. Von dieser Betrachtungsweise ist der Gesetzgeber bei der Beratung des Gesetzes vom 26.4.1968 (GVBl. S. 69), durch das die Unvereinbarkeitsregelung (§ 35a) in die NGO eingefügt worden ist, ausgegangen, indem er zu den in der Kommunalaufsicht Tätigen auch die mit der Sparkassenaufsicht und mit Aufsichtsangelegenheiten des Städtebaus und des Straßen- und Verkehrswesens befassten Bediensteten zählte. Vgl. dazu auch Erl. 1 zu § 170.

Das Weisungsrecht gegenüber Gemeinden, die gem. §§ 8 und 9 AG SGB XII herangezogen werden, ist nicht Wahrnehmung von Fachaufsicht, weil sich diese nur auf den Bereich des übertragenen Wirkungskreises bezieht (§§ 6 Abs. 2, 170 Abs. 2). **Unmittelbar** nehmen Aufgaben der Kommunal- und Fachaufsicht über Landkreise, die Region Hannover, kreisfreie und große selbstständige Städte sowie die Landeshauptstadt Hannover und Göttingen die Ministerien, über die übrigen kreis- und regionsangehörigen Gemeinden die Landkreise und die Region Hannover wahr (§ 171). Die Unvereinbarkeit besteht nur bezüglich der Kommunen, auf die sich die Aufsichtstätigkeit des jeweiligen Beschäftigten erstreckt. Durch Änderung des Aufgabenbereiches, die im pflichtgemäßen Ermessen des Dienstherrn steht, kann eine Unvereinbarkeit jederzeit begründet und wieder aufgehoben werden.

Die **gelegentliche Wahrnehmung** von Aufsichtsaufgaben, z. B. anlässlich einer Krankheits- oder Urlaubsvertretung, begründet keine Unvereinbarkeit.

6. Abs. 1 Satz 1 Nr. 8 betrifft diejenigen **Beschäftigten** der bezeichneten Organisationen, die einem der genannten Organe **unmittelbar rechenschaftspflichtig** sind, insbesondere von ihm entlastet werden, also vor allem die Vorstandsmitglieder einer AG (§ 119 Abs. 1 Nr. 3 AktG), die Geschäftsführer einer GmbH

(entweder gem. § 45 GmbHG nach Maßgabe des Gesellschaftsvertrages oder gem. § 46 Nr. 5 GmbHG), die Vorstandsmitglieder einer kommunalen Anstalt (§ 145 Abs. 3) und einer gemeinsamen kommunalen Anstalt (§ 3 Abs. 2 NKomZG), der Verbandsgeschäftsführer eines Zweckverbandes (§ 18 Abs. 1 Satz 2 Nr. 4 i. V. m. § 16 Abs. 2 NKomZG, § 58 Abs. 1 Nr. 10 oder § 16 Abs. 3 NKomZG, § 33 EigBetrVO), die Vorstandsmitglieder eines Vereins (§§ 27 Abs. 3, 666 BGB), die Vorstandsmitglieder einer Sparkasse (§§ 10, 16 NSpG); nicht dagegen sind betroffen die geschäftsführenden Gesellschafter einer OHG oder KG sowie die Vorstandsmitglieder einer Stiftung, wenn sie nur der Stiftungsaufsicht unterliegen (§§ 10 ff. NStiftG). Das Gesetz unterscheidet nicht, ob die Tätigkeit hauptamtlich oder -beruflich oder nebenamtlich oder -beruflich oder ehrenamtlich wahrgenommen wird und legt damit einen strengeren Maßstab an als bei den Arbeitnehmern der Kommune, die nur bei hauptberuflicher Beschäftigung betroffen sind (Abs. 2), ihren Ehrenbeamten und den sonst für sie ehrenamtlich Tätigen. Voraussetzung der Unvereinbarkeit ist eine Mehrheitsbeteiligung der Kommune an der Anstalt oder Körperschaft von mehr als 50 v. H. an den Geschäftsanteilen oder den Stimmrechten. Bei Zweckverbänden sind die Stimmrechte in der Verbandsversammlung maßgebend, und zwar auch bei einer Zweckverbandssparkasse (OVG Lüneburg, Urt. v. 1.10.1974, DVBl. 1975 S. 51). An einer von der Kommune errichteten kommunalen Anstalt kann ein Dritter nicht beteiligt sein. Wenn die Geschäftsanteile und die Stimmrechte der Kommune unterschiedlich bemessen sind, genügt angesichts des klaren Wortlauts die Mehrheit an einem von beiden.
Die Bedeutung von Abs. 1 Satz 2 wird in der Praxis gering sein, haben doch die vorgenannten Personen regelmäßig keine ständigen Vetreter, sondern allenfalls Verhinderungsvertreter, die der Unvereinbarkeit nicht unterliegen.

7. Durch Abs. 2 werden den Beamten der Kommune deren nichtbeamtete **hauptberufliche Beschäftigte**, soweit sie nicht überwiegend körperliche Arbeit verrichten, gleichgestellt. Die Einschränkung ist erforderlich, weil Art. 137 Abs. 1 GG die Beschränkung der Wählbarkeit von Arbeitern nicht zulässt. Überwiegend körperliche Arbeit verrichten vorwiegend Mitarbeiter von Bauhöfen, Gärtnereien, Friedhöfen, Reparaturwerkstätten, im Boten-, Hausmeister- und Reinigungsdienst, in der Abfallbeseitigung und bei der Straßenreinigung, jedoch ist in jedem einzelnen Fall die Art der Tätigkeit zu prüfen. Im Allgemeinen wird man annehmen können, dass die früher als Arbeiter Beschäftigten überwiegend, d. h. zu mehr als 50 v. H., körperliche Arbeit verrichten, wenn nicht die Prüfung im Einzelfall etwas anderes ergibt. Als hauptberuflich ist bei einer Beschäftigung gegen Entgelt eine Tätigkeit anzusehen, die die Arbeitskraft des Beschäftigten mit mindestens der Hälfte der regelmäßigen Arbeitszeit beansprucht (s. Allgemeine Verwaltungsvorschrift zum Bundesbesoldungsgesetz zu § 28 Abs. 2 Satz 4, GMBl. 1980 S. 3); es macht keinen Unterschied, ob das Arbeitsverhältnis (z. B. bei ABM-Kräften) befristet oder unbefristet ist (VG Oldenburg, Beschl. v. 19.12.1986 – 1 OS VG D 131/86). **Auszubildende** und **Praktikanten** sind keine hauptberuflichen Beschäftigten, fallen also nicht unter diese Vorschrift.

8. Abs. 3 regelt das Verfahren nach der Wahl eines unter die Unvereinbarkeitsregelung der Abs. 1 und 2 fallenden Bewerbers.

Dieser kann die Wahl innerhalb der durch § 40 NKWG normierten Frist von einer Woche nur annehmen, wenn er dem Wahlleiter nachweist, dass er die zur **Beendigung des Beamten- oder Arbeitnehmerverhältnisses** erforderliche Erklärung abgegeben hat. Für den Beamten ist das der Antrag auf Entlassung (§§ 23 BeamtStG, 31 NBG), für den Arbeitnehmer die Kündigung oder der Auflösungsvertrag. Im Hinblick auf die gebotene restriktive Auslegung des Gesetzes (vgl. Erl. 1 a. E.) genügt der Nachweis, dass die zur Beendigung des die Unvereinbarkeit begründenden Beamten- oder Arbeitnehmerverhältnisses erforderlichen Erklärungen abgegeben worden sind, so dass auch z. B. die Umsetzung auf einen „kompatiblen" Dienstposten oder die Umwandlung eines haupt- in ein nebenberufliches Arbeitnehmerverhältnis in Betracht kommt (ebenso: OVG Lüneburg, Beschl. v. 11.1.1982, NStV-N S. 121). In diesem Fall muss der Bewerber bei der Annahme der Wahl jedoch nachweisen, dass die für diese Art der Beendigung erforderlichen Erklärungen abgegeben sind, im Falle der Umsetzung also z. B. die entsprechende Erklärung des Dienstherrn (so auch VG Hannover, Beschl. v. 7.1.1982 – 1 VG D 58/81, das den Antrag des Bediensteten an seinen Dienstherrn auf Entbindung von den die Inkompatibilität begründenden Funktionen nicht als Erklärung zur Beendigung des Dienstverhältnisses ansieht, weil der Dienstherr nicht verpflichtet ist, dem Antrag zu entsprechen; a. A. OVG Lüneburg, Beschl. v. 11.1.1982 a. a. O. in derselben Sache, das den Antrag für ausreichend erklärt, ohne das weiter zu begründen). Denn nur dadurch ist gewährleistet, dass nicht der Dienstherr letztendlich darüber entscheiden kann, ob der Bewerber Abgeordneter bleibt oder nicht, was im Hinblick auf den verfassungsrechtlichen Grundsatz der Unmittelbarkeit der Wahl bedenklich wäre. Wird die Abgabe der hiernach notwendigen Erklärungen nicht innerhalb der Wochenfrist des § 40 NKWG nachgewiesen, gilt die Wahl als abgelehnt (Abs. 3 Satz 2).

Die Feststellung des Wahlleiters, dass die Wahl mangels Abgabe der erforderlichen Erklärung als abgelehnt gelte, hat keine selbstständige Bedeutung, sondern ist nur Tatbestandsvoraussetzung für die Berufung einer Ersatzperson, kann deshalb nicht Gegenstand einer Anfechtungsklage sein (OVG Lüneburg, Beschl. v. 7.8.1992 – 10 M 1108/92). Rechtlich kann der Sachverhalt nur im Rahmen eines Wahlprüfungsverfahrens überprüft werden.

Die tatsächliche Beendigung des Dienstverhältnisses ist spätestens vier Monate nach Annahme der Wahl nachzuweisen (Abs. 3 Satz 3). Diese Bemessung der Frist schließt aus, dass der Dienstherr durch Ausnutzung der Dreimonatsfrist des § 31 Abs. 1 NBG das Ausscheiden des Beamten aus der Vertretung herbeiführen kann. Wird die Beendigung nicht nachgewiesen, endet die Mitgliedschaft in der Vertretung gem. § 52 Abs. 1 Nr. 7.

Abs. 3 Satz 5 gilt für den Fall, dass dem Wahlleiter erst nach der Annahme der Wahl die die Unvereinbarkeit nach Abs. 1 oder 2 begründenden tatsächlichen oder rechtlichen Umstände bekannt werden, im Falle des Abs. 2 also die der Annahme überwiegend körperlicher Arbeit zugrunde liegenden Tatsachen, nicht dagegen eine Änderung deren Bewertung. In diesem Falle hat der Abgeordnete binnen eines Monats die Beendigung seines Dienstverhältnisses nachzuweisen; anderenfalls endet die Mitgliedschaft in der Vertretung (§ 52 Abs. 1 Nr. 7). Die Mitteilung des Wahlleiters, dass er nachträglich Umstände einer Unvereinbarkeit festgestellt habe, und die Aufforderung zum Nachweis der

Beendigung des Dienstverhältnisses stellen keinen Verwaltungsakt dar; dieser besteht erst in der Feststellung der Vertretung gem. § 52 Abs. 2 (s. Erl. 4 zu § 52) und der Feststellung des Verlustes der Mitgliedschaft durch den Wahlleiter (VG Hannover, Beschl. v. 12.12.1990 – 9 B 33/90).

Geht ein Abgeordneter ein mit seinem Mandat unvereinbares Dienstverhältnis ein, gilt § 52 Abs. 1 Nr. 8. Die gesetzliche Einführung eines neuen Unvereinbarkeitstatbestandes während der Wahlperiode ist kein Fall dieser Vorschrift, sondern lässt die Rechtsstellung des Abgeordneten unberührt.

In allen drei Fällen des Ausscheidens aus der Vertretung bedarf es des Beschlusses der Vertretung gem. § 52 Abs. 2. Auf seiner Grundlage stellt der Wahlleiter den Verlust der Mitgliedschaft und der Wahlausschuss oder der Wahlleiter den Übergang des Sitzes auf den Nachrücker fest (Abs. 3 Satz 6; § 44 Abs. 6 NKWG; vgl. Erl. 4 zu § 52).

Bis zum Ausscheiden wird das Mandat rechtmäßig ausgeübt, die Mitwirkung eines zum Personenkreis des Abs. 1 gehörenden Abgeordneten, der das Mandat wirksam angenommen hat, beeinträchtigt die Wirksamkeit gefasster Beschlüsse nicht (ebenso OVG Münster, Beschl. v. 18.3.1985, DÖV 1986 S. 156). Ein Verstoß gegen die Vorschriften über die Unvereinbarkeit kann mangels Rechtsbeeinträchtigung nicht im Wege einer kommunalverfassungsrechtlichen Klage von einer Fraktion oder Gruppe der Vertretung geltend gemacht werden (OVG Lüneburg, Urt. v. 19.3.1991, RdSchr. NST 88/91 v. 24.6.1991). Die Weigerung des Wahlleiters, den Sitzverlust festzustellen, ist ein Verwaltungsakt, auf die mit einer Verpflichtungsklage reagiert werden kann, zu der jedoch nur die nachrückende Ersatzperson legitimiert ist, nicht dagegen auch ein Wahlberechtigter, ein Abgeordneter oder eine Fraktion (VG Gelsenkirchen, Urt. v. 13.9.1987 – 15 K 4609/85).

9. Ist der **HVB** gleichzeitig in das Amt und in die Vertretung gewählt worden, hat er sich zwischen der Annahme des Amtes und des Mandats zu entscheiden (§ 40 Abs. 2 NKWG); das Amt kann innerhalb der Wochenfrist nur durch schriftliche Erklärung angenommen werden (§ 45h Satz 2 NKWG); wird sie nicht abgegeben, gilt die Wahl in das Amt als abgelehnt (§ 45h Satz 3 NKWG) und das Mandat als angenommen (§ 40 Abs. 1 Satz 4 NKWG).

10. Die Regelung des § 4 Abs. 1 DRiG, nach der ein **Richter** nicht zugleich Aufgaben der rechtsprechenden Gewalt und Aufgaben der gesetzgebenden oder vollziehenden Gewalt wahrnehmen darf, bedeutet nicht, dass Richter von der Übernahme eines Mandats in einer kommunalen Vertretung ausgeschlossen sind; dies ergibt sich daraus, dass das in der Regierungsvorlage zum DRiG vorgeschlagene Verbot für Richter, für ein kommunales Mandat zu kandidieren, vom Gesetzgeber als zu weitgehend nicht beschlossen worden ist (s. dazu näher StGH Bremen, Urt. v. 12.5.1978, DRiZ S. 248; OVG Münster, Urt. v. 20.7.1989, NWVwBl. S. 437). Von der Rechtsprechung ist einem Richter die Übernahme des Ehrenamtes eines (hess.) Stadtbezirksvorstehers (VG Frankfurt, Beschl. v. 5.1.1990, NVwZ-RR S. 383, bestätigt vom VGH Kassel, Beschl. v. 14.4.1993 – 1 UE 2156/91) und die Mitgliedschaft im (meckl.-vorp.) Amtsausschuss (OVG Greifswald, Urt. v. 28.4.1999, DÖV S. 1003, bestätigt vom BVerwG, Beschl. v. 29.3.2000, DVBl. S. 1138) versagt worden. Ihm ist auch die Wahrnehmung von Aufgaben eines ehrenamtlichen Mitgliedes des Verwal-

tungsrats einer öffentlichen Sparkasse verwehrt (BVerwG, Urt. v. 29.11.1972, DVBl. 1973 S. 571; OVG Lüneburg, Beschl. v. 24.1.1985 – 2 OVG A 54/84, das gleichzeitig Skepsis an der Vereinbarkeit der Mitgliedschaft im Rat mit dem Richteramt erkennen lässt). Das OVG Münster (Urt. v. 21.7.1989, NWVBl. 1989 S. 437, bestätigt durch BVerwG, Beschl. v. 16.10.1989, DVBl. 1990 S. 158) hält zumindest die Wahrnehmung von Aufgaben der unteren staatlichen Verwaltungsbehörde (im konkreten Fall als Mitglied im Kreisausschuss) für unzulässig; wenn dem Richter die Wahrnehmung staatlicher Aufgaben verwehrt ist, könnte er konsequenterweise auch nicht Mitglied in der Vertretung sein. Die Versuche der Rechtsprechung, „normale" zulässige Mandatstätigkeit von besonderen Funktionen im Zusammenhang mit ihr zu trennen, die ein Richter nicht übernehmen darf, sind nicht überzeugend (s. KommP N 2000 S. 164). Soweit die Funktionen das Mandat zur Voraussetzung haben, z. B. als Bürgermeister einer Mitgliedsgemeinde, als Beigeordneter, als Vertreter der Kommune in einem Zweckverbandsorgan, muss ihre Ausübung durch einen Richter als zulässig gelten. Für die Untersagung der Mandatstätigkeit ist die richterliche Dienstaufsicht zuständig (§ 26 DRiG).
Ein kommunales Mandat ist kein Amt i. S. v. § 8 Abs. 2 des Rechnungshofgesetzes (OVG Lüneburg, Urt. v. 27.2.1990 – 5 L 38/89).

§ 51   Sitzerwerb

¹Die Abgeordneten erwerben ihren Sitz in der Vertretung mit der Annahme der Wahl, frühestens jedoch mit dem Beginn der Wahlperiode. ²Bei einer nicht im gesamten Wahlgebiet durchgeführten Nachwahl oder bei einer Wiederholungswahl sowie beim Nachrücken als Ersatzperson beginnt die Mitgliedschaft frühestens mit der Feststellung nach § 52 Abs. 2.

§§ 36 NGO, 31 NLO, 40 RegionsG

ERLÄUTERUNGEN zu § 51

1. Die Vorschrift gilt **nur für Abgeordnete**; die Mitgliedschaft des HVB beginnt mit der Begründung des Beamtenverhältnisses nach § 80 (s. Erl. 7 zu § 80). Nach § 40 NKWG benachrichtigt der Wahlleiter die gewählten Bewerber über ihre Wahl mit dem Ersuchen, ihm binnen einer Woche schriftlich mitzuteilen, ob sie die Wahl annehmen. Gibt der Gewählte bis zum Ablauf der gesetzten Frist keine Erklärung ab, so gilt die Wahl zu diesem Zeitpunkt als angenommen. Die Annahme kann bis zum Beginn der Wahlperiode, mit der frühestens die Mitgliedschaft in der Vertretung beginnt, widerrufen werden; nach Erwerb der Mitgliedschaft ist nur noch der Verzicht gem. § 52 Abs. 1 Nr. 1 möglich. Die Ablehnung der Wahl ist dagegen unwiderruflich (§ 40 Abs. 1 Satz 6 NKWG). Bei Gewählten, die unter die Vorschrift des § 50 Abs. 1 fallen, vgl. § 50 Abs. 3.

2. Auch die **Mitgliedschaft der Ersatzperson** beginnt grundsätzlich mit der Annahme der Wahl gem. § 40 NKWG. Setzt die Beendigung der Mitgliedschaft des

Vorgängers jedoch einen Beschluss nach § 52 Abs. 2 voraus, dann beginnt die Mitgliedschaft der Ersatzperson frühestens mit diesem Beschluss (Satz 2). Die Annahme kann in der Sitzung der Vertretung erklärt werden, in der der Beschluss gem. § 52 Abs. 2 gefasst wird, sodass die Ersatzperson anschließend an der Sitzung teilnehmen kann (s. Erl. 4 zu § 52). Kann das für die Annahme der Wahl vorgeschriebene Verfahren (§§ 44, 40 NKWG) in dieser Sitzung nicht durchgeführt werden, ist die Ersatzperson noch nicht Abgeordneter und kann an der Sitzung nicht teilnehmen.

Beim **Nachrücken infolge Todes** ist ein Beschluss gem. § 37 Abs. 2 nicht vorgesehen; die Mitgliedschaft in der Vertretung beginnt deshalb mit der Annahme der Wahl (§ 44 Abs. 7 NKWG).

Beim **Nachrücken von Ersatzpersonen** ist auf § 44 Abs. 2 NKWG besonders hinzuweisen. Danach geht der Sitz des ausgeschiedenen Abgeordneten auf die erste Ersatzperson des Wahlvorschlages auch dann über, wenn diese aus der Partei ausgetreten oder ausgeschlossen ist, es sei denn, die Partei hat das Ausscheiden vor dem Freiwerden des Sitzes dem Wahlleiter schriftlich mitgeteilt.

§ 52   Sitzverlust

(1) ¹Die Abgeordneten verlieren ihren Sitz in der Vertretung durch
1. schriftliche Verzichtserklärung gegenüber der Hauptverwaltungsbeamtin oder dem Hauptverwaltungsbeamten,
2. Verlust der Wählbarkeit oder durch nachträgliche Feststellung ihres Fehlens zur Zeit der Wahl,
3. Feststellung der Verfassungswidrigkeit einer Partei nach Maßgabe des Absatzes 3,
4. Berichtigung des Wahlergebnisses oder durch seine Neufeststellung aufgrund einer Nachwahl oder Wiederholungswahl nach Maßgabe des Niedersächsischen Kommunalwahlgesetzes,
5. eine Entscheidung im Wahlprüfungsverfahren, nach der die Wahl der Vertretung oder die Wahl der oder des Abgeordneten ungültig ist,
6. Wegfall der Gründe für das Nachrücken als Ersatzperson,
7. Ablauf der Frist gemäß § 50 Abs. 3 Satz 3 oder 5, wenn der nach diesen Vorschriften erforderliche Nachweis nicht geführt ist, oder
8. Verwendung im Beamten- oder Arbeitnehmerverhältnis nach Annahme der Wahl, wenn die Mitgliedschaft in der Vertretung nach § 50 mit dem Amt oder Aufgabenkreis der Person unvereinbar ist und nicht innerhalb von vier Monaten nachgewiesen wird, dass das Dienst- oder Arbeitnehmerverhältnis beendet ist.

²Die Verzichtserklärung nach Satz 1 Nr. 1 darf nicht in elektronischer Form abgegeben und nicht widerrufen werden.

(2) Die Vertretung stellt zu Beginn der nächsten Sitzung fest, ob eine der Voraussetzungen nach Absatz 1 Satz 1 Nrn. 1 bis 4 und 6 bis 8 vorliegt; der oder dem Betroffenen ist Gelegenheit zur Stellungnahme zu geben.

(3) ¹Wird eine Partei oder die Teilorganisation einer Partei durch das Bundesverfassungsgericht gemäß Artikel 21 Abs. 2 des Grundgesetzes für die Bundesrepublik Deutschland für verfassungswidrig erklärt, so verlieren diejenigen Abgeordneten ihren Sitz, die aufgrund eines Wahlvorschlags dieser Partei oder

Teilorganisation gewählt worden sind. ²**Dies gilt auch für diejenigen Abgeordneten, die dieser Partei oder Teilorganisation zum Zeitpunkt der Verkündung der Entscheidung angehört haben.**

§§ 37 NGO, 32, 33 NLO, 41, 42 RegionsG

ERLÄUTERUNGEN zu § 52

1. Der **Verzicht** (Abs. 1 Nr. 1) ist jederzeit möglich und bedarf keiner Begründung. Wie sein Gegenstück, die Annahme der Wahl (§ 40 NKWG), muss er schriftlich erfolgen, wobei wie bei dieser die Fernkopie, nicht dagegen die elektronische Form zulässig ist. Er ist unwiderruflich, bedingungsfeindlich, aber wegen Irrtums, arglistiger Täuschung oder Drohung anfechtbar; so auch Hess. VGH (Urt. v. 16.8.1983, Die Fundstelle, Rdnr. 142), der jedoch die Anfechtbarkeit wegen Irrtums verneint (ebenso VG Stade, Urt. v. 31.3.1987 – 1 VG A 568/86), weil das Vertrauen auf die Endgültigkeit der Verzichtserklärung für den Nachfolger und die Tätigkeit der Vertretung schutzwürdiger sei als die Übereinstimmung der Erklärung mit dem wahren Willen des Erklärenden. Angesichts der gesetzlich vorgesehenen Anhörung des Betroffenen (Abs. 2), bei der dieser spätestens Kenntnis von dem Anfechtungsgrund erlangen wird, und der Anfechtungsfrist (§ 121 Abs. 1 BGB: unverzüglich) kann allerdings von einem schützenswerten Vertrauen des Nachfolgers und einer Gefahr für die Kontinuität der Abgeordnetentätigkeit noch nicht gesprochen worden. Der Sitzverlust tritt jedoch nicht schon mit dem Eingang der Verzichtserklärung beim HVB ein, sondern erst in dem Augenblick, in dem die Vertretung den Beschluss gem. Abs. 2 gefasst hat, vor welchem dem betroffenen Abgeordneten Gelegenheit zur Stellungnahme zu geben ist. Würde der Sitzverlust schon vorher eingetreten sein, hätte die Anhörung des Betroffenen keinen vernünftigen Sinn (ebenso VG Braunschweig, Urt. v. 30.11.1984 – 1 VG A 11/84, VG Stade, Beschl. v. 5.12.1984 – 1 VG D 47/84, VG Osnabrück, Urt. v. 30.8.2005, R&R 6/2005 S. 4 = NVwZ-RR 2006 S. 278); vgl. auch § 51, wonach der Sitzerwerb den Beschluss nach Abs. 2 voraussetzt. Die Bedingungsfeindlichkeit des Verzichts schließt nicht aus, dass er für einen bestimmten künftigen Termin erklärt wird und die Vertretung den Beschluss vor Eintritt des Termins fasst; in diesem Falle zählt zu den vom Rat nach Abs. 2 festzustellenden Voraussetzungen dieser Termin (a. A. VG Osnabrück, Urt. v. 30.8.2005 a. a. O., das eine mit einer Fristbestimmung versehene Verzichtserklärung als nicht vollwirksam ansieht, eine solche aber zur Voraussetzung des Feststellungsbeschlusses macht).

2. Wird das Fehlen von Voraussetzungen der Wählbarkeit (§ 49) erst nachträglich festgestellt (Abs. 1 Nr. 2), wird dadurch die **Wirksamkeit von Beschlüssen**, an denen der nichtwählbare Abgeordnete mitgewirkt hat, nicht berührt (vgl. auch Erl. 8 a. E. zu § 50). Die Wahl der Vertretung ist nicht ungültig (Abs. 1 Nr. 5), wenn nur die Wahl in einzelnen Wahlbereichen für ungültig erklärt wird und mit Rücksicht auf die Frist des § 42 Abs. 3 Satz 2 NKWG die Wahl im gesamten Wahlgebiet wiederholt werden muss (OVG Lüneburg, Beschl. v. 8.4.1975 – II OVG A 34/75).

3. Abs. 1 Nr. 7 gilt im Fall der Wahl eines unter die **Unvereinbarkeitsregelung** des § 50 fallenden Abgeordneten, der – nachdem er im Falle des § 50 Abs. 3 Satz 3 den Nachweis über die Abgabe der für die Beendigung des Dienstverhältnisses erforderlichen Erklärung geführt hat, deshalb die Wahl annehmen konnte und daraufhin die Mitgliedschaft in der Vertretung erworben hat – die Beendigung seines Beamten- oder Arbeitnehmerverhältnisses nicht nachgewiesen hat, und zwar auch für den Fall, dass die Unvereinbarkeit erst nachträglich festgestellt worden ist. Abs. 1 Nr. 8 regelt den Fall, dass die Unvereinbarkeit erst nach der Annahme der Wahl durch Eingehung eines Beamten- oder Arbeitnehmerverhältnisses begründet wird. Die Voraussetzung der Nr. 8 ist auch erfüllt, wenn einem Abgeordneten mit überwiegend körperlicher Arbeit Aufgaben übertragen werden, die dazu nicht gezählt werden können und deren Anteil dadurch auf unter 50 v. H. sinkt. In allen drei Fällen bedarf es des Beschlusses gem. Abs. 2. Erst danach kann der Wahlleiter den Verlust der Mitgliedschaft feststellen (§ 50 Abs. 3 Satz 6; vgl. Erl. 4).

4. Der **Beschluss nach Abs. 2** stellt die Tatsachen fest, aufgrund deren der Sitzverlust eintritt, und zwar nur in den gesetzlich genannten Fällen des Abs. 1 Nrn. 1 bis 4 und 6 bis 8, also nicht z. B. im Falle des Todes eines Abgeordneten. Er hat die jeweiligen Tatsachen (Voraussetzungen) feststellenden, nicht rechtsbegründenden Charakter in der Weise, dass dadurch die Mitgliedschaft in der Vertretung beendet wird; dies wird zumindest konkludent durch den Wahlausschuss oder den Wahlleiter bei der Entscheidung über den Übergang des Sitzes auf den Nachrücker festgestellt (§ 44 Abs. 1, 6 NKWG), so wie es im Falle des Abs. 1 Nr. 7 ausdrücklich bestimmt ist (§ 50 Abs. 3 Satz 6). Deshalb besteht für den betroffenen Abgeordneten kein Mitwirkungsverbot. Beim Verzicht erstreckt sich die der Feststellung vorausgehende Prüfung nicht nur darauf, ob er formgerecht erklärt worden ist, sondern auch darauf, ob er materiell rechtswirksam ist (VG Stade, Beschl. v. 5.12.1984 – 1 VG D 47/84), was insbesondere für den Verzicht zum Vollzug des sog. Rotationsprinzips bedeutsam ist, der unter bestimmten Voraussetzungen als rechtsunwirksam anzusehen ist (VG Stade, Beschl. v. 5.12.1984 a. a. O.; vgl. auch Nds. StGH, Urt. v. 5.6.1985, MBl. S. 484). Den Übergang des Sitzes auf die Ersatzperson stellt – auf der Grundlage der vom Rat festgestellten Tatsachen – der Wahlausschuss oder der Wahlleiter fest (§ 44 Abs. 6 NKWG). Rechtlich könnte der Wahlausschuss oder der Wahlleiter seine Feststellungen zwar auch vor dem Beschluss der Vertretung treffen. Jedoch würde in diesem Falle die Mitgliedschaft der Ersatzperson erst mit dem Beschluss beginnen (§ 51). Es bestehen keine Bedenken dagegen, die Ersatzperson zu der Sitzung zu laden, in der der zum Sitzverlust erforderliche Beschluss gem. Abs. 2 gefasst wird, um ihr mit dem Erwerb der Mitgliedschaft in der Vertretung die Teilnahme an der weiteren Sitzung zu ermöglichen; zur Frage der Beschlussfähigkeit s. Erl. 2 zu § 65.

Als sog. innerorganisatorischer Akt (so auch VG Osnabrück, Urt. v. 30.8.2005 a. a. O.) bedarf der Beschluss nicht der Vorbereitung durch den Hauptausschuss (vgl. Erl. 3 zu § 76). Auch für die Behandlung des Sitzverlustes ist ein besonderer Punkt am Anfang der Tagesordnung vorzusehen (VG Oldenburg, Beschl. v. 19.6.2002, R&R 2/2003 S. 10), jedoch werden die Voraussetzungen für eine

Erweiterung der Tagesordnung gem. § 59 Abs. 3 Satz 5 regelmäßig nicht vorliegen (vgl. Erl. 7 zu § 59 und VG Oldenburg, Beschl. v. 19.6.2002 a. a. O.). Verweigert die Vertretung die Feststellung nach Abs. 2, kann sie dazu durch kommunalaufsichtliche Anordnung (§ 174) angehalten werden (VG Oldenburg, Gerichtsbescheid v. 19.9.1994 – 2 A 2154/93).

Der feststellende Beschluss ist selbstständig anfechtbar, gegen ihn kann der betroffene Abgeordnete im Wege der **kommunalverfassungsrechtlichen Streitigkeit** vorgehen (VG Stade, Beschl. v. 5.12.1984 –1 VG D 47/84; VG Osnabrück, Urt. v. 30.8.2005 a. a. O., das den Weg des Wahleinspruchs ausdrücklich ablehnt, bestätigt vom Nds. OVG, Beschl. v. 29.1.2007, R&R 2/2007 S. 7). Die Feststellungen des Wahlausschusses oder des Wahlleiters zur Berufung des Nachrückers können nur im Wahlprüfungsverfahren angefochten werden (§ 49a Abs. 1 NKWG).

§ 53   Ruhen der Mitgliedschaft in der Vertretung

[1]Wird gegen Abgeordnete der Vertretung wegen eines Verbrechens die öffentliche Klage erhoben, so ruht ihre Mitgliedschaft in der Vertretung bis zur rechtskräftigen Entscheidung. [2]Die oder der Abgeordnete der Vertretung ist verpflichtet, der Hauptverwaltungsbeamtin oder dem Hauptverwaltungsbeamten unverzüglich mitzuteilen, dass Klage erhoben wurde.

§§ 38 NGO, 34 NLO, 43 RegionsG,

ERLÄUTERUNGEN zu § 53

1. Ruhen der Mitgliedschaft bedeutet Entbindung von den mit der Mandatsausübung verbundenen Rechten und Pflichten (z. B. Teilnahme an den Sitzungen, Anspruch auf Entschädigung). Nicht entbunden wird der Abgeordnete dagegen von den mit der Stellung als Abgeordneter verbundenen Pflichten (z. B. Verschwiegenheit, Vertretungsverbot).

Das Ruhen der Mitgliedschaft bedeutet nicht deren Beendigung. Deshalb zählt der Abgeordnete weiterhin bei der Fraktion oder Gruppe mit, der er angehört; eine Umbildung von Ausschüssen wegen Änderung der Stärkeverhältnisse kommt nicht in Betracht; ebenso wenig verliert eine Zwei-Mann-Fraktion oder -Gruppe ihren Status, wenn das Mandat eines der Beteiligten ruht. Allerdings kann ein Abgeordneter, dessen Mitgliedschaft ruht, nicht an der Neubildung einer Fraktion oder Gruppe beteiligt sein (VG Oldenburg, Beschl. v. 24.8.1981 – 1 OS VG D 52/81). Ob auch die Mitgliedschaft in der Fraktion/Gruppe ruht, ist fraktions-/gruppenintern zu entscheiden; ob die Zahlung eines Sitzungsgeldes möglich ist, regelt die Entschädigungssatzung (§ 55 Abs. 1).

Das Ruhen der Mitgliedschaft ist ein Fall der Verhinderung, so dass die dafür vorgesehenen Vertretungsregeln anzuwenden sind.

2. Da die MiStra für den Fall der Klageerhebung keine **Mitteilung an die Kommune** anordnen, ist der Abgeordnete zur Mitteilung verpflichtet. Unterlässt er die Mitteilung und wirkt er an Beschlüssen mit, sind diese nicht allein deswegen unwirksam, denn § 53 ist eine Ordnungsvorschrift zur Wahrung von Würde und Ansehen der Vertretung.

3. Das Ruhen der Mitgliedschaft wegen einer **Beschränkung der Vermögensverfügung** gibt es seit dem 1.11.1996 nicht mehr.

§ 54   Rechtsstellung der Mitglieder der Vertretung

(1) ¹Die Mitglieder der Vertretung üben ihre Tätigkeit im Rahmen der Gesetze nach ihrer freien, nur durch Rücksicht auf das öffentliche Wohl geleiteten Überzeugung aus. ²Sie sind nicht an Verpflichtungen gebunden, durch die die Freiheit ihrer Entschließung als Mitglieder der Vertretung beschränkt wird.

(2) ¹Niemand darf gehindert werden, das Amt eines Mitglieds der Vertretung zu übernehmen und auszuüben. ²Es ist unzulässig, Abgeordnete wegen ihrer Mitgliedschaft aus einem Dienst- oder Arbeitsverhältnis zu entlassen oder ihnen zu kündigen. ³Den Abgeordneten ist die für ihre Tätigkeit notwendige freie Zeit zu gewähren. ⁴Ihnen ist darüber hinaus in jeder Wahlperiode bis zu fünf Arbeitstage Urlaub zu gewähren, damit sie an Fortbildungsveranstaltungen teilnehmen können, die im Zusammenhang mit dem Amt der oder des Abgeordneten stehen. ⁵Für die Zeit dieses Urlaubs haben die Abgeordneten gegen die Kommune Anspruch auf Ersatz des nachgewiesenen Verdienstausfalls bis zu einem durch Satzung festzulegenden Höchstbetrag. ⁶Sind die Abgeordneten einer Gemeinde zugleich auch Abgeordnete einer Samtgemeinde, eines Landkreises oder der Region Hannover, so entsteht der Anspruch auf Urlaub nach Satz 4 in jeder Wahlperiode nur einmal.

(3) Die Vorschriften der §§ 40, 41, 42 Abs. 1 Satz 2 und Abs. 2 sowie des § 43 sind auf die Abgeordneten anzuwenden.

(4) Verletzen Abgeordnete vorsätzlich oder grob fahrlässig ihre Pflichten, verstoßen sie insbesondere gegen die ihnen in den §§ 40 bis 42 auferlegten Verpflichtungen, so haben sie der Kommune den daraus entstehenden Schaden zu ersetzen.

§§ 39 Abs. 1 bis 4 NGO, 35 Abs. 1 bis 4 NLO, 44 Abs. 1 bis 4 RegionsG

ERLÄUTERUNGEN zu § 54

1. So wie die Abgeordneten des Bundestages (Art. 38 Abs. 1 GG) und des Landtages (Art. 12 Satz 1 NV) Vertreter des ganzen Volkes sind, sind die Mitglieder der Vertretung **Vertreter der gesamten Bürgerschaft**. Wie jene sind sie an Aufträge und Weisungen Dritter, auch der Partei, die sie aufgestellt hat, nicht gebunden, soweit dadurch die Freiheit ihrer Entschließung als Mitglied der Vertretung beschränkt wird. Derartige Beschränkungen der freien Entschließung, also auch z. B. die Vereinbarung, durch die sich ein Abgeordneter zur Aufgabe des Mandats bei Ausschluss oder Austritt aus seiner Partei oder Fraktion ver-

pflichtet, sind unwirksam. Gleichwohl sind kommunale Vertretungen als Organe der Selbstverwaltung keine Parlamente (BVerfG, Beschl. v. 21.6.1988, NST-N 1988 S. 326); Regeln des Parlamentsrechts können also nicht unbesehen übernommen werden, sind vielmehr nur insoweit entsprechend anzuwenden, als sie geeignet sind, unabhängig von der unterschiedlichen Aufgabenstellung und Funktionsweise die Wirksamkeit der Arbeit eines Kollegialorgans zu erhöhen.

Das Mitglied der Vertretung entscheidet auch nach seiner Überzeugung, ob es sich Mehrheitsbeschlüssen seiner Fraktion oder seiner Partei anschließen will oder nicht (OVG Lüneburg, Beschl. v. 24.3.1993, KommP N 1995 S. 124). Ihm im konkreten Fall das Gegenteil nachzuweisen und z. B. einen unzulässigen Fraktionszwang oder imperative Mandatsausübung anzunehmen, erscheint ausgeschlossen; jedenfalls ist für kommunalaufsichtliche Maßnahmen in diesem Bereich in der Praxis kein Raum.

Aus dieser Stellung des Mitglieds der Vertretung folgt, dass seine Tätigkeit keine ehrenamtliche Tätigkeit i. S. d. § 38 darstellt, die in einer Dienstleistung für die Kommune besteht, den ehrenamtlich Tätigen in den Verwaltungskörper einordnet und ihn dem Weisungsrecht des HVB unterstellt. Wegen dieses Unterschiedes ist durch Gesetz vom 18.4.1963 (GVBl. S. 255) die ursprüngliche Bestimmung des § 37 Abs. 2 NGO gestrichen worden, nach der der ratsangehörige Bürger in ehrenamtlicher Tätigkeit steht.

2. Die Tätigkeit des Mitgliedes der Vertretung und der Vertretung ist Verwaltung, und zwar auch, soweit sie in dem Erlass von Ortsrecht (Satzungen, Verordnungen) besteht (OVG Lüneburg, Urt. v. 4.8.1994, KommP N 1994 S. 88; BVerwG, Beschl. v. 7.9.1992, NJW 1993 S. 411; BVerfG, Beschl. v. 22.11.1983, BVerfGE 65 S. 283). Deshalb haftet die Kommune für Schäden, die ein Dritter durch schuldhaft rechtswidrige Beschlüsse der Vertretung und des Hauptausschusses erleidet, in derselben Weise wie für Schäden schuldhaft rechtswidrigen Verwaltungshandelns des HVB oder eines anderen Bediensteten der Kommune (vgl. BGH, Urt. v. 14.6.1984, dng 1985 S. 94). Der Ansicht, Mitglieder der Vertretung müssten deshalb auch als Amtsträger i. S. d. § 11 Abs. 1 Nr. 2 Buchstabe c) StGB angesehen werden, weil sie bei der Kommune dazu bestellt sind, Aufgaben der öffentlichen Verwaltung wahrzunehmen (ebenso LG Krefeld, Beschl. v. 14.3.1994, NJW 1994, S. 2036) und könnten also wie Beamte für Amtsdelikte (vgl. z. B. §§ 203 Abs. 2, 331, 332, 353b StGB) bestraft werden, ohne nach dem Verpflichtungsgesetz (s. Erl. zu § 43) förmlich verpflichtet worden zu sein, ist der BGH (Urt. v. 9.5.2006, NJW S. 2050; s. auch R&R 5/2006 S. 18) mit der Begründung entgegengetreten, Mitglieder der Vertretung würden nicht in den vom StGB vorausgesetzten behördlich-hierarchischen, sondern in eigenbestimmt-politischen Strukturen tätig, und könnten deshalb als Amtsträger nur angesehen werden, wenn sie mit konkreten Verwaltungsaufgaben betraut würden, die über ihre Mandatstätigkeit in der Vertretung und den dazugehörigen Ausschüssen hinausgingen; der BGH (Urt. v. 9.5.2006, a. a. O. und Urt. v. 11.5.2006 – 3 StR 389/05) sieht den Verwaltungsausschuss unter Bezugnahme auf Rechtsprechung (OLG Celle, Urt. v. 10.4.1962, MDR 1962 S. 671) aus einer Zeit, als dieser statt des später (1963) dazu bestellten Gemeindedirektors das Verwaltungsorgan der Gemeinde war, als ausführend tätig und seine Mit-

glieder deshalb ebenso als Amtsträger an wie die Aufsichtsrats- und Vorstandsmitglieder einer Eigengesellschaft; die Landesjustizverwaltungen sind früher davon ausgegangen, dass Kommunalvertreter in kommunalen Versorgungsunternehmen Amtsträger im strafrechtlichen Sinne sind. Mitglieder der Vertretung genießen nicht das Recht der **Indemnität** und der **Immunität** (BGH, Urt. v. 9.5.2006 a. a. O.), d. h. sie können jederzeit, auch wegen einer Äußerung in der Vertretung, gerichtlich verfolgt werden, und zwar als Beamte auch dienstrechtlich. Sie üben ihre Tätigkeit im Rahmen der Gesetze aus und sind deshalb an **Weisungen der Aufsichtsbehörden,** die die Kommune binden, gebunden (vgl. auch Erl. 3 zu § 58). Zu den Gesetzen gehören auch Rechtsverordnungen, Satzungen und anderes Ortsrecht mit der Folge, dass die Vertretung an ihre eigenen Satzungen und Verordnungen gebunden ist. Auch gerichtliche Entscheidungen, die die Kommune verpflichten, binden die Mitglieder der Vertretung. Einer Neutralitätspflicht wie der HVB (vgl. Erl. 6 zu § 80) unterliegen die anderen Mitglieder der Vertretung nicht (VGH Mannheim, Beschl. v. 30.1.1997, NVwZ-RR 1998 S. 126); zur Neutralitätspflicht von Organen und Amtsträgern im Wahlkampf s. Erl. 1 zu § 47.

3. Abs. 2 Satz 1 verbietet ein Verhalten, das die **Übernahme oder Ausübung des Abgeordnetenmandats** erschweren oder verhindern soll. Die mit dieser Intention gesetzte Erschwerung oder Verhinderung wird verboten, nicht aber eine in eine ganz andere Richtung zielende Handlung, die nur unvermeidlicherweise die tatsächliche Folge oder Wirkung einer Beeinträchtigung der Freiheit hat, das Mandat zu übernehmen und auszuüben (BVerfG, Beschl. v. 21.9.1976, DÖV 1977 S. 51). Danach ist z. B. die **Versetzung eines Bediensteten,** der Abgeordneter ist, an einen anderen Dienstort mit der Folge, dass er sein Mandat aufgeben muss, nur dann verboten, wenn diese Folge beabsichtigt ist. Eine Hinderung der Mandatsausübung liegt nicht vor, wenn es der HVB unterlässt, in einer in die Zuständigkeit der Vertretung fallenden Angelegenheit deren Entscheidung einzuholen, und selbst entscheidet (OVG Münster, Beschl. v. 17.3.1988, NVwZ-RR 1989 S. 317; s. auch Erl. 5 zu § 66). Das BAG (Urt. v. 13.10.1988 – 6 AZR 144/85) sieht auch in der Abmahnung eines Beschäftigten, der für eine als verfassungswidrig angesehene Partei kandidiert oder ein Mandat ausübt, keine gezielte Beeinträchtigung der Übernahme oder Ausübung des Mandats. Dagegen kann die unangemessene Begrenzung des Höchstbetrages des Verdienstausfallersatzes mit dem Behinderungsverbot kollidieren (BAG, Urt. v. 20.6.1995, KommP N 1996 S. 215).

4. Der Begriff **Tätigkeit, für die die notwendige freie Zeit zu gewähren ist,** umfasst alle Tätigkeiten, die sich aus der Wahrnehmung des Mandats ergeben. Dazu gehört die Teilnahme an Sitzungen der Vertretung, des Hauptausschusses und von Ausschüssen, ferner an Fraktions-/Gruppensitzungen, an Sitzungen von Fraktions-/Gruppenarbeitskreisen und von Fraktions-/Gruppenvorständen, jedoch nicht nur als Zuhörer, und zwar auch im Falle des § 78 Abs. 2 Satz 2, sowie solchen Veranstaltungen, zu denen die Abgeordneten als Vertreter der Vertretung entsandt werden; weitere Hinweise enthalten die auch heute noch zutreffenden früheren VV zum NBG a. F. (Rd. Erl. d. MI, d. StK u. d. übr. Min. v. 25.11.1992, Nds. MBl. 1993 S. 93) zu § 108b; danach gehört zur Mandatstätigkeit insbesondere auch die Wahrnehmung von Funktionen in den Organen von juristischen Personen und Vereinigungen, in die der Abgeordnete als Vertreter der Kommune entsandt worden ist, also z. B. in den Mitgliederorganen kommunaler Eigen- und Beteiligungsgesellschaften, kommunaler Verbände und Vereine sowie im Verwaltungsrat von Sparkassen. Die Genehmigung der Teilnahme durch die Vertretung oder den Hauptausschuss rechtfertigt regelmäßig die Annahme, sie erfolge in Wahrnehmung des Mandats. Bei den stellvertretenden HVB gehört auch die Wahrnehmung der Repräsentationsaufgaben (§§ 86 Abs. 1, 81 Abs. 2) zur Mandatstätigkeit; nur im Ausnahmefall werden in Großstädten diese Aufgaben aber eine vollständige Befreiung von der Dienst- und Arbeitsleistung rechtfertigen. Im Übrigen ist bei der Beurteilung des Freistellungsanspruchs auf die Ehrenamtlichkeit der Mandatstätigkeit Bedacht zu nehmen. Die Betreuung einer Schülergruppe aus einer Partnerkommune gehört auch für das Mitglied des eigens gebildeten Partnerschaftsausschusses nicht zur Wahrnehmung des Mandats (VG Hannover, Gerichtsbescheid v. 13.6.1989 – 2 VG A 257/88), auch nicht die Teilnahme an einem Pressetermin der Fraktion, bei dem die Kandidaten für die Wahl der stellvertretenden HVB vorgestellt werden (OVG NW, Urt. v. 11.1.1996, KommP N S. 252); zur fehlenden Mandatsbezogenheit der Zugehörigkeit zu einer Delegation für die Teilnahme am Weinfest einer französischen Partnergemeinde s. ArbG Braunschweig, Urt. v. 18.7.2005, R&R 1/2006 S. 9. Für die Teilnahme an **Veranstaltungen seiner Partei** oder für die politische Arbeit in seinem Wahlkreis, z. B. für Wählersprechstunden, kann der Abgeordnete regelmäßig keine freie Zeit beanspruchen, auch wenn die Teilnahme für die sachgerechte Wahrnehmung des Mandats nützlich ist; ebenso wenig besteht ein Freistellungsanspruch für die **Vorbereitung von Sitzungen oder Veranstaltungen,** grundsätzlich also auch nicht für Vorbesprechungen; diese Tätigkeit soll der Abgeordnete außerhalb seiner Arbeitszeit erledigen. Für die Teilnahme an Fortbildungsveranstaltungen, die keine Mandatstätigkeit darstellt (VG Köln, Urt. v. 9.6.1988, NVwZ-RR 1989 S. 318), gibt Abs. 2 Satz 4 einen besonderen Urlaubsanspruch (s. unten).

Für Abgeordnete, die in einem Arbeitsverhältnis zu einem privaten Arbeitgeber stehen, folgt der Anspruch auf Freistellung aus Abs. 2 Satz 3 (VG Hannover, Urt. v. 11.9.1985 – 1 VG A 87/83), soweit er nicht tariflich geregelt ist. Dasselbe gilt für nach dem TVöD Beschäftigte, da ein Urlaubsanspruch tarifvertraglich in den Regelungen über die Arbeitsbefreiung nicht verankert ist (§ 29 TVöD; so zu der gleichlautenden Bestimmung eines Tarifvertrages BAG, Urt. v. 20.4.1995, KommP N 1996 S. 215). Beamte niedersächsischer Dienstherrn haben in dem erforderlichen Umfang Anspruch auf Urlaub unter Weitergewährung der Bezüge (§ 69 Abs. 6 NBG); für Bundesbeamte gilt gem. § 90 Abs. 4 BBG dasselbe. **Erforderlich** ist für Beamte **Urlaub** gem. § 69 Abs. 6 NBG nur bei unvermeidbarer Kollision von Mandatstätigkeit und zeitlich festgelegten dienstlichen Obliegenheiten, nicht dagegen, soweit sie über die zeitliche Erledigung der Obliegenheiten disponieren können (OVG Lüneburg, Urt. v. 13.12.1983, NStV-N 1984 S. 264, bestätigt vom BVerwG, Urt. v. 11.12.1985, BVerwGE 72 S. 289; VGH Mannheim, Beschl. v. 21.10.1983, DÖV 1984 S. 257; a. A. OVG Münster, Urt. v. 22.6.1983, DVBl. S. 1116), und zwar auch für die sog. **Gleitzeit** (BAG, Urt. v. 16.12.1993, AP Nr. 5 zu § 52 BAT; LAG Düsseldorf, Urt. v. 3.2.1993, NWVBl 1993 S. 315), so dass Bedienstete, die an ihr teilnehmen, zur Erbringung ihrer vollen Arbeitsrate verpflichtet bleiben. Für die Auslegung des Begriffs „notwendige freie Zeit" in Abs. 2 Satz 3 und Tarif-verträgen gilt das ebenso. Zur Handhabung der Regelungen über die Abwesen-heit aus außerdienstlichen Gründen in Nr. 17 der Gleitzeitvereinbarung vom 23.4.1999 (Nds. MBl. S. 194) für die Dienststellen der Landesverwaltung be-stimmt Abs. 5 der „Erläuternden Hinweise" (Beschluss der Landesregierung vom 30.3.1999): „Von der grundsätzlichen Verpflichtung, zunächst die sich aus der Gleitzeit ergebenden Möglichkeiten zu nutzen, kann bei Vorliegen besonde-rer Umstände im Einzelfall abgesehen werden, wenn dadurch die Erledigung der auf dem betreffenden Dienstposten/Arbeitsplatz liegenden Aufgabe nicht in Frage gestellt wird. Die Verantwortung dafür trägt – neben der oder dem jewei-ligen Bediensteten – die Leiterin oder der Leiter der betreffenden Organisations-einheit. Sie oder er hat erforderlichenfalls mit der oder dem Bediensteten eine Arbeitsplatzplanung zu erarbeiten, die sicherstellt, dass die der Organisations-einheit obliegenden Aufgaben insgesamt zeitgerecht erfüllt werden." Es bietet sich an, dass im kommunalen Bereich ebenso verfahren wird. Bei einer länger-fristigen Dienstplangestaltung ist der Dienstherr berechtigt, die mandatsbedingte-ten Verpflichtungen des Bediensteten zu berücksichtigen und ihn so einzusetzen, dass Kollisionen vermieden werden. Der Begriff „erforderlich" in § 90 Abs. 4 BBG (Entsprechendes gilt für § 69 Abs. 6 NBG) enthält keine Begrenzung der Freistellung i. S. d. Festlegung einer zeitlichen Obergrenze, wenn die mandats-bedingte Tätigkeit ein bestimmtes Ausmaß überschreitet und den Umfang einer hauptberuflichen Tätigkeit erreicht oder gar überschreitet (OVG Lüneburg, Urt. v. 9.9.1987, dng 1988 S. 29, vom BVerwG, Beschl. v. 28.6.1990 – BVerwG 2 C 11.88 – aus prozessualen Gründen für unwirksam erklärt). § 69 Abs. 6 NBG gilt nicht nur für die Tätigkeit als Mitglied eines nach den Vorschriften der Kommunalverfassungsgesetze gebildeten Ausschusses, sondern auch z. B. für den Schul-, den Umlegungs-, den Grundstücksverkehrs- und den Jugendhilfe-ausschuss (§ 69 Abs. 6 NBG; ebenso § 90 Abs. 4 BBG).

Der Urlaubsanspruch für die Teilnahme an **Fortbildungsveranstaltungen** steht auch Bezirks- und Ortsratsmitgliedern (§ 91 Abs. 4 Satz 1) und den anderen Personen in Ausschüssen (§ 71 Abs. 7 Satz 4, § 73) zu. Er richtet sich für un-selbstständig Tätige gegen den Arbeitgeber, wärend selbstständig Tätige ihn sich selbst gewähren; jedoch ist im Hinblick auf die Entschädigung (Abs. 2 Satz 5) auch erforderlich, dass die Kommune den Fortbildungsurlaub anerkennt, wes-halb sie beteiligt werden sollte, wenn er genommen wird. Die Fortbildung muss geeignet sein, die Mandatswahrnehmung zu verbessern. Es kommen dafür so-wohl allgemeinbildende, z. B. zur Rednerschulung oder im Rahmen der neuen Steuerungsmodelle, als auch fachspezifische Veranstaltungen in Betracht. Der Urlaub dafür kann in einem Zuge, aber auch tageweise in Anspruch genommen werden. Wer in mehreren Vertretungen ehrenamtlich tätig ist, z. B. im Rat und im Kreistag oder im Ortsrat, kann den Urlaub nur einmal beanspruchen (Abs. 2 Satz 6).

Einen **Verdienstausfall** infolge Fortbildungsurlaubs können Abgeordnete, und zwar unselbstständig Tätige ebenso wie Selbstständige, von der Kommune bis zu einem in der Satzung festgelegten Höchstsatz, der mit dem auch in anderen Fällen gewährten identisch sein sollte, ersetzt verlangen (Abs. 2 Satz 5). Zu den weiteren Ersatzansprüchen s. Erl. zu § 55.

5. Abs. 4 behandelt nur den Fall der **Pflichtverletzung** durch einen einzelnen Abgeordneten. Eine Haftung der Abgeordneten für einen Schaden, den die Kommune infolge eines Beschlusses der Vertretung erleidet, besteht nicht. Die Vertretung kann den Verstoß eines Abgeordneten gegen die ihm nach Abs. 3 obliegenden Pflichten, insbesondere die zur Amtsverschwiegenheit, durch Beschluss rügen (s. Erl. 5 a. E. zu § 40).

Im Außenverhältnis **haftet die Kommune** für einen Schaden, den ein Dritter durch einen rechtswidrigen Beschluss der Vertretung erleidet, nach den haftungsrechtlichen Grundsätzen bei Amtspflichtverletzungen (§ 839 BGB, Art. 34 GG); für die Mitglieder kommunaler Vertretungskörperschaften gelten insoweit keine milderen Sorgfaltsmaßstäbe als für Beamte (BGH, Urt. v. 14.6.1984, dng 1985 S. 94; Urt. v. 26.1.1989, NJW 1989 S. 976). Für einen Rückgriff gegenüber Abgeordneten, die den Schaden vorsätzlich oder grob fahrlässig durch die entsprechende Beschlussfassung herbeigeführt haben, bietet Abs. 4 keine Rechtsgrundlage zumal wenn mangels Pflicht zur offenen Abstimmung die Verantwortlichkeit für einen Beschluss nicht festgestellt werden kann.

§ 55 Entschädigung der Abgeordneten

(1) [1]**Die Abgeordneten haben Anspruch auf Zahlung einer Entschädigung nach Maßgabe des § 44 Abs. 1 und 3.** [2]**Selbstständig Tätigen kann der Nachweis des Verdienstausfalls erleichtert werden.** [3]**Die Entschädigung kann nach Maßgabe einer Satzung ganz oder teilweise pauschal gewährt und dabei ganz oder teilweise als Sitzungsgeld gezahlt sowie für besondere Funktionen erhöht werden; sie muss angemessen sein.**

(2) [1]**Das für Inneres zuständige Ministerium beruft jeweils vor dem Ende einer allgemeinen Wahlperiode sachverständige Personen in eine Kommission, die bis zum Beginn der neuen Wahlperiode Empfehlungen zur Ausgestaltung und Höhe der Entschädigung nach Absatz 1 gibt.** [2]**Die Empfehlungen sind von dem für Inneres zuständigen Ministerium zu veröffentlichen.** [3]**Die Mitglieder der Kommission haben Anspruch auf Ersatz ihrer Auslagen und des Verdienstausfalls nach Maßgabe der Abschnitte 2 und 5 des Justizvergütungs- und -entschädigungsgesetzes.**

§§ 39 Abs. 5 bis 9 NGO, 35 Abs. 5 bis 9 NLO, 44 Abs. 5 bis 9 RegionsG

ERLÄUTERUNGEN zu § 55

1. Wie die ehrenamtliche Tätigkeit ist auch die Wahrnehmung eines Abgeordnetenmandats unentgeltlich. Jedoch dürfen dem Abgeordneten daraus keine Nachteile und Einbußen entstehen. Die dazu notwendigen Regelungen haben die Kommunen durch Satzung zu treffen. Die gesetzlichen Vorgaben dafür sind gegenüber den bisherigen vereinfacht worden. Die Abgeordneten haben Anspruch auf Ersatz ihrer **Auslagen,** zu denen auch die Aufwendungen für eine **Kinderbetreuung** zählen, und ihres nachgewiesenen **Verdienstausfalls,** an dessen

Stelle ein angemessener **Pauschalstundensatz** als Ausgleich von besonderen Nachteilen bei der Haushaltsführung oder im sonstigen beruflichen Bereich treten kann (§ 44 Abs. 1 und 2). Die Ansprüche müssen auf Höchstbeträge begrenzt werden (§ 44 Abs. 1 Satz 4), die Entschädigung kann ganz oder teilweise pauschal und als Sitzungsgeld gezahlt und für besondere Funktionen erhöht werden (Abs. 1 Satz 2). Grundlage der Entschädigungsleistungen kann die bisher aufgrund Gesetzes oder von Richtlinien geübte Handhabung sein, wie sie in der jeweiligen Entschädigungssatzung der Kommunen ihren Niederschlag gefunden hat und allseits als angemessen angesehen worden ist, nach Wegfall der gesetzlichen Vorgabe ergänzt um Funktionen mit verändertem Inhalt (wie die des Vorsitzenden der Vertretung), deren Inhabern eine erhöhte Entschädigung gezahlt werden kann.

2. Auslagen sind die notwendigen **baren Ausgaben** im Zusammenhang mit der Mandatsausübung, zu der alle Tätigkeiten zählen, für die freie Zeit nach § 54 Abs. 2 Satz 3 zu gewähren ist (Erl. 4 zu § 54). Dazu gehören auch die **Fahrtkosten,** deren Begrenzung auf das Gebiet der Kommune gesetzlich nicht vorgegeben ist. Um Streit darüber zu vermeiden, ob die Kosten einer Anreise zu einer Sitzung von außerhalb der Kommune, z. B. Fahrtkosten von einem weit entfernten Ort, Flugkosten von einem anderen Kontinent, zu den erstattungsfähigen Auslagen zählen, sollten im Hinblick auf die Gebietsbezogenheit des kommunalen Mandats in der Satzung als Auslagen nur die Fahrtkosten innerhalb der Kommune anerkannt und Fahrtkosten darüber hinaus entsprechend den reisekostenrechtlichen Vorschriften des BRKG erstattet werden, wenn die Voraussetzungen einer mandatsbedingten Dienstreise vorliegen. Das Gesetz zählt zu den Auslagen auch die **Aufwendungen für eine Kinderbetreuung,** die infolge der Mandatstätigkeit entstanden sind. Als betreuungsbedürftig sind regelmäßig Kinder bis zur Vollendung des 14. Lebensjahres anzusehen (§ 1 Abs. 2 Nr. 1 Buchst. c Kindertagesstättengesetz). Die Aufwendungen müssen Folge der Mandatstätigkeit und notwendig sein. Besuchen Kinder eine Kindertagesstätte, kann regelmäßig davon ausgegangen werden, dass das vorrangig aus anderen Gründen geschieht als infolge der Mandatstätigkeit. Gehören zur Wohngemeinschaft weitere Angehörige, die auch sonst unentgeltlich an der Betreuung der Kinder beteiligt sind, z. B. Vater oder Mutter, Großeltern, ältere Geschwister, sind Aufwendungen nicht notwendig. Auch die Aufwendungen für eine Kinderbetreuung sind auf Höchstbeträge zu begrenzen, für deren Bemessung die durchschnittlichen Entgelte für Kinderbetreuung durch Tageseinrichtungen für Kinder, Hausmädchen oder Babysitter eine Grundlage sein können. Aufwendungen für sonstige Betreuungen, z. B einer pflegebedürftigen erwachsenen Person, können angesichts der gesetzlichen Beschränkung auf die Kinderbetreuung nicht ersetzt werden. S. auch Erl. 3 a. E.

3. Die Entschädigung kann nach Maßgabe der Satzung ganz oder teilweise **pauschal** gewährt werden (Abs. 1 Satz 3), allerdings kommt eine Pauschale aus Gründen der Gleichbehandlung der Abgeordneten nur insoweit in Betracht als sie Auslagen und Einbußen einbezieht, die bei allen in etwa gleichem Umfang entstehen. Das ist bei den Aufwendungen für eine Kinderbetreuung und beim Verdienstausfall nicht der Fall und wird das auch bei den Fahrtkosten vielfach nicht sein, weil diese bei unterschiedlichen Entfernungen zwischen Wohnung und Verwaltungssitz in unterschiedlicher Höhe anfallen. Deshalb bietet sich die Pauschalierung der sonstigen Auslagen in Form einer Aufwandsentschädigung (die allerdings anders als für ehrenamtlich Tätige in § 44 Abs. 2 bei Abgeordneten nicht ausdrücklich vorgesehen ist) an, so wie das auch in der Vergangenheit aufgrund gesetzlicher Regelung geschehen ist. Für deren Höhe kann auf die bisher in Geltung gewesenen Regelungen und Verfahrensweisen (insbesondere die längst aufgehobenen, aber inhaltlich weithin noch zutreffenden RdErl. d. MI. v. 27.7.1973, MBl. S. 1138 und v. 18.4.1977 MBl. S. 438) zurückgegriffen werden, einschließlich der **alljährlichen angemessenen Erhöhung** in Anlehnung an eine prozentuale Anhebung der Bezüge im öffentlichen Dienst, die jedoch nicht durch eine Gleitklausel bewirkt werden kann, sondern jeweils eines Beschlusses der Vertretung bedarf (vgl. BVerfG, Urt. v. 5.11.1975, DVBl. 1975 S. 991) und derzeit (Stand: 1.1.2011) die Erhöhung der im RdErl. v. 27.7.1973 festgelegten Höchstbeträge um 189,88 v. H. erlaubt; diese Entschädigung wird seit Jahrzehnten als angemessen angesehen und gewährleistet auch weiterhin die ausdrücklich geforderte Angemessenheit (Abs. 1 Satz 3 Halbsatz 2). Die Pauschalierung der Auslagen schließt anders als im Falle des § 44 Abs. 2 die gesonderte Abgeltung besonderer, nur einzelnen Abgeordneten entstehenden Auslagen im Wege des Einzelnachweises nicht aus, wie z. B. die schwerbeschädigten Abgeordneten, die ihre Mandatätigkeit ohne eine Begleitperson nicht ausüben können, dadurch entstehenden und von dritter Seite nicht getragenen Kosten. Neben dieser Aufwandsentschädigung sind, soweit sie nicht in sie einbezogen sind, die **Fahrtkosten** pauschaliert oder spitz abgerechnet zu erstatten. Bei Benutzung eines privaten Personenkraftwagens kann dabei die bei erheblichem dienstlichen Interesse reisekostenrechtlich zulässige Wegstreckenentschädigung von 30 Cent/km (§ 5 Abs. 2 BRKG) zugrunde gelegt werden.

Durch die Aufwandsentschädigung wird der übliche Aufwand „normaler" Mandatätigkeit abgegolten, wie er regelmäßig allen Abgeordneten in etwa gleichem Umfange entsteht. Aufwand, der das übliche Maß übersteigt, wie z. B. erhöhte Transportkosten eines körperlich behinderten Abgeordneten oder Kosten eines Rechtsstreits oder sonstigen rechtlichen Auseinandersetzung, in den der Abgeordnete im Zusammenhang mit der Mandatsausübung verwickelt worden ist (s. dazu VG Braunschweig, Urt. v. 14.9.2001, R&R 1/2003 S. 4; VG Lüneburg, Urt. v. 16.3.2011, R&R 3/2011 S. 6; s. auch Erl. 5 a. E. zu § 66), ist neben der Aufwandsentschädigung erstattungsfähig. Aufwand, der durch darüber hinausgehende, zusätzliche Mandatätigkeit einzelner Abgeordneter entsteht, wird regelmäßig nach Maßgabe sondergesetzlicher Bestimmung abgegolten, wie z. B. die Wahrnehmung von Mitgliedschaftsrechten der Kommune in wirtschaftlichen Unternehmen (§ 138 Abs. 7) oder die Tätigkeit als Mitglied des Verwaltungsrats einer Sparkasse (§ 11 Abs. 2 NSpG).

4. Auch der **Verdienstausfallersatz** korrespondiert mit der Regelung über den Freistellungsanspruch und kann für dieselben Tätigkeiten verlangt werden, für die die Freistellung vom Dienst- oder Arbeitsverhältnis beansprucht werden kann (vgl. Erl. 4 zu § 54). In der Satzung ist zu regeln, ob jedweder Verdienstausfall zu ersetzen ist oder nur der für Tätigkeiten innerhalb der individuellen regelmäßigen Arbeitszeit und bei mehreren Tätigkeiten ob für Nebentätigkeiten ebenso wie für die Haupttätigkeit. Überstunden zählen zur regelmäßigen Arbeitszeit dann, wenn sie regelmäßig geleistet werden. Zur Klarstellung sollte in der Satzung auch bestimmt werden, dass der Ersatz für jede angefangene Stunde geleistet wird. Ersatzfähig ist ausdrücklich nur der nachgewiesene Verdienstausfall (§ 44 Abs. 1 Satz 1) Bei **unselbstständig Tätigen** verursacht der Nachweis des Verdienstausfalls in der Regel keine besonderen Schwierigkeiten. Auch **selbstständig Tätige** haben einen mandatsbedingten Einkommensverlust grundsätzlich nachzuweisen, sowohl der Höhe (z. B. durch Vorlage der Einkommensteuerbescheide oder der Quittung für Bezahlung einer Vertretungs- oder Hilfskraft) als auch der zeitlichen Entstehung während der mandatsbedingten Abwesenheit nach. Jedoch kann ihnen der Nachweis erleichtert werden (Abs. 1 Satz 2), etwa dadurch, dass auf der Grundlage ihres z. B. durch geeignete Unterlagen oder an Hand von Erfahrungswerten der Kammern oder Berufsverbände, glaubhaft gemachten Einkommens eine Verdienstausfallpauschale je Stunde festgelegt und unterstellt wird, dass der Einkommensverlust während der Abwesenheit in den üblichen Büro- und Geschäftszeiten eintritt. Bei einer Beschränkung des Verdienstausfallersatzes auf die allgemeine regelmäßige Arbeitszeit, z. B. 8 bis 18 Uhr, werden Ausnahmen für Berufsgruppen, deren Tätigkeit ihrer Art nach außerhalb dieser Zeit liegt (z. B. Schichtarbeiter, Gastwirte) vorzusehen sein. In der Satzung wird zweckmäßigerweise auch geregelt, dass sog. Rüstzeiten z. B. für den Wechsel der Arbeitskleidung und die Anfahrt zum Ort der Mandatstätigkeit bei dem Verdienstausfallersatz zu berücksichtigen sind.

Der Verdienstausfallersatz muss auf einen **Höchstbetrag** begrenzt werden (§ 44 Abs. 1 Satz 4). Dem ist entsprochen, wenn der Höchstbetrag je Stunde festgelegt wird. Bei dessen Bemessung ist darauf Bedacht zu nehmen, dass jedenfalls der unselbstständig tätige Abgeordnete vor unzumutbarer Verdiensteinbuße bewahrt bleibt (BAG, Urt. v. 20.6.1995, KommP N 1996 S. 215). Die Festlegung eines Höchstsatzes, der für unselbstständig Tätige einen vollen Lohnausfallersatz bedeutet, selbstständig Tätigen dagegen ihren Einkommensverlust nicht vollständig ersetzt, stellt keinen Verstoß gegen den Grundsatz der Gleichbehandlung dar (OVG Münster, Urt. v. 21.4.1980 – 4 A 2311/79; ähnl. Urt. v. 29.11.1985, Eildienst LKT NW 1986 S. 310, das die Vertretung aber für verpflichtet erklärt, die Entscheidung über den Höchstbetrag ständig unter Kontrolle zu halten und gegebenenfalls zu korrigieren, wenn der Höchstbetrag dem Einkommensdurchschnitt nicht mehr gerecht wird). Bei der Frage, was Bestandteil des Verdienstes und bei der Bemessung des Höchstbetrags zu berücksichtigen ist, kann von dem sozialversicherungsrechtlichen Begriff des Arbeitsentgelts (§ 14 Abs. 1 SGB IV) ausgegangen werden, sodass dazu alle Leistungen des Arbeitgebers zählen, die bei einem Ausfall der Arbeitsleistung mangels anderslautender arbeits- oder tarifvertraglicher Regelungen versagt, gekürzt oder nach einer niedrigeren Bemessungsgrundlage gewährt würden, also z. B. auch eine Weihnachtsgratifikation, eine Treueprämie für langjährige Tätigkeit, ein zusätzliches Urlaubsgeld, Beiträge zum betriebsärztlichen Dienst und Konkursausfallgeld sowie Zusatzrenten (anders OVG Münster, Beschl. v. 7.12.1982, der gemeindehaushalt 1983 S. 119, das Nachteile, im entschiedenen Fall im Bereich der Unfallversicherung und der betrieblichen Unterstützungskasse, die darauf beruhen, dass dem Ratsmitglied im Umfang seiner Freistellung kein Verdienst, sondern lediglich ein Verdienstausfallersatz zusteht, der im Gegensatz zum Verdienst nicht Grundlage der Leistungsbemessung ist, nicht zum entschädigungspflichtigen Verdienstausfall rechnet). Gemeinlasten des Arbeitgebers (z. B. Entlohnung für allgemeine Ausfallzeiten mit Lohnfortzahlung wie Urlaub, Feiertage, Krankentage, Beiträge zu Arbeitgeberorganisationen, Beiträge zur Haftpflichtversicherung des Betriebes), die kalkulatorisch in die Kosten einer Arbeitsstunde eingehen, sind dagegen nicht entschädigungsfähig. Die Kosten einer Vertretung für den mandatsbedingt abwesenden Bediensteten sind nicht erstattungsfähig.

5. Die Begrenzung auf einen Höchstsatz gilt auch für die Festsetzung eines gegenüber dem Verdienstausfall geringeren **Pauschalstundensatzes**, durch den nur die Erschwernisse bei der Erhaltung des Einkommens (VGH München, Urt. v. 13.8.1986, DVBl. 1987 S. 140 für die entsprechende bayerische Regelung) und bei der Erledigung der Hausarbeit abgegolten werden sollen und der deshalb regelmäßig unterhalb der Höhe des Verdienstausfallersatzes bleiben muss. Zur Abgeltung der Erschwernisse im Haushalt kann er nach der Zahl der dem Haushalt angehörenden Personen gestaffelt werden.

Für die Satzungsregelung und ihre Auslegung kann Folgendes zugrunde gelegt werden: Voraussetzung ist eine Erwerbstätigkeit, die ein Studium nicht darstellt (Nds. OVG, Urt. v. 21.9.1999, NdsVBl. 2000 S. 126). Ist ein nachweisbarer Einkommensverlust nicht eingetreten, weil der Abgeordnete versäumte Arbeit nachgeholt oder sich einer unbezahlten Hilfskraft bedient hat, so kann ihm die festgelegte Pauschale je Stunde versäumter Arbeit gewährt werden. Unter versäumter Arbeit sollte nur die verstanden werden, die im Rahmen der normalen Arbeitszeit der Einkommenserhaltung dient, nicht dagegen das Versäumen eines Nebenerwerbs oder sonstiger Tätigkeiten während der außerberuflichen Freizeit (z. B. versäumte Gartenarbeit). Den Pauschalstundensatz können selbstständig und unselbstständig Tätige geltend machen, unselbstständig Tätige jedoch nur dann, wenn sie rechtlich zur Nachholung versäumter Arbeit verpflichtet sind, nicht aber auch, wenn sie neben dem Anspruch auf Freistellung für die Mandatstätigkeit wie die im öffentlichen Dienst Beschäftigten einen Anspruch auf Befreiung von der Dienstleistung bei gleichzeitiger Belassung der Dienstbezüge (Beurlaubung) haben, zur Nachholung der Dienstleistung also nicht verpflichtet sind (VG Hannover, Urt. v. 11.9.1985 – 1 VG A 87/83 und 1 VG A 244/83; zum Inhalt des Begriffs Mandatsurlaub der Beamten: VGH Baden-Württemberg, Urt. v. 29.2.1984 – 4 S 1127/83). Keinen Nachteil erleiden der Arbeitslose, der Grundsicherung für Arbeitssuchende erhält (VG Düsseldorf, Urt. v. 21.1.1983 – 1 K 4035/81), Rentner, Pensionäre und Studenten, die neben ihrem Studium keiner regelmäßigen bezahlten Tätigkeit nachgehen (OVG Münster, Urt. v. 21.2.1986 – 15 A 1069/84, Eildienst LKT NW 1986 S. 255). Im Zusammenhang mit der **Führung eines Haushalts** kann ein Erschwernisausgleich dafür festgelegt werden, dass Hausarbeit im Hinblick auf Mandatstätigkeit hat verschoben und nachgeholt oder durch eine Hilfskraft hat durchgeführt werden müssen; der Ausgleich kann dem zuvor dargestellten nachgebildet werden, den Berufstätige beanspruchen können, die unter Erschwernissen Einkommenseinbußen abgewendet haben. Anspruchsberechtigt ist dann jeder Abgeordnete, der hauptberuflich einen Haushalt (ggf. mit einer festzulegenden Mindestzahl von Personen) führt. In der Praxis werden keine hohen Anforderungen an den Nachweis oder auch nur die Glaubhaftmachung der besonderen

Nachteile gestellt werden können, die im Bereich der Haushaltsführung entstanden sind, weil anderenfalls der Anspruch leer liefe, wenn ein solcher, worauf kein Anspruch besteht (Erl. 2 zu § 44), in der Satzung normiert ist.

6. Durch Satzung kann geregelt werden, dass die Aufwandsentschädigung ganz oder teilweise als **Sitzungsgeld** gezahlt wird, wobei zugleich zu regeln ist, für welche Sitzungen das gilt; gesetzliche Vorgaben bestehen insoweit nicht; das gilt auch für die teilweise Pauschalierung und die Höhe des Sitzungsgeldes. Neben dem Sitzungsgeld kommt im Falle einer – nur unter besonderen Umständen zulässigen – Sitzung der Vertretung oder ihrer Ausschüsse außerhalb des Gebietes der Kommune eine **reisekostenrechtliche Entschädigung** nicht in Betracht; ebenso wenig kann für die Teilnahme an einer Dienstreise, für die Reisekosten gewährt werden, Sitzungsgeld gezahlt werden. Beide Entschädigungen stellen Ersatz des Aufwandes dar, der nur einmal gewährt werden kann.

Erhöhte Aufwandsentschädigungen können denjenigen Funktionsträgern gewährt werden, bei denen ein erhöhter Aufwand plausibel ist. Das sind jedenfalls die früher schon im Gesetz genannten Stellvertreter des HVB, die Fraktionsvorsitzenden und die Abgeordneten, die Mitglieder des Hauptausschusses sind; inzwischen kommt dafür aufgrund seiner zusätzlichen Aufgaben auch noch der Vorsitzende der Vertretung in Betracht. Sofern mehrere dieser Funktionen, die nicht notwendigerweise miteinander verbunden sind (wie Stellvertretung des HVB gem. § 81 Abs. 2 und Mitgliedschaft im Hauptausschuss), gleichzeitig wahrgenommen werden, kommt die angemessene Erhöhung einer der beiden Aufwandsentschädigungen entsprechend des zusätzlichen Aufwandes in Betracht (VG Braunschweig, 1. Kammer Lüneburg, Urt. v. 27.4.1979 – I A 225/ 77). Vorsitzende von Gruppen stehen Fraktionsvorsitzenden gleich, allerdings erscheint es, wenn der Gruppe auch eine Fraktion angehört, als angemessen, die erhöhte Aufwandsentschädigung nur entweder dem Gruppenvorsitzenden oder dem Fraktionsvorsitzenden zu gewähren; das Nds. OVG (Urt. v. 10.10.2000, VwRR N 2001 S. 78) billigt dem Fraktionsvorsitzenden wegen des Fortbestandes der Fraktion in jedem Falle die erhöhte Aufwandsentschädigung zu (vgl. Erl. 3 zu § 57). Für die Bemessung der Aufwandsentschädigung enthält Nr. 2.2.6 der Richtlinien des RdErl. d. MI v. 27.7.1973 nach wie vor hilfreiche Hinweise. Im Rahmen der danach für zulässig anzusehenden Höchstsätze kann sich die zusätzliche Entschädigung der Fraktions- und Gruppenvorsitzenden bis zu einem gewissen Umfang an der Größe der Fraktion oder Gruppe orientieren, weil diese Auswirkungen auf den bei der Leitung zu treibenden Aufwand hat, und dementsprechend unterschiedlich hoch zu bemessen ist (Nds. OVG, Urt. v. 10.10.2000 a. a. O.; OVG Münster, Urt. v. 14.6.1994, KommP N 1995 S. 18 und v. 26.9.1996 – 15 A 4782/94). Die zusätzliche Entschädigung von Vertretern des HVB nach § 81 Abs. 2 kann in gleicher Höhe, aber unterhalb des Höchstsatzes, festgesetzt werden, wenn sie wegen fehlender Bestimmung einer Reihenfolge gleichrangige Vertreter sind (s. Erl. 2 zu § 81).

7. In der Entschädigungssatzung kann geregelt werden, dass sich die Aufwandsentschädigung vermindert oder im Extremfall ihre Zahlung eingestellt wird, wenn ein Abgeordneter über einen gewissen Zeitraum, z. B. aus Krankheitsgründen, an der Wahrnehmung des Mandats verhindert ist oder an der Arbeit der Vertretung nicht teilnimmt, weil dann ein Aufwand in geringerem Umfang

oder sogar gar nicht entsteht. Gegen eine – höchstens entsprechende – Erhöhung der Aufwandsentschädigung des Vertreters werden Bedenken nicht erhoben.

8. Für die Entschädigung der Mitglieder der Orts-/Stadtbezirksräte können die die Ortsratsmitglieder betreffenden Richtlinien des RdErl. d. MI v. 27.7.1973, Nr. 4, Richtschnur sein. Die gegenseitige Anrechnung von Entschädigungsleistungen, die ein Abgeordneter erhält, der zugleich Mitglied eines Orts- oder Stadtbezirksrats ist, findet nicht statt (so für den Fahrtkostenersatz VG Hannover, Urt. v. 25.6.1986 – 1 VG A 168/85).

9. Zur steuerlichen Behandlung der Aufwandsentschädigungen vgl. RdErl. d. MF v. 16.7.2009 (MBl. S. 732), in dessen Anlage die geltenden Grundsätze zusammengefasst sind. Die Besteuerung ist mit Art. 3 GG vereinbar (BVerfG, Beschl. v. 26.11.1982, dng 1984 S. 302). Werden die Fahrtkosten durch Zahlung einer Pauschale abgegolten, kann diese auch ohne Einzelnachweis gegenüber dem Finanzamt nach § 3 Nr. 3 EStG steuerbefreit sein, sofern sie die tatsächlich entstandenen Reiseaufwendungen nicht ersichtlich übersteigt (BFH, Urt. v. 8.10.2008, R&R 1/2009 S. 10).

Die **Gewährung** einer Aufwands- oder Verdienstausfallentschädigung ist wie die **Rückforderung**, wenn sie zu Unrecht gezahlt worden ist, als Verwaltungsakt anzusehen (VG Hannover, Urt. v. 5.4.2000, VwRR N 2001 S. 15 = NdsVBl. 2000 S. 308; VG Oldenburg, Urt. v. 23.5.2001, NdsVBl. S. 296, das die Rückforderung zulässt, wenn das Ratsmitglied einen leicht erkennbaren Fehler bei der Gewährung von Sitzungsgeld nur deshalb nicht aufgedeckt hat, weil es die ihm zumutbare Sorgfalt durch Nichtüberprüfung der jeweiligen Bewilligungsbescheide außer Acht gelassen hat, und die Berufung darauf, dass die Gemeinde selbst in grob satzungswidriger Weise die Sitzungsgelder gewährt hat, nicht gelten lässt; a. A. VG Lüneburg, Urt. v. 16.3.2011, R&R 3/2011, S. 6 und 9: nicht durch Verwaltungsakt). Zur Erstattung der Kosten einer kommunalverfassungsrechtlichen Streitigkeit s. Erl. 5 zu § 66 ; zur Gewährung von Fraktions-/Gruppenzuweisungen s. Erl. 4 zu § 57.

10. Durch den Ausschluss der **Übertragbarkeit** sind die Ansprüche auf die Entschädigung nicht pfändbar (§ 851 ZPO); sie können deshalb nicht abgetreten werden (§ 400 BGB). Wird vereinbart, einen Teil der Entschädigung auf das Konto der Fraktion zu überweisen, stellt das keine Abtretung dar; die Überweisung an Stellen außerhalb der Kommune, z. B. eine Partei, gehört nicht zu den kommunalen Aufgaben. Der Verzicht auf die Ansprüche ist nicht ausgeschlossen. Für die Verjährung gilt die 2002 eingeführte Regelfrist von 3 Jahren (§ 195 BGB).

§ 56   Antragsrecht, Auskunftsrecht

¹Jedes Mitglied der Vertretung hat das Recht, in der Vertretung und in den Ausschüssen, denen es angehört, Anträge zu stellen; die Unterstützung durch andere Mitglieder der Vertretung ist dazu nicht erforderlich. ²Zur eigenen Unterrichtung kann jede oder jeder Abgeordnete von der Hauptverwaltungsbeamtin oder dem Hauptverwaltungsbeamten Auskünfte in allen Angelegenhei-

ten der Kommune verlangen; dies gilt nicht für Angelegenheiten, die der Geheimhaltung unterliegen (§ 6 Abs. 3 Satz 1).

§§ 39a NGO, 35a NLO, 45 RegionsG

ERLÄUTERUNGEN zu § 56

1. Das Recht des Mitgliedes eines kollegialen Gremiums, **Anträge zu stellen,** ist ein ursprüngliches **Mitgliedschaftsrecht,** das grundsätzlich keiner gesetzlichen Verleihung bedarf (vgl. OVG Lüneburg, Beschl. v. 12.9.1980 – 2 OVG B 35/80, auszugsweise abgedruckt in dng 1981 S. 97); an dieser Betrachtungsweise ändert die Aufteilung des Satzes 1 in zwei Halbsätze nichts (s. die amtliche Begründung, Drs. 16/2510, S. 95 Nr. 4). Allerdings kann die Ausübung von Mitgliedschaftsrechten prinzipiell im Interesse der Arbeitsfähigkeit des Gremiums eingeschränkt werden (BVerwG, Beschl. v. 14.12.1992, NVwZ-RR 1993 S. 210), was vor Einfügung des § 39a NGO im Jahre 1977 geschäftsordnungsmäßig häufig in der Weise geschah, dass die Zulässigkeit einer Antragstellung durch einen einzelnen Abgeordneten von der Unterstützung durch andere Abgeordnete abhängig gemacht worden ist. Diese Regelung der Ausübung des Antragsrecht von Abgeordneten verbietet § 56 Satz 1 der also kein zusätzliches Mitgliedschaftsrecht vermittelt. Erfasst sind alle Anträge, sowohl Sachanträge zur Regelung von Angelegenheiten als auch Verfahrensanträge. Da Voraussetzung für die Antragstellung in der Vertretung, im Hauptausschuss (§ 75 Abs. 1 Satz 6) und im Fachausschuss ist, dass der Gegenstand auf der Tagesordnung steht (§ 59 Abs. 3), umfasst das Antragsrecht auch das Recht zu verlangen, dass der Gegenstand in die **Tagesordnung** aufgenommen wird (OVG Lüneburg, Beschl. v. 12.9.1980 a. a. O., Beschl. v. 28.4.1982 – 2 OVG B 22/82), wobei der HVB nur auf die in der Geschäftsordnung vorgesehenen Fristen zu achten und kein zeitliches Dispositionsrecht hat, auf die Tagesordnung welcher Sitzung er den Antrag setzt (VG Braunschweig, Beschl. v. 18.1.2007, R&R 3/2007 S. 7). Der HVB hat auch kein materielles Prüfungsrecht (s. dazu näher Erl. 6 zu § 59). Die Bedeutung und der Zweck der Vorschrift liegen darin, einen verstärkten **Schutz für Minderheiten** in der Weise zu gewährleisten, dass das Recht zur Antragstellung nicht insoweit erschwert werden darf, als es an die Unterstützung durch andere Ratsmitglieder gebunden wird (OVG Lüneburg, Beschl. v. 12.9.1980 a. a. O.), was rechtlich prinzipiell zulässig wäre (vgl. BVerfG, Beschl. v. 11.10.1983, dng 1985 S. 95). Andere nähere Sachvoraussetzungen für Anträge und die Verfahrensvorschriften (z. B. Fristen, Schriftform, Vorschläge zur Kostendeckung) können in der Geschäftsordnung bestimmt werden, vgl. Erl. 6 zu § 59.

Die Anträge, die in der Vertretung, im Hauptausschuss und Fachausschuss gestellt werden, müssen sich unmittelbar auf den Gegenstand beziehen, der auf der Tagesordnung steht, dürfen also nicht nur mit ihm in einem Zusammenhang stehen und einen neuen Gegenstand ergeben, der sich unter die Bezeichnung des

Gegenstandes in der Tagesordnung nicht mehr subsumieren lässt (vgl. Erl. 2 zu § 59).

Selbstverständlich steht das Antragsrecht des einzelnen Abgeordneten auch einer Mehrheit von Abgeordneten zu, also z. B. einer Fraktion oder einer Gruppe.

2. Wegen der **verfahrensmäßigen Behandlung** von Anträgen und ihrer Rücknahme vgl. Erl. 6 und 8 zu § 59. Die inhaltliche Entscheidung der Vertretung über einen Änderungs- oder Ergänzungsantrag bedarf nicht der Vorbereitung durch den Hauptausschuss oder einen Fachausschuss, wenn der Gegenstand, zu dem er gestellt wird, gem. § 76 Abs. 1 vorbereitet worden ist und durch den Antrag keine wesentliche, von der Vorbereitung nicht mitumfasste Veränderung erfährt.

3. Das Recht, Anträge zu stellen, ohne der Unterstützung durch andere zu bedürfen, steht in der Vertretung **nur deren Mitgliedern** zu. Im Hauptausschuss und in den Fachausschüssen haben dieses Recht nur die diesen Ausschüssen angehörenden Mitglieder, in Fachausschüssen darüber hinaus auch diejenigen, die sich gem. § 72 Abs. 2 Satz 2 als Antragsteller an der Beratung beteiligen können. Daraus folgt, dass den Inhabern eines Grundmandats (§ 71 Abs. 4 Sätze 1 und 3) das uneingeschränkte Antragsrecht zusteht. Auch andere Personen, die gem. § 71 Abs. 7 zu Mitgliedern eines Ausschusses berufen worden sind, haben das Antragsrecht, jedoch kann es durch die Geschäftsordnung eingeschränkt werden, weil sie nicht Mitglieder der Vertretung sind.

Der **Stellvertreter** eines Ausschussmitgliedes hat bei der Wahrnehmung dieser Funktion alle Mitgliedschaftsrechte des Vertretenen, also auch das Recht, Anträge wie dieser zu stellen. Mitgliedern der Vertretung, die als Zuhörer an Ausschusssitzungen teilnehmen, kann angesichts der gesetzlichen Regelung („denen er angehört") auch durch die Geschäftsordnung kein Antragsrecht eingeräumt werden.

Der **HVB** ist Mitglied der Vertretung und im Hauptausschuss und hat deshalb dort das nicht einschränkbare Antragsrecht. Zum Antragsrecht anderer Zeitbeamter im Hauptausschuss vgl. Erl. 1 zu § 74.

Eine **Befangenheit** i. S. d. § 41 hindert die Antragstellung nicht, da sie nur die Beteiligung an der Beratung und Entscheidung verbietet.

4. Aus systematischen Gründen ist das Mitgliedschaftsrecht, zum Zwecke der **eigenen Unterrichtung Auskünfte** vom HVB verlangen zu können, aus der die Zuständigkeit der Vertretung normierenden Vorschrift des § 58 in die das Mitgliedschaftsrecht der Antragstellung regelnde Vorschrift übernommen worden. Nach Streichung des damaligen Satzes 3 in § 40 Abs. 3 durch das Gesetz v. 22.4.2004 umfasst es, da für alle Angelegenheiten der Kommune eingeräumt, auch den Zweck der Überwachung der Verwaltung. Das Nds. OVG (Urt. v. 3.6.2009, R&R 3/2009 S. 1 = NdsVBl. 2009 S. 260) betrachtet das Auskunftsrecht als „Ausfluss der Mitgliedschaft im (Kommunal-) Parlament, dem im demokratischen Rechtsstaat vor allem die Aufgabe zukommt, an der Gesetzgebung mitzuwirken und die Kontrolle über die Exekutive auszuüben", weshalb es einer ausdrücklichen Regelung des Informationsanspruchs nicht zwingend bedurft hätte. Diese Beschreibung der Rechtsstellung kommunaler Mandats-

träger steht nicht im Einklang mit der Stellung der Vertretung als Verwaltungs-organ, dessen Aufgabe eben nicht Gesetzgebung und Kontrolle einer Exekutive ist (s. auch Erl. 1 zu § 54). Für das Verhältnis zwischen der Vertretung und ihren Mitgliedern sind deshalb nicht parlamentarische Grundsätze maßgebend, son-dern die Regelungen des Kommunalverfassungsrechts.

Gegenstand des Auskunftsverlangens sind **alle Angelegenheiten der Kommune** im eigenen und im übertragenen Wirkungskreis, wozu Angelegenheiten einer Gesellschaft oder einer anderen Organisation, an der die Kommune beteiligt ist, nicht gehören, was daraus deutlich wird, dass die Übertragung der Erledigung von Aufgaben auf eine private Körperschaft nur mit bestimmten Maßgaben zu ihrer Erfüllung zulässig ist (insbesondere § 136 Abs. 1) und den Vertretern der Kommune Informationspflichten (§ 138 Abs. 4; s. auch § 384 AktG) auferlegt werden. Das Nds. OVG (Urt. v. 3.6.2009 a. a. O.) betrachtet die Erledigung wie die Aufgaben selbst weiterhin als Angelegenheit der Kommune wenn diese sich dazu einer Gesellschaft bedient. Das BVerwG (Beschl. v. 26.2.2010, insoweit R&R 2/2010 S. 8) differenziert nach dem Bezug zur Erledigung der kommuna-len Aufgaben und nimmt diesen Bezug an, wenn die Kommune den Wirtschafts-plan der Gesellschaft zu genehmigen und nicht durch Einnahmen gedeckte Kos-ten zu übernehmen hat. **Auskunftspflichtig** ist der HVB über alles, worüber er als Leiter der Verwaltung oder als gesetzlicher Außenvertreter der Kommune Kenntnis erlangt hat oder erlangen kann (Nds. OVG, Urt. v. 3.6.2009 a. a. O.). Auskunft kann auch zu Angelegenheiten verlangt werden, die zeitlich vor Be-ginn der Mitgliedschaft des Fragestellers liegen. Auskunft ist über Tatsachen zu erteilen, zur Unterrichtung über Rechtsfragen oder zur Abgabe von Einschät-zungen oder Beurteilungen bestimmter Sachverhalte verpflichtet die Vorschrift dagegen nicht. Die Vorschrift will gewährleisten, dass jedes Mitglied der Vertre-tung für seine Mandatstätigkeit sachgerecht informiert ist, um Initiativen ergrei-fen und Vorschläge unterbreiten und die Verwaltung kontrollieren zu können. Welche Informationen dazu erforderlich sind, lässt sich durch Dritte nicht be-stimmen, weshalb die Erforderlichkeit keine Voraussetzung der Auskunft ist, die verlangt wird, auch nicht, wenn es um die Überwachung der Verwaltung geht. Es gelten nur die allgemeinen datenschutzrechtlichen Grundsätze (§ 11 NDSG), nach denen im innerbehördlichen Bereich personenbezogene Daten im Rahmen sachgerechter Aufgabenerfüllung übermittelt werden dürfen. Dies-bezügliche Auskünfte dürfen also allenfalls verweigert werden, wenn nicht er-kennbar ist, dass sie für die Wahrnehmung des Mandats erforderlich sind (VG Lüneburg, Urt. v. 16.3.2011, R&R 3/2011 S. 1). Für die Begrenzung durch Geheimhaltungsgründe gilt Satz 2 Halbsatz 2. Im Übrigen findet das Recht seine Grenze ausschließlich an der missbräuchlichen Ausübung, die z. B. ange-nommen werden kann, wenn dem Fragesteller zugängliche Antwort vor-liegt. Allerdings wird ein Missbrauch des Fragerechts durch Scheinfragen oder Fragen „ins Blaue hinein" (VGH Mannheim, Urt. v. 22.2.2001, NVwZ 2002 S. 229; s. auch VG Lüneburg, Urt. v. 16.3.2011 a. a. O.) in der Praxis keine Bedeutung haben. Die häufige Wahrnehmung des Auskunftsrechts oder die Stel-lung einer großen Zahl von Fragen stellt für sich noch keinen Missbrauch dar, jedoch ist der HVB nicht verpflichtet, sie unter Hintanstellung der anderen Aufgaben der Verwaltung zu beantworten. Der Fragesteller kann nicht auf die Akteneinsicht verwiesen werden, auf die der einzelne Abgeordnete keinen Anspruch hat (VG Lüneburg, Urt. v. 16.3.2011 a. a. O.). Zum Ausschluss des Auskunftsrechts bei Angelegenheiten, die einer besonderen Geheimhaltung unterliegen, gilt dasselbe wie bei der Akteneinsicht (s. Erl. 4 zu § 58). Durch die **Geschäftsordnung** kann das Auskunftsrecht nicht eingeschränkt, aber seine Ausübung z. B. dergestalt geregelt werden, dass das Begehren schriftlich zu stellen und zu beantworten ist; die Regelung, dass Auskunft nur in Sitzungen verlangt werden kann, würde jedoch mit dem Zweck des Rechts nicht vereinbar sein. Das gilt auch, wenn das Auskunftsverlangen die Überwachung der Verwaltung bezweckt, weil mit der Aufhebung des dafür geltenden spezifischen Auskunftsverlangens in § 58 Abs. 4 und seine Einbeziehung in das allgemeine Auskunftsrecht die Überwachung der Verwaltung nicht mehr allein Aufgabe der Vertretung ist. Ohne weitere Regelung können Auskünfte mündlich und innerhalb und außerhalb von Sitzungen erteilt werden, wenn das ohne den Zweck des Auskunftsverlangens vereitelnde Zeitverzögerung möglich ist. Adressat des Auskunftsverlangens ist allein der HVB; ohne sein Einverständnis sind Mitarbeiter der Verwaltung nicht verpflichtet und berechtigt, Mitgliedern der Vertretung Auskünfte über Angelegenheiten der Kommune zu geben. Der Fragesteller hat keinen Anspruch auf Auskunft in bestimmter Art und Weise, vielmehr entscheidet darüber der HVB, muss sich dabei aber an der Pflicht zu Vollständigkeit und Richtigkeit orientieren (OVG Münster, Beschl. v. 12.4.2010, NVwZ-RR S. 650). Bei einem komplexen und unfänglichen Auskunftsverlangen kann allein die schriftliche Antwort angemessen sein (VG Lüneburg, Urt. v. 16.3.2011 a. a. O.); in diesem Falle ist der HVB aufgrund seiner Pflicht zur unparteiischen Amtsführung (§ 33 BeamtStG) verpflichtet, schriftliche Auskünfte, die er einzelnen erteilt, auch den anderen Mitgliedern der Vertretung mitzuteilen, wenn er annehmen muss, dass daran ein allgemeines Interesse besteht.

Das **Auskunftsverlangen** nach dieser Vorschrift ist systematisch von dem **Mitgliedschaftsrecht** auf Information über die Gegenstände der Tagesordnung zu unterscheiden, über die in der Sitzung zu beraten und zu entscheiden ist. Es ist Aufgabe der Verwaltung, alle Mitglieder der Vertretung, des Hauptausschusses und der Fachausschüsse, zu denen auch die anderen Personen (§ 58 Abs. 7) gehören, vollständig zu informieren, soweit dies zur ordnungsgemäßen Vorbereitung ihrer Willensbildung notwendig ist (OVG Münster, Beschl. v. 7.3.1975, OVGE 31 S. 10; VG Oldenburg, Beschl. v. 2.4.2004, R&R 3/2004 S. 9; mindestens missverständlich OVG Lüneburg, Beschl. v. 28.8.1985 a. a. O., das den Anspruch auf Auskunft zu Gegenständen, die auf der Tagesordnung stehen, aus dem Kontrollrecht nach § 58 Abs. 4 herleitet); dieses Mitgliedschaftsrecht kann nicht durch eine Mehrheitsentscheidung aufgehoben werden (so noch VG Oldenburg, Urt. v. 14.4.1994, KommP N 1995 S. 42; s. auch Erl. 3 zu § 60 und 2 zu § 85).

Ein **Mitwirkungsverbot** i. S. d. § 41, das sich nur auf die Beratung und Entscheidung bezieht, steht dem Auskunftsverlangen ebenso wenig entgegen wie der Akteneinsicht (s. Erl. 4 zu § 58).

5. Für die Mitglieder des Stadtbezirksrats und des Ortsrats gilt § 56 entsprechend (§ 91 Abs. 4 S. 1).

§ 57   Fraktionen und Gruppen

(1) Zwei oder mehr Abgeordnete können sich zu einer Fraktion oder Gruppe zusammenschließen.

(2) [1]Fraktionen und Gruppen wirken bei der Willensbildung und Entscheidungsfindung in der Vertretung, im Hauptausschuss und in den Ausschüssen mit. [2]Ihre innere Ordnung muss demokratischen und rechtsstaatlichen Grundsätzen entsprechen.

(3) [1]Die Kommune kann den Fraktionen und Gruppen Zuwendungen zu den Sach- und Personalkosten für die Geschäftsführung gewähren; zu diesen Kosten zählen auch die Aufwendungen der Fraktionen oder Gruppen aus einer öffentlichen Darstellung ihrer Auffassungen in den Angelegenheiten der Kommune. [2]Die Verwendung der Zuwendungen ist in einfacher Form nachzuweisen.

(4) Soweit personenbezogene Daten an die Abgeordneten oder an Mitglieder eines Stadtbezirksrates oder Ortsrates übermittelt werden dürfen, ist es zulässig, diese Daten auch an von der Hauptverwaltungsbeamtin oder dem Hauptverwaltungsbeamten zur Verschwiegenheit verpflichtete Mitarbeiterinnen und Mitarbeiter der Fraktionen und Gruppen zu übermitteln.

(5) Einzelheiten über die Bildung der Fraktionen und Gruppen sowie über deren Rechte und Pflichten regelt die Geschäftsordnung.

§§ 39b NGO, 35b NLO, 46 RegionsG

ERLÄUTERUNGEN zu § 57

1. Zum **Begriff** Fraktion und Gruppe ist von folgendem auszugehen: **Fraktionen** sind Teile und ständige Gliederungen der Vertretung. Sie haben den technischen Ablauf der Meinungsbildung und Beschlussfassung in der Vertretung, in der sie tätig sind, in gewissem Grade zu steuern und damit zu erleichtern (BVerfG, Urt. v. 10.12.1974, DÖV 1975, 675). Darin besteht ihre in Abs. 2 Satz 1 genannte Mitwirkung. Dasselbe gilt für **Gruppen**, die das NKomVG den Fraktionen gleichstellt (§§ 58 Abs. 4, 71 Abs. 2, 3, 4, 8 und 9, 75 Abs. 1, 91 Abs. 1, 105 Abs. 1). Im Allgemeinen werden Zusammenschlüsse von Abgeordneten, die ihre Sitze in der Vertretung aufgrund des gleichen Wahlvorschlags erworben haben, als Fraktionen bezeichnet (vgl. § 96 Abs. 1 Satz 1), jedoch besteht keine Verpflichtung, dass nur Mitglieder einer Partei eine Fraktion bilden können (vgl. VG Darmstadt, Urt. v. 1.11.1982, Die Fundstelle 1983 Rdnr. 633, zur entsprechenden Regelung der hess. GO) oder Mitglieder derselben Partei eine Fraktion bilden müssen. Eine entsprechende Verpflichtung durch Parteistatuten ist kommunalrechtlich nicht verbindlich (so auch VG Oldenburg, Beschl. v. 22.11.2006, R&R 6/2006 S. 13), so dass auch nicht gefordert werden kann, ein Abgeordneter habe zum wirksamen Fraktions- oder Gruppenwechsel zunächst die Partei oder Wählergruppe, der er bisher angehört, zu verlassen. Alle anderen Zusammenschlüsse von Einzelbewerbern oder Einzelmitgliedern verschiedener

Parteien, von Fraktionen oder Gruppen, von Fraktionen oder Gruppen mit Einzelbewerbern oder mit Einzelmitgliedern anderer Parteien, von Fraktionen mit Gruppen werden als Gruppen bezeichnet (so auch NdsOVG, Urt. v. 10.10.2000, VwRR N 2001 S. 78). Auf Intensität und Dauer des Zusammenschlusses kommt es nicht an (s. auch NdsOVG, Urt. v. 10.10.2000 a. a. O., das unter Rückgriff auf die Entstehungsgeschichte des Gruppenbegriffs für die Aktivitäten der Vorsitzenden der in einer Gruppe verbundenen Fraktionen von deren umfassender Eigenständigkeit ausgeht); auch sich als **Zählgemeinschaften** (s. dazu BVerwG, Urt. v. 10.12.2003, R&R 2/2004 S. 5) betrachtende Zusammenschlüsse sind, wenn sie sich entsprechend den für Fraktionen und Gruppen in der Geschäftsordnung festgelegten organisatorischen Regelungen gebildet haben (Abs. 5), Gruppen mit den diesen zustehenden Rechten (ebenso VG Braunschweig, Urt. v. 26.5.1983 – 1 VG A 39/82); das VG Braunschweig (a. a. O.), das VG Hannover (Urt. v. 22.8.1991, NST-N 1991 S. 288) und die VG Stade (Kammern Lüneburg, Urt. v. 5.3.1993, KommP N 1995 S. 126) und Lüneburg (Urt. v. 18.7.1995, KommP N 1996 S. 22), machen allerdings zur Voraussetzung, dass die in dem Zusammenschluss zutage getretene Vertrauensbasis nicht allein in dem gemeinsamen Willen besteht, die mit dem Gruppenstatus verbundenen Rechte wahrzunehmen (s. auch VG Oldenburg, Beschl. v. 31.8.2004, R&R 5/2004 S. 8); dem ist entgegenzuhalten, dass entstehungsgeschichtlich die „Gruppe" der „Vorschlagsgruppe" des § 56 Abs. 3 NGO i. d. F. v. 4.5.1955 entspricht, zu der sich z. B. auch Fraktionen mit dem alleinigen Zweck der Wahl des Ratsvorsitzenden zusammenschließen können (vgl. Niederschrift über die 17. Sitzung des Ausschusses für innere Verwaltung am 11.5.1960, S. 7). Die Motive für die Bildung von Gruppen, die auch bei ihrer Anmeldung in der konstituierenden Sitzung in Zweifelsfällen gar nicht erschöpfend ermittelt und beurteilt werden können, sind also für deren Zulässigkeit ohne Bedeutung, soweit sie sich im Rahmen der Zwecke von Fraktionen und Gruppen halten, z. B. die Erringung und Erhaltung von Einflussmöglichkeiten durch eine möglichst große Zahl von Ausschussmitgliedern (vgl. OVG Lüneburg, Beschl. v. 24.3.1993, KommP N 1995 S. 124; a. A. VG Hannover, Urt. v. 22.8.1991, a. a. O.); Grundlage der Fraktions- und Gruppenbildung ist das freie Mandat (OVG Lüneburg, Beschl. v. 24.3.1993, a. a. O.). Wenn sich eine Gruppe nach der Bildung der Ausschüsse wieder auflöst oder gar nicht mehr in Erscheinung tritt, wovon dann von ihrer faktischen Nichtexistenz auszugehen ist, kommt die Ausschussumbildung nach § 71 Abs. 9 in Betracht. Die alleinige Absicht, erhöhte Aufwandsentschädigungen für möglichst viele Vorsitzende oder mehrfache Fraktionszuweisungen zu erzielen, läge dagegen außerhalb des Zwecks von Fraktionen und Gruppen, so dass ihre Bildung missbräuchlich wäre. Jedoch kann ein Abgeordneter nur einer Fraktion oder Gruppe angehören. Auf das Begehren eines Abgeordneten auf **Aufnahme** in eine Fraktion wendet das VG Hannover (Beschl. v. 21.3.1997, VwRR N S. 18) die Rechtsgrundsätze entsprechend an, nach denen ein Aufnahmeanspruch gegenüber einem privatrechtlichen Verein oder Verband in aller Regel dann besteht, wenn der Verein oder Verband keine sachlich gerechtfertigten Ablehnungsgründe hat und die Zurückweisung des Bewerbers unbillig ist.

Da es eine gesetzliche Definition der Begriffe Fraktion und Gruppe nicht gibt, kann sich auch eine Gruppe in dem vorbezeichneten Sinne als Fraktion bezeichnen und umgekehrt (vgl. VG Lüneburg, Urt. v. 18.7.1995 a. a. O.). Deshalb sollte in der Geschäftsordnung auf eine Definition verzichtet und die Bezeichnung den Beteiligten überlassen werden. Eine Fraktion oder Gruppe, die rechtmäßig ihre Bezeichnung führt, ist nach § 12 BGB davor geschützt, dass eine später gebildete Fraktion oder Gruppe dieselbe Bezeichnung führt, auch wenn nur diese von der entsprechenden Partei anerkannt wird (VG Arnsberg, Beschl. v. 29.7.1997, VwRR N S. 13); für die Entscheidung über die Rechtmäßigkeit der Namensführung sind die Zivilgerichte zuständig, die Vertretung kann aber bei zwei namensgleichen Fraktionen im Interesse ordnungsgemäßer Tätigkeit in der Vertretung auf eine Zusatzbezeichnung hinwirken (s. auch VG Oldenburg, Beschl. v. 22.11.2006, a. a. O.).

Mitglieder einer Fraktion oder Gruppe können nur Abgeordnete sein. Als kommunaler Beamter kann der HVB aus Rechtsgründen (Art. 33 Abs. 5 GG) nicht Mitglied einer Fraktion oder Gruppe sein (BVerwG, Urt. v. 27.3.1992, NVwZ 1993 S. 375); er kann aber die Fraktionen und Gruppen beraten, wenn sie es wünschen, und ist dazu ggf. auch verpflichtet; allerdings ist ihm mit Blick auf seine Verpflichtung zur unparteiischen Amtsführung untersagt, sog. interfraktionelle Runden durchzuführen, von denen eine Fraktion oder Gruppe ausgeschlossen ist (HessVGH, Beschl. v. 29.3.2000, DÖV 2001 S. 256); dasselbe muss für den Ausschluss fraktionsloser Abgeordneter gelten. Andere Personen (z. B. Ausschussmitglieder gem. § 71 Abs. 7, Parteivertreter, Beschäftigte der Kommune) können als Gäste an Sitzungen der Fraktion oder Gruppe teilnehmen; bei vertraulichen Angelegenheiten vgl. Erl. 2 und Erl. 4 zu § 40; zur Teilnahme dieser Personen an Abstimmungen vgl. Erl. 2 a. E.

2. Die Geschäftsautonomie der Vertretung ist gesetzlich in der Weise eingeschränkt, dass bereits **zwei Abgeordneten** gestattet ist, eine Fraktion oder Gruppe zu bilden, unabhängig von der Größe der Vertretung und von den jeweiligen örtlichen Verhältnissen und Bedürfnissen. Einem einzelnen Ratsmitglied kann der Fraktions- oder Gruppenstatus nicht eingeräumt werden.

Die **weiteren Einzelheiten** über die Bildung der Fraktionen und Gruppen sowie über ihre Rechte und Pflichten hat, soweit das geboten ist, die Geschäftsordnung zu regeln (Abs. 5). Dazu gehören Bestimmungen zur äußeren Organisation der Fraktionen und Gruppen, nach denen z. B. der Zusammenschluss zu einer Fraktion/Gruppe, ihre Bezeichnung, der Name des Vorsitzenden, seines Stellvertreters und der übrigen Mitglieder sowie ein Wechsel im Vorstand und in der Mitgliedschaft schriftlich dem Vorsitzenden der Vertretung und/oder dem HVB mitzuteilen ist. Solche Regelungen sind geeignet, Unsicherheiten z. B. über die für die Ausschussbesetzung maßgebende Zahl der Mitglieder und über den, der Fraktions-/Gruppenvorschläge zu unterbreiten berechtigt ist, vermeiden zu helfen; solange Änderungen vom Fraktions-/Gruppenvorstand nicht angezeigt werden, können Vertretung und Verwaltung in Zweifelsfällen davon ausgehen, dass sie nicht eingetreten sind. Umgekehrt muss die auf einen nicht offensichtlich willkürlichen und undemokratisch zustande gekommenen Fraktionsbeschluss gestützte Anzeige des Fraktionsvorstandes z. B. über die Aufnahme oder den Ausschluss eines Mitglieds als Grundlage für die Umbildung des Hauptausschusses oder von Fachausschüssen genügen.

In der Geschäftsordnung können auch bestimmte Rechte und Pflichten der Fraktionen und Gruppen im Rahmen der **Selbstorganisation der Vertretung** normiert werden (z. B. Anfragen, Redezeit). Jedoch können den Fraktionen und Gruppen gesetzliche Rechte und Pflichten der Organe nicht übertragen werden. Die **Regelung ihrer inneren Organisationen** obliegt ausschließlich den Fraktionen und Gruppen (z. B. Aufnahme und Ausschluss von Mitgliedern, Wahl und Aufgaben des Vorstandes, Bildung von Arbeitsgruppen, Einberufung zur Sitzung und ihre Vorbereitung durch Übersendung von Vorlagen, Abstimmungsverfahren), die sich dazu eine Geschäftsordnung geben können; es empfiehlt sich deren Anlehnung an die für die Vertretung bestehenden Verfahrensregelungen. Das Rechtsverhältnis zwischen der Fraktion/Gruppe und dem Mitglied ist öffentlich-rechtlich, wenn nicht die innere Verfassung durch das Organisationsstatut (Geschäftsordnung) als Vereinssatzung oder Gesellschaftsvertrag privatrechtlich ausgestaltet ist (VG Hannover, Beschl. v. 27.7.1987 – 9 VG D 10/87); dem Ausschluss aus der Fraktion/Gruppe kann deshalb mit einer Klage vor den Verwaltungsgerichten begegnet werden (als Kommunalverfassungsstreit: OVG Lüneburg, Beschl. v. 17.1.2002, NdsVBl. 2002 S. 135; VG Göttingen, Beschl. v. 15.12.2004, R&R 1/2005 S. 12; OVG Münster, Beschl. v. 21.11.1988, NJW 1989 S. 1105; Hess. VGH, Beschl. v. 13.12.1989, DVBl. 1990 S. 830; anders BayVGH, Urt. v. 9.3.1988, NJW 1988 S. 2754, allerdings unter ausdrücklichem Hinweis auf die andere Rechtslage u. a. in Niedersachsen). Die innere Verfassung muss den demokratischen und rechtsstaatlichen Grundprinzipien entsprechen (Abs. 2 Satz 2). Deshalb hat jedes Mitglied grundsätzlich Anspruch auf Teilnahme an den Sitzungen und an Abstimmungen (VG Göttingen, Beschl. v. 15.12.2004 a. a. O.). Der Ausschluss eines Mitgliedes aus der Fraktion/Gruppe bedarf eines wichtigen Grundes (Nds. OVG, Beschl. v. 14.6.2010, R&R 4/2010 S, 9), der angenommen wird bei groben, ordnungswidrigen Schädigungen der Fraktion/Gruppe (VG Oldenburg, Beschl. v. 29.12.1987 – 2 VG D 60/87), z. B. dem Austragen von Auseinandersetzungen in der Presse und sonstigen Öffentlichkeit (VG Gießen, Beschl. v. 27.5.1987, der gemeindehaushalt 1990 S. 231), oder bei nachhaltiger Störung des Vertrauensverhältnisses durch eine Abweichung in zentralen Fragen des politischen Konsenses (Nds. OVG, Beschl. v. 14.6.2010 a. a. O.), die sich auch durch einen Parteiaustritt dokumentieren kann, wenn dieser nicht ausdrücklich auf Gründen außerhalb der Kommunalpolitik beruht; abweichendes Stimmverhalten in einzelnen Fragen genügt regelmäßig nicht (OVG Lüneburg, Beschl. v. 24.3.1993, KommP N 1995 S. 124). Zulässig ist bei Vorliegen eines entsprechenden Grundes auch der zeitlich begrenzte Ausschluss von der Mitarbeit (VG Gießen, Beschl. v. 27.5.1987 a. a. O.). Das Ausschlussverfahren muss rechtsstaatlichen Prinzipien genügen (s. VG Göttingen, Beschl. v. 15.12.2004 a. a. O.; Nds. OVG, Beschl. v. 14.6.2010 a. a. O.), insbesondere dem Grundsatz der Verhältnismäßigkeit (OVG Lüneburg, Beschl. v. 24.3.1993, a. a. O.); zur Sitzung, in der der Ausschluss behandelt werden soll, ist regelmäßig mit angemessener Frist und unter Angabe der Gründe zur Vorbereitung schriftlich einzuladen, der Auszuschließende unterliegt nicht einem Mitwirkungsverbot und die geheime Abstimmung über den Ausschluss ist zulässig (VG Göttingen, Beschl. v. 15.12.2004 a. a. O.; Nds. OVG, Beschl. v. 14.6.2010 a. a. O.). Der Fraktionsausschluss setzt nicht den Parteiausschluss voraus (OVG Lüneburg, Beschl. v. 24.3.1993, a. a. O.).

Gegen den Ausschluss kann im Wege der kommunalverfassungsrechtlichen Streitigkeit (s. dazu Erl. 5 zu § 66) vorgegangen werden (OVG Lüneburg, Beschl. v. 24.3.1993, a. a. O.), jedoch ist die gerichtliche Kontrolle darauf beschränkt, ob die Entscheidung über ihn auf ausreichender Beurteilungsgrundlage getroffen worden ist und er gegen gesetzliche Bestimmungen, Geschäftsordnungen, ungeschriebene Rechtsregeln, den Grundsatz der Verhältnismäßigkeit oder das Willkürverbot verstößt (Nds. OVG, Beschl. v. 14.6.2010 a. a. O.). Ist eine Fraktion Mitglied einer Gruppe, kann ein einzelnes Fraktionsmitglied nicht von dieser aus der Gruppe, sondern nur durch die Fraktion ausgeschlossen werden. Auch andere Auseinandersetzungen zwischen einem Fraktionsmitglied und seiner Fraktion (z. B. über den Austausch als Ausschussmitglied gem. § 71 Abs. 9) können (entgegen VG Hannover, Beschl. v. 28.3.2006, R&R 4/2006 S. 1) Gegenstand einer kommunalverfassungsrechtlichen Streitigkeit sein (s. auch VG Oldenburg, Beschl. v. 22.11.2006, R&R 6/2006 S. 13, zum Namensstreit zwischen zwei aus Mitgliedern derselben Partei gebildeten Fraktionen, und Beschl. v. 4.12.2006, R&R 1/2007 S. 9, zum Streit über das Vorschlagsrecht zur Bestimmung der Ortsvorsteher). Für die **Teilnahme von Gästen** an Sitzungen der Fraktionen und Gruppen ist § 40 (Amtsverschwiegenheit gegen jedermann; für Kommunalbedienstete: § 37 BeamtStG und § 3 TVöD) zu beachten. Das gilt auch für die Durchführung öffentlicher Sitzungen, gegen die im Übrigen rechtlich keine Bedenken bestehen (VG Stade, Beschl. v. 18.8.1987 – 1 VG D 52/87 – RdSchr. NST Nr. 353/87 v. 8.10.1987; VG Schleswig-Holstein, Urt. v. 13.8.1981 – 6 A 191/79 – für die Parteiöffentlichkeit). Kommunalverfassungsrechtlich bleiben Bedenken gegen eine Teilnahme von Personen, die nicht Abgeordnete sind, an Fraktions-/Gruppenabstimmungen ohne Folgen, weil ein so zustande gekommener Fraktions-/Gruppenantrag in der Vertretung nicht als unzulässig zurückgewiesen werden kann, und zwar auch, soweit das Gesetz ihn voraussetzt (z. B. § 71 Abs. 2 und 4). Fraktions-/Gruppenmitglieder, die einen auf diese Weise zustande gekommenen Antrag unterstützen, üben regelmäßig Fraktionsdisziplin, die im Hinblick auf die Freiheit des Mandats rechtlich unbedenklich ist. Die Wirksamkeit eines Beschlusses der Vertretung, dem ein Fraktions- oder Gruppenantrag zugrunde liegt, an dem Personen, die nicht Abgeordnete sind, mitgewirkt haben, bleibt davon unberührt (BVerfG, Beschl. v. 10.12.1992, NVwZ 1993 S. 1182). Jedoch führt die Beteiligung Fraktionsfremder an Beschlüssen mit Außenwirkung, z. B. einem Beschluss zum Ausschluss eines Fraktions-/Gruppenmitgliedes, zu deren Rechtswidrigkeit (VG Gießen, Beschl. v. 27.5.1987 a. a. O.; VGH Kassel, Beschl. v. 6.11.1991, NVwZ 1992 S. 506). Handelt ein Abgeordneter Beschlüssen zuwider, die durch Mitwirkung Fraktionsfremder zustande gekommen sind, rechtfertigt das nicht seinen Fraktionsausschluss aus wichtigem Grund (VG Darmstadt, Beschl. v. 4.5.1990, NVwZ-RR 1990 S. 631).

3. Innerhalb einer Gruppe besteht eine an ihrer Bildung beteiligte Fraktion regelmäßig fort und bleibt deshalb grundsätzlich auch handlungsfähig (NdsOVG, Urt. v. 10.10.2000, VwRR N 2001 S. 78). Einschränkungen der Handlungsfähigkeit bestehen aber dort, wo die Geltendmachung bestimmter Rechte durch eine gruppenangehörige Fraktion mit der Geltendmachung derselben Rechte durch die Gruppe kollidiert, wie z. B. bei den Vorschlagsrechten gem. §§ 71

Abs. 2, 105 Abs. 1. Ist auf die Gruppe in einem Ausschuss ein Sitz entfallen, kann eine an ihr beteiligte Fraktion unter den Voraussetzungen des § 71 Abs. 4 kein Grundmandat beanspruchen. Ob und in welcher Höhe der Vorsitzende einer an einer Gruppe beteiligten Fraktion und daneben der Gruppenvorsitzende Anspruch auf eine erhöhte Entschädigung haben, regelt die Entschädigungssatzung (§ 55 Abs. 1).

4. Soweit das für die sachgerechte Wahrnehmung ihrer Funktionen erforderlich ist, hat die Kommune die Fraktionen/Gruppen zu **unterstützen**; dazu gehört auch die öffentliche Darstellung ihrer Auffassungen in Angelegenheiten der Kommune (Abs. 3 Satz 1 2. Halbsatz), jedoch berechtigt das Recht auf Öffentlichkeitsarbeit nicht zur Preisgabe von Tatsachen, die der Amtsverschwiegenheit (§ 40) unterliegen (OLG Köln, Beschl. v. 29.4.1999, NVwZ 2000 S. 351; s. auch Erl. 4 zu § 40). Ihnen können Büros und Tagungsräume zur ausschließlich eigenen Benutzung zur Verfügung gestellt werden, bezüglich derer das Hausrecht jedoch beim HVB verbleibt (OVG Münster, Urt. v. 26.4.1990 – 15 A 864/88, NWVBl. 1990 S. 296, und – 15 A 460/88, NWVBl. 1990 S. 344 = DVBl. 1991 S. 495). Zur Durchführung einer öffentlichen Sitzung können sie die Überlassung geeigneter Räumlichkeiten verlangen, und zwar nicht nur im Verwaltungsgebäude, sondern auch in anderen kommunalen Einrichtungen, soweit die Vertretung darüber verfügen kann, unabhängig von § 30 (VG Stade, Beschl. v. 18.8.1987 a. a. O.). Das OVG Lüneburg (Urt. v. 4.8.1994, KommP N 1994 S. 88 = NVwZ-RR 1995 S. 215) erkennt aber den Anspruch einer Fraktion auf Aushändigung des Rathausschlüssels zur Durchführung von spontanen Sitzungen am Wochenende nicht an. Ebenso wenig besteht außerhalb des Widmungszwecks ein Anspruch auf Überlassung des Ratssaales oder einer anderen repräsentativen Räumlichkeit zur Durchführung eines im Rahmen der Öffentlichkeitsarbeit vorgesehenen Jahresempfangs (s. auch VG Düsseldorf, Beschl. v. 15.8.2008 – 1 L 1272/08). Daneben oder statt dessen kann die Vertretung den Fraktionen und Gruppen **Zuschüsse zu den Aufwendungen** gewähren, die ihnen im Rahmen ihrer Arbeit (für die Vertretung zur Bestreitung des sachlichen und personellen Aufwandes (Geschäftsbedürfnisse der Fraktionen/Gruppen) entstehen (Abs. 3 Satz 1). Höhe und Zweckbestimmung der Zuwendungen dürfen das angemessene Verhältnis zur Arbeit der Fraktionen und Gruppen für die Vertretung nicht übersteigen. In Betracht kommen danach Mittel für die Fraktionsgeschäftsführung (Geschäftsstelle), für die Organisation von Fraktionssitzungen, einschließlich der Bewirtung von Gästen und Zuziehung von Sachverständigen, ausdrücklich (Abs. 3 Satz 1) für Öffentlichkeitsarbeit (unter Beachtung der Einschränkungen vor Wahlen: OVG Münster, Urt. v. 19.8.1988, NVwZ-RR 1989 S. 149 im Anschluss an BVerfG, Urt. v. 2.3.1977, NJW 1977 S. 751), für die Fortbildung von Fraktions-/Gruppenmitgliedern durch eigene Tagungen und Seminare, für Beiträge an kommunalpolitische Vereinigungen, für Informationsreisen der Fraktion oder Gruppe oder einzelner Mitglieder, für die Beschäftigung haupt-,neben- oder ehrenamtlich tätiger Mitarbeiter, unter besonderen Umständen für auswärtige Klausursitzungen (wohl etwas zu einschränkend: VG Gelsenkirchen, Urt. v. 13.2.1987, DÖV 1987 S. 830). Die Höhe der Zuwendung kann sich an der Größe der Fraktionen und Gruppen orientieren und ihre Gewährung ist an den allgemeinen Gleichheitssatz gebunden (Nds. OVG, Beschl. v. 9.6.2009, R&R 4/2009 S. 1). Überhöhte Zuwendungen müssen als unzulässige verschleierte Parteienfinanzierung angesehen werden (BVerfG, Urt. vom 19.7.1966, NJW 1966, S. 1499). Die Zuschüsse dürfen nur im Rahmen der Arbeit der Fraktion/Gruppe als Bestandteil der Vertretung verwendet werden, nicht dagegen für die Partei, z. B. für Zwecke der Wahlwerbung (BVerfG, Beschl. v. 19.5.1982, DÖV 1983 S. 153). Da Fraktionen und Gruppen Teile der Vertretung sind, handelt es sich bei den Zuschüssen um Haushaltsausgaben, nicht um Zuwendungen i. S. d. § 23 LHO. Es bestehen keine Bedenken dagegen, die Regelungen über die sächlichen, personellen und finanziellen Leistungen an die Fraktionen und Gruppen in der Entschädigungssatzung zu treffen. Die Auseinandersetzung über die Gewährung von Unterstützungsleistungen für die Fraktions-/Gruppenarbeit erfolgt im Wege einer kommunalverfassungsrechtlichen Streitigkeit (OVG Lüneburg, Urt. v. 4.8.1994, a. a. O.); für die Gewährung von Fraktions-/Gruppenzuschüssen kann nichts anderes gelten (OVG Münster, Urt. v. 8.10.2002, NVwZ-RR 2003 S. 376, Beschl. v. 22.1.2010, NVwZ-RR 2010 S. 534; a. A. und ein Außenrechtsverhältnis annehmend, VG Hannover, Urt. v. 2.7.2003, R&R 3/2004 S. 6 = NdsVBl. 2004 S. 82, dieser Ansicht zuneigend, aber offen gelassen VGH Kassel, Beschl. v. 11.5.1995, NVwZ-RR 1996 S. 105).

Spaltet sich von einer Fraktion oder Gruppe ein Teil ab, dann bleibt ihr das bisher zur Verfügung gestellte Fraktionsbüro erhalten, auch wenn die betreffende Partei nicht mehr sie, sondern den abgespaltenen Teil anerkennt (VG Arnsberg, Beschl. v. 15.7.1997, VwRR N 1997 S. 8).

Zuschüsse zu den Aufwendungen können auch Fraktionen und Gruppen der Ortsräte und Stadtbezirksräte erhalten, wegen des regelmäßig geringeren Aufwandes allerdings in entsprechend geringerer Höhe als die Fraktionen und Gruppen der Vertretung.

Die Regelung, dass über die **Verwendung** ein Nachweis in einfacher Form zu führen ist, dient dem Schutz des internen Willensbildungsprozesses der Fraktionen und Gruppen. Deshalb genügt eine summarische Aufstellung der wesentlichen Ausgabearten, verbunden mit der Versicherung des Fraktions- oder Gruppenvorsitzenden über die bestimmungsgemäße Verwendung der Haushaltsmittel. Nur bei begründetem Anlass wird eine detaillierte Aufschlüsselung und die Vorlage aller Belege verlangt werden können. Nach Ablauf der Wahlperiode kommt als für die **Erstattung** überzahlter Beträge Haftender in entsprechender Anwendung des § 54 Satz 2 BGB derjenige in Betracht, der für die Fraktion oder Gruppe gehandelt hat (vgl. OLG Schleswig, Urt. v. 3.5.1995, NVwZ-RR 1996 S. 103, das allerdings § 54 BGB in entsprechender Anwendung von § 37 des Parteiengesetzes auch für Fraktionen ausschließt; vgl. KommP N 1998 S. 177).

Es wird als zulässig angesehen, kommunale Beschäftigte unter Fortfall der Dienstbezüge zur Wahrnehmung der Aufgaben eines **Fraktionsassistenten** zu beurlauben. Rechtlich bedenklich ist dagegen die vollständige oder teilweise Freistellung besoldeter Beschäftigter für diese Zwecke, zumindest wenn dann nicht mehr die Dienstaufsicht des HVB über sie gewährleistet ist (VG Schleswig-Holstein, Urt. v. 22.4.1986 – 6 A 407/84). Soweit das Mitarbeiterverhältnis nur mit der Fraktion oder Gruppe oder dem jeweiligen Vorsitzenden besteht, sind die Mitarbeiter nicht solche der Kommune und unterliegen nicht den für diese bestehenden Rechten und Pflichten. Nach Abs. 4 können sie vom HVB als Organ nach dem Verpflichtungsgesetz (v. 2.3.1974, BGBl. I S. 469, geändert durch § 1 Nr. 4 des Gesetzes vom 15.8.1974, BGBl. I S. 1942) verpflichtet werden und unterliegen dann insbesondere bezüglich der Verschwiegenheit denselben Pflichten (strafrechtlich bewehrt: §§ 203 Abs. 2, 353b StGB) wie Abgeordnete. Das ermöglicht es, ihnen auch vertraulich zu behandelnde Gegenstände, insbesondere personenbezogene Daten, in derselben Weise zugänglich zu machen wie den Abgeordneten. Für andere an Fraktions- oder Gruppensitzungen im Einzelfall oder regelmäßig teilnehmende Personen besteht diese Möglichkeit nicht.

5. Fraktionen und Gruppen haben zur Wahrnehmung ihrer Rechte **Parteifähigkeit**, d. h. sie können zur Wahrnehmung ihrer Rechte die Verwaltungsgerichte anrufen (Hess. VGH, Urt. vom 7.6.1977, DVBl. 1978, S. 821); dabei können sie jedoch nur die Verletzung solcher Rechte geltend machen, die das Gesetz oder die Geschäftsordnung gerade Fraktionen und Gruppen zuordnet, nicht dagegen die Beeinträchtigung von Mitgliedschaftsrechten der in ihnen zusammengeschlossenen Abgeordneten (VG Hannover, Urt. v. 22.8.1991 – 9 A 994/91; s. aber auch Erl. 5 zu § 66). In diesem Rahmen besitzen sie auch Geschäftsfähigkeit, um ein Mandat mit einem Rechtsanwalt abzuschließen (VG Schleswig, Beschl. v. 13.7.1990, NVwZ-RR 1991 S. 510). Sie sind jedoch nicht rechtsfähig. Ein Beschäftigungsverhältnis mit Fraktionsassistenten müssen deshalb alle Fraktionsmitglieder oder treuhänderisch für sie der Fraktionsvorsitzende vereinbaren.

6. Die **Existenz** der Fraktionen und Gruppen **endet** spätestens mit dem Ablauf des Mandats ihrer Mitglieder am Ende der Wahlperiode (OVG NW, Urt. v. 12.11.1991, NVwZ-RR 1993 S. 263; für Landtagsfraktionen OLG Schleswig, Urt. v. 3.5.1995, NVwZ-RR 1996 S. 103), damit verlieren Fraktionen und Gruppen auch die Fähigkeit, am verwaltungsgerichtlichen Verfahren nach § 61 VwGO beteiligt zu sein (Nds. OVG, Beschl. v. 17.1.2002, NdsVBl. S. 135). Eine in der neuen Wahlperiode gebildete gleichnamige und personenidentische Fraktion oder Gruppe ist nicht Rechtsnachfolgerin (Nds. OVG, Beschl. v. 17.1.2002, a. a. O.) und haftet deshalb nicht für etwaige Verbindlichkeiten (anders für die Fraktionen des Landtages aufgrund der besonderen Regelung in § 33c des Nieders. Abgeordnetengesetzes). Zur geregelten Abwicklung von Forderungen und Verbindlichkeiten ist entsprechend den zivilrechtlichen Bestimmungen über die vermögensrechtliche Liquidation aufgelöster Vereine und Gesellschaften eine Fraktion oder Gruppe jedoch als fortbestehend anzusehen (OVG NW, Urt. v. 12.11.1991, a. a. O.; BremStGH, Entsch. v. 9.10.1996, NVwZ 1997 S. 786; missverständlich VG Lüneburg, Urt. v. 27.4.1999, VwRR N 113). Dasselbe gilt bei Beendigung des Mandats infolge Auflösung der Vertretung (§ 70).und Feststellung der Ungültigkeit ihrer Wahl im Wahlprüfungsverfahren (§ 52 Abs. 1 Nr. 5).

§ 58 Zuständigkeit der Vertretung

(1) Die Vertretung beschließt ausschließlich über
1. die grundlegenden Ziele der Entwicklung der Kommune,
2. Richtlinien, nach denen die Verwaltung geführt werden soll,
3. den Namen, eine Bezeichnung, das Wappen, die Flagge und das Dienstsiegel der Kommune,
4. Gebietsänderungen und den Abschluss von Gebietsänderungsverträgen,
5. Satzungen und Verordnungen,
6. die Verleihung und Entziehung von Ehrenbezeichnungen,
7. die Erhebung öffentlicher Abgaben (Gebühren, Beiträge und Steuern) und Umlagen,
8. die Festlegung allgemeiner privatrechtlicher Entgelte, es sei denn, dass deren jährliches Aufkommen einen in der Hauptsatzung festgesetzten Betrag voraussichtlich nicht übersteigt,
9. die Haushaltssatzung, das Haushaltssicherungskonzept, über- und außerplanmäßige Aufwendungen, Auszahlungen und Verpflichtungen nach Maßgabe der §§ 117 und 119 sowie über das Investitionsprogramm,
10. den Jahresabschluss, den konsolidierten Gesamtabschluss, die Zuführung zu Überschussrücklagen (§ 123 Abs. 1 Satz 1) und die Entlastung der Hauptverwaltungsbeamtin oder des Hauptverwaltungsbeamten,
11. die Errichtung, Gründung, Übernahme, wesentliche Erweiterung, teilweise oder vollständige Veräußerung, Aufhebung oder Auflösung von Unternehmen, von kommunalen Anstalten und von Einrichtungen im Rahmen des Wirtschaftsrechts, insbesondere von Eigenbetrieben, von Gesellschaften und von anderen Vereinigungen in einer Rechtsform des privaten Rechts, sowie über die Wirtschaftsführung von Einrichtungen als Eigenbetriebe oder als selbstständige Einrichtungen im Sinne von § 139,
12. die Beteiligung an Gesellschaften und anderen Vereinigungen in einer Rechtsform des privaten Rechts sowie die Änderung der Beteiligungsverhältnisse,
13. die Verpachtung von Unternehmen und Einrichtungen der Kommune oder solchen, an denen die Kommune beteiligt ist, die Übertragung der Betriebsführung dieser Unternehmen und Einrichtungen auf Dritte sowie den Abschluss von sonstigen Rechtsgeschäften im Sinne von § 148,
14. die Verfügung über Vermögen der Kommune, insbesondere Schenkungen und Darlehen, die Veräußerung oder Belastung von Grundstücken und die Veräußerung von Anteilen an einem Unternehmen mit eigener Rechtspersönlichkeit, ausgenommen Rechtsgeschäfte, deren Vermögenswert eine von der Hauptsatzung bestimmte Höhe nicht übersteigt,
15. Richtlinien für die Aufnahme von Krediten (§ 120 Abs. 1 Satz 2),
16. die Übernahme von Bürgschaften, den Abschluss von Gewährverträgen, die Bestellung von Sicherheiten für Dritte sowie diejenigen Rechtsgeschäfte, die den vorgenannten Verpflichtungen oder der Aufnahme von Krediten wirtschaftlich gleichstehen, es sei denn, dass das Rechtsgeschäft einen in der Hauptsatzung bestimmten Betrag nicht übersteigt oder zu den Rechtsgeschäften der laufenden Verwaltung gehört,
17. die Mitgliedschaft in kommunalen Zusammenschlüssen, die Änderung der Beteiligungsverhältnisse an gemeinsamen kommunalen Anstalten und den Abschluss von Zweckvereinbarungen, wenn die Zweckvereinbarungen Aufgabenübertragungen zum Inhalt haben,

18. die Errichtung, Zusammenlegung und Aufhebung von Stiftungen, die Änderung des Stiftungszwecks sowie die Verwendung des Stiftungsvermögens, es sei denn, dass das von der Entscheidung betroffene Stiftungsvermögen einen in der Hauptsatzung bestimmten Betrag nicht übersteigt,

19. die Übernahme neuer Aufgaben, für die keine gesetzliche Verpflichtung besteht, und

20. Verträge der Kommune mit Mitgliedern der Vertretung, sonstigen Mitgliedern von Ausschüssen, von Stadtbezirksräten und von Ortsräten oder mit der Hauptverwaltungsbeamtin oder dem Hauptverwaltungsbeamten, es sei denn, dass es sich um Verträge aufgrund einer förmlichen Ausschreibung oder um Geschäfte der laufenden Verwaltung, deren Vermögenswert einen in der Hauptsatzung bestimmten Betrag nicht übersteigt, handelt.

(2) ¹Der Rat ist über Absatz 1 hinaus ausschließlich zuständig für

1. die Benennung von Gemeindeteilen, von Straßen und Plätzen, es sei denn, dass die Straßen und Plätze ausschließlich in einer Ortschaft, für die ein Ortsrat gewählt wurde, oder in einem Stadtbezirk gelegen sind,

2. die abschließende Entscheidung über die Aufstellung, Änderung, Ergänzung und Aufhebung von Bauleitplänen,

3. die Verleihung und Entziehung des Ehrenbürgerrechts und

4. die Umwandlung von Gemeindegliedervermögen in freies Gemeindevermögen sowie die Veränderung der Nutzungsrechte an Gemeindegliedervermögen.

²In Samtgemeinden ist für die Aufstellung, Änderung, Ergänzung und Aufhebung von Flächennutzungsplänen der Samtgemeinderat zuständig.

(3) ¹Die Vertretung beschließt über Angelegenheiten, für die der Hauptausschuss, ein Ausschuss nach § 76 Abs. 3, der Betriebsausschuss oder nach § 85 Abs. 1 Nr. 7 die Hauptverwaltungsbeamtin oder der Hauptverwaltungsbeamte zuständig ist, wenn sie sich im Einzelfall die Beschlussfassung vorbehalten hat. ²In der Hauptsatzung kann sich die Vertretung die Beschlussfassung auch für bestimmte Gruppen solcher Angelegenheiten vorbehalten. ³Die Vertretung kann über die in Satz 1 genannten Angelegenheiten ferner dann beschließen, wenn sie ihr vom Hauptausschuss oder von einem Ausschuss nach § 76 Abs. 3 zur Beschlussfassung vorgelegt werden.

(4) ¹Die Vertretung überwacht die Durchführung ihrer Beschlüsse sowie den sonstigen Ablauf der Verwaltungsangelegenheiten. ²Sie kann zu diesem Zweck vom Hauptausschuss und von der Hauptverwaltungsbeamtin oder dem Hauptverwaltungsbeamten die erforderlichen Auskünfte verlangen. ³Wenn ein Viertel der Mitglieder der Vertretung oder eine Fraktion oder Gruppe dies verlangt, ist einzelnen Abgeordneten Einsicht in die Akten zu gewähren. ⁴Diese Rechte gelten nicht für Angelegenheiten, die der Geheimhaltung unterliegen (§ 6 Abs. 3 Satz 1).

(5) Die Vertretung kann Befugnisse, die ihr nach Absatz 4 zustehen, auf den Hauptausschuss übertragen.

§§ 40 NGO, 36 NLO, 47 RegionsG

ERLÄUTERUNGEN zu § 58

1. Die Vertretung ist das **oberste Organ** der Kommune (vgl. § 45 Abs. 1 Satz 1), jedoch gesetzlich nicht für alle Angelegenheiten von Bedeutung zuständig, sondern nur für die in Abs. 1 und 2 und weiterer Einzelvorschriften des NKomVG (z. B. §§ 107 Abs. 4, 109 Abs. 1) und anderer Gesetze (z. B. § 47 Abs. 1 NKWG, § 12 Abs. 1 NSpG) genannten. Diese Angelegenheiten können außer unter den gesetzlich ausdrücklich zugelassenen Umständen (Abs. 1 Nrn. 8, 14, 16, 18, 20) nicht auf andere Organe übertragen werden, weil die Vertretung für sie ausschließlich zuständig ist; der Beschluss eines anderen Organs ist unwirksam (OVG Lüneburg, Urt. v. 8.12.1995, KommP N 1996 S. 138). Zur Wirksamkeit von Vollzugsmaßnahmen s. Erl. 3 zu § 85. Aufgrund der Regelung des Abs. 3 kann die Vertretung sich allerdings aus dem Zuständigkeitsbereich des Hauptausschusses, des Betriebsausschusses und des HVB im Einzelfall und durch die Hauptsatzung die Beschlussfassung in von ihm zu bestimmenden Angelegenheiten vorbehalten, und zwar in Angelegenheiten sowohl des eigenen wie des übertragenen Wirkungskreises. Ausgenommen sind insoweit jedoch die in § 85 Abs. 1 Satz 1 Nrn. 3 bis 6 bezeichneten Aufgaben, für die der HVB ausschließlich zuständig ist, sowie die Angelegenheiten, die dem HVB nicht aufgrund von § 85 Abs. 1 Nr. 7 (wie z. B. das Organisationsrecht nach § 85 Abs. 3, s. Erl. 7 zu § 85) oder dem Hauptausschuss aufgrund spezieller Zuweisung (vgl. Erl. 1 zu § 76) obliegen und deshalb nicht entzogen werden können. Damit kann die Vertretung praktisch in allen Angelegenheiten des eigenen und in großem Umfang auch bei Aufgaben des übertragenen Wirkungskreises entscheiden (vgl. auch Erl. 3).

2. Zu den einzelnen Zuständigkeiten in Abs. 1, die den Vertretungen aller Kommunen obliegen:
Nr. 1: Die Kompetenz zur Steuerung der strategischen Entwicklung der Kommune, z. B. als alten- oder kinderfreundliche, als Garten-, Sport-, Auto- oder Klimakommune, liegt ausschließlich bei der Vertretung, die jedoch nicht verpflichtet ist, von ihr Gebrauch zu machen; tut sie es nicht, geht die Kompetenz nicht auf ein anderes Organ über.
Nr. 2: Die **Richtlinienzuständigkeit** der Vertretung ist Ausdruck ihrer Stellung als oberstes Organ und ihrer Verantwortung für die Aufgabenerfüllung in der Kommune insgesamt. Die Richtlinien, zu verstehen als Verwaltungsvorschriften ähnliche allgemeine Grundsätze, müssen sich auf das Grundsätzliche beschränken, gestatten also keine organisatorischen Einzelmaßnahmen der Vertretung. Sie dürfen auch nicht in die gesetzlichen Kompetenzen des Hauptausschusses und des HVB eingreifen, etwa in der Weise, dass der HVB verpflichtet wird, bei der Erfüllung bestimmter Geschäfte der laufenden Verwaltung den Hauptausschuss oder einen Fachausschuss zu beteiligen. Allerdings kann die Vertretung in Angelegenheiten, in denen sie sich die Beschlussfassung vorbehalten könnte, durch Richtlinien generelle Vorgaben für die Entscheidungen des Hauptausschusses oder des HVB bestimmen, z. B. für die – rechtlich mögliche – Auslegung eines unbestimmten Rechtsbegriffs, oder für die Erledigung gleichartiger Angelegenheiten (z. B. Vergabe von gemeindeeigenen Grundstücken) oder zur näheren Abgrenzung der Aufgaben des Stadtbezirksrats oder Ortsrats

(s. Erl. 1 zu § 93). Als Richtlinie kann auch die Ausfüllung des unbestimmten Rechtsbegriffs „Geschäfte der laufenden Verwaltung" in § 85 Abs. 1 Satz 1 Nr. 7 durch die Festlegung von Wertgrenzen angesehen werden; dasselbe gilt für die Begriffe der Erheblichkeit und Unerheblichkeit in den §§ 115 und 117 (vgl. Erl. 2 zu § 115 und 3 zu § 117). Richtlinien sind auch die Vorschriften gem. § 30 Abs. 1 für die Benutzung von Einrichtungen (OVG Lüneburg, Beschl. v. 27.4.1987 – 2 OVG B 29/87). Der Katalog konkreter Gegenstände, für deren Regelung allgemeine Richtlinien aufgestellt werden können, ist begrenzt.

Schwierigkeiten bereitet im **Bereich der Organisationshoheit** die Abgrenzung der Zuständigkeiten der Vertretung von denen des HVB, der gem. § 85 Abs. 3 den Geschäftsgang der Verwaltung leitet und beaufsichtigt und im Rahmen der Richtlinien der Vertretung die Geschäftsverteilung regelt. Die Zuständigkeit der Vertretung beschränkt sich grundsätzlich auf eine Art „letztinstanzlicher" Aufsicht, wofür ihr ein bestimmtes Aufsichtsinstrumentarium zur Verfügung steht (Abs. 4). Die Richtlinienkompetenz stellt sich auch in diesem Bereich als Mittel vorweggenommener Überwachung dar. Aus diesem Blickwinkel ist der zulässige Inhalt von Richtlinien zu bestimmen. So kann die Vertretung z. B. entscheiden, ob die Verwaltung als sog. Ämterverwaltung organisiert wird oder ob Dezernate oder Fachbereiche eingerichtet werden, jedoch ist die Umsetzung solcher organisatorischer Grundsatzentscheidung Aufgabe des HVB. Ihr steht mit Blick auf die Kompetenz zur Kennzeichnung der Fachgebiete (§ 108 Abs. 1) auch die Dezernatsverteilung zu. Ebenso gehört zu den Grundsatzentscheidungen die Einrichtung von Außen- oder Nebenstellen der Verwaltung. Soweit die Vertretung nicht gesetzlich zuständig ist (§§ 107, 109), sind dagegen personalwirtschaftliche Maßnahmen, wie die Besetzung von Stellen in der Verwaltung, keine Angelegenheiten der Geschäftsverteilung, für die die Vertretung Richtlinien aufstellen kann. Vgl. im Übrigen Erl. 7 zu § 85.

Nr. 3: Über die **Änderung des Namens der Kommune** (von Samtgemeinden abgesehen, § 19 Abs. 1 Satz 3) entscheidet das MI (§ 19 Abs. 1 Satz 2); die Vertretung kann deshalb nur über einen entsprechenden Antrag beschließen; zum Namensbestandteil „Bad" s. Erl. 2 zu § 19). Dasselbe gilt für die Verleihung der Bezeichnung Stadt oder einer anderen Bezeichnung (§ 20). Über die Benennung von Gemeindeteilen entscheidet der Rat (Abs. 2 Satz 1 Nr. 1). Der Beschluss über die Bestimmung des Wappens und der Flagge bedarf nicht mehr der Genehmigung der Aufsichtsbehörde.

Nr. 4: Vgl. §§ 24 bis 26; dabei kann es sich sowohl um die Stellungnahme zu einer gesetzlichen **Gebietsänderung** (§ 25 Abs. 4 Satz 2), als auch um eine vertragliche Gebietsänderung (§ 25 Abs. 1 Satz 2) handeln. Gebietsänderungen sind aber auch solche außerhalb des in § 18 geregelten Verfahrens, z. B. aufgrund eines Flurbereinigungsplanes (§ 58 Abs. 2 Flurbereinigungsgesetz), so dass bei einer Beteiligung der Kommune die Vertretung zuständig ist.

Nr. 5: Die Vertretung ist für die Beschlussfassung über das gesamte Recht (Satzungen und Verordnungen im eigenen und im übertragenen Wirkungskreis) ausschließlich zuständig. Nur bei Eilverordnungen z. B. im Rahmen des § 55 Abs. 2 Nds. SOG und bei Eilentscheidungen auf der Grundlage des § 89 kommt die Zuständigkeit des HVB oder des Hauptausschusses in Betracht. Zur Ausfertigung und Verkündung des Ortsrechts s. Erl. 1 zu § 11. Beschließt statt der Vertretung der Hauptausschuss eine Regelung, die als Satzung hätte ergehen müssen, ist der Beschluss nichtig (OVG Lüneburg, Urt. v. 16.3.1988 – 7 OVG C 1/87).

Nr. 6: S. zunächst Erl. zu § 29. In diesem Bereich entscheidet die Vertretung nach ihrem Ermessen ohne Beteiligung der Aufsichtsbehörde.

Nr. 7: Die Erhebung **öffentlicher Abgaben** im eigenen Wirkungskreis erfordert eine Satzung (§ 2 Abs. 1 NKAG), so dass sich die Zuständigkeit der Vertretung insoweit bereits aus Nr. 5 ergibt. Das gilt auch für Abgabenfestsetzungen im übertragenen Wirkungskreis, die als Verordnung ergehen (z. B. Parkgebührenordnung nach der VO v. 29.6.1981, GVBl. S. 145, geändert durch VO v. 16.7.1992, GVBl. S. 197).

Von den allgemeinen privatrechtlichen Entgelten, die in Tarifordnungen oder ähnlichen generellen Regelwerken festgelegt werden, für die die Vertretung zuständig ist, sind zu unterscheiden die speziellen, die im Einzelfall in der Regel durch Vereinbarung bestimmt werden (z. B. ein Kauf- oder Mietpreis oder eine Konzessionsabgabe); für ihre Festsetzung ist die Vertretung nur zuständig, wenn ihre Zuständigkeit für die zugrundeliegende Maßnahme besteht.

Die Vorschrift gilt nur für die Festsetzung von Abgaben und Entgelten, deren Gläubigerin die Kommune ist, nicht auch, wenn Dritte Gläubiger sind (z. B. § 51 PBefG).

Im **Erschließungsbeitragsrecht** wie im **Straßenausbaubeitragsrecht** ist nach der Rechtsprechung des OVG Lüneburg (Urt. v. 14.10.1980, NST-N 1981 S. 128; Beschl. v. 29.6.1984, NST-N 1985 S. 143; Urt. v. 18 4.1986, NST-N 1986 S. 286; Urt. v. 11.2.1987, NST-N 1987 S. 160, Urt. v. 26.5.1993 NST-N 1994 S. 101) für die Bildung von Abschnitten und einer Erschließungseinheit sowie für die Kostenspaltung ein Beschluss der Vertretung Voraussetzung. Dasselbe gilt für den Verzicht auf die Geltendmachung der Mehrkosten infolge planüberschreitender Abweichung von den Festsetzungen des Bebauungsplanes (OVG Lüneburg, Beschl. v. 6.7.1989, NST-N 1990 S. 321). Das OVG Lüneburg hält unter Aufgabe seiner bisherigen Rechtsprechung in Fällen planunterschreitender Erschließungsmaßnahmen (Beschl. v. 29.8.1989 – 9 M 44/89 – auszugsweise abgedruckt RdSchr. NST 167/90 v. 18.12.1990; Urt. v. 23.1.1991 NST-N 1991 S. 164) einen billigenden Beschluss der Vertretung nicht für erforderlich (Urt. v. 22.1.1997 – 9 L 4721/95 –, Ls. NdsVBl. 1997 S. VI):

Ihrem Wesen nach stellen die Ausgleichsbeträge nach § 154 BauGB Beiträge dar (OVG Lüneburg, Urt. v. 28.7.1983, NJW 1983 S. 2462). Der vertraglich vereinbarte Ablösebetrag (§ 133 Abs. 3 BBauG) ist eine kommunale Abgabe (OVG Lüneburg, Urt. v. 13.11.1990, dng 1991 S. 102).

Der Ablösungsbetrag gem. § 47a NBauO ist keine Abgabe i. S. v. Nr. 7, sondern eine Geldleistung eigener Art, deren Ermittlung ein Geschäft der laufenden Verwaltung darstellt (zur Rechtsnatur vgl. OVG Lüneburg, Beschl. v. 21.11.1983, NStV-N 1984 S. 21).

Nr. 8: Zu den allgemeinen privatrechtlichen Entgelten gehören die nach § 5 Abs. 1 NKAG anstelle von Benutzungsgebühren für die Inanspruchnahme öffentlicher Einrichtungen geforderten, ferner die Pflegesätze nach §§ 2 Nr. 4, 18 des Gesetzes zur wirtschaftlichen Sicherung der Krankenhäuser und zur Regelung der Krankenhauspflegesätze und die für Rettungsdienstleistungen nach § 15 Abs. 2 NRettDG. Ihre Festsetzung und Vereinbarung bedarf eines Beschlusses der Vertretung, soweit nicht in der Hauptsatzung ein Betrag bestimmt ist, bei dessen Unterschreitung nicht die Vertretung, sondern, wenn ein Geschäft der laufenden Verwaltung vorliegt, der HVB, im Übrigen der Hauptausschuss zuständig ist.

Nr. 9: Die Zuständigkeit der Vertretung für Satzungen ergibt sich bereits aus Nr. 5, wird hier nur aus Gründen des Zusammenhanges der Materie wiederholt. Sie gilt für die **Nachtragshaushaltssatzung** ebenso wie für die **Haushaltssatzung** (§ 115 Abs. 1 Satz 2); im Übrigen wird auf die Erl. zu §§ 112, 115 verwiesen. Das Haushaltssicherungskonzept (§ 110 Abs. 6) bedarf nur des einfachen Beschlusses der Vertretung, nicht der Satzungsform. Die Zuständigkeit der Vertretung für **über- und außerplanmäßige Aufwendungen, Auszahlungen und Verpflichtungen** besteht im Rahmen der §§ 117 und 119. Für solche von unerheblicher Bedeutung (zur Bestimmung durch Richtlinie s. oben Erl. 2 Nr. 2) ist der HVB zuständig, im Übrigen die Vertretung (s. im Einzelnen Erl. 3 zu § 117 und 5 zu § 119). Zum **Investitionsprogramm** wird auf Erl. 4 zu § 118 und zur Möglichkeit des Beschlusses über die mittelfristige **Ergebnis- und Finanzplanung** auf Erl. 6 zu § 118 verwiesen.

Nr. 10: Nach § 129 Abs. 1 hat die Vertretung über den **Jahresabschluss** und den **konsolidierten Gesamtabschluss** sowie die **Entlastung** des HVB bis zum 31.12. des auf das Haushaltsjahr folgenden Jahres zu beschließen. Im Übrigen vgl. Erl. zu den §§ 128 und 129.

Nr. 11: Die Vorschrift gilt für die genannten Maßnahmen bezüglich von der Kommune unmittelbar betriebener oder mitbetriebener wirtschaftlicher Unternehmen, kommunaler Anstalten und Einrichtungen im Rahmen des Wirtschaftsrechts (§§ 136 ff.); bei anderen Einrichtungen ist bei Geschäften der laufenden Verwaltung der HVB, im Übrigen der Hauptausschuss für die genannten Maßnahmen zuständig. Der ausschließlichen Zuständigkeit der Vertretung sind im Wesentlichen diejenigen Rechtsgeschäfte vorbehalten, die gem. § 152 Abs. 1 Nrn. 1, 6 und 8, Abs. 2 Nr. 1 anzeige- und genehmigungspflichtig sind. Beschlüsse über Weisungen an Vertreter der Kommune fallen nach ihrem eindeutigen Wortlaut auch dann nicht unter diese Vorschrift, wenn sie die hier genannten Maßnahmen betreffen. Zur wesentlichen Erweiterung s. Erl. 1 a. E. zu § 136. Die Vorschrift gilt auch für die Errichtung von gemeinsamen kommunalen Anstalten, die Unternehmen sind (§ 136 Abs. 2, § 3 Abs. 2 NKomZG i. V. m. 141), und die Beteiligung daran; für sonstige kommunale Zusammenschlüsse gilt Nr. 17.

Nr. 12: Die Vorschrift betrifft die **Beteiligung der Kommune** an Gesellschaften und anderen privatrechtlichen Vereinigungen (insbesondere Vereinen) sowie die Veränderung des Beteiligungsverhältnisses. Es geht in dieser Vorschrift um Gesellschaften und Vereinigungen i. S. d. Wirtschaftsrechts und nur um die unmittelbare Beteiligung der Kommune, nicht um die Beteiligung einer Gesellschaft oder anderen Vereinigung, an der die Kommune beteiligt ist.

Nr. 13: Die Zuständigkeit der Vertretung ist im Hinblick auf die besonderen Voraussetzungen des § 148 Abs. 1 für die genannten Maßnahmen und wegen der regelmäßig besonderen Bedeutung der genannten Rechtsgeschäfte für die Kommune, die auch Grund der Anzeige- und Genehmigungspflicht des § 152 ist, begründet. Diese auch in der Terminologie enge Verknüpfung macht deutlich, dass es um Unternehmen und Einrichtungen i. S. d. Wirtschaftsrechts geht. Die Zuständigkeit der Vertretung besteht nur bei Unternehmen und Einrichtungen, an denen die Kommune eigentumsrechtlich beteiligt ist (OLG Celle, Urt. v. 17.2.1999, NVwZ-RR 2000 S. 105). Für die Kündigung von Pacht- oder Betriebsführungsverträgen, für die der vom Gesetz als Normalfall angesehene Zustand wieder hergestellt wird, ist, vorbehaltlich des Abs. 3, nicht die Vertretung, sondern bei Annahme eines Geschäfts der laufenden Verwaltung der HVB (s. dazu OLG Celle, Urt. v. 17.2.1999 a. a. O.), sonst der Haupt- oder Betriebsausschuss zuständig. Auch Entscheidungen über die weiteren in § 148 genannten Rechtsgeschäfte sowie die Wirtschaftsführung von Einrichtungen im Rahmen des Wirtschaftsrechts sind überwiegend anzeige- und genehmigungspflichtig (§ 152).

Nr. 14: Die Vorschrift betrifft nicht **Verfügungen** über die veranschlagten Haushaltsmittel, z. B. zum Erwerb eines Grundstücks oder eines beweglichen Vermögensgegenstandes, über die die Vertretung bereits mit dem Erlass der Haushaltssatzung oder mit der Zustimmung zu einer über- oder außerplanmäßigen Ausgabe dem Grundsatz nach beschlossen hat. Die Zuständigkeit für solche Verfügungen richtet sich nach den allgemeinen Vorschriften (§§ 85 Abs. 1 Satz 1 Nr. 7, 76 Abs. 2). Allerdings hat auch in diesem Bereich die Vertretung die Möglichkeit, sich die Entscheidung vorzubehalten (Abs. 3).

Verfügungen i. S. dieser Vorschrift sind danach nur Rechtsgeschäfte außerhalb des Haushaltsplanes, durch die der Vermögensbestand der Kommune vermindert wird. Außer den im Gesetz genannten gehören dazu insbesondere noch der Verzicht auf eine Geldforderung (Erlass und Niederschlagung, nicht aber Stundung) oder einen sonstigen geldwerten Anspruch und die Veräußerung beweglicher Sachen und Grundstückstauschgeschäfte, sofern ihr Vermögenswert den in der Hauptsatzung bestimmten Wert übersteigt. Die Aufteilung eines Verfügungsgeschäftes, z. B. die Teilung eines Grundstücks und sein parzellenweiser Verkauf, stellt nur dann eine rechtsmissbräuchliche Umgehung dar, wenn sie erfolgt, um den Vermögenswert unter der in der Hauptsatzung bestimmten Höhe zu halten. Hat die Vertretung den Verkauf von Grundstücken beschlossen und in einer Vergabeordnung die wesentlichen Bedingungen der Veräußerung und des in Betracht kommenden Erwerberkreises festgelegt, dann bestehen keine Bedenken dagegen, dass sie die konkrete Bestimmung der Erwerber dem Hauptausschuss überlässt. Für gemischte Verträge, in denen eine unter Nr. 14 fallende Verfügung mit einem nicht in die ausschließliche Zuständigkeit der Vertretung fallenden Geschäft zu einem einheitlichen Rechtsgeschäft zusammengefasst werden, ist die Vertretung zuständig. Tatsächliche Änderungen des Kommunalvermögens, z. B. der Abriss eines Gebäudes, sind keine Verfügungen. Auch die Überlassung zur Nutzung (§ 125 Abs. 2) ist keine Verfügung i. S. dieser Vorschrift. Die Vorschrift erfasst nach ihrem Wortlaut nur das unmittelbare Vermögen der Kommune, nicht auch das von Gesellschaften und sonstigen Vereinigungen, an denen die Kommune beteiligt ist und auf die sie nur über ihre Vertreter einwirken kann (s. auch Erl. zu Nrn. 11 und 12).

Unterhalb der in der Hauptsatzung festgelegten Höhe gelten die allgemeinen Zuständigkeitsregeln (§ 85 Abs. 1 Satz 1 Nr. 7, § 76 Abs. 2, § 58 Abs. 3). Die Verpflichtung zur Festsetzung einer Wertgrenze besteht nicht.

Nr. 15: Nach § 120 Abs. 1 Satz 2 ist die Kommune verpflichtet, **Richtlinien für die Aufnahme von Krediten** aufzustellen. Dafür ist die Vertretung ausschließlich zuständig, wie sich auch aus Nr. 1 ergibt. Ein bestimmter Inhalt der Richtlinien

ist nicht vorgeschrieben, die Vertretung kann sie entsprechend ihrem Bedürfnis nach Sicherung ihrer Etathoheit eher allgemein oder detailliert formulieren. In Betracht kommen Regelungen über die Einholung von Angeboten, die Mindest- oder Höchstlaufzeit, den Höchstzinssatz, von Kündigungsrechten, die Bestellung von Sicherheiten, den Einsatz von Derivaten, die Zulässigkeit von Fremdwährungskrediten und Unterrichtungspflichten gegenüber der Vertretung. Für die Aufnahme der Kredite als Geschäft der laufenden Verwaltung (was in den Richtlinien bestimmt werden kann, s. auch Erl. 5 zu § 85) ist regelmäßig der HVB zuständig, jedoch können sich Vertretung und Hauptausschuss die Beschlussfassung darüber vorbehalten (Abs. 3, § 76 Abs. 2 Satz 2); wenn die Zuordnung zu den laufenden Verwaltungsgeschäften nicht möglich erscheint, kann von § 76 Abs. 5 Gebrauch gemacht werden. Diese Regelung ermöglicht auch eine flexible Handhabung der **Umschuldung**, d. h. die Ablösung eines Kredits durch einen anderen, in Zeiten stark schwankender und häufig nur kurzfristig gültiger Kreditangebote. Die Regelung gilt nicht für kreditähnliche Rechtsgeschäfte (s. dazu Nr. 16).
Zu den Krediten i. S. dieser Vorschrift gehören nicht die **Liquiditätskredite** (vgl. Erl. 3 zu § 122).
Nr. 16: Die Übernahme von **Bürgschaften** und der Abschluss von **Gewährverträgen** und ihnen gleichkommenden Rechtsgeschäften (§ 121) sowie die Begründung **kreditähnlicher Rechtsgeschäfte** (s. dazu Nr. 3 des Kreditstatus im Anhang zu § 120) sind grundsätzlich der Beschlussfassung der Vertretung vorbehalten. Ähnlich der Handhabung bei Kreditaufnahmen genügt bei der Übernahme einer Bürgschaft, dass die Vertretung den wesentlichen Inhalt des Geschäfts festlegt oder dem HVB einen Rahmen setzt, wozu die zu sichernde Hauptschuld, deren Höhe und die Person des Schuldners gehören, nicht aber auch der Kreditgeber (BGH, Urt. v. 19.3.1998, NJW S. 2138). Im Hinblick auf inzwischen üblich gewordene **Leasing-Verträge** mit Eigentumsübergangsvereinbarung in den Bereichen der Kommunikationstechnik und des Fuhrparks, die vielfach keine große Bedeutung entfalten, aber zu den kreditähnlichen Geschäften zählen, sind die Geschäfte der laufenden Verwaltung (§ 85 Abs. 1 Satz 1 Nr. 7) bei den hier genannten Maßnahmen von der ausschließlichen Zuständigkeit der Vertretung ausgenommen. Auch in diesem Bereich kann die Vertretung durch eine Richtlinie die klarstellende Abgrenzung der laufenden Verwaltungsgeschäfte vornehmen (s. Erl. 5 zu § 85). Im Übrigen kann die Hauptsatzung Wertgrenzen bestimmen, unterhalb denen die Vertretung ihre Zuständigkeit ausschließt.
Andere Maßnahmen im Zusammenhang mit den genannten Rechtsgeschäften (z. B. Kündigung, Aufhebung) unterliegen nicht der ausschließlichen Beschlussfassung der Vertretung.
Nr. 17: **Kommunale Zusammenschlüsse** sind insbesondere Zweckverbände und Vereine. Zur Errichtung einer gemeinsamen kommunalen Anstalt s. Nr. 11, die durch die Regelung über die Änderung der Beteiligungsverhältnisse ergänzt wird. Bei den Zweckvereinbarungen gem. § 5 NKomZG werden von dieser Regelung nur die eine Aufgabe übertragenden erfasst. Die Vorschrift erfasst Zusammenschlüsse, die typischerweise nur von Kommunen gebildet werden (z. B. die kommunalen Spitzenverbände), und zwar unabhängig von der Rechtsform (öffentlich-rechtlich oder privatrechtlich); für die Beteiligung an Gesell-

schaften und Vereinen s. Nr. 12. Die Mitgliedschaft wird sowohl vom Eintritt als auch vom Austritt berührt; über beide entscheidet deshalb die Vertretung.

Nr. 18: Vgl. § 135. Maßstab für die Festlegung einer Zuständigkeitsgrenze in der Hauptsatzung ist das Stiftungsvermögen.

Nr. 19: Die Vorschrift ist Ausfluss der **Allzuständigkeit der Gemeinden** (§ 2 Abs. 2) und der Kompetenz-Kompetenz der Landkreise und der Region Hannover (§ 3 Abs. 2) und steht im Zusammenhang mit der Etathoheit der Vertretung (Nr. 9). Auf die Zugehörigkeit der Aufgabe zum eigenen oder übertragenen Wirkungskreis kommt es nicht an, sodass unter diese Vorschrift auch die Entscheidung über einen Antrag auf Erklärung zur selbstständigen Gemeinde (§ 14 Abs. 3) fällt, auch nicht auf die Bedeutung der neuen Aufgabe. Eines Beschlusses der Vertretung bedarf es also auch, wenn unbedeutendere Aufgaben, auch eher verwaltungstechnischer Natur, übernommen werden sollen, wenn sie finanziell zu Buche schlagen, ohne dass die Vertretung dafür in der Haushaltssatzung Vorsorge getroffen hat. Als neue Aufgabe ist auch die Rückübertragung einer bisher von der Samtgemeinde wahrgenommenen Aufgabe auf die Mitgliedsgemeinde anzusehen (s. Erl. 2 zu § 98).

Nr. 20: In der Praxis werden vielfach, auch ohne dass das gesetzlich gefordert wird, Geschäfte der laufenden Verwaltung durch die Bezeichnung einer Wertgrenze beschrieben. Für darunter fallende Verträge mit dem genannten Personenkreis ist das nunmehr gesetzlich vorgeschrieben. Durch die Vorschrift soll dem bösen Schein einer Vetternwirtschaft vorgebeugt werden, ausgenommen sind nur Geschäfte aufgrund einer förmlichen Ausschreibung mit den dieser eigenen Kontrollmechanismen und Geschäfte der laufenden Verwaltung wegen ihrer Geringfügigkeit; die Wertgrenze für diese Verträge kann mit der für die allgemeine Beschreibung der Geschäfte der laufenden Verwaltung identisch sein, darf sie aber nicht überschreiten, weil dadurch der Bereich der laufenden Verwaltungsgeschäfte verlassen würde. Verträge mit Gesellschaften, Vereinen und Vereinigungen, an denen der genannte Personenkreis als Mitinhaber, Gesellschafter oder Mitglied beteiligt ist, fallen unter die Vorschrift nur, wenn der Angehörige des genannten Personenkreises Alleingesellschafter oder -inhaber ist.

3. Zu den einzelnen Zuständigkeiten in Abs. 2, die darüber hinaus nur dem Rat obliegen:

Nr. 1: Der Beschluss über die **Benennung,** wozu auch die **Umbenennung** zählt (OVG Lüneburg, Urt. v. 18.2.1969, DVBl. 1969 S. 317), von **Straßen** – auch Privatwegen – und Plätzen, ist eine Selbstverwaltungsangelegenheit im Hinblick auf die im Vordergrund stehende Erschließungsfunktion der Benennung, die es zulässt, dass zahlreichen Gesichtspunkten, wie z. B. der Pflege örtlicher Traditionen, der Ehrung verdienter Persönlichkeiten, dem Gedanken der Völkerverständigung, Rechnung getragen werden kann (VG Stade, Urt. v. 18.12.1986 – 1 VG A 145/85). Er enthält keine generell abstrakte Regelung und kann deshalb nicht als Satzung ergehen. Solange der Beschluss des Rates nicht bekannt gegeben worden ist, stellt er ein Internum ohne Außenwirkung dar (VG Stade, Urt. v. 18.12.1986 a. a. O.). Seine Bekanntgabe ist als Allgemeinverfügung anzusehen (OVG Lüneburg, Urt. v. 18.2.1969 a. a. O.; VGH Mannheim, Urt. v. 12.5.1980, NJW 1981 S. 1749; VG Lüneburg, Urt. v. 8.9.2010, R&R 1/2011

S. 1), zu der die Beteiligten grundsätzlich nicht angehört werden müssen (§ 28 Abs. 1 Nr. 4 VwVfG), die aber zu begründen ist (§ 39 Abs. 1 VwVfG), wenn sie nicht öffentlich bekannt gegeben wird (§§ 41 Abs. 3 S. 2, 39 Abs. 2 Nr. 5 VwVfG, s. dazu VG Lüneburg, Urt, v. 8.9.2010 a. a. O.). Bei der Umbenennung handelt es sich nicht um den Widerruf eines begünstigenden Verwaltungsaktes (VG Stade, Urt. v. 18.12.1986 a. a. O.; s. auch OVG Münster, Beschl. v. 15.1.1987, NJW 1987 S. 2695 und Bay. VGH, Urt. v. 8.9.1982, Fundstelle 1983 Rdnr. 319, wonach die Benennung eines Grundstücks nach Straße und Hausnummer nicht zum grundrechtlich geschützten Eigentum gehört und eine Rücknahme oder ein Widerruf dieser Maßnahme im freien behördlichen Ermessen steht, in das die für die Anlieger nachteiligen Folgen einzubeziehen sind, OVG Münster, Beschl. v. 29.10.2007, NVwZ-RR 2008 S. 487; VG Lüneburg, Urt. v. 8.9.2010 a. a. O.). Zur Zuständigkeit des **Orts-/Stadtbezirksrats** für die Bennennung von ausschließlich in der Ortschaft/dem Stadtbezirk gelegener Straßen, Wege und Plätze s. Erl. 2 Nr. 3 zu § 93.
Grundlage für die Zuteilung von **Hausnummern**, die aber nicht der Zuständigkeit des Rates vorbehalten ist, ist § 126 Abs. 3 BauGB; im Hinblick auf die im Vordergrund stehende Ordnungsfunktion der Grundstücksnummerierung wird sie allgemein (OVG Lüneburg, Urt. v. 9.6.1983 – 12 OVG A 91/83; VG Braunschweig, Urt. v. 11.3.1988 – 6 VG A 21/87; VG Oldenburg, Urt. v. 28.3.2002, NdsVBl. 2003 S. 62; s. auch VGH Kassel, Urt. v. 13.9.1982, NVwZ 1983 S. 551) als gefahrenabwehrrechtliche Angelegenheit angesehen; allgemeine Grundsätze der Nummerierung können in einer Verordnung (§ 55 Nds. SOG) festgelegt werden.
Nr. 2: Die Vorschrift stellt klar, dass der Rat ausschließlich für die abschließende Beschlussfassung über die **Bauleitplanung** (Flächennutzungs- und Bebauungsplan § 1 Abs. 2 BauGB, einschließlich des vorhabenbezogenen Bebauungsplans, § 12 Abs. 3 BauGB) zuständig ist und knüpft damit an die Rechtsprechung des BVerwG (Beschl. v. 15.4.1988, NVwZ 1988 S. 916, ihm folgend OVG Koblenz, Urt. v. 30.11.1988, NVwZ 1989 S. 674 unter Aufgabe seiner bis dahin abweichenden Rechtsprechung) an, das entschieden hat, dass bundesrechtlich bis zum Satzungsbeschluss keine weiteren Beschlüsse der Gemeinde erforderlich sind und keine Regelung über die Zuständigkeit bestimmter Gemeindeorgane getroffen ist, sodass sich das nach Landesrecht richtet. Landesrechtlich ist die ausschließliche Zuständigkeit des Rates nur für die das Rechtsetzungsverfahren abschließende Entscheidung normiert. Die Zuständigkeit für andere Entscheidungen während des Verfahrens richtet sich nach den allgemein geltenden Vorschriften (insbes. § 76 Abs. 2 S. 1, § 85 Abs. 1 Satz 1 Nr. 7); zur Zuständigkeit des Verwaltungsausschusses für den Aufstellungsbeschluss s. Nds. OVG, Urt. v. 15.3.2001 (R&R 5/2003 S. 5) und VG Hannover, Beschl. v. 18.8.2000 (VwRR N 2001 S. 28); der Rat kann sich gem. Abs. 3 bestimmte Entscheidungen, z. B. Aufstellungsbeschlüsse (§ 2 Abs. 1 BauGB), im Einzelfall oder generell in der Hauptsatzung vorbehalten (s. auch ED-NStGB Nr. 144/1990 v. 5.6.1990 und RdSchr. NST 57/91 v. 27.3.1991). Die Prüfung der zum Entwurf eines Bebauungsplanes eingegangenen Anregungen ist Bestandteil der Abwägung gem. § 1 Abs. 6 BauGB und die abschließende Entscheidung darüber dem Satzungsbeschluss vorbehalten (BVerwG; Urt. v. 25.11.1999, VwRR N 2000 S. 38), für den der Rat ausschließlich zuständig ist.

Der städtebauliche Vertrag ist nicht Bauleitplanung. Über ihn entscheidet der Verwaltungsausschuss (§ 76 Abs. 2).

Da in **Samtgemeinden** die Aufstellung der **Flächennutzungspläne** weiterhin Aufgabe der Samtgemeinde ist (§ 98 Abs. Abs. 1 Satz 1 Nr. 1), normiert Abs. 2 Satz 2 die Zuständigkeit des Samtgemeinderates für sie, und zwar für dieselben Beschlüsse, die dem Rat vorbehalten sind.

Nr. 3: Die Vorschrift korrespondiert mit der Regelung über die **Verleihung des Ehrenbürgerrechts** (§ 29).

Nr. 4: Zum **Gemeindegliedervermögen** s. § 134.

3. Das Recht der Vertretung, sich im **Einzelfall die Beschlussfassung** vorzubehalten, bezieht sich auf alle Angelegenheiten des eigenen und übertragenen Wirkungskreises, für die der Hauptausschuss, ein Fachausschuss als beschließender Ausschuss (§ 76 Abs. 3), der Betriebsausschuss und als Geschäfte der laufenden Verwaltung (§ 85 Abs. 1 Satz 1 Nr. 7) der HVB zuständig ist. Ausgenommen sind damit die Angelegenheiten des § 85 Abs. 1 Satz 1 Nrn. 3 bis 6 sowie die der Stadtbezirks- und Ortsräte und des Jugenhilfeausschusses; allerdings kann sich die Vertretung in der gem. § 71 Abs. 3 SGB VIII für die Beschlusszuständigkeiten des Jugendhilfeausschusses zu erlassenden Satzung das Recht zur Beschlussfassung im Einzelfall vorbehalten. Als Einzelfall kommt auch eine einzelne Angelegenheit in Betracht, in der mehr als ein Beschluss zu fassen ist. Angelegenheiten des übertragenen Wirkungskreises, für die die Vertretung sich die Zuständigkeit vorbehalten kann, sind auch die der Gefahrenabwehr (z. B. Verkehrsregelung, Bauordnungsangelegenheiten, Obdachlosenwesen). Sie ändern ihren Charakter nicht dadurch, dass die Vertretung die Entscheidung an sich zieht, sodass der Rahmen der Fachaufsicht nicht eingeschränkt wird (OVG Lüneburg, Beschl. v. 1.3.1997, KommP N S. 151). Soweit dem Hauptausschuss (z. B. § 31 Abs. 5, § 32 Abs. 7, § 107 Abs. 4, § 154 Abs. 1) und dem HVB durch spezielle Kompetenzzuweisung Aufgaben übertragen sind, sind diese der Regelung durch den Rat entzogen (ebenso VG Hannover, Beschl. v. 23.9.1982 – 1 VG D 44/82 – für die dem Hauptausschuss gem. § 107 Abs. 4 Satz 2 vorbehaltenen personalrechtlichen Entscheidungen; vgl. auch Erl. 1 zu § 76 und 7 zu § 85). Durch die vorbehaltene Beschlussfassung verlieren Geschäfte der laufenden Verwaltung diesen Charakter nicht (s. den umgekehrten Fall der Aufgabenübertragung auf den HVB: Erl. 5 zu § 76 und 5 zu § 107); für sie gilt also § 86 Abs. 4.

Eines besonderen Vorbehaltsbeschlusses bedarf es nicht. Die Vertretung kann – als Ausfluss ihrer Stellung als Hauptorgan (§ 45 Abs. 1) – sich die Beschlussfassung auch konkludent dadurch vorbehalten, dass sie in der Angelegenheit entscheidet (OVG Lüneburg, Urt. v. 15.3.2001, Nds. Rpfl. S. 374 = R&R 5/2003 S. 6; offengelassen vom VG Hannover, Beschl. v. 18.2.2000, VwRR N 2001, S. 28; offenbar ablehnend VG Hannover, Urt. v. 2.7.2003, R&R 4/2003 S. 7), allerdings ist Voraussetzung die ordnungsgemäße Vorbereitung durch den Hauptausschuss. Ein gesonderter Vorbehaltsbeschluss bedarf nicht der Vorbereitung des Hauptausschusses (vgl. Erl. 3 zu § 76). Ein Antrag an die Vertretung, einen Vorbehaltsbeschluss herbeizuführen, begründet deren Zuständigkeit noch nicht, hindert ein anderes Organ also nicht an seiner Beschlussfassung.

Hat das zuständige Organ entschieden, ist für eine Beschlussfassung der Vertretung kein Raum mehr (ebenso VG Oldenburg, Beschl. v. 15.8.1983 – 2 VG D 33/83), und zwar nach Ausführung der Entscheidung (§ 85 Abs. 1 Satz 1 Nr. 2) im Interesse der Rechtssicherheit auch dann, wenn die Vertretung sich die Beschlussfassung durch einen besonderen Beschluss vorbehalten haben sollte (anders allerdings, wenn die abschließende Entscheidung des Hauptausschusses oder des HVB sich als bewusstes Unterlaufen des Vorbehaltsbeschlusses und deshalb als Rechtsmissbrauch darstellt: VG Hannover, Beschl. v. 23.9.1982 a. a. O., VG Oldenburg, Beschl. v. 15.8.1983 a. a. O.; in einem solchen Fall hat bei einem Beschluss des Hauptausschusses der HVB Maßnahmen gem. § 88 zu ergreifen). Soweit in einer Angelegenheit, insbesondere bei Entscheidungen mit Dauerwirkung, eine neue Entscheidung möglich ist (z. B. die Kündigung eines Abonnements), kann dieser Gegenstand eines Vorbehaltsbeschlusses sein.

Neben der Beschlussfassung im Einzelfall kann sich die Vertretung durch entsprechende Regelung in der Hauptsatzung auch die Entscheidung für **bestimmte Gruppen von Angelegenheiten vorbehalten**, für die aufgrund des Gesetzes der Hauptausschuss, ein Fachausschuss als beschließender Ausschuss (§ 76 Abs. 3), der Betriebsausschuss oder der HVB gem. § 85 Abs. 1 Satz 1 Nr. 7 zuständig ist. Das Gesetz verlangt eine hinreichend deutliche Bezeichnung der Angelegenheiten („bestimmte Gruppen"), sodass z. B. die Bezeichnungen „alle wesentlichen Angelegenheiten" oder „Angelegenheiten von Bedeutung" nicht ausreichen. Dafür, welche Angelegenheiten sich die Vertretung in der Hauptsatzung die Entscheidung vorbehalten kann, gilt im Übrigen das oben zum Vorbehalt im Einzelfall Gesagte. Die Vorschrift bietet keine Handhabe für die Vertretung, z. B. wegen unterschiedlicher Mehrheitsverhältnisse, dem Hauptausschuss die wesentlichen Zuständigkeiten zu entziehen; der Versuch wäre Rechtsmissbrauch.

Schließlich kann die Vertretung in Angelegenheiten beschließen, für die sie sich im Einzelfall die Beschlussfassung vorbehalten könnte, wenn sie ihm vom **Hauptausschuss oder** einem Fachausschuss **als beschließendem Ausschuss** (§ 76 Abs. 3) **zur Entscheidung vorgelegt werden.** Eine Verpflichtung der Vertretung zur Beschlussfassung besteht jedoch nicht. Gegenstand der Vorlage können alle Angelegenheiten sein, für die der Hauptausschuss nicht ausschließlich zuständig ist oder gem. § 76 Abs. 2 Satz 2 und 3 und § 88 Abs. 4 beschließen kann und beschließt. Danach kann der Hauptausschuss z. B. auch Angelegenheiten vorlegen, für die er zunächst sich die Beschlussfassung vorbehalten hatte, die ihm vom HVB oder vom Betriebsausschuss zur Beschlussfassung vorgelegt worden sind oder für die er nach Einspruch des HVB gegen den Beschluss eines beschließenden Ausschusses zuständig ist.

Vorbehaltene Angelegenheiten des übertragenen Wirkungskreises verändern dadurch ihren Charakter nicht, fachaufsichtliche Weisungen binden deshalb die Vertretung ebenso wie die anderen Organe (OVG Lüneburg, Beschl. v. 1.3.1997, KommP N S. 151). Bei diesen Angelegenheiten ist zu bedenken, dass sie vielfach eine fristgebundene Entscheidung erfordern, was bei einem Entscheidungsvorbehalt der Vertretung zu Problemen führen kann.

In allen Fällen der Ausübung des Vorbehaltsrechts oder der Vorlage ist aber Voraussetzung, dass der Hauptausschuss die Beschlüsse der Vertretung gem. § 76 Abs. 1 vorbereitet hat.

Ein genereller **Verzicht** auf das Vorbehaltsrecht durch entsprechende Regelung der Hauptsatzung ist mit dem Gesetz nicht vereinbar.

4. Die **Überwachung** der Vertretung nach Abs. 4 Satz 1 betrifft die Tätigkeit des HVB nach § 85 Abs. 1 Satz 1 Nr. 2 und Sätze 2 und 3. Adressat der Informationsansprüche der Vertretung ist deshalb in aller Regel der HVB. Zu den Verwaltungsangelegenheiten gehören aber auch die Beschlüsse und sonstigen Maßnahmen der anderen Gemeindeorgane, z. B. auch der Stadtbezirks- und Ortsräte, deren Überwachung dem Rat obliegt; zu ihrer Wahrnehmung kann der Rat Richtlinien aufstellen (vgl. oben Erl. 2 Nr. 2).

Die Überwachung der übrigen Verwaltungstätigkeit ist Aufgabe der Vertretung, deren Ausübung jedoch in der Erkenntnis, dass sich eine Mehrheit der Vertretung bisweilen schwer tut, „ihre" Verwaltung zu kontrollieren, Minderheiten, zunächst (1982) hinsichtlich der Akteneinsicht einem Viertel der Mitglieder und später (1996) jeder Fraktion, ermöglicht worden ist; ein Auskunftsanspruch in allen Gemeindeangelegenheiten, also auch zur Kontrolle der Verwaltung, steht jedem Ratsmitglied zu (§ 56 Satz 2; s. Erl. 4 zu § 56).

Das **Auskunftsverlangen** der Vertretung gegenüber dem Hauptausschuss und dem HVB nach Abs. 4 Satz 2, das angesichts des Fragerechts jedes Mitglieds der Vertretung nach § 56 Satz 2 keine große praktische Bedeutung entfaltet, setzt einen entsprechenden Beschluss der Vertretung voraus, kann also nur in einer Sitzung der Vertretung geltend gemacht und muss zur Tagesordnung angemeldet werden. Die Ausübung kann durch die Geschäftsordnung nicht eingeschränkt, aber geregelt werden, z. B. durch die Normierung einer bestimmten Eingangsfrist vor einer Sitzung; als Vorbild können die Regelungen der Geschäftsordnung des Niedersächsischen Landtages über die Kleinen Anfragen (§§ 46, 47) dienen. Der HVB schuldet die zur Überwachung **erforderlichen** Auskünfte, d. h. diejenigen, die objektiv für die Kontrolle im konkreten Fall benötigt werden. Die Auskunft wird regelmäßig schriftlich zu erteilen sein, wenn in der Geschäftsordnung nichts anderes geregelt ist, kann aber auch mündlich in der Sitzung erfolgen.

Zu den ausgeschlossenen Gegenständen s. unten, zum Auskunftsverlangen des einzelnen Mitglieds der Vertretung zur eigenen Information und zur Information über Beratungsgegenstände s. Erl. 4 zu § 56.

Auch das **Akteneinsichtsrecht** dient ausschließlich der Überwachung der Durchführung von Beschlüssen und des sonstigen Ablaufs der Verwaltungsangelegenheiten. Es steht selbstverständlich auch der Mehrheit der Vertretung zu, ein einzelnes Mitglied hat das Recht seiner Geltendmachung allerdings nicht, um der Gefahr von Missbrauch vorzubeugen. Macht es die Vertretung als solche geltend, geschieht das durch Beschluss. Machen es Teile der Vertretung geltend (mindestens ein Viertel ihrer Mitglieder oder eine Fraktion oder Gruppe), ist für einen Beschluss der Vertretung über die begehrte Einsichtnahme kein Raum (VG Stade, Urt. v. 9.6.1993, KommP N 1995 S. 20). Die Einsichtnahme der Akten darf nicht hinter dem Rücken der Vertretung als der eigentlichen Kontrolleurin erfolgen; deshalb ist das Verlangen in einer Sitzung der Vertretung geltend zu machen (VG Oldenburg, Beschl. v. 29.5.1997, KommP N 1998 S. 87; VG Stade, Urt. v. 17.12.2004, R&R 1/2005 S. 10); zumindest ist die Vertretung vor der Gewährung der Akteneinsicht zu unterrichten (VG Stade, Urt. v. 17.12.2004

a. a. O.). Das Einsichtsrecht können nach dem gesetzlichen Wortlaut nur Mitglieder der Vertretung ausüben, nicht Dritte, z. B. Fraktionsmitarbeiter, Anwälte, Medienvertreter in ihrer Begleitung oder in ihrem Auftrag. Die Beschränkung der tatsächlichen Einsichtnahme auf Einzelne dient allein der Praktikabilität; bei kleinen Fraktionen spricht nichts dagegen, dass sämtliche Mitglieder Einsicht nehmen; das Gesetz macht für die Wirksamkeit des Verlangens nicht zur Voraussetzung, dass in ihm genannt wird, wer Einsicht nehmen soll, zumal der HVB auch gar nicht das Recht hat, einen Abgeordneten auszuschließen, sodass dazu berechtigt ist, wer zu dem vereinbarten Termin erscheint. Das Einsichtsrecht bezieht sich auf die Verwaltungsakten, nicht auf Protokolle (vgl. Erl. 4 zu § 68) und nicht auf Satzungen, in die, auch wenn sie nicht mehr gültig sind, jedermann einsehen kann (§ 10 Abs. 4); Einsicht in einzelne Schriftstücke, die noch nicht Bestandteile von Akten geworden sind, sondern sich noch in der Bearbeitung befinden, kann nach dem Gesetzeswortlaut und zur Aufrechterhaltung der Verfügbarkeit im laufenden Verwaltungsbetrieb (zu diesem Gesichtspunkt s. VG Lüneburg, Urt. v. 16.3.2011, R&R 3/2011 S. 1) nicht verlangt werden. Das Einsichtsrecht kann nur in den Diensträumen ausgeübt werden. Die Akteneinsicht außerhalb des in Abs. 4 geregelten Verfahrens kann der HVB unter Wahrung seiner Verpflichtung zur unparteiischen Amtsführung und der Geheimhaltung gestatten.

Nur für Angelegenheiten, die der besonderen Geheimhaltung des § 6 Abs. 3 unterliegen (vgl. Erl. 3 zu § 6), sind das Auskunftsrecht und das Recht auf Akteneinsicht ausgeschlossen, nicht dagegen für allgemein vertraulich zu behandelnde Angelegenheiten (z. B. Steuer-, Grundstücks-, Personalangelegenheiten), weil sonst die Vertretung ihre Aufgaben nicht umfassend erfüllen könnte (zur Zulässigkeit des Einsichtsrechts in Steuerakten OVG NW, Beschl. v. 28.8.1997, VwRR N 1998 S. 2 mit Anmerkung KommP N 1998 S. 86; s. auch R&R 6/2009 S. 17). Die verlangten Auskünfte müssen aber nach den allgemeinen **Grundsätzen des Datenschutzes** für die Überwachung der Verwaltung erforderlich sein, wie es auch ausdrücklich im Gesetz normiert ist; darüber hinausgehende Einschränkungen aus allgemeinen datenschutzrechtlichen Grundsätzen gibt es nicht. Besondere Einschränkungen bestehen jedoch in einzelnen Bereichen, insbesondere im Anwendungsbereich des Sozialgesetzbuchs, wo eine Durchbrechung des Sozialgeheimnisses (§ 35 SGB, Allgem. Teil) nur unter bestimmten im Gesetz genannten Voraussetzungen zulässig ist, zu denen die Ausübung von Aufsichts- und Kontrollbefugnissen gehört (§ 67 ff SGB X, aber nicht bei § 65 SGB VIII). Im Übrigen sind auch die datenschutzrechtlichen Belange rechtlich dadurch gewährleistet, dass die Rechte erforderlichenfalls in vertraulicher Sitzung ausgeübt werden und die Abgeordneten gem. § 40 der Amtsverschwiegenheit unterliegen. Für die Einsichtnahme in Personalakten enthalten § 50 BeamtStG und § 92 NBG besondere Regelungen, die die Vorlage ohne Einwilligung des Beamten für Zwecke der Personalverwaltung oder -wirtschaft der Vertretung als oberster Dienstbehörde vorbehalten und einen Vorrang der Auskunft vor der Vorlage normieren. Für nichtbeamtete Beschäftigte enthält der TVöD (s. dort § 3) keine entsprechende Regelung, gleichwohl ist zweifelhaft, ob deren Personalakten uneingeschränkt eingesehen werden dürfen.

Auch befangene **Abgeordnete** sind an der Ausübung des Auskunftsverlangens nicht gehindert, weil das keine beratende oder entscheidende Mitwirkung

i. S. d. § 41 Abs. 1 darstellt (VG Köln, Urt. v. 29.8.1980, NVwZ 1982 S. 208). Unter diesen Umständen ist auch nicht zu rechtfertigen, einem befangenen Abgeordneten das Akteneinsichtsrecht zu verwehren.
Die Akteneinsichtnahme gem. Abs. 4 umfasst das Recht, **Abschriften und Fotokopien** von bestimmten Teilen der Akten zu fertigen, wenn das zur sachgerechten Wahrnehmung der Überwachungsaufgabe, insbesondere zur Unterrichtung der Vertretung über das Ergebnis der Akteneinsicht erforderlich ist; die Kopie des gesamten Aktenvorganges ist damit allerdings nicht vereinbar. Gestattet dagegen der HVB einem einzelnen Abgeordneten freiwillig die Einsichtnahme in die Akten, unterliegt es seinem Ermessen, ob zugleich auch die Fertigung von Abschriften oder Fotokopien zugelassen ist. Auch im Hinblick auf das Einsichtsrecht kann eine **Vernichtung** von Akten nur für einen Zeitpunkt in Betracht gezogen werden, in dem mit Sicherheit feststeht, dass die Akten keine die Gesetzmäßigkeit der Verwaltung sichernde Dokumentationsfunktion mehr erfüllen (BVerwG, Beschl. v. 16.3.1988, NVwZ 1988 S. 621).
Zum Anspruch auf Information über die Umwelt s. § 3 des Nieders. Umweltinformationsgesetzes und VG Oldenburg, Urt. v. 21.12.1999, VwRR N 2000, S. 125.
Die Bildung eines **Untersuchungsausschusses** der Vertretung nach Art eines parlamentarischen Untersuchungsausschusses ist unzulässig. Es ist vielmehr Sache des HVB, die erforderlichen Ermittlungen anzustellen (OVG Lüneburg, Beschl. v. 20.8.1968, DVBl. 1968, S. 848).

5. Gem. Abs. 5 kann die Vertretung ihre **Überwachungsbefugnisse** nach Abs. 4 **auf den Hauptausschuss** übertragen. Die Bedeutung dieser Regelung ist begrenzt, weil der Hauptausschuss unabhängig von den Zuständigkeitsregelungen der §§ 58, 76 und 85 gem. § 77 vom HVB Auskünfte in allen Verwaltungsangelegenheiten der Kommune verlangen kann und dadurch die Möglichkeit hat, die Durchführung auch der Beschlüsse der Vertretung und den gesamten sonstigen Ablauf der Verwaltungsangelegenheiten zu überwachen. Allerdings hat der Hauptausschuss kein originäres Akteneinsichtsrecht; die ihm insoweit zustehenden Befugnisse (vgl. oben Erl. 4) kann die Vertretung auf den Hauptausschuss übertragen. Das Verlangen einer Minderheit der Vertretung, Akteneinsicht zu gewähren, kann jedoch nur mit dem in der Vertretung dafür vorgesehenen Quorum gestellt werden.

§ 59   Einberufung der Vertretung

(1) ¹Die Hauptverwaltungsbeamtin oder der Hauptverwaltungsbeamte lädt die Abgeordneten unter Mitteilung der Tagesordnung schriftlich oder durch ein elektronisches Dokument. ²Einzelheiten regelt die Geschäftsordnung.

(2) ¹Die erste Sitzung findet innerhalb eines Monats nach Beginn der Wahlperiode statt; zu ihr kann bereits vor Beginn der Wahlperiode geladen werden. ²Die Ladungsfrist für die erste Sitzung beträgt eine Woche. ³Danach wird die Vertretung einberufen, sooft es die Geschäftslage erfordert. ⁴Die Hauptverwaltungsbeamtin oder der Hauptverwaltungsbeamte hat die Vertretung unverzüglich einzuberufen, wenn

1. ein Drittel der Mitglieder der Vertretung oder der Hauptausschuss dies unter Angabe des Beratungsgegenstands verlangt oder

2. die letzte Sitzung der Vertretung länger als drei Monate zurückliegt und eine Abgeordnete oder ein Abgeordneter die Einberufung unter Angabe des Beratungsgegenstands verlangt.

(3) ¹Die Hauptverwaltungsbeamtin oder der Hauptverwaltungsbeamte stellt die Tagesordnung im Benehmen mit der oder dem Vorsitzenden der Vertretung auf; die oder der Vorsitzende kann verlangen, dass die Tagesordnung um einen Beratungsgegenstand ergänzt wird. ²Die Tagesordnung für die erste Sitzung in der Wahlperiode stellt die Hauptverwaltungsbeamtin oder der Hauptverwaltungsbeamte allein auf. ³Die oder der Vorsitzende vertritt die Hauptverwaltungsbeamtin oder den Hauptverwaltungsbeamten bei der Einberufung der Vertretung einschließlich der Aufstellung der Tagesordnung. ⁴Stellt die oder der Vorsitzende die Tagesordnung auf, so ist das Benehmen mit der allgemeinen Stellvertreterin oder dem allgemeinen Stellvertreter der Hauptverwaltungsbeamtin oder des Hauptverwaltungsbeamten herzustellen; diese oder dieser kann verlangen, dass ein bestimmter Beratungsgegenstand auf die Tagesordnung gesetzt wird. ⁵In dringenden Fällen kann die Tagesordnung zu Sitzungsbeginn durch Beschluss erweitert werden; dafür ist eine Zweidrittelmehrheit der Mitglieder der Vertretung erforderlich.

(4) Zeit, Ort und Tagesordnung der Sitzungen der Vertretung sind ortsüblich bekannt zu machen, es sei denn, dass die Vertretung zu einer nicht öffentlichen Sitzung einberufen wird.

§§ 41 NGO, 38, 41 Abs. 2 NLO, 48 RegionsG

ERLÄUTERUNGEN zu § 59

1. Die ordnungsgemäße **Einberufung der Vertretung** setzt die Einladung des HVB an alle Abgeordneten, also auch am Sitzungstag ortsabwesende oder sonst verhinderte, unter gleichzeitiger Mitteilung der Tagesordnung und Wahrung der Ladungsfrist voraus. Die Einladung kann schriftlich, auch durch Fax, oder elektronisch (z. B. E-Mail, Inter- oder Intranet) erfolgen; dabei ist natürlich die technische Erreichbarkeit der Abgeordneten Voraussetzung. Bei Einladung durch ein elektronisches Dokument muss diese während der gesamten Dauer der Ladungsfrist abrufbar sein, vergleichbar der Bekanntmachung durch Aushang, der für die gesamte Dauer der Frist erfolgen muss (s. unten Erl. 9 a. E.); allenfalls kann ein kurzer, auf wenige Stunden begrenzter Ausfall als unschädlich angesehen werden. Der Unterschrift bedürfen Ladung und Tagesordnung nicht. Den **Zeitpunkt** (Tag und Stunde) und den **Ort** der Sitzung als originäre Bestandteile der Einladung setzt jeweils der HVB fest, wenn nicht die Vertretung durch die Geschäftsordnung oder durch besonderen Beschluss oder ein von der Vertretung bestimmtes Gremium (z. B. Ältestenrat) im Einvernehmen mit dem HVB generell die Festlegungen vornehmen. Ob ein Beschluss der Vertretung ohne seine Mitwirkung den HVB bindet, ist zweifelhaft (verneinend VGH Mannheim, Urt. v. 11.6.1991, EzKommR 3112.51: Das Einberufungsrecht des HVB umfasst auch die Befugnis, den Zeitpunkt des Beginns der Sitzung zu bestimmen); jedenfalls würde, wenn eine solche Bindung bestünde, eine abweichende Einberufung der Vertretung durch den HVB die in dieser Sitzung gefassten Beschlüsse nicht rechtswidrig machen (VG Braunschweig, Urt. vom 18.7.1963 – I A 42/63). Mängel der Einberufung können erst gegenüber davon betroffenen Beschlüssen gerichtlich geltend gemacht werden (VG Hannover, Beschl. v. 21.12.2006, R&R 3/2007; Beschl. v. 30.9.2009, R&R 6/2009 S. 1). Die Einberufung der Vertretung auf einen Feiertag ist durch das Gesetz nicht ausgeschlossen (VG Braunschweig, Urt. v. 18.7.1963 a. a. O.). Die Ladungsfrist ist in der Geschäftsordnung zu bestimmen und muss so bemessen sein, dass den Abgeordneten eine angemessene Zeit zur Vorbereitung auf die Sitzung verbleibt. Es empfiehlt sich, die bisher gesetzliche Ladungsfrist von einer Woche zu übernehmen, weil gegen sie keine rechtlichen Bedenken bestehen. Dasselbe gilt für die Festlegung einer kürzeren Frist für Eilfälle mit den bisher gesetzlich geregelten Modalitäten (Hinweis auf die Abkürzung).

Zuständig für die Einberufung ist der HVB. oder im Verhinderungsfall der Vorsitzende der Vertretung (Abs. 3 Satz 3) Kommt vor Ablauf der Amtszeit, für die er gewählt worden ist, die Wahl eines neuen HVB nicht zustande, dann verlängert sich seine Amtszeit bis zum Amtsantritt des Nachfolgers (§ 80 Abs. 5 Satz 5) und er bleibt für die Einberufung zuständig. Zur Ladung zur konstituierenden Sitzung s. unten Erl. 4.

Die Festlegung des Zeitpunktes des Sitzungsbeginns ist im Übrigen eine Ermessensentscheidung des HVB, sodass wegen des dabei bestehenden Ermessensspielraumes grundsätzlich kein Rechtsanspruch eines Abgeordneten auf einen bestimmten Sitzungsbeginn oder eine bestimmte Zeitgrenze für die Terminierung besteht (OVG Lüneburg, Beschl. v. 6.6.1982, dng S. 359). Dasselbe gilt für Bürger (OVG Saarlouis, Urt. v. 22.4.1993, NVwZ-RR 1994 S. 37). Der Ort der Sitzung muss regelmäßig innerhalb der Kommune liegen, bei einer öffentlichen Sitzung schon aus Gründen der Wahrung der Öffentlichkeit (s. Erl. 1 a. E. zu § 64); auch bei nichtöffentlichen Sitzungen ist früher das Gesetz davon ausgegangen, dass sie in der Kommune stattfinden, da den Mitgliedern nur die Kosten für Fahrten innerhalb der Kommune erstattet wurden (§§ 39 Abs. 6 Satz 2 NGO, 35 Abs. 6 Satz 2 NLO, 44 Abs. 6 Satz 2 GRegH); an dieser grundlegenden Betrachtungsweise hat sich nichts geändert.

Die fehlende Mitteilung von Zeit und Ort der Sitzung in der Ladung beeinträchtigt die Ordnungsmäßigkeit der Einberufung und kann die Beschlussunfähigkeit zur Folge haben (§ 65).

2. Im Falle der **Verhinderung** des HVB beruft der Vorsitzende die Vertretung ein und stellt die Tagesordnung auf (Abs. 3 Satz 3). Zur Vertretung des HVB bei der Einberufung des Hauptausschusses und der Aufstellung der Tagesordnung seiner Sitzungen s. Erl. 1 zu § 78, zur Einberufung und Aufstellung der Tagesordnung bei Ausschüssen der Vertretung s. Erl. 4 zu § 72.

Die Mitteilung der **Tagesordnung** unter Einhaltung einer bestimmten Ladungsfrist bezweckt, die Abgeordneten vor Überraschungen zu schützen und ihnen die Möglichkeit der Vorbereitung zu geben, Daraus folgt, dass die zu beratenden Gegenstände einzeln bezeichnet werden müssen, wobei eine summarische oder schlagwortartige Bezeichnung, die den Gegenstand allgemein umreißt, genügt, wenn nur für die Beteiligten, gegebenenfalls unter Berücksichtigung der Vorgeschichte, klar ist, worum es geht (VG Hannover, Urt. v. 7.3.1991 – 9 A 236/89); die Verletzung dieses Erfordernisses stellt einen schweren Verfahrensmangel dar, der die gefassten Beschlüsse unwirksam macht (OVG Münster, Urt. v. 8.7.1959, OVGE 15 S. 87; OVG Lüneburg, Beschl. v. 27.1.1975, dng S. 214; BayVGH, Beschl. v. 6.10.1987, DVBl. 1988 S. 705 – Leitsatz; VG Braunschweig, Urt. v. 3.11.1997, VwRR N 1998 S. 11, für den Fall, dass unter einem genau bestimmten Tagesordnungspunkt etwas ganz anderes beschlossen wird). Die Bezeichnungen „Verschiedenes" oder „Erklärung der Fraktion" ohne weitere Erläuterung genügen diesen Anforderungen nicht, wenn zu diesen Tagesordnungspunkten Beschlüsse gefasst werden.

Zweckmäßigerweise werden der Ladung die zur sachgerechten Vorbereitung erforderlichen Unterlagen (z. B. Verwaltungsvorlagen) beigefügt; ein allgemeiner Anspruch darauf besteht jedoch nicht. Die Vorbereitung der Beschlüsse (§ 76 Abs. 1 S. 1, § 85 Abs. 1 Satz 1 Nr. 1) soll eine sachangemessene Beratung und Beschlussfassung ermöglichen (Erl. 2 zu § 85); bei einfachen Angelegenheiten, die keiner vertieften Auseinandersetzung bedürfen, können die notwendigen Informationen mündlich in der Sitzung gegeben werden. Wenn Umfang und Schwierigkeitsgrad der Angelegenheit das erfordern, kann auch die Vorabinformation durch Übersendung schriftlicher Unterlagen verlangt werden (OVG Münster, Urt. v. 29.4.1988, NVwZ-RR 1989 S. 155); wann das zu geschehen hat, hängt von der Art der betreffenden Angelegenheit ab; es ist also zulässig, dass Sitzungsunterlagen noch innerhalb der Ladungsfrist der Einladung nachgereicht werden, ohne dass allein deshalb die Ordnungsmäßigkeit der Vorbereitung gerügt werden kann (s. Erl. 5 zu § 66). Die Vorlage eines Beschlussvorschlages ist nicht geboten (ebenso VG Hannover, Urt. v. 7.3.1991 a. a. O. und für die vergleichbare Rechtslage in Hessen: VGH Kassel, Beschl. v. 26.8.1986, NVwZ 1988 S. 87). Handelt es sich um Unterlagen für Tagesordnungspunkte, die in nichtöffentlicher Sitzung zu behandeln sind, sind Vorkehrungen zur Wahrung der Vertraulichkeit zu treffen, z. B. durch Übersendung im verschlossenen Umschlag und den Aufdruck „vertraulich". Werden die Einladungen zu Ausschusssitzungen allen Abgeordneten übersandt, haben Nichtmitglieder keinen Anspruch auf Übersendung der den Mitgliedern gleichzeitig zur Verfügung gestellten Unterlagen. Die entsprechenden Regelungen können in der Geschäftsordnung getroffen werden. Parteien und politische Gruppierungen, die in der Vertretung nicht vertreten sind, haben selbst dann keinen Anspruch auf Überlassung von Sitzungsvorlagen, wenn diese der Presse zur Verfügung gestellt werden (OVG Münster, Beschl. v. 20.8.1984, Fundstelle 1986 Rdnr. 27). Rechtlich unzulässig ist die Überlassung nicht vertraulicher Unterlagen aber nicht; zur Einsichtnahme in Vorlagen durch Zuhörer vgl. Erl. 4 a. E. zu § 68.

3. Für die Berechnung der in der Geschäftsordnung festgelegten **Ladungsfrist** gelten, wenn nichts anderes bestimmt ist (s. z. B. § 48 Abs. 1 Satz 2), die §§ 187 Abs. 1, 188 Abs. 2 BGB entsprechend, d. h. bei einer einwöchigen Ladungsfrist darf die Sitzung erst am 8. Tage nach dem Zugang der Ladung bei den Abgeordneten stattfinden (bei Zugang am Dienstag also erst am Mittwoch der nächsten Woche); zum Zugang s. Erl. 2 zu § 65. Für **Eilfälle**, kann nach Maßgabe der Geschäftsordnung die **Ladungsfrist verkürzt** werden. Eilfall ist wie dringlicher Fall (s. dazu unten Erl. 7) ein unbestimmter Rechtsbegriff, der gerichtlich voll überprüfbar ist. Allerdings können an den Eilfall nicht dieselben hohen Anforderungen gestellt werden, weil den Abgeordneten ein Minimum an Vorbereitungszeit erhalten bleibt (in der Tendenz ebenso OVG Lüneburg, Urt. v. 17.12.1998, NVwZ 1999 S. 1001). Als eilig kann eine Angelegenheit angesehen werden, wenn der Aufschub ihrer Behandlung Erschwernisse bei ihrer Erledigung durch die Verwaltung mit sich brächte. Eine Mindestfrist schreibt das Gesetz nicht vor; ihre Grenze dürfte sie dort finden, wo es sich tatsächlich um eine Erweiterung der Tagesordnung nach Abs. 3 Satz 5 handelt (vgl. unten Erl. 7). Es ist zulässig, nach bereits erfolgter ordnungsgemäßer Einberufung der Vertretung unter Mitteilung der Tagesordnung diese noch um einen Eilantrag durch entsprechende Mitteilung an die Abgeordneten zu ergänzen. Die Mitteilung über die Ergänzung muss den Abgeordneten vor Ablauf der in der Geschäftsordnung geregelten verkürzten Ladungsfrist unter Hinweis übersandt werden. Lagen die Voraussetzungen eines Eilfalles nicht vor, wird ein Beschluss für ebenso unwirksam angesehen werden müssen, wie beim dringlichen Fall.

4. Auch zur **ersten Sitzung der Wahlperiode** (konstituierende Sitzung) beruft der HVB ein, auch wenn er zusammen mit den übrigen Mitgliedern der Vertretung gewählt worden ist und sich erst seit dem Beginn der neuen Wahlperiode im Amt befindet. Wer ihn bei seiner Verhinderung vertritt, ist nicht geregelt, in Betracht kommen ein stellvertretender HVB oder der Vorsitzende der vorangegangenen Wahlperiode; die Systematik des Gesetzes spricht für den Vorsitzenden (Abs. 3 Satz 3). Es wäre hilfreich, wenn das noch durch eine gesetzliche Ergänzung geregelt würde. Endet die Amtszeit des HVB mit dem Ablauf der Wahlperiode der Vertretung und ist die Wahl eines Nachfolgers nicht rechtzeitig zustande gekommen, sodass deshalb am Beginn der neuen Wahlperiode dessen Amtsantritt nicht möglich ist, beruft – wie im Falle des Endes der Amtszeit während der Wahlperiode – der bisherige HVB ein, der bis zum Amtsantritt eines Nachfolgers im Amt bleibt (§ 61 Abs. 5 Satz 5; s. oben Erl. 1). Ist der HVB vorzeitig (insbesondere durch Tod) ausgeschieden und hat eine Neuwahl noch nicht stattgefunden, sodass ein Nachfolger noch nicht berufen ist, kommt dieselbe Vertretungsregelung wie im Fall der Verhinderung des HVB in Betracht, d. h. der bisherige Vorsitzende beruft zur konstituierenden Sitzung ein, und zwar auch, wenn er der neu gewählten Vertretung nicht angehört. Soll eine Sitzung unmittelbar nach Beginn der neuen Wahlperiode stattfinden, ist durch Abs. 2 Satz 1 2. Halbsatz klargestellt, dass die Einladung dazu in der ablaufenden Wahlperiode von dem dann amtierenden HVB gegenüber den künftigen Mitgliedern der Vertretung vorgenommen werden kann. Wird die konstituierende Sitzung später als ein Monat nach Beginn der Wahlperiode durchgeführt, stellt das einen Ordnungsverstoß dar, der allerdings ohne Folgen für die Konstituierung und Beschlussfähigkeit der Vertretung und die Wirksamkeit ihrer Beschlüsse bleibt; die Sitzung ist unverzüglich nachzuholen, nachdem der Grund entfallen ist, der ihrer zeitgerechten Durchführung entgegengestanden hat. Die **Ladungsfrist** für die konstituierende Sitzung beträgt eine Woche (Abs. 2 Satz 2). Nach der Verpflichtung der Abgeordneten (§ 60) durch den HVB oder den Vertretungsältesten, wenn ein HVB nicht im Amt ist (§ 60 Satz 2), folgt die Wahl des Vorsitzenden unter Leitung des Vertretungsältesten (§ 61 Abs. 1 Satz 1), durch die sich die Vertretung konstituiert. Zur Bedeutung der Konstituierung und der sich

daraus ergebenden Folgen für die Aufstellung der Tagesordnung s. Erl. 1 zu § 61.

Die Beurteilung, ob die **Geschäftslage die Einberufung erfordert,** steht im weitgesteckten Ermessen des HVB, das nur durch den Missbrauch begrenzt wird, z. B. Einberufung in der allgemeinen Urlaubszeit, um ein bestimmtes Abstimmungsergebnis zu erreichen (VG Stade, Beschl. v. 29.6.1983 – 1 VG D 34/83). Wenn es sachlich gerechtfertigt ist, kann der HVB auch die Einberufung zu einer – ordentlichen – Sitzung rückgängig machen, d. h. eine Sitzung wieder absagen oder verlegen; dabei hat er jedoch darauf Bedacht zu nehmen, dass das Antragsrecht der Abgeordneten nicht wegen der zeitlichen Verzögerung unterlaufen wird (vgl. Erl. 6). Im Hinblick auf die Weichenstellung einer Reihe von Entscheidungen in der konstituierenden Sitzung ist deren Verlegung gerechtfertigt, wenn ein Mitglied der Vertretung aus zwingenden Gründen verhindert ist und sich dadurch die Mehrheitsverhältnisse verändern.

Die Verpflichtung zur Einberufung der Vertretung mindestens einmal in drei Monaten ist seit 2001 entfallen, weil in zunehmendem Maße dafür kein Bedürfnis gesehen wird (als Beispiel s. VG Oldenburg, Beschl. v. 30.11.1999, VwRR N 2000 S. 31). Stattdessen ist neben dem Drittel der Mitglieder der Vertretung und dem Hauptausschuss jedem Abgeordneten als **Mitgliedschaftsrecht,** das im Wege der kommunalverfassungsrechtlichen Streitigkeit durchgesetzt werden kann (s. Erl. 5 zu § 66), die Befugnis eingeräumt worden, die unverzügliche Einberufung der Vertretung verlangen zu können, wenn die letzte Sitzung länger als drei Monate zurückliegt. Weigert sich die Vertretung, der Einberufung Folge zu leisten, kommt ihre Auflösung gem. § 70 Abs. 2 in Betracht. Die Weigerung eines Abgeordneten oder mehrerer Abgeordneter, an der Sitzung teilzunehmen, die nicht zur dauernden Beschlussunfähigkeit der Vertretung führt, bleibt dagegen ohne Folgen. Insbesondere tritt kein Sitzverlust ein (§ 52).

5. Die Verpflichtung des HVB, auf Antrag eines **Drittels der Mitglieder der Vertretung,** des **Hauptausschusses** oder eines **einzelnen Abgeordneten** die Vertretung unverzüglich einzuberufen, berechtigt und verpflichtet allein noch nicht zu einer Abkürzung der Ladungsfrist für Eilfälle, sondern nur bei Vorliegen eines Eilfalles; deshalb ist im Regelfall die Ladungsfrist einzuhalten (ebenso VG Oldenburg, Beschl. v. 25.10.1991 – 2 B 3637/91). Im Übrigen bedeutet „unverzüglich" ohne schuldhaftes Zögern (vgl. § 121 Abs. 1 Satz 1 BGB, dessen Legaldefinition auch im öffentlichen Recht gilt: OVG Münster, Beschl. v. 3.2.1992, NWVBl. 1992 S. 295). Wird die Einberufung der Vertretung von einer **Fraktion** oder **Gruppe** als solcher durch ihren Vorsitzenden früher als drei Monate seit der letzten Sitzung verlangt, erfüllt das die gesetzlichen Voraussetzungen auch dann nicht, wenn ihre Mitgliederzahl ein Drittel der Mitglieder der Vertretung beträgt, es sei denn, das Verlangen wird namens der Mitglieder erklärt (VG Hannover, Beschl. v. 23.9.1982 – 1 VG D 44/82, VG Braunschweig, Beschl. v. 24.2.1994 – 1 B 1049/94); im letzten Falle genügt die Unterschrift des Fraktionssprechers (OVG Lüneburg, Beschl. v. 12.4.1988 – 2 OVG B 25/88). Nach Ablauf von drei Monaten seit der letzten Sitzung genügt es, wenn der Vorsitzende allein die Einberufung verlangt (Abs. 2 Satz 4 Nr. 2). Angesichts des klaren Wortlauts des Gesetzes kann das Quorum von einem Drittel in der Geschäftsordnung nicht durch ein geringeres abgeändert werden.

Zur Bestimmtheit des Beratungsgegenstandes vgl. Erl. 2. Auf die Tagesordnung einer Sondersitzung können auch weitere entscheidungsreife Beratungsgegenstände gesetzt werden. Wegen der Zurückweisung von Beratungsgegenständen vgl. Erl. 6. Das Verlangen auf Einberufung muss nicht schriftlich gestellt werden; sie kann auch mündlich z. B. in einer Sitzung der Vertretung beantragt werden.

6. In der **Tagesordnung** werden die in der Sitzung zu behandelnden Gegenstände zusammengestellt. Die Aufstellung der Tagesordnung ist Aufgabe des HVB im Benehmen mit dem Vorsitzenden, d. h. unter dessen formloser Beteiligung (s. zum Benehmen auch Erl. 4 zu § 72); dieser kann noch in diesem Stadium und ohne Einhaltung von Fristen die Ergänzung auch um mehrere Beratungsgegenstände verlangen. Diese Beteiligungsrechte des Vorsitzenden bestehen jedoch nicht bei der Tagesordnung für die konstituierende Sitzung (Abs. 3 Satz 2).
Jedes Mitglied der Vertretung (§ 56) – natürlich auch jede Mehrheit von Mitgliedern, z. B. eine Fraktion oder eine Gruppe – und die Gleichstellungsbeauftragte (§ 9 Abs. 4 Satz 3) können verlangen, dass ein bestimmter Beratungsgegenstand auf die Tagesordnung gesetzt wird, haben dafür aber in der Geschäftsordnung festgelegte Fristen und sonstige Förmlichkeiten (z. B. Schriftlichkeit) einzuhalten (VG Braunschweig, Beschl. v. 18.1.2007, R&R 3/2007 S. 7 = NdsVBl. 2007 S. 309). Ein Ermessensspielraum des HVB, beantragte Beratungsgegenstände auf die Tagesordnung zu setzen, besteht ebenso wenig wie im Falle des Abs. 2 Satz 3, weil sonst der vom Gesetz bezweckte Minderheitenschutz in Frage gestellt würde. Das **Antragsrecht** ist ein **subjektiv-öffentliches Recht** und verpflichtet den HVB, einen Antrag, der den Anforderungen an eine wirksame Willenserklärung genügt und in der von der Geschäftsordnung vorgesehenen Frist von den Antragsberechtigten gestellt worden ist, auf die Tagesordnung zu setzen (OVG Lüneburg, Urt. v. 14.2.1984, DVBl. S. 734; VG Braunschweig, Beschl. v. 18.1.2007 a. a. O.). Das OVG Lüneburg hat seine Rechtsprechung (Beschl. v. 31.3.1977, dng S. 176; Beschl. v. 16.5.1983, DVBl. S. 814), nach der der HVB bei offensichtlicher Unzuständigkeit der Vertretung die Aufnahme eines Antrages auf die Tagesordnung ablehnen kann, ausdrücklich aufgegeben und sieht das Antragsrecht nur durch diejenigen Grenzen eingeschränkt, die die Rechtsordnung auch sonst allgemein der Ausübung eines Rechts gezogen hat, z. B. durch das Verbot der Schikane (§ 226 BGB) und den Rechtsmissbrauch (Urt. v. 14.2.1984, a. a. O.; VG Braunschweig, Beschl. v. 18.1.2007 a. a. O.). Hat der Beratungsgegenstand die Ausübung der Überwachungsfunktionen der Vertretung gem. § 58 Abs. 4 zum Ziele, dann ist die Vertretung zuständig, auch wenn die Entscheidungszuständigkeit gem. § 85 Abs. 1 Satz 1 dem HVB zusteht. Schließlich kann ein Tagesordnungsantrag nicht mit der Begründung zurückgewiesen werden, die gesetzlich vorgeschriebene Vorbereitung der Angelegenheit durch den Hauptausschuss sei noch nicht erfolgt (§ 76 Abs. 1 Satz 1), weil die vorherige Beratung in der Vertretung nicht ausgeschlossen ist (§ 76 Abs. 1 Satz 2). Das Antragsrecht umfasst das Recht zu verlangen, dass der betreffende Gegenstand in die Tagesordnung einer bestimmten Sitzung aufgenommen wird; gegen eine Geschäftsordnungsregelung, nach der Anträge auch gegen den Willen des Antragstellers zunächst auf die Tagesordnung des

zuständigen Fachausschusses zu setzen sind, bestehen deshalb Bedenken. Ein Mitwirkungsverbot (§ 41) besteht nur für die Beratung und Entscheidung einer Angelegenheit, schließt die Antragstellung für die Tagesordnung also nicht aus. Durch die **Geschäftsordnung** kann geregelt werden, bis zu welchem Zeitpunkt Anträge für die Tagesordnung gestellt sein müssen. Gehen mehr Anträge ein als in der Sitzung voraussichtlich behandelt werden können, wird der HVB im Einvernehmen mit den Antragstellern abklären, welche Anträge für die nächste ordentliche Sitzung zurückgestellt werden; der HVB ist also im Zweifel nicht berechtigt zu entscheiden, für welche Sitzung der Antrag in die Tagesordnung aufgenommen wird (VG Braunschweig, Beschl. v. 18.1.2007 a. a. O.). Ist das Einvernehmen nicht zu erreichen, muss notfalls kurzfristig zu einer weiteren Sitzung eingeladen werden, weil es die Geschäftslage erfordert (Abs. 2 Satz 3). Erforderlich wird das jedoch nur dann sein, wenn die Behandlung der beantragten Gegenstände keinen Aufschub duldet. Dasselbe gilt für den Fall, dass wegen der Fülle der Tagesordnung die Absetzung von Tagesordnungspunkten (vgl. Erl. 8) und ihre Vertagung bis zur nächsten ordentlichen Sitzung der Vertretung beschlossen wird; eine solche Vertagung wäre nur dann unzulässig, wenn dadurch das Antragsrecht wegen der verspäteten Behandlung des Beratungsgegenstandes unterlaufen würde (VG Oldenburg, Beschl. v. 4.3.1983, NStV-N S. 211, bestätigt vom OVG Lüneburg, Beschl. v. 3.5.1983 – 2 OVG B 19/83). Wird, wenn nicht alle Gegenstände der Tagesordnung aus Zeitgründen behandelt werden konnten, die Fortsetzung der Sitzung mit der restlichen Tagesordnung an einem bestimmten neuen Termin beschlossen, dann handelt es sich um eine **Unterbrechung** der Sitzung und zu ihrer Fortsetzung bedarf es keiner neuen Einberufung (s. auch Erl. 9). Die in Geschäftsordnungen häufiger enthaltene Regelung, dass Gegenstände, die die Vertretung bereits behandelt hat, innerhalb einer bestimmten Frist nicht wieder auf die Tagesordnung gesetzt werden dürfen, ist im Hinblick auf das gesetzliche Antragsrecht problematisch. Das OVG Lüneburg (Beschl. v. 17.9.1982 – 2 OVG B 46/82) neigt dazu, eine Regelung, dass ein Beratungsgegenstand, über den bereits in der Vertretung verhandelt worden ist, vor Ablauf eines Jahres nur dann wieder auf die Tagesordnung gesetzt werden darf, wenn sich die Sach- und Rechtslage wesentlich verändert hat, zur Erhaltung der Funktions- und Arbeitsfähigkeit der Vertretung für zulässig anzusehen (so BayVerfGH, Entsch. v. 19.7.1989, NJW 1990 S. 380 für eine entsprechende parlamentarische Geschäftsordnungsvorschrift; ähnlich: VG Darmstadt, Beschl. v. 1.8.1983, Die Fundstelle 1984 Rdnr. 57).
Stellt im Falle der Verhinderung des HVB der Vorsitzende die Tagesordnung auf (§ 61 Abs. 6), so hat er das Benehmen mit dem allgemeinen Stellvertreter über deren Inhalt herzustellen; zum Benehmen s. Erl. 4 zu § 72. Das Antragsrecht des allgemeinen Stellvertreters für die Tagesordnung entspricht dem Antragsrecht der Abgeordneten nach § 56, ist aber an bestimmte Förmlichkeiten nicht gebunden.
Für die **verfahrensmäßige Behandlung** des Tagesordnungsantrages gilt folgendes: das Antragsrecht umfasst das Recht, den Antrag einzubringen und – kurz (s. Erl. 5 zu § 69) – zu begründen, warum sich die Vertretung mit der Angelegenheit befassen soll. Ein Anspruch auf sachliche (inhaltliche, materielle) Behandlung und auf eine sachliche Beschlussfassung besteht nicht (OVG Lüneburg, Urt. v. 14.2.1984, NST-N S. 315 = NVwZ 1984 S. 469; Urt. v. 7.7.1987

– 2 OVG A 117/86, unter ausdrücklicher Aufgabe seiner im Beschl. v. 28.4.1982 – 2 OVG B 22/82 – vertretenen gegenteiligen Ansicht, s. RdSchr. NST 456/87 v. 17.12.1987). Nach der Einbringung und Begründung kann die Vertretung also über den Antrag durch Geschäftsordnungsbeschluss (z. B. Absetzung von der Tagesordnung, Nichtbefassung) entscheiden (vgl. auch VG Oldenburg, Beschl. v. 27.8.1980 – 1 VG D 136/80 –, vom OVG Lüneburg, Beschl. v. 12.9.1980, dng 1981 S. 97, bestätigt; OVG Lüneburg, Urt. v. 7.7.1987 a. a. O.); dazu ist, wie bei allen Verfahrensbeschlüssen, deren Regelung durch die Geschäftsordnung nicht gesetzlich vorgeschrieben ist, eine Bestimmung in der Geschäftsordnung nicht Voraussetzung. Diese Entscheidung bedarf anders als die sachliche Beschlussfassung nicht der Vorbereitung durch den Hauptausschuss. Für die Begründung des eigentlichen Anliegens des Antrages, die der Antragsteller abzugeben berechtigt ist, wenn nicht die Vertretung es abgelehnt hat, sich mit der Angelegenheit überhaupt zu befassen (s. zu dieser Unterscheidung der materiellen Begründung des Antrags von der geschäftsordnungsmäßigen Begründung der Beratungsbedürftigkeit OVG Lüneburg, Urt. v. 7.7.1987 a. a. O.), kann die Geschäftsordnung die Beschränkung der Redezeit vorsehen (OVG Lüneburg, Urt. v. 14.2.1984, a. a. O.; OVG Münster, Urt. v. 21.12.1988, NVwZ-RR 1989 S. 380, das auch darauf hinweist, dass ein Redner zur Sache gerufen und ihm notfalls das Wort entzogen werden kann, wenn er das Begründungsrecht zum Vorwand einer nicht sachbezogenen Selbstdarstellung – etwa zum Zwecke politischer Werbung – nimmt); vgl. Erl. 5 zu § 69.

7. Die **Erweiterung der Tagesordnung** am Beginn der Sitzung, also ohne Einhaltung der Voraussetzungen des Abs. 1, war früher nur zulässig, wenn alle Mitglieder der Vertretung anwesend waren und niemand widersprach (OVG Lüneburg, Beschl. v. 27.1.1975 – II OVG A 37/72); das gilt auch jetzt noch: VG Oldenburg, Beschl. v. 24.6.1993 – 2 B 1998/93, wobei allerdings darauf hinzuweisen ist, dass die Nutzung dieser Möglichkeit zur Umgehung der Pflicht zur ortsüblichen Bekanntmachung von Tagesordnungspunkten (Abs. 4) rechtsmissbräuchlich ist. Außerdem ist kraft ausdrücklicher gesetzlicher Regelung in **dringlichen Fällen,** deren Behandlung so kurzfristig notwendig geworden ist, dass sie nicht mehr unter Abkürzung der Ladungsfrist auf die Tagesordnung gesetzt werden konnten, die Erweiterung der Tagesordnung zu Beginn der Sitzung, unabhängig davon, ob mit ihrem öffentlichen oder nichtöffentlichen Teil begonnen wird, durch Beschluss mit Zweidrittelmehrheit der gesetzlichen Mitgliederzahl der Vertetung möglich; den Antrag dafür kann auch ein einzelnes Mitglied stellen (§ 56). Auch wenn zu einer nicht öffentlichen Sitzung geladen ist, kann deren Tagesordnung um einen Punkt erweitert werden, der öffentlich zu behandeln ist. Als dringlich werden nur solche Angelegenheiten bezeichnet werden können, deren Beratung und Entscheidung unter Berücksichtigung der einzuhaltenden – möglicherweise abgekürzten – Ladungsfrist nicht bis zur nächsten Sitzung aufgeschoben werden kann, ohne dass Nachteile entstehen, die nicht wieder beseitigt werden können (VG Oldenburg, Beschl. v. 19.6.2002, R&R 2/2003 S. 10); dabei kommt es auf den Grund der Dringlichkeit nicht an, auch nicht, ob sie vermeidbar gewesen ist. Lagen diese Voraussetzungen nicht vor, ist ein Beschluss über die Sache unwirksam (VG Arnsberg, Urt. v. 6.9.1988, Eildienst StädteTNW 1989 S. 251, VG Oldenburg, Beschl. v. 19.6.2002

a. a. O.). Die Beschlussfassung der Vertretung über einen zulässigerweise auf die Tagesordnung aufgenommenen Beratungsgegenstand setzt jedoch die notfalls nach Unterbrechung der Sitzung erfolgte Vorbereitung durch den Hauptausschuss voraus (§ 76 Abs. 1 Satz 1); zu dessen fristgemäßer Einberufung s. Erl. 4 zu § 78. Hat der Tagesordnungspunkt nur eine Beratung oder die Entgegennahme einer Information zum Gegenstand, ist für die Erweiterung der Tagesordnung ein Beschluss mit einfacher Mehrheit ausreichend, falls die Geschäftsordnung keine qualifizierte Mehrheit fordert; in diesen Fällen greifen die Schutzfunktionen der fristgerechten Tagesordnung nicht Platz.

8. Mit der regelmäßig durch ausdrücklichen Beschluss vorgenommenen **Feststellung der Tagesordnung** ist die Disposition über sie vom HVB auf die Vertretung übergegangen. Über ihre Änderung (Verschiebung der Reihenfolge, Absetzung, Vertagung von Tagesordnungspunkten) beschließt nunmehr nur noch die Vertretung. Deshalb ist auch die **Rücknahme eines Tagesordnungspunktes** durch den Antragsteller, auch durch den HVB für die von ihm aus eigener Veranlassung auf die Tagesordnung gesetzten Punkte, nur bis zum Feststellungsbeschluss möglich (so auch VG Braunschweig, Beschl. v. 15.11.2005, R&R 6/2005 S. 14). Danach kommt nur noch ein Beschluss über die Absetzung von der Tagesordnung in Betracht. Durch die Geschäftsordnung kann aber allgemein zugelassen werden, dass Anträge auch noch später zurückgenommen werden können. Abgeordnete, die sicherstellen wollen, dass ein Beratungsgegenstand nicht von dessen Antragsteller zurückgezogen wird, können ihn als eigenen Antrag zur Tagesordnung anmelden. Die Befürchtung, ein Tagesordnungspunkt werde entgegen dem Beschlussvorschlag oder ohne ausreichende Vorbereitung abschließend entschieden, rechtfertigt nicht das Verlangen nach seiner Absetzung (VG Lüneburg, Beschl. v. 19.2.1998, VwRR N S. 52; VG Braunschweig, Beschl. v. 15.11.2005 a. a. O.).

9. Die Pflicht, Zeit, Ort und Tagesordnung der öffentlichen Ratssitzungen **ortsüblich bekanntzumachen**, dient der Wahrung des Prinzips der Öffentlichkeit (vgl. § 64); ebenso OVG Lüneburg, Beschl. v. 10.3.1982, Die Fundstelle 1983 Rdnr. 117 = NVwZ 1983 S. 484), berührt also nicht die mitgliedschaftliche Stellung der Mitglieder der Vertretung (s. Erl. 1 zu § 64) und ist deshalb nicht Bestandteil der diesen gegenüber vorzunehmenden Einberufung, sondern obliegt auch im Falle des § 69 Abs. 3 Satz 3 und des § 106 Abs. 1 Satz 1 Nr. 3 der Verwaltung. Aus der Nichtigkeit von Beschlüssen, die unter Nichtbeachtung dieses Prinzips gefasst werden (vgl. Erl. 1 zu § 64), kann gefolgert werden, dass auch die unterlassene ortsübliche Bekanntmachung einen schweren Verfahrensfehler darstellt (OVG Lüneburg, Beschl. v. 10.3.1982 a. a. O.), der die Unwirksamkeit gefasster Beschlüsse zur Folge hat. Da alle drei Elemente der Bekanntmachung in gleicher Weise dem Grundsatz der Öffentlichkeit dienen, kann dem HessVGH (Beschl. v. 18.7.1978, Die Fundstelle 1979 Rdnr. 238, ebenso VG Göttingen, Beschl. v. 15.2.1996, KommP N 1996 S. 185, ohne jede Begründung) nicht zugestimmt werden, dass die unterbliebene Bekanntmachung der Tagesordnung unschädlich ist, weil erst die Kenntnis der Beratungsgegenstände den Einwohnern die Entscheidung ermöglicht, ob sie an der Sitzung teilnehmen wollen; die Erschwernis, sich im Rat- oder Kreishaus nach dem Inhalt der Tagesordnung zu erkundigen, soll durch die gesetzliche Pflicht zur ortsüblichen

Bekanntmachung vermieden werden. Allerdings führt das Fehlen der Uhrzeit des Beginns der Sitzung nicht zur Nichtigkeit gefasster Beschlüsse, weil dieser durch einen Anruf bei der Kommune leicht behebbare Mangel nur eine Teilnahmeerschwerung für Zuhörer zur Folge hat (OVG Lüneburg, Beschl. v. 10.3.1982, a. a. O.). Dasselbe muss für eine fehlende oder ungenaue Angabe des Sitzungsortes gelten. Die Frist zwischen Bekanntmachung und Sitzungsbeginn ist so zu bemessen, dass der Öffentlichkeit die Teilnahme ermöglicht wird; das OVG Lüneburg (Beschl. v. 10.3.1982, a. a. O.) hat zwei Tage als ausreichend angesehen. Bei Dringlichkeitsanträgen entfällt die Bekanntmachung wegen ihrer tatsächlichen Unmöglichkeit; dasselbe muss gelten, wenn in Eilfällen die Bekanntmachung wegen der Kürze der Zeit tatsächlich nicht mehr vorgenommen werden kann.

Die **Unterbrechung** einer Sitzung, auch für mehrere Tage, macht keine neue Bekanntmachung des vertagten Teils erforderlich (OVG Lüneburg, Urt. v. 24.5.1984, NVwZ 1986 S. 53, s. auch Rdschr. NSt Nr. 14/85 v. 9.1.1985). Bei einer **Vertagung** auf einen erst später zu bestimmenden Termin ist die erneute Bekanntmachung erforderlich (s. auch oben Erl. 6).

In welcher Weise ortsüblich bekanntgemacht wird, ist durch Satzung – regelmäßig die Hauptsatzung – zu regeln. Betrachtet man die ortsübliche Bekanntmachung als öffentliche Bekanntmachung i. S. d. § 11 Abs. 6 (s. Erl. 6 zu § 11), sind die dafür in Betracht kommenden Formen durch § 11 Abs. 1 (Amtsblatt, örtliche Tageszeitung, Internet) vorgegeben. Anderenfalls käme – in kleineren Gemeinden – noch der Aushang in Betracht. Die Vertretung ist frei, welche Form der ortsüblichen Bekanntmachung sie wählt und kann deshalb diese auch ohne weiteres für die Zukunft wechseln. Wird die örtliche Zeitung zum Bekanntmachungsorgan bestimmt, sollte in der Regelung Vorsorge für den Fall längeren Nichterscheinens (Streik, höhere Gewalt) getroffen werden. § 11 Abs. 6 gilt nicht für öffentliche und ortsübliche Bekanntmachungen aufgrund anderer Gesetze (z. B. §§ 16, 28 Abs. 6, 39 NKWG § 73 Abs. 5 VwVfG, §§ 6 Abs. 5, 10 Abs. 3 BauGB), sodass hier die Kommune ohne gesetzliche Vorgaben über die Form der Bekanntmachung entscheidet. Wird durch Aushang bekanntgemacht, muss dieser während der gesamten Dauer der gesetzlich vorgeschriebenen Frist erfolgen, dabei sind Vorkehrungen gegen seine unbefugte Entfernung und Zerstörung zu treffen; eine vorübergehende unbefugte Entfernung oder Zerstörung führt jedoch nicht zur Unwirksamkeit der Bekanntmachung.

10. Ist bei Aufstellung der Tagesordnung zweifelhaft, ob ein Beratungsgegenstand in öffentlicher oder nichtöffentlicher Sitzung zu behandeln ist, kann er nur dann in öffentlicher Sitzung behandelt werden, wenn er auf der Tagesordnung für den öffentlichen Teil der Sitzung steht und dementsprechend bekanntgemacht worden ist; seine Behandlung nach Verlegung aus dem nicht öffentlichen in den öffentlichen Teil der Sitzung wäre im Hinblick auf Abs. 4 rechtswidrig (VG Hannover, Urt. v. 27.11.1985 – 1 VG A 72/83). Deshalb empfiehlt sich bei Zweifeln die Aufnahme in die Tagesordnung für die öffentliche Sitzung, weil dann bei der Feststellung der Tagesordnung oder bei Aufruf des Punktes die Möglichkeit der Verlagerung in den nichtöffentlichen Teil besteht.

§ 60   Verpflichtung der Abgeordneten

¹Zu Beginn der ersten Sitzung nach der Wahl werden die Abgeordneten von der Hauptverwaltungsbeamtin oder dem Hauptverwaltungsbeamten förmlich verpflichtet, ihre Aufgaben nach bestem Wissen und Gewissen unparteiisch wahrzunehmen und die Gesetze zu beachten. ²Ist keine Hauptverwaltungsbeamtin und kein Hauptverwaltungsbeamter im Amt, so wird die Verpflichtung von der oder dem ältesten anwesenden und hierzu bereiten Abgeordneten vorgenommen.

§§ 42 NGO, 39 NLO, 49 RegionsG

ERLÄUTERUNGEN zu § 60

1. Die **förmliche Verpflichtung** der Abgeordneten obliegt dem HVB, der nach der Verlängerung der Amtszeit auf acht Jahre regelmäßig über die Kommunalwahlperiode hinaus im Amt ist. Die Vornahme durch den ältesten Abgeordneten kommt nur in Betracht, wenn der HVB verstorben oder aus einem sonstigen Grund nicht mehr im Amt ist und die Wahl eines Nachfolgers noch nicht stattgefunden hat. Die Verpflichtung ist zu Beginn der ersten Sitzung nach der Wahl, an der die in ihr gewählten Abgeordneten teilnehmen (nach der Eröffnung der Sitzung, der Feststellung der Beschlussfähigkeit und der Feststellung der Tagesordnung), vorzunehmen, regelmäßig also in der konstituierenden Sitzung, bei Nachrückern in der ersten Sitzung, an der sie teilnehmen.
Die Pflichtenbelehrung (§§ 54 Abs. 2, 43) kann mit der Verpflichtung verbunden werden.
Ausschussmitglieder gem. § 71 Abs. 7 werden nicht förmlich verpflichtet, sondern über die ihnen nach den §§ 40 bis 42 obliegenden Pflichten belehrt (§§ 71 Abs. 7 Satz 4, 54 Abs. 3, 43).
Zur Pflichtenbelehrung der Stadtbezirks- und Ortsratsmitglieder s. Erl. 3 zu § 91.

2. Die Verpflichtung ist **nicht rechtliche Voraussetzung** für die Ausübung des Mandats, d. h. ein Abgeordneter ist ohne Verpflichtung nicht gehindert, an Beschlüssen mitzuwirken. Die ihm obliegenden Pflichten hat er auch ohne förmliche Verpflichtung zu erfüllen. Das gilt auch für den Fall, dass ein Abgeordneter die Verpflichtung verweigert, z. B. durch eine entsprechende Erklärung oder durch zeitweises Verlassen des Sitzungssaales. Die Schmälerung seiner Mitgliedschaftsrechte, etwa entsprechend der Regelung über das Ruhen des Mandats (§ 53), setzte eine diesbezügliche gesetzliche Regelung voraus (vgl. z. B. § 23 Abs. 1 BeamtStG: Entlassung eines Beamten, der den Diensteid verweigert). Die Verpflichtung hat nicht die Wirkung der förmlichen Verpflichtung nach dem Verpflichtungsgesetz (s. Erl. zu 43 und 2 zu § 54).

3. Die Verpflichtung der Abgeordneten, ihre Aufgaben nach **bestem Wissen und Gewissen** zu erfüllen, setzt das Vorhandensein dieses Wissens voraus. Zu seiner Vermittlung steht insbesondere der HVB mit seiner Verwaltung zur Verfügung.

Er muss deshalb als verpflichtet angesehen werden, insbesondere im Rahmen der in der Vertretung und im Hauptausschuss anstehenden Beratungen und Entscheidungen Auskünfte zu erteilen und Fragen zu beantworten (ebenso VG Oldenburg, Beschl. v. 2.4.2004, R&R 3/2004 S. 9). Ihre Grenze findet diese Pflicht wie bei der zur Aufnahme von Punkten auf die Tagesordnung (s. Erl. 6 zu § 59) an der rechtsmissbräuchlichen Ausübung des Informationsrechts (VG Oldenburg, Beschl. v. 2.4.2004 a. a. O., beschränkt den Anspruch auf ein Mindestmaß an sachlicher Information; anders noch Urt. v. 14.4.1994, KommP N 1995 S. 42: Die Mehrheit bestimmt grundsätzlich, ob noch Aufklärungsbedarf besteht; s. auch Erl. 4 zu § 58).

§ 61 Wahl der oder des Vorsitzenden

(1) ¹**Nach der Verpflichtung der Abgeordneten wählt die Vertretung in ihrer ersten Sitzung aus der Mitte der Abgeordneten ihre Vorsitzende oder ihren Vorsitzenden für die Dauer der Wahlperiode.** ²**Die Wahl wird von dem ältesten anwesenden und hierzu bereiten Mitglied geleitet.** ³**Die Vertretung beschließt ferner über die Stellvertretung der oder des Vorsitzenden.**

(2) Die oder der Vorsitzende kann durch Beschluss der Mehrheit der Mitglieder der Vertretung abberufen werden.

§§ 43 NGO, 40 NLO, 50 RegionsG

ERLÄUTERUNGEN zu § 61

1. Die Vertretung hat sich als handlungsfähiges Organ erst konstituiert, wenn sie ihren **Vorsitzenden gewählt hat** (VGH Kassel, Urt. v. 16.3.1966, DVBl. 1967 S. 631), so dass sie erst nach der Wahl Beschlüsse fassen kann. Erst danach können auch der Hauptausschuss und die Fachausschüsse gebildet werden. Soweit die Konstituierung das Bestehen von Geschäftsordnungsbestimmungen voraussetzt, sind diese vorher zu beschließen; im Übrigen gibt sich die Vertretung die Geschäftsordnung nach der Konstituierung. Auch über Wahleinsprüche (§ 47 NKWG) entscheidet die Vertretung nach der Konstituierung. Allerdings muss der Beschluss über Wahleinsprüche, der als innerorganisatorischer Akt (vgl. Erl. 3 zu § 76) nicht der Vorbereitung durch den Hauptausschuss bedarf, nicht in der konstituierenden Sitzung gefasst werden (VG Oldenburg, Urt. v. 15.6.1977 – II A 77.77 S – bestätigt vom OVG Lüneburg, Urt. v. 3.2.1981 – 2 OVG A 97/77). Die Wahl des Vorsitzenden erfolgt nach § 67, und zwar zwingend für die Dauer der Wahlperiode; die Wahl für einen kürzeren Zeitraum ist unwirksam.
Die Leitung der Sitzung obliegt dem Altersvorsitzenden; als Mitglied (§ 45 Abs. 1 Satz 2) kann das auch der HVB sein.

2. Jedes Mitglied der Vertretung, also auch der HVB, ist **vorschlags- und wahlberechtigt, wählbar** jedoch nur ein Abgeordneter („aus der Mitte der Abgeordneten"). Der Vorsitzende führt diese Bezeichnung, eine andere Bezeichnung, z. B. als Präsident der Vertretung, ist nicht zulässig.

Die **Aufgaben des Vorsitzenden** bestehen in der Beteiligung an der Aufstellung der Tagesordnung (§ 59 Abs. 3), der Eröffnung, Leitung und Schließung der Sitzung, in der Aufrechterhaltung der Ordnung und Ausübung des Hausrechts im Sitzungssaal (§ 63 Abs. 1 und 2) sowie in der Feststellung der Beschlussfähigkeit (§ 65 Abs. 1 Satz 2); im Falle der Verhinderung vertritt er den HVB bei der Einberufung einschließlich der Aufstellung der Tagesordnung (§ 59 Abs. 3) Ob dem Vorsitzenden im Hinblick auf seine Funktionen eine besondere Aufwandsentschädigung gezahlt wird, entscheidet die Vertretung im Rahmen der Entschädigungssatzung (vgl. § 55 Abs. 1).

3. Über die **Stellvertretung des Vorsitzenden** beschließt die Vertretung; sie kann, obwohl das gesetzlich nicht mehr vorgesehen ist, das auch in der Geschäftsordnung regeln. Der Inhalt des Beschlusses ist nicht vorgegeben; es kann deshalb sowohl eine bestimmte Person, auch der HVB, berufen werden als auch der – jeweilige – Inhaber einer Funktion, z. B. der stellvertretende HVB; auch das Verfahren der Berufung, mittels Beschlusses durch Abstimmung mit einfacher Mehrheit nach § 66 oder mittels Wahlbeschlusses nach § 67, kann die Vertretung regeln. Sie bestimmt auch die Zahl der Stellvertreter. Der Vertretung angehörende Personen (z. B. Ortsbürgermeister, Ortsvorsteher) können nicht zum Stellvertreter bestellt werden. Stellvertreter sind das nur für den Fall der Verhinderung des Vorsitzenden. Die Vertretung sollte zur Vermeidung von Streit eine Reihenfolge festlegen, wenn mehrere Stellvertreter bestellt werden.

4. Die **Abberufung des Vorsitzenden** erfolgt nach § 66 Abs. 1 durch einen Beschluss mit absoluter Mehrheit (Abs. 2, § 45 Abs. 2). Antragsberechtigt ist jedes Mitglied der Vertretung. Für die **Stellvertreter** des Vorsitzenden gilt dasselbe mit der Maßgabe, dass die einfache Mehrheit (§ 66 Abs. 1) ausreicht, wenn sie in diese Funktion durch Beschluss berufen worden sind; andernfalls, z. B. wenn die Geschäftsordnung regelt, dass Stellvertreter die stellvertretenden Bürgermeister sind, ist für die Abberufung ggf. eine Änderung der Geschäftsordnung Voraussetzung.

Die Abberufung ist wie ihr Gegenstück, die Wahl, kein Verwaltungsakt, weil die Vertretung nicht als Behörde handelt, sondern im Bereich der Selbstgestaltung ihrer verfassungsrechtlichen Ordnung (vgl. OVG Lüneburg, Urt. v. 1.9.1950, OVGE 2 S. 225); in Betracht kommt deshalb die Anfechtung im Wege einer kommunalverfassungsrechtlichen Streitigkeit (vgl. dazu Erl. 5 zu § 66). Wieviel Zeit nach Ausscheiden des Vorsitzenden bis zur Neuwahl des Vorsitzenden vergehen kann, ist gesetzlich nicht bestimmt. Solange die Funktionsfähigkeit der Vertretung gewährleistet ist, wird jedenfalls die Aufsicht von Maßnahmen absehen können. Nach dem Ausscheiden nimmt der Stellvertreter die Aufgaben des Vorsitzenden wahr.

§ 62   Einwohnerfragestunde, Anhörung

(1) Die Vertretung kann bei öffentlichen Sitzungen Einwohnerinnen und Einwohnern ermöglichen, Fragen zu Beratungsgegenständen und anderen Angelegenheiten der Kommune zu stellen.

(2) Die Vertretung kann beschließen, anwesende Sachverständige und anwesende Einwohnerinnen und Einwohner einschließlich der nach § 41 von der Mitwirkung ausgeschlossenen Personen zum Gegenstand der Beratung zu hören.

(3) Einzelheiten regelt die Geschäftsordnung.

§§ 43a NGO, 40a NLO, 51 RegionsG

ERLÄUTERUNGEN zu § 62

1. Da die Rechtsprechung (OVG Lüneburg, Urt. v. 31.5.1983, NStV-N 1983 S. 244 = dng 1985 S. 63) der Vertretung die Kompetenz abgesprochen hat, durch Geschäftsordnung die Beteiligung von Bürgern im Rahmen ihrer Sitzungen zu regeln, hat das der zuständige Landesgesetzgeber getan. Die Vorschrift vermittelt keinen Anspruch auf die vorgesehene Beteiligung Dritter, sondern überlässt die Entscheidung darüber der Vertretung.

2. Einwohnerfragestunden können als Teil der Sitzung der Vertretung durchgeführt werden, die dazu nicht unterbrochen werden muss. Die Vertretung entscheidet, wie die Entstehungsgeschichte der Vorschrift verdeutlicht (R&R 2/2006 S. 9), in der Geschäftsordnung (Abs. 3) darüber, ob sie durchgeführt werden und welche Angelegenheiten Gegenstand von Fragen sein sollen, und über das Verfahren. In Betracht kommen alle Angelegenheiten des eigenen und des übertragenen Wirkungskreises, für die die Vertretung, der Hauptausschuss oder der HVB zuständig ist; die Freiheit zur Beschränkung der Gegenstände einer Fragestunde folgt daraus, dass die Pflicht zu ihrer Durchführung nicht besteht (die Darlegungen des NdsOVG, Urt. v. 20.7.1999, VwRR N S. 115, beziehen sich nur auf Anhörungen nach dem früheren § 43a Abs. 2 und 3 NGO, nicht dagegen auf die Fragestunde nach Abs. 1). Fragen zu Tagesordnungspunkten sind ausdrücklich zugelassen, allerdings ist durch den Vorsitzenden Bedacht darauf zu nehmen, dass die Fragestunde nicht in eine Beratung einmündet, an der die Einwohner beteiligt werden. Das Fragerecht umfasst nicht auch die Befugnis, eigene politische Stellungnahmen während der Ratssitzung abzugeben (VG Braunschweig, Urt. v. 16.7.1997, KommP N 1998 S. 152). Es ist zulässig, die Beantwortung von der schriftlichen Einreichung der Frage abhängig zu machen und dafür eine Frist vorzuschreiben. Nach dem Gesetz kann Einwohnern das Fragerecht eingeräumt werden; Ortsfremden kann es also verwehrt werden, was jedoch auf praktische Schwierigkeiten stoßen kann; ebenso kann im Rahmen der Einwohnerfragestunde das Fragerecht von Abgeordneten ausgeschlossen werden (VG Braunschweig, Urt. v. 22.3.1985 – 1 VG A 141/84; OVG Münster, Urt. v. 18.8.1989, NVwZ 1990 S. 185). Die Fragestunde kann auf eine bestimmte Dauer befristet werden. In der Geschäftsordnung kann geregelt werden, wer die Antworten erteilt; neben dem HVB können das auch der Vorsitzende und andere Mitglieder der Vertretung sein. Das Gesetz normiert keinen Auskunftsanspruch des Fragestellers, sodass gesetzlich keine zutreffende und vollständige Antwort geschuldet wird.

Einwohnerfragestunden können auch für **öffentliche Sitzungen der Ausschüsse** vorgesehen werden (§ 72 Abs. 1). Darüber entscheidet ebenfalls die Vertretung, weil den Ausschüssen die Kompetenz für Geschäftsordnungsregelungen, die zur Durchführung von Fragestunden unverzichtbar sind, fehlt (§ 72 Abs. 3 Satz 3). Ihre Durchführung braucht für die Vertretung und die Ausschüsse und für alle Ausschüsse nicht einheitlich vorgesehen zu werden. Für Ausschüsse nach besonderen Rechtsvorschriften gilt das ebenso wie für Stadtbezirksräte und Ortsräte (§§ 73 i. V. m. 72, § 91 Abs. 5, die den § 62 einschließlich der Verpflichtung zur Geschäftsordnungsregelung für anwendbar erklären).

3. Die Regelungen des Abs. 2 gelten für **spontane Anhörungen** anwesender Sachverständiger und Einwohner und stellen insoweit eine Besonderheit dar, als die Anhörung nicht Gegenstand der Tagesordnung ist, mit ihr also Mitglieder der Vertretung und die Verwaltung überrumpelt werden können; sie können durch die Geschäftsordnung nicht ausgeschlossen oder von Voraussetzungen (z. B. Ladung der Anzuhörenden, Hinweis auf die Anhörung in der Ladung) abhängig gemacht werden, die eine Ad-hoc-Anhörung verhindern (NdsOVG, Urt. v. 20.7.1999 a. a. O.). Die Möglichkeit, durch Beschluss Sachverständige, Einwohner oder sonstige Dritte in einer künftigen Sitzung zu einem Beratungsgegenstand anzuhören, bleibt davon unberührt.

Die Vertretung entscheidet, wen sie als **Sachverständigen** betrachtet und anhört. Bei der Entscheidung unterliegt sie dem Willkürverbot, darf also nicht bei gleichen Voraussetzungen unterschiedlich entscheiden. Zu den **anwesenden Einwohnern** zählen auch Abgeordnete und sonstig ehrenamtlich für die Kommune Tätige, die dem Mitwirkungsverbot nach § 41 unterliegen (§ 41 Abs. 5), Die Anhörung anderer Abgeordneter als der, die wegen eines Mitwirkungsverbots von der Teilnahme an der Beratung ausgeschlossen sind, kommt wegen ihres Rechts, sich als Abgeordnete an der Beratung zu beteiligen, nicht in Betracht, auch wenn sie aus anderen Gründen nicht an der Beratung teilnehmen.

4. Beschlüsse zur Anhörung bedürfen grundsätzlich der einfachen Mehrheit, wenn nicht in Verfahrensfragen die Geschäftsordnung etwas anderes bestimmt (§ 66) Nach der Amtlichen Begründung (Drs. 16/2510 S. 112) soll es der Geschäftsordnung überlassen bleiben zu regeln, ob eine und welche qualifizierte Mehrheit für Beschlüsse zur Anhörung von Sachverständigen und Einwohnern erforderlich ist. Es könnte zweifelhaft sein (s. OVG Lüneburg, Urt. v. 31.5.1983 a. a. O.), ob die Normierung einer solchen Voraussetzung für die Beteiligung Dritter an den Verhandlungen der Vertretung nicht über die Qualität einer Verfahrensregelung hinausgeht und Kommunalverfassungsrecht darstellt, für das es einer gesetzlichen Bestimmung bedarf.

Die Anhörung Anwesender ist unter den in der Geschäftsordnung getroffenen Modalitäten auch in Ausschüssen, Stadtbezirksräten und Ortsräten möglich (§§ 72 Abs. 1, 73, 91 Abs. 5).

§ 63   Ordnung in den Sitzungen

(1) Die oder der Vorsitzende leitet die Verhandlungen, eröffnet und schließt die Sitzungen, sorgt für die Aufrechterhaltung der Ordnung und übt das Hausrecht aus.

(2) [1]**Die oder der Vorsitzende kann ein Mitglied der Vertretung bei ungebührlichem oder wiederholt ordnungswidrigem Verhalten von der Sitzung ausschließen.** [2]**Auf Antrag des ausgeschlossenen Mitglieds stellt die Vertretung in ihrer nächsten Sitzung fest, ob der Ausschluss berechtigt war.**

(3) [1]**Die Vertretung kann ein Mitglied, das sich schuldhaft grob ungebührlich verhält oder schuldhaft wiederholt gegen Anordnungen verstößt, die zur Aufrechterhaltung der Ordnung erlassen wurden, mit der Mehrheit ihrer Mitglieder von der Mitarbeit in der Vertretung und ihren Ausschüssen ausschließen.** [2]**Der Ausschluss kann nur auf bestimmte Zeit, höchstens jedoch für sechs Monate, erfolgen.**

§§ 44 NGO, 45 NLO, 56 RegionsG

ERLÄUTERUNGEN zu § 63

1. Die **Leitung der Verhandlungen** obliegt dem Vorsitzenden, bei seiner Verhinderung seinem Stellvertreter (§ 61 Abs. 1) und, falls auch dieser verhindert ist, einem Mitglied der Vertretung, auf das sich die Mehrheit verständigt, also z. B. dem entsprechend § 61 Abs. 1 Satz 2 zu bestimmenden Altersvorsitzenden. Sie dient dem Zweck, den sachgerechten und störungsfreien Sitzungsablauf zu gewährleisten und muss deshalb unparteilich gehandhabt werden. Sie umfasst die Befugnis, im erforderlichen Umfang Anordnungen zu den äußeren Bedingungen der Sitzung, wie den Licht- und Tonverhältnisse zu treffen, und die Pflicht, den Ablauf der Sitzung nach den Vorgaben der Geschäftsordnung zu steuern. Dabei ist der Vorsitzende befugt, bei Zweifeln über die Auslegung der Geschäftsordnung zu entscheiden. Das gilt z. B. für die Frage, über welchen von mehreren Anträgen zu demselben Tagesordnungspunkt als dem weitergehenden zuerst abzustimmen ist; bei seinen Entscheidungen hat der Vorsitzende ein weitgestecktes Ermessen. Er kann bei eigenen Zweifeln auch eine Entscheidung der Vertretung herbeiführen.
Die Befugnis, die Sitzungen vor Abschluss der Tagesordnung zu schließen, hat der Vorsitzende nicht (siehe aber Erl. 3); schließt er die Sitzung ohne zureichenden Grund (z. B. aus persönlicher Verärgerung), dann muss diese Maßnahme jedoch aus Gründen der Rechtssicherheit als wirksam angesehen werden (VG Kassel, Urt. v. 5.2.1965, Rechtsprechung der hess. Verwaltungsgerichte 1966 S. 30).
Abs. 1 und 2 Satz 1 gelten auch für Sitzungen der Ausschüsse (§ 72 Abs. 3) und des Hauptausschusses (§ 78 Abs. 4).

2. Der **Aufrechterhaltung der Ordnung** in den Sitzungen dienen nicht nur die den Verfahrensablauf regelnden gesetzlichen und satzungsmäßigen Bestimmungen, sondern auch innerorganisatorische Verhaltensregeln, die zur Aufrechterhaltung der demokratischen Funktionsfähigkeit der Vertretung und für einen reibungslosen Geschäftsablauf notwendig sind. Die optische Kundgabe einer Meinung durch ein Mitglied der Vertretung, z. B. mittels Transparents, Plakats oder Aufklebers, enthält einen Verstoß gegen die Sitzungsordnung (OVG Rheinland-Pfalz, Beschl. v. 13.3.1985, Der Städtetag S. 603, und, in derselben Sache, BVerwG, Beschl. v. 12.2.1988, DVBl. 1988 S. 792, bezüglich des Aufklebers „Atomwaffenfreie Stadt" auf der Kleidung); für Zuhörer gilt das ebenso. Die Art der Kleidung kann einen Verstoß gegen die Ordnung beinhalten, wenn sie die Grenzen der Moral und des Schicklichen deutlich überschreitet, nicht aber schon, wenn sie nur dazu dient, eine allgemein unterschiedliche politische oder gesellschaftliche Lebensauffassung zu dokumentieren. Zum Verbot von Tonband- und Filmaufnahmen zur Erhaltung der Funktionsfähigkeit des Rats s. Erl. 3 zu § 64. Nach der Normierung des Rauchverbots in den Gebäuden der Kommunen (§ 1 Abs. 1 Satz 1 Nr. 1 Nds. NiRSG) hat die Frage der Anordnung eines **Rauchverbots** durch den Vorsitzenden (s. OVG Münster, Urt. v. 10.9.1982, DVBl. 1983 S. 53; OVG Lüneburg, Urt. v. 18.4.1989, NST-N 1989 S. 255, mit weiteren Nachweisen; BVerwG, Beschl. v. 16.8.1989, NVwZ 1990 S. 165) ihre Bedeutung verloren.

Nur für die Dauer der Sitzung und beschränkt auf den Sitzungssaal übt der Vorsitzende das **Hausrecht** aus. Im Übrigen hat das Hausrecht, sofern der Sitzungssaal im Verwaltungsgebäude liegt, der HVB (s. Erl. 7 zu § 85).

3. Die Pflicht zur **Beseitigung von Störungen** obliegt dem Vorsitzenden unabhängig davon, ob sie von Mitgliedern der Vertretung, also den HVB eingeschlossen, Bediensteten der Kommune oder Zuschauern ausgehen. Grundlage für Maßnahmen gegen Störungen durch Mitglieder der Vertretung ist Abs. 2 und 3, für Maßnahmen gegen Störungen durch andere Personen ist es das Hausrecht. Welche Maßnahme er ergreift, entscheidet er nach dem Rechtsgrundsatz über die Verhältnismäßigkeit der Mittel. Bei Zuhörern kommt als äußerstes Mittel die Ausweisung aus dem Sitzungssaal oder dessen Räumung in Betracht. Gegenüber einem Mitglied der Vertretung, das die Ordnung verletzt, ohne den Tatbestand des Abs. 2 Satz 1 zu erfüllen, kommen ein Ordnungsruf oder die Wortentziehung in Betracht. Sind Redezeiten nicht festgelegt, stellt ein langer Diskussionsbeitrag für sich keine Störung der Ordnung dar; ein Wortentzug ist also allenfalls bei Missbrauch des Rederechts möglich, d. h., wenn es dem Redner erkennbar nur um den Zeitverbrauch und nicht „um die Sache" geht (VG Stuttgart, Urt. v. 29.6.1989, NVwZ 1990 S. 190). Ein Wortentzug zur Beseitigung von Unruhe und Zwischenrufen infolge des Redebeitrags ist nur möglich, wenn anders, d. h. zunächst durch Einwirkung auf Unruhestifter und Zwischenrufer, die Ordnung nicht wiederhergestellt werden kann (VG Stuttgart, Urt. v. 29.6.1989 a. a. O.). Wird ein Mitglied der Vertretung gem. Abs. 2 von der Sitzung ausgeschlossen, hat der Vorsitzende zur Vermeidung von Zweifeln kraft seines Hausrechts gleichzeitig zu bestimmen, ob es auch den Beratungsraum zu verlassen hat (vgl. OLG Karlsruhe, Urt. v. 13.9.1979, DVBl. 1980 S. 77, das aus dem Zweck des Sitzungsausschlusses folgert, dass der Betroffene auch nicht als Zuhörer anwesend bleiben darf). Die Anordnung des Vorsitzenden ist für das ausgeschlossene Mitglied der Vertretung verbindlich; es hat also ohne weitere Aufforderung unverzüglich seinen Platz zu verlassen, ohne Rücksicht darauf, ob die Maßregel gerechtfertigt ist oder nicht; darüber ist zu befinden, wenn der Betroffene den Antrag nach Abs. 2 Satz 2 stellt (OVG Lüneburg, Beschl. v. 14.7.1986 – 2 OVG B 61/86, dng S. 350). Ist trotz Einsatzes aller Mittel gegenüber Störern der ordnungsgemäße Gang der Verhandlungen nicht mehr gewährleistet, kann der Vorsitzende die Sitzung unterbrechen und erforderlichenfalls auch vorzeitig schließen.

Der Antrag nach Abs. 2 Satz 2 ist so rechtzeitig zu stellen, dass über ihn in der **nächsten Sitzung** der Vertretung entschieden werden kann. Ohne diese Antragstellung ist eine gegen die Rechtmäßigkeit des Ausschlusses erhobene Klage unzulässig (VG Göttingen, Urt. v. 17.3.2011, R&R 4/2011 S. 5) Bei der Beratung und Entscheidung unterliegt das betreffende Mitglied dem Mitwirkungsverbot (§ 41), ist aber anzuhören. Die Vertretung entscheidet auch über die Berechtigung eines Ausschlusses von der Sitzung eines Ausschusses; beim Ausschluss im Hauptausschuss entscheidet dieser (s. Erl. 5). Die Folgen eines nicht berechtigten Ausschlusses sind dieselben wie beim Mitwirkungsverbot (Erl. 8 zu § 41). Maßnahmen gegen Zuhörer stellen einen Verwaltungsakt dar und können als solcher angefochten werden.

4. Der **Ausschluss nach Abs. 3** gilt nur für die Mitarbeit in der Vertretung und in ihren Ausschüssen, nicht auch im Hauptausschuss (vgl. aber unten Erl. 5). Er stellt die schärfste und höchstzulässige Sanktion dar und kann deshalb nur als letztes Mittel in Betracht kommen (VG Frankfurt, Beschl. v. 19.10.1981, NVwZ 1982 S. 52; VG Braunschweig, Beschl. v. 19.1.1983 – 1 VG D 62/82; OVG Lüneburg, Beschl. v. 14.7.1986 a. a. O.). Voraussetzung ist, dass das Mitglied der Vertretung sich entweder grober Ungebühr schuldig gemacht oder schuldhaft Anordnungen, die vom Vorsitzenden zur Aufrechterhaltung der Ordnung erlassen wurden, wiederholt zuwidergehandelt hat. Als grob ungebührlich sind persönliche Verunglimpfungen und Beleidigungen anderer Mitglieder der Vertretung oder der gesamten Vertretung anzusehen, die sich nicht nur als krasse Entgleisung darstellen, sondern als eine besondere Steigerung der Aggression (OVG Lüneburg, Beschl. v. 23.8.1983 – 2 OVG B 58/83; VGH Kassel, Beschl. v. 15.12.1989, NVwZ-RR 1990 S. 371). Als grobe Ungebühr ist angesehen worden, wenn ein Mitglied die Beratung und Abstimmung über seinen Antrag mit Methoden vergleicht, wie „auch Goebbels alle zum Schweigen brachte" (OVG Lüneburg, Beschl. v. 23.8.1983 – 2 OVG B 58/83), die Beschimpfung und Beleidigung des Vorsitzenden und der Zuhörer und die Einnahme einer drohenden Haltung gegenüber dem Vorsitzenden (VG Braunschweig, Beschl. v. 19.1.1983 a. a. O.), der Vorhalt, ein Mitglied der Vertretung verbringe seine Zeit damit, eidesstattliche Versicherungen abzugeben (VG Stade, Urt. v. 16.6.2003 R&R 4/2003 S. 9) und die Bezeichnung des Protokolls als „bullshit" mit Beschimpfungen des Protokollführers (VG Göttingen, Urt. v. 17.3.2011 a. a. O.). Bei der Zulässigkeit eines Ausschlusses wegen wiederholter Zuwiderhandlungen gegen Anordnungen übt die Rechtsprechung Zurückhaltung. Zwischenrufe, ihr Nichtabstellen und das Nichtverlassen des Sitzungssaales sieht sie zwar als Grund für Ordnungsmaßnahmen, nicht aber für einen Ausschluss nach Abs. 3 an (VG Frankfurt, Beschl. v. 19.10.1981 a. a. O.); sie verlangt eine sorgfältige Abwägung des Interesses an der erzieherischen Einwir-

kung auf ein sich widersetzlich verhaltendes Mitglied der Vertretung gegen dessen auf demokratischer Wahl beruhende Verpflichtung zur Mandatsausübung, und misst dabei dem Motiv der Zuwiderhandlung eine gewisse Bedeutung bei; kommt darin ein politischer Meinungsgegensatz zum Ausdruck, bedarf es sorgfältiger Überlegung, ob ein daraus erwachsenes Fehlverhalten die Ahndung durch längeren Ausschluss rechtfertigt und erfordert (OVG Lüneburg, Beschl. v. 14.7.1986 a. a. O.).
Über den Antrag auf Ausschluss eines Mitglieds gem. Abs. 3 kann nur entschieden werden, wenn er auf der Tagesordnung steht und zuvor vom Verwaltungsausschuss vorbereitet worden ist (OVG Lüneburg, Beschl. v. 14.7.1986 a. a. O.); für Ordnungsmaßnahmen nach Abs. 2 gelten diese Voraussetzungen nicht. In den Ausschüssen, denen es angehört, wird das ausgeschlossene Mitglied nach den dafür bestehenden Regelungen vertreten.

5. Die Regelungen bezüglich der Entscheidung über die Berechtigung des vom Vorsitzenden angeordneten Ausschlusses von der Sitzung (Abs. 2) und des längerfristigen Ausschlusses von der Mitarbeit (Abs. 3) gelten unmittelbar nur für die Sitzungen der Vertretung und ihrer Ausschüsse. Auf den **Hauptausschuss** findet sie gem. § 78 Abs. 4 Satz 1 Anwendung. Er entscheidet also nur bezüglich seiner Mitglieder (§ 74 Abs. 1 Satz 1); zuhörende Abgeordnete unterliegen als Zuhörer dem Hausrecht des Vorsitzenden (s. Erl. 7 zu § 85).

6. Soweit Ordnungsmaßnahmen Mitgliedschaftsrechte des betroffenen Mitglieds der Vertretung berühren (Entzug des Rederechts, Ausschluss), kann es dagegen im Wege einer kommunalverfassungsrechtlichen Streitigkeit klagen (VG Göttingen, Urt. v. 17.3.2011 a. a. O.), bei Maßnahmen des Vorsitzenden gegen diesen, bei Maßnahmen der Vertretung oder des Hauptausschusses gegen das betreffende Organ.

§ 64 Öffentlichkeit der Sitzungen

[1]**Die Sitzungen der Vertretung sind öffentlich, soweit nicht das öffentliche Wohl oder berechtigte Interessen Einzelner den Ausschluss der Öffentlichkeit erfordern.** [2]**Über einen Antrag auf Ausschluss der Öffentlichkeit wird in nicht öffentlicher Sitzung beraten und entschieden; wenn keine Beratung erforderlich ist, kann in öffentlicher Sitzung entschieden werden.**

§§ 45 NGO, 41 NLO, 52 RegionsG

ERLÄUTERUNGEN zu § 64

1. Der Grundsatz, dass **Sitzungen der Vertretung öffentlich** sind, ist Ausfluss des Demokratieprinzips und gehört zu den wesentlichen Verfahrensbestimmungen des Kommunalrechts. Er hat dieselbe Bedeutung wie bei gerichtlichen Verfahren. Seine Nichtbeachtung hat die Nichtigkeit unzulässigerweise in nichtöffentlicher Sitzung beratener oder gefasster Beschlüsse zur Folge (VerfGH NW, Be-

schl. v. 9.4.1976, DVBl. 1977 S. 45; OVG Münster, Urt. v. 19.12.1978, OVGE 35 S. 8; OVG Lüneburg, Beschl. v. 22.10.1986, OVGE 39 S. 489; VGH Mannheim, Urt. v. 24.2.1992, NVwZ-RR 1992 S. 374); es kommt also für die Wirksamkeit nicht darauf an, ob ausgeschlossen werden kann, dass der Beschluss in öffentlicher Sitzung anders ausgefallen wäre (so VG Hannover, Urt. v. 25.5.1975, dng 1976 S. 282). Zur Ausführung nichtiger Beschlüsse s. Erl. 3 zu § 85; zur Heilung bei Satzungen s. Erl. 2 zu § 10. Der Verstoß gegen das Öffentlichkeitsgebot kann nicht als Beeinträchtigung von Mitgliedschaftsrechten im Wege einer kommunalverfassungsrechtlichen Streitigkeit gerügt werden (OVG Koblenz, Beschl. v. 17.1.1990, NVwZ-RR 1990 S. 322; OVG Lüneburg, Beschl. v. 1.2.1993, KommP N 1994 S. 24; VG Lüneburg, Beschl. v. 11.8.2000, VwRR N S. 114; a. A. OVG Münster a. a. O.; VG Hannover, Urt. v. 27.11.1985 – 1 VG A 72/83 – und früher OVG Lüneburg, Beschl. v. 22.10.1986 a. a. O.), weil die Öffentlichkeit der Sitzung nicht der Selbstdarstellung der Mitglieder der Vertretung dient, sondern der Bürgerschaft Gelegenheit gibt, sich aus eigener Anschauung ein Bild von der Arbeit der Vertretung zu machen, ihr eine gewisse Kontrolle ermöglicht, um aus dem Verhalten der Mitglieder der Vertretung Konsequenzen bei der nächsten Wahl ziehen zu können, und darauf abzielt, in ihrem Bewusstsein den Gedanken der Selbstverwaltung zu verankern. Wird eine Angelegenheit, die den Ausschluss der Öffentlichkeit erfordert hätte, in öffentlicher Sitzung behandelt und entschieden, stellt das zwar einen Verfahrensfehler dar, der jedoch, da nicht wie im umgekehrten Fall gegen ein Verfassungsprinzip verstoßend, regelmäßig nicht als so schwerwiegend anzusehen ist, dass der Beschluss unwirksam ist; allerdings können dadurch privatrechtliche Schadensersatzansprüche desjenigen ausgelöst werden, dessen Interesse durch die öffentliche Behandlung beeinträchtigt worden sind. Hat der Betreffende sich mit der öffentlichen Behandlung einverstanden erklärt, liegt ein Verfahrensfehler nicht vor, weil die Vorschrift insoweit über den Schutz der Interessen einzelner hinaus keinen weiteren Zweck verfolgt (ebenso VG Oldenburg, Beschl. v. 10.11.1983 – 2 VGD 49/83; a. A. offenbar OVG Koblenz, Urt. v. 2.9.1986, DVBl. 1987 S. 147).

Öffentlich ist eine Sitzung, wenn jedermann ohne Ansehen seiner Person zugelassen ist, solange er nicht die Ordnung stört und soweit der Raum es zulässt. Der Zugang muss auch jedermann tatsächlich möglich sein, also auch Körperbehinderten (Rollstuhlfahrern), wenn sie an der Sitzung teilnehmen wollen; dazu genügt es, wenn weder Fahrstuhl noch Rampe vorhanden sind, dass für den Transport geeignete Beamte bereit stehen (s. auch §§ 2, 7 NGG). Der Sitzungssaal muss so beschaffen sein, dass in ihm Zuhörer in einer Anzahl, in der sie noch als Repräsentanten einer keiner besonderen Auswahl unterliegenden Öffentlichkeit angesehen werden können, Platz finden (vgl. BayObLG, Beschl. v. 30.11.1981, NJW 1982, S. 395, für den Sitzungssaal einer öffentlichen Hauptverhandlung). Die Durchführung der Sitzung in einer mit Eingangskontrollen versehenen Bundeswehrkaserne ist zulässig (OVG Münster, Urt. v. 21.7.1989, NVwZ 1990 S. 186), ebenso bei großem Andrang die Ausgabe von Eintrittskarten, die jedoch nach dem Zufallsprinzip zu vergeben sind. Zulässig ist, z. B. bei großem Andrang, die kurzfristige Verlegung der Sitzung in einen größeren Raum, was allerdings einen Hinweis auf den neuen Sitzungsort an der zunächst vorgesehenen Stelle voraussetzt und notfalls eine Verschiebung des

Sitzungsbeginns, um Zuhörern, die an der zunächst vorgesehenen Stelle erscheinen, die Teilnahme von Anfang an zu ermöglichen. Der Grundsatz der Öffentlichkeit ist nicht gewahrt, wenn nur die Presse zugelassen ist. Da die Öffentlichkeit vor allem durch die Einwohner der Kommune repräsentiert wird, müssen öffentliche Sitzungen der Vertretung grundsätzlich innerhalb der Kommune stattfinden; aus zwingenden sachlichen Gründen kann eine Ausnahme zulässig sein, z. B. bei einer in Form einer Sitzung vorgenommenen Besichtigung einer außerhalb der Kommune gelegenen Einrichtung. Die Öffentlichkeit wird nicht dadurch berührt, dass in der Sitzung Plattdeutsch gesprochen wird (vgl. OLG Oldenburg, Urt. v. 10.10.1927, HRR 1928 Nr. 392, wonach auch plattdeutsch deutsch i. S. d. § 184 GVG ist); jedoch darf die Verwendung eines Dialekts nicht dazu führen, dass Mitglieder der Vertretung den Beratungen nicht mehr folgen können.

2. Das Recht auf **Teilnahme als Zuhörer** umfasst nicht auch die Möglichkeit zur Teilnahme an den Beratungen und Entscheidungen der Vertretung. Es widerspricht dem Prinzip der repräsentativen Demokratie, wenn vorbehaltlich seiner Durchbrechung durch Gesetz, Außenstehenden direkter Einfluss auf die Beratungen oder gar ihre Mitwirkung an ihnen eingeräumt wird (VG Schleswig-Holstein, Urt. v. 15.3.1979, dng 1982 S. 436). Der Vertretung nicht angehörenden Einwohnern kann deshalb nicht die Möglichkeit eingeräumt werden, zu einzelnen Tagesordnungspunkten der Sitzung vor der Beratung oder nach Unterbrechung der Beratung Stellung zu nehmen und eine Diskussion zu führen. Die Beteiligung von Zuhörern während einer Sitzung an den Beratungen ist in § 62 abschließend geregelt. Zur Einsichtnahme in **Vorlagen** durch Zuhörer vgl. Erl. 4 a. E. zu § 68.

3. Zuhörern kann nicht verwehrt werden, während der Sitzung **handschriftliche Aufzeichnungen** zu fertigen oder sogar die Beiträge ganz oder teilweise wörtlich zu stenografieren. **Tonbandaufnahmen** eines Zuhörers, die gegen den Willen eines Mitglieds der Vertretung vorgenommen werden, das dadurch seine Unbefangenheit beeinträchtigt sieht, hat der Vorsitzende auf Verlangen zu unterbinden, da es eine Störung der Ordnung und Funktionsfähigkeit der Vertretung darstellt, wenn sich ein Mitglied wegen des laufenden Tonbandes etwa gehemmt fühlt und es vorzieht, sich an den Verhandlungen nicht zu beteiligen (BVerwG, Urt. v. 3.8.1990, dng 1990 S. 349 = NST-N 1991 S. 74); für Foto- und Filmaufnahmen muss danach dasselbe gelten; die Berufung auf das allgemeine Persönlichkeitsrecht genügt angesichts des Grundrechts auf Medienfreiheit (Art. 5 GG) aber nicht. Zu Tonbandaufnahmen für die Erstellung des Protokolls s. Erl. 1 zu § 69.

4. Die Öffentlichkeit kann nur für **einzelne Angelegenheiten** ausgeschlossen werden. Von den Möglichkeiten des Ausschlusses der Öffentlichkeit darf nur, muss dann aber auch Gebrauch gemacht werden, wenn es das öffentliche Wohl oder berechtigte Interesse einzelner erfordern. Das Verlangen eines Betroffenen, eine Angelegenheit in nichtöffentlicher Sitzung zu behandeln, obwohl die gesetzlichen Voraussetzungen dafür nicht erfüllt sind, ist unbeachtlich. Bei dem **öffentlichen Wohl** kann es sich um das der Kommune, des Landes oder des Bundes handeln, z. B. schwebende Verhandlungen über Kreditaufnahmen, Erwerb oder Veräußerung von Grundstücken, Erschließungsabsichten, Erörterung des prozesstaktischen Vorgehens in einem von der Kommune geführten Rechtsstreit (OVG NW, Urt. v. 24.4.2001, DVBl. S. 1281) oder Fragen der Landesverteidigung.

Berechtigte Interessen einzelner sind alle rechtlich geschützten oder anerkannten Interessen, z. B. der Schutz der sensiblen Persönlichkeitssphäre. Personal- und insbesondere Disziplinarangelegenheiten sowie Stundungs- und Erlassgesuche von Abgabepflichtigen (§ 22 AO), bei denen sensible personenbezogene Daten zur Sprache gebracht werden, sind deshalb regelmäßig in nichtöffentlicher Sitzung zu behandeln, und zwar können sie bei der Aufstellung der Tagesordnung gleich für den nichtöffentlichen Teil der Sitzung vorgesehen werden, wenn die Erörterung solcher Daten abzusehen ist. Die Beschlussfassung über Ernennungen und Beförderungen von Beamten, Einstellungen von Arbeitnehmern, Berufungen, z. B. der Gleichstellungsbeauftragten oder des Gemeindebrandmeisters, bedürfen für sich genommen jedoch nicht der Vertraulichkeit, sondern nur, wenn im Zusammenhang damit Einzelheiten des persönlichen Lebensbereichs eines Bewerbers oder seine Eignung erörtert werden sollen; war das bei der Aufstellung der Tagesordnung nicht abzusehen und deshalb die Angelegenheit für deren öffentlichen Teil vorgesehen, muss gegebenenfalls die Öffentlichkeit vorübergehend ausgeschlossen oder die Angelegenheit in den nicht öffentlichen Teil verschoben werden (Satz 2). Ist im Zusammenhang mit der Behandlung einer Angelegenheit die Bekanntgabe von persönlichen Daten (z. B. des Namens von Bauwilligen bei Bauanträgen und Bauvoranfragen) unumgänglich, dann ist der Ausschluss der Öffentlichkeit allerdings nur gerechtfertigt, wenn bei einer Abwägung die Nachteile für die betreffenden Personen die Bedeutung des Öffentlichkeitsprinzips überwiegen (vgl. VG Köln, Urt. v. 25.1.1985 – 4 K 3729/84 –, ED NStGB 1985 Nr. 408). Das VG Köln (a. a. O.) verlangt für die Behandlung von Bauanträgen und Bauvoranfragen grundsätzlich die öffentliche Sitzung, weil die öffentliche Kontrolle der Bautätigkeit so gewichtig erscheint, dass gewisse Nachteile, die dadurch entstehen können, dass Bauvorhaben vor deren Realisierung bekannt werden, hinzunehmen sind. Der VGH Mannheim (Urt. v. 8.8.1990, NVwZ 1991 S. 284) lässt den Umstand, dass bei der Entscheidung über die Ausübung eines gemeindlichen Vorkaufsrechts die Identität von Käufer und Verkäufer, der vereinbarte Kaufpreis und der Mietzins bekannt werden, nicht als Rechtfertigung für den Ausschluss der Öffentlichkeit gelten. Nach diesen Grundsätzen können auch Beratungen über das baurechtliche Einvernehmen (§ 36 BauGB) und Vergaben (Grundstücke, Aufträge) nur unter der Voraussetzung den Ausschluss der Öffentlichkeit rechtfertigen, dass besondere wirtschaftliche oder persönliche Interessen geschützt werden müssen; gerade in diesen Bereichen des Verwaltungshandelns erfordern das öffentliche Interesse und die Kontrolle der Öffentlichkeit die möglichst umfassende Öffentlichkeit der Verhandlungen. Gegebenenfalls muss ein Beratungsgegenstand, zu dem vertrauliche und nicht vertrauliche Angelegenheiten erörtert werden müssen (z. B. die Frage der Privatisierung einer kommunalen Einrichtung und die damit zusammenhängenden Grundstücksveräußerungen), dementsprechend für die Behandlung in öffentlicher und nichtöffentlicher Sitzung aufgegliedert werden (OVG Lüneburg, Beschl. v. 22.10.1986 a. a. O.; VG Oldenburg, Beschl. v. 29.6.1992 – 2 B 1953/92). Grundsätzlich ist die Berufung oder Wahl zu einem verfassungsmäßigen Organ inner- oder außerhalb der Kommune durch die Vertretung (z. B. Wahl oder Abberufung eines stellvertretenden HVB oder eines Beamten auf Zeit, des Bürgermeisters in Mitgliedsgemeinden, die Bestellung als Vertreter der Kommune im Mitgliederorgan, Aufsichtsrat, Vorstand oder vergleichbaren Organ einer anderen privaten oder öffentlichen Körperschaft) keine Personalangelegenheit, die den Ausschluss der Öffentlichkeit rechtfertigt (VG Hannover, Urt. v. 27.11.1985 – 1 VG A 72/83; Urt. v. 25.5.1975, dng 1976 S. 282). Eine Erörterung schützenswerter Angelegenheiten aus der Persönlichkeitssphäre des Bewerbers vor dem eigentlichen Wahl- oder Berufungsakt erfordert den vorübergehenden Ausschluss der Öffentlichkeit; das VG Hannover (a. a. O.) billigt den zu verfassungsmäßigen Organen der Kommune Berufenen allerdings keinen Anspruch darauf zu, dass ihre Angelegenheiten, insbesondere ihre Eignung für ihr Amt, unter Ausschluss der Öffentlichkeit erörtert werden, und berücksichtigt zu wenig, dass die Berufung in ein Organ zugleich auch einen personalrechtlichen Aspekt hat.

Die Regelung, nach der durch die **Geschäftsordnung** die Öffentlichkeit für bestimmte Gruppen von Angelegenheiten ausgeschlossen werden konnte, ist 2001 gestrichen worden, weil die Erweiterung der in Satz 1 vorgesehenen Ausnahmen von dem Grundsatz der Öffentlichkeit mit Rücksicht auf das Demokratieprinzip nicht zulässig ist (VG Oldenburg, Beschl. v. 10.11.1983 – 2 VG D 49/83); eine deklaratorische Bezeichnung der Angelegenheiten, die nach Satz 2 nicht öffentlich zu verhandeln sind, in der Geschäftsordnung, ist aber weiterhin möglich; zu den Möglichkeiten einer davon abweichenden Handhabung bei den Fachausschüssen s. Erl. 1 zu § 72. Bei der Aufstellung der **Tagesordnung** ordnet der HVB die Gegenstände nach Satz 1 deren öffentlichen oder nicht öffentlichen Teil zu; bei Zweifeln s. Erl. 10 zu § 59. Bei der Feststellung der Tagesordnung, die gesetzlich zwar nicht vorgeschrieben, aber kommunale Praxis ist, oder bei Aufruf des Punktes wäre über eine Änderung der Zuordnung nach Satz 2 zu entscheiden.

Der **Antrag auf Ausschluss der Öffentlichkeit** kann nur von einem Mitglied der Vertretung gestellt werden; der Ausschluss erfordert einen Beschluss, für den das VG Lüneburg (Beschl. v. 3.12.2003, R&R 1/2004 S. 1) die Form einer Abstimmung nach § 66 verlangt. An einer nichtöffentlichen Sitzung dürfen außer den Mitgliedern der Vertretung nur Angehörige der Verwaltung (leitende Beamte im Rahmen des § 87 und die von ihnen im Interesse eines sachgerechten Beratungsablaufs hinzugezogenen Bediensteten sowie die Gleichstellungsbeauftragte, § 9 Abs. 4) ständig anwesend sein. Ausschussmitglieder, die nicht Mitglieder der Vertretung sind, sind bei nichtöffentlichen Sitzungen der Vertretung nicht zugelassen, ebenso wenig Fraktionsassistenten (auch im Falle des § 57 Abs. 4). Auch Mitglieder der Personalvertretung sind zur ständigen Teilnahme an nichtöffentlichen Sitzungen der Vertretung, soweit Personalangelegenheiten beraten werden, und des Personalausschusses sowie des Hauptausschusses nicht befugt (OVG Rheinland-Pfalz, Beschl. v. 3.4.1969, VerwRspr. 21 S. 388; OVG Lüneburg, Urt. v. 28.2.1984, NStV-N S. 192). Wegen des Rechts der Personalvertretung auf Erörterung bestimmter Personalangelegenheiten vgl. § 107 Abs. 2 NPersVG.

Zur Teilnahme des Ortsbürgermeisters und des Ortsvorstehers an nichtöffentlichen Ratssitzungen vgl. Erl. 5 zu § 94 und 2 zu § 96. Zur Frage der Verschwiegenheit vgl. Erl. 2 zu § 40.

5. Auch bei nichtöffentlichen Sitzungen besteht kein absolutes Geheimhaltungsgebot bezüglich der in ihnen behandelten Angelegenheiten. Zunächst ist über diejenigen Tatsachen Verschwiegenheit zu wahren, derentwillen die Nichtöffentlichkeit erforderlich gewesen ist, darüberhinaus, wie beim Hauptausschuss (Erl. 2 zu § 78), über den Beratungsgang und das Abstimmungsverhalten. Das schließt nicht aus, über den Inhalt der Diskussion zu informieren, wenn sichergestellt ist, dass die Meinungen und das Abstimmungsverhalten der einzelnen Sitzungsteilnehmer nicht bekannt werden. Das Ergebnis der Beratungen unterliegt der Verschwiegenheitspflicht nur, wenn es einen geheimhaltungsbedürftigen Inhalt hat. Danach verbietet sich grundsätzlich die Weitergabe von Protokollen über nichtöffentliche Sitzungen an Dritte, z. B. auch an die **Presse**, die zwar ein Recht auf Auskunft über Beratungsergebnisse hat (§ 4 Abs. 1 Nds. PresseG), das jedoch dann nicht besteht, wenn deren Bekanntwerden überwiegende öffentliche oder schutzwürdige private Interessen verletzen würden (§ 4 Abs. 2 Nr. 3 Nds. PresseG). Deshalb dürfen Protokolle über nicht öffentliche Sitzungen zur Unterrichtung der Presse nicht verwendet werden. Zur Öffentlichkeitsarbeit s. im Übrigen Erl. 8 zu § 85.

§ 65   Beschlussfähigkeit

(1) ¹Die Vertretung ist beschlussfähig, wenn nach ordnungsgemäßer Einberufung die Mehrheit ihrer Mitglieder anwesend ist oder wenn alle Mitglieder anwesend sind und keines eine Verletzung der Vorschriften über die Einberufung der Vertretung rügt. ²Die oder der Vorsitzende stellt zu Beginn der Sitzung fest, ob die Vertretung beschlussfähig ist. ³Die Vertretung gilt, auch wenn sich die Zahl der anwesenden Mitglieder der Vertretung im Laufe der Sitzung verringert, so lange als beschlussfähig, wie die Beschlussfähigkeit nicht angezweifelt wird.

(2) Ist eine Angelegenheit wegen Beschlussunfähigkeit der Vertretung zurückgestellt worden und wird die Vertretung zur Verhandlung über den gleichen Gegenstand zum zweiten Mal einberufen, so ist sie dann ohne Rücksicht auf die Zahl der anwesenden Mitglieder beschlussfähig, wenn darauf in der Ladung zur zweiten Sitzung ausdrücklich hingewiesen worden ist.

(3) Besteht bei mehr als der Hälfte der Mitglieder der Vertretung ein gesetzlicher Grund, der ihre Mitwirkung ausschließt, so ist die Vertretung ohne Rücksicht auf die Zahl der anwesenden Mitglieder beschlussfähig; ihre Beschlüsse bedürfen in diesem Fall der Genehmigung der Kommunalaufsichtsbehörde.

§§ 46 NGO, 42 NLO, 53 RegionsG

ERLÄUTERUNGEN zu § 65

1. Die **Beschlussfähigkeit** ist Voraussetzung der **Handlungsfähigkeit der Vertretung.** Beschlüsse einer beschluss- und damit handlungsunfähigen Vertretung sind unwirksam; zur Pflicht des HVB, gegen unwirksame Beschlüsse vorzugehen, vgl. Erl. 1 zu § 88. Für die Beschlussfähigkeit der Vertretung sind die ordnungsmäßige Einberufung und die Anwesenheit der Mehrheit der Mitglieder (entsprechend § 45 Abs. 2), einschließlich des HVB (§ 45 Abs. 1). Voraussetzung. Ist die Ladung nicht ordnungsgemäß, dann ist die Vertretung nur beschlussfähig, wenn alle Mitglieder anwesend sind und keiner sich auf die fehlende Ordnungsmäßigkeit der Ladung beruft; ist nach nicht ordnungsmäßiger Einberufung nur eine Mehrheit der Mitglieder anwesend, dann ist die Vertretung beschlussunfähig, auch wenn keiner der Anwesenden die fehlende Ordnungsmäßigkeit rügt und der Vorsitzende die Beschlussfähigkeit feststellt. Sind nach nicht ordnungsmäßiger Ladung alle Mitglieder der Vertretung anwesend, kann die fehlende Ordnungsmäßigkeit der Einberufung nach Feststellung der Beschlussfähigkeit nicht mehr gerügt werden (vgl. Erl. 4).

2. Für die **ordnungsgemäße Einberufung** (vgl. Erl. 1 zu § 59) genügt es, dass die Ladung so rechtzeitig an alle Mitglieder abgesandt worden ist, dass sie unter normalen Umständen bei ihnen vor Beginn der in der Geschäftsordnung festgelegten Ladungsfrist eingeht (s. Erl. 3 zu § 59). Werden die Ladungen durch Bedienstete ausgetragen oder in Fächer der Mitglieder oder Fraktionen und Gruppen im Verwaltungsgebäude abgelegt, hat im Zweifel die Kommune nachzuweisen, dass sie rechtzeitig und richtig ausgetragen oder abgelegt worden sind. Beim Postversand trägt das Risiko der Empfänger; die spezialgesetzliche Regelung des § 4 VwZG, nach der bei Zustellungen mittels eingeschriebenen Briefes die Behörde den Zugang und seinen Zeitpunkt nachzuweisen hat, enthält keinen allgemein geltenden Grundsatz. Bei Ladung auf elektronischem Weg (§ 59 Abs. 1; s. Erl. 1 zu § 59) ist diese zugegangen, wenn der Empfänger von ihr Kenntnis nehmen kann, nicht erst, wenn er Kenntnis genommen hat. Fällt ein Ereignis, das gem. § 52 Abs. 1 den Sitzverlust zur Folge hat, in die Ladungsfrist, so ist trotz der Nichteinhaltung der Ladungsfrist gegenüber der vorsorglich eingeladenen Ersatzperson die Einberufung ordnungsmäßig, weil der Sitzverlust mit dem Beschluss gem. § 52 Abs. 2 eintritt, der erst nach Feststellung der Beschlussfähigkeit am Beginn der Sitzung gefasst werden kann. Im Übrigen haben Ersatzpersonen keinen Anspruch auf Ladung zu einer Sitzung, für die die Einberufungsformalitäten nicht gewahrt werden können; werden sie gleichwohl eingeladen, können die mangelnde Ordnungsmäßigkeit der Einberufung und damit Zweifel an der Beschlussfähigkeit nicht geltend gemacht werden.

3. Anwesend im Sinne der Vorschrift sind nur Mitglieder, die tatsächlich in der Lage sind, sich an der Abstimmung zu beteiligen (OVG Münster, Urt. v. 23.12.1974, OVGE 30 S. 196). Mitglieder, die sich im Zuhörerraum aufhalten, sind danach nicht anwesend (OVG Münster, Urt. v. 23.12.1974, a. a. O.). Ob ein Mitglied wegen Befangenheit verhindert ist, an einem Punkt der Tagesordnung mitzuwirken, spielt für die Frage seiner Anwesenheit zur Feststellung der

Mehrheit keine Rolle, weil die Beschlussfähigkeit nicht für jeden einzelnen Tagesordnungspunkt vorab festzustellen ist.

4. Die **Feststellung der Beschlussfähigkeit** hat im Wesentlichen nur **Ordnungscharakter;** allerdings kann die mangelnde Ordnungsmäßigkeit der Einberufung bei Anwesenheit aller Mitglieder danach nicht mehr geltend gemacht werden, weil die Beschlussunfähigkeit nur noch durch Verringerung der Zahl der Mitglieder eintreten kann (Abs. 1 Satz 3). Im Übrigen werden dadurch weder Fehler der Einberufung geheilt, noch wird die Vertretung beschlussfähig, wenn nur eine Minderheit der Mitglieder anwesend ist; die Fiktion des Abs. 1 Satz 3 gilt nur, wenn bei Sitzungsbeginn die Mehrheit tatsächlich anwesend ist.

5. Die gesetzliche **Vermutung der fortbestehenden Beschlussfähigkeit** (Abs. 1 Satz 3) dient der Rechtssicherheit. Ihr Sinn besteht darin, die nachträgliche Geltendmachung von Zweifeln an der Gültigkeit von Beschlüssen auszuschließen, an deren Herbeiführung nicht die notwendige Mehrheit der Mitglieder der Vertretung mitgewirkt hat. Deshalb ist davon auszugehen, dass die festgestellte Beschlussfähigkeit solange fortbesteht, bis sie angezweifelt und daraufhin festgestellt wird, dass die Mehrheit der Mitglieder nicht mehr anwesend ist (VG Düsseldorf, Urt. v. 5.12.1997, VwRR N 1998 S. 18 und KommP N 1998 S. 123 gegen die Ansicht des OVG Münster, Urt. v. 4.4.1962, OVGE 17 S. 261, die Fiktion der Beschlussfähigkeit gelte nicht, wenn für alle Anwesenden einschließlich des Vorsitzenden feststehe, dass die in Abs. 1 Satz 1 vorgeschriebene Mitgliederzahl unterschritten ist, und entgegen OVG Lüneburg, Urt. v. 20.7.1978 – II OVGA 106/76, dem der Fall zugrunde liegt, dass von 9 Ratsmigliedern 5 anwesend waren, der Ratsvorsitzende aber bei einem Tagesordnungspunkt gem. § 41 befangen war, was bereits bei Sitzungsbeginn feststand, sodass in diesem Falle die Beschlussfassung zu diesem Tagesordnungspunkt unwirksam war). Wird die Beschlussfähigkeit angezweifelt, dann zählt auch derjenige, der nach der Artikulation der Zweifel den Sitzungssaal verlassen hat, nicht zu den Anwesenden. Verlässt eine Fraktion nach Sitzungsbeginn den Sitzungssaal, ohne die Beschlussunfähigkeit geltend zu machen, bleibt die Vertretung beschlussfähig, auch wenn die Mehrheit seiner Mitglieder offensichtlich nicht mehr anwesend ist. Für den Beschlussboykott vor der Sitzung durch Fernbleiben von Sitzungen gilt Abs. 2 (OVG Lüneburg, Urt. v. 20.7.1978 a. a. O.).

6. Die Vorschrift stellt nur eine Vermutung für die Anwesenheit der Mehrheit der Mitglieder auf. Ist für einen Beschluss eine qualifizierte Mehrheit notwendig, gilt die Vermutung dafür nicht; diese Mehrheit muss vielmehr tatsächlich erreicht werden.

7. Abs. 3 kann praktische Bedeutung nur entfalten, wenn die gesetzlichen Gründe, die der Anwesenheit entgegenstehen (§§ 41, 53, 63) bei allen Tagesordnungspunkten bestehen, sodass die Teilnahme an der gesamten Sitzung ausgeschlossen ist. Die **Genehmigung** soll gewährleisten, dass die Minderheit einen am allgemeinen Wohl orientierten Beschluss fasst. Im Falle dauernder Beschlussunfähigkeit gilt § 70 Abs. 2.

8. Die Vorschrift gilt entsprechend für den Hauptausschuss und die Ausschüsse der Vertretung und nach besonderen Rechtsvorschriften (§§ 78 Abs. 4, 72

Abs. 3, 73). Soweit ihnen Mitglieder angehören, die nicht Mitglieder der Vertretung sind (§ 74 Abs. 1, § 71 Abs. 7 und die Regelungen für sondergesetzliche Ausschüsse, vgl. Erl. 1 zu § 73), ist zu unterscheiden:
Zweck der **Ausschüsse der Vertretung** und der sondergesetzlichen Ausschüsse ohne Beschlusskompetenzen ist die vorbereitende Beratung, nicht die Beschlussfassung. Deshalb ist davon auszugehen, dass sie handlungsfähig, d. h. beratungsfähig sind, wenn nach ordnungsgemäßer Einberufung die Mehrheit der Mitglieder, d. h. einschließlich der stimmrechtslosen, aber zur Teilnahme an der Beratung befugten, anwesend ist; Abstimmungen können jedoch nur vorgenommen werden, wenn die Mehrheit der stimmberechtigten Mitglieder anwesend ist, wobei darauf hinzuweisen ist, dass die Vorbereitung von Beschlüssen anderer Organe nicht mit einer Beschlussempfehlung abgeschlossen werden muss. Die trotz mangelnder Handlungsfähigkeit eines Ausschusses beschlossene Beschlussempfehlung führt nicht zur Unwirksamkeit der nachfolgenden im Übrigen rechtmäßig zustande gekommenen Beschlüsse der Vertretung und des Hauptausschusses (vgl. Erl. 2 zu § 71). Zu Geschäftsordnungsregelungen bei Fachausschüssen vgl. Erl. 6 zu § 72.
Der **Hauptausschuss** ist Organ mit Beschlusskompetenzen. Da die Beschlussfähigkeit nur einheitlich am Beginn der Sitzung und nicht für jeden Tagesordnungspunkt festzustellen ist, kommt es auf die Anwesenheit der stimmberechtigten Mitglieder an. Dasselbe gilt sinngemäß für sondergesetzliche Ausschüsse mit Beschlusskompetenzen. Soweit einem Ausschuss der Vertretung nach § 76 Abs. 3 Zuständigkeiten des Hauptausschusses übertragen sind, gilt für seine Beschlussfähigkeit dasselbe wie für den Hauptausschuss: Es zählen nur die stimmberechtigten Mitglieder.

§ 66   Abstimmung

(1) ¹Beschlüsse werden mit der Mehrheit der auf Ja oder Nein lautenden Stimmen gefasst, soweit durch Gesetz oder in Angelegenheiten des Verfahrens durch die Geschäftsordnung nichts anderes bestimmt ist. ²Bei Stimmengleichheit ist ein Antrag abgelehnt.

(2) Es wird offen abgestimmt, soweit in der Geschäftsordnung nichts anderes geregelt ist.

§§ 47 NGO, 43 NLO, 54 RegionsG

ERLÄUTERUNGEN zu § 66

1. Beschlüsse i. S. dieser Vorschrift sind alle Entscheidungen der Vertretung, des Hauptausschusses und der Ausschüsse der Vertretung und nach besonderen Rechtsvorschriften. Sie kommen durch Abstimmung (§ 66) oder Wahl (§ 67) zustande. Sofern nicht die Wahl vorgeschrieben ist (vgl. Erl. 2 zu § 67), wird abgestimmt. Grundlage für die Abstimmung ist ein Antrag, der in der Sitzung gestellt wird, ggf. durch den Vorsitzenden, wenn er z. B. die Beschlussempfehlung des Hauptausschusses aufruft. Wird ein Antrag abgelehnt, gilt nicht sein logisches Gegenteil als beschlossen (z. B. Ablehnung der Unzulässigkeit eines Bürgerbegehrens als Beschluss über seine Zulässigkeit; offen gelassen von OVG NW, Urt. v. 15.2.2000, VwRR N S. 78); dieses bedarf vielmehr eines eigenen Beschlusses.

Werden zu einem Gegenstand mehrere Anträge gestellt, bestimmt der Vorsitzende die Reihenfolge der Abstimmung über sie regelmäßig aufgrund von Regelungen der Geschäftsordnung. Statt des darin vielfach vorgesehenen Vorrangs der Abstimmung über weitergehende Anträge, deren Bestimmung bisweilen strittig sein kann, kommt die einfacher zu handhabende Abstimmung nach der zeitlichen Reihenfolge der Antragstellung in Betracht. Beide Verfahren gewährleisten der Mehrheit der Vertretung das Zustandekommen des von ihr beantragten oder favorisierten Beschlusses. Die Zulässigkeit der einheitlichen und gleichzeitigen Beschlussfassung über mehrere unterschiedliche Einzelanträge oder über einen aus mehreren selbstständigen Teilen bestehenden Antrag, der sog. **En-bloc-Abstimmung**, hängt davon ab, in welchem inhaltlichen Zusammenhang diese Angelegenheiten miteinander stehen. Im Hinblick auf sein Antragsrecht und den Schutz des Mitglieds der Vertretung davor, über mehrere unterschiedliche Gegenstände eine einheitliche, für die einzelnen Gegenstände von sachfremden Einflüssen bestimmte Entscheidung treffen zu müssen, sind solche Abstimmungen nur zulässig, wenn niemand widerspricht. Bei der Abstimmung über einen Bebauungsplan hält das OVG Münster (Urt. v. 17.3.1987, BRS 47 S. 22) sie überhaupt, d. h. auch mit Zustimmung aller, für unzulässig, weil sie gegen das Gebot der sachgerechten Abwägung verstößt. Etwas anderes gilt, wenn die Gegenstände in einem inneren Zusammenhang stehen, so dass die Verbindung zu gemeinsamer Entscheidung auf sachgerechten Erwägungen beruht; in diesem Falle kann die Mehrheit über das Abstimmungsverfahren entscheiden, also auch beschließen, über die Gegenstände durch einheitlichen Beschluss abzustimmen (s. auch OVG Lüneburg, Urt. v. 4.7.1991, dng 1992 S. 287: Kein Anspruch des Mitglieds der Vertretung auf getrennte Abstimmung über die Genehmigung einzelner über- und außerplanmäßiger Ausgaben, die in sachlichem Zusammenhang stehen und einen Tagesordnungspunkt bilden).

2. Bei der **Abstimmung** ist die Summe der auf Ja oder Nein lautenden Stimmen festzustellen. Stimmenthaltungen sind zulässig, sie oder ungültige Stimmen bleiben unberücksichtigt. Bei schriftlicher Abstimmung ist eine Stimmabgabe nach der sinngemäß anwendbaren Vorschrift des § 30a Abs. 2 Satz 1 NKWG ungültig, wenn der Wille des Abstimmenden aus der Art der Kennzeichnung nicht zweifelsfrei erkennbar ist, wenn der Stimmzettel außer der Stimmabgabe einen Zusatz oder einen Vorbehalt enthält oder wenn der Stimmzettel keinen Stimmabgabevermerk enthält.

Der Ausschluss von der Teilnahme an der Abstimmung kommt nur in den gesetzlich vorgesehenen Fällen in Betracht (§ 41, § 63 Abs. 2, 3). Deshalb ist der Ausschluss eines Mitglieds, das erkennbar über den Abstimmungsgegenstand nicht orientiert ist, das während der Beratung sich anderweitig beschäftigt, vielleicht sogar den Sitzungsraum verlassen hat, nicht zulässig. Anders als bei Wahlen (s. § 41 Abs. 3) gilt bei Abstimmungen in Personalangelegenheiten, soweit es sich nicht um unbesoldete Stellen handelt (§ 41 Abs. 3), das Mitwirkungsverbot uneingeschränkt.

3. Schreibt das Gesetz **besondere Mehrheiten** der Mitglieder der Vertretung (z. B. §§ 12 Abs. 2, 63 Abs. 3, 82 Abs. 2, 84 Satz 2, 90 Abs. 3, 95 Abs. 1, 154 Abs. 2) vor, ist Grundlage für die Feststellung, ob die Mehrheit erreicht ist, § 45 (s. dort Erl. 2). In Verfahrensangelegenheiten kann die Geschäftsordnung von § 66 abweichende Mehrheiten bestimmen. Die Geschäftsordnung selbst ist eine Verfahrensangelegenheit, so dass für ihre Abänderung eine abweichende Mehrheit vorgesehen werden darf. Für die Änderung oder Aufhebung eines früheren Sachbeschlusses darf dagegen keine erschwerende Mehrheit oder eine Minderheit vorgesehen werden. Die Geschäftsordnung kann auch regeln, dass eine **geheime Abstimmung** stattfindet (s. zum Ausnahmecharakter OVG Münster, Urt. v. 21.9.1993, NVwZ-RR 1994 S. 409). Zur Wahrung des Prinzips der Öffentlichkeit ist bei öffentlichen Sitzungen eine qualifizierte Minderheit Voraussetzung (§ 50 Abs. 1 GONW: Mindestens ein Fünftel der Ratsmitglieder); das Verlangen eines Mitgliedes genügt nicht. Wegen der Einzelheiten der geheimen Abstimmung, für die dieselben Grundsätze wie für die geheime Wahl gelten (OVG Münster, Beschl. v. 12.2.1982, NVwZ 1982 S. 684), vgl. Erl. 4 zu § 67. Ebenso kann die Geschäftsordnung **namentliche Abstimmung** vorsehen, die gesetzlich für den Antrag auf Abwahl des HVB (§ 82 Abs. 2) und der anderen Beamten auf Zeit (§ 109 Abs. 3) sowie für die Entscheidung über den Antrag auf Versetzung in den Ruhestand aus besonderen Gründen (§ 84 Satz 3) vorgeschrieben ist. Bei der namentlichen Abstimmung werden die Mitglieder der Vertretung mit Namen – regelmäßig in alphabetischer Reihenfolge, eine andere Reihenfolge ist nur dann unbedenklich, wenn sie nicht die Manipulation des Abstimmungsergebnisses bezweckt – zur Stimmabgabe aufgerufen. Sieht die Geschäftsordnung neben der gesetzlich normierten offenen auch die namentliche und die geheime Abstimmung vor, empfiehlt sich eine gleichzeitige Regelung über die Rangfolge der geschäftsordnungsmäßigen Abstimmungsarten; dabei kann der namentlichen Abstimmung Vorrang vor der geheimen eingeräumt werden, die gesetzlich nur fakultativ vorgesehen ist. Fehlt eine solche Regelung, wird zunächst über den Antrag auf geheime Abstimmung abgestimmt (OVG Münster, Urt. v. 5.9.1980, Die Fundstelle 1981 Rdnr. 384; Urt. v. 22.12.1983, Verwaltungsrundschau 1984 S. 181). Zur Protokollierung des Stimmverhaltens bei namentlicher Abstimmung vgl. Erl. 1 zu § 68.

4. Die Vorschrift, dass Beschlüsse nur gültig sind, wenn sie bis zum Ende der Sitzung schriftlich festgelegt worden sind, ist aufgehoben worden. Bei **Meinungsverschiedenheiten** oder Zweifeln darüber, was beschlossen worden ist, ein erneuter Beschluss, der Klarheit schafft, zulässig (OVG Lüneburg, Urt. v. 28.3.1968, DVBl. 1968 S. 943). Bestehen an dem Ergebnis der Abstimmung Zweifel, kann diese wiederholt werden. Da es sich um eine neue Abstimmung handelt, muss sie nicht nach den Modalitäten des ersten Versuchs erfolgen, also z. B. namentlich statt durch Handaufheben oder geheim statt offen. Bei dieser erneuten Abstimmung ist jeder Abstimmende frei in seiner Stimmabgabe, muss also nicht ebenso abstimmen wie beim ersten Mal. Unter diesen Umständen und mit Rücksicht darauf, dass der Ausschluss von der Teilnahme an Abstimmungen nicht willkürlich erfolgen darf (s. Erl. 2), begegnet es Bedenken, Mitglieder, die an der ersten Abstimmung trotz Anwesenheit im Beratungsraum oder wegen Abwesenheit von ihm nicht teilgenommen haben, von der erneuten Abstimmung auszuschließen. Eine **irrtümliche Stimmabgabe** kann nach dem auch im öffentlichen Recht zu beachtenden Grundsatz von Treu und Glauben bis zum Ende des Abstimmungsverfahrens korrigiert werden. Die spätere Anfechtung wegen Irrtums ist dagegen ausgeschlossen.

5. Der Hauptausschuss kann gegen einen durch Wahl oder Abstimmung zustandegekommenen Beschluss, durch den er das Wohl der Kommune für gefährdet ansieht, Einspruch einlegen (§ 79); der HVB hat der Kommunalaufsichtsbehörde zu berichten oder Einspruch einzulegen, wenn er einen Beschluss für rechtswidrig hält (§ 88). Einzelne oder mehrere Abgeordnete können dagegen nur im Wege einer **kommunalverfassungsrechtlichen Streitigkeit,** für die der Rechtsweg zu den Verwaltungsgerichten gegeben ist (§ 40 VwGO), geltend machen, dass sie durch einen Beschluss (oder durch andere Maßnahmen) der Vertretung oder eines anderen Organs der Kommune in ihrer kommunalverfassungsrechtlichen Rechtsstellung beeinträchtigt sind (OVG Lüneburg, grundlegend: Urt. v. 1.9.1950, OVGE 2 S. 225, Urt. v. 15.11.1966, OVGE 22 S. 508). Ist die Vertretung beteiligt, wird sie von ihrem Vorsitzenden vertreten (VG Oldenburg, Urt. v. 12.1.2010, R&R 1/2010 S. 13 m. w. N.); sie ist als Vereinigung gem. § 61 Nr. 2 VwGO anzusehen, die gem. § 62 Abs. 2 VwGO vom Vorstand vertreten wird (OVG Münster, Urt. v. 20.12.1972, OVGE 28 S. 185); dementsprechend werden der Hauptausschuss vom HVB und Fraktionen und Gruppen von ihren Vorsitzenden vertreten. Eine Klage, mit der allein geltend gemacht wird, die Vertretung oder ein anderes Organ habe einen rechtswidrigen Beschluss gefasst, ohne dass der Kläger die Verletzung eigener Rechte behauptet, ist als Popularklage unzulässig (BVerwG, Beschl. v. 22.12.1988, NVwZ 1989 S. 470; OVG Lüneburg, Urt. v. 15.11.1966 a. a. O.; VGH Mannheim, Urt. v. 14.12.1987, NVwZ-RR 1989 S. 153; VG Oldenburg, Beschl. v. 4.3.1983, NStV-N 1983 S. 183). Dabei wird die Notwendigkeit der Geltendmachung einer Verletzung eigener organschaftlicher Rechte von der h. M. (BVerwG, Beschl. v. 22.12.1988, NVwZ 1989 S. 470; VGH Mannheim, Urt. v. 12.2.1990, NVwZ-RR 1990 S. 369; OVG Koblenz, Urt. v. 29.8.1984, NVwZ 1985 S. 283) aus der entsprechenden Anwendung des § 42 Abs. 2 VwGO gefolgert, während das OVG Lüneburg (Urt. v. 19.3.1991 – 10 L 51/89) sie zur Voraussetzung der Beteiligtenfähigkeit i. S. des § 61 Nr. 2 VwGO macht. Als Rechte, deren Beeinträchtigung danach geltend gemacht werden kann, kommen nur solche aus dem Bereich der mitgliedschaftlichen Befugnisse in Betracht, und zwar nur solche, die das Gesetz oder die Geschäftsordnung gerade dem jeweiligen Kläger zuordnet, so dass also z. B. eine Fraktion oder Gruppe nicht die Verletzung von Rechten eines ihrer Mitglieder (VG Hannover, Urt. v. 22.8.1991 – 9 A 994/91) und umgekehrt ein Fraktions- oder Gruppenmitglied nicht die Beeinträchtigung von ausschließlich den Fraktionen und Gruppen zustehenden Befugnissen geltend machen kann (z. B. Benachteiligung bei der Ausschussbesetzung: VG Hannover, Urt. v. 22.8.1991 – 9 A 121/90) nur dann, wenn eine Entscheidung der Vertretung dazu führt, dass alle Mitglieder einer Fraktion oder Gruppe von der Beratung und Entscheidung einer Angelegenheit ausgeschlossen werden, werden auch eigene Rechte der Fraktion oder Gruppe betroffen (OVG Lüneburg, Be-

schl. v. 21.7.1988 – 2 OVG B 52/88). Die Klage ist gegen das Organ oder den Organteil (VG Düsseldorf, Beschl. v. 17.8.1999, VwRR N 2000 S. 26: Antrag einer Fraktion, einer anderen polemische und überspitzte Äußerungen über sie in der Öffentlichkeit zu untersagen) zu richten, dem die Rechtsverletzung vorgeworfen wird, nicht gegen die Kommune. Eine danach zulässige Klage ist allerdings unbegründet, wenn und soweit der Kläger dem betreffenden Beschluss zugestimmt hat, ohne zuvor Bedenken erhoben zu haben (OVG Lüneburg, Urt. v. 11.10.1960, DÖV 1961 S. 548; Beschl. v. 15.2.1985 – 5 OVG B 15/85). Als Klageart kommt je nach der Art der geltend gemachten Beeinträchtigung eine Leistungs- oder Feststellungsklage in Betracht, jedenfalls aber keine Anfechtungs- oder Verpflichtungsklage, die ein Über- und Unterordnungsverhältnis voraussetzt, das im Verhältnis zwischen den sich auf gleicher Ebene befindlichen Organen und Teilorganen gerade nicht vorhanden ist. Im Rahmen der allgemeinen Leistungsklage kann die Aufhebung eines belastenden Rechtsaktes und durch Feststellungsklage die Feststellung verlangt werden, dass ein Beschluss, der wegen einer Verletzung von Mitgliedschaftsrechten an einem wesentlichen Verfahrensmangel leidet, rechtswidrig ist. Als ein wesentlicher Verfahrensmangel (s. § 44 VwVfG) ist z. B. das Übergehen des Antrags einer Fraktion auf Entscheidung über ein Mitwirkungsverbot (§ 41 Abs. 4 Satz 2) angesehen worden (OVG Lüneburg, Beschl. v. 20.6.1983, NST-N 1985 S. 75, vgl. Erl. 8 zu § 41), nicht dagegen der unter Verletzung der Geschäftsordnung erfolgte Wortentzug (VG Braunschweig, Urt. v. 20.5.1985 – 1 VG A 52/84). Eine Beeinträchtigung der Rechtsstellung des Mitglieds der Vertretung erblickt das OVG Lüneburg (Urt. v. 19.3.1991 – 10 L 51/89) in der Verfälschung des zahlenmäßigen Gewichts der einzelnen Stimme durch eine fehlerhafte Zusammensetzung der Vertretung, z. B. infolge der Mitwirkung eines befangenen Mitgliedes (gegenteiliger Ansicht OVG Koblenz, Urt. v. 29.8.1984, DVBl. 1985 S. 177 und OVG Münster, Beschl. v. 7.8.1997, NVwZ-RR 1998 S. 325 und KommP N 1998 S. 122); vgl. im Übrigen Erl. 8 zu § 41. Mängel der Einberufung oder der Vorbereitung rechtfertigen nicht den Anspruch auf Aufhebung der Sitzung oder Absetzung von der Tagesordnung vor deren Durchführung, vielmehr können sie erst zur Begründung der Rechtswidrigkeit der Beschlussfassung geltend gemacht werden (VG Hannover, Beschl v. 30.9.2009, R&R 6/2009 S. 1 und v. 21.12.2006, R&R 1/2007 S. 10; VG Braunschweig, Beschl. v. 15.11.2005, R&R 6/2005 S. 14). Zum Verstoß gegen das Gebot der Öffentlichkeit von Sitzungen s. Erl. 1 zu § 64. Der Eingriff eines Organs in die Kompetenzen eines anderen stellt keine Beeinträchtigung der Rechte auch dessen Mitglieder dar (VG Oldenburg; Beschl. v. 8.5.1990 – 2 B 1061/90; OVG Münster, Urt. v. 26.4.1989, NVwZ 1989 S. 989, Urt. v. 18.9.1992, NWVBl. 1993 S. 92; OVG Lüneburg, Beschl. v. 28.9.1992 – 10 M 4678/92); ebenso wenig werden Rechte der Mitglieder der Vertretung durch die Aushöhlung des Budgetrechtes infolge rechtswidriger finanzwirksamer Beschlüsse der Vertretung betroffen (VG Hannover, Urt. v. 22.8.1991 – 9 A 994/91) oder durch eine möglicherweise rechtswidrige Eilentscheidung nach § 89 (VGH Mannheim, Beschl. v. 1.9.1992, der landkreis 1993 S. 186). Die Verletzung der dem HVB obliegenden Pflicht zur Vorbereitung von Beschlüssen (§ 85 Abs. 1 Satz 1 Nr. 1) kann nur das betreffende Organ, nicht eine Fraktion oder ein Mitglied des Organs geltend machen (OVG Münster, Urt. v. 29.4.1988, NVwZ-RR 1989 S. 155), wohl aber kann auch ein einzelnes Mitglied geltend machen, sein Informationsbedürfnis zu Beratungsgegenständen sei nicht befriedigt worden (VG Oldenburg, Beschl. v. 2.4.2004, R&R 3/2004 S. 9). Ebenso wenig ist eine Fraktion befugt, den HVB gerichtlich zur Ausführung eines Beschlusses anhalten zu lassen (VG Stade, Urt. v. 17.12.2004, R&R 1/2005 S. 10). Im Wege des Kommunalverfassungsstreits kann eine Fraktion oder Gruppe nicht die Inkompatibilität eines Mitglieds der Vertretung geltend machen, weil diesbezügliche Feststellungen im Innenrechtsverhältnis nur die Vertretung (§ 52 Abs. 2) oder der Wahlleiter (§ 50 Abs. 3) treffen kann und die Fehlerhaftigkeit der Besetzung eines Sitzes ohne Verfälschung der politischen Zusammensetzung der Vertretung keine Verletzung der Rechte anderer Mitglieder der Vertretung bedeutet (OVG Lüneburg, Urt. v. 19.3.1991, RdSchr. NST 88/91 v. 24.6.1991). Zur Geltendmachung von Mitgliedschaftsrechten gegenüber der Fraktion s. Erl. 2 zu § 57 und zu Auseinandersetzungen über Fraktionszuschüsse Erl. 4 zu § 57. Das Nds. OVG lässt die kommunalverfassungsrechtliche Klage der Unterzeichner eines Bürgerbegehrens gegen die Entscheidung des Hauptausschusses über dessen Unzulässigkeit (s. Erl. 7 zu 32) und des Kreiselternrats gegen die Zurückweisung seines Vorschlags zur Besetzung des Schulausschusses (s. Erl. 2 zu § 73) zu.

Die **Verfahrenskosten** einer kommunalverfassungsrechtlichen Streitigkeit hat unabhängig von ihrem Ausgang und dem Kostentragungsausspruch des Gerichts aufgrund eines als eigenständiges Rechtsinstitut anerkannten Erstattungsanspruchs die Kommune zu erstatten, auch wenn nur ein Abgeordneter den Rechtsstreit geführt hat, sofern die Einleitung des Prozesses nicht mutwillig aus sachfremden Gründen erfolgt ist (Nds. OVG, Urt. v. 15.3.1994, VwRR N 2001 S. 14; OVG NW, Urt. v. 12.11.1991, NVwZ-RR 1993 S. 263; das VG Hannover, Urt. v. 5.4.2000, VwRR N 2001 S. 15, sieht demgegenüber die Rechtsgrundlage für den Erstattungsanspruch in § 55 Abs. 1); bei fehlender Antrags- oder Klagbefugnis, bei der das Gericht regelmäßig die Unzulässigkeit des Antrags oder der Klage feststellt, kommt eine Erstattung regelmäßig nicht in Betracht (Nds. OVG, Urt. v. 15.3.1994 a. a. O.; VG Hannover, Urt. v. 21.8.1997, VwRR N 2000 S. 88, Urt. v. 5.4.2000, VwRR N 2001 S. 15). Mutwillig ist die Einleitung überflüssiger Gerichtsverfahren, z. B. in derselben Angelegenheit eines Normenkontrollverfahrens neben einem Streitverfahren oder eines Hauptsachverfahrens neben der Inanspruchnahme vorläufigen Rechtsschutzes (Nds. OVG, Urt. v. 15.3.1994 a. a. O.; VG Hannover, Urt. v. 21.8.1997 a. a. O.). Als mutwillig kann die Geltendmachung der Verletzung von Mitgliedschaftsrechten angesehen werden, wenn sich das Mitglied der Vertretung rügelos auf das die Verletzung enthaltende Verfahren eingelassen hat. Auch die Provozierung eines Streitverfahrens durch eine eklatante Verletzung eines Mitgliedschaftsrechts kann mutwillig sein (s. den vom VG Göttingen, Beschl. v. 15.12.2004, R&R 1/2005, entschiedenen Fall des Ausschlusses aus der Fraktion ohne vorherige Anhörung). Anwaltskosten sind dann zu erstatten, wenn die Vertretung von dem Betroffenen nach pflichtgemäßem Ermessen für erforderlich gehalten werden durfte (OVG Saarlouis, Beschl. v. 5.10.1981, NVwZ 1982 S. 140; VG Hannover, Beschl. v. 19.12.2006, R&R 2/2007 S. 10, geht unter Hinweis auf § 162 Abs. 2 VwGO von der grundsätzlichen Erstattungsfähigkeit aus); das ist jedenfalls dann der Fall, wenn auch die andere Seite anwaltlich vertreten ist (VG Braunschweig, Urt. v. 27.6.1986, NSt – N S. 314). Zu

erstatten sind die notwendigen Kosten, so dass eine über den gesetzlichen Gebühren liegende Honorarvereinbarung grundsätzlich unberücksichtigt bleiben
muss (Nds. OVG, Urt. v. 15.3.1994 a. a. O.), es sei denn, sie diente der Kosten-
begrenzung (VG Lüneburg, Urt. v. 16.3.2011, R&R 3/2011 S. 6). Die Pflicht
zur Kostenerstattung besteht auch für Kosten einer außergerichtlichen Auseinandersetzung und Beilegung der Streitigkeit (OVG Münster, Urt. v. 12.11.1991,
NVwZ-RR 1993 S. 266; VG Lüneburg, Urt. v. 16.3.2011, R&R 3/2011 S. 9).
Die Inanspruchnahme eines Rechtsanwaltes unter grundlosem Verzicht auf den
Versuch einer Vorklärung der Streitfrage durch die Kommunalaufsicht als mutwillig anzusehen (so VG Arnsberg, Urt. v. 24.10.1991, RdSchr. NST 38/92),
erscheint als nicht gerechtfertigt im Hinblick darauf, dass die Aufsichtsbehörde
eine objektive Rechtmäßigkeitskontrolle gegenüber der Kommune, nicht gegenüber einzelnen Funktionsträgern, orientiert am Opportunitätsprinzip ausübt
(OVG Münster, Urt. v. 12.11.1991, NVwZ-RR 1993 S. 263). Die Erstattung ist
in einem gesonderten Verfahren geltend zu machen (OVG NW, Urt. v.
12.11.1991, NVwZ-RR 1993 S. 263; VG Hannover, Urt. v. 5.4.2000 a. a. O.),
und zwar als Auslagenerstattung i. S. v. §§ 55 Abs. 1, 44 Abs. 1 im Wege einer
Verpflichtungsklage gegen die Kommune (Leistungsklage: VG Lüneburg, Urt.
v. 16.3.2011 a. a. O.; OVG NW, Urt. v. 12.11.1991 a. a. O., das zugleich die
Ablehnung der Erstattung durch den HVB nicht als Verwaltungsakt betrachtet;
offen gelassen von VG Hannover, Urt. v. 5.4.2000 a. a. O.). Diese Grundsätze
gelten auch bei Prozessen, die Abgeordnete in ihrer Funktion als Mitglieder der
Vertretung führen, z. B. Klage zur Abwehr der Beeinträchtigung ihrer Persön-
lichkeitsrechte durch Zuhörer in Sitzungen der Vertretung, Klage des ehrenamtlichen Bürgermeisters gegen beleidigende Angriffe wegen seiner Amtsführung;
das OVG Koblenz (Urt. v. 19.5.1987, DÖV 1988 S. 40) beschränkt den Auslagenersatz allerdings auf Verwaltungsstreitverfahren zur Wahrung von Mitgliedschaftsrechten. Dann müssen in solchen Fällen aber wenigstens die Grundsätze
zur Anwendung kommen, nach denen Land und Kommunen ihren Beamten
Rechtsschutz gewähren (frühere VV zu § 87 NBG, Gem. RdErl. v. 25.11.1992,
MBl. 1993 S. 93); die Kosten der Verteidigung von Rechten, die dem Mitglied
der Vertretung allein als Privatperson zustehen, können nicht erstattet verlangt
werden (VG Braunschweig, Urt. v. 14.9.2001, VwRR S. 122), wohl aber als
außergewöhnliche Auslagen i. S. des § 55 diejenigen, die ihm im Zusammenhang mit der Mandatsausübung entstanden sind (VG Braunschweig, Urt. v.
14.9.2001, R&R 1/2003 S. 4; VG Lüneburg, Urt. v. 16.3.2011, R&R 2011
S. 6.; s. auch Erl. 3 zu § 55). Durch die den Abgeordneten zustehende Entschädigung (§ 55 Abs. 1) sind die Prozesskosten nicht abgegolten (VG Braunschweig, Urt. v. 27.6.1986 a. a. O.), auch nicht durch etwa gezahlte Fraktions-
zuwendungen (s. Erl. 4 zu § 57), die für die Arbeit der Fraktionen und Gruppen
gewährt werden (OVG Münster, Urt. v. 12.11.1991, der gemeindehaushalt
1993 S. 90).

6. Die öffentliche Bekanntmachung eines Beschlusses ist für seine Wirksamkeit
nur in den gesetzlich vorgeschriebenen Fällen Voraussetzung (s. auch OVG
Münster, Beschl. v. 23.12.1991, NVwZ-RR 1992 S. 347). Für die Bekanntgabe
von Verwaltungsakten gilt jedoch § 41 VwVfG. Die Unterrichtungspflicht des

HVB nach § 85 Abs. 5 besteht nur bei wichtigen Angelegenheiten, ihre Verletzung berührt außerdem die Rechtmäßigkeit des Beschlusses nicht.

7. Grundsätzlich kann die Vertretung jederzeit einen gefassten **Beschluss** wieder **ändern** oder **aufheben,** wenn nicht durch die Geschäftsordnung diese Möglichkeit eingeschränkt wird (zur einmütigen Abweichung von der Geschäftsordnung vgl. Erl. 3 zu § 69, im Übrigen vgl. Erl. 6 a. E. zu § 59). Jedoch kann das nach Abschluss des betreffenden Tagesordnungspunktes durch sein **Wiederaufgreifen** im weiteren Verlauf derselben Sitzung nur geschehen, wenn inzwischen kein Mitglied der Vertretung die Sitzung verlassen hat und alle Anwesenden damit einverstanden sind. Bei Widerspruch ist die im Wiederaufgreifen liegende Erweiterung der Tagesordnung höchstens im Falle besonderer Dringlichkeit (§ 59 Abs. 3 Satz 5) zulässig; im Regelfall kann der Punkt erst durch die Tagesordnung einer neuen Sitzung wieder aufgegriffen werden. Wird in einer Angelegenheit, über die die Vertretung bereits früher beschlossen hat, ein neuer Beschluss gefasst, bedarf es prinzipiell nicht der Aufhebung des früheren Beschlusses. Es sollte aber geprüft werden, ob sich nicht aus Gründen der Rechtssicherheit die förmliche Aufhebung empfiehlt. Zur Aufhebung des Beschlusses eines anderen Organs s. Erl. 3 zu § 58.

§ 67   Wahlen

[1]Gewählt wird schriftlich; steht nur eine Person zur Wahl, wird durch Zuruf oder Handzeichen gewählt, wenn dem niemand widerspricht. [2]Auf Verlangen eines Mitglieds der Vertretung ist geheim zu wählen. [3]Gewählt ist die Person, für die die Mehrheit der Mitglieder der Vertretung gestimmt hat. [4]Wird dieses Ergebnis im ersten Wahlgang nicht erreicht, so findet ein zweiter Wahlgang statt. [5]Im zweiten Wahlgang ist die Person gewählt, die die meisten Stimmen erhalten hat. [6]Ergibt sich im zweiten Wahlgang Stimmengleichheit, so entscheidet das Los. [7]Das Los zieht die oder der Vorsitzende der Vertretung.

§§ 48 NGO, 44 NLO, 55 RegionsG

ERLÄUTERUNGEN zu § 67

1. Die Wahl ist eine **besondere Form des Beschlusses** (Wahlbeschluss). Sie bedarf deshalb, wenn sie von der Vertretung vorzunehmen ist, grundsätzlich der Vorbereitung durch den Hauptausschuss (§ 76 Abs. 1); die Vorbereitung entfällt jedoch bei Wahlen, die sog. innerorganisatorische Akte darstellen (vgl. Erl. 3 zu § 78). Auch die anderen für Beschlüsse geltenden Vorschriften (z. B. § 88) finden Anwendung. Die **Stimmenthaltung** ist wie bei einer Abstimmung möglich und kann bei einer Wahl durch Zuruf oder Handzeichen durch eine entsprechende Erklärung, bei schriftlicher Wahl z. B. durch Abgabe eines leeren Stimmzettels erfolgen.

2. § 67 ist nur auf die ausdrücklich als Wahlen gekennzeichneten Entscheidungen anzuwenden, und zwar nur bei der **Wahl von Einzelpersonen,** auch wenn nur ein Vorschlag oder eine Bewerbung vorliegt. Nach § 67 wird insbesondere in folgenden Fällen gewählt:

§ 61 Abs. 1:	Wahl des Vorsitzenden der Vertretung
§ 92 Abs. 1:	Wahl des Orts-/Bezirksbürgermeisters
§ 81 Abs. 2:	Wahl des/der Stellvertreter(s) des HVB
§ 105 Abs. 1:	Wahl des Bürgermeisters
§ 109 Abs. 1:	Wahl weiterer Beamter auf Zeit
§ 138 Abs. 1:	Wahl von Vertretern der Kommune in wirtschaftlichen Unternehmen, sofern nur jeweils ein Vertreter zu entsenden ist
§ 158 Abs. 1 Satz 3:	Wahl des Abschlussprüfers nach § 319 Abs. 1 Satz 1 HGB
§ 107c Abs. 2 Satz 2 NPersVG:	Bestellung der Beisitzer für die Einigungsstelle
§ 4 Abs. 1 Ges. über gemeindliche Schiedsämter:	Wahl der Schiedsperson
§ 12 Abs. 1 NSpG:	Wahl des Vorsitzenden im Verwaltungsrat der Sparkasse (wenn das nicht der HVB sein soll)
§ 40 Abs. 3 GVG:	Wahl der Vertrauenspersonen in den Ausschuss der Schöffenwahl
§ 38 Abs. 1 NJagdG:	Wahl des Kreisjägermeisters
§ 39 Abs. 1 NJagdG:	Wahl der Mitglieder des Jagdbeirats
§ 5 DVO – BauGB:	Wahl des Vorsitzenden und der Fachmitglieder des Umlegungsausschusses

In den anderen Fällen findet, sofern es sich um die Besetzung mehrerer unbesoldeter Stellen gleicher Art handelt, § 71 Abs. 2 und 3 Anwendung (§ 71 Abs. 6), auch wenn der Begriff „Wahl" verwendet wird (z. B. § 138 Abs. 1, wenn mehrere Vertreter zu entsenden sind, § 71 SGB VIII, § 41 Abs. 2 Nr. 2 LandwKammerG). Die Wahl mehrerer ehrenamtlicher Stellvertreter des HVB erfolgt aus entstehungsgeschichtlichen Gründen auch dann nach dieser Vorschrift, wenn sie gleichberechtigt tätig sein sollen. Sie kann auch in anderen Fällen, in denen mehrere Stellen nach dem Organisationsstatut nicht nach § 71, sondern nach den Wahlgrundsätzen zu besetzen sind, wenn Einvernehmen über die zu wählenden Kandidaten besteht, en bloc erfolgen, d. h. durch Ankreuzen eines Stimmzettels, der die Namen aller Kandidaten enthält. Besteht kein Einvernehmen oder ist die Zahl der Kandidaten größer als die Zahl der zu besetzenden Stellen, kann die Wahl einzeln erfolgen oder in der Weise, dass auf dem Stimmzettel alle Kandidaten aufgeführt sind und jeder Wähler so viele Stimmen hat wie Kandidaten zu wählen sind. Wenn im ersten Wahlgang nicht ausreichend viele Kandidaten die absolute Mehrheit erhalten haben, findet der zweite Wahlgang mit den verbliebenen Kandidaten statt, bei dem jeder Wähler so viele Stimmen hat wie noch Kandidaten zu wählen sind.

Im Übrigen ist bei der Besetzung einzelner Stellen nach § 66 zu verfahren, und zwar auch dann, wenn eine Auswahl unter mehreren Bewerbern zu treffen ist (z. B. Berufung der Gleichstellungsbeauftragten gem. § 8 Abs. 2, Entscheidungen über Laufbahnbeamte gem. § 107 Abs. 4, Bestimmung des Ortsvorstehers gem. § 96 Abs. 1, Beauftragung eines Beamten mit der allgemeinen Stellvertretung gem. § 81 Abs. 3, Berufung und Abberufung des Leiters und der Prüfer des Rechnungsprüfungsamtes gem. § 154 Abs. 2).

3. Nach Abs. 1 Satz 1 wird grundsätzlich **schriftlich** und **offen** gewählt; bei nur einem Wahlvorschlag wird durch **Zuruf** oder **Handzeichen** gewählt, wenn niemand der Wahlberechtigten widerspricht. Wahl durch Zuruf oder Handzeichen bedeutet, dass der Vorsitzende die Wähler abfragt, ob sie dem Vorschlag zustimmen, die ggf. nacheinander mit „Ja" oder durch Armheben oder Aufstehen antworten. Diese Form der Wahl ist bei mehr als einem Wahlvorschlag unzulässig, weil unterstellt wird, dass die Übersichtlichkeit und Zuverlässigkeit des Verfahrens nicht gewährleistet sind. Jedes Mitglied der Vertretung, also auch der HVB, dessen ausdrückliche Nennung im Gesetz also überflüssig ist, hat das Recht, geheime Wahl und bei einem Einzelwahlvorschlag Schriftlichkeit zu verlangen. Bei der Durchführung der Wahl hat der Vorsitzende der Vertretung deshalb zur Vermeidung der Unwirksamkeit der Wahl darauf zu achten, dass den Mitgliedern der Vertretung ausreichend Gelegenheit gegeben ist, diese Rechte geltend zu machen (VG Braunschweig, Urt. v. 14.12.1979, NStV-N 1982 S. 46). Ist die Gelegenheit dazu nicht eingeräumt worden, kann diese Verletzung der Mitgliedschaftsrechte nicht nur das einzelne Mitglied, sondern auch die Fraktion oder Gruppe, der es angehört, als Verletzung eigener Rechte geltend machen (VG Braunschweig, Urt. v. 14.12.1979 a. a. O.). Das Verlangen nach geheimer Wahl kann nicht mehr nach Beginn des Wahlvorganges während des laufenden Verfahrens geltend gemacht werden, aber noch für den zweiten Wahlgang, wenn im ersten offen gewählt worden ist.
Voraussetzung für den Wahlbeschluss ist das Vorliegen eines Wahlvorschlages oder mehrerer Wahlvorschläge, wie der Hinweis in Abs. 1 Satz 1 2. Halbsatz deutlich macht (ebenso OVG Lüneburg, Urt. v. 30.5.1988 – 2 OVG A 164/87). Die Wahl eines Bewerbers, der von niemandem vorgeschlagen worden ist, ist deshalb nicht möglich, praktisch auch nicht vorstellbar.

4. Der Sinn der **geheimen Wahl** liegt darin, den Wähler davor zu schützen, dass die Art seiner Stimmabgabe erkennbar wird. Entsprechend diesem Schutzzweck sind die Vorkehrungen über die Aufstellung von Wahlkabinen und Wahlurnen, für die Gestaltung der Stimmzettel und die Verwendung des Schreibgeräts zu treffen. Allerdings ist die Verwendung einer Wahlkabine nicht unabdingbar, wenn es nach den örtlichen Verhältnissen auch möglich ist, andere eine geheime Abstimmung ermöglichende Plätze einzunehmen, und der Wahlleiter die Geheimhaltung an diesen Plätzen überwachen kann (OVG Lüneburg, Urt. v. 28.2.1984, NStV-N S. 230); die Wahl am Platz der Abgeordneten mit Abdeckung des Stimmzettels durch die Hand genügt diesen Voraussetzungen regelmäßig nicht. Stimmzettel, die handschriftliche Zusätze notwendig machen, aus denen der Wähler erkennbar wird (nach dem Urt. des VG Oldenburg vom 19.8.1976 – III A 556/76 – kann die Eintragung des Wortes „ja" dafür genügen), werden diesem Erfordernis regelmäßig nicht genügen. Ebenso ist auch farblich einheitliches Schreibzeug notwendig, das die Identifizierung des Wählers unmöglich macht. Eine nur schriftliche Wahl ohne weitere förmliche Vorkehrungen genügt den Anforderungen nicht, weil das Gesetz nicht nur die Chance der Geheimhaltung eröffnet, sondern allen Teilnehmenden auch die Verpflichtung zur geheimen Abstimmung auferlegt (OVG Lüneburg, Urt. v. 28.2.1984 a. a. O.); während der Wahl dürfen die Mitglieder der Vertretung also nicht auf die Geheimhaltung verzichten (OVG Lüneburg, Urt. v. 17.12.1957, OVG E 12 S. 418; OVG Münster, Urt. v. 17.12.1958, OVG E 14 S. 257; OVG Münster, Beschl. v. 12.2.1982, NVwZ S. 684). Die Nichteinhaltung der danach gebotenen Vorkehrungen macht die Wahl ungültig. Der Wahlleiter, in der Regel der Vorsitzende, ist verpflichtet, die Ordnungsmäßigkeit des Wahlverfahrens zu überwachen und bei Verfahrensfehlern korrigierend einzugreifen, notfalls das Wahlverfahren abzubrechen, wenn anders der Gefahr einer Verletzung des Wahlgeheimnisses nicht begegnet werden kann (VGH Kassel, Urt. v. 28.10.1986 – 2 UE 773/85).

Die Einsichtnahme in Stimmzettel einer geheimen Wahl durch Mitglieder der Vertretung, die nicht Stimmzähler sind, ist nicht zulässig (VG Lüneburg, Beschl. v. 23.5.1996, KommP N 1996 S. 250; s. auch Erl. 4 zu § 68).

Da es nach Abs. 2 nur darauf ankommt, die Ja-Stimmen festzustellen, die jeder Kandidat erhalten hat (so auch für die entsprechende Regelung des § 40 Abs. 3 GO Schleswig-Holstein OVG Schleswig, Beschl. v. 16.12.2009, NVwZ 2010 S. 409), die Feststellung von Nein-Stimmen und Enthaltungen dagegen überflüssig ist, entspricht ein Stimmzettel mit den aufgedruckten Namen der Kandidaten und jeweils einem Kreis dahinter zur Kennzeichnung mit einem Kreuz den rechtlichen Erfordernissen. Ein unnötigerweise beigefügter handschriftlicher Vermerk, der den Wähler nach der Wahl erkennbar macht, ist unschädlich, weil niemand verpflichtet ist, seine Stimmabgabe geheimzuhalten (VG Braunschweig, Urt. v. 3.2.1977, dng S. 230; OVG Rheinland-Pfalz, Urt. v. 10.7.1978, DVBl. 1980, S. 75). Jedoch bedeutet eine verabredete Kennzeichnung des Stimmzettels durch den Wähler, die eine spätere Kontrolle des Abstimmungsverhaltens ermöglichen soll, einen Verstoß gegen den Grundsatz der Wahlfreiheit und macht die Wahl deshalb ungültig (VG Oldenburg, Urt. v. 19.8.1976 a. a. O. für den Fall der verabredeten Anfertigung von Durchschriften der Stimmzettel; VG Frankfurt, Urt. v. 28.5.1986 – III E 298/86; VG Wiesbaden, Urt. v. 28.5.1986, NVwZ-RR 1989 S. 97). Das OVG Lüneburg (Beschl. v. 7.3.1990, dng 1990 S. 199 = DVBl. 1990 S. 831) hält auch ohne den Nachweis einer Verabredung oder Anhaltspunkte dafür zur Vermeidung von Missbrauchsmöglichkeiten jede vom üblichen Ankreuzen mit X abweichende Kennzeichnung (z. B. stehendes Kreuz, Zusätze wie Kringel und Haken) für unzulässig und erklärt nicht die gesamte Wahl, sondern nur die betreffenden Stimmzettel für ungültig (dazu kritisch: VG Lüneburg, Beschl. v. 23.5.1996, KommP N 1996 S. 250).

5. Das Wahlverfahren des Abs. 2 gilt auch für den Fall, dass nur **ein einziger Bewerber** vorhanden ist; diese Möglichkeit hat das Gesetz, wie Abs. 1 Satz 1 zeigt, in Betracht gezogen; zur Vermeidung der Wahl eines vom HVB vorgeschlagenen Beamten auf Zeit mit geringerer als absoluter Mehrheit ist in § 109 Abs. 1 Satz 1 die Beschränkung auf § 67 Satz 3 vorgenommen worden. Im zweiten Wahlgang ist der Bewerber gewählt, der die meisten Stimmen erhalten hat. Im Extremfall genügt daher eine Stimme, wenn z. B. die anderen Mitglieder der Vertretung dem Bewerber ihre Stimme versagt haben, weil sie ihn ablehnen oder Enthaltung üben (a. A. OVG Münster, Urt. v. 30.4.1993, NVwZ 1993 S. 1223, das in der fehlenden Berücksichtigung der Nein-Stimmen eine Verletzung des Stimmrechts erblickt). Verzichtet der Bewerber mit den meisten Stimmen, ist nicht der mit der nächsthöheren Stimmenzahl gewählt, vielmehr ist das Wahlverfahren ergebnislos verlaufen. Dasselbe gilt, wenn der Bewerber verzichtet, auf den das Los gefallen ist. Zum **Losentscheid** s. Erl. 3 zu § 71.

6. Ein **begonnenes Wahlverfahren** muss grundsätzlich bis zum Ende durchgeführt werden, erforderlichenfalls bis zum Losentscheid (dazu Erl. 3 zu § 71). Es kann zwar unterbrochen, muss dann aber mit dem nächsten Wahlakt fortgesetzt werden. Bei Verzicht des im ersten Wahlgang Gewählten, beginnt ein neues Wahlverfahren, nicht etwa wird das begonnene mit dem zweiten Wahlgang fortgesetzt.

7. **Neue Kandidaten** können noch im zweiten Wahlgang vorgeschlagen werden, bei der Wahl mit vorgeschaltetem Bewerbungsverfahren auch dann, wenn sie ihre Bewerbung nicht innerhalb der Bewerbungsfrist abgegeben oder sich bis dahin überhaupt nicht beworben haben. Zur Wahl von Beamten auf Zeit s. Erl. zu § 109.

8. Das Mitwirkungsverbot ist in § 41 Abs. 3 geregelt: Es gilt bei allen Wahlen nicht.

§ 68 Protokoll

[1]Über den wesentlichen Inhalt der Verhandlungen der Vertretung ist ein Protokoll zu fertigen. [2]Abstimmungs- und Wahlergebnisse sind festzuhalten. [3]Jedes Mitglied der Vertretung kann verlangen, dass aus dem Protokoll hervorgeht, wie es abgestimmt hat; dies gilt nicht für geheime Abstimmungen. [4]Einzelheiten regelt die Geschäftsordnung.

§§ 49 NGO, 46 NLO, 67 RegionsG

ERLÄUTERUNGEN zu § 68

1. Das Gesetz regelt nur noch wenige Elemente des Protokolls und überlässt die meisten notwendigen Bestimmungen der Regelung durch die Geschäftsordnung. Es verlangt neben der Protokollierung der Abstimmungs- und Wahlergebnisse als notwendigen Inhalt nur die Wiedergabe des **wesentlichen Inhalts der Verhandlungen.** Darunter ist mehr als ein bloßes Festhalten der beschlossenen Ergebnisse der Verhandlungen zu verstehen (VG Stade, Urt. v. 27.7.2007, R&R 1/2008 S. 7, hält ein Ergebnisprotokoll für zulässig); auf der anderen Seite wird ein Wortprotokoll nicht gefordert, allerdings kann es nicht als unzulässig ange-

sehen werden. Die Geschäftsordnung kann dazu das Nähere regeln. Dabei kann auch festgelegt werden, dass und wann aus bestimmten Gründen von der näheren Protokollierung bestimmter Beratungsgegenstände abgesehen wird.

Die Fixierung der Abstimmungs- und Wahlergebnisse (Satz 2) wird regelmäßig durch die Notierung der Zahl der Ja- und Nein-Stimmen und der Enthaltungen erfolgen; zulässig sind aber auch Formulierungen wie „mit Mehrheit", „mehrheitlich", „mit den Stimmen der (Mehrheits-)Fraktion", „gegen die Stimmen der (Minderheits-)Fraktion", wogegen nicht spricht, dass später das Ergebnis in Frage stellende Zweifel an der Gültigkeit von Stimmen auftreten können, weil das Protokoll dafür nicht das alleinige Beweismittel ist. Im Falle einer namentlichen Abstimmung (vgl. Erl. 3 zu § 66) ist ohne entsprechendes Verlangen (Satz 3) das Stimmverhalten jedes Mitglieds der Vertretung nur festzuhalten, wenn das die Geschäftsordnung vorsieht; die Geschäftsordnung kann auch bestimmen, ob in anderen Fällen das Abstimmungsverhalten ohne Verlangen festgehalten wird.

Als Hilfsmittel für die Erstellung des Protokolls ist die **Tonbandaufnahme** auch ohne ausdrückliche Einverständniserklärung der Sitzungsteilnehmer zulässig. Das gilt um so mehr, wenn durch die Geschäftsordnung oder durch Beschluss der Vertretung die Tonbandaufnahme vorgesehen ist; in diesem Fall kann das einzelne Mitglied oder der einzelne Bedienstete der Tonbandaufzeichnung, die lediglich zur Anfertigung des Protokolls genommen und nach dessen Genehmigung alsbald vernichtet wird, nicht widersprechen. Bis zur Genehmigung des Protokolls kann ein Mitglied zur Kontrolle, ob es Einwendungen erheben will, die Tonbandaufzeichnungen abhören (VGH Kassel, Beschl. v. 6.4.1987, NVwZ 1988 S. 88); ein Abhören zu anderen Zwecken, insbesondere nach Genehmigung des Protokolls, ist nicht statthaft, ebenso wenig die Aushändigung von Abschriften der Tonbandaufzeichnung. Zu Tonbandaufnahmen von Zuhörern vgl. Erl. 3 zu § 64.

2. Der Protokollführer kann sowohl der Vertretung als auch der Verwaltung angehören. Ein Mitglied der Vertretung ist regelmäßig von dieser zu bestimmen. Soll ein Bediensteter der Kommune Protokollführer sein, bestimmt ihn der HVB (§ 85 Abs. 3 Satz 1); von der Zustimmung des Vorsitzenden kann die Wirksamkeit der Bestimmung in diesem Fall nicht abhängig gemacht werden.

Die Geschäftsordnung hat zu regeln, von wem und in welcher Reihenfolge das Protokoll unterzeichnet wird. Es genügte die Unterschrift des Protokollführers, üblicherweise unterschreibt auch der Vorsitzende. Die Unterzeichnung durch den HVB als Ausweis, dass er gegen gefasste Beschlüsse keine rechtlichen Bedenken hat (§ 88), ist nicht zwingend notwendig. Für die Reihenfolge bietet sich entsprechend dem technisch-organisatorischen Ablauf an, dass zunächst der Protokollführer, der regelmäßig ein Angehöriger der Verwaltung ist, danach der HVB und abschließend der Vorsitzende das Protokoll unterzeichnet; ergeben sich Differenzen über den Inhalt, dann müssen sich die Beteiligten darüber zu einigen versuchen. In der Geschäftsordnung ist zu regeln, wie bei mangelnder Einigung zu verfahren ist; es bietet sich die Entscheidung der Vertretung an. Sie sollte, obwohl das rechtlich nicht geboten ist, auch vorsehen, dass das Protokoll zu genehmigen ist. Den Charakter einer öffentlichen Urkunde i. S. des § 415 ff. ZPO erlangt das Protokoll nicht schon durch die Unterzeichnung, sondern erst

durch die Genehmigung, bei der noch Änderungen vorgenommen werden können (vgl. unten Erl. 3). Die Verweigerung einer Unterschrift muss deshalb für
die Vertretung Veranlassung sein, vor der Genehmigung die sachliche Richtigkeit des Inhalts des Protokolls besonders sorgfältig zu prüfen.
Sind die Unterschriften der vorgenannten Personen in der Geschäftsordnung
vorgesehen, bestätigen die Unterschriften des Protokollführers und des Vorsitzenden die tatsächliche Richtigkeit des Inhalts, die des HVB die Rechtmäßigkeit; die Teilnahme des HVB an der Sitzung ist also nicht Voraussetzung der
Unterzeichnung.

3. Obwohl gesetzlich nicht vorgeschrieben, empfiehlt es sich aus Gründen guter
Ordnung, in der Geschäftsordnung die **Genehmigung** des Protokolls vorzusehen. Bei der Genehmigung, die bei Protokollen über nicht öffentliche Sitzungen
wegen der sonst möglichen Offenbarung von Beratungsgang und Abstimmungsverhalten in nicht öffentlicher Sitzung zu erfolgen hat, ist die Ergänzung
oder Änderung des Protokolls zulässig; außerdem kann bei Meinungsverschiedenheiten darüber, was beschlossen worden ist, der diesbezüglich zulässige Beschluss (vgl. OVG Lüneburg, Urt. v. 28.3.1968, DVBl. 1968 S. 943) hierüber
gefasst werden. Über Einwendungen entscheidet die Vertretung; gegen die Ablehnung einer Berichtigung oder Ergänzung kann im Wege einer kommunalverfassungsrechtlichen Streitigkeit geklagt werden, wenn der Einwendende geltend
machen kann, durch die Ablehnung in seinen Mitgliedschaftsrechten beeinträchtigt zu sein (VG Stade, Urt. v. 27.7.2007 a. a. O.). Das genehmigte Protokoll ist eine öffentliche Urkunde i. S. der §§ 415, 417 und 418 ZPO (VGH
Mannheim, Urt. v. 14.12.1987, NVwZ-RR 1989 S. 153). Sie begründet den
vollen Beweis des beurkundeten Vorganges, ihres Inhalts und der darin bezeug-
ten Tatsachen. Die Beweiskraft kann aber durch Gegenbeweis widerlegt werden, z. B. entgegen der aus dem Protokoll ersichtlichen Anwesenheit die Abwesenheit eines Mitglieds der Vertretung durch eidesstattliche Versicherungen
anderer Mitglieder (VG Oldenburg, Beschl. v. 24.6.1993 – 2 B 1998/93; zur
Begrenzung der erhöhten Beweiskraft auf den gesetzlich vorgeschriebenen oder
zugelassenen Inhalt s. VGH Mannheim, Urt. v. 9.10.1989, NJW 1990 S. 1808).
Das Verlesen und die Veröffentlichung des Protokolls sind nicht vorgeschrieben.
Gesetzlich ist schon seit längerer Zeit nicht mehr vorgeschrieben, dass das Protokoll in der nächsten Sitzung zu genehmigen ist. Nach der Genehmigung des
Protokolls ist seine Änderung nicht mehr möglich, weil anderenfalls seine Qua-
lifikation als öffentliche Urkunde in Frage steht.

4. Das Gesetz enthält keine Regelung über die **Einsichtnahme der Mitglieder** der
Vertretung in Protokolle und die Überlassung von Protokollen an sie. Es ist
davon auszugehen, dass die Protokolle zum kommunalpolitischen Bereich und
nicht zu dem der verwaltenden Durchführung gehören (OVG Münster, Urt. v.
6.11.1968, Kottenberg-Steffens-Henrichs, Rechtspr. Samml. Nr. 29 zu § 37
GONW). Die Protokolle werden dadurch, dass sie gesammelt und aus ihnen
Akten angelegt werden, nicht zu Akten der Kommunalverwaltung i. S. des § 58
Abs. 4. Die Einsichtnahme in Protokolle ist deshalb keine, die sich als Kontrolle
der Verwaltung darstellt, sondern eine solche in eigene Vorgänge der Vertretung
(ebenso VGH Kassel, Beschl. v. 6.4.1987, NVwZ 1988 S. 88). Deshalb ist, soweit das für die sachgerechte Wahrnehmung des Mandats erforderlich ist, was

von dritter Seite regelmäßig nicht überprüft werden kann, das Recht des Mitglieds der Vertretung auf Einsichtnahme in die Protokolle von allen öffentlichen und nichtöffentlichen Sitzungen, und zwar nicht nur in die von Sitzungen, an denen es mitgewirkt hat, sondern auch die von anderen, auch zurückliegenden Sitzungen und auch früherer Wahlperioden zu bejahen (anders für RhPfGO OVG Koblenz, Urt. v. 2.9.1986, NVwZ 1988 S. 87: Einsichtsrecht in Protokolle nichtöffentlicher Sitzungen nur für diejenigen Mitglieder, die an der Sitzung teilgenommen haben). Das gilt auch für die Einsichtnahme in die Protokolle von Sitzungen aller Ausschüsse der Vertretung und des Hauptausschusses, die Teile der Vertretung sind und deren Beschlüsse vorbereiten (§§ 71 Abs. 1, 76 Abs. 1). Das Recht auf Einsichtnahme umfasst die Befugnis, in dem erforderlichen Umfang Abschriften oder Kopien zu nehmen. Ausschussmitglieder nach § 71 Abs. 7 haben das Einsichtsrecht in Niederschriften nichtöffentlicher Sitzungen der Vertretung, des Hauptausschusses und anderer Ausschüsse nur, soweit das zur ordnungsmäßigen Wahrnehmung ihres Mandats erforderlich ist.

Stimmzettel einer geheimen Wahl oder Abstimmung sind nicht Bestandteile des Protokolls, in die nur die Abstimmungs- und Wahlergebnisse aufzunehmen sind. Deshalb erstreckt sich das Einsichtsrecht nicht auf die Stimmzettel (VG Lüneburg, Beschl. v. 23.5.1996, KommP N 1996 S. 250).

Aus dem Einsichtsrecht folgt, dass keine Bedenken dagegen bestehen, den Mitgliedern der Vertretung die Protokolle von allen Sitzungen der Vertretung, der Ausschüsse und des Hauptausschusses zu übersenden. Allerdings sind bei Protokollen von nichtöffentlichen Sitzungen Vorkehrungen zur Wahrung der Verschwiegenheitspflicht zu treffen; das kann z. B. dadurch geschehen, dass solche Protokolle im verschlossenen Umschlag mit dem Aufdruck „vertraulich" übersandt werden. Die notwendigen Regelungen trifft die Geschäftsordnung.

Der Auffassung, die Geheimniswahrung, die die Nichtöffentlichkeit bezweckt, erfordere es, von der Vervielfältigung und Versendung der Protokolle von nichtöffentlichen Sitzungen abzusehen (so VGH Baden-Württemberg, Urt. v. 7.12.1973, ESVGH Bd 24 S. 62), wird nicht gefolgt. Ein absoluter Schutz gegen Verletzungen der Vertraulichkeit ist durch technische Vorkehrungen nicht zu gewährleisten; entscheidend ist vielmehr die Beachtung der Verschwiegenheitspflicht (§ 40).

Ein **Recht des Bürgers auf Einsichtnahme** in die Protokolle besteht nicht (OVG Münster, Urt. v. 6.11.1968 a. a. O.; BVerwG, Urt. v. 12.10.1970 DVBl. 1971 S. 512; OVG Lüneburg, Urt. v. 31.7.1984, NVwZ 1986 S. 496).

Jedoch ist die Einsichtnahme in Protokolle von öffentlichen Sitzungen zulässig; entsprechenden Bitten sollte im Interesse der Bürgerfreundlichkeit großzügig stattgegeben werden. Über die Einsichtnahme durch Bürger und Einwohner entscheidet die Vertretung; dasselbe gilt für die Einstellung der Protokolle in das Internet. Es bestehen rechtlich auch keine Bedenken, Zuhörern die **Vorlagen** der Verwaltung zu den Tagesordnungspunkten der öffentlichen Sitzungen zugänglich zu machen; die Entscheidung darüber, ob das geschehen soll, treffen der HVB als Ersteller und die Vertretung als Adressat der Vorlagen einvernehmlich.

5. Die Genehmigung des **Protokolls der letzten Sitzung** vor Ablauf der Wahlperiode kann durch die Geschäftsordnung dem Hauptausschuss übertragen werden, jedoch erscheint es als unverhältnismäßig, ihn nur zum Zwecke der

Genehmigung zu einer Sitzung einzuberufen, zumal die rechtlichen Folgen der unterlassenen Genehmigung zu vernachlässigen sind; denkbar ist die Genehmigung im Umlaufverfahren (§ 78 Abs. 3). Dasselbe kommt für die Genehmigung des Protokolls der letzten Sitzung des Hauptausschusses in Betracht, ansonsten bleibt es ohne Genehmigung. Dasselbe gilt für die Protokolle der Ausschüsse.

§ 69 Geschäftsordnung

[1]Die Vertretung gibt sich eine Geschäftsordnung. [2]Diese soll insbesondere Bestimmungen über die Aufrechterhaltung der Ordnung, die Ladung und das Abstimmungsverfahren enthalten.

§ 50 NGO

ERLÄUTERUNGEN zu § 69

1. Die **Geschäftsordnung,** die sich die Vertretung zur Regelung vielfältiger Verfahrensfragen (vgl. Satz 2 sowie §§ 57 Abs. 5, 59 Abs. 1 Satz 3, 62 Abs. 3, 66 Abs. 1 Satz 1, Abs. 2, 68 Satz 4, 72 Abs. 1, Abs. 3 Satz 4, 78 Abs. 4 Satz 2, 91 Abs. 5 Satz 2) geben muss, gilt jeweils für die Wahlperiode. Sie stellt eine Ergänzung und Ausfüllung der gesetzlich vorgegebenen Verfahrensvorschriften dar, die nur die im Interesse landeseinheitlicher Verfahrensweise wichtigsten Regelungen enthalten.

2. Der **Rechtscharakter der Geschäftsordnung** – nur Verfahrensvorschrift, von der jederzeit abgewichen werden kann (so VGH Baden-Württemberg, Beschl. v. 30.12.1971, mitgeteilt bei Stober, Städte- und Gemeindebund 1973 S. 67) oder Rechtsnorm, und zwar autonome Satzung (so für die Geschäftsordnung des Bundestages: BVerfG, Urt. v. 6.3.1952, DÖV 1952 S. 344; für die Geschäftsordnung des Bayerischen Landtags: Bayer. VerfGH Urt. v. 30.11.1955, DÖV 1956 S. 533) – ist umstritten. Einmütigkeit besteht allerdings insoweit, dass die Geschäftsordnung keine Außenwirkung entfaltet (ebenso OVG Lüneburg, Urt. v. 31.7.1984, NVwZ 1986 S. 496), so dass sich ein Einwohner nicht darauf berufen kann, ein Beschluss der Vertretung sei unter Verletzung der Geschäftsordnung zustande gekommen. Das BVerwG (Beschl. v. 15.9.1987, DVBl. 1988 S. 790) und ihm folgend das NdsOVG (Urt. v. 20.7.1999, VwRR N S. 115 = NVwZ-RR 2000 S. 314) lässt die Überprüfung von Bestimmungen der Geschäftsordnung, die die Rechte von Mitgliedern kommunaler Vertretungsorgane in abstrakt-genereller Weise regeln, wie z. B. die Bestimmung einer Fraktionsmindeststärke, im Normenkontrollverfahren (§ 47 VwGO) zu.
Aus dem Umstand, dass das Gesetz die Regelung des Verfahrens durch eine Geschäftsordnung voraussetzt, dafür jedoch nicht die Form einer Satzung verlangt, muss geschlossen werden, dass sie mehr darstellt als eine unverbindliche Richtlinie, ohne jedoch die Normqualität einer Satzung zu erreichen. Dadurch, dass ihre Bestimmungen nur die Mitglieder der Vertretung binden (vgl. BVerfG,

Urt. v. 6.3.1952 a. a. O.), ist deren Rechtssphäre berührt. Meinungsverschiedenheiten über die Auslegung der Geschäftsordnung können deshalb Gegenstand einer kommunalverfassungsrechtlichen Streitigkeit sein (vgl. Hess. VGH, Urt. v. 7.6.1977, DVBl. 1978 S. 821; OVG Lüneburg, Urt. v. 20.7.1999 a. a. O.; Urt. v. 28.2.1967 – II OVG A 77/64 – in dem über die Rechtmäßigkeit einer auf die Geschäftsordnung gestützten Wortentziehung in einer Gemeinderatssitzung entschieden wurde). Der HVB (vgl. § 88) und die Kommunalaufsicht (vgl. § 170) sind dagegen wegen der fehlenden Außenwirkung nicht berechtigt und verpflichtet, über die Einhaltung der Geschäftsordnung zu wachen. Nur wenn ihre Verletzung darüber hinaus einen Gesetzesverstoß darstellt, der die Rechtswidrigkeit eines Beschlusses nach sich zieht, sind sie zum Eingreifen berechtigt und verpflichtet (vgl. Hess. VGH, Beschl. v. 17.11.1978, der gemeindehaushalt 1981 S. 271; OVG Münster, Urt. v. 27.8.1996, KommP N 1997 S. 24). Auch andere außerhalb der Vertretung stehende Dritte können die Einhaltung der Geschäftsordnung nicht einklagen (OVG Münster, Beschl. v. 28.2.1995, NWVBl. 1995 S. 251). Als Verfahrensangelegenheit, da sie lediglich eine Zusammenstellung von Verfahrensregeln darstellt, bedarf die Geschäftsordnung nicht der **Vorbereitung** durch den Hauptausschuss; es ist deshalb unbedenklich, wenn sie von der Vertretung aufgrund von interfraktionellen Absprachen oder nach Ausarbeitung im Ältestenrat oder Geschäftsordnungsausschuss oder ohne jegliche vorherige Vorbereitung, was insbesondere bei der vorläufigen Übernahme der Geschäftsordnung der vorherigen Wahlperiode in der konstituierenden Sitzung der Fall sein wird, beschlossen wird. Die Geschäftsordnung und ihre Änderungen werden, da eine Verkündung nicht erforderlich ist, vorbehaltlich eines anderweitig bestimmten Inkrafttretens mit der Beschlussfassung wirksam; wird sie als Satzung beschlossen, gilt § 11.

3. Die **Bindung der Mitglieder der Vertretung an die Geschäftsordnung** lässt es nicht zu, im Einzelfall durch Mehrheitsbeschluss von ihren Bestimmungen abzuweichen (a. A. Hess. VGH, Beschl. v. 17.11.1978 a. a. O.). Ein Abweichen aufgrund einstimmigen Beschlusses ist dagegen zulässig, weil sich in diesem Falle niemand auf die Nichteinhaltung der Geschäftsordnung berufen kann (vgl. Erl. 5 zu § 66). Der HVB ist als Mitglied der Vertretung (§ 45 Abs. 1 Satz 2) an die Geschäftsordnung gebunden. Das stellt jedoch keine Handhabe für die Vertretung dar, über die Geschäftsordnung in die dem HVB als Organ obliegenden Zuständigkeiten, z. B. in die Leitung und Organisation der Verwaltung über das in § 85 Abs. 3 Satz 1 vorgesehene Maß hinaus, einzugreifen. Die Geschäftsordnung kann regeln, dass von ihren Vorschriften abgewichen werden kann, wofür sinnvollerweise eine qualifizierte Mehrheit vorzusehen ist.

4. Die **Änderung der Geschäftsordnung** ist jederzeit während der Wahlperiode zulässig, wobei allerdings gegenüber § 66 abweichende Mehrheiten vorgesehen werden können (vgl. Erl. 3 zu § 66). Hat die Vertretung in der konstituierenden Sitzung beschlossen, bis zum Erlass einer neuen Geschäftsordnung nach der der vorherigen Wahlperiode zu verfahren, gelten deren Regeln, wenn nichts Gegenteiliges beschlossen ist, nicht für den Erlass der neuen Geschäftsordnung (OVG Lüneburg, Beschl. v. 1.10.1992 – 10 M 3452/92; Urt. v. 19.7.1994, NdsVBl. 1995 S. 45).

5. Regelungen über **Redezeiten** können durch Einzelbeschluss oder durch die Geschäftsordnung getroffen werden. Dabei kann sowohl die Redezeit des einzelnen Mitgliedes als auch die der einzelnen Fraktionen und Gruppen beschränkt werden; die Aufteilung der Redezeit nach der Fraktionsstärke ist zulässig (Hess. VGH, Urt. v. 7.6.1977, DVBl. 1978 S. 821; VG Oldenburg, Beschl. v. 15.5.1985, NSt-N S. 253; für den Bundestag: BVerfG, Urt. v. 13.6.1989, DVBl. 1989 S. 821). Fraktionslosen Mitgliedern muss ebenfalls eine bestimmte Redezeit eingeräumt werden. Ebenso können Fraktionsabweichler, die innerhalb der ihrer Fraktion eingeräumten Redezeit nicht zu Wort gekommen sind, in begründeten Fällen verlangen, gehört zu werden. Dieses Recht bedarf keiner Festlegung in der Geschäftsordnung; ebenso wenig das Recht auf persönliche Erklärungen und Bemerkungen (Hess. VGH, Urt. v 7.6.1977 a. a. O.; VG Oldenburg, Beschl. v. 15.5.1985 a. a. O.). Bei der Bemessung der Redezeiten ist darauf Bedacht zu nehmen, dass die Beschränkung nicht über das hinausgehen darf, was zur Sicherung des Ablaufs der Arbeit der Vertretung geboten ist. Die Beschränkung der Redezeit zur Begründung eines Tagesordnungsantrages (s. Erl. 6 zu § 59) auf fünf Minuten hält sich innerhalb der zulässigen Grenzen (VG Oldenburg, Beschl. v. 15.5.1985 a. a. O.; VG Gelsenkirchen, Urt. v. 21.3.1986, Eildienst LKTNW 1986 S. 221, hält drei Minuten für zulässig, wenn der Vorsitzende bei wichtigen Angelegenheiten Verlängerung gewähren kann), die auf eine Minute unterschreitet sie (VG Stade, Urt. v. 31.10.1985 – 1 VG A 114/84).

Für das Rederecht des HVB und der Beamten auf Zeit gilt § 87; eine geschäftsordnungsmäßige Einschränkung ist nicht möglich.

Zur Vermeidung endloser Debatten ohne weiterführenden Inhalt kann die Geschäftsordnung Regelungen über den **Schluss der Besprechung** in Anlehnung an parlamentarische Vorbilder vorsehen (§ 25 GeschO BT, § 74 GeschO LT). Als jedenfalls zulässig anzusehen ist eine Regelung, die vorsieht, dass auf einen Antrag auf „Schluss der Debatte" ein Sprecher erwidern kann und nach einem entsprechenden Beschluss Fraktionen, Gruppen und fraktions-/gruppenlose Mitglieder der Vertretung, die noch nicht zum Beratungsgegenstand gesprochen haben, Gelegenheit zu einem Redebeitrag erhalten (a. A. OVG Lüneburg, Beschl. v. 9.11.1989, dng 1990 S. 31, das in der Beschränkung des Rederechts zugunsten der Fraktion einen Ausschluss dieses Rechts für das einzelne Mitglied erblickt, der in kommunalen Vertretungen unzulässig sei).

6. Vielfach enthalten Geschäftsordnungen Regelungen über **Anfragen** einzelner Mitglieder der Vertretung entsprechend den parlamentarischen Kleinen Anfragen. Angesichts des in § 56 Satz 2 enthaltenen Auskunftsanspruchs auch des einzelnen Mitglieds bestehen dagegen keine Bedenken (s. Erl. 4 zu § 56).

7. Zur **Einwohnerfragestunde** in der Vertretung vgl. Erl. 1 und 2 zu § 62.

§ 70   Auflösung der Vertretung

(1) [1]Ist mehr als die Hälfte der Sitze unbesetzt, so ist die Vertretung aufgelöst. [2]Die Kommunalaufsichtsbehörde stellt die Auflösung fest.

(2) Die Landesregierung kann die Vertretung auflösen, wenn diese dauernd beschlussunfähig ist, obwohl mehr als die Hälfte der Sitze besetzt ist, oder wenn eine ordnungsgemäße Erledigung der Aufgaben der Kommune auf andere Weise nicht gesichert werden kann.

(3) [1]Wird die Hauptverwaltungsbeamtin oder der Hauptverwaltungsbeamte bei einem von der Vertretung nach § 82 eingeleiteten Abwahlverfahren von den Bürgerinnen und Bürgern nicht abgewählt, so kann sich die Vertretung selbst auflösen. [2]Für den Beschluss ist eine Mehrheit von drei Vierteln der Mitglieder der Vertretung erforderlich.

(4) [1]Die Wahlperiode der neu gewählten Abgeordneten beginnt mit dem Tage der Neuwahl und endet mit dem Ablauf der allgemeinen Wahlperiode (§ 47). [2]Findet die Neuwahl innerhalb von zwei Jahren vor dem Ablauf der allgemeinen Wahlperiode statt, so endet die Wahlperiode mit dem Ablauf der nächsten allgemeinen Wahlperiode.

§§ 54 NGO, 48 NLO, 61 RegionsG

ERLÄUTERUNGEN zu § 70

1. Unbesetzt ist ein Sitz, wenn sein bisheriger Inhaber durch Tod oder gem. § 52 Abs. 1 aus der Vertretung ausgeschieden ist und eine Ersatzperson (§§ 44, 45 NKWG) nicht zur Verfügung steht oder wenn auf einen Wahlvorschlag mehr Sitze entfallen als Bewerber auf ihm vorhanden sind (§ 36 Abs. 7 NKWG). Kraft Gesetzes aufgelöst ist die Vertretung, wenn danach mehr als die Hälfte der gesetzlichen oder durch Satzung festgelegten Zahl der Sitze (§ 46) unter Berücksichtigung des Sitzes des HVB unbesetzt ist. Die Feststellung der Aufsichtsbehörde ist ein Verwaltungsakt, der gegenüber der Kommune ergeht, aber auch Drittwirkung für die von der Auflösung betroffenen Abgeordneten entfaltet und deshalb von ihnen angefochten werden kann (s. dazu Nds. OVG, Beschl. v. 31.8.2005, R&R 6/2005 S. 2). Gem. § 43 NKWG findet eine einzelne Neuwahl statt, und zwar soll sie spätestens vier Monate nach Eintritt ihrer Voraussetzungen stattfinden; den Tag der Neuwahl bestimmt der Hauptausschuss (§ 43 Abs. 1 Satz 3 NKWG).

2. In aller Regel wird der Beschlussunfähigkeit der Vertretung, deren Sitze zu mehr als der Hälfte besetzt sind, gem. § 65 Abs. 2 oder Abs. 3 begegnet werden können; zum Beschlussboykott vgl. Erl. 5 zu § 65. Eine **Auflösung** der Vertretung durch die Landesregierung ist im Falle der ersten Alternative des Abs. 2 kaum denkbar. Zur Selbstauflösung ist die Vertretung, von dem Sonderfall des Abs. 3 abgesehen, nicht befugt, weshalb die Rechtsprechung (Nds. OVG, Beschl. v. 29.1.2007, R&R 2/2007 S. 7) Mandatsverzichte mit diesem Ziel als unwirksam ansieht.

Die ordnungsgemäße Erledigung der Aufgaben der Kommune ist zunächst mit den Mitteln der Aufsicht zu sichern. Wird deren Einsatz zum Dauerzustand, der mit dem Wesen der kommunalen Selbstverwaltung unvereinbar ist, kommt als äußerstes Mittel die Auflösung in Betracht. Auch in diesem Falle findet gem. § 43 NKWG eine einzelne Neuwahl statt. Die Selbstauflösung der Vertretung durch Beschluss mit Dreiviertelmehrheit für den Fall, dass der HVB von den Bürgern nicht abgewählt wird, ist eine innerorganisatorische Maßnahme, die nicht der Vorbereitung durch den Hauptausschuss bedarf.

3. Nach der Auflösung der Vertretung führt der **Hauptausschuss** gem. § 75 Abs. 2 in der im Zeitpunkt der Auflösung bestehenden Zusammensetzung seine Tätigkeit bis zur ersten Sitzung des neugebildeten Hauptausschusses fort. Die Auflösung der Vertretung lässt den Hauptausschuss also unberührt. Sind mehr als die Hälfte seiner Sitze unbesetzt, kann er keine Beschlüsse fassen; § 65 Abs. 2 findet in diesem Falle keine Anwendung. Die ordnungsgemäße Erledigung der ihm obliegenden Aufgaben ist mit Mitteln der Kommunalaufsicht sicherzustellen.

Zweiter Abschnitt: **Ausschüsse der Vertretung**

§ 71   Ausschüsse der Vertretung

(1) Die Vertretung kann aus der Mitte der Abgeordneten beratende Ausschüsse bilden.

(2) [1]Die Vertretung legt die Zahl der Sitze in den Ausschüssen fest. [2]Die Sitze eines jeden Ausschusses werden entsprechend dem Verhältnis der Mitgliederzahl der einzelnen Fraktionen oder Gruppen zur Mitgliederzahl aller Fraktionen und Gruppen verteilt. [3]Dabei erhält jede Fraktion oder Gruppe zunächst so viele Sitze, wie sich für sie ganze Zahlen ergeben. [4]Sind danach noch Sitze zu vergeben, so sind sie in der Reihenfolge der höchsten Zahlenbruchteile, die sich bei der Berechnung nach Satz 2 ergeben, auf die Fraktionen und Gruppen zu verteilen. [5]Bei gleichen Zahlenbruchteilen entscheidet das Los. [6]Das Los zieht die oder der Vorsitzende der Vertretung. [7]Die Fraktionen und Gruppen benennen die Mitglieder der Ausschüsse.

(3) [1]Gehören einer Fraktion oder Gruppe mehr als die Hälfte der Abgeordneten an, so stehen ihr mehr als die Hälfte der im Ausschuss insgesamt zu vergebenden Sitze zu. [2]Ist dies nach Absatz 2 Sätze 2 bis 6 nicht gewährleistet, so sind die nach Zahlenbruchteilen zu vergebenden Sitze abweichend von Absatz 2 Sätze 4 bis 6 zu verteilen. [3]In diesem Fall wird zunächst der in Satz 1 genannten Fraktion oder Gruppe ein weiterer Sitz zugeteilt; für die danach noch zu vergebenden Sitze ist Absatz 2 Sätze 4 bis 6 anzuwenden.

(4) [1]Fraktionen und Gruppen, auf die bei der Sitzverteilung nach den Absätzen 2 und 3 in einem Ausschuss kein Sitz entfallen ist, sind berechtigt, in den Ausschuss ein zusätzliches Mitglied mit beratender Stimme zu entsenden. [2]Dies gilt nicht, wenn ein Mitglied dieser Fraktion oder Gruppe bereits stimmberechtigtes Mitglied des Ausschusses ist. [3]Abgeordnete, die keiner Fraktion oder Gruppe angehören, können verlangen, in einem Ausschuss ihrer Wahl beraten-

des Mitglied zu werden, wenn sie nicht bereits stimmberechtigtes Mitglied eines Ausschusses sind.

(5) Die Vertretung stellt die sich nach den Absätzen 2, 3 und 4 ergebende Sitzverteilung und die Ausschussbesetzung durch Beschluss fest.

(6) Hat die Vertretung in anderen Fällen mehrere unbesoldete Stellen gleicher Art zu besetzen oder ihre Besetzung vorzuschlagen, so sind die Absätze 2, 3 und 5 entsprechend anzuwenden.

(7) [1]Die Vertretung kann beschließen, dass neben Abgeordneten andere Personen, zum Beispiel Mitglieder von kommunalen Beiräten, jedoch nicht Beschäftigte der Kommune, Mitglieder der Ausschüsse nach Absatz 1 werden; die Absätze 2, 3, 5 und 10 sind entsprechend anzuwenden. [2]Mindestens zwei Drittel der Ausschussmitglieder sollen Abgeordnete sein. [3]Ausschussmitglieder, die nicht der Vertretung angehören, haben kein Stimmrecht. [4]Im Übrigen sind auf sie die §§ 54 und 55 anzuwenden; eine Entschädigung kann jedoch, soweit sie pauschal gewährt wird, nur als Sitzungsgeld gezahlt werden.

(8) [1]Die Ausschussvorsitze werden den Fraktionen und Gruppen in der Reihenfolge der Höchstzahlen zugeteilt, die sich durch Teilung der Mitgliederzahlen der Fraktionen und Gruppen durch 1, 2, 3 usw. ergeben. [2]Bei gleichen Höchstzahlen entscheidet das Los. [3]Das Los zieht die oder der Vorsitzende der Vertretung. [4]Die Fraktionen und Gruppen benennen die Ausschüsse, deren Vorsitz sie beanspruchen, in der Reihenfolge der Höchstzahlen und bestimmen die Vorsitzenden aus der Mitte der Abgeordneten, die den Ausschüssen angehören.

(9) [1]Ausschüsse können von der Vertretung jederzeit aufgelöst und neu gebildet werden. [2]Ein Ausschuss muss neu besetzt werden, wenn seine Zusammensetzung nicht mehr dem Verhältnis der Stärke der Fraktionen und Gruppen der Vertretung entspricht und ein Antrag auf Neubesetzung gestellt wird. [3]Fraktionen und Gruppen können von ihnen benannte Ausschussmitglieder
1. aus einem Ausschuss abberufen und durch andere Ausschussmitglieder ersetzen oder
2. durch andere Ausschussmitglieder ersetzen, wenn die Mitgliedschaft des Ausschussmitglieds in der Vertretung endet oder wenn es auf die Mitgliedschaft im Ausschuss verzichtet;
Absatz 5 gilt entsprechend. [4]Die Sätze 2 und 3 gelten für die Besetzung der in Absatz 6 genannten Stellen entsprechend.

(10) Die Vertretung kann einstimmig ein von den Regelungen der Absätze 2, 3, 4, 6 und 8 abweichendes Verfahren beschließen.

§§ 51 NGO, 47 NLO, 58 RegionsG

ERLÄUTERUNGEN zu § 71

1. Die **Ausschussbildung** ist eine Angelegenheit der Vertretung in ihrer Gesamtheit, d. h. der Abgeordneten und des HVB (§ 45 Abs. 1), allerdings kann der HVB, der kein Fraktions- oder Gruppenmitglied sein kann (s. Erl. 1 a. E. zu § 57), nicht Ausschussmitglied sein und bleibt deshalb bei der Berechnung der

Zahl der auf die Fraktionen und Gruppen entfallenden Sitze außer Betracht. Die Vertretung ist frei in ihrer Entscheidung, ob Ausschüsse zur Vorbereitung ihrer Beschlüsse gebildet und aufrechterhalten werden (vgl. OVG Münster, Urt. v. 2.9.1972, NJW 1972 S. 1682, das ein Mitgliedschaftsrecht auf Erhaltung eines Ausschusses verneint). Sie kann diese Entscheidung durch Einzelbeschluss oder durch die Geschäftsordnung treffen. Grundsätzlich ist auch in das Ermessen der Vertretung gestellt, welche Ausschüsse sie bildet (OVG Lüneburg, Urt. v. 16.11.1966, OVGE 22 S. 508). Nicht zulässig sind jedoch Ausschüsse für Angelegenheiten, für die die Vertretung nicht zuständig ist. Danach steht der Vertretung nicht das Recht zu, einen **Eingabenausschuss** für die Entgegennahme und Prüfung aller die Tätigkeit der Kommunalverwaltung betreffenden Eingaben und Beschwerden zu bilden (OVG Lüneburg, Urt. v. 30.5.1967, OVGE 23 S. 403); zulässig ist jedoch ein solcher Ausschuss für Eingaben und Beschwerden in Angelegenheiten, für die die Vertretung zuständig ist (s. auch Erl. 4 zu § 34). Auch **Untersuchungsausschüsse** der Vertretung nach Art von parlamentarischen Untersuchungsausschüssen sind nicht zulässig, weil es Sache des HVB ist, Ermittlungen über das Verhalten von Bediensteten der Kommune gegenüber einzelnen Bürgern durchzuführen, während die Vertretung sich hierbei im begrenzten Rahmen des § 58 Abs. 4 auf ihre Überwachungsbefugnisse beschränken muss (OVG Lüneburg, Beschl. v. 20.8.1968, DVBl. 1968 S. 848). Ebenso wäre die Einrichtung eines **Ortsausschusses**, der sich mit den Problemen einzelner oder aller Ortschaften der Gemeinde befassen soll, nicht zulässig, sofern es sich bei diesen Problemen nicht um Angelegenheiten handelt, für die die Zuständigkeit des Rates gegeben ist. Schließlich kommt auch die Bildung eines sog. **Vergabeausschusses** nur zur Vorbereitung von Vergabebeschlüssen der Vertretung oder des Hauptausschusses in Betracht.

2. Aufgabe der Ausschüsse der Vertretung ist die Vorbereitung der Beschlüsse der Vertretung, die regelmäßig in einer Beschlussempfehlung enden wird; jedoch ist diese nicht vorgeschrieben. Zweck der Tätigkeit der Ausschüsse ist die Entlastung der Vertretung, die um so wirksamer ist, je entbehrlicher Erörterungen und Erläuterungen in den Sitzungen der Vertretung sind (OVG Lüneburg, Urt. v. 25.3.1953, OVGE 6 S. 437). Zulässig ist die Bildung von **Unterausschüssen, Arbeitsgruppen, Beiräten, Kommissionen und ähnlichen Einrichtungen**, für die die Vertretung, gestützt auf § 58 Abs. 1 Nr. 2 und seine Geschäftsordnungsautonomie (§ 69), zuständig ist. Dienen sie vorrangig der Unterstützung der Ausschüsse bei deren Vorbereitungstätigkeit, gelten für ihre Bildung und ihr Verfahren die Vorschriften für die Ausschüsse entsprechend (s. auch Erl. 3 zu § 72); da sie aber nicht die Funktion von Ausschüssen haben, finden die Vorschriften über die Beteiligung der Ausschüsse durch den HVB (§ 85 Abs. 1 Satz 2) und die Teilnahme der Verwaltung an Sitzungen (§ 87) keine Anwendung. Haben diese Einrichtungen vorrangig andere Aufgaben als die, den Ausschüssen zuzuarbeiten, kann die Vertretung über ihre Zusammensetzung und ihr Verfahren nach ihrem Ermessen entscheiden; auch bezüglich ihrer Arbeit kommen Pflichten der anderen Organe nicht in Betracht. Soweit die Einrichtungen Aufgaben wahrnehmen, die denen von Ausschüssen vergleichbar sind, richtet sich die entschädigungsrechtliche Stellung ihrer Mitglieder, soweit sie der Vertretung angehören, unmittelbar nach § 55, bei anderen Mitgliedern nach § 44. Bei einer

Aufgabenstellung, die bei Abgeordneten nicht als Tätigkeit i. S. des § 54 anzusehen ist, sondern als ehrenamtliche Tätigkeit i. S. des § 36, gilt auch für sie § 44. Hauptausschuss und HVB sind zur Einrichtung solcher Gremien nicht befugt; allerdings kann der HVB im Rahmen seiner Vorbereitungstätigkeit und Organisationsgewalt (§ 85 Abs. 1 Satz 1 Nr. 1, Abs. 3) zu seiner Unterstützung Sachverständige heranziehen.

Zulässig ist es aus Gründen wirtschaftlicher Verfahrensweisen, einen gesetzlichen Ausschuss mit Aufgaben eines fakultativen Fachausschusses zu kombinieren (z. B. den Schulausschuss auch mit allgemeinen Kulturangelegenheiten als Schul- und Kulturausschuss, den Jugendhilfeausschuss mit weiteren Sozialangelegenheiten als Jugendhilfe- und Sozialausschuss; vom Nds. OVG, Urt. v. 15.2.2011, R&R 2/2011 S. 1, bei einem um Sportangelegenheiten erweiterten Schulausschuss unbeanstandet gelassen); dabei ist vor allem dann, wenn nicht alle dem sondergesetzlichen Ausschuss neben den Abgeordneten angehörenden Mitglieder zugleich auch als andere Personen i. S. v. Abs. 7 für die Behandlung der weiteren Aufgaben berufen worden sind, z. B. durch ihre entsprechende Anordnung auf der Tagesordnung, darauf Bedacht zu nehmen, dass der Ausschuss die Tagesordnungspunkte in der jeweils richtigen Zusammensetzung berät. Es sind auch gelegentliche oder regelmäßige gemeinsame Sitzungen zweier Fachausschüsse oder eines gesetzlichen und eines fakultativen Ausschusses denkbar, nicht jedoch auch mit dem in nichtöffentlicher Sitzung tagenden Hauptausschuss.

Für die Wirksamkeit von Beschlüssen der Vertretung und des Hauptausschusses ist deren Vorbereitung durch einen Ausschuss der Vertretung nicht vorgeschrieben, sondern bei Beschlüssen der Vertretung nur die durch den Hauptausschuss (§ 76 Abs. 1). Wird auf die Vorbereitung durch Ausschüsse der Vertretung verzichtet, bleibt die Wirksamkeit der Beschlüsse der Vertretung und des Hauptausschusses davon unberührt, weil die notwendige Beratung der Angelegenheit in diesem Falle unmittelbar in der Vertretung oder im Hauptausschuss erfolgt. Verfahrensverstöße anlässlich der Vorbereitung einer Angelegenheit in einem Fachausschuss bleiben ohne Auswirkungen auf die Beschlüsse der Organe. Das OVG Lüneburg (Urt. v. 11.3.1985, NSt-N 1986 S. 150) geht davon aus, dass ein Verstoß gegen das Gebot der Öffentlichkeit der Sitzung des Bauausschusses bei Beratungen über einen Bauleitplan für die Beschlüsse des Rates folgenlos bleibt, weil gesetzlich diese Beratung nicht vorgeschrieben ist; diesem Ergebnis kann zugestimmt werden, nachdem die Vertretung geschäftsordnungsgemäß über die Öffentlichkeit der Ausschusssitzungen entscheidet (§ 72 Abs. 1). Andere Verfahrensfehler können als behoben betrachtet werden, wenn sie der Hauptausschuss bei seiner Vorbereitung nicht wiederholt hat. Wegen der Besonderheiten beim Mitwirkungsverbot vgl. Erl. 3 zu § 41.

3. Die Vertretung bestimmt die **Zahl der Ausschussmitglieder** durch Einzelbeschluss oder in der Geschäftsordnung (OVG Lüneburg, Urt. v. 16.11.1966, OVGE 22 S. 508). Eine Verpflichtung, die Zahl so festzusetzen, dass alle Fraktionen und Gruppen vertreten sind, besteht nicht (OVG Schleswig, Urt. v. 15.3.2006, Die Gemeinde SH 2006 S. 237; OVG Rheinland-Pfalz, Urt. v. 3.11.1981 – 10 C 12/81 – Eildienst LKT NW 1984 S. 81; ebenso VG Hannover, Beschl. v. 27.7.1987 – 9 VG D 10/87: keine Verpflichtung des Rates, seine

Ausschüsse nach Anzahl, Sitzstärke und Sachzuständigkeit so zu bilden, dass allen Ratsmitgliedern die gleichmäßige politische Mitwirkungsmöglichkeit als Ausschussmitglied gegeben wird). Ebenso wenig muss eine ungerade Zahl von Ausschussmitgliedern festgelegt werden (VG Hannover, Urt. v. 29.5.1957 – AH IV 311/57). Rahmen für die Festlegung der Zahl ist einerseits das Prinzip, dass Ausschüsse als verkleinerte Abbilder der Vertretung deren Zusammensetzung und das darin wirksame politische Meinungs- und Kräftespektrum grundsätzlich widerspiegeln müssen (BVerwG, Urt. v. 10.12.2003, R&R 2/2004 S. 5), andererseits das Erfordernis nach effektiver Ausschussarbeit (BVerwG, Beschl. v. 7.12.1992, NVwZ-RR 1993 S. 209; OVG Lüneburg, Beschl. v. 26.2.1998, VwRR N 1999 S. 41, hält auch ein Verhältnis von 7 zu 37 Sitzen für zulässig); die Festlegung einer Ausschussstärke, die etwa einem Viertel der Zahl der Mitglieder der Vertretung entspricht, ist sachlich gerechtfertigt (BVerwG, Beschl. v. 7.12.1992, a. a. O.). Zur unzulässigen willkürlichen Verringerung der Ausschusssitze s. VG Osnabrück, Urt. v. 19.11.2002, R&R 5/2005 S. 5; OVG Schleswig, Urt. v. 15.3.2006 a. a. O. Die Verteilung der Sitze auf die Fraktionen und Gruppen (zur Beteiligung von sog. Zählgemeinschaften s. Erl. 1 zu § 57) geschieht in der Weise, dass sich dabei die Stärkeverhältnisse in der Vertretung in den Ausschüssen widerspiegelt, so dass die Ausschüsse sich insoweit als verkleinerte Vertretung darstellen; jedoch kann die Vertretung einstimmig ein anderes Verfahren beschließen (Abs. 10). Für den Regelfall ist gesetzlich das Verteilungsverfahren nach Hare-Niemeyer vorgeschrieben, gegen das, ebenso wie gegen das Höchstzahlenverfahren nach d'Hondt, keine verfassungsrechtlichen Bedenken bestehen (Nds. StGH, Urt. v. 20.9.1977, DVBl. 1978 S. 139; BVerwG, Beschl. v. 14.10.1993, NVwZ-RR 1994 S. 109, auch nicht, wenn dasselbe Berechnungsverfahren schon bei der Verteilung der Sitze in der Vertretung angewendet worden ist), und zwar ist für jeden Ausschuss ein selbstständiges Verteilungsverfahren durchzuführen, nicht etwa die Verteilung aller Sitze in allen Ausschüssen in einem einzigen Verfahren vorzunehmen (OVG Lüneburg, Urt. v. 16.11.1966, a. a. O.); wegen der Einbeziehung der Sitze anderer Personen gem. Abs. 7 vgl. Erl. 9. Bei der Berechnung bleiben der hauptamtliche HVB und Abgeordnete, die keiner Fraktion oder Gruppe angehören, unberücksichtigt.
Die im Gesetz beschriebene Berechnungsformel (Abs. 2 Satz 1), die fraktions- und gruppenlose Abgeordnete unberücksichtigt lässt, weil an der Ausschussbildung nur Fraktionen und Gruppen beteiligt sind, lautet wie folgt:

$$\frac{\text{Zahl der auf die Fraktion oder Gruppe entfallenden Ausschusssitze}}{\text{Zahl der Ausschusssitze}} = \frac{\text{Mitgliederzahl der Fraktion oder Gruppe in der Vertretung}}{\text{Mitgliederzahl aller Fraktionen und Gruppen in der Vertretung}}$$

oder

$$\frac{\text{Zahl der auf die Fraktion oder Gruppe enfallenden Ausschusssitze}}{} = \frac{\text{Mitgliederzahl der Fraktion oder Gruppe in der Vertretung} \times \text{Zahl der Ausschusssitze}}{\text{Mitgliederzahl aller Fraktionen und Gruppen in der Vertretung}}$$

Zunächst erhält jede Fraktion oder Gruppe so viele Sitze wie die Zahl vor dem Komma angibt. Die noch verbleibenden Sitze werden in der Reihenfolge der höchsten Zahlen nach dem Komma vergeben. Ergeben sich zwei oder mehr gleich große Zahlenbruchteile, ist aber nur noch ein Sitz zu verteilen, wird gelost (Abs. 2 Satz 5); allerdings kann auf den Losentscheid verzichtet werden, wenn sich die an ihm Beteiligten über die Zuteilung einig sind. Der Losentscheid wird bei einer Neubildung oder -besetzung (Abs. 9 Sätze 1, 2) als deren Teil erneuert, gilt also nicht fort.

Beispiel:
In der Vertretung (20 Abgeordnete) sind vertreten:

A-Fraktion	9 Mitglieder,
B-Fraktion	5 Mitglieder,
C-Fraktion	4 Mitglieder
	2 fraktionslose Abgeordnete,

zu verteilen sind 7 Ausschusssitze.

A-Fraktion $\quad \dfrac{9 \times 7}{18} = 3{,}50$

B-Fraktion $\quad \dfrac{5 \times 7}{18} = 1{,}94\ldots$

C-Fraktion $\quad \dfrac{4 \times 7}{18} = 1{,}55\ldots$

Zunächst erhalten die A-Fraktion 3 und die B-Fraktion und die C-Fraktion je einen Ausschusssitz. Die beiden verbleibenden Ausschusssitze erhalten die B-Fraktion und die C-Fraktion.

Bisweilen ergibt sich bei dieser Berechnungsweise, die einen etwa erforderlichen Losentscheid mit einschließt, dass eine Fraktion oder Gruppe mit absoluter Mehrheit der Abgeordneten (der HVB bleibt dabei außer Betracht) im Ausschuss nicht die entsprechende Mehrheit erreicht. Für diesen Fall gilt das **modifizierte Verfahren** nach Abs. 3. Danach erhält diese Fraktion oder Gruppe nach der Verteilung der Sitze entsprechend den Zahlen vor dem Komma zunächst einen Sitz (sog. Vorausmandat), bevor die noch verbleibenden Sitze entsprechend den Zahlen nach dem Komma verteilt werden. Bei gleichen Zahlenbruchteilen ist zu losen. An dem Losentscheid nimmt gegebenenfalls auch die Fraktion oder Gruppe mit dem voraus zugeteilten Sitz teil, da sie in Abs. 3 Satz 3 i. V. m. Abs. 2 Sätze 4 bis 6 nicht ausgenommen ist.

Beispiel:
In der Vertretung (36 Abgeordnete) sind vertreten:

A-Fraktion	19 Mitglieder,
B-Fraktion	13 Mitglieder,
C-Fraktion	4 Mitglieder,

zu verteilen sind 6 Sitze im Hauptausschuss

A-Fraktion $\dfrac{19 \times 6}{36} = 3{,}16\ldots$

B-Fraktion $\dfrac{13 \times 6}{36} = 2{,}16\ldots$

C-Fraktion $\dfrac{4 \times 6}{36} = 0{,}66\ldots$

Es erhalten zunächst die A-Fraktion 3 und die B-Fraktion 2 Sitze; den 6. Sitz erhielte aufgrund des höchsten Zahlenbruchteils die C-Fraktion, wodurch die A-Fraktion aber im Hauptausschuss nicht wie bei den Abgeordneten in der Vertretung über die absolute Mehrheit verfügte. Deshalb erhält sie zunächst einen Sitz und die C-Fraktion geht leer aus.

Ein **Losentscheid,** der wie bis 1996 dem Vorsitzenden der Vertretung obliegt, wird zweckmäßigerweise in der Weise vorgenommen, dass der Vorsitzende gekennzeichnete Karten einem von ihm nicht einsehbaren Behältnis entnimmt; das Streichholzziehen ist kein zulässiges Verfahren (BVerwG, Beschl. v. 15.5.1991, NJW 1991 S. 3231); dasselbe gilt für das Werfen einer Münze. Im Falle der Verhinderung tritt an die Stelle des Vorsitzenden dessen Vertreter (§ 61 Abs. 1). Die Besetzung der auf sie entfallenden Ausschusssitze ist Sache der Fraktionen und Gruppen (Abs. 2 Satz 7). Diese können deshalb sowohl Angehörige der eigenen Fraktion oder Gruppe als auch andere Abgeordnete, Mitglieder anderer Fraktionen und Gruppen ebenso wie fraktions- und gruppenlose nominieren (OVG Lüneburg, Urt. v. 22.4.1986, NVwZ-RR 1989 S. 94), jedoch nicht den HVB; der nominierte Abgeordnete muss in der Sitzung nicht anwesend sein. Sind sich die daran Beteiligten einig, kann ein Losentscheid entfallen

4. Anspruch auf ein sog. Grundmandat (Abs. 4 Satz 1), dessen Normierung verfassungsrechtlich nicht geboten ist (BVerwG, Beschl. v. 7.12.1992, NVwZ-RR 1993 S. 209), haben nur Fraktionen und Gruppen, die bei der Sitzverteilung nach Abs. 2 und 3 in dem betreffenden Ausschuss keinen Sitz erhalten haben. Eine Fraktion oder Gruppe, die aufgrund des Vorschlags einer anderen Fraktion oder Gruppe einen Sitz mit Stimmrecht im Ausschuss erhalten hat (vgl. Erl. 3 a. E.), hat nach Einfügung des Abs. 4 Satz 2 durch die Novelle von 2001 keinen Anspruch auf ein Grundmandat, weil eines ihrer Mitglieder bereits zum stimmberechtigten Ausschussmitglied berufen ist; das gilt nicht für die Abtretung eines stimmrechtslosen Grundmandats. Ebenso wenig hat eine Fraktion oder Gruppe, die für den nach Abs. 2 und 3 auf sie entfallenen Sitz einen Angehörigen einer anderen Fraktion oder Gruppe nominiert hat, Anspruch auf ein Grundmandat. Die Erklärung, dass ein Grundmandat in Anspruch genommen wird, und die Benennung des betreffenden Mitglieds müssen unmittelbar nach der Sitzverteilung erfolgen, damit die Vertretung den feststellenden Beschluss nach Abs. 5 fassen kann, mit dem die Ausschussbildung abgeschlossen wird; ein gesetzlicher Anspruch auf Neubildung oder -besetzung eines Ausschusses (Abs. 9) zur nachträglichen Nominierung eines Grundmandatars besteht nicht; etwas anderes gilt allerdings, wenn der Anspruch auf ein Grundmandat erst später entsteht. Es kann nur ein Abgeordneter für die Besetzung eines Grund-

mandats vorgeschlagen werden, nicht auch eine der Vertretung nicht angehörende Person. Eine an einer Gruppe beteiligte Fraktion hat keinen Anspruch auf ein Grundmandat, wenn auf die Gruppe ein Ausschusssitz entfallen ist (vgl. Erl. 3 zu § 57). Zur Anwendbarkeit des Abs. 4 Satz 1 auf Ausschüsse nach besonderen Rechtsvorschriften vgl. Erl. 2 zu § 73.
Die Vertretung kann einstimmig das Grundmandat ausschließen (Abs. 10), s. auch Erl. 13.

Der Inhaber des Grundmandats ist bis auf das Stimmrecht vollberechtigtes Ausschussmitglied, hat also insbesondere auch das Antrags- und das Fragerecht nach § 56.

Nachdem anders als das BVerfG (Urt. v. 13.6.1989, NJW 1990 S. 373) für Parlamentarier die übrige Rechtsprechung (z. B. BVerwG, Beschl. v. 2.7.1990, NVwZ-RR 1991 S. 157; VGH Mannheim, Beschl. v. 22.3.1990, DVBl. 1990 S. 827) unter Hinweis auf die gegenüber Parlamenten andere Rechtslage für kommunale Vertretungen und ihre Mitglieder überwiegend den Anspruch **fraktions- und gruppenloser Ratsmitglieder** auf ein Grundmandat in einem Ausschuss abgelehnt hatte, räumt seit der Novelle von 1996 Abs. 4 Satz 3 diesen Abgeordneten das Recht ein, in einem Ausschuss ihrer Wahl **beratendes Mitglied** zu werden, und zwar auch in einem Ausschuss nach besonderen Rechtsvorschriften (§ 73), soweit das sondergesetzlich nicht ausgeschlossen ist (s. im Einzelnen Erl. 2 zu § 73). Auch dieser Anspruch muss bei der Bildung des betreffenden Ausschusses geltend gemacht werden, da er die, vom Stimmrecht abgesehen, volle Mitgliedschaft in dem betreffenden Ausschuss vermittelt und das Mitglied in dem Beschluss nach Abs. 5 bezeichnet werden muss. Wird der Anspruch nicht bei der Bildung der Ausschüsse geltend gemacht, erlischt er; ein Anspruch auf spätere Neubildung oder -besetzung eines Ausschusses und Änderung des Beschlusses nach Abs. 5 zur nachträglichen Beteiligung eines Fraktionslosen besteht nicht (Abs. 9); etwas anderes gilt natürlich dann, wenn ein Abgeordneter durch Ausscheiden aus einer Fraktion oder Gruppe fraktions- oder gruppenlos geworden ist. Es besteht auch kein Anspruch darauf, aus einem Ausschuss in einen anderen zu wechseln, es sei denn, dieser andere Ausschuss ist nachträglich neu gebildet worden. Die Mehrheit der Vertretung, die gem. Abs. 9 Satz 1 einen Ausschuss jederzeit auflösen und neu bilden kann, kann jedoch dem Wunsch eines Fraktionslosen entsprechen, nachträglich Mitglied eines Ausschusses zu werden oder den Ausschuss zu wechseln. Ist ein fraktionsloser Abgeordneter von einer Fraktion oder Gruppe für einen Ausschuss als stimmberechtigtes Mitglied nominiert worden, hat er nach der Ergänzung des Abs. 4 Satz 3 durch die Novelle von 2001 keinen Anspruch auf die zusätzliche Mitgliedschaft in einem Ausschuss seiner Wahl; jedoch lebt dieser Anspruch wieder auf, wenn er seine Mitgliedschaft, z. B. durch Abberufung nach Abs. 9 Satz 3, verloren hat. Im Falle der Nominierung als Grundmandatar durch eine andere Fraktion oder Gruppe bleibt der Anspruch nach Abs. 4 Satz 3 bestehen. Für den Hauptausschuss gilt Abs. 4 Satz 3 nicht (§ 75 Abs. 1 Satz 1 Halbsatz 1 Nr. 2). Absatz 4 Satz 3 steht bei Einmütigkeit zur Disposition der Vertretung (Abs. 10).

5. Die Regelung der **Vertretung der Ausschussmitglieder** schreibt das Gesetz außer in dem Fall, dass dem Ausschuss Zuständigkeiten des Hauptausschusses übertragen werden (§ 76 Abs. 3 Satz 2 i. V. m. § 75 Abs. 1 Satz 3) nicht vor (anders beim Hauptausschuss, § 75 Abs. 1 Satz 3); sie erfolgt zweckmäßigerweise durch die Geschäftsordnung (s. dazu oben Erl. 1), kann aber auch durch Einzelbeschluss der Vertretung vorgenommen werden. Dazu bedarf es keiner Einstimmigkeit gem. Abs. 10, weil das Verfahren zur Bestellung der Vertreter, von dem abgewichen werden könnte, nicht geregelt ist. Es empfiehlt sich eine Regelung, die es den Fraktionen und Gruppen überlässt, für die Vertretung der von ihnen bestimmten Ausschussmitglieder Vorsorge zu treffen, so dass also nicht bestimmte Vertreter benannt werden müssen, sondern jedes andere Fraktions-/Gruppenmitglied zur Vertretung befugt ist. Werden bestimmte Vertreter für jedes Ausschussmitglied benannt, dann bedürfen sie nicht des bestätigenden Beschlusses der Vertretung (Abs. 5, der sich nur auf die ordentlichen Mitglieder bezieht), weil es sich nicht um einen Akt der Ausschussbildung handelt. Der Vertretung angehörende Mitglieder können nicht durch Vertretungsfremde vertreten werden, auch nicht bei Einmütigkeit. Zur Vertretung von Mitgliedern gem. Abs. 7 s. Erl. 9, von Mitgliedern bestimmter sondergesetzlicher Ausschüsse vgl. Erl. 2 zu § 73. Die Vertretung gilt für den Fall der Verhinderung des ordentlichen Mitgliedes, die bei jedweder vollständigen oder zeitweisen Nichtteilnahme an der Mitberatung vorliegt, ohne dass es auf deren Grund ankommt.

6. Der **Beschluss nach Abs. 5**, der nicht nur bei der erstmaligen Bildung von Ausschüssen und Entsendung von Personen (Abs. 6) zu fassen ist, sondern auch bei jeder personellen Veränderung in diesen Bereichen (Abs. 9), hat keinen legitimierenden, sondern nur feststellenden Charakter (Nds. OVG, Urt. v. 15.2.2011, R&R 2/2011 S. 1; VG Oldenburg, Urt. v. 9.3.2010, R&R 3/2010 S. 1; vgl. auch BVerfG, Urt. v. 10.12.1974, BVerfGE 38 S. 258 zu einer vergleichbaren Vorschrift der GO Schl.-Holst.; zu verfassungsrechtlichen Zweifeln s. Erl. 2 a. E. zu § 75); er bedarf als sog. innerorganisatorische Maßnahme (s. Erl. 3 zu § 76) auch bei der Entsendung von Personen nach Abs. 6 nicht der Vorbereitung durch den Hauptausschuss. Mit ihm wird bestätigt, dass das Verteilungs- und Benennungsverfahren korrekt durchgeführt worden ist. Er umfasst die Feststellung der Zahl der auf die Fraktionen und Gruppen entfallenden Sitze und deren personale Besetzung mit den benannten Abgeordneten, gegebenenfalls einschließlich einem fraktions- und gruppenlosen Abgeordneten (Abs. 2 bis 4) und sonstigen Personen (Abs. 7). Das VG Hannover (Urt. v. 22.8.1991, NST-N 1991 S. 288) hält die Vertretung für verpflichtet, sich vor dem Beschluss davon zu überzeugen, dass die an der Ausschussbesetzung Beteiligten Fraktionen und Gruppen i. S. des § 67 darstellen (s. dazu Erl. 1 zu § 57). An der Ausschussbesetzung Beteiligte haben einen gerichtlich durchsetzbaren Anspruch darauf, dass die Vertretung die von ihnen Benannten durch den Beschluss feststellt (VG Oldenburg, Urt. v. 9.3.2010 a. a. O.).

7. Abs. 6 regelt das Verfahren, wenn die Vertretung oder der Hauptausschuss, für den dieselben Verfahrensregelungen gelten (§ 78 Abs. 4 Satz 1), **mehrere unbesoldete Stellen gleicher Art** zu besetzen oder zur Besetzung Vorschläge zu machen hat und das Statut der Organisation (Satzung, Gesellschaftsvertrag), in der die Stellen zu besetzen sind, selbst keine diesbezüglichen Regelungen trifft, so dass die Vorschrift also nur subsidiär zum Zuge kommt (OVG Lüneburg, Urt. v. 12.10.1988 – 2 OVG A 202/87, s. RdSchr. NST 12/90 v. 1.2.1990: Vorrang

des im Gesellschaftsvertrag vereinbarten Verfahrens nach d'Hondt statt des im Gesetz vorgesehenen Verfahrens Hare-Niemeyer). Ist nur ein Vertreter zu bestellen, geschieht das je nach Regelung in dem betreffenden Organisationsstatut durch Wahl (§ 67) oder Abstimmung (§ 66). Zur Zuständigkeit für die Bestellung von Vertretern zur Wahrnehmung von Mitgliedschafts- oder Beteiligungsrechten vgl. Erl. 2 zu § 86. Abs. 6 ist eine Ausprägung des dem Schutz von Minderheiten dienenden Prinzips der Berücksichtigung des Stärkeverhältnisses der Fraktionen und Gruppen in der Vertretung; dabei ist besonders darauf hinzuweisen, dass anders als bei früheren Regelungen seit der Novelle vom 22.4.2005 (GVBl. S. 110) auch bei der Besetzung dieser Stellen die Vorschrift des Abs. 3 über das sog. Vorausmandat gilt (s. dazu R&R 6/2006 S. 17). Deshalb ist der Begriff **„unbesoldete Stellen"** weit auszulegen. Dazu gehören nicht nur die von der Vertretung zu besetzenden Sitze in der Gesellschafterversammlung und dieser gleichgestellten Organen von Eigen- und Beteiligungsgesellschaften (vgl. § 138 Abs. 1), sondern auch in Aufsichtsräten (so auch OVG Lüneburg, Urt. v. 12.10.1988 a. a. O.; a. A. noch Urt. v. 3.12.1985, NST-N 1986 S. 80) oder diesen gleichgestellten Organen von Gesellschaften, darüber hinaus in Organen von Zweckverbänden, Sparkassenzweckverbänden (§ 5 SpZwVerbVO), Vereinen, Verbänden und sonstigen Vereinigungen und Gremien (ebenso VG Oldenburg, Urt. v. 27.6.1989, dng 1990 S. 348); dazu gehört nicht die Einigungsstelle gem. § 107c NPersVG, deren von der Vertretung als oberster Dienstbehörde zu bestellende Beisitzer gem. § 67 gewählt werden (§ 107c Abs. 2 NPersVG). Die Stellen müssen, miteinander verglichen, **gleicher Art** sein, was z. B. dann nicht der Fall ist, wenn sie zum Teil mit Abgeordneten und zum Teil mit anderen Personen zu besetzen sind oder mit Personen, für die unterschiedliche, z. B. berufliche oder soziale, Qualifikationen vorgeschrieben sind. Für jedes zu besetzende Gremium ist ein eigenes Besetzungsverfahren durchzuführen. Auch wenn das Organisationsstatut einer der genannten Unternehmungen oder Körperschaften die Wahl durch die Vertretung vorschreibt, finden regelmäßig Abs. 2 und 3 Anwendung, die das für die Kommune maßgebliche „Wahl"-verfahren normieren (s. auch Erl. 1 zu § 67). Werden durch das betreffende Organisationsstatut bestimmte Funktionsträger der Kommune (z. B. der HVB, der Kämmerer) zu Mitgliedern eines Organs bestimmt, dann werden nur die verbleibenden, auf die Kommune entfallenden Sitze nach Abs. 2 und 3 verteilt. Die Vorschrift setzt für die Anwendung der Abs. 2 und 3 nicht voraus, dass die Stellen gleichzeitig zu besetzen sind (a. A. VG Hannover, Urt. v. 30.1.1985 – 1 Hi VG A 75/82); denn anderenfalls ginge die Minderheit in der Vertretung des ihr gewährleisteten Schutzes verlustig, wenn ein von ihr benannter Vertreter vorzeitig ausscheidet und nunmehr der Ersatzmann von der Mehrheit zu bestimmen wäre oder die Mehrheit mehrere gleichzeitig zu besetzende Stellen nach und nach einzeln besetzte. Der Wortlaut der Vorschrift bezieht das Vorschlagen zur Besetzung ausdrücklich mit ein, weil die Rechtsprechung die entsprechende Auslegung des Begriffs Besetzen nicht akzeptiert hat (vgl. VG Oldenburg, Urt. v. 12.10.1971, dng 1972 S. 171; VG Braunschweig, Urt. v. 26.3.1982 – 1 VG 327/81; VG Hannover, a. a. O.).
Abs. 6 findet auch Anwendung, wenn die Stellen mit Vertretungsfremden besetzt werden sollen; ebenso, wenn Stellen teilweise mit Abgeordneten und teilweise mit Angehörigen der Verwaltung besetzt werden sollen, weil bei der

Nichteinbeziehung der auf die Verwaltungsangehörigen entfallenden Sitze die Basis für die Mitgliedschaftsrechte der Abgeordneten verkürzt würde und die Mehrheit die Möglichkeit hätte, alle Stellen mit Vertretern ihres Vertrauens zu besetzen (ebenso VG Oldenburg, Urt. v. 27.6.1989, dng 1990 S. 348).

Abs. 4 findet bei der Besetzung unbesoldeter Stellen keine Anwendung; Fraktionen und Gruppen, die nicht zum Zuge gekommen sind, haben auch keinen Anspruch auf ein Grundmandat. Dasselbe gilt für fraktionslose Abgeordnete.

Die Besetzung oder der Vorschlag zur Besetzung wird ebenfalls durch den Beschluss nach Abs. 5 abgeschlossen, der der Vorbereitung durch den Hauptausschuss nicht bedarf (s. Erl. 3 zu § 76).

Bei der Entsendung der Mitglieder des **Verwaltungsrates der Sparkasse** (§ 11 NSpG) handelt es sich zwar um die Besetzung unbesoldeter Stellen gleicher Art, und zwar jeweils die mit Abgeordneten und die mit anderen Personen zu besetzenden (§ 13 Abs. 2 Satz 3 NSpG), jedoch ist sie in § 13 Abs. 5 NSpG durch Verweisung auf die Abs. 2, 5 und 10 abschließend geregelt; insbesondere finden Abs. 3 (Vorausmandat), Abs. 4 (Grundmandat) und Abs. 9 Sätze 2 und 3 (Umbildung nach Änderung des Stärkeverhältnisses und Austausch) keine Anwendung.

Soweit Stellen zur Wahrnehmung öffentlicher Verwaltungstätigkeit zu besetzen sind, erhebt sich die Frage der erforderlichen Legitimation der nur von den Fraktionen und Gruppen benannten Personen (Abs. 2 Satz 7), die durch den Beschluss nach Abs. 5 nicht vermittelt wird (s. Erl. 2 zu § 74 und VG Oldenburg, Urt. v. 9.3.2010, R&R 3/2010 S. 1).

8. Die gem. Abs. 6 von der Vertretung bestellten Vertreter der Kommune sind, wenn sie Mitgliedschaftsrechte der Kommune wahrnehmen, an entsprechende Beschlüsse der Vertretung gebunden, soweit das nicht gesetzlich ausgeschlossen ist (vgl. § 5 des am 1.11.2001 außer Kraft getretenen Gesetzes über den Kommunalverband Großraum Hannover; § 5 des Gesetzes über die Bildung des Zweckverbandes Großraum Braunschweig); für die Vertreter der Kommune in der Gesellschafterversammlung von Eigen- und Beteiligungsgesellschaften ist das ausdrücklich vorgesehen (§ 138 Abs. 1, s. Erl. 3 zu § 138), ebenso für die Mitglieder der Zweckverbandsversammlung (§ 11 Abs. 2 NKomZG). Für die anderen folgt das daraus, dass sie Rechte der Kommune wahrnehmen.

Ist der Kommune das Recht eingeräumt, in Organe, die nicht Mitgliederorgane sind (z. B. Vorstand, Aufsichtsrat oder ein vergleichbares Organ), Mitglieder zu entsenden oder zu benennen, so muss jedenfalls dann von deren Bindung an Beschlüsse der Vertretung ausgegangen werden, wenn das nicht gesetzlich ausdrücklich ausgeschlossen ist und der Kommune ein jederzeitiges Abberufungsrecht eingeräumt ist (vgl. z. B. § 103 Abs. 2 AktG s. auch Erl. 5 zu § 138). Zur Abberufung vgl. Erl. 12.

9. **Andere Personen,** die gem. Abs. 7 zu Mitgliedern eines Ausschusses berufen werden können, brauchen keine besondere Qualifikation zu erfüllen. Insbesondere müssen sie nicht Einwohner oder gar Bürger der Kommune sein; sie können auch Kinder und Jugendliche sein, was die Möglichkeit eröffnet, sie im Rahmen des § 36 zu beteiligen. Das angeführte Beispiel der Mitglieder von Beiräten (insbesondere Senioren-, Ausländerbeirat) vermittelt diesen keinen erhöhten oder vorrangigen Anspruch auf Berücksichtigung. Aufgrund gesetzlicher Rege-

lung sind jedoch Bedienstete der Kommune, zu denen aber ehrenamtlich für die Kommune Tätige und Ehrenbeamte der Kommune nicht zählen, ausgeschlossen (bei sondergesetzlichen Ausschüssen s. Erl. 2 zu § 73); ihnen darf auch nicht faktisch die Mitgliedschaft in der Weise eingeräumt werden, dass ihnen in einer bestimmten Funktion (z. B. als Personalratsmitgliedern im Personalausschuss) die ständige beratende Teilnahme gestattet wird (OVG Lüneburg, Urt. v. 28.2.1984, NStV-N S. 192). Der Wortlaut des Gesetzes („neben Abgeordneten") stellt klar, dass zu anderen Personen i. S. d. Abs. 7 nicht Abgeordnete berufen werden können, weil es darum geht, der Vertretung die Möglichkeit zu eröffnen, seiner Arbeit den Sachverstand ihr nicht angehöriger Personen nutzbar zu machen. Das gilt auch für die Mitglieder sondergesetzlicher Ausschüsse (§ 73), die als Elternvertreter in den Schulausschuss oder als Mitglieder gem. § 71 Abs. 1 Nr. 2 KJHG in den Jugendhilfeausschuss berufen werden (vgl. auch Erl. 2 zu § 73). Bei den sondergesetzlichen Ausschüssen (§ 73), deren gesetzliche Grundlage die Berufung nicht der Vertretung angehöriger Ausschussmitglieder regelt, können nicht noch zusätzlich Mitglieder gem. Abs. 7 berufen werden.

Gegen die Berufung von Ortsratsmitgliedern und Ortsvorstehern, die nicht gleichzeitig Ratsmitglieder sind, bestehen keine Bedenken. Die zusätzlich zu berufenden Mitglieder werden von den Fraktionen und Gruppen in einem besonderen Verfahren benannt, das von der Ausschussbesetzung mit Abgeordneten getrennt ist; es gilt dasselbe Besetzungsverfahren wie für die Abgeordneten (Abs. 2 und 3), Abs. 4 findet jedoch bei der Berufung zusätzlicher Mitglieder keine Anwendung. Das OVG Lüneburg (Urt. v. 22.4.1986, NVwZ-RR 1989 S. 94) hält es für zulässig, ein einzelnes nicht fraktionsgebundenes Ratsmitglied durch Mehrheitsbeschluss zum Ausschussmitglied zu bestellen; diese Rechtsprechung steht mit der Systematik der Regelung des § 71 einschließlich der Regelung über das Grundmandat nicht in Einklang, weil sie der Ratsmehrheit die Manipulation der Ausschussbesetzung ermöglicht. Bis auf das Stimmrecht haben die nicht der Vertretung angehörigen Ausschussmitglieder alle Mitgliedschaftsrechte, jedoch kann für sie das Antragsrecht gem. § 56, das nur Mitgliedern der Vertretung uneingeschränkt zusteht, durch die Geschäftsordnung eingeschränkt werden; das Auskunftsrecht nach § 56 steht ihnen nicht zu, weil es kein ursprüngliches, sondern ein nur den Abgeordneten verliehenes Mitgliedschaftsrecht ist. Sie können auch nicht Ausschussvorsitzende sein (Abs. 8 Satz 3). Sie haben zur Teilnahme an den Ausschusssitzungen Anspruch auf Urlaub wie Abgeordnete (vgl. Erl. 4 zu § 54), nicht jedoch für Aktivitäten wie z. B. Teilnahme an Fraktionssitzungen oder Fraktionsarbeitskreisen, weil Mitglieder der Fraktionen nur Abgeordnete sein können. Ebenso steht ihnen das Sitzungsgeld nur für die Teilnahme an Ausschusssitzungen zu. Für sie können **Vertreter** bestellt werden, die die Vertretung jedoch aus Legitimationsgründen durch Beschluss namentlich benennen muss.

Von der Vorschrift, dass mindestens zwei Drittel der Ausschussmitglieder Abgeordnete sein sollen, kann aus gewichtigen sachlichen Gründen abgewichen werden, z. B. um bestimmte Fachleute, die verschiedene Bevölkerungsgruppen gleichmäßig vertreten, zur Mitarbeit heranzuziehen. Für die Berechnung des Drittels zählen nach dem Wortlaut des Gesetzes Abgeordnete mit nur beratender Stimme (Abs. 4) mit.

Die anderen Personen sind gem. §§ 54 Abs. 3, 43 auf die ihnen nach den §§ 40 bis 42 obliegenden Pflichten hinzuweisen. Eine Verpflichtung gem. § 60 kommt für sie nicht in Betracht.

10. Für jeden Ausschuss ist ein **Ausschussvorsitzender** zu bestimmen, der jedoch über verfahrensmäßige Aufgaben hinaus (vgl. § 72 Abs. 2, 3) keine weiteren Funktionen wahrnimmt. Er ist insbesondere nicht zur Wahrnehmung repräsentativer Aufgaben im Rahmen der Zuständigkeiten des Ausschusses, dem er vorsitzt, neben oder anstelle des HVB berufen, jedoch können ihm mit dessen Einverständnis von der Vertretung oder Hauptausschuss solche Aufgaben übertragen werden, z. B. dem Schulausschussvorsitzenden bei der Einweihung einer Schule. Für die Verteilung der Vorsitze im Zugreifverfahren gilt das Höchstzahlverfahren nach d'Hondt (Abs. 8 Satz 1) mit Losentscheid bei gleichen Höchstzahlen (Abs. 8 Satz 2), auf den jedoch verzichtet werden kann, wenn sich die an ihm Beteiligten über die Zuteilung des Vorsitzes einig sind. In die Verteilung werden, soweit die Vertretung sie bestimmt, die Vorsitze in Ausschüssen nach besonderen Rechtsvorschriften (§ 73) einbezogen (ebenso VG Braunschweig, Urt. v. 6.3.1987 – 1 VG A 200/86, s. RdSchr. NST 182/87 v. 4.6.1987, bestätigt durch OVG Lüneburg, Beschl. v. 15.12.1987 – 2 OVG A 69/87; die getrennte Verteilung setzt einen Beschluss nach Abs. 10 voraus), nicht aber auch der im Hauptausschuss. Ausschussvorsitzender kann auch ein Grundmandatar, nicht dagegen eine andere Person i. S. des Abs. 7 sein.

Die Stellvertretung der Ausschussvorsitzenden ist, abgesehen von einigen sondergesetzlichen Ausschüssen (vgl. Erl. 2 zu § 73), gesetzlich nicht geregelt. Die Regelung kann die Vertretung treffen, ohne dass es dazu jedoch eines einstimmigen Beschlusses gem. Abs. 10 bedarf. Sie kann z. B. darin bestehen, dass die Fraktion oder Gruppe, die den Vorsitzenden stellt, auch den Stellvertreter benennt, aber auch so getroffen werden, dass der Stellvertreter jeweils einer anderen Fraktion angehört. Ein Mehrheitsbeschluss, nach dem die stellvertretenden Vorsitzenden nur einer Fraktion oder Gruppe zustehen, stellte jedoch einen Rechtsmissbrauch dar. Die Abberufung des Vorsitzenden nur aus seiner Funktion gegen seinen Willen ist anders als die Abberufung als Ausschussmitglied (Abs. 9 Satz 3) nicht vorgesehen; ein Wechsel ist deshalb nur durch Abberufung des Vorsitzenden als Ausschussmitglied gem. Abs. 9 Satz 3 möglich. In diesem Fall oder bei einem Rücktritt des Vorsitzenden von seinem Amt benennt die Fraktion oder Gruppe, die den Vorsitz bei der Verteilung beansprucht hat, in einer Sitzung der Vertretung den Nachfolger; des Beschlusses nach Abs. 5 bedarf es nicht. Für den Fall der Verhinderung des Vorsitzenden und seines Stellvertreters kann in der Geschäftsordnung (s. dazu oben Erl. 1) geregelt werden, dass z. B. der Vorsitzende einen Stellvertreter bestimmt oder das älteste anwesende und dazu bereite Ausschussmitglied den Vorsitz übernimmt oder der Ausschuss sich einen Vorsitzenden wählt; ohne Bestimmung der Geschäftsordnung kann die entsprechende Regelung ad hoc getroffen werden.

Bei der Bildung eines zusätzlichen Ausschusses, bei der Auflösung eines Ausschusses und bei der Neubildung von Ausschüssen infolge Änderung des Stärkeverhältnisses in der Vertretung (Abs. 9 Satz 2) ist für alle Ausschüsse die Neubesetzung der Vorsitze erforderlich (a. A. VG Hannover, Urt. v. 10.9.1971 – I A 105/71). Das folgt bei der Änderung der Zahl der Ausschüsse schon daraus, dass diese Zahl Geschäftsgrundlage des Zugreifverfahrens ist. Mit dem Sinn des Abs. 8 wäre es nicht zu vereinbaren, die Ausschussvorsitze, die einen Teil der Zusammensetzung der Ausschüsse darstellen, von der Neuverteilung auszunehmen, wenn sich die Stärkeverhältnisse geändert haben; auch sie sind deshalb nach neuem Proporz zu verteilen, wenn das beantragt wird, und zwar auch dann, wenn sich die Änderung der Stärkeverhältnisse nur auf die Verteilung der Vorsitze, nicht auch die sonstige Zusammensetzung eines Ausschusses auswirkt.

11. Dem Ermessen der Vertretung bei der Bildung von Ausschüssen entspricht seine Freiheit, **Ausschüsse aufzulösen und neuzubilden.** Infolge der Regelung des Abs. 9 Satz 3 sind der **Austausch** eines Ausschussmitgliedes mit oder gegen seinen Willen durch die Fraktion oder Gruppe, die es entsandt hat, und die **Ersetzung** eines Ausschussmitgliedes nach seinem Ausscheiden nicht mehr nur durch eine Umbildung oder Neubesetzung des Ausschusses möglich. Der Austausch oder die Ersetzung ist abgeschlossen mit dem Beschluss der Vertretung, durch den die Besetzung des Sitzes mit dem neuen Mitglied festgestellt wird (Abs. 5); bis zu diesem Beschluss gehört das bisherige Ausschussmitglied, wenn es nicht durch Tod ausgeschieden ist, dem Ausschuss an. Die betreffende Fraktion oder Gruppe hat einen notfalls im Wege der kommunalverfassungsrechtlichen Streitigkeit durchsetzbaren Anspruch darauf, dass die Vertretung den Beschluss fasst (VG Oldenburg, Urt. v. 9.3.2010 a. a. O.). Wie bei allen Rechten darf von dem des Austausches eines Ausschussmitgliedes nicht willkürlich Gebrauch gemacht werden, weil das einen Rechtsmissbrauch darstellte, der auch entsprechend den Grundsätzen für die Abberufung eines Wahlbeamten (s. Erl. 7 zu § 109) gerichtlicher Überprüfung zugänglich ist (a. A. VG Hannover, Beschl. v. 28.3.2006, R&R 4/2006 S. 1). Der Austausch wegen wiederholten Abweichens von der Fraktions- oder Gruppenmeinung bei Abstimmungen im Ausschuss stellt einen Rechtsmissbrauch nicht dar, weil das gesetzliche Verfahren der Ausschussbildung gerade die Stärkeverhältnisse der Fraktionen und Gruppen gewährleisten will; ebenso wenig rechtsmissbräuchlich ist der Austausch eines fraktions- oder gruppenfremden Ausschussmitgliedes, das die abberufende Fraktion oder Gruppe entsandt hat, wenn sich das Verhältnis zu ihm oder der Fraktion oder Gruppe, der es angehört, verändert hat. Im Falle des Austritts eines Ausschussmitgliedes aus seiner Fraktion oder Gruppe oder im Falle seines Übertritts zu einer anderen Fraktion oder Gruppe, mit dem nicht automatisch das Ausscheiden aus dem Ausschuss verbunden ist, stellt der Austausch vielfach das gegenüber der Ausschussumbildung nach Abs. 9 Satz 2 einfachere Verfahren dar. Die Abberufung eines Mitgliedes ohne Nominierung eines anderen stellt eine Veränderung der durch den Beschluss gem. Abs. 5 festgestellten Besetzung dar und bedarf deshalb ebenfalls dieses Beschlusses zu ihrer Wirksamkeit.
In allen anderen Fällen, in denen die Abberufung oder die Ersetzung eines Ausschussmitgliedes nicht ausreicht, um die Entsprechung der Stärkeverhältnisse in der Vertretung und im Ausschuss herzustellen, sind Veränderungen der Ausschussbesetzung mit Rücksicht auf die Notwendigkeit, den Beschluss gem. Abs. 5 zu ändern, rechtlich nur durch Neubesetzung des Ausschusses möglich, die voraussetzt, dass seine Sitze frei sind und deshalb die Auflösung des Ausschusses und Neubildung mit dem Ersatzmitglied bedeutet, weil das Gesetz für diese Fälle die Einzelnachfolge nicht vorsieht (vgl. Hannover, Beschl. v.

27.7.1987 – 9 VG D 10/87). Bis zum Ausscheiden infolge des Beschlusses nach Abs. 5 wird das Ausschussmitglied bei Verhinderung in der dafür vorgesehenen Weise vertreten.

Wegen der jederzeitigen Auflösungsmöglichkeit und der zusätzlich bestehenden Austauschmöglichkeit hat ein Ausschussmitglied bei Auflösung und Neubildung des Ausschusses keinen Anspruch auf Berücksichtigung bei der Ausschussbesetzung (ebenso VG Hannover, Beschl. v. 27.7.1987 – 9 VG D 10/87). Aufgrund des geänderten Rechts hat die Rechtsprechung des OVG Lüneburg (Urt. v. 22.4.1986, NVwZ-RR 1989 S. 94) zur grundsätzlichen Unentziehbarkeit der Rechtsstellung von Ausschussmitgliedern keine Bedeutung mehr. Für das Verfahren der Neubildung eines Ausschusses gelten dieselben Regelungen wie für seine erstmalige Bildung, ggf. ist also auch ein neuer Losentscheid erforderlich, unabhängig davon, ob schon beim ersten Mal um die Besetzung desselben Sitzes zwischen denselben Fraktionen oder Gruppen hat gelost werden müssen.

12. Den Antrag auf **Neubesetzung eines Ausschusses,** die rechtlich ein Fall der Neubildung ist (ebenso Schriftlicher Bericht, Drs. 15/2886, zu Nr. 16), können nur diejenigen stellen, deren Mitgliedschaftsrechte durch die Änderung des Stärkeverhältnisses betroffen werden, nicht also z. B. ein fraktionsloser Abgeordneter oder eine Fraktion/Gruppe, deren Mitgliederzahl im Ausschuss unverändert bleibt. Begründet ist der Antrag immer dann, wenn die Zusammensetzung des Ausschusses nicht mehr dem Stärkeverhältnis der Fraktionen und Gruppen in der Vertretung entspricht. Der häufigste Fall ist die Änderung des Stärkeverhältnisses infolge der Neubildung einer Fraktion oder Gruppe, der Auflösung einer bisher bestehenden Fraktion oder Gruppe, ihrer Spaltung oder der Veränderung ihres Mitgliederbestandes durch Ausscheiden oder Beitritt. Darüber hinaus ist der Antrag gerechtfertigt, wenn sich in der Vertretung eine neue Fraktion oder Gruppe gebildet hat, ohne dass sich das auf die Ausschusszusammensetzung bei den stimmberechtigten Mitgliedern auswirkt, weil sich durch die Neubildung das Stärkeverhältnis der Fraktionen und Gruppen in der Vertretung verändert hat und die neue Fraktion oder Gruppe jedenfalls Anspruch auf ein Grundmandat hat (Abs. 4), mit dem sie bisher im Ausschuss nicht vertreten ist. Seit der Novelle vom April 2005 ist aber die Änderung des Stärkeverhältnisses nicht mehr Voraussetzung für das Begehren nach Neubesetzung. Auch jede andere Störung der Spiegelbildlichkeit rechtfertigt es, z. B. auch die Änderung des Gesetzes (a. A. NdsOVG, Beschl. v. 10.10.2005, R&R 5/2005 S. 1 = NVwZ-RR 2006 S. 496, das weiterhin die Änderung des Stärkeverhältnisses in der Vertretung zur Voraussetzung macht). Ist gem. Abs. 10 ein abweichendes Verfahren beschlossen, rechtfertigt die Änderung des Stärkeverhältnisses jedenfalls dann den Umbildungsanspruch, wenn das Stärkeverhältnis zur Grundlage der einstimmigen Ausschussbesetzung gemacht worden ist und die Rückkehr zum gesetzlich vorgesehenen Verfahren nur einvernehmlich für zulässig angesehen wird (s. Erl. 13 a. E.).

Die Umbildung eines Ausschusses bleibt für sich genommen auf den Ausschussvorsitz ohne Auswirkung; bei Ausscheiden des bisherigen Ausschussvorsitzenden, auch infolge einer Umbildung, benennt die bisher berechtigte Fraktion oder Gruppe einen neuen Vorsitzenden. Wegen der Neuverteilung der Ausschussvorsitze vgl. Erl. 10.

Die Regelungen des Abs. 9 bezüglich der Neuverteilung infolge Änderung der Stärkeverhältnisse und des Austausches oder der Ersetzung von Personen gelten entsprechend auch für die Stellen nach Abs. 6 (Abs. 9 Satz 4). Voraussetzung für die damit verbundene Abberufung von bestellten Vertretern ist jedoch, dass diese nicht gesetzlich oder durch das Statut der Organisation (Satzung, Gesellschaftsvertrag), in der die Vertreter tätig sind, ausgeschlossen ist. Das ist dann der Fall, wenn die Vertreter gesetzlich, satzungsmäßig oder gesellschaftsvertraglich für eine bestimmte Zeit (z. B. für die Dauer der Wahlperiode) bestellt werden, ohne dass zugleich die Möglichkeit ihrer Abberufung eröffnet wird (vgl. z. B. § 111 Abs. 1, § 103 AktG; ebenso VG Hannover, Beschl. v. 14.12.1987 – 9 VG D 71/87). Hat der Entsandte als Vertreter der Kommune deren Interessen wahrzunehmen, ist eine Abberufung nicht nur im Zusammenhang mit einer Neubesetzung infolge Änderung des Stärkeverhältnisses möglich, sondern auch dann, wenn der Vertreter pflichtwidrig Weisungen der Vertretung zuwidergehandelt hat. Zur Abberufung von Mitgliedern in der Gesellschafterversammlung und vergleichbaren Gremien und von Aufsichtsratsmitgliedern s. auch Erl. 4 und 5 zu § 138. Eine Neubesetzung stellt auch das Nachrücken eines Ersatzmannes dar, z. B. nach Niederlegung der Vertretung oder Aufgabe des Mandats, auf der die Vertreterbestellung beruht, durch den bisherigen Vertreter. Für die Neubesetzung der Stellen nach Abs. 6 gilt im Übrigen das zur Neubildung von Ausschüssen Gesagte (vgl. Erl. 11) entsprechend.

13. Die Vertretung kann generell durch die Geschäftsordnung oder durch Einzelbeschluss für die jeweilige Ausschussbildung einstimmig ein von den Abs. 2, 3, 4, 6 und 8 **abweichendes Verfahren** festlegen (Abs. 10). So kann z. B. statt des Verfahrens nach Hare-Niemeyer das nach d'Hondt angewendet, auf das Grundmandat gem. Abs. 4 verzichtet oder die Ausschussbesetzung ohne Rücksicht auf Fraktionen und Gruppen und ihr Stärkeverhältnis, also auch unter Einbeziehung fraktions- und gruppenloser Mitglieder der Vertretung vorgenommen werden; von der Bestimmung des Abs. 7 kann nur bezüglich des Hinzutritts von Beschäftigten einstimmig abgewichen werden (Abs. 7 Satz 1 2. Halbsatz). Zum Verfahren i. S. des Abs. 10 gehört auch die Bestimmung des Abs. 8 Satz 3, wonach Vorsitzender nur ein Mitglied der Vertretung sein kann, so dass einstimmig auch eine andere Person i. S. des Abs. 7 oder ein nicht der Vertretung angehörendes Mitglied des Schul- und des Jugendhilfeausschusses zum Vorsitzenden berufen werden kann. Ist die Regelung durch die Geschäftsordnung getroffen worden, gilt sie für alle Ausschussbildungen in der laufenden Wahlperiode, wenn nicht die Geschäftsordnung inzwischen geändert wird. Ist sie dagegen durch Einzelbeschlüsse getroffen worden, dann ist bei jeder Ausschussneubildung Einstimmigkeit für eine von der gesetzlichen Regelung abweichende Verfahrensweise erforderlich. Angesichts der Befugnis der Vertretung zur jederzeitigen Änderung der Geschäftsordnung und Auflösung von Ausschüssen kann die Vertretung auch jederzeit mit einfacher Mehrheit zu der im Gesetz vorgesehenen Ausschussbesetzung zurückkehren (ebenso VG Stade, Urt. v. 14.3.1985 – 1 VG A 304/83; a. A., nur einstimmig, OVG Lüneburg, Beschl. v. 31.7.1984 – 2 OVG B 39/84).
Die vorgeschriebene Einstimmigkeit ist erreicht, wenn alle anwesenden Mitglieder der Vertretung, also einschließlich des anwesenden HVB, zustimmen; nicht

gefordert ist die Zustimmung aller Mitglieder der Vertretung (VG Braunschweig, Urt. v. 18.7.1963 – I A 42/63). Bei Stimmenthaltungen ist die Einstimmigkeit nicht erreicht.

§ 72 Verfahren in den Ausschüssen

(1) Die Geschäftsordnung bestimmt, ob Sitzungen der Ausschüsse öffentlich
oder nicht öffentlich sind; sind sie öffentlich, so gelten die §§ 62 und 64 entsprechend.

(2) [1]Die Abgeordneten sind berechtigt, bei allen Sitzungen der Ausschüsse der
Vertretung zuzuhören. [2]Wird in einer Ausschusssitzung ein Antrag beraten,
den eine Abgeordnete oder ein Abgeordneter gestellt hat, die oder der dem
Ausschuss nicht angehört, so kann sie oder er sich an der Beratung beteiligen.
[3]Die oder der Ausschussvorsitzende kann einer oder einem nicht zum Ausschuss gehörenden Abgeordneten das Wort erteilen.

(3) [1]Die Ausschüsse werden von der Hauptverwaltungsbeamtin oder dem
Hauptverwaltungsbeamten im Einvernehmen mit der oder dem Ausschussvorsitzenden einberufen. [2]Der Ausschuss ist einzuberufen, wenn es die Geschäftslage erfordert oder ein Drittel der Ausschussmitglieder unter Angabe
des Beratungsgegenstands die Einberufung verlangt. [3]Die Hauptverwaltungsbeamtin oder der Hauptverwaltungsbeamte stellt im Benehmen mit der oder
dem Ausschussvorsitzenden die Tagesordnung auf. [4]Das sonstige Verfahren
der Ausschüsse kann in der Geschäftsordnung geregelt werden. [5]Im Übrigen
gelten die Vorschriften für die Vertretung entsprechend.

§§ 52 NGO, 47a NLO, 59 RegionsG

ERLÄUTERUNGEN zu § 72

1. Der Grundsatz der **Öffentlichkeit der Sitzungen** gilt für die Fachausschüsse
nach § 71 Abs. 1 und die Ausschüsse nach besonderen Rechtsvorschriften
(§ 73), für die insoweit keine sondergesetzlichen Regelungen bestehen, gesetzlich nicht mehr, vielmehr hat die **Geschäftsordnung** zu bestimmen, ob die Sitzungen öffentlich oder nicht öffentlich sind. Irgendwelche Voraussetzungen für
die Bestimmung bestehen nicht, so dass die Vertretung bei ihrer Regelung völlig
frei ist. Allerdings hat sie selbst über die Öffentlichkeit zu bestimmen, kann
diese Regelung also nicht dem Ausschuss überlassen. Die Regelung muss nicht
für alle Ausschüsse oder alle Angelegenheiten einheitlich getroffen werden, d. h.
es kann z. B. festgelegt werden, dass bestimmte Ausschüsse regelmäßig nicht
öffentlich tagen oder dass bestimmte Angelegenheiten, z. B. Personalien, Bau-
sachen, Vergaben oder diejenigen, über die der Verwaltungsausschuss zu entscheiden hat und bei deren Vorbereitung die Ratsausschüsse nach § 85 Abs. 1
Satz 2 zu beteiligen sind, unabhängig von dem Erfordernis, sie vertraulich zu
behandeln (§ 64), regelmäßig in nicht öffentlicher Sitzung zu beraten sind. Zur
Öffentlichkeit bei der Behandlung von Angelegenheiten, die dem Ausschuss
nach § 76 Abs. 3 übertragen sind s. Erl. 4 zu § 76. Ist geregelt, dass die Sitzun-

gen öffentlich sind, gilt § 64 entsprechend, d. h. die Öffentlichkeit ist auszuschließen, wenn das öffentliche Wohl oder berechtigte Interessen einzelner das erfordern (s. Erl. 4 zu § 64).
Der **Verstoß** gegen die Geschäftsordnungsregelung bleibt wegen deren fehlender Außenwirkung (s. Erl. 2 zu § 69 und 2 a. E. zu § 71) folgenlos; Mitgliedschaftsrechte von Ausschussmitgliedern werden dadurch nicht berührt (s. Erl. 1 zu § 64). Wenn gegen die Pflicht zu nicht öffentlicher Beratung verstoßen wird, kann das allerdings privatrechtliche Schadensersatzforderungen zur Folge haben (s. Erl. 1 zu § 64).
Zur **Einwohnerfragestunde** s. Erl. 1 und 2 zu § 62. **Anhörungen** von anwesenden Sachverständigen und Einwohnern kann ein Ausschuss wie die Vertretung durchführen; sie können durch die Geschäftsordnung nicht ausgeschlossen werden (NdsOVG, Urt. v. 20.7.1999, VwRR N S. 115).

2. Jeder Abgeordnete kann bei allen öffentlichen und nicht öffentlichen Ausschusssitzungen **anwesend sein** und **zuhören.** Dieses Anwesenheitsrecht gewährt keinen Anspruch darauf, an den Beratungen teilzunehmen oder angehört zu werden, weil das Mitberatungs- und das Rederecht Mitgliedschaftsrechte darstellen, die Nichtmitgliedern deshalb nicht zustehen. Das Gesetz durchbricht diesen Grundsatz in zweifacher Weise und macht dadurch deutlich, dass weitere Durchbrechungen nicht zulässig sind. Der eine Fall ist der, dass ein Abgeordneter in der Vertretung, im Hauptausschuss oder in einem anderen Ausschuss, dem er angehört, **einen Antrag gestellt** hat. Wird dieser Antrag einem Ausschuss zur Beratung überwiesen, dem der Antragsteller nicht angehört, kann er an der dort stattfindenden Beratung seines Antrages wie ein Ausschussmitglied teilnehmen; d. h. es stehen ihm bei diesem Tagesordnungspunkt alle Mitgliedschaftsrechte bis auf das Recht zu, an einer Abstimmung über die Angelegenheit teilzunehmen. Er kann im Rahmen der Beratung insbesondere Fragen an die Verwaltung richten und Anträge stellen.
Der andere Fall besteht darin, dass der Ausschussvorsitzende einem zuhörenden Abgeordneten **das Wort erteilen** kann. Ob und in welchem Umfang er das tut, entscheidet er im Rahmen seines Ermessens als Sitzungsleiter und hat dabei auf die Funktion des Ausschusses als Vorbereitungsgremium für die Vertretung und den Hauptausschuss Bedacht zu nehmen. Er handelte ermessensfehlerhaft, wenn er zuließe, dass ein oder mehrere Zuhörer durch sachfremde Beiträge die Beratungen über Gebühr in die Länge zögen oder die Beratung zu Lasten der Ausschussmitglieder an sich rissen; dadurch könnten Mitgliedschaftsrechte der Ausschussmitglieder berührt sein. Die Worterteilung an zuhörende Abgeordnete darf nicht den Regelfall darstellen, sondern muss Ausnahme bleiben. Einem zuhörenden Abgeordneten, der dem Mitwirkungsverbot nach § 41 unterliegt, darf die Mitwirkung durch Worterteilung seitens des Vorsitzenden nicht ermöglicht werden, vielmehr hat er in einer nicht öffentlichen Sitzung wie ein Ausschussmitglied den Beratungsraum zu verlassen und darf sich bei einer öffentlichen Sitzung in dem für Zuhörer bestimmten Teil aufhalten (§ 41 Abs. 5); er kann unter den in der Geschäftsordnung geregelten Voraussetzungen des § 62 Abs. 2 angehört werden, der eine Durchbrechung des Mitwirkungsverbots zulässt. Die Worterteilung an andere Zuhörer ist ausgeschlossen; ihre Beteiligung an den Beratungen ist abschließend durch § 62 geregelt.

Die Vorschrift betrifft nur Abgeordnete, nicht also den **HVB**, für dessen Beteiligung an Sitzungen der Ausschüsse aber § 87 Abs. 2 maßgebend ist.

Es bestehen keine Bedenken dagegen, einem Abgeordneten, der als Antragsteller an der Beratung seines Antrages mitgewirkt hat, ein satzungsrechtlich vorgesehenes **Sitzungsgeld** zu zahlen. Zuhörende Abgeordnete haben auch im Falle der Worterteilung an sie so wenig Anspruch auf eine Entschädigung wie sonstige Zuhörer.

3. Das OVG Lüneburg (Beschl. v. 18.11.1983 – 2 OVG B 80/83) erstreckt das Recht der Abgeordneten, an allen Sitzungen als Zuhörer teilzunehmen, auch auf Einrichtungen (Kommissionen) der Vertretung, die nicht die Rechtsstellung eines Ausschusses haben; das wird jedoch nur für solche gelten können, die den Ausschüssen vergleichbare Aufgaben wahrnehmen, nicht aber auch für solche, die weder der Vertretung noch der Verwaltung als Gremien zugeordnet sind (VG Stade, Urt. v. 28.3 1985 – 1 VG A 234/83). Für solche den Ausschüssen vergleichbare Gremien kann auch das Mitberatungsrecht des Antragstellers und das Rederecht nach Worterteilung durch den Vorsitzenden angenommen werden.

4. Die **Einberufung der Ausschüsse der Vertretung** obliegt grundsätzlich dem HVB als Amtsinhaber, der auch den Zeitpunkt, also auch die Uhrzeit und den Ort der Sitzung zu bestimmen hat. Dabei ist er jedoch an das Einvernehmen des Ausschussvorsitzenden gebunden. Der Sinn dieser Regelung besteht darin, eine an der jeweiligen Geschäftslage orientierte zweckmäßige Terminierung der Ausschusssitzungen zu gewährleisten. Dabei ist den Belangen des Ausschusses ebenso wie den jeweils aktuellen Bedürfnissen der Verwaltung Rechnung zu tragen. Eine Bindung des HVB durch die Geschäftsordnung, die diese Gesichtspunkte unberücksichtigt lässt, ist mit der Vorschrift nicht zu vereinbaren. Verweigert der Ausschussvorsitzende sein Einvernehmen ohne stichhaltigen Grund oder aus rein persönlichen Gesichtspunkten, die nicht auch zugleich für die anderen Ausschussmitglieder gelten, muss der HVB als zur Einladung ohne Beteiligung des Ausschussvorsitzenden berechtigt angesehen werden. Bei der zeitlichen Festlegung des Sitzungsbeginns ist in gleicher Weise auf die Belange der Ausschussmitglieder und der beteiligten Gemeindebediensteten Bedacht zu nehmen. Wie bei der Vertretung (§ 59 Abs. 3) hat der HVB auch bei der Aufstellung der Tagesordnung für Ausschusssitzungen das Benehmen mit dem Ausschussvorsitzenden herzustellen, das jedoch auch hier nicht Einvernehmen bedeutet. Der HVB muss also dem Ausschussvorsitzenden vor Absendung der Tagesordnung Gelegenheit geben, zu ihr Stellung zu nehmen, ist aber nicht verpflichtet, Einwände zu berücksichtigen; ihm steht bei fehlender Einigung das Entscheidungsrecht zu. Die Einberufung ist auch dann wirksam, wenn das Benehmen überhaupt fehlt (vgl. VGH Kassel, Urt. v. 13.2.1979 – II OE 144/77). Das Recht des Ausschussvorsitzenden zu verlangen, dass ein bestimmter Beratungsgegenstand auf die Tagesordnung gesetzt wird, besteht wie für alle anderen Ausschussmitglieder als Mitgliedschaftsrecht nur im Rahmen des § 56. Zur Einberufung und Aufstellung der Tagesordnung gilt im Übrigen das in den Erl. zu § 59 Gesagte hier sinngemäß.

Die Einberufung der Fachausschüsse und die Aufstellung der Tagesordnung ihrer Sitzungen obliegen dem HVB. Bei **Verhinderung** des HVB vertritt ihn bei der Einberufung und der Aufstellung der Tagesordnung der allgemeine Stellvertreter (§ 81 Abs. 3); die nur bei der Vertretung bestehenden Vereinfachungsgründe (schriftlicher Bericht Drs. 16/3147 S. 9) für die Vertretung durch den Vorsitzenden (§ 59 Abs. 3 Satz 3) liegen beim Ausschuss nicht vor, sodass diese Regelung nicht entsprechend anwendbar ist.

5. Das **Recht, den Ausschuss einberufen zu lassen,** steht einem Drittel der Ausschussmitglieder zu, zu denen auch die nicht der Vertretung angehörenden stimmberechtigten oder beratenden Mitglieder (§ 71 Abs. 7) gehören; das Verlangen einer Fraktion genügt nicht (vgl. Erl. 5 zu § 59). Anders als bei der Vertretung (§ 69 Abs. 2 Satz 3) muss der HVB den Ausschuss nicht „unverzüglich" einberufen; wegen der Regelung dieser Materie in Abs. 3 Satz 2 kommt entgegen VG Stade (Beschl. v. 29.6.1990 – 1 B 52/90) § 59 Abs. 2 Satz 3 nicht als eine „im Übrigen" geltende Vorschrift gem. Abs. 3 Satz 5 zum Zuge; die Einberufung darf aber nicht grundlos verzögert werden. Als Beratungsgegenstand, der anzugeben ist, kommt jeder in Betracht, der für einen Antrag gem. § 56 in Betracht kommt, also auch einer, der nur erörtert werden soll und nicht die Beschlussfassung eines Organs zum Ziel hat.

6. Aus der Rangfolge der Sätze 4 und 5 des Abs. 3 ergibt sich, dass für das Verfahren in den Ausschüssen die Vorschriften für die Vertretung nur insoweit entsprechend gelten, als nicht anderweitige Regelungen der Geschäftsordnung bestehen. Der Spielraum für solche Regelungen ist hier wesentlich größer als beim Organ Hauptausschuss, für dessen Verfahren nur insoweit von den Regelungen für die Vertretung abgewichen werden kann, als sie in der Geschäftsordnung getroffen sind (§ 78 Abs. 4). Grundsätzlich stehen damit wesentliche für die Vertretung bestehende Verfahrensvorschriften zur Disposition (z. B. § 59 Abs. 1: Ladungsform; § 59 Abs. 3: Erweiterung der Tagesordnung; § 68: Niederschrift; s. auch R&R 5/2006 S. 14), soweit nicht Abs. 1 und Abs. 3 Sätze 1 bis 3 verbindliche Regelungen für den Fall der Öffentlichkeit der Sitzungen, die Einberufung und die Aufstellung der Tagesordnung enthalten; auch das Antragsrecht des einzelnen Abgeordneten, das Ausschussmitglied ist, kann materiell nicht eingeschränkt werden (§ 56). Da die Frage der Öffentlichkeit der Sitzungen geschäftsordnungsmäßig zu regeln ist, kann auch durch die Geschäftsordnung die Frage der **ortsüblichen Bekanntmachung** von Zeit, Ort und Tagesordnung der Sitzungen abweichend von § 59 Abs. 4 geregelt werden. Es genügt bei öffentlichen Sitzungen eine Hinweisbekanntmachung oder jede sonstige Unterrichtung der Öffentlichkeit über das Stattfinden der Sitzung; der Verzicht auf jegliche Bekanntgabe stände allerdings mit der Regelung, dass die Sitzungen der Vertretung öffentlich stattfinden, nicht im Einklang. Ein Verstoß gegen die geschäftsordnungsmäßigen Regelungen der Bekanntmachung bleibt folgenlos (s. Erl. 1). Da vielen Ausschüssen andere Personen ohne Stimmrecht angehören (§ 71 Abs. 7), sollte die Geschäftsordnung insbesondere regeln, von welcher Mitgliederzahl bei der Ermittlung der Beratungs- und **Beschlussfähigkeit** der Ausschüsse auszugehen ist; besteht eine solche Regelung nicht, gilt gem. Abs. 3 Satz 4 die Vorschrift für die Vertretung entsprechend (vgl. Erl. 8 zu § 65).
Im Hinblick auf das Antragsrecht gem. § 56 ist es nicht zulässig, die Tätigkeit der Ausschüsse auf die Vorbereitung derjenigen Gegenstände zu beschränken, mit denen sie durch die Organe befasst werden (§ 71 Abs. 1, § 86 Abs. 1

Satz 2). Mit der vorrangigen Aufgabe der Ausschüsse, Beschlüsse der Vertretung durch Beratung vorzubereiten, ist ein **Umlaufverfahren** zur Erstellung einer Ausschussempfehlung nicht vereinbar, insbesondere im Fall der Öffentlichkeit der Ausschusssitzungen. Hat ein Ausschuss nach § 73 Beschlusskompetenz, kann, wenn seine Sitzungen nicht öffentlich sind oder in einer Angelegenheit, deren Behandlung nach § 64 den Ausschluss der Öffentlichkeit erfordert, die Geschäftsordnung die Beschlussfassung im Umlaufverfahren vorsehen. Zum Umlaufverfahren bei „beschließenden" Ausschüssen nach § 76 Abs. 3 s. Erl. 5 zu § 76.

Da die Bildung von Fachausschüssen gesetzlich nicht vorgeschrieben ist, bleiben **Verfahrensfehler** bei ihrer Beteiligung ohne Auswirkungen auf die Wirksamkeit von Beschlüssen der Vertretung und des Hauptausschusses (dazu näher Erl. 2 a. E. zu § 71).

Zu den Besonderheiten des Verfahrens eines Ausschusses, dem nach § 76 Abs. 3 Beschlusszuständigkeiten übertragen sind, s. Erl. 5 zu § 76.

§ 73 Ausschüsse nach besonderen Rechtsvorschriften

¹**Die §§ 71 und 72 sind auf Ausschüsse der Kommune anzuwenden, die auf besonderen Rechtsvorschriften beruhen, soweit diese die Zusammensetzung, die Bildung, die Auflösung, den Vorsitz oder das Verfahren nicht regeln. ²Die nicht der Vertretung angehörenden Mitglieder solcher Ausschüsse haben Stimmrecht, soweit sich aus den besonderen Rechtsvorschriften nichts anderes ergibt.**

§§ 53 NGO, 47b NLO, 60 RegionsG

ERLÄUTERUNGEN zu § 73

1. Die Vorschrift gilt für **gesetzlich vorgesehene Ausschüsse der Vertretung** und **Ausschüsse der Kommune** mit eigenen ihnen besonders zugewiesenen Zuständigkeiten. Die wichtigsten dieser Ausschüsse sind der Schulausschuss (§ 110 NSchG), der Betriebsausschuss (§ 140 Abs. 2), der Jugendhilfeausschuss (§§ 70, 71 SGB VIII, § 2 ff. AGKJHG), der Umlegungsausschuss (§ 46 BauGB, § 3 ff. DVO-BauGB in der Fassung v. 24.5.2005, Nieders. GVBl. S. 183), der Grundstücksverkehrsausschuss (§ 41 LandwKammerG).

Kein Ausschuss i. S. d. § 73 ist der Jagdbeirat, dessen Mitglieder gem. § 39 Nieders. Jagdgesetz von der kommunalen Vertretung gewählt werden; er hat insbesondere keine Organstellung, sondern nur beratende Funktionen (§ 39 Abs. 3 Jagdgesetz). Die Wahl der Mitglieder erfolgt nach § 67.

Während ein Teil der gesetzlich vorgeschriebenen Ausschüsse (Schulausschuss, Jugendhilfe- oder Jugendausschuss, Betriebsausschuss) wie die von der Vertretung gem. § 71 Abs. 1 gebildeten Ausschüsse für diese entweder, wie der Schulausschuss und der Jugendausschuss, ausschließlich beratend tätig sind oder, wie der Jugendhilfeausschuss und der Betriebsausschuss, eigene Beschlusszuständigkeiten besitzen, haben die sonstigen Ausschüsse der Kommune (Umlegungsaus-schuss, Grundstücksverkehrsausschuss, Jugendwohlfahrtsausschuss) den Cha-rakter von kommunalen Dienststellen mit Verwaltungsfunktionen. Zur Übertragung von Aufgaben eines Fachausschusses auf einen gesetzlichen Aus-schuss s. Erl. 2 zu § 71.

2. Auf diese Ausschüsse finden die Vorschriften der §§ 71 und 72 dann **Anwen-dung**, wenn sondergesetzlich die Zusammensetzung, die Form der Bildung, die Auflösung, der Vorsitz oder das Verfahren nicht im Einzelnen geregelt sind. Im Einzelnen gilt Folgendes:
Schulausschuss: Er setzt sich aus Mitgliedern der Vertretung und aus stimmbe-rechtigten Vertretern der Schule zusammen, deren Zahl jeweils die Vertretung festlegt (s. dazu § 110 Abs. 2 bis 4 NSchG i. V. m. der VO über das Berufungs-verfahren für die kommunalen Schulausschüsse v. 17.10.1996, Nds. GVBl. S. 432). Für die Berufung der Mitglieder gilt § 71 Abs. 2 bis 5. Die Vertreter der Schule werden von der Vertretung aufgrund verbindlicher Vorschläge der nach § 110 NSchG Berechtigten berufen, jedoch können Mitglieder der Vertretung (s. Erl. 9 zu § 71) und Beschäftigte der Kommune (§ 71 Abs. 7) nicht vorge-schlagen und berufen werden (zu den Beschäftigten: Nds. OVG, Urt. v. 15.2.2011, R&R 2/2011 S. 1); die Vorschläge sind nur insoweit bindend, als sie mit dem Gesetz vereinbar sind; die Auseinandersetzung zwischen Vorschlagsbe-rechtigten und der Vertretung über die Rechtmäßigkeit des Vorschlags ist eine kommunalverfassungsrechtliche Streitigkeit (Nds. OVG, Urt. v. 15.2.2011 a. a. O.). Die Regelungen über Grundmandate (§ 71 Abs. 4) finden Anwen-dung. Im Hinblick auf die spezialgesetzlich insoweit abschließende Regelung des § 110 NSchG kommt die Berufung weiterer Ausschussmitglieder gem. § 71 Abs. 7 nicht in Betracht. Die Ausschussbildung wird durch den Beschluss gem. § 71 Abs. 5 abgeschlossen. Der Ausschussvorsitzende wird gem. § 71 Abs. 8 bestimmt (s. Erl. 13 zu § 71). Bei Änderung der Stärkeverhältnisse in der Ver-tretung wird die Umbildung des Ausschusses nur bei den Mitgliedern der Ver-tretung vorgenommen. Alle Ausschussmitglieder haben Stimmrecht (ausgenom-men Grundmandatare) und das Recht, Anträge zu stellen (s. Erl. 3 zu § 56); das Auskunftsverlangen nach § 56 Satz 2 ist dagegen nur Mitgliedern der Vertre-tung eingeräumt. Die Rechtsstellung der nicht der Vertretung angehörenden Mitglieder richtet sich im Übrigen gem. § 71 Abs. 7 nach den §§ 54, 55 (s. Erl. 5). Verliert ein Vertreter der Schule seinen Sitz, dann wird unter den Vor-aussetzungen des § 6 Abs. 4 der VO über das Berufungsverfahren ein neues Berufungsverfahren durchgeführt. Für die Stellvertretung der nicht der Vertre-tung angehörenden Mitglieder gilt § 6 Abs. 1 Satz 3 der VO über das Beru-fungsverfahren.
Bestimmt die Vertretung, dass nur die Mindestanzahl der Vertreter der in § 110 Abs. 2 und 3 NSchG genannten Gruppen dem Schulausschuss angehören soll, kommt nicht § 71 Abs. 2, sondern § 66 zur Anwendung, weil Einzelvertreter unterschiedlicher Gruppen zu berufen, also nicht Stellen gleicher Art zu beset-zen sind; nur wenn mehrere gleichartige Vertreter einer Gruppe zu berufen sind, gilt § 71 Abs. 2, 3.
Betriebsausschuss: Betriebsausschüsse sind für die Eigenbetriebe zu bilden (§ 140 Abs. 2). Die auf § 178 Abs. 1 Nr. 12 gestützte EigBetrVO (v. 27.1.2011,

GVBl. S. 21) bestimmt in ihrem § 4 Nr. 4, dass die Betriebssatzung Vorschriften über die Zusammensetzung des Betriebsausschusses enthalten muss; sie ist deshalb eine besondere Rechtsvorschrift i. S. d. Gesetzes und geht dem § 71 vor. Zu Mitgliedern des Betriebsausschusses können Mitglieder der Vertretung, Beschäftigte der Kommune und andere Dritte bestimmt werden. Soweit sie in der Satzung nicht einzeln bezeichnet sind (z. B. der Kämmerer), werden die unterschiedlichen Gruppen angehörenden Mitglieder (z. B. Abgeordnete, Beschäftigte) in getrennten Verfahren berufen. Die Satzung kann bestimmen, dass und welche Qualifikation die Mitglieder aufweisen müssen und ob sie Stimmrecht haben oder nicht. Eine Verpflichtung, Grundmandate vorzusehen, besteht nicht. § 71 kommt im Übrigen nur zum Zuge, wenn die Satzung sich ganz oder teilweise einer eigenständigen Regelung enthält oder auf ihn verweist; in einem solchen Fall gilt auch die Regelung über Grundmandate und § 71 Abs. 7 mit der Folge, dass Beschäftigte der Kommune ausgeschlossen sind. Sofern die Voraussetzungen des § 110 Abs. 1 (wirtschaftliche Aufgabenstellung, s. Erl. 2 zu § 140) und 2 NPersVG vorliegen, sind Vertreter der Beschäftigten des Eigenbetriebs zu wählen; liegen die Voraussetzungen nicht vor, kann die Betriebsatzung das vorsehen. Soweit sie an Beschlüssen des Betriebsausschusses (mit oder ohne Stimmrecht) mitwirken, d. h. öffentliche Verwaltungsaufgaben wahrnehmen, kann zweifelhaft sein, ob ihre Wahl durch die Bediensteten (§ 110 Abs. 3 a. a. O.) ihnen die nach Art. 20 Abs. 2 GG erforderliche Legitimation verschafft (vgl. HessStGH, Urt. v. 30.4.1986, DVBl. 1986 S. 936 und NRWVerfGH, Urt. v. 15.9.1986, NVwZ 1987 S. 211 zur betrieblichen Mitbestimmung bei Sparkassen). Zu derselben Problematik beim Verwaltungsrat der kommunalen Anstalt hat sich der Gesetzgeber auf den Standpunkt gestellt, die notwendige Legitimation würde durch den bestätigenden Beschluss der Vertretung nach § 110 Abs. 4 NPersVG vermittelt (s. Erl. 2 zu § 145). Enthält die Betriebssatzung keine Bestimmungen über den Vorsitz und über die Auflösung des Betriebsausschusses, gilt § 71 Abs. 8 und 9; fehlt eine Regelung über die Vertretung, trifft sie die Vertretung nach der mit dem Beschluss nach § 71 Abs. 5 abgeschlossenen Ausschussbildung.

Jugendhilfeausschuss: Dieser Ausschuss ist Teil des von dem örtlichen Träger der Jugendhilfe zu errichtenden Jugendamtes; die in ihm zu besetzenden Stellen sind solche nach § 71 Abs. 6 mit der Folge, dass für die Besetzung § 71 Abs. 2, 3 und 5 entsprechend anzuwenden ist, nicht dagegen auch § 71 Abs. 4; der Anspruch auf ein Grundmandat basiert auf § 4 Abs. 3 AGKJHG, Grundmandatar kann ein Mitglied der Vertretung oder ein Vertretungsfremder sein (§ 71 Abs. 1 Nr. 1 SGB VIII); § 71 Abs. 4 Satz 2 findet keine Anwendung. An der Sitzverteilung sind folgende Personengruppen beteiligt: die von den Fraktionen und Gruppen der Vertretung vorzuschlagenden Mitglieder der Vertretung oder Vertretungsfremden (§ 71 Abs. 1 Nr. 1 SGB VIII), die von den Trägern der freien Jugendhilfe vorzuschlagenden (§ 71 Abs. 1 Nr. 2 SGB VIII) und die Mitglieder mit beratender Stimme (§ 4 AG KJHG); für jede der drei Gruppen findet ein gesondertes Verteilungsverfahren gem. § 71 Abs. 2, 3 statt, sofern bei den beratenden Mitgliedern nicht nur Einzelpersonen durch Beschluss nach § 66 zu berufen sind. Mitglieder der Vertretung und Beschäftigte der Kommune (s. Erl. 9 zu § 71) können nicht als Mitglieder gem. § 71 Abs. 1 Nr. 2 SGB VIII berufen werden; das gilt aber nicht für die beratenden Mitglieder, die in ihrer

Funktion als Beschäftigte der Kommune dem Jugendhilfeausschuss angehören (§ 4 Abs. 1 Nrn. 1, 2, 6 AGKJHG). Wegen der insoweit abschließenden Regelung kommt die Berufung von Ausschussmitgliedern gem. § 71 Abs. 7 nicht in Betracht. § 3 Abs. 2 AGKJHG, nach dem die Hälfte der stimmberechtigten und der stellvertretenden Mitglieder Frauen sein sollen, kann nicht mehr als Appellcharakter haben, weil Frauen nicht gegen ihren Willen zur Übernahme eines Mandats im Jugendhilfeausschuss verpflichtet werden können und die Vertretung nicht gehalten ist, den Ausschuss zu Lasten von Mitgliedern nach § 71 Abs. 1 Nr. 1 SGB VIII mit solchen nach § 71 Abs. 1 Nr. 2 SGB VIII zu besetzen, wenn dadurch die Quote eingehalten werden könnte. Die Ausschussbildung mit den von der Vertretung zu berufenden Mitgliedern wird mit dem Beschluss gem. § 71 Abs. 5 abgeschlossen; der Ausschussvorsitzende wird gem. § 71 Abs. 8 bestimmt; aus der rechtlichen Möglichkeit, dass der Ausschuss theoretisch nur mit vertretungsfremden stimmberechtigten Mitgliedern besetzt wird, kann nicht gefolgert werden, dass abweichend von § 71 Abs. 8 ein vertretungsfremdes Mitglied zum Vorsitzenden berufen werden kann; möglich ist das aber einstimmig (s. Erl. 13 zu § 71). Die Rechtsstellung der nicht der Vertretung angehörenden Mitglieder richtet sich gem. § 71 Abs. 7 nach den §§ 54, 55 (s. Erl. 5). Für jedes stimmberechtigte Mitglied ist ein Stellvertreter zu bestellen (§ 3 Abs. 1 AGKJHG).

Nach § 13 Abs. 2 AGKJHG haben Gemeinden, die Aufgaben der öffentlichen Jugendhilfe wahrnehmen und mindestens 5000 Einwohner haben, einen **Jugendausschuss** zu bilden. Ihm müssen mindestens zwei Personen angehören, die von den in der Gemeinde wirkenden und anerkannten Trägern der freien Wohlfahrtsverbände vorzuschlagen sind; § 71 Abs. 7 findet deshalb keine Anwendung; auch für diesen Ausschuss gilt die Frauenquote des § 3 Abs. 2 AGKJHG. § 71 Abs. 4 findet Anwendung.

Umlegungsausschuss: Er wird von der Gemeinde für die Durchführung einer Umlegung gebildet (§ 3 DVO-BauGB). Der Vorsitzende und die drei Fachmitglieder werden durch Einzelwahl gem. § 67 (§ 5 DVO-BauGB), die drei weiteren dem Rat angehörenden Mitglieder (§ 4 DVO-BauGB) gem. § 71 Abs. 2, 3 berufen; § 71 Abs. 4 findet keine Anwendung (ebenso VG Hannover, Beschl. v. 5.2.1982 – 1 VG D 53/81). Die Berufung weiterer Mitglieder gem. § 71 Abs. 7 kommt nicht in Betracht. Wegen der Stellvertretung des Vorsitzenden und der Fachmitglieder s. § 4 Abs. 4 DVO-BauGB, im Übrigen Erl. 5 zu § 71. Die Rechtsstellung der nicht dem Rat angehörenden Mitglieder richtet sich gem. § 71 Abs. 7 nach den §§ 54, 55 (Erl. 5); eine eigenständige Regelung insbesondere der Entschädigung in der DVO-BauGB ist mangels entsprechender Ermächtigung nicht möglich.

Grundstücksverkehrsausschuss: Die Wahrnehmung der in § 41 Abs. 1 LwKG genannten Aufgaben obliegt der Kreisebene einschließlich der großen selbstständigen Städte durch einen besonderen Ausschuss. Die beiden von der Vertretung zu bestimmenden Mitglieder, die zur Vertretung wählbar sein, ihm aber nicht angehören müssen (§ 41 Abs. 2 Nr. 2 LwKG), werden gem. § 71 Abs. 2, 3 berufen. Der Ausschuss wählt den Vorsitzenden und dessen Stellvertreter aus seiner Mitte (§ 41 Abs. 4 LwKG).

3. Dem Umlegungsausschuss, dem Grundstücksverkehrsausschuss und dem Jugendhilfeausschuss sind im Rahmen der den Kommunen obliegenden Aufgaben als Umlegungsstelle (§ 46 Abs. 1 BauGB), als Landwirtschaftsbehörde (§ 41 Abs. 1 LwKG) und als Träger des Jugendamtes (§ 69 Abs. 1 bis 3 SGB VIII) gesetzlich bestimmte Entscheidungskompetenzen übertragen, die ihnen insoweit Organstellung verleihen, sie aber **nicht zu selbstständigen Behörden** werden lassen. Sie sind voll in die Kommunalverwaltung integriert; s. auch § 41 Abs. 4 Satz 3 LwKG. Die verwaltungsmäßige Vorbereitung der Sitzungen dieser Ausschüsse obliegt dem HVB. Entsprechend der Regelung des § 85 Abs. 1 Nr. 2 hat er als Behörde der Kommune auch die Beschlüsse und Entscheidungen der sondergesetzlichen Ausschüsse auszuführen.

4. Hinsichtlich des **Verfahrens** gilt für die sondergesetzlichen Ausschüsse § 72, soweit nicht ihr Sonderrecht etwas anderes besagt. Die Frage der Öffentlichkeit ihrer Sitzungen ist in der Geschäftsordnung zu regeln; nur der Jugendhilfeausschuss, nicht dagegen der Jugendausschuss, tagt nach § 71 Abs. 3 SGB VIII grundsätzlich öffentlich. Die Einberufung obliegt gem. § 72 Abs. 3 dem HVB, Abgeordnete, die einen Antrag gestellt haben, können nach Maßgabe von § 72 Abs. 2 mitwirken, für diese Ausschüsse können Einwohnerfragestunden vorgesehen werden.

Sofern für einen Ausschuss besondere Verfahrensvorschriften notwendig sind, können sie nur von der Vertretung in der Geschäftsordnung (§ 69) beschlossen werden. Ein Ausschuss kann keine eigene Ausschussgeschäftsordnung beschließen.

Zur organisatorischen Zusammenlegung eines sondergesetzlichen Ausschusses mit einem von der Vertretung gebildeten Fachausschuss gem. § 71 s. Erl. 2 zu § 71.

5. Für die **Rechtsstellung** der nicht der Vertretung angehörenden Mitglieder sondergesetzlicher Ausschüsse gilt folgendes: Grundsätzlich sind sie wie „andere Personen" i. S. des § 71 Abs. 7 zu behandeln mit der Folge, dass für sie die §§ 54, 55 und gem. § 54 Abs. 3 auch die §§ 40 bis 43 gelten. Sie haben also ein weisungsfreies Mandat (für die Mitglieder des Jugendhilfeausschusses in § 7 AG KJHG ausdrücklich bestätigt), Anspruch auf Freistellung für die Tätigkeit in den Ausschüssen, Anspruch auf Ersatz ihrer Auslagen einschließlich ihres Verdienstausfalls (gegebenenfalls des Pauschalstundensatzes) und der Aufwendungen für eine Kinderbetreuung, der auch als Aufwandsentschädigung, allerdings nur in der Form des Sitzungsgeldes, gezahlt werden kann (§§ 55 Abs. 1, 71 Abs. 7) und sie unterliegen der Schweigepflicht, dem Mitwirkungsverbot und der Treuepflicht, worauf sie vom HVB hinzuweisen sind. Beamte haben allerdings den Anspruch auf Freistellung wie andere Personen i. S. des § 71 Abs. 7 nur, soweit sie von der Vertretung berufen worden sind (§ 69 Abs. 6 Nr. 3 NBG, § 90 Abs. 4 Satz 2 BBG); werden sie von dritter Seite berufen (z. B. beratende Mitglieder im Jugendhilfeausschuss, die Mitglieder des Grundstücksverkehrsausschusses gem. § 41 Abs. 2 Nr. 1 LandwKammerG), dann stützt sich ihr Freistellungsanspruch wie für andere auf §§ 71 Abs. 7 Satz 4, 54 Abs. 2 Satz 3 (s. Erl. 4 zu § 54).

Dritter Abschnitt: **Hauptausschuss**

§ 74 Mitglieder des Hauptausschusses

(1) ¹Der Hauptausschuss setzt sich zusammen aus
1. der Hauptverwaltungsbeamtin oder dem Hauptverwaltungsbeamten,
2. Abgeordneten mit Stimmrecht (Beigeordnete) und
3. Abgeordneten mit beratender Stimme (§ 71 Abs. 4 Satz 1).
²Die Hauptsatzung kann bestimmen, dass andere Beamtinnen und Beamte auf Zeit dem Hauptausschuss mit beratender Stimme angehören. ³Den Vorsitz führt die Hauptverwaltungsbeamtin oder der Hauptverwaltungsbeamte.

(2) ¹Die Zahl der Beigeordneten beträgt in Gemeinden und Samtgemeinden, deren Vertretung nicht mehr als

12 Abgeordnete hat,	**2,**
14 bis 24 Abgeordnete hat,	**4,**
26 bis 36 Abgeordnete hat,	**6,**
38 bis 44 Abgeordnete hat,	**8,**
mehr als 44 Abgeordnete hat,	**10.**

²In Gemeinden und Samtgemeinden, deren Vertretung 16 bis 44 Abgeordnete hat, kann der Rat für die Dauer der Wahlperiode beschließen, dass sich die Zahl der Beigeordneten um zwei erhöht. ³In Mitgliedsgemeinden von Samtgemeinden bleibt die Erhöhung nach § 46 Abs. 1 Satz 2 bei der Anwendung der Sätze 1 und 2 unberücksichtigt.

(3) ¹Die Zahl der Beigeordneten beträgt in den Landkreisen und in der Region Hannover sechs. ²Die Vertretung kann vor der Besetzung des Hauptausschusses für die Dauer der Wahlperiode beschließen, dass dem Hauptausschuss weitere zwei oder vier Beigeordnete angehören.

§§ 56 Abs. 1 und 2 NGO, 49 NLO, 62 RegionsG

ERLÄUTERUNGEN zu § 74

1. Der **Hauptausschuss** ist neben der Vertretung das zweite Kollegialorgan der Kommune mit umfangreichen eigenen Kompetenzen. Er ist kein Ausschuss der Vertretung i. S. des § 71 Abs. 1, so dass die hierfür geltenden Vorschriften nur insoweit Anwendung finden als das ausdrücklich geregelt ist.
Er besteht nach dem Gesetz aus dem HVB, den nach § 71 Abs. 2 und 3 zu bestimmenden Beigeordneten als **stimmberechtigten Mitgliedern** sowie aus den Grundmandataren, die nach § 71 Abs. 4 von Fraktionen und Gruppen benannt werden können, die bei der Sitzverteilung leer ausgegangen sind, als **beratenden Mitgliedern**. Kraft entsprechender Regelung der Hauptsatzung können ihm alle oder einzelne weitere Beamten auf Zeit als beratende Mitglieder angehören. Das fraktions- und gruppenlose Mitglied der Vertretung kann nicht verlangen, beratendes Mitglied im Hauptausschuss zu werden (Abs. 1 Satz 1 Nr. 2 und § 75 Abs. 1 Satz 1 Nr. 2). Grundmandatare und Zeitbeamte, die dem Hauptausschuss angehören, haben bis auf das Stimmrecht alle Mitgliedschaftsrechte,

das Stimmrecht auch nicht bei Verfahrens- oder Geschäftsordnungsbeschlüssen (OVG Lüneburg, Urt. v. 2.10.1991, NST-N 1992 S. 120). Dazu gehört auch das Antragsrecht (vgl. Erl. 1 zu § 56), das nicht Bestandteil des Stimmrechts ist, wie die Tatsache belegt, dass der stimmrechtslose Grundmandatar (§ 71 Abs. 4) es besitzt (§ 75 Abs. 1 Satz 5); allerdings kann das Antragsrecht der Zeitbeamten, das nicht wie das der Mitglieder der Vertretung gem. § 56 geschützt ist, durch die Geschäftsordnung eingeschränkt werden. Die weiteren stimmberechtigten Mitglieder müssen Mitglieder der Vertretung sein und tragen die Funktionsbezeichnung Beigeordneter; der Inhaber des Grundmandats führt diese Bezeichnung nicht.

Vorsitzender des Hauptausschusses ist der HVB, der hier nur in dieser Funktion, nicht auch als Mitglied von den ehrenamtlichen Stellvertretern vertreten wird (§ 81 Abs. 2 Satz 1, s. auch Erl. 4 zu § 75). Zum Vorsitz in Mitgliedsgemeinden von Samtgemeinden s. Erl. 1 zu § 104.

2. Bevor die Vertretung der in Betracht kommenden Kommunen den Hauptausschuss in ihrer ersten Sitzung bildet (§ 75 Abs. 1 Satz 1), muss sie den Beschluss nach Abs. 2 oder Abs. 3 fassen, wenn sie die **Zahl der Beigeordneten** in Gemeinden und Samtgemeinden **um zwei** oder in Landkreisen oder der Region Hannover um **zwei oder vier erhöhen** will. Da die Zahl der Ratsmitglieder in Mitgliedsgemeinden von Samtgemeinden durch die Erhöhung um eins (§ 46 Abs. 1 Satz 2) ungerade ist, wird diese Erhöhung bei Anwendung des Abs. 2 Sätze 1 und 2 nicht berücksichtigt (Abs. 2 Satz 3). Eine spätere Erhöhung ist nicht möglich, weil sie für die Dauer der Wahlperiode vorzunehmen ist (VG Hannover, Beschl. v. 16.9.1999, VwRR N S. 122; vgl. auch VG Oldenburg, Beschl. v. 13.2.1974, besprochen in dng 1976 S. 265; VG Braunschweig, Urt. v. 20.4.1978 – I A 115/77, vom OVG Lüneburg, Beschl. v. 10.1.1979 – II OVG A 91/78 – bestätigt). Ebenso wenig ist die Aufhebung des Beschlusses über die Erhöhung während der Wahlperiode möglich.

§ 75 Besetzung des Hauptausschusses

(1) ¹In der ersten Sitzung der Vertretung werden
1. die Beigeordneten gemäß § 71 Abs. 2 Sätze 2 bis 7 und Abs. 3 sowie
2. die in § 74 Abs. 1 Nr. 3 genannten Mitglieder des Hauptausschusses gemäß § 71 Abs. 4 Sätze 1 und 2

bestimmt; § 71 Abs. 5 und 10 ist anzuwenden. ²In Mitgliedsgemeinden von Samtgemeinden ist bei der Verteilung der Sitze der Beigeordneten auf die Fraktionen und Gruppen die Bürgermeisterin oder der Bürgermeister auf die Sitze derjenigen Fraktion oder Gruppe anzurechnen, die sie oder ihn vorgeschlagen hat. ³Für die Mitglieder des Hauptausschusses nach Satz 1 ist jeweils eine Stellvertreterin oder ein Stellvertreter zu bestimmen. ⁴Stellvertreterinnen und Stellvertreter, die von derselben Fraktion oder Gruppe benannt worden sind, vertreten sich untereinander. ⁵Ist eine Fraktion oder Gruppe nur durch ein Mitglied im Hauptausschuss vertreten, so kann sie eine zweite Stellvertreterin oder einen zweiten Stellvertreter bestimmen. ⁶§ 56 Satz 1 und § 71 Abs. 9 Sätze 2 und 3 gelten entsprechend.

(2) ¹Nach dem Ende der Wahlperiode führt der Hauptausschuss seine Tätigkeit in der bisherigen Besetzung bis zur ersten Sitzung des neu besetzten Hauptausschusses fort. ²Das Gleiche gilt bei Auflösung der Vertretung.

§§ 56 Abs. 3 und 4 NGO, 50 NLO, 63 RegionsG

ERLÄUTERUNGEN zu § 75

1. Die **Bildung des Hauptausschusses** erfolgt in der konstituierenden Sitzung der Vertretung nach den Vorschriften über die Bildung der Ausschüsse der Vertretung (§ 71 Abs. 2, 3, 4 Sätze 1 und 2, Abs. 4; s. Erl. 3 und 4 zu § 71). Die Sitze der Beigeordneten werden nach dem Verfahren Hare-Niemeyer auf die Vorschläge der Fraktionen und Gruppen verteilt, die auch Mitglieder anderer Fraktionen oder Gruppen nominieren können (s. Erl. 3 a. E. zu § 71). Eine Anrechnung des HVB findet außer bei Mitgliedsgemeinden (s. Erl. 4) nicht statt, da er keiner Fraktion oder Gruppe angehört (s. Erl. 1 a. E. zu § 57). Durch die Anwendung des § 71 Abs. 4 Satz 2 kann eine Fraktion oder Gruppe kein Grundmandat beanspruchen, wenn eines ihrer Mitglieder (aufgrund Nominierung durch eine andere Fraktion oder Gruppe) stimmberechtigtes Mitglied des Hauptausschusses ist (s. Erl. 4 zu § 71). Der die Bildung des Hauptausschusses abschließende Beschluss stellt die Sitzverteilung einschließlich verteilter Grundmandate und die Besetzung des Hauptausschusses fest, also einschließlich des HVB, weil infolge der uneingeschränkten und nicht nur entsprechenden Anwendung des § 71 Abs. 5 (Abs. 1 Satz 1 Halbsatz 2) die gesamte Ausschussbesetzung mit Mitgliedern der Vertretung festzustellen ist; dabei muss die Mitgliedschaft der weiteren Beamten auf Zeit nicht festgestellt werden, weil ihre Feststellung anders als bei anderen vertretungsfremden Personen nach § 71 Abs. 7 nicht vorgeschrieben ist und sie sich schon aus der Regelung der Hauptsatzung ergibt; den Beschluss fasst die Vertretung, also einschließlich des HVB (§ 71 Abs. 5). Ohne den feststellenden Beschluss kommt die Bildung nicht zustande (VG Hannover, Beschl. v. 24.8.1973, dng 1973 S. 372; VG Oldenburg, Urt. v. 9.3.2010, R&R 3/2010 S. 1). Der Gesetzgeber hat das bisher geltende Besetzungsverfahren trotz gewisser Zweifel an der verfassungsmäßig gebotenen Legitimation der Beigeordneten (Art. 20 GG, Art. 2 NV), die ihn veranlasst haben, in § 4 des Gesetzes über die Bildung des Zweckverbandes „Großraum Braunschweig" und § 4 des früheren Gesetzes über den Kommunalverband Großraum Hannover ein echtes Wahlverfahren zu normieren, beibehalten im Hinblick darauf, dass zu Beigeordneten und beratenden Mitgliedern nur gewählte Mitglieder der Vertretung berufen werden können, was bei den Mitgliedern der Gremien nach den vorbezeichneten Gesetzen nicht Voraussetzung ist.

2. Die Beigeordneten und die Grundmandatare werden **nicht** nicht wie früher für die **Dauer der Wahlperiode** berufen, sie können vielmehr von der Fraktion oder Gruppe, die sie vorgeschlagen hat, jederzeit auch gegen ihren Willen abberufen und durch andere Mitglieder ersetzt werden (Abs. 1 Satz 6 i. V. m. § 71 Abs. 9 Satz 3; s. auch Erl. 11 zu § 71). Wird ein Beigeordneter abberufen, der

Stellvertreter des HVB nach § 81 Abs. 2 ist, verliert er auch diese Funktion; anders als die Abberufung nur aus der Funktion des Stellvertreters des HVB (§ 81 Abs. 2 Sätze 4 und 5) bedarf die Abberufung aus der Funktion des Beigeordneten, der Stellvertreter des HVB ist, nicht der absoluten Mehrheit der Mitglieder.

Bei der **Neubesetzung** des Hauptausschusses nach § 71 Abs. 9 Satz 2 (die tatsächlich seiner Auflösung und Neubildung entspricht, s. R&R 3/2010 S. 15), weil seine Zusammensetzung nicht mehr dem Stärkeverhältnis in der Vertretung entspricht, sind die Fraktionen und Gruppen nicht verpflichtet, die bisherigen Beigeordneten und Grundmandatare erneut vorzuschlagen. Mit der Neubesetzung verlieren die Stellvertreter des HVB ihre Funktion, da sie für den Moment der Neubesetzung nicht mehr Beigeordnete sind; da sie auch keinen Anspruch darauf haben, erneut in den Hauptausschuss entsandt zu werden, müssen die Stellvertreter des HVB neu gewählt werden. Außer zum Zwecke der Anpassung an die – regelmäßig veränderten – Mehrheitsverhältnisse in der Vertretung ist die Auflösung und Neubildung des Hauptausschusses nicht zulässig. Dagegen ist der Austausch und die Ersetzung eines ausgeschiedenen Mitgliedes (§ 71 Abs. 9 Satz 3) jederzeit zulässig (s. Erl. 11 zu § 71).

3. Zur Gewährleistung der kontinuierlichen Arbeit des Hauptausschusses ist für jeden Abgeordneten im Hauptausschuss, d. h. die Beigeordneten und die Grundmandatare, ein **Stellvertreter** zu bestimmen (Abs. 3 Satz 3); ein Stellvertreter kann das nicht für mehrere Mitglieder sein. Für den HVB als Mitglied des Hauptausschusses kann ein Vertreter nicht bestellt werden (anders im Verwaltungsausschuss von Mitgliedsgemeinden einer Samtgemeinde, s. Erl. 4), so dass bei seiner Verhinderung seine Stimme fehlt; in seine Rolle schlüpft nicht etwa der allgemeine Stellvertreter, weil ihm die auch für die Mitgliedschaft als Stellvertreter als notwendig angesehene Legitimation durch eine Volkswahl fehlt. Die Bestimmung der Stellvertreter erfolgt durch die Fraktionen und Gruppen, nicht durch einen Beschluss der Vertretung, wie verdeutlicht, dass für sie auf § 71 Abs. 5 nicht Bezug genommen wird. Das Gesetz regelt, dass sich Vertreter, die von der gleichen Fraktion oder Gruppe benannt worden sind, untereinander vertreten; auf die Zugehörigkeit zu einer Fraktion oder Gruppe kommt es nicht an. Das ermöglicht, dass zum Stellvertreter ein Mitglied einer anderen Fraktion oder Gruppe oder ein fraktions- oder gruppenloses Mitglied bestimmt werden kann. Es muss also auch eine aus zwei Mitgliedern bestehende Fraktion/Gruppe nicht auf die Bestimmung eines zweiten Stellvertreters verzichten. Jedoch hat eine Fraktion, die Mitglied einer Gruppe ist und auf Vorschlag der Gruppe mit einem Mitglied im Hauptausschuss vertreten ist, keinen Anspruch auf Benennung von Stellvertretern, weil dieses Recht nur der an der Ausschussbildung beteiligten Gruppe zusteht. Vertreten wird ein tatsächlich oder rechtlich (insbesondere wegen Befangenheit, § 41) nicht anwesender Beigeordneter oder Grundmandatar, ohne dass es auf die Gründe der Abwesenheit und ihre Stichhaltigkeit ankommt. Bei einer vorübergehenden Abwesenheit kann ein anwesender Stellvertreter des Abwesenden einspringen. Der Stellvertreter hat im Vertretungsfall alle Mitgliedschaftsrechte des Vertretenen.

Als **Vorsitzenden** des Hauptausschusses vertreten den HVB seine ehrenamtlichen Stellvertreter, die nach § 81 Abs. 2 aus den Beigeordneten gewählt werden.

Die dem Hauptausschuss angehörenden Beamten auf Zeit werden im Falle ihrer Verhinderung nicht vertreten, insbesondere nicht durch einen Laufbahnbeamten, weil diesem die besondere politische Stellung fehlt, derentwegen Zeitbeamte Mitglieder im Hauptausschuss sein können.

4. In **Mitgliedsgemeinden** von Samtgemeinden ist der Bürgermeister Ratsherr, was die Sonderregelung des Abs. 1 Satz 2 erforderlich macht. Wegen der vorgeschriebenen Anrechnung des Bürgermeisters auf Beigeordnetensitze (s. dazu die Klarstellung im Schriftlichen Bericht, Drs. 16/3147 S. 10) sind die mit Beigeordneten zu besetzenden Sitze des Verwaltungsausschusses zu verteilen, d. h. zur Ermittlung der Zahl der auf jede Fraktion oder Gruppe entfallenden Sitze ist deren Mitgliederzahl durch die Mitgliederzahl aller Fraktionen und Gruppen zu teilen und das Ergebnis mit der Zahl der Sitze der Beigeordneten zu vervielfältigen. Mit Rücksicht darauf, dass der Bürgermeister in Mitgliedsgemeinden aus der Mitte des Rats gewählt wird (§ 105 Abs. 1 Satz 1), wird es zur Wahrung der Stärkeverhältnisse des Rats im Verwaltungsausschuss für notwendig angesehen, ihn auf die Sitze einer Fraktion oder Gruppe **anzurechnen,** und zwar, um Manipulationen vorzubeugen, derjenigen, die ihn vorgeschlagen hat; nicht maßgeblich ist, welcher Fraktion oder Gruppe er angehört. Tritt er z. B. aus seiner Fraktion aus, ohne den Ratsvorsitz niederzulegen oder abberufen zu werden (§ 105 Abs. 3), wird er bei Umbildung des Verwaltungsausschusses weiterhin der Fraktion angerechnet, die ihn vorgeschlagen hat. Löst sich eine aus zwei Fraktionen bestehende Gruppe auf und hat eine dieser Fraktionen keinen Anspruch auf einen Beigeordnetensitz, wird der von der Gruppe vorgeschlagene Ratsvorsitzende der anderen im Verwaltungsausschuss vertretenen Fraktion angerechnet, die ihn mit vorgeschlagen hat, auch wenn er dieser nicht angehört (VG Oldenburg, Beschl. v. 29.1.1980 – 4 VG D 33/79). Haben in diesem Fall beide Fraktionen einer ehemaligen Gruppe Anspruch auf mindestens einen Beigeordnetensitz, wird der Ratsvorsitzende der Fraktion angerechnet, der er angehört (VG Oldenburg, Beschl. v. 29.1.1980 a. a. O.).
Für jeden Beigeordneten und jeden Grundmandatar (Abs. 1 Satz 1 Nrn. 1 und 2) im Verwaltungsausschuss ist ein **Stellvertreter** zu bestimmen, nach dem Wortlaut des Gesetzes (§ 75 Abs. 1 Satz 3) entgegen der bisherigen Regelung (§ 56 Abs. 3 Satz 2 NGO), nach der für jede Ratsfrau und jeden Ratsherrn im Verwaltungsausschuss ein Vertreter zu bestimmen war, also nicht auch für den Bürgermeister, was nur als Redaktionsversehen angesehen werden kann, sodass auch weiterhin für den Bürgermeister ein Stellvertreter, der ihn als Mitglied vertritt, zu bestimmen ist. Bei der Frage nach der Zahl der Stellvertreter (Abs. 2 Satz 5) zählt der Bürgermeister bei der Fraktion oder Gruppe, der er angehört, mit, nicht bei der, die ihn vorgeschlagen hat.

5. Ein **Ausschluss von der Mitgliedschaft** wegen Ehe, Verwandtschaft oder Schwägerschaft ist nicht mehr normiert, weil er als unverhältnismäßige Beeinträchtigung der Wahrnehmung des Mandats angesehen wird.

6. Der Hauptausschuss behält nach **Ablauf der Wahlperiode** und nach **Auflösung der Vertretung** bis zur ersten Sitzung des neuen Hauptausschusses alle Kompetenzen, kann also auch die Beschlüsse der neugewählten Vertretung vorbereiten. Regelmäßig wird nach der konstituierenden Sitzung der Vertretung, in

der der neue Hauptausschuss gebildet wird (Abs. 1 Satz 1), dieser und nicht mehr der bisherige Hauptausschuss einberufen, so dass faktisch dessen Funktion mit der Bildung des neuen Hauptausschusses endet. Die Zusammensetzung des Hauptausschusses erfährt keine Veränderung, so dass ihm auch der bisherige HVB angehört, wenn seine Amtszeit mit Ablauf der Wahlperiode geendet hat; wie bei den übrigen Mitgliedern der Vertretung, deren Wahlzeit zum selben Zeitpunkt endet, handelt es sich um eine nachwirkende Amtspflicht. Der Eintritt des neuen HVB anstelle des bisherigen setzte die Umbildung des Hauptausschusses voraus, die frühestens in der konstituierenden Sitzung der Vertretung erfolgen könnte, in der jedoch der neue Hauptausschuss zu bilden ist. Abs. 2 gilt auch für den Fall, dass die Wahl der Vertretung für ungültig erklärt worden ist. In diesem Falle bleibt der vorhandene Hauptausschuss, dessen Bildung durch den Beschluss der Vertretung in der konstituierenden Sitzung nicht unwirksam geworden ist (vgl. Erl. 4 zu § 45), im Amt, nicht etwa der der vorangegangenen Wahlperiode. Das Teilnahmerecht als Zuhörer (§ 78 Abs. 2 Satz 2) haben die Abgeordneten der neuen Wahlperiode; für die nicht wiedergewählten der abgelaufenen Wahlperiode kommt die Teilnahme schon im Hinblick auf § 40 nicht in Betracht.

§ 76 Zuständigkeit des Hauptausschusses

(1) [1]Der Hauptausschuss bereitet die Beschlüsse der Vertretung vor. [2]Eine vorherige Beratung der betreffenden Angelegenheiten in der Vertretung wird dadurch nicht ausgeschlossen.

(2) [1]Der Hauptausschuss beschließt über diejenigen Angelegenheiten, über die nicht die Vertretung, der Stadtbezirksrat, der Ortsrat oder der Betriebsausschuss zu beschließen hat und für die nicht nach § 85 die Hauptverwaltungsbeamtin oder der Hauptverwaltungsbeamte zuständig ist. [2]Er beschließt zudem über Angelegenheiten nach § 85 Abs. 1 Satz 1 Nr. 7, wenn er sich im Einzelfall die Beschlussfassung vorbehalten hat. [3]Er kann auch über die in Satz 2 genannten Angelegenheiten beschließen, wenn sie ihm von der Hauptverwaltungsbeamtin oder dem Hauptverwaltungsbeamten zur Beschlussfassung vorgelegt werden. [4]Er kann ferner über Angelegenheiten beschließen, für die der Betriebsausschuss zuständig ist, wenn sie ihm von diesem zur Beschlussfassung vorgelegt werden.

(3) [1]Die Vertretung kann die Zuständigkeit nach Absatz 2 Satz 1 für bestimmte Gruppen von Angelegenheiten durch Hauptsatzung auf einen Ausschuss nach § 71 übertragen. [2]In den Fällen des Satzes 1 gelten Absatz 6 sowie § 85 Abs. 1 Satz 1 Nrn. 1 und 2 und Satz 2 für die Behandlung der übertragenen Gruppen von Angelegenheiten und § 75 Abs. 1 Sätze 3 bis 5 für die gesamte Ausschusstätigkeit entsprechend. [3]Die Satzungsregelung ist bis zum Ende der Wahlperiode zu befristen; sie kann geändert oder aufgehoben werden.

(4) [1]Der Hauptausschuss entscheidet über Widersprüche in Angelegenheiten des eigenen Wirkungskreises. [2]Dies gilt nicht, wenn die Vertretung in dieser Angelegenheit entschieden hat; in diesem Fall bleibt sie zuständig. [3]Die Sätze 1 und 2 sind nicht anzuwenden, soweit gesetzlich etwas anderes bestimmt ist.

(5) ¹Der Hauptausschuss kann seine Zuständigkeit in Einzelfällen oder für bestimmte Gruppen von Angelegenheiten auf die Hauptverwaltungsbeamtin oder den Hauptverwaltungsbeamten übertragen. ²Die Übertragung einer Zuständigkeit nach Satz 1 wird unwirksam, soweit eine Übertragung nach Absatz 3 Satz 1 erfolgt.

(6) Der Hauptausschuss wirkt darauf hin, dass die Tätigkeit der von der Vertretung gebildeten Ausschüsse aufeinander abgestimmt wird.

§§ 57 NGO, 51 NLO, 64 RegionsG

ERLÄUTERUNGEN zu § 76

1. Die Vorschrift regelt die **Zuständigkeit des Hauptausschusses,** jedoch weisen ihm darüber hinaus Vorschriften Zuständigkeiten zu (§ 31 Abs. 5, § 32 Abs. 3 und 7, § 85 Abs. 2, § 89 Satz 1, § 107 Abs. 4 und 5, § 138 Abs. 1, § 140 Abs. 3, § 154 Abs. 1). Die beiden wichtigsten Zuständigkeiten sind die Vorbereitung der Beschlüsse der Vertretung (Abs. 1) und die Beschlussfassung in den Angelegenheiten, die nicht der Vertretung (§ 58 und Spezialgesetze), dem Stadtbezirksrat oder dem Ortsrat (§ 93), dem Betriebsausschuss entsprechend der Betriebssatzung gem. § 140 Abs. 3, anderen sondergesetzlichen Ausschüssen und dem HVB (§ 85) obliegen (Abs. 2, sog. **Lückenzuständigkeit**). Nur im Bereich der Lückenzuständigkeit des Hauptausschusses kann die Vertretung ihr Vorbehaltsrecht gem. § 58 Abs. 3 ausüben, nicht dagegen bei den Zuständigkeiten, die dem Hauptausschuss ausdrücklich durch Gesetz übertragen sind (z. B. Abs. 1, Abs. 4, § 107 Abs. 4, § 154 Abs. 1; ebenso VG Oldenburg, Beschl. v. 15.8.1983 – 2 VG D 33/83).

2. Die **Vorbereitung der Beschlüsse der Vertretung,** die diese als allgemeines Kommunalorgan, nicht aufgrund besonderer Organzuständigkeit, wie z. B. als Wahlprüfungsorgan (§ 47 NKWG) oder als Dienstvorgesetzter (§ 107 Abs. 5, s. auch Erl. 5 zu § 107), durch den Hauptausschuss ist zwingend vorgeschrieben. Ein Verstoß gegen diese gesetzliche Zuständigkeitsregelung (vgl. OVG Lüneburg, Urt. v. 15.10.1968, OVGE 24 S. 487, zu der gleichlautenden Vorschrift des § 85 Abs. 1 Nr. 1) stellt einen schweren Verfahrensmangel dar (OVG Lüneburg, Urt. v. 28.10.1982, BRS 39 Nr. 20, das bei Unwirksamkeit des empfehlenden Beschlusses wegen eines Verstoßes gegen das Mitwirkungsverbot die Unwirksamkeit des nachfolgenden Beschlusses der Vertretung mangels Vorbereitung annimmt). Abs. 1 gewährleistet auch den Schutz der Minderheit der Vertretung davor, ohne gehörige Vorbereitung abschließend Stellung beziehen zu müssen, und verhindert gleichzeitig, dass die Vertretung insgesamt übereilt und ohne die den Augen und Ohren der Öffentlichkeit entzogene Beratung im Hauptausschuss beschließt. Ein ohne Vorbereitung durch den Hauptausschuss gefasster Beschluss der Vertretung ist deshalb unwirksam. Das gilt auch, wenn die Vorbereitung an einem schweren Verfahrensmangel leidet (OVG Lüneburg, Urt. v. 28.10.1982, BRS 39 Nr. 20, für den Fall des Verstoßes gegen das Mitwirkungsverbot), z. B. weil der Hauptausschuss nicht handlungsfähig i. S. d.

§ 65 war (s. Erl. 8 zu § 65); zur Besonderheit eines Verstoßes gegen das Mitwirkungsverbot vgl. Erl. 3 zu § 41. Die Vorbereitung wird regelmäßig mit einer Beschlussempfehlung an die Vertretung enden; diese ist jedoch nicht vorgeschrieben (so auch Nds. OVG, Urt. v. 30.11.1993, R&R 6/2004 S. 1). Hat der Hauptausschuss eine Angelegenheit beraten, ohne zu einer abschließenden Empfehlung zu gelangen, ist der Beschluss der Vertretung dennoch i. S. d. Abs. 1 vorbereitet. Hat der Hauptausschuss seine Vorbereitung jedoch erkennbar noch nicht beendet, z. B. die Angelegenheit vertagt, ist die Vertretung gehindert, ihren Beschluss zu fassen. Keine Vorbereitung ist der Verzicht darauf mit der Begründung, die Fraktionen und Gruppen hätten sich noch keine Meinung gebildet. Eine Frist zwischen der Vorbereitung im Hauptausschuss und der Beschlussfassung in der Vertretung muss nicht eingehalten werden (VG Oldenburg, Beschl. v. 4.3.1983 – 2 VG D 6/83, NStV-N S. 183, bestätigt vom OVG Lüneburg, Beschl. v. 19.4.1983 – 2 OVG B 20/83). Zur Vorbereitung von Änderungs- und Ergänzungsanträgen s. Erl. 2 zu § 56.

Aus der Befugnis der Vertretung, zur Vorbereitung ihrer Entscheidung Ausschüsse bilden zu können (§ 71 Abs. 1), dem Gebot für den HVB, diese Ausschüsse an der Vorbereitung der Beschlüsse des Hauptausschusses zu beteiligen (§ 85 Abs. 1 Satz 2) und der Koordinierungsfunktion des Hauptausschusses gem. Abs. 6 ergibt sich im Regelfall für das Verfahren der Vorbereitung von Beschlüssen der Vertretung, dass auf der Grundlage der Vorlagen der Verwaltung (§ 85 Abs. 1 Satz 1 Nr. 1) zunächst die zuständigen Fachausschüsse die Angelegenheit behandeln, ihre Beratungsergebnisse in die Vorbereitung des Hauptausschusses einfließen und als Bestandteil seiner Empfehlungen an die Vertretung gelangen.

Die Vertretung ist aber an Beschlussempfehlungen des Hauptausschusses nicht gebunden. Sie kann z. B. auch einer abweichenden Empfehlung eines Fachausschusses folgen.

3. Die Vorbereitung durch den Hauptausschuss ist auch in **dringenden Fällen,** die die Vertretung gem. § 59 Abs. 3 Satz 5 auf die Tagesordnung gesetzt hat, und vor der Entscheidung über Tagesordnungsanträge von Mitgliedern der Vertretung, Fraktionen/Gruppen, des HVB (§ 59 Abs. 3 Satz 1) und der Gleichstellungsbeauftragten (§ 9 Abs. 4 Satz 3) notwendig. Es ist zulässig, dass die Vertretung ihre Sitzung unterbricht, damit der Hauptausschuss den Beschluss vorbereitet (s. auch Erl. 4 zu § 78). Auch Beschlüsse, die die Vertretung in einer auf Veranlassung eines Drittels der Mitglieder oder des Hauptausschusses oder eines einzelnen Mitglieds einberufenen Sitzung (§ 59 Abs. 2 Satz 4) fasst, bedürfen der Vorbereitung.

Abs. 1 gilt für alle Sachbeschlüsse der Vertretung, zu denen **auch Wahlen** gehören. Er gilt nicht für Geschäftsordnungs-/Verfahrensbeschlüsse und sog. innerorganisatorische Beschlüsse, für die ihrer Natur nach keine Vorbereitung durch den Hauptausschuss in Betracht kommt; dazu gehören z. B. die Wahl und die Abberufung des Vorsitzenden und seiner sowie des HVB Stellvertreter oder die Sitzverteilung in den Ausschüssen (OVG Lüneburg, Urt. v. 22.4.1986, NVwZ-RR 1989 S. 94) und Beschlüsse zur Besetzung unbesoldeter Stellen gleicher Art (§ 71 Abs. 6), und zwar auch, wenn nur eine derartige Stelle (auch z. B. die des Gemeindedirektors nach § 106 Abs. 1 Satz 2 oder des allgemeinen Vertreters im

Falle der §§ 105 Abs. 5, 106 Abs. 1 Satz 7) zu besetzen ist; ferner zählen dazu die Entscheidung über das Bestehen eines Mitwirkungsverbotes (§ 41 Abs. 4), der Beschluss über die Aufnahme eines Dringlichkeitsantrages auf die Tagesordnung (§ 59 Abs. 3 Satz 5), der Beschluss nach § 74 Abs. 2 Satz 2 oder der Beschluss über einen Wahleinspruch gem. § 47 NKWG (VG Braunschweig, Urt. v. 7.12.1978 – I A 238/76), und zwar auch gegen die Wahl des HVB, weil ein insoweit relevanter Unterschied zur Wahl der Vertretung oder des Ortsrates nicht besteht. Bei der Geschäftsordnung empfiehlt sich trotz ihrer nur internen Wirkung (vgl. Erl. 2 zu § 69) die Vorbereitung durch den Hauptausschuss oder ein anderes vorbereitendes Gremium (Ältestenrat), damit zumindest die für die Konstituierung der Vertretung notwendigen Bestimmungen ohne längere Beratungen in der Vertretung beschlossen werden können (vgl. Erl. 1 zu § 61). Keiner Vorbereitung bedarf der Beschluss über den Antrag zur Abwahl des HVB (s. Erl. 2 zu § 82), die Abberufung von Wahlbeamten (s. Erl. 5 zu § 109) und den Antrag des HVB auf Versetzung in den Ruhestand aus besonderen Gründen (s. Erl. zu § 84).

4. Die Bestimmung der **Lückenzuständigkeit** des Hauptausschusses nach Abs. 2 (vgl. Erl. 1) bereitet bisweilen Schwierigkeiten hinsichtlich der Abgrenzung gegen die Zuständigkeit des HVB für die Geschäfte der laufenden Verwaltung (§ 85 Abs. 1 Satz 1 Nr. 7). Die Abgrenzung kann nur im Einzelfall vorgenommen werden (vgl. Erl. 5 zu § 85). In diesem Bereich hat der Hauptausschuss das Recht, sich im Einzelfall die Beschlussfassung vorzubehalten (Abs. 2 Satz 2). Für die Ausübung dieses Rechts vgl. Erl. 3 zu § 58. Nach der 1996 erfolgten Aufhebung der ausschließlichen Zuständigkeit des HVB für Maßnahmen auf dem Gebiet der Gefahrenabwehr gehören Angelegenheiten aus diesem Bereich zur Zuständigkeit des Hauptausschusses, soweit sie nicht laufende Verwaltungsgeschäfte darstellen; außerdem haben sich die Zugriffsmöglichkeiten des Hauptausschusses erhöht. Der HVB kann auch von sich aus eine Angelegenheit aus dem Bereich der Geschäfte der laufenden Verwaltung dem Hauptausschuss zur Beschlussfassung vorlegen, ohne dass dieser aber zur Entscheidung verpflichtet ist; er kann sie dem HVB zurückgeben oder gem. § 58 Abs. 3 Satz 3 der Vertretung zur Beschlussfassung vorlegen. Dasselbe gilt für Angelegenheiten, für die der Betriebsausschuss zuständig ist. Legt der Hauptausschuss solche Angelegenheiten der Vertretung vor, sollte er sie zugleich so vorbereiten, dass dieser die Beschlussfassung möglich ist (Abs. 1); allerdings ist die Vertretung zur Entscheidung nicht verpflichtet (Erl. 3 zu § 58).

5. Durch die Hauptsatzung kann die **Zuständigkeit des Hauptausschusses** für Gruppen von Angelegenheiten aus dem Bereich der Lückenzuständigkeit (Abs. 2 Satz 1) auf einen **Ausschuss der Vertretung** (§ 71 Abs. 1) **übertragen** werden. Für andere Angelegenheiten, für die der Hauptausschuss zuständig ist, kommt das nicht in Betracht. Ebenso wenig ist wegen des eindeutigen Wortlauts („Ausschuss nach § 71") die Übertragung auf einen Ausschuss nach besonderen Rechtsvorschriften (§ 73) möglich. Deshalb ist eher zu verneinen, dass die Übertragung auf einen Ausschuss, der – wie vielfach in der kommunalen Praxis – Zuständigkeiten eines sondergesetzlichen Ausschusses mit denen eines Ausschusses der Vertretung vereinigt (z. B. als Schul- und Kulturausschuss), möglich ist.

Durch die Übertragung von Entscheidungszuständigkeiten wird der Ausschuss ebenso zu einem echten **Organ** wie das die Rechtsprechung für den Ortsrat annimmt (s. Erl. 1 zu § 93). Deshalb wäre besonders problematisch, wenn dem Ausschuss **andere Personen** i. S. d. § 71 Abs. 7 als Mitglieder mit beratender Stimme angehörten, die an der Erledigung öffentlicher Aufgaben beteiligt wären, ohne dafür eine demokratische Legitimation zu haben (s. dazu Bericht der Enquete-Kommission zur Überprüfung des Niedersächsischen Kommunalverfassungsrechts, Drs. 12/6260, S. 115; s. auch VG Oldenburg, Urt. v. 9.3.2010, R&R 3/2010 S. 1); das fehlende Stimmrecht ändert daran nichts. Für die Frage der Beschlussfähigkeit ist jedenfalls die Zahl der stimmberechtigten Mitglieder maßgebend (Erl. 8 zu § 65). Das Gesetz trifft keine Regelung, ob die Sitzungen eines beschließenden Ausschusses **öffentlich** sind oder nicht, sondern überlässt das der Geschäftsordnung (§ 72 Abs. 1). Angesichts der Organstellung dieses Ausschusses und der Bedeutung des Öffentlichkeitsgrundsatzes als Teil des Demokratiegebots (s. Erl. 1 zu § 54) erscheint es als problematisch zuzulassen, dass durch die Geschäftsordnung bestimmt wird, dass seine Sitzungen jedenfalls bei der Behandlung ihm zur Entscheidung übertragener Angelegenheiten nicht öffentlich sind; für das Organ Hauptausschuss hat das zumindestens der Gesetzgeber entschieden (§ 78 Abs. 2). Für die Behandlung der übertragenen Angelegenheiten sollte in der Geschäftsordnung die Öffentlichkeit der Sitzung bestimmt werden. Umlaufbeschlüsse wie beim stets nicht öffentlich tagenden Hauptausschuss sind danach nicht möglich, zumal § 78 Abs. 3 nicht für anwendbar erklärt wird.

Für die Mitglieder des Ausschusses, zu denen der HVB anders als in den Organen Vertretung und Hauptausschuss nicht gehört, sind Stellvertreter mit denselben Modalitäten wie im Hauptausschuss (§ 75 Abs. 1 Sätze 3 bis 5) zu bestellen, und zwar für die gesamte Tätigkeit, nicht nur für die Behandlung der zur Entscheidung übertragenen Angelegenheiten. Die Beschlüsse bereitet der HVB unter Beteiligung der zuständigen Fachausschüsse vor und führt sie aus; die Koordinierung der Fachausschüsse bei den ihm übertragenen Zuständigkeiten (Abs. 6) obliegt dem beschließenden Ausschuss. Der HVB kann gegen einen Beschluss, durch den er das Wohl der Kommune gefährdet sieht, Einspruch einlegen mit der Folge, dass der Hauptausschuss über die Angelegenheit entscheidet (§ 88 Abs. 4). Die Vertretung kann sich die Beschlussfassung vorbehalten (§ 58 Abs. 3).

Die **zeitliche Begrenzung** der Übertragung mit der Dauer der Wahlperiode (Abs. 3 Satz 3) soll die Präjudizierung der Vertretung der folgenden Wahlperiode verhindern. Daraus folgt, dass die entsprechende Hauptsatzungsregelung frühestens in der konstituierenden Sitzung der Vertretung beschlossen werden kann; sie kann aber so, wie sie jederzeit während der Wahlperiode geändert oder wieder aufgehoben werden kann, auch noch später getroffen werden.

6. Die Entscheidung über **Widersprüche** im eigenen Wirkungskreis, denen der HVB, der im Rahmen der Geschäfte der laufenden Verwaltung zur Abhilfe rechtlich befugt ist, nicht abgeholfen hat, ist gesetzlich dem Hauptausschuss übertragen worden, der sie jedoch gem. Abs. 4 auf den HVB delegieren kann, z. B. wenn er in bestimmten Angelegenheiten eine Entscheidungspraxis entwickelt hat. Für den Beschlussvorbehalt der Vertretung (§ 58 Abs. 3) ist kein

Raum. Die Zuständigkeit des Hauptausschusses besteht auch bei Widersprüchen gegen seine eigenen Entscheidungen und die der Stadtbezirks- und Ortsräte.

Nach weitgehender Abschaffung des Widerspruchsverfahrens (§ 8a Nds. AG VwGO) haben Widersprüche ihre Bedeutung verloren.

7. Die **Übertragung von Zuständigkeiten** auf den HVB unter der Bedingung, dass er bei seinen Entscheidungen der Zustimmung oder des Einvernehmens eines bestimmten Fachausschusses bedarf, ist bedenklich, weil die Fachausschüsse nur an der Vorbereitung von Beschlüssen der Vertretung und des Hauptausschusses beteiligt sind. Eine solche Regelung verstößt gegen den Zweck der organisatorischen Zuständigkeitsverteilung, eindeutige Verantwortlichkeiten zu begründen (vgl. OVG Lüneburg, Urt. v. 15.10.1968, OVGE 24 S. 487). Die Angelegenheiten werden nach Übertragung auf den HVB nicht zu Geschäften der laufenden Verwaltung; der Hauptausschuss kann deshalb die Übertragung durch einen einzigen Beschluss rückgängig machen, muss sich also nicht die Beschlussfassung jeweils im Einzelfall gem. Abs. 2 vorbehalten. Für einen Beschlussvorbehalt der Vertretung gem. § 58 Abs. 3 ist deshalb auch nach Übertragung einer Zuständigkeit auf den HVB nur insoweit Raum, als er sich die Angelegenheit gegenüber dem Hauptausschuss vorbehalten kann. Bei verpflichtenden Rechtsgeschäften gilt nicht § 86 Abs. 4 (s. auch Erl. 5 zu § 107). Im Übrigen sind Zweifel an der Zulässigkeit der generellen Übertragung aller Widerspruchsentscheidungen durch nicht als Rechtsnorm bekanntgemachten Beschluss mit Dauerwirkung (OVG Lüneburg, Beschl. v. 11.12.1985, Nds. Rpfl. 1986 S. 110) nicht begründet, weil es sich nicht um eine Zuständigkeitsänderung zwischen zwei Behörden handelt.

Die Übertragung von Aufgaben auf den HVB stellt keine Beeinträchtigung von Mitgliedschaftsrechten derjenigen Mitglieder des Hauptausschusses dar, die ihr widersprochen haben (OVG Lüneburg, Beschl. v. 21.7.1993 – 10 M 5987/92).

Die Übertragung einer Zuständigkeiten auf den HVB wird unwirksam, wenn diese Zuständigkeit einem Fachausschuss übertragen wird.

§ 77 Sonstige Rechte des Hauptausschusses

[1]Unabhängig von der in den §§ 58, 76 und 85 geregelten Zuständigkeitsverteilung kann der Hauptausschuss zu allen Verwaltungsangelegenheiten Stellung nehmen und von dem Hauptverwaltungsbeamten oder dem Hauptverwaltungsbeamten Auskünfte in allen Verwaltungsangelegenheiten der Kommune verlangen. [2]Dies gilt nicht für Angelegenheiten, die der Geheimhaltung unterliegen (§ 6 Abs. 3 Satz 1).

§§ 58 NGO, 52 NLO, 65 RegionsG

ERLÄUTERUNGEN zu § 77

Die Vorschrift erweitert nicht die Zuständigkeit des Hauptausschusses. Sie ist der Ausdruck seiner besonderen Stellung als Organ der **Lenkung und Koordinierung** und des vorausgesetzten **vertrauensvollen Zusammenarbeitens** und Grundlage der Praxis der HVB, im Hauptausschuss wichtige Angelegenheiten ihres Verantwortungsbereichs anzusprechen. Das Schwergewicht der Vorschrift besteht nicht so sehr in dem Anspruch auf Auskunft in allen Verwaltungsangelegenheiten, weil schon § 56 Satz 2 jedem Mitglied der Vertretung das Recht verleiht, Auskunft in allen Angelegenheiten der Kommune zu verlangen, sondern in dem Recht auf Stellungnahme. Sie ermöglicht insbesondere dem Hauptausschuss, sich mit Angelegenheiten zu befassen und zu ihnen Stellung zu nehmen, für die der HVB gem. § 85 Abs. 1 ausschließlich zuständig ist. Zu den nach § 6 Abs. 3 ausgeschlossenen Angelegenheiten s. Erl. 4 zu § 58.

§ 78 Sitzungen des Hauptausschusses

(1) ¹Der Hauptausschuss ist von der Hauptverwaltungsbeamtin oder dem Hauptverwaltungsbeamten nach Bedarf einzuberufen. ²Sie oder er hat ihn einzuberufen, wenn ein Drittel der Beigeordneten dies unter Angabe des Beratungsgegenstands verlangt.

(2) ¹Die Sitzungen des Hauptausschusses sind nicht öffentlich. ²Alle Abgeordneten sind berechtigt, an den Sitzungen des Hauptausschusses als Zuhörerinnen oder Zuhörer teilzunehmen. ³Für diese gilt § 41 entsprechend.

(3) Beschlüsse können im Umlaufverfahren gefasst werden, wenn kein Mitglied des Hauptausschusses widerspricht.

(4) ¹Im Übrigen gelten die Regelungen für das Verfahren der Vertretung sinngemäß auch für das Verfahren des Hauptausschusses. ²Soweit das Verfahren der Vertretung in der von ihr erlassenen Geschäftsordnung geregelt ist, kann diese für das Verfahren des Hauptausschusses abweichende Regelungen treffen.

§§ 59 NGO, 53 NLO, 66 RegionsG

ERLÄUTERUNGEN zu § 78

1. Zur **Einberufung** vgl. Erl. 1 zu § 59. Bedürfnissen der Praxis nach allwöchentlichen Sitzungen des Hauptausschusses kann dadurch Rechnung getragen werden, dass durch die Geschäftsordnung eine kürzere Ladungsfrist als für die Vertretung bestimmt wird.
Die Verpflichtung zur Einberufung besteht, wenn ein Drittel der Beigeordneten (§ 74 Abs. 1 Satz 1 Nr. 2) das verlangt; bei der Berechnung zählen danach der HVB, der Inhaber eines Grundmandats und die beamteten Ausschussmitglieder nicht mit. Zum Verlangen einer Fraktion vgl. Erl. 5 zu § 59. Anders als die

Vertretung gem. § 59 Abs. 2 Satz 4 muss der Hauptausschuss nicht unverzüglich einberufen werden, der HVB darf die Einberufung aber nicht grundlos hinauszögern (s. Erl. 6 zu § 72).

Bei **Verhinderung des HVB** beruft sein ehrenamtlicher Stellvertreter den Hauptausschuss ein und stellt die Tagesordnung auf (§ 81 Abs. 2 Satz 1).

2. Die **Nichtöffentlichkeit** der Sitzungen des Hauptausschusses, die sich historisch aus der ursprünglichen Funktion des Verwaltungsausschusses als kollegiales Vertretungs- und Verwaltungsleitungsorgan der Gemeinde (§ 62 NGO v. 1955) herleitet, ist zwingend. Sie soll eine unbeobachtete und von Einflussnahmen durch Dritte freie Beratung gewährleisten. Das schließt jedoch nicht aus, dass der Hauptausschuss vertretungsfremde Personen anhört, wenn er das für sachdienlich hält. Die Gleichstellungsbeauftragte hat einen gesetzlichen Teilnahmeanspruch (§ 9 Abs. 4 Satz 1).

Das Gesetz gibt allen Abgeordneten das Recht, an den Sitzungen des Hauptausschusses als Zuhörer teilzunehmen. Anders als in Ausschüssen der Vertretung (§ 72 Abs. 2) haben Abgeordnete, deren Antrag im Hauptausschuss beraten wird, keinen Anspruch auf Mitberatung; der HVB kann einem anwesenden Abgeordneten auch nicht das Wort erteilen. Auch Vertretern von Hauptausschussmitgliedern ist außer im Vertretungsfall nur als Zuhörer die Teilnahme gestattet. Zuhörende Abgeordnete haben keinen Anspruch auf Entschädigungsleistungen, weil die Teilnahme an der Sitzung für die Mandatswahrnehmung nicht erforderlich ist. Die Erstreckung des Teilnahmerechts auf andere Personen i. S. des § 71 Abs. 7 oder gar auf Vertretungsfremde ist nicht zugelassen.

Ein zuhörender Abgeordneter, das als Ausschussmitglied gem. § 41 ausgeschlossen wäre, hat den Beratungsraum zu verlassen, da es sich um eine öffentliche Sitzung handelt (Abs. 2 Satz 3 i. V. m. § 41 Abs. 5 Satz 1); jedoch bleibt ein Verstoß dagegen folgenlos (§ 41 Abs. 6). Zur Teilnahme im Falle von Sitzungen nach Ablauf der Wahlperiode s. Erl. 6 zu § 75. Zum Recht der Mitglieder der Vertretung auf Einsichtnahme in Protokolle des Hauptausschusses vgl. Erl. 4 zu § 68.

3. Der **Beschlussfassung im Umlaufverfahren** können auch Inhaber des Grundmandats und die dem Hauptausschuss angehörenden Zeitbeamten widersprechen, da sie Mitglieder sind. Das Verfahren wird nur in Angelegenheiten Anwendung finden, in denen ohne Beratung entschieden werden kann oder in denen die Beratung ohne gleichzeitige Entscheidung abgeschlossen ist; regelmäßig wird es sich um eilige, oder eilig gewordene Fälle handeln, bei denen der Versuch einer Entscheidung im Umlaufverfahren zu unternehmen ist, ehe der HVB im Einvernehmen mit einem seiner ehrenamtlichen Stellvertreter nach § 89 die erforderlichen Maßnahmen trifft. Das Verfahren kann nur der HVB, der den Hauptausschuss einberuft (Abs. 1) und ihm vorsitzt (§ 74 Abs. 1 Satz 3) und deshalb die Verfahrensleitung innehat, bei seiner Verhinderung sein ehrenamtlicher Stellvertreter (§ 81 Abs. 2), in Gang setzen; andere Mitglieder des Hauptausschusses können dieses Verfahren, allerdings wegen seines Widerspruchsrechts ohne Verpflichtung für den HVB, beantragen. Es empfiehlt sich aus Gründen der Rechtssicherheit Schriftlichkeit, d. h. den Ausschussmitgliedern sollte der Beschlusstext schriftlich (auch elektronisch, s. Erl. 1 zu § 59, oder durch „reitenden Boten", nacheinander oder gleichzeitig) mit der Auffor-

derung übermittelt werden, innerhalb einer bestimmten Frist schriftlich ihr Votum mitzuteilen, bei einer Ablehnung auch, ob diese sich auf das Verfahren oder auf den Beschlussvorschlag bezieht; bei Übermittlung durch Boten bestehen auch keine Bedenken dagegen, dass dieser schriftliche Voten entgegennimmt. Bedenklich ist es dagegen, eine fehlende Äußerung innerhalb der Frist als Zustimmung zu fingieren (BVerfG, Beschl. v. 11.10.1994, DVBl. 1995 S. 96). Bei ihrer Verhinderung werden die Mitglieder des Hauptausschusses, der HVB ausgenommen, nach § 75 Abs. 1 vertreten. Eine Verhinderung kann angenommen werden, wenn das Mitglied sich nicht innerhalb der gesetzten Frist äußert oder vom Boten nicht angetroffen wird und ein kurzfristig erreichbarer Aufenthaltsort nicht ermittelt werden kann.

4. Abweichende Verfahrensregelungen (Abs. 4) sind in der Geschäftsordnung unmittelbar zu treffen, so dass es z. B. unzulässig wäre zu regeln, dass der HVB Form und Frist der Ladung bestimmt. Die **Erweiterung der Tagesordnung** am Beginn der Sitzung ist in dringlichen Fällen möglich. Vgl. im Übrigen Erl. 7 zu § 59. Bei einer von der für die Vertretung geltenden abweichenden Regelung der **Ladungsfrist** (auch eine Verlängerung ist möglich) durch deren Verkürzung kann gleichwohl für Eilfälle eine weitere Abkürzung vorgesehen werden; für dringende Fälle (§ 59 Abs. 3 Satz 5), über die noch in der laufenden Sitzung der Vertretung beschlossen werden soll, empfiehlt es sich zur Vermeidung von Problemen der Beschlussfähigkeit, zu bestimmen, dass zu ihrer Vorbereitung der Hauptausschuss in einer Sitzungsunterbrechung einberufen werden kann. Zur Genehmigung der letzten Sitzung des Verwaltungsausschusses s. Erl. 5 zu § 68.

§ 79 Einspruchsrecht

[1]Hält der Hauptausschuss das Wohl der Kommune durch einen Beschluss der Vertretung, eines Stadtbezirksrates oder eines Ortsrates für gefährdet, so kann er gegen den Beschluss innerhalb einer Woche Einspruch einlegen. [2]In diesem Fall ist der Beschluss zunächst nicht auszuführen. [3]Über die Angelegenheit ist erneut in einer Sitzung der Vertretung, des Stadtbezirksrates oder des Ortsrates zu beschließen, die frühestens drei Tage nach der ersten stattfinden darf.

§§ 60 NGO, 54 NLO, 67 RegionsG

ERLÄUTERUNGEN zu § 79

Während der HVB gem. § 88 zur Gesetzmäßigkeitskontrolle der Beschlüsse verpflichtet ist und nur bei Beschlüssen beschließender Ausschüsse Einspruch einlegen kann, wenn er das Wohl der Kommune gefährdet sieht, ist der Hauptausschuss zur **Zweckmäßigkeitskontrolle** berechtigt. Der Einspruch des Hauptausschusses kann deshalb nicht zum Eingreifen der Kommunalaufsicht führen. Mit der nochmaligen Beschlussfassung ist der Einspruch des Hauptausschusses vielmehr erledigt.

Vierter Abschnitt: **Hauptverwaltungsbeamtin oder Hauptverwaltungsbeamter**

§ 80   Wahl, Amtszeit

(1) [1]Die Hauptverwaltungsbeamtin oder der Hauptverwaltungsbeamte wird von den Bürgerinnen und Bürgern nach den Vorschriften des Niedersächsischen Kommunalwahlgesetzes über die Direktwahl gewählt. [2]Die Amtszeit beträgt acht Jahre.

(2) [1]Die Wahl findet statt innerhalb von sechs Monaten
1. vor dem Ablauf der Amtszeit der bisherigen Amtsinhaberin oder des bisherigen Amtsinhabers oder
2. vor dem Beginn des Ruhestandes der bisherigen Amtsinhaberin oder des bisherigen Amtsinhabers nach § 83 Satz 3.
[2]Scheidet die Hauptverwaltungsbeamtin oder der Hauptverwaltungsbeamte aus einem anderen als dem in Satz 1 Nr. 2 genannten Grund vorzeitig aus dem Amt aus, so wird die neue Hauptverwaltungsbeamtin oder der neue Hauptverwaltungsbeamte innerhalb von sechs Monaten nach dem Ausscheiden gewählt. [3]Die Wahl kann bis zu drei Monate später und in dem Fall des Satzes 1 Nr. 1 bis zu drei Monate früher stattfinden als in den Sätzen 1 und 2 vorgeschrieben, wenn dadurch die gemeinsame Durchführung mit einer anderen Wahl ermöglicht wird.

(3) [1]Hat die Vertretung beschlossen, Verhandlungen aufzunehmen über
1. den Zusammenschluss mit einer anderen Kommune,
2. die Neubildung einer Samtgemeinde oder
3. die Auflösung einer Samtgemeinde,
4. die Umbildung einer Samtgemeinde oder
5. die Neubildung einer Gemeinde aus den Mitgliedsgemeinden einer Samtgemeinde,
so kann sie auch beschließen, auf eine erforderliche Wahl der Hauptverwaltungsbeamtin oder des Hauptverwaltungsbeamten für einen festzulegenden Zeitraum von längstens zwei Jahren nach dem Ablauf der Amtszeit oder dem Ausscheiden aus dem Amt vorläufig zu verzichten. [2]Der Beschluss über den vorläufigen Verzicht nach Satz 1 ist in den Fällen des Absatzes 2 Satz 1 mindestens fünf Monate vor Ablauf der Amtszeit oder vor Beginn des Ruhestandes und in den Fällen des Absatzes 2 Satz 2 innerhalb eines Monats nach dem vorzeitigen Ausscheiden aus dem Amt zu fassen. [3]Auf Antrag der Kommune kann der gemäß Satz 1 festgelegte Zeitraum durch die oberste Kommunalaufsichtsbehörde einmalig um bis zu zwölf Monate verlängert werden, wenn die nach Satz 1 geplante Körperschaftsumbildung innerhalb des Verlängerungszeitraums voraussichtlich abgeschlossen sein wird. [4]Absatz 2 Sätze 2 und 3 gilt entsprechend, wenn einer der Beschlüsse nach Satz 1 oder die Entscheidung nach Satz 3 aufgehoben wird oder die für den vorläufigen Wahlverzicht festgelegte Zeitdauer abgelaufen ist.

(4) Gewählt werden kann, wer
1. am Wahltag mindestens 23 Jahre, aber noch nicht 65 Jahre alt ist,
2. nach § 49 Abs. 1 Satz 1 Nr. 3 wählbar und nicht nach § 49 Abs. 2 von der Wählbarkeit ausgeschlossen ist und

3. die Gewähr dafür bietet, jederzeit für die freiheitlich demokratische Grundordnung im Sinne des Grundgesetzes für die Bundesrepublik Deutschland einzutreten.

(5) ¹Die Hauptverwaltungsbeamtin oder der Hauptverwaltungsbeamte ist hauptamtlich tätig. ²Sie oder er ist Beamtin oder Beamter auf Zeit. ³Das Beamtenverhältnis wird mit dem Tag begründet, an dem die Wahl angenommen wird, jedoch nicht vor Ablauf des Tages, an dem die Amtszeit der bisherigen Amtsinhaberin oder des bisherigen Amtsinhabers nach Absatz 1 Satz 2 endet, oder vor dem Beginn des Ruhestandes der bisherigen Amtsinhaberin oder des bisherigen Amtsinhabers nach § 83 Satz 3. ⁴Ist die Wahl unwirksam, so wird kein Beamtenverhältnis begründet; § 11 Abs. 3 und 4 des Niedersächsischen Beamtengesetzes (NBG) gilt entsprechend. ⁵§ 7 Abs. 3 NBG gilt mit der Maßgabe, dass die Hauptverwaltungsbeamtin oder der Hauptverwaltungsbeamte mit dem Amtsantritt der Nachfolgerin oder des Nachfolgers in den Ruhestand tritt. ⁶Satz 5 gilt nicht in den Fällen des Absatzes 3 Satz 1. ⁷Beschließt die Vertretung nach Absatz 3 Satz 1, nach dem Ablauf der Amtszeit der Hauptverwaltungsbeamtin oder des Hauptverwaltungsbeamten vorläufig auf eine Wahl zu verzichten, so kann sie zugleich mit Zustimmung der bisherigen Amtsinhaberin oder des bisherigen Amtsinhabers eine Verlängerung der Amtszeit beschließen. ⁸Diese endet, wenn das Amt infolge der Körperschaftsumbildung wegfällt oder eine Nachfolgerin oder ein Nachfolger das Amt antritt. ⁹Die Hauptverwaltungsbeamtin oder der Hauptverwaltungsbeamte ist nicht verpflichtet, sich einer Wiederwahl zu stellen.

§§ 61 Abs. 1 bis 4 NGO, 55 Abs. 1 bis 4 NLO, 68 Abs. 1 bis 4 RegionsG

ERLÄUTERUNGEN zu § 80

1. Der HVB, eines der drei Organe der Kommune, wird von den Bürgern **durch Direktwahl** (§ 2 Abs. 6 NKWG) unmittelbar gewählt. Die Wahl wird nach den Vorschriften des NKWG, insbesondere dessen Dritten Teil (§§ 45a bis 45n) durchgeführt. Danach finden die Vorschriften über die Wahl der Abgeordneten auf die Wahl des HVB entsprechende Anwendung, soweit sich nicht aus § 45b ff. NKWG und diesem Gesetz etwas anderes ergibt. Hinzuweisen ist auf die Abschaffung der Stichwahl ab den am 11.9.2011 zusammen mit den Wahlen der Vertretungen stattfindenden Direktwahlen; gewählt ist, wer die meisten Stimmen erhalten hat (§ 45g Abs. 2 Satz 2 NKWG).

Zur Wahl des HVB **berechtigt** sind die Bürger, d. h. die auch zur Wahl der Vertretung Berechtigten (§ 28 Abs. 2, § 46).

Wählbar ist wer am Wahltag 23 und nicht mehr wählbar, wer am Wahltag 65 Jahre alt wird (Abs. 4). Für einen neuen Bewerber in einer Wiederholungswahl ist deren Termin maßgebend. Die Altersgrenze für die Wählbarkeit ist verfassungsgemäß (BVerfG, Beschl. v. 25.7.1997, NVwZ 1997 S. 1207 = VwRR N 1997 S. 10). Mit Ausnahme des Wohnsitzerfordernisses (§ 49 Abs. 1 Nr. 2) gelten im Übrigen dieselben Voraussetzungen wie für die Wählbarkeit der Abgeordneten, so dass auch ein EU-Bürger zum HVB gewählt werden kann, wogegen verfassungsrechtliche Bedenken nicht bestehen (BVerfG, Beschl. v. 8.1.1997,

NVwZ 1998 S. 52). Mit Rücksicht darauf, dass mit der Wahl und ihrer Annahme kraft Gesetzes das Beamtenverhältnis begründet wird (Abs. 5 Satz 3), gehört zu den Wählbarkeitsvoraussetzungen wie bei jeder Berufung in das Beamtenverhältnis (§ 7 BeamtStG) die Gewähr, dass der Bewerber jederzeit für die freiheitlich demokratische Grundordnung im Sinne des Grundgesetzes eintritt; davon ist auszugehen, wenn keine wesentlichen Anhaltspunkte für die Annahme des Gegenteils vorliegen. Das Fehlen einer Wählbarkeitsvoraussetzung kann durch Wahleinspruch (§ 46 NKWG) geltend gemacht werden (§ 45a NKWG); dem Vorwurf mangelnder Verfassungstreue kann außerdem mit Mitteln des Disziplinarrechts nachgegangen werden.

Gesetzlich werden besondere **Qualifikationsnachweise** des HVB, insbesondere der Besitz einer durch staatliche Prüfung erworbenen fachlichen Befähigung, nicht verlangt; seine Wählbarkeit wird dadurch, dass weder er noch ein anderer Beamter des Leitungspersonals die vorausgesetzte fachliche Qualifikation besitzen (§ 107 Abs. 1), nicht beeinträchtigt (s. auch Erl. 1 zu § 107). Insoweit werden an den HVB keine anderen Anforderungen gestellt als an jedes andere Mitglied der Vertretung (s. auch R&R 1/2006 S. 18). Das gilt auch für den Nachweis der gesundheitlichen Eignung, der für Beamte auf Zeit nicht gefordert wird (§ 9 Abs. 2 NBG).

2. Der **Zeitpunkt der Wahl** des HVB fällt nach Einführung der achtjährigen Amtszeit regelmäßig nicht mehr mit dem Tag der Wahl der Vertretung zusammen, sondern ist gesondert zu bestimmen. Anknüpfungspunkt ist der Zeitpunkt des Ausscheidens des Amtsinhabers. Steht dieser wegen Ablaufs der Amtszeit, oder wegen Versetzung in den Ruhestand (§ 83 Satz 3) unverrückbar fest, findet die Wahl innerhalb der sechs Monate davor statt (Abs. 2 Satz 1). Bei sonstigem vorzeitigem Ausscheiden des HVB aus dem Amt, z. B. wegen einer beruflichen Veränderung, wegen Dienstunfähigkeit, wegen Versetzung in den Ruhestand aus besonderen Gründen (§ 84) oder infolge Todes, muss innerhalb von sechs Monaten danach eine Neuwahl stattfinden (Abs. 2 Satz 2). Den Wahltag bestimmt die Vertretung (§ 45b Abs. 2 NKWG), der Beschluss darüber, für den die einfache Mehrheit genügt und bei dem mangels Unmittelbarkeit (§ 41 Abs. 1 Satz 3) kein Mitwirkungsverbot besteht, ist kein nur innerorganisatorischer Akt und bedarf deshalb der Vorbereitung durch den Hauptausschuss. In allen Fällen kann aus Gründen der Kostenersparnis die Wahl um bis zu drei Monate später stattfinden, wenn dadurch die Wahl zusammen mit einer anderen Wahl, Parlaments- oder Kommunalwahl, die in der Kommune durchzuführen ist, also die des Bürgermeisters einer kreisangehörigen Gemeinde auch zusammen mit der des Landrats, nicht dagegen mit der des Bürgermeisters einer Nachbargemeinde, ermöglicht wird. Aus demselben Grund und mit demselben Ziel kann die Wahl des Nachfolgers bei Ausscheiden des Amtsinhabers wegen Ablaufs seiner Amtszeit oder Erreichens der Altersgrenze um bis zu drei Monate früher stattfinden. Die Bestimmung des Wahltages kann nur im Wege des Wahleinspruchs angefochten werden (VG Hannover, Beschl. v. 27.1.1988 – VG D 74/87; offen gelassen von VG Lüneburg, Beschl. v. 29.8.1997, KommP N 1997 S. 343 Ls., das jedenfalls mangels rechtlicher Betroffenheit Fraktionen und Gruppen die Antragsbefugnis im Verfahren des einstweiligen Rechtsschutzes abspricht).

3. Hat die Kommune beschlossen, Verhandlungen über Körperschaftsumbildungen der genannten Art aufzunehmen, die zur Folge haben können, dass bei deren erfolgreichem Abschluss ein inzwischen neu zu wählender HVB versorgungsberechtigt amtlos würde, dann kann sie beschließen **auf diese Wahl** für längstens zwei Jahre vorläufig zu **verzichten.** In dem Beschluss über die Aufnahme von Verhandlungen muss ein bestimmter Verhandlungspartner nicht bezeichnet werden, die allgemeine Erklärung, sie mit einer interessierten Nachbarkommune aufnehmen zu wollen, genügt. Der Beschluss auf den Verzicht muss nicht zugleich mit dem Beschluss über die Aufnahme der Verhandlungen, muss aber, wenn das Ausscheiden des HVB feststeht (Abs. 1 Satz 1), spätestens fünf Monate vorher, damit für den Fall, dass er nicht zustande kommt, die Wahl noch fristgerecht durchgeführt werden kann, und bei einem sonstigen Ausscheiden (Abs. 2 Satz 2) zur Vermeidung unnötiger Wahlvorbereitungen binnen eines Monats danach erfolgen. Der Zeitraum, für den auf die Wahl verzichtet werden soll, ist in dem Beschluss zu nennen; er darf höchstens zwei Jahre betragen und kann einmalig vom MI um längstens ein Jahr verlängert werden. Wenn der Verzichtsbeschluss oder seine Verlängerung aufgehoben wird oder die Zeitdauer des Verzichts abgelaufen ist, ist ein HVB zu wählen. Solange auf die Wahl verzichtet wird, führt der allgemeine Stellvertreter die Verwaltung, jedoch kann die Vertretung mit Zustimmung des HVB die Verlängerung seiner Amtszeit beschließen (Abs. 5 Satz 7), und zwar, da sie in die Entscheidung der Vertretung und des HVB gestellt ist, befristet oder unbefristet; sie endet jedenfalls, wenn die Fusion zustande kommt und damit das Amt des HVB entfällt oder nach ihrem Scheitern ein gewählter HVB sein Amt antritt (Abs. 5 Satz 8). Die Beschlüsse über den Verzicht und die Verlängerung der Amtszeit bedürfen der Vorbereitung durch den Hauptausschuss; an dem über die Verlängerung der Amtszeit darf der HVB nicht beratend und entscheidend mitwirken (§§ 87 Abs. 4, 41).

4. Das **Wahlverfahren** erfordert **keine Ausschreibung** der Stelle des HVB, insbesondere nicht nach § 7 NGG, der auf Stellen, die durch unmittelbare Volkswahl zu besetzen sind, keine Anwendung findet. Insoweit genügt die Wahlbekanntmachung des Wahlleiters (§ 45b Abs. 3 NKWG). Das **Wahlvorschlagsrecht** richtet sich nach § 45d NKWG; für die Gestaltung der **Stimmzettel** gilt § 45e Abs. 1 NKWG. Die Wahl wird nach den Grundsätzen der §§ 4, 45e Abs. 2, 45g NKWG durchgeführt. Eine Stichwahl findet nicht mehr statt. Eine **neue Direktwahl** findet statt, wenn ein Bewerber nach Ablauf der Frist für die Einreichung der Wahlvorschläge, aber vor der Wahl verstirbt oder die Wählbarkeit verliert oder kein Wahlvorschlag zugelassen worden ist oder bei nur einem Wahlvorschlag der Bewerber nicht mindestens 25 v. H. der Wahlberechtigten für ihn gestimmt oder der Gewählte die Wahl nicht angenommen hat (§ 45n NKWG). Für das **Wahlprüfungsverfahren** gelten die § 46 ff. NKWG. Wird die Wahl für ungültig erklärt, wird ein Beamtenverhältnis nicht begründet (Abs. 5 Satz 4). Zur Frage der Ungültigkeit der Wahl insbesondere wegen Verstoßes gegen die Neutralitätspflicht von Amtsträgern s. Erl. 1 zu § 47. Die bis zur Feststellung der Ungültigkeit der Wahl vom HVB vorgenommenen Amtshandlungen sind entsprechend § 11 Abs. 3 NBG in gleicher Weise gültig, wie wenn die Wahl gültig gewesen wäre, und die gewährten Leistungen können ihm entsprechend

§ 11 Abs. 3 NBG belassen werden. Zur nicht vorhandenen Strafbarkeit der Zuwendung und Annahme von Wahlkampfspenden bei Amtsträgern, insbesondere einem sich der Wiederwahl stellenden Bürgermeister, s. BGH, Urt. v. 28.10.2004, NJW S. 3569 = R&R 1/2005 S. 5). Wahlkampfkosten (insbesondere Fahrtkosten, Saalmiete, Kosten für Broschüren und anderes Werbematerial, Erstattungen verauslagter Kosten der Partei) können grundsätzlich als Betriebsausgaben steuerlich geltend gemacht werden (BFH, Urt. v. 25.1.1996, BStBl. II S. 431).

5. **Mehrfachkandidaturen** für das Amt des Bürgermeisters und des Landrats und gleichzeitig in mehreren Gemeinden oder Landkreisen sind unzulässig, Kandidaturen für das Amt und ein Mandat in den Vertretungen dagegen zulässig (§§ 45d Abs. 5, 40 Abs. 2 NKWG); für den Fall gleichzeitiger Wahl muss sich der Gewählte für das Amt oder das Mandat entscheiden, wobei die Wahl in das Amt nur durch ausdrückliche Erklärung angenommen werden kann (§ 40 Abs. 2 NKWG); bei gleichzeitiger Wahl zum Bürgermeister und in den Kreistag des Landkreises, dem die Gemeinde angehört, muss die Unvereinbarkeit (§ 50 Abs. 1 Nr. 6) durch Verzicht (§ 52 Abs. 1 Nr. 1) oder nach § 52 Abs. 1 Nr. 8 aufgehoben werden; dasselbe gilt für die gleichzeitige Wahl zum Landrat und in den Rat einer kreisangehörigen Gemeinde (§ 50 Abs. 1 Nr. 3).

6. Beamte haben Anspruch auf unbezahlten **Wahlvorbereitungsurlaub** (§ 69 Abs. 1 NBG), da ihre Bewerbung um das Amt des HVB wegen dessen Mitgliedschaft in der Vertretung (§ 45 Abs. 1) mittelbar auch eine für die Vertretung ist; für sonstige Beschäftigte des Landes, der Kommunen und sonstiger juristischer Personen des öffentlichen Rechts des Landes gilt diese Regelung nicht. Bundesbeamte haben diesen Anspruch nur bei einer Kandidatur in einer Parlaments-, nicht auch in einer Kommunalwahl (§ 90 Abs. 2 BBG), was wegen der unterschiedlichen Bedeutung verfassungsrechtlich unbedenklich ist (BVerwG, Beschl. v. 28.4.1975, NJW 1975 S. 1937). Folgerichtig können auch Arbeitnehmer des Bundes für den Kommunalwahlkampf keinen Sonderurlaub (§ 28 TVöD) beanspruchen; zum Anspruch auf Sonderurlaub zur Ausübung eines kommunalen Wahlbeamtenamts s. unten Erl. 6. Zur Zulässigkeit von **Gruppenauskünften** aus dem Melderegister s. § 34 NMG.

7. Das **Beamtenverhältnis** des HVB wird mit dem Tag der Annahme der Wahl **kraft Gesetzes begründet,** bei seiner Wahl vor Ausscheiden des Amtsinhabers jedoch erst am Tage nach dessen Ausscheiden (Abs. 5 Satz 3). Eine Ernennung mittels Aushändigung einer Urkunde findet nicht statt, jedoch treten mit der gesetzlichen Begründung des Beamtenverhältnisses alle an eine Ernennung geknüpften Rechtsfolgen ein (§ 7 Abs. 4 NBG). Mit der Begründung des Beamtenverhältnisses beginnt die Amtszeit und mit ihr die Mitgliedschaft in der Vertretung, gegen die verfassungsrechtliche Bedenken nicht bestehen (VG Lüneburg, Urt. v. 26.4.2006, R&R 4/2006 S. 2). Der HVB ist Beamter auf Zeit (Abs. 5 Satz 2) und für ihn gelten, sofern gesetzlich nichts anderes geregelt ist, die Vorschriften für Lebenszeitbeamte entsprechend (§ 6 BeamtStG). Zur Vereidigung s. Erl. 1 zu § 81.

Für den HVB gelten auch die Pflichten zur **unparteiischen Amtsführung** sowie die zur **Mäßigung** und Zurückhaltung bei politischer Betätigung (§ 33 Abs. 2

BeamtStG), die allerdings unter Berücksichtigung des politischen Amtes des HVB definiert werden müssen. Zum Ausschluss von Amtshandlungen (§ 53 NBG) s. Erl. 2 zu § 41. Seine Neutralitätspflicht als Organ verbietet ihm Wahlempfehlungen zugunsten einer Partei oder eines Wahlbewerbers (s. Erl. 1 zu § 47). Für Angestellte des öffentlichen Dienstes ist die Wahl zum Bürgermeister ein wichtiger Grund i. S. von § 50 Abs. 2 BAT, der einen Anspruch auf **Sonderurlaub** rechtfertigt, wenn die dienstlichen oder betrieblichen Verhältnisse es gestatten (BAG, Urt. v. 8.5.2001, ZTR 2002 S. 33); dasselbe wird nach dem inhaltsgleichen § 28 TVöD für die diesem Tarifvertrag unterfallenden Arbeitnehmer gelten müssen. Bei Arbeitnehmern der Kommune erlischt mit der Begründung des Beamtenverhältnisses ein zum Dienstherrn bestehendes privatrechtliches Arbeitsverhältnis (§ 8 Abs. 5 NBG), Beamte sind bei Begründung eines Beamtenverhältnisses zu einem anderen Dienstherrn entlassen, wenn nicht die Fortdauer des ersten Beamtenverhältnisses vereinbart wird (§ 22 Abs. 2 BeamtStG); die Anordnung der Fortdauer des Beamtenverhältnisses neben dem Amtsverhältnis als HVB und die Zusage der Wiedereinstellung nach Beendigung des Amtsverhältnisses als Bürgermeister werden jedenfalls bei Landesbeamten als unzulässig und unpraktikabel angesehen. Im Hinblick auf die Voraussetzungen kommt **Altersteilzeit** (§ 63 NBG) für HVB nicht in Betracht.

Die **Dauer der Amtszeit** beträgt acht Jahre (Abs. 1 Satz 2), kann sich aber verlängern, wenn sich der Amtsantritt des Nachfolgers verzögert, z. B. durch Terminierung seiner Wahl gem. Abs. 2 Satz 3 auf einen Zeitpunkt nach Ablauf der eigentlichen Amtszeit oder wegen der Notwendigkeit einer neuen Direktwahl (§ 45n NKWG), weil die Amtszeit erst mit dem durch Annahme der Wahl erfolgten Amtsantritt des Nachfolgers endet (Abs. 5 Satz 3). Das gilt natürlich nicht, wenn der Amtsinhaber vorzeitig infolge Todes, Dienstunfähigkeit oder Entlassung ausscheidet. Nach der amtlichen Begründung (Drs. 15/1490 S. 26) soll das auch nicht für die Fälle des Eintritts und der Versetzung in den Ruhestand gelten, bei denen das Ende des Beamtenverhältnisses durch § 83 spezialgesetzlich festgelegt sei; allerdings ist auch die Dauer der Amtszeit, mit deren Ablauf das Beamtenverhältnis regelmäßig endet, wenn keine Wiederwahl erfolgt, durch Abs. 2 Satz 2 gesetzlich festgelegt. Bei **Wiederwahl** setzt sich das Beamtenverhältnis also fort (§ 7 Abs. 2 NBG), jedoch ist der HVB nicht verpflichtet, sich einer Wiederwahl zu stellen (Abs. 5 Satz 9). Der HVB bleibt, auch wenn er nicht wiedergewählt worden ist, nach Ablauf der Wahlperiode Mitglied des Hauptausschusses bis zur ersten Sitzung des neugebildeten Hauptausschusses (s. Erl. 7 zu § 75). Zum Eintritt und zur Versetzung in den Ruhestand s. Erl. zu §§ 83 und 84.

Die **Besoldung** richtet sich nach der NKBesVO. Da mit Blick auf § 43 der Vorsitz in der Vertretung nicht zum Inhalt des Amtes des Hauptverwaltungsbeamten gehört, konnte bis zur Föderalismusreform von der Möglichkeit des § 2 Abs. 5 der Kommunalbesoldungsverordnung des Bundes, die Höchstgrenzen um eine Besoldungsgruppe zu erhöhen, kein Gebrauch gemacht werden. Rechtsgrundlage der Aufwandsentschädigung des HVB ist § 3 NKBesVO, nicht § 55 Abs. 1.

§ 81 Vereidigung, Stellvertretung

(1) ¹Die Vereidigung der Hauptverwaltungsbeamtin oder des Hauptverwaltungsbeamten findet in der Sitzung der Vertretung statt, die auf die Begründung des Beamtenverhältnisses folgt. ²Sie wird von einer ehrenamtlichen Stellvertreterin oder einem ehrenamtlichen Stellvertreter der Hauptverwaltungsbeamtin oder des Hauptverwaltungsbeamten vorgenommen. ³Ist noch keine ehrenamtliche Stellvertreterin oder kein ehrenamtlicher Stellvertreter gewählt worden, so nimmt das älteste anwesende und hierzu bereite Mitglied der Vertretung die Vereidigung vor.

(2) ¹Die Vertretung wählt in ihrer ersten Sitzung aus den Beigeordneten bis zu drei ehrenamtliche Stellvertreterinnen oder Stellvertreter der Hauptverwaltungsbeamtin oder des Hauptverwaltungsbeamten, die sie oder ihn vertreten bei der repräsentativen Vertretung der Kommune, bei der Einberufung des Hauptausschusses einschließlich der Aufstellung der Tagesordnung, der Leitung der Sitzungen des Hauptausschusses und der Verpflichtung der Abgeordneten sowie ihrer Pflichtenbelehrung. ²Soll es unter den Stellvertreterinnen und Stellvertretern eine Reihenfolge geben, so wird diese von der Vertretung bestimmt. ³Die Stellvertreterinnen und Stellvertreter führen folgende Bezeichnungen:
1. in Gemeinden: stellvertretende Bürgermeisterin oder stellvertretender Bürgermeister,
2. in kreisfreien und in großen selbstständigen Städten: Bürgermeisterin oder Bürgermeister,
3. in Samtgemeinden: stellvertretende Samtgemeindebürgermeisterin oder stellvertretender Samtgemeindebürgermeister,
4. in Landkreisen: stellvertretende Landrätin oder stellvertretender Landrat,
5. in der Region Hannover: stellvertretende Regionspräsidentin oder stellvertretender Regionspräsident.
⁴Die Vertretung kann die Stellvertreterinnen oder Stellvertreter abberufen. ⁵Für den Beschluss ist die Mehrheit der Mitglieder der Vertretung erforderlich.

(3) ¹Für die in Absatz 2 Satz 1 und in § 59 Abs. 3 nicht genannten Fälle der Stellvertretung hat die Hauptverwaltungsbeamtin oder der Hauptverwaltungsbeamte eine allgemeine Stellvertreterin oder einen allgemeinen Stellvertreter. ²Soweit nicht einer Beamtin oder einem Beamten auf Zeit das Amt der allgemeinen Stellvertreterin oder des allgemeinen Stellvertreters der Hauptverwaltungsbeamtin oder des Hauptverwaltungsbeamten übertragen ist, beauftragt die Vertretung auf Vorschlag der Hauptverwaltungsbeamtin oder des Hauptverwaltungsbeamten eine andere Person, die bei der Kommune beschäftigt ist, mit der allgemeinen Stellvertretung. ³In der Hauptsatzung kann die Stellvertretung für bestimmte Aufgabengebiete gesondert geregelt werden.

§§ 61 Abs. 5 bis 8 NGO, 55 Abs. 5 bis 8 NLO, 68 Abs. 5 bis 8 RegionsG

ERLÄUTERUNGEN zu § 81

1. Als Beamter hat der HVB den **Diensteid** zu leisten (§ 38 BeamtStG). Das nähere Verfahren regelt Abs. 1. Der Fall der Vereidigung durch das älteste Mitglied der Vertretung dürfte nach der Abkoppelung der Amtszeit von der Wahl-periode der Vertretung kaum noch vorkommen. Der HVB ist von der Eidesleis-tung befreit, wenn er im unmittelbaren Anschluss an seine Amtszeit erneut in dasselbe Amt für eine weitere Amtszeit berufen wird, weil dann das Beamten-verhältnis als nicht unterbrochen gilt (§ 7 Abs. 2 Satz 3 NBG). Schließt sein Beamtenverhältnis als HVB an ein anderes Beamtenverhältnis, auch bei demsel-ben Dienstherrn, an, gilt diese Regelung nicht. Die Eidesleistung ist nicht Vor-aussetzung für die Aufnahme der Dienstgeschäfte nach der Begründung des Beamtenverhältnisses. Kann die Vereidigung nicht in der auf die Begründung des Beamtenverhältnisses folgenden Sitzung durchgeführt werden, weil der HVB an der Teilnahme an ihr verhindert ist, dann ist sie in der nächsten Sitzung, an der der HVB teilnimmt, nachzuholen.

2. Stellvertreter des HVB nach Abs. 2, deren Zahl generell und unabhängig von der Einwohnergröße auf drei begrenzt ist und von der Vertretung bestimmt wird, wenn sie nicht in der Hauptsatzung festgelegt ist, können nur Beigeord-nete, nicht deren Vertreter oder andere Mitglieder des Hauptausschusses sein. Sie werden nach § 67 gewählt, nicht etwa als unbesoldete Stellen gleicher Art nach § 71 Abs. 6 besetzt (s. auch Erl. 2 zu § 67); vorschlagsberechtigt ist jedes Mitglied der Vertretung, ein Mitwirkungsverbot besteht nicht (§ 41 Abs. 3). In der ersten Sitzung ist mindestens ein Vertreter zu wählen (Abs. 2 Satz 1), weitere können auch noch später gewählt werden. Das Gesetz geht davon aus, dass mehrere Vertreter gleichberechtigt sind, wenn nicht eine Reihenfolge festgelegt wird; soll eine Reihenfolge bestehen, dann bestimmt sie die Vertretung durch den Beschluss mit einfacher Mehrheit, sie kann die Kandidaten aber auch als ersten, zweiten usw. HVB wählen. Sind die Vertreter gleichberechtigt, werden der HVB und die Vertreter generell oder von Fall zu Fall absprechen müssen, wer die Vertretung wahrnimmt. Die Vertretung des HVB nach Abs. 2 ist eine für den Fall der Verhinderung, die Vertreter sind also anders als der allgemeine Stellvertreter (s. unten Erl. 4) nicht ständige Vertreter, die den HVB auch bei dessen Anwesenheit vertreten. Im Zweifel entscheidet der HVB bei Anwesen-heit, ob er sich vertreten lassen will. Die Aufzählung der **Aufgaben** der ehren-amtlichen Stellvertreter des HVB ist abschließend. Sie vertreten ihn bei der re-präsentativen Vertretung der Kommune (§ 86 Abs. 1 Satz 1), der Einberufung des Hauptausschusses (§ 78 Abs. 1), nicht mehr bei der Vertretung (§ 59 Abs. 3 Satz 3), der Aufstellung der Tagesordnung für die Sitzungen des Hauptaus-schusses (§ 78 Abs. 4 Satz 1), der Leitung der Sitzungen des Hauptausschusses (§ 74 Abs. 1 Satz 3), der Pflichtenbelehrung der Abgeordneten (§ 54 Abs. 3, § 43) und ihrer Verpflichtung (§ 60). Bei allen anderen Aufgaben wird der HVB vom allgemeinen Stellvertreter oder von Sonderstellvertretern vertreten (Abs. 3), also auch z. B. bei der Einberufung der Fachausschüsse. Die repräsen-tative Vertretung zu Beginn der neuen Wahlperiode, wenn ein HVB nicht im Amt ist, nimmt bis zur konstituierenden Sitzung der älteste der bisherigen eh-renamtlichen Stellvertreter wahr (§ 86 Abs. 5); s. Erl. 6 zu § 86.
Die **Bezeichnungen** der Stellvertreter (Abs. 2 Satz 3) sind die herkömmlichen.
Die **Abberufung** eines ehrenamtlichen Stellvertreters bedarf eines Beschlusses der Vertretung nach § 66 mit absoluter Mehrheit (Abs. 2 Sätze 4, 5). Da die Stellvertretung an die Funktion als Beigeordneter geknüpft ist, geht sie mit dem

Verlust dieser Funktion verloren, so dass ein Stellvertreter auch dann abberufen ist, wenn ihn seine Fraktion oder Gruppe aus dem Hauptausschuss abberuft oder der Hauptausschuss neubesetzt wird (s. Erl. 3 zu § 75); eines zusätzlichen Abberufungsbeschlusses bedarf es in diesem Falle nicht. Die Abberufung ist wie ihr Gegenstück, die Wahl, kein Verwaltungsakt, weil die Vertretung nicht als Behörde handelt, sondern im Bereich der Selbstgestaltung seiner verfassungsrechtlichen Ordnung (OVG Lüneburg, Urt. v. 1.9.1950, OVGE 2 S. 225); in Betracht kommt deshalb die Anfechtung im Wege einer kommunalverfassungsrechtlichen Streitigkeit (vgl. dazu Erl. 5 zu § 66).

Zur Entschädigung s. Erl. 6 zu § 55.

3. Die Stellvertretung der Stellvertreter umfasst nur die im Gesetz (Abs. 2 Satz 1) ausdrücklich genannten Aufgaben. In allen anderen Bereichen wird der HVB von dem **allgemeinen Stellvertreter** (Abs. 3) vertreten. Dessen Berufung erfolgt durch Wahl (§ 109 Abs. 1), wenn das Amt des allgemeinen Stellvertreters eingerichtet ist (§ 108) und besetzt werden soll (s. Erl. 1 zu § 109), anderenfalls durch Beschluss der Vertretung (Abs. 3 Satz 2: „beauftragt"), der der Vorbereitung durch den Hauptausschuss bedarf; für die Beauftragung kommt sowohl ein Laufbahnbeamter als auch ein Beamter auf Zeit, dem nicht das Amt des allgemeinen Stellvertreters übertragen ist, in Betracht. In beiden Fällen hat der HVB das Vorschlagsrecht (Abs. 3 Satz 2, § 109 Abs. 1 Satz 1); eine von seinem Vorschlag abweichende und von ihm nicht gebilligte Wahl oder Beauftragung eines allgemeinen Stellvertreters ist unwirksam, weil andernfalls das Vorschlagsrecht des HVB keine Bedeutung hätte (s. Erl. 1 zu § 109). Die Beauftragung durch Beschluss der Vertretung ist auch für eine bestimmte Zeit zulässig und mit nachvollziehbaren Gründen vorübergehend auch dann, wenn das Amt des allgemeinen Stellvertreters eingerichtet ist. Der Beamte auf Zeit, dem das Amt des allgemeinen Stellvertreters übertragen ist, führt die in § 108 Abs. 1 Satz 2 genannten Amtsbezeichnungen; eine besondere Amtsbezeichnung des Beamten, der mit der Funktion des allgemeinen Stellvertreters durch Beschluss der Vertretung beauftragt ist, gibt es nicht, er kann insbesondere nicht als stellvertretender HVB bezeichnet werden. Die Besoldung des allgemeinen Stellvertreters, dem das Amt übertragen ist, richtet sich nach der NKBesVO. Die Besoldung des beauftragten Beamten, für den die NKBesVO insoweit nicht gilt, richtet sich nach dem ihm übertragenen Amt. Die allgemeine Stellvertretung ist nicht Amtsinhalt seiner Stelle mit der Folge, dass durch die Entziehung der Anspruch auf amtsangemessene Beschäftigung verletzt würde (VG Oldenburg, Beschl. v. 9.7.2002, R&R 1/2003 S. 7, vom Nds. OVG, Beschl. v. 12.9.2002 – 10 ME 134/02 – bestätigt; VG Braunschweig, Beschl. v. 31.5.2001 – 7 B 76/01; a. A. VG Stade, Urt. v. 24.5.1997, KommP N 1998 S. 58). Zur Aufwandsentschädigung, deren Gewährung nur für den HVB obligatorisch ist, s. § 3 NKBesVO.

Die allgemeine Stellvertretung kann dem Beamten, dem sie durch besonderes Amt übertragen worden ist, nur durch die Abberufung aus dem Amt wieder **entzogen** werden (s. Erl. 5 zu § 109). Auch die Übertragung durch Beschluss der Vertretung ist nicht nur eine Maßnahme der kommunalverfassungsrechtlichen Selbstverwaltung, sondern erweitert auch die beamtenrechtliche Rechtsstellung des beauftragten Beamten, so dass die Entziehung nur aus ermessensfehlerfreien

Gründen möglich ist (BVerwG, Urt. v. 28.10.1965, DVBl. 1966 S. 341; OVG Lüneburg, Urt. v. 6.12.1966, ZBR 1967 S. 212; BVerwG, Urt. v. 28.9.1967, DÖD 1968 S. 110 – alle in demselben Verfahren –, VG Lüneburg, Beschl. v. 29.10.1996, VwRR N 1999 S. 34; VG Stade, Urt. v. 24.5.1997 a. a. O.; VG Braunschweig, Beschl. v. 31.5.2001 a. a. O.; VG Oldenburg, Beschl. v. 9.7.2002 a. a. O., das dabei die von der Rechtsprechung für die Abwahl von Wahlbeamten entwickelten Grundsätze anwendet, s. Erl. 5 Abs. 1 zu § 109). Die Entziehung darf insbesondere nicht willkürlich sein oder aus unsachlichen Motiven erfolgen; parteipolitische Gesichtspunkte allein dürfen nicht den Ausschlag geben; zulässig ist aber die Entziehung, um einem neu eingestellten älteren Beamten mit größerer Lebens- und Berufserfahrung die Stellvertretung zu übertragen (BVerwG, Urt. v. 28.9.1967 a. a. O.); ebenso wenn das Vertrauensverhältnis zwischen dem allgemeinen Stellvertreter und der Vertretung oder dem HVB beeinträchtigt ist (VG Lüneburg, Beschl. v. 29.10.1996 a. a. O.; VG Oldenburg, Beschl. v. 9.7.2002 a. a. O.). Die Entziehung erfolgt nicht durch Verwaltungsakt (so noch oben zitierte Rechtsprechung des BVerwG und des OVG Lüneburg; VG Oldenburg, Beschl. v. 9.7.2002, insoweit a. a. O. nicht abgedruckt; VG Lüneburg, Beschl. v. 3.12.2003, R&R 1/2004 S. 1 mit Anmerkung), sondern mittels Organisationsaktes, gegen den die allgemeine Leistungsklage gegeben ist (VG Lüneburg, Beschl. v. 29.10.1996, insoweit a. a. O. nicht abgedruckt; VG Stade, Urt. v. 24.5.1997 a. a. O.; VG Braunschweig, Beschl. v. 31.5.2001 a. a. O. unter Bezugnahme auf BVerwG, Urt. v. 22.5.1980, BVerwGE 60 S. 144, Urt. v. 1.6.1995, ZBR 1995 S. 374; s. auch für den vergleichbaren Fall der Abberufung des Leiters des Rechnungsprüfungsamtes Erl. 4 zu § 154). Deshalb bedarf die Entziehung nicht der Rechtsbehelfsbelehrung und kommt die sofortige Vollziehung nicht in Betracht. Eine Regelung in der Hauptsatzung, nach der die Funktion des allgemeinen Stellvertreters an den Dienstposten eines Laufbahnbeamten gebunden ist, ist mit Abs. 3 Satz 2 nicht vereinbar, weil über die Besetzung des Dienstpostens der HVB im Rahmen seiner Organisationsgewalt entscheidet (§ 85 Abs. 3).

Mit der allgemeinen Stellvertretung kann auch ein nichtbeamteter **Beschäftigter der Kommune** beauftragt werden, ohne dass gesetzlich Anforderungen an dessen Qualifikation gestellt werden. HVB und Vertretung entscheiden unter Berücksichtigung von Art. 33 Abs. 4 GG, wonach die Ausübung hoheitsrechtlicher Befugnisse als ständige Aufgabe in der Regel Angehörigen des öffentlichen Dienstes zu übertragen ist, die in einem öffentlich-rechtlichen Dienst- und Treuverhältnis stehen, ob ein Beamter oder ein nach TVöD Beschäftigter beauftragt wird. Bei der Prüfung, ob von der Regel abgewichen werden soll, kann auch in die Erwägungen einfließen, dass der Gesetzgeber bisher in Gemeinden mit bis zu 5000 Einwohnern die Beauftragung eines Arbeitnehmers ohne weitere Vorgaben für zulässig erklärt hat. Bei der Beauftragung eines Arbeitnehmers, für die die Beteiligung des Personalrats nicht erforderlich ist (§ 65 Abs. 3 Nr. 2, § 75 Abs. 1 Nr. 1 NPersVG), ist auf arbeitsrechtliche Folgen Bedacht zu nehmen, insbesondere darauf, ob damit die Wahrnehmung einer höherwertigen Tätigkeit verbunden ist, der eine entsprechende Eingruppierung nach den aufgrund des TVöD bestehenden Regelungen folgt und wofür eine Änderung des bestehenden Arbeitsvertrages notwendig ist. Die Beendigung der Beauftragung erfolgt durch Beschluss der Vertretung, für den die oben genannten Voraussetzungen gelten, und darauf gestützte Änderungskündigung. Für die zeitlich begrenzte Beauftragung gilt § 14 TVöD. Eine dem § 33 Abs. 1 BAT entsprechende Grundlage für die Zahlung der den Beamten nach § 3 NKBesVO zustehenden Dienstaufwandsentschädigung enthält der TVöD nicht, gleichwohl wird ihre Gewährung entsprechend der für Beamte geltenden Regelung als zulässig anzusehen sein.

4. Bei der **Stellvertretung** ist organisationsrechtlich zu unterscheiden zwischen einer allgemeinen Stellvertretung bezüglich aller Aufgaben und Befugnisse des Vertretenen und einer teilweisen Stellvertretung in bestimmten Geschäftsbereichen. Abs. 3 verpflichtet die Vertretung, einen allgemeinen Stellvertreter des HVB zu bestellen und gestattet, durch Hauptsatzung die Stellvertretung für bestimmte Aufgabengebiete besonders zu regeln. Die Hauptsatzungsregelung signalisiert, dass abweichend von der gesetzlich normierten allgemeinen Stellvertretung eine Sonderstellvertretung besteht, wobei als Bestimmung der Aufgabengebiete die Formulierung „in ihren Geschäftsbereichen" auch dann ausreicht, wenn diese nicht in der Hauptsatzung (z. B. bei Wahlbeamten anlässlich der Einrichtung der Ämter nach § 108 Abs. 1), sondern durch eine Richtlinie der Vertretung (§ 58 Abs. 1 Nr. 2) oder durch Organisationsverfügung des HVB zugewiesen sind.

Weiterhin ist zu unterscheiden die ständige Stellvertretung, d. h. die Befugnis, den Vertretenen auch bei dessen Anwesenheit zu vertreten, von der Stellvertretung im Verhinderungsfall. Darüber besagt das Gesetz nichts. Aus den Materialien der NGO 1955 (Niederschrift über die 58. Sitzung des Ausschusses für innere Verwaltung am 10.12.1952, S. 9/10) und der sog. Optimierungsnovelle (Schriftlicher Bericht, Drs. 14/2430, Art. 1 Nr. 19, zum Gesetz v. 19.3.2001, GVBl. S. 112) ergibt sich, dass der Gesetzgeber den allgemeinen Stellvertreter als ständigen Stellvertreter verstanden wissen wollte. Bei den Stellvertretern aufgrund Regelung in der Hauptsatzung ist mangels feststellbarer Absichten des Gesetzgebers davon auszugehen, dass die Vertretung in der Hauptsatzung bestimmen kann, ob es sich um eine ständige Stellvertretung oder eine solche für den Verhinderungsfall handelt; enthält sich die Vertretung einer solchen Bestimmung, trifft sie der HVB aufgrund seines Organisationsrechts (§ 85 Abs. 3). In dem Maße, in dem für bestimmte Aufgabengebiete Stellvertreter bestellt sind, wird die Stellvertretung des allgemeinen Stellvertreters eingeschränkt; für die sachgebietsübergreifenden Angelegenheiten bleibt die Kompetenz des allgemeinen Stellvertreters aber uneingeschränkt bestehen.

Der Sinn der allgemeinen Stellvertretung besteht nicht nur darin, für den Fall der Abwesenheit des HVB den kontinuierlichen Geschäftsgang der Verwaltung zu gewährleisten, sondern auch darin, den HVB zu entlasten. Deshalb haben der allgemeine Stellvertreter und in ihrem Geschäftsbereich die für ein bestimmtes Aufgabengebiet bestellten Stellvertreter – entsprechend der getroffenen Regelung als Verhinderungsstellvertreter oder als ständige Stellvertreter – grundsätzlich dieselben Rechte und Befugnisse wie der HVB; sie zeichnen deshalb „in Vertretung". Bedeutung hat das im Wesentlichen in den Fällen, in denen gesetzlich ein Handeln des HVB als Amtsinhaber oder Behördenleiter gefordert wird. In den Fällen, in denen der HVB als Organ tätig wird, kann er aufgrund seines Organisationsrechts Aufgaben auf Mitarbeiter delegieren, die diese Aufgaben „im Auftrage" erledigen. Die bedeutsamen Fälle, in denen ein persönliches Handeln des HVB erforderlich ist, sind die Unterzeichnung von Satzungen (§ 11 Abs. 1 Satz 1) und von Verpflichtungserklärungen (§ 86 Abs. 2) sowie Maßnahmen im Rahmen des § 88. In diesen Fällen können – nach außen wirksam – den HVB sein allgemeiner Stellvertreter und in ihrem Aufgabenbereich die Stellvertreter nach Abs. 3 Satz 3 vertreten. Die allgemeine Stellvertretung ist eine gesetzliche (ArbG Oldenburg, Urt. v. 23.10.2009, R&R 2/2010 S. 5), die Stellvertretung nach Abs. 3 Satz 3 ist es dann, wenn der Aufgabenbereich des Stellvertreters in der Hauptsatzung festgelegt ist. Im Innenverhältnis unterliegen allerdings der allgemeine Stellvertreter und die besonderen Stellvertreter dem Weisungsrecht des HVB, weil sie ihn, nicht dagegen unmittelbar die Kommune, vertreten und von seinen Rechten abgeleitete Befugnisse haben. Handeln sie gegen den Willen des HVB, können sie disziplinarrechtlich zur Verantwortung gezogen, gegebenenfalls sogar schadensersatzpflichtig gemacht werden.

Aufgrund seiner Organisationsgewalt gem. § 85 Abs. 3 kann der HVB die Stellvertretung des allgemeinen Stellvertreters bei seiner und dessen Verhinderung regeln. Abs. 3 begründet lediglich die Verpflichtung der Kommune, einen allgemeinen Stellvertreter des HVB zu bestellen, steht jedoch einer weitergehenden Stellvertretungsregelung nicht entgegen, wenn im Interesse stetiger Aufgabenerfüllung der Verwaltung dafür ein Bedürfnis besteht. Diese Regelung kann sich die Vertretung gem. § 58 Abs. 1 Nr. 2 vorbehalten; sie kann durch die Hauptsatzung getroffen werden. Ein auf diese Weise vom HVB (bzw. von der Vertretung) bestellter Stellvertreter hat bei Verhinderung des HVB und des allgemeinen Stellvertreters auch die Befugnisse, die diesen als Amtsinhaber zustehen.

§ 82   Abwahl

(1) Die Hauptverwaltungsbeamtin oder der Hauptverwaltungsbeamte kann nach den Vorschriften des Niedersächsischen Kommunalwahlgesetzes von den am Tag der Abwahl nach § 48 Wahlberechtigten vor Ablauf der Amtszeit abgewählt werden.

(2) ¹Zur Einleitung des Abwahlverfahrens ist ein Antrag von mindestens drei Vierteln der Mitglieder der Vertretung erforderlich. ²Über ihn wird in einer besonderen Sitzung der Vertretung, die frühestens zwei Wochen nach Eingang des Antrags stattfindet, namentlich abgestimmt. ³Eine Aussprache findet nicht statt. ⁴Für den Beschluss über den Antrag auf Einleitung des Abwahlverfahrens ist erneut eine Mehrheit von drei Vierteln der Mitglieder der Vertretung erforderlich.

(3) ¹Die Hauptverwaltungsbeamtin oder der Hauptverwaltungsbeamte gilt als abgewählt, falls sie oder er innerhalb einer Woche nach dem Beschluss der Vertretung, das Abwahlverfahren einzuleiten, auf die Durchführung des Abwahlverfahrens verzichtet. ²Der Verzicht ist schriftlich gegenüber der oder dem Vorsitzenden der Vertretung zu erklären.

(4) Die Hauptverwaltungsbeamtin oder der Hauptverwaltungsbeamte scheidet mit Ablauf des Tages aus dem Amt aus, an dem nach einer Abwahl gemäß Absatz 1 der Wahlausschuss die Abwahl nach den Vorschriften des Nieder-

sächsischen Kommunalwahlgesetzes feststellt oder an dem eine Verzichtserklärung nach Absatz 3 der oder dem Vorsitzenden der Vertretung zugeht.

§§ 61a NGO, 55a NLO, 69 RegionsG

ERLÄUTERUNGEN zu § 82

1. Die Möglichkeit der vorzeitigen **Abberufung des HVB,** damals des Gemeindedirektors, bestand bereits nach § 74 NGO vom 4.5.1955. Diese Vorschrift
war durch Gesetz vom 8.7.1960 (Nds. GVBl. § 214) als mit § 95 Abs. 2 BRRG
im Widerspruch stehend aufgehoben wurden. Durch Gesetz vom 18.2.1982
(Nds. GVBl. S. 53) ist die Möglichkeit der Abberufung des HVB wieder eingeführt worden. Sie besteht auch in Zukunft bezüglich des unmittelbar gewählten
HVB durch die Bürgerschaft.
Die Abberufung ist mit Art. 33 Abs. 5 GG vereinbar (BVerfG, Beschl. v.
17.10.1957, BVerfGE 7 S. 155; BVerwG in ständiger Rechtsprechung, zuletzt
Beschl. v. 22.9.1992, NVwZ 1993 S. 377); auch sonstiges Bundesrecht steht ihr
nicht entgegen (BVerwG, Beschl. v. 22.9.1992 a. a. O.), unabhängig von der Art
der Kommunalverfassung (BVerwG, Beschl. v. 23.1.1985, NVwZ S. 275).
Die vorzeitige Abberufung ist für den Fall gedacht, dass nach Einschätzung
einer Dreiviertelmehrheit der Vertretung der HVB nicht mehr das notwendige
Vertrauen der Bevölkerung besitzt. Die Abberufung stellt deshalb keine Disziplinarmaßnahme dar.

2. Das **Verfahren wird eingeleitet** durch den schriftlich zu stellenden Antrag,
dass der HVB von den Bürgern abgewählt werden soll, der von drei Vierteln der
Mitglieder der Vertretung unterschrieben sein muss und keiner Begründung
bedarf; ein einheitliches Antragsschreiben ist aber nicht erforderlich (VG Oldenburg, Urt. v. 16.3.1989 – 1 OS VG A 210/88, bestätigt vom OVG Lüneburg,
Urt. v. 17.12.1991, DVBl. 1992 S. 982). Der HVB ist nach § 53 NBG und §§ 87
Abs. 3, 41 an der Antragstellung und der sonstigen Beteiligung an dem Einlei-
tungsverfahren gehindert; er zählt aber bei der Ermittlung des Quorums von
drei Vierteln mit. Zu der öffentlichen Sondersitzung der Vertretung beruft deshalb der Vorsitzende der Vertretung ein (§ 59 Abs. 3 Satz 3); die Ladung mit
einer durch die Geschäftsordnung vorgesehenen abgekürzten Ladungsfrist ist
zulässig; die Sitzung darf frühestens zwei Wochen nach Eingang des Antrags
beim Vorsitzenden der Vertretung stattfinden. Ihr einziger Tagesordnungspunkt
ist der Abwahlantrag. Über ihn wird ohne Aussprache namentlich abgestimmt,
weshalb die Vorbereitung durch den Hauptausschuss und die Fachausschüsse
entfällt (vgl. OVG Lüneburg, Beschl. v. 22.4.1983 – 2 OVG B 13/83) und eine
geheime Abstimmung nicht möglich ist. Der Beschluss, den HVB durch die
Bürger abwählen zu lassen, kommt zustande, wenn ihm eine Dreiviertelmehrheit der Mitglieder der Vertretung, bei deren Ermittlung der HVB mitzählt (§ 45
Abs. 1), zustimmt. Der Beschluss ist kein Verwaltungsakt, weil er keine Regelung enthält (§ 35 VwVfG), weshalb eine Anhörung des HVB nicht vorgeschrieben ist. Der HVB kann an der Sitzung der Vertretung als Zuhörer teilnehmen.

3. Für das **Abwahlverfahren** gilt § 45o NKWG. Die Abstimmung über die Abwahl muss innerhalb von vier Monaten nach dem Beschluss der Vertretung an einem Tag stattfinden, den die Vertretung bestimmt (§ 45b Abs. 2 NKWG). Es wird mit „Ja" oder „Nein" abgestimmt. Der HVB ist abgewählt, wenn die Mehrheit der gültigen Stimmen auf „Ja" lautet und mindestens 25 v. H. der Wahlberechtigten beträgt (§ 45o Abs. 4 NKWG). Die entsprechenden Feststellungen trifft der Wahlausschuss (§ 45o Abs. 5 NKWG). Mit Ablauf des Tages, an dem der Wahlausschuss die Abwahl feststellt, nicht erst mit der öffentlichen Bekanntmachung des Abwahlergebnisses, scheidet der HVB aus dem Amt aus (Abs. 4).

Die Gültigkeit der Abwahl kann im Wahlprüfungsverfahren überprüft werden (§§ 45a, 46 NKWG). Dabei können auch Fehler des Antragsverfahrens, dessen Ergebnis nicht selbstständig anfechtbar ist, geltend gemacht werden, z. B. dass die Beschlussfassung der Vertretung missbräuchlich sei. Für das Abwahlverfahren nach § 45o NKWG gilt die Neutralitätspflicht der Amtsträger (s. Erl. 1 zu § 47).

Der HVB kann innerhalb einer Woche nach dem Beschluss der Vertretung über die Einleitung des Abwahlverfahrens durch schriftliche Erklärung gegenüber dem Vorsitzenden der Vertretung auf die **Durchführung des Abwahlverfahrens** verzichten. In diesem Falle scheidet er mit Ablauf des Tages aus, an dem seine Verzichtserklärung dem Vorsitzenden zugeht (Abs. 4).

4. Für die **Versorgung** des abgewählten HVB gilt Folgendes: Der abgewählte HVB erhält für den Monat, in dem die Abwahl wirksam geworden ist (Abs. 4) und für die folgenden drei Monate noch die vollen Bezüge (§ 4 Abs. 1, 3 BBesG, das gem. seinem § 80 in der bis zum 31.8.2006 geltenden Fassung in Niedersachsen fortgilt), anschließend beträgt das Ruhegehalt fünf Jahre lang, aber nicht über die Dauer der Amtszeit hinaus, 71,75 (bis zum 31.12.2002: 75) v. H. der vollen Bezüge (§ 66 Abs. 8 BeamtVG, das fortgilt s. Erl. 1 zu § 83); schließlich erhält er die erdienten Versorgungsbezüge, wenn er am Ende der Amtszeit, für die er gewählt worden ist, die Voraussetzungen des § 4 BeamtVG erfüllt (s. dazu Erl. 1 zu § 83). Bei der Berechnung der ruhegehaltsfähigen Dienstzeit (§§ 6 ff., 66 Abs. 9 BeamtVG) zählen die im einstweiligen Ruhestand zurückgelegten Zeiten bis zu fünf Jahre mit (§ 66 Abs. 8 BeamtVG), nicht dagegen bei der Ermittlung der Wartezeit von drei Jahren nach § 5 Abs. 3 BeamtVG. Sind die Voraussetzungen des § 4 BeamtVG nicht erfüllt, ist der Beamte regelmäßig entlassen (§ 22 BeamtStG).

§ 83   Ruhestand auf Antrag

[1]Für Hauptverwaltungsbeamtinnen und Hauptverwaltungsbeamte gilt keine Altersgrenze. [2]§ 37 NBG ist nicht anzuwenden. [3]Die Hauptverwaltungsbeamtin oder der Hauptverwaltungsbeamte kann ohne Nachweis der Dienstunfähigkeit auf Antrag in den Ruhestand versetzt werden, wenn sie oder er zum Zeitpunkt des Beginns des Ruhestandes
1. mindestens 65 Jahre alt ist und
2. das Amt der Hauptverwaltungsbeamtin oder des Hauptverwaltungsbeamten in der laufenden Amtszeit seit mindestens fünf Jahren innehat.

⁴Der Antrag ist bei der Kommunalaufsichtsbehörde zu stellen. ⁵Über den Antrag darf erst zwei Wochen nach Zugang entschieden werden; die Verfügung ist der Hauptverwaltungsbeamtin oder dem Hauptverwaltungsbeamten zuzustellen und kann nicht zurückgenommen werden. ⁶Der Ruhestand beginnt mit dem Ende des sechsten Monats, der auf den Monat folgt, in dem der Hauptverwaltungsbeamtin oder dem Hauptverwaltungsbeamten die Verfügung über die Versetzung in den Ruhestand zugestellt worden ist.

§§ 61b NGO, 55b NLO, 70 RegionsG

ERLÄUTERUNGEN zu § 83

1. Abweichend von § 35 NBG, nach dem Beamte mit Erreichen der Altersgrenze von gegenwärtig 65 Jahren in den Ruhestand treten, gilt für den HVB keine **Altersgrenze.** Er kann auch nicht gem. § 37 NBG vorzeitig mit Vollendung des 63. Lebensjahres auf Antrag in den Ruhestand versetzt werden. Er tritt mit **Ablauf der Amtszeit** in den Ruhestand, wenn er nicht vorzeitig entlassen oder unmittelbar anschließend für eine neue Amtszeit berufen wird (§ 7 Abs. 3 NBG). Die **Versorgung** des HVB richtet sich nach § 66 BeamtVG (das gem. seinem § 108 in der bis zum 31. 8. 2006 geltenden Fassung in Niedersachsen fortgilt). Ein Ruhegehalt erhält er, wenn er die Voraussetzungen des § 4 BeamtVG erfüllt; erfüllt er sie nicht, ist er entlassen (§ 22 BeamtStG). Die Voraussetzungen des § 4 BeamtVG sind die Ableistung einer Dienstzeit von mindestens fünf Jahren oder Dienstunfähigkeit infolge Krankheit oder sonstiger Beschädigung bei Ausübung oder aus Veranlassung des Dienstes ohne eigenes grobes Verschulden (§ 4 Abs. 1 Satz 1 BeamtVG). Die Dienstzeit wird vom Zeitpunkt ab der ersten Berufung in das Beamtenverhältnis gerechnet und nur berücksichtigt, soweit sie ruhegehaltsfähig ist, aber unter Einrechnung der Zeiten, die kraft Gesetzes als ruhegehaltsfähig gelten oder nach § 10 BeamtVG als ruhegehaltsfähige Dienstzeit berücksichtigt werden (§ 4 Abs. 1 Sätze 2 und 3 BeamtVG). Die näheren Regelungen enthalten §§ 6 ff., 66 Abs. 8 BeamtVG. Der entlassene Beamte erhält keine Versorgung nach dem Beamtenversorgungsgesetz, sondern wird in der gesetzlichen Rentenversicherung nachversichert und erhält ein Übergangsgeld, das nach einjähriger Beschäftigungszeit das Einfache und bei längerer Beschäftigungszeit für jedes weitere volle Jahr ihrer Dauer die Hälfte, insgesamt höchstens das Sechsfache der Dienstbezüge des letzten Monats beträgt (§ 47 Abs. 1 BeamtVG). Die **Verteilung der Versorgungslasten** nach § 107b BeamtVG gilt für Beamte auf Zeit nicht; eine gesonderte niedersächsische Regelung besteht nicht. Zur **Rückkehr** eines ausgeschiedenen Beamten in ein früheres Dienstverhältnis s. Erl. 7 zu § 80.

2. Abweichend von der allgemeinen Regelung kann der HVB auf **Antrag,** der bei der Aufsichtsbehörde zu stellen ist (s. dazu § 107 Abs. 5 Satz 2), vorzeitig erst nach Vollendung des 65. Lebensjahres und nach Ableistung von mindestens fünf Jahren der laufenden Amtszeit vor Ablauf der Amtszeit in den **Ruhestand** versetzt werden. Er kann aber den Antrag schon so rechtzeitig vor Vollendung des 65. Lebensjahres und Ablauf der fünf Jahre bei der Aufsichtsbehörde stellen, dass diese ihm im siebten Monat vor Eintritt der letzten der beiden Voraussetzungen ihre Entscheidung mitteilen und am Ende des darauf folgenden sechsten Monats der Ruhestand beginnen kann (Satz 6). Die Aufsichtsbehörde darf über den Antrag jedoch nicht vor Ablauf von zwei Wochen nach Zugang entscheiden und kann ihre Entscheidung aus Gründen der Rechtssicherheit nicht zurücknehmen. Die Entscheidung ist ein Verwaltungsakt, der mit der Bekanntgabe durch Zustellung an den HVB wirksam wird (§ 43 Abs. 1 VwVfG). Dieser kann seinen Antrag, der nicht unwiderruflich ist, bis zu diesem Zeitpunkt zurücknehmen. Zur Versorgung s. oben Erl. 1.

§ 84   Ruhestand auf Antrag aus besonderen Gründen

¹Die Hauptverwaltungsbeamtin oder der Hauptverwaltungsbeamte kann die Versetzung in den Ruhestand mit der Begründung beantragen, dass ihr oder ihm das für die weitere Amtsführung erforderliche Vertrauen nicht mehr entgegengebracht wird. ²Der Antrag ist schriftlich bei der oder dem Vorsitzenden der Vertretung zu stellen und bedarf der Zustimmung von drei Vierteln der Mitglieder der Vertretung. ³Auf den Beschluss der Vertretung findet § 82 Abs. 2 Sätze 2 und 3 entsprechende Anwendung. ⁴Der Antrag kann nur bis zur Beschlussfassung der Vertretung schriftlich zurückgenommen werden. ⁵Hat die Vertretung dem Antrag zugestimmt und sind die Voraussetzungen für die Gewährung eines Ruhegehalts erfüllt, so versetzt die Kommunalaufsichtsbehörde die Hauptverwaltungsbeamtin oder den Hauptverwaltungsbeamten durch schriftliche Verfügung in den Ruhestand. ⁶Der Ruhestand beginnt mit Ablauf des Tages, an dem der Hauptverwaltungsbeamtin oder dem Hauptverwaltungsbeamten die Verfügung zugestellt worden ist.

ERLÄUTERUNGEN zu § 84

1. Die HVB werden von der Öffentlichkeit zunehmend als Politiker wahrgenommen und wie von diesen wird von ihnen verlangt, politische Verantwortung für Ereignisse in ihrem Zuständigkeitsbereich zu übernehmen, gegebenenfalls auch durch einen Rücktritt. Den können Beamte nur durch den Antrag auf Entlassung aus dem Beamtenverhältnis realisieren, mit der regelmäßig der Verlust der versorgungsrechtlichen Anwartschaften verbunden und ihnen deshalb nicht zuzumuten ist (s. näher R&R 4/2010 S. 16). Dieser Rechtslage trägt die Vorschrift Rechnung.

2. Mit der Begründung, ihm werde das notwendige Vertrauen nicht mehr entgegengebracht, kann der HVB seine **Versetzung in den Ruhestand** beantragen. Zu einer näheren Darlegung, ob er das Vertrauen der Vertretung oder der Bürgerschaft vermisst und der Angabe von Tatsachen, aus denen sich der Vertrauensverlust ergibt, ist der HVB nicht verpflichtet, zumal eine Aussprache darüber nicht stattfindet (Satz 3). Der Antrag ist schriftlich beim Vorsitzenden der Vertretung zu stellen und kann bis zum Beschluss der Vertretung schriftlich zurückgenommen werden. Die Bezeichnung eines Termins, an dem der Ruhestand beginnen soll, ist rechtlich ohne Bedeutung. Der Vorsitzende hat die Vertretung zu einer Sondersitzung, die frühestens zwei Wochen nach Eingang des Antrags

stattfinden darf, einzuberufen; im Übrigen gilt für das weitere Verfahren der Vertretung dasselbe wie im Falle der Abwahl (Erl. 2 zu § 82). Die Vertretung kann dem Antrag nur zustimmen oder ihn ablehnen; auch sie kann keine zusätzlichen Modalitäten, wie einen Termin für den Beginn des Ruhestandes, beschließen.

Hat die Vertretung dem Antrag mit der erforderlichen Mehrheit zugestimmt, versetzt die Aufsichtsbehörde den HVB in den Ruhestand, wenn die Voraussetzungen dafür vorliegen, insbesondere die Mindestdienstzeit von fünf Jahren (§ 4 Abs. 1 BeamtVG) abgeleistet ist. Nur aus Rechtsgründen kann die Aufsichtsbehörde den Antrag ablehnen, seine Umdeutung in einen Antrag auf Entlassung aus dem Beamtenverhältnis, wenn die Voraussetzungen für die Versetzung in den Ruhestand nicht vorliegen, ist nicht möglich. Der Ruhestand beginnt mit Ablauf des Tages, an dem dem HVB der Bescheid der Aufsichtsbehörde zugestellt worden ist; in ihm kann die Aufsichtsbehörde keinen abweichenden Zeitpunkt festsetzen. Sie kann aber das Verfahren so steuern, dass ein bestimmter Termin erreicht wird, auf den sich die Beteiligten zuvor verständigt haben. Für die Berechnung der Versorgung gelten die allgemeinen Regelungen des BeamtVG, nicht die besonderen für den Fall der Abwahl.

§ 85   Zuständigkeit

(1) ¹Die Hauptverwaltungsbeamtin oder der Hauptverwaltungsbeamte
1. bereitet die Beschlüsse des Hauptausschusses vor,
2. führt die Beschlüsse der Vertretung und des Hauptausschusses aus und erfüllt die Aufgaben, die ihr oder ihm vom Hauptausschuss übertragen worden sind,
3. entscheidet über Maßnahmen auf dem Gebiet der Verteidigung einschließlich des Schutzes der Zivilbevölkerung und über Maßnahmen zur Erfüllung von sonstigen Aufgaben, die das Land im Auftrag des Bundes ausführt oder zu deren Ausführung die Bundesregierung Einzelweisungen erteilen kann,
4. entscheidet über gewerberechtliche und immissionsschutzrechtliche Genehmigungen und sonstige Maßnahmen,
5. erfüllt die Aufgaben, die der Geheimhaltung unterliegen (§ 6 Abs. 3 Satz 1),
6. führt Weisungen der Kommunal- und der Fachaufsichtsbehörden aus, soweit dabei kein Ermessensspielraum gegeben ist, und
7. führt die nicht unter die Nummern 1 bis 6 fallenden Geschäfte der laufenden Verwaltung.
²Sie oder er soll im Rahmen der Vorbereitung der Beschlüsse des Hauptausschusses die Ausschüsse der Vertretung beteiligen. ³Die Bürgermeisterin oder der Bürgermeister und die Oberbürgermeisterin oder der Oberbürgermeister bereiten darüber hinaus die Beschlüsse der Stadtbezirksräte und der Ortsräte vor und führen sie aus.

(2) ¹Die Landrätin oder der Landrat und die Regionspräsidentin oder der Regionspräsident erfüllen die Aufgaben der Kommune als Kommunal- und Fachaufsichtsbehörde. ²Sie benötigen die Zustimmung des Hauptausschusses bei Entscheidungen über
1. die erforderlichen Bestimmungen, wenn ein Vertrag über eine Gebietsänderung oder eine Vereinbarung anlässlich des Zusammenschlusses oder

der Neu- oder Umbildung von Samtgemeinden nicht zustande kommt oder weitere Gegenstände zu regeln sind (§ 26 Abs. 2, § 100 Abs. 1 Satz 8, § 101 Abs. 4 Satz 1 Halbsatz 2 und § 102 Abs. 3 Satz 2),

2. die Genehmigung, den Bestand des Stiftungsvermögens anzugreifen oder es anderweitig zu verwenden (§ 135 Abs. 2) und

3. kommunalaufsichtliche Genehmigungen, die versagt werden sollen. [3]Stimmt der Hauptausschuss nicht zu, so entscheidet die Kommunalaufsichtsbehörde.

(3) [1]Die Hauptverwaltungsbeamtin oder der Hauptverwaltungsbeamte leitet und beaufsichtigt die Verwaltung; sie oder er regelt die Geschäftsverteilung im Rahmen der Richtlinien der Vertretung. [2]Sie oder er ist Dienststellenleiterin oder Dienststellenleiter im Sinne der Geheimhaltungsvorschriften und wird im Sinne dieser Vorschriften durch die Kommunalaufsichtsbehörde ermächtigt.

(4) Die Hauptverwaltungsbeamtin oder der Hauptverwaltungsbeamte hat die Vertretung, den Hauptausschuss, einen Ausschuss nach § 76 Abs. 3, soweit dessen Entscheidungszuständigkeit betroffen ist, und, soweit es sich um Angelegenheiten eines Stadtbezirks oder einer Ortschaft handelt, den Stadtbezirksrat oder den Ortsrat über wichtige Angelegenheiten zu unterrichten; insbesondere unterrichtet sie oder er die Vertretung zeitnah über wichtige Beschlüsse des Hauptausschusses.

(5) [1]In Gemeinden oder Samtgemeinden informiert die Hauptverwaltungsbeamtin oder der Hauptverwaltungsbeamte die Einwohnerinnen und Einwohner in geeigneter Weise über wichtige Angelegenheiten der Gemeinde oder der Samtgemeinde. [2]Bei wichtigen Planungen und Vorhaben der Gemeinde oder Samtgemeinde soll sie oder er die Einwohnerinnen und Einwohner rechtzeitig und umfassend über die Grundlagen, Ziele, Zwecke und Auswirkungen informieren. [3]Die Information ist so vorzunehmen, dass Gelegenheit zur Äußerung und zur Erörterung besteht. [4]Zu diesem Zweck soll die Hauptverwaltungsbeamtin oder der Hauptverwaltungsbeamte Einwohnerversammlungen für die Gemeinde oder Samtgemeinde oder für Teile von diesen durchführen. [5]Einzelheiten regelt die Hauptsatzung; Vorschriften über eine förmliche Beteiligung oder Anhörung bleiben davon unberührt. [6]Ein Verstoß gegen die Informationspflicht berührt die Rechtmäßigkeit der Entscheidung nicht.

(6) [1]In Landkreisen und in der Region Hannover informiert die Hauptverwaltungsbeamtin oder der Hauptverwaltungsbeamte die Öffentlichkeit in geeigneter Weise über wichtige Angelegenheiten des Landkreises oder der Region Hannover. [2]Sie oder er hat auch der Landesregierung über Vorgänge zu berichten, die für diese von Bedeutung sind; zu diesem Zweck kann sie oder er sich in geeigneter Weise bei den staatlichen Behörden der unteren Verwaltungsstufe, deren Geschäftsbereich sich auf den Landkreis oder die Region Hannover erstreckt, informieren. [3]Satz 2 ist auf kreisfreie Städte entsprechend anzuwenden.

(7) Über wichtige Angelegenheiten, die der Geheimhaltung unterliegen (§ 6 Abs. 3 Satz 1), sind nur die Stellvertreterinnen und Stellvertreter nach § 81 Abs. 2 zu unterrichten.

§§ 62 NGO, 57 NLO, 71 RegionsG

ERLÄUTERUNGEN zu § 85

1. Der HVB ist neben der Vertretung und dem Hauptausschuss **das dritte Organ** der Kommune mit wichtigen selbstständigen Entscheidungszuständigkeiten. Er ist Leiter der Verwaltung (Abs. 3), führt die Beschlüsse der anderen Organe aus (Abs. 1 Satz 1 Nr. 2) und vertritt die Kommune nach außen (§ 86 Abs. 1); er ist die Behörde der Kommune.

Für die in Abs. 1 Satz 1 Nr. 1 bis 6 genannten Aufgaben ist der HVB **ausschließlich zuständig.** Das ergibt sich daraus, dass Vertretung und Hauptausschuss nur in dem Bereich der nicht unter die Nummern 1 bis 6 fallenden Geschäfte der laufenden Verwaltung (Abs. 1 Satz 1 Nr. 7) sich die Beschlussfassung vorbehalten können (§ 58 Abs. 3 Sätze 1 und 2, § 76 Abs. 2 Satz 2). Nur aus diesem Bereich kann auch der HVB dem Hauptausschuss und dieser der Vertretung eine Angelegenheit zur Beschlussfassung vorlegen (§ 76 Abs. 2 Satz 3, § 58 Abs. 3 Satz 3).

2. Nach Abs. 1 Satz 1 Nr. 1 ist der HVB zuständig für die **Vorbereitung der Beschlüsse** des Hauptausschusses sowie der beschließenden Ausschüsse (§ 76 Abs. 3 Satz 2) und der Stadtbezirksräte und der Ortsräte (Abs. 1 Satz 3). Die Vorbereitung soll diese Beschlussorgane in die Lage versetzen, in Kenntnis aller für ihre Entscheidungen relevanten tatsächlichen und rechtlichen Umstände zu beschließen (VG Oldenburg, Beschl. v. 15.8.1983 – 2 VG D 33/83; Beschl. v. 2.4.2004, R&R 3/2004 S. 9). Dieser Vorbereitung bedürfen aber nicht nur die Beschlüsse, die der Hauptausschuss abschließend fasst (§ 76 Abs. 2), sondern auch die, mit denen er seinerseits die Beschlüsse der Vertretung vorbereitet (§ 76 Abs. 1). Dazu gehört eine dem Umfang und Schwierigkeitsgrad der Gegenstände angepasste Vorabinformation der Gremien durch eine **Beschlussvorlage,** damit deren Mitglieder sich schon vor der Sitzung mit den in ihr zu behandelnden Angelegenheiten sachlich auseinandersetzen können (OVG Münster, Urt. v. 29.4.1988, NVwZ-RR 1989 S. 155). Bei anstehenden Entscheidungen über Verträge ist regelmäßig die Vorlage der entsprechenden Entwürfe geboten. Bei Personalauswahlentscheidungen sind in der Beschlussvorlage zumindest sämtliche Bewerber aufzuführen, und grundsätzlich wird es auch geboten sein, hinsichtlich aller Bewerber eine Übersicht über ihre Schul- und Berufsausbildung und ihren beruflichen Werdegang beizufügen; bei Bewerbern, die in die nähere Wahl kommen, außerdem zusammenfassend der wesentliche Inhalt zeitnaher dienstlicher Beurteilungen (VG Hannover, Beschl. v. 18.12.2000, VwRR N 2001 S. 50); bei einer Pensionierung aus Gesundheitsgründen muss das dafür zuständige Gremium Kenntnis von dem Inhalt des ärztlichen Gutachtens haben. In einfach gelagerten Fällen und in Fällen, in denen die Begründung des Antrages einer Fraktion oder Gruppe oder eines Abgeordneten keiner Ergänzung bedarf, ist eine schriftliche Beschlussvorlage der Verwaltung entbehrlich und es reicht eine mündliche Erläuterung des HVB aus (VG Oldenburg, Beschl. v. 15.8.1983, a. a. O.; s. auch Erl. 2 zu § 59). Die Pflicht zur Vorbereitung besteht gegenüber den in Nr. 1 genannten Organen, also nicht gegenüber einzelnen ihrer Mitglieder (VGH Mannheim, Urt. v. 14.12.1987, NVwZ-RR 1989 S. 153, zur Übersendung sämtlicher Unterlagen und Anlagen der Jahresrechnung an „einfache" Mitglieder der Vertretung; zu deren Informationsanspruch in der

Sitzung s. Erl. 4 zu § 58 und Erl. 4 zu § 56) oder Fraktionen und Gruppen, die deshalb nicht die Herausgabe bestimmter Unterlagen vor der Sitzung verlangen können (VG Gelsenkirchen, Urt. v. 10.2.1988, NWVBl. 1989 S. 101; OVG Münster, Urt. v. 29.4.1988 a. a. O.); das gilt z. B. für die Stellungnahmen der am Bauleitplanverfahren beteiligten Träger öffentlicher Belange (VG Stade, 4. Kammer Lüneburg, Urt. v. 28.4.1992, KommP N 1995 S. 44) und auch für Bewerbungen und andere Personalunterlagen. Dass Fraktionen und Gruppen Bewerber zur Vorstellung einladen, entspricht nicht Sinn und Zweck der Vorbereitung, wird jedoch tatsächlich nicht verhindert werden können.

Die Zuständigkeit des HVB für die Vorbereitung der Beschlüsse des Hauptausschusses, des beschließenden Ausschusses, des Stadtbezirksrats und des Ortsrats ist ausschließlich ihm als selbstständigem Organ übertragen worden; sie kann durch die Geschäftsordnung oder durch Beschluss der Vertretung nicht beschnitten werden, etwa in der Weise, dass statt des HVB die Fachausschüsse oder neben ihm andere von der Vertretung berufene Gremien und Kommissionen für die Vorbereitung zuständig sein sollen (OVG Lüneburg, Urt. v. 15.10.1968, OVGE 24 S. 487). Es ist aber unbedenklich, wenn der HVB bei der ihm obliegenden Vorbereitung von sich aus diese Gremien beteiligt. Für die Fachausschüsse stellt das Abs. 1 Satz 2 ausdrücklich klar.

Ein ohne die Vorbereitung durch den HVB gefasster abschließender Beschluss des Hauptausschusses wird als ebenso unwirksam angesehen werden müssen wie ein Beschluss der Vertretung, der ohne Vorbereitung durch den Hauptausschuss gefasst worden ist (vgl. Erl. 2 zu § 76).

3. Auch die **Ausführung der Beschlüsse** der anderen Organe der Kommune, zu denen auch die im Gesetz nicht genannten Ausschüsse mit selbstständigen Entscheidungskompetenzen zählen (vgl. Erl. 3 zu § 73), obliegt ausschließlich dem HVB. Zur Ausführung rechtswidriger und entgegen hier früher vertretener Auffassung auch nichtiger Beschlüsse ist der HVB dann nicht verpflichtet, wenn er gegen sie Maßnahmen nach § 88 ergriffen hat (s. dort Erl. 4). Erklärt die Aufsichtsbehörde nach Durchführung des Verfahrens gem. § 88 einen Beschluss für rechtswidrig, beanstandet ihn aber nicht (vgl. Erl. 4 zu § 88), dann hat der HVB ihn auszuführen, ist aber entsprechend § 36 Abs. 2 BeamtStG von eigener Verantwortung befreit. Verweigert der HVB gleichwohl die Ausführung des Beschlusses, dann verletzt er eine ihm als Organ obliegende gesetzliche Pflicht. Auf diesen Gesetzesverstoß kann sowohl die Aufsichtsbehörde mit Mitteln der Kommunalaufsicht als auch die Vertretung, mangels unmittelbarer eigener Betroffenheit aber nicht eine Fraktion (VG Stade, Urt. v. 17.12.2004, R&R 1/2005 S. 10), im Wege einer Kommunalverfassungsklage reagieren. Er stellt überdies ein Dienstvergehen dar.

Zur Ausführung eines Beschlusses, dem eine aufsichtliche Weisung i. S. des Abs. 1 Satz 1 Nr. 6 entgegensteht, kann der HVB jedoch nicht als verpflichtet angesehen werden, weil der Staatsaufsicht die Kommune einschließlich ihrer Organe unterliegt und die Beschlussorgane durch ihre Weisungen ebenso gebunden sind wie der HVB als ausführendes Organ (unentschieden OVG Lüneburg, Beschl. v. 6.9.1984 – 2 OVG B 46/84).

Wird ein **nichtiger oder rechtswidriger** Beschluss ausgeführt, dann ist zu unterscheiden: Rechtshandlungen auf dem Gebiet des Privatrechts sind wirksam, weil die Handlungsbefugnis des HVB nicht davon abhängt, ob ein zuständiges anderes Organ einen Beschluss gefasst hat (vgl. BGH, Urt. v. 16.11.1978, DVBl. 1979 S. 514); die Wirksamkeit bei Verwaltungsakten und öffentlich-rechtlichen Verträgen, die an ihre Stelle treten (§ 59 Abs. 1 VwVfG), richtet sich nach den §§ 44 ff. VwVfG, wobei das OVG Lüneburg (Urt. v. 2.11.2000, VwRR N 2001 S. 44) davon ausgeht, dass der Verwaltungsakt in dem Beschluss besteht und durch dessen Ausführung bekannt gemacht wird, was bei einem unwirksamen Beschluss zur Folge hat, dass es nichts gibt, was bekannt zu machen ist; für die Wirksamkeit beamtenrechtlicher Ernennungen gilt ausschließlich § 11 BeamtStG; unwirksames Ortsrecht wird durch die Bekanntmachung nicht wirksam, jedoch gilt für Verfahrens- und Formfehler § 10 Abs. 2.

4. Durch Abs. 1 Satz 1 Nr. 3 und 4 ist ein Teil der **Aufgaben des übertragenen Wirkungskreises** dem HVB ausschließlich vorbehalten, weil in diesem Bereich Vertretung und Hauptausschuss keine Möglichkeit haben, sich im Einzelfall die Beschlussfassung vorzubehalten (vgl. Erl. 1). Jedoch ist der HVB verpflichtet, die Vertretung und den Hauptausschuss, gegebenenfalls auch den beschließenden Ausschuss, den Stadtbezirksrat und den Ortsrat, über wichtige Angelegenheiten auch aus diesem Zuständigkeitsbereich zu unterrichten (Abs. 4).
Im Rahmen von Abs. 1 Satz 1 Nr. 3 entscheidet der HVB über Maßnahmen auf dem Gebiet der **Verteidigung** und des **Zivilschutzes** und der sonstigen Angelegenheiten, die wie diese das Land im **Auftrage des Bundes** ausführt (Art. 85, 104a Abs. 3 GG) oder zu deren Ausführung die Bundesregierung Einzelweisungen erteilen kann (Art. 84 Abs. 5 GG). Die wichtigsten dieser Gesetze sind das Wohngeldgesetz, das Unterhaltsvorschussgesetz, das Bundesausbildungsförderungsgesetz, das Unterhaltssicherungsgesetz, das Aufenthaltsgesetz (teilweise), das Katastrophenschutzgesetz, der Zivilschutz. Ferner entscheidet er ausschließlich über **gewerberechtliche** (s. Anlage 1, Nrn. 1 bis 3 ZustVO-Wirtschaft) und **immissionsschutzrechtliche** (s. Anlage 2, Nr. 8 ZustVO-Umwelt-Arbeitsschutz) **Genehmigungen**, zu denen auch vergleichbare Maßnahmen wie Erlaubnisse, Zulassungen und Gestattungen zählen; die Zuständigkeit erstreckt sich auf alle die Genehmigung betreffenden Entscheidungen wie die Erteilung, die Versagung, die Einschränkung, die Rücknahme und den Widerruf, als sonstige Maßnahme kann die Untersagung einer erlaubnisfreien Tätigkeit angesehen werden. Die Bedeutung der Zuständigkeit für Aufgaben, die der Geheimhaltung unterliegen (Abs. 1 Satz 1 Nr. 5), ist eher gering. Über wichtige geheimhaltungsbedürftige Angelegenheiten sind nur die ehrenamtlichen Stellvertreter des HVB zu unterrichten (Abs. 7). **Weisungen** der zuständigen Aufsichtsbehörden binden grundsätzlich das für die Angelegenheit, zu der sie ergangen sind, zuständige Organ. Lässt eine Weisung keinen Ermessensspielraum zu, dann hat der HVB sie unbeschadet der Zuständigkeit eines anderen Organs auszuführen (Abs. 1 Nr. 6), auch wenn diese damit praktisch unterlaufen wird. Das Weisungsrecht der Fachaufsichtsbehörde bei Aufgaben des übertragenen Wirkungskreises bleibt ungeschmälert, auch wenn die Vertretung oder der Hauptausschuss zuständig ist oder sich die Zuständigkeit vorbehalten hat (OVG Lüneburg, Beschl. v. 1.3.1997, KommP N S. 151). Während die Anfechtung einer fachaufsichtlichen Weisung grundsätzlich nicht möglich ist (s. Erl. 1 zu § 6 und 7 zu § 170),

stellt die kommunalaufsichtsbehördliche Weisung einen Verwaltungsakt dar, der angefochten werden kann.

5. Der Begriff „Geschäfte der laufenden Verwaltung" ist ein unbestimmter Rechtsbegriff, der in vollem Umfange verwaltungsgerichtlich nachgeprüft werden kann. Laufende Verwaltungsgeschäfte sind solche, die wegen ihrer Regelmäßigkeit und Häufigkeit zu den herkömmlichen und üblichen Aufgaben der Verwaltung gehören, deren Wahrnehmung nach feststehenden Grundsätzen in eingefahrenen Geleisen erfolgt und keine grundsätzlich weittragende Bedeutung entfaltet (vgl. BGH, Urt. v. 16.11.1978, DVBl. 1979 S. 514; Urt. v. 6.5.1997, KommP N 1998 S. 56 = NVwZ-RR 1997 S. 725; Urt. v. 27.10.2008, NJW 2009 S. 289; OLG Braunschweig, Urt. v. 16.9.1965, NJW 1966 S. 58). Die Bestimmung lässt sich, zumal im Hinblick auf das Merkmal der regelmäßigen Wiederkehr, nur im konkreten Einzelfall, insbesondere unter Berücksichtigung des allgemeinen Umfangs der Verwaltungstätigkeiten der betreffenden Kommune und ihres Haushaltsvolumens, treffen, nicht aber abstrakt für alle Aufgabenbereiche und für alle Kommunen einer bestimmten Art oder Größenordnung. Zur Konkretisierung des Begriffs der Geschäfte der laufenden Verwaltung kann die Vertretung auf der Grundlage der dargestellten Kriterien gem. § 58 Abs. 1 Nr. 2 Richtlinien aufstellen und bei finanzwirksamen Geschäften Wertgrenzen festsetzen. Bei wiederkehrenden Geschäften, in denen die Kommune ihr Einvernehmen oder Benehmen zu einer Maßnahme zu erklären hat, wie z. B. in den Fällen der § 36 BauGB, wird darauf abzustellen sein, inwieweit der Inhalt der Erklärung durch Entscheidungen der Vertretung oder des Hauptausschusses, z. B. im Rahmen der Bauleitplanung, schon vorherbestimmt ist oder in welchem Umfange er spätere Entscheidungen der Vertretung präjudiziert; im ersten Falle ist eher die Zuständigkeit des HVB anzunehmen als im zweiten. Die Aufnahme von Krediten (s. Erl. 2, Nr. 15 zu § 58) und von Liquiditäts-/Kassenkrediten bis zu dem in der Haushaltssatzung festgelegten genehmigungsfreien Höchstbetrag ist regelmäßig als Geschäft der laufenden Verwaltung anzusehen; ebenso die Festsetzung eines Geldbetrages nach § 47a NBauO; ferner der Abschluss des Ablösungsvertrages im Rahmen des Erschließungsbeitragsrechts jedenfalls in größeren Städten (OVG Lüneburg, Urt. v. 13.11.1990, dng 1991 S. 102). Dagegen ist nicht als Geschäft der laufenden Verwaltung anzusehen die Ausübung eines Vorkaufsrechts (Hess. VGH, Urt. v. 11.2.1983, Fundstelle 1984 Rdnr. 3), der Freistellungsantrag nach § 96 Abs. 8 NWG, die Bestellung des Naturschutzbeauftragten gem. § 34 NAGNatSchG, der Ausspruch der Kostenspaltung (s. Erl. 2, Nr. 7 zu § 58). Vgl. auch Erl. 4 zu § 76 und zu Entscheidungen im Rahmen von über- und außerplanmäßigen Aufwendungen und Auszahlungen (Erl. 5 zu § 117).

Nach Aufhebung der ausschließlichen Zuständigkeit des HVB für Maßnahmen auf dem Gebiet der Gefahrenabwehr bestimmt sich, soweit nicht besondere Vorschriften bestehen, die Organzuständigkeit für sie ebenso wie bisher schon für alle Angelegenheiten des übertragenen Wirkungskreises, die nicht Gefahrenabwehr darstellen, nach den allgemeinen Regeln: Der HVB ist zuständig, soweit es sich, wie bei der größten Zahl der zu treffenden Entscheidungen und Maßnahmen, um Geschäfte der laufenden Verwaltung handelt; die Vertretung entscheidet in den ihr gem. § 58 Abs. 1 übertragenen Angelegenheiten (insbesondere § 58 Abs. 1 Nr. 5) und denjenigen, die sie sich gem. § 58 Abs. 3 vorbehalten hat (s. Erl. 3 zu § 58); der Hauptausschuss entscheidet im Rahmen seiner Lückenzuständigkeit (s. Erl. 4 zu § 75) und in den Einzelfällen, in denen er sich die Zuständigkeit vorbehalten hat. Die Betrauung der Vertretung und des Hauptausschusses mit Aufgaben des übertragenen Wirkungskreises ist verfassungsrechtlich unbedenklich (BVerfG, Beschl. v. 21.6.1988, NST-N 1988 S. 326).

6. Soweit die Landkreise und die Region Hannover für die kreis- oder regionsangehörigen Gemeinden **Kommunal- und Fachaufsichtsbehörden** sind (§ 171 Abs. 2, 3 und 5), erfüllt die damit verbundenen Aufgaben der Landrat oder der Regionspräsident.
Bei bestimmten Maßnahmen (Abs. 2 Satz 2) benötigt der Landrat/Regionspräsident die Zustimmung des Hauptausschusses, der damit an der Kommunalaufsicht beteiligt ist und seine Entscheidung im Rahmen des § 170 Abs. 1 trifft, insbesondere unter Berücksichtigung der Erhaltung von Entschlusskraft und Verantwortungsfreude. Bedeutsamster Fall ist der der Versagung einer kommunal-, nicht auch fachaufsichtlichen (wie §§ 6, 10 Abs. 2 BauGB) Genehmigung, die auch eine teilweise Versagung darstellt, nicht dagegen bei der gebotenen engen Auslegung dieser Ausnahmevorschrift die Genehmigung mit einer Maßgabe, Auflage oder Bedingung. Für die Versäumung der Zustimmung gilt § 45 Abs. 1 VwVfG. Versagt der Hauptausschuss die Zustimmung zu der vorgesehenen Maßnahme, entscheidet das MI; im Konfliktfall besitzt die Mitwirkung des Hauptausschusses einen Devolutiveffekt und führt zur Entscheidung der nächsthöheren staatlichen Behörde (BVerfG, Beschl. v. 21.6.1988, NVwZ 1989 S. 45 und 46). Der Hauptausschuss ist auch dann zu beteiligen, wenn die Aufsichtsbehörde dem Landkreis/der Region in derselben Angelegenheit eine Weisung erteilt hat (OVG Lüneburg, Urt. v. 22.12.1986 – 2 OVG A 197/85, MBl. 1987 S. 800 Ls. unter ausdrücklicher Klarstellung einer früheren Entscheidung), z. B. zur Versagung der Genehmigung.

7. Zur **Leitung und Beaufsichtigung der Verwaltung** (Abs. 3) gehört der gesamte Ablauf des Verwaltungsvollzugs, insbesondere die Geschäftsverteilung, die Organisation und Gliederung der Verwaltung und die Regelung des Personaleinsatzes (ebenso VG Braunschweig, Beschl. v. 13.8.1996, KommP N 1997 S. 25). Die in diesem Zusammenhang zu erledigenden Aufgaben obliegen dem HVB als Leiter der gesamten Behörde. Er trägt die Verantwortung für das Funktionieren und die Einheitlichkeit der Verwaltung und ihrer Führung. Dieser Verantwortung kann er nur gerecht werden, wenn ihm umfassend die Befugnis zusteht, auch den Geschäftsbereich der einzelnen Dienstkräfte zu bestimmen. Zur Bestellung eines Verhinderungsstellvertreters für den allgemeinen Stellvertreter s. Erl. 4 zu § 81.
Der Verantwortung des HVB für den Geschäftsgang der Verwaltung steht die der Vertretung für den Ablauf der Verwaltungsangelegenheiten (§ 58 Abs. 4) gegenüber. Aus ihrem Spannungsverhältnis ist der Inhalt der Richtlinien zu bestimmen, die die Vertretung für die Geschäftsverteilung aufstellen kann. Richtlinien dürfen die Geschäftsverteilung nur im Grundsätzlichen regeln und können über die Dezernatsverteilung oder eine vergleichbare Organisationsebene nicht hinausgehen. Bei der Berufung von Wahlbeamten (§ 108 Abs. 1) liegt es in der Natur der Sache, dass die Vertretung von einem bestimmten Aufgaben-

zuschnitt des von ihnen jeweils wahrzunehmenden Amtes ausgeht. Diesen Aufgabenzuschnitt kann dann der HVB in seinem wesentlichen Kern gegen den Willen der Vertretung nicht verändern. Das schließt allerdings nicht aus, dass der HVB bei der Verteilung einzelner Angelegenheiten auch den Geschäftsbereich des Wahlbeamten verändern kann; zum Anspruch des Beamten auf Erhaltung des Aufgabenbestandes vgl. Erl. 2 zu § 108.

Unterhalb der Dezernentenebene ist der Vertretung verwehrt, durch Richtlinien den Zuschnitt des einzelnen Arbeitsplatzes zu bestimmen (vgl. dazu Disziplinarkammer beim VG Göttingen, Beschl. v. 15.2.1996, KommP N 1996 S. 185); fehlt die Dezernatsebene, erstreckt sich die Richtlinienkompetenz nicht auf die Ämter- oder die ihr vergleichbare Organisationsebene.

Hat die Vertretung keine Richtlinien erlassen oder bei der Berufung eines Wahlbeamten keine Bestimmung über dessen Aufgabengebiete getroffen, obliegt die Geschäftsverteilung uneingeschränkt dem HVB, bei den Wahlbeamten jedoch mit der Maßgabe, dass die Funktion des Dezernentenamtes erhalten bleiben muss. Ohne Richtlinien der Vertretung entscheidet der HVB auch über den Standort der Dienststellen und die Verteilung der Sachgebiete (Ämter) auf diese (VG Stade, Urt. v. 10.6.1982 – 1 VG A 44/81).

Im Bereich der danach bestehenden Zuständigkeit des HVB für die Geschäftsverteilung ist kein Raum für einen Entscheidungsvorbehalt der Vertretung gem. § 58 Abs. 3 und des Hauptausschusses gem. § 76 Abs. 2; beide Vorschriften beschränken das Vorbehaltsrecht auf die Zuständigkeit des HVB nach Abs. 1 Satz 1 Nr. 7, beziehen also Abs. 3 nicht mit ein. Zu beachten ist jedoch, dass aufgrund von § 107f Abs. 4 NPersVG die Zuständigkeit für Organisationsmaßnahmen, an der der Personalrat gem. § 75 a. a. O. mitwirkt, im Nichteinigungsfall auf den Hauptausschuss übergeht.

Allerdings steht in Fällen, in denen eine organisatorische Maßnahme personalrechtliche Maßnahmen i. S. des § 107 Abs. 4 zur Folge hat, die Zuständigkeit des HVB zu der der Vertretung oder des Hauptausschusses in einem Spannungsverhältnis, das zur Vermeidung von Friktionen das vertrauensvolle Zusammenwirken der Beteiligten erfordert. Die gem. § 107 Abs. 4 zuständigen Organe sind nicht darauf beschränkt, die organisatorische Maßnahme des HVB durch Ernennung, Einstellung oder Höhergruppierung nachzuvollziehen, ihnen steht vielmehr das Recht zu, die Eignung des Beamten oder anderen Beschäftigten selbständig zu prüfen und den Vorschlag des HVB abzulehnen mit der Folge, dass die personalrechtliche Maßnahme unterbleibt oder der HVB einen anderen Vorschlag unterbreitet. Vertretung und Hauptausschuss sind nicht berechtigt, einen anderen als vom HVB vorgesehenen Bewerber zu ernennen, einzustellen oder höher zu gruppieren (s. Erl. 4 zu § 107).

Aufgrund seiner Organisationsgewalt regelt der HVB die Erfüllung der ihm als Organ obliegenden Aufgaben. Daraus und aus seiner Stellung als Leiter der Verwaltung ergibt sich sein **Weisungsrecht** gegenüber allen übrigen Bediensteten der Kommune und damit seine Funktion als Vorgesetzter (§ 3 Abs. 3 NBG und nach dem allgemeinen Arbeitsrecht für Arbeitnehmer i. S. des TVöD). Die Weisungsgebundenheit ist nur in wenigen Fällen ausgeschlossen: Durch § 9 Abs. 3 für die Gleichstellungsbeauftragte, durch § 154 Abs. 1 für das Rechnungsprüfungsamt der Kommune und für die Beamten auf Zeit, wenn sie gem. § 74 Abs. 1 Satz 2 Mitglieder des Hauptausschusses sind und kraft dieser Mitgliedschaft, also nicht kraft abgeleiteten Rechts, beratende Stimme haben. Im Übrigen unterliegen auch die Zeitbeamten uneingeschränkt dem Weisungsrecht des HVB. Er kann sich deshalb auch aus ihrem Aufgabenbereich im Einzelfall die abschließende Entscheidung und Schlusszeichnung vorbehalten; die entsprechenden Regelungen, insbesondere die über die Bearbeitung der Verwaltungsvorgänge und die Schlusszeichnung kann er durch eine Dienstanweisung treffen. Vgl. auch Erl. 4 zu § 81 und 1 zu § 87.

8. Als Behörden- und Verwaltungsleiter übt der HVB das **Hausrecht** in allen der Erfüllung gemeindlicher Verwaltung gewidmeten Dienstgebäuden und -räumen aus, soweit nicht gesetzlich etwas anderes bestimmt ist (OVG Münster, Urt. v. 26.4.1990 – 15 A 864/88 – NWVBl. 1990 S. 296, und – 15 A 460/88 – NWVBl. 1990 S. 344 = DVBl. 1991 S. 495); während der Sitzungen übt es im Tagungsraum der Vertretung der Vorsitzende (§ 63 Abs. 1), in den Tagungsräumen der Ausschüsse der Ausschussvorsitzende (§ 72 Abs. 3 S. 5) und bezüglich der Schulanlagen der Schulleiter im Auftrag des Schulträgers aus (§ 111 Abs. 2 Satz 1 NSchG). In im Verwaltungsgebäude gelegenen Fraktionszimmern hat das Hausrecht also der HVB, nicht der Fraktionsvorsitzende (OVG Münster, Urt. v. 26.4.1990 a. a. O.).

9. Die **Unterrichtungspflicht** des HVB gegenüber den Organen (Abs. 4) korrespondiert mit den Auskunftsrechten der Vertretung (§ 58 Abs. 4) und des Hauptausschusses (§ 77) sowie den Anhörungsrechten der Stadtbezirks- und der Ortsräte (§ 94 Abs. 1). Diese Pflicht bezieht sich auf Angelegenheiten des Verantwortungs- und Pflichtenkreises des HVB, nicht dagegen auf solche aus dem „parlamentarischen Bereich" der Vertretung, von denen der HVB erfahren hat. Zu unterrichten sind die Organe, die nur in Sitzungen existent sind, nicht einzelne ihrer Mitglieder, so dass die Information der Fraktions- und Gruppenvorsitzenden nach dem Gesetz nicht genügt.

Die **Unterrichtung der Einwohner** in Gemeinden und Samtgemeinden (Abs. 5) ist Bestandteil der Öffentlichkeitsarbeit der Kommune und Pflicht des HVB statt bis 1996 des Verwaltungsausschusses. Es handelt sich wie bei diesem nicht um eine ausschließliche Zuständigkeit des HVB, die es anderen, z. B. den Fraktionen, einzelnen Mitgliedern, dem Stadtbezirks- und dem Ortsrat oder auch dem Rat, dem Verwaltungsausschuss und den Ausschüssen untersagte, über ihre Arbeit und deren Ergebnisse die Öffentlichkeit (z. B. durch eine Pressekonferenz) zu unterrichten und dazu auch die Einwohner zu einer Einwohnerversammlung zusammenzurufen. Die Regelung will nur gewährleisten, dass die Einwohnerschaft objektiv und sachlich zutreffend informiert wird. Das gilt insbesondere für wichtige Planungen und Vorhaben, über die nicht erst mit den Einwohnern diskutiert werden soll, wenn sie beschlossen worden sind, und über die unparteiisch und unparteilich zu informieren die Verwaltung als am besten geeignet angesehen wird. Für die eingehende Unterrichtung, für Meinungsäußerungen und für Erörterungen eignen sich vorrangig **Einwohnerversammlungen**, die der Bürgermeister deshalb für die Gemeinde oder Samtgemeinde oder Teile von diesen durchführen soll. Von ihr kann bei einem Vorhaben z. B. dann abgesehen werden, wenn es in anderem Rahmen oder Zusammenhang schon ausreichend mit der Bevölkerung diskutiert worden ist. Die Regelungen der Hauptsatzung sollen vor allem gewährleisten, dass die Einwohnerversammlung dem Ziel dient, die Teilhabemöglichkeit der Bevölkerung zu verstärken und die Akzeptanz getroffener und zu treffender Entscheidungen zu erhöhen, und nicht zu einem bloßen Instrument der Verwaltung wird, das diese nach ihrem Gutdünken einsetzt. Deshalb empfehlen sich insbesondere Regelungen, nach denen z. B. der Rat die Durchführung einer Einwohnerversammlung verlangen kann, so wie es für den Stadtbezirksrat und den Ortsrat (§ 94 Abs. 1 Satz 3) gesetzlich normiert und für den Rat nur deswegen nicht geregelt ist, weil er das im Rahmen seiner von der Verwaltung vorzubereitenden und zu organisierenden Öffentlichkeitsarbeit selbst in der Hauptsatzung tun kann (s. R&R 1/2007 S. 15). Geregelt werden kann auch, dass während der Einwohnerversammlung den Fraktionen und Gruppen Gelegenheit zur Darstellung ihres Standpunktes zu geben ist. Dabei darf jedoch der Charakter der Einwohnerversammlung als Veranstaltung der Verwaltung unter Leitung des Bürgermeisters nicht verloren gehen. Ortsfremde können von einer Einwohnerversammlung nur aus sachgerechten Gründen ausgeschlossen werden (Überfüllung des Saales, Gefahr der Majorisierung der Einwohner, s. auch VGH München, Urt. v. 18.12.1989, NVwZ-RR 1990 S. 210).

Die tägliche **Presse- und Öffentlichkeitsarbeit** ist Aufgabe des HVB aller Kommunen im Rahmen seiner Zuständigkeit nach Abs. 5 und 6, insbesondere die Beantwortung der Fragen von Pressevertretern (§ 4 Nds. Pressegesetz; VG Hannover, Urt. v. 10.9.1987, NST-N 1988 S. 107), schon weil die Annahme einer anderen Zuständigkeit regelmäßig die Aktualität der Auskünfte beeinträchtigte und das presserechtliche Informationsrecht unterliefe, weshalb der Vorbehalt zugunsten der Vertretung oder des Hauptausschusses nicht in Betracht gezogen werden kann. Der Auskunftsanspruch der Presse umfasst regelmäßig nicht auch – abgesehen von dem Fall, dass Informationen verlangt werden, die zeichnerische oder bildliche Darstellung betreffen – den Anspruch auf Überlassung von Unterlagen oder gar Akteneinsicht (VG Hannover, Urt. v. 10.9.1987 a. a. O.); auch die Entscheidung über die Herausgabe von Unterlagen oder die Akteneinsicht gehört zu den Geschäften der laufenden Verwaltung (a. A. VG Hannover, Urt. v. 10.9.1987 a. a. O., das jedenfalls bezüglich des Rechnungsprüfungsberichts die Zuständigkeit des Hauptausschusses annimmt).

Für die Grenze der kommunalen Öffentlichkeitsarbeit in der Vorwahlzeit gelten die Grundsätze, die das BVerfG (Urt. v. 2.3.1977, BVerfGE 44 S. 125) für die Bundesregierung entwickelt hat (OVG Münster, Urt. v. 19.8.1988, NVwZ-RR 1989 S. 149); s. dazu Erl. 1 zu § 47.

10. Über der **Geheimhaltung** unterliegende wichtige Angelegenheiten (vgl. Erl. 3 zu § 6) sind nur die ehrenamtlichen Stellvertreter des HVB zu unterrichten. Voraussetzung dafür ist, dass sie nach den Vorschriften des Sicherheitsüberprüfungsgesetzes auf ihre Zuverlässigkeit überprüft worden sind.

§ 86 Repräsentative Vertretung, Rechts- und Verwaltungsgeschäfte

(1) ¹Die repräsentative Vertretung der Kommune obliegt der Hauptverwaltungsbeamtin oder dem Hauptverwaltungsbeamten, bei ihrer oder seiner Abwesenheit den ehrenamtlichen Stellvertreterinnen oder Stellvertretern (§ 81 Abs. 2). ²Sie oder er vertritt die Kommune nach außen in allen Rechts- und

Verwaltungsgeschäften sowie in gerichtlichen Verfahren. [3]Die Vertretung der Kommune in Organen und sonstigen Gremien von juristischen Personen und Personenvereinigungen gilt nicht als Vertretung der Kommune im Sinne des Satzes 2.

(2) Soweit Erklärungen, durch die die Kommune verpflichtet werden soll, nicht gerichtlich oder notariell beurkundet werden, sind sie nur dann rechtsverbindlich, wenn sie von der Hauptverwaltungsbeamtin oder dem Hauptverwaltungsbeamten handschriftlich unterzeichnet wurden oder von ihr oder ihm in elektronischer Form mit der dauerhaft überprüfbaren qualifizierten elektronischen Signatur versehen sind.

(3) [1]Wird für ein Geschäft oder eine bestimmte Art von Geschäften eine Bevollmächtigte oder ein Bevollmächtigter bestellt, so gelten für die Bevollmächtigung die Vorschriften für Verpflichtungserklärungen entsprechend. [2]Soweit die im Rahmen dieser Vollmachten abgegebenen Erklärungen nicht gerichtlich oder notariell zu beurkunden sind, müssen sie die Schriftform aufweisen oder in elektronischer Form mit einer dauerhaft überprüfbaren qualifizierten elektronischen Signatur versehen sein.

(4) Die Absätze 2 und 3 gelten nicht für Geschäfte der laufenden Verwaltung.

(5) Ist nach Beginn der neuen Wahlperiode der Vertretung das Amt der Hauptverwaltungsbeamtin oder des Hauptverwaltungsbeamten noch nicht besetzt oder ist sie oder er daran gehindert, das Amt auszuüben, so obliegt die repräsentative Vertretung der Kommune vor der ersten Sitzung der Vertretung der oder dem ältesten der bisherigen Stellvertreterinnen oder Stellvertreter nach § 81 Abs. 2 Satz 1.

§§ 63 NGO, 58 NLO, 72 RegionsG

ERLÄUTERUNGEN zu § 86

1. Die Vorschrift regelt die **repräsentative Vertretung** und die **Außenvertretung der Kommune** in Rechts- und Verwaltungsgeschäften sowie im gerichtlichen Verfahren. Beide Formen der Vertretung obliegen dem HVB. Die **repräsentative Vertretung** obliegt ihm als Amtsinhaber, gehört also zu seinen dienstlichen Aufgaben; auch bei ihrer Wahrnehmung hat er deshalb seine Pflichten nach dem BeamtStG und dem NBG als Beamter zu beachten. Zu seiner Stellvertretung sind abweichend von der sonst geltenden Regelung über die Stellvertretung des HVB als Amtsinhaber nicht der allgemeine Stellvertreter und die ihm gleichgestellten Personen befugt (vgl. Erl. 3 a. E.), sondern die aus dem Kreis der Beigeordneten zu wählenden Stellvertreter nach § 81 Abs. 2 (s. Erl. 1 zu § 81). Folgt man der Ansicht, dass zum Wesen der Behörde ihre Außenwirkung gehört, ist der HVB die wichtigste **Behörde der Kommune.** Das OVG Lüneburg (Urt. v. 19.2.1988 – 6 OVG A 181/86) geht offenbar von einem weiten Behördenbegriff aus, da es die fehlerhafte Organzuständigkeit (Verwaltungsausschuss statt Bürgermeister) als einen Verstoß gegen die sachliche Behördenzuständigkeit auf der Grundlage des VwVfG ansieht.

Bei der **Außenvertretung** ist die **Vertretungsmacht** von der **Geschäftsführungsbefugnis** zu unterscheiden (vgl. OLG Köln, Beschl. v. 12.8.1960, DVBl. 1960 S. 816). Während die Vertretungsmacht dazu befugt ist, anstelle eines Dritten mit Wirkung für und gegen diesen rechtsgeschäftliche Erklärungen abzugeben und entgegenzunehmen, betrifft die Geschäftsführungsbefugnis die Frage, wer im Innenverhältnis zwischen Vertreter und Vertretenem für die sachliche Entscheidung zuständig ist. Abs. 1 bestimmt den HVB zum gesetzlichen Vertreter der Kommune; die internen Entscheidungszuständigkeiten ergeben sich im Wesentlichen aus den §§ 58 Abs. 1, 2 und 3 (Vertretung), 76 Abs. 2 (Hauptausschuss) und 85 Abs. 1 und 2 (HVB). Aus der Vertretungsmacht des HVB folgt, dass die Wirksamkeit seiner Erklärungen, vorbehaltlich der besonderen Vorschriften der Abs. 2 und 3, davon unabhängig ist, ob er intern sachlich zuständig ist und ob im Falle der Zuständigkeit eines anderen Organs dieses ein entsprechenden Beschluss gefasst hat (vgl. BGH, Urt. v. 16.11.1978, DVBl. 1979 S. 514); das Vorliegen eines entsprechenden Beschlusses des zuständigen Organs braucht zur Wirksamkeit der Erklärung des HVB auch nicht nachgewiesen zu werden. Ein Missbrauch der Vertretungsmacht kann disziplinarrechtlich geahndet werden und schadensersatzpflichtig machen (§ 48 BeamtStG).

Das Gesetz erstreckt die Vertretungsmacht ohne Unterschied auf Rechts- und Verwaltungsgeschäfte. Dazu gehören z. B. der **Erlass von Verwaltungsakten** und, vorbehaltlich der Einschränkung durch Abs. 2 und 3, der Abschluss privat- und öffentlich-rechtlicher Verträge; die mangelnde interne Zuständigkeit des HVB lässt ihre Wirksamkeit also unberührt; für Verwaltungsakte ergibt sich das aus § 43 ff. VwVfG (vgl. auch Nds. OVG, Beschl. v. 13.7.2001, VwRR N S. 114).

Unbeschadet der internen Zuständigkeit vertritt der HVB die Kommune auch im **gerichtlichen Verfahren.** Sofern es sich bei dem Gegenstand des Verfahrens nicht um ein Geschäft der laufenden Verwaltung handelt, hat der HVB den Rechtsstreit entsprechend den Weisungen der Vertretung oder des Hauptausschusses zu führen. Für die Wirksamkeit prozessualer Erklärungen gilt jedoch das zuvor zu rechtsgeschäftlichen Erklärungen Gesagte.

Aktiv legitimiert, d. h. richtiger Kläger, ist bei Klagen gegen Maßnahmen der Aufsichtsbehörde die Kommune, nicht das Organ, das intern für die von der aufsichtsbehördlichen Maßnahme betroffene Entscheidung zuständig ist (OVG Münster, Urt. v. 5.9.1980, DVBl. 1981 S. 227), denn der Aufsicht unterliegt nicht das Organ sondern die Kommune (§ 171).

Zur Vertretung der Kommune im Rechtsstreit nach Einspruch des HVB vgl. Erl. 4 zu § 88. Zur Vertretung der Vertretung in einer kommunalverfassungsrechtlichen Streitigkeit vgl. Erl. 5 zu § 66.

Die Vertretung im Rahmen des Abs. 1 Satz 2 ist nicht einschränkbar. Sie obliegt dem HVB **als Organ,** nicht als Amtsinhaber. Er kann sie deshalb kraft seiner Organisationsbefugnis gem. § 85 Abs. 3 delegieren. Auch in Angelegenheiten, die den HVB persönlich betreffen, gilt keine andere Organzuständigkeit; wegen seines Ausschlusses nach § 53 NBG kann jedoch nicht der HVB selbst tätig werden; zur Vertretung der Vertretung als Dienstvorgesetzen des HVB s. Erl. 5 zu § 107.

2. Zur Vertretung i. S. d. Abs. 1 gehört nicht die **Wahrnehmung von Mitgliedschafts- oder Beteiligungsrechten** in Organen anderer Körperschaften, wie Abs. 1 Satz 3 klarstellt. Deren Regelung ergibt sich in einigen Fällen unmittelbar aus dem Gesetz (vgl. z. B. § 138 Abs. 1, §§ 12, 13 NSpG, § 11 NKomZG), das die Bestellung der Vertreter der Vertretung vorbehält. In anderen Fällen bestimmt die Satzung oder das sonstige Organisationsstatut der Körperschaft entweder unmittelbar, wer die Kommune vertritt oder nennt das Organ, das den oder die Vertreter bestellt; mittelbar entscheidet darüber in diesen Fällen das Organ, dem die Entscheidung über die Mitgliedschaft oder Beteiligung an der Körperschaft obliegt (vgl. die Zuständigkeit der Vertretung gem. § 58 Abs. 1 Nr. 17 für die Mitgliedschaft in kommunalen Zusammenschlüssen). Wo keine Regelung getroffen ist, richtet sich die Zuständigkeit für die Bestellung von Vertretern nach den allgemeinen Bestimmungen der §§ 58 Abs. 1 und 2, 76 Abs. 2 und 85 Abs. 1 Satz 1 Nr. 7. Für das Verfahren der Vertretung und des Hauptausschusses gilt bei der Bestellung mehrerer Vertreter § 71 Abs. 6 (vgl. Erl. 7 zu § 71).

3. Verpflichtungserklärungen i. S. d. Abs. 2 sind alle Erklärungen, durch die nicht nur als Nebenfolge (z. B. Schenkungssteuer bei einer Schenkung an die Kommune) eine Verpflichtung der Kommune begründet werden soll. Unerheblich ist, ob es sich um Verpflichtungen öffentlich- oder privatrechtlicher Art handelt. Verfahrensrechtliche Handlungen (z. B. Prozesshandlungen wie Klageerhebung und Einlegung eines Rechtsmittels) und Erfüllungsgeschäfte, durch die die Kommune zwar auch belastet, aber nicht verpflichtet wird (wie die meisten rechtsgeschäftlichen Verfügungen), unterliegen nicht der Vorschrift des Abs. 2. Auch die Erklärung, durch die sich die Kommune bei Zuwendungen mit bestimmten Verhaltensmaßregeln einverstanden erklärt, die die Erfüllung des mit der Zuwendung nach Maßgabe des Zuwendungsbescheides verfolgten Zwecks gewährleisten sollen und bei deren Nichteinhaltung die Zuwendung widerrufen werden kann, ist keine Verpflichtungserklärung i. S. des Abs. 2, weil die Verpflichtung zur Rückzahlung nicht auf der Einverständniserklärung beruht, sondern auf dem Widerruf. Nicht als Verpflichtungserklärung werden die Kündigung eines Pachtvertrages (OLG Celle, Urt. v. 17.2.1999, NVwZ 2000 S. 105) und die Ausübung eines Wiederkaufsrechts angesehen (BGH, Urt. v. 17.12.1958, NJW 1959 S. 526; zweifelnd BGH, Urt. v. 4.12.1981, NJW 1982 S. 1036, zugleich auch für die Ausübung eines vereinbarten Rücktrittsrechts); dagegen stellen die Ausübung eines gesetzlichen Vorkaufsrechts (BGH, Urt. v. 15.6.1960, NJW S. 1805) und die Zustimmung zur Veräußerung eines Erbbaurechts (BGH, Urt. v. 27.10.2008, NJW 2009 S. 289) Verpflichtungserklärungen dar. Kein Verpflichtungsgeschäft stellt die Abnahme einer Bauleistung dar (BGH, Urt. v. 6.3.1986, DÖV S. 748). Der Vertrag über die Ablösung eines künftig entstehenden Beitrages ist kein Verpflichtungsgeschäft, sondern eine Verfügung (OVG Münster, Urt. v. 27.9.1988, NVWBl. 1989 S. 280), sofern darin nicht eine andere Verpflichtung der Kommune enthalten ist; dagegen sind die Zusage, keinen Erschließungsbeitrag zu erheben, und der Verzicht auf künftige Beiträge Verpflichtungsgeschäfte (VGH Mannheim, Urt. v. 3.9.1987, Fundstelle 1987 Rdnr. 576). Die Beauftragung eines Rechtsanwaltes ist ein entgeltlicher gegenseitiger Vertrag (§ 675 BGB); gleichwohl sieht das VG Braunschweig (Urt. v. 20.6.1989 – 7 VG A 90/86) darin keine Verpflichtungserklärung, weil es eine Verpflichtung nur als Nebenfolge ansieht. Verpflichtungsgeschäfte sind auch die Anstellungsverträge mit TVöD-Beschäftigten und ihnen vergleichbar die durch Aushändigung der Urkunde vorzunehmende Ernennung von Beamten (s. Erl. 5 zu § 107).

Seit der Novelle vom März 2001 ist nicht mehr vorgeschrieben, dass verpflichtende Erklärungen mit dem Dienstsiegel zu versehen sind. Soweit sie nicht als Geschäfte der laufenden Verwaltung auch ohne Beachtung dieser Förmlichkeit abgegeben werden können (Abs. 4), reicht es aus, dass sie handschriftlich unterzeichnet werden, was mit umfasst, dass sie schriftlich erfolgen müssen. Das Gebot handschriftlicher Unterzeichnung stellt keine Formvorschrift i. S. des § 125 BGH dar, weil dem Landesgesetzgeber zur Einführung derartiger privatrechtlicher Vorschriften die Kompetenz fehlt (Art. 72 Abs. 1, Art. 74 Abs. 1 Nr. 1 GG, s. auch Art. 55 EGBGB), sondern bedeutet eine Beschränkung der Vertretungsmacht (ständige Rechtsprechung, zuletzt BGH, Urt. v. 10.5.2001, DVBl. S. 1273 mit weiteren Nachweisen). Bei einem Verstoß gegen das Gebot handschriftlicher Unterzeichnung wird die Kommune nicht verpflichtet, jedoch kommt ihr Haftung nach den §§ 31, 89 BGB in Betracht, während der HVB nicht als Vertreter ohne Vertretungsmacht nach § 179 Abs. 1 BGB, aber eventuell nach § 839 BGB haftet (s. zu allem BGH, Urt. v. 10.5.2001 a. a. O.).

Verpflichtungserklärungen gibt der HVB als Amtsinhaber ab. Er kann dabei von seinem allgemeinen Stellvertreter, einem Stellvertreter gem. § 81 Abs. 3 Satz 3 oder dem Stellvertreter des allgemeinen Stellvertreters (vgl. Erl. 9 a. E. zu § 81) vertreten werden.

Zur handschriftlichen Unterzeichnung vgl. Erl. 1 zu § 11. Im Privatrecht ist die Ersetzung der schriftlichen durch die elektronische Form schon nach § 126a BGB zugelassen; zu den Anforderungen an eine qualifizierte elektronische Signatur s. § 2 Signaturgesetz.

4. Abs. 3 betrifft zunächst den Fall, dass ein nicht der Verwaltung angehörender Dritter zum **Bevollmächtigten** für ein Geschäft oder einen Kreis von Geschäften der Kommune bestellt wird. Soweit es sich nicht um Geschäfte der laufenden Verwaltung handelt (Abs. 4), bedarf die Bevollmächtigung der Form des Abs. 2, und zwar unabhängig davon, ob es sich bei den Geschäften des zu Bevollmächtigenden um Verpflichtungsgeschäfte i. S. d. Abs. 2 handelt oder nicht.

Der wichtigere Anwendungsfall des Abs. 3 ist aber die Bevollmächtigung eines Bediensteten der Kommune zur Abgabe von Verpflichtungserklärungen i. S. d. Abs. 2, die allerdings wie bei Abgabe durch den HVB der Schriftform bedürfen, es sei denn aufgrund besonderer gesetzlicher Vorschrift wird die gerichtliche oder notarielle Beurkundung gefordert; die Erleichterung, die Abs. 3 Satz 2 früher darstellte, hat ihre Bedeutung verloren, nachdem das Vier-Augen-Prinzip 1996 und die Pflicht zum Abdruck des Dienstsiegels 2001 aufgegeben worden sind.

Die Rechtsprechung ist zur Frage nachträglicher Bevollmächtigung uneinheitlich. Während das OLG Braunschweig (Urt. v. 28.4.1955, Nieders. Rechtspflege 1955 S. 166) davon ausgeht, dass die aufgrund mündlicher Bevollmächtigung abgegebene Erklärung schwebend unwirksam ist und durch die nachträgliche formgerechte Bevollmächtigung wirksam wird, vertritt das VG Arnsberg (Urt.

v. 28.10.1980, Eildienst LKT NW 1981 S. 52) die Auffassung, die Erklärung, die ein dazu nicht allein Berechtigter abgegeben hat, werde durch seine nachträgliche formgerechte Bevollmächtigung nicht mit ex-tunc-Wirkung wirksam.

5. Für die Erklärungen und Bevollmächtigungen im Bereich der Geschäfte der laufenden Verwaltung (§ 85 Abs. 1 Satz 1 Nr. 7) brauchen die Förmlichkeiten des Abs. 2 nicht eingehalten zu werden; sie sind formlos wirksam. Durch die Übertragung der Zuständigkeit für bestimmte Angelegenheiten nach § 76 Abs. 4 und für Personalentscheidungen nach § 107 Abs. 4 auf den HVB werden diese nicht zu Geschäften der laufenden Verwaltung (s. Erl. 7 zu § 76 und 5 zu § 107).

6. Da das Amt des HVB erst mit dem Amtsantritt seines Nachfolgers endet (§ 80 Abs. 5 Satz 5), gilt die vorsorgliche **Regelung des Abs.** 5 nur für den Fall, dass der HVB vorzeitig vor Ende der allgemeinen Wahlperiode ausgeschieden ist und die Wahl seines Nachfolgers erst nach Beginn der neuen Wahlperiode der Vertretung zustande kommt.

§ 87   Teilnahme an Sitzungen

(1) ¹Die Hauptverwaltungsbeamtin oder der Hauptverwaltungsbeamte und die anderen Beamtinnen und Beamten auf Zeit sind verpflichtet, der Vertretung auf Verlangen in der Sitzung Auskunft zu erteilen, soweit es sich nicht um Angelegenheiten handelt, die der Geheimhaltung unterliegen (§ 6 Abs. 3 Satz 1). ²Sie sind auf ihr Verlangen zum Gegenstand der Verhandlung zu hören. ³Die Sätze 1 und 2 gelten auch für Sitzungen des Hauptausschusses. ⁴Bei Verhinderung der Hauptverwaltungsbeamtin oder des Hauptverwaltungsbeamten tritt an ihre oder seine Stelle die allgemeine Stellvertreterin oder der allgemeine Stellvertreter, auch wenn sie oder er nicht Beamtin oder Beamter auf Zeit ist.

(2) ¹Die Hauptverwaltungsbeamtin oder der Hauptverwaltungsbeamte nimmt an den Sitzungen der Ausschüsse der Vertretung, der Stadtbezirksräte und der Ortsräte teil; im Übrigen gilt Absatz 1 entsprechend. ²Sie oder er kann sich durch Beschäftigte der Kommune vertreten lassen, die sie oder er dafür bestimmt. ³Sie oder er hat persönlich teilzunehmen, wenn ein Drittel der Mitglieder eines Ausschusses, eines Stadtbezirksrates oder eines Ortsrates dies verlangt. ⁴Unter den gleichen Voraussetzungen sind die anderen Beamtinnen und Beamten auf Zeit zur Teilnahme verpflichtet.

(3) Ist die Samtgemeindebürgermeisterin oder der Samtgemeindebürgermeister zugleich Gemeindedirektorin oder Gemeindedirektor, so kann ihre oder seine Teilnahme an Sitzungen der Ratsausschüsse von Mitgliedsgemeinden der Samtgemeinde nicht verlangt werden.

(4) Für die Teilnahme von Beschäftigten der Kommune an Sitzungen der Vertretung, des Hauptausschusses, der Ausschüsse der Vertretung, der Stadtbezirksräte und der Ortsräte gilt § 41 entsprechend.

§§ 64 NGO, 58a NLO, 73 RegionsG

ERLÄUTERUNGEN zu § 87

1. Der HVB nimmt als Mitglied der Vertretung (§ 45 Abs. 1) an deren Sitzungen teil. Wegen seiner Verpflichtung zur Auskunftserteilung ergibt sich für ihn als Amtsinhaber eine faktische Teilnahmepflicht. Er kann, auch zu nicht öffentlichen Sitzungen (vgl. Erl. 4 zu § 64), in dem erforderlichen Umfang **andere Bedienstete,** auch andere Zeitbeamte, zu seiner Unterstützung hinzuziehen. Diesen Bediensteten kann mit Zustimmung des HVB das Wort erteilt werden, sie können das aber, wenn sie nicht Zeitbeamte sind, nicht verlangen.

Die Bedeutung der **Auskunftspflicht** des Abs. 1 ist nicht ganz eindeutig. Zur Kontrolle der Verwaltung hat die Vertretung einen Auskunftsanspruch auch gegenüber dem HVB (§ 58 Abs. 4), der Hauptausschuss überdies ein umfassendes Auskunftsrecht nach § 77, jedes Mitglied der Vertretung einen Auskunftsanspruch in allen Angelegenheiten der Kommune gegenüber dem HVB (§ 56 Satz 2), darüber hinaus das Mitgliedschaftsrecht auf Information zu den auf der Tagesordnung stehenden Gegenständen (Erl. 4 zu § 56). Da die Auskünfte „in der Sitzung" zu erteilen sind, kann es sich eigentlich nur um solche zu Gegenständen der Tagesordnung handeln, allenfalls um solche, die mit ihnen in einem engeren oder weiteren Zusammenhang stehen, weil es anderenfalls eine Überforderung des HVB bedeuten könnte, ad hoc zu allen Angelegenheiten der Kommune Rede und Antwort zu stehen. Die Bedeutung der Vorschrift wird man danach in der Bestätigung des schon als Mitgliedschaftsrecht bestehenden Auskunftsanspruchs der Vertretung, des Hauptausschusses, der Ausschüsse, der Stadtbezirksräte und der Ortsräte und ihrer Mitglieder bezüglich der auf der Tagesordnung stehenden Gegenstände erblicken können.

Die **anderen Zeitbeamten** sind zur Auskunftserteilung wie der HVB verpflichtet und unterliegen deshalb derselben faktischen Teilnahmepflicht wie er. Aus ihrem gegenüber der Vertretung bestehenden Recht, angehört zu werden, folgt ihr Recht zur Teilnahme an der Sitzung. Dieses Recht der Zeitbeamten auf Teilnahme und Mitberatung bei allen Angelegenheiten, nicht nur denen ihres Fachbereichs, ist kein Mitgliedschaftsrecht, sondern ist ihnen als Teil des Organs HVB eingeräumt worden. Daraus und aus dem Weisungsrecht des HVB auch ihnen gegenüber (vgl. Erl. 7 zu § 85) folgt, dass der HVB ihnen für die Ausübung der Rechte Weisungen erteilen kann. Er kann also einen Zeitbeamten verpflichten oder ihm untersagen, an einer Sitzung der Vertretung teilzunehmen, dort das Wort zu ergreifen oder bei einer Wortmeldung eine bestimmte Auffassung zu vertreten. Begrenzt wird das Weisungsrecht allein durch das Recht der Vertretung, von einem Zeitbeamten Auskünfte zu verlangen. In diesem Falle kann der HVB weder die Teilnahme noch dem Beamten verbieten, die verlangte Auskunft zu erteilen. Sofern das Auskunftsverlangen eine Meinungsäußerung mitumfasst, unterliegt ihr Inhalt allerdings dem Weisungsrecht. Zum Weisungsrecht gegenüber dem Leiter des Rechnungsprüfungsamts vgl. Erl. 1 zu § 154. Zum Teilnahmerecht der Gleichstellungsbeauftragten und dem Weisungsrecht ihr gegenüber vgl. Erl. 3 und 4 zu § 9.

In Kommunen ohne Beamte auf Zeit tritt bei Verhinderung des HVB der allgemeine Stellvertreter nach § 81 Abs. 3 Satz 2 an seine Stelle und hat alle dem HVB durch diese Vorschrift eingeräumten Rechte und obliegenden Pflichten, und zwar unabhängig davon, ob er Beamter oder Arbeitnehmer i. S. des TVöD ist.

2. An Sitzungen des **Hauptausschusses** nehmen der HVB als ordentliches Mitglied und die anderen Zeitbeamten, wenn die Hauptsatzung eine entsprechende Bestimmung enthält, als Mitglieder mit beratender Stimme teil (vgl. § 74 Abs. 1 Satz 2); das Teilnahme- und Rederecht der anderen Zeitbeamten folgt in diesem Falle aus der Mitgliedschaft (OVG Lüneburg, Urt. v. 2.10.1991, NST-N 1992 S. 120). Im Übrigen gilt das oben bei den Sitzungen der Vertretung Gesagte.

3. Die Verpflichtung des HVB und der übrigen Zeitbeamten zur Teilnahme an Sitzungen der **Ausschüsse**, zu denen auch die gesetzlich vorgeschriebenen Ausschüsse der Vertretung (insbesondere der Schulausschuss, Nds. OVG, Urt. v. 15.2.2011, R&R 2/2011 S. 1), nicht aber die sonstigen gesetzlichen Ausschüsse nach besonderen Rechtsvorschriften zählen (vgl. Erl. 1 zu § 73), der **Stadtbezirksräte** und der **Ortsräte** besteht nur unter der Voraussetzung, dass es ein Drittel deren Mitglieder, also einschließlich solcher mit beratender Stimme, verlangt. Die Verpflichtung des HVB und der anderen Beamten auf Zeit zur persönlichen Teilnahme besteht jedoch nicht in anderen Gremien (s. Erl. 2 zu § 71) und auch nicht, wenn sich das Verlangen als rechtsmissbräuchlich, insbesondere schikanös erweisen sollte. Lässt der HVB sich durch Beschäftigte vertreten (Abs. 2 Satz 2), wobei deren Bestimmung auch durch allgemeine Dienstanweisung erfolgen kann, dann haben seine Vertreter das ihm eingeräumte Rederecht und die ihm obliegenden Auskunftspflichten; sie unterliegen seinem uneingeschränkten Weisungsrecht.

Die Pflicht zur Teilnahme an allen Sitzungen besteht grundsätzlich auch für den Gemeindedirektor von Mitgliedsgemeinden einer Samtgemeide (§ 106 Abs. 2 Satz 2); auch für ihn gilt aber bei Ausschüssen Abs. 2. Zur Vermeidung einer zu starken Beanspruchung des **Samtgemeindebürgermeisters** in der Funktion als Gemeindedirektor, ist er von der Verpflichtung zur Teilnahme auf Verlangen eines Ausschusses befreit (Abs. 3). Diese Befreiung gilt nicht für den allgemeinen Stellvertreter des Samtgemeindebürgermeisters oder einen anderen leitenden Bediensteten, der gem. § 106 Abs. 1 Satz 2 Nr. 4 zum nebenamtlichen Gemeindedirektor berufen worden ist.

4. Abs. 4 ist eine **Sonderregelung** gegenüber § 53 NBG und §§ 20 und 21 VerwVfG, die einen weitergehenden Ausschluss von Amtshandlungen normieren als § 41; sie gilt jedoch nur für die Teilnahme an Sitzungen (s. auch Erl. 2 zu § 41). Mit Rücksicht auf § 41 Abs. 6 bleibt ein Verstoß dagegen ohne Auswirkungen auf Beschlüsse, es sei denn, die Stimme des HVB ist entscheidend gewesen.

§ 88 Einspruch

(1) ¹Hält die Hauptverwaltungsbeamtin oder der Hauptverwaltungsbeamte einen Beschluss der Vertretung im eigenen Wirkungskreis oder einen Bürgerentscheid für rechtswidrig, so hat sie oder er der Kommunalaufsichtsbehörde unverzüglich über den Sachverhalt zu berichten und die Vertretung davon zu unterrichten. ²Gegen einen Beschluss der Vertretung kann sie oder er stattdessen Einspruch einlegen. ³In diesem Fall hat die Vertretung über die Angelegenheit in einer Sitzung, die frühestens drei Tage nach der ersten Beschlussfassung stattfinden darf, nochmals zu beschließen. ⁴Hält die Hauptverwaltungsbeamtin oder der Hauptverwaltungsbeamte auch den neuen Beschluss für rechtswidrig, so hat sie oder er der Kommunalaufsichtsbehörde unverzüglich über den Sachverhalt zu berichten und die jeweiligen Standpunkte darzulegen. ⁵Wird berichtet oder ist Einspruch eingelegt, so ist der Beschluss oder der Bürgerentscheid zunächst nicht auszuführen. ⁶Die Kommunalaufsichtsbehörde entscheidet unverzüglich, ob der Beschluss oder der Bürgerentscheid zu beanstanden ist.

(2) ¹Absatz 1 gilt entsprechend für Beschlüsse des Hauptausschusses, eines Stadtbezirksrates und eines Ortsrates. ²Die Vertretung ist bei ihrer nächsten Sitzung zu unterrichten.

(3) Für Beschlüsse im übertragenen Wirkungskreis gelten die Absätze 1 und 2 entsprechend mit der Maßgabe, dass anstelle der Kommunalaufsichtsbehörde der Fachaufsichtsbehörde zu berichten ist und diese entscheidet, ob eine Weisung erteilt wird.

(4) ¹Hält die Hauptverwaltungsbeamtin oder der Hauptverwaltungsbeamte das Wohl der Kommune durch einen Beschluss eines Ausschusses nach § 76 Abs. 3 für gefährdet, so kann sie oder er innerhalb einer Woche Einspruch einlegen. ²In diesem Fall ist der Beschluss zunächst nicht auszuführen. ³Über die Angelegenheit entscheidet der Hauptausschuss. ⁴Die Vertretung ist in ihrer nächsten Sitzung zu unterrichten.

§§ 65 NGO, 59 NLO, 74 RegionsG

ERLÄUTERUNGEN zu § 88

1. Die Pflicht, die **Kommunalaufsichtsbehörde** unverzüglich **zu unterrichten** oder statt dessen **Einspruch einzulegen,** setzt voraus, dass der HVB alle durch Abstimmung (§ 66) oder durch Wahl (§ 67) zustande gekommenen Beschlüsse der Vertretung (Abs. 1), des Hauptausschusses, des Stadtbezirksrats und des Ortsrats (Abs. 2) auf Rechtmäßigkeit überprüft; da das Gesetz Beschlüsse sondergesetzlicher Ausschüsse nicht nennt, findet die Vorschrift auf sie keine Anwendung, ebenso wenig auf vorbereitende Beschlüsse des Hauptausschusses und der Fachausschüsse. Zu Beschlüssen des Betriebsausschusses s. § 140 Abs. 3 Satz 2. Erfasst sind alle Sachbeschlüsse, also z. B. auch ein Abberufungsbeschluss nach § 109 Abs. 3, nicht dagegen Geschäftsordnungs- und Verfahrensbeschlüsse. Auch die Verweigerung eines Beschlusses, den der HVB für rechtlich geboten hält, kann er nicht im Wege des § 88 herbeiführen, weil die Kommunalaufsichtsbehörde darauf nicht mit der in Abs. 1 Satz 6 allein vorgesehenen Beanstandung reagieren kann. Dem HVB obliegen die Berichtpflicht und das Einspruchsrecht als Amtsinhaber, was insbesondere Bedeutung für eine Vertretung bei ihrer Ausübung hat (vgl. Erl. 3 zu § 81); bei der Handhabung dieser Instrumente unterliegen die zur Vertretung berechtigten Personen dem Weisungsrecht des HVB. Ist der HVB entgegen einem Mitwirkungsverbot

(§§ 87 Abs. 4, 41 oder § 53 NBG, § 20 Abs. 1 Nr. 1 VwVfG) tätig geworden, dann ist die von ihm ergriffene Maßnahme gleichwohl wirksam. Rechtswidrig ist ein Beschluss, der gegen geltendes Recht, d. h. gegen Gesetze und Verordnungen sowie das Ortsrecht, verstößt. Auch Ermessensmissbrauch und Ermessensüberschreitung stellen Gesetzesverletzungen dar. Wegen eines Verstoßes gegen das Mitwirkungsverbot vgl. Erl. 11 zu § 41.

Soweit Beschlüsse Angelegenheiten des **eigenen Wirkungskreises** betreffen, ist der Bericht der Kommunalaufsichtsbehörde, in Angelegenheiten des **übertragenen Wirkungskreises** der jeweiligen Fachaufsichtsbehörde zu erstatten; in aller Regel handelt es sich bei kreis-/regionsangehörigen Gemeinden mit Ausnahme der großen selbstständigen Städte jedoch um dieselbe Behörde, den Landkreis/ die Region Hannover, im Übrigen um das MI und das jeweils zuständige Fachministerium (§ 171 Abs. 5). Unterschiedlich sind aber deren Reaktionsmöglichkeiten (s. Erl. 4).

Bei unwirksamen Beschlüssen ist umstritten, ob der HVB zum Bericht oder Einspruch verpflichtet ist. Unter dem Gesichtspunkt der Gesetzmäßigkeit der Verwaltung wird im Interesse der Sicherung der Rechtsordnung diese Verpflichtung anzunehmen sein.

Voraussetzung der Pflicht zum Handeln ist die subjektive Auffassung des HVB, der Beschluss sei rechtswidrig (Disziplinarkammer beim VG Braunschweig, Beschl. vom 29.2.1980 – DKB 5/79).

Wie die Kommunalaufsicht nicht – unmittelbar – dem Schutz des einzelnen Bürgers dient, so besteht auch die Pflicht zum Handeln ausschließlich zur Wahrung des Wohls der Kommune und der staatlichen Ordnung im Interesse der Allgemeinheit, so dass der einzelne Bürger keinen Anspruch gegen den HVB hat, Bericht zu erstatten oder Einspruch zu erheben (OVG Münster, Beschl. vom 17.4.1975 OVGE 31 S. 51). Auch die Aufsichtsbehörde kann den HVB nicht zur Erhebung des Einspruchs anweisen, sondern gegen den Beschluss mit den Mitteln der Kommunalaufsicht vorgehen.

Die Möglichkeit, Rechtsverstöße im Wege der kommunalverfassungsrechtlichen Streitigkeit zu verfolgen, entbindet den HVB nicht, Bericht zu erstatten oder Einspruch einzulegen. Das gilt auch für die Fälle, in denen die Aufsichtsbehörde bekanntermaßen im Rahmen ihrer Opportunität (vgl. Erl. 4) auf eine Beanstandung verzichtet (z. B. bei Beschlüssen, durch die Individualinteressen beeinträchtigt werden, vgl. Erl. 3 zu § 170).

2. Die Maßnahmen des HVB sind an keine **Frist** gebunden, sie müssen jedoch unverzüglich ergriffen werden, und zwar auch dann, wenn der Beschluss bereits vollzogen ist, damit die Aufsichtsbehörde ihn beanstanden und verlangen kann, dass bereits getroffene Maßnahmen rückgängig gemacht werden (§ 173). Der Bericht oder Einspruch ist auch zulässig gegen Beschlüsse, die den HVB selbst betreffen, da er als Organ der Kommune verpflichtet ist darauf hinzuwirken, dass die Gesetze beachtet werden. Ein **Missbrauch** des Einspruchsrechts macht den Einspruch nicht unwirksam, sondern stellt eine Pflichtverletzung dar, die disziplinarrechtlich geahndet werden kann (OVG Lüneburg, Urt. v. 26.10.1973, OVGE 30 S. 347). Ein Missbrauch kann jedoch erst bejaht werden, wenn der HVB entgegen einer veröffentlichten Rechtsprechung des zuständigen Oberver-

waltungsgerichts Gesetzwidrigkeit annimmt und Einspruch erhebt (Disziplinar-kammer beim VG Braunschweig, Beschl. v. 29.2.1980 a. a. O.).

3. Im Falle des Einspruchs ist Gegenstand der erneuten Beschlussfassung der Vertretung oder eines anderen der in Abs. 2 genannten Organe der gesamte Gegenstand des ersten Beschlusses, gegen den der HVB Einspruch erhoben hat, nicht nur die gerügte Gesetzeswidrigkeit (OVG Lüneburg, Urt. v. 26.10.1973 a. a. O.). Wird der Beschluss ersatzlos aufgehoben oder durch einen vom HVB für rechtmäßig gehaltenen Beschluss ersetzt, ist das Verfahren beendet.

4. Der Bericht und der Einspruch haben **aufschiebende Wirkung** bis zur Entscheidung der Aufsichtsbehörde; der HVB ist also nicht verpflichtet, den Beschluss auszuführen (§ 85 Abs. 1 Satz 1 Nr. 2), die Ausführung ist vielmehr unzulässig (NdsOVG, Beschl. v. 13.7.2001, VwRR N S. 114, hält allerdings einen trotz Einspruchs erlassenen Verwaltungsakt unabhängig von seiner Anfechtbarkeit für wirksam). Die Kommunalaufsichtsbehörde entscheidet in **Angelegenheiten des eigenen Wirkungskreises**, ob sie den Beschluss gem. § 173 beanstandet. Sie hat also nicht nur zu prüfen und zu entscheiden, ob der Beschluss rechtmäßig ist oder nicht, sondern außerdem, ob sie im Falle der Rechtswidrigkeit von dem Beanstandungsrecht Gebrauch macht oder aus Gründen der Opportunität nicht eingreift (§ 173; etwas missverständlich OVG Lüneburg, Urt. v. 9.5.1984, NSt-N 1985 S. 20, insoweit nicht abgedruckt, das einerseits aus § 88 Abs. 1 Satz 6 eine Entscheidungspflicht der Aufsichtsbehörde herleitet, andererseits deren Beanstandung im entschiedenen Fall als ermessensfehlerfrei erklärt). Will die Aufsichtsbehörde einschreiten, geschieht das im Wege des kommunalaufsichtlichen Verfahrens. Hält die Aufsichtsbehörde dagegen den Beschluss für rechtmäßig oder sieht sie von kommunalaufsichtlichen Maßnahmen ab, teilt sie das – formlos – der Kommune mit. In diesem Falle hat der HVB kein Klagerecht. Ein Klagerecht der Kommune besteht nur im Falle der Beanstandung. Der Ansicht, dass in der Anfechtungsklage abweichend von § 86 Abs. 1 der Vorsitzende der Vertretung die Kommune vertritt, weil der HVB wegen seiner Mitwirkung an der Aufsichtsmaßnahme an der Vertretung der Kommune in einem Prozess, in dem es um den von ihm für rechtswidrig gehaltenen Beschluss geht, gehindert ist (so OVG Münster, Urt. v. 5.9.1980, DVBl. 1981 S. 227 zur zweigleisigen Verfassung, aufgegeben für die Eingleisigkeit: OVG NW, Urt. v. 15.2.2000, VwRR N S. 78), hat sich das OVG Lüneburg (Urt. v. 9.5.1984, Fundstelle 1985 Rdnr. 549) nicht angeschlossen, es vielmehr für rechtlich unbedenklich erklärt, dass er als HVB der Kommune eine gerichtliche Klärung der entstandenen Streitfragen herbeiführt.

Betrifft der Bericht einen Beschluss in einer **Angelegenheit des übertragenen Wirkungskreises**, so besteht die Entscheidung der Aufsichtsbehörde nicht in der Beanstandung, sondern ggf. in einer fachaufsichtlichen Weisung, die der HVB nach § 85 Abs. 1 Satz 1 Nr. 6 auszuführen hat, wenn kein Ermessensspielraum besteht; ggf. gilt die Pflicht zur Kostenerstattung nach § 6 Abs. 4. Dasselbe gilt für eine Äußerung der Fachaufsichtsbehörde, die sich nicht darauf beschränkt, den Beschluss als rechtmäßig zu bestätigen, sondern eine dem Beschluss entsprechende selbstständige Weisung enthält.

Wenn die Aufsichtsbehörde den Beschluss nicht beanstandet oder keine entgegenstehende fachaufsichtliche Weisung erteilt, hat der HVB ihn auszuführen, auch wenn er ihn weiterhin für rechtswidrig hält oder er sogar rechtswidrig ist; entsprechend § 36 Abs. 2 BeamtStG ist der HVB aber von eigener Verantwortung befreit.

5. Bei Beschlüssen eines **beschließenden Ausschusses** (§ 76 Abs. 3) kann der HVB Einspruch einlegen, wenn er das Wohl der Kommune für gefährdet hält (Abs. 4). Das ist auch anzunehmen, wenn er den Beschluss für rechtswidrig hält. Anders als in den Fällen der Abs. 1 bis 3 und bei einem Beschluss des Betriebsausschusses (§ 140 Abs. 3) besteht aber keine Pflicht des HVB zum Einschreiten. Man wird sie im Falle der Rechtswidrigkeit eines Beschlusses gleichwohl annehmen müssen.

§ 89   Eilentscheidungen

[1]In dringenden Fällen, in denen die vorherige Entscheidung der Vertretung nicht eingeholt werden kann, entscheidet der Hauptausschuss. [2]Kann in den Fällen des Satzes 1 oder in anderen Fällen die vorherige Entscheidung des Hauptausschusses nicht eingeholt werden und droht der Eintritt erheblicher Nachteile oder Gefahren, so trifft die Hauptverwaltungsbeamtin oder der Hauptverwaltungsbeamte im Einvernehmen mit einer Stellvertreterin oder einem Stellvertreter nach § 81 Abs. 2 die notwendigen Maßnahmen. [3]Sie oder er hat die Vertretung und den Hauptausschuss unverzüglich zu unterrichten. [4]Eine Anhörung nach § 94 Abs. 1 Sätze 1 und 2 sowie § 96 Abs. 1 Satz 5 kann vor Eilentscheidungen unterbleiben.

§§ 66 NGO, 60 NLO, 75 RegionsG

ERLÄUTERUNGEN zu § 89

1. In Angelegenheiten, für die die Vertretung zuständig ist, also auch bei Satzungen und Verordnungen (§ 58 Abs. 1 Nr. 5, Abs. 2 Nr. 2), entscheidet, wenn in **dringenden Fällen** dessen vorherige Entscheidung nicht eingeholt werden kann, der Hauptausschuss. Eine Beschränkung der Anwendbarkeit dieser Vorschrift auf Zuständigkeitszuweisungen durch das NKomVG (so VG Osnabrück, Beschl. v. 2.5.2005, R&R 4/2005 S. 10) kann weder dem Gesetz noch seiner Entstehungsgeschichte entnommen werden. Die Dringlichkeit kann als unbestimmter Rechtsbegriff von der Kommunalaufsichtsbehörde und gerichtlich voll überprüft werden (VG Osnabrück, Beschl. v. 2.5.2005, a. a. O.) Als dringend sind bei der Zuständigkeit der Vertretung alle Fälle anzusehen, deren Behandlung nicht bis zur nächsten ordentlichen Sitzung aufgeschoben werden kann, ohne dass Nachteile entstehen; es gelten hier, da immerhin mit dem Hauptausschuss die „kleine Vertretung" zuständig wird, nicht die hohen Voraussetzungen des Satzes 2 für die Ersetzung der Entscheidung des Hauptausschusses durch die des HVB. Ob die Entscheidung der Vertretung vorher in einer Son-

dersitzung eingeholt werden kann, beurteilt sich nicht nur nach der objektiven Möglichkeit ihrer Durchführung unter Einschluss der Möglichkeit einer Einberufung mit abgekürzter Ladungsfrist, sondern auch danach, ob es die Bedeutung der Angelegenheit rechtfertigt, die Vertretung zu einer Sondersitzung einzuberufen; z. B. wird bei einer unaufschiebbaren Maßnahme nach § 58 Abs. 1 Nrn. 14, 16 oder 20 knapp oberhalb der Wertgrenze oder der laufenden Verwaltungsgeschäfte eine Sondersitzung regelmäßig nicht zu rechtfertigen sein. In Angelegenheiten, die eine qualifizierte Mehrheit erfordern, muss diese im Hauptausschuss erreicht werden.

Kann in einer Angelegenheit der Vertretung, deren Entscheidung nicht rechtzeitig eingeholt werden kann, oder in einer Angelegenheit, für die der Hauptausschuss zuständig ist, dessen vorherige Entscheidung nicht eingeholt werden, dann trifft, wenn der Eintritt **erheblicher Nachteile und Gefahren** droht, der HVB, im Falle seiner Verhinderung der allgemeine Stellvertreter, im Einvernehmen mit einem ehrenamtlichen Stellvertreter des HVB die notwendigen Maßnahmen. Auch hier müssen für die Annahme einer nicht rechtzeitigen Entscheidung des Hauptausschusses alle Möglichkeiten, sie herbeizuführen, ausscheiden, wobei nicht nur die Einberufung zu einer Sondersitzung, sondern auch der Umlaufbeschluss (§ 78 Abs. 3) in Betracht zu ziehen sind (zu den hohen Anforderungen einer Eilentscheidung des HVB s. auch OVG Saarlouis, Beschl. v. 7.11.2007, NVwZ-RR 2008 S. 487). Einvernehmen des ehrenamtlichen Stellvertreters bedeutet Zustimmung vor Durchführung der Maßnahme, jedoch ist unschädlich, wenn diese nachträglich erteilt wird; eine ohne das Einvernehmen getroffene Maßnahme ist unwirksam. Da die Einberufung des Hauptausschusses regelmäßig wesentlich einfacher zu organisieren ist, seine Entscheidung überdies im Umlaufverfahren (durch „reitenden Boten") herbeigeführt werden kann, werden die Fälle, in denen der HVB tätig werden muss, seltener eintreten. Entsprechend der vorausgesetzten gesteigerten Qualität drohender Nachteile sind die Voraussetzungen enger für die Annahme der nicht möglichen vorherigen Entscheidung des Hauptausschusses. Unter Hinweis auf die Möglichkeit einer Sondersitzung des zuständigen Organs hält das OVG NW (Urt. v. 31.5.1998, DÖV 1989 S. 29) eine Eilentscheidung für unwirksam, wenn die Voraussetzungen dafür nicht vorgelegen haben (ebenso VG Osnabrück, Beschl. v. 2.5.2005, a. a. O.). Im Wege der kommunalverfassungsrechtlichen Streitigkeiten kann die Rechtswidrigkeit der Annahme eines Eilentscheidungsrechts nur von der Vertretung oder dem Hauptausschuss, nicht von einer Fraktion geltend gemacht werden (VGH Mannheim, Beschl. v. 1.9.1992, der landkreis 1993 S. 186). Nach Ende der Wahlperiode ist vor der Wahl der neuen Stellvertreter nach § 81 Abs. 2 das Einvernehmen einer der bisherigen Stellvertreter, die als Beigeordnete in dem fortbestehenden Hauptausschuss (§ 75 Abs. 2) im Amt bleiben, erforderlich.

Von den getroffenen Entscheidungen hat der HVB die Vertretung, soweit es um deren Zuständigkeiten geht, und in allen Fällen den Hauptausschuss, soweit dieser nicht selbst entschieden hat, unverzüglich (§ 121 Abs. 1 Satz 1 BGB: ohne schuldhaftes Zögern), d. h. regelmäßig in der folgenden Sitzung, **zu unterrichten**. Die Einberufung zu einer Sondersitzung ist dazu aber nicht erforderlich.

Für den Erlass von Eilverordnungen bei Gefahr im Verzuge ist nach § 55 Abs. 2 Nds. SOG und § 3 AG Tierseuchengesetz der HVB allein zuständig und hat die Vertretung unverzüglich zu unterrichten.

2. Eilentscheidungen kommen nicht in Betracht, wenn bundesgesetzlich eine Organzuständigkeit festgeschrieben ist, die durch Landesrecht nicht verändert werden kann, wie z. B. früher die der obersten Dienstbehörde für die Feststellung des Verlustes der Versorgungsbezüge (Nieders. Disziplinarhof, Beschl. v. 1.7.1988 – NDH B (2) 7/88). Möglich sind sie bei allen landesrechtlich bestimmten Organzuständigkeiten (s. oben Erl. 1).

Für Angelegenheiten eines Ausschusses nach § 76 Abs. 3, sondergesetzliche Ausschüsse (§ 73) sowie des Stadtbezirksrats und des Ortsrats gilt § 89 nicht, weil davon ausgegangen wird, dass in ihrem Zuständigkeitsbereich dafür kein Bedürfnis besteht. Auf die vorherige Anhörung von Stadtbezirksrat, Ortsrat und Ortsvorsteher (§§ 94 Abs. 1, 96 Abs. 1 Satz 6) kann verzichtet werden, ohne dass dadurch die Wirksamkeit der getroffenen Eilentscheidung berührt wird.

Fünfter Abschnitt: **Ortschaften, Stadtbezirke**

§ 90 Bildung, Änderung und Aufhebung von Ortschaften und Stadtbezirken

(1) ¹Gebietsteile einer Gemeinde, deren Einwohnerinnen und Einwohner eine engere Gemeinschaft bilden, können durch die Hauptsatzung zu Ortschaften bestimmt werden. ²Die Hauptsatzung legt zugleich fest, ob Ortsräte gewählt oder Ortsvorsteherinnen oder Ortsvorsteher bestellt werden. ³Satz 1 gilt nicht für Mitgliedsgemeinden von Samtgemeinden.

(2) ¹In kreisfreien Städten oder Städten mit mehr als 100 000 Einwohnerinnen und Einwohnern können durch die Hauptsatzung für das gesamte Stadtgebiet Stadtbezirke eingerichtet werden. ²Die Hauptsatzung legt zugleich die Zahl der Stadtbezirke und ihre Grenzen fest. ³Für jeden Stadtbezirk ist ein Stadtbezirksrat zu wählen.

(3) Sind Ortschaften aufgrund eines Gebietsänderungsvertrags oder aufgrund von Bestimmungen der Kommunalaufsichtsbehörde aus Anlass einer Gebietsänderung eingerichtet worden, so kann der Rat die entsprechenden Vorschriften der Hauptsatzung nur mit einer Mehrheit von zwei Dritteln seiner Mitglieder ändern oder aufheben.

(4) Die Aufhebung von Ortschaften oder Stadtbezirken oder die Änderung ihrer Grenzen ist nur zum Ende der Wahlperiode der Abgeordneten zulässig.

§§ 55, 55e, 55i NGO

ERLÄUTERUNGEN zu § 90

1. Bezirks- und Ortschaftsverfassung haben das Ziel, die **bürgerschaftliche Mitwirkung** an den gemeindlichen Angelegenheiten zu fördern und die **Belange des überschaubaren Stadt- bzw. Gemeindeteils** stärker zur Geltung zu bringen. Die Ortschaften sollten als „Kinder der Gemeindeform" (vgl. Bericht der Niedersächsischen Sachverständigenkommission zur Fortentwicklung des Kommunalverfassungsrechts, 1978, S. 98) darüber hinaus die Folgen des Verlustes ehemaliger Eigenständigkeit als Gemeinde abmildern und das Zusammenwachsen der bei der Gemeindereform entstandenen neuen Gemeinden erleichtern. Dem Ortsrat oblag deshalb, anders als dem Stadtbezirksrat, die Aufgabe, die Belange der Ortschaft zu wahren und auf ihre gedeihliche Entwicklung innerhalb der Gemeinde hinzuwirken (§ 55g Abs. 1 Satz 1 NGO); andererseits konnte der Aufgabenkatalog des Ortsrats entsprechend der Bedeutung dieser besonderen Funktion verändert werden (§ 55g Abs. 5 NGO). Das NKomVG vereinheitlicht das Recht der Orts- und Stadtbezirksräte und stellt den Gesichtspunkt der Stärkung ehrenamtlicher Mitwirkung in den Vordergrund (Amtliche Begründung, Drs. 16/2510, S. 93 f.).

2. Die **Ortschafts-** wie die **Stadtbezirksverfassung** muss durch Hauptsatzung eingeführt werden. Das ist jederzeit, also auch während der laufenden Wahlperiode, möglich. Im Hinblick auf die Gleichzeitigkeit der Wahl des Orts-/Stadtbezirksrats und der des Rats (§ 91 Abs. 2) und die Berücksichtigung des Wahlergebnisses bei der Bestellung des Ortsvorstehers (§ 96 Abs. 1 Satz 1) kommt die **Einrichtung** neuer Ortschaften und Stadtbezirke allerdings grundsätzlich nur zum Beginn einer Wahlperiode in Betracht. Ausnahmsweise können Ortsvorsteher auch während der laufenden Wahlperiode bestellt werden, wenn der Rat das einmütig beschließt und die für das im Vorschlagsrecht gem. § 96 maßgeblichen Stärkeverhältnisse feststehen oder im Falle des § 96 Abs. 1 Satz 2 die Einmütigkeit auch bezüglich der Bestimmung des Ortsvorstehers besteht.
In der Hauptsatzung ist für Ortschaften zu regeln, aus welchen Gebietsteilen sie bestehen, ob sie einen Ortsrat oder einen Ortsvorsteher haben (Abs. 1) und wie viele Mitglieder die Ortsräte haben (§ 91 Abs. 1); für Stadtbezirke sind deren Zahl und Abgrenzung festzulegen (Abs. 2).
Die Unzulässigkeit von Ortschaften in **Mitgliedsgemeinden von Samtgemeinden** (Abs. 1 Satz 3) schließt nicht aus, dass gem. § 38 in Mitgliedsgemeinden Ortsbeauftragte oder Ortsvertrauensleute zur Wahrnehmung von Hilfsfunktionen für die Verwaltung, wie sie in Ortschaften mit Ortsvorsteher diesem obliegen, bestellt werden können.

3. Eine Verpflichtung, die Gemeinde vollständig in **Ortschaften** einzuteilen, besteht nicht. Wo z. B. als Folge der Gemeindereform nur für einige Gemeindeteile Ortschaften eingerichtet sind, können auch für weitere oder alle anderen Gemeindeteile, soweit sie eine engere Gemeinschaft darstellen, Ortschaften gebildet werden. Ortschaften mit Ortsrat und Ortschaften mit Ortsvorsteher können in einer Gemeinde nebeneinander bestehen. Auch Städte, die von Abs. 2 keinen Gebrauch machen, können Ortschaften wie alle anderen Gemeinden einrichten.

Die **Zahl der Ortschaften** ist gesetzlich nicht beschränkt, gesetzlich ist auch **keine Mindesteinwohnerzahl** mehr vorgeschrieben. Die Bildung sehr kleiner Ortschaften birgt die Gefahr, dass sie nicht als Wahlgebiet i. S. d. § 91 Abs. 2 Satz 1 Nr. 3 dienen und keine eigenständigen Wahlbezirke sein können, weil diese im Hinblick auf das Wahlgeheimnis so groß sein sollen, dass mit einer Zahl von mehr als 50 Wählern gerechnet werden kann (vgl. § 59 Abs. 3 NKWO und Bek. d. Landeswahlleiters v. 9.6.2006, Nds. MBl. S. 606, Nr. 3.1); zu den Folgen für die Bestimmung des Ortsvorstehers s. § 96 Abs. 1 Satz 2.

4. Die Verpflichtung der Städte mit mehr als 200 000 Einwohnern (Braunschweig und Hannover), ihr gesamtes Stadtgebiet in **Stadtbezirke einzuteilen**, ist mit Wirkung vom 1.11.1996 **aufgehoben** worden. Auch für sie steht die Einrichtung von Stadtbezirken damit zur Disposition. Sie können Stadtbezirke jedoch nur für das gesamte Stadtgebiet beibehalten oder abschaffen. Bei Abschaffung der Stadtbezirke können sie Ortschaften einrichten, die nicht im gesamten Stadtgebiet bestehen müssen.

Das Recht, durch die Hauptsatzung (s. dazu § 180 Abs. 2) Stadtbezirke für das gesamte Stadtgebiet einzurichten, haben kreisfreie Städte und Städte mit mehr als 100 000 Einwohnern. Für die Zahl und die Abgrenzung von Stadtbezirken gibt es keine gesetzlichen Vorgaben mehr, ebenso wenig für die Mehrheiten bei bestimmten Beschlüssen. Anders als Ortschaften (Abs. 1) müssen Stadtbezirke keine engere Gemeinschaft darstellen. Von der Möglichkeit der Einrichtung von Stadtbezirken hat bisher keine Stadt Gebrauch gemacht.

5. Soweit ein Gebietsänderungsvertrag oder die Bestimmungen der Aufsichtsbehörde aus Auslass einer Gebietsänderung die Einführung von Ortschaften regeln, ist für die **Änderung und Aufhebung** der entsprechenden Vorschriften der Hauptsatzung ein Ratsbeschluss mit Zweidrittelmehrheit erforderlich (Abs. 3). Das Erfordernis dieser Mehrheit gilt für jedwede Änderung der Hauptsatzungsbestimmungen über die Einrichtung von Ortschaften, also z. B. für die Änderung des Gebietsstandes, für die Ersetzung des Ortsrates durch einen Ortsvorsteher und für die Ersetzung des Ortsvorstehers durch einen Ortsrat. Die Vorschrift findet jedoch keine Anwendung, wenn der Gebietsänderungsvertrag die Einrichtung von Ortschaften vollständig in das Ermessen des Rates stellt (Nds. OVG. Urt. v. 16.8.2001, NdsVBl. 2002 S. 43).

In allen anderen Fällen der Einrichtung, Änderung und Aufhebung genügt die absolute Mehrheit (§ 12 Abs. 2). Bei einer Änderung der Ortschaftsgrenzen, die zum Ende der Wahlperiode wirksam wird (Abs. 4), sind die betroffenen Einwohner zur Wahl des neuen Ortsrats wahlberechtigt, obwohl sie im Zeitpunkt der Wahl noch nicht in dem Gebiet der Ortschaft wohnen (vgl. den inzwischen aufgehobenen RdErl. d. MI v. 27.8.1976, MBl. S. 1497).

Geringfügige Änderung von Stadtbezirks- und Ortschaftsgrenzen, die sich auf den Bestand der betroffenen Stadtbezirke oder Ortschaften nicht wesentlich auswirken, werden von der Vorschrift nicht erfasst und können auch zu anderen Zeitpunkten als dem Ende der Wahlperiode vorgenommen werden; geringfügig sind Änderungen, wenn sich die Einwohnerzahl des Stadtbezirks oder der Ortschaft dadurch um nicht mehr als etwa 3 v. H. verändert, weil das die richtige Repräsentation der Bevölkerung durch den Stadtbezirksrat oder Ortsrat unberührt lässt (vgl. den aufgehobenen RdErl. d. MI v. 27.8.1976, MBl. S. 1497).

§ 91   Ortsrat, Stadtbezirksrat

(1) ¹Die Mitgliederzahl des Ortsrates wird durch die Hauptsatzung bestimmt; es sind jedoch mindestens fünf Ortsratsmitglieder zu wählen. ²Der Stadtbezirksrat hat halb so viele Mitglieder, wie eine Gemeinde mit der Einwohnerzahl des Stadtbezirkes Ratsfrauen oder Ratsherren hätte; ergibt sich dabei eine gerade Zahl von Mitgliedern des Stadtbezirksrates, so erhöht sich deren Zahl um eins.

(2) ¹Die Mitglieder des Ortsrates oder des Stadtbezirksrates werden von den Wahlberechtigten der Ortschaft oder des Stadtbezirkes zugleich mit den Ratsfrauen und Ratsherren der Gemeinde nach den Vorschriften dieses Gesetzes und des Niedersächsischen Kommunalwahlgesetzes gewählt; dabei entsprechen

1. der Ortsrat oder der Stadtbezirksrat der Vertretung im Sinne des Niedersächsischen Kommunalwahlgesetzes,

2. die Mitglieder des Ortsrates oder des Stadtbezirksrates den Ratsfrauen und Ratsherren sowie den Vertreterinnen und Vertretern im Sinne des Niedersächsischen Kommunalwahlgesetzes und

3. die Ortschaft oder der Stadtbezirk dem Wahlgebiet im Sinne des Niedersächsischen Kommunalwahlgesetzes.

²Die Wahlorgane für die Wahl der Ratsfrauen und Ratsherren der Gemeinde sind auch für die Wahl des Ortsrates oder des Stadtbezirksrates zuständig.

(3) ¹Die Hauptsatzung kann bestimmen, dass Ratsmitglieder, die in der Ortschaft oder dem Stadtbezirk wohnen oder in deren Wahlbereich die Ortschaft oder der Stadtbezirk ganz oder teilweise liegt, dem Ortsrat oder dem Stadtbezirksrat mit beratender Stimme angehören.

(4) ¹Für die Mitglieder des Ortsrates oder des Stadtbezirksrates gelten die Vorschriften über Abgeordnete entsprechend. ²§ 55 gilt mit der Maßgabe entsprechend, dass Mitgliedern nach Absatz 3 eine Entschädigung nur als Sitzungsgeld gezahlt werden kann; die Hauptverwaltungsbeamtin oder der Hauptverwaltungsbeamte hat keinen Anspruch auf eine Entschädigung, wenn sie oder er nach Absatz 3 dem Ortsrat oder dem Stadtbezirksrat angehört. ³§ 57 Abs. 1 gilt mit der Maßgabe entsprechend, dass sich mindestens zwei stimmberechtigte Mitglieder zu einer Fraktion oder Gruppe zusammenschließen können.

(5) ¹Für das Verfahren des Ortsrates oder des Stadtbezirksrates gelten die Vorschriften für den Rat entsprechend; der Stadtbezirksrat oder der Ortsrat kann in Anwendung des § 62 in Angelegenheiten, die die Ortschaft oder den Stadtbezirk betreffen, Einwohnerfragestunden und Anhörungen durchführen. ²Einzelheiten des Verfahrens und die Zusammenarbeit des Ortsrates oder des Stadtbezirksrates mit dem Rat, dem Verwaltungsausschuss und den Ausschüssen des Rates regelt der Rat in der Geschäftsordnung. ³Der Ortsrat oder Stadtbezirksrat darf keine Ausschüsse bilden.

(6) ¹Nach dem Ende der Wahlperiode führt der Ortsrat oder Stadtbezirksrat seine Tätigkeit bis zur ersten Sitzung des neu gebildeten Ortsrates oder Stadtbezirksrates fort. ²Das Gleiche gilt bei Auflösung des Ortsrates oder Stadtbezirksrates.

(7) ¹Die Auflösung des Rates hat die Auflösung des Ortsrates oder Stadtbezirksrates zur Folge. ²Das Gleiche gilt, wenn die Wahl des Rates für ungültig erklärt wird oder ein Fall des § 42 Abs. 3 Satz 2 des Niedersächsischen Kommunalwahlgesetzes vorliegt.

§§ 55b Abs. 1, 2, 5, 6, 55f Abs. 1, 2, 4 NGO

ERLÄUTERUNGEN zu § 91

1. Die **Zahl der Mitglieder des Ortsrates** kann durch die Hauptsatzung absolut oder wie beim Stadtbezirksrat in Abhängigkeit von der Einwohnerzahl der Ortschaft festgelegt werden. Die Einwohnerzahl der Stadtbezirke, auf deren Grundlage sich nach § 46 Abs. 1 die **Zahl der Mitglieder der Stadtbezirksräte** ergibt, ermittelt die Gemeinde aufgrund ihres Einwohnerverzeichnisses. Der Stichtag der Ermittlung muss in dem in § 177 Abs. 2 bezeichneten Zeitraum liegen. Ergibt die Halbierung der Mitgliederzahl eine gerade Zahl, wird auf die nächst höhere ungerade Zahl aufgerundet.
Der Ortsrat und Stadtbezirksrat werden nach den für den Gemeinderat geltenden Vorschriften des NKomVG, des NKWG (insbesondere §§ 45p, 45q) und der NKWO zusammen mit diesem gewählt. **Wahlberechtigt** sind die in der Ortschaft/dem Stadtbezirk wohnenden für den Rat Wahlberechtigten (vgl. § 48), allerdings ist für das Wahlrecht zum Ortsrat/Stadtbezirksrat insbesondere Voraussetzung, dass der Wahlberechtigte seit mindestens drei Monaten seinen Wohnsitz in der Ortschaft/im Stadtbezirk hat (§ 48 Abs. 1 Satz 1 Nr. 2), so dass die Wahlberechtigung zum Ortsrat/Stadtbezirksrat gesondert festzustellen ist. Werden Ortschaften mit Ortsrat/Stadtbezirksrat neu eingerichtet oder im Zuschnitt verändert – was nur zum Ende einer Wahlperiode möglich ist (vgl. § 90 Abs. 4 und Erl. 2 zu § 90) –, so sind alle in der künftigen Ortschaft/im künftigen Stadtbezirk wohnenden Bürger bereits für die Ortsrats-/Stadtbezirksratswahl wahlberechtigt (vgl. den früheren RdErl. d. MI vom 27.8.1976, MBl. S. 1497). Für die **Wählbarkeit** und die **Unvereinbarkeit** gelten die §§ 49, 50 entsprechend; ein Gemeindebediensteter kann also nicht Ortsrats-/Stadtbezirksratsmitglied sein; die Verlegung des Wohnsitzes aus der Ortschaft/dem Stadtbezirk in eine andere Ortschaft/einen anderen Stadtbezirk hat den Verlust der Mitgliedschaft im Ortsrat/Stadtbezirksrat zur Folge. **Gleichzeitige Mitgliedschaft** im Rat und im Ortsrat/Stadtbezirksrat ist zulässig.
Die Wahlorgane für die Wahl des Rates (§§ 9 bis 12 NKWG: Wahlleitung, Wahlausschuss, Wahlvorstand) sind auch für die Wahl des Ortsrats/Stadtbezirksrats zuständig. Über einen Wahleinspruch gegen die Gültigkeit der Wahl zum Ortsrat/Stadtbezirksrat entscheidet der Rat (§§ 46 Abs. 1 Satz 1, 47 Abs. 1 NKWG).

2. Bei den für die Abgeordneten maßgebenden Vorschriften, die für Ortsrats-/ Stadtbezirksratsmitglieder entsprechend gelten (Abs. 4), handelt es sich um die §§ 40 bis 43, 52 bis 57; das Vertretungsverbot besteht nur in Angelegenheiten der Ortschaft/des Stadtbezirks, mit denen das Mitglied des Ortsrats/Stadtbezirksrats in dieser Eigenschaft befasst ist; auch das Antrags- und Fragerecht

(§ 56) besteht nur in den Angelegenheiten der Ortschaft/des Stadtbezirks, ihr Adressat ist der Orts-/Bezirksbürgermeister, der notfalls beim Bürgermeister Rückfrage halten muss. Der **Verzicht auf das Mandat** im Ortsrat/Stadtbezirksrat ist gegenüber dem Orts-/Bezirksbürgermeister zu erklären, der Beschluss gem. § 52 Abs. 2 vom Ortsrat/Stadtbezirksrat zu fassen. Die Entschädigung der Ortsrats-/Stadtbezirksratsmitglieder regelt die nach § 55 Abs. 1 zu erlassende Satzung, die auch eine zusätzliche Aufwandsentschädigung für den Orts-/Bezirksbürgermeister, seinen Vertreter und die Fraktionsvorsitzenden vorsehen kann Ihre Anrechnung auf die Entschädigung, die ein Orts-/Stadtbezirksratsmitglied als Ratsmitglied erhält, kommt nicht in Betracht (VG Hannover, Urt. v. 25.6.1986 – 1 VG A 168/85). Zur Entschädigung s. Erl. 9 zu § 55.

3. Die Regelung, dass die in Abs. 3 genannten Ratsmitglieder dem Orts-/Stadtbezirksrat mit **beratender Stimme** angehören, kann in der Hauptsatzung jederzeit getroffen werden, also auch im Laufe der Wahlperiode. Sie kann auch jederzeit wieder aufgehoben werden, da sie nicht für die Dauer der Wahlperiode zu treffen ist (vgl. einerseits z. B. § 96 Abs. 1 Satz 1, § 74 Abs. 2 Satz 2, § 106 Abs. 1 Satz 1 und andererseits z. B. § 74 Abs. 1 Satz 2). Die Mitgliedschaft kann auf in der Ortschaft wohnende Ratsmitglieder beschränkt werden, jedoch nicht auf Ratsmitglieder einer bestimmten Partei. Verzichtet ein Ratsmitglied, das gleichzeitig Ortsrats-/Stadtbezirksratsmitglied ist, auf seinen Sitz im Ortsrat/Stadtbezirksrat, kann es dem Ortsrat/Stadtbezirksrat gem. Abs. 3 angehören.
Ratsmitglieder, die dem Ortsrat/Stadtbezirksrat mit beratender Stimme angehören, sind insoweit Mitglieder des Ortsrats/Stadtbezirksrats und haben bis auf das gesetzlich ausgeschlossene Stimmrecht alle Mitgliedschaftsrechte einschließlich des Anspruchs auf Entschädigung, die an sie jedoch nur in Form eines Sitzungsgeldes gezahlt werden kann (Abs. 4 Satz 2). Als Ratsmitglied ist der Bürgermeister, dessen gesamte Wahlbereich die gesamte Gemeinde bildet, in allen Ortsräten/Stadtbezirksräten beratendes Mitglied, wenn die Hauptsatzung die Bestimmung nach Abs. 3 trifft; er erhält jedoch keine Entschädigung für die Wahrnehmung dieses Mandats.
Die Bildung einer Fraktion oder Gruppe können nur zwei stimmberechtigte Orts-/Stadtbezirksratsmitglieder vereinbaren (Abs. 4 Satz 3), beratende Mitglieder können sich jedoch selbstverständlich einer Fraktion oder Gruppe anschließen.
Ratsmitglieder, die nicht zugleich Orts-/Stadtbezirksratsmitglieder sind, dürfen an nicht öffentlichen Sitzungen des Ortsrats/Stadtbezirksrats nicht teilnehmen, weil nicht die Verfahrensregelungen für Ausschüsse, sondern für den Rat entsprechend gelten (Abs. 5 Satz 1).

4. Für das **Verfahren des Ortsrats/Stadtbezirksrats** gelten die besonderen Regelungen des Abs. 4, des § 92 Abs. 2 und im Übrigen die Vorschriften über den Rat entsprechend. Danach **beruft** der Orts-/Bezirksbürgermeister den Ortsrat/Stadtbezirksrat **ein** (§ 92 Abs. 2) und stellt die **Tagesordnung** auf (§ 59 Abs. 3); da er selbst Vorsitzender ist (§ 92 Abs. 1), ist die Herstellung eines Benehmens mit einem Dritten nicht vorgesehen und es vertritt ihn sein Stellvertreter (§ 92 Abs. 1 Satz 2); der Bürgermeister kann verlangen, dass ein bestimmter Gegenstand auf die Tagesordnung gesetzt wird (§ 92 Abs. 2 Satz 2). Der Ortsrat/Stadtbezirksrat ist unverzüglich einzuberufen, wenn es der Bürgermeister (§ 92

Abs. 2 Satz 1) oder ein Drittel der Orts-/Stadtbezirksratsmitglieder oder ein Orts-/Stadtbezirkratsmitglied, wenn die letzte Sitzung länger als drei Monate zurückliegt (§ 59 Abs. 2 Satz 3), unter Angabe des Beratungsgegenstandes verlangt. Die **konstituierende Sitzung** findet binnen eines Monats nach Beginn der Wahlperiode statt (§ 59 Abs. 2 Satz 1), und zwar unabhängig vom Zeitpunkt der konstituierenden Sitzung des Rates; zu ihr lädt der bisherige Orts-/Bezirksbürgermeister ein, der bis zur Neuwahl eines Orts-/Bezirksbürgermeisters seine Tätigkeit fortführt (§ 92 Abs. 3 Satz 2). Zur ersten Sitzung des Ortsrats einer neugebildeten Ortschaft lädt zweckmäßigerweise der Bürgermeister ein. Die **Sitzungen** des Ortsrats/Stadtbezirksrats sind grundsätzlich **öffentlich** (§ 64), über den Inhalt der Verhandlungen ist ein **Protokoll** anzufertigen (§ 68). Für den Ortsrat/Stadtbezirksrat gilt § 62 in derselben Weise wie für Ausschüsse (s. Erl. 2 zu § 62 und 1 a. E. zu § 72). Für die **Beschlussfähigkeit** des Ortsrats/Stadtbezirksrats gilt § 65, wobei für die Fähigkeit, Beschlüsse zu fassen, abzustellen ist auf die Zahl der anwesenden stimmberechtigten Mitglieder, während bei Beratungen, die nicht durch (Sach- oder Geschäftsordnungs-) Beschlüsse abgeschlossen werden, die beratenden Mitglieder mitzählen (s. Erl. 8 zu § 65). Weiteres regelt die **Geschäftsordnung** (Abs. 5 Satz 2); zum Erlass einer eigenen Geschäftsordnung ist der Ortsrat/Stadtbezirksrat nicht berechtigt. Der Ortsrat/Stadtbezirksrat darf **keine Ausschüsse** bilden (Abs. 5 Satz 3). Wegen der Verpflichtung des Bürgermeisters, an den Sitzungen des Ortsrats/Stadtbezirksrats teilzunehmen und Auskünfte zu erteilen, vgl. § 87 Abs. 2. Im Falle der **Auflösung** des Ortsrats/Stadtbezirksrats (§ 70) ist, unabhängig von der Wahl des Rates, ein neuer Ortsrat/Stadtbezirksrat zu wählen. Geregelt ist nunmehr, dass bei einer Wiederholungswahl des Rates im Falle des § 42 Abs. 3 Satz 2 NKWG eine Neuwahl auch der Ortsräte/Stadtbezirksräte stattfindet (so schon zur früheren Rechtslage OVG Lüneburg, Urt. v. 17.12.1991, dng 1992 S. 248, unter entsprechender Anwendung von § 55b Abs. 6 S. 2 NGO). **Umlaufbeschlüsse** sind unzulässig und können auch nicht durch die Geschäftsordnung vorgesehen werden. Nach Ablauf der Wahlperiode oder bis zu seiner Auflösung führt der Ortsrat/Stadtbezirksrat seine Geschäfte bis zur ersten Sitzung des neugebildeten Ortsrats/Stadtbezirksrats fort (Abs. 6), und zwar in der bei Ende der Wahlperiode oder bei der Auflösung bestehenden Zusammensetzung, d. h. ohne diejenigen Mitglieder, die vorher ausgeschieden sind; das gilt auch für den Fall, dass der Ortsrat/Stadtbezirksrat gem. § 70 Abs. 1 aufgelöst ist, weil mehr als die Hälfte der Sitze unbesetzt ist; für die Übergangszeit gilt dieser an sich beschlussunfähige Ortsrat/Stadtbezirksrat (§ 65 Abs. 1) als beschlussfähig.

Das Nähere über die **Zusammenarbeit** mit dem Rat, dem Verwaltungsausschuss und den Ratsausschüssen ist in der Geschäftsordnung zu regeln.

§ 92 Ortsbürgermeisterin oder Ortsbürgermeister, Bezirksbürgermeisterin oder Bezirksbürgermeister

(1) ¹Der Ortsrat oder der Stadtbezirksrat wählt in seiner ersten Sitzung unter Leitung des ältesten anwesenden und hierzu bereiten Mitglieds aus seiner Mitte für die Dauer der Wahlperiode die Vorsitzende oder den Vorsitzenden und deren oder dessen Stellvertretung. ²Die oder der Vorsitzende führt in Orts-

räten die Bezeichnung Ortsbürgermeisterin oder Ortsbürgermeister und in Stadtbezirksräten die Bezeichnung Bezirksbürgermeisterin oder Bezirksbürgermeister.

(2) ¹Die oder der Vorsitzende beruft den Stadtbezirksrat oder den Ortsrat ein; er ist unverzüglich einzuberufen, wenn die Hauptverwaltungsbeamtin oder der Hauptverwaltungsbeamte dies unter Angabe des Beratungsgegenstandes verlangt. ²Die Hauptverwaltungsbeamtin oder der Hauptverwaltungsbeamte kann verlangen, dass ein bestimmter Beratungsgegenstand auf die Tagesordnung gesetzt wird.

(3) ¹Die oder der Vorsitzende kann abberufen werden, wenn der Ortsrat oder der Stadtbezirksrat dies mit einer Mehrheit von zwei Dritteln seiner Mitglieder beschließt. ²Nach dem Ende der Wahlperiode führt die oder der Vorsitzende ihre oder seine Tätigkeit bis zur Neuwahl einer oder eines Vorsitzenden fort. ³Das Gleiche gilt bei Auflösung des Ortsrates oder des Stadtbezirksrates.

§§ 55b Abs. 3, 4, 55f Abs. 3 NGO

ERLÄUTERUNGEN zu § 92

1. Der **Orts-/Bezirksbürgermeister** wird in der konstituierenden Sitzung des Ortsrats/Stadtbezirksrats nach der Verpflichtung (mit der die Pflichtenbelehrung verbunden werden kann) aller Ortsrats-/Stadtbezirksratsmitglieder (§ 60) durch den bisherigen Orts-/Bezirksbürgermeister (Abs. 3 Satz 3) von den stimmberechtigten Ortsrats-/Stadtbezirksratsmitgliedern aus der Mitte des Ortsrats/Stadtbezirksrat nach § 67 **gewählt** (Abs. 1 Satz 1); vorschlagsberechtigt ist jedes Ortsrats-/Stadtbezirksratsmitglied, wählbar jedes Mitglied des Ortsrats/Stadtbezirksrat, also auch ein Ratsmitglied, das dem Ortsrat/Stadtbezirksrat gem. § 91 Abs. 3 angehört, weil Abs. 1 Satz 1 insoweit keine Einschränkung enthält; der Ortsbürgermeister muss aber in der Ortschaft wohnen (§ 95 Abs. 3), und zwar nicht nur dann, wenn er Hilfsfunktionen wahrnimmt. Die Wahl erfolgt für die Dauer der Wahlperiode (Abs. 1 Satz 1); die Wahl für eine kürzere Zeit ist unwirksam, ebenso die Vereinbarung über einen Rücktritt vor Ablauf der Wahlperiode. Ein Los zieht gegebenenfalls der Altersvorsitzende. Die Pflichtenbelehrung (§ 43) obliegt, wenn sie nicht zugleich mit der Verpflichtung durch den bisherigen vorgenommen wird, dem neu gewählten Orts-/Bezirksbürgermeister, der selbst durch seinen Vertreter verpflichtet und belehrt wird. Wie bisher kann der Ortsrat/Stadtbezirksrat entsprechend § 81 Abs. 2 mehrere **Vertreter des Orts-/Bezirksbürgermeisters** wählen. Auch stellvertretende Orts-/Bezirksbürgermeister werden aus der Mitte des Ortsrats/Stadtbezirksrats nach § 67 gewählt.
Zur Einberufung des Ortsrats/Stadtbezirksrats s. Erl. 4 zu § 91.

2. Die **Abberufung** des Orts-/Bezirksbürgermeisters erfordert die Zwei-Drittel-Mehrheit (Abs. 3 Satz 1). Für die Abberufung der Vertreter als actus contrarius ihrer Wahl genügt die für diese regelmäßig erforderliche absolute Mehrheit.

3. Die Wahrnehmung von **Hilfsfunktionen** für die Gemeindverwaltung kann nur dem Ortsbürgermeister, nicht auch dem Bezirksbürgermeister übertragen werden (§ 95 Abs. 2).

§ 93 Zuständigkeiten des Ortsrates oder des Stadtbezirksrates

(1) [1]Der Ortsrat oder der Stadtbezirksrat vertritt die Interessen der Ortschaft oder des Stadtteils und fördert deren oder dessen positive Entwicklung innerhalb der Gemeinde. [2]Soweit der Rat nach § 58 Abs. 1 und 2 nicht ausschließlich zuständig ist und soweit es sich nicht um Aufgaben handelt, die nach § 85 Abs. 1 Nrn. 3 bis 6 der Hauptverwaltungsbeamtin oder dem Hauptverwaltungsbeamten obliegen, entscheidet der Ortsrat oder der Stadtbezirksrat unter Beachtung der Belange der gesamten Gemeinde in folgenden Angelegenheiten:
1. Unterhaltung, Ausstattung und Benutzung der im Stadtbezirk oder in der Ortschaft gelegenen öffentlichen Einrichtungen, wie Schulen, Büchereien, Kindergärten, Jugendbegegnungsstätten, Sportanlagen, Altenheime, Dorfgemeinschaftshäuser, Friedhöfe und ähnliche soziale und kulturelle Einrichtungen, deren Bedeutung über den Stadtbezirk oder die Ortschaft nicht hinausgeht,
2. Festlegung der Reihenfolge von Arbeiten zum Um- und Ausbau sowie zur Unterhaltung und Instandsetzung von Straßen, Wegen und Plätzen, deren Bedeutung über die Ortschaft oder über den Stadtbezirk nicht hinausgeht, einschließlich der Straßenbeleuchtung,
3. Benennung und Umbenennung von Straßen, Wegen und Plätzen, die ausschließlich in der Ortschaft oder dem Stadtbezirk gelegen sind,
4. Märkte, deren Bedeutung nicht wesentlich über die Ortschaft oder den Stadtbezirk hinausgeht,
5. Pflege des Ortsbildes sowie Unterhaltung und Ausgestaltung der Park- und Grünanlagen, deren Bedeutung nicht wesentlich über die Ortschaft oder über den Stadtbezirk hinausgeht,
6. Förderung von Vereinen, Verbänden und sonstigen Vereinigungen in der Ortschaft oder im Stadtbezirk,
7. Einrichtung eines Schiedsamts mit der Ortschaft oder dem Stadtbezirk als Amtsbezirk und Wahl der Schiedsperson für dieses Amt, wenn die Ortschaft oder der Stadtbezirk mindestens 2 000 Einwohnerinnen und Einwohner hat,
8. Förderung und Durchführung von Veranstaltungen der Heimatpflege und des Brauchtums in der Ortschaft oder im Stadtbezirk,
9. Pflege vorhandener Paten- und Partnerschaften,
10. Pflege der Kunst in der Ortschaft oder im Stadtbezirk,
11. Repräsentation der Ortschaft oder des Stadtbezirks und
12. Information und Dokumentation in Angelegenheiten der Ortschaft oder des Stadtbezirkes.

[3]Durch die Hauptsatzung können dem Ortsrat oder dem Stadtbezirksrat weitere Angelegenheiten des eigenen Wirkungskreises zur Entscheidung übertragen werden. [4]§ 85 Abs. 1 Satz 1 Nr. 7 gilt entsprechend mit der Maßgabe, dass auf die Bedeutung des Geschäfts für die Ortschaft oder den Stadtbezirk abzustellen ist.

(2) [1]Dem Ortsrat oder dem Stadtbezirksrat sind die Haushaltsmittel zur Verfügung zu stellen, die für die Erledigung seiner Aufgaben erforderlich sind. [2]Das

Recht des Rates, die Haushaltssatzung zu erlassen, wird dadurch nicht berührt. ³Die Ortsräte oder die Stadtbezirksräte sind jedoch bei den Beratungen der Haushaltssatzung rechtzeitig anzuhören. ⁴In der Hauptsatzung kann bestimmt werden, dass den Ortsräten oder Stadtbezirksräten die Haushaltsmittel auf Antrag als Budget zuzuweisen sind.

(3) ¹Der Ortsrat oder der Stadtbezirksrat kann in Angelegenheiten, deren Bedeutung über die Ortschaft oder den Stadtbezirk nicht hinausgeht, eine Befragung der Bürgerinnen und Bürger in der Ortschaft oder in dem Stadtbezirk beschließen. ²§ 35 Satz 2 gilt entsprechend.

§§ 55c Abs. 1, 2, 55g Abs. 1, 2

ERLÄUTERUNGEN zu § 93

1. Mit der Übertragung von **Entscheidungszuständigkeiten** ist der Ortsrat/Stadtbezirksrat zum echten Gemeindeorgan geworden (ebenso OVG Lüneburg, Urt. v. 30.5.1988 – 2 OVG A 16/87; Beschl. v. 27.4.1989, DVBl. 1989 S. 937; vgl. auch § 76 Abs. 2). Bei diesen Zuständigkeiten handelt es sich um solche, die in Gemeinden ohne Ortsrat/Stadtbezirksrat von Abs. 1 Satz 2 Nrn. 3 und 7 abgesehen regelmäßig dem Verwaltungsausschuss oder dem Bürgermeister als Geschäfte der laufenden Verwaltung obliegen, denn die Einschränkung der Zuständigkeit in Abs. 1 Satz 2 gilt für die ausschließlichen Zuständigkeiten des Rats und die Aufgaben des Bürgermeisters gem. § 85 Abs. 1 Nr. 3 bis 6, nicht jedoch Nr. 7. Dem Ortsrat/Stadtbezirksrat sind Entscheidungen zu Maßnahmen der Gefahrenabwehr seit 1996 nicht mehr vorenthalten (VG Braunschweig, Beschl. v. 1.10.1991 – 1 B 1213/91: Unterbringung von Asylbewerbern in einem ehemaligen, heute Zwecken der Ortschaft dienenden Rathaus durch die Gemeinde).

Für die **Abgrenzung der Aufgaben des Ortsrats/Stadtbezirksrats** gegen die des Verwaltungsausschusses und des Bürgermeisters kann der Rat, gestützt auf § 58 Abs. 1 Nr. 2 Richtlinien erlassen und darin z. B. auch Kriterien aufstellen zur Bestimmung der Einrichtungen, Straßen, Wege, Plätze, Park- und Grünanlagen, deren Bedeutung über die Ortschaft/den Stadtbezirk nicht hinausgeht. Jedoch können diese Richtlinien, für deren Erlass keine besondere Form vorgeschrieben ist, nur als Orientierungshilfe für die Auslegung des Gesetzes, insbesondere seiner unbestimmten Rechtsbegriffe, dienen, nicht aber das Gesetz ändern (vgl. auch Erl. 4 zu § 58). Die Auflistung der Einrichtungen usw. hat außerdem den Vorteil, dass Veränderungen ihrer Bedeutung so lange als unwesentlich angesehen werden können, als keine Korrektur der Liste vorgenommen wird. Denn es ist denkbar, dass während einer Wahlperiode der Einzugsbereich einer Einrichtung über die Ortschaft/den Stadtbezirk hinauswächst, z. B. nach einer baulichen oder sonstigen Umgestaltung, oder sich umgekehrt auf die Ortschaft/den Stadtbezirk beschränkt. Der Wechsel der Zuständigkeit würde dann mit der Korrektur der Liste wirksam.

Im Verhältnis von Ortsrat/Stadtbezirksrat und Bürgermeister gilt § 85 Abs. 1 Satz 1 Nr. 7 entsprechend. Was zu den laufenden Verwaltungsgeschäften zählt, ist mit Blickrichtung auf ihre Bedeutung für den Ortsrat/Stadtbezirk zu definieren (Abs. 1 Satz 3). Werden zur Abgrenzung Wertgrenzen festgelegt, so werden diese also gegenüber dem Ortsrat/Stadtbezirksrat niedriger anzusetzen sein als gegenüber dem Verwaltungsausschuss und dem Rat.

2. Zu den einzelnen Zuständigkeiten:
Nr. 1: Die Aufgaben des Ortsrats/Stadtbezirksrats betreffen ausschließlich **Angelegenheiten der Ortschaft/des Stadtbezirks.** Werden **Einrichtungen** (zu denen wie bisher schon in den Stadtbezirken nunmehr auch in den Ortschaften die Schulen gehören) nicht nur vereinzelt auch von Personen außerhalb der Ortschaft/des Stadtbezirks benutzt, spricht das dafür, dass die Bedeutung über die Ortschaft/den Stadtbezirk hinausgeht. Als Faustregel kann zugrunde gelegt werden, dass bei einer Zahl regelmäßiger auswärtiger Besucher oder Benutzer von mehr als 5 v. H. eine Einrichtung nicht mehr nur Bedeutung für die Ortschaft/den Stadtbezirk hat. Dezentrale Einrichtungen, die lediglich den Charakter eines Depots haben, gehören nicht zu den Einrichtungen i. S. dieser Vorschrift. Die finanzielle Dimension einer Unterhaltungs- oder Ausstattungsmaßnahme ist für die Frage der ortschafts-/stadtbezirksbezogenen Bedeutung regelmäßig ohne Belang. Unterhaltung ist die bauliche Unterhaltung der Einrichtung einschließlich dazugehörender Innen- und Außenanlagen (z. B. Ausrüstungsgegenstände, Garten, Parkplatz). Ausstattung ist sowohl die Ersatz- als auch die Erstausstattung. Zu den Entscheidungen über die Benutzung gehört in erster Linie der Erlass einer Benutzungsordnung oder die Regelung der Öffnungszeiten, nicht dagegen die Entscheidung über die Schließung, die Beseitigung und eine wesentliche Erweiterung oder Einschränkung einer Einrichtung, also z. B. die Frage, ob ein Ortskindergarten nur halbtags betrieben werden soll (OVG Lüneburg, Urt. v. 12.2.1987, NST-N 1987 S. 199). Auch die Festsetzung von Benutzungsgebühren und sonstigen Entgelten für die Benutzung der in der Ortschaft/im Stadtbezirk gelegenen öffentlichen Einrichtungen obliegt nicht dem Ortsrat/Stadtbezirksrat, sondern der Vertretung (§ 58 Abs. 1 Nrn. 7, 8; für Friedhöfe s. auch § 13 Abs. 4 BestattG). Personalangelegenheiten gehören nicht zur Zuständigkeit des Ortsrats/Stadtbezirksrats.
Bei der Abgrenzung der Zuständigkeit des Ortsrats/Stadtbezirksrats von denen des Jugendamtes ist davon auszugehen, dass die dem Jugendamt durch das SGB VIII und spezialgesetzlich übertragenen Zuständigkeiten durch § 93 nicht berührt werden. Jedoch hat der Rat bei der Übertragung von Aufgaben auf den Jugendhilfeausschuss (§ 71 Abs. 3 SGB VIII) die gesetzliche Zuständigkeit des Ortsrats/Stadtbezirksrats gem. § 93 zu beachten, sofern er nicht von der Möglichkeit des § 95 Abs. 1 Gebrauch macht, den Aufgabenkatalog des Ortsrats zu modifizieren. Die Entscheidungszuständigkeiten des Ortsrats/Stadtbezirksrats für Einrichtungen der Jugendhilfe stellen keine Beeinträchtigung der Zuständigkeiten des Jugendhilfeausschusses dar (BVerwG, Urt. v. 15.12.1994, NVwZ-RR 1995 S. 587).
Nr. 2: Bei **Arbeiten zum Um- und Ausbau** sowie **zur Unterhaltung und Instandsetzung von Straßen, Wegen und Plätzen** der Ortschaft/des Stadtbezirks bestimmt der Ortsrat/Stadtbezirksrat die Reihenfolge der Durchführung; und zwar auch, soweit es sich um die Verkehrssicherungspflicht handelt, wenn für sie nicht in entsprechender Anwendung des § 85 Abs. 1 Satz 1 Nr. 7 der Bür-

germeister zuständig ist. Um Unsicherheit über die Zuständigkeit und Verzögerungen zu vermeiden, empfiehlt es sich, Maßnahmen der Verkehrssicherungspflicht entweder durch Regelung in der Hauptsatzung den Geschäften der laufenden Verwaltung zuzuordnen oder für sie gem. § 95 Abs. 1 die Zuständigkeit des Ortsrats auszuschließen, zumal § 89 (Eilentscheidungen) gegenüber dem Ortsrat/Stadtbezirksrat nicht gilt. Klassifizierte Straßen gehen in ihrer Bedeutung regelmäßig über die Ortschaft/den Stadtbezirk hinaus; für sie ist der Ortsrat/Stadtbezirksrat deshalb in der Regel nicht zuständig. Beim Neubau von Straßen hat der Ortsrat/Stadtbezirksrat gem. § 94 Abs. 1 Anhörungsrechte.

Nr. 3: Nach § 58 Abs. 2 Satz 1 Nr. 1 ist die **Benennung und Umbenennung von Straßen und Plätzen** (einschließlich der dort nicht genannten Wege) grundsätzlich eine ausschließliche Zuständigkeit des Rates; der Ortsrat/Stadtbezirksrat ist dafür zuständig, wenn die Straßen, Wege und Plätze ausschließlich, also nicht nur überwiegend, in der Ortschaft/dem Stadtbezirk liegen. Das trifft auf durchgehende Straßen und Wege nicht zu, die Benennung des in der Ortschaft/dem Stadtbezirk gelegenen Teilstücks durch den Ortsrat/Stadtbezirksrat ist erst zulässig, wenn der Rat die Stückelung beschlossen hat. Im Übrigen gelten für die Benennung durch den Ortsrat/Stadtbezirksrat dieselben Grundsätze wie für den Rat (s. Erl. 2 Nr. 1 zu § 58).

Nr. 4: Gegenstand von Entscheidungen können ortschafts-/stadtteilbezogene **kommunale Märkte**, wie Wochen- oder Jahrmärkte, sein, deren Bedeutung nicht wesentlich über die Ortschaft/den Stadtbezirk hinausgeht; zur Abgrenzung können dieselben Kriterien dienen wie bei den Park- und Grünanlagen (s. nachfolgend Nr. 5). Nach der Aufhebung der ausschließlichen Zuständigkeit des Hauptverwaltungsbeamten für Maßnahmen auf dem Gebiet der Gefahrenabwehr (§ 85 Abs. 1 Satz 1 Nrn. 3 und 4) und der Beschränkung der Zuständigkeit des Rates auf Maßnahmen bei Einrichtungen im Rahmen des Wirtschaftsrechts (§ 58 Abs. 1 Nr. 11) ergeben sich konkrete Zuständigkeitsmöglichkeiten des Ortsrats/Stadtbezirksrats, insbesondere bei Festsetzungen gem. § 69 Gewerbeordnung. Im Übrigen sind gewerberechtliche Genehmigungen dem Bürgermeister vorbehalten (§ 85 Abs. 1 Satz 1 Nr. 4).

Nr. 5: Die Zuständigkeit für die **Pflege des Ortsbildes** beschränkt den Ortsrat/Stadtbezirksrat zwar nicht nur auf Angelegenheiten des eigenen Wirkungskreises, wie z. B. die Durchführung von Wettbewerben, die der Verschönerung dienen, das Aufstellen von Denkmälern, Brunnen, Bänken und Blumenkästen, das Anbringen von Gedenktafeln und das Pflanzen und Fällen von Bäumen. Dennoch kommen Zuständigkeiten des übertragenen Wirkungskreises aus tatsächlichen und rechtlichen Gründen nur sehr begrenzt in Betracht, wie z. B. Aufgaben, die der Gemeinde als untere Bauaufsichtsbehörde oder untere Denkmalschutzbehörde obliegen oder gemeindliche Maßnahmen nach dem Nds. NaturschutzG. Für die Unterhaltung und Ausgestaltung von **Park- und Grünanlagen** ist der Ortsrat/Stadtbezirksrat auch dann zuständig, wenn ihre Bedeutung nicht ausschließlich ortsteil-/stadtteilbezogen ist, und zwar sowohl hinsichtlich der räumlichen Ausdehnung der Anlagen als auch ihrer Attraktivität. Stellt aber eine Grünanlage, z. B. ein botanischer Garten, der innerhalb einer Ortschaft/eines Stadtbezirks liegt, eine Attraktion für die gesamte Gemeinde dar, geht ihre Bedeutung über die Ortschaft/den Stadtbezirk wesentlich hinaus. Als Faustregel wird hier angenommen werden können, dass die Bedeutung dann wesentlich über die Ortschaft/den Stadtbezirk hinausgeht, wenn die Anlagen mit mehr als 10 v. H. außerhalb der Ortschaft/des Stadtbezirks liegen oder mehr als 10 v. H. der Besucher oder Benutzer von außerhalb kommen.

Nr. 6: Der Ortsrat/Stadtbezirksrat hat die Möglichkeit, **Vereine, Verbände und sonstige Vereinigungen** in der Ortschaft/dem Stadtbezirk (für die Ortsteils-/ Stadtteilsbezogenheit können dieselben Maßstäbe wie bei Einrichtungen nach Nr. 1 zugrunde gelegt werden) ideell und im Rahmen der zur Verfügung gestellten Haushaltsmittel materiell durch Zuwendungen zu fördern. Dadurch wird eine Förderung von Vereinen, Verbänden und Vereinigungen, deren Bedeutung über die Ortschaft/den Stadtbezirk hinausgeht, durch den Rat nicht ausgeschlossen. Gemeint ist hierbei die Förderung des Vereinslebens, nicht dagegen die Förderung der von den Vereinen, Verbänden oder Vereinigungen getragenen oder betriebenen Einrichtungen, für die schon aus haushaltsrechtlichen Gründen (vgl. Erl. 4) die Entscheidung beim Rat verbleibt.

Nr. 7: Die in § 4 Abs. 1 des Nds. Gesetzes über gemeindliche Schiedsämter normierte Zuständigkeit des Rates für die **Wahl der Schiedsperson** ist zwar nicht wie im Falle des § 58 Abs. 2 Satz 1 Nr. 1 beschränkt, wird aber durch die hier als jüngeren Gesetz bestimmte des Ortsrats/Stadtbezirksrats verdrängt.

Nr. 8: Zu den **Veranstaltungen der Heimatpflege und des Brauchtums** gehören in erster Linie Schützenfeste und sonstige Volksfeste, Osterfeuer, Erntedankfeiern und vergleichbare Veranstaltungen mit Bezug auf die Ortschaft/den Stadtbezirk, und zwar unabhängig davon, ob die Gemeinde oder Dritte sie veranstalten.

Nr. 9: Nur die **vorhandenen Paten- und Partnerschaften** sind Angelegenheiten des Ortsrats/Stadtbezirksrats. Für die Begründung neuer Paten- und Partnerschaften ist der Verwaltungsausschuss oder gem. § 58 Abs. 3 der Rat zuständig.

Nr. 10: Zur **Pflege der Kunst** in der Ortschaft/im Stadtbezirk gehören die Anschaffung und Aufstellung von Kunstgegenständen und die Durchführung von Ortsteil-/Stadtteil-Ausstellungen. Welche Aktivitäten der Ortsrat/Stadtbezirksrat in diesem Bereich entfalten kann, wird sich in erster Linie danach richten, ob und in welchem Umfang Haushaltsmittel zur Verfügung stehen.

Nr. 11: Die Zuständigkeit des Ortsrats/Stadtbezirksrats für die **Repräsentation der Ortschaft/des Stadtbezirks** bedeutet, dass bei Anlässen, die sich auf die Ortschaft/den Stadtbezirk beziehen (z. B. Veranstaltungen, Jubiläen in der Ortschaft/dem Stadtbezirk) je nach Bedeutung der Ortsrat/Stadtbezirksrat allein oder neben dem Bürgermeister (§ 86 Abs. 1) repräsentiert. Die Repräsentation ist Aufgabe des Ortsrats/Stadtbezirksrats, nicht des Orts-/Bezirksbürgermeisters; in der Praxis wird der Orts-/Bezirksbürgermeister jedoch den Ortsrat/ Stadtbezirksrat aufgrund eines entsprechenden Beschlusses vertreten. Haushaltsmittel für die Repräsentation sind gem. Abs. 2 zur Verfügung zu stellen.

Nr. 12: Die Zuständigkeit für **Information und Dokumentation** in Angelegenheiten der Ortschaft/des Stadtbezirks gibt dem Ortsrat/Stadtbezirksrat die Möglichkeit zur Öffentlichkeitsarbeit, für die deshalb gem. Abs. 2 Haushaltsmittel zur Verfügung gestellt werden können.

Für die **Erweiterung der Entscheidungszuständigkeiten** des Ortsrats/Stadtbezirksrats, für die nur Angelegenheiten des eigenen Wirkungskreises zugelassen sind, genügt die zur Änderung der Hauptsatzung erforderliche absolute Mehrheit (§ 12 Abs. 2; für die Einschränkung der Zuständigkeiten des Ortrats

s. Erl. 1 zu § 95). Als weitere Gegenstände, die dem Ortsrat/Stadtbezirksrat übertragen werden können, kommen nur solche in Betracht, für die nicht andere Organe gesetzlich ausschließlich zuständig sind, im Wesentlichen also nur Angelegenheiten aus dem Bereich der Lückenzuständigkeit des Verwaltungsausschusses (§ 73 Abs. 1) und der Geschäfte der laufenden Verwaltung (§ 85 Abs. 1 Satz 1 Nr. 7).

3. Alle ihm übertragenen Aufgaben hat der Ortsrat/Stadtbezirksrat unter **Beachtung der Belange der gesamten Gemeinde** zu erfüllen. Er hat also insbesondere die personellen und finanziellen Auswirkungen zu prüfen und seine Maßnahmen dem dafür bestehenden Gesamtrahmen anzupassen. Hält der Bürgermeister die Belange der gesamten Gemeinde, die einen unbestimmten Rechtsbegriff darstellen, durch den Beschluss eines Ortsrats/Stadtbezirksrats für verletzt, so hat er nach § 88 Abs. 2 zu verfahren.

4. Abs. 2 Satz 2 macht deutlich, dass die **Etathoheit** allein beim Rat liegt. Die Ortsräte/Stadtbezirksräte haben also keinen Anspruch auf Haushaltmittel in bestimmter Höhe. Die Veranschlagung erfolgt nach sachlicher Zugehörigkeit der Erträge, Einzahlungen, Aufwendungen und Auszahlungen entsprechend den Vorgaben der verbindlichen Konten- und Produktrahmen und der dazu erlassenen Zuordnungsvorschriften (§ 4 GemHKVO). Soweit dem Ortsrat/ Stadtbezirksrat Aufgaben zur Erledigung übertragen sind, müssen ihm die erforderlichen Haushaltmittel zur Verfügung gestellt werden (OVG Lüneburg, Urt. v. 30.5.1988 – 2 OVG 16/87). Maßstab für die Höhe der Mittel sind die Aufgaben, womit die Überlassung eines bestimmten Anteils der in dem Stadtbezirk/der Ortschaft erzielten Steuereinnahmen nicht vereinbar wäre.
In der Hauptsatzung kann bestimmt werden, dass den Ortsräten/Stadtbezirksräten die Haushaltmittel auf Antrag als **Budget**, d. h. eine durch Haushaltsvermerk erklärte Bewirtschaftungseinheit (§ 4 Abs. 3 GemHKVO), zuzuweisen sind. Das kann durch ein Gesamtbudget oder Teilbudgets erfolgen, die überdies nicht das gesamte Aufgabenspektrum des Ortsrats/Stadtbezirksrats erfassen müssen. Sofern die Unterhaltung und Ausstattung einer Schule Angelegenheit eines Ortsrats/Stadtbezirksrats ist (Abs. 1 Satz 2 Nr. 1) und die dafür erforderlichen Haushaltmittel durch Budget zugewiesen werden, ist die Übertragung haushaltswirtschaftlicher Befugnisse auf den Schulleiter (§ 127 Abs. 1) Zuständigkeit des Ortsrats/Stadtbezirksrats.
In jedem Fall sind die Ortsräte/Stadtbezirksräte bei den Haushaltsplanberatungen rechtzeitig, d. h. solange Änderungen nicht nur noch theoretisch möglich sind, anzuhören.

5. Die nach Abs. 3 mögliche **Bürgerbefragung** setzt wie bei einem entsprechenden Beschluss des Rates die Regelung der Einzelheiten durch Satzung voraus (§ 35 Abs. 3), für deren Erlass der Rat zuständig ist (§ 58 Abs. 1 Nr. 5).

§ 94 Mitwirkungsrechte des Ortsrates oder des Stadtbezirksrates

(1) [1]Der Ortsrat oder der Stadtbezirksrat ist zu allen wichtigen Fragen des eigenen und des übertragenen Wirkungskreises, die die Ortschaft oder den Stadtbezirk in besonderer Weise berühren, rechtzeitig anzuhören. [2]Das Anhörungsrecht besteht vor der Beschlussfassung des Rates oder des Verwaltungsausschusses insbesondere in folgenden Angelegenheiten:

1. Planung und Durchführung von Investitionsvorhaben in der Ortschaft oder im Stadtbezirk,
2. Aufstellung, Änderung, Ergänzung und Aufhebung des Flächennutzungsplans sowie von Satzungen nach dem Baugesetzbuch, soweit sie sich auf die Ortschaft oder den Stadtbezirk erstrecken,
3. Errichtung, Übernahme, wesentliche Änderungen und Schließung von öffentlichen Einrichtungen in der Ortschaft oder im Stadtbezirk,
4. Um- und Ausbau sowie Benennung und Umbenennung von Straßen, Wegen und Plätzen in der Ortschaft oder im Stadtbezirk, soweit keine Entscheidungszuständigkeit nach § 93 Abs. 1 Satz 2 Nr. 2 oder 3 besteht,
5. Veräußerung, Vermietung und Verpachtung von Grundvermögen der Gemeinde, soweit es in der Ortschaft oder im Stadtbezirk liegt,
6. Änderung der Grenzen der Ortschaft oder des Stadtbezirks,
7. Aufstellung der Vorschlagsliste für Schöffinnen und Schöffen sowie
8. Wahl der Schiedsperson des Schiedsamts, zu dessen Amtsbezirk die Ortschaft oder der Stadtbezirk gehört, wenn nicht ein Schiedsamt nach § 93 Abs. 1 Satz 2 Nr. 7 eingerichtet wird.

[3]Auf Verlangen des Ortsrates oder des Stadtbezirksrates hat die Hauptverwaltungsbeamtin oder der Hauptverwaltungsbeamte für die Ortschaft oder den Stadtbezirk eine Einwohnerversammlung durchzuführen.

(2) [1]In der Bauleitplanung ist der Ortsrat oder der Stadtbezirksrat spätestens anzuhören, nachdem das Verfahren zur Beteiligung der Behörden und Stellen, die Träger öffentlicher Belange sind (§ 4 BauGB), abgeschlossen worden ist. [2]Der Rat kann allgemein oder im Einzelfall bestimmen, dass bei der Aufstellung, Änderung, Ergänzung und Aufhebung von Bebauungsplänen mit räumlich auf die Ortschaft oder den Stadtbezirk begrenzter Bedeutung dem Ortsrat oder Stadtbezirksrat die Entscheidung über die Art und Weise der Beteiligung der Bürgerinnen und Bürger an der Bauleitplanung (§ 3 BauGB) und den Verzicht darauf übertragen wird.

(3) [1]Der Ortsrat oder der Stadtbezirksrat kann in allen Angelegenheiten, die die Ortschaft oder den Stadtbezirk betreffen, Vorschläge unterbreiten, Anregungen geben und Bedenken äußern. [2]Über die Vorschläge muss das zuständige Gemeindeorgan innerhalb von vier Monaten entscheiden. [3]Bei der Beratung der Angelegenheit im Rat, im Verwaltungsausschuss oder in einem Ratsausschuss haben die Ortsbürgermeisterin oder der Ortsbürgermeister, die Bezirksbürgermeisterin oder der Bezirksbürgermeister oder deren oder dessen Stellvertreterin oder deren oder dessen Stellvertreter das Recht, angehört zu werden; dasselbe gilt für die Beratung von Stellungnahmen, die der Ortsrat oder der Stadtbezirksrat bei einer Anhörung nach den Absätzen 1 und 2 abgegeben hat.

§§ 55c Abs. 3 bis 5, 55g Abs. 3, 4 NGO

ERLÄUTERUNGEN zu § 94

1. Wichtige Fragen, die die Ortschaft/den Stadtbezirk berühren und zu denen der Ortsrat/Stadtbezirksrat zu hören ist, sind nicht nur solche, die ihren Ursprung innerhalb der Ortschaft/dem Stadtbezirk haben, sondern auch solche, die von außen auf die Ortschaft/den Stadtbezirk einwirken. Als wichtige Frage, von der die Ortschaft/der Stadtbezirk in besonderem Maße berührt sein kann, kommt danach auch ein Investitionsvorhaben oder ein Bebauungsplan in einer Ortschaft/einem Stadtbezirk in der Nachbarschaft in Betracht. Zur Klarstellung, dass eine Angelegenheit, die alle Ortschaften/Stadtbezirke in gleicher Weise berührt, wie z. B. eine für das gesamte Gemeindegebiet geltende Satzung, nicht die einzelne Ortschaft/den einzelnen Stadtbezirk berührt (so VGH Kassel, Beschl. v. 30.6.1977, NJW 1978 S. 907, anders NdsOVG, Urt. v. 16.8.2001, NdsVBl. 2002 S. 43), ist 2005 die Anhörungspflicht ausdrücklich auf Fragen beschränkt worden, die die Ortschaft/den Stadtbezirk in besonderer Weise berühren.

Abs. 1 Satz 2 enthält einen beispielhaften Katalog wichtiger Fragen, der bei weiteren Zweifelsfällen als Richtschnur dienen kann. Bei der Veräußerung, Vermietung und Verpachtung von Grundvermögen bezieht sich das Anhörungsrecht auch auf die Person des Interessenten. Eine Änderung der Grenzen der Ortschaft stellt auch die Aufhebung der Ortschaft dar (NdsOVG, Urt. v. 16.8.2001 a. a. O.). Für die Anhörung genügt nicht, eine Mitteilung der Verwaltung unter dem Tagesordnungspunkt „Verschiedenes".

Grundsätzlich bezieht sich das Anhörungsrecht auf alle wichtigen Fragen, ohne Rücksicht darauf, welches Organ für ihre Entscheidung zuständig ist. Gesetzlich ist klargestellt, dass das Anhörungsrecht bei Angelegenheiten sowohl des eigenen als auch des übertragenen Wirkungskreises besteht. Angelegenheiten des eigenen Wirkungskreises, für die gem. § 85 Abs. 1 Satz 1 Nr. 7 der Bürgermeister zuständig ist, werden nur ausnahmsweise wichtige Fragen i. S. des Abs. 1 darstellen (VG Braunschweig, Beschl. v. 22.6.1984 – 4 VG D 61/84: kein Anhörungsrecht bei laufenden Verwaltungsgeschäften, es sei denn, dieses sei durch Ortsrecht eingeräumt worden).

Die Regelung, dass der Bürgermeister eine **Einwohnerversammlung** für die Ortschaft/den Stadtbezirk durchzuführen hat, wenn es der Ortsrat/Stadtbezirksrat verlangt, knüpft an § 85 Abs. 5 an, dessen Voraussetzungen (insbesondere § 85 Abs. 5 Satz 2) also erfüllt sein müssen. Das Verlangen des Ortsrats/Stadtbezirksrats nimmt dem Bürgermeister nur die Wahl, die Einwohnerversammlung statt für einen Teil der Gemeinde für die ganze Gemeinde durchzuführen.

2. Bei der **Aufstellung eines Bebauungsplanes** ist der Ortsrat/Stadtbezirksrat spätestens nach Abschluss des Verfahrens zur Beteiligung der Behörden und Stellen, die Träger öffentlicher Belange sind (§ 4 BauGB), anzuhören (Abs. 2). Durch die Anhörung soll der Ortsrat/Stadtbezirksrat im Interesse bürgernaher Verwaltung in die Lage versetzt werden, seine besonderen Ortskenntnisse und die ortschaftlichen/bezirklichen Belange in die Entscheidungsfindung des Rates einzubringen (OVG Lüneburg, Beschl. v. 27.4.1989, DVBl. 1989 S. 937). Dieser Gesetzeszweck kann regelmäßig erfüllt werden, wenn das Ergebnis der Anhörung des Ortsrats/Stadtbezirksrats dem Verwaltungsausschuss bei der Vorbereitung des Ratsbeschlusses bekannt ist. Nur ausnahmsweise, wenn der Ortsrat/ Stadtbezirksrat keine wesentlichen Einwände geltend macht, wird es genügen, dass das Anhörungsergebnis erst zur abschließenden Beschlussfassung des Rats vorliegt. Im Zusammenhang mit der **Bürgerbeteiligung gem.** § 3 BauGB präzisiert das Gesetz, dass dem Ortsrat/Stadtbezirksrat allgemein oder im Einzelfall die Entscheidung über **Art und Weise** der Beteiligung und der Verzicht darauf übertragen werden kann. Durch die Hauptsatzung können den Ortsräten/Stadtbezirksräten auch in diesem Bereich weitere Kompetenzen übertragen werden (§ 93 Abs. 1 Satz 3). Das Recht angehört zu werden verleiht dem Ortsrat/Stadtbezirksrat keinen Anspruch darauf, dass ein anderes Organ bestimmte Verfahrenshandlungen (z. B. Einholung eines Sachverständigengutachtens, Beteiligung anderer Behörden) vornimmt (VGH Kassel, Beschl. v. 5.1.1987, NVwZ 1987 S. 919).

3. Das Recht des Ortsrats/Stadtbezirksrats, **Vorschläge** zu unterbreiten, **Anregungen** zu geben und **Bedenken** zu äußern, bezieht sich auf alle Angelegenheiten des eigenen und übertragenen Wirkungskreises, und zwar auch auf solche, für die gem. § 85 Abs. 1 Satz 1 Nr. 4 der Bürgermeister zuständig ist. Das zuständige Organ hat über Vorschläge binnen vier Monaten zu entscheiden. Grundsätzlich genügt es nicht, dass es innerhalb der Frist nur entscheidet, einen Vorschlag aufzugreifen, vielmehr hat es in diesem Falle auch die für seine Verwirklichung notwendigen materiellen Entscheidungen zu treffen. Ist eine solche Entscheidung jedoch aus tatsächlichen oder rechtlichen Gründen nicht möglich (z. B. bei einem Vorschlag zur Änderung eines Bauleitplanes), genügt es, dass innerhalb der Frist die für die Realisation notwendigen einleitenden Entscheidungen getroffen werden. Das Recht des Orts-/Bezirksbürgermeisters oder seines Vertreters, bei der Beratung der Angelegenheit, die Gegenstand von Vorschlägen und Anregungen des Ortsrats/Stadtbezirksrats ist, gehört zu werden, begründet keinen Anspruch auf Teilnahme an den Erörterungen. Ist der Bürgermeister für die Entscheidung über den Vorschlag oder die Anregung zuständig, hat der Ortsrat/Stadtbezirksrat ihm gegenüber kein Anhörungsrecht. Abs. 3 Satz 3 bezieht sich nur auf Beratungen im Rat und in seinen Ausschüssen sowie im Verwaltungsausschuss, so dass das Anhörungsrecht auch nicht besteht, wenn der Verwaltungsausschuss sich gem. § 58 mit einer Angelegenheit beschäftigt, für die der Bürgermeister ausschließlich zuständig ist. Das Anhörungsrecht besteht in gleicher Weise bei der Beratung von Stellungnahmen des Ortsrats/Stadtbezirksrats im Rahmen des Abs. 1 und 2. Die unterbliebene Anhörung des Orts-/Bezirksbürgermeisters oder seines Vertreters stellt nur diesem gegenüber eine Rechtsverletzung dar, lässt die Wirksamkeit von Beschlüssen aber unberührt.
Entscheidet das zuständige Organ ohne hinreichenden Grund nicht innerhalb von vier Monaten über einen Vorschlag, kann es von der Kommunalaufsicht dazu angehalten werden (§ 174), in Betracht kommt auch eine kommunalverfassungsrechtliche Klage des Ortsrats/Stadtbezirksrats.

4. Die **unterbliebene Anhörung des Ortsrats/Stadtbezirksrats** ist ein Gesetzesverstoß, der von der Aufsicht gem. § 170 ff. gerügt werden kann. Der Ortsrat/ Stadtbezirksrat kann auch im Wege einer kommunalverfassungsrechtlichen Streitigkeit (vgl. Erl. 5 zu § 66) die Verletzung seiner Rechte geltend machen.

Ein ohne die vorgeschriebene Anhörung gefasster Beschluss hat bei Satzungen deren Nichtigkeit zur Folge (VGH Kassel, Beschl. v. 30.6.1977, NJW 1978 S. 907; NdsOVG, Urt. v. 16.8.2001, NdsVBl. 2002 S. 43), in anderen Fällen die Rechtswidrigkeit der Entscheidung (OVG Lüneburg, Beschl. v. 27.4.1989, a. a. O.); s. aber § 10 Abs. 2. Zum Wesen der Anhörung gehört, dass dem Ortsrat/Stadtbezirksrat der Sachverhalt, zu dem er gehört werden soll, vollständig zur Kenntnis gebracht wird und ihm und seinen Mitgliedern Gelegenheit zu Fragen gegeben wird. Der Verpflichtete muss das Vorbringen des Ortsrats/Stadtbezirksrats bei seiner Entscheidung inhaltlich zur Kenntnis genommen und ernsthaft in Erwägung gezogen haben und bei einer Begründung der Entscheidung darauf eingehen (OVG Münster, Urt. v. 13.10.1988, NWVBl. 1989 S. 250; ähnlich OVG Lüneburg, Beschl. v. 27.4.1989 a. a. O.). Bei Dringlichkeitsanträgen i. S. von § 59 Abs. 3 Satz 5 muss auf eine Anhörung des Ortsrats/Stadtbezirksrats aus tatsächlichen Gründen verzichtet werden, bei Eilentscheidungen kann sie unterbleiben (§ 89 Satz 4). Zur Unschädlichkeit einer Verletzung des Anhörungsrechts, wenn der Anhörungsberechtigte von sich aus Stellung genommen hat, s. NdsStGH, Urt. v. 3.6.1980, StGHE 3 S. 1.

§ 95 Sondervorschriften für Ortschaften

(1) Umfang und Inhalt der Entscheidungs- und Anhörungsrechte des Ortsrates können in der Hauptsatzung abweichend geregelt werden, soweit dies aufgrund der besonderen örtlichen Gegebenheiten erforderlich ist; für diesen Beschluss ist eine Mehrheit von zwei Dritteln der Ratsmitglieder erforderlich.

(2) ¹Die Ortsbürgermeisterin oder der Ortsbürgermeister erfüllt Hilfsfunktionen für die Gemeindeverwaltung; sie oder er ist in das Ehrenbeamtenverhältnis zu berufen. ²Einzelheiten regelt die Hauptsatzung. ³Die Ortsbürgermeisterin oder der Ortsbürgermeister kann es ablehnen, Hilfsfunktionen zu übernehmen.

(3) Die Ortsbürgermeisterin oder der Ortsbürgermeister muss in der Ortschaft wohnen.

§§ 55g Abs. 5, 55f Abs. 3 NGO

ERLÄUTERUNGEN zu § 95

1. Die Einschränkung der gesetzlichen Entscheidungs- und Anhörungsrechte des Ortsrats erfordert eine Änderung der Hauptsatzung, für die die Zweidrittelmehrheit gefordert wird; dem Wortlaut nach gilt diese, dem Schutz des Ortsrats dienende Vorschrift zwar auch für die Erweiterung, jedoch gilt für die Entscheidungsrechte insoweit § 93 Abs. 1 Satz 3 und können für die Erweiterung der Anhörungsrechte keine höheren Anforderungen gestellt werden. Ob die besonderen örtlichen Gegebenheiten sie erfordern, entscheidet der Rat im Rahmen einer Einschätzungsprärogative; wenn der Beschluss mit Zweidrittelmehrheit gefasst wird und dabei der Rat unter Berücksichtigung aller tatsächlicher

Umstände dafür nachvollziehbare Gründe geltend macht, kann davon ausgegangen werden, dass besondere örtliche Gegebenheiten die abweichende Regelung erfordern. Eine abweichende Regelung, die in der Beseitigung sämtlicher Entscheidungs- und Anhörungsrechte besteht, ist unzulässig, weil sie den Ortsrat überflüssig machte. Zulässig ist aber die Aufhebung der Entscheidungs- und Beibehaltung wesentlicher Anhörungsrechte.
Der Aufgabenbereich des Stadtbezirksrats ist gesetzlich festgelegt und kann erweitert (§ 93 Abs. 1 Satz 3), nicht dagegen eingeschränkt werden.

2. Wie der Ortsvorsteher (Erl. 2 zu § 96) erfüllt der Ortsbürgermeister **Hilfsfunktionen** für die Gemeindeverwaltung und ist zum Ehrenbeamten zu berufen, als der er dem Weisungsrecht des Bürgermeisters unterliegt; eines Beschlusses des Rates oder Verwaltungsausschusses für die Berufung in das Ehrenbeamtenverhältnis bedarf es nicht; sie erfolgt durch Aushändigung der Ernennungsurkunde (§ 5 BeamtStG, § 6 Abs. 1 NBG). Er kann die Übernahme aller oder einzelner Hilfsfunktionen ablehnen. Dann kann neben dem Ortsrat allerdings kein Ortsvorsteher bestellt werden, jedoch ist es zulässig, statt des Ortsbürgermeisters oder neben ihm für die von ihm abgelehnten Hilfsfunktionen einen Dritten ehrenamtlich als sog. Ortsbeauftragten mit der Wahrnehmung von Hilfsfunktionen zu betrauen (§ 38), der auch in das Ehrenbeamtenverhältnis berufen werden kann, wenn die Voraussetzungen des § 5 Abs. 1 BeamtStG vorliegen. Das Nähere, z. B. auch der Umfang der Hilfsfunktionen, ergibt sich aus der Hauptsatzung (Abs. 2 Satz 2). Der Ortsbürgermeister kann verlangen, dass ihm die zur sachgerechten Wahrnehmung seiner Hilfsfunktionen erforderlichen personenbezogenen Daten zur Verfügung gestellt werden. Die Wahrnehmung von Hilfsfunktionen ist keine Mandatstätigkeit, sodass für sie kein Freistellungsanspruch (§ 54 Abs. 2 Satz 3) besteht.
Nimmt der Ortsbürgermeister Hilfsfunktionen – gleich, welchen Umfangs – wahr, steht ihm wie dem Ortsvorsteher dafür eine Entschädigung gem. § 44 zu, die innerhalb der Gemeinde entsprechend dem Umfang der wahrgenommenen Hilfsfunktionen unterschiedlich sein kann (vgl. Erl. 2 zu § 44).

3. Die Voraussetzung, in der Ortschaft zu wohnen, erfordert nicht den Wohnsitz i. S. d. § 28 Abs. 1, sodass das Innehaben eines möblierten Zimmers ausreicht.

§ 96   Ortsvorsteherin oder Ortsvorsteher

(1) ¹Der Rat bestimmt die Ortsvorsteherin oder den Ortsvorsteher für die Dauer der Wahlperiode aufgrund des Vorschlags der Fraktion, deren Mitglieder der Partei oder Wählergruppe angehören, die in der Ortschaft bei der Wahl der Ratsfrauen und Ratsherren die meisten Stimmen erhalten hat. ²Für Ortschaften mit bis zu 150 Einwohnerinnen und Einwohnern kann in der Hauptsatzung ein von Satz 1 abweichendes Verfahren geregelt werden. ³§ 95 Abs. 2 Satz 1 Halbsatz 2 und Abs. 3 gilt entsprechend. ⁴Die Ortsvorsteherin oder der Ortsvorsteher hat die Belange der Ortschaft gegenüber den Organen der Gemeinde zur Geltung zu bringen und im Interesse einer bürgernahen Verwaltung Hilfsfunktionen für die Gemeindeverwaltung zu erfüllen. ⁵Sie oder er kann in allen Angelegenheiten, die die Ortschaft betreffen, Vorschläge unterbreiten und von der Hauptverwaltungsbeamtin oder dem Hauptverwaltungsbeamten

Auskünfte verlangen. ⁶Für das Anhörungsrecht der Ortsvorsteherin oder des Ortsvorstehers gilt § 94 Abs. 1 Sätze 1 und 2 sowie Abs. 3 Satz 3 entsprechend. ⁷Einzelheiten regelt die Hauptsatzung.

(2) Nach dem Ende der Wahlperiode führt die Ortsvorsteherin oder der Ortsvorsteher ihre oder seine Tätigkeit bis zur Neubestellung einer Ortsvorsteherin oder eines Ortsvorstehers fort.

(3) ¹Das Ehrenbeamtenverhältnis der Ortsvorsteherin oder des Ortsvorstehers endet vor dem Ende der Wahlperiode, sobald sie oder er den Wohnsitz in der Ortschaft aufgibt. ²Die Ortsvorsteherin oder der Ortsvorsteher kann durch Beschluss des Rates mit einer Mehrheit von zwei Dritteln seiner Mitglieder abberufen werden.

§ 55h NGO

ERLÄUTERUNGEN zu § 96

1. Als **Ortsvorsteher** kann jeder in der Ortschaft wohnende Einwohner bestimmt werden, also auch ein Ratsmitglied oder ein Gemeindebediensteter. Vorschlagsberechtigt sind nur Fraktionen und Gruppen, deren Mitglieder aufgrund eines Wahlvorschlages (vgl. § 21 NKWG) gewählt worden sind, nicht dagegen Gruppen, die sich erst nach der Wahl im Rat gebildet haben. Bei gleicher Stimmenzahl von zwei Fraktionen entscheidet das Los über das Vorschlagsrecht. Dasselbe muss gelten, wenn die auf demselben Wahlvorschlag gewählten Ratsmitglieder sich zu zwei Fraktionen zusammengeschlossen haben, es sei denn, die Partei oder Wählergruppe habe die Mitglieder einer der beiden Fraktionen ausgeschlossen (oder das Ruhen der Mitgliedschaft erklärt: VG Oldenburg, Beschl. v. 4.12.2006, R&R 1/2007 S. 9) mit der Folge, dass nur die andere Fraktion vorschlageberechtigt ist. Ist die Ortschaft mit weniger als 150 Einwohnern bei der Wahl kein eigenständiger Wahlbezirk, weil z. B. die Zahl der Wähler deutlich unter 50 liegt (s. § 59 Abs. 3 NKWO), so dass die Stimmenzahlen nicht ermittelt werden können, kann die Hauptsatzung ein anderes Verfahren zur Bestimmung des Ortsvorstehers vorschreiben, also z. B. auf Vorschlag aus der Mitte des Rates; nach dem Wortlaut des Gesetzes ist das auch dann möglich, wenn die Ortschaft weniger als 150 Einwohner hat und einen eigenen Wahlbezirk bildet. Ist eine Partei oder Wählergruppe, die in einer Ortschaft die meisten Stimmen erhalten hat, im Rat nur mit einem Mitglied vertreten, dem der Fraktions- oder Gruppenstatus nicht eingeräumt werden kann (vgl. Erl. 2 zu § 57), dann steht ihrem Ratsmitglied kein Vorschlagsrecht zu; die vorschlagsberechtigte Fraktion ist nicht gehalten, einen Ortsvorsteher der Partei oder Wählergruppe mit den meisten Stimmen in der Ortschaft vorzuschlagen. Diese gesetzliche Regelung ist mit dem Demokratieprinzip vereinbar (VG Lüneburg, Urt. v. 22.7.1997, bestätigt vom OVG Lüneburg, Beschl. v. 8.12.1997, KommP N 1998 S. 117). Die Bestimmung des Ortsvorstehers erfolgt durch Beschluss nach § 66, wie die Entstehungsgeschichte („bestimmt" statt „wählt" durch das Vierte Gesetz zur Änderung der NGO vom 24.6.1980, Nieders. GVBl. S. 253)

verdeutlicht. Weigert sich der Rat ohne stichhaltigen Grund, den von der vorschlagsberechtigten Fraktion benannten Kandidaten zu bestimmen, handelt er missbräuchlich (vgl. VG Oldenburg, Urt. v. 9.3.2010, R&R 3/2010 S. 1). Angesichts dieser vom Rat nicht änderbaren Vorgaben entfällt die Vorbereitung durch den Verwaltungsausschuss.

Die Bestimmung des Ortsvorstehers erfolgt zeitlich begrenzt für die **Dauer der Wahlperiode**, ist also regelmäßig in der konstituierenden Sitzung vorzunehmen. Der Ortsvorsteher ist in das Ehrenbeamtenverhältnis auf Zeit zu berufen; eines Ratsbeschlusses bedarf die Berufung nicht, sie erfolgt durch Aushändigung der Ernennungsurkunde (§ 3 BeamtStG, § 6 Abs. 1 NBG), für die der Bürgermeister zuständig ist und die nicht zwingend in der konstituierenden Sitzung erfolgen muss, durch die aber erst die Bestellung erfolgt. Verlegt der Ortsvorsteher seinen Wohnsitz aus der Ortschaft, endet das Ehrenbeamtenverhältnis (Abs. 3 Satz 1).

Der Ortsvorsteher kann mit einer Mehrheit von zwei Dritteln der Ratsmitglieder (§ 45 Abs. 2) **abberufen** werden; der Beschluss, für den es anders als für den zur Berufung keine materiellen Vorgaben gibt, bedarf der Vorbereitung durch den Verwaltungsausschuss. Nach dem Ausscheiden des Ortsvorstehers während der Wahlperiode ist auf Vorschlag der ursprünglich vorschlagsberechtigten Fraktion ein neuer Ortsvorsteher für deren Rest zu bestellen. Das Amt des Ortsvorstehers endet mit dem Ablauf der Wahlperiode (Abs. 1 Satz 1), jedoch führt er seine Tätigkeit bis zur Bestellung eines neuen Ortsvorstehers fort (Abs. 2); rechtlich bedarf es keiner Verabschiedung. Das Amt endet nicht bei Auflösung des Rats.

2. Der Ortsvorsteher hat keine Entscheidungs-, aber dieselben **Anhörungsrechte** wie der Ortsrat, die nicht durch Hauptsatzung eingeschränkt werden können. Zur Wahrnehmung der Anhörungsrechte hat der Ortsvorsteher das Recht, an den Beratungen der betreffenden Angelegenheit im Rat, im Verwaltungsausschuss oder in einem Ratsausschuss teilzunehmen und sich zu äußern, und zwar ohne Rücksicht darauf, ob die Sitzung öffentlich oder nichtöffentlich ist. Ein Anspruch auf Beteiligung an der Diskussion besteht jedoch nicht. Darüber hinaus kann dem Ortsvorsteher durch Hauptsatzung das Recht eingeräumt werden, an den Beratungen teilzunehmen, um die Belange der Ortschaft gegenüber den Organen der Gemeinde zur Geltung zu bringen (OVG Lüneburg, Urt. vom 20.7.1976 – II OVG A 117/74). Die Verletzung des Anhörungsrechts im Falle des § 94 Abs. 1 und 2 hat dieselben Folgen wie beim Ortsrat (Erl. 4 zu § 94); im Falle des § 94 Abs. 3 Satz 3 sind die Folgen dieselben wie beim Ortsbürgermeister (Erl. 4 zu § 94). Das Recht des Ortsvorstehers, vom Bürgermeister Auskünfte zu verlangen, besteht wie das Recht, Vorschläge zu unterbreiten, nicht nur während der Beratung einer die Ortschaft betreffenden Angelegenheit im Rat, im Verwaltungsausschuss oder im Ratsausschuss.

Der Umfang der **Hilfsfunktionen** ergibt sich aus der Hauptsatzung. Typische Hilfsfunktionen sind Unterschriftsbeglaubigungen, Kontrollen im Rahmen der gemeindlichen Verkehrssicherungspflicht, Mithilfe bei statistischen Erhebungen, Überwachung gemeindlicher Einrichtungen, Pflege von Grün- und Parkanlagen, Ausgabe von Antragsvordrucken. Repräsentationsaufgaben sind regelmäßig keine Hilfsfunktionen wie § 93 Abs. 1 Satz 2 Nr. 11 belegt, der sie als besondere Aufgabe dem Ortsrat/Stadtbezirksrat zuweist (im Ergebnis ebenso VG Hannover, Urt. v. 13.6.1991 – A 186/89).

3. Der Ortsvorsteher ist **Ehrenbeamter** der Gemeinde und unterliegt bezüglich der ihm obliegenden Hilfsfunktionen dem Weisungsrecht des Bürgermeisters (§ 85 Abs. 3 Satz 1 Halbsatz 1). Er kann deshalb zur Siegelführung ermächtigt werden; es ist jedoch nicht zulässig, das Gemeindesiegel durch Zusätze (z. B. „Der Ortsvorsteher" oder „Ortschaft A") zu kennzeichnen. Einen Anspruch auf Urlaub oder Freistellung zur Wahrnehmung seiner Aufgaben hat er nicht. Die Entschädigung des Ortsvorstehers richtet sich nach § 44 (vgl. dort Erl. 2 und 3). Für den Fall der Verhinderung des Ortsvorstehers kann der Bürgermeister im Rahmen der ihm obliegenden Geschäftsverteilung einen anderen Gemeindebediensteten mit der Erfüllung der Hilfsfunktionen betrauen. Die Bestimmung eines Vertreters des Ortsvorstehers zur Geltendmachung der Interessen der Ortschaft gegenüber den Gemeindeorganen ist dagegen nicht zulässig. Zur Entschädigung des Ortsvorstehers s. Erl. 2 zu § 44.

SECHSTER TEIL: **Samtgemeinden**

Erster Abschnitt: **Bildung und Aufgaben von Samtgemeinden**

§ 97 **Grundsatz**

[1]**Gemeinden eines Landkreises, die mindestens 400 Einwohnerinnen und Einwohner haben, können zur Stärkung der Verwaltungskraft Samtgemeinden bilden.** [2]**Eine Samtgemeinde soll mindestens 7 000 Einwohnerinnen und Einwohner haben.**

§ 71 NGO

ERLÄUTERUNGEN zu § 97

1. Nach Abschluss der Verwaltungs- und Gebietsreform werden **Neubildungen von Samtgemeinden** nur noch ausnahmsweise stattfinden (s. Lüchow-Dannenberg-Gesetz v. 23.5.2006, Nds. GVBl. S. 215), vielmehr kommen neue Samtgemeinden durch den Zusammenschluss bestehender nach § 101 zustande. Das Leitbild der Verwaltungs- und Gebietsreform auf der Gemeindeebene (Entschließung des Landtags v. 9.2.1971, Drs. 7/382), das bis heute verbindlich ist (Nds. StGH, Urt. v. 6.12.2007, R&R Sonderheft v. 24.1.2008 = NdsVBl. 2008 S. 37), legt fest, dass eine Samtgemeinde in der Regel nicht mehr als zehn Mitgliedsgemeinden umfassen darf. Zur Vermeidung mangelnder Leitbildgerechtigkeit und damit Verfassungswidrigkeit darf diese Höchstzahl nicht wesentlich überschritten werden (Nds. StGH, Urt. v. 6.12.2007 a. a. O.).
Die sog. Umwandlung einer Samtgemeinde in eine Einheitsgemeinde erfolgt durch ein Gesetz, in dem die Mitgliedsgemeinden zu einer neuen Gemeinde vereinigt werden (Art. 59 NV). Bisher in zwei Fällen, Samtgemeinden Bunde und Dornum, sind demgemäß deren Mitgliedsgemeinden jeweils zu neuen Einheitsgemeinden zusammengeschlossen worden (Gesetze v. 22.2.2001, Nds. GVBl. S. 73, 74), nachdem alle Beteiligten entsprechende Ratsbeschlüsse gefasst hatten.

2. Obwohl Art. 57 NV anders als Art. 44 VNV keine Beschränkung des Begriffs Gebietskörperschaft auf Gemeinden und Landkreise mehr enthält und manches dafür spricht, Samtgemeinden als Gebietskörperschaften anzusehen, zählen sie nach § 2 nicht dazu. Sie sind **sonstige öffentlich-rechtliche Körperschaften** i. S. d. Art. 57 NV und damit den Gemeinden und Landkreisen gleichgestellt.

3. Aus dem Wesen der Samtgemeinde als freiwilliger Zusammenschluss der Mitgliedsgemeinden folgt aus Rechtsstaatsgründen die Pflicht der Beteiligten zur **gegenseitigen Rücksichtnahme,** die die Mitgliedsgemeinden zu einem samtgemeindefreundlichen Verhalten verpflichtet. Gegen diese Pflicht verstößt eine Mitgliedsgemeinde, die gegen den Willen und die Planung der Samtgemeinde als Schulträger die Errichtung einer Schule in freier Trägerschaft finanziell unterstützt (Nds. OVG, Beschl. v. 6.2.2011, R&R 2/2011 S. 9),

§ 98 Aufgaben

(1) ¹Die Samtgemeinden erfüllen die folgenden Aufgaben des eigenen Wirkungskreises ihrer Mitgliedsgemeinden:
1. die Aufstellung der Flächennutzungspläne,
2. die Trägerschaft der allgemeinbildenden öffentlichen Schulen nach Maßgabe des Niedersächsischen Schulgesetzes, die Erwachsenenbildung und die Einrichtung und Unterhaltung der Büchereien, die mehreren Mitgliedsgemeinden dienen,
3. die Errichtung und Unterhaltung der Sportstätten, die mehreren Mitgliedsgemeinden dienen, und der Gesundheitseinrichtungen sowie die Altenbetreuung,
4. die Aufgaben nach dem Niedersächsischen Brandschutzgesetz,
5. den Bau und die Unterhaltung der Gemeindeverbindungsstraßen,
6. die in § 13 für die Anordnung eines Anschluss- oder Benutzungszwangs genannten Aufgaben,
7. die Hilfe bei Verwaltungsangelegenheiten (§ 37) und
8. die Aufgaben nach dem Niedersächsischen Gesetz über gemeindliche Schiedsämter.

²Die Samtgemeinden erfüllen ferner die Aufgaben des eigenen Wirkungskreises, die ihnen von allen Mitgliedsgemeinden oder mit ihrem Einvernehmen von einzelnen Mitgliedsgemeinden übertragen werden. ³Die Übertragung einer Aufgabe nach den Sätzen 1 und 2 schließt die Befugnis der Samtgemeinde ein, Satzungen und Verordnungen zu erlassen, die erforderlich sind, um diese Aufgabe zu erfüllen. ⁴Die finanziellen Folgen einer Aufgabenübertragung von nur einzelnen Mitgliedsgemeinden sind durch Vereinbarungen zu regeln. ⁵Die Samtgemeinden können anstelle von Mitgliedsgemeinden im Einvernehmen mit dem örtlichen Träger der Jugendhilfe Aufgaben der öffentlichen Jugendhilfe wahrnehmen.

(2) ¹Die Samtgemeinden erfüllen die Aufgaben des übertragenen Wirkungskreises der Mitgliedsgemeinden. ²Sie erfüllen auch diejenigen Aufgaben des übertragenen Wirkungskreises, die Gemeinden obliegen, deren Einwohnerzahl derjenigen der Samtgemeinde entspricht. ³Rechtsvorschriften, nach denen Aufgaben unter bestimmten Voraussetzungen auf Gemeinden übertragen werden können, gelten für Samtgemeinden entsprechend.

(3) Rechtsvorschriften, die die gemeinsame Erfüllung von Aufgaben ausschließen oder dafür eine besondere Rechtsform vorschreiben, bleiben unberührt.

(4) Die Samtgemeinden unterstützen die Mitgliedsgemeinden bei der Erfüllung von deren Aufgaben; in Angelegenheiten von grundsätzlicher oder besonderer wirtschaftlicher Bedeutung bedienen sich die Mitgliedsgemeinden der fachlichen Beratung durch die Samtgemeinde.

(5) ¹Die Samtgemeinden führen die Kassengeschäfte der Mitgliedsgemeinden und veranlagen und erheben für diese die Gemeindeabgaben und die privatrechtlichen Entgelte. ²Richten sie ein Rechnungsprüfungsamt ein, so tritt die-

ses für die Mitgliedsgemeinden an die Stelle des Rechnungsprüfungsamts des Landkreises (§ 153 Abs. 3).

(6) [1]Die Mitgliedsgemeinden legen ihre Haushaltssatzungen der Kommunalaufsichtsbehörde über die Samtgemeinde vor. [2]Die Samtgemeinde leitet die Haushaltssatzung innerhalb von zwei Wochen weiter.

(7) [1]Vereinbarungen zwischen den Mitgliedsgemeinden einer Samtgemeinde und der Samtgemeinde über eine gemeinsame Bewirtschaftung ihrer Liquiditätskredite (§ 122) und über die gegenseitige Verrechnung von Liquiditätskreditzinsen erfordern die Schriftform. [2]Für die Geldanlage (§ 124 Abs. 2 Satz 2) gilt Satz 1 entsprechend.

§ 72 NGO

ERLÄUTERUNGEN zu § 98

1. Den Samtgemeinden sind die in Abs. 1 Satz 1 genannten **Aufgaben des eigenen Wirkungskreises** ihrer Mitgliedsgemeinden übertragen, ohne dass es noch einer Entscheidung der Mitgliedsgemeinde oder der Samtgemeinde bedürfte (VG Lüneburg, Beschl. v. 4.11.1999, VwRR N 2000 S. 16), weshalb § 99 Abs. 1 Nr. 3 eine Hauptsatzungsbestimmung bezüglich dieser Aufgaben nicht verlangt. Die Rückübertragung dieser Aufgaben auf die Mitgliedsgemeinden ist ausgeschlossen (s. im Übrigen Erl. 2 zu § 99). Die Übernahme weiterer Aufgaben ist nur nach Abs. 1 Sätze 2 und 5 möglich, ein Aufgabenfindungsrecht haben die Samtgemeinden nicht, sie können also nicht ohne weiteres bestimmte gemeindliche Aufgaben aufgreifen und wahrnehmen (s. auch VG Lüneburg, Urt. v. 9.2.2000, VwRR N S. 63). Bei Maßnahmen der Samtgemeinde im Rahmen der ihr obliegenden Aufgaben haben abgesehen von Nr. 1 die Mitgliedsgemeinden keine Beteiligungsrechte. Zu den einzelnen Zuständigkeiten:
Nr. 1:
Samtgemeinden sind **Planungsverbände** i. S. des § 205 BauGB (so auch die VV-BBauG Nr. 29.1.1, MBl. 1983 S. 317), die für ihr gesamtes Gebiet einen Flächennutzungsplan aufstellen. Wegen der Beteiligung der Mitgliedsgemeinden vgl. § 205 Abs. 7 BauGB. Die förmliche Auslegung gem. § 3 Abs. 2 BauGB erfolgt bei Flächennutzungsplänen in der Samtgemeindeverwaltung, bei Bebauungsplänen in der jeweiligen Mitgliedsgemeinde. Für kleine und insbesondere ehrenamtlich verwaltete Gemeinden hält das OVG Lüneburg (Urt. v. 7.11.1997, KommP N 1998 S. 216) die Auslegung eines Bebauungsplanes im Gemeindebüro für die Dauer von wöchentlich insgesamt neun Stunden an zwei Vor- und zwei Nachmittagen für noch ausreichend; die gleichzeitige Auslegung in der Verwaltung der Samtgemeinde ist nicht geboten. Die Auslegung allein in der Verwaltung der Samtgemeinde ist zulässig, wenn in der Mitgliedsgemeinde nur unregelmäßig Verwaltungssprechstunden abgehalten werden oder nur in einem zeitlichen Umfang, der für die Auslegung eines Bebauungsplans nicht ausreicht; reicht er aus, genügt die Auslegung allein in der Samtgemeinde nicht (OVG Lüneburg, Urt. v. 8.6.1998, VwRR N 1999 S. 70).

Die Durchführung städtebaulicher Sanierungsmaßnahmen nach dem BauGB gehört zur Zuständigkeit der Mitgliedsgemeinden. Im Hinblick auf die Planungshoheit der Mitgliedsgemeinde sind Bauanträge bei ihr einzureichen (§ 71 Abs. 1 NBauO). Die Zuständigkeit für das Einvernehmen nach § 36 BauGB richtet sich nach der Zuständigkeit für die Aufgabe, die Grundlage seiner Erteilung oder Versagung ist, so dass die Mitgliedsgemeinde es z. B. nicht unter Berufung auf die Darstellungen des Flächennutzungsplans verweigern kann (vgl. NdsOVG, Beschl. v. 12.9.2003, R&R 6/2003 S. 4).

Da nur die den unteren Naturschutzbehörden übertragenen Naturschutzaufgaben dem übertragenen Wirkungskreis zugeordnet sind (§ 31 Abs. 1 NAGBNatSchG), nehmen Gemeinden die ihnen zugewiesenen Aufgaben (Ausarbeitung und Durchführung von Landschafts- und Grünordnungsplänen, § 4 NAGBNatSchG, Erlass von Satzungen nach § 22 Abs. 1 NAGBNatSchG) im eigenen Wirkungskreis wahr, und zwar bei Samtgemeinden die Mitgliedsgemeinden.

Nr. 2:
Zur **Schulträgerschaft** vgl. § 101 ff. NSchG, zur **Erwachsenenbildung** das Nieders. Erwachsenenbildungsgesetz. **Büchereien** dienen mehreren Mitgliedsgemeinden, wenn sie zur Benutzung durch die Einwohner mehrerer Gemeinden bestimmt sind und für die Samtgemeinde zentrale Bedeutung haben (vgl. zum vergleichbaren Fall der Sportstätten Nds. OVG, Urt. v. 20.2.2001, VwRR N S. 101). Schulorganisationsakte der Samtgemeinde im Rahmen ihrer Schulträgerschaft stellen gegenüber den Mitgliedsgemeinden keine anfechtbaren Verwaltungsakte dar, vielmehr sind diesbezügliche Konflikte im Rahmen der Schulentwicklungsplanung auszutragen (Nds. OVG, Beschl. v. 8.2.2011, R&R 2/2011 S. 9). Die finanzielle Unterstützung einer privaten Ersatzschule durch eine Mitgliedsgemeinde, die entgegen der Planung der Samtgemeinde errichtet werden soll, widerspricht dem Gebot zu samtgemeindefreundlichem Verhalten (Nds. OVG, Beschl. v. 8.2.2011 a. a. O.).

Nr. 3:
Ob eine **Sportstätte** mehreren Mitgliedsgemeinden dient, beurteilt das Nds. OVG (Urt. v. 20.2.2001 a. a. O.) zum einen nach der Widmung, zum anderen nach der tatsächlichen Entwicklung ihrer Inanspruchnahme durch Sportler und Vereine einer oder mehrerer Mitgliedsgemeinden; die nur geringfügige und nach der Benutzungsordnung nachrangige Mitbenutzung durch Auswärtige steht der Annahme einer ortsbezogenen Einrichtung nicht entgegen. Der Begriff der Unterhaltung umfasst auch die Entscheidung über die Nutzung der Sportstätte (VG Lüneburg, Beschl. v. 4.11.1999, VwRR N 2000 S. 16). Geht die Unterhaltung einer vorhandenen Sportstätte auf die Samtgemeinde über, bleibt das Eigentum an ihr davon unberührt (VG Lüneburg, Beschl. v. 4.11.1999 a. a. O.); dasselbe gilt für den umgekehrten Fall. Die Übernahme erfordert wie bei allen gesetzlichen Zuständigkeiten keinen Beschluss (VG Lüneburg, Beschl. v. 4.11.1999 a. a. O., bestätigt durch wörtliche Übernahme der Gründe des vorgenannten Beschl. im Urt. v. 12.7.2000, auszugsweise abgedruckt VwRR N S. 100; a. A. VG Braunschweig, Urt. v. 13.11.1980, NStV-N 1982, S. 47).

Nr. 4:
Die Aufgaben der Gemeinden nach § 2 **NBrandSchG** erfüllt die Samtgemeinde. Zur Gliederung der Freiwilligen Feuerwehr einer Samtgemeinde in Ortsfeuer-

wehren vgl. § 10 Abs. 2 NBrandSchG (zur kommunalaufsichtlichen Anordnung der Einrichtung weiterer Feuerwehrstützpunkte s. OVG Lüneburg, Urt. v.
18.9.1996, KommP N 1997 S. 89), zum Ortsbrandmeister § 13 NBrandSchG.
Nr. 5:
Zum Begriff der **Gemeindeverbindungsstraßen** s. § 47 Nr. 2 NStrG und zu
ihrer Abgrenzung gegenüber den anderen Straßen im Außenbereich (§ 47 Nr. 3
NStrG) Nds. OVG, Beschl. v. 5.11.2008, R&R 1/2009 S. 8; maßgebend sind
danach die tatsächlichen Gegebenheiten, sodass deren Änderung den Wechsel
der Straßeneigenschaft und damit der Zuständigkeit zur Folge hat. Durch Vereinbarung kann also eine Ortsstraße (§ 47 Abs. 1 NStrG) nicht zur Gemeinde-
verbindungsstraße erklärt werden.
Die Vorschrift nennt zwar nur den Bau und die Unterhaltung von Gemeindeverbindungsstraßen; Zweck des Gesetzes ist es aber, insoweit die Straßenbaulast
insgesamt auf die Samtgemeinde zu übertragen (vgl. VG Hannover, Urt. v.
19.10.1978 – II A 317/76); zum Eigentumsübergang s. Erl. 2. Dazu, nicht zum
übertragenen Wirkungskreis, gehört auch die Verkehrssicherungspflicht (OLG
Celle, Urt. v. 31.5.1995, NVwZ-RR 1996, S. 120), die die verkehrsmäßige Reinigung, die die Instandhaltung der Straße, einschließlich der Beseitigung von
Verkehrshindernissen, dient, mitumfasst. Die (polizeimäßige) **Straßenreinigung
in geschlossenen Ortschaften** nach § 52 NStrG, die dort der verkehrsmäßigen
Reinigung vorgeht, obliegt nach Nr. 6 der Samtgemeinde, die auch die Verord-
nung über Art, Maß und räumliche Ausdehnung (§ 52 Abs. 1 NStrG) erlässt.
Für die Bestimmung von Freizeitwegen ist die Mitgliedsgemeinde, von überört-
lichen Freizeitwegen die Samtgemeinde, zuständig (§§ 37, 41 NWaldLG).
Bei der Abstufung einer Bundesstraße zu einer Gemeindestraße i. S. v. § 3
Abs. 1 Nr. 3 NStrG obliegt die weitere Zuordnung zu einer der Arten der Ge-
meindestraßen i. S. des § 47 NStrG den Mitgliedsgemeinden (VG Hannover,
Urt. v. 19.10.1978 a. a. O.). Zur Abgrenzung von Landes- und Gemeindestraße
s. Nds. OVG, Beschl. v. 29.9.2009, R&R 6/2009 S. 11.
Nr. 6:
Die Samtgemeinde ist ausschließlich zuständig für die in § 13 genannten Auf-
gaben, für die ein Anschluss- und Benutzungszwang angeordnet werden kann,
wie nun auch der Wortlaut eindeutig bestimmt (so auch schon zur weniger
eindeutigen Vorgängerregelung OVG Lüneburg, Urt. v. 20.2.1979, OVGE 35
S. 333). Die Zuständigkeit der Samtgemeinde besteht unabhängig davon, ob die
Bedeutung der Einrichtung über die Mitgliedsgemeinde hinausgeht, z. B. bei
einem örtlichen Gemeindefriedhof.
Aufgrund ihrer Zuständigkeit für die Abwasserbeseitigung (§ 96 NWG) ist die
Samtgemeinde als Einleiter gem. § 9 Abs. 1 des Abwasserabgabengesetzes (Ab-
wAG) v. 18.1.2005 (BGBl. S. 114) abgabepflichtig. Sie bezieht die Abwasserab-
gabe in die satzungsmäßig erhobene Benutzungsgebühr als Kostenfaktor im
Sinne des § 5 Abs. 2 NKAG mit ein (vgl. § 6 Abs. 1 Nds. AG AbwAG).
Nr. 7:
Vgl. Erl. zu § 37.
Nr. 8:
Aufgaben der Gemeinde nach dem Gesetz über gemeindliche Schiedsämter sind
die Einrichtung und Unterhaltung der Schiedsämter, von denen in der Samtge-
meinde mehrere bestehen können, die Wahl (§ 48) der Schiedsperson und die

Regelung seiner Stellvertretung durch den Samtgemeinderat; die Samtgemeinde hat die Sachkosten des Schiedsamtes zu tragen, zu denen unter bestimmten Voraussetzungen auch der Ersatz von Sachschäden bei einem Dienstunfall der Schiedsperson gehören. Als Organ der Rechtspflege ist die Schiedsperson nicht für die Samtgemeinde ehrenamtlich tätig (Erl. 1 zu § 33).

Zum Übergang des Eigentums an Einrichtungen, die der Aufgabenerfüllung dienen s. Erl. 2. Für die Haftung der Samtgemeinde für Schäden der Gemeinde infolge einer Amtspflichtverletzung bei der Erfüllung ihrer Aufgaben, insbesondere bei der Führung der Kassengeschäfte (Erl. 5), gelten dieselben Grundsätze wie bei Auftragsangelegenheiten (Erl. 4 zu § 6).

2. In Anlehnung an die Regelungen des § 7 Abs. 1 NKomZG können die Mitgliedsgemeinden die Zuständigkeit für weitere Aufgaben des eigenen Wirkungskreises auf die Samtgemeinde übertragen, soweit das gesetzlich nicht ausdrücklich ausgeschlossen ist (vgl. Abs. 3), und zwar unabhängig davon, ob sie die Aufgaben wahrnehmen oder nicht (ebenso OVG Lüneburg, Urt. v. 22.12.1986 – 2 OVG A 197/85). Voraussetzung ist nicht mehr die einheitliche Übertragung. Bei einer einheitlichen Übertragung durch alle Mitgliedsgemeinden, für die gesetzlich jeweils ein Beschluss des Verwaltungsausschusses genügt, hat die Samtgemeinde diese Aufgaben zu übernehmen und gem. § 99 Abs. 1 Nr. 3 ihre Hauptsatzung entsprechend zu ändern; trotz des klaren Wortlauts („Die Samtgemeinden erfüllen …") hält das OVG Lüneburg (Urt. v. 22.12.1986 a. a. O.) die Samtgemeinde zur Änderung nicht für verpflichtet mit der Folge, dass die Aufgabenübertragung nicht vollzogen werden kann. Übertragen nur einzelne Gemeinden eine Aufgabe, dann müssen Regelungen über die finanziellen Folgen getroffen werden, und zwar auch, soweit diese für die Samtgemeinde (wie die Übertragung von Beitragserhebungsrechten) entlastender Art sind, die Vereinbarung muss nicht zugleich, sondern kann auch später rückwirkend erfolgen (Nds. OVG, Beschl. v. 9.11.2010, R&R 1/2011 S. 7). Für die Übertragung ist das Einvernehmen der Samtgemeinde, nicht das der anderen Mitgliedsgemeinden erforderlich, um dieser eine gleichberechtigte Verhandlungsposition für die gesetzlich vorgeschriebene Vereinbarung zur Regelung der finanziellen Folgen einzuräumen (Nds. OVG, Beschl. v. 9.11.2010 a. a. O.). Auch diese Aufgaben sind in der Hauptsatzung aufzuführen, jedoch nicht die Vereinbarung über die finanziellen Folgen. Im Bereich der freiwillig übertragenen Aufgaben ist anders als in dem gesetzlichen Aufgabenbereich der Samtgemeinde eine Rückübertragung von Aufgaben auf die Mitgliedsgemeinden möglich; zur **Rückübertragung** s. Erl. 2 zu § 99.

Abs. 1 Satz 3 stellt klar, dass mit der gesetzlich oder durch Vereinbarung auf die Samtgemeinde übertragenen Aufgabe auch die Kompetenz zum Erlass der für deren Erfüllung erforderlichen Satzungen und Verordnungen übergeht, ohne dass es dazu einer besonderen Übertragung bedarf. Das Nds. OVG (Urt. v. 3.3.2006, R&R 2/2006 S. 6) hatte die von einer Samtgemeinde erlassene Fremdenverkehrsbeitragssatzung für unwirksam erklärt, weil die Mitgliedsgemeinden nur die Fremdenverkehrsförderung und nicht auch die Satzungsgewalt übertragen hatten. Die Befugnis zum Erlass des Ortsrechts geht wie beim Zweckverband (§ 8 Abs. 2 NKomZG) kraft Gesetzes mit der Übertragung der Aufgabe über, kann also bei einer Vereinbarung nicht vorbehalten werden.

Nach § 13 Abs. 1 AGKJHG können kreisangehörige Gemeinden, die nicht örtliche Träger der Kinder- und Jugendhilfe sind (§ 1 Abs. 2 AGKJHG), also auch die Mitgliedsgemeinden, im Einvernehmen mit dem Landkreis Aufgaben der öffentlichen Jugendhilfe wahrnehmen, insbesondere Träger von Kindertagesstätten sein. Da das jedoch nur für verwaltungsstärkere Mitgliedsgemeinden in Betracht kommt, sieht Abs. 1 Satz 3 vor, dass anstelle von Mitgliedsgemeinden, die solche Aufgaben nicht übernehmen wollen oder können, die Samtgemeinde sie wahrnimmt, natürlich nur bezogen auf das Gebiet dieser Mitgliedsgemeinden, nicht auch derer, die diese Aufgaben selbst wahrnehmen. Die Steuerung der sachgerechten Wahrnehmung der Aufgaben durch ihn selbst, durch Mitgliedsgemeinden oder die Samtgemeinde obliegt dem Landkreis als örtlichem Träger durch die Erteilung oder Versagung seines Einvernehmens. Zur Verpflichtung zur Bildung eines Jugendausschusses s. Erl. 2 zu § 73. Die Wahrnehmung der Aufgaben anstelle von Mitgliedsgemeinden ist nicht deren Unterstützung i. S. von Abs. 4. Ein Kostenausgleich, der die Mitgliedsgemeinden, die die Aufgaben selbst erfüllen, davor schützt, über die Umlage oder die Einbehaltung von Schlüsselzuweisungen zusätzlich die Aufgabenwahrnehmung der Samtgemeinde für andere Mitgliedsgemeinden zu finanzieren, ist gesetzlich nicht vorgesehen, aber auch nicht ausgeschlossen, so dass er zum Gegenstand der Verhandlungen über die Übernahme der Aufgaben durch die Samtgemeinde gemacht werden kann.

Durch die Übertragung der Aufgabe geht das Eigentum an Einrichtungen, die der Erfüllung der Aufgabe dienen, soweit gesetzlich nichts anderes bestimmt ist, nicht automatisch auf die Samtgemeinde über (s. auch VG Lüneburg, Beschl. v. 4.11.1999, VwRR N 2000 S. 16); die gebotenen Vereinbarungen (Überlassung zur Nutzung oder Eigentumsübertragung) haben die Beteiligten zu treffen. Bei der Übertragung der Straßenbaulast auf die Samtgemeinde ist zweifelhaft, ob damit gem. § 11 Abs. 1 NStrG zugleich auch das Eigentum übergeht, weil die Vorschrift den Wechsel der Straßenbaulast zwischen Gebietskörperschaften regelt, zu denen die Samtgemeinde nicht ganz eindeutig zählt (vgl. Erl. 4 zu § 2); nach dem Sinn und Zweck der Bestimmung, Straßenbaulast und Eigentum in eine Hand zu legen, wird aber § 11 Abs. 1 NStrG beim Übergang der Straßenbaulast auf die Samtgemeinde entsprechend anzuwenden sein (vgl. auch den früheren Gem. RdErl. d. MW u. d. MI v. 20.6.1973, MBl. 1973 S. 1010), zumindest wird ein Anspruch auf die Eigentumsübertragung darauf gestützt werden können.

Die Regelung des § 187 NSchG für den Übergang von Schulvermögen ist nur auf solche Fälle anzuwenden, in denen die Schulträgerschaft aufgrund der Vorschriften des NSchG übergeht.

Zur Pflicht der Samtgemeinde, eine **Gleichstellungsbeauftragte** zu bestellen, s. Erl. 1 zu § 8. Die Gleichstellungsbeauftragte kann nur in Angelegenheiten tätig werden, für die die Samtgemeinde zuständig ist, also nicht in Angelegenheiten der Mitgliedsgemeinden. Diese können aber eine Gleichstellungsbeauftragte bestellen und, jede für sich, die Gleichstellungsbeauftragte der Samtgemeinde mit dieser Funktion betrauen; bei der Ausgestaltung der Rechtsstellung sind sie an §§ 8 und 9 nicht gebunden.

3. Die gemeindlichen **Aufgaben des übertragenen Wirkungskreises** erfüllen generell die Samtgemeinden. Eine Ausnahme besteht jedoch für den Erlass von Baugestaltungssatzungen nach den §§ 56, 97 NBauO. Diese Vorschriften sollen sicherstellen, dass die Zuständigkeit für den Erlass örtlicher Bauvorschriften stets bei der Körperschaft liegt, die auch die Bebauungspläne aufzustellen hat, da zwischen den Festsetzungen in Bebauungsplänen und Vorschriften über die Gestaltung ein enger Zusammenhang besteht (s. auch § 98 NBauO). Für den Erlass örtlicher Bauvorschriften sind danach regelmäßig die Mitgliedsgemeinden zuständig, es sei denn, die Samtgemeinde hat selbst Bebauungspläne aufzustellen (§ 205 BauGB). Zur Zuständigkeit für Maßnahmen nach §§ 4, 22 NAGBNatSchG s. oben Erl. 1 Nr. 1.

Die Auslegung von Plänen und Entwürfen anderer Aufgabenträger, die den Gemeinden aufgrund zahlreicher Vorschriften obliegt (vgl. z. B. §§ 73, 74 Verwaltungsverfahrensgesetz, § 38 Abs. 5 NStrG, § 14 NAGBNatSchG), ist nach einer Ansicht eine Angelegenheit des übertragenen Wirkungskreises und gehört damit zum Aufgabenbereich der Samtgemeinde. Aber auch wenn man sie mit einer in der Rechtsprechung vertretenen Auffassung (vgl. Erl. 1 zu § 6) als Amtshilfe ansieht, bei der sich der ersuchende Aufgabenträger der Gemeindeverwaltung gleichsam als verlängerter Arm bedient, kommt nur die Zuständigkeit der Samtgemeinde in Betracht, die allein regelmäßig über die Verwaltungskraft verfügt, deren es zur Durchführung dieser Hilfsfunktionen bedarf. Durch § 7 Nds. VwVfG ist nunmehr klargestellt, dass die Auslegung von Plänen und Entwürfen aufgrund der §§ 73, 74 VwVfG Aufgabe der Samtgemeinde ist; für die Auslegung nach anderen Gesetzen gilt das entsprechend. Zur Kostenerstattung vgl. Erl. 1 zu § 6; zur Auslegung von Bebauungsplänen der Mitgliedsgemeinden oben Erl. 1 Nr. 1.

4. Die **Unterstützung** der Mitgliedsgemeinden bei der Erfüllung ihrer Aufgaben, ist eine gesetzliche Pflicht der Samtgemeinde, die regelmäßig kostenlos ist, insbesondere, wenn sie gleichmäßig für alle Mitgliedsgemeinden geleistet wird. Unterstützt die Samtgemeinde darüber hinaus eine Mitgliedsgemeinde bei der Erfüllung ihrer Aufgaben, übernimmt sie insbesondere aufgrund einer öffentlich-rechtlichen Vereinbarung die Durchführung bestimmter Aufgaben für eine Mitgliedsgemeinde, dann kann das zur Vermeidung von Benachteiligungen, die im Rahmen der allgemeinen Finanzierungsinstrumente des § 111 Abs. 3 nicht ausgeglichen werden können, wie bei der Übernahme einer Aufgabe von einzelnen Mitgliedsgemeinden die Vereinbarung eines besonderen Verwaltungskostenausgleichs rechtfertigen. Grundsätzlich regeln sich die finanziellen Beziehungen zwischen Samtgemeinde und Mitgliedsgemeinden nach § 111 Abs. 3 und § 6 Abs. 2 NFAG. Abs. 4 bietet keine Rechtsgrundlage für die Gewährung von Zweckzuweisungen an Mitgliedsgemeinden (vgl. dazu Erl. 2 zu § 111).

Die Pflicht der Mitgliedsgemeinde, die Unterstützung der Samtgemeinde anzunehmen, besteht nur bei Angelegenheiten von grundsätzlicher oder besonderer wirtschaftlicher Bedeutung; sie hindert die Mitgliedsgemeinde nicht daran, für die Wahrnehmung ihrer Aufgaben Verwaltungspersonal zu beschäftigen (OVG Lüneburg, Urt. v. 17.9.1991 – 10 L 134/89).

5. Die Vorschrift, dass der Samtgemeinde die **Kassengeschäfte** ihrer Mitgliedsgemeinden führt, bedeutet die Delegation dieser Aufgabe in die ausschließliche Trägerschaft der Samtgemeinde (OVG Lüneburg, Urt. v. 9.5.1978, dng 1978 S. 277; Urt. v. 30.4.1992 – 10 L 47/90); der rechtliche Bestand der Gemeindekassen der Mitgliedsgemeinden wird durch die technische Zusammenführung der Kassen nicht berührt. Das macht es notwendig, bei den Zuständigkeiten in Kassengeschäften zwischen solchen der Samtgemeinde und denen der Mitgliedsgemeinde zu unterscheiden. In **Abgabensachen** (Steuern, Gebühren, Beiträge und sonstige Abgaben wie z. B. § 6 Abs. 2 Nds. AG AbwAG, die Ausgleichsbeträge nach § 154 BauGB: OVG Lüneburg, Beschl. v. 28.7.1983, NJW 1983 S. 2462), und seit 2004 auch bei privatrechtlichen Entgelten, d. h. Geldzahlungen aus vertraglichen Vereinbarungen, besteht eine zwischen Mitgliedsgemeinden und Samtgemeinde aufgeteilte Zuständigkeit: Alle Maßnahmen vor Veranlagung und Erhebung von Abgaben liegen in der Zuständigkeit der Mitgliedsgemeinde. Das Veranlagungs- und Erhebungsverfahren ist dagegen der Samtgemeinde übertragen, der bei Erschließungsbeiträgen auch die rechtliche Bewertung der von der Mitgliedsgemeinde beschlossenen Kostenspaltung und Abschnittsbildung obliegt (Nds. OVG, Beschl. v. 21.1.2008, R&R 3/2008 S. 10); sie erlässt die Heranziehungsbescheide, entscheidet durch den Samtgemeindeausschuss über Widersprüche, betreibt die Einziehung und ist bei Klagen passiv (OVG Lüneburg, Urt. v. 9.5.1978, a. a. O.) und aktiv (LG Lüneburg, Urt. v. 11.6.2002 R&R 4/2003 S. 3) legitimiert; zum Erhebungsverfahren gehören auch Entscheidungen über die Aussetzung der Vollziehung (§ 80 Abs. 4 VwGO) und damit verbundene Sicherheitsleistungen sowie Aussetzungszinsen; nach § 12 Abs. 1 Satz 5 NKAG ist die Samtgemeinde auch zur Beauftragung eines Dritten bei der Veranlagung und Erhebung von Abgaben befugt. Die Mitgliedsgemeinde bleibt jedoch Inhaber der Abgabenforderung, so dass sie auch für Verfügungen darüber (z. B. Erlass, Niederschlagung, Stundung und damit verbundene Sicherheitsleistungen, Aufrechnung) zuständig ist; für die Ausführung entsprechender Entscheidungen ist aber wieder die Samtgemeinde zuständig. Für privatrechtliche Entgelte gelten diese Grundsätze entsprechend. Ein Bescheid der Samtgemeinde „für Rechnung der Mitgliedsgemeinde" kann nicht in einen Bescheid der Samtgemeinde für eigene Rechnung umgedeutet werden (OVG Lüneburg, Urt. v. 23.1.1991, NST-N 1991 S. 164). Für den Abschluss eines Ablösungsvertrages nach § 133 Abs. 3 BBauG ist die Zuständigkeit der Mitgliedsgemeinde anzunehmen. Zur **Haftung** der Samtgemeinde gegenüber der Mitgliedsgemeinde s. oben Erl. 1 a. E.

Die **Organisation der Kasse**, die aufgrund einer von der Gemeinde zu erlassenden Dienstanweisung erfolgt (§ 41 GemHKVO), und die **Kassenaufsicht**, einschließlich der von der Gemeindekasse geführten Kassengeschäfte der Mitgliedsgemeinden, ist Angelegenheit des Samtgemeindebürgermeisters (§§ 85 Abs. 2, 126 Abs. 5). Zu der durch die Dienstanweisung zu regelnden **Verwaltung der Zahlungsmittel** gehören die in § 41 Abs. 2 Nr. 3 GemHKVO genannten Maßnahmen, die deshalb zu den Kassenführungsgeschäften zu rechnen sind. In der Dienstanweisung kann auch die Unterrichtung des Hauptverwaltungsbeamten über größere Aus- und Einzahlungen und über die Anlegung von Kassenmitteln geregelt werden. Dagegen gehen die Entscheidungen über eine gemeinsame Bewirtschaftung der Liquiditätskredite, über die gegenseitige Verrechnung von Liquiditätskreditzinsen und über Geldanlagen i. S. des § 124 Abs. 2 für die Mitgliedsgemeinden, die einer schriftlichen Vereinbarung bedürfen (Abs. 7), ohne diese über die Führung der Kassengeschäfte hinaus. Vor Veränderung des Schulden- und Vermögensstandes einer Mitgliedsgemeinde ist deshalb in diesem Falle die Weisung ihres Hauptverwaltungsbeamten einzuholen. Nach dem Wortlaut des Gesetzes ist eine Vereinbarung nach Abs. 7 mit „den Mitgliedsgemeinden" abzuschließen, was den Abschluss mit nur einzelnen Mitgliedsgemeinden nicht zulässt. Zu Liquiditätskrediten vgl. Erl. 6 zu § 122. Zahlungsanweisung und -abwicklung gehören nach § 40 GemHKVO zu den Kassenführungsgeschäften. Die Erstellung, Erteilung und Dokumentation der **Kassenanordnungen** ist Teil der Zahlungsanweisung (§ 40 Abs. 1 GemHKVO). Die Regelung der Befugnisse, Kassenanordnungen zu erteilen, und für die sachliche und rechnerische Feststellung (§ 40 Abs. 3 und 4 GemHKVO) obliegt deshalb dem Samtgemeindebürgermeister, und zwar unabhängig davon, ob Aufgaben der Samtgemeinde oder der Mitgliedsgemeinden betroffen sind. Die Regelung über die Einrichtung eines **Rechnungsprüfungsamts** hat bisher in zwei Fällen der Erklärung einer Samtgemeinde zur selbstständigen Gemeinde Bedeutung entfaltet (vgl. § 153 Abs. 1). Soweit Samtgemeinden als selbstständige Gemeinden zur Einrichtung eines Rechnungsprüfungsamts verpflichtet sind, können sie dieser Verpflichtung im Rahmen kommunaler Zusammenarbeit nachkommen (s. Erl. 2 zu § 153). Die Regelung, nach der die Samtgemeinde den **Rechnungsstil** der Haushaltswirtschaft ihrer Mitgliedsgemeinden bestimmt, hat nur für die Übergangszeit bis zur allgemeinen Geltung des Rechnungsstils der doppelten Buchführung (§ 110 Abs. 3) ab dem Haushaltsjahr 2012, in der auf Beschluss des Rates noch nach dem kameralen Rechnungsstil verfahren werden kann (Art. 6 Abs. 2 des Gesetzes v. 15.11.2005, GVBl. S. 342), Bedeutung, stellt also eine bloße Übergangsregelung zur einheitlichen Verfahrensweise in der Samtgemeinde und ihren Mitgliedsgemeinden dar und ist deshalb in § 179 Abs. 2 enthalten.

6. Die Pflicht der Mitgliedsgemeinden, ihre **Haushaltssatzungen über die Samtgemeinde** der Kommunalaufsichtsbehörde **vorzulegen** (§ 114 Abs. 1), ist Ausdruck der engen Verknüpfung der Haushaltswirtschaften beider aufgrund der Regelungen über die Aufgabenerfüllung (Abs. 1), die Unterstützung (Abs. 4), die Kassenführung (Abs. 5 und 7) und die Samtgemeindeumlage (§ 111 Abs. 3). Die Samtgemeinde hat die Satzung innerhalb von zwei Wochen weiterzuleiten. Sie kann zu ihr eine Stellungnahme abgeben, ist dazu aber nicht verpflichtet. Die Stellungnahme muss nicht innerhalb der Frist abgegeben werden; die Samtgemeinde kann sich die Abgabe einer Stellungnahme bei der Weiterleitung vorbehalten. Gegenstand der Stellungnahme können sowohl kritische als auch unterstützende und erläuternde Anmerkungen und Hinweise sein, die geeignet sind, der Kommunalaufsichtsbehörde eine zutreffende Beurteilung der finanziellen und wirtschaftlichen Lage der Mitgliedsgemeinden, aber auch der damit verknüpften Lage der Samtgemeinde zu ermöglichen.

§ 99 Hauptsatzung

(1) Die Hauptsatzung einer Samtgemeinde muss auch Folgendes bestimmen:
1. die Mitgliedsgemeinden,
2. den Namen der Samtgemeinde und den Sitz ihrer Verwaltung und
3. die Aufgaben, die der Samtgemeinde nach § 98 Abs. 1 Satz 2 von den Mitgliedsgemeinden übertragen worden sind.

(2) Die Hauptsatzung kann bestimmen, dass für die Aufnahme und das Ausscheiden von Mitgliedsgemeinden die Zustimmung einer Mehrheit der Mitgliedsgemeinden erforderlich ist.

(3) Änderungen der Hauptsatzung werden vom Samtgemeinderat mit der Mehrheit seiner Mitglieder beschlossen.

§ 73 NGO

ERLÄUTERUNGEN zu § 99

1. Grundlage der Neubildung einer Samtgemeinde (§ 100 Abs. 1 Satz 1), des Zusammenschließens von Samtgemeinden (§ 101 Abs. 1 Satz 1) und der Umbildung einer Samtgemeinde (§ 102 Abs. 1) ist die entsprechende Regelung in der Hauptsatzung. Darüberhinaus müssen in ihr die in Abs. 1 bezeichneten Bestimmungen enthalten sein. Schließlich muss wie jede Gemeinde (§ 12) auch jede Samtgemeinde eine **Hauptsatzung** haben. Neben den ihr allgemein vorbehaltenen Regelungen (s. Erl. 1 zu § 12) müssen nach Abs. 1 in ihr die Mitgliedsgemeinden, ihr Name und ihr Sitz sowie die Aufgaben genannt werden, die ihr über die gesetzlichen hinaus von allen oder einzelnen Mitgliedsgemeinden übertragen worden sind; die Pflichtaufgaben nach § 98 Abs. 1 Satz 1 und Abs. 2 bedürfen also keiner Erwähnung in der Hauptsatzung. Die nach § 98 Abs. 1 Satz 2 übertragenen Aufgaben gehen erst mit dem Wirksamwerden der entsprechenden Hauptsatzungsregelung auf die Samtgemeinde über (so auch Nds. OVG, Urt. v. 3.3.2006, R&R 2/2006 S. 6). Die Vorschrift erfasst nicht die nach § 98 Abs. 1 Satz 5 übernommenen Aufgaben der öffentlichen Jugendhilfe, sodass diese auch ohne Aufnahme in die Hauptsatzung übergehen; gleichwohl empfiehlt es sich, sie dort klarstellend aufzuführen.

2. Während die Bildung und Umbildung sowie das Zusammenschließen eine Vereinbarung aller Beteiligten über die Hauptsatzung voraussetzt (zur Besonderheit der Bildung durch Gesetz s. das Lüchow-Dannenberg-Gesetz v. 23.5.2006, GVBl. S. 215), kann nach Abschluss dieser Maßnahmen die **Hauptsatzung** mit absoluter Mehrheit des Samtgemeinderats (Abs. 3) **geändert** werden, soweit ihr Inhalt zur Disposition des Samtgemeinderats steht. Bei den **Mitgliedern** kommt eine Änderung durch Teilung einer Mitgliedsgemeinde in zwei oder die Zusammenlegung von Mitgliedsgemeinden in Betracht, die beide eines Gesetzes bedürfen (§ 24 Abs. 1), ferner durch das Zusammenschließen von Samtgemeinden, für das in § 101 ein besonderes Verfahren vorgesehen ist, sowie durch das Ausscheiden und die Aufnahme einer Mitgliedsgemeinde, die das Einverständnis der betreffenden Gemeinde voraussetzen (§ 102). Bei der Veränderung des **Aufgabenbestandes** ist zu beachten, dass die Vermehrung nicht nur möglich ist, wenn alle Mitgliedsgemeinden einverstanden sind (§ 98 Abs. 1 Satz 2) und dass eine Übertragung von gesetzlichen Aufgaben der Samtgemeinden auf die Mitgliedsgemeinde nicht zulässig ist. Das OVG Lüneburg (Urt. v. 22.12.1986 – 2 OVG A 197/85) hält die Rückübertragung von Aufgaben auf die Mitgliedsgemeinden auch gegen deren Willen für möglich mit dem Hinweis auf die sich aus Art. 28 GG ergebende Pflicht der Mitgliedsgemeinden zur Erfüllung erstmals oder erneut entstehender Aufgaben. Diese Rechtsprechung wird den Belangen der Mitgliedsgemeinden nicht gerecht, denen außerhalb eines Gesetzes quasi eine Pflichtaufgabe übertragen würde, obwohl der Rat darüber zu entscheiden hat (§ 58 Abs. 1 Nr. 19). Im Übrigen kommt eine Rückübertragung gegen den Willen der Mitgliedsgemeinden im Hinblick auf § 98 Abs. 1 S. 2 nicht in Betracht. Deshalb erscheint es als sachgerecht, auch die Rückübertragung von der Zustimmung aller oder bei Einzelübertragung einer Aufgabe der betroffenen Mitgliedsgemeinden abhängig zu machen.

3. Über Änderungen von **Namen** und **Sitz** der Samtgemeinde beschließt der Samtgemeinderat. Für die Änderung des Namens gilt also nicht § 19. Die Verlegung des Verwaltungssitzes der Samtgemeinde von einer Mitgliedsgemeinde in eine andere ist eine organisatorische Maßnahme im Rahmen des Selbstverwaltungsrechts der Samtgemeinde. Veränderungen bei beiden Maßnahmen setzen zu ihrer Wirksamkeit eine entsprechende Änderung der Hauptsatzung voraus, über die der Samtgemeinderat beschließt.

Eine Regelung der Hauptsatzung nach **Abs. 2**, die dem Umstand Rechnung trägt, dass nach der Gründung der Samtgemeinde die Mitgliedsgemeinden nicht mehr unmittelbar an der Entscheidung über eine Veränderung des Mitgliederbestandes beteiligt sind, diese vielmehr durch eine vom Samtgemeinderat zu beschließende Änderung der Hauptsatzung erfolgt, kann auch die Zustimmung aller Mitgliedsgemeinden normieren, denen allen ein berechtigtes Interesse daran, mit wem sie die Samtgemeinde bilden, nicht abgesprochen werden kann; sie steht allerdings zur Disposition des Samtgemeinderates. Ihr Fehlen bedeutet nicht, dass dadurch ein erleichtertes, einseitiges Austrittsrecht ohne eine entsprechende Änderung der Hauptsatzung besteht (VG Lüneburg, Urt. v. 12.2.2003, R&R 3/2003 S. 10).

§ 100 Neubildung einer Samtgemeinde

(1) ¹Zur Bildung einer neuen Samtgemeinde vereinbaren die künftigen Mitgliedsgemeinden die Hauptsatzung der Samtgemeinde. ²Gründe des öffentlichen Wohls dürfen dem nicht entgegenstehen. ³Die Samtgemeinde kann nur
1. mindestens zehn Monate vor dem Beginn oder
2. zum Beginn
der nachfolgenden allgemeinen Wahlperiode gebildet werden. ⁴Der Zeitpunkt ist in der Hauptsatzung zu bestimmen. ⁵Eine Erhöhung der Mitgliederzahl im Samtgemeinderat (§ 46 Abs. 5) ist in der Hauptsatzung zu regeln. ⁶Für Ratsbeschlüsse der künftigen Mitgliedsgemeinden über die Vereinbarung der Hauptsatzung ist jeweils die Mehrheit der Mitglieder des Rates erforderlich. ⁷Die künftigen Mitgliedsgemeinden können Vereinbarungen insbesondere über die

vermögensrechtliche Auseinandersetzung, die Rechtsnachfolge, das neue Ortsrecht und die Verwaltung treffen. [8]Kommen Vereinbarungen nach Satz 7 nicht zustande oder sind weitere Angelegenheiten zu regeln, so trifft die Kommunalaufsichtsbehörde die erforderlichen Bestimmungen.

(2) [1]Die Hauptsatzung und die Bestimmungen nach Absatz 1 Sätze 7 und 8 werden von der Kommunalaufsichtsbehörde nach § 11 verkündet. [2]In den Fällen des Absatzes 1 Satz 3 Nr. 2 soll die Hauptsatzung mindestens zehn Monate vor dem Beginn der nachfolgenden allgemeinen Wahlperiode verkündet werden.

(3) Wird in den Fällen des Absatzes 1 Satz 3 Nr. 1 die Hauptsatzung erst verkündet, nachdem der in ihr bestimmte Zeitpunkt für die Bildung der Samtgemeinde überschritten ist, so ist die Samtgemeinde am ersten Tag des Monats gebildet, der auf die Verkündung folgt.

(4) Für die Neubildung einer Samtgemeinde und für die Bestimmungen nach Absatz 1 Sätze 7 und 8 gilt § 27 entsprechend.

(5) Das Beamtenverhältnis der Samtgemeindebürgermeisterin oder des Samtgemeindebürgermeisters wird nicht vor dem Zeitpunkt begründet, an dem die neue Samtgemeinde gebildet ist.

(6) [1]Neu gebildete Samtgemeinden übernehmen ihre Aufgaben, sobald die Stelle der Samtgemeindebürgermeisterin oder des Samtgemeindebürgermeisters besetzt ist, spätestens jedoch am ersten Tag des sechsten Monats, nachdem die Hauptsatzung in Kraft getreten ist. [2]Der Zeitpunkt, an dem die Aufgaben übernommen werden, ist öffentlich bekannt zu machen.

§ 74 NGO

ERLÄUTERUNGEN zu § 100

1. Nach Abschluss der Verwaltungs- und Gebietsreform der 70er Jahre des vorigen Jahrhunderts ist die Bildung einer neuen Samtgemeinde, die die Voraussetzungen des § 97 erfüllen muss, nicht recht vorstellbar. Veränderungen werden sich wie schon in der Vergangenheit vielmehr auf der Grundlage der §§ 101 und 102 vollziehen.

2. Nach dem Beschluss über die Neubildung kann nach § 80 Abs. 3 auf die erforderliche **Wahl eines HVB** vorläufig verzichtet werden. Außerdem kann die **Zahl der Mitglieder** im Samtgemeinderat nach § 46 Abs. 5 erhöht werden. Die Beschlüsse der beteiligten Gemeinden zur Vereinbarung der Hauptsatzung bedürfen der absoluten Mehrheit. Im Gefolge der Streichung der Genehmigung der Hauptsatzung bedarf auch die Hauptsatzung der Samtgemeinde **keiner Genehmigung** mehr, obwohl sie die Grundlage für die Bildung einer örtlichen Verwaltungseinheit darstellt. Rechtlich kann der auf Abs. 1 gestützten Neubildung einer Samtgemeinde deshalb nur durch Beanstandung (§ 173) der Hauptsatzung begegnet werden. Ohne gleichzeitige Beanstandung kann die Kommunalaufsichtsbehörde die Verkündung der Hauptsatzung nicht verweigern. Die Verkündung erfolgt in der von der Hauptsatzung bestimmten Verkündungsform (§ 11 Abs. 1 Satz 3).

3. Eine **Änderung** der Hauptsatzung verkündet die Samtgemeinde gem. § 11 Abs. 1; Abs. 2 betrifft allein die Verkündung zur Bildung einer Samtgemeinde.

§ 101 Zusammenschließen von Samtgemeinden

(1) ¹Das für Inneres zuständige Ministerium kann durch Verordnung Samtgemeinden eines Landkreises zu einer neuen Samtgemeinde zusammenschließen, wenn diese Samtgemeinden die Hauptsatzung der neuen Samtgemeinde vereinbart haben und die Mitgliedsgemeinden der Vereinbarung der Hauptsatzung der neuen Samtgemeinde zugestimmt haben. ²Gründe des öffentlichen Wohls dürfen dem nicht entgegenstehen. ³§ 100 Abs. 1 Satz 5 gilt entsprechend. ⁴Vor dem Zusammenschließen sind die Mitgliedsgemeinden sowie ihre Einwohnerinnen und Einwohner anzuhören. ⁵Die Beschlüsse über die Vereinbarung der Hauptsatzung erfordern die Mehrheit von zwei Dritteln der Mitglieder des Samtgemeinderates. ⁶Die Zustimmung der Mitgliedsgemeinden nach Satz 1 ist gegenüber der Samtgemeinde vor Ablauf von sechs Monaten nach Abschluss der Vereinbarung zu erklären; § 100 Abs. 1 Satz 6 gilt entsprechend.

(2) ¹Samtgemeinden können abweichend von Absatz 1 Satz 1 ohne die Zustimmung einzelner Mitgliedsgemeinden zusammengeschlossen werden, wenn bei einer der Samtgemeinden eine besonders schwierige Haushaltslage vorliegt und Gründe des öffentlichen Wohls den Zusammenschluss rechtfertigen. ²Für die Verordnung ist in diesem Fall die Zustimmung des Landtags erforderlich. ³Aufgaben, die eine einzelne Mitgliedsgemeinde nach § 98 Abs. 1 Satz 2 übertragen hatte, gehen auf die neue Samtgemeinde nur dann über, wenn die Mitgliedsgemeinde dem nicht widerspricht.

(3) ¹Die neue Samtgemeinde kann nur
1. mindestens zehn Monate vor dem Beginn oder
2. zum Beginn
der nachfolgenden allgemeinen Wahlperiode gebildet werden. ²Der Zeitpunkt ist in der Verordnung zu bestimmen.

(4) ¹Die beteiligten Samt- und Mitgliedsgemeinden können Vereinbarungen insbesondere über die vermögensrechtliche Auseinandersetzung, die Rechtsnachfolge, das neue Ortsrecht und die Verwaltung treffen; § 100 Abs. 1 Satz 8 und § 27 gelten entsprechend. ²Die bisherigen Samtgemeinden sind mit der Bildung der neuen Samtgemeinde aufgelöst. ³Die neue Samtgemeinde ist Rechtsnachfolgerin der bisherigen Samtgemeinden, soweit nicht nach Satz 1 etwas anderes bestimmt ist.

(5) ¹Die Hauptsatzung der neuen Samtgemeinde und die Bestimmungen nach Absatz 4 Satz 1 sind von der Kommunalaufsichtsbehörde nach § 11 zu verkünden. ²In den Fällen des Absatzes 3 Satz 1 Nr. 2 soll die Verordnung mindestens zehn Monate vor dem Beginn der nachfolgenden allgemeinen Wahlperiode verkündet werden. ³§ 100 Abs. 5 gilt entsprechend.

§ 74a NGO

ERLÄUTERUNGEN zu § 101

1. Herkömmlicherweise entschieden über die Gründung und das Schicksal der Samtgemeinde ausschließlich die Mitgliedsgemeinden, die sich zur Stärkung ihrer Verwaltungskraft im Interesse der Erledigung ihrer Aufgaben der Samtgemeinde bedienen (§ 97). Die **Initiative beim Zusammenschließen** liegt bei den Samtgemeinden. Wenn ihre Räte die Hauptsatzung der neuen Samtgemeinde durch Beschlüsse mit Dreiviertelmehrheit vereinbart und die Mitgliedsgemeinden durch Beschlüsse mit absoluter Mehrheit zugestimmt haben, können sie durch Verordnung zusammengeschlossen werden, sofern Gründe des öffentlichen Wohls nicht entgegenstehen. Liegt bei einer der Samtgemeinden eine besonders schwierige Haushaltslage vor, kann, wenn Gründe des öffentlichen Wohls den Zusammenschluss rechtfertigen, dieser auch ohne die Zustimmung einzelner Mitgliedsgemeinden erfolgen, jedoch bedarf in diesem Fall die Verordnung der Zustimmung des Landtags; es ist nicht Voraussetzung, dass diese Mitgliedsgemeinden der Samtgemeinde mit der schwierigen Haushaltslage angehören. Man wird davon ausgehen können, dass zu den rechtfertigenden Gründen die Prognose einer nachhaltigen Verbesserung der Haushaltslage zählt.

2. Nach einem Beschluss zum Zusammenschluss kann die Samtgemeinde nach § 80 Abs. 3 beschließen, vorläufig auf die erforderliche Wahl des HVB zu verzichten. Durch die Hauptsatzung kann die Zahl der Mitglieder des Samtgemeinderats nach § 46 Abs. 5 erhöht werden. Für die Übernahme der Beamten der zusammengeschlossenen Samtgemeinden, die mit der Bildung der neuen Samtgemeinde als ihrer Rechtsnachfolgerin aufgelöst sind (Abs. 4 Sätze 2 und 3) gelten die §§ 16 bis 18 BeamtStG und § 29 NBG (s. auch Erl. 2 zu § 27); sie treten zunächst kraft Gesetzes in den Dienst der neuen Samtgemeinde. Infolge der Gesamtrechtsnachfolge tritt die neue Samtgemeinde in die Arbeitsverträge der bisherigen Samtgemeinden mit deren TVöD-Beschäftigten ein.

§ 102 Umbildung einer Samtgemeinde

(1) Eine Änderung der Hauptsatzung, durch die eine Gemeinde aus der Samtgemeinde ausscheidet oder in die Samtgemeinde aufgenommen wird (Umbildung einer Samtgemeinde), ist nur zulässig, wenn die Gemeinde einverstanden ist und Gründe des öffentlichen Wohls dem nicht entgegenstehen; § 100 Abs. 1 Sätze 3 bis 6 gilt entsprechend.

(2) Wird eine Mitgliedsgemeinde in eine Gemeinde, die der Samtgemeinde nicht angehört, eingegliedert oder mit ihr zusammengeschlossen, so scheidet sie aus der Samtgemeinde aus.

(3) ¹Die Samtgemeinde und die aufzunehmende oder die ausscheidende Gemeinde haben durch eine Vereinbarung die Rechtsfolgen zu regeln, die sich aus der Umbildung ergeben. ²§ 100 Abs. 1 Satz 8, Abs. 2 und § 27 gelten entsprechend.

§ 77 NGO

ERLÄUTERUNGEN zu § 102

1. Die Vorschrift gilt nicht nur für den eher unwahrscheinlichen Fall, dass eine Mitgliedsgemeinde aus der Samtgemeinde ausscheidet, um selbstständig fortzubestehen, und den schon praktisch gewordenen, dass eine bisher selbstständig bestehende Gemeinde in eine Samtgemeinde aufgenommen wird, sondern auch für die Umgliederung einer Mitgliedsgemeinde aus einer in eine andere Samtgemeinde. Die Bindung des Ausscheidens an Gründe des öffentlichen Wohls verstößt nicht gegen Art. 28 GG (BVerwG, Beschl. v. 23.1.1985, JZ S. 498; vgl. auch als Vorinstanz OVG Lüneburg, Urt. v. 3.7.1984, dng 1985 S. 302). Ein einseitiges Recht auf Austritt aus der Samtgemeinde besteht nicht (VG Lüneburg, Urt. v. 12.2.2003, R&R 3/2003 S. 10).

2. Für die Umbildung gelten die in § 100 Abs. 1 Satz 3 genannten Termine ihres Wirksamwerdens. Die Möglichkeit der Erhöhung der Mitgliederzahl des Samtgemeinderates (§ 100 Abs. 1 Satz 5) ist in Abs. 1 nicht auf Fälle der Aufnahme einer Gemeinde beschränkt, ist für den Fall des Ausscheidens aber nicht plausibel. Das Einverständnis der ausscheidenden oder aufzunehmenden Gemeinde bedarf eines Beschlusses mit absoluter Mehrheit. Die Vorschrift bietet keine Rechtsgrundlage für eine einvernehmliche Auflösung der Samtgemeinde, wenn das die Existenz von eigenständigen Gemeinden zur Folge hätte, die nicht dem weiterhin geltenden Leitbild der Gemeindereform entsprechen (s. Erl. 1 zu § 97).

Zweiter Abschnitt: **Mitgliedsgemeinden der Samtgemeinde**

§ 103 Rat

¹In Mitgliedsgemeinden von Samtgemeinden beruft die bisherige Bürgermeisterin oder der bisherige Bürgermeister die erste Ratssitzung ein und verpflichtet die Ratsmitglieder. ²Diese Sitzung leitet das älteste anwesende und hierzu bereite Ratsmitglied, bis die Bürgermeisterin oder der Bürgermeister gewählt ist.

§ 68 Abs. 1 NGO

ERLÄUTERUNGEN zu § 103

1. Mitgliedsgemeinden sind **Gemeinden** i. S. des Art. 28 GG und der Art. 57 ff. NV mit allen sich daraus ergebenden rechtlichen Folgen. Ihre Verwaltungsführung ist ehren- oder nebenamtlich (§ 105 Abs. 2 Satz 1, § 106 Abs. 1 Satz 4), sie können aber im Übrigen Personal hauptamtlich oder -beruflich beschäftigen (OVG Lüneburg, Urt. v. 17.9.1991 – 10 L 134/89). Bis auf die in § 98 Abs. 1 genannten Aufgaben sind die Mitgliedsgemeinden zur Wahrnehmung aller gemeindlichen Aufgaben und Hoheitsrechte des eigenen Wirkungskreises berechtigt. Die Mitgliedsgemeinden sind ab dem 1.11.1996 eingleisige Gemeinden mit den in § 103 ff. normierten Abweichungen, und zwar auch dann, wenn sie nach § 106 einen Gemeindedirektor haben.

Die Mitgliedsgemeinden sind auch i. S. d. § 1 Abs. 1 Gemeinden, unterfallen also dem Sammelbegriff „Kommunen" und für sie gelten alle für Gemeinden und Kommunen in diesem Gesetz geltenden Vorschriften, soweit das nicht ausgeschlossen ist (z. B. keine Pflicht zur Bestellung einer Gleichstellungsbeauftragten, §§ 8, 9, keine Verpflichtung des Samtgemeindebürgermeisters als nebenamtlicher Gemeindedirektor zur Teilnahme an Ratsausschusssitzungen, § 87 Abs. 3, Unzulässigkeit von Ortschaften, § 90 Abs. 1, zur Bestellung von Ortsbeauftragten oder Ortsvertrauensleuten s. Erl. 2 zu § 90) oder in den §§ 103 bis 106 besondere Regelungen für sie bestehen.

2. Die Einberufung zur **ersten Ratssitzung,** die das älteste anwesende und dazu bereite Ratsmitglied bis zum Abschluss der Wahl des Bürgermeisters leitet, obliegt dem bisherigen Bürgermeister (s. auch § 105 Abs. 2), bei dessen Verhinderung seinem Vertreter, der als Mitglied des Verwaltungsausschusses noch amtiert (§ 75 Abs. 2) und, wenn ein Verwaltungsausschuss nicht gebildet war, nachwirkende Amtspflichten hat, und zwar auch dann, wenn sie dem neuen Rat nicht mehr angehören. Im Übrigen gilt für die Einberufung zur ersten Sitzung wie auch zu allen anschließenden Ratssitzungen § 59. Auch die **Verpflichtung** der Ratsmitglieder ist Aufgabe des bisherigen Bürgermeisters, ggf. seines Vertreters. Gehört der bisherige Bürgermeister dem neuen Rat an, ist seine Verpflichtung gesetzlich nicht vorgesehen; soll sie gleichwohl vorgenommen werden, bietet sich an, dass die Sitzung bei der Wahl leitende Ratsälteste vornimmt; im Übrigen gilt für die Verpflichtung § 60.

Vor der Wahl des Bürgermeisters muss im Hinblick auf das Vorschlagsrecht zur Wahl des Bürgermeisters (§ 105 Abs. 1) der Rat entscheiden, wenn kein Verwaltungsausschuss gebildet (§ 104 Satz 1) und ob anderenfalls die Zahl der Beigeordneten erhöht (§ 104 Satz 3) werden soll

§ 104 Verwaltungsausschuss

[1]In seiner ersten Sitzung kann der Rat vor der Wahl der Bürgermeisterin oder des Bürgermeisters mit einer Mehrheit von zwei Dritteln der Ratsmitglieder beschließen, dass für die Dauer der Wahlperiode kein Verwaltungsausschuss gebildet wird. [2]In diesem Fall gehen die Zuständigkeiten des Verwaltungsausschusses auf den Rat über; die Zuständigkeit für die Vorbereitung der Beschlüsse des Rates geht auf die Bürgermeisterin oder den Bürgermeister über. [3]Wird ein Verwaltungsausschuss gebildet, so entscheidet der Rat vor der Wahl der Bürgermeisterin oder des Bürgermeisters, ob die Zahl der Beigeordneten erhöht werden soll (§ 74 Abs. 2 Satz 2).

§ 69 Abs. 2 NGO

ERLÄUTERUNGEN zu § 104

1. Wird der **Verwaltungsausschuss gebildet,** dann gelten für ihn alle für den Hauptausschuss bestehenden Vorschriften einschließlich der für die Erhöhung der Zahl der Beigeordneten (§ 74 Abs. 2 Sätze 2 und 3) in Gemeinden mit mehr als 5000 Einwohnern und der über beschließenden Ausschüsse (§ 76 Abs. 3). Der Erhöhungsbeschluss muss gesetzlich mit Rücksicht auf das Vorschlagsrecht (§ 105 Abs. 1 Satz 2) vor der Wahl des Bürgermeisters gefasst werden (Satz 3), obwohl der Rat zu diesem Zeitpunkt noch nicht konstituiert ist (Erl. 1 zu § 61). Den Vorsitz führt nach § 74 Abs. 1 Satz 3 der Bürgermeister, und zwar trotz dessen Wortlauts auch dann, wenn von der Möglichkeit des § 106 Abs. 1 Satz 1 Gebrauch gemacht worden ist mit der Folge, dass sein Ehrenbeamtenverhältnis beendet (§ 106 Abs. 1 Satz 6) und er gar kein Beamter mehr ist.

2. Der Beschluss, **keinen Verwaltungsausschuss** zu bilden, ist in der ersten Sitzung des Rates zu fassen und kann später nicht nachgeholt werden; als innenorganisatorischer Akt (s. Erl. 3 zu § 76) bedarf er nicht der Vorbereitung durch den Verwaltungsausschuss oder Rat der abgelaufenen Wahlperiode. Geschieht das nicht, sind die Beigeordneten zu bestimmen (§ 56 Abs. 3 Satz 1). Einer Regelung der Hauptsatzung bedarf es nicht; sie hätte auch keine Bedeutung, weil sie den Rat nicht von der Pflicht befreite, den Verwaltungsausschuss zu bilden, wenn der Beschluss mit einer Zweidrittelmehrheit nicht zustande kommt; eine Regelung in der Hauptsatzung sollte deshalb unterbleiben.
Der Beschluss, keinen Verwaltungsausschuss zu bilden, wirkt für die **gesamte** Wahlperiode (Satz 1), kann deshalb nicht mehr revidiert werden.

3. Verzichtet der Rat auf die Bildung des Verwaltungsausschusses, übernimmt er dessen **Zuständigkeiten** nach § 76 und allen anderen Vorschriften, die die Zuständigkeit des Hauptausschusses/Verwaltungsausschusses bestimmen, und hat auch die Kompetenz, beschließende Ausschüsse einzurichten (§ 76 Abs. 3) und die Delegationsmöglichkeit des § 76 Abs. 5. Die Vorbereitung der Ratsbeschlüsse obliegt dem Bürgermeister oder im Falle des § 106 Abs. 1 Satz 1 dem Gemeindedirektor (Satz 2, § 106 Abs. 1 Satz 2); von der Vorbereitung sind aber diejenigen Beschlüsse ausgenommen, die keiner Vorbereitung durch den Verwaltungsausschuss bedürfen (s. Erl. 3 zu § 76). Für das Verfahren des Rates gilt, auch soweit er in Angelegenheiten des Verwaltungsausschusses entscheidet, § 78 nicht.
Nach Ablauf der Wahlperiode führt der Rat die Geschäfte des Verwaltungsausschusses fort bis zur ersten Sitzung des neugebildeten Verwaltungsausschusses oder bis zu dem Beschluss des neuen Rats, keinen Ausschuss zu bilden (§ 75 Abs. 2).

§ 105 Bürgermeisterin oder Bürgermeister

(1) ¹**In seiner ersten Sitzung wählt der Rat aus seiner Mitte für die Dauer der Wahlperiode die Bürgermeisterin oder den Bürgermeister.** ²**Vorschlagsberechtigt für die Wahl ist nur eine Fraktion oder Gruppe, auf die mindestens ein**

Sitz im Verwaltungsausschuss entfällt. ³Satz 2 gilt nicht, wenn der Rat be-schlossen hat, dass kein Verwaltungsausschuss gebildet wird (§ 104 Satz 1).

(2) ¹Die Bürgermeisterin oder der Bürgermeister ist ehrenamtlich tätig und mit Annahme der Wahl in das Ehrenbeamtenverhältnis berufen. ²Sie oder er führt den Vorsitz im Rat. ³Sie oder er führt nach dem Ende der Wahlperiode die Tätigkeit bis zur Neuwahl einer Bürgermeisterin oder eines Bürgermeisters fort.

(3) ¹Die Bürgermeisterin oder der Bürgermeister kann vom Rat mit einer Mehr-heit von zwei Dritteln seiner Mitglieder abberufen werden. ²Der Beschluss kann nur gefasst werden, wenn ein Antrag auf Abberufung auf der Tagesordnung gestanden hat, die den Ratsmitgliedern bei der Einberufung des Rates mitge-teilt worden ist. ³Der Rat wird in diesem Fall von der Stellvertreterin oder dem Stellvertreter der Bürgermeisterin oder des Bürgermeisters einberufen.

(4) ¹Die Stellvertreterinnen und Stellvertreter nach § 81 Abs. 2 werden in Fällen des Absatzes 2 aus der Mitte des Rates gewählt. ²Sie vertreten die Bürgermeis-terin oder den Bürgermeister außer in den Fällen des § 81 Abs. 2 auch beim Vorsitz im Rat.

(5) Auf Vorschlag der Bürgermeisterin oder des Bürgermeisters beauftragt der Rat mit der allgemeinen Stellvertretung
1. eine Beschäftigte oder einen Beschäftigten der Gemeinde,
2. eine Ratsfrau oder einen Ratsherrn, wenn sie oder er dem zustimmt, oder
3. eine Beschäftigte oder einen Beschäftigten der Samtgemeinde.

§ 68 Abs. 2 bis 7 NGO

ERLÄUTERUNGEN zu § 105

1. Die Wahl des Bürgermeisters aus der Mitte der Ratsmitglieder leitet der Rats-älteste (§ 103 Satz 2). Die Feststellung des **Vorschlagsrechts** der Fraktionen und Gruppen für die Wahl ist wegen der Anrechnungsregelung des § 75 Abs. 1 Satz 2 erforderlich und entbehrlich, wenn gem. § 104 Satz 1 ein Verwaltungs-ausschuss nicht gebildet werden soll, weil dann jedes Ratsmitglied vorschlags-berechtigt ist (Abs. 1 Satz 3 i. V. m. § 56 Satz 1). Es muss also vor der Wahl Klarheit darüber bestehen, ob auf die Bildung des Verwaltungsausschusses ver-zichtet werden soll (§ 104 Satz 1). Soll auf die Bildung des Verwaltungsaus-schusses nicht verzichtet werden, muss in den in Betracht kommenden Mit-gliedsgemeinden ab 5001 Einwohnern vor der Wahl auch entschieden werden, ob gem. § 74 Abs. 2 Satz 2 die Zahl der Beigeordneten erhöht werden soll (s. Erl. 1 zu § 104). Auch wenn der Rat dann noch nicht konstituiert ist, sind die entsprechenden Beschlüsse nach dem Gesetz vor der Wahl des Bürgermeis-ters zu fassen. Es muss vor der Wahl feststehen, welche Fraktionen und Gruppen sich gebildet haben, d. h. diese müssen ihre Bildung angezeigt haben (s. Erl. 2 zu § 57). Fraktionen und Gruppen, bei denen erst das Los entscheidet, ob sie einen Sitz im Verwaltungsausschuss erhalten (§ 75 Abs. 1 Satz 1 Nr. 1, § 71 Abs. 2 Satz 5) sind nicht vorschlagsberechtigt, weil der Losentscheid, dessen

Vornahme vor der Wahl des Bürgermeisters anders als die zuvor genannten Entscheidungen gesetzlich nicht angeordnet ist, einen Akt der Bildung des Verwaltungsausschusses darstellt, der erst nach der Wahl des Bürgermeisters (Konstituierung) stattfindet, im Zeitpunkt der Wahl also noch nicht feststeht, ob die Fraktion oder Gruppe im Verwaltungsausschuss vertreten sein wird. Dasselbe gilt für Fraktionen und Gruppen, die gem. § 75 Abs. 1 Satz 1 Nr. 2 ein stimmrechtloses Mitglied nach § 71 Abs. 4 Satz 1 (Grundmandat) in den Verwaltungsausschuss entsenden können, weil der Bürgermeister stimmberechtigtes Mitglied ist.

2. Die **Wahl** des Bürgermeisters erfolgt nach § 67, und zwar zwingend für die Dauer der Wahlperiode. Die Wahl für einen kürzeren Zeitraum ist unwirksam. Sie erfolgt aus der Mitte des Rats, ohne dass weitere Voraussetzungen normiert sind, so dass die Altersbeschränkungen des § 80 Abs. 4 und die Befähigungsbedingungen des § 107 Abs. 1 Satz 2 nicht gelten. Mit der Annahme der Wahl ist der Bürgermeister kraft Gesetzes **in das Ehrenbeamtenverhältnis berufen** (Abs. 2 Satz 1; s. auch § 6 Abs. 2 NBG), eine Ernennungsurkunde wird nicht ausgehändigt. Für die dienstrechtliche Stellung des Bürgermeisters gilt § 107 Abs. 5 Sätze 1 und 2. Das Ehrenbeamtenverhältnis wird auch dann begründet, wenn der Rat beschließt, dass dem Bürgermeister nur die in § 106 Abs. 1 Satz 1 genannten Aufgaben obliegen, wie die Regelung des § 106 Abs. 1 Satz 5 über seine Beendigung bei Ernennung eines Gemeindedirektors zeigt; bis zur Ernennung des Gemeindedirektors nimmt der Bürgermeister unbeschadet des Beschlusses nach § 106 Abs. 1 Satz 1 auch die Verwaltungsaufgaben wahr. Nimmt der Bürgermeister alle Aufgaben wahr, dann **endet sein Ehrenbeamtenverhältnis** mit der Neuwahl eines Bürgermeisters (Abs. 2 Satz 3).
Wie jeder Beamte hat der Ehrenbeamte den **Diensteid** zu leisten (§§ 5 Abs. 2, 38 BeamtStG, 6 Abs. 1 NBG), den zweckmäßigerweise der Altersvorsitzende unmittelbar nach der Annahme der Wahl durch den Bürgermeister diesem abnimmt; die Eidesleistung kann ausnahmsweise unterbleiben, wenn noch in der konstituierenden Sitzung ein Gemeindedirektor ernannt wird, so dass der Bürgermeister tatsächlich keine Verwaltungsaufgaben wahrnimmt. Bei Wiederwahl des bisherigen Bürgermeisters gilt das Ehrenbeamtenverhältnis als nicht unterbrochen (§§ 6 Abs. 2, 7 Abs. 2 Satz 3 NBG), sodass die erneute Eidesleistung entfällt.
Die Fortführung seiner Tätigkeit bis zur Wahl des neuen Bürgermeisters soll die Handlungsfähigkeit der Gemeinde vor allem für den Fall gewährleisten, dass der Bürgermeister auch der Verwaltungsleiter ist; sie schließt nicht die Sitzungsleitung von der Eröffnung der konstituierenden Sitzung bis zur Wahl ein, weil diese Aufgabe des Altersvorsitzenden ist.

3. Der Antrag auf **Abberufung des Bürgermeisters** kann von jedem Ratsmitglied (§ 65 Abs. 1) und auch von einer Fraktion oder Gruppe gestellt werden, die für seine Wahl nicht vorschlagsberechtigt gewesen ist. Er ist zulässig, wenn er auf der Tagesordnung steht, die den Ratsmitgliedern bei der Einberufung des Rats übersandt worden ist (Abs. 3 Satz 2); die nachträgliche Aufnahme als Eilfall unter Abkürzung der Ladungsfrist, wenn die Geschäftsordnung das vorsieht oder als dringender Fall (§ 59 Abs. 3) ist ausgeschlossen, jedoch ist die Einberufung des Rats zur Abberufung des Bürgermeisters unter Abkürzung der Ladungsfrist möglich, wenn die gesetzlichen und geschäftsordnungsmäßigen Voraussetzungen der Abkürzung vorliegen. Die Tagesordnung kann auch weitere Beratungsgegenstände enthalten. Die Einberufung des Rats obliegt dem Vertreter nach § 81 Abs. 2 (s. unten Erl. 5); da weitere Einschränkungen nicht geregelt sind und ein Mitwirkungsverbot nicht besteht (§ 41 Abs. 3 Nr. 2), ist der Bürgermeister rechtlich nicht gehindert, die Sitzung zu leiten und sich an der Beratung und Entscheidung über seine Abberufung zu beteiligen. Die Abberufung erfordert einen Beschluss nach § 66 mit einer Mehrheit von zwei Dritteln der gesetzlichen Zahl der Ratsmitglieder (§ 45 Abs. 2), der wie die Wahl als das Gegenstück nicht der Vorbereitung durch den Verwaltungsausschuss bedarf. Die Abberufung ist wie ihr Gegenstück, die Wahl, kein Verwaltungsakt, weil im Vordergrund dieser Maßnahme des Rats die Selbstgestaltung seiner verfassungsmäßigen Ordnung steht, nicht seine behördliche Funktion als Dienstherr des Ehrenbeamten (so zur Abberufung des ehrenamtlichen Bürgermeisters OVG Lüneburg, Urt. v. 1.9.1950, OVGE 2 S. 225); in Betracht kommt deshalb nicht die Anfechtungsklage, sondern die Klage im Wege einer kommunalverfassungsrechtlichen Streitigkeit (s. dazu Erl. S. 5 zu § 66). §§ 83, 84 gelten für den ehrenamtlichen Bürgermeister nicht. Er kann nicht zurücktreten, aber seine Entlassung verlangen (§ 6 Abs. 1 NBG, § 23 BeamtStG).

4. Die **Stellvertretung des Bürgermeisters** folgt den Regeln für hauptamtliche Bürgermeister, wie der Verweis auf § 81 Abs. 2 in Abs. 4 deutlich macht. Danach besteht neben der Stellvertretung bei den in § 81 Abs. 2 Satz 2 genannten Aufgaben die allgemeine Stellvertretung in den Verwaltungsgeschäften (§ 81 Abs. 3). Jedoch machen die Besonderheiten der Mitgliedsgemeinden Ergänzungen notwendig. Die stellvertretenden Bürgermeister (§ 81 Abs. 2) vertreten den Bürgermeister als Vorsitzenden nicht nur im Verwaltungsausschuss, sondern auch im Rat (Abs. 4 Satz 2). Außerdem gibt es in Mitgliedsgemeinden regelmäßig keinen Beamten oder Arbeitnehmer, der mit der allgemeinen Stellvertretung beauftragt werden kann. Deshalb regelt Abs. 5, dass der Rat auf Vorschlag des Bürgermeisters entweder einen Beschäftigten der Gemeinde oder der Samtgemeinde, wobei es auf die Art des Beschäftigungsverhältnisses nicht ankommt, oder ein dazu bereites Ratsmitglied mit der **allgemeinen Stellvertretung** des Bürgermeisters beauftragt; der Rat entscheidet frei, von welcher dieser Möglichkeiten er Gebrauch macht; auch hier gilt wegen der ehrenamtlichen Wahrnehmung der Funktion § 107 Abs. 1 Satz 3 nicht. Grundsätzlich ist das Einverständnis eines Gemeinde- oder Samtgemeindebeschäftigten zur Übernahme der allgemeinen Stellvertretung nicht erforderlich, wie das Erfordernis der Zustimmung eines Ratsmitgliedes verdeutlicht; es erscheint jedoch als unpraktisch, einen damit nicht einverstandenen Beschäftigten vorzuschlagen und zu berufen. Der Beauftragung eines Beschäftigten der Samtgemeinde, die im Rahmen des § 98 Abs. 4 erfolgt, kann der Samtgemeindebürgermeister regelmäßig nicht widersprechen; allenfalls kommt der Widerspruch gegen die Beauftragung eines bestimmten Beschäftigten in Betracht, wenn dieser zwingende dienstliche Gründe entgegenstehen. Der allgemeine Stellvertreter ist ehrenamtlich tätig (§ 38). Er ist nicht stellvertretender Bürgermeister, weil diese Bezeichnung den Stellvertretern nach § 81 Abs. 2 vorbehalten ist, kann aber als **allgemeiner Verwaltungsvertreter des Bürgermeisters** bezeichnet werden. Der Rat beschließt auf der Grundlage von §§ 5 BeamtStG, 6 NBG, wenn der allgemeine Stellvertreter in das Ehrenbeamtenverhältnis berufen werden soll, was wegen seiner Aufgabenstellung angezeigt ist (Art. 33 Abs. 4 GG, § 3 Abs. 2 BeamtStG). Das Ehrenbeamtenverhältnis wird mittels Aushändigung einer Ernennungsurkunde begründet (§§ 6 Abs. 1 NBG, 8 Abs. 2 BeamtStG); es empfiehlt sich die Ernennung „bis zur konstituierenden Sitzung des Rates der nächsten Wahlperiode", um Probleme mit Blick auf die Freiheit des Rats der nächsten Wahlperiode vorzubeugen, gem. § 106 Abs. 1 einen Gemeindedirektor zu berufen, und um keine Vakanzen entstehen zu lassen.

Wird ein Verwaltungsausschuss nicht gebildet (§ 104, der Verweis auf Fälle „des Absatzes 2" in Abs. 4 ist ein Redaktionsversehen), dann werden auch die Stellvertreter des Bürgermeisters gem. § 81 Abs. 2 aus der Mitte des Rats gewählt (Abs. 4 Satz 1); eine Beschränkung des Vorschlagsrechts besteht nicht; werden mehrere Vertreter gewählt, ist ggf. auch ihr Vertretungsverhältnis durch Ratsbeschluss zu regeln (§ 81 Abs. 2 Satz 2).

5. Die **Entschädigung des Bürgermeisters** richtet sich nach § 55, und zwar unabhängig davon, ob er nur die repräsentativen Funktionen oder auch die des Verwaltungschefs wahrnimmt (§ 106 Abs. 1 Satz 1), weil seine Funktion als Mandatsträger im Vordergrund steht, die die des Ehrenbeamten überlagert. Die ihm als Ratsmitglied zustehende Entschädigung kann für die Funktion als Bürgermeister und als Verwaltungschef erhöht werden. Als angemessen ist wie in der Vergangenheit die Entschädigung anzusehen, die dem Bürgermeister alten Rechts, der gleichzeitig ehrenamtlicher Gemeindedirektor gewesen ist, auf der Grundlage von Nrn. 2.2.6 und 5 des inzwischen nicht mehr gültigen, deshalb aber nicht unrichtigen RdErl. d. MI v. 27.7.1973 (Nds. MBl. S. 1138) gewährt werden konnte (zustimmend zu der damaligen Berechnungsmethode: VG Hannover, Urt. v. 25.3.1982 – 1 VG A 40/80). Für ihn galt als Höchstbetrag das Fünffache des für das Ratsmitglied ohne besondere Funktion zulässigen monatlichen Höchstbetrages, erhöht um 50 v. H. dieses Betrages für die Wahrnehmung der Funktion des Gemeindedirektors; daneben besteht der Anspruch auf Ersatz des Verdienstausfalls oder auf den Pauschalstundensatz und auf Ersatz der Fahrtkosten; die Erhöhung um 50 v. H. entfällt, wenn der Bürgermeister die Verwaltungsgeschäfte nicht führt (§ 106 Abs. 1 Satz 1). Die **Entschädigung des Verwaltungsvertreters** des Bürgermeisters richtet sich nach § 44 (so für den stellvertretenden Gemeindedirektor OVG Lüneburg, Urt. v. 29.4.1997, KommP N S. 245), und zwar unabhängig davon, ob diese Funktion ein Ratsmitglied oder ein Bediensteter der Gemeinde oder Samtgemeinde wahrnimmt. Als Grundlage für die Bemessung kann der Erhöhungsbetrag von 50 v. H. bei der Aufwandsentschädigung des Bürgermeisters dienen, wobei für die konkrete Höhe der Umfang der Beanspruchung maßgebend ist (s. auch OVG Lüneburg, Urt. v. 29.4.1997 a. a. O.). Für die Besteuerung ist davon auszugehen, dass sich für den Bürgermeister der ihm als Mandatsträger zustehende Freibetrag um den Freibetrag nach der sog. Drittelregelung erhöht, es sei denn, der Rat hat den Beschluss nach § 106 Abs. 1 Satz 1 gefasst.

Während der Bürgermeister für die Wahrnehmung aller seiner Aufgaben nach den für Ratsherren und -frauen maßgebenden Regelungen Anspruch auf **Arbeitsbefreiung** hat (s. Erl. 4 zu § 54), gelten für den Verwaltungsvertreter die für

die Wahrnehmung öffentlicher Ehrenämter bestehenden Vorschriften und Tarif-
verträge, nach denen regelmäßig eine Beurlaubung nicht möglich ist (s. Erl. 4
zu § 38). Ist ein Mitarbeiter der Samtgemeinde Verwaltungsvertreter, wird ihm
angesichts des in der Unterstützungspflicht (§ 98 Abs. 4) zum Ausdruck kommenden besonderen Verhältnisses von Samtgemeinde und Mitgliedsgemeinde
die Wahrnehmung seiner Vertretungsaufgaben während seiner Dienstzeit ermöglicht werden müssen. Zur Entschädigung und Freistellung s. auch Erl. 2 zu
§ 106).

6. Der ehrenamtliche Bürgermeister kann **Kreistagsabgeordneter** sein (§ 50
Abs. 1 Satz 1 Nr. 6). Zum **Mitwirkungsverbot** im Kreistag s. Erl. 3 zu § 41.

§ 106 Amt der Gemeindedirektorin oder des Gemeindedirektors

(1) [1]Der Rat kann in der ersten Sitzung für die Dauer der Wahlperiode, bei
einem Wechsel im Amt der Bürgermeisterin oder des Bürgermeisters sowie
auf Antrag der Bürgermeisterin oder des Bürgermeisters für die Dauer der
restlichen Wahlperiode beschließen, dass die Bürgermeisterin oder der Bürgermeister nur folgende Aufgaben hat:
1. die repräsentative Vertretung der Gemeinde,
2. den Vorsitz im Rat und im Verwaltungsausschuss,
3. die Einberufung des Rates und des Verwaltungsausschusses einschließlich der Aufstellung der Tagesordnung im Benehmen mit der Gemeindedirektorin oder dem Gemeindedirektor und
4. die Verpflichtung der Ratsfrauen und Ratsherren sowie die Belehrung über
   ihre Pflichten.
[2]In diesem Fall bestimmt der Rat zugleich, dass die übrigen Aufgaben
1. einem anderen Ratsmitglied,
2. der Samtgemeindebürgermeisterin oder dem Samtgemeindebürgermeister,
3. der allgemeinen Stellvertreterin oder dem allgemeinen Stellvertreter der
   Samtgemeindebürgermeisterin oder des Samtgemeindebürgermeisters
   oder
4. einem anderen Mitglied des Leitungspersonals der Samtgemeinde
übertragen werden. [3]Die Übertragung bedarf in den Fällen des Satzes 2 Nrn. 1,
2 und 4 der Zustimmung der betroffenen Person. [4]Die mit den übrigen Aufgaben betraute Person ist in das Ehrenbeamtenverhältnis zu berufen und führt
die Bezeichnung Gemeindedirektorin oder Gemeindedirektor, in Städten
Stadtdirektorin oder Stadtdirektor. [5]Die für sie auszustellenden Urkunden werden von der Bürgermeisterin oder dem Bürgermeister und einem weiteren
Ratsmitglied unterzeichnet. [6]Mit der Aushändigung der Urkunde endet das Ehrenbeamtenverhältnis der Bürgermeisterin oder des Bürgermeisters nach
§ 105 Abs. 2 Satz 1. [7]Der Rat beschließt, wer die Gemeindedirektorin oder den
Gemeindedirektor vertritt. [8]Die Gemeindedirektorin oder der Gemeindedirektor gehört dem Verwaltungsausschuss mit beratender Stimme an.

(2) [1]Die Gemeindedirektorin oder der Gemeindedirektor kann verlangen, dass
ein bestimmter Beratungsgegenstand auf die Tagesordnung des Rates, eines
seiner Ausschüsse oder des Verwaltungsausschusses gesetzt wird. [2]Sie oder
er nimmt an den Sitzungen teil; im Übrigen gilt § 87 entsprechend.

(3) ¹Verpflichtende Erklärungen kann die Gemeindedirektorin oder der Gemeindedirektor nur gemeinsam mit der Bürgermeisterin oder dem Bürgermeister abgeben; § 86 Abs. 2 bis 4 gilt entsprechend. ²Urkunden für die Beamtinnen und Beamten werden auch von der Bürgermeisterin oder dem Bürgermeister unterzeichnet. ³Eilentscheidungen sind im Einvernehmen mit der Bürgermeisterin oder dem Bürgermeister zu treffen.

§ 70 NGO

ERLÄUTERUNGEN zu § 106

1. Den Beschluss nach Abs. 1 Satz 1 kann der Rat, ohne dass ein Wechsel im Amt des Bürgermeisters oder ein Antrag des Bürgermeisters vorliegt, nur für die **Dauer der Wahlperiode** fassen, d. h. in der konstituierenden Sitzung muss die Entscheidung getroffen werden, ob dem Bürgermeister nur die in Abs. 1 Satz 1 Nrn. 1 bis 4 genannten Aufgaben obliegen sollen. Die Regelung in der Hauptsatzung scheidet angesichts der Ausnahmen aus. Wird der Beschluss nicht in der konstituierenden Sitzung gefasst, nimmt der Bürgermeister alle gesetzlichen Aufgaben bis zum Ende der Wahlperiode wahr; aus Gründen der Kontinuität ist ein Wechsel der Verwaltungsführung durch einen Beschluss nach Abs. 1 später nicht mehr möglich. Ausnahmen bestehen für zwei Fälle: beim Wechsel im Amt des Bürgermeisters soll dem in der Praxis häufiger vorgekommenen Dilemma vorgebeugt werden, dass der bisherige Amtsinhaber alle Funktionen wahrgenommen hat und nach seinem Ausscheiden während der Wahlperiode niemand bereit gewesen ist, das ebenso zu tun, sowie dann, wenn der amtierende Bürgermeister sich durch die Verwaltungsaufgaben überfordert fühlt und beantragt, von ihnen befreit zu werden; in diesen Fällen gilt die Regelung für den Rest der Wahlperiode.
Abs. 1 Satz 1 nennt die **Aufgaben**, die dem Bürgermeister obliegen, wenn er nicht auch die Verwaltungsaufgaben erledigen soll. Die „übrigen Aufgaben" (Abs. 1 Satz 2) sind alle anderen dem Bürgermeister als Amtsinhaber und als Organ obliegenden, also auch die rechtliche Außenvertretung und die Vertretung der Gemeinde in Organen und Gremien von Gesellschaften und Vereinen (§ 86 Abs. 1 Satz 2, § 138 Abs. 2 und 3). Sie bleiben nach Einführung der Bürgermeisterverfassung auch in den Mitgliedsgemeinden (s. vor 1996 § 70 Abs. 1, 2 NGO a. F.) Aufgaben des Bürgermeisters, werden nur von einer anderen Person mit der Amtsbezeichnung Gemeindedirektor als Organwalter wahrgenommen, so dass „der Bürgermeister" als die zutreffende Behördenbezeichnung anzusehen ist (s. auch die durch Abs. 3 eingeschränkte Handlungsfähigkeit des Gemeindedirektors).
Diese Aufgaben gehen seit 2011 nicht mehr kraft Gesetzes auf den Samtgemeindebürgermeister über, wenn dieser die Übernahme nicht ablehnt, vielmehr hat der Rat die **Auswahl** unter den in Abs. 1 Satz 2 genannten Personen. Ein ausschließliches Vorschlagsrecht des Bürgermeisters besteht nicht. Als Leitungspersonal sind diejenigen anzusehen, die nach § 35a Abs. 2 und 3 NGO a. F. neben dem Hauptverwaltungsbeamten zum leitenden Personal gerechnet worden sind:

Der allgemeine Stellvertreter des Hauptverwaltungsbeamten, sonstige Beamte auf Zeit, Amtsleiter und Beamte auf vergleichbaren Dienstposten sowie ihre Stellvertreter und die entsprechenden hauptberuflichen Arbeitnehmer i. S. des TVöD. Allerdings können diese Personen bis auf den allgemeinen Vertreter nur mit ihrer Zustimmung mit den Aufgaben betraut werden. Nicht erforderlich ist die Zustimmung der Samtgemeinde. Allein der allgemeine Vertreter kann die Übernahme der Aufgaben nicht ablehnen; bei ihm gehört die Pflicht zur Wahrnehmung der Aufgaben, nicht aber auch die Wahrnehmung selbst, zu den Dienstpflichten, die er mit der Übernahme des Amtes oder der Funktion des allgemeinen Stellvertreters für den Fall entsprechender Ratsbeschlüsse übernommen hat. Die Bestimmung der betreffenden Person erfolgt durch Ratsbeschluss nach § 66. Diese wird ebenso wie der Samtgemeindebürgermeister, wenn er der Übernahme zustimmt, durch Ernennung mittels Aushändigung einer Urkunde in das Ehrenbeamtenverhältnis berufen (§§ 6 Abs. 1 NBG, 8 Abs. 2 BeamtStG); anders als sonst bei Ernennungsurkunden, die nur vom Bürgermeister zu unterzeichnen sind (s. Erl. 3 zu § 86), ist die Ernennungsurkunde des Gemeindedirektors vom Bürgermeister und einem weiteren dazu bereiten Ratsmitglied zu unterzeichnen, das bei mehreren dazu bereiten der Bürgermeister bestimmt. Die Bezeichnung Gemeindedirektor oder in Städten Stadtdirektor führt jede Person, die dieses Amt wahrnimmt, auch gegebenenfalls der Samtgemeindebürgermeister. Mit der Aushändigung der Ernennungsurkunde endet kraft Gesetzes das gesetzlich begründete (§ 105 Abs. 2 Satz 1) Beamtenverhältnis des Bürgermeisters. Ergänzend zu den Regelungen in Abs. 1 gelten grundsätzlich die Vorschriften des § 107 Abs. 5 Sätze 1 und 3 für die dienstrechtliche Stellung des Gemeindedirektors entsprechend; wie beim Bürgermeister als Hauptverwaltungsbeamten ist auch bei ihm oberste Dienstbehörde, höherer Dienstvorgesetzter und Dienstvorgesetzter der Rat.

Der Beschluss nach Abs. 1 Satz 1 wirkt nur für die Dauer der Wahlperiode oder die restliche Wahlperiode; für diesen Zeitraum ist auch ein Gemeindedirektor zu berufen, der deshalb Ehrenbeamter auf Zeit ist. Das Ehrenbeamtenverhältnis kann grundsätzlich **vorzeitig beendet** werden; allein der allgemeine Stellvertreter des Samtgemeindebürgermeisters kann seine Entlassung für den Fall nicht verlangen, dass nicht der Samtgemeindebürgermeister und kein anderer Angehöriger des Leitungspersonals der Samtgemeinde zur Übernahme des Amtes des Gemeindedirektors bereit ist, weil das mit seiner Verpflichtung zur Übernahme nicht vereinbar wäre.

2. Die **Tätigkeit des Gemeindedirektors** gehört nicht zu den Aufgaben des Hauptamtes des Bediensteten; sie ist Wahrnehmung eines öffentlichen Ehrenamtes und gilt deshalb nicht als Nebentätigkeit (§ 70 Abs. 4 NBG). Die Samtgemeinde kann die Übernahme des Ehrenamtes grundsätzlich nicht verwehren, und zwar auch nicht bei Personen, die dazu nicht verpflichtet sind (a. A. ohne Begründung VG Hannover, Urt. v. 29.6.1983 – 1 VG A 238/60: Samtgemeinde und Mitgliedsgemeinde müssen sich einigen), jedoch wird dem Samtgemeindebürgermeister ein Widerspruchsrecht zugebilligt werden müssen, wenn der Berufung eines bestimmten Bediensteten zum Gemeindedirektor zwingende dienstliche Gründe mit erheblichen Nachteilen für die Samtgemeindeverwaltung entgegenstehen. Ein gesetzlicher Anspruch auf Dienstbefreiung oder Son-

derurlaub (s. dazu § 4 Abs. 3 der Sonderurlaubs-VO) zur Wahrnehmung seiner Aufgaben besteht für den Gemeindedirektor zwar nicht, jedoch ist bei seiner Tätigkeit für die Samtgemeinde wie beim Verwaltungsvertreter (Erl. 5 zu § 105) auf die Wahrnehmung des Ehrenamtes für die Mitgliedsgemeinde Rücksicht zu nehmen. Seine **Entschädigung** richtet sich nach § 44; als Bemessungsgrundlage kommt der Erhöhungsbetrag in Betracht, der dem Bürgermeister mit Verwaltungsaufgaben zusteht (s. Erl. 6 zu § 105); die gegenseitige Anrechnung mehrerer Aufwandsentschädigungen bei gleichzeitiger Wahrnehmung des Amtes des Gemeindedirektors in mehreren Mitgliedsgemeinden ist nicht möglich. Der Freistellungsanspruch des **Bürgermeisters** richtet sich bei Berufung eines Gemeindedirektors nach den für Ratsherren und -frauen geltenden Vorschriften, bei seiner Entschädigung entfällt die Erhöhung um 50 v. H. (s. Erl. 6 zu § 105).

3. Der Rat beschließt über die **Stellvertretung des Gemeindedirektors** durch Abstimmung nach § 66 oder durch Wahl nach § 67. Zum Stellvertreter kann ein Angehöriger der Verwaltung der Mitgliedsgemeinde oder der Samtgemeinde, dieser auf der Grundlage des § 98 Abs. 4, oder auch ein Ratsmitglied bestellt werden; ein ausschließliches Vorschlagsrecht des Bürgermeisters oder Gemeindedirektors oder ein Einvernehmen ist gesetzlich nicht normiert; auch hier findet § 107 Abs. 1 Satz 3 keine Anwendung (s. oben Erl. 1). Der Rat beschließt auch darüber, ob der Vertreter allgemeiner Stellvertreter oder Verhinderungsvertreter des Gemeindedirektors ist (ebenso OVG Lüneburg, Urt. v. 29.4.1997, KommP N S. 245 mit Anmerkung S. 307; s. auch Erl. 4 zu § 81) und ob er die Funktion ehrenamtlich oder als Ehrenbeamter (OVG Lüneburg, Urt. v. 17.9.1991 – 10 L 134/89; s. auch Erl. 1 zu § 38) wahrnimmt; im Regelfall ist im Hinblick auf Art. 33 Abs. 4 GG die Begründung des Ehrenbeamtenverhältnisses angezeigt. Für die Freistellung und Entschädigung gilt dasselbe wie für den Verwaltungsvertreter des Bürgermeisters (s. Erl. 6 zu § 105). Zum Umfang der Entschädigung vgl. auch OVG Lüneburg, Urt. v. 29.4.1997 a. a. O. Für die **Mitgliedschaft des Gemeindedirektors** im Verwaltungsausschuss (Abs. 1 Satz 8) gilt das zur Rechtsstellung von anderen Beamten auf Zeit im Hauptausschuss Gesagte (Erl. 1 zu § 74).

4. Die **Handlungsfähigkeit des Gemeindedirektors** ist gegenüber der des Bürgermeisters, der alle Aufgaben wahrnimmt, in zwei Bereichen eingeschränkt (Abs. 3): Verpflichtende Erklärungen (s. Erl. 3 zu § 86) und für Beamte auszustellende Urkunden (s. Erl. 1 zu § 86) bedürfen der Beteiligung des Bürgermeisters durch dessen Unterschrift. Die gesetzlich vorgeschriebene gemeinsame Abgabe von **Verpflichtungserklärungen** durch zwei Vertretungsberechtigte stellt eine Gesamtvertretung dar. Wird eine Erklärung nur von einem der beiden Vertreter abgegeben, ist sie ebenso schwebend unwirksam, wie bei Nichteinhaltung der anderen nach § 86 Abs. 2 einzuhaltenden Förmlichkeiten (s. Erl. 3 zu § 86). Sie ist aber wirksam, wenn der andere Vertreter den, der die Erklärung abgegeben hat, vorher dazu formlos ermächtigt hat (BGH, Urt. v. 6.5.1997, KommP N 1998 S. 56) und wird es mit Wirkung von Anfang an, wenn er nachträglich zustimmt (BGH, Urt. v. 4.12.1981, NJW 1982 S. 1036; Urt. v. 13.10.1983, NJW 1984 S. 606); sowohl die Ermächtigung als auch die Genehmigung bedürfen der Schriftform (BGH, Urt. v. 13.10.1983 a. a. O.). Die Möglichkeit der Genehmigung einer nur vom Gemeindedirektor abgegebenen Erklärung durch diesen als Vertreter der Gemeinde nach § 86 Abs. 1 scheidet im Hinblick auf § 181 BGB aus (BGH, Urt. v. 28.9.1966, DVBl. 1967 S. 475 mit der Anmerkung, dass nicht mehr der Verwaltungsausschuss, sondern der Gemeindedirektor die Gemeinde nach außen vertritt). Für die Begründetheit des Einwandes, die Berufung der Gemeinde auf den Mangel gesetzmäßiger Vertretung verstoße gegen Treu und Glauben, legt der BGH die engen Voraussetzungen zugrunde, die bei einer Berufung auf Treu und Glauben gegenüber einem Formmangel entwickelt worden sind; nur im Ausnahmefall soll der Gemeinde die Berufung auf die Unwirksamkeit der Verpflichtungserklärung versagt sein (z. B. wenn das zuständige Organ die Erklärung gebilligt hat, BGH, Urt. v. 20.1.1994, NJW 1994 S. 1528).

Die Vertretungsregelung gilt seit der Novelle 2001 nicht mehr für Verpflichtungserklärungen im Rahmen der **Geschäfte der laufenden Verwaltung** (§ 85 Abs. 1 Satz 1 Nr. 7).

Die Vorschrift über die Unterzeichnung von **Urkunden** betrifft nur die gesetzlich vorgeschriebenen (§ 8 Abs. 2 BeamtStG; s. auch OVG Lüneburg, Urt. v. 11.11.1986 – 5 OVG A 217/84). Soweit in anderen Fällen Urkunden ausgehändigt werden, haben diese keine konstitutive Bedeutung und unterfallen nicht dem Abs. 3; in der Regel haben die von der Gemeinde in diesem Zusammenhang vorzunehmenden Maßnahmen keinen verpflichtenden Inhalt, so dass auch die Vorschrift insoweit nicht zum Zuge kommt. Anders ist es **bei Verträgen mit Arbeitnehmern**, die die Gemeinde verpflichtende Erklärungen enthalten und deshalb der zwei Unterschriften bedürfen; für sonstige schriftliche Erklärungen zur Regelung dieser Rechtsverhältnisse, wie z. B. die ordentliche oder außerordentliche Kündigung, gilt das nicht, so dass sie allein vom Gemeindedirektor abgegeben werden.

Satzungen und Verordnungen werden allein vom Gemeindedirektor ausgefertigt und verkündet (s. Erl. 1 zu § 11). Zu den **Eilentscheidungen,** die der Gemeindedirektor nur im Einvernehmen mit dem Bürgermeister treffen darf, s. Erl. zu § 89.

5. Zum **Mitwirkungsverbot** des Gemeindedirektors s. Erl. 3 zu § 41.

SIEBENTER TEIL: Beschäftigte

§ 107 Rechtsverhältnisse der Beschäftigten

(1) [1]Die Kommunen beschäftigen zur Erfüllung ihrer Aufgaben fachlich geeignete Beamtinnen, Beamte, Arbeitnehmerinnen und Arbeitnehmer (Beschäftigte). [2]Dem Leitungspersonal muss in kreisfreien und großen selbstständigen Städten, in Landkreisen und in der Region Hannover eine Beamtin oder ein Beamter mit der Befähigung zum Richteramt angehören. [3]In den übrigen Kommunen, die nicht Mitgliedsgemeinden von Samtgemeinden sind, muss dem Leitungspersonal eine Beamtin oder ein Beamter mit der Befähigung für die Laufbahn der Laufbahngruppe 2 der Fachrichtung Allgemeine Dienste angehören, die oder der mit der dem Erwerb der Befähigung zugrunde liegenden Qualifikation vertiefte Kenntnisse des allgemeinen und besonderen Verwaltungsrechts erworben hat.

(2) [1]Soweit die Eingruppierung und Vergütung von Arbeitnehmerinnen und Arbeitnehmern nicht durch besondere bundes- oder landesgesetzliche Vorschrift oder durch Tarifvertrag geregelt ist, muss sie derjenigen vergleichbarer Arbeitnehmerinnen und Arbeitnehmer des Landes entsprechen; die oberste Kommunalaufsichtsbehörde kann Ausnahmen zulassen. [2]Zur Vergütung im Sinne des Satzes 1 gehören auch außer- und übertarifliche sonstige Geldzuwendungen (Geld- und geldwerte Leistungen), die die Arbeitnehmerinnen und Arbeitnehmer unmittelbar oder mittelbar von ihrem Arbeitgeber erhalten, auch wenn sie über Einrichtungen geleistet werden, zu denen die Arbeitnehmerinnen und Arbeitnehmer einen eigenen Beitrag leisten.

(3) [1]Die Kommunen stellen einen Stellenplan auf. [2]Darin sind die vorhandenen Stellen nach Art und Wertigkeit gegliedert auszuweisen. [3]Der Stellenplan ist einzuhalten; Abweichungen sind nur zulässig, soweit sie aufgrund gesetzlicher oder tarifrechtlicher Vorschriften zwingend erforderlich sind.

(4) [1]Die Vertretung beschließt im Einvernehmen mit der Hauptverwaltungsbeamtin oder dem Hauptverwaltungsbeamten über die Ernennung, Versetzung zu einem anderen Dienstherrn, Versetzung in den Ruhestand und Entlassung der Beamtinnen und Beamten; die Vertretung kann diese Befugnisse für bestimmte Gruppen von Beamtinnen und Beamten dem Hauptausschuss oder der Hauptverwaltungsbeamtin oder dem Hauptverwaltungsbeamten übertragen. [2]Der Hauptausschuss beschließt im Einvernehmen mit der Hauptverwaltungsbeamtin oder dem Hauptverwaltungsbeamten über die Einstellung, Eingruppierung und Entlassung von Arbeitnehmerinnen und Arbeitnehmern; er kann diese Befugnisse allgemein oder für bestimmte Gruppen von Arbeitnehmerinnen oder Arbeitnehmern der Hauptverwaltungsbeamtin oder dem Hauptverwaltungsbeamten übertragen.

(5) [1]Oberste Dienstbehörde, höhere Dienstvorgesetzte und Dienstvorgesetzte der Hauptverwaltungsbeamtin oder des Hauptverwaltungsbeamten ist die Vertretung. [2]Entscheidungen, die mit der Versetzung in den Ruhestand oder der Entlassung zusammenhängen, sowie Entscheidungen nach § 49 Abs. 1 Satz 1 des Beamtenversorgungsgesetzes in der bis zum 31. August 2006 geltenden Fassung vom 16. März 1999 (BGBl. I S. 322, 847, 2033), zuletzt geändert durch Artikel 8 des Gesetzes vom 21. Juni 2005 (BGBl. I S. 1818), trifft die

Kommunalaufsichtsbehörde. ³Für die übrigen Beamtinnen und Beamten der Kommune ist oberste Dienstbehörde die Vertretung; höherer Dienstvorgesetzter ist der Hauptausschuss und Dienstvorgesetzte oder Dienstvorgesetzter die Hauptverwaltungsbeamtin oder der Hauptverwaltungsbeamte.

(6) ¹In den Fällen, in denen beamtenrechtliche Vorschriften die oberste Dienstbehörde ermächtigen, die ihr obliegenden Aufgaben auf andere Behörden zu übertragen, ist die oder der höhere Dienstvorgesetzte zuständig; diese oder dieser kann einzelne Befugnisse auf die Dienstvorgesetzte oder den Dienstvorgesetzten übertragen. ²Die Vertretung kann die Gewährung von Beihilfen nach § 80 NBG und abweichend von Satz 1 die Befugnisse nach § 49 Abs. 1 Satz 1 des Beamtenversorgungsgesetzes in der bis zum 31. August 2006 geltenden Fassung auf eine der Aufsicht des Landes unterstehende juristische Person des öffentlichen Rechts als eigene Aufgabe übertragen. ³Mit der Übertragung der versorgungsrechtlichen Befugnisse gehen auch die versorgungsrechtlichen Befugnisse der Kommunalaufsichtsbehörde nach Absatz 5 Satz 2 über. ⁴Die Vertretung kann eine der Aufsicht des Landes unterstehende juristische Person des öffentlichen Rechts mit der Wahrnehmung einzelner weiterer Aufgaben der Personalverwaltung beauftragen.

§§ 80 NGO, 61 NLO, 76 RegionsG

ERLÄUTERUNGEN zu § 107

1. Die Bestimmung, dass die Kommunen das zur Erfüllung ihrer Aufgaben **fachlich geeignete Personal** beschäftigen, bedeutet in Anknüpfung an den bis 2006 gültigen Wortlaut, dass die Beschäftigten die fachlich erforderlichen Voraussetzungen erfüllen und die Ablegung der Prüfungen nachweisen müssen, die beamten- oder tarifrechtlich erforderlich sind. Für die Auslese gilt § 9 NBG, nach dessen Abs. 1 die Bewerber durch Stellenausschreibungen zu ermitteln sind; zur Förderung der Gleichberechtigung besteht überdies die Ausschreibungspflicht nach § 11 NGG, wenn Unterrepräsentanz i. S. v. § 3 Abs. 3 NGG vorliegt; zur Ausschreibung der Stellen von Beamten auf Zeit s. Erl. 4 zu § 109. Für sich genommen bietet die insoweit vage gehaltene Vorschrift des Abs. 1 Satz 1 keine hinreichende Grundlage für kommunalaufsichtliche Maßnahmen zur Durchsetzung von Einstellungen oder Entlassungen von Personal (anders VG Weimar, Beschl. v. 8.12.2000, NVwZ-RR 2002 S. 137, das bei allerdings etwas anderer gesetzlicher Formulierung der Aufsichtsbehörde das Recht zur Überprüfung der Eignung und zur Beanstandung einräumt). Zur Verpflichtung der Kommune, einen Beamten mit der besonderen Qualifikation nach Abs. 1 Sätze 2 und 3 einzustellen, s. unten Erl. 2.

Grundlagen der **Rechtsverhältnisse der Kommunalbeamten,** die nicht mehr als mittelbare Landesbeamte bezeichnet werden, sind nach dessen § 1 das BeamtStG und nach dessen § 1 Nr. 2 das NBG. Für Arbeitnehmer (Beschäftigte) von Kommunen, die Mitglieder des Kommunalen Arbeitgeberverbandes sind, gilt der TVöD, im Übrigen das BGB (s. unten Erl. 2).

Dem **Leitungspersonal der Kommune** muss zur Gewährleistung der erforderlichen Qualität der Verwaltungsleistungen ein Beamter mit einer besonderen

Qualifikation angehören (Abs. 1 Sätze 2 und 3). Das muss nicht der HVB sein, dessen Wählbarkeitsvoraussetzungen in § 80 Abs. 4 abschließend genannt sind, sondern kann auch ein Beamter sein, der dem Personenkreis angehört, den § 35a Abs. 2 in der bis 1996 geltenden Fassung als leitende Beamte bezeichnet hat: Der allgemeine Stellvertreter, sonstige Beamte auf Zeit, Amtsleiter und Beamte auf vergleichbaren Dienstposten sowie deren Stellvertreter.

In kreisfreien und großen selbstständigen Städten, in Landkreisen und in der Region Hannover muss der HVB oder ein anderer leitender Beamter die Befähigung zum Richteramt besitzen (zum Erwerb s. § 5 DRiG), die auch die Befähigung für die Laufbahn der Laufbahngruppe 2 der Fachrichtung Allgemeine Dienste mit dem Zugang für das zweite Eingangsamt vermittelt (§ 32 NLVO).

In allen anderen Kommunen, von Mitgliedsgemeinden von Samtgemeinden abgesehen, muss ein leitender Beamter die Befähigung für die Laufbahn der Laufbahngruppe 2 der Fachrichtung Allgemeine Dienste besitzen, wobei zur Gewährleistung der geeigneten Grundlage des durch breite Rechtskenntnisse geprägten Anforderungsprofils mit der dem Erwerb der Befähigung zugrunde liegenden Qualifikation der Erwerb vertiefter Kenntnisse des allgemeinen und besonderen Verwaltungsrechts verbunden sein muss. Diese Voraussetzungen erfüllt insbesondere (s. Amtliche Begründung, Drs. 16/2510 S. 121) bei Erwerb der Laufbahnbefähigung

– ein Studium an der Kommunalen Fachhochschule für Verwaltung in Niedersachsen oder an der zwischenzeitlich aufgelösten Niedersächsischen Fachhochschule für Verwaltung und Rechtspflege (Studiengang der Verwaltung mit rechtswissenschaftlichem Schwerpunkt oder Verwaltungsbetriebswirtschaft mit betriebswirtschaftlichem Schwerpunkt) oder ein entsprechendes Studium (im Rahmen eines Vorbereitungsdienstes) beim Bund oder einem anderen Bundesland,

– ein mit dem Bachelorgrad abgeschlossenes Studium „Öffentliche Verwaltung" an der Fachhochschule Osnabrück (mit sich anschließender sechs Monate dauernder Einführung in die Laufbahnaufgaben),

– ein in den Nrn. 12 und 13 der Anlage 4 zu § 25 NLVO genannter abgeschlossener Studiengang, wenn die Prüfung im Einzelfall ergibt, dass der Studiengang hinreichende verwaltungsrechtliche und betriebswirtschaftliche Inhalte aufweist und die für den Erwerb der Befähigung erforderliche berufliche Tätigkeit vorliegt,

– ein Aufstieg nach der gem. § 122 NBG noch fortgeltenden Verordnung über den Aufstieg in die Laufbahnen des gehobenen allgemeinen Verwaltungsdienstes und des gehobenen Polizeiverwaltungsdienstes,

– eine mit der Prüfung abgeschlossene Fortbildung zum Verwaltungsfachwirt (Angestelltenlehrgang II), wenn (auch) auf dieser Fortbildung basierend die Befähigung als anderer Bewerber durch den Landespersonalausschuss festgestellt worden ist.

Besitzt kein leitender Beamter die geforderte Qualifikation, hindert das nicht die Wahl eines HVB, der sie ebenfalls nicht aufweist (s. Erl. 1 zu § 80); es muss in diesem Fall ein entsprechender Beamter eingestellt werden, allerdings erst dann, wenn die haushaltsrechtlichen Voraussetzungen dafür geschaffen worden sind und mit Blick auf den Grundsatz sparsamer und wirtschaftlicher Haushaltswirtschaft (§ 110 Abs. 2) die Einstellung eines solchen Beamten aus personalwirtschaftlichen Gründen notwendig und vertretbar ist (vgl. für den ähnlichen Fall Art. IV § 4 Nr. 2 des Achten Gesetzes zur Verwaltungs- und Gebietsreform v. 28.6.1977, Nds. GVBl. S. 253).

2. Für die **Arbeitnehmer** der Kommunen, die zu diesen in einem privatrechtlichen Arbeitsverhältnis stehen, gelten die allgemeinen arbeitsrechtlichen Bestimmungen über den Dienstvertrag § 611 ff. BGB und die weiteren zahlreichen insbesondere dem Schutz des Arbeitnehmers dienenden Gesetze (z. B. Kündigungs-, Mutterschutz-, Jugendarbeitsschutzgesetz). In Kommunen, die dem Kommunalen Arbeitgeberverband angehören, gelten darüber hinaus die tarifrechtlichen Bestimmungen des TVöD. Kommunen, für die der TVöD nicht verbindlich ist, unterliegen der **Angleichungspflicht** gem. Abs. 2 Sätze 1 und 2. Diese dient auch der Verhinderung übertariflicher Vergütungen in ansonsten tarifgebundenen Kommunen; die entsprechende Regelung für die Beamten enthält § 6 NBesG (s. zu dessen Durchführung und der anderer besoldungs- und dienstrechtlicher Vorschriften den. GemRdErl. d. MF u. MI v. 1.10.1997 Nds. MBl. S. 1880). Die Angleichungspflicht des Abs. 2 Satz 1 für tarifungebundene Kommunen ist verfassungsrechtlich unbedenklich (BVerwG, Urt. v. 13.3.1964, BVerwGE 18 S. 135; Urt. v. 8.3.1974, BVerwGE 45 S. 77). Mit den Grundsätzen einer ordnungsgemäßen Verwaltung wäre nicht vereinbar, wenn finanzstärkere Gemeinden durch bessere Bezahlung qualifizierte Arbeitnehmer abwerben könnten (BVerwG, Urt. v. 8.3.1974 a. a. O.).

Es ist davon auszugehen, dass tarifungebundene Kommunen aufgrund der Angleichungspflicht auch gehindert sind, ungünstigere arbeitsvertragliche Regelungen zu vereinbaren. Denn es erscheint als nicht vereinbar mit ordnungsgemäßer öffentlicher Verwaltung, wenn Kommunen Probleme des Arbeitsmarktes durch untertarifliche Bezahlung auszunutzen versuchten. In diesen Funktionen erschöpft sich der Zweck der Regelung, der gegebenenfalls mit Mitteln der Kommunalaufsicht durchzusetzen ist; unmittelbare subjektive private Rechte schafft er nicht (LArbG Niedersachsen, Urt. v. 18.7.1979 – 11a Sa 104/79). Arbeitsvertragliche Regelungen über unzulässige Leistungen sind nicht nichtig, sondern müssen, soweit das rechtlich nicht ausgeschlossen ist (z. B. nach § 34 Abs. 2 TVöD), durch Änderungskündigung beseitigt werden. Denn das Verbot des Abs. 2 Sätze 1 und 2, über die Normen des Tarifvertrages bzw. über die Eingruppierung und Vergütung der Arbeitnehmer des Landes hinauszugehen, bindet nur den Arbeitgeber und wird dadurch relativiert, dass die oberste Aufsichtsbehörde Ausnahmen zulassen kann (Abs. 2 Satz 1). In Fällen, in denen arbeitsvertragliche Regelungen über rechtswidrige Leistungen nicht einvernehmlich aufgehoben werden, stellt das Anpassungsgebot ein dringendes betriebliches Erfordernis i. S. des Kündigungsschutzgesetzes dar (ebenso ArbG Göttingen, Urt. v. 6.12.1991 – 3 Ca 296/91). Die Durchsetzung des Anpassungsgebots mit Mitteln der Kommunalaufsicht kommt auch für den Fall in Betracht, dass bei Nichteinigung mit der Personalvertretung über die Änderungskündigung (§ 65 Abs. 2 Nr. 9 NPersVG) die Einigungsstelle die Zustimmung versagt (OVG Lüneburg, Urt. v. 2.9.1986 – 2 OVG A 9/82).

3. Der **Stellenplan**, dessen Aufstellung zwingend vorgeschrieben ist und in dem die vorhandenen Stellen nach Art und Wertigkeit gegliedert auszuweisen sind (Abs. 3), ist ein Teil des Haushaltsplans (§ 113 Abs. 2 Satz 2, § 1 Abs. 1 Nr. 4

GemHKVO); nähere Regelungen enthält § 5 GemHKVO. Zu den Grundlagen für seine Aufstellung gehört die StOGrVO – Kom v. 18.5.2007 (GVBl. S. 188). Die Festlegung der Wertigkeit der Stellen erfolgt auf der Grundlage einer **Dienstpostenbewertung** durch den HVB, an deren Ergebnisse die Vertretung gebunden ist, es sei denn, sie habe sich im Einzelfall die Beschlussfassung vorbehalten. Ein solcher Vorbehalt der Vertretung (oder des Hauptausschusses) gibt ihr (ihm) jedoch – abgesehen von den Schwierigkeiten, die sich aus dem Gebot der methodischen Gleichbehandlung aller Dienstposten eines Dienstherren ergeben – nur geringe Einflussmöglichkeiten, da die Dienstpostenbewertung angesichts bestimmter zum Zeitpunkt der Bewertung festliegender organisatorischer Gegebenheiten lediglich feststellenden Charakter hat. Die Organisation, d. h. die interne Verwaltungsgliederung und die Geschäftsverteilung und damit der konkrete Zuschnitt der einzelnen Dienstposten, gehört – im Rahmen von Richtlinien der Vertretung gem. § 58 Abs. 1 Nr. 2 – in die ausschließliche Zuständigkeit des HVB (vgl. Erl. 7 zu § 85). Hält der HVB eine von der Vertretung oder vom Hauptausschuss vorgenommene Dienstpostenbewertung für rechtswidrig, hat er gem. § 88 Abs. 1 vorzugehen. Im Übrigen lassen die Ergebnisse der Dienstpostenbewertung das Budgetrecht der Vertretung insoweit unberührt, als sie generell darüber beschließt, ob sie alle Planstellen oder Planstellenhebungen entsprechend der durch die Bewertung belegten Anforderungen bewilligt (VG Braunschweig, Beschl. v. 13.8.1996, KommP N 1997 S. 25). Der Stellenplan kann unter dem Gesichtspunkt der Wirtschaftlichkeit und Sparsamkeit beanstandet werden, allerdings nicht in der Weise, dass die Übernahme einer einzelnen Aufgabe oder die zu ihrer Erfüllung vorgesehenen Stellen beanstandet werden, sondern nur das Haushaltsvolumen; bei Pflichtaufgaben können nur eine personelle Überbesetzung und ein Verstoß gegen besoldungsrechtliche Vorschriften (z. B. die StOGrVO-Kom) beanstandet werden (OVG Lüneburg, Urt. v. 30.9.1987, dng 1988 S. 157). Die Rechtsprechung (VG Stade, Urt. v. 27.10.1994, KommP N 1997 S. 121; VG Hannover, Urt. v. 13.2.2002, NdsVBl. 2003 S. 61) hält die Kommune grundsätzlich für verpflichtet, der Kommunalaufsichtsbehörde auf Verlangen bei Stellenanhebungen eine Arbeitsplatzbeschreibung und Dienstpostenbewertung vorzulegen; das kann aber nur gelten, wenn dafür ein Anlass besteht (§ 170 Abs. 1 Satz 1).

Der Stellenplan ist bei jeder personalrechtlichen Maßnahme einzuhalten, was aber kein Gebot zur Ausschöpfung aller Möglichkeiten bedeutet, sondern nur eine einzuhaltende Grenze markiert (VG Braunschweig, Beschl. v. 13.8.1996 a. a. O.). Er begrenzt damit auch die organisatorischen Entscheidungen des HVB. Hat eine solche Entscheidung eine Höhergruppierung zur Folge, die im Rahmen des geltenden Stellenplanes nicht vorgenommen werden kann, bedarf es einer Nachtragshaushaltssatzung (§ 115). Wird die Höhergruppierung vorgenommen, auch aufgrund eines entsprechenden gerichtlichen Urteils, ohne dass ein wirksamer Nachtragshaushaltsplan beschlossen worden ist, kann der für die zugrunde liegende organisatorische Entscheidung Verantwortliche in Regress genommen werden. Abs. 3 Satz 3 2. Halbsatz, dem § 115 Abs. 3 Nr. 2 entspricht, lässt Abweichungen vom Stellenplan nur zu, wenn sie aufgrund gesetzlicher oder tarifrechtlicher Vorschriften zwingend erforderlich sind („Tarifrecht geht vor Haushaltsrecht"). In diesen Fällen hätte die Beschlussfassung der Vertretung nur noch formale Bedeutung.

Die Kommunalaufsichtsbehörde kann dem Arbeitsrechtsstreit eines Arbeitnehmers gegen den kommunalen Arbeitgeber in jeder Lage des Prozesses als Nebenintervenient beitreten, wenn dafür nach § 66 ZPO ein rechtliches Interesse besteht, das u. a. dann anzunehmen ist, wenn die Einhaltung der haushaltsrechtlichen Vorschriften für die Stellenpläne überwacht und durchgesetzt werden soll (so BVerwG, Urt. v. 31.1.1979 – 4 AZR 372/77).

4. Abs. 4 regelt die **Organzuständigkeiten** für die **personalrechtlichen Grundentscheidungen**, die Begründung und Beendigung des Dienstverhältnisses sowie die Bestimmung der Vergütung. Für die Beamten ist insoweit grundsätzlich die Vertretung, für die Arbeitnehmer grundsätzlich der Hauptausschuss zuständig. Die Fälle der Ernennung von Beamten enthält § 8 BeamtStG, dazu gehören die Beförderungen, bei denen in Konkurrenzverhältnissen die Grundsätze des BVerfG (Beschl. v. 19.9.1989, DVBl. 1989 S. 1247) zu beachten sind, nach denen jeder Mitbewerber nach Art. 33 Abs. 2 GG einen durch **Konkurrentenklage** geltend zu machenden und durch einstweilige Anordnung zu sichernden Anspruch darauf hat, dass die Behörde die Auswahl nach fehlerfreiem Ermessen und in einem gesetzmäßigen Verfahren trifft. Zur Wahl von Beamten auf Zeit s. Erl. 2 zu § 109. Der Begriff der Entlassung umfasst alle Formen der Beendigung des Dienstverhältnisses; bei Beamten ist im Gesetz klar gestellt, dass die Vertretung auch für die Versetzung zu einem anderen Dienstherrn (§§ 15 BeamtStG, 28 NBG) und die Versetzung in den Ruhestand (§ 26 ff. BeamtStG) zuständig ist; dagegen ist für die Versetzung in ein anderes Amt bei demselben Dienstherrn (§ 28 NBG) und die Abordnung, einschließlich der Erklärung des Einverständnisses bei einer Abordnung zu der Kommune (§§ 14 BeamtStG, 27 NBG), der HVB zuständig (§ 3 Abs. 5 NBG); im Fall der Versetzung zu der Kommune richtet sich mangels ausdrücklicher gesetzlicher Regelung die Zuständigkeit für das Einverständnis gem. § 15 Abs. 3 BeamtStG nach den allgemeinen Regeln, d. h. für den auf ihn übertragenen Bereich personalrechtlicher Entscheidungen entscheidet der HVB (§ 85 Abs. 1 Satz 1 Nr. 7), im Übrigen der Hauptausschuss (§ 76 Abs. 2 Satz 1). Einen Fall der Entlassung stellt auch die Änderungskündigung gegenüber einem Arbeitnehmer dar. Die Zuständigkeit für andere als in Abs. 4 genannte personalrechtliche Maßnahmen bestimmt sich bei Beamten nach den beamtenrechtlichen Vorschriften (s. § 3 Abs. 5 NBG: Zuständigkeit des unmittelbaren Dienstvorgesetzten für Entscheidungen und Maßnahmen nach dem NBG) und den allgemeinen Vorschriften über die Zuständigkeit der Organe, bei den Arbeitnehmern allein nach den allgemeinen Regeln über die Organzuständigkeiten. Die arbeitsrechtliche Abmahnung ist regelmäßig als Geschäft der laufenden Verwaltung anzusehen.

Die Vertretung kann ihre **Zuständigkeit** für bestimmte nach Besoldungsgruppen oder Arbeitsbereichen unterschiedene Beamtengruppen auf den Hauptausschuss oder den HVB, der Hauptausschuss seine Zuständigkeit für die Arbeitnehmer allgemein oder für ebenso bestimmte Gruppen auf den HVB **weiter übertragen.** Eine beamtenrechtliche Ernennung, die für die Einstellung (§§ 8 Abs. 1 BeamtStG, 18 NBG) und Beförderung (§ 20 Abs. 1 NBG) in der Aushändigung der entsprechenden Urkunde besteht (§ 8 Abs. 2 BeamtStG), ist, wenn sie von dem dafür zuständigen HVB (§ 85 Abs. 1 Satz 1 Nr. 2, § 86 Abs. 1 Satz 2) ausgesprochen wird, auch dann als wirksam anzusehen, wenn für die Entscheidung die Vertretung oder der Hauptausschuss zuständig ist, weil nur die Unwirksamkeit einer der Ernennung zugrunde liegenden Wahl ein Grund für ihre Nichtigkeit ist (§ 11 Abs. 1 Nr. 3 BeamtStG). Auch rechtsgeschäftliche Erklärungen des HVB gegenüber Arbeitnehmern sind unbeschadet seiner Zuständigkeit wirksam (s. Erl. 1 zu § 86). Da Vertretung und Hauptausschuss ihre personalrechtlichen Befugnisse nur auf die jeweils genannten anderen Organe übertragen können, kommt die Übertragung dieser Befugnisse bezüglich des **Personals von Eigenbetrieben** gem. § 140 auf die Betriebsausschüsse nicht in Betracht; andere personalrechtliche Befugnisse (z. B. Personaleinsatz, Dienstbefreiung, Urlaubserteilung) können durch die Betriebssatzung übertragen werden.

Soweit die Vertretung und der Hauptausschuss ihre personalrechtlichen Kompetenzen nicht auf den HVB übertragen haben, beschließen sie im **Einvernehmen mit ihm.** Erteilt der HVB sein Einvernehmen nicht, kommt die Maßnahme nicht zustande; ein Beschluss, zu dem der HVB vorher oder nachher nicht sein Einvernehmen erklärt hat, ist unwirksam, weil anderenfalls das Einvernehmen bedeutungslos wäre, entfaltet keine Rechtswirkungen für den betreffenden Bediensteten und gibt dem HVB Anlass zu Maßnahmen nach § 88. Allerdings sind Vertretung und Hauptausschuss nicht an einen Vorschlag des HVB im Rahmen der Beschlussvorbereitung gebunden, sondern können davon abweichend beschließen (VG Hannover, Beschl. v. 18.12.2000, VwRR N 2001 S. 50); Voraussetzung für die Wirksamkeit des Beschlusses bleibt jedoch die Zustimmung des HVB, die auch konkludent durch die Ausführung des Beschlusses erklärt werden kann; will er sie nicht erteilen, kann er sich nicht darauf beschränken, den Beschluss nicht auszuführen, vielmehr muss er nach § 88 vorgehen. Sinn des Einvernehmens ist es zu gewährleisten, dass der HVB seiner Verantwortung für die Organisation der Verwaltung (§ 85 Abs. 3) gerecht werden kann (zum Spannungsverhältnis zwischen Organisationsrecht und personalrechtlichen Befugnissen s. VG Braunschweig, Urt. v. 13.8.1996, KommP N 1997 S. 25; s. auch R&R 2/2003 S. 14). Das Gesetz verlangt keine Begründung der Versagung des Einvernehmens; sie kann verlangt werden, wenn Anhaltspunkte für eine rechtsmissbräuchliche Verweigerung vorhanden sind. Die Verweigerung des Einvernehmens zur Korrektur von Entscheidungen der Vertretung im Rahmen des Stellenplans ist nicht zulässig.

Für die Ausstellung von **Ernennungsurkunden** gilt neben den Formvorschriften des § 8 Abs. 2 BeamtStG das Formerfordernis des § 86 Abs. 2, weil mit der Ernennung Verpflichtungen des Dienstherrn gegenüber dem Beamten entstehen (z. B. § 80 ff. NBG). Gesetzlich geregelt (§ 11 Abs. 1 BeamtStG) sind nur die Folgen der Nichteinhaltung des § 8 Abs. 2 BeamtStG; zu den Nichtigkeitsgründen des § 11 BeamtStG gehört das Fehlen der Unterschrift nicht, allerdings kann zweifelhaft sein, ob ein Schriftstück ohne Unterschrift überhaupt eine Urkunde i. S. des BeamtStG darstellt, sodass dessen Aushändigung gar keine Ernennung darstellt. In anderen Fällen (z. B. Eintritt in den Ruhestand gem. §§ 25 BeamtStG, 35 NBG, Entlassung auf Antrag gem. §§ 23 BeamtStG, 31 NBG) wird die beamtenrechtliche Maßnahme kraft Gesetzes, durch schriftliche Verfügung oder durch sonstige Bekanntmachung wirksam. Für die von der Kommune abzugebenden Erklärungen gilt § 86 Abs. 2 nur, wenn durch sie die Kommune verpflichtet wird, was in aller Regel nicht der Fall ist.

Für **Anstellungsverträge** und sonstige schriftliche Erklärungen zur Regelung der Rechtsverhältnisse von Arbeitnehmern gelten die Vorschriften des § 86 Abs. 2 und 4 über die Abgabe von Verpflichtungserklärungen (vgl. Erl. 3 zu § 86). Wenn der Hauptausschuss von der Delegationsmöglichkeit des Abs. 4 Satz 2 keinen Gebrauch gemacht hat, bedürfen die Verträge und Erklärungen der Form des § 86 Abs. 2. Hat der Hauptausschuss Befugnisse auf den HVB übertragen, dann werden sie nicht als Geschäfte der laufenden Verwaltung angesehen werden können, die damit dem Zugriff der Vertretung zugänglich wären (§ 58 Abs. 3); auch nach Übertragung gilt deshalb bei ihnen die Regelung des § 86 Abs. 2; dasselbe gilt bei Übertragungen von der Vertretung auf den HVB. Damit steht in Einklang die Rechtsprechung des BAG (Urt. v. 29.6.1988, NVwZ 1988, S. 1165) und des LAG Niedersachsen (Urt. v. 31.1.1979 – 7 S a 44/78 – auszugsweise wiedergegeben in ED-NStGB Nr. 19/1979 v. 17.10.1979): Sie hält die fristlose Kündigung unabhängig von der Größe der Kommune niemals für ein Geschäft der laufenden Verwaltung, auch wenn die Entscheidung darüber dem HVB übertragen worden ist, mit der Folge, dass für die Wirksamkeit die Einhaltung der Förmlichkeiten des § 86 Abs. 2 Voraussetzung ist.

Zur Vertretung des HVB, dem die Unterzeichnung der Urkunden, Verträge und Erklärungen als Amtsinhaber obliegt, vgl. Erl. 3 a. E. zu § 86.

5. Abs. 5 regelt in Anknüpfung an § 3 NBG, wer für den HVB und die übrigen Kommunalbediensteten **oberste Dienstbehörde, höherer Dienstvorgesetzter und Dienstvorgesetzter** ist, und zwar auch für die Ehrenbeamten, für die nach § 6 Abs. 1 NGB grundsätzlich die allgemeinen beamtenrechtlichen Vorschriften gelten. Für beamtenrechtliche Entscheidungen in den persönlichen Angelegenheiten der nachgeordneten Beamten ist grundsätzlich, wenn nichts anderes, d. h. ein anderer Dienstvorgesetzter, bestimmt ist, der HVB als Dienstvorgesetzter zuständig (§ 3 Abs. 5 NBG). In persönlichen Angelegenheiten des HVB ist die Vertretung zuständig; davon ausgenommen sind Entscheidungen im Zusammenhang mit der Versetzung in den Ruhestand (insbes. §§ 83 und 84 sowie §§ 26 BeamtStG, 41 NBG), der Entlassung (§ 31 NBG) und i. S. von § 49 Abs. 1 Satz 1 BeamtVG, die die Kommunalaufsichtsbehörde zu treffen hat, wenn sie nicht gem. Abs. 6 Satz 3 auf die Versorgungskasse übergegangen sind; s. auch § 5 Abs. 3 NDiszG: Disziplinarbehörde für den HVB ist die Kommunalaufsichtsbehörde. Die Vertretung ist also insbesondere für Dienstaufsichtsbeschwerden über den HVB zuständig. Dasselbe gilt für Entscheidungen z. B. bei Nebentätigkeiten des HVB, über die Aussagegenehmigung (§ 37 BeamtStG) und für die Erteilung von Erholungs- und Sonderurlaub, den der HVB wie alle Beamten beantragen muss. Der HVB ist grundsätzlich auch nicht von den beamtenrechtlichen Arbeitszeitregelungen ausgenommen, obwohl diese nicht auf die spezifische Tätigkeit eines kommunalen Beamten auf Zeit zugeschnitten sind, der im Rahmen seiner dienstlichen Aufgaben in großem Umfang auch repräsentative Pflichten wahrzunehmen hat, die außerhalb der normalen Arbeitszeit entstehen. Für Dienstreisen und -gänge des HVB kommt „nach dem Amt des Dienstreisenden" (§ 2 Abs. 1 BRKG) eine Genehmigung nicht in Betracht, und zwar unabhängig von Art, Länge und Dauer der Reise; weil sie nicht in Betracht kommt, kann sie sich die Vertretung nicht vorbehalten. Reisen zum Zwecke der Aus- oder Fortbildung, die nur teilweise im dienstlichen Interesse liegen, werden von § 2 Abs. 1 BRKG nicht erfasst; für sie gilt § 11 Abs. 4 BRKG (s. VG Hannover, Urt. v. 21.6.1984 – 2 VG A 58/83). Entscheidungen der Vertretung als Dienstvorgesetzte des HVB werden, da sie insoweit als eigenständige Behörde und nicht nur als Kommunalorgan tätig wird und der Hauptausschuss bezüglich des HVB keine Vorgesetztenfunktion innehat, nicht vom Hauptausschuss vorbereitet; die Vertretung kann sich aber zur Vorbereitung seiner Entscheidung der Verwaltung bedienen. Die Vertretung des Dienstvorgesetzten gegenüber dem HVB obliegt dem Vorsitzenden (s. dazu VG Oldenburg, Urt. v. 3.7.2007, R&R 4/2007 S. 1 und Erl. 1a. E. zu § 86).

Als Leiter der Verwaltung (§ 85 Abs. 3) ist der HVB dafür zuständig, den Beschäftigten, die Gleichstellungsbeauftragte (§ 9 Abs. 3), das Rechnungsprüfungsamt (§ 154 Abs. 1) und den Datenschutzbeauftragten (§ 8a Abs. 1 NDSG) ausgenommen, für die dienstliche Tätigkeit Weisungen zu erteilen und ist deshalb **Vorgesetzter** i. S. d. § 3 Abs. 3 NBG; er kann die Zuständigkeit für Weisungen auf andere Beschäftigte übertragen, die dadurch Vorgesetzteneigenschaft erlangen.

6. Die Regelung des **Abs. 6** Satz 1 diente der Entlastung der Vertretung. Sie hat jedoch kaum noch eine Bedeutung, nachdem in § 3 Abs. 5 NBG die grundsätzliche Zuständigkeit des Dienstvorgesetzen geregelt ist mit der Befugnis der obersten Dienstbehörde, Zuständigkeiten, auch teilweise, auf andere Behörden zu übertragen; einer der wenigen Anwendungsfälle ist § 49 NBG. Die Vorschrift ermächtigt nicht zur Übertragung von Zuständigkeiten auf eine andere Stelle als den Dienstvorgesetzten (OVG Lüneburg, Urt. v. 25.6.1991, OVGE 42 S. 394, durch das die Übertragung der Befugnisse als Pensionsfestsetzungsstelle von der Kommune auf die Niedersächsische Versorgungskasse für unwirksam erklärt worden ist). Deshalb bedarf die Übertragung der versorgungsrechtlichen Befugnisse nach § 49 Abs. 1 Satz 1 BeamtVG und der Gewährung von Beihilfen nach § 80 NBG auf die Versorgungskassen Hannover und Oldenburg oder eine andere juristische Person des öffentlichen Rechts unter der Aufsicht des Landes einer besonderen gesetzlichen Ermächtigung; § 49 Abs. 1 BeamtVG lässt die Übertragung zu. In beiden Fällen geht die Aufgabe im Wege der Delegation über, sodass Klagen gegen die Versorgungskasse oder die andere juristische Person zu richten sind.

Im Interesse kostensparender Aufgabenerledigung kann seit 2006 die Vertretung außerdem im Mandatswege eine juristische Person des öffentlichen Rechts unter der Aufsicht des Landes mit der Wahrnehmung einzelner weiterer Aufgaben der Personalverwaltung beauftragen, insbesondere mit der Zahlbarmachung der Bezüge. Für die Übermittlung von Personaldaten und die Zurverfügungstellung der Personalakten von Beamten und Arbeitnehmern gelten § 88 ff. NBG und § 12 NDSG. Eine gerichtliche Auseinandersetzung wird zwischen dem Bediensteten und der Kommune, nicht der beauftragten Stelle ausgetragen.

§ 108 Beamtinnen und Beamte auf Zeit

(1) ¹In Gemeinden und Samtgemeinden mit mehr als 20 000 Einwohnerinnen und Einwohnern sowie in Landkreisen und in der Region Hannover können außer der Hauptverwaltungsbeamtin oder dem Hauptverwaltungsbeamten

auch andere leitende Beamtinnen und Beamte nach Maßgabe der Hauptsatzung in das Beamtenverhältnis auf Zeit berufen werden. [2]Diese Beamtinnen und Beamten auf Zeit führen folgende Bezeichnungen:

1. in Gemeinden: Erste Gemeinderätin oder Erster Gemeinderat, wenn ihnen das Amt der allgemeinen Stellvertreterin oder des allgemeinen Stellvertreters übertragen ist, im Übrigen Gemeinderätin oder Gemeinderat,

2. in Städten: Erste Stadträtin oder Erster Stadtrat, wenn ihnen das Amt der allgemeinen Stellvertreterin oder des allgemeinen Stellvertreters übertragen ist, im Übrigen Stadträtin oder Stadtrat,

3. in Samtgemeinden: Erste Samtgemeinderätin oder Erster Samtgemeinderat, wenn ihnen das Amt der allgemeinen Stellvertreterin oder des allgemeinen Stellvertreters übertragen ist, im Übrigen Samtgemeinderätin oder Samtgemeinderat,

4. in Landkreisen: Erste Kreisrätin oder Erster Kreisrat, wenn ihnen das Amt der allgemeinen Stellvertreterin oder des allgemeinen Stellvertreters übertragen ist, im Übrigen Kreisrätin oder Kreisrat, und

5. in der Region Hannover: Erste Regionsrätin oder Erster Regionsrat, wenn ihnen das Amt der allgemeinen Stellvertreterin oder des allgemeinen Stellvertreters übertragen ist, im Übrigen Regionsrätin oder Regionsrat.

[3]In Verbindung mit den Bezeichnungen Gemeinderätin, Gemeinderat, Stadträtin, Stadtrat, Samtgemeinderätin, Samtgemeinderat, Kreisrätin, Kreisrat, Regionsrätin oder Regionsrat ist ein Zusatz zulässig, der das Fachgebiet kennzeichnet; die für das Finanzwesen zuständige Beamtin auf Zeit oder der für das Finanzwesen zuständige Beamte auf Zeit kann folgende Bezeichnungen erhalten:

1. in Gemeinden: Gemeindekämmerin oder Gemeindekämmerer,

2. in Städten: Stadtkämmerin oder Stadtkämmerer und

3. in Samtgemeinden: Samtgemeindekämmerin oder Samtgemeindekämmerer.

(2) [1]In Gemeinden und Samtgemeinden mit mehr als 10 000 Einwohnerinnen und Einwohnern kann die allgemeine Stellvertreterin oder der allgemeine Stellvertreter nach Maßgabe der Hauptsatzung in das Beamtenverhältnis auf Zeit berufen werden. [2]Auch wenn die Einwohnerzahl unter 10 000 gefallen ist, kann die bisherige Stelleninhaberin oder der bisherige Stelleninhaber für eine weitere Amtszeit wiedergewählt werden. [3]Absatz 1 Satz 2 gilt entsprechend.

§§ 81 Abs. 1, 2 NGO, 62 Abs. 1 NLO, 77 Abs. 1 RegionsG

ERLÄUTERUNGEN zu § 108

1. Außer dem Hauptverwaltungsbeamten können, wenn die Hauptsatzung das bestimmt, alle Gemeinden mit mehr als 20 000 Einwohnern, alle Landkreise und die Region Hannover andere **leitende Beamte als Beamte auf Zeit** haben, ohne dass bei Gemeinden dafür wie in der Vergangenheit regelmäßig ein besonderer Status Voraussetzung ist.

In den Gemeinden mit mehr als 10 000 Einwohnern kann der allgemeine Stellvertreter des Bürgermeisters (§ 81 Abs. 3) in das Beamtenverhältnis auf Zeit berufen werden (Abs. 2).

2. Die **Zahl** der anderen leitenden Beamten im Falle des Abs. 1 ist gesetzlich nicht festgelegt. Im Regelfall wird eine Zahl nicht zu beanstanden sein, die sich in den Grenzen dessen hält, was bei Kommunen ähnlicher Größenordnung und Aufgabenstellung üblich ist (OVG Münster, Beschl. v. 28.9.1982, Verwaltungsrundschau 1983 S. 191). Voraussetzung für die Einrichtung von Ämtern für Zeitbeamte ist, dass entsprechend deren Stellung als kommunale Führungskräfte leitende Funktionen den Amtsinhalt prägen. Diese werden dadurch charakterisiert, dass die betreffenden Beamten aufgrund ihrer Wahl in einem besonderen Vertrauensverhältnis zur Vertretung stehen, dieser gegenüber unmittelbar ein Vortragsrecht und eine Beratungspflicht haben (§ 87) und ihnen dadurch faktisch eine gewisse Selbstständigkeit gegenüber dem HVB und ein eigener kommunalpolitischer Verantwortungsbereich eingeräumt ist (ebenso VG Hannover, Urt. v. 15.12.1994 – 9 A 4590/92). Dem Geschäftsbereich eines leitenden Beamten muss mindestens ein Amt angehören, das die Wahrnehmung oder Steuerung einer Gestaltungsaufgabe der Kommune erfordert (VG Braunschweig, Beschl. v. 11.6.1998, VwRR N S. 67). Die eigene kommunalpolitische Legitimation und Verantwortlichkeit der Zeitbeamten führt tendenziell zu einer – faktisch quasi-kollegialen – Arbeitsteilung auch in der Verwaltungsführung zwischen ihnen und dem HVB. Der Begriff „leitender Beamter" ist ein anderer als der des „Leitungspersonals" i. S. des § 107 Abs. 1 Sätze 2 und 3, wie die Wortwahl schon erkennbar macht und die Verwendung des Begriffs auch bei Gemeinden verdeutlicht, für die die Einrichtung von Ämtern auf Zeit nicht in Betracht kommt.

Nach **Maßgabe der Hauptsatzung** werden die anderen leitenden Beamten in das Beamtenverhältnis auf Zeit berufen. Damit ist eine Konkretisierung der betreffenden Ämter zu verstehen, an die jedoch keine überhöhten Anforderungen gestellt werden dürfen. Es muss aber zweifelsfrei feststehen, dass und wie viele weitere Zeitbeamte berufen werden können, was am besten durch Nennung der Ämter oder der Dezernenten (z. B. Bau- oder Sozialdezernat/-dezernent), insbesondere des allgemeinen Stellvertreters, wenn das Amt eingerichtet wird, in der Hauptsatzung geschieht. Es reicht nicht aus, nur den Gesetzestext zu wiederholen oder Höchst- oder Mindestzahlen zu bezeichnen. Fehlt die Konkretisierung des Amtsinhalts in der Hauptsatzung, kann die Vertretung sie durch eine Richtlinie vornehmen (§ 58 Abs. 1 Nr. 2, § 62 Abs. 3 Satz 1); fehlt auch eine Richtlinie, regelt der HVB die Aufgabenzuweisung (§ 85 Abs. 3). Nach dem Grundsatz der Bindung der Verwaltung an Gesetz und Recht (Art. 20 Abs. 3 GG) hat die Vertretung die durch die Hauptsatzung eingerichteten Zeitbeamtenstellen grundsätzlich auch zu besetzen; das schließt nicht aus, dass von der Besetzung aus nachvollziehbaren Gründen vorübergehend abgesehen wird und z. B. statt der Wahl eines Ersten Gemeinde-, Stadt- oder Kreisrates ein Lebenszeitbeamter oder anderer Beschäftigter nach § 81 Abs. 3 mit der allgemeinen Stellvertretung beauftragt wird. Die Hauptsatzung ist zu ändern, wenn tatsächlich die Berufung eines entsprechenden Beamten auf Zeit gar nicht (mehr) beabsichtigt ist.

Die **Änderung der Dezernatseinteilung** durch Umgliederung von Ämtern berührt grundsätzlich nicht das Amt des betroffenen Beamten im statusrechtlichen Sinne, weil die Art des Beamtenverhältnisses, die Amtsbezeichnung und die Besoldung unverändert bleiben. Berührt wird durch eine Änderung der Geschäftsverteilung jedoch das Amt im funktionellen Sinne. Nur wenn die Änderung der Dezernatseinteilung in den Aufgabenbestand eines Zeitbeamten so erheblich eingreift, dass er dem üblicherweise einem Stadtrat zugewiesenen Tätigkeitsbereich nicht mehr entspricht, wird ein Eingriff in die Rechtstellung des Beamten anzunehmen sein (so auch zutreffend VG Hannover, Urt. v. 28.3.2000, VwRR S. 110), und zwar auch dann, wenn die Neuverteilung der Dezernate bei der Ernennung des Beamten vorbehalten war (zweifelnd OVG Lüneburg; Beschl. v. 3.10.1975 – II OVG B 39/75, vgl. auch BVerwG, Urt. v. 3.3.1975, ZBR 1975 S. 226). Änderungen, die den funktionellen Kernbestand des Amtes nicht in Frage stellen, auch wenn der neue Aufgabenbestand dem vorherigen nicht gleichwertig sein sollte (VG Hannover, Urt. v. 28.3.2000, a. a. O.), stehen grundsätzlich im weitgesteckten Ermessen des Dienstherrn. Ein Recht des Beamten auf unveränderte und ungeschmälerte Ausübung des ihm übertragenen Aufgabenbereichs besteht nicht, der Beamte ist regelmäßig nur dagegen geschützt, dass ihm dienstliche Aufgaben ermessensfehlerhaft entzogen werden (BVerwG, Urt. v. 7.3.1968, DÖD 1968 S. 117; Urt. v. 28.11.1991, DVBl. 1992 S. 899; OVG Lüneburg, Beschl. v. 3.10.1975 a. a. O.). Das Ermessen des Dienstherrn kann z. B. dadurch eingeschränkt sein, dass er dem Beamten die Übertragung einer bestimmten Aufgabe zugesichert hat, darüber später verbindliche Vereinbarungen getroffen worden sind oder auf sonstige Weise ein schutzwürdiges Vertrauen des Beamten auf Beibehaltung der Funktionen begründet worden ist (BVerwG, Urt. v. 7.3.1968 a. a. O.; Urt. v. 3.3.1975 a. a. O.). Die Änderung der Mehrheitsverhältnisse in der Vertretung hat das VG Münster (Urt. v. 11.7.1973, ZBR 1973 S. 344) als keinen sachlichen Grund für eine Änderung der Dezernatsverteilung angesehen. Die Änderung des Aufgabenbestandes eines Beamten ist kein Verwaltungsakt, auch wenn im Einzelfall Rechte des Beamten betroffen sind, so dass als Abwehrmittel nur die Leistungsklage in Betracht kommt (BVerwG, Urt. v. 1.6.1995, ZBR S. 374).

Die Möglichkeit, in Verbindung mit der **Amtsbezeichnung** das Fachgebiet zu kennzeichnen, besteht nur für die Stadt-, Gemeinde-, Samtgemeinde-, Kreis- und Regionsräte, die nicht das Amt des allgemeinen Stellvertreters wahrnehmen, wie Abs. 1 Satz 3 und die Beschränkung der Bezugnahme in Abs. 2 Satz 2 allein auf Abs. 1 Satz 2 verdeutlichen.

§ 109 Wahl und Abwahl der Beamtinnen und Beamten auf Zeit

(1) [1]Beamtinnen und Beamte auf Zeit nach § 108 werden auf Vorschlag der Hauptverwaltungsbeamtin oder des Hauptverwaltungsbeamten von der Vertretung für eine Amtszeit von acht Jahren gewählt; § 67 Sätze 4 bis 7 findet keine Anwendung. [2]Die Wahl darf nicht früher als ein Jahr vor Ablauf der Amtszeit der Stelleninhaberin oder des Stelleninhabers stattfinden. [3]Die Stelle ist öffentlich auszuschreiben; die Vertretung kann jedoch im Einvernehmen mit der Hauptverwaltungsbeamtin oder dem Hauptverwaltungsbeamten beschließen, von der Ausschreibung abzusehen, wenn sie beabsichtigt,

1. die bisherige Stelleninhaberin oder den bisherigen Stelleninhaber erneut zu wählen oder
2. eine bestimmte Bewerberin oder einen bestimmten Bewerber zu wählen, und nicht erwartet, dass sich im Ausschreibungsverfahren eine andere Person bewerben würde, die wegen ihrer Eignung, Befähigung und Sachkunde vorzuziehen wäre.

⁴Für Beschlüsse nach Satz 3 Nr. 2 ist eine Mehrheit von drei Vierteln der Mitglieder der Vertretung erforderlich. ⁵Schlägt die Hauptverwaltungsbeamtin oder der Hauptverwaltungsbeamte bis zum Ablauf von drei Monaten

1. nach dem Ende der Amtszeit der bisherigen Stelleninhaberin oder des bisherigen Stelleninhabers keine Bewerberin oder keinen Bewerber vor oder

2. nach einer Ablehnung einer vorgeschlagenen Bewerberin oder eines vorgeschlagenen Bewerbers keine andere Bewerberin oder keinen anderen Bewerber vor

oder kommt es über die Frage einer Ausschreibung nach Satz 3 Nr. 1 zu keinem Einvernehmen, so entscheidet die Vertretung mit einer Mehrheit von drei Vierteln ihrer Abgeordneten allein.

(2) ¹Die Beamtinnen und Beamten nach § 108 sind hauptamtlich tätig; sie sind in das Beamtenverhältnis auf Zeit zu berufen. ²Sie müssen die für ihr Amt erforderliche Eignung, Befähigung und Sachkunde besitzen. ³Sie sind nur verpflichtet, nach den Vorschriften des Beamtenrechts das Amt für eine weitere Amtszeit zu übernehmen, wenn sie spätestens sechs Monate vor Ablauf der vorangehenden Amtszeit wiedergewählt werden und bei Ablauf der Amtszeit noch nicht 60 Jahre alt sind.

(3) ¹Eine Beamtin oder ein Beamter auf Zeit kann vor Ablauf der Amtszeit aus dem Amt abberufen werden. ²Dazu ist ein Beschluss der Vertretung mit einer Mehrheit von drei Vierteln ihrer Mitglieder erforderlich. ³§ 82 Abs. 2 gilt entsprechend. ⁴Die Beamtin oder der Beamte scheidet mit Ablauf des Tages, an dem die Abberufung beschlossen wird, aus dem Amt aus.

§§ 81 Abs. 3, 4 NGO, 62 Abs. 2, 3 NLO, 77 Abs. 2, 3 RegionsG

ERLÄUTERUNGEN zu § 109

1. Für die **Wahl** der Beamten auf Zeit ist die Vertretung, also einschließlich des HVB (§ 45 Abs. 1), ausschließlich zuständig. Für sie hat außer in den besonderen Fällen des Abs. 1 Satz 5 nur der HVB ein Vorschlagsrecht, andere Vorschläge aus der Mitte der Vertretung bedürfen seiner Zustimmung mit der Folge, dass er sie sich zurechnen lassen muss. Die Wahl eines Bewerbers, die nicht auf dem Vorschlag des HVB beruht, ist unwirksam (s. Erl. 3 zu § 85 und 4 zu § 107 zum Einvernehmen; s. auch unten Erl. 2 a. E.). Wie das Einvernehmen (s. Erl. 4 zu § 107) ist das Vorschlagsrecht mit Rücksicht auf die Aufgabe des HVB zur Leitung und Beaufsichtigung der Verwaltung normiert und darf auch nur in diesem Rahmen ausgeübt werden; die Verweigerung eines Vorschlags aus sachfremden Motiven, z. B. um die Wahl eines Dezernenten zu verhindern, dessen Stelle entgegen den Vorstellungen des HVB die Vertretung durch die Hauptsatzung eingerichtet hat, ist nicht zulässig und stellt einen Rechtsmissbrauch dar, durch den das Vorschlagsrecht verwirkt wird. Ausdrücklich behandelt Abs. 1 Satz 5 die Fälle, dass der HVB bis zum Ablauf von drei Monaten nach dem Ende der Amtszeit des bisherigen Stelleninhabers keinen Nachfolger oder nach der Ablehnung des vorgeschlagenen keinen anderen Bewerber vorschlägt; dann kann die Vertretung mit Dreiviertelmehrheit ihrer Mitglieder allein entscheiden. Wenn mit der Vertretung kein abweichendes Verfah-

ren vereinbart wird, muss der HVB die Stelle ausschreiben (s. unten Erl. 2) und seinen Vorschlag vor Ablauf der Frist von drei Monaten in einer Sitzung der Vertretung, des zuständigen Fachausschusses oder des Hauptausschusses einbringen; angesichts des Zeitaufwandes einer Ausschreibung muss es aber auch genügen, dass der HVB, wenn ihm eine Verzögerung des Verfahrens nicht vorgeworfen werden kann, seinen Vorschlag innerhalb der Frist dem Vorsitzenden der Vertretung mit der Ankündigung übermittelt, ihn in der zeitlich nächsten Sitzung von Vertretung, Hauptausschuss oder Fachausschuss einzubringen. Diese Regelung kann wegen ihrer Besonderheit auf andere Fälle nicht entsprechend ausgedehnt werden. Findet ein Vorschlag des HVB nicht die Zustimmung der Mehrheit der Mitglieder der Vertretung (§ 67 Satz 3), ist die Vertretung nicht frei, allein mit der Dreiviertelmehrheit einen Kandidaten zu wählen, sondern nur dann, wenn der HVB nicht innerhalb einer Frist von drei Monaten einen neuen Vorschlag unterbreitet. Haben die Vertretung und der HVB sich darauf verständigt, für eine bestimmte Zeit auf die Wahl zu verzichten, dann beginnt die Dreimonatsfrist erst mit dem Ablauf der Zeit; ist eine bestimmte Zeitdauer nicht vereinbart worden, dann beginnt die Frist, wenn eine Seite erklärt, das Verfahren betreiben zu wollen (s. auch VG Oldenburg, Beschl. v. 20.10.2009, R&R 2/2010 S. 1, zu dem ähnlich gelagerten Fall, dass eine besetzbare Stelle nicht zur Verfügung gestanden hat). Können sich HVB und Vertretung nicht auf einen Kandidaten verständigen, enthält das Gesetz keine Lösung dieses Konflikts, so dass den Beteiligten nur bleibt, selbst im Wege des Kompromisses eine Lösung zu finden. Zum Vorschlagsrecht nach Absehen von der Ausschreibung vgl. Erl. 2.

2. Die Wahl erfolgt in öffentlicher Sitzung. Sofern vor dem Wahlakt schützenswerte Belange aus der Persönlichkeitssphäre von Bewerbern erörtert werden sollen, muss jedoch die Öffentlichkeit vorübergehend ausgeschlossen werden (s. Erl. 4 zu § 64). Ist die Wahl unwirksam, so ist die Ernennung nichtig (§ 11 Abs. 1 Nr. 3 lit. c BeamtStG).
Nach Abs. 1 Satz 2 darf die Wahl nicht früher als ein Jahr vor Ablauf der Amtszeit des Stelleninhabers stattfinden; ein vorzeitiges Ausscheiden steht dem nur gleich, wenn es unwiderruflich feststeht. Die Rechtsprechung (OVG Lüneburg, Urt. v. 29.9.1987 – 2 OVG A 42/87, VG Hannover, Beschl. v. 12.8.1991 – 9 B 3476/91) hat es als Rechtsmissbrauch angesehen (der allerdings mangels Beeinträchtigung von Mitgliedschaftsrechten nicht zum Gegenstand einer kommunalverfassungsrechtlichen Streitigkeit gemacht werden kann: OVG Lüneburg, Beschl. v. 3.9.1991, NST-N 1992 S. 20), wenn innerhalb der Jahresfrist die Kommunalwahlperiode endet und die „alte" Vertretung nach der Wahl einer neuen Vertretung mit anderen Mehrheitsverhältnissen ohne triftigen Grund den Wahlbeamten (im konkreten Fall den Gemeindedirektor) wählt. Das erscheint als problematisch angesichts der Tatsache, dass ausweislich der Gesetzesmaterialien, auf die in den Entscheidungsgründen auch Bezug genommen wird, der Gesetzgeber diese Konstellation erkannt, aber keine gesetzlichen Konsequenzen daraus gezogen hat. Diese Rechtsprechung wirft außerdem die Frage auf, ob zum Ende der Wahlperiode die Legitimation der Vertretung auch für die Entscheidung in anderen langfristig wirkenden Angelegenheiten, z. B. in der Bauleitplanung, nicht mehr ausreicht.

Durch die **Wahl** erlangt der Bewerber nicht bereits die Rechtsstellung des Beamten. Ob er allein aufgrund der Wahl einen Anspruch auf ihre Vollziehung hat, ist zweifelhaft, die Frage wird aber zu bejahen sein, weil das Schwergewicht des Verfahrens auf dem Wahlakt liegt, nicht auf dem Akt der Ernennung (vgl. OVG Lüneburg, Urt. v. 7.10.1952, OVGE 6 S. 358; OVG Münster, Urt. v. 20.3.1958, OVGE 13 S. 257). Jedenfalls hat der Bewerber einen Anspruch auf Ernennung, wenn ihm das Ergebnis der Wahl mitgeteilt worden ist und er die Wahl angenommen hat (OVG Lüneburg, Urt. v. 7.10.1952 a. a. O. ; Urt. v. 30.5.1988 – 2 OVG A 164/76; Beschl. v. 25.6.1992, DNG 1994 S. 62 = NVwZ 1993 S. 1124; OVG Münster, Urt. v. 20.3.1958 a. a. O.). Die Vertretung kann jedoch ihren Wahlbeschluss vor Ernennung des Gewählten wieder aufheben, wenn er rechtsfehlerhaft ist, weil das öffentliche Interesse an der Beseitigung eines rechtswidrigen Zustandes Vorrang vor dem Interesse des Gewählten an der Aufrechterhaltung der rechtsfehlerhaft erlangten und deshalb nicht schutzwürdigen Rechtsposition hat (OVG Lüneburg, Beschl. v. 23.4.1991 – 10 M 5126/91). Die Möglichkeit einer Konkurrentenklage (s. Erl. 4 zu § 107) besteht im Hinblick auf das Wahlverfahren, das keine Ermessensentscheidung zum Gegenstand hat, bei der Wahl eines Beamten auf Zeit nicht (OVG Lüneburg, Beschl v. 25.6.1992 a. a. O. VG Hannover, Beschl. v. 2.11.2000, VwRR N 2001 S. 40); die damit verbundene Zurückdrängung der Grundsätze des Art. 33 Abs. 2 GG erscheint allerdings als problematisch.

3. Die **Wahlzeit** beträgt acht Jahre und kann nicht abgekürzt werden. Die Wahlzeit beträgt auch dann acht Jahre, wenn der Bewerber vor ihrem Ablauf wegen Erreichen der Altersgrenze in den Ruhestand tritt (§ 35 NBG). Das bestätigt Abs. 2 Satz 3, wonach ein Wahlbeamter grundsätzlich zur Übernahme des Amtes für eine weitere Amtszeit verpflichtet ist, auch wenn er während dieser Amtszeit die gesetzliche Altersgrenze erreicht. Die Möglichkeit, die volle Amtszeit ableisten zu können, ist keine Wählbarkeitsvoraussetzung (a. A. OVG Lüneburg, Urt. v. 23.2.1965, OVGE 20 S. 486).
Auch wenn der Wahlbeschluss keine Angabe über die Dauer der Wahlzeit enthält, ist die Regelwahlzeit von acht Jahren beschlossen. Die Ernennungsurkunde muss die Zeitdauer der Berufung angeben (§ 8 Abs. 2 Nr. 1 BeamtStG). Die Ernennung wird mit der Aushändigung der Urkunde wirksam, wenn in ihr nicht ein späterer Tag bestimmt ist (§ 8 Abs. 4 NBG); eine rückwirkende Ernennung ist insoweit unwirksam (§ 8 Abs. 4 BeamtStG). Die Vorschaltung einer **Probezeit** scheidet aus (§ 10 BeamtStG). Die Wahl ist unwirksam, wenn die Vertretung den Kandidaten für eine **kürzere Amtszeit** wählt, und die Ernennung ist dann nichtig (§ 11 Abs. 1 BeamtStG).
Die **Besoldung** der Wahlbeamten richtet sich nach der NKBesVO, deren Einstufungen verbindlich sind und insbesondere nicht einvernehmlich unterschritten werden dürfen. § 3 NKBesVO sieht Höchstsätze für Dienstaufwandsentschädigungen vor; ihre Gewährung ist nur für den HVB obligatorisch. Ob sie den anderen Beamten auf Zeit gewährt werden soll und den Betrag für den konkreten Fall legt die Kommune entsprechend der Zweckbestimmung fest und unterliegt dabei der Kontrolle durch die Kommunalaufsichtsbehörde (zur Bemessung vgl. OVG NW, Urt. v. 10.2.2000, KommP N S. 157 – Ls.). Zur Gewährung der

Dienstaufwandsentschädigung für Laufbahnbeamte nach § 3 Abs. 2 Nr. 2 Buchst. b NKBesVO s. NdsOVG, Urt. v. 16.9.1997, NdsVBl. 1998 S. 20.

4. Die Ausschreibung, die nach Abs. 1 Satz 3, der insoweit den § 9 NBG verdrängt, grundsätzlich stattfindet, hat den Sinn, einen möglichst großen Personenkreis anzusprechen, um eine echte Auswahl zu ermöglichen. Das Gesetz regelt nur, dass die Vertretung für den Beschluss über das Absehen von der Ausschreibung zuständig ist; da sie für die personalrechtliche Maßnahme insgesamt zuständig ist, wird sie auch für den Beschluss über die Ausschreibung und ihren Inhalt für zuständig angesehen werden müssen; ihre diesbezüglichen Beschlüsse, die nicht nur personalrechtliche Bedeutung haben, bedürfen der Vorbereitung durch den Hauptausschuss. Allerdings kann eine Wahl, für die ein anderes Organ die Ausschreibung veranlasst hat, nicht als unwirksam angesehen werden (OVG Koblenz, Urt. v. 5.3.1985, NVwZ 1985 S. 852). Das gilt insbesondere für den HVB im Hinblick auf sein Vorschlagsrecht und die Frist des Abs. 1 Satz 5; er muss, wenn eine Absprache mit der Vertretung über eine gemeinsame Ausschreibung nicht zustande kommen sollte, als berechtigt angesehen werden, eine eigenständige Ausschreibung vorzunehmen.

Art und Umfang der Ausschreibung zu bestimmen, ist der Vertretung überlassen; sie sollte aber die zu besetzende Stelle so beschreiben, dass der Zweck der Ausschreibung erreicht wird. In der Rechtsprechung (vgl. VG Saarlouis, Urt. v. 10.11.1970, DVBl. 1971, S. 220; OVG Lüneburg, Beschl. v. 23.4.1991 – 10 M 5126/91) wird die große Bedeutung der Ausschreibung im Hinblick auf das Ausleseprinzip des Art. 33 Abs. 2 GG hervorgehoben, die über eine nur ordnende Funktion hinausgeht, und daraus die Bindung des Wahlorgans an Bewerbungsbedingungen der Ausschreibung, die den Bewerberkreis erheblich beeinflussen, gefolgert; die Wahl eines Bewerbers mit dem Abschluss einer Ingenieurschule aufgrund einer Ausschreibung, die das Ingenieurdiplom der Fachrichtung Hochbau zur Bedingung machte, ist daher für unwirksam erklärt worden. Bei der Ausschreibung empfiehlt sich der Vorbehalt einer anderen Dezernatsverteilung, um der Berufung auf rechtliche Zusicherung eines bestimmten Aufgabenzuschnitts bei einer Neuorganisation der Dezernate die Grundlage zu entziehen. Eine Bedingung ist dann nicht anzunehmen, wenn formuliert wird, bestimmte Voraussetzungen „sollten" erfüllt sein (OVG Lüneburg, Urt. v. 30.5.1988 – 2 OVG A 164/87).

Eine in der Ausschreibung genannte **Bewerbungsfrist** ist keine Ausschluss-, sondern nur eine Ordnungsfrist; deshalb kann jede bis zum Zeitpunkt der Wahl eingegangene Bewerbung berücksichtigt werden (vgl. OVG Rheinl.-Pfalz, Urt. v. 10.3.1965, ZBR 1965 S. 254). Es ist rechtlich sogar zulässig, einen Kandidaten, der sich nicht beworben hat, vorzuschlagen; denn nach dem Gesetz ist eine Bewerbung nicht Voraussetzung für die Wahl.

Aus dem Sinn der Ausschreibung, die Kommune in die Lage zu versetzen, unter einer größtmöglichen Zahl von Bewerbern den geeigneten auszuwählen, ergibt sich, dass im Falle mehrerer Bewerbungen allen Mitgliedern des Wahlorgans zeitlich und durch Bereitlegen der Bewerbungsunterlagen auch sachlich ausreichend Gelegenheit gegeben werden muss, in die eingegangenen Bewerbungsunterlagen Einsicht zu nehmen (vgl. OVG Lüneburg, Urt. v. 23.2.1965, OVGE 20 S. 486; Beschl. v. 14.2.1985, NSt-N S. 318); zur Vorbereitung von Personalentscheidungen s. auch VG Hannover, Beschl. v. 18.12.2000, VwRR N 2001 S. 50 und Erl. 2 zu § 85.

Von der Ausschreibung kann nur in den gesetzlich genannten Fällen **abgesehen** werden. Eine Wahl ohne Ausschreibung ist ansonsten unwirksam mit der Folge, dass die erfolgte Ernennung nichtig ist (§ 11 Abs. 1 BeamtStG). Der Beschluss über das Absehen von der Ausschreibung kann nicht konkludent darin erblickt werden, dass die Vertretung ohne Ausschreibung die Wahl vornimmt. Das OVG Lüneburg (Beschl. v. 14.2.1985 – NSt-N S. 318), hält es für zulässig, dass nach dem Verzicht auf die Ausschreibung wegen beabsichtigter Wiederwahl des Amtsinhabers ein weiterer Bewerber kandidieren kann; diese Ansicht widerspricht dem Sinn und Zweck des prinzipiellen Ausschreibungsgebots und des Verzichts darauf nur in den gesetzlich genannten Sonderfällen (ebenso VG Schleswig-Holstein, Urt. v. 22.2.1985 – 6 A 41/85). Der Bessschluss auf den Verzicht im Falle des Abs. 1 Satz 3 Nr. 1 (Wiederwahl des Amtsinhabers) bedarf der einfachen Mehrheit. Wird ein neues Amt des allgemeinen Vertreters geschaffen, ist ein gem. § 81 Abs. 3 beauftragter Beschäftigter nicht bisheriger Stelleninhaber i. S. des Abs. 1 Satz 3 Nr. 1, so dass die Stelle ausgeschrieben werden muss, wenn nicht der Verzicht darauf nach Abs. 1 Satz 4 mit Dreiviertelmehrheit beschlossen wird. Im Falle des Abs. 1 Satz 3 Nr. 2 ist nur maßgebend, dass die Vertretung nicht erwartet, durch Ausschreibung einen besser qualifizierten Bewerber zu finden als den von ihr ins Auge gefassten, nicht, ob diese Erwartung gerechtfertigt ist oder nicht. Die Begründetheit der Erwartung dokumentiert das Erreichen der Dreiviertelmehrheit.

Das Gesetz macht das Absehen von der Ausschreibung seit der Novelle 2001 (Abs. 1 Satz 3) von dem **Einvernehmen** des HVB abhängig, so dass es den Fall, dass der HVB trotz erteilten Einvernehmens mit der Wiederwahl des Stelleninhabers nicht einverstanden ist und ihn ausdrücklich nicht vorschlägt, in der Praxis nicht geben wird; ggf. wäre der Widerspruch des HVB rechtsmissbräuchlich und rechtlich ohne Bedeutung. Verweigert der HVB das Einvernehmen, kann die Vertretung im Falle des Abs. 1 Satz 3 Nr. 1 mit der Mehrheit von drei Vierteln ihrer Mitglieder den Verzicht auf die Ausschreibung beschließen und den bisherigen Stelleninhaber ohne Vorschlag des HVB mit absoluter Mehrheit (§ 67 Satz 3) wählen. In Fällen beabsichtigten Absehens von der Ausschreibung zur Wahl eines bestimmten Bewerbers (Abs. 1 Satz 3 Nr. 2) muss die Ausschreibung vorgenommen werden, wenn der HVB dem Verzicht darauf nicht zustimmt.

Die zur Förderung der **Gleichberechtigung der Geschlechter** normierte Ausschreibungspflicht (§ 11 NGG) besteht nur bei Unterrepräsentanz eines Geschlechts in der jeweiligen Besoldungsgruppe (§ 3 Abs. 3, 4 NGG); gibt es, wie häufig bei Wahlbeamten, nur eine Stelle in einer bestimmten Besoldungsgruppe, stellt sich die Frage der Unterrepräsentanz nicht.

5. Als **Qualifikation** müssen die weiteren Beamten auf Zeit die für ihr Amt erforderliche Eignung, Befähigung und Sachkunde besitzen. Eine bestimmte Ausbildung und die Ablegung von Prüfungen sind nicht vorgeschrieben. Es muss aber, kommunalaufsichtlich und gerichtlich nachprüfbar, festgestellt werden können, dass der Bewerber sowohl über das fachliche Wissen als auch über das erprobte berufliche Können verfügt, die beide zusammen zur selbstverant-

wortlichen und einwandfreien Führung des zu übertragenden Amtes befähigen (OVG Münster, Urt. v. 27.1.1954, DÖV 1954 S. 471). Dazu setzt die Rechtsprechung insbesondere Verwaltungserfahrung voraus, die jedoch einerseits nicht in der Funktion eines hauptamtlichen Beamten erworben sein muss, andererseits aber aufgrund langjähriger Mitgliedschaft in der Vertretung allein noch nicht unterstellt werden kann, auch nicht bei Wahrnehmung der Funktionen eines ehrenamtlichen Repräsentanten der Kommune oder des Fraktionsvorsitzenden (VG Oldenburg, Urt. v. 7.2.1961, DÖV 1961 S. 549; VG Minden, Urt. v. 28.2.1961, DÖV 1961 S. 551). Die Berücksichtigung der parteipolitischen Anschauung ist nicht schlechthin sachwidrig, sie darf aber den Grundsatz der Bestenauslese (Art. 33 Abs. 2 GG) nicht in den Hintergrund drängen (OVG Lüneburg, Urt. v. 30.5.1988 – 2 OVG A 164/87).

6. Die Verpflichtung zur **Übernahme des Amtes für eine weitere Amtszeit** besteht unter den in Abs. 2 Satz 3 genannten Voraussetzungen und wenn die Berufung gem. § 7 Abs. 2 NBG unter mindestens gleich günstigen Bedingungen für wenigstens die gleiche Zeit erfolgen soll. Ein Beamter, der wegen seines Lebensalters die volle regelmäßige Amtszeit nicht ableisten kann, ist gleichwohl für diese Amtszeit zu wählen (vgl. Erl. 1 a. E.), so dass diese Voraussetzung des § 7 Abs. 2 NBG erfüllt ist. Maßgebend für die Frage der Bedingungen sind die Rechtsbeziehungen zum Dienstherrn des Hauptamtes, so dass die Möglichkeit zur Fortsetzung einer Nebentätigkeit keine Rolle spielt. Nicht zu den Anstellungsbedingungen gehört auch die Höhe der Dienstaufwandsentschädigung, für die keine Besitzstandsregelung besteht und die nicht Bestandteil der Besoldung ist. Bei Wiederwahl im Anschluss an die Amtszeit in dasselbe Amt für eine weitere Amtszeit gilt das Beamtenverhältnis als nicht unterbrochen (§ 7 Abs. 2 Satz 3 NBG), sodass es nicht der Ernennung durch Aushändigung einer neuen Urkunde und der erneuten Eidesleistung bedarf; die Verlängerung der Amtszeit ist auf der Urkunde zu vermerken (§ 8 Abs. 2 Satz 2 Nr. 1 BeamtStG). Kommt der Beamte der Verpflichtung gem. Abs. 2 Satz 3 nicht nach, ist er zu entlassen (§ 7 Abs. 2 Satz 2 NBG).

7. Die **vorzeitige Abberufung** ist für den Fall gedacht, dass das Vertrauensverhältnis zwischen Vertretung und Wahlbeamten durch ein Verhalten des Beamten so nachhaltig gestört ist, dass die weitere Zusammenarbeit unmöglich erscheint. Allerdings müssen diese Voraussetzungen nach dem Gesetz nicht nachgewiesen werden. Vielmehr geht das Gesetz davon aus, dass sie erfüllt sind, wenn die jeweils für den Antrag und den Beschluss notwendige Dreiviertelmehrheit erreicht wird und nicht dargelegt und bewiesen werden kann, dass ein Rechtsmissbrauch vorliegt, weil andere, sachfremde Motive für die Abberufung ausschlaggebend gewesen sind (BVerwG, Beschl. v. 22.9.1992, NVwZ 1993, S. 377; OVG Lüneburg, Urt. v. 17.12.1991, DVBl. 1992 S. 983 und Urt. v. 5.5.1993 – 10 L 6475/92 – alle in derselben Sache).
Die Regelung gilt auch für Beamte, die sich bei ihrem Inkrafttreten am 1.11.1996 im Amte befanden; dagegen bestehen keine rechtlichen Bedenken (vgl. BVerwG, Urt. v. 14.7.1978, DVBl. 1978 S. 518). Sie gilt nicht für den nebenamtlichen Gemeindedirektor, weil § 106 für ihn eine anderweitige Regelung trifft, die die Anwendbarkeit des Abs. 3 ausschließt.

Die Abberufung ist **keine Disziplinarmaßnahme,** für das **Verfahren** ist deshalb nur Abs. 3 in Verbindung mit § 82 Abs. 2 maßgebend. Danach ist ein schriftlich zu stellender, von einer Mehrheit von drei Vierteln der Mitglieder der Vertretung (zur Berechnung s. § 45 Abs. 2) unterschriebener Antrag erforderlich, der keiner Begründung bedarf; ein einheitliches Antragsschreiben ist aber nicht erforderlich (OVG Oldenburg, Urt. v. 16.3.1989 – 1 OS VG A 210/88). Über ihn wird in einer besonderen Sitzung, deren einziger Tagesordnungspunkt er ist und die frühestens zwei Wochen nach seinem Eingang beim HVB (§ 59 Abs. 3) stattfindet, namentlich abgestimmt (vgl. Erl. 3 zu § 66). Der Beamte ist von dem Antrag zu unterrichten, da er Anspruch darauf hat, gehört zu werden (BVerwG, Urt. v. 14.1.1965, BVerwGE 20 S. 160; OVG Münster, Beschl. v. 9.4.1981, DÖD 1981 S. 210, unter Hinweis auf die entsprechenden Vorschriften des Verwaltungsverfahrensgesetzes); dem rechtlichen Gehör ist genügt, wenn ihm Gelegenheit zur schriftlichen Stellungnahme gegeben wird; ein Anspruch auf mündliche Anhörung in der Ratssitzung besteht nicht (BVerwG, Urt. v. 14.1.1965 a. a. O.). Da der Antrag auf Abberufung keiner Begründung bedarf, genügt für die Anhörung die Mitteilung, dass der Antrag von drei Vierteln der Mitglieder der Vertretung gestellt worden ist; der Aufforderung zur Abgabe einer Stellungnahme oder zu bestimmten Angaben bedarf es nicht (VG Hannover, Beschl. v. 27.1.1993 – 9 B 5554/92 – auszugsweise abgedruckt KommP N 1997 S. 317). Die Ladung zur Sitzung, die öffentlich ist (§ 64), mit abgekürzter Frist, wenn sie in der Geschäftsordnung vorgesehen ist und die dort geregelten Voraussetzungen erfüllt sind, ist nicht ausgeschlossen. An der Sitzung kann der Beamte nur als Zuhörer teilnehmen (§ 87, § 41 Abs. 5). Über die Abberufung wird ohne Aussprache entschieden, weshalb die Vorbereitung durch den Hauptausschuss und die Fachausschüsse entfällt (OVG Lüneburg, Beschl. v. 22.4.1983 – 2 OVG B 13/83). Entschieden wird durch namentliche Abstimmung gem. § 66 Abs. 1; eine geheime Abstimmung ist deshalb nicht möglich. Der Beschluss kommt zustande, wenn dem Antrag drei Viertel der gesetzlichen Zahl der Mitglieder der Vertretung (§ 45 Abs. 2) zustimmen.

Der Beamte scheidet mit Ablauf des Tages, an dem seine Abberufung beschlossen wird, aus dem Amt aus. Die Abberufung für einen früheren oder späteren Termin kommt nicht in Betracht. Der Abberufungsbeschluss und der Zeitpunkt seines Wirksamwerdens sind dem Beamten gem. § 85 Abs. 1 Satz 1 Nr. 2 vom HVB mitzuteilen. Die Mitteilung ist ein feststellender Verwaltungsakt (vgl. BVerwG, Urt. v. 29.12.1969, BVerwGE 34 S. 353; NdsOVG, Beschl. v. 13.7.2001, VwRR N S. 114), der nur damit begründet zu werden braucht, dass die Vertretung mit Dreiviertelmehrheit die Abberufung beschlossen habe, und gegen den nach Abschaffung des Widerspruchsverfahrens (§ 105 Abs. 1 NBG) Anfechtungsklage erhoben werden kann. Da der Abberufungsbeschluss Grundlage der Mitteilung ist, steht auch er zur gerichtlichen Überprüfung (vgl. BVerwG, Urt. v. 14.1.1965, BVerwGE 20 S. 160). Die Überprüfung beschränkt sich darauf, ob der Abwahlbeschluss in einem den gesetzlichen Anforderungen entsprechenden Verfahren (Abs. 3, § 82 Abs. 2) ergangen ist und ob mit ihm verfassungswidrige oder sonst mit dem Gesetz nicht zu vereinbarende Ziele verfolgt werden (OVG Lüneburg, Beschl. v. 17.1.1989, dng 1989 S. 134; Urt. v. 26.6.1997, KommP N S. 315). Im Hinblick auf die mögliche Anfechtungsklage und deren aufschiebende Wirkung empfiehlt es sich, dass die Vertretung (nicht ein anderes Organ: OVG Münster, Beschl. v. 12.2.1982, NVwZ S. 684) im Zusammenhang mit dem Abberufungsbeschluss zugleich die Rechtsbehelfsbelehrung und die sofortige Vollziehung der Abberufung (§ 80 Abs. 2, 3 VwGO) beschließt, die damit begründet werden kann, dass die Vertretung dem Beamten durch die Abberufung das Vertrauen entzogen habe, es damit ablehne, weiterhin die politische Verantwortung für dessen Amtstätigkeit zu übernehmen, und die weitere Amtstätigkeit dadurch auf das schwerste belastet werde, dass zwischen ihm und der Vertretung, mit der er ständig zusammenarbeiten müsse, eine Konfrontation eingetreten sei, die nicht mehr durch Kompromisse aufgelöst werden könne (so OVG Münster, Beschl. v. 9.4.1981, DÖD 1981 S. 210; ebenso OVG Lüneburg, Beschl. v. 17.1.1989 a. a. O., unter Hinweis darauf, dass höhere Anforderungen an die Begründung gerade diejenigen Auseinandersetzungen auslösen würden, die durch den Verzicht auf die Aussprache und die Begründung des Abwahlbeschlusses selbst vermieden werden sollen, und bei offensichtlicher Rechtmäßigkeit der Abberufungsbescheidung grundsätzlich ein besonderes öffentliches Vollziehungsinteresse annimmt). Der Beschluss über die sofortige Vollziehung bedarf wie die Abberufungsentscheidung der Mehrheit von drei Vierteln. Wird die Anordnung der sofortigen Vollziehung im unmittelbaren Zusammenhang mit der Abberufung beschlossen, muss sie als Detail des Gesamtgegenstandes „Abberufung" nicht ein besonderer Punkt der Tagesordnung sein (VG Hannover, Beschl. v. 27.1.1993 a. a. O.).

Zur **Versorgung** des abberufenen Wahlbeamten s. Erl. 4 zu § 82.

ACHTER TEIL: **Kommunalwirtschaft**

Erster Abschnitt: **Haushaltswirtschaft**

§ 110 Allgemeine Haushaltsgrundsätze, Haushaltsausgleich

(1) Die Kommunen haben ihre Haushaltswirtschaft so zu planen und zu führen, dass die stetige Erfüllung ihrer Aufgaben gesichert ist.

(2) Die Haushaltswirtschaft ist sparsam und wirtschaftlich zu führen.

(3) Die Haushaltswirtschaft ist nach Maßgabe dieses Gesetzes und aufgrund dieses Gesetzes erlassener Rechtsvorschriften nach den Grundsätzen ordnungsmäßiger Buchführung im Rechnungsstil der doppelten Buchführung zu führen.

(4) [1]Der Haushalt soll in jedem Haushaltsjahr in Planung und Rechnung ausgeglichen sein. [2]Er ist ausgeglichen, wenn der Gesamtbetrag der ordentlichen Erträge dem Gesamtbetrag der ordentlichen Aufwendungen und der Gesamtbetrag der außerordentlichen Erträge dem Gesamtbetrag der außerordentlichen Aufwendungen entspricht. [3]Daneben sind die Liquidität der Kommune sowie die Finanzierung ihrer Investitionen und Investitionsförderungsmaßnahmen sicherzustellen.

(5) [1]Die Verpflichtung nach Absatz 4 Sätze 1 und 2 gilt als erfüllt, wenn
1. ein voraussichtlicher Fehlbetrag in der Ergebnisrechnung mit entsprechenden Überschussrücklagen (§ 123 Abs. 1 Satz 1) verrechnet werden kann oder
2. nach der mittelfristigen Ergebnis- und Finanzplanung die vorgetragenen Fehlbeträge spätestens im zweiten dem Haushaltsjahr folgenden Jahr ausgeglichen werden können.
[2]Eine Verrechnung von Fehlbeträgen des ordentlichen und außerordentlichen Ergebnisses mit der um Rücklagen, Sonderposten und Ergebnisvorträge bereinigten Nettoposition nach Absatz 7 Satz 1 (Basisreinvermögen) ist unzulässig. [3]Abweichend von Satz 2 können Fehlbeträge mit dem Basisreinvermögen bis zur Höhe von Überschüssen, die in Vorjahren nach Absatz 7 Satz 3 in Basisreinvermögen umgewandelt wurden, verrechnet werden, wenn ein Abbau der Fehlbeträge trotz Ausschöpfung aller Ertrags- und Sparmöglichkeiten nicht auf andere Weise möglich ist.

(6) [1]Kann der Haushaltsausgleich nicht erreicht werden, so ist ein Haushaltssicherungskonzept aufzustellen. [2]Darin ist festzulegen, innerhalb welchen Zeitraums der Haushaltsausgleich erreicht, wie der ausgewiesene Fehlbetrag abgebaut und wie das Entstehen eines neuen Fehlbetrages in künftigen Jahren vermieden werden soll. [3]Das Haushaltssicherungskonzept ist spätestens mit der Haushaltssatzung zu beschließen und der Kommunalaufsichtsbehörde mit der Haushaltssatzung vorzulegen. [4]Ist nach Satz 1 ein Haushaltssicherungskonzept aufzustellen und war dies bereits für das Vorjahr der Fall, so ist über den Erfolg der Haushaltssicherungsmaßnahmen ein Haushaltssicherungsbericht beizufügen. [5]Auf Anforderung der Kommunalaufsichtsbehörde hat die für die Rechnungsprüfung zuständige Stelle zu dem Haushaltssicherungsbericht Stellung zu nehmen.

(7) ¹Die Überschussrücklagen sind Teil des die Schulden und Rückstellungen übersteigenden Vermögens (Nettoposition). ²Ihnen werden die Jahresüberschüsse durch Beschluss über den Jahresabschluss zugeführt. ³Überschussrücklagen dürfen in Basisreinvermögen umgewandelt werden, wenn keine Fehlbeträge aus Vorjahren abzudecken sind, der Haushalt ausgeglichen ist und nach der geltenden mittelfristigen Ergebnis- und Finanzplanung keine Fehlbeträge zu erwarten sind.

(8) ¹Die Kommune darf sich über den Wert ihres Vermögens hinaus nicht verschulden. ²Ist in der Planung oder der Rechnung erkennbar, dass die Schulden das Vermögen übersteigen, so ist die Kommunalaufsichtsbehörde unverzüglich hierüber zu unterrichten.

§ 82 NGO

ERLÄUTERUNGEN zu § 110

1. Die Vorschrift enthält **Grundsätze** mit rechtlicher Verbindlichkeit für die gesamte Haushaltswirtschaft, die durch die Bewirtschaftungsgrundsätze des § 25 ff. GemHKVO weiter konkretisiert werden. Ihre Einhaltung kann ggf. aufsichtsbehördlich eingefordert werden, was jedoch insbesondere in Zeiten fehlender Finanzmittel wegen der Gegenläufigkeit von Grundsätzen und der Schwierigkeit der Konkretisierung unbestimmter Rechtsbegriffe Probleme bereitet.

2. Absatz 1 stellt als Ziel die Sicherung der **stetigen Aufgabenerfüllung** voran, auf das Planung und Führung der Haushaltswirtschaft auszurichten sind. Wesentlicher Bestandteil der Planung der Haushaltswirtschaft ist die in § 118 geregelte **Ergebnis- und Finanzplanung**. Bei der Sicherung der stetigen Aufgabenerfüllung, d. h. als gleichberechtigtem Ziel, ist den Erfordernissen des **gesamtwirtschaftlichen Gleichgewichts** Rechnung zu tragen, wozu die Kommunen durch § 16 Abs. 1 StabG verpflichtet sind. Damit sind die Kommunen verpflichtet, ihre wirtschafts- und finanzpolitischen Maßnahmen so zu treffen, dass sie im Rahmen der marktwirtschaftlichen Ordnung gleichzeitig zur Stabilität des Preisniveaus, zu einem hohen Beschäftigungsstand und außenwirtschaftlichem Gleichgewicht bei stetigem und angemessenem Wirtschaftswachstum beitragen (§ 1 StabG). Bei einer **Kollision** der Pflicht zu der an der Sicherung stetiger Aufgabenerfüllung orientierten Planung und Führung der Haushaltswirtschaft mit der Pflicht zu konjunkturgerechtem Verhalten ist zwar im Einzelfall zu prüfen, welche Pflicht Vorrang hat, jedoch geht die stetige Aufgabenerfüllung vor, wenn sonst das kommunale Wohl Schaden nähme. In Zeiten, in denen kommunale Aufgabenerfüllung sich auf das Notwendigste beschränken muss, hat sie deshalb regelmäßig Vorrang.

3. Sparsamkeit und **Wirtschaftlichkeit** sind zwei gleichwertige Grundsätze, deren Verhältnis zueinander nur im konkreten Einzelfall bestimmt werden kann. Sparsamkeit heißt, unnötige Ausgaben zu vermeiden. Wirtschaftlichkeit bedeutet, entweder mit einem möglichst geringen Einsatz an Mitteln das angestrebte Ergebnis zu erreichen (Minimalprinzip) oder mit einem bestimmten Einsatz an Mitteln das möglichst beste Ergebnis zu erzielen (Maximalprinzip). Für das Verfahren zur Ermittlung von Sparsamkeit und Wirtschaftlichkeit gibt es keine generellen Vorschriften. Die für Maßnahmen von finanzieller Bedeutung des Landes bestehende Pflicht zur Durchführung von angemessenen Wirtschaftlichkeitsuntersuchungen und Einführung einer Kosten- und Leistungsrechnung (§ 7 Abs. 2 und 3 LHO) gilt für Kommunen nicht. Jedoch soll vor Investitionen von erheblicher finanzieller Bedeutung durch einen Wirtschaftlichkeitsvergleich unter mehreren in Betracht kommenden Möglichkeiten die wirtschaftlichste Lösung ermittelt werden und muss vor Investitionen von unerheblicher finanzieller Bedeutung mindestens eine Folgekostenberechnung angestellt werden (§ 12 Abs. 1 GemHKVO).

§ 26a GemHKVO enthält **Vergabegrundsätze**, die u. a. der Gewährleistung von Sparsamkeit und Wirtschaftlichkeit dienen. Oberhalb der durch die Vergabeverordnung (VgV v. 11.2.2003, BGBl. I S. 169, zuletzt geändert durch VO v. 7.6.2010, BGBl. I S. 724) bestimmten Schwellenwerte gelten für Vergabeverfahren § 97 ff. GWB und die darauf beruhende (§ 127 GWB) VgV, die u. a. grundsätzlich die europaweite Ausschreibung und die Anwendung von VOB/A, VOL/A und VOF fordern. Unterhalb des Schwellenwertes gilt für Bauaufträge ab einem Wert von 30 000 Euro die Ausschreibungspflicht des Landesvergabegesetzes (v. 15.12.2008, GVBl. S. 411), nach dem außerdem die VOB mit ihrem ersten Abschnitt Anwendung findet. Für Vergaben von Liefer- und Dienstleistungsaufträgen unterhalb des Schwellenwertes und Bauaufträgen unterhalb von 30 000 Euro wird den Kommunen empfohlen (RdErl. d. MW v. 21.6.2006, MBl. S. 640), den ersten Abschnitt der VOL/A und VOB/A anzuwenden. Zu den aus europarechtlichen Gründen gebotenen Wertgrenzen für freihändige Vergaben und beschränkte Ausschreibungen von Bau- sowie Liefer- und Dienstleistungsaufträgen unterhalb der Schwellenwerte s. RdErl. d. MW, d. StK u. d. übr. Min. v. 12.7.2006 (MBl. S. 699), geänd. durch RdErl. v. 20.11.2007 (MBl. S. 1482). Zu ausschreibungsfreien Inhouse-Geschäften s. RdErl. d. MW v. 16.3.2005, MBl. S. 254, EuGH, Urt. v. 11.1.2005, NVwZ 2005 S. 187, und OLG Celle, Beschl. v. 14.9.2006, R&R 6/2006 S. 1.

Sparsamkeit und Wirtschaftlichkeit sind **unbestimmte Rechtsbegriffe**, die auszulegen dem Beurteilungsspielraum der Kommune unterliegt. Dessen Grenzen sind erst dann überschritten, mit der Folge, dass das Handeln rechtswidrig ist, wenn es mit den Grundsätzen vernünftigen Wirtschaftens schlechthin unvereinbar ist (OVG Münster, Beschl. v. 26.10.1990, DÖV 1991 S. 611 mit weiteren Nachweisen); das Bestehen einer wirtschaftlicheren Möglichkeit genügt nicht (BayVGH, Urt. v. 27.5.1992, BayVBl. 1992 S. 628); überschritten sind die Grenzen jedenfalls, wenn die Kommune Finanzmittel für eine Maßnahme einsetzt, die keine kommunale Aufgabe darstellt (VG Stuttgart, Urt. v. 4.6.1981, RdSchr. NST 349/87 v. 8.10.1987; s. im Übrigen auch Erl. 4.1 zu § 5). Nur unter sehr engen Voraussetzungen können Rechtsgeschäfte, die das öffentliche Haushaltsrecht missachten, als sittenwidrig angesehen werden (Nds. OVG, Beschl. v. 30.4.2010, R&R 3/2010 S. 9).

4. Die Zwecke, denen die in Abs. 3 vorgeschriebene **ordnungsmäßige Buchführung** im Rechnungsstil der doppelten Buchführung dient, nennt § 34 Abs. 1 GemHKVO. Zu ihrer Erfüllung führt die Kommune nach § 34 Abs. 2

GemHKVO Bücher (§ 36 GemHKVO) nach den Grundsätzen ordnungsmäßiger Buchführung zur Aufzeichnung der in dieser Vorschrift genannten Gegenstände im Rechnungsstil der doppelten Buchführung. Die Anforderungen an diese Buchführung enthält in Anlehnung an § 239 HGB § 35 GemHKVO, wobei dessen Abs. 5 besondere Vorkehrungen für die durch automatische Datenverarbeitung unterstützte Buchführung verlangt. Als Verzeichnis der eingerichteten Konten hat die Kommune für sie einen Kontenplan aufzustellen (§ 35 Abs. 4 GemHKVO). Buchungen sind in zeitlicher und sachlicher Ordnung vorzunehmen (§ 36 GemHKVO). Verbindliche Buchführungshilfen (§ 178 Abs. 4) sind der von der Landesstatistikbehörde für die sachliche Ordnung aufgestellte Kontenrahmen und der für die produktorientierte Gliederung der Teilhaushalte (§ 4 Abs. 1 GemHKVO) vorgeschriebene Produktrahmen mit Zuordnungsvorschriften (Bek. d. NLS v. 27.4.2006, MBl. S. 579, zuletzt geändert durch Bek. v. 29.7.2010, MBl. S. 722).

5. Die Sollvorschrift des Abs. 4 besagt nach den anerkannten Auslegungsregeln (BVerwG, Urt. v. 2.12.1959, DVBl. 1960 S. 252), dass der Haushalt in Planung und Rechnung, d. h. also der Haushaltsplan einschließlich von Nachtragshaushaltsplänen und der Jahresabschluss, **ausgeglichen** sein **muss**, wenn dem nicht besondere Umstände entgegenstehen, die nicht nur in einer allgemein schwierigen finanziellen Situation der Kommunen bestehen, sondern die Kommune besonders betreffen. Das VG Lüneburg (Urt. v. 30.9.1996 – 4 A 211/95) hält ein Defizit nicht für akzeptabel, wenn es auf Umständen beruht, die mit den für die kommunale Wirtschaftsführung geltenden Grundsätzen nicht vereinbar sind. Nach der Amtlichen Begründung (Drs. 15/1680, zu Nr. 3 <§ 82>) ist **Kernstück des neuen Gemeindehaushaltsrechts** die Berücksichtigung des vollständigen Ressourcenverbrauchs und des zu ihrem Ersatz benötigten Ressourcenaufkommens des Haushaltsjahres, was mit Hilfe der Rechnungsgrößen „Aufwand und Ertrag" ermittelt und abgebildet wird. Zukünftig besteht der Haushaltsausgleich nicht mehr allein in der Feststellung, ob den Geldausgaben die notwendigen Geldeinnahmen gegenüberstehen, maßgebend ist vielmehr in umfassenderem Sinne die Sicherung des gesamten Vermögensbestandes und die darauf fußende Fähigkeit der dauernden Aufgabenerfüllung. Das Ziel besteht in der Generierung von Erträgen (Ressourcenaufkommen) zur Deckung der Aufwendungen (Ressourcenverbrauch), und zwar mit Blick auf das Prinzip der Generationengerechtigkeit bezogen auf das Haushaltsjahr als Rechnungsperiode. Die kamerale Ausgleichsregelung, nach der die Einnahmen die Ausgaben decken sollen, wird durch die doppische ersetzt, nach der die Erträge die Aufwendungen decken sollen. Übersteigen in Ergebnishaushalt und -rechnung die Aufwendungen die Erträge, verringert sich in entsprechendem Maße das Vermögen, im umgekehrten Fall erhöht es sich und beides drückt sich in einer entsprechenden Veränderung der Nettoposition (handelsrechtlich: des Eigenkapitals) aus. Daneben wird sich die finanzwirtschaftliche Lage einer Kommune danach beurteilen, ob ihr Vermögen die Verbindlichkeiten, Rückstellungen und Schulden „netto" übersteigt und inwieweit sie mit ihrem Vermögen zur dauerhaften Aufgabenerfüllung ohne Rückgriff auf die unverzichtbare Substanz in der Lage ist. Im Vordergrund steht danach für die Beurteilung des Haushaltsausgleichs in Planung der **Ergebnishaushalt** (§ 2 GemHKVO) als Teil des Haushaltsplans, in

dem die voraussichtlich anfallenden und entstehenden Erträge und Aufwendungen gegenübergestellt werden (§ 113 Abs. 1 und 2). Erträge sind nach § 59 Nr. 17 GemHKVO die in Geld bewerteten Wertezuwächse für Güter und Dienstleistungen in einem Haushaltsjahr und Aufwendungen nach § 59 Nr. 4 GemHKVO der in Geld bewertete Werteverzehr durch Verbrauch oder Abnutzung von Gütern und Dienstleistungen in einem Haushaltsjahr. Als außerordentlich versteht § 59 Nr. 6 GemHKVO ungewöhnliche und selten vorkommende sowie periodenfremde Aufwendungen und Erträge unter Berücksichtigung eines eher mittelfristigen Zeitraums unter Einbeziehung von Überschüssen und Fehlbeträgen mehrerer Jahre, weil sich periodenfremde Vorgänge einer kurzfristigen Planung in der Regel entziehen (Amtliche Begründung a. a. O.). Der Ausgleich in Rechnung bezieht sich auf die **Ergebnisrechnung** (§ 50 GemHKVO) als Teil des Jahresabschlusses (§ 128 Abs. 2), in der dem Haushaltsjahr zuzurechnenden Erträge und Aufwendungen gegenübergestellt werden. Zum Haushaltsausgleich gehört auch die Sicherstellung der Liquidität unter Einbeziehung der benötigten Liquiditätskredite (§ 122) und der Investitionsfinanzierung, subsidiär durch Kredite (Abs. 4 Satz 3).

Für die Veranschlagung eines erkennbaren **Überschusses** im Ergebnishaushalt gilt § 15 Abs. 5 und 6 GemHKVO. Über die Zuführung eines Überschusses in der Ergebnisrechnung zur Überschussrücklage entscheidet die Vertretung (Abs. 7, § 58 Abs. 1 Nr. 10), ebenso bei der Beschlussfassung über den Jahresabschluss mit der in ihm enthaltenen Bilanz (§ 128 Abs. 2; § 54 Abs. 4 GemHKVO) über die Umwandlung von Überschussrücklagen in Basisreinvermögen bei Vorliegen der Voraussetzungen des Abs. 7 Satz 3. Kann ein absehbarer **Fehlbetrag** in der Ergebnisrechnung mit entsprechenden Überschussrücklagen (§ 123 Abs. 1 Satz 1) verrechnet werden oder können die vorgetragenen Fehlbeträge nach der mittelfristigen Ergebnis- und Finanzplanung (§ 118, § 9 GemHKVO) spätestens im zweiten dem Haushaltsjahr folgenden Jahr ausgeglichen werden, besteht eine Ausgleichsfiktion (Abs. 5 Satz 1). Die Verrechnung mit der Bewertungsrücklage (§ 54 Abs. 4 Satz 1 Nr. 1.2.3 GemHKVO), die nur bei einer von der Kommune nach § 178 Abs. 1 Nr. 8 bis zum 31.12.2005 beschlossenen Vermögenstrennung ausgewiesen wird (§ 54 Abs. 4 Satz 2 GemHKVO), ist nicht zugelassen, weil diese für das realisierbare Vermögen nur die buchmäßigen Unterschiede zwischen dem Bewertungsergebnis nach Verkehrswerten (§ 45 Abs. 5 Satz 1 GemHKVO) und den regelmäßig geringeren Anschaffungs- oder Herstellungswerten (§ 47 Abs. 6 GemHKVO) darstellt und nur realisierte Buchgewinne als außerordentliche Erträge zur Ergebnisverbesserung beitragen können (Amtliche Begründung a. a. O.). Ausgeschlossen ist auch grundsätzlich die Verrechnung mit Basisreinvermögen, sodass Fehlbeträge nur durch künftige Minderaufwendungen oder Mehrerträge ausgeglichen werden können; eine Ausnahme davon enthält Abs. 5 Satz 3.

6. Die aufsichtsbehördlich durchsetzbare Pflicht zur Aufstellung eines **Haushaltssicherungskonzepts** (in das das bis 2006 in § 84 Abs. 3 NGO enthalten gewesene Haushaltskonsolidierungskonzept zur Vermeidung einer Verwechslung mit dem Begriff der Konsolidierung in § 128 ohne inhaltliche Änderung umbenannt worden ist) besteht, wenn der Haushaltsausgleich (Abs. 4 und 5) nicht erreicht werden kann; wird er erreicht, wenn auch nur aufgrund besonderer Umstände (z. B. durch Verrechnung nach Abs. 5 Satz 3), entfällt trotz eines etwaigen strukturellen Defizits die Pflicht. Für den **Inhalt** des Konzepts verlangt das Gesetz die Festlegung des **Zeitraumes**, innerhalb dessen der Haushaltsausgleich wieder erreicht werden soll, und die Darstellung der **Maßnahmen**, durch die der ausgewiesene Fehlbedarf abgebaut und das Entstehen eines neuen Fehlbedarfs vermieden werden soll. Geeigneter Anknüpfungspunkt für den Zeitraum ist die mittelfristige Ergebnis- und Finanzplanung (§ 90 und § 9 Abs. 4 GemHKVO). Die Maßnahmen können die Ergebnishaushalte aller Teilhaushalte und den Stellenplan betreffen. Die einzelnen Maßnahmen sind mit ihren Auswirkungen auf Erträge und Aufwendungen zu beschreiben. Nähere Hinweise zur Aufstellung und inhaltlichen Ausgestaltung des Haushaltssicherungskonzepts enthält die Bek. d. MI v. 30.10.2007 (MBl. S. 1254). **Zuständig** für den Beschluss über das Konzept ist die Vertretung (§ 58 Abs. 1 Nr. 9); der Beschluss muss spätestens mit der Haushaltssatzung erfolgen (Abs. 6 Satz 3). Das Konzept muss der Aufsichtsbehörde zusammen mit der Haushaltssatzung als deren Anlage (§ 1 Abs. 2 Nr. 4 GemHKVO) vorgelegt werden. Das **Fehlen** eines erforderlichen Haushaltssicherungskonzepts ist eine Pflichtverletzung i. S. d. § 174; dem Fehlen steht die Vorlage eines völlig unzureichenden oder unrealistischen Konzepts gleich. Nur als zweckmäßig anzusehende Ergänzungen können nicht mit Mitteln der Aufsicht durchgesetzt werden, auch nicht mittels der Versagung der Genehmigung von genehmigungspflichtigen Teilen des Haushalts; in Betracht kommt aber ihre Berücksichtigung bei Bedarfszuweisungen. Auch die Durchführung des Sicherungskonzepts kann mit Aufsichtsmitteln nicht erzwungen, sondern nur im Zusammenhang mit der Vorlage der nächsten Haushaltssatzung gewürdigt werden. Im Falle eines schon im Vorjahr vorgelegten Konzepts ist bei der Vorlage eines weiteren Konzepts ein **Haushaltssicherungsbericht** über den Erfolg der Sicherungsmaßnahmen beizufügen; ist ein erneutes Konzept entbehrlich, wird der Bericht nicht gefordert. Nur auf Anforderung der Kommunalaufsichtsbehörde erstellt das zuständige Rechnungsprüfungsamt eine Stellungnahme zu dem Bericht; soweit die Kommune ein eigenes Rechnungsprüfungsamt eingerichtet hat (§ 153 Abs. 1), ist sie Adressat der als Verwaltungsakt anzusehenden Anforderung der Kommunalaufsichtsbehörde; Entsprechendes gilt, wenn die Kommune ihr Rechnungsprüfungsamt einer anderen Behörde als der Kommunalaufsichtsbehörde übertragen hat (§ 153 Abs. 3). Im Falle des § 153 Abs. 3 ist die Anforderung eine interne Angelegenheit der Kommunalaufsichtsbehörde.

Der HVB kann, wenn es die Entwicklung der Erträge und Einzahlungen oder Aufwendungen und Auszahlungen oder die Erhaltung der Liquidität nach seiner Einschätzung zur Erreichung des Haushaltsausgleichs erfordert, eine **haushaltswirtschaftliche Sperre** verhängen, die erst nach der Verbesserung der Entwicklung wieder aufgehoben werden darf (§ 30 GemHKVO). Der Wortlaut des § 30 Satz 3 GemHKVO, nach dem die Vertretung von der Sperre und ihre Aufhebung unterrichtet wird, macht deutlich, dass es sich um eine ausschließliche Zuständigkeit des HVB handelt. Der Vertretung bleibt aber die Möglichkeit zum Erlass einer Nachtragshaushaltssatzung (§ 115 Abs. 2).

7. Abs. 8 verbietet der Kommune, sich zu **überschulden**, was dann der Fall ist, wenn die Nettoposition durch Fehlbetragsvorträge, Verbindlichkeiten, Rückstellungen und Geldschulden aufgebraucht ist. Unabhängig vom Zeitpunkt der Vorlage der Haushaltssatzung (§ 114 Abs. 1) und der Beschlüsse über den Jahresabschluss und den konsolidierten Gesamtabschluss (§ 129 Abs. 1) ist der Kommunalaufsichtsbehörde der bei der Planung oder Rechnung erkennbare drohende Eintritt dieser Lage mitzuteilen, um ihr die Möglichkeit zu geben, die Kommune bei der Gegensteuerung beratende Hilfestellung zu bieten.

§ 111 Grundsätze der Finanzmittelbeschaffung

(1) Die Gemeinden erheben Abgaben nach den gesetzlichen Vorschriften.

(2) Die Landkreise erheben Abgaben und Umlagen nach den gesetzlichen Vorschriften.

(3) ¹Die Samtgemeinden erheben Gebühren und Beiträge nach den für Gemeinden geltenden Vorschriften sowie von den Mitgliedsgemeinden eine Umlage (Samtgemeindeumlage) unter entsprechender Anwendung der Vorschriften über die Kreisumlage. ²Die Hauptsatzung kann bestimmen, dass die Samtgemeindeumlage je zur Hälfte nach der Einwohnerzahl der Mitgliedsgemeinden und nach den Bemessungsgrundlagen der Kreisumlage festgesetzt wird.

(4) Die Region Hannover erhebt Abgaben und eine Umlage unter entsprechender Anwendung der für Landkreise geltenden Vorschriften, soweit nichts anderes bestimmt ist.

(5) ¹Die Gemeinden haben die zur Erfüllung ihrer Aufgaben erforderlichen Finanzmittel,
1. soweit vertretbar und geboten, aus speziellen Entgelten für die von ihnen erbrachten Leistungen,
2. im Übrigen aus Steuern

zu beschaffen, soweit die sonstigen Finanzmittel nicht ausreichen. ²Satz 1 gilt für Samtgemeinden, Landkreise und die Region Hannover entsprechend mit der Maßgabe, dass in Nummer 2 anstelle der Steuern die Umlagen treten. ³Eine Rechtspflicht zur Erhebung von Straßenausbaubeiträgen besteht für Kommunen nicht.

(6) Die Kommunen dürfen Kredite nur dann aufnehmen, wenn eine andere Finanzierung nicht möglich ist oder wirtschaftlich unzweckmäßig wäre.

(7) ¹Die Kommunen dürfen zur Erfüllung ihrer Aufgaben Spenden, Schenkungen und ähnliche Zuwendungen einwerben und annehmen oder an Dritte vermitteln, die sich an der Erfüllung von Aufgaben beteiligen. ²Für die Einwerbung und die Entgegennahme des Angebots einer Zuwendung ist die Hauptverwaltungsbeamtin oder der Hauptverwaltungsbeamte zuständig. ³Über die Annahme oder Vermittlung entscheidet die Vertretung. ⁴Die Kommunen erstellen jährlich einen Bericht, in dem die Zuwendungsgeber, die Zuwendungen und die Zuwendungszwecke anzugeben sind, und übersenden ihn der Kommunalaufsichtsbehörde. ⁵Das für Inneres zuständige Ministerium wird ermächtigt, durch Verordnung Wertgrenzen für Zuwendungen zu bestimmen

und das Verfahren für Zuwendungen unterhalb der Wertgrenzen abweichend von den Sätzen 2 bis 4 zu regeln.

§ 83 NGO

ERLÄUTERUNGEN zu § 111

1. Der Regelungsgehalt der Absätze 1, 2 und 4 erschöpft sich in dem Hinweis, dass Gemeinden **Abgaben** (Legaldefinition des § 1 NKAG: Steuern, Gebühren, Beiträge) und Landkreise, einschließlich der Region Hannover, **Abgaben und Umlagen** nach den jeweiligen Gesetzen erheben, enthalten also keine generelle Ermächtigung oder Verpflichtung zur Abgaben- oder Umlagenerhebung. Zur Kreis- und Regionsumlage s. § 15 NFAG. Abs. 3 ergänzt den § 1 NKAG, wonach nur Gemeinden und Landkreise kommunale Abgaben zu erheben berechtigt sind. Jedoch können Samtgemeinden keine Steuern erheben, dazu sind nur die Mitgliedsgemeinden berechtigt.

Für die Berechnung und Festsetzung der **Samtgemeindeumlage** gelten nach Abs. 3 Satz 1 die Vorschriften des § 15 NFAG über die Kreisumlage entsprechend, jedoch kann nach Abs. 3 Satz 2 durch die Hauptsatzung eine davon abweichende Festsetzung bestimmt werden. Die Berücksichtigung der Einwohnerzahl soll ermöglichen, dem jeweiligen Nutzen und Vorteil der Mitgliedsgemeinden Rechnung zu tragen. Vor der Festsetzung der Umlage sind die Mitgliedsgemeinden rechtzeitig zu hören (§ 15 Abs. 3 NFAG).

Gegen Bescheide über die Festsetzung der Kreis- und Samtgemeindeumlage ist abweichend von § 8a AGVwGO der Widerspruch zulässig (§ 20 NFAG).

2. Für die Beschaffung der Finanzmittel enthält Absatz 5 eine **Rangfolge:** Soweit die sonstigen Finanzmittel nicht ausreichen, sind zunächst die speziellen Entgelte auszuschöpfen, ehe auf Steuereinnahmen zurückgegriffen werden darf. Zu den **sonstigen Finanzmitteln** gehören alle Einzahlungen aus laufender Verwaltungs-, für Investitions- und aus der Finanzierungstätigkeit, die im Finanzhaushalt als Einzahlungen (§ 59 Nr. 16 GemHKVO) und im Ergebnishaushalt als ordentliche oder außerordentliche Erträge (§ 59 Nrn. 6 und 17 GemHKVO) zu veranschlagen sind. Sonstige Finanzmittel sind danach insbesondere die Erträge aus Kapital- und Grundvermögen, ferner die Zuweisungen im Rahmen des Finanzausgleichs einschließlich der Kostenerstattung für die Wahrnehmung der Aufgaben des übertragenen Wirkungskreises, Finanzhilfen für die Durchführung von kommunalen Aufgaben, der Gemeindeanteil an Einkommen- und Umsatzsteuer (Art. 106 Abs. 5 und 5a GG). **Spezielle Entgelte** sind die öffentlich-rechtlichen und die privatrechtlichen Leistungsentgelte; dazu gehören auch Nutzungsentgelte nach § 11 ff. NNVO und bei Kindertageseinrichtungen die Elternbeiträge (OVG NRW, Beschl. v. 24.5.2007, DÖV S. 934). Für sie gelten die jeweils bestehenden besonderen Vorschriften, für die Erhebung der öffentlich-rechtlichen Entgelte (Gebühren, Beiträge) insbesondere das NKAG; die Maßstäbe für die Erhebung privatrechtlicher Entgelte können keine anderen sein als die für öffentlich-rechtliche. Diese Finanzmittel reichen regelmäßig zur

Erfüllung der kommunalen Aufgaben nicht aus, sodass als dritte Komponente die **Steuern** und die ihnen gleichgestellten Einnahmen aus der Kreis-, Regions- oder Samtgemeindeumlage hinzutreten. Die bedeutsamsten sind die in Art. 106 Abs. 6 GG genannten Realsteuern und örtlichen Verbrauch- und Aufwandsteuern, für deren Erhebung die jeweiligen Spezialregelungen maßgebend sind; zum Steuerfindungsrecht der Kommunen s. § 3 NKAG. Die Rangfolge der Finanzmittel aus **speziellen Entgelten** vor denen aus den **Kommunalsteuern** trägt dem Grundsatz Rechnung, dass die Nutznießer und Veranlasser kommunaler Aufwendungen vor der Allgemeinheit zu ihrer Kostendeckung heranzuziehen sind. Dieser Grundsatz bedeutet allerdings nicht, dass Steuern und Umlagen nur erhoben werden dürfen, wenn die speziellen Entgelte vollständig und in allen Bereichen abgeschöpft worden sind. Denn die Pflicht zur Ausschöpfung der speziellen Entgelte besteht nur, soweit das vertretbar und geboten ist (Abs. 5 Satz 1 Nr. 1). Dadurch ist den Kommunen ein weites Ermessen eingeräumt. Das OVG Lüneburg (Urt. v. 19.9.1990, NST-N 1991 S. 109) betrachtet im Hinblick auf die speziellere Regelung des § 3 Abs. 4 NKAG, die als Sollvorschrift ausgestaltet ist, den in Absatz 5 enthaltenen Grundsatz im Wesentlichen nur als programmatische Finanzierungsregel (anders OVG Münster, Beschl. v. 22.8.2007, NVwZ-RR 2008 S. 50, zur Pflicht einer Gemeinde mit defizitärem Haushalt, Finanzierungslücken bei Kindergärten aufgrund einer gleichlautenden Vorschrift der GO NW vorrangig durch Elternbeiträge abzudecken), die einer gerichtlichen Nachprüfung ihrer Natur nach grundsätzlich nicht zugänglich ist, und spricht ihm unmittelbare Rechtsgeltung zugunsten des Bürgers ab (ebenso VG Lüneburg, Urt. v. 13.2.2001, VwRR S. 116). Bezüglich des bundesrechtlich geregelten Hebesatzrechts der Gemeinden bei der Grund- und Gewerbesteuer verneint auch das BVerwG (Urt. v. 11.6.1993, NVwZ 1994 S. 176) ein Klagerecht Dritter gegenüber der Gemeinde.

Zu den **sonstigen Einnahmen der Samtgemeinde** gehören die an sie gem. § 6 Abs. 1 NFAG gezahlten Schlüsselzuweisungen, soweit sie sie nicht gem. § 6 Abs. 2 NFAG an die Mitgliedsgemeinden weitergibt. Zur vollständigen Weitergabe ist die Samtgemeinde nicht verpflichtet. Das folgt aus der der Regelung des § 6 NFAG zugrunde liegenden Absicht, im Bereich der Samtgemeinden, bezogen auf Einrichtungen der Daseinsvorsorge, grundsätzlich die gleichen Verhältnisse zu gewährleisten wie in Einheitsgemeinden. Andererseits ist die Samtgemeinde auch nicht zur vollständigen Einbehaltung der Schlüsselzuweisungen berechtigt, es sei denn, es lägen dafür wirklich zwingende Gründe vor, etwa weil der Samtgemeinde die Deckung ihres Haushaltsdefizits über eine Umlage nicht möglich oder unzumutbar ist (OVG Lüneburg, Beschl. v. 31.10.1983 – 2 OVG B 18/83; zum samtgemeindeinternen Ausgleich vgl. auch VG Stade, Urt. v. 13.2.1986, Nieders. Rechtspflege S. 137). Das NdsOVG hat wie bei der Kreisumlage (Urt. v. 27.1.1999, VwRR N S. 103; Urt. v. 3.9.2002, NST-N S. 360) auch bei der Samtgemeindeumlage eine bestimmte Bemessungsgrenze für den Umlagesatz als nicht geeignet angesehen für die Beurteilung, ob die Belastung für die Gemeinden unzumutbar ist, weil ihnen infolge einer unzureichenden Finanzausstattung durch die Kreisumlage die Wahrnehmung freiwilliger Selbstverwaltungsangelegenheiten unmöglich wird, und ist der Ansicht des VG Göttingen (Urt. v. 22.2.2001, VwRR N S. 80), dass das Ermessen bei der Festsetzung der Samtgemeindeumlage seine Grenze findet, wenn den Mitgliedsgemeinden eine freie Spitze von weniger als 5 v. H. des Gesamthaushalts verbleibt, ausdrücklich nicht gefolgt (Urt. v. 3.9.2002, a. a. O.; Urt. v. 28.10.2004, R&R 2/2005 S. 1, gegen das das BVerwG, Beschl. v. 25.7.2005, R&R 5/2005 S. 14, die Revision zwar zugelassen, aber zurückgewiesen hat, Urt. v. 15.11.2006, R&R 1/2007 S. 2)

Der Ausgleichspflicht gem. § 6 Abs. 2 NFAG kann die Samtgemeinde auch mit Hilfe von Zweckzuweisungen nachkommen (so auch Erlass des MI v. 13.8.1976 – Az. 33.1-350.103/8, dng 1976 S. 266). Zur Frage eines besonderen Verwaltungskostenausgleichs zwischen Samtgemeinde und Mitgliedsgemeinde vgl. Erl. 2 und 4 zu § 98.

Eine Rechtspflicht zur Erhebung von **Straßenausbaubeiträgen**, die grundsätzlich angenommen worden ist (VG Braunschweig, Urt. v. 9.12.1987, NST-N 1988 S. 290), bestand nach Ergänzung des § 82 Abs. 2 NGO (Ges. v. 17.12.1991, Nds. GVBl. S. 363) bis zu deren Streichung (Ges. v. 15.11.2005, GVBl. S. 342) nicht; sie ist inzwischen abermals aufgehoben worden (Ges. v. 7.12.2006, GVBl. S. 575). Eine bestehende Ausbaubeitragssatzung kann also auch ohne weitere Voraussetzungen wieder aufgehoben werden. Ihre Beibehaltung kann ebenso wenig wie der Erlass durch die Kommunalaufsichtsbehörde erzwungen werden. Besteht eine solche Satzung, dann unterliegt die Kommune hinsichtlich der Bemessung der Beiträge den rechtlichen Bindungen des NKAG, insbesondere dem Vorteilsprinzip (OVG Lüneburg, Beschl. v. 6.6.2001, NVwZ-RR 2002 S. 294).

3. Der Grundsatz der **Subsidiarität** gilt auch für die **Kreditaufnahme**, die erst zulässig ist, wenn die anderen Möglichkeiten der Finanzierung nicht bestehen oder wirtschaftlich unzweckmäßig wären. Bei der wirtschaftlichen Zweckmäßigkeit können haushaltswirtschaftliche Gesichtspunkte ebenso zur Geltung gebracht werden wie gesamtwirtschaftliche. Die Beurteilung kann jedoch nur im Einzelfall vorgenommen werden, auch z. B. bei der Frage, ob ein Verzicht auf staatliche Zuschüsse zulässig ist, wenn statt dessen ein Kredit aufgenommen wird.Für Liquiditätskredite ergibt sich die Einschränkung aus § 122 Abs. 1 Satz 1.

4. Die Regelung über das sog. **Sponsoring** (Abs. 7) soll der Rechtsprechung (BGH, Urt. v. 23.5.2002, NJW 2002 S. 2801) Rechnung tragen, wonach Amtsträger (§ 11 Abs. 1 Nr. 2 StGB, zu denen auch Abgeordnete, insbesondere die Mitglieder des Hauptausschusses, zählen: BGH, Urt. v. 9.5.2006, NJW 2006 S. 2050, s. auch R&R 5/2006 S. 18), die gesetzlich vorgesehene Finanzierungsmöglichkeiten ausschöpfen, dann nicht den Straftatbestand der Vorteilsannahme (§ 331 StGB) erfüllen, wenn das in einem durchschaubaren Verfahren geschieht, den Kontroll- und Aufsichtsbehörden die Überwachung ermöglicht und so dem Anschein der Käuflichkeit entgegengewirkt wird. Zur Erfüllung ihrer Aufgaben ist deshalb Kommunen gesetzlich gestattet, Spenden, Schenkungen und ähnliche Zuwendungen einzuwerben, anzunehmen oder an Dritte zu vermitteln, die sich an der Aufgabenerfüllung beteiligen. Die Zuwendung kann in Geld-, Sach- oder Dienstleistungen bestehen, z. B. als Beitrag zur Durchführung eines von der Kommune organisierten Jubiläums, als Förderung der Feuerwehr oder zur Aufrechterhaltung der Funktionsfähigkeit einer kommunalen Einrichtung (z. B. einer Schule); eine Orientierungshilfe bietet der Beschluss der Landesregierung v. 16.12.2008 (MBl. 2009 S. 68). Es macht keinen Unterschied, ob der Sponsor eine natürliche oder eine juristische Person oder eine Vereinigung (z. B. ein Förderverein) ist, wenn nur die Zuwendung der Kommune (z. B. auch als Trägerin der Feuerwehr oder der Schule) gilt (zur Kameradschaftskasse der Feuerwehr s. R&R 2/2010 S. 17).

Zuständig für die Einwerbung und Entgegennahme von Zuwendungen und entsprechenden Angeboten, die nach der gesetzlichen Systematik von der Annahme (auch i. S. d. § 331 StGB) zu unterscheiden ist, ist der HVB, der bei Zuwendungen an Schulen in der Trägerschaft der Kommune diese Zuständigkeit auf den jeweiligen Schulleiter übertragen kann (§ 127 Abs. 2). Für die Entscheidung über die Annahme und Vermittlung von Zuwendungen bis zu einem Wert von 100 Euro ist der HVB zuständig (§ 25a Abs. 1 GemHKVO), der auch insoweit seine Zuständigkeit auf den Schulleiter übertragen kann (§ 127 Abs. 2, s. dort Erl. 4), im Übrigen die Vertretung, wenn sie nicht diese Entscheidung für Zuwendungen im Wert von über 100 bis höchstens 2 000 Euro auf den Hauptausschuss übertragen hat (§ 25a Abs. 2 GemHKVO). Bei mehreren Zuwendungen desselben Gebers entscheidet bei Überschreiten der Wertgrenzen das dann zuständige Organ (§ 25a Abs. 3 GemHKVO).

Die nach der Rechtsprechung notwendige **Transparenz** wird dadurch gewährleistet, dass die Vertretung grundsätzlich in öffentlicher Sitzung über die Annahme entscheidet, soweit nicht der Ausschluss der Öffentlichkeit geboten ist (§ 64), was dann der Fall ist, wenn der Geber anonym bleiben will. Bei der Annahmeentscheidung der Vertretung oder des Hauptausschusses müssen Zuwendungsgeber, Art der Zuwendung und Zuwendungszweck bekannt sein, weil nur dann verantwortbar über die Annahme entschieden werden kann. Über die Annahme ist für jeden Einzelfall zu entscheiden, sodass eine Entscheidung über die generelle Zulässigkeit von Gruppen von Zuwendungen nicht möglich ist. Möglich ist aber die Zusammenfassung der Zuwendungen eines bestimmten Zeitraums, über die dann die Vertretung oder der Hauptausschuss unter einem Tagesordnungspunkt entscheidet. Ist bei Zuwendungen unmittelbar vor einem Ereignis (z. B. Sachleistungen für ein Jubiläum der Kommune) oder zum sofortigen Verbrauch eine Entscheidung auch im Eilverfahren nach § 89 nicht möglich, dann ist unverzüglich die nachträgliche Entscheidung des zuständigen Organs einzuholen.

Entscheidungen des HVB bei Zuwendungen in Geld bis 100 Euro sind zu dokumentieren (§ 25a Abs. 1 Satz 3 GemHKVO), was allerdings auch bei Zuwendungen anderer Art notwendig sein wird, um bei deren Wiederholung die für die Zuständigkeit maßgebenden Wertgrenzen kontrollieren zu können. In einem jährlichen Bericht, der der Kommunalaufsichtsbehörde zu übersenden ist, sind die Zuwendungen mit Ausnahme der bis 100 Euro (§ 25a Abs. 1 Satz 2 GemHKVO) nach Art, Geber und Zweck zusammenzustellen.

Die Vorschrift des Abs. 7 bezweckt den **Schutz der Amtsträger** in den Kommunen davor, wegen Vorteilsannahme strafrechtlich zur Verantwortung gezogen zu werden. Es ist davon auszugehen, dass er umso wirksamer ist, je sorgfältiger das für die Transparenz des Vorgangs vorgesehene Verfahren eingehalten wird.

§ 112 Haushaltssatzung

(1) Die Kommunen haben für jedes Haushaltsjahr eine Haushaltssatzung zu erlassen.

(2) ¹Die Haushaltssatzung enthält die Festsetzung
1. des Haushaltsplans
   a) im Ergebnishaushalt unter Angabe des Gesamtbetrages der ordentlichen Erträge und Aufwendungen sowie der außerordentlichen Erträge und Aufwendungen,
   b) im Finanzhaushalt unter Angabe des Gesamtbetrages der Einzahlungen und der Auszahlungen aus laufender Verwaltungstätigkeit, der Einzahlungen und der Auszahlungen für Investitionstätigkeit sowie der Einzahlungen und der Auszahlungen aus der Finanzierungstätigkeit,
   c) unter Angabe des Gesamtbetrages der vorgesehenen Kreditaufnahmen für Investitionen und Investitionsförderungsmaßnahmen (Kreditermächtigung) sowie
   d) unter Angabe des Gesamtbetrages der Ermächtigungen zum Eingehen von Verpflichtungen, die künftige Haushaltsjahre mit Auszahlungen für Investitionen und Investitionsförderungsmaßnahmen belasten (Verpflichtungsermächtigungen),
2. des Höchstbetrages der Liquiditätskredite,
3. bei Gemeinden der Hebesätze der Grund- und Gewerbesteuer, wenn diese nicht in einer gesonderten Satzung bestimmt sind, und
4. bei Samtgemeinden, Landkreisen und der Region Hannover weitere Vorschriften, wenn dies gesetzlich vorgeschrieben ist.
²Sie kann weitere Vorschriften enthalten, wenn sich diese auf die Erträge, Aufwendungen, Einzahlungen und Auszahlungen sowie den Stellenplan für das Haushaltsjahr beziehen.

(3) ¹Die Haushaltssatzung wird am Tag nach dem Ende der öffentlichen Auslegung des Haushaltsplans nach § 114 Abs. 2 Satz 3, frühestens mit Beginn des Haushaltsjahres wirksam; sie gilt für das Haushaltsjahr. ²Sie kann Festsetzungen für zwei Haushaltsjahre, nach Jahren getrennt, enthalten.

(4) Haushaltsjahr ist das Kalenderjahr, soweit nicht für einzelne Bereiche durch Gesetz oder Verordnung etwas anderes bestimmt ist.

§ 84 NGO

ERLÄUTERUNGEN zu § 112

1. Absatz 1 normiert die **Pflicht** zum Erlass einer **Haushaltssatzung** für jedes Haushaltsjahr, das regelmäßig dem Kalenderjahr entspricht (Abs. 4); die Haushaltssatzung kann auch Festsetzungen für zwei Haushaltsjahre enthalten (Abs. 3 Satz 2). Für die Haushaltssatzung ist das vom MI vorgeschriebene verbindliche Muster (§ 178 Abs. 3) zu verwenden (RdErl. d. MI v. 4.12.2006, MBl. 2007 S. 42).
Die Haushaltssatzung ist eine **Satzung eigener Art,** weshalb die ausschließliche Zuständigkeit der Vertretung für ihren Erlass in § 58 Abs. 1 Nr. 9 gesondert von

anderen Satzungen (§ 58 Abs. 1 Nr. 5) normiert ist. Sie entfaltet **nach außen** Wirkungen nur durch die Festsetzung der Hebesätze der Grund- und Gewerbesteuer, wenn diese nicht in einer eigenständigen Steuersatzung vorgenommen wird (Abs. 2 Satz 1 Nr. 3); Ansprüche und Verbindlichkeiten Dritter werden durch den Haushaltsplan ausdrücklich nicht begründet oder aufgehoben (§ 113 Abs. 3 Satz 3). Damit hat die Haushaltssatzung in erster Linie **Binnenwirkung**: Sie steckt auf der Seite der Aufwendungen und Auszahlungen den Rahmen für die finanziell relevante Betätigung der Organe ab, so dass Abweichungen ohne den Erlass einer Nachtragshaushaltssatzung nur in den gesetzlich zugelassenen Fällen möglich sind (insbes. über-, außerplanmäßige Aufwendungen und Auszahlungen, § 117, und Verpflichtungen, § 119 Abs. 5, haushaltswirtschaftliche Sperre, § 30 GemHKVO); für die Seite der Erträge und Einzahlungen sind die für die jeweiligen Ansprüche geltenden Rechtsgrundlagen maßgebend. Insgesamt gesehen hat die Haushaltssatzung, wie ihre Entstehungsgeschichte (§ 83 DGO) verdeutlicht, eine eher formale Bedeutung (VG Lüneburg, Beschl. v. 20.12.1995 – 4 B 120/95 – für die Festsetzungen zur Samtgemeindeumlage in der Haushaltssatzung: Ähnlich wie der Haushaltsplan interne Organisationsakte der Wirtschaftsführung).

2. Mit der Übernahme der Festsetzung des Haushaltsplans (§ 113) unter Angabe des **Gesamtbetrages** der ordentlichen und außerordentlichen Erträge und Aufwendungen im Ergebnishaushalt und Ein- und Auszahlungen im Finanzhaushalt in die Haushaltssatzung werden zugleich auch die Einzelansätze der Teilhaushalte (§ 4 GemHKVO) festgesetzt. Die **Kreditermächtigung** betrifft nur die Investitionen und Investitionsfördermaßnahmen (zu den Begriffen vgl. § 59 Nrn. 24, 25 GemHKVO), nicht auch die Umschuldungen (vgl. Nr. 1.10 des Kreditlasses, abgedruckt im Anhang zu § 120; s. auch § 115 Abs. 3 Nr. 1), die deshalb unabhängig von der Haushaltssatzung vorgenommen werden können, und die inneren Darlehen (§ 21 GemHVO). In die Satzung zu übernehmen sind auch der Gesamtbetrag der **Verpflichtungsermächtigungen** (§ 119), der Höchstbetrag der **Liquiditätskredite** (§ 122) und die **Hebesätze** für die Realsteuern die nach dem verbindlichen Muster in § 5 der Haushaltssatzung auch enthalten sein müssen, wenn eine besondere Hebesteuersatzung (§ 25 Grundsteuergesetz, § 16 Gewerbesteuergesetz) erlassen worden ist (zu deren Zulässigkeit: OVG Lüneburg, Urt. v. 19.9.1990, NST-N 1991 S. 109); in diesem Falle hat die Haushaltssatzung insoweit aber nur deklaratorische Bedeutung. Die Festsetzung der Hebesätze ist eine im Wesentlichen politische Entscheidung, die nur recht eingeschränkt aufsichtsbehördlicher und gerichtlicher Überprüfung zugänglich ist und aufsichtsbehördlich nicht angeordnet werden kann (VG Köln, Urt. v. 19.3.2004, NVwZ 2005 S. 1341, zur Festsetzung der Hebesätze für die Grundsteuer).

Als **weitere Vorschriften** i. S. d. Abs. 2 Satz 2 kommen Zustimmungsvorbehalte bei bestimmten Ausgaben und Bestimmungen über Wertgrenzen zur Festlegung von Organzuständigkeiten (s. Erl. 2 zu § 115 und Erl. 3 zu § 117) in Betracht, soweit diese nicht in der Hauptsatzung zu treffen sind (s. § 58 Abs. 1 Nrn. 8, 14, 16 und 20).

3. Absatz 3 Satz 1 enthält eine von § 10 Abs. 3 abweichende Regelung des **Wirksamwerdens** der Haushaltssatzung. Diese durch das Reformgesetz vom

1.4.1996 (Nds. GVBl. S. 82) getroffene Regelung beendet Zweifel darüber, ob die Haushaltssatzung am Tag nach ihrer Bekanntmachung oder am Tag nach dem Ablauf der Auslegungsfrist wirksam wurde; das zweite Datum ist zugrunde gelegt worden, weil sich der Haushaltsplan anders als die Satzung aus Kostengründen zum Abdruck im Veröffentlichungsorgan der Kommune nicht eignet, den Bürgern aber gleichwohl vor seinem Wirksamwerden Gelegenheit zur Kenntnisnahme seines Inhalts gegeben werden soll. Frühester Termin des Wirksamwerdens ist der Beginn des Haushaltsjahres, im Übrigen der Tag nach dem Ende der öffentlichen Auslegung des Haushaltsplans (§ 114 Abs. 2 Satz 3). Auch bei dem Wirksamwerden nach seinem Beginn gilt sie für das gesamte Haushaltsjahr, entfaltet also ggf. rückwirkende Kraft, und sie verliert ihre Wirksamkeit mit seinem Ende. Für die Anhebung der Hebesätze von Realsteuern durch die Haushaltssatzung, die für das Kalenderjahr nur bis zum 30.6. vorgenommen werden kann (§ 16 Abs. 3 Gewerbesteuergesetz, § 25 Abs. 3 Grundsteuergesetz), ist nicht das Wirksamwerden der Satzung, sondern der Zeitpunkt des Ratsbeschlusses maßgebend (BVerwG, Beschl. v. 13.7.1979, KStZ 1980 S. 12). Absatz 4 Satz 2 ermöglicht, Haushaltspläne für **zwei Jahre**, aus finanzstatistischen Gründen nach Jahren getrennt, aufzustellen (s. auch § 7 GemHKVO).

4. Die Haushaltssatzung bedarf als solche **keiner Genehmigung**, jedoch kann sie genehmigungspflichtige Teile enthalten (vgl. dazu Erl. 2 zu § 114).

§ 113 Haushaltsplan

(1) [1]Der Haushaltsplan enthält alle im Haushaltsjahr für die Erfüllung der Aufgaben der Kommune voraussichtlich
1. anfallenden Erträge und eingehenden Einzahlungen,
2. entstehenden Aufwendungen und zu leistenden Auszahlungen und
3. notwendigen Verpflichtungsermächtigungen.
[2]Die Vorschriften des Zweiten Abschnitts bleiben unberührt.

(2) [1]Der Haushaltsplan ist in einen Ergebnishaushalt und einen Finanzhaushalt zu gliedern. [2]Der Stellenplan für die Beschäftigten ist Teil des Haushaltsplans.

(3) [1]Der Haushaltsplan ist Grundlage für die Haushaltswirtschaft der Kommunen. [2]Er ist nach Maßgabe dieses Gesetzes und der aufgrund dieses Gesetzes erlassenen Vorschriften für die Haushaltsführung verbindlich. [3]Ansprüche und Verbindlichkeiten Dritter werden durch ihn weder begründet noch aufgehoben.

§ 85 NGO

ERLÄUTERUNGEN zu § 113

1. Der Haushaltsplan ist in einen **Ergebnishaushalt** (§ 2 GemHKVO) und einen **Finanzhaushalt** (§ 3 GemHKVO), und in **Teilhaushalte** (§ 4 GemHKVO), die ihrerseits in Ergebnis- und Finanzhaushalte gegliedert sind (§ 4 Abs. 1 Satz 5 GemHKVO), zu gliedern (Abs. 2 Satz 1, § 1 Abs. 1 GemHKVO). Die Gliederung in Teilhaushalte entspricht der örtlichen Gliederung der Verwaltung (§ 4 Abs. 1 Satz 2 GemHKVO). In ihnen werden die jeweils zugeordneten Produkte (§ 59 Nr. 39 GemHKVO) abgebildet, im notwendigen Maße, das die Vertretung bei ihrem Beschluss nach § 58 Abs. 1 Nr. 9 festlegt, beschrieben, zu Produktgruppen und -bereichen (§ 59 Nrn. 40, 41 GemHKVO) zusammengefasst, gegebenenfalls budgetiert (§ 4 Abs. 3 GemHKVO) und mit Kennzahlen (§ 59 Nr. 28 GemHKVO), die, alle Organe verpflichtend („sollen"), der Planung, Steuerung und Kontrolle dienen (§ 21 Abs. 2 GemHKVO), versehen (§ 4 Abs. 1 Satz 3, Abs. 7 GemHKVO). Die Regelungen des Landesamtes für Statistik zu den Konten- und Produktrahmen sowie den dazu erforderlichen Zuordnungsvorschriften (§ 4 Abs. 2 GemHKVO) werden durch regelmäßige Bekanntmachungen des Landesbetriebs für Statistik und Kommunikation Niedersachsen (LSKN) veröffentlicht.

2. Der **Ergebnishaushalt** und die **Teilergebnishaushalte** enthalten die im Haushaltsjahr, für den der Haushaltsplan gilt, voraussichtlich anfallenden und entstehenden ordentlichen und außerordentlichen Erträge und Aufwendungen (§ 59 Nrn. 4, 6 und 17 GemHKVO) einschließlich der aus internen Leistungsbeziehungen und werden nach den Vorgaben des § 2 Abs. 1 bis 5 GemHKVO aufgestellt (§ 4 Abs. 4 GemHKVO); für die Veranschlagung gilt § 10 GemHKVO. Der **Finanzhaushalt** und die **Teilfinanzhaushalte** enthalten die erwarteten Zahlungseingänge und Auszahlungen (§ 59 Nrn. 8 und 16 GemHKVO) aus laufender Verwaltungstätigkeit und für Investitionstätigkeit (§ 3 Nrn. 1, 3, 4 und 5 GemHKVO); auch hier gilt für die Veranschlagung § 10 GemHKVO, einschließlich des Kassenwirksamkeitsprinzips (Abs. 2). Die mittelfristige Ergebnis- und Finanzplanung (§ 90, § 9 GemHKVO) wird in die Ergebnis- und Finanzhaushalte einbezogen (§ 1 Abs. 3 GemHKVO). Zum **Stellenplan** als Teil des Haushaltsplans s. Erl. 3 zu § 107.
Für die Aufstellung des Haushaltsplans sind die aufgrund des § 178 Abs. 3 veröffentlichten Muster verbindlich.

3. Die Verbindlichkeit des Haushaltsplans für die Organe und Verwaltung der Kommune (Abs. 3 Satz 1) wird nur in den gesetzlich vorgesehenen Fällen durchbrochen, insbesondere durch die Zulässigkeit über- und außerplanmäßiger Ausgaben (§ 117) und einer haushaltswirtschaftlichen Sperre (§ 30 GemHKVO). Schon mangels Rechtssatzcharakters begründet oder verändert der Haushaltsplan keine Ansprüche oder Verbindlichkeiten Dritter, was Absatz 3 Satz 3 klarstellt. Zur Ausführung des Haushaltsplans bedarf es Entscheidungen der Organe, die sodann vom HVB auszuführen sind (§ 85 Abs. 1 Satz 1 Nrn. 2, 7).

§ 114 Erlass der Haushaltssatzung

(1) ¹Die von der Vertretung beschlossene Haushaltssatzung ist mit ihren Anlagen der Kommunalaufsichtsbehörde vorzulegen. ²Die Vorlage soll spätestens einen Monat vor Beginn des Haushaltsjahres erfolgen.

(2) ¹Enthält die Haushaltssatzung genehmigungsbedürftige Teile, so darf sie erst nach Erteilung der Genehmigung verkündet werden. ²Haushaltssatzungen ohne genehmigungsbedürftige Teile dürfen frühestens einen Monat nach Vorlage an die Kommunalaufsichtsbehörde verkündet werden. ³Im Anschluss an die Verkündung der Haushaltssatzung ist der Haushaltsplan mit seinen Anlagen an sieben Tagen öffentlich auszulegen; in der Verkündung ist auf die Auslegung hinzuweisen.

§ 86 NGO

ERLÄUTERUNGEN zu § 114

1. Abgesehen von den ausdrücklichen Beteiligungsrechten von Ortsräten und Stadtbezirksräten (§ 93 Abs. 2) bestehen **keine besonderen Verfahrensregelungen** für die Beschlussfassung der Vertretung (§ 58 Abs. 1 Nr. 9) über die Haushaltssatzung; für die Vorbereitung gelten also insbesondere die §§ 76 Abs. 1, 85 Abs. 1 Satz 1 Nr. 1.

2. Die von der Vertretung beschlossene Haushaltssatzung ist nach ihrer Ausfertigung durch den HVB (vgl. Erl. 1 zu § 11) mit allen Anlagen (s. § 1 Abs. 2 GemHKVO) einschließlich eines erforderlichen Haushaltssicherungskonzeptes (§ 110 Abs. 6 Satz 3) der Aufsichtsbehörde **vorzulegen**. Die Vorlagepflicht besteht unabhängig davon, ob die Satzung genehmigungspflichtige Teile enthält oder nicht. Fehlen bei der Vorlage gesetzlich vorgeschriebene Anlagen, beginnt die Frist für die Genehmigungsfiktion nicht zu laufen (Erl. 2 zu § 176), und kann die Vorlage einer Satzung ohne genehmigungspflichtige Teile wegen dieser Gesetzesverletzung nach § 173 Abs. 1 beanstandet werden, um die Verkündung dieser Satzung zu verhindern. **Genehmigungspflichtig** sind der Gesamtbetrag der Kredite für Investitionen und Investitionsförderungsmaßnahmen sowie Krediten gleichkommende Zahlungsverpflichtungen (§ 120 Abs. 2, 6), also nicht auch für Umschuldungen, der Gesamtbetrag der Verpflichtungsermächtigungen (§ 119 Abs. 4) und der Höchstbetrag der Liquiditätskredite, wenn der Betrag ein Sechstel der im Finanzhaushalt veranschlagten Einzahlungen übersteigt (§ 122 Abs. 2). Zur Genehmigung allgemein vgl. Erl. zu § 176. Wird die Genehmigung eines genehmigungspflichtigen Teils der Haushaltssatzung ganz oder teilweise versagt und ergibt sich daraus die Notwendigkeit zu einer Änderung der Satzung, ist diese wiederum der Aufsichtsbehörde vorzulegen; im Übrigen wird die mit Maßgaben erteilte Teilgenehmigung mit dem Beitrittsbeschluss der Vertretung wirksam. Im Falle eines nicht ausgeglichenen Haushalts ist für den Beginn der Frist des § 176 Abs. 1 Satz 2 auch die Vorlage des Haushaltssicherungskonzeptes Voraussetzung. Zum materiellen Umfang des Genehmigungsvorbehalts vgl. Erl. 4 zu § 119, Erl. 3 zu § 120 und Erl. 5 zu § 122 sowie Nrn. 1.3 und 4.3 des Krediterlasses, abgedruckt im Anhang zu § 120. Keiner Genehmigung bedürfen insbesondere die Hebesätze für die Gewerbe- und die Grundsteuer und der Stellenplan. Jedoch unterliegen auch die nicht genehmigungspflichtigen Teile der Haushaltssatzung der **Rechtskontrolle** durch die Aufsichtsbehörde; sie können selbstständig beanstandet werden (§ 173

Abs. 2), ohne dass dadurch der Vollzug des Haushaltsplans insgesamt ausgeschlossen wird. Da der Kommune bei der Anwendung des Grundsatzes der Sparsamkeit und Wirtschaftlichkeit ein weitgehender Ermessensspielraum eingeräumt ist (vgl. Erl. 3 zu § 110), dürfen auch bei der Kontrolle keine übermäßig strengen Maßstäbe angelegt werden; zur Beanstandung des Stellenplans vgl. Erl. 3 zu § 107 und zur Kontrolle des Haushaltskonsolidierungskonzeptes Erl. 3 zu § 110.

3. Die Haushaltssatzung ist nach § 11 **zu verkünden.** Die Wartefrist von einem Monat für die Bekanntmachung einer Satzung ohne genehmigungspflichtige Teile (§ 176 Abs. 1 Satz 2) muss nicht eingehalten werden, wenn die Aufsichtsbehörde vorher mitteilt, dass eine Beanstandung nicht erfolgen wird. Die Verkündung einer Haushaltssatzung mit genehmigungspflichtigen Teilen kann erst nach Erteilung der Genehmigung erfolgen; bei vorzeitiger Verkündung, auch einer Satzung ohne genehmigungspflichtige Teile, ist die Satzung nichtig; auch im Falle der Beanstandung hat die Verkündung zu unterbleiben (§ 173 Abs. 1 Satz 2). Der Haushaltsplan mit seinen Anlagen ist aus Gründen der Praktikabilität nicht wie die Haushaltssatzung, sondern durch **öffentliche Auslegung,** auf die in der Verkündung der Satzung hinzuweisen ist, bekannt zu machen; das Haushaltssicherungskonzept ist Anlage zum Haushaltsplan (§ 1 Abs. 2 Nr. 4 GemHKVO) und muss deshalb wie dieser öffentlich ausgelegt werden. Die Regelung des Absatz 2 Satz 3 Halbsatz 1 lässt zu, auch Sonn- und Feiertage sowie dienstfreie Werktage in die Frist einzubeziehen, wenn an diesen Tagen die Einsichtnahme durch die Bevölkerung möglich ist. Zum Wirksamwerden der Haushaltssatzung und ihre Geltungsdauer s. § 112 Abs. 3 (dort Erl. 3). Nach Ablauf der Auslegungsfrist kann in die Haushaltssatzung und ihre Anlagen nach § 10 Abs. 4 Einsicht genommen werden.

§ 115 Nachtragshaushaltssatzung

(1) [1]**Die Haushaltssatzung kann nur durch Nachtragshaushaltssatzung geändert werden, die spätestens bis zum Ablauf des Haushaltsjahres zu beschließen ist.** [2]**Für die Nachtragshaushaltssatzung gelten die Vorschriften für die Haushaltssatzung entsprechend.**

(2) Die Kommunen haben unverzüglich eine Nachtragshaushaltssatzung zu erlassen, wenn
1. **sich zeigt, dass trotz Ausnutzung jeder Sparmöglichkeit ein erheblicher Fehlbetrag entstehen wird und der Haushaltsausgleich nur durch eine Änderung der Haushaltssatzung erreicht werden kann, oder**
2. **bisher nicht veranschlagte oder zusätzliche Aufwendungen oder Auszahlungen bei einzelnen Haushaltspositionen in einem im Verhältnis zu den Gesamtaufwendungen oder Gesamtauszahlungen erheblichen Umfang entstehen oder geleistet werden müssen.**

(3) Absatz 2 Nr. 2 ist nicht anzuwenden auf
1. **die Umschuldung von Krediten,**
2. **höhere Personalaufwendungen und Personalauszahlungen, die aufgrund gesetzlicher oder tarifrechtlicher Vorschriften zwingend erforderlich sind, und**

3. Aufwendungen und Auszahlungen für Instandsetzungen und Ersatzbeschaffungen, die zeitlich und sachlich unabweisbar sind.

§ 87 NGO

ERLÄUTERUNGEN zu § 115

1. Damit der Haushaltsplan seine Funktion als Grundlage der Haushaltswirtschaft behält (§ 113 Abs. 3) und um über- und außerplanmäßigen Aufwendungen und Auszahlungen vorzubeugen, ermöglicht Abs. 1 die **Anpassung der Haushaltssatzung** an veränderte Umstände und schreibt Abs. 2 sie in bestimmten Fällen vor. Die Anpassung kann in einer Ergänzung, Berichtigung oder Änderung des Haushaltsplans und der Haushaltssatzung bestehen. Das Gesetz stellt klar, dass die Änderung der Haushaltssatzung nur durch Nachtragshaushaltssatzung möglich ist, die, ohne dass andere zeitliche Vorgaben bestehen, bis zum **Ablauf des Haushaltsjahres** beschlossen, also nicht in Kraft getreten sein muss. Es kann deshalb eine Nachtragshaushaltssatzung auch dann noch beschlossen werden, wenn schon die Haushaltssatzung für das neue Haushaltsjahr beschlossen worden ist. Bei Wirksamwerden der Nachtragshaushaltssatzung nach Ablauf des Haushaltsjahres wird die mit dem Ablauf außer Kraft getretene Haushaltssatzung (§ 112 Abs. 4) rückwirkend geändert; die Änderung der Realsteuerhebesätze für das Haushaltsjahr setzt die Beschlussfassung bis zum 30.6. voraus (vgl. Erl. 4 zu § 112). Für die Nachtragshaushaltssatzung gelten die **Vorschriften für die Haushaltssatzung** entsprechend (Abs. 1 Satz 2), also auch die Verpflichtung zur Aufstellung eines Haushaltssicherungskonzepts, wenn durch die Nachtragshaushaltssatzung der Haushaltsausgleich eines bei Erlass der Haushaltssatzung ausgeglichenen Haushalts nicht erreicht werden kann. Auch die Nachtragshaushaltssatzung bedarf der Genehmigung, wenn sie genehmigungspflichtige Teile enthält; unabhängig davon, ob in der Nachtragshaushaltssatzung Festsetzungen bei genehmigungspflichtigen Maßnahmen ermäßigt, erhöht oder beibehalten werden, handelt es sich jeweils um Neufestsetzungen; erhebliche Veranschlagungsveränderungen oder eine kritische Kassenlage können auch dann zu veränderten Schlussfolgerungen bei der Genehmigung führen, wenn in der Nachtragshaushaltssatzung der Gesamtkreditbetrag, der Gesamtbetrag der Verpflichtungsermächtigungen oder der Höchstbetrag der Liquiditätskredite der Höhe nach unverändert bleibt (s. Nr. 1.3 des Krediterlasses, abgedruckt im Anhang zu § 120). Liegen für die Nachtragshaushaltssatzung die Voraussetzungen des § 110 Abs. 6 vor, ist ein Haushaltssicherungskonzept aufzustellen. Die Nachtragshaushaltssatzung ist der Aufsichtsbehörde vorzulegen; für die Verkündung gelten dieselben Regelungen wie für die Haushaltssatzung (§ 114 Abs. 2). Der Erlass mehrerer Nachtragshaushaltssatzungen ist nicht ausgeschlossen.
Für die Nachtragshaushaltssatzung ist das Muster nach § 178 Abs. 3 verbindlich.

2. Der Erlass einer Nachtragshaushaltssatzung liegt im Ermessen der Kommune. Das gilt nicht für die beiden in Absatz 2 genannten Fälle, in denen unverzüglich eine Nachtragssatzung zu erlassen ist. Die Vertretung kann in der Haushaltssatzung oder sonst durch Richtlinienbeschluss (vgl. Erl. 2 Nr. 2 zu § 58) festlegen, bei welcher Höhe er einen **Fehlbetrag** als erheblich ansieht (Abs. 2 Nr. 1). Bei der Festlegung ist zu berücksichtigen, dass ein Fehlbetrag unverzüglich, spätestens im zweiten, im Falle einer zweijährigen Haushaltssatzung spätestens im dritten dem Haushaltsjahr folgenden Jahr abzudecken ist (§ 110 Abs. 5 Satz 1). Wenn abzusehen ist, dass ein danach als erheblich anzusehender Fehlbetrag nicht rechtzeitig gedeckt werden kann, ist eine Nachtragshaushaltssatzung zu erlassen. Zur Erhöhung der Realsteuerhebesätze s. Erl. 4 zu § 112. Wenn bei einer zweijährigen Haushaltssatzung schon im ersten Haushaltsjahr ein erheblicher Fehlbetrag für das zweite Haushaltsjahr erkennbar wird, ist spätestens zu dessen Beginn (unverzüglich) die Nachtragshaushaltssatzung zu erlassen. Auch bei der Entstehung und Leistung bisher unveranschlagter oder zusätzlicher **Aufwendungen** oder **Auszahlungen** (Abs. 2 Nr. 2) kann wie beim Fehlbetrag die Erheblichkeit des Umfangs zahlenmäßig in der Haushaltssatzung oder sonst durch die Vertretung festgelegt werden. Ausgaben, für die es einer Nachtragshaushaltssatzung nicht bedarf, können über- oder außerplanmäßig geleistet werden (vgl. Erl. zu § 117).

3. Unabhängig davon, ob die Voraussetzungen des Absatzes 2 Nr. 2 vorliegen, bedarf es aus Gründen der Praktikabilität **keiner Nachtragssatzung** in den in Absatz 3 genannten Fällen, in denen über- oder außerplanmäßige Aufwendungen oder Auszahlungen entstehen oder geleistet werden müssen. **Umschuldung** (Nr. 1) bedeutet die Ablösung von Krediten durch andere Kredite. Bei der Erhöhung der **Personalausgaben** (Nr. 2) gilt der Grundsatz, dass Tarifrecht vor Haushaltsrecht geht (vgl. auch Erl. 3 zu § 107). Bei der **Instandsetzung** (seit 2006 nicht mehr nur an Bauten) und bei **Ersatzbeschaffungen** (Nr. 3) kommt es nicht auf den Umfang der dafür notwendigen Mittel an, vielmehr ist Voraussetzung, dass im Interesse ordnungsgemäßer Aufgabenerfüllung rasch gehandelt werden muss (z. B. im Falle eines Unfalls, Brandes oder Unwetterschadens bei beweglichen oder unbeweglichen Wirtschaftsgütern).

§ 116 Vorläufige Haushaltsführung

(1) [1]Ist die Haushaltssatzung bei Beginn des Haushaltsjahres noch nicht wirksam (§ 112 Abs. 3 Satz 1), so dürfen die Gemeinden

1. Aufwendungen entstehen lassen und Auszahlungen leisten, zu denen sie rechtlich verpflichtet sind oder die für die Weiterführung notwendiger Aufgaben unaufschiebbar sind, und in diesem Rahmen insbesondere Investitionen und Investitionsförderungsmaßnahmen fortsetzen, für die im Haushaltsplan eines Vorjahres Beträge vorgesehen waren,
2. Grund- und Gewerbesteuer nach den in der Haushaltssatzung des Vorjahres festgesetzten Hebesätzen erheben und
3. Kredite umschulden.
[2]Satz 1 gilt für Samtgemeinden, Landkreise und die Region Hannover entsprechend mit der Maßgabe, dass in Nummer 2 anstelle der Grund- und Gewerbesteuer die Umlage und anstelle der Hebesätze die Umlagesätze treten.

(2) ¹Reichen die Finanzierungsmittel für die Fortsetzung der Bauten, der Beschaffungen und der sonstigen Leistungen des Finanzhaushalts nach Absatz 1 Satz 1 Nr. 1 nicht aus, so dürfen die Kommunen mit Genehmigung der Kommunalaufsichtsbehörde Kredite für Investitionen und Investitionsförderungsmaßnahmen bis zur Höhe eines Viertels des Gesamtbetrags der in der Haushaltssatzung des Vorjahres vorgesehenen Kreditermächtigung aufnehmen. ²§ 120 Abs. 2 Sätze 2 und 3 gilt entsprechend.

(3) Während der vorläufigen Haushaltsführung gilt der Stellenplan des Vorjahres weiter.

§ 88 NGO

ERLÄUTERUNGEN zu § 116

1. Die vorläufige Haushaltsführung **dient** dazu, zur Aufrechterhaltung der Verwaltungsgeschäfte die Zeit zwischen dem Außerkrafttreten der Haushaltssatzung am Ende des Haushaltsjahres (§ 112 Abs. 4) und dem Wirksamwerden der Haushaltssatzung des folgenden Haushaltsjahres zu **überbrücken,** wenn diese nicht rechtzeitig in Kraft getreten ist (§ 112 Abs. 3). Verfügbar bleiben Ermächtigungen für Aufwendungen und Auszahlungen nach Maßgabe von § 20 GemHKVO, Kreditermächtigungen (§ 120 Abs. 3), die Ermächtigung zur Aufnahme von Liquidationskrediten (§ 122 Abs. 1; vgl. auch Erl. 4 zu § 122), Verpflichtungsermächtigungen (§ 119 Abs. 3). Den Haushaltsplan nicht berührende Vorgänge, insbesondere die Abwicklung durchlaufender und fremder Mittel (§ 14 GemHKVO), unterliegen keinen Einschränkungen.

2. Zulässig sind Aufwendungen und Auszahlungen, die entstehen zu lassen oder zu leisten die Kommune **rechtlich verpflichtet** ist oder die für die Weiterführung notwendiger Aufgaben **unaufschiebbar** sind. Die Rechtspflicht zur Leistung von Ausgaben kann öffentlich- oder privatrechtlicher Art sein und sich aus Gesetzen, Verträgen oder anderen Rechtstiteln ergeben, z. B. auch aus Beteiligungen an oder Mitgliedschaften in privat- oder öffentlich-rechtlichen Körperschaften; auch gegenüber Sondervermögen bestehende Verpflichtungen gehören dazu. Dadurch war schon die Zahlung von Löhnen und Gehältern möglich, bevor die Fortgeltung des **Stellenplans** des vorigen Jahres ausdrücklich normiert war (Abs. 3). Die zulässige Weiterführung notwendiger Aufgaben umfasst auch die Weiterführung bestehender Einrichtungen, wenn nicht die Kommune ihre Schließung beschlossen hat (OVG NRW, Beschl. v. 17.12.2008 – 15 B 1755/08). Neue Verpflichtungen dürfen in der haushaltslosen Zeit nur begründet werden, soweit sie für die Weiterführung notwendiger Aufgaben unaufschiebbar sind, z. B. für unaufschiebbare Unterhaltungs- oder Instandsetzungsarbeiten insbesondere im Rahmen der Verkehrssicherungspflicht; das gilt auch für die Neueinstellung und Beförderung von Bediensteten. **Freiwillige Aufwendungen und Auszahlungen** dürfen grundsätzlich nicht begründet, neue Aufgaben, auch unaufschiebbare, nicht übernommen werden. Beschlüsse, deren Vollzug bis zum Inkrafttreten der Haushaltssatzung aufgeschoben wird und die gegebenenfalls auch wieder aufgehoben werden können, bleiben aber zulässig. Die **Fortsetzung** von Investitionen und Investitionsförderungsmaßnahmen (zu den Begriffen: § 59 Nrn. 24, 25 GemHKVO) wie Bauten und Beschaffungen, ist unabhängig davon, ob eine Verpflichtung besteht oder sie unaufschiebbar ist, zulässig, wenn für sie im Haushaltsplan eines Vorjahres Haushaltsansätze oder Verpflichtungsermächtigungen vorgesehen waren und Finanzierungsmittel vorhanden sind (Abs. 2). Fortsetzung bedeutet den Beginn der Maßnahme vor dem Anfang der haushaltslosen Zeit, bei Baumaßnahmen die Vergabe von Aufträgen, nicht schon des Planungsauftrages oder gar eines Grundstückserwerbs, bei Beschaffungen den Eingang von Teilleistungen. Die Veranschlagung von Beträgen für den Grundstückserwerb im Haushaltsplan eines Vorjahres gestattet deshalb nicht den Beginn von Baumaßnahmen; dieser ist wie sonstige Investitionen und Investitionsmaßnahmen nur im Rahmen des § 20 GemHKVO und des § 119 Abs. 3 zulässig.

3. Absatz 1 Nr. 2 betrifft nur die **Realsteuern,** die auf Festsetzungen in der Haushaltssatzung beruhen, sofern die Hebesätze nicht für mehrere Jahre in einer Hebesatzsatzung festgesetzt sind. In ihrer Wirksamkeit unberührt bleiben auch alle anderen Steuer-, Gebühren- und Beitragssatzungen; bei den Gemeindeverbänden verbleibt es für die Umlagen bei den bisherigen Umlagesätzen. Zur Anhebung der Hebesätze der Realsteuern vgl. Erl. 4 zu § 112.

Die **Umschuldung** von Krediten, die in der Ablösung eines Kredits durch einen anderen, nicht dagegen in der Kreditaufnahme zur Leistung ordentlicher Tilgung besteht, geschieht außerhalb der Haushaltssatzung (§ 112 Abs. 2 Nr. 1 Buchst. c, § 115 Abs. 3 Nr. 1), setzt deren Vorhandensein deshalb nicht voraus.

4. Reichen, abgesehen von den bei Abschluss des Finanzhaushalts in das neue Haushaltsjahr übertragenen Reste, die sonstigen in der Zeit der vorläufigen Haushaltsführung eingehenden Einzahlungen und die noch nicht ausgeschöpften Kreditermächtigungen (§ 120 Abs. 3) für die Fortsetzung von Bauten, Beschaffungen und sonstigen Investitionen und Investitionsförderungsmaßnahmen (Abs. 1 Nr. 1) nicht aus, können dafür neue **Kredite** aufgenommen werden; im Zeitpunkt der Kreditaufnahme müssen die Kreditermächtigungen des Vorjahres ausgeschöpft sein. Die Höhe ist im Interesse einer geordneten Haushaltsführung beschränkt (vgl. auch Nr. 1.9 des Krediterlasses, abgedruckt im Anhang zu § 120). Soweit die vorherige Haushaltssatzung Festsetzungen für zwei Jahre enthalten hat (§ 112 Abs. 3 Satz 2), ist, da nach Jahren zu trennen ist, der Gesamtbetrag des zweiten Haushaltsjahres zugrunde zu legen. Die Aufnahme bedarf der **Genehmigung**, für die die Grundsätze des § 120 Abs. 2 gelten.

§ 117 Über- und außerplanmäßige Aufwendungen und Auszahlungen

(1) [1]**Über- und außerplanmäßige Aufwendungen und Auszahlungen sind nur zulässig, wenn sie zeitlich und sachlich unabweisbar sind; ihre Deckung muss gewährleistet sein.** [2]**In Fällen von unerheblicher Bedeutung entscheidet die Hauptverwaltungsbeamtin oder der Hauptverwaltungsbeamte; die Vertretung und der Hauptausschuss sind spätestens mit der Vorlage des Jahresabschlusses zu unterrichten.**

(2) ¹Für Investitionen und Investitionsförderungsmaßnahmen, die im folgenden Haushaltsjahr fortgesetzt werden, sind überplanmäßige Auszahlungen auch dann zulässig, wenn ihre Deckung erst im folgenden Haushaltsjahr gewährleistet ist. ²Absatz 1 Satz 2 gilt entsprechend.

(3) Die Absätze 1 und 2 sind entsprechend auf Maßnahmen anzuwenden, durch die später im Laufe des Haushaltsjahres über- oder außerplanmäßige Aufwendungen und Auszahlungen entstehen können.

(4) § 115 Abs. 2 bleibt unberührt.

(5) ¹Nicht im Haushaltsplan veranschlagte Abschreibungen oder die veranschlagten Abschreibungen überschreitende Abschreibungen werden von der Hauptverwaltungsbeamtin oder dem Hauptverwaltungsbeamten ermittelt und in die Erstellung des Jahresabschlusses einbezogen. ²Absatz 1 ist hierbei nicht anzuwenden.

§ 89 NGO

ERLÄUTERUNGEN zu § 117

1. Nach den Begriffsbestimmungen des § 59 Nrn. 7, 49 GemHKVO sind **überplanmäßig** Aufwendungen und Auszahlungen, die die Ermächtigungen im Haushaltsplan und die aus den Vorjahren übertragenen Ermächtigungen übersteigen, und **außerplanmäßig** Aufwendungen und Auszahlungen, für deren Zweck im Haushaltsplan keine Ermächtigungen veranschlagt und keine aus den Vorjahren übertragenen Ermächtigungen verfügbar sind. Sie sind abweichend von dem Grundsatz, nach dem die Haushaltsansätze so zu verwalten sind, dass sie zur Deckung aller Aufwendungen und Auszahlungen im Haushaltsjahr ausreichen, ohne den Erlass einer Nachtragssatzung (s. aber unten Erl. 6) zulässig, wenn sie zeitlich und sachlich unabweisbar sind und ihre Deckung gewährleistet ist. Als zeitlich und sachlich **unabweisbar** hat eine Aufwendung oder Auszahlung zu gelten, die aus rechtlichen oder zwingenden sachlichen Gründen entsteht oder geleistet werden muss und nicht bis zur Verabschiedung einer Nachtragshaushaltssatzung oder der nächsten Haushaltssatzung (vgl. § 37 Abs. 1 LHO als entsprechende Regelung für das Land) aufgeschoben werden kann. Sie muss nicht mehr wie früher unvorhergesehen sein. Die Verwendung zweckgebundener Mehrerträge für entsprechende Mehraufwendungen gilt nicht als über- oder außerplanmäßig (§ 18 Abs. 1 GemHKVO).
Über- und außerplanmäßige Aufwendungen und Auszahlungen dürfen bei einem ausgeglichenen Haushalt den Haushaltsausgleich nicht beeinträchtigen und sind deshalb nur zulässig, wenn abgesehen vom Fall des Absatzes 2 die **Deckung im laufenden Haushaltsjahr** (§ 110 Abs. 4) gewährleistet ist. Dafür kommen die Einsparung bei Haushaltsansätzen, die Nichtinanspruchnahme von Haushaltsresten oder als gesichert anzusehende Mehrerträge oder -einzahlungen in Betracht. Gegebenenfalls können die gem. § 13 Abs. 2 GemHKVO veranschlagte **Deckungsreserve** oder Mittel der Rücklage (§ 123 Abs. 1) in Anspruch genommen werden.

Bei einem **nicht ausgeglichenen Haushalt** sind über- und außerplanmäßige Aufwendungen und Auszahlungen zulässig, wenn sich dadurch der veranschlagte Fehlbedarf nicht erhöht, weil das Gesetz nur die Gewährleistung der Deckung der über- oder außerplanmäßigen Ausgabe fordert und außerdem nicht angenommen werden kann, dass Kommunen mit defizitärem Haushalt darauf beschränkt sein sollen, den zeit- und arbeitsaufwändigen Weg des Erlasses einer Nachtragshaushaltssatzung zu gehen.

2. Im **Nachtragshaushaltsplan** müssen bereits geleistete oder angeordnete über- und außerplanmäßige Ausgaben nicht veranschlagt werden (§ 8 Abs. 1 GemHKVO). Werden sie veranschlagt, muss zum Ausgleich auch die Deckung veranschlagt werden. Den umgekehrten Fall regelt § 8 Abs. 2 GemHKVO.

3. Über über- und außerplanmäßige Aufwendungen und Auszahlungen von nicht nur unerheblicher Bedeutung entscheidet nach Maßgabe des § 117 die Vertretung (§ 58 Abs. 1 Nr. 9). Bis zu welcher Höhe über- und außerplanmäßige Aufwendungen und Auszahlungen als **unerheblich** anzusehen sind, kann die Vertretung im Rahmen ihrer Richtlinienkompetenz (§ 58 Abs. 1 Nr. 2) in der Haushaltssatzung oder durch besonderen Beschluss festlegen. Es handelt sich um einen unbestimmten Rechtsbegriff, der bei einer überplanmäßigen Aufwendung oder Auszahlung durch Vergleich mit der Höhe des Haushaltsansatzes, der überschritten werden soll, ausgefüllt werden kann; bei einer außerplanmäßigen Aufwendung und Auszahlung kann der Vergleich mit dem Volumen vergleichbarer Ansätze oder des gesamten Haushalts hilfreich sein; auch die politische Bedeutung der betreffenden Angelegenheit kann dabei in Betracht gezogen werden. Fälle von unerheblicher Bedeutung **entscheidet der HVB**, ohne dass Vertretung oder Hauptausschuss sich bei dieser speziellen Kompetenzzuweisung die Beschlussfassung vorbehalten können (vgl. Erl. 3 zu § 58); sie bedürfen nicht der Zustimmung der Vertretung, vielmehr sind sie ihr und dem Hauptausschuss nur spätestens mit der Vorlage des Jahresabschlusses innerhalb von drei Monaten nach Ablauf des Haushaltsjahres (§ 129 Abs. 1) bekanntzugeben.
Nach der seit 2006 geltenden Änderung des § 58 Abs. 1 Nr. 9 besteht die ausschließliche Zuständigkeit der Vertretung für über- und außerplanmäßige Aufwendungen und Auszahlungen von erheblicher Bedeutung. In **Eilfällen** gilt, ohne dass das einer besonderen Regelung bedarf, für die Entscheidung über die Aufwendungen und Auszahlungen das Verfahren des § 89, der ebenfalls eine unverzügliche Unterrichtung von Vertretung und Hauptausschuss verlangt, soweit nicht der Hauptausschuss selbst entschieden hat (s. Erl. 1 zu § 89).

4. Während **Investitionen** und **Investitionsförderungsmaßnahmen** (zu den Begriffen vgl. § 59 Nrn. 24, 25 GemHKVO), für die keine Auszahlungen im Haushaltsplan veranschlagt sind und die noch im laufenden Haushaltsjahr begonnen werden sollen, unter den Voraussetzungen des § 115 eines Nachtragshaushalts bedürfen, sind für Investitionen und Investitionsförderungsmaßnahmen, für die im laufenden Haushaltsjahr schon Auszahlungen veranschlagt sind, ohne Rücksicht auf § 115 überplanmäßige Auszahlungen auch dann zulässig, wenn Deckungsmittel im laufenden Jahr nicht vorhanden sind; die Deckung muss aber im folgenden Haushaltsjahr gewährleistet sein, worüber die Finanzplanung

(§ 118) Aufschluss gibt. In Absatz 2 Satz 2 wird nicht auch auf Absatz 1 Satz 1 Bezug genommen, weshalb für Investitionen und Investitionsförderungsmaßnahmen überplanmäßige Auszahlungen auch dann zulässig sind, wenn sie nicht unabweisbar sind (vgl. demgegenüber § 119 Abs. 5). Im Übrigen gilt das Verfahren wie in den anderen Fällen überplanmäßiger Auszahlungen (vgl. oben Erl. 3).

5. Geht es in den Absätzen 1 und 2 zunächst nur um die Erteilung der Auszahlungsanordnung, verpflichtet Absatz 3 zur Beachtung der haushaltsmäßigen Auswirkungen schon beim **Eingehen von Verpflichtungen** und normiert dafür dasselbe Verfahren wie für das Entstehen und die Leistung der Aufwendungen und Auszahlungen, wenn über- oder außerplanmäßige Aufwendungen und Auszahlungen absehbar sind. Dadurch kann die Zuständigkeit des HVB für die Geschäfte der laufenden Verwaltung berührt sein, wenn die dafür getroffene Abgrenzung mit der für die Fälle von unerheblicher Bedeutung nicht identisch sein sollte.

6. Die Verpflichtung zum **Erlass einer Nachtragssatzung** im Falle des § 115 Abs. 2 hat Vorrang vor über- oder außerplanmäßigen Aufwendungen und Auszahlungen. Das gilt jedoch nicht für die Zulässigkeit überplanmäßiger Auszahlungen für Investitionen und Investitionsförderungsmaßnahmen im Falle des Absatzes 2, weil diese Vorschrift sie mit Blick auf die gewährleitete Deckung im folgenden Haushaltsjahr gerade für den Fall zulässt, dass eigentlich eine Nachtragssatzung erforderlich wäre.

7. Abschreibungen (§ 59 Nr. 1 GemHKVO) sind im Ergebnishaushalt und den Teilergebnishaushalten als ordentliche Aufwendungen aufzunehmen (§ 2 Abs. 3 Nr. 4, § 4 Abs. 4 GemHKVO). Ist das unterblieben oder überschreiten die Abschreibungen die veranschlagte Höhe (z. B. Wertverlust durch ein nicht vorhergesehenes Ereignis), hat der HVB, auch ohne dass die Voraussetzungen des Abs. 1 erfüllt sind, außerplanmäßige Abschreibungen zu ermitteln und in die Erstellung des Jahresabschlusses (§ 128 Abs. 1) einzubeziehen. Zur verbindlichen Abschreibungstabelle s. Erl. zu § 178.

§ 118 Mittelfristige Ergebnis- und Finanzplanung

(1) ¹**Die Kommunen haben ihrer Haushaltswirtschaft eine mittelfristige Ergebnis- und Finanzplanung für fünf Jahre zugrunde zu legen. ²Das erste Planungsjahr ist dabei das Haushaltsjahr, das demjenigen Haushaltsjahr vorangeht, für das die Haushaltssatzung gelten soll.**

(2) In der mittelfristigen Ergebnis- und Finanzplanung sind Umfang und Zusammensetzung der voraussichtlichen Aufwendungen und Auszahlungen und ihre Deckungsmöglichkeiten darzustellen.

(3) Als Grundlage für die mittelfristige Ergebnis- und Finanzplanung ist ein Investitionsprogramm aufzustellen, in das die geplanten Auszahlungen für Investitionen und Investitionsförderungsmaßnahmen aufgenommen werden.

(4) Die mittelfristige Ergebnis- und Finanzplanung und das Investitionsprogramm sind jährlich der Entwicklung anzupassen und fortzuführen.

(5) Die mittelfristige Ergebnis- und Finanzplanung ist der Vertretung mit dem Entwurf der Haushaltssatzung vorzulegen.

§ 90 NGO

ERLÄUTERUNGEN zu § 118

1. Auf der Grundlage von Art. 109 Abs. 3 GG sind der Bund und die Länder durch das **Stabilitätsgesetz** verpflichtet, ihrer Haushaltswirtschaft eine fünfjährige Finanzplanung zugrunde zu legen, in der Umfang und Zusammensetzung der voraussichtlichen Ausgaben und die Deckungsmöglichkeiten in ihren Wechselbeziehungen zu der mutmaßlichen Entwicklung des gesamtwirtschaftlichen Leistungsvermögens darzustellen sind, gegebenenfalls durch Alternativrechnungen (§ 9 StabG). Die Kommunen haben bei ihrer Haushaltswirtschaft den in § 1 StabG beschriebenen Erfordernissen der Wirtschaftlichkeitspolitik Rechnung zu tragen; die Länder haben darauf hinzuwirken, dass die kommunale Haushaltswirtschaft den konjunkturpolitischen Erfordernissen entspricht (§ 16 StabG). § 118 und die ihn ergänzende Vorschrift des § 9 GemHKVO sind Teil dieses Gesamtregelwerkes.
Eine besondere Bedeutung hat die Ergebnis- und Finanzplanung für die Frage der Zulässigkeit überplanmäßiger Auszahlungen für Investitionen und Investitionsförderungsmaßnahmen (vgl. Erl. 4 zu § 117) und von Verpflichtungsermächtigungen (vgl. Erl. 2 zu § 119).

2. Der **Planungszeitraum** beträgt fünf Jahre, wobei erstes Planungsjahr das laufende Haushaltsjahr ist, so dass dafür von den Daten des aktuellen Haushaltsplans ausgegangen werden kann unter Berücksichtigung von möglichen Veränderungen, die sich bei der Ausführung der Haushaltssatzung ergeben. Da die Ergebnis- und Finanzplanung der Vertretung spätestens zusammen mit dem Entwurf der Haushaltssatzung des kommenden Jahres vorzulegen ist (Abs. 5), können dessen Daten Eingang in die Ergebnis- und Finanzplanung des zweiten Planungsjahres finden, so dass eine wirkliche Vorausplanung für drei Jahre erfolgt.

3. **Inhalt** der Finanzplanung ist die Darstellung von Umfang und Zusammensetzung der voraussichtlichen Aufwendungen und Auszahlungen und die Deckungsmöglichkeiten; nähere Bestimmungen dazu enthält § 9 GemHKVO. Die realistische Ergebnis- und Finanzplanung setzt eine entsprechende Schätzung der Erträge und Einzahlungen sowie Aufwendungen und Auszahlungen voraus. Dabei sind die vom Innenministerium bekanntgegebenen Orientierungsdaten (§ 9 Abs. 3 GemHKVO) eine wichtige Grundlage, von denen die Kommunen im Hinblick auf den Charakter als Sollvorschrift im Einzelfall aufgrund örtlicher Besonderheiten abweichen können. Der mittelfristige Ergebnis- und Finanzplanung soll für die einzelnen Jahre ausgeglichen sein (§ 9 Abs. 4

GemHKVO). Die Einbeziehung der mittelfristigen Ergebnis- und Finanzplanung in den Haushaltsplan (§ 9 Abs. 1 GemHKVO) erfolgt nach § 1 Abs. 3 GemHKVO, und zwar auch in den Teilhaushalten (§ 4 GemHKVO).

4. Für das als Grundlage der mittelfristigen Ergebnis- und Finanzplanung dienende **Investitionsprogramm** enthält § 9 Abs. 2 GemHKVO nähere Regelungen. Der Programmzeitraum entspricht dem fünfjährigen Planungszeitraum. Es besteht aus den Ansätzen und Erläuterungen der Auszahlungen in den Teilhaushalten für die in diesem Zeitraum vorgesehenen Investitionen und Investitionsförderungsmaßnahmen nach dem jeweiligen Jahresbedarf. Das Investitionsprogramm ist anders als die mittelfristige Ergebnis- und Finanzplanung (s. unten Erl. 6) von der Vertretung zu beschließen (§ 58 Abs. 1 Nr. 9), ohne dass dafür aber die Form einer Satzung vorgeschrieben ist. Der Beschluss bindet alle Organe der Kommune bezüglich ihrer weiteren Planungen und Maßnahmen, steht allerdings unter dem Vorbehalt der Veränderung im Rahmen der Anpassung und Fortführung, die spätestens jährlich erfolgen muss (Abs. 4), aber auch eher vorgenommen werden kann, wenn sich das als notwendig erweisen sollte.

5. Auch bei der jährlichen **Anpassung** des Finanzplans und des Investitionsprogramms an die weitere Entwicklung und ihrer **Fortführung** sollen die Orientierungsdaten (vgl. oben Erl. 3) berücksichtigt werden (§ 9 Abs. 3 GemHVO).

6. Die Verpflichtung, die Ergebnis- und Finanzplanung spätestens mit dem Entwurf der Haushaltssatzung der **Vertretung vorzulegen** (Abs. 5), obliegt dem HVB (§ 85 Abs. 1 Satz 1 Nr. 1) und mittelbar dem Hauptausschuss (§ 76 Abs. 1 Satz 1). Anders als für das Investitionsprogramm ist für die Ergebnis- und Finanzplanung eine Beschlussfassung der Vertretung zwar nicht ausdrücklich normiert, insbesondere erfasst der Beschluss über die Haushaltssatzung nicht die Ansätze der mittelfristigen Ergebnis- und Finanzplanung (§ 1 Abs. 4 GemHKVO); gleichwohl ist die Vertretung nicht gehindert, über die Festsetzungen der Ergebnis- und Finanzplanung ebenso zu beschließen wie über die des Investitionsprogramms; ein solcher Beschluss bedarf wie der zum Investitionsprogramm der Vorbereitung durch den Hauptausschuss.
Die Vorlage hat nicht nur den Zweck, die Vertretung über die Vorstellungen der Verwaltung zu informieren. Es soll dadurch vielmehr auch politischer Konsens zwischen Vertretung und Verwaltung über die Grundlage der Haushaltswirtschaft (Abs. 1) herbeigeführt und eine Richtschnur für die Vorbereitung des nächsten Haushaltsplans entwickelt werden. Der Verstoß gegen die Vorlagepflicht lässt die Wirksamkeit des Beschlusses über die Haushaltssatzung und anderer damit in Zusammmenhang stehender Beschlüsse unberührt.

§ 119 Verpflichtungsermächtigungen

(1) Verpflichtungen zur Leistung von Auszahlungen für Investitionen und für Investitionsförderungsmaßnahmen in künftigen Jahren dürfen unbeschadet des Absatzes 5 nur eingegangen werden, wenn der Haushaltsplan hierzu ermächtigt.

(2) Verpflichtungsermächtigungen dürfen in der Regel zulasten der dem Haushaltsjahr folgenden drei Jahre veranschlagt werden, in Ausnahmefällen bis zum Abschluss einer Maßnahme; sie sind nur zulässig, wenn die Finanzierung der aus ihrer Inanspruchnahme entstehenden Auszahlungen in den künftigen Haushalten gesichert erscheint.

(3) Verpflichtungsermächtigungen gelten bis zum Ende des Haushaltsjahres und darüber hinaus bis zum Wirksamwerden der Haushaltssatzung für das nächste Haushaltsjahr (§ 112 Abs. 3 Satz 1).

(4) Der Gesamtbetrag der Verpflichtungsermächtigungen bedarf im Rahmen der Haushaltssatzung der Genehmigung der Kommunalaufsichtsbehörde, soweit in den Jahren, zu deren Lasten sie veranschlagt werden, insgesamt Kreditaufnahmen vorgesehen sind.

(5) [1]Verpflichtungen im Sinne des Absatzes 1 dürfen über- und außerplanmäßig eingegangen werden, wenn sie unabweisbar sind und der in der Haushaltssatzung festgesetzte Gesamtbetrag der Verpflichtungsermächtigungen nicht überschritten wird. [2]§ 117 Abs. 1 Satz 2 gilt entsprechend.

§ 91 NGO

ERLÄUTERUNGEN zu § 119

1. Verpflichtungsermächtigungen stellen eine wirtschaftlich zweckmäßige Ergänzung des Kassenwirksamkeitsprinzips (vgl. Erl. 2 zu § 113) dar; sie sind nach der gesetzlichen Definition des § 112 Abs. 2 Nr. 1 Buchst. d durch den Haushaltsplan zu erteilende (Abs. 1) Ermächtigungen zum Eingehen von Verpflichtungen, die künftige Haushaltsjahre mit Auszahlungen für Investitionen und Investitionsförderungsmaßnahmen (zu den Begriffen vgl. § 59 Nrn. 24, 25 GemHKVO) belasten. Sie sind im **Finanzhaushalt** und in den Teilfinanzhaushalten bei den einzelnen Investitionen und Investitionsförderungsmaßnahmen unter Angabe ihrer voraussichtlichen Verteilung auf die künftigen Jahre zu veranschlagen (§ 11 GemHKVO). Ihr Gesamtbetrag ist in die Haushaltssatzung aufzunehmen (§ 112 Abs. 2 Nr. 1). Verpflichtungsermächtigungen sind kein Ersatz für die Veranschlagung von Auszahlungen im Haushaltsplan, die nach den Grundsätzen des § 113 Abs. 1 in dem Haushaltsjahr zu erfolgen hat, in dem Auszahlungen zu leisten sind.
Die Ermächtigungen gelten dem jeweils für die Entscheidung, aus der sich die Verpflichtung ergibt, zuständigen Organ.
Für die Änderung von im Haushalt festgesetzten Verpflichtungsermächtigungen durch **Nachtragshaushalt** gilt § 8 GemHKVO.

2. Im Regelfall dürfen Verpflichtungsermächtigungen nur zu Lasten der **drei** dem Haushaltsjahr **folgenden Jahre** veranschlagt werden, was im Hinblick auf die Abstimmung mit der Ergebnis- und Finanzplanung als zweckmäßig erscheint. Denn Voraussetzung der Veranschlagung ist, dass die **Finanzierung** der aus der Inanspruchnahme der Verpflichtungsermächtigungen entstehenden Auszahlungen in den künftigen Haushalten **gesichert erscheint**, und für die dazu erforderliche Einschätzung ist die mittelfristige Ergebnis- und Finanzplanung die wichtigste Grundlage. Die Berücksichtigung von Zuweisungen des Staates oder Dritter, auf die kein Rechtsanspruch besteht, erscheint erst als zulässig, wenn der Bewilligungsbescheid oder eine entsprechende verbindliche Erklärung vorliegt; als eine solche kann die bloße Gestattung des vorzeitigen Maßnahmebeginns nicht angesehen werden.

Nur ausnahmsweise darf der regelmäßige Zeitrahmen überschritten werden bis zum **Abschluss einer Maßnahme**, was nur bei Großvorhaben notwendig sein wird und eine entsprechende zeitliche Erweiterung der Ergebnis- und Finanzplanung empfehlenswert erscheinen lässt; § 1 Abs. 2 Nr. 5 GemHKVO schreibt vor, dass in der Übersicht über die aus Verpflichtungsermächtigungen fälligen Auszahlungen, bei den in den Jahren fälligen, auf die sich der mittelfristigen Ergebnis- und Finanzplanung noch nicht erstreckt, die voraussichtliche Deckung des Zahlungsmittelbedarfs dieser Jahre besonders darzustellen ist.

3. Die **Geltungsdauer** der Verpflichtungsermächtigungen ist auf die Dauer des Haushaltsjahres begrenzt. Ist die Haushaltssatzung für das folgende Haushaltsjahr nicht rechtzeitig, d. h. vor Beginn des Haushaltsjahrs, verkündet worden, dann gelten die Verpflichtungsermächtigungen bis zum Wirksamwerden dieser neuen Haushaltssatzung, d. h. bis einschließlich des letzten Tages der öffentlichen Auslegung des Haushaltsplans (§ 114 Abs. 2 Satz 3, § 112 Abs. 3 Satz 1). Die generelle **Übertragung** der nicht in Anspruch genommenen Verpflichtungsermächtigungen in das folgende Jahr ist anders als bei Kreditermächtigungen (§ 120 Abs. 3) nicht zugelassen (s. auch § 20 GemHKVO).

4. Bei der **Genehmigung** des Gesamtbetrages der Verpflichtungsermächtigungen handelt es sich um eine vorweggenommene Genehmigung künftiger Kreditaufnahmen, die jedoch die Genehmigung der Kreditaufnahmen nach § 120 Abs. 2 nicht ersetzt. Die Genehmigung ist nur erforderlich, soweit nach der Ergebnis- und Finanzplanung (für spätere Jahre gilt § 1 Abs. 2 Nr. 5 GemHKVO, s. oben Erl. 2) Kreditaufnahmen vorgesehen sind; Grundlage für die Ermittlung der Höhe des genehmigungspflichtigen Betrages ist die Aufteilung auf die künftigen Jahre (§ 11 GemHKVO) und die Genehmigung nur in Höhe des jeweils vorgesehenen Betrages der Kreditaufnahmen erforderlich.

5. Im Rahmen des durch Haushaltssatzung festgesetzten Gesamtbetrages der Verpflichtungsermächtigungen sind Verpflichtungsermächtigungen **über-** und seit dem 1.11.1996 auch **außerplanmäßig** zulässig; sie sind also nur möglich, wenn auf die Inanspruchnahme im Haushaltsplan veranschlagter Verpflichtungsermächtigungen verzichtet wird. Die Überschreitung des genehmigten Gesamtbetrages erfordert den Erlass einer Nachtragshaushaltssatzung. Die Voraussetzungen für über- und außerplanmäßige Verpflichtungsermächtigungen entsprechen im Übrigen denen für über- und außerplanmäßige Aufwendungen und Auszahlungen (unabweisbar, vgl. Erl. 1 zu § 117); dasselbe gilt für das Verfahren (vgl. Erl. 3 zu § 117).

§ 120 Kredite

(1) ¹Kredite dürfen unter der Voraussetzung des § 111 Abs. 6 nur für Investitionen, Investitionsförderungsmaßnahmen und zur Umschuldung aufgenommen werden; sie sind als Einzahlungen im Finanzhaushalt zu veranschlagen. ²Die Kommune hat Richtlinien für die Aufnahme von Krediten aufzustellen.

(2) ¹Der Gesamtbetrag der im Finanzhaushalt vorgesehenen Kreditaufnahmen für Investitionen und Investitionsförderungsmaßnahmen bedarf im Rahmen der Haushaltssatzung der Genehmigung der Kommunalaufsichtsbehörde (Gesamtgenehmigung). ²Die Genehmigung soll nach den Grundsätzen einer geordneten Haushaltswirtschaft erteilt oder versagt werden; sie kann unter Bedingungen und Auflagen erteilt werden. ³Sie ist in der Regel zu versagen, wenn die Kreditverpflichtungen nicht mit der dauernden Leistungsfähigkeit der Kommune im Einklang stehen.

(3) Die Kreditermächtigung gilt bis zum Ende des auf das Haushaltsjahr folgenden Jahres und darüber hinaus bis zum Wirksamwerden der Haushaltssatzung für das übernächste Haushaltsjahr (§ 112 Abs. 3 Satz 1).

(4) ¹Die Aufnahme der einzelnen Kredite, deren Gesamtbetrag nach Absatz 2 genehmigt worden ist, bedarf der Genehmigung der Kommunalaufsichtsbehörde (Einzelgenehmigung), sobald die Kreditaufnahmen nach § 19 des Gesetzes zur Förderung der Stabilität und des Wachstums der Wirtschaft beschränkt worden sind. ²Die Einzelgenehmigung kann nach Maßgabe der Kreditbeschränkungen versagt werden.

(5) Durch Verordnung der Landesregierung kann die Aufnahme von Krediten von der Genehmigung der Kommunalaufsichtsbehörde abhängig gemacht werden mit der Maßgabe, dass die Genehmigung versagt werden kann, wenn die ausgehandelten Kreditbedingungen
1. die Entwicklung am Kreditmarkt ungünstig beeinflussen könnten oder
2. die Versorgung der Kommunen mit wirtschaftlich vertretbaren Krediten stören könnten.

(6) ¹Die Begründung einer Zahlungsverpflichtung, die wirtschaftlich einer Kreditverpflichtung gleichkommt, bedarf der Genehmigung der Kommunalaufsichtsbehörde. ²Absatz 2 Sätze 2 und 3 gilt entsprechend. ³Eine Genehmigung für die Begründung von Zahlungsverpflichtungen im Rahmen der laufenden Verwaltung ist nicht erforderlich.

(7) ¹Die Kommunen dürfen zur Sicherung des Kredits keine Sicherheiten bestellen. ²Die Kommunalaufsichtsbehörde kann Ausnahmen zulassen, wenn die Bestellung von Sicherheiten der Verkehrsübung entspricht.

§ 92 NGO

ERLÄUTERUNGEN zu § 120

1. Als Kredite sind das unter der Verpflichtung zur Rückzahlung von Dritten oder von Sondervermögen mit Sonderrechnung aufgenommene Geldkapital als endgültiges Deckungsmittel **definiert** (§ 59 Nr. 32 GemHKVO), also mit Ausnahme der Liquiditätskredite (§ 59 Nr. 36 GemHKVO) und inneren Darlehen (§ 59 Nr. 23 GemHKVO); vgl. im Einzelnen Nr. 1.1 des Krediterlasses im Anhang. Sie dürfen nur für Investitionen, Investitionsförderungsmaßnahmen (zu den Begriffen: § 59 Nrn. 24, 25 GemHKVO) und Umschuldungen, d. h. Ablösung eines Kredits durch einen anderen (s. auch Erl. 3 zu § 116), aufgenommen werden, nicht dagegen für die Tilgung von Krediten (außer bei einer Umschuldung), für Kreditbeschaffungskosten (BVerwG, Urt. v. 23.2.2000, KStZ S. 213: nicht zur Finanzierung von Zinsen und anderen Kreditkosten), für die Ansammlung der Rücklage, für Aufwendungen des Ergebnishaushalts und für Geldanlagen und werden als Einzahlungen im **Finanzhaushalt** veranschlagt. Die Einzahlungen aus Krediten sind in Höhe der Rückzahlungsverpflichtung zu veranschlagen (Bruttoprinzip, § 10 Abs. 1 GemHKVO), die Kreditkosten (z. B. Vermittlungs-, Abschluss- und Zuteilungsgebühren, Disagio) dagegen als Auszahlungen (§ 3 Nr. 2 GemHKVO). Unter den Kreditbegriff fallen auch die als Darlehen gewährten Zuweisungen aus der Kreisschulbaukasse (§ 117 NSchG. Vgl. im Übrigen Nr. 1.1 des Krediterlasses im Anhang).

Wie alle Mittel dürfen auch die aus Krediten nur der Wahrnehmung von **Aufgaben der Kommunen** dienen (§§ 1 Abs. 1, 2 Abs. 2, 3 Abs. 2, 3). Die Kreditaufnahme zur Weiterleitung der Mittel an Dritte und die Vermittlung von Krediten an sie ist auch dann keine Aufgabe der Kommune, wenn die Dritten zulässigerweise kommunale Aufgaben wahrnehmen. Der Hinweis auf § 111 Abs. 3 wiederholt die **Subsidiarität** der Kreditaufnahme (vgl. Erl. 3 zu § 111 und Nr. 1.2 des Krediterlasses im Anhang).

2. Für die Aufnahme von Krediten sind **Richtlinien** aufzustellen, für deren Erlass die Vertretung ausschließlich **zuständig** ist (§ 58 Abs. 1 Nr. 15). Im Regelfall ist davon auszugehen, dass die Aufnahme der Kredite Geschäfte der laufenden Verwaltung darstellen (vgl. Erl. 2 Nr. 15 zu § 58).

3. Genehmigungspflichtig ist der Gesamtbetrag der vorgesehenen Kreditaufnahmen für Investitionen und Investitionsförderungsmaßnahmen, nicht der für Umschuldungen. Zweck der Genehmigung ist es, die Risiken von Kreditaufnahmen zu minimieren, Überschuldungen zu vermeiden und die dauernde Aufgabenerfüllung sichern zu helfen. Deshalb bedarf der Genehmigung auch die Änderung und die Bestätigung des Kreditgesamtbetrages durch Nachtragshaushaltssatzung (vgl. Erl. 1 zu § 115). Die Genehmigung ist ein Mittel präventiver aufsichtlicher Kontrolle, ihre Normierung durch den Landesgesetzgeber also verfassungsrechtlich unbedenklich (OLG Celle, Urt. v. 12.7.2000, VwRR N 2001 S. 4). **Kriterien der Genehmigung** (zu ihrer Rechtsqualität s. Erl. 3 zu § 176) sind die Wahrung der Grundsätze einer geordneten Haushaltswirtschaft und der dauernden Leistungsfähigkeit, eine kritische Beurteilung der Verschuldungs- und Haushaltssituation und die Erhaltung der künftigen Investitionsfähigkeit, wie sie im Einzelnen in Nr. 1.4 des Krediterlasses (im Anhang) beschrieben werden. In die Beurteilung der Genehmigungsfähigkeit nach den vorbezeichneten Kriterien können auch die Kreditbedingungen (Kreditkosten, Laufzeit, Kündigungsrechte) einbezogen werden (vgl. im Einzelnen Nrn. 1.5 bis 1.7 des Krediterlasses im Anhang). Die Genehmigung **soll** nach den Grundsätzen einer geordneten Haushaltswirtschaft erteilt oder versagt werden und **ist**

regelmäßig zu versagen, wenn die Kreditverpflichtungen mit der dauernden Leistungsfähigkeit der Kommune nicht im Einklang stehen (Abs. 2 Sätze 2, 3). Bedingungen und Auflagen im Rahmen der Zweckbestimmung der Genehmigung sind ausdrücklich zugelassen. Zu Krediten in Fremdwährung s. Nr. 1.6 des Krediterlasses im Anhang.

4. Die Kreditermächtigung gilt für **zwei Jahre**, und zwar auch im Falle einer Haushaltssatzung mit Festsetzungen für zwei Jahre, weil diese nach Jahren getrennt vorzunehmen sind (§ 112 Abs. 3 Satz 2). Ist die Haushaltssatzung für das übernächste Jahr nicht rechtzeitig vor dessen Beginn verkündet worden, dann gilt die Ermächtigung bis zu ihrem Wirksamwerden, d. h. bis einschließlich des letzten Tages der öffentlichen Auslegung des Haushaltsplans (§ 114 Abs. 2 Satz 3, § 112 Abs. 3 Satz 1).

5. Die **Einzelkreditgenehmigung** ist vorgeschrieben für den Fall der Beschränkung der Kreditbeschaffung zur Abwehr einer Störung des gesamtwirtschaftlichen Gleichgewichts nach § 19 StabG durch eine Rechtsverordnung der Bundesregierung, die der Zustimmung des Bundesrates bedarf.
Außerdem kann die Einzelgenehmigung durch eine Verordnung der Landesregierung eingeführt werden, wenn die allgemeine Kreditversorgung der Kommunen gefährdet ist, damit durch die Versagung der Genehmigung Kreditbedingungen, die die Kommune ausgehandelt hat, die Entwicklung am Kreditmarkt nicht ungünstig beeinflussen oder die Versorgung der Kommunen mit wirtschaftlich vertretbaren Krediten nicht stören können.

6. Der Genehmigung, für deren Erteilung und Versagung dieselben Grundsätze gelten wie für die Gesamtgenehmigung der Kreditaufnahme (zu den Genehmigungskriterien im Einzelnen vgl. Nr. 1.4 des Krediterlasses im Anhang), bedarf in jedem Einzelfall die **Begründung** einer **Zahlungsverpflichtung**, die wirtschaftlich einer **Kreditverpflichtung gleichkommt**. Die Rechtsgeschäfte bedürfen der Beschlussfassung der Vertretung (§ 58 Abs. 1 Nr. 16); davon und von der Genehmigungspflicht ausgenommen sind Geschäfte der laufenden Verwaltung i. S. des § 85 Abs. 1 Satz 1 Nr. 7 (vgl. dort Erl. 5); eine Zuständigkeit des Hauptausschusses besteht in diesem Bereich nicht. Die Genehmigungsbedürftigkeit eines kreditähnlichen Rechtsgeschäfts kann auch der private Vertragspartner der Kommune gerichtlich geltend machen (Sächs. OVG, Urt. v. 25.4.2006, KStZ 2007 S. 14).
Die **Formen** kreditähnlicher Rechtsgeschäfte können recht vielgestaltig sein (vgl. die zahlreichen Beispielsfälle unter Nr. 3.1 des Krediterlasses im Anhang). Besonders kritisch ist die besondere Leasing-Finanzierung des sog. Sale-and-lease-back zu betrachten, bei dem die Kommune ein in ihrem Eigentum stehendes und von ihr weiterhin benötigtes Objekt veräußert, um es im Rahmen eines Leasingvertrages wieder anzumieten. Abgesehen von Bedenken aus § 125, wonach Kommunen nur Vermögensgegenstände veräußern dürfen, die sie zur Erfüllung ihrer Aufgaben in absehbarer Zeit nicht brauchen, steht regelmäßig der wirtschaftliche Vorteil des Geschäftes sehr in Frage. Kein kreditähnliches Rechtsgeschäft ist aber ein bloßer langfristiger Mietvertrag (BGH, Urt. v. 4.2.2004, NVwZ 2004 S. 763).

Kreditähnliche Rechtsgeschäfte in der Form von Vorfinanzierungsverträgen (zu denen regelmäßig auch das Energieeinspar-Contracting, in der Regel aber nicht das Energieliefer-Contracting zählt) vergrößern nicht den Verschuldensspielraum, weil sie denselben Genehmigungskriterien unterliegen wie Kreditaufnahmen. Außerdem gehören sie wie die Kredite haushaltsrechtlich zu den **Schulden** und müssen deshalb in der Übersicht nach § 1 Abs. 2 Nr. 6 GemHKVO enthalten sein. Die aus ihnen resultierenden Zahlungsvorgänge sind insoweit im Haushalt zu veranschlagen, als sie in dem betreffenden Jahr kassenwirksam werden. Soweit kommunale Investitionen vereinbarungsgemäß durch einen Dritten vorfinanziert werden, sind alle vorfinanzierten Einzahlungen und Auszahlungen spätestens im Zeitpunkt der Abrechnung mit dem Dritten im Haushalt zu veranschlagen und im Jahresabschluss zu buchen.

Zum Einsatz **derivativer Finanzierungsinstrumente** s. Nr. 1.11 des Krediterlasses im Anhang; der Abschluss zinsbezogener Derivatgeschäfte (Cap, Swap, Floor, Collar), die das eigentliche Kreditgeschäft unberührt lassen, bedarf grundsätzlich keiner Genehmigung, auch nicht nach § 121 Abs. 3, soweit nur das Risiko der Kommune als Kreditnehmerin minimiert werden soll.

Nach Sinn und Zweck des Genehmigungsvorbehalts bedürfen auch nachträgliche **Änderungen** der Zahlungsverpflichtung, die insgesamt eine höhere Belastung der Kommune zur Folge haben, der Genehmigung; bei Änderungen, die die Kommune entlasten, ist sie nicht erforderlich.

7. Das **Kreditsicherungsverbot** (Abs. 7) bezieht sich auf Kredite, die die Kommune selbst aufnimmt; Sicherheiten für Dritte sind in § 121 geregelt. Ihm liegt die Vorstellung zugrunde, dass die im Rahmen einer geordneten Haushaltswirtschaft eingegangene und mit der dauernden Leistungsfähigkeit der Kommune im Einklang stehende Kreditverpflichtung nicht weiterer Sicherungen bedarf.

Die **Zulassung** der Ausnahme muss vor der Bestellung einer verkehrsüblichen Sicherheit erfolgen.

Ein **Verstoß** gegen das Verbot macht die Bestellung der Sicherheit nichtig (entsprechend § 134 BGB), und zwar ohne Heilungsmöglichkeit. Inwieweit von der Nichtigkeit auch das Kreditgeschäft erfasst wird, beurteilt sich nach § 139 BGB.

Anhang

Kreditwirtschaft der kommunalen Körperschaften einschließlich ihrer Sonder- und Treuhandvermögen

RdErl. d. MI v. 22.10.2008 (Nds. MBl. S. 1149)

Inhalt:

1.   Kredite

1.1   Kreditbegriff:

Zur Begriffsbestimmung wird auf § 59 Nr. 32 GemHKVO verwiesen.

Unter den Kreditbegriff in diesem Sinne fallen nicht innere Darlehen (§ 59 Nr. 23 GemHKVO) sowie Lquiditätskredite (*§ 122 Abs. 1 Satz 1 NKomVG*, § 59 Nr. 36 GemHKVO).

Eine Darlehensgewährung der Kommune an ein Sondervermögen mit Sonderrechnung ist dort eine Kreditaufnahme.

1.2   Kreditaufnahme

Kommunen dürfen Kredite nach *§ 120 Abs. 1 NKomVG* lediglich für Investitionen, Investitionsförderungsmaßnahmen und zur Umschuldung im Rahmen ihrer Aufgaben aufnehmen, und zwar nur dann, wenn eine andere Finanzierung nicht möglich ist oder wirtschaftlich unzweckmäßig wäre (*§ 111 Abs. 6 NKomVG*).

Bei der Aufnahme von Krediten ist der haushaltswirtschaftliche Grundsatz der Wirtschaftlichkeit und Sparsamkeit zu beachten. Vor der Aufnahme eines Kredits sind deshalb vergleichbare Angebote verschiedener Kreditgeber einzuholen und entsprechend zu bewerten.

Die Zuständigkeit und das Verfahren für Kreditaufnahmen sind in den Richtlinien zur Aufnahme von Krediten nach *§ 120 Abs. 1 Satz 2 NKomVG* festzulegen und vom Rat zu beschließen.

1.3   Kreditgenehmigung

Der Gesamtbetrag der im Finanzhaushalt vorgesehenen Kreditaufnahmen für Investitionen und Investitionsförderungsmaßnahmen bedarf im Rahmen der Haushaltssatzung der Genehmigung der Kommunalaufsichtsbehörde (*§ 120 Abs. 2 Satz 1 NKomVG*).

Dies gilt auch für eine Änderung oder Bestätigung des Kreditgesamtbetrages durch Nachtragshaushaltssatzung (*§ 115 Abs. 1 NKomVG*), da Veranschlagungsveränderungen auch bei einem in der Nachtragshaushaltssatzung der Höhe nach unveränderten Gesamtkreditbetrag neue Beurteilungstatbestände und -pflichten auslösen, die zu anderen Schlussfolgerungen als im vorausgegangenen Genehmigungsverfahren führen können.

1.4 Genehmigungskriterien

Bei der Beurteilung zur Genehmigung sind die folgenden Kriterien zu berücksichtigen:

1.4.1 Geordnete Haushaltswirtschaft

Die Grundsätze einer geordneten Haushaltswirtschaft ergeben sich insbesondere aus den *§§ 110* und *111 NKomVG*. Es ist eine Gesamtwürdigung des Haushalts vorzunehmen. Die Kommunalaufsichtsbehörden beurteilen die Verschuldungs- und Haushaltssituation unter Berücksichtigung regionaler Unterschiede. Hierfür können Kennzahlen herangezogen werden, die noch gesondert veröffentlicht werden.

Kreditaufnahmen, die Einrichtungen zugerechnet werden können, die sich überwiegend aus Entgelten finanzieren, sind bei der Beurteilung der Genehmigungsfähigkeit des Gesamtkreditbetrages dann als unbedenklich einzustufen, wenn aufgrund von Gebührenbedarfsberechnungen oder Betriebsabrechnungen über einen längeren Zeitraum grundsätzlich die volle Deckung aller gebührenfähigen Kosten (einschließlich geplanter Investitionen) gegeben ist.

1.4.2 Dauernde Leistungsfähigkeit

Die Kriterien für die dauernde Leistungsfähigkeit ergeben sich aus § 23 GemHKVO.

1.5 Kreditkosten

Beim Abschluss eines Kredits ist besonders auf marktgerechte Zinsen und die mögliche Zinsentwicklung zu achten.

Das Entgelt für den Kredit wird durch Ermittlung des (vorläufigen) effektiven Jahreszinses unter Berücksichtigung aller mit der Kreditaufnahme verbundenen Kosten festgestellt (vgl.: Preisangabenverordnung vom 18.10.2002, BGBl. I S. 4197 in der jeweils geltenden Fassung). Hierauf kann verzichtet werden, soweit Kreditangebote mit dem Nominalzins verglichen werden sollen, bei denen alle Preis bildenden Bestandteile (insbesondere Disagio, Zinsbindungsfrist, Zahlungs- und Wertstellungstermine, Vermittlungs- und Abschlussgebühren usw.) übereinstimmen, so dass sich auch bei einer Berechnung mit einem Effektivzinssatz keine andere Bewertung der Wirtschaftlichkeit ergäbe.

1.6 Laufzeit und Tilgung

Die Kreditlaufzeit soll auf die Refinanzierungsmöglichkeiten im Rahmen der dauernden Leistungsfähigkeit unter den Bedingungen des Gesamtdeckungsprinzips abgestellt sein. Dies gilt auch für Art und Umfang der Tilgung.

1.7 Kündigungsrechte für Kommunen und Kreditgeber

Grundsätzlich sollen gleiche Kündigungsrechte für Kommunen und Kreditgeber vereinbart werden. Daher sollte die Kommune in der Regel sicherstellen, dass das Kündigungsrecht des § 489 Abs. 1 und 2 BGB vom Kreditgeber nicht ausgeschlossen wird. Der Ausschluss des Kündigungsrechts oder die Vereinbarung einseitiger Kündigungsrechte ist möglich, wenn sich daraus für die Kommune ein wirtschaftlicher Vorteil ergibt.

Bei der Vereinbarung von sogenannten Zinsgleitklauseln (Anbindung der Zinssätze an bestimmte Sätze, wie z. B. Basiszinssatz der EZB oder Euribor) hat die Kommune in eigener Verantwortung eine selbstständige und sorgfältige Prognose der künftigen Zinsentwicklung (Zinsmeinung) vorzunehmen und sich dabei ggf. durch spezialisierte Fachberatung unterstützen zu lassen.

1.8   Kredite in fremder Währung

Von Krediten in fremder Währung ist möglichst Abstand zu nehmen. Sie sind mit besonderen Risiken behaftet (höhere effektive Belastung insbesondere durch nicht kalkulierbare Wechselkursschwankungen).

Findet im Ausnahmefall eine Kreditaufnahme in fremder Währung statt, muss von den Kommunen bei der Aufnahme, abhängig von der Höhe des Wechselkursrisikos, gleichzeitig eine Risikovorsorge getroffen werden. Für diese Risikovorsorge ist eine Rückstellung nach § 43 Abs. 1 GemHKVO zu bilden. Sollten keine konkreten Anhaltspunkte für die Bestimmung der Höhe der Risikovorsorge vorliegen, kann die Hälfte der Zinsvorteile der Gemeinde aus der Kreditaufnahme in ausländischer Währung angesetzt werden. Die Rückstellung ist nach Abwicklung des Fremdwährungskredits aufzulösen.

Fremdwährungskredite sind in der Schuldenübersicht gem. § 56 Abs. 3 GemHKVO (Anlage zum Jahresabschluss) gesondert nachzuweisen.

1.9   Kreditaufnahmen bei vorläufiger Haushaltsführung

Gemäß § 116 Abs. 2 NKomVG dürfen Kommunen unter bestimmten Voraussetzungen und im beschränkten Umfang, auch vor dem Inkrafttreten der Haushaltssatzung und mit Genehmigung der Kommunalaufsichtsbehörde, Kredite für Investitionen und Investitionsförderungsmaßnahmen aufnehmen. Diese Kreditaufnahmen werden auf die noch wirksam werdende Kreditermächtigung für das Haushaltsjahr angerechnet.

1.10   Umschuldungen

Umschuldung ist die Rückzahlung eines Kredits durch die Aufnahme eines neuen Kredits, in der Regel bei einem anderen Kreditgeber. Wesensmerkmal ist der Abschluss eines neuen Kreditvertrages. Die Zuständigkeit und das Verfahren für Kreditaufnahmen zur Umschuldung sind in den Richtlinien zur Aufnahme von Krediten nach § 120 Abs. 1 Satz 2 NKomVG festzulegen und vom Rat zu beschließen.

Umschuldungskredite sind nicht genehmigungspflichtig.

Bei Umschuldungen sollte der neue Kredit die bisher erreichte Tilgung zuzüglich ersparter Zinsen festsetzen, damit die Kreditlaufzeit nicht künstlich verlängert wird und die künftige Kreditaufnahme nicht mit Umschuldungskrediten kumuliert. Ausnahmen müssen mit Veränderungen bei der gewöhnlichen Nutzungsdauer entsprechender Teile des abschreibungspflichtigen Vermögens oder mit anderen haushalts- und finanzwirtschaftlichen Vorteilen begründet werden.

1.11 Finanzderivate

Finanzderivate dürfen in der Regel nur zur Zinsabsicherung und nur im Rahmen des abgeschlossenen Kreditgeschäfts genutzt werden (zeitliche und inhaltliche Konnexität). Sofern Finanzderivate auch zur Zinsoptimierung eingesetzt werden, ist die Nutzung zumindest nach anteiligem Volumen, Laufzeit und Zinssatz zu begrenzen. Dabei ist immer das allgemeine Spekulationsverbot zu beachten. Demgemäß sind Geschäfte mit Derivaten, die unabhängig vom Kreditgeschäft oder zur Erwirtschaftung separater Gewinne dienen sollen, unzulässig. Ein spekulatives Derivatgeschäft ist auch anzunehmen, wenn ein Finanzderivat ohne Definition oder ohne Begrenzung auf einen maximalen Verlust abgeschlossen oder gehalten wird.

Auf die Zuständigkeit des Rates gem. *§ 58 Abs. 1 Nr. 15 NKomVG* wird hingewiesen.

Soweit Finanzderivate eingesetzt werden, setzt dies einschlägige, in der Regel durch Schulung bzw. Qualifizierung erworbene Kenntnisse bei den mit diesen Aufgaben betrauten Mitarbeiterinnen und Mitarbeitern voraus. Es ist ein adäquates Finanz- und Schuldenmanagement aufzubauen, welches Informationen über die aufgenommenen Kredite mit den Fälligkeitsterminen der Zins- und Tilgungsleistungen sowie eine Zeittafel der Zinsanpassungstermine, eine Analyse des Zinsänderungsrisikos bzw. der Auswirkungen einer zu erwartenden Zinsänderung auf bestehende Finanzpositionen der Kommune (Kredite und Geldanlagen) sowie eine Übersicht über die Entwicklung der für die kommunalen Finanzpositionen entscheidenden Zinsen (z. B. EURIBOR, LIBOR).

Des Weiteren ist ein Kontroll- und Berichtssystem festzulegen, welches den spekulativen Einsatz von Derivaten verhindert und umfassende interne Dokumentationspflichten vorsieht. Organisation und Verfahren sind in geeigneter Form verbindlich zu regeln.

Finanzderivate sind im Rechenschaftsbericht nach § 57 Abs. 2 Nr. 2 GemHKVO darzustellen, sofern sie finanzwirtschaftliche Risiken von besonderer Bedeutung enthalten.

2. Kredite zur Liquiditätssicherung nach § 122 NKomVG

Nach *§ 122 Abs. 1 NKomVG* dürfen Kommunen zur rechtzeitigen Leistung ihrer Auszahlung Liquiditätskredite (§ 59 Nr. 36 GemHKVO) bis zu dem in der Haushaltssatzung festgesetzten Höchstbetrag aufnehmen, sofern keine anderen Mittel zur Verfügung stehen. Die Nummern 1.2 Abs. 2, 1.5, 1.7, 1.8 und 1.11 gelten entsprechend bei der Aufnahme von Krediten zur Liquiditätssicherung.

3. Kreditähnliche Rechtsgeschäfte nach § 120 Abs. 6 NKomVG

3.1 Allgemeine Grundsätze

Neben der Aufnahme von Krediten wird die Haushaltswirtschaft der Kommunen auch durch den Abschluss kreditähnlicher Rechtsgeschäfte zukünftig belastet. Das kreditähnliche Rechtsgeschäft begründet eine Zahlungsverpflichtung der Kommune, die einer Kreditaufnahme wirtschaftlich gleichkommt (vgl. *§ 120 Abs. 6 Satz 1 NKomVG*). Für die Beurteilung, ob ein kreditähnliches Rechtsgeschäft vorliegt, kommt es auf den Einzelfall an. Entscheidend ist nicht die formale Bezeichnung und Einordnung des Geschäfts, sondern dessen wirtschaftliche Auswirkung, insbesondere im Hinblick auf die Belastung zukünftiger Haushaltsjahre. Beispiele kreditähnlicher Rechtsgeschäfte sind Leasinggeschäfte, atypische, langfristige Mietverträge ohne Kündigungsmöglichkeiten bzw. Nutzungsüberlassungsverträge für Gebäude auf gemeindeeigenen Grundstücken, periodenübergreifende Stundungsabreden, die Übernahme des Schuldendienstes für einen Kredit, den ein Dritter aufgenommen hat, aber auch Leibrentenverträge, Ratenkaufmodelle, die Annahme von Erbbaurechten oder PPP-Projekte der Kommunen mit kombinierten kreditähnlichen Vertragselementen.

3.1.1 Genehmigungspflicht

Kreditähnliche Rechtsgeschäfte sind gem. *§ 120 Abs. 6 Satz 1 NKomVG* genehmigungspflichtig. Unter die Genehmigungspflicht fallen auch spätere Änderungen der in *§ 120 Abs. 6 NKomVG* genannten Zahlungsverpflichtungen, wenn sie zu einer höheren Belastung der Kommunen führen. In dem Antrag auf Genehmigung sind die tatsächlichen Verhältnisse und die finanziellen Auswirkungen im Rahmen eines Wirtschaftlichkeitsvergleichs darzustellen und auf Verlangen durch Vorlage der vertraglichen Abmachungen zu belegen.

Von der Genehmigungspflicht sind ausgenommen unwesentliche Anpassungen und Rechtsgeschäfte, die als Geschäfte der laufenden Verwaltung nach *§ 85 Abs. 1 Satz 1 Nr. 7 NKomVG* gelten und abgeschlossen werden.

3.1.2 Genehmigungskriterien

Kreditähnliche Rechtsgeschäfte dürfen nur im Rahmen der kommunalen Aufgabenerfüllung abgeschlossen werden. Die finanzielle Gesamtbelastung darf nicht höher sein als bei herkömmlicher Finanzierung (Wirtschaftlichkeit).

Bei der Entscheidung über die Genehmigungsfähigkeit gilt folgender Grundsatz: Wenn die Haushaltslage eine Kreditfinanzierung nicht zulässt, ist auch ein kreditähnliches Rechtsgeschäft unzulässig. Bei der Entscheidung sind die laufenden und die bilanziellen Belastungen sowohl aus neuen als auch aus bereits vorhandenen Krediten und kreditähnlichen Rechtsgeschäften in einer Gesamtschau im Rahmen der mittelfristigen Ergebnis- und Finanzplanung gem. *§ 118 Abs. 3 NKomVG* zu betrachten. Weiterhin wird auf die Ausführungen in Nr. 1.4 verwiesen.

Die Kommune muss sich gegenüber den mit besonderen Finanzierungsarten verbundenen Risiken absichern; insbesondere sind solche Vertragsrisiken auszuschließen, die zu erheblichen Finanzierungsansprüchen an den kommunalen Haushalt in späteren Jahren führen können.

3.1.3 Nachweis der kreditähnlichen Rechtsgeschäfte

Die Kommune hat die aus kreditähnlichen Rechtsgeschäften bestehenden Finanzierungsverpflichtungen vollständig im Haushaltsplan abzubilden. Im Vorbericht zum Haushaltsplan (§ 6 GemHKVO) ist deshalb die Höhe der Belastungen aus kreditähnlichen Rechtsgeschäften (insbesondere PPP, Immobilien-Leasing) für die folgenden Jahre aufzuführen.

Entsprechendes gilt für den Jahresabschluss. In der Schuldenübersicht sind auch die Verbindlichkeiten aus kreditähnlichen Rechtsgeschäften anzugeben.

3.2 Public Private Partnership (PPP) und Leasing

3.2.1 Public Private Partnership

Bei PPP-Projekten handelt es sich um eine langfristige, vertraglich geregelte Zusammenarbeit der Kommunen mit privaten Unternehmen. Dabei werden in der

Regel die Planung, der Bau, die Finanzierung, die Instandhaltung und Instandsetzung sowie weitere betriebliche Leistungen über den gesamten Lebenszyklus einer
Liegenschaft von dem privaten Partner übernommen. Die Finanzierung erfolgt über
laufende Nutzungsentgelte, Leasingraten oder Mieten der Kommune. Eine frühzei-
tige Information der Kommunalaufsicht über beabsichtigte PPP-Projekte wird empfohlen.

3.2.1.1 Wirtschaftlichkeitsuntersuchung, konventioneller Vergleichswert (Public Sector Comparator, PSC)

Zum Nachweis der Wirtschaftlichkeit eines genehmigungspflichtigen PPP-Projekts
muss die Kommune eine Wirtschaftlichkeitsuntersuchung vorlegen, die das PPP-
Projekt mit den Kosten einer kommunalen Eigenerstellung (konventioneller Ver-
gleichswert/PSC) vergleicht. Wirtschaftlichkeit ist gegeben, wenn die Einrichtung
bei gleichem Leistungsumfang und gleicher Leistungsqualität zumindest ebenso
wirtschaftlich errichtet und betrieben werden kann. Bei der Aufstellung des PSC
müssen die vorausssichtlichen Kosten und ggf. Erlöse der kommunalen Eigenerstellung bezogen auf die geplante Vertragslaufzeit geschätzt werden. Dazu gehören:
Investitionskosten (Planung und Bau), Finanzierungskosten, Betriebskosten (Personalkosten, Energiekosten, inklusive Instandhaltung und -setzung), Transaktions-
und Verwaltungskosten, Risikokosten und ggf. Kosten und Erlöse der Verwertung.
Die Methodik des PSC im Einzelnen ist dem jeweils aktuellen Leitfaden der Finanz-
ministerkonferenz „Wirtschaftlichkeitsuntersuchung bei PPP-Projekten" zu entnehmen. Dieser steht neben weiteren Hinweisen im Internet beim „PPP-Kompetenz-
netzwerk Niedersachsen" unter www.ppp.niedersachsen.de zur Verfügung.

3.2.1.2 Bilanzierung des PPP-Projekts

Ob und in welcher Höhe die Bilanzierung eines PPP-Projekts bei der Kommune
vorzunehmen ist, richtet sich grundsätzlich nach den Vorschriften der GemHKVO.
Für eine Aktivierung und Passivierung in der kommunalen Bilanz ist das wirtschaftliche Eigentum der Kommune am Vermögensgegenstand ausschlaggebend. Aus
Gründen der Vereinfachung kann im Regelfall die bilanzsteuerrechtliche Behandlung des jeweiligen Projekts zugrunde gelegt werden (vgl. hierzu die Leasingerlasse
des Bundesministeriums der Finanzen in der jeweils geltenden Fassung).

3.2.2 Leasing

3.2.2.1 Allgemeine Grundsätze

Leasing ist die langfristige Vermietung/Anmietung von beweglichen und unbeweglichen Vermögensgegenständen, wobei der Vermieter Eigentümer bleibt, der Mieter
aber das Recht hat, den gemieteten Gegenstand nachträglich unter teilweiser Anrechnung der bereits geleisteten Mietzahlungen zu erwerben. Die Leasingrate
(Miete) setzt sich aus den Kapitalkosten sowie einem Zuschlag für Kosten, Risiko
und Gewinn des Leasinggebers zusammen. Kosten des Leasingobjekts wie Abgaben, Versicherungen u. Ä. werden dem Leasingnehmer meistens gesondert in Rechnung gestellt. Je nach der vertraglichen Gestaltung des Leasingvertrags werden die
Instandhaltung bzw. die Unterhaltung des Objekts entweder vom Leasingnehmer
oder vom Leasinggeber getragen. Sofern der Private als Leasinggeber auch für die
Instandhaltung bzw. die Unterhaltung des Objekts verantwortlich ist, handelt es sich
regelmäßig zugleich um ein PPP-Projekt.

Bei den Leasing-Objekten kann es sich sowohl um unbewegliches Anlagevermögen
wie z. B. Bürogebäude, Sportanlagen (Immobilien-Leasing) als auch um bewegli-

ches Anlagevermögen wie z. B. EDV-Anlagen, Telekommunikationsanlagen, Fahrzeuge (Mobilienleasing) handeln.

Die Finanzierung von Vermögensgegenständen über Leasing kann für Kommunen eine sinnvolle Alternative zur Finanzierung über Kredite sein. Hier ist nachzuweisen, dass die Leasingvariante für die Kommune gegenüber einer Finanzierung mit Krediten ein ebenso wirtschaftliches Ergebnis erwarten lässt. Auch bei Leasinggeschäften, die weder Betrieb noch Unterhaltung des Vermögensgegenstandes umfassen, ist der Kommunalaufsicht eine konventionelle Vergleichsrechnung vorzulegen, bei der die anfallenden Kosten und Risiken in Abhängigkeit vom konkreten Vertragsmodell entsprechend anzusetzen sind.

Bei Leasinggeschäften gilt für die Bilanzierung Nummer 3.2.1.2 entsprechend.

3.2.2.2 Sale-and-lease-back-Modelle

Im Rahmen von Sale-and-lease-back-Geschäften überträgt die Kommune das Eigentum an einem Objekt dem privaten Investor, um es zur erforderlichen kommunalen Aufgabenerfüllung von ihm wieder anzumieten. Dies ist nach Sinn und Zweck des *§ 125 Abs. 1 NKomVG* nur dann möglich, wenn die Nutzung des Vermögensgegenstandes zur Aufgabenerledigung der Kommune langfristig gesichert und die Aufgabenerledigung dadurch zumindest ebenso wirtschaftlich ist. Die stetige Aufgabenerledigung ist in der Regel dann gesichert, wenn das Sale-and-lease-back-Geschäft zur Werterhaltung bzw. Wertsteigerung des Objekts bestimmt ist und der Kommune daran zur Aufgabenerfüllung ein langfristiges Nutzungsrecht sowie eine Rückkaufoption eingeräumt wird.

3.2.3 Ausschreibung

Bei PPP-Projekten, Leasing und Sale-and-lease-back-Geschäften sind die Bestimmungen des EU-Wettbewerbsrechts, insbesondere die Gebote der Nichtdiskriminierung, der Gleichbehandlung und der Transparenz, zu beachten. Bei der Vereinbarung eines solchen Vertrags durch die Kommune handelt es sich in der Regel um die Vergabe eines öffentlichen Auftrags, bei der das entsprechende EU-, Bundes- und Landesrecht für die Vergabe öffentlicher Aufträge zu beachten ist.

4. Bürgschaften, andere Sicherheiten und Verpflichtungen aus Gewährverträgen sowie der Abschluss ihnen gleichkommender Rechtsgeschäfte

4.1 Einzelgenehmigungspflicht

Bürgschaften, Verpflichtungen aus Gewährverträgen und Rechtsgeschäfte, die diesen wirtschaftlich gleichkommen, bedürfen mit Ausnahme der in *§ 121 Abs. 4 NKomVG* genannten Rechtsgeschäfte der Genehmigung der Kommunalaufsicht.

Bürgschaftsverlängerungen, bei denen der Nominalbetrag und die übrigen Konditionen unverändert bleiben, sowie Umschuldungen bedeuten regelmäßig keine besondere Belastung für den Haushalt und sind als Rechtsgeschäfte nach *§ 121 Abs. 4 Nr. 2 NKomVG* lediglich im Anhang zum Jahresabschluss darzustellen.

4.2 Genehmigungskriterien

Rechtsgeschäfte nach *§ 121 NKomVG* dürfen nur im Rahmen der kommunalen Aufgabenerfüllung abgeschlossen werden. Die dauernde Leistungsfähigkeit und die übrige Aufgabenerfüllung dürfen nicht beeinträchtigt werden. Die Kommune muss sich gegenüber Risiken soweit wie möglich absichern. Die Übernahme einer Bürgschaft für ein Unternehmen, an dem mehrere Kommunen und/oder Private beteiligt sind, soll grundsätzlich nur in dem Verhältnis, in dem die Kommune an der Gesellschaft beteiligt ist, erfolgen (Ausnahme: KfW-Darlehen).

Die Bonität der an dem Rechtsgeschäft nach § 121 NKomVG beteiligten Dritten darf eine Inanspruchnahme der Kommune nicht erwarten lassen. In die Genehmigungsprüfung sind auch bereits bestehende Verpflichtungen nach § 121 NKomVG mit einzubeziehen.

4.3 Beihilferecht

Gemeinden dürfen Dritten keine Beihilfen gewähren, sofern diese nach Artikel 87 Abs. 1 EG-Vertrag als unvereinbar mit dem EU-Beihilferecht anzusehen sind. Dies gilt auch für Bürgschaften, Verpflichtung aus Gewährverträgen sowie ggf. Geschäfte, die diesen wirtschaftlich gleichkommen. Im Rahmen der Genehmigung nach § 121 Abs. 2 und 3 NKomVG erfolgt durch die Kommunalaufsicht keine Prüfung auf Vereinbarkeit mit dem jeweils aktuellen EU-Beihilferecht. Diese Prüfung obliegt der Gemeinde in eigener Verantwortung.

Auf eine ggf. bestehende Notifizierungspflicht der Kommunen gegenüber der EU-Kommission wird hingewiesen.

5. Schlussbestimmungen

5.1 Dieser Runderlass tritt am 1.12.2008 in Kraft. Gleichzeitig wird der Bezugserlass (v. 8.11.1993, MBL. S. 1330) aufgehoben.

5.2 Für Kommunen mit kameraler Haushaltsführung finden die Nummern 2.1.5.2 und 2.1.5.3 weiterhin Anwendung.

§ 121 Sicherheiten und Gewährleistung für Dritte

(1) [1]Die Kommunen dürfen keine Sicherheiten zugunsten Dritter bestellen. [2]Die Kommunalaufsichtsbehörde kann Ausnahmen zulassen.

(2) [1]Die Kommunen dürfen Bürgschaften und Verpflichtungen aus Gewährverträgen nur im Rahmen der Erfüllung ihrer Aufgaben übernehmen. [2]Die Rechtsgeschäfte bedürfen der Genehmigung der Kommunalaufsichtsbehörde.

(3) Absatz 2 gilt entsprechend für Rechtsgeschäfte, die den darin genannten wirtschaftlich gleichkommen, insbesondere für die Zustimmung zu Rechtsgeschäften Dritter, aus denen den Kommunen in künftigen Haushaltsjahren Aufwendungen entstehen oder Verpflichtungen zur Leistung von Auszahlungen erwachsen können.

(4) [1]Keiner Genehmigung bedürfen Rechtsgeschäfte nach den Absätzen 2 und 3, die
1. die Kommune zur Förderung des Städte- und Wohnungsbaus eingeht oder
2. für den Haushalt der Kommune keine besondere Belastung bedeuten.
[2] Diese Rechtsgeschäfte sind im Anhang zum Jahresabschluss darzustellen. [3]Rechtsgeschäfte nach Satz 1 Nr. 1 mit erheblichen Auswirkungen auf die Finanzwirtschaft sind in einem Vorbericht des Haushaltsplans zu erläutern; erhebliche Besonderheiten aus ihrer Abwicklung und Rechtsgeschäfte, die im Vorbericht noch nicht erläutert worden sind, sind im Anhang zum Jahresabschluss zu erläutern.

(5) ¹Bei Rechtsgeschäften nach den Absätzen 2 und 3 haben die Kommunen sich das Recht vorzubehalten, dass sie oder ihre Beauftragten jederzeit prüfen können, ob

1. die Voraussetzungen für die Kreditzusage oder ihre Erfüllung vorliegen oder vorgelegen haben, oder
2. im Fall der Übernahme einer Gewährleistung eine Inanspruchnahme der Kommune in Betracht kommen kann oder die Voraussetzungen für eine solche vorliegen oder vorgelegen haben.

²Die Kommunen können mit Genehmigung der Kommunalaufsichtsbehörde davon absehen, sich das Prüfungsrecht vorzubehalten.

§ 93 NGO

ERLÄUTERUNGEN zu § 121

1. Es gehört regelmäßig nicht zu den Aufgaben der Kommune, ein wirtschaftliches Risiko für andere Interessen zu übernehmen. Deshalb ist die Bestellung von Sicherheiten zugunsten Dritter **grundsätzlich verboten**. Als Sicherheiten i. S. dieser Vorschrift haben die in § 232 ff. BGB genannten Sicherheitsleistungen zu gelten, ferner Sicherungsübereignungen an beweglichen Sachen und die treuhänderische Forderungsabtretung; auch Patronatserklärungen gehören dazu. Soweit nicht eine Ausnahme zugelassen wird (Abs. 1 Satz 2) oder ein Fall der Absätze 2 und 3 vorliegt, verstößt das Rechtsgeschäft gegen ein gesetzliches Verbot und ist nach § 134 BGB nichtig.

Über die Zulassung einer **Ausnahme** ist mangels anderer gesetzlicher Vorgaben (vgl. z. B. § 120 Abs. 2, 7) nach pflichtgemäßem Ermessen zu entscheiden.

2. Im Rahmen der Erfüllung ihrer Aufgaben dürfen Kommunen mit Genehmigung der Aufsichtsbehörde **Bürgschaften** und Verpflichtungen aus **Gewährverträgen** übernehmen. Zuständig ist grundsätzlich die Vertretung (§ 58 Abs. 1 Nr. 16; s. Erl. 6 zu § 120). Was zu den Aufgaben der Kommune gehört, ergibt sich insbesondere aus den §§ 1 bis 5.

Durch den **Bürgschaftsvertrag** verpflichtet sich der Bürge gegenüber dem Gläubiger eines Dritten, für die Erfüllung der Verbindlichkeit des Dritten einzustehen (§ 765 Abs. 1 BGB). Formen sind die einfache Bürgschaft mit der Einrede der Vorausklage (§ 771 BGB), die selbstschuldnerische Bürgschaft (§ 773 Abs. 1 Nr. 1 BGB), die Nachbürgschaft, mit der der Nachbürge dafür einsteht, dass der Hauptbürge seine Verpflichtungen erfüllt, die Rückbürgschaft, durch die der Bürge bei seiner Inanspruchnahme aus der Bürgschaft schadlos gehalten werden soll, die Ausfallbürgschaft, die den Bürgen nur dann zur Leistung verpflichtet, wenn der Gläubiger einen Ausfall durch Zahlungsunfähigkeit des Schuldners erleidet, die modifizierte Ausfallbürgschaft, durch die der Bürge nach Ablauf einer bestimmten Zeit für den bis dahin nicht ausgeglichenen Ausfall einzutreten hat, die Mitbürgschaft, durch die sich mehrere für dieselbe Verbindlichkeit verbürgen (§ 769 BGB), die Höchstbetragsbürgschaft (oft für eine künftige Zahlungsverpflichtung als Kreditbürgschaft), bei der die Verpflichtung des Bürgen auf einen Höchstbetrag beschränkt ist, die Zeitbürgschaft, durch die sich der Bürge nur auf eine bestimmte Zeit verpflichtet, nach deren Ablauf er frei ist; mit hohem Risiko behaftet ist die Wechselbürgschaft (Art. 30 ff. Wechselgesetz).

Durch **Gewähr- (auch Garantie-)Vertrag** wird eine selbstständige Verpflichtung übernommen, einen bestimmten wirtschaftlichen Erfolg zu garantieren, insbesondere den Begünstigten so zu stellen, als sei der betreffende Erfolg eingetreten oder der betreffende Schaden ausgeblieben (z. B. Leistungs-, Ausfallgarantie, Verlustabdeckungsverträge).

Zu den **Rechtsgeschäften**, die Bürgschaften und Gewährverträgen **gleichkommen** (Abs. 3), zählen die Erfüllungsübernahme (§ 329 BGB), Schuldübernahme, Schuldmitübernahme (§ 414 BGB), der Kreditauftrag (§ 778 BGB) und die Zustimmung zu Rechtsgeschäften Dritter, aus denen der Kommune in künftigen Haushaltsjahren Ausgabeverpflichtungen entstehen können (z. B. im Rahmen von Sanierungs- oder Entwicklungsträgerverträgen; bei Patronatserklärungen ist zwischen weichen, die nur eine Verpflichtung enthalten, auf die Geschäftsführung des Unternehmens einzuwirken, und deshalb nicht unter Abs. 3 fallen, und harten zu unterscheiden, durch die einem Dritten (dem Unternehmen reicht nicht aus: OLG Celle, Urt. v. 28.6.2000, Nds. Rpfl. S. 309) zugesichert wird, das Unternehmen so zu stellen, dass es in der Lage ist, seine Verbindlichkeiten zu erfüllen, und die deshalb ein Rechtsgeschäft i. S. des Abs. 3 darstellen; eine solche harte Patronatserklärung ist kein Geschäft der laufenden Verwaltung (OLG Dresden, Urt. v. 27.6.2000, NVwZ 2001 S. 836).

Zu derivativen Finanzierungsgeschäften s. Erl. 6 zu § 120.

3. Bürgschaften, Gewährverträge und die ihnen gleichkommenden Rechtsgeschäfte enthalten **Verpflichtungserklärungen** i. S. des § 86. Sie sind nur zulässig im Rahmen der **Erfüllung kommunaler Aufgaben;** außerhalb dieses Rahmens können sie auch nur ausnahmsweise nach Absatz 1 Satz 2 zugelassen werden. Soweit die Kommune ihre Aufgaben ganz oder teilweise in privatrechtlicher Form erfüllt (z. B. Eigen- oder Beteiligungsgesellschaft) oder durch Private miterfüllen lässt (z. B. Verein oder Gesellschaft bei Sport, Kultur oder Jugendpflege), kann sie dafür auch Sicherheiten bestellen und Gewährverträge abschließen; ebenso als Maßnahme der zulässigen Wirtschaftsförderung (vgl. 4.1 zu § 5).

4. Die Pflicht zur **Genehmigung** dieser Rechtsgeschäfte, ausgenommen der zur Förderung des Wohnungsbaus und der, die für den Haushalt keine besondere Belastung (Abs. 4), besteht wegen deren besonderer Risiken. Diese müssen deshalb möglichst gering gehalten werden. Bei einer Bürgschaft kommt deshalb regelmäßig nur die Ausfallbürgschaft in Betracht, nicht eine selbstschuldnerische Bürgschaft. Die Aufteilung einer Bürgschaft für ein Unternehmen, an dem weitere Kommunen beteiligt sind, nach dem Beteiligungsverhältnis, dient der Verminderung des Risikos (vgl. auch die Genehmigungskriterien in Nr. 4.2 des Krediterlasses, abgedruckt im Anhang zu § 120). Zur verfassungsrechtlichen Unbedenklichkeit ihrer Normierung s. Erl. 3 zu § 120, zur Haftung der Kommune bei fehlendem Hinweis auf die Genehmigungsbedürftigkeit s. Erl. 1 zu § 176.

Die Genehmigungsfreiheit betrifft alle zur Förderung des **Städte- und Wohnungsbau** eingegangenen Rechtsgeschäfte, also einschließlich der von der allgemein erteilten Genehmigung der obsolet gewordenen Verordnung vom 26.6.1997 (Nds. GVBl. S. 307) ausgenommenen Verträge oberhalb von Höchstbeträgen und mit Sanierungsträgern (§ 159 Abs. 2 BauGB) und Zustimmungen nach § 160 Abs. 4 BauGB. Rechtsgeschäfte, die für den Haushalt keine **besondere Belastung** bedeuten, gehen, wie schon der insoweit abweichende Wortlaut verdeutlicht, über die Geschäfte der laufenden Verwaltung hinaus. Als Richtschnur können die in der vorbezeichneten Verordnung genannten Höchstbeträge für Landkreise, kreisfreie und große selbstständige Städte sowie selbstständige Gemeinden von 500 000 Euro und für die übrigen Gemeinden von 250 000 Euro dienen. Das gilt ebenso für die Abgrenzung der Rechtsgeschäfte nach Abs. 4 Satz 1 Nr. 1, die im Vorbericht des Haushaltsplans oder im Anhang zum Jahresabschluss zu erläutern sind.

Unabhängig von der Genehmigungspflicht sind nach § 123 Abs. 2 und § 43 Abs. 1 Nr. 7 GemHKVO **Rückstellungen** zu bilden.

5. Die in Absatz 5 genannten **Prüfungen** müssen vertraglich oder in vergleichbar verbindlicher Form vorbehalten werden, wenn darauf nicht ausnahmsweise mit Genehmigung der Aufsichtsbehörde verzichtet werden kann. Die Kommune muss die Prüfung nicht mit eigenem Personal vornehmen, sondern kann mit ihr einen auch privaten Dritten beauftragen, dessen Kosten ggf. im Vertrag überwälzt werden müssten.

6. Kommunale Bürgschaften und Haftungsverpflichtungen können als Beihilfen i. S. der Art. 107, 108 AEUV (87, 88 des EG-Vertrages) mit dem Binnenmarkt unvereinbar sein, wenn sie den Handel zwischen den Mitgliedstaaten beeinträchtigen. Sie sind zulässig, wenn sie unter die „De-minimis"-Regelung fallen oder das **Notifizierungsverfahren** durchlaufen haben (s. auch 4.3 des Krediterlasses im Anhang zu § 120 und KommP N 2001 S. 149).

§ 122 Liquiditätskredite

(1) ¹Zur rechtzeitigen Leistung ihrer Auszahlungen können die Kommunen Liquiditätskredite bis zu dem in der Haushaltssatzung festgesetzten Höchstbetrag aufnehmen, soweit die Kasse keine anderen Mittel zur Verfügung stehen. ²Diese Ermächtigung gilt über das Haushaltsjahr hinaus bis zum Wirksamwerden der neuen Haushaltssatzung (§ 112 Abs. 3 Satz 1). ³Satz 2 gilt auch für einen in der neuen, noch nicht wirksamen Haushaltssatzung höher festgesetzten Höchstbetrag, soweit er den Betrag nach Absatz 2 nicht übersteigt.

(2) Der in der Haushaltssatzung festgesetzte Höchstbetrag bedarf der Genehmigung der Kommunalaufsichtsbehörde, wenn er ein Sechstel der im Finanzhaushalt veranschlagten Einzahlungen aus laufender Verwaltungstätigkeit übersteigt.

§ 94 NGO

ERLÄUTERUNGEN zu § 122

1. Liquiditätskredite sind Darlehen i. S. des § 607 ff. BGB, aber **keine Kredite** i. S. des kommunalen Haushaltsrechts mit der Folge, dass für sie nicht die für diese bestehenden Vorschriften, insbesondere § 120, gelten, sondern die speziell für sie bestehenden Regelungen (vgl. § 59 Nrn. 32, 36 GemHKVO, wo Kredite von Liquiditätskrediten geschieden werden).

Zweck der Liquiditätskredite ist die Sicherung der Liquidität und die Überbrückung des verzögerten Eingangs von Deckungsmitteln durch regelmäßig kurzfristige Bankverbindlichkeiten, insbesondere Kontokorrentkredite, soweit keine anderen Mittel zur Verfügung stehen (§ 59 Nr. 36 GemHKVO). Sie sollen den verzögerten Eingang von Einzahlungen überbrücken und stehen damit auch zur Überbrückung von Kreditaufnahmen zur Verfügung. Sie dienen der kurzfristigen Liquiditätssicherung. Sie sind keine haushaltsmäßigen Deckungsmittel, werden deshalb im Haushaltsplan nicht veranschlagt; ihr Höchstbetrag bedarf der Festsetzung durch die Haushaltssatzung (§ 112 Abs. 2 Satz 1 Nr. 2).

2. Voraussetzung für ihre Aufnahme ist, dass der Kasse **keine anderen Mittel** zur Verfügung stehen. Dazu zählen die liquiden Mittel, d. h. die flüssigen Mittel, die aus dem Bargeld, den Guthaben auf laufenden Konten bei Kreditinstituten sowie Schecks und Geldanlagen aus dem Kassenbestand (§ 59 Nr. 34 GemHKVO). In Betracht kommt auch **Sondervermögen** ohne Sonderrechnung, das, da aus dem allgemeinen Haushalt stammend, keinen Liquiditätskredit darstellt, wenn es in der Kasse angelegt wird. Keine anderen Mittel, sondern Liquiditätskredite stellen dagegen Sondervermögen und Treuhandvermögen mit Sonderrechnung dar, wenn sie in Anspruch genommen werden. Für **Verwahrungen** gelten dieselben Grundsätze. Der **Vorrang** der Inanspruchnahme anderer Mittel verdrängt den Grundsatz der Wirtschaftlichkeit ihrer Anlage (§ 28 GemHKVO).

3. Für Liquiditätskredite besteht **keine ausschließliche Zuständigkeit** der Vertretung, insbesondere unterfallen sie nicht der Bestimmung des § 58 Abs. 1 Nr. 15; ihre Aufnahme ist auch kein kreditähnliches Rechtsgeschäft (§ 120 Abs. 6), für das die Vertretung ausschließlich zuständig wäre (§ 58 Abs. 1 Nr. 16). Ihre Aufnahme im Rahmen des in der Haushaltssatzung festgesetzten Höchstbetrages ist regelmäßig als Geschäft der laufenden Verwaltung (§ 85 Abs. 1 Satz 1 Nr. 7) anzusehen. Es ist zulässig und üblich, sie in Form von **Kontokorrentkrediten** zu vereinbaren.

4. Die **Erhöhung** des in der Haushaltssatzung festgesetzten Höchstbetrages der Liquiditätskredite setzt den Erlass einer Nachtragshaushaltssatzung voraus. Die Regelung des Absatzes 1 Satz 3 erleichtert die **vorläufige Haushaltsführung** dadurch, dass schon vor Inkrafttreten der Haushaltssatzung von einem höher als bisher festgesetzten Höchstbetrag der Liquiditätskredite Gebrauch gemacht werden kann, dessen Höhe aber auf ein Sechstel der im Finanzhaushalt des neuen Haushaltsplans veranschlagten Einzahlungen aus laufender Verwaltungstätigkeit begrenzt ist. Das ermöglicht, im Rahmen der vorläufigen Haushaltsführung zusätzlich rechtlich verpflichtende Auszahlungen zu leisten, obwohl veranschlagte Einzahlungen noch nicht eingegangen sind.

5. Die **Genehmigung** des Höchstbetrages der Liquiditätskredite ist vorgeschrieben, wenn er ein Sechstel der im Finanzhaushalt veranschlagten Einnahmen übersteigt. Das gilt auch, wenn dieser Betrag durch Nachtragshaushaltssatzung erreicht wird. Eine Einzelgenehmigung ist auch dann nicht vorgesehen, wenn Kredite nach § 120 ihrer bedürfen (§ 120 Abs. 5).

6. Bei Liquiditätskrediten in **Samtgemeinden** stellen Rücklagen und Sondervermögen der Mitgliedsgemeinden für die Samtgemeinde keine anderen Mittel dar; dasselbe gilt für den umgekehrten Fall. Die gegenseitige Inanspruchnahme ist ein Liquiditätskredit, für den auf eine Verzinsung nicht verzichtet werden sollte (§ 124 Abs. 2). Im Übrigen müssen ggf. die Samtgemeinde und jede Mitgliedsgemeinde einen Höchstbetrag festsetzen. Im Interesse wirtschaftlicher und zweckmäßiger Verwaltung der Kasse ist allerdings seit 2006 zugelassen (§ 98 Abs. 7), dass die Mitgliedsgemeinden und ihre Samtgemeinde schriftlich eine gemeinsame Bewirtschaftung ihrer Liquiditätskredite und die gegenseitige Verrechnung von Liquiditätskreditzinsen vereinbaren. Dabei kann z. B. vereinbart werden, dass gegenseitig die Höchstbeträge in Anspruch genommen werden können oder nur die Samtgemeinde den Höchstbetrag festsetzt, während die Mitgliedsgemeinden keinen Höchstbetrag festsetzen, sondern auf die Festsetzung der Samtgemeinde verweisen oder auf eine solche Verweisung verzichten. Im Übrigen sind, soweit eine Vereinbarung nicht besteht, die Liquiditätskredite für die Samtgemeinde und die Mitgliedsgemeinden getrennt voneinander abzuwickeln, da der Bestand der Kassen der Mitgliedsgemeinden unberührt bleibt (vgl. auch Erl. 5 zu § 98).

§ 123 Rücklagen, Rückstellungen

(1) [1]**Die Kommune bildet**
1. eine Rücklage aus Überschüssen des ordentlichen Ergebnisses und
2. eine Rücklage aus Überschüssen des außerordentlichen Ergebnisses.
[2]**Weitere Rücklagen sind zulässig.**

(2) Die Kommune bildet Rückstellungen für Verpflichtungen, die dem Grunde nach zu erwarten sind, deren Höhe oder Fälligkeit aber noch ungewiss ist.

§ 95 NGO

ERLÄUTERUNGEN zu § 123

1. Rücklagen sind nicht mehr wie bis 2006 monetär anzusammeln, sondern stellen in der Nettoposition gesetzlich oder freiwillig für bestimmte Zwecke separierte **Überschüsse aus der Ergebnisrechnung** zur Zukunftssicherung dar (§ 59 Nr. 42 GemHKVO). Als Teil der Nettoposition, d. h. des Eigenkapitals der Kommune, sind sie Posten auf der Passivseite der Bilanz (§ 54 Abs. 4 GemHKVO). Aus ihnen ist erkennbar, in welcher Höhe Schuldendeckungspotenzial aus dem Vermögen zur Verfügung steht und sie dienen dazu, künftige Fehlbeträge abzudecken (§ 110 Abs. 5; § 24 GemHKVO). Über die Zuführung

des beim Jahresabschluss ermittelten Überschusses zur Überschussrücklage entscheidet ausschließlich die Vertretung (§ 58 Abs. 1 Nr. 10)
Die Rücklagen gliedern sich in solche aus Überschüssen des ordentlichen und des außerordentlichen Ergebnisses, die Bewertungsrücklage sowie zweckgebundene und sonstige Rücklagen (§ 54 Abs. 4 GemHKVO).
Für die Veranschlagung eines absehbaren Überschusses der ordentlichen oder außerordentlichen Erträge über die ordentlichen oder außerordentlichen Aufwendungen gilt § 15 Abs. 5 und 6 GemHKVO.

2. Eine allgemeine Rücklage zur Deckung u. a. des Auszahlungsbedarfs für Investitionen und Investitionsförderungsmaßnahmen gibt es nicht mehr. Neben deren Finanzierung durch Einzahlungen aus Zuwendungen, Beiträgen, Veräußerungen und Krediten ergibt sich Liquidität für ihre Auszahlungen aus Liquiditätsüberschüssen der laufenden Verwaltungstätigkeit, die in **zweckgebundene Rücklagen** gelenkt werden kann.

3. Die **Bewertungsrücklage** wird nur in der Bilanz von Kommunen ausgewiesen, die von der Möglichkeit Gebrauch gemacht haben, bis zum 31.12.2005 in ihrer Haushaltsführung einen getrennten Nachweis von Verwaltungsvermögen und realisierbarem Vermögen zu beschließen (§ 178 Abs. 1 Nr. 8). Zum realisierbaren Vermögen gehören die in § 45 Abs. 5 GemHKVO genannten Gegenstände und Beteiligungen, das übrige Vermögen ist Verwaltungsvermögen. Realisierbares Vermögen wird mit seinem Veräußerungswert angesetzt (§ 45 Abs. 5 Satz 1 GemHKVO), der regelmäßig höher ist als der der Bewertung des Kommunalvermögens zu Grunde zu legende Anschaffungs- oder Herstellungswert (§ 124 Abs. 4). Der Unterschiedsbetrag wird als Buchposition in der Bilanz als Teil der Nettoposition ausgewiesen (§ 54 Abs. 4 Nr. 1 GemHKVO); s. auch Erl. 5 zu § 110.

4. **Rückstellungen** sind für drohende Verluste aus schwebenden Geschäften und für ungewisse Verbindlichkeiten, wie sie in § 43 Abs. 1 GemHKVO beispielhaft genannt werden, zu bilden. Sie dienen der Vorsorge für künftige Auszahlungen für Aufwand, der dem Grunde nach schon entstanden ist und auch schon das laufende Ergebnis belastet (Amtliche Begründung, Drs. 15/1680, zu Nr. 15 <§ 95>). Zur Höhe des anzusetzenden Betrages, zu Rückstellungen für unterlassene Instandhaltung und zu Auflösung von Rückstellungen s. § 124 Abs. 4 Satz 6; § 43 Abs. 2 bis 5 GemHKVO.

§ 124 Erwerb, Verwaltung und Nachweis des Vermögens; Wertansätze

(1) Die Kommunen sollen Vermögensgegenstände nur erwerben, soweit dies zur Erfüllung ihrer Aufgaben in absehbarer Zeit erforderlich ist.

(2) ¹Die Vermögensgegenstände sind pfleglich und wirtschaftlich zu verwalten und ordnungsgemäß nachzuweisen. ²Bei Geldanlagen ist auf eine ausreichende Sicherheit zu achten; sie sollen einen angemessenen Ertrag bringen.

(3) Für die Verwaltung und Bewirtschaftung von Kommunalwald gelten die Vorschriften dieses Gesetzes und die hierfür geltenden besonderen Rechtsvorschriften.

(4) ¹Das Vermögen ist in der Bilanz getrennt nach dem immateriellen Vermögen, dem Sachvermögen, dem Finanzvermögen und den liquiden Mitteln auszuweisen. ²Die Vermögensgegenstände sind mit dem Anschaffungs- oder Herstellungswert anzusetzen, vermindert um die darauf basierenden Abschreibungen; die kommunalabgabenrechtlichen Vorschriften bleiben unberührt. ³Kann der Anschaffungs- oder Herstellungswert eines Vermögensgegenstands bei der Aufstellung der ersten Eröffnungsbilanz nicht mit vertretbarem Aufwand ermittelt werden, so gilt der auf den Anschaffungs- oder Herstellungszeitpunkt rückindizierte Zeitwert am Stichtag der ersten Eröffnungsbilanz als Anschaffungs- oder Herstellungswert. ⁴Bei der Ausweisung von Vermögen, das nach den Regeln über die Bewertung von Vermögen in der Bilanz ausnahmsweise mit dem Zeitwert als Anschaffungs- oder Herstellungswert ausgewiesen wird, werden in Höhe der Differenz zwischen dem Zeitwert und dem fortgeführten tatsächlichen Anschaffungs- oder Herstellungswert, wenn dieser nicht verfügbar ist, zu dem rückindizierten Anschaffungs- oder Herstellungswert (Satz 3) Sonderposten für den Bewertungsausgleich gebildet. ⁵Abschreibungen für Vermögen, das nach Satz 4 mit dem Zeitwert als dem Anschaffungs- oder Herstellungswert nachgewiesen wird, sind auf der Basis des Zeitwerts vorzunehmen; gleichzeitig wird der nach Satz 4 passivierte Sonderposten ergebniswirksam aufgelöst und mit der Abschreibung verrechnet. ⁶Schulden sind zu ihrem Rückzahlungsbetrag anzusetzen, Rückstellungen hingegen nur in Höhe des Betrags, der nach sachgerechter Beurteilung notwendig ist.

§ 96 NGO

ERLÄUTERUNGEN zu § 124

1. Zum Vermögen der Kommune gehören das sog. freie Vermögen, die Sondervermögen (§ 130) und das Treuhandvermögen (§ 131). Die Absätze 1 und 2 betreffen unmittelbar das **freie Vermögen der Kommune**. Das sind alle auf der Aktivseite der Bilanz darzustellenden Gegenstände, also neben den liquiden Mitteln (§ 59 Nr. 34 GemHKVO), wenn die Kommune nicht die Trennung in Verwaltungs- und realisierbares Vermögen beschlossen hat (§ 178 Abs. 1 Nr. 8), das immaterielle, das Sach- und das Finanzvermögen (s. § 54 Abs. 2 Nrn. 1 bis 4 GemHKVO), bei Trennung das Verwaltungs- und das realisierbare Vermögen (§ 54 Abs. 3 Nrn. 1 bis 3 GemHKVO). Für **Sonder-** und **Treuhandvermögen** gilt die Vorschrift nur, soweit das besonders geregelt ist (§ 130 Abs. 2, 3, § 131 Abs. 1).

2. Zweck des Absatzes 1 ist die Verhinderung unnötiger Vermögensansammlung und von Spekulationen, jedoch soll eine angemessene Vorratswirtschaft, z. B. der Erwerb von Grundstücken aus gemeinwohlorientierten Gründen, nicht ausgeschlossen werden. Auch der Erwerb von Vermögensgegenständen unterliegt dem Gebot der Sparsamkeit und Wirtschaftlichkeit (§ 110 Abs. 2). Beim Erwerb von Grundstücken, insbesondere zur Vermeidung einer Enteignung, ist grundsätzlich der Verkehrswert zugrunde zu legen; Abweichungen davon müssen durch die Besonderheiten des Einzelfalls gerechtfertigt sein (z. B. Dauer und Kosten eines Enteignungsverfahrens, Möglichkeit der vorzeitigen Besitzeinweisung), zumal durch eine großzügige Praxis gutwillige Verkäufer benachteiligt werden und die Verkehrswerte von Grundstücken steigen könnten. **Erwerb** ist der entgeltliche und der unentgeltliche, **Vermögensgegenstände** sind bewegliche und unbewegliche Sachen, Forderungen und alle anderen Rechte. Für ihren Erwerb besteht regelmäßig nicht die ausschließliche Zuständigkeit der Vertretung (vgl. Erl. 2 Nr. 14 zu § 58).

3. Die Pflicht zur **pfleglichen** und **wirtschaftlichen Verwaltung** der Vermögensgegenstände korrespondiert mit der früher in § 3 Abs. 1 Satz 2 NGO ausdrücklich enthaltenen, das Vermögen und die Einkünfte so zu verwalten, dass unter pfleglicher Behandlung der Steuerkraft die Kommunalfinanzen gesund bleiben. Die Gegenstände sind funktionsfähig zu erhalten (pfleglich) und so zu verwenden, dass mit ihrem möglichst geringen Einsatz ein möglichst großer Erfolg erzielt wird (wirtschaftlich).

Ihr **ordnungsgemäßer Nachweis** erfolgt durch die **Inventur,** die zum Schluss eines jeden Haushaltsjahres vorzunehmen ist (§ 37 GemHKVO) und deren Ergebnisse in einem Inventar dokumentiert werden, das die Grundlage der Bilanz (Abs. 4 Satz 1) darstellt. Die Grundsätze ordnungsmäßiger Inventur ergeben sich aus den §§ 35 Abs. 2, 37, 38 GemHKVO. Die **Bilanz** wird in Form des Kontos aufgestellt, in der auf der Aktivseite das immaterielle, das Sach- und das Finanzvermögen sowie die liquiden Mittel, bei Vermögenstrennung das Verwaltungs- und das realisierbare Vermögen sowie die liquiden Mittel gebucht werden und auf der Passivseite die Nettoposition, die Schulden und die Rückstellungen (§ 54 Abs. 1 bis 4 GemHKVO). Bei der Inventur ist der Wert der einzelnen Vermögensgegenstände, Schulden und Rückstellungen anzugeben (§ 37 Abs. 1 GemHKVO). Für die Bewertung gelten Abs. 4 und die in den §§ 42 bis 47 GemHKVO niedergelegten Bewertungsregeln. Für die Ermittlung des Anschaffungs- oder Herstellungswertes von Vermögensgegenständen gelten § 45 Abs. 1 bis 5 GemHKVO, mit der Bewertungsvereinfachung des § 46 GemHKVO, und für die Abschreibungen § 47 GemHKVO, nach dessen Abs. 2 das Innenministerium eine Abschreibungstabelle vorgibt (s. Erl. zu § 178); zur Behandlung von geringwertigen beweglichen Vermögensgegenständen bis 150 Euro s. § 45 Abs. 6 und 7 GemHKVO. Da die kommunalabgabenrechtlichen Vorschriften unberührt bleiben, ergeben sich wegen der dort in den Gebührenbedarfsberechnungen zulässigen Abschreibung vom Wiederbeschaffungszeitwert (§ 5 NKAG) gegenüber den bilanziellen Abschreibungen Überschüsse, die zweckgebundenen Rücklagen zugeführt werden (Amtliche Begründung, Drs. 15/1680, zu Nr. 16 <§ 96>). Die Ausnahmeregelung des Abs. 4 Satz 3 ist nur bei der Bewertung einzelner Vermögensgegenstände möglich, nicht für das gesamte Bewertungsverfahren. Abs. 4 Sätze 4 und 5 hat vorrangig Bedeutung für die Bewertung und Abschreibung von Vermögensgegenständen der Einrichtungen und Unternehmen, die nach den für sie geltenden Vorschriften über die Haushaltswirtschaft kaufmännisch geführter kommunaler Einrichtung oder des Eigenbetriebs- oder Gesellschaftsrechts mit den Zeitwerten angesetzt worden sind und in den Kernhaushalt übernommen werden; dasselbe gilt für die Einzelfälle des Abs. 4 Satz 3 (Amtliche Begründung a. a. O.). Ähnlich der Bewertungsrrücklage bei der Vermögenstrennung (§ 59 Nr. 12 GemHKVO) werden im Falle des Abs. 4 Satz 4 Sonderposten für den Bewertungsausgleich gebildet und diese nach den Grundsätzen des Abs. 4

Satz 5 abgeschrieben, um dadurch die gleiche ergebniswirksame Abschreibung aller Vermögensgegenstände zu erreichen.
Für die Bewertung der Schulden gelten Abs. 4 Satz 6 und §§ 44 Abs. 3 und 45 Abs. 7 GemHKVO.

4. **Geldanlagen** (§ 28 GemHKVO) sind die wertsichernde und ertragbringende Anlage von liquiden Mitteln (zum Begriff: § 59 Nr. 34 GemHKVO). Die ausreichende Sicherheit der Geldanlage hat nach dem Gesetz Vorrang vor einem angemessenen Ertrag (Abs. 2 Satz 2). Deshalb und wegen der rechtzeitigen Verfügbarkeit der Mittel ist die Anlage zu spekulativen Zwecken, insbesondere in Wertpapieren wie z. B. Aktien nicht zulässig; als zulässig kann dagegen die Anlage in festverzinslichen Wertpapieren angesehen werden, wenn Kursverluste nicht zu befürchten sind und die rechtzeitige Verfügbarkeit gewährleistet ist, was voraussetzt, dass das Ende der Laufzeit des Wertpapiers und der Zeitpunkt der voraussichtlichen Verwendung der Anlagen übereinstimmen.
Die für die Verwaltung und Bewirtschaftung von **Kommunalwaldungen** geltenden besonderen Rechtsvorschriften, auf die früher in dieser Vorschrift verwiesen worden ist, sind in § 15 NWaldLG enthalten.

§ 125 Veräußerung von Vermögen, Zwangsvollstreckung

(1) ¹Die Kommunen dürfen Vermögensgegenstände, die sie zur Erfüllung ihrer Aufgaben in absehbarer Zeit nicht benötigen, veräußern. ²Vermögensgegenstände dürfen in der Regel nur zu ihrem vollen Wert veräußert werden.

(2) Für die Überlassung der Nutzung eines Vermögensgegenstandes gilt Absatz 1 entsprechend.

(3) ¹Wenn die Kommunen
1. Vermögensgegenstände unentgeltlich veräußern wollen oder
2. Sachen, die einen besonderen wissenschaftlichen, geschichtlichen oder künstlerischen Wert haben, veräußern wollen,

haben sie dies zu begründen und die Begründung zu dokumentieren. ²Erhebliche Auswirkungen dieser Veräußerungen auf die Finanzwirtschaft sind in einem Vorbericht zum Haushaltsplan und, falls es sich um abgewickelte und noch nicht erläuterte Vorgänge handelt, im Anhang zum Jahresabschluss zu erläutern.

(4) ¹Die Einleitung der Zwangsvollstreckung nach den Vorschriften der Zivilprozessordnung gegen eine Kommune wegen einer Geldforderung muss die Gläubigerin oder der Gläubiger der Kommunalaufsichtsbehörde anzeigen, es sei denn, dass es sich um die Verfolgung dinglicher Rechte handelt. ²Die Zwangsvollstreckung darf erst vier Wochen nach dem Zeitpunkt der Anzeige beginnen. ³Die Zwangsvollstreckung ist unzulässig in Vermögensgegenstände, die für die Erfüllung öffentlicher Aufgaben unentbehrlich sind oder deren Veräußerung ein öffentliches Interesse entgegensteht, sowie in Vermögensgegenstände, die im Sinne des § 135 Abs. 2 zweckgebunden sind.

§§ 97, 136 Abs. 1 NGO, 68 Abs. 1 NLO

ERLÄUTERUNGEN zu § 125

1. Der Begriff **Vermögensgegenstände** ist derselbe wie in § 125 (vgl. Erl. 1 zu § 125), geringfügige Vermögensgegenstände i. S. des § 45 Abs. 6 GemHKVO fallen nicht darunter. Die Gegenstände dürfen veräußert werden, wenn sie in absehbarer Zeit nicht mehr gebraucht werden, sie müssen es aber nicht, es sei denn unter dem Gesichtspunkt der Sparsamkeit und Wirtschaftlichkeit (§ 110 Abs. 2). **Veräußerung** ist die unmittelbare Übertragung des Eigentums oder der Forderung durch Übereignung oder Abtretung; die Vorschrift erfasst aber auch das zugrundeliegende Rechtsgeschäft, durch das die Verpflichtung zur Veräußerung begründet wird (z. B. Kauf oder Tausch). Die Belastung eines Rechts ist keine Veräußerung, sie kann aber dem Absatz 2 unterfallen. Bedenken aus Absatz 1 Satz 1 gegen das Verfahren des **Sale-and-lease-back** erscheinen als etwas formal (s. auch Nr. 3.2.2.2 des Kredit-Erlasses im Anhang von § 120). Allgemein wird die Veräußerung eines Gegenstandes, der noch benötigt wird, bei gleichzeitiger Beschaffung eines Ersatzes für zulässig angesehen. Dabei kann die Rechtsgrundlage der Ersatzbeschaffung, Eigentumserwerb oder Miete, keine Rolle spielen, wenn die Aufgabenerfüllung gewährleistet bleibt. Allerdings bedarf in jedem Einzelfall die Wirtschaftlichkeit des Geschäfts sorgfältiger Prüfung (vgl. Erl. 6 zu § 120).

2. Die Veräußerung darf in der Regel nur **zum vollen Wert** erfolgen. Als „voller Wert" muss der im Veräußerungszeitpunkt den Wertvorstellungen der beteiligten Kreise wirklich entsprechende, nicht durch subjektive Vorstellungen der Geschäftsparteien reduzierte Wert verstanden werden, so dass bei Grundstücken von dem an den Verkaufspreisen vergleichbarer Objekte orientierten Verkehrswert auszugehen ist und der Einheitswert oder ein buchmäßig festgeschriebener Wert außer Betracht zu bleiben hat (OVG Lüneburg, Urt. v. 19.12.1985 – 2 OVG A 7/84; OVG Münster, Urt. v. 5.8.1982, NJW 1983 S. 2517).

3. Bei der Anerkennung einer **Ausnahme** von der Regel der Veräußerung zum vollen Wert legt die Rechtsprechung einen strengen Maßstab an. Allein die in § 89 Abs. 1 II. Wohnungsbaugesetz beschriebene Aufgabe der Gemeinden, Bauland zu angemessenen Preisen zur Verfügung zu stellen, rechtfertigt keine Unterschreitung der Verkehrswerte (OVG Münster, Urt. v. 5.8.1982 a. a. O.); dasselbe gilt für die Nachfolgeregelung der §§ 2 bis 4 Wohnungsförderungsgesetz. Die Anerkennung einer Ausnahme begegnet um so größeren rechtlichen Bedenken, je stärker die Abweichung der Gegenleistung von dem Wert des zu veräußernden kommunalen Grundstücks zugunsten eines privaten Erwerbers ist; Ausnahmen dürfen daher nur unter besonderen Umständen in Betracht gezogen werden, z. B. für den Fall, dass der zu veräußernde Gegenstand von dem Erwerber einem gemeinnützigen Zweck zugeführt werden soll oder aus sonstigen Gründen ein besonderes öffentliches Interesse an der von dem Erwerber beabsichtigten Nutzung besteht (OVG Lüneburg, Urt. v. 19.12.1985 a. a. O.). Bei der Gewerbeansiedlung kann berücksichtigt werden, dass im Verhältnis der ausgewiesenen Gewerbeflächen und der Zahl der ansiedlungswilligen Unternehmen das Angebot die Nachfrage übersteigt, wodurch Grundstücke in der Regel nicht zu den hohen Einstandspreisen zu verkaufen sind. Zu weiteren Aus-

nahmen im Rahmen der Wirtschaftsförderung vgl. Erl. 4.1 zu § 5. Zur Zulässigkeit von Einheimischenklauseln beim Verkauf verbilligter Baugrundstücke an Ortsansässige s. R&R 1/2006 S. 14.
Die Entscheidung über die Auswahl unter mehreren Kaufbewerbern um ein kommunales Grundstück nach Maßgabe von Vergabekriterien, die im öffentlichen Interesse u. a. die Förderung eines bestimmten Personenkreises durch die Gewährung eines nach Kinderzahl gestaffelten Nachlasses auf den Kaufpreis vorsehen, hat öffentlich-rechtlichen Charakter (OVG NW, Beschl. v. 30.6.2000, NWVBl. 2001 S. 19).

4. Auch die **Überlassung zur Nutzung** ist regelmäßig nur zulässig zum vollen Wert. Vorrangig geht es um die rechtsgeschäftliche Einräumung obligatorischer (z. B. Miete, Pacht) und dinglicher (z. B. Erbbaurecht, Nießbrauch, Grunddienstbarkeit) Nutzungsrechte. Für die Ausnahme des regelmäßig vollen Gegenwerts gelten dieselben Grundsätze wie bei der Veräußerung. Das Ziel, den Erbbauzins durch die Herabsetzung von Bodenwerten auf die z. Z. des Abschlusses der Verträge geltende Höhe zurückzuführen, rechtfertigt eine Ausnahme nicht (OVG Rheinland-Pfalz, Urt. v. 18.9.1979, DVBl. 1980 S. 767).

5. Der **Verstoß** gegen das Veräußerungsverbot führt gem. § 134 BGB zur Nichtigkeit des Rechtsgeschäfts, und zwar auch für den Fall, dass gegen das Gebot der Veräußerung zum vollen Wert verstoßen wird (BayObLG, Beschl. v. 22.6.1995, NVwZ-RR 1996 S. 342; vgl. auch OVG Münster, Urt. v. 5.8.1982 a. a. O.: Verstoß gegen den mit dem Rechtsstaatsprinzip und Willkürverbot gegebenen Grundsatz, dass der Staat kein Recht zu Geschenken hat). Zum Nachweis gegenüber dem Grundbuchamt dafür, dass ein kommunales Grundstück nicht unter Wert veräußert worden ist, genügt in der Regel die schriftliche Feststellung des Vertretungsberechtigten der Kommune, dass dies nicht der Fall sei (BayObLG, Beschl. v. 22.6.1995 a. a. O.).

6. Die **Genehmigungspflicht** für die unentgeltliche Veräußerung von Vermögensgegenständen ist seit 2006 vollständig entfallen (s. aber die Anzeige- und Genehmigungspflicht nach § 152 bei Veräußerungen im Rahmen des kommunalen Wirtschaftsrechts). Die **unentgeltliche Veräußerung** kommt nur in den Ausnahmefällen in Betracht, in denen ein besonderer Grund die Abgabe des Vermögensgegenstandes rechtfertigt. Ein solcher Grund kann insbesondere dann vorliegen, wenn durch die unentgeltliche Veräußerung eine Aufgabe, die sonst von der Kommune erfüllt werden müsste, gefördert wird oder wenn der Vermögensgegenstand für die Erfüllung der Aufgabe der Kommune nicht benötigt wird und durch seine Verwaltung und Unterhaltung Kosten verursacht werden, die im Verhältnis zu seinem Wert besonders hoch sind. Bei **Geschenken** in Erfüllung herkömmlicher Anstandspflichten handelt es sich regelmäßig wegen ihres geringen Wertes nicht um Vermögensgegenstände (vgl. Erl. 1 zu § 124). Sachen, die einen besonderen **wissenschaftlichen, geschichtlichen oder künstlerischen** Wert haben, können bewegliche oder Grundstücke sein.

7. Zur **Zuständigkeit** für Vermögensveräußerungen vgl. Erl. 2 Nr. 14 zu § 58. Soweit die Vertretung oder der Hauptausschuss zuständig ist, erfolgt die **Begründung** in der entsprechenden Beschlussvorlage, die zu den Sachakten genommen wird und die **Dokumentation** darstellt. Soweit der HVB zuständig ist, muss eine eigenständige Begründung in Schriftform Bestandteil der Akten sein. Für die Frage, ob Auswirkungen **erheblich** sind, können dieselben Kriterien zu Grunde gelegt werden wie bei über- und außerplanmäßigen Aufwendungen und Auszahlungen (s. Erl. 3 zu § 117).

8. Die **Anzeige** bei der Kommunalaufsichtsbehörde hat zusammen mit der Wartefrist von vier Wochen den Zweck, die **Zwangsvollstreckung** mit Unterstützung der Aufsichtsbehörde nach Möglichkeit überflüssig zu machen. Der Schutzgedanke der Vorschrift greift deshalb auch schon bei einer Vorpfändung gem. § 845 ZPO ein, die danach der Anzeige bedarf. Grundsätzlich ist das sog. Verwaltungsvermögen vor Maßnahmen der Zwangsvollstreckung geschützt, während das sog. Finanzvermögen, d. h. die Vermögensgegenstände, die den Zwecken der öffentlichen Verwaltung nur mittelbar mit dem Vermögenswert oder mit Erträgen dienen und nicht unmittelbar dem öffentlichen Gebrauch, der Vollstreckung unterworfen ist (VG Hannover, Urt. v. 23.7.1970, DVBl. 1971 S. 524). Ausgenommen ist außerdem das Vermögen der nicht rechtsfähigen Stiftungen (§ 135 Abs. 2). Die Vorschrift gilt nur für die Zwangsvollstreckung wegen einer privatrechtlichen Geldforderung und stellt eine Sonderregelung gegenüber § 882a ZPO dar. Die Beitreibung öffentlich-rechtlicher Geldforderungen erfolgt im Verwaltungszwangsverfahren.

9. Die Regelung über die **Insolvenzunfähigkeit** der Kommunen ist in § 1 des Nieders. Gesetzes über die Insolvenzunfähigkeit juristischer Personen des öffentlichen Rechts enthalten. Der Ausschluss des Insolvenzverfahrens bedeutet nicht, dass das Land über die in § 12 Abs. 2 InsO normierten Ansprüche der kommunalen Beschäftigten hinaus für Verbindlichkeiten der Kommune haftet, deren Erfüllung von dieser nicht erlangt werden kann. Eine rechtliche Gewährträgerschaft des Landes für seine Kommunen besteht nicht. Allerdings wird das Land nicht zulassen können, dass der in einer zahlungsunfähigen Kommune lebende Teil seiner Bevölkerung auf die notwendige kommunale Aufgabenwahrnehmung und Betreuung verzichten muss; dafür kommt auch die Bestellung eines Beauftragten in Betracht (§ 175).

§ 126 Kommunalkasse

(1) ¹Die Kommune richtet eine Kommunalkasse ein. ²Der Kommunalkasse obliegt die Abwicklung der Zahlungen der Kommune (Kassengeschäfte).

(2) Die Kommune hat eine für die Erledigung der Kassengeschäfte verantwortliche Person und eine Person für deren Stellvertretung zu bestellen (Kassenleitung).

(3) Der Kassenleitung darf nicht angehören, wer
1. befugt ist, Kassenanordnungen zu erteilen,
2. mit der Rechnungsprüfung beauftragt ist oder
3. mit der Hauptverwaltungsbeamtin oder dem Hauptverwaltungsbeamten, der oder dem für das Finanzwesen zuständigen Beschäftigten oder mit einer zur Rechnungsprüfung beauftragten Person in einer der folgenden Beziehungen steht:

a) Verwandtschaft bis zum dritten Grad,
b) Schwägerschaft bis zum zweiten Grad,
c) Ehe oder Lebenspartnerschaft im Sinne des Lebenspartnerschaftsgesetzes.

(4) Die in der Kommunalkasse Beschäftigten dürfen keine Kassenanordnungen erteilen.

(5) ¹Die Hauptverwaltungsbeamtin oder der Hauptverwaltungsbeamte überwacht die Kommunalkasse (Kassenaufsicht). ²Sie oder er kann die Kassenaufsicht einer oder einem Beschäftigten der Kommune übertragen, jedoch nicht Beschäftigten, die in der Kommunalkasse beschäftigt sind.

§ 98 NGO

ERLÄUTERUNGEN zu § 126

1. Absatz 1 Satz 1 **verpflichtet** die Kommune, eine Kommunalkasse **einzurichten**, überlässt ihr aber die Einordnung in ihre Verwaltungsorganisation. Damit gilt weiterhin der Grundsatz der Einheitskasse, der nur in den Fällen des § 132 für Sondervermögen und Treuhandvermögen mit Sonderrechnungen durchbrochen wird. **Gesetzliche Hauptaufgabe** der Kommunalkasse ist die **Abwicklung der Zahlungen** der Kommune; der HVB kann ihr wie bisher weitere Aufgaben übertragen. Fremde Kassenaufgaben kann sie nur kraft gesetzlicher Bestimmung oder Anordnung des HVB wahrnehmen; zur Führung der Kassengeschäfte ihrer Mitgliedsgemeinden durch die Samtgemeinde s. Erl. 5 zu § 98. Die Entscheidung über die Einrichtung von Zahlstellen der Kasse gehört zur Organisation der Kasse.
Zur **Zahlungsabwicklung** gehören die Annahme von Einzahlungen und die Leistung von Auszahlungen, die Verwaltung der Zahlungsmittel und das Mahnwesen (§ 40 Abs. 2 Satz 1 GemHKVO). Zu den Einzahlungen und Auszahlungen s. § 59 Nrn. 8 und 16 GemHKVO, zur Erfassung und Dokumentation der Zahlungsvorgänge s. § 40 Abs. 2 Sätze 2 und 3 GemHKVO. Zur Verwaltung der Zahlungmittel gehört deren Bewirtschaftung nach den §§ 25 bis 28 und 40 Abs. 6 GemHKVO. Über das Mahnwesen (s. bei privatrechtlichen Forderungen § 286 BGB, § 688 ff. ZPO, bei öffentlich-rechtlichen Forderungen § 4 NVwVG) ist in der Dienstanweisung für die Kommunalkasse Bestimmung zu treffen (§ 41 Abs. 2 Nr. 1 GemHKVO).
Zur Sicherstellung der ordnungsgemäßen Erledigung der Aufgaben der Zahlungsanweisung, der Buchführung und der Zahlungsabwicklung, insbesondere zum Umgang mit Zahlungsmitteln, ist eine **Dienstanweisung** zu erlassen (§ 41 Abs. 1 GemHKVO); als Maßnahme des Geschäftsgangs der Verwaltung ist dafür der HVB zuständig (§ 85 Abs. 3). In ihr sind mindestens Regelungen über die in § 41 Abs. 2 GemHKVO aufgezählten Gegenstände zu treffen.

2. Die **Kassenleitung** besteht aus dem Kassenverwalter und einem Stellvertreter; mehr als ein Vertreter kann nicht bestellt werden. Der Kassenverwalter und sein Vertreter können voll- oder teilzeitbeschäftigte Beamte oder sonstige Beschäftigte sein. Die Bestellung und die Abberufung (Umsetzung) obliegt dem HVB aufgrund seines Organisationsrechts (§ 85 Abs. 3). Trotz des geänderten Wortlauts, der das nicht mehr ausdrücklich regelt, besteht die Pflicht zur Bestellung mangels Bedürfnisses nicht, wenn die Kassengeschäfte gem. § 127 vollständig einer Stelle außerhalb der Kommunalverwaltung übertragen sind.

Der **Stellvertreter** ist nicht ständiger Vertreter, sondern vertritt den Kassenverwalter nur bei dessen Verhinderung, übernimmt dann aber dessen sämtliche Rechte und Pflichten.

Anders als dem Leiter und den Prüfern des Rechnungsprüfungsamtes (§ 154 Abs. 4) können dem Kassenverwalter und dem Stellvertreter wie auch den übrigen Mitarbeitern der Kasse ohne Einschränkungen **zusätzlich andere Aufgaben** übertragen werden; ausgenommen sind aus Gründen der Kassensicherheit die Anordnungsbefugnis (Abs. 4). Deshalb darf auch der Kassenleitung nicht angehören, wer anordnungsbefugt ist (Abs. 3 Nr. 1). Dasselbe gilt für die Mitarbeiter im Rechnungsprüfungsamt (Abs. 3 Nr. 2). Aus denselben Gründen besteht das **Verbot** der Verwandtschaft, der Schwägerschaft, der Ehe und der Lebenspartnerschaft des Kassenverwalters und seines Stellvertreters mit dem in Absatz 3 Nr. 3 bezeichneten Personenkreis; zur personellen Reichweite des Verbots vgl. Erl. 2 zu § 41 mit der Abweichung, dass das Verbot der Schwägerschaft hier nicht auf die Dauer der sie vermittelnden Ehe beschränkt ist. Das Verbot besteht nicht im Verhältnis zwischen dem Kassenwalter und seinem Stellvertreter. In Bezug auf den HVB besteht die Gefahr für die Kassensicherheit nur wegen seiner Eigenschaft als Chef der Verwaltung, weswegen die unterschiedliche Behandlung bezüglich der anderen Mitglieder der Vertretung gerechtfertigt ist.

3. Der gesetzliche Ausschluss der Befugnis aller in der Kommunalkasse beschäftigten Bediensteten, **Zahlungen anzuordnen**, hat zur Folge, dass eine von ihnen erteilte Zahlungsanordnung unwirksam ist. Zur Anordnung von Zahlungen gehört auch deren Vorbereitung (Erstellung, s. § 40 Abs. 1 GemHKVO), nicht nur die Unterschriftsleistung. Die Befugnis zur Feststellung der sachlichen und rechnerischen Richtigkeit gehört nicht zur Kassenanordnung, soll aber gleichwohl grundsätzlich nicht den Anordnungsberechtigten übertragen werden (§ 40 Abs. 4 GemHKVO), sondern kann das nur, wenn allein sie den zahlungsbegründenden Sachverhalt beurteilen können (§ 40 Abs. 5 GemHKVO).

4. Die **Kassenaufsicht**, die in der Überwachung der Führung der Kommunalkasse durch ständige oder stichprobenweise Kontrolle des Geschäftsganges sowie unvermutete Kassenprüfungen besteht, obliegt dem HVB als Amtsinhaber. Er kann sie aufgrund der ausdrücklichen Ermächtigung in Absatz 5 Satz 2 auf jeden sonstigen Beschäftigten der Kommune, der aber nicht in der Kasse beschäftigt sein darf, übertragen; die förmliche Übertragung auf den allgemeinen Stellvertreter erscheint als entbehrlich. Zur Überwachung durch das Rechnungsprüfungsamt vgl. Erl. 2 zu § 155.

§ 127 Übertragung von haushaltswirtschaftlichen Befugnissen

(1) ¹Die Kommunen können Zahlungsanweisungs- und Bewirtschaftungsbefugnisse über bestimmte Haushaltspositionen und die Kassengeschäfte ganz oder zum Teil Dritten mit deren Einverständnis übertragen, wenn die ord-

nungsgemäße Erledigung und die Prüfung nach den für die Kommunen geltenden Vorschriften gewährleistet sind. ²Die in Satz 1 genannten Befugnisse und
Geschäfte für die in der Trägerschaft der Kommune stehenden Schulen können in der Regel nur der Schulleiterin oder dem Schulleiter übertragen werden,
ohne dass deren oder dessen Einverständnis erforderlich ist; zu einer Übertragung auf andere Personen ist die Zustimmung der Schulleiterin oder des
Schulleiters erforderlich. ³Sollen Kassengeschäfte übertragen werden, so ist
die Kassenaufsicht ausdrücklich zu regeln und die Übertragung der Kommunalaufsichtsbehörde spätestens sechs Wochen vor Vollzug anzuzeigen.

(2) Die Hauptverwaltungsbeamtin oder der Hauptverwaltungsbeamte kann die
ihr oder ihm durch dieses Gesetz oder aufgrund dieses Gesetzes übertragenen
Zuständigkeiten zur Einwerbung, Entgegennahme von Angeboten, Annahme
und Vermittlung von Spenden, Schenkungen und ähnlichen Zuwendungen, die
für Zwecke der in der Trägerschaft der Kommune stehenden Schulen bestimmt sind, auf Schulleiterinnen und Schulleiter übertragen.

§ 99 NGO

ERLÄUTERUNGEN zu § 127

1. Die Kassengeschäfte (s. Erl. 1 zu § 126) und – ergänzt durch Gesetz vom
11.12.1997 (Nds. GVBl. S. 503) – die Zahlungsanweisungs- und Bewirtschaftungsbefugnisse über bestimmte Haushaltspositionen können durch Vereinbarung ganz oder teilweise auf Stellen außerhalb der Kommunalverwaltung **übertragen** werden. Die Übertragung kann öffentlich-rechtlich erfolgen, wie der
frühere, inzwischen als überflüssig angesehene ausdrückliche Hinweis auf die
Vorschriften des Zweckverbandsgesetzes deutlich machte. Sie kann aber auch
auf privatrechtlicher Grundlage vorgenommen werden. Trotz des durch vorbe-
zeichnetes Gesetz geänderten Wortlauts ("übertragen" statt "besorgen lassen")
besteht weiterhin die Wahl zwischen einem Aufgabenübergang oder der bloßen
Überlassung zur Erledigung, und zwar auch im Rahmen kommunaler Zusammenarbeit nach dem NKomZG (§ 2 Abs. 1 NKomZG). Hoheitliche Befugnisse
können auf eine private Stelle nicht übertragen werden, sodass ein privates
Inkassounternehmen nicht mit dem Einzug von öffentlich-rechtlichen Forderungen beauftragt werden kann; dasselbe gilt für einen privatrechtlichen
Geschäftsbesorgungsvertrag mit einer öffentlich-rechtlichen Stelle, z. B. einer
Sparkasse. Voraussetzung ist in jedem Fall, dass die **ordnungsgemäße Erledigung** und die **Prüfung** nach den für die Kommunen geltenden Vorschriften gewährleistet sind. Soweit das nicht gesetzlich geregelt ist (z. B. regelmäßig für
Zweckverbände, §§ 7 Abs. 2, 16 NKomZG), müssen die notwendigen Verpflichtungen vereinbart werden. Zur Ordnungsmäßigkeit der Erledigung der
Kassengeschäfte gehört insbesondere, dass sie nach den entsprechenden Vorschriften der GemHKVO vorgenommen werden, der vorgeschriebene Jahresabschluss erfolgen kann und die Kassensicherheit gewährleistet ist. Bei der Prüfung handelt es sich sowohl um die örtliche als auch die überörtliche, deren
vorgeschriebene Durchführung ermöglicht werden muss.

Die **Abwicklung des Rechnungs- und Zahlungsverkehrs** gegenüber Dritten im Rahmen eines Vorfinanzierungsvertrages durch den Finanzierungspartner ist keine Übertragung von Kassengeschäften, weil sie außerhalb der haushalts- und kassenrechtlichen Verantwortung der Kommune liegt. Für die Führung der Kassengeschäfte der Mitgliedsgemeinden einer Samtgemeinde gilt § 98 Abs. 5 (s. dort Erl. 5).

2. Die besondere Regelung für **Schulen** (Satz 2) eröffnet zur Erleichterung der Budgetierung von Haushaltsmitteln der Schulen den Schulträgern die Möglichkeit, Zahlungsanweisungs- und Bewirtschaftungsbefugnisse über Mittel der sachlichen Schulverwaltung staatlichem Schulpersonal zu übertragen, regelmäßig dem Schulleiter, dessen Einverständnis dazu nicht Voraussetzung ist; dieses ist nur erforderlich, wenn anderen Personen die Befugnisse übertragen werden sollen.

3. In allen Fällen der Übertragung von Kassengeschäften ist die **Kassenaufsicht** (§ 126 Abs. 5) ausdrücklich zu regeln und sechs Wochen vor ihrem Vollzug muss die Maßnahme der Aufsichtsbehörde **angezeigt** werden; die Genehmigung ist nicht mehr erforderlich.

Die Entscheidung zur Übertragung von Kassengeschäften und den Befugnissen ist nicht nur eine Organisationsentscheidung i. S. des § 85 Abs. 3; die ausschließliche Zuständigkeit der Vertretung für diese Maßnahmen besteht nicht.

4. Soweit der HVB für Maßnahmen im Rahmen des „Sponsoring" zuständig ist (§ 111 Abs. 7, s. dort Erl. 4), kann er seine Zuständigkeit für die Einwerbung und Entgegennahme sowie die Annahme und Vermittlung von Zuwendungen für Zwecke der in der Trägerschaft der Kommune stehenden Schulen auf den Schulleiter übertragen. Die Entscheidung über die Annahme und Vermittlung kann nur für Zuwendungen bis zu einem Wert von 100 Euro übertragen werden. Die Übertragung kann insgesamt oder nur für einzelne Zuständigkeiten erfolgen.

§ 128 Jahresabschluss, konsolidierter Gesamtabschluss

(1) ¹**Die Kommune hat für jedes Haushaltsjahr einen Jahresabschluss nach den Grundsätzen ordnungsmäßiger Buchführung klar und übersichtlich aufzustellen.** ²**Im Jahresabschluss sind sämtliche Vermögensgegenstände, Schulden, Rechnungsabgrenzungsposten, Erträge, Aufwendungen, Einzahlungen und Auszahlungen sowie die tatsächliche Vermögens-, Ertrags- und Finanzlage der Kommune darzustellen.**

(2) Der Jahresabschluss besteht aus
1. einer Ergebnisrechnung,
2. einer Finanzrechnung,
3. einer Bilanz und
4. einem Anhang.

(3) Dem Anhang sind beizufügen
1. ein Rechenschaftsbericht,
2. eine Anlagenübersicht,
3. eine Schuldenübersicht,
4. eine Forderungsübersicht und

5. eine Übersicht über die in das folgende Jahr zu übertragenden Haushaltsermächtigungen.

(4) [1]Mit dem Jahresabschluss der Kommune sind folgende Jahresabschlüsse zusammenzufassen (Konsolidierung):
1. der Einrichtungen, deren Wirtschaftsführung nach § 139 selbstständig erfolgt,
2. der Eigenbetriebe,
3. der Eigengesellschaften,
4. der Einrichtungen und Unternehmen in privater Rechtsform, an denen die Kommune beteiligt ist,
5. der kommunalen Anstalten,
6. der gemeinsamen kommunalen Anstalten, an denen die Kommune beteiligt ist,
7. der rechtsfähigen kommunalen Stiftungen,
8. der Zweckverbände, an denen die Kommune beteiligt ist,
9. der Wasser- und Bodenverbände, bei denen die Kommune Mitglied ist, soweit sie kommunale Aufgaben wahrnehmen, und
10. der rechtlich unselbstständigen Versorgungs- und Versicherungseinrichtungen.
[2]Für das öffentliche Sparkassenwesen bleibt es bei den besonderen Vorschriften. [3]Die Aufgabenträger nach Satz 1 brauchen nicht in den konsolidierten Gesamtabschluss einbezogen zu werden, wenn ihre Abschlüsse für ein den tatsächlichen Verhältnissen entsprechendes Bild der Vermögens-, Finanz- und Ertragslage der Kommune nur von untergeordneter Bedeutung sind.

(5) [1]Die Konsolidierung soll grundsätzlich mit dem Anteil der Kommune erfolgen. [2]Als Anteil an einem Zweckverband gilt das Verhältnis an der zu zahlenden Verbandsumlage; ist eine solche nicht zu zahlen, so gilt das Verhältnis an der Vermögensaufteilung im Fall einer Auflösung des Zweckverbandes. [3]Satz 2 gilt entsprechend für Anteile an Aufgabenträgern nach Absatz 4 Satz 1 Nrn. 1 bis 7 und 9, wenn die Anteile der Kommune sich nicht auf andere Weise feststellen lassen. [4]Aufgabenträger nach Absatz 4 Satz 1 unter beherrschendem Einfluss der Kommune sind entsprechend den §§ 300 bis 309 des Handelsgesetzbuchs (HGB) zu konsolidieren (Vollkonsolidierung), solche unter maßgeblichem Einfluss der Kommune werden entsprechend den §§ 311 und 312 HGB konsolidiert (Eigenkapitalmethode). [5]Bei der Kapitalkonsolidierung entsprechend § 301 Abs. 1 HGB kann einheitlich für alle Aufgabenträger auf eine Bewertung des Eigenkapitals nach dem in § 301 Abs. 1 Satz 2 HGB maßgeblichen Zeitpunkt verzichtet werden. [6]Bei den assoziierten Aufgabenträgern kann bei der Anwendung der Eigenkapitalmethode auf eine Ermittlung der Wertansätze entsprechend § 312 Abs. 2 Satz 1 HGB verzichtet werden.

(6) [1]Der konsolidierte Gesamtabschluss wird nach den Regeln des Absatzes 1 aufgestellt und besteht aus einer konsolidierten Ergebnisrechnung, einer Gesamtbilanz und den konsolidierten Anlagen nach Absatz 3 Nrn. 2 bis 4. [2]Er ist durch einen Konsolidierungsbericht zu erläutern. [3]Dem Konsolidierungsbericht sind eine Kapitalflussrechnung sowie Angaben zu den nicht konsolidierten Beteiligungen beizufügen. [4]Der konsolidierte Gesamtabschluss ersetzt den Beteiligungsbericht nach § 151, wenn er die dortigen Anforderungen erfüllt.

§ 100 NGO

ERLÄUTERUNGEN zu § 128

1. Der Jahresabschluss nach Abs. 1 bis 3 enthält das **Ergebnis der Haushalts-wirtschaft** des abgelaufenen Haushaltsjahres und legt **Rechenschaft** ab über den Vollzug des Haushaltsplans. Er lehnt sich an den handelsrechtlichen Jahresab-schluss der großen Kapitalgesellschaften (§ 264 ff. HGB) an und soll ein Bild von den tatsächlichen Verhältnissen der Vermögens-, Finanz- und Ertragslage der Kommune vermitteln. Darin müssen auch die verselbstständigten Aufga-benbereiche einbezogen (konsolidiert) werden und deshalb ist ein Gesamt-abschluss nach Abs. 4 bis 6 aufzustellen, der in Anlehnung an den handelsrecht-lichen Konzernabschluss und Konzernlagebericht die Jahresabschlüsse der ausgegliederten Aufgabenbereiche einbezieht (s. dazu Amtliche Begründung, Drs. 15/1680, zu Nr. 20 <§ 100>). Der Jahresabschluss und der Gesamtab-schluss sind nach den Grundsätzen ordnungsmäßiger Buchführung aufzustellen (s. dazu Erl. 4 zu § 110). Dafür sind die aufgrund von § 178 Abs. 3 veröffent-lichten Muster verbindlich.

Die näheren Einzelheiten über die **Bestandteile** des Jahresabschlusses und des konsolidierten Gesamtabschlusses, ihre **Gliederung**, ihren **Inhalt** und die **Anla-gen** enthalten neben den Abs. 2 bis 6 die §§ 48 bis 58 GemHKVO. Danach sind Bestandteile des **Jahresabschlusses** (Abs. 2) eine Ergebnis- und Finanzrechnung mit einem Plan-Ist-Vergleich, aufgestellt nach den §§ 50 bis 52 GemHKVO, eine Bilanz, aufgestellt nach § 54 GemHKVO, und ein Anhang (§ 55 GemHKVO) mit den in Abs. 3 genannten Anlagen (§ 56 GemHKVO), zu denen ein Rechen-schaftsbericht gehört (§ 57 GemHKVO). Für die Gliederung gelten die Rege-lungen der §§ 48, 49 GemHKVO. Für die Vermögensrechnung von Kommunen mit Vermögenstrennung (§ 178 Abs. 1 Nr. 8) gilt § 53 GemHKVO. Der **konso-lidierte Gesamtabschluss**, der nach den für den Jahresabschluss geltenden Re-geln aufzustellen ist, besteht aus den in Abs. 6 genannten Bestandteilen. Der Gesamtabschluss ist durch einen Konsolidierungsbericht mit den sich aus § 58 GemHKVO ergebenden Angaben zu erläutern; in ihn sind auch für die nicht in den konsolidierten Gesamtabschluss einbezogenen Aufgabenträger (Abs. 4 Satz 3) die nach § 151 vorgeschriebenen Angaben aufzunehmen, wenn er den Beteiligungsbericht ersetzen soll.

2. Kriterien dafür, wann ein die Vollkonsolidierung erfordernder **beherrschen-der Einfluss** der Kommune auf einen der in Abs. 4 Satz 1 genannten Aufgaben-träger anzunehmen ist, sind die des § 290 Abs. 2 HGB, die zur Aufstellung des dem Gesamtabschluss als Vorbild dienenden Konzernabschlusses verpflichten. Dazu gehören der Besitz der Mehrheit der Stimmrechte oder bei Anteilseigner-schaft der Kommune ihr Recht, die Mehrheit der Mitglieder des Verwaltungs-, Leitungs- oder Aufsichtsorgans zu bestellen oder abzuberufen oder ihr Recht, einen beherrschenden Einfluss aufgrund eines Beherrschungsvertrages oder einer Satzungsbestimmung auszuüben. Die Vollkonsolidierung erfolgt entspre-chend den §§ 300 bis 309 HGB. Übt die Kommune auf einen Aufgabenträger nach Abs. 4 einen **maßgeblichen Einfluss** aus, der vermutet wird, wenn sie min-destens ein Fünftel der Stimmrechte innehat (§ 311 Abs. 1 HGB), ist er entspre-chend §§ 311, 312 HGB zu kosolidieren (Eigenkapitalmethode).

3. Das **Verfahren** der Aufstellung des Jahresabschlusses und des konsolidierten Gesamtabschlusses sowie die Entlastung des HVB regelt § 129.

§ 129 Beschlussverfahren zu den Abschlüssen, Bekanntmachung

(1) ¹Der Jahresabschluss ist innerhalb von drei Monaten nach Ende des Haushaltsjahres aufzustellen; der konsolidierte Gesamtabschluss soll innerhalb von sechs Monaten nach Ende des Haushaltsjahres aufgestellt werden. ²Die Hauptverwaltungsbeamtin oder der Hauptverwaltungsbeamte stellt jeweils die Vollständigkeit und Richtigkeit der Abschlüsse fest und legt sie der Vertretung unverzüglich mit dem jeweiligen Schlussbericht der Rechnungsprüfung und mit einer eigenen Stellungnahme zu diesem Bericht vor. ³Die Vertretung beschließt über die Abschlüsse und die Entlastung der Hauptverwaltungsbeamtin oder des Hauptverwaltungsbeamten bis spätestens zum 31. Dezember des Jahres, das auf das Haushaltsjahr folgt. ⁴Wird die Entlastung verweigert oder wird sie mit Einschränkungen ausgesprochen, so sind dafür Gründe anzugeben.

(2) ¹Die Beschlüsse nach Absatz 1 Satz 3 sind der Kommunalaufsichtsbehörde unverzüglich mitzuteilen und öffentlich bekannt zu machen. ²Im Anschluss an die Bekanntmachung sind der Jahresabschluss ohne die Forderungsübersicht und der konsolidierte Gesamtabschluss mit dem Konsolidierungsbericht an sieben Tagen öffentlich auszulegen; in der Bekanntmachung ist auf die Auslegung hinzuweisen.

§ 101 NGO

ERLÄUTERUNGEN zu § 129

1. Die **Aufstellung** des Jahresabschlusses und des konsolidierten Gesamtabschlusses bereitet die Beschlussfassung der Vertretung darüber und über die Entlastung des HVB vor; für sie ist der HVB als Organ zuständig (§ 85 Abs. 1 Satz 1 Nr. 2). Da das Haushaltsjahr regelmäßig am 31.12. endet (§ 112 Abs. 4), muss die Aufstellung des Jahresabschlusses bis zum 31.3. und soll die des konsolidierten Gesamtabschlusses bis zum 30.6. des folgenden Jahres erfolgen. Diese Terminierung erfordert die rechtzeitige Vorlage der für die Erstellung des konsolidierten Gesamtabschlusses erforderlichen Jahresabschlüsse der in § 128 Abs. 4 Satz 1 genannten Aufgabenträger, die durch eine entsprechende Verpflichtung in deren Organisationsstatut (Gesellschaftsvertrag, Satzung) gewährleistet werden muss (s. für privatrechtlich organisierte Aufgabenträger § 137 Abs. 1 Nr. 8).

Die Feststellung von Vollständigkeit und Richtigkeit der Abschlüsse obliegt dem HVB als **Amtsinhaber**, sodass er dabei regelmäßig nur durch den allgemeinen Stellvertreter vertreten werden kann. Zu den Abschlüssen, also auch zu dem konsolidierten Gesamtabschluss, sind jeweils Schlussberichte des Rechnungsprüfungsamts erforderlich, dem diese Aufgabe in § 155 Abs. 1 zugewiesen ist.

Die vollständigen Abschlüsse nebst jeweiligen Schlussberichten und eigener Stellungnahme dazu hat der HVB unverzüglich (§ 121 Abs. 1 BGB: Ohne schuldhaftes Zögern) der Vertretung vorzulegen. Nach § 58 Abs. 1 Nr. 10 beschließt die Vertretung über die Abschlüsse, die Zuführung zu Überschussrücklagen und die Entlastung des HVB. Das kann nach Vorbereitung durch den Hauptausschuss durch mehrere Beschlüsse, aber auch in einem einzigen geschehen. Die Überschreitung der Frist für die Beschlussfassung (31.12. des folgenden Jahres) berührt auch das Recht des HVB auf termingerechte Entscheidung über seine Entlastung.

Aus der Pflicht zur Vorlage und der Kompetenz der Vertretung für die Beschlussfassung folgt nicht, dass der Jahresabschluss und der konsolidierte Gesamtabschluss jedem Mitglied der Vertretung zum Zwecke gehöriger Vorbereitung mit der Ladung **übersandt** werden muss, wenn dem der erhebliche Umfang der Unterlagen entgegensteht; es muss den Mitgliedern der Vertretung jedoch rechtzeitig und nicht erst in der Sitzung, in der die Beschlüsse nach § 58 Abs. 1 Nr. 10 gefasst werden, die Möglichkeit zur Einsichtnahme eingeräumt werden. Die Beratung über die Abschlüsse und die Entlastung finden in öffentlicher Sitzung statt; wenn dabei Umstände zur Sprache gebracht werden, die den Ausschluss der Öffentlichkeit erfordern (§ 64), muss das fallweise geschehen.

2. Die **Entlastung** bedeutet die Billigung des Ergebnisses der Haushaltswirtschaft (vgl. Erl. 1 zu § 128) und stellt ein Vertrauensvotum der Vertretung für den HVB dar (OVG Lüneburg, Urt. v. 15.9.1992 – 10 L 31/90 – zitiert in KommP N 2000 S. 292; BayVGH, Urt. v. 11.1.1984, BayVBl. 1984 S. 401). Die in der Versagung oder Einschränkung der Entlastung liegende Feststellung der Erschütterung des die Basis der Zusammenarbeit der Organe darstellenden Vertrauensverhältnisses ist nur bei objektiv **wesentlichen Verstößen** des HVB gerechtfertigt; die umstrittene, aber mögliche Auslegung eines unbestimmten Rechtsbegriffs (z. B. die Erheblichkeit eines Fehlbetrags i. S. d. § 115 Abs. 2 Nr. 1) rechtfertigt die Annahme eines schwerwiegenden Verstoßes ebenso wenig wie kleinere Unzulänglichkeiten, die als einzelne Vorgänge keine schwerwiegenden Unkorrektheiten darstellen und im Hinblick auf den Gesamtumfang der Haushaltswirtschaft nicht ins Gewicht fallen und bei denen es ausreicht, auf eine Beseitigung für die Zukunft hinzuwirken (BayVGH, Urt. v. 11.1.1984 a. a. O.). Ein schwerwiegender Verstoß ist anzunehmen, wenn der HVB es unterlässt, Maßnahmen nach § 88 zu ergreifen bei wiederholten Beschlüssen des Hauptausschusses über Auftragsvergaben ohne eine gesetzlich vorgeschriebene öffentliche Ausschreibung (OVG Lüneburg, Urt. v. 15.9.1992 a. a. O.). Er kann auch regelmäßig angenommen werden, wenn Anlass für dienst- und schadensersatzrechtliche Maßnahmen besteht. Da die Entlastung auch dem Organ HVB gilt, kann ihre Versagung oder Einschränkung auch auf Verstöße anderer Beschäftigter der Kommune gestützt werden.

Verweigert die Vertretung die Entlastung oder schränkt er sie ein, muss sie die **Gründe** dafür angeben, damit der HVB darauf reagieren kann. Zur **Mitwirkung** des HVB an den Beschlüssen über die Jahresrechnung und die Entlastung vgl. Erl. 4 a. E. zu § 41.

3. Mit der Entlastung offenbart die Vertretung, dass aus ihrer Sicht **haushalts-rechtliche Beanstandungen** nicht zu erheben sind (OVG Lüneburg, Urt. v. 15.9.1992 a. a. O.). Ein Verzicht auf mögliche zivil-, straf- oder disziplinar-rechtliche Verfolgungen von Gesetzesverstößen liegt darin nicht (BayVGH, Urt. v. 11.1.1984 a. a. O.; vom OVG Lüneburg, Urt. v. 15.9.1992 a. a. O. offen gelassen). Ebenso wenig bedeutet die Entlastung, dass Beanstandungen des Rechnungsprüfungsamts im Schlussbericht erledigt sind. Auch fehlende Zu-stimmungen und Genehmigungen der Vertretung können mit der Entlastung nicht als automatisch erteilt angesehen werden. Vielmehr muss die Vertretung entscheiden, ob sie sie erteilt oder wegen der versäumten Einholung die Entlas-tung versagt oder einschränkt. Werden der Vertretung nach dem Entlastungsbe-schluss Umstände bekannt, die der Entlastung entgegenstehen, kann sie den Beschluss wieder aufheben und erneut entscheiden.

4. Der Beschluss über die Entlastung kann gem. § 173 **beanstandet** werden (OVG Lüneburg, Urt. v. 15.9.1992 a. a. O.). Gegen ihn sind Maßnahmen nach § 88 möglich, die wegen der Betroffenheit des HVB (§ 53 NBG) der allgemeine Stellvertreter vorzunehmen hat. Die Entlastung ist kein Verwaltungsakt, ge-richtliche Auseinandersetzungen darüber zwischen HVB und Vertretung erfol-gen im Wege der kommunalverfassungsrechtlichen Streitigkeit (BayVGH, Urt. v. 11.1.1984 a. a. O.; vgl. Erl. 5 zu § 66). Wird die Frist des Absatzes 1 Satz 3 nicht eingehalten, kann die Aufsichtsbe-hörde darauf mit einer Anordnung (§ 174) reagieren und der HVB klagen.

5. Die unverzügliche **Übersendung** der Beschlüsse über die Abschlüsse und die Entlastung hat den Zweck, der Aufsichtsbehörde insbesondere die notwendigen Überprüfungen des Jahresabschlusses und des konsolidierten Gesamtabschlus-ses mit Hilfe der Kommunalprüfung zu ermöglichen. Die **öffentliche Bekannt-machung** der Beschlüsse erfolgt nach § 11 Abs. 6. In ihr erfolgt auch der Hin-weis auf die öffentliche Auslegung des Jahresabschlusses mit allen Bestandteilen des Anhangs (§ 128 Abs. 3), ausgenommen die Forderungsübersicht, des kon-solidierten Gesamtabschlusses und des Konsolidierungsberichts; das Verfahren kann mit dem zur Bekanntmachung und Auslegung des Schlussberichts des Rechnungsprüfungsamts und der Stellungnahme des HVB dazu verbunden wer-den (§ 156 Abs. 4). Die Auslegung an Sonn- und Feiertagen sowie an dienst-freien Werktagen ist zulässig, wenn an diesen Tagen die Einsichtnahme durch die Bevölkerung möglich ist. Zur Frage der Wahrung der Belange des Daten-schutzes vgl. Erl. 4 zu § 156.

6. Die öffentliche Bekanntmachung (§ 11 Abs. 6) des Beschlusses über die Ent-lastung hindert die Vertretung nicht daran, ihn **wieder aufzuheben** und zu ver-ändern, wenn nachträglich entsprechende Tatsachen bekannt werden. Damit der neue Beschluss Wirkung entfaltet wie der geänderte, müsste er der Auf-sichtsbehörde mitgeteilt und öffentlich bekanntgemacht werden.

NKomVG § 130

Zweiter Abschnitt: **Sondervermögen und Treuhandvermögen**

§ 130 Sondervermögen

(1) Sondervermögen der Kommunen sind
1. das Gemeindegliedervermögen (§ 134 Abs. 1),
2. das Vermögen der nicht rechtsfähigen kommunalen Stiftungen (§ 135 Abs. 2),
3. Eigenbetriebe,
4. Einrichtungen, deren Wirtschaftsführung nach § 139 selbstständig erfolgt und für die aufgrund gesetzlicher Vorschriften Sonderrechnungen geführt werden, und
5. rechtlich unselbstständige Versorgungs- und Versicherungseinrichtungen.

(2) [1]Für Sondervermögen nach Absatz 1 Nrn. 1 und 2 gelten die Vorschriften über die Haushaltswirtschaft. [2]Diese Sondervermögen sind im Haushalt der Kommunen gesondert nachzuweisen.

(3) Auf Sondervermögen nach Absatz 1 Nrn. 3 und 4 sind die §§ 110, 111, 116 und 118 bis 122, 124 Abs. 1 bis 3, § 125 sowie § 155 Abs. 1 Nr. 5 entsprechend anzuwenden, soweit nicht durch Verordnung nach § 178 Abs. 1 Nr. 12 etwas anderes bestimmt ist.

(4) [1]Für Sondervermögen nach Absatz 1 Nr. 5 können besondere Haushaltspläne aufgestellt und Sonderrechnungen geführt werden. [2]In diesem Fall sind die Vorschriften des Ersten Abschnitts mit der Maßgabe anzuwenden, dass an die Stelle der Haushaltssatzung der Beschluss über den Haushaltsplan tritt; von der öffentlichen Bekanntmachung und der Auslegung nach § 114 Abs. 2 kann abgesehen werden.

§ 102 NGO

ERLÄUTERUNGEN zu § 130

1. Zum Vermögen der Kommune gehört neben dem sog. freien Vermögen (vgl. Erl. 1 zu § 124) und dem Treuhandvermögen (§ 131) das **Sondervermögen**. Die Enumeration von Sondervermögen in Absatz 1 ist abschließend. Sie sind dadurch gekennzeichnet, dass sie besonderen Zwecken zu dienen bestimmt sind und deshalb vom übrigen Kommunalvermögen abgesondert werden. Sondervermögen sind das **Gemeindegliedervermögen** (§ 134), das Vermögen der rechtlich unselbstständigen kommunalen Stiftungen (§ 135 Abs. 2), **Eigenbetriebe** (§§ 136 Abs. 2, 140 und EigBetrVO) öffentliche **Einrichtungen**, die nach § 139 wirtschaftlich selbstständig geführt und für die aufgrund gesetzlicher Vorschriften Sonderrechnungen geführt werden, wie Krankenhäuser (nach der KrankenhausbuchführungsVO) und Altenpflegeheime (nach der Pflege-BuchführungsVO) und rechtlich unselbstständige **Versorgungs- und Versicherungseinrichtungen**, zu denen die Eigenunfallversicherung, die Versorgungs- und Zusatzversorgungskasse und ähnliche Einrichtungen zählen (nicht auch die Betriebskrankenkassen, die eigene Rechtspersönlichkeit haben).

2. **Gemeindegliedervermögen** und **Vermögen der rechtlich unselbstständigen örtlichen Stiftungen** unterliegen sämtlichen Vorschriften über die Haushaltswirtschaft (§§ 110 bis 129), einschließlich des Prüfungswesens, das die Einhaltung dieser Vorschriften gewährleisten soll; dasselbe gilt für die sinngemäße Anwendung der GemHKVO. Die Verpflichtung zum gesonderten Nachweis **im Haushalt**, d. h. im Haushaltsplan und im Jahresabschluss, gestattet den Verzicht auf Sonderhaushaltspläne und Sonderrechnungen (anders im Falle des Absatzes 1 Nr. 5), so dass die Erträge und Einzahlungen, Aufwendungen und Auszahlungen sowie die Verpflichtungsermächtigungen für die Sondervermögen in die Gesamtsummen des Haushalts einbezogen werden, aber abgegrenzt von dessen anderen Positionen.

3. Für die Haushaltswirtschaft der **Eigenbetriebe** (Abs. 1 Nr. 3) **und Einrichtungen** i. S. des Absatzes 1 Nr. 4 gelten unabhängig von den besonderen gesetzlichen Vorschriften über die Sonderrechnungen die bezeichneten Vorschriften über die Haushaltswirtschaft entsprechend, soweit nicht für Unternehmen und Einrichtungen, die als Eigenbetriebe geführt werden (§ 136 Abs. 2, 4), aufgrund § 5 EigBetrVO die Vorschriften des HGB gelten.

4. Bei den **Versorgungs-** und **Versicherungseinrichtungen** i. S. des Absatzes 1 Nr. 5 kann die Kommune sich für die Aufstellung besonderer Haushaltspläne und die Führung von Sonderrechnungen entscheiden. **Besondere Haushaltspläne** sind vom allgemeinen Haushaltsplan streng zu trennen und ihm als Anlagen beizufügen. Auf sie finden alle Vorschriften über die Haushaltswirtschaft einschließlich der über die vorläufige Haushaltsführung Anwendung, jedoch werden sie nicht als Satzungen beschlossen und kann dementsprechend darauf verzichtet werden, sie öffentlich bekanntzumachen und auszulegen. Auch die Vorschriften der GemHKVO gelten für sie. Für den Beschluss, der an die Stelle der Haushaltssatzung tritt, ist wie für diese die Vertretung zuständig.

§ 131 Treuhandvermögen

(1) ¹Für rechtsfähige kommunale Stiftungen (§ 135 Abs. 1) und sonstige Vermögen, die die Kommunen nach besonderem Recht treuhänderisch zu verwalten haben (Treuhandvermögen), sind besondere Haushaltspläne aufzustellen und Sonderrechnungen zu führen. ²§ 130 Abs. 4 Satz 2 gilt entsprechend.

(2) Unbedeutendes Treuhandvermögen kann im Haushalt der Kommunen gesondert nachgewiesen werden.

(3) Mündelvermögen sind abweichend von den Absätzen 1 und 2 nur im Jahresabschluss gesondert nachzuweisen.

(4) Besondere gesetzliche Vorschriften oder Bestimmungen der Stifterin oder des Stifters bleiben unberührt.

§ 103 NGO

ERLÄUTERUNGEN zu § 131

1. Treuhandvermögen sind die rechtlich selbstständigen örtlichen **Stiftungen** und anderes kraft besonderer Zweckbestimmung im Interesse Dritter treuhänderisch zu verwaltendes **Vermögen**, wie z. B. Mündelvermögen (§ 1805 BGB), sofern die Kommune Träger der örtlichen Jugendhilfe ist. § 135 Abs. 1 verpflichtet die Kommune zur Verwaltung bestimmter rechtsfähiger Stiftungen. Wegen der Besonderheit von Treuhandvermögen ist ihre Haushalts- oder Wirtschaftsführung getrennt vom Haushalt der Kommune zu halten. Es sind **besondere Haushaltspläne** aufzustellen und Sonderrechnungen zu führen mit der Folge, dass die Vorschriften des Ersten Abschnitts (§§ 110 bis 129) mit der Besonderheit anzuwenden sind, dass an die Stelle der Haushaltssatzung der Beschluss über den Haushaltsplan tritt, der nicht öffentlich bekannt gemacht und ausgelegt werden muss.

2. Ob Treuhandvermögen als **unbedeutend** angesehen werden kann, beurteilt sich im Einzelfall nach dem Aufwand für die Verwaltung des Vermögens und nach seinem Ertrag. Es kann aus Vereinfachungsgründen wie Sondervermögen im Falle des § 130 Abs. 2 nachgewiesen werden (vgl. Erl. 2 zu § 130). **Mündelvermögen** sind nur im Jahresabschluss, nicht auch im Haushalt nachzuweisen. Bezüglich des Vorrangs besonderer gesetzlicher Vorschriften hat Absatz 4 nur deklaratorische Bedeutung; im Übrigen gehört zu einer örtlichen Stiftung die Voraussetzung, dass der Stifterwille mit einer ordnungsgemäßen Verwaltung vereinbar ist.

§ 132 Sonderkassen

¹Für Sondervermögen und Treuhandvermögen, für die Sonderrechnungen geführt werden, sind Sonderkassen einzurichten. ²Sie sollen mit der Kommunalkasse verbunden werden. ³§ 126 Abs. 5 und § 127 gelten entsprechend.

§ 104 NGO

ERLÄUTERUNGEN zu § 132

1. Die Vorschrift durchbricht den in § 126 normierten Grundsatz der Einheitskasse. Sie ist zwangsläufige Folge der Sonderrechnung mit selbstständigem Rechnungsabschluss, die eine von der Kommunalkasse **getrennte Kasse** erforderlich macht. Ohne Sonderrechnung sind die in § 130 Abs. 1 Nrn. 1 und 2 genannten Sondervermögen, mit Sonderrechnung Treuhandvermögen sowie entweder verpflichtend oder fakultativ die in § 130 Abs. 1 Nrn. 3, 4 und 5 genannten Sondervermögen.

2. Dem Erfordernis der Sonderkasse ist Rechnung getragen, wenn die Kassenvorgänge für das Sondervermögen buchmäßig von den anderen Kassengeschäften getrennt nachgewiesen werden. Daher sollen aus Vereinfachungsgründen

Sonderkassen räumlich und personell mit der Kommunalkasse zusammenge-fasst werden; bei Vorliegen besonderer Umstände kann davon abgewichen wer-den. Die Inanspruchnahme von Kassenbeständen einer Sonderkasse durch die Kommunalkasse stellt einen **Liquiditätskredit** dar und ist nur im Rahmen des festgesetzten Höchstbetrages zulässig (§ 122).

3. Die **Kassenaufsicht** führt der HVB. Die Übertragung **haushaltswirtschaftli-cher Befugnisse** (§ 127) ist zulässig.

§ 133   Freistellung von der mittelfristigen Ergebnis- und Finanzplanung

Die Kommunalaufsichtsbehörde kann die Kommune in Bezug auf Sonderver-mögen und Treuhandvermögen von den Verpflichtungen des § 118 freistellen, soweit die mittelfristige Ergebnis- und Finanzplanung weder für die Haushalts- oder Wirtschaftsführung noch für die Finanzstatistik benötigt wird.

§ 105 NGO

ERLÄUTERUNGEN zu § 133

Aufgrund der Ermächtigung des § 178 Abs. 1 Nr. 13 sind durch § 9 Abs. 5 GemHKVO alle Kommunen von der Verpflichtung zur mittelfristigen Ergebnis- und Finanzplanung für ihre Sonder- und Treuhandvermögen freigestellt.

§ 134   Gemeindegliedervermögen

(1) Für die Nutzung des Gemeindevermögens, dessen Ertrag nach bisherigem Recht nicht den Gemeinden, sondern anderen Berechtigten zusteht (Gemein-degliedervermögen), bleiben die bisherigen Vorschriften und Gewohnheiten in Kraft.

(2) [1]Gemeindegliedervermögen darf nicht in Privatvermögen der Nutzungsbe-rechtigten umgewandelt werden. [2]Es kann in freies Gemeindevermögen um-gewandelt werden, wenn die Umwandlung aus Gründen des Gemeinwohls ge-boten erscheint. [3]Den Betroffenen ist eine angemessene Entschädigung in Geld oder in Grundbesitz oder mit ihrem Einverständnis in anderer Weise zu gewähren.

(3) Gemeindevermögen darf nicht in Gemeindegliedervermögen umgewandelt werden.

§ 106 NGO

ERLÄUTERUNGEN zu § 134

1. Gemeindegliedervermögen ist **Vermögen der Gemeinde,** das nicht von der Gemeinde selbst, sondern aufgrund besonderer Rechte von anderen genutzt wird. Regelmäßig handelt es sich um historisch überkommene Rechte zur Wald- und Weidenutzung oder zur Gewinnung von Bodenschätzen, wie Kies und Ton. Das Gesetz gewährleistet den Fortbestand bisheriger Vorschriften und Gewohnheiten. Vermögen der Realverbände nach dem Realverbandsgesetz ist Verbands-, nicht Gemeindevermögen und gehört deshalb nicht zum Gemeindegliedervermögen.

2. Die **Umwandlung** von Gemeindegliedervermögen in freies Gemeindevermögen, für die der Rat ausschließlich zuständig ist (§ 58 Abs. 2 Nr. 4), stellt wegen der Entziehung der Nutzungsberechtigung eine entschädigungspflichtige **Enteignung** dar (OVG Lüneburg, Urt. v. 8.10.1964, VerwRspr. 17 S. 592). Die Umwandlung von Gemeindevermögen in Gemeindegliedervermögen ist unzulässig.

Der Entziehung steht die Einschränkung der Nutzungsrechte gleich; nach dem Sinnzusammenhang in § 58 Abs. 2 Nr. 4 kann bei der Veränderung nicht an eine Erweiterung der Rechte gedacht werden; sie ist unzulässig.

§ 135 Kommunale Stiftungen

(1) [1]Liegt der Zweck einer rechtsfähigen Stiftung im Aufgabenbereich einer Kommune, so hat die Kommune sie zu verwalten, wenn dies in der Stiftungssatzung bestimmt ist. [2]Verwaltet die Kommune eine Stiftung des öffentlichen Rechts, so sind die §§ 6 bis 8 und 19 Abs. 2 des Niedersächsischen Stiftungsgesetzes entsprechend anzuwenden.

(2) [1]Ist einer Kommune Vermögen zur dauernden Verwendung für einen bestimmten Zweck zugewendet worden, so ist das Vermögen in seinem Bestand zu erhalten und so zu verwalten, dass es für den Verwendungszweck möglichst hohen Nutzen bringt. [2]Dies gilt nicht, wenn etwas anderes bei der Zuwendung bestimmt worden ist oder aus der Art der Zuwendung hervorgeht. [3]Die Kommune kann mit Genehmigung der Kommunalaufsichtsbehörde den Bestand des Vermögens angreifen, wenn der Zweck anders nicht zu verwirklichen ist. [4]Ist die Verwirklichung des Zwecks unmöglich geworden oder gefährdet sie das Gemeinwohl, so kann die Kommune mit Genehmigung der Kommunalaufsichtsbehörde das Vermögen anderweitig verwenden. [5]§ 87 Abs. 2 Satz 1 BGB gilt entsprechend.

§ 107

ERLÄUTERUNGEN zu § 135

1. Eine **rechtsfähige Stiftung des bürgerlichen Rechts,** deren Zweck im Aufgabenbereich einer kommunalen Körperschaft liegt und die von dieser Körperschaft verwaltet wird, ist eine kommunale Stiftung (§ 19 Abs. 1 Nds. Stiftungsgesetz), wobei als kommunal nur eine Stiftung anzusehen ist, deren Zweck im eigenen Wirkungskreis liegt. Eine Stiftung mit diesem Zweck im Aufgabenbereich der Kommune hat die Kommune zu verwalten, wenn das in der Satzung bestimmt ist (§ 81 Abs. 1 Satz 3 Nr. 5 BGB). Eine solche Stiftung bedarf der Anerkennung durch das Innenministerium (§ 80 BGB, § 3 Nds. Stiftungsgesetz). Für die Verwaltung einer solchen Stiftung gelten neben dem § 6 Nds. Stiftungsgesetz, der die Erhaltung des Stiftungsvermögens, seine Absonderung von anderem Vermögen, die Verwendung von Erträgen und Zuwendungen, die Pflichtverletzung durch Organmitglieder und deren Auslagenersatz behandelt, die Vorschriften über die Vermögensverwaltung kommunaler Körperschaften (§ 19 Abs. 2 Nds. Stiftungsgesetz). Damit finden sämtliche Vorschriften des kommunalen Haushaltswirtschafts-, Kassen- und Prüfungsrechts auf die Verwaltung der rechtsfähigen privatrechtlichen kommunalen Stiftung Anwendung; in diesem Bereich tritt an die Stelle der Stiftungs- die Kommunalaufsicht.

Für rechtsfähige kommunale Stiftungen des **öffentlichen Rechts** gelten die für privatrechtliche Stiftungen geltenden Vorschriften über die Verwaltung entsprechend (Abs. 1 Satz 2).

2. Absatz 2 normiert zusammen mit § 130 Abs. 2 Verwaltungsregelungen für **nicht rechtsfähige** (fiduziarische) kommunale Stiftungen, die denen für rechtsfähige Stiftungen im Wesentlichen vergleichbar sind. Sätze 1 und 3 entsprechen in ihrer Zielrichtung § 6 Abs. 1 und 2 Nds. Stiftungsgesetz und Satz 4 entspricht § 87 Abs. 1 BGB. Der Pflicht zur Absonderung des Stiftungsvermögens (§ 6 Abs. 1 Nds. Stiftungsgesetz) entspricht die Regelung des § 130 Abs. 2 Satz 2 zum gesonderten Nachweis des nicht rechtsfähigen Stiftungsvermögens im Haushalt.

3. Für die wesentlichen Entscheidungen bei rechtsfähigen Stiftungen ist die **Vertretung** ausschließlich zuständig (§ 58 Abs. 1 Nr. 18).

Dritter Abschnitt: **Unternehmen und Einrichtungen**

§ 136 Wirtschaftliche Betätigung

(1) [1]**Die Kommunen dürfen sich zur Erledigung ihrer Angelegenheiten wirtschaftlich betätigen.** [2]**Sie dürfen Unternehmen nur errichten, übernehmen oder wesentlich erweitern, wenn und soweit**
1. **der öffentliche Zweck das Unternehmen rechtfertigt,**
2. **die Unternehmen nach Art und Umfang in einem angemessenen Verhältnis zu der Leistungsfähigkeit der Kommunen und zum voraussichtlichen Bedarf stehen und**
3. **bei einem Tätigwerden außerhalb der Energieversorgung, der Wasserversorgung, des öffentlichen Personennahverkehrs sowie des Betriebes von Telekommunikationsleitungsnetzen einschließlich der Telefondienstleistungen der öffentliche Zweck nicht ebenso gut und wirtschaftlich durch einen privaten Dritten erfüllt wird oder erfüllt werden kann.**

³Die Beschränkung nach Satz 2 Nr. 3 dient auch dem Schutz privater Dritter, die sich entsprechend wirtschaftlich betätigen oder betätigen wollen.

(2) Unternehmen der Kommunen können geführt werden
1. als Unternehmen ohne eigene Rechtspersönlichkeit (Eigenbetriebe),
2. als Unternehmen mit eigener Rechtspersönlichkeit, deren sämtliche Anteile den Kommunen gehören (Eigengesellschaften), oder
3. als kommunale Anstalten des öffentlichen Rechts.

(3) Unternehmen im Sinne dieses Abschnitts sind insbesondere nicht
1. Einrichtungen, zu denen die Kommunen gesetzlich verpflichtet sind,
2. Einrichtungen des Unterrichts-, Erziehungs- und Bildungswesens, des Sports und der Erholung, des Gesundheits- und Sozialwesens, des Umweltschutzes sowie solche ähnlicher Art und
3. Einrichtungen, die als Hilfsbetriebe ausschließlich der Deckung des Eigenbedarfs der Kommune dienen.

(4) ¹Abweichend von Absatz 3 können Einrichtungen der Abwasserbeseitigung und der Straßenreinigung sowie Einrichtungen, die aufgrund gesetzlich vorgesehenen Anschluss- und Benutzungszwangs, gesetzlicher Überlassungspflichten oder gesetzlicher Andienungsrechte Abfälle entsorgen, als Eigenbetriebe oder kommunale Anstalten des öffentlichen Rechts geführt werden. ²Diese Einrichtungen können in einer Rechtsform des privaten Rechts geführt werden, wenn die Kommune allein oder zusammen mit anderen Kommunen oder Zweckverbänden über die Mehrheit der Anteile verfügt. ³Andere Einrichtungen nach Absatz 3 können als Eigenbetriebe oder kommunale Anstalten des öffentlichen Rechts geführt werden, wenn ein wichtiges Interesse daran besteht. ⁴Diese Einrichtungen dürfen in einer Rechtsform des privaten Rechts geführt werden, wenn ein wichtiges Interesse der Kommune daran besteht und in einem Bericht zur Vorbereitung des Beschlusses der Vertretung (§ 58 Abs. 1 Nr. 11) unter umfassender Abwägung der Vor- und Nachteile dargelegt wird, dass die Aufgabe im Vergleich zu den zulässigen Organisationsformen des öffentlichen Rechts wirtschaftlicher durchgeführt werden kann. ⁵In den Fällen der Sätze 2 und 4 ist § 137 mit Ausnahme des Absatzes 1 Nr. 1 entsprechend anzuwenden.

(5) ¹Bankunternehmen dürfen die Kommunen nicht errichten. ²Für das öffentliche Sparkassenwesen bleibt es bei den besonderen Vorschriften.

§ 108 NGO

ERLÄUTERUNGEN zu § 136

1. Der Begriff der wirtschaftlichen Betätigung wird gesetzlich nicht definiert. Herkömmlicherweise werden darunter (s. die früheren Ausführungsbestimmungen) diejenigen Tätigkeiten verstanden, die von einem Privaten mit der Absicht der Gewinnerzielung vorgenommen werden, wie z. B. Versorgungs-, Verkehrs-, Industrie- und Handwerksbetriebe; § 107 Abs. 1 GO NW bezeichnet als wirtschaftliche Betätigung den Betrieb von Unternehmen, die als Hersteller, Anbieter oder Verteiler von Gütern oder Dienstleistungen am Markt tätig

werden, sofern die Leistung ihrer Art nach auch von einem Privaten mit der Absicht der Gewinnerzielung erbracht werden könnte; auch die Tätigkeit sog. Holding-Gesellschaften, die im Rahmen eines Konzerns bestimmte betriebliche Funktionen konzernangehöriger Gesellschaften oder nur die Verwaltung der Anteile von Tochterunternehmen wahrnehmen, ist wirtschaftliche Betätigung i. S. dieser Vorschrift. Für diese wirtschaftliche Betätigung findet der Begriff **Unternehmen** Verwendung (Abs. 1, 2). Sie setzt unabhängig von der Rechtsform, in der sie betrieben wird, voraus, dass es sich um die Erledigung von Angelegenheiten der Kommune handelt (Abs. 1 Satz 1), dass sie durch einen öffentlichen Zweck gerechtfertigt ist (Abs. 1 Satz 2 Nr. 1), dass ihre Art und ihr Umfang in einem angemessenen Verhältnis zu der Leistungsfähigkeit der Gemeinde und zum voraussichtlichen Bedarf steht (Abs. 1 Satz 2 Nr. 2) und dass, von bestimmten Bereichen abgesehen, der öffentliche Zweck nicht ebenso gut und wirtschaftlich durch einen privaten Dritten erfüllt wird oder erfüllt werden kann (Abs. 1 Satz 2 Nr. 3).

Die Voraussetzung, dass es sich auch bei der wirtschaftlichen Betätigung um **Angelegenheiten der örtlichen Gemeinschaft** handeln muss, ist ersetzt worden durch den Hinweis, dass sich Kommunen zur Erledigung ihrer Angelegenheiten wirtschaftlich betätigen dürfen. Für die Gemeinden handelt es sich dabei um alle Angelegenheiten der örtlichen Gemeinschaft, weil der örtliche Bezug des gemeindlichen Handelns nach Art. 28 Abs. 2 Satz 1 GG, Art. 57 Abs. 3 NV, §§ 2 Abs. 2, 5 Abs. 1 Nr. 1) Grundvoraussetzung seiner Zulässigkeit ist. Zum gesetzlichen Aufgabenbereich der Landkreise und der Region Hannover (Art. 28 Abs. 2 Satz 2 GG, Art. 57 Abs. 1 NV) gehören die Aufgaben von überörtlicher Bedeutung und die, deren Erfüllung die Finanz- und Verwaltungskraft der ihnen angehörigen Gemeinden übersteigt (§ 3 Abs. 2). Die Verwurzelung wirtschaftlicher Betätigung in der örtlichen Gemeinschaft entfällt nicht dadurch, dass sie im Interesse der Erhaltung und Verbesserung der Zweckerfüllung für die örtliche Gemeinschaft auf Gebiete außerhalb der Gemeindegrenzen erstreckt wird (OLG Düsseldorf, Urt. v. 12.1.2000, NVwZ S. 714, dazu KommP N S. 217, zur Abfallbeseitigung; s. auch OVG Rh-Pf, Urt. v. 21.3.2006, R&R 3/2006 S. 4 = DÖV 2006 S. 613); die Frage verfassungsgerechten Verhaltens stellt sich aber, wenn das Übergreifen auf das Gebiet einer anderen Kommune ohne deren Einverständnis geschieht und deren Selbstverwaltungsrechte verletzt; das gilt auch für die Landkreise und die Region Hannover,

Bei der Frage, ob der **öffentliche Zweck** die Betätigung rechtfertigt, steht der Kommune ein weiter Beurteilungsspielraum zu, der durch die Kommunalaufsichtsbehörden und die Gerichte nur eingeschränkt überprüfbar ist, weil es um die Sachgerechtigkeit von Kommunalpolitik geht, die in hohem Maße von Zweckmäßigkeitserwägungen bestimmt wird (BVerwG, Urt. v. 22.2.1972, BVerwGE 39 S. 329; OLG Celle, Beschl. v. 12.2.2001, NST-N S. 258). Ein öffentlicher Zweck ist anzunehmen, wenn sich die Betätigung am Gemeinwohl orientiert, also insbesondere dem Ziel dient, das Wohl der Einwohner zu fördern (§ 1 Abs. 1) und ihnen die erforderlichen sozialen, kulturellen, sportlichen und wirtschaftlichen Einrichtungen bereitzustellen (§ 4 Abs. 1 Satz 2). Dabei kann auch eine gegenwärtige Überkapazität von kommunalen Einrichtungen privatwirtschaftliche Betätigung rechtfertigen, weil es dem öffentlichen Zweck entsprechen kann, Kapazitäten im Hinblick auf denkbare Entwicklungen nicht nur am gegenwärtigen Bedarf zu orientieren, sondern z. B. mit Blick auf eine denkbare Kooperation mit anderen (OLG Celle, Beschl. v. 12.2.2001 a. a. O.). Der alleinige Zweck der Einnahmebeschaffung reicht aber nicht aus (BVerfG, Beschl. v. 8.7.1982, BVerfGE 61 S. 82). Ob die Orientierung am Gemeinwohl fehlt, wenn vordergründig einziger Zweck die Verbesserung der Einnahmesituation ist, erscheint jedenfalls dann als zweifelhaft, wenn die Verbesserung der Einnahmen dazu dient, dringend notwendige Kommunalaufgaben wahrzunehmen oder die Erledigung einer zulässigen wirtschaftlichen Betätigung zu verbessern (s. § 149 Abs. 1). Die Rechtsprechung hält allerdings solche mittelbaren Zwecke für nicht ausreichend (OLG Düsseldorf, Urt. v. 29.5.2001, DVBl. S. 1283 zur Wettbewerbs- und Arbeitsplatzsicherung).

Die Merkmale der **Leistungsfähigkeit** und des **Bedarfs** tragen den Geboten der allgemeinen Haushaltsgrundsätze (§ 110) und der Erforderlichkeit (§ 4 Abs. 1 Satz 2) Rechnung. Nimmt die Kommune an, dass diese Merkmale vorliegen, kann ihre Entscheidung nur darauf überprüft werden, ob sie den maßgebenden Sachverhalt zutreffend und vollständig ermittelt, die entscheidungserheblichen Gesichtspunkte erkannt und den möglichen Verlauf der Entwicklung nicht offensichtlich fehlerhaft eingeschätzt hat (BVerwG, Urt. v. 15.4.1988, BVerwGE 79 S. 208).

Die Voraussetzung, dass der Zweck außerhalb der in Abs. 1 Satz 2 Nr. 3 genannten Bereiche nicht **ebenso gut und wirtschaftlich** durch einen privaten Dritten erfüllt wird oder erfüllt werden kann, ist zunächst Ausdruck des Grundsatzes der Subsidiarität und Ausprägung der Verpflichtung der Kommune zu sparsamer und wirtschaftlicher Haushaltswirtschaft (§ 110 Abs. 2), mit der ein Engagement in Angelegenheiten, die die Privatwirtschaft ebenso gut und wirtschaftlich erledigen kann, nicht gut vereinbar ist (s. Amtliche Begründung, Drs. 15/1680, unter III. Beteiligungen, Stellungnahme zu Nr. 25 <§ 108>, in der der Sinn der Regelung darin gesehen wird, lediglich die Kommunen zu zwingen, sich stärker als bisher mit der Wirtschaftlichkeit ihres Handelns auseinanderzusetzen). Ab dem 1.11.2011 stellt diese Bestimmung außerdem ein **Schutzgesetz** zugunsten der Privatwirtschaft dar (Abs. 1 Satz 3), das einem privaten Konkurrenten ein verwaltungsgerichtliches Klagerecht bei Annahme eines Verstoßes der Kommune dagegen gibt. Unter Ablehnung gegensätzlicher Rechtsprechung (OLG Düsseldorf, Urt. v. 29.5.2001, DVBl. S. 1283, mit weiteren Nachweisen) hat der BGH (Urt. v. 25.4.2002, NVwZ 2002 S. 1141 = NST-N 2002 S. 258; s. auch schon BGH, Urt. v. 26.4.1974 a. a. O.) entschieden, dass der Verstoß gegen die Vorschriften über die Voraussetzungen wirtschaftlicher Betätigung für sich genommen nicht auch einen Verstoß gegen wettbewerbsrechtliche Vorschriften darstellt, wettbewerbsrechtlich vielmehr nur die Art und Weise der Teilnahme am Wettbewerb relevant ist.

Die Leistungsparität muss bei beiden Kriterien, der Güte und der Wirtschaftlichkeit, gegeben sein. Für die Entscheidung, ob das der Fall ist, steht der Kommune ein Beurteilungsspielraum zu, der auch soziale Gesichtspunkte (Amtliche Begründung, Drs. 15/1680, zu Nr. 25 <§ 108>) und bei der Frage nach der Güte solche wie Dauerhaftigkeit und Zuverlässigkeit der Leistungserbringung zulässt, die umso größeres Gewicht erhalten, je wichtiger die Leistung für den Bürger ist (VerfGH Rh-Pf, Urt. v. 28.3.2000, DVBl. 2000 S. 992 zu der entsprechenden Vorschrift der GO Rh-Pf). Die Beurteilung der Kommune kann nur darauf überprüft werden, ob sie auf der Grundlage eines vollständig ermittelten Sachverhalts und ausgehend von einem richtigen Verständnis der Norm mit vertretbarer Begründung zu dem Ergebnis gekommen ist, dass ihre Leistungserbringung wirtschaftlicher oder besser ist (VerfGH Rh-Pf, Urt. v. 28.3.2000 a. a. O.) und hat damit den Charakter einer Einschätzungsprärogative. Damit die Vorschrift praktikabel bleibt, müssen in den Vergleich nur die privaten Dritten einbezogen werden, die die von der Kommune beabsichtigte Leistung schon anbieten oder anzubieten bereit sind; in Betracht kommt dafür ein Interessenbekundungsverfahren entsprechend § 7 Abs. 2 BHO. Die Prüfung anderer öffentlich-rechtlicher Alternativen, z. B. nach dem Zweckverbandsgesetz, ist gesetzlich nicht vorgeschrieben.

Bei den in Abs. 1 Satz 2 Nr. 3 genannten Betätigungen ist nur der Vergleich mit der Privatwirtschaft nicht verpflichtend, die anderen Voraussetzungen nach Abs. 1 Satz 2 Nrn. 1 und 2 müssen dagegen auch bei ihnen erfüllt sein.

Die gesetzlichen Voraussetzungen müssen bei Aufnahme der, wirtschaftlichen Betätigung durch Errichtung, Übernahme oder wesentliche Erweiterung eines Unternehmens erfüllt sein. Dabei hat sich der Gesetzgeber bewusst für eine punktuelle Betrachtungsweise entschieden, sodass die Voraussetzungen nur im Zeitpunkt dieser Maßnahmen der Aufnahme der wirtschaftlichen Betätigung vorliegen müssen (Schriftlicher Bericht, Drs. 16/3147 S. 22). Als wesentlich ist die Ausweitung anzusehen, wenn durch eine Änderung der bisherigen Aufgabenstellung oder durch eine zusätzliche Aufgabe sich die Struktur des Unternehmens verändert; das ist nicht der Fall bei Rationalisierungsmaßnahmen und bloßen Ergänzungen und Abrundungen des hauptsächlichen Unternehmensgegenstandes (VerfGH Rh-Pf, Urt. v. 28.3.2000 a. a. O.; Nds. OVG, Beschl. v. 14.8.2008, R&R 5/2008 = NdsVBl. 2009 S. 21: Saunen als Ergänzung und Abrundung des Angebots kommunaler Bäder), auch nicht bei einer bloßen Kapitalaufstockung. Entfallen sie später, ist die Weiterführung der Betätigung in der bisherigen Weise gesetzlich nicht untersagt. Die seit 2006 geltenden strengeren Voraussetzungen des Abs. 1 Satz 2 Nr. 3 gelten erst für Unternehmensgründungen, -übernahmen und -erweiterungen von diesem Jahr an. Die in Satz 3 getroffene Regelung über den Drittschutz findet erst auf diese nach dem 1.11.2011 getroffenen Maßnahmen Anwendung (Schriftlicher Bericht, Drs. 16/3147 S. 22).

2. Wirtschaftliche Unternehmen der Kommune können als **Eigenbetriebe** (§ 140), als **Eigengesellschaften** (i. S. des Gesellschaftsrechts) oder als **kommunale Anstalten** (§ 141 ff.) geführt werden (Abs. 2); zulässig ist aber auch der rechtsfähige Verein und die Stiftung (s. Erl. 4 zu § 137). Es kommen nur Gesellschaften mit eigener Rechtspersönlichkeit in Betracht, also die Gesellschaft mit beschränkter Haftung (§ 13 GmbHG), die Aktiengesellschaft (§ 1 AktG) und die Kommanditgesellschaft auf Aktien (§ 278 AktG), nicht dagegen die BGB-Gesellschaft, die offene Handelsgesellschaft, die Kommanditgesellschaft und die stille Gesellschaft (s. auch Erl. 4 zu § 137). Die Beteiligung an einem Unternehmen in einer Rechtsform des privaten Rechts erlaubt § 137 Abs. 1 unter den dort genannten Voraussetzungen.

3. Dieser wirtschaftlichen Betätigung steht die kommunale Tätigkeit gegenüber, die in Abs. 3 teilweise recht pauschal umschrieben und für deren Betriebsform der Begriff **Einrichtung** verwendet wird. Es geht dabei im Wesentlichen um den Bereich der **Daseinsvorsorge**, der allerdings in weiten Teilen die oben beschriebenen Merkmale der wirtschaftlichen Betätigung erfüllt, für den das Gesetz aber fingiert, dass er nicht dazu zählt, indem es ihn von der Geltung der für Unternehmen geltenden Vorschriften ausnimmt. Damit kommen für Einrichtungen die Voraussetzungen des Abs. 1 nicht zur Anwendung, und zwar auch dann nicht, wenn sie wie Unternehmen unter ökonomischen Gesichtspunkten geschaffen werden.

Das Gesetz enthält keine Definition des Begriffs Einrichtung. Es ist darunter eine Organisationseinheit der Verwaltung zu verstehen, die Aufgaben der Daseinsvorsorge auf den in Abs. 3 genannten Aufgabenfeldern erfüllt. Im Einzelnen sind Einrichtungen i. S. des Abs. 3 diejenigen, zu denen die Kommunen gesetzlich verpflichtet sind (§ 3 Nr. 1), die des Unterrichts-, Erziehungs- und Bildungswesens, des Sports und der Erholung, des Gesundheits- und Sozialwesens, des Umweltschutzes sowie solche ähnlicher Art (Abs. 3 Nr. 2), und zwar unabhängig davon, ob es sich um pflichtige oder freiwillige Aufgaben handelt, und die, die als Hilfsbetriebe ausschließlich der Deckung des Eigenbedarfs der Gemeinde dienen (Abs. 3 Nr. 3).

Unter Nr. 1 fallen u. a. Einrichtungen für die Abwasserbeseitigung (§ 96 NWG) und für die Aufgaben als öffentlich-rechtlicher Träger der Abfallentsorgung (§ 6 NAbfG), als örtlicher Träger der öffentlichen Jugendhilfe (§ 1 AG KJHG), als Schulträger (§ 102 NSchG) und für die Sicherstellung der Krankenhausversorgung (§ 1 Nds. KHG).

Unter Nr. 2 fallen u. a. Musik- und Volkshochschulen, Einrichtungen der Erwachsenenbildung, Frei- und Hallenbäder sowie sonstige Badeeinrichtungen, Saunen der unterschiedlichsten Typen einschließlich Kneipptreppe, Kaminzimmer und Loungebereich (Nds. OVG, Beschl. v. 14.8.2008 a. a. O.), Fitness-Studios, Altenheime, der soziale Wohnungsbau und die Anlagen der Energieversorgung i. S. d. Gesetzes für den Vorrang Erneuerbarer Energien (EEG) als Umwelteinrichtungen (s. R&R 6/2010 S. 18). Als Hilfsbetriebe i. S. v. Abs. 3 Nr. 3 sind regelmäßig solche anzusehen, die einem anderen Aufgabenbereich oder einer anderen zulässigen wirtschaftlichen Betätigung lediglich Hilfsdienste leisten, wie z. B. der Verkauf von Verkehrsschildern den Aufgaben der Zulassungsstelle: BGH, Urt. v. 26.4.1974, NJW 1974 S. 1333; ferner fallen darunter in der Regel Einrichtungen wie Bauhöfe, Druckereien, Reparaturwerkstätten, Gärtnereien sowie Anlagen zur Stromerzeugung für kommuneeigene Zwecke. Die Mitversorgung Dritter im Rahmen einer Randnutzung im Interesse wirtschaftlichen und sparsamen Wirtschaftens ändert am Charakter eines Hilfsbetriebs nichts (BVerwG, Urt. v. 21.4.1989, BVerwGE 82 S. 29).

4. Die Unterscheidung von Unternehmen und Einrichtungen hat außerdem Bedeutung für die Frage, unter welchen Voraussetzungen sie in der **Rechtsform des Eigenbetriebs oder des Privatrechts** geführt werden dürfen. Die in Abs. 3 genannten Einrichtungen sind keine Unternehmen, so dass für sie die Abs. 1 und 2 nicht gelten (OVG Rh-Pf, Urt. v. 21.3.2006, DÖV S. 613 = R&R 3/2006 S. 4 zur vergleichbaren Regelung). Gleichwohl können auch Einrichtungen, teilweise unter bestimmten Voraussetzungen, die hauptsächlich dem Ziele dienen, vorschnellen und unbedachten Entscheidungen zugunsten der Privatrechtsreform vorzubeugen, als Eigenbetriebe, kommunale Anstalten oder in Privatrechtsform geführt werden.

Einrichtungen der Abwasserbeseitigung, der Straßenreinigung und solche, die aufgrund gesetzlich vorgesehenen Anschluss- und Benutzungszwangs oder gesetzlicher Überlassungspflichten oder Andienungsrechte (§ 13 KrW-/AbfG; §§ 11, 16 NAbfG) Abfälle entsorgen, d. h. verwerten und beseitigen (§ 3 Abs. 7 KrW-/AbfG), können ohne weitere Voraussetzungen als **Eigenbetriebe** (§ 140) oder **kommunale Anstalten** (§ 141 ff.) geführt werden (Abs. 4 Satz 1). Alle anderen in Abs. 4 Satz 1 nicht aufgezählten Einrichtungen nach Abs. 3 können als Eigenbetriebe oder kommunale Anstalten geführt werden, wenn ein **wichtiges Interesse** daran besteht (Abs. 4 Satz 3). Das wichtige Interesse stellt einen unbestimmten Rechtsbegriff dar, bei dessen Ausfüllung der Kommune eine gewisse Einschätzungsprärogative zuzubilligen ist mit der Folge, dass ihre Entscheidung von den Aufsichtsbehörden und den Gerichten nur auf Willkür überprüft werden kann, wie das OVG Münster (Urt. v. 15.12.1994, ZKF 1995 S. 109) zu § 108 GO NW entschieden hat, dessen Argumentation sich der amtliche Begründung des Reformgesetzes, durch die diese Regelung eingeführt worden ist, angeschlossen hat (Drs. 13/1450 S. 118). Danach kann sich ein wichtiges Interesse aus einer Vielzahl von Gesichtspunkten ergeben. Im Vordergrund können sowohl wirtschaftliche Interessen wie die kostengünstigere Aufgabenerledigung in Privatrechtsform, als auch andere Gründe stehen, z. B. eine größere Autonomie und Flexibilität bei der Aufgabenerfüllung, die Abkoppelung vom öffentlichen Dienst-, Organisations- und Haushaltsrecht, die leichtere Gewinnung qualifizierten Fachpersonals, die wirtschaftliche Einbindung privater Dritter und die dadurch mögliche Nutzbarmachung technischer oder wirtschaftlicher Spezialkenntnisse oder die erleichterte Aufbringung von Investitionsmitteln für Großvorhaben.

Die in Abs. 4 Satz 1 genannten Einrichtungen können auch in **Privatrechtsform** geführt werden (Abs. 4 Satz 2). Voraussetzung dafür ist, dass die Kommune allein oder zusammen mit anderen kommunalen Körperschaften (Gemeinde, Landkreis, Zweckverband) über die Mehrheit der Anteile verfügt. Dadurch soll gewährleistet werden, dass die Geschäftspolitik den kommunalen Interessen hinreichend Rechnung trägt; das ist auch dann der Fall, wenn Kommunen zwar nicht über die Mehrheit der Anteile, aber über die Stimmenmehrheit in den Entscheidungsgremien verfügen, so dass diese Konstellation als mit dem Ziel des Gesetzes vereinbar hingenommen werden kann. Der umgekehrte Fall einer den gesetzlichen Anforderungen genügenden Anteilsmehrheit, aber einer ihr nicht entsprechenden Stimmenmehrheit wird nur dem gesetzlichen Wortlaut, den gesetzlichen Absichten aber nicht gerecht. Bedient sich die Kommune zum Betrieb der Einrichtung einer Betreibergesellschaft, ist die Mehrheit der Anteile an ihr nicht erforderlich, weil sie nur Erfüllungsgehilfe, nicht eigenständiger Aufgabenträger ist. Anders als bei den sonstigen Einrichtungen entfällt bei diesen Einrichtungen die Pflicht zum Nachweis des wichtigen Interesses der Kommune an der Gründung und Beteiligung in Privatrechtsform und zur Darlegung der Vor- und Nachteile in einem Bericht an die Vertretung.

Bei den nicht in Art. 4 Satz 1 genannten Einrichtungen nach Abs. 3 ist die private Rechtsform zulässig, wenn das **wichtige Interesse** nachgewiesen wird (s. oben) und in einem **Bericht** an die Vertretung zur Vorbereitung ihres Beschlusses nach § 58 Abs. 1 Nr. 11 unter umfassender **Abwägung der Vor- und Nachteile** dargelegt wird, dass die Aufgabe im Vergleich zu den sonst zulässigen öffentlich-rechtlichen Organisationsformen wirtschaftlicher durchgeführt werden kann. Als sonstige Organisationsformen nennt die amtliche Begründung des Reformgesetzes (Drs. 13/1450 S. 118) den Regiebetrieb mit kaufmännischer Buchführung (damals § 110 NGO, heute § 139) und den Eigenbetrieb (Abs. 4 Satz 3); ferner ist an die kommunale Anstalt (Abs. 4 Satz 3) und das sog. Betreibermodell, bei dem die Durchführung der Aufgabe einem Privaten übertragen wird, die Aufgabenverantwortung aber bei der Kommune verbleibt, und bei Kooperationen auch an deren öffentlich-rechtliche Form nach dem NKomZG zu denken. Für die Frage der wirtschaftlicheren Durchführung der Aufgabe kommt ihre kostengünstigere Erledigung ebenso in Betracht wie die Möglichkeit, Synergieeffekte nutzbar zu machen. Als Elemente, die bei der Abwägung der Vor- und Nachteile in Betracht kommen, hat das OVG Münster (Urt. v. 15.12.1994 a. a. O.) bei der Beteiligung der Kommune an einer Gesellschaft für Abfallbeseitigung und Straßenreinigung die steuerrechtlichen und sonstigen wirtschaftlichen Auswirkungen, die Versorgungs-, Entsorgungs- und Nachsorgesicherheit, die Zuverlässigkeit der Aufgabenwahrnehmung, die Umweltverträglichkeit der Aufgabenerledigung, die Sozialverträglichkeit des Entgelts, den Wettbewerb und die Verhinderung von Monopolen, die Haftung und die strafrechtliche Verantwortlichkeit sowie die Aushöhlung der kommunalen Selbstverwaltung und den damit verbundenen Verlust von Steuerungs- und Kontrollmöglichkeiten der Vertretung angesehen. Das kann auch für den Bericht i. S. des Abs. 4 Satz 4 Richtschnur sein. Der Bericht ist Teil der Vorbereitung des Beschlusses der Vertretung i. S. des § 76 Abs. 1 und des § 85 Abs. 1 Satz 1 Nr. 1, ist also vom HVB für den Hauptausschuss zu erstellen und von diesem der Vertretung vorzulegen. Die Aufsichtsbehörde kann verlangen, dass er ihr aufgrund der Anzeige nach § 152 Abs. 1 vorgelegt wird (§ 172 Abs. 1). Hat der gesetzlich vorgeschriebene Bericht der Vertretung nicht vorgelegen oder kann ihm eine nachvollziehbare Abwägung der Vor- und Nachteile nicht entnommen werden, kann unterstellt werden, dass die Vertretung den Beschluss ohne die erforderliche Sachkenntnis und damit ermessensfehlerhaft gefasst hat, so dass die Aufsichtsbehörde ihn beanstanden kann (§ 173); die Zweckmäßigkeit der Abwägung und ihres Ergebnisses kann die Aufsichtsbehörde nicht überprüfen und zum Anlass einer Beanstandung nehmen.

Sollen Einrichtungen nach Abs. 4 Sätze 2 und 4 in einer Privatrechtsform geführt werden, dann ist § 137 entsprechend anzuwenden (Abs. 4 Satz 5). Das gilt nicht für § 109 Abs. 1 Nr. 1, weil die Voraussetzungen zur Führung von Einrichtungen und die Beteiligung daran in Abs. 4 besonders geregelt sind und die Verweisung auf den für Unternehmen in Privatrechtsform geltenden § 137 nur dessen Maßgaben zur Begrenzung finanzieller Risiken (§ 137 Abs. 1 Nrn. 2 bis 4) und Erhaltung des kommunalen Einflusses (§ 137 Abs. 1 Nrn. 6 bis 8) gilt. § 137 Abs. 2 gilt nach seinem Wortlaut auch für mittelbare Gründungen und Beteiligungen durch Einrichtungen in Privatrechtsform (s. Erl. 1 zu § 137).

5. Nach § 152 sind Entscheidungen über die Errichtung, Übernahme oder wesentliche Erweiterung von Unternehmen und Einrichtungen in der Rechtsform des Eigenbetriebs oder einer Eigengesellschaft sowie die Beteiligung an Unternehmen und Einrichtungen in der Rechtsform des privaten Rechts **anzeige-pflichtig;** in der Anzeige sind ggf. das wichtige Interesse nachzuweisen und die wirtschaftlichere Aufgabendurchführung (Abs. 4 Sätze 2 bis 4) darzulegen. Ein Verstoß gegen diese Pflicht hat auf die Wirksamkeit der Entscheidung allerdings keine Auswirkungen.

Zur Haftung der Kommune für Verluste einer Eigengesellschaft unter dem Gesichtspunkt der Konzernhaftung s. LG Hannover, Urt. v. 9.3.1999, VwRR N S. 86, bestätigt durch OLG Celle, Urt. v. 12.7.2000, VwRR N 2001 S. 4.

6. Die Errichtung von **Bankunternehmen** ist Kommunen untersagt (Abs. 5 Satz 1); für die Übernahme, die Beteiligung und den Betrieb kann nichts anderes gelten. Das Bundesaufsichtsamt für das Kreditwesen hält die Gewährung von Gelddarlehen einer Kommune an andere Kommunen für eine Finanzdienstleistung nach § 1 Abs. 1a des Gesetzes über das Kreditwesen, die gewerbsmäßig betrieben werden, wenn sie auf eine gewisse Dauer angelegt sind und mit der Absicht der Gewinnerzielung, d. h. der Vereinbarung von Zinszahlungen, gewährt werden, und in diesem Fall der Erlaubnis nach § 32 Abs. 1 des Gesetzes bedürfen.

Die Geltung der besonderen Vorschriften für die **Sparkassen**, insbesondere das NSpG, die SparkassenVO und die VO über Sparkassenzweckverbände, haben zur Folge, dass z. B. die Vorschriften des § 71 und des § 138 auf die Sparkassen keine unmittelbare Anwendung finden.

§ 137   Unternehmen in einer Rechtsform des privaten Rechts

(1) Die Kommunen dürfen Unternehmen im Sinne von § 136 in einer Rechtsform des privaten Rechts nur führen oder sich daran beteiligen, wenn
1. **die Voraussetzungen des § 136 Abs. 1 erfüllt sind,**
2. **eine Rechtsform gewählt wird, die die Haftung der Kommune auf einen bestimmten Betrag begrenzt,**
3. **die Einzahlungsverpflichtungen (Gründungskapital, laufende Nachschusspflicht) der Kommune in einem angemessenen Verhältnis zu ihrer Leistungsfähigkeit stehen,**
4. **die Kommune sich nicht zur Übernahme von Verlusten in unbestimmter oder unangemessener Höhe verpflichtet,**
5. **durch Ausgestaltung des Gesellschaftsvertrags oder der Satzung sichergestellt ist, dass der öffentliche Zweck des Unternehmens erfüllt wird,**
6. **die Kommune einen angemessenen Einfluss, insbesondere im Aufsichtsrat oder in einem entsprechenden Überwachungsorgan, erhält und dieser durch Gesellschaftsvertrag, durch Satzung oder in anderer Weise gesichert wird,**
7. **die Kommune sich bei Einrichtungen nach § 136 Abs. 3, wenn sie über die Mehrheit der Anteile verfügt, ein Letztentscheidungsrecht in allen wichtigen Angelegenheiten dieser Einrichtungen sichert und**
8. **im Gesellschaftsvertrag oder der Satzung sichergestellt ist, dass der Kommune zur Konsolidierung des Jahresabschlusses des Unternehmens mit dem Jahresabschluss der Kommune zu einem konsolidierten Gesamtabschluss nach § 128 Abs. 4 bis 6 und § 129 alle für den konsolidierten Gesamtabschluss erforderlichen Unterlagen und Belege des Unternehmens**

so rechtzeitig vorgelegt werden, dass der konsolidierte Gesamtabschluss innerhalb von sechs Monaten nach Ende des Haushaltsjahres aufgestellt werden kann.

(2) Absatz 1 gilt entsprechend, wenn ein Unternehmen in einer Rechtsform des privaten Rechts, bei dem die Kommune allein oder zusammen mit anderen Kommunen oder Zweckverbänden über die Mehrheit der Anteile verfügt, sich an einer Gesellschaft oder einer anderen Vereinigung in einer Rechtsform des privaten Rechts beteiligen oder eine solche gründen will.

§ 109 NGO

ERLÄUTERUNGEN zu § 137

1. Während § 136 Abs. 1 und 2 die Voraussetzungen für die wirtschaftliche Betätigung normiert, bestimmt § 137 die Maßgaben für die **Führung** von Unternehmen in der **Privatrechtsform** und die Voraussetzungen für die **Beteiligung** daran. Unter Führung ist der Betrieb eines Unternehmens unter maßgeblicher Verantwortung der Kommune zu verstehen. Als Beteiligung gilt die aktive Teilnahme an der Tätigkeit des Unternehmens, sei es durch ein finanzielles Engagement (sog. unechte Beteiligung), sei es durch die Ausübung von Rechten als Mitglied oder Mitinhaber (sog. echte Beteiligung). Der Erwerb von Aktien als Kapitalanlage oder der Beitritt zu einem Verein als nur förderndes Mitglied stellen keine Beteiligung i. S. des Gesetzes dar. Die Vorschrift gilt unmittelbar nur für die Privatrechtsform von Unternehmen i. S. d. § 136 Abs. 1, durch die Verweisung in § 136 Abs. 4 Satz 5 aber für die Privatrechtsform von Einrichtungen i. S. d. § 136 Abs. 3 entsprechend.
Während nach § 136 Abs. 2 für die Führung eines Unternehmens als Eigengesellschaft nur juristische Personen in Betracht kommen (s. Erl. 2 zu § 136), enthält § 137 für die Beteiligung daran ausdrücklich keine entsprechende Einschränkung, sodass grundsätzlich alle privatrechtlichen Formen denkbar sind; allerdings schränken die in Abs. 1, insbesondere Nr. 2 enthaltenen Voraussetzungen die Auswahl unter diesen Privatrechtsformen in der Praxis sehr stark ein (s. Erl. 4).

2. Die Bedingungen für das Führen von Unternehmen und Einrichtungen in einer Privatrechtsform in Abs. 1 Nrn. 1 bis 7 haben **Schutzfunktionen** zugunsten der Kommune; insbesondere durch die in Abs. 1 Nrn. 2 bis 7 beschriebenen Vorkehrungen soll ein Mindestmaß an **kommunaler Einflussmöglichkeit** (Nrn. 5 bis 7) und an **Schutz** der Kommune **vor finanziellen Risiken** (Nrn. 2 bis 4) gewährleistet werden.

3. Die in **Abs. 1 Nr. 1** geregelte Bedingung, dass die Voraussetzungen des § 136 Abs. 1 erfüllt sein müssen, hat für die Führung keine substantielle Bedeutung, weil nach dem Willen des Gesetzgebers diese Voraussetzung nur punktuell bei der Gründung, Übernahme und Erweiterung von Unternehmen vorliegen, also nicht während der Dauer des Betriebs des Unternehmens nachgewiesen werden müssen (Erl. 1 zu § 136) Eine eigenständige Bedeutung hat die Vorschrift für

die Beteiligung an Unternehmen in Privatrechtsform, indem sie diese denselben Voraussetzungen unterwirft wie die Gründung, Übernahme und wesentliche Erweiterung.

4. Die Regelungen des Abs. 1 Nrn. 2 bis 4 bezwecken den Schutz der Kommune vor finanziellen Risiken. Die Pflicht des **Abs. 1 Nr. 2,** eine Rechtsform zu wählen, die die Haftung auf einen bestimmten Betrag begrenzt, schließt die BGB-Gesellschaft (§ 705 BGB), die OHG (§ 106 HGB) und den nicht rechtsfähigen Verein (§ 54 BGB) als zulässige Rechtsformen aus. Das wirkt sich bei der Begründung von Organschaften, insbesondere der sog. Mehrmütterorganschaft, zur Einhaltung der Vorteile des steuerlichen Querverbundes insoweit aus, als steuerlich als Organträger neben Kapitalgesellschaften mögliche andere Unternehmensformen, auch die BGB-Gesellschaft, kommunalrechtlich außer Betracht bleiben müssen. Bei der KG (§ 161 HGB) besteht die Haftungsbeschränkung nur für den Kommanditisten, bei der stillen Gesellschaft (§ 230 HGB) für den stillen Gesellschafter und bei der KAG (§ 278 AktG) für den Kommanditaktionär (s. aber unten Erl. 5 zu Abs. 1 Nr. 6). In der Praxis bleibt damit neben der AG die GmbH die wichtigste Gesellschaftsform. Darüber hinaus erfüllen die haftungsrechtlichen Voraussetzungen des Gesetzes der rechtsfähige Verein (§§ 21, 22 BGB), die Stiftung (§ 80 BGB) und die eingetragene Genossenschaft (§ 2 GenG).

Die Frage, ob die Einzahlungsverpflichtungen der Kommune in einem angemessenen Verhältnis zu ihrer Leistungsfähigkeit stehen (**Abs. 1 Nr. 3**), kann nicht schematisch beantwortet werden, sondern nur jeweils im Einzelfall. Nicht gefordert wird wie bei der Haftung (Abs. 1 Nr. 2) die Begrenzung der Einzahlungsverpflichtungen auf einen bestimmten Betrag; zum Gründungskapital der GmbH und zur Nachschusspflicht s. §§ 5, 26 bis 28 GmbHG. Die Unangemessenheit der Höhe von Verlusten i. S. des **Abs. 1 Nr. 4** ist ein unbestimmter Rechtsbegriff, der nur im Einzelfall konkretisiert werden kann. Bei der Frage nach der Angemessenheit oder Unangemessenheit sowohl in Abs. 1 Nr. 3 als auch in Abs. 1 Nr. 4 sind die bisherige Haushaltsentwicklung, die gegenwärtige Haushaltslage und die Einschätzungen aufgrund der Ergebnis- und Finanzplanung (§ 118) in Betracht zu ziehen. Die Verpflichtung zur Verlustabdeckung ist ein unter § 121 Abs. 3 fallendes Rechtsgeschäft (s. Erl. 2 zu § 121).

5. Bei den Regelungen des **Abs. 1 Nrn. 5 bis 7** geht es vorrangig darum, den Folgen des Verlustes kommunalpolitischer Einfluss- und Steuerungsmöglichkeiten entgegenzuwirken, die durch die Übertragung der Erfüllung kommunaler Aufgaben auf einen privaten Rechtsträger eintreten. Ob der Voraussetzung des **Abs. 1 Nr. 5** schon Genüge getan ist, wenn der im Gesellschaftsvertrag einer GmbH (§ 3 Abs. 1 GmbHG) oder in der Satzung einer AG (§ 23 Abs. 3 AktG) zu bestimmende Gegenstand des Unternehmens die Erfüllung eines öffentlichen Zwecks erkennbar macht, z. B. „Gegenstand des Unternehmens ist die öffentliche Versorgung mit Strom, Gas und Wasser", erscheint als zweifelhaft. Es wird nämlich verlangt, dass die Erfüllung des öffentlichen Zwecks durch **Ausgestaltung** des Statuts **sichergestellt ist.** Das spricht dafür, dass der Gesellschaftsvertrag oder die Satzung nähere Angaben zu dem verfolgten öffentlichen Zweck und Vorkehrungen gegen eine Änderung zugunsten eines hiernach nicht zulässigen Unternehmensgegenstandes enthalten müs-

sen; § 53 GmbHG und § 179 AktG lassen das zu, § 33 BGB macht zur Änderung des Vereinszwecks die Zustimmung aller Mitglieder zur Voraussetzung. Durch die Regelung des **Abs. 1 Nr. 6** soll der Kommune dauerhaft die Möglichkeit verschafft werden, die Unternehmenspolitik mitzubestimmen und an der Kontrolle ihrer Umsetzung mitzuwirken. Das kann durch Bestimmungen im Gesellschaftsvertrag, in der Satzung oder in anderer Weise durch einen sog. Konsortialvertrag geschehen. Regelmäßig beurteilt sich die Angemessenheit an dem Umfang der Beteiligung der Kommune. Neben der im Gesetz genannten Vertretung im Aufsichtsrat oder einem entsprechenden Kontrollorgan (s. auch § 138 Abs. 3) ist an die Beteiligung an der Bestellung der Geschäftsführer oder des Vorstandes zu denken. Wenn nicht bei der KG und der KAG gestützt auf § 163 HGB und § 278 Abs. 2 AktG im Gesellschaftsvertrag oder in der Satzung entgegenstehende Regelungen getroffen sind, die den angemessenen Einfluss gewährleisten, kommt wegen der fehlenden Einflussmöglichkeiten des Kommanditisten (§ 164 HGB), des stillen Gesellschafters (§ 233 HGB) und des Kommanditaktionärs (§ 278 AktG) die Beteiligung der Kommune an einer KG, stillen Gesellschaft und KAG nicht in Betracht.

Für Einrichtungen nach § 136 Abs. 3 gilt darüber hinaus die Voraussetzung des Abs. 1 Nr. 7. Danach muss sich die Kommune, wenn sie über die Mehrheit der Anteile verfügt, ein **Letztentscheidungsrecht** in allen wichtigen Angelegenheiten dieser Einrichtungen vorbehalten, Sie knüpft an Rechtsprechung zur betrieblichen Mitbestimmung an (OLG Bremen, Beschl. v. 22.3.1977, DÖV S. 899) und soll in besonderer Weise den Einfluss der kommunalen Organe gewährleisten. Soweit es sich nicht ohnehin um Angelegenheiten handelt, die einer Änderung des Gesellschaftsvertrages unter Zustimmung aller Gesellschafter bedürfen (§ 53 GmbHG), empfiehlt sich, dass die Gesellschafter im Vertrag die von ihnen als wichtig angesehenen Angelegenheiten aufzählen, weil ihnen auch bei ihrer Bestimmung eine Einschätzungsprärogative zugestanden werden muss. Die Organzuständigkeit richtet sich nach den §§ 58, 76 Abs. 2, 85 Abs. 1.

Abs. 1 Nr. 8 reagiert auf § 129 Abs. 1 Satz 1, wonach der die Jahresabschlüsse der unter § 128 Abs. 4 fallenden Aufgabenträger mit dem Jahresabschluss der Kommune zusammenfassende Gesamtabschluss innerhalb von sechs Monaten nach dem Ende des Haushaltsjahres aufzustellen ist (s. auch Erl. 1 zu § 129). Weitere Anforderungen an den Inhalt des Gesellschaftsvertrages stellt § 168 (s. dort) für die **Prüfung des Jahresabschlusses** auf.

6. Die Vorschrift des Abs. 1 gilt nach Abs. 2 ebenso für die **mittelbare Gründung** einer Gesellschaft oder sonstigen privatrechtlichen Vereinigung oder die **Beteiligung** daran. Die Bedingungen des Abs. 1 müssen auch in dem Fall erfüllt werden, dass Unternehmen und Einrichtungen in Privatrechtsform, an denen eine Kommune allein oder zusammen mit anderen Kommunen oder Zweckverbänden mit mehr als 50 v. H. beteiligt ist, sich an anderen privatrechtlichen Unternehmen oder Einrichtungen beteiligen oder Tochterunternehmen in Privatrechtsform gründen wollen. Sie verpflichtet damit die Kommune, ihre Vertreter in den zuständigen Organen des Unternehmens oder der Einrichtung ggf. anzuweisen, die Beteiligung an weiteren Unternehmen und Einrichtungen und die Gründung von Tochterunternehmen und -einrichtungen nur zu beschließen, wenn die Mutterunternehmen oder -einrichtungen die Voraussetzungen des

Abs. 1 Nrn. 1 bis 7 erfüllen, wobei bei der Gründung von Einrichtungen und der Beteiligung daran die Maßgabe des Abs. 1 Nr. 1 entfällt (s. auch Erl. 4 a. E. zu § 136). Abs. 1 Nr. 8 gilt in diesem Falle für das Verhältnis von Mutter- und Tochtergesellschaft. Für weitere Untergründungen und -beteiligungen der sog. Enkelgesellschaften der Kommune gilt Abs. 2 nicht, es sei denn, Kommunen sind an ihnen mit den entsprechenden Anteilen beteiligt.

7. Entscheidungen der Kommune im Rahmen der Absätze 1 und 2 sind der Kommunalaufsichtsbehörde **anzuzeigen** (§ 152 Abs. 1 Nrn. 1 bis 3).

8. Die frühere bodenschutzrechtliche Regelung in dieser Vorschrift ist mit Blick auf § 4 Bundesbodenschutzgesetz entfallen.

§ 138 Vertretung der Kommune in Unternehmen und Einrichtungen

(1) ¹Die Vertreterinnen und Vertreter der Kommune in der Gesellschafterversammlung oder einem der Gesellschafterversammlung entsprechenden Organ von Eigengesellschaften oder von Unternehmen oder Einrichtungen, an denen die Kommune beteiligt ist, werden von der Vertretung gewählt. ²Sie haben die Interessen der Kommune zu verfolgen und sind an die Beschlüsse der Vertretung und des Hauptausschusses gebunden. ³Der Auftrag an sie kann jederzeit widerrufen werden.

(2) ¹Sind mehrere Vertreterinnen und Vertreter der Kommune zu benennen, so ist die Hauptverwaltungsbeamtin oder der Hauptverwaltungsbeamte zu berücksichtigen, es sei denn, dass sie oder er darauf verzichtet oder zur Geschäftsführerin oder zum Geschäftsführer der Gesellschaft bestellt ist. ²Auf Vorschlag der Hauptverwaltungsbeamtin oder des Hauptverwaltungsbeamten kann an ihrer oder seiner Stelle eine andere Beschäftigte oder ein anderer Beschäftigter der Kommune benannt werden. ³Nach Maßgabe des Gesellschaftsrechts kann sich die Hauptverwaltungsbeamtin oder der Hauptverwaltungsbeamte oder eine nach Satz 2 zur Vertretung der Kommune berechtigte Person durch andere Beschäftigte der Kommune vertreten lassen. ⁴Ist die Hauptverwaltungsbeamtin oder der Hauptverwaltungsbeamte weder Vertreterin oder Vertreter der Kommune noch zur Geschäftsführerin oder zum Geschäftsführer der Gesellschaft bestellt und liegt auch kein Fall des Satzes 2 vor, so ist sie oder er, im Verhinderungsfall ihre oder seine Vertretung im Amt, nach Maßgabe des Gesellschaftsrechts berechtigt, beratend an den Sitzungen des Organs teilzunehmen. ⁵Die Sätze 1 bis 4 gelten für die Gemeindedirektorin oder den Gemeindedirektor nach § 106 entsprechend.

(3) ¹Die Kommune ist verpflichtet, bei der Ausgestaltung des Gesellschaftsvertrags einer Kapitalgesellschaft darauf hinzuwirken, dass ihr das Recht eingeräumt wird, Mitglieder in einen Aufsichtsrat zu entsenden. ²Über die Entsendung entscheidet die Vertretung. ³Absatz 2 gilt entsprechend.

(4) ¹Die Vertreterinnen und Vertreter der Kommune haben die Vertretung über alle Angelegenheiten von besonderer Bedeutung frühzeitig zu unterrichten. ²Satz 1 gilt entsprechend für die auf Veranlassung der Kommune in einen Aufsichtsrat oder in andere Organe der Unternehmen und Einrichtungen entsandten oder sonst bestellten Mitglieder. ³Die Unterrichtungspflicht besteht nur, soweit durch Gesetz nichts anderes bestimmt ist.

(5) Die Vertreterinnen und Vertreter der Kommune in der Gesellschafterversammlung oder einem der Gesellschafterversammlung entsprechenden Organ einer Gesellschaft, bei der die Kommune allein oder zusammen mit anderen Kommunen oder Zweckverbänden über die Mehrheit der Anteile verfügt, dürfen der Aufnahme von Krediten und Liquiditätskrediten nur mit Genehmigung der Vertretung zustimmen.

(6) ¹Werden Vertreterinnen und Vertreter der Kommune aus ihrer Tätigkeit haftbar gemacht, so hat die Kommune sie von der Schadenersatzverpflichtung freizustellen, es sei denn, dass sie den Schaden vorsätzlich oder grob fahrlässig herbeigeführt haben. ²Auch in diesem Falle ist die Kommune regresspflichtig, wenn sie nach Weisung gehandelt haben.

(7) ¹Vergütungen aus einer Tätigkeit als Vertreterin oder Vertreter der Kommune in Unternehmen und Einrichtungen in einer Rechtsform des privaten Rechts sind an die Kommune abzuführen, soweit sie über das Maß einer angemessenen Entschädigung hinausgehen. ²Die Vertretung setzt für jede Vertretungstätigkeit die Höhe der angemessenen Entschädigung fest. ³Der Beschluss ist öffentlich bekannt zu machen.

(8) Die Absätze 6 und 7 gelten entsprechend für die Tätigkeit als Mitglied in einem Aufsichtsrat und in anderen Organen der Unternehmen und Einrichtungen, wenn das Mitglied von der Kommune mit Rücksicht auf seine Zugehörigkeit zur Vertretung entweder entsandt oder sonst auf ihre Veranlassung bestellt worden ist.

§ 111 NGO

ERLÄUTERUNGEN zu § 138

1. Die Vorschrift gilt nur für Unternehmen und Einrichtungen, die in privatrechtlicher Form geführt werden. Sie gilt also nicht für öffentlich-rechtlich organisierte Unternehmen und Einrichtungen, also insbesondere nicht für kommunale Anstalten, Zweckverbände, Wasser- und Bodenverbände und Sparkassenzweckverbände, sondern für diese nur, soweit in den für diese geltenden besonderen Rechtsvorschriften auf § 138 verwiesen wird (s. z. B. in § 12 Abs. 2 NKomZG die Verweisung auf § 111 Abs. 1 Satz 2 NGO). Auch für Eigenbetriebe gilt sie nicht. Für Sparkassen gelten die besonderen Vorschriften des NSpG (§ 136 Abs. 5 und Erl. 7 zu § 136), die die Besetzung der Sparkassengremien abschließend regeln (Verwaltungsrat: § 11 ff. NSpG, Kreditausschuss: § 20 NSpG), so dass für eine ergänzende Anwendung kommunalverfassungsrechtlicher Vorschriften kein Raum ist.

Die **Vertreter der Kommune** im jeweiligen Mitgliederorgan, also insbesondere in der Gesellschafterversammlung einer GmbH, der Hauptversammlung einer AG und der Mitgliederversammlung eines Vereins, werden von der Vertretung gewählt, und zwar unabhängig davon, ob es sich nach dem jeweiligen Organisationsstatut um Abgeordnete, um Beschäftigte der Kommune oder sonstige Dritte handelt. Das Wahlverfahren des § 67 findet jedoch nur Anwendung, wenn ein Vertreter zu wählen ist, bei mehreren Vertretern richtet sich das Wahlverfahren nach § 71 Abs. 6, soweit nicht das Organisationsstatut abweichende Regelungen enthält; die Bestimmung, dass die Vertretung die Vertreter zu wählen hat, ist nach der Entstehungsgeschichte der Vorschrift eine Zuständigkeitsregelung, die auch gewahrt ist, wenn in dem von der Vertretung zu beschließenden Gesellschaftsvertrag (§ 58 Abs. 1 Nr. 11) alle oder einzelne Personen als geborene Vertreter genannt werden (s. im Einzelnen Erl. 7 zu § 71). Dabei sei darauf hingewiesen, dass bisweilen Registergerichte die Bestellung von Vertretern durch Bezeichnung ihrer Funktion in dem Organisationsstatut (z. B. der HVB, der Vorsitzende der Vertretung, der Kämmerer) als nicht ausreichend ansehen, sondern verlangen, dass die Vertretung die betreffenden Funktionsinhaber entsendet, was für jeden Fall des Wechsels der Person einen neuen Beschluss erfordert.

Absatz 2 bestimmt, dass bei der Benennung mehrerer Vertreter durch eine Kommune ihr **HVB** dazugehören muss, was ohne diese Bestimmung im Hinblick auf § 86 Abs. 1 Satz 3 nicht der Fall wäre, nach der die Wahrnehmung von Mitgliedschaftsrechten nicht als Außenvertretung gilt; in den Mitgliedgemeinden einer Samtgemeinde ist es ggf. der **Gemeindedirektor** (Abs. 2 Satz 5), weil es um die Beteiligung der Verwaltung geht. Er ist nicht kraft Gesetzes benannt, vielmehr hat auch seine Benennung durch die Vertretung zu erfolgen, wobei hinsichtlich des Verfahrens ein Beschluss nach § 66 statt der bei strenger Auslegung durchzuführenden Wahl nach § 67 als ausreichend anzusehen ist, weil der Vorschrift des Abs. 2 auch Genüge getan ist, wenn der HVB im Gesellschaftsvertrag als geborenes Mitglied genannt wird. Die Anrechnung des HVB (oder des nach Abs. 2 Satz 2 an seine Stelle tretenden Beschäftigten) bei der Verteilung der Vorschlagsrechte auf eine Fraktion oder Gruppe findet nicht statt, vielmehr wird der Verteilung eine um 1 geringere Zahl zugrunde gelegt. Bei der Benennung nur eines weiteren Vertreters wird dieser nach § 67 gewählt. Erst wenn zwei weitere Vertreter neben dem HVB zu benennen sind, kommt gem. § 71 Abs. 6 das Verfahren nach § 71 Abs. 2, 3 zum Zuge. Die Pflicht, den HVB zu benennen, besteht nicht, wenn er das **ablehnt** oder zum **Geschäftsführer** der Gesellschaft bestellt ist; diese Regelung ist vorgenommen worden, um den HVB vor Überlastung zu bewahren und weil die Bestimmungen des Abs. 2 auch für den Aufsichtsrat gelten (Abs. 3 Satz 3) und neben der Mitgliedschaft im Aufsichtsrat, und zwar auch im fakultativen Aufsichtsrat einer GmbH, regelmäßig die Wahrnehmung von Aufgaben der Geschäftsführung nicht möglich ist (§ 105 AktG). Die Einschränkung der Benennung des HVB, wenn er Geschäftsführer ist, gilt nur für handelsrechtliche Gesellschaften, nicht auch für Unternehmen und Einrichtungen in anderen Rechtsformen, die keinen Aufsichtsrat haben. Der Entlastung des HVB insbesondere in Fällen, in denen wie im Aufsichtsrat einer AG oder, wenn der Gesellschaftsvertrag das nicht zulässt, einer GmbH eine Vertretung ausgeschlossen ist, dient die Möglichkeit, statt seiner einen anderen Beschäftigten der Kommune als ihren Vertreter zu benennen (Abs. 2 Satz 2); dessen Benennung entgegen dem Vorschlag des HVB ist unwirksam.

Das **Teilnahmerecht des HVB** nach Abs. 2 Satz 4 an Sitzungen von Gesellschaftsorganen hat Bedeutung allenfalls für die von Aufsichtsräten. Nach § 109 Abs. 1 Satz 1 AktG sollen an Aufsichtsratssitzungen Personen, die weder dem Aufsichtsrat noch dem Vorstand angehören, nicht teilnehmen. Bei fakultativen

Aufsichtsräten kann die Teilnahme durch den Gesellschaftsvertrag zugelassen werden (§ 52 Abs. 1 GmbHG).

Es spricht viel dafür, dass gesetzlich die Vertretung **nicht Bestandteil des Amts** des HVB ist, da er nur im Falle mehrerer Vertreter benannt werden muss, er seine Benennung ablehnen kann, an seine Stelle jederzeit ein anderer Beschäftigter der Kommune treten und er nicht Vertreter sein kann, wenn er Geschäftsführer ist; sie ist ersichtlich an die Person des HVB geknüpft und nicht an das Amt, sodass die Vertretung kraft ihrer Organisationsgewalt entscheidet, ob die Vertretung zum Amt gehört oder eine Nebentätigkeit darstellt (BVerwG, Beschl. v. 31.10.1995, NVwZ-RR 1996 S. 337).

2. Die **Vertretung des HVB** oder des nach Abs. 2 Satz 2 an seine Stelle tretenden Beschäftigten durch andere Beschäftigte ist nur vorbehaltlich nicht entgegenstehenden – bundesrechtlichen – Gesellschaftsrechts möglich. Sie ist durch § 111 Abs. 5 AktG für den Aufsichtsrat der AG ausgeschlossen und für den Aufsichtsrat der GmbH nur möglich, wenn durch den Gesellschaftsvertrag zugelassen (§ 52 Abs. 1 GmbHG). In der Gesellschafterversammlung und dieser entsprechenden Organen ist sie durch Gesellschaftsrecht und das für andere Organisationen (z. B. Vereine) normierte Recht nicht ausgeschlossen und deshalb der Regelung nach Abs. 2 Satz 3 zugänglich. Da die Pflicht des HVB zur Übernahme der Vertretung nicht mehr besteht (Abs. 2 Satz1), dient die Regelung nicht mehr der Entlastung des HVB, sondern stellt nunmehr eine Verhinderungsvertretung dar. Der Wortlaut der Vorschrift lässt es zu, dass sich der HVB sowohl in verschiedenen Mitgliederorganen als auch in einem Mitgliederorgan von unterschiedlichen Bediensteten vertreten lässt. Über die Vertretung entscheidet der HVB, nicht die Vertretung. Für den Aufsichtsrat s. unten Erl. 5.

3. Die Vertreter der Kommune in einem Mitgliederorgan, einschließlich des HVB und eines an seine Stelle tretenden Beschäftigten sowie deren Vertreter nach Abs. 2 Satz 3, sind an **Weisungen** der Vertretung und des Hauptausschusses, nicht auch anderer Organe der Kommune wie eines Ortsrats oder des HVB, gebunden und haben im Falle einer Weisung einheitlich zu handeln, auch wenn sie als Mitglieder der Vertretung bei der Abstimmung über die Weisung gegen sie gestimmt haben (Abs. 1 Satz 2). Diese Regelung ist selbstverständlich, weil Gesellschafter oder Mitglied die Kommune und nicht der entsandte Vertreter ist und für die Meinungsbildung ihre Entscheidung – getroffen von ihrem zuständigen Organ – maßgebend ist. Die Vorschrift hat aber nicht nur deklaratorische Bedeutung, weil sie ausschließt, dass im Gesellschaftsvertrag oder im vergleichbaren Organisationsstatut das Weisungsrecht aufgehoben wird, was grundsätzlich möglich wäre (vgl. z. B. § 5 des Gesetzes über die Bildung des Zweckverbandes „Großraum Braunschweig" und § 5 des inzwischen aufgehobenen Gesetzes über den Kommunalverband Großraum Hannover). Damit Vertretung und Hauptausschuss rechtzeitig die von ihnen geboten erscheinenden Weisungen beschließen können, sind die Vertreter zur **frühzeitigen Unterrichtung** über alle Angelegenheiten von besonderer Bedeutung verpflichtet (Abs. 4). Der Unterrichtungspflicht unterliegen sowohl die Vertreter in der Gesellschafterversammlung als auch die auf Veranlassung der Kommune entsandten oder sonst bestellten Mitglieder im Aufsichtsrat; die **Verschwiegenheitspflicht** der Aufsichtsratsmitglieder (§§ 116, 93 Abs. 1 AktG; § 52 Abs. 1 GmbHG) ist für die

AG durch § 394 AktG in dem dafür erforderlichen Umfang eingeschränkt; eine entsprechende Vorschrift existiert für die GmbH nicht, jedoch kann die Verschwiegenheitspflicht gegenüber der Vertretung für die GmbH nach § 52 Abs. 1 GmbHG durch den Gesellschaftsvertrag abbedungen werden. Liegt eine Weisung nicht vor, zu deren Erteilung Vertretung und Hauptausschuss nicht verpflichtet sind, können die Vertreter, orientiert an den Interessen der Kommune (Abs. 1 Satz 2), eigenständig entscheiden; die den HVB vertretenden Beschäftigten der Kommune sind in diesem Falle jedoch an dessen Weisungen gebunden. Das Weisungsrecht kann sich auf die Ausübung sämtlicher Mitgliedschaftsrechte der Kommune beziehen, also auf Abstimmungen ebenso wie auf eine Antragstellung oder ein Auskunftsverlangen in dem Mitgliederorgan. Ein Verstoß gegen eine Weisung hat auf die Wirksamkeit einer getroffenen Maßnahme jedoch keine Auswirkungen. Er kann aber Grundlage einer Abberufung des betreffenden Vertreters sein.

4. Die Vertreter, vom HVB im Hinblick auf Abs. 2 Satz 1 abgesehen, können von der Vertretung jederzeit durch Beschluss nach § 66 wieder **abberufen** werden (Abs. 1 Satz 3), und zwar alle oder einzelne. Jedoch ist die Mehrheit der Vertretung nicht befugt, ohne zureichenden Grund einen Vertreter gegen den Willen der Fraktion oder Gruppe abzuberufen, die ihn nach § 71 Abs. 2, 3, 6 nominiert hat, weil das dem Sinn dieses Wahlverfahrens widerspräche. Die Vertretung hat dagegen einen Vertreter abzuberufen und durch einen anderen zu ersetzen, wenn es die Fraktion oder Gruppe, die ihn vorgeschlagen hat, verlangt (§ 71 Abs. 9 Satz 4). Hat die Vertretung einen Vertreter, der z. B. Weisungen zuwidergehandelt hat, zulässigerweise abberufen, dann kann die Fraktion oder Gruppe, auf deren Vorschlag er berufen worden ist, gem. § 71 Abs. 9 die dem Stärkeverhältnis in der Vertretung entsprechende Neubesetzung der Stellen verlangen, was in der Praxis bedeutet, dass sie zur Nominierung des Nachfolgers berechtigt ist (vgl. VG Oldenburg, Urt. v. 9.3.2010, R&R 3/2010 S. 1). Das Ausscheiden eines Vertreters als Folge der Neubesetzung der Stellen nach Änderung der Stärkeverhältnisse in der Vertretung ist gesetzlich ausdrücklich vorgesehen, weshalb der Beschluss des OVG Münster vom 12.2.1990 (DVBl. 1990 S. 834), das bei Änderung der Mehrheitsverhältnisse eine Abberufung zur Anpassung an die neuen Verhältnisse für nicht gerechtfertigt erklärt, wegen der anderen nordrhein-westfälischen Gesetzeslage keine Bedeutung erlangt. Sind die Vertreter für eine bestimmte Zeit, z. B. für die Dauer der Wahlperiode der Vertretung, berufen worden, ist die vorzeitige Abberufung wohl nur möglich, wenn das Organisationsstatut sie zulässt oder ein wichtiger Grund vorliegt.
Der HVB kann nicht abberufen werden, weil das der Vorschrift des Abs. 2 zuwiderliefe; gegen ihn kann aber gegebenenfalls disziplinarrechtlich vorgegangen werden. Die Vertretung kann verlangen, dass Beschäftigte als Vertreter des HVB oder des an seine Stelle tretenden Beschäftigten vom HVB ausgewechselt werden, wenn sie Weisungen nicht befolgen.

5. Das nach Abs. 3 anzustrebende **Entsenderecht in den Aufsichtsrat** einer Kapitalgesellschaft, d. h. einer GmbH, einer AG und einer KaG, setzt dessen Bestehen voraus. Diese Voraussetzung ist für die nach den §§ 108, 109 als Privatrechtsform in Betracht kommenden Kapitalgesellschaften nur bei der AG (§ 30 AktG) und der GmbH mit mehr als 500 Arbeitnehmern (§ 1 Abs. 1 Nr. 3 des

Drittelbeteiligungsgesetzes) durch gesetzliche Pflicht zur Bestellung erfüllt; für die anderen GmbHs kann der Aufsichtsrat durch den Gesellschaftsvertrag eingerichtet werden. In den Aufsichtsrat einer AG kann höchstens ein Drittel der Mitglieder entsandt werden (§ 101 Abs. 2 AktG), die anderen werden von der Hauptversammlung und nach den mitbestimmungsrechtlichen Vorschriften gewählt. Die Pflicht zum Hinwirken wird wohl nicht als Verpflichtung angesehen werden können, auf die Einrichtung eines fakultativen Aufsichtsrats hinzuwirken, in den nach Abs. 3 Mitglieder entsandt werden können. Sie steht im Zusammenhang mit § 137 Abs. 1 Nr. 6, nach dem die Führung eines Unternehmens in Privatrechtsform und die Beteiligung daran voraussetzt, dass die Kommune einen angemessenen Einfluss im Aufsichtsrat erhält. Bei Eigengesellschaften und Gesellschaften mit Mehrheitsbeteiligung der Kommune dürfte die Realisierung des Entsenderechts keine Probleme bieten. Das Gesetz verlangt bei obligatorischen Aufsichtsräten nicht, dass die Kommune darauf hinwirkt, ihr Vorschlagsrechte gegenüber der Gesellschafter-/Hauptversammlung für die von dieser vorzunehmenden Berufung von Aufsichtsratsmitgliedern einzuräumen; im Rahmen des § 137 Abs. 1 Nr. 6 kann das aber eine Form der Einflusssicherung sein.

Die **Entsendung**, die der Vertretung vorbehalten ist, erfolgt bei nur einem Vertreter durch Beschluss gem. § 66, da die Wahl nicht vorgeschrieben ist; sind zwei Vertreter zu entsenden, muss auch hier der HVB (wenn er nicht Geschäftsführer ist) dazugehören, der ebenso wie der andere Vertreter durch Beschluss nach § 66 entsandt wird; bei mehr als zwei Vertretern werden wie bei der Besetzung von Mitgliederorganen die neben dem HVB zu entsendenden Vertreter nach § 71 Abs. 2, 3 bestellt, soweit ihre Bestellung nicht schon durch den Gesellschaftsvertrag erfolgt (s. oben Erl. 1). Nach Abs. 3 Satz 3 und Abs. 2 kann der HVB die Entsendung in den Aufsichtsrat ablehnen, einen anderen Beschäftigten entsenden und sich durch einen Beschäftigten auch im Aufsichtsrat vertreten lassen. Die Vertretung kommt allerdings nur in Betracht, soweit ihr nicht höherrangiges Recht entgegensteht. Ausgeschlossen ist sie im Aufsichtsrat der AG (§ 101 Abs. 3, § 111 Abs. 5 AktG); die durch Satzung ermöglichte Teilnahme anderer Personen und die schriftliche Stimmabgabe bei Abwesenheit (§ 108 Abs. 3, § 109 Abs. 3 AktG) ist keine Vertretung. Dasselbe gilt für den obligatorischen Aufsichtsrat einer GmbH (s. auch § 6 Abs. 2 Mitbestimmungsgesetz und § 1 Abs. 1 Nr. 3 des Drittelbeteiligungsgesetzes). Für das aufgrund Gesellschaftsvertrages zu bestellenden Aufsichtsrat gilt das Vertretungsverbot des § 111 Abs. 5 AktG nur, soweit es nicht im Vertrag aufgehoben ist (§ 52 Abs. 1 GmbHG). Der HVB kann deshalb im fakultativen Aufsichtsrat von der Vertretungsmöglichkeit nur Gebrauch machen, wenn der Gesellschaftsvertrag das zulässt; er kann nicht etwa durch Abs. 2 Satz 3 als ermächtigt angesehen werden, ohne Weiteres einen Beschäftigten in den Aufsichtsrat zu entsenden.

Gesetzlich sind **Weisungsrechte** gegenüber den Mitgliedern von **Aufsichtsräten** nicht normiert; die Kommune hat auf ihre Schaffung auch nicht hinzuwirken. Es gelten insoweit die Regelungen des AktG und des GmbHG. Weisungsrechte gegenüber Aufsichtsratsmitgliedern obligatorischer Aufsichtsräte von AG und GmbH kommen nicht in Betracht. Sie können im Gesellschaftsvertrag gegenüber den Vertretern in Aufsichtsräten, die durch den Gesellschaftsvertrag eingerichtet worden sind (§ 52 GmbHG; s. auch RdSchr. NST 12/90 vom 1.2.1990) vorgesehen werden. Wie die Vertreter in Mitgliederorganen sind auch die Aufsichtsratsmitglieder verpflichtet, die Vertretung frühzeitig über wichtige Angelegenheiten zu unterrichten (Abs. 4); zu ihrer Verschwiegenheitspflicht s. oben Erl. 3. Die **Abberufung** von Aufsichtsratsmitgliedern richtet sich nach den dafür bestehenden gesellschaftsrechtlichen und gesellschaftsvertraglichen Regelungen, wobei letztere für die Abberufung von Aufsichtsratsmitgliedern auf die kommunalrechtlichen Vorgaben Bedacht zu nehmen haben, so dass also z. B. der nach § 103 Abs. 2 AktG jederzeit mögliche Austausch eines entsandten Aufsichtsratsmitgliedes mit Rücksicht auf Abs. 3 für den HVB nicht in Betracht kommt. Die Abberufung eines Mitgliedes zur Umbildung des Aufsichtsrates in Anpassung an eine Änderung der Stärkeverhältnisse in der Vertretung kommt nicht in Betracht, wenn die Berufung für eine bestimmte Dauer erfolgt ist (VG Hannover, Beschl. v. 14.12.1987 – 9 VG D 71/87; a. A. VG Göttingen, Beschl. v. 20.4.1999, VwRR N S. 78), es sei denn, die Umbildung ist im Gesellschaftsvertrag vorbehalten; zulässig ist die Abberufung aus einem zeitlich festgelegten Mandat aus wichtigem Grund, z. B. wegen Verletzung der Verschwiegenheitspflicht (VG Göttingen, Beschl. v. 12.2.1996, VwRR N 1999 S. 123) oder anderer schwerwiegender persönlicher Verfehlungen.

Durch den Gesellschaftsvertrag kann Mitgliedern der Vertretung nicht das Recht eingeräumt werden, an Aufsichtsratssitzungen als Zuhörer teilzunehmen (OVG Münster, Beschl. v. 21.12.1995, NWVBl. 1997 S. 67, KommP N 1996 S. 189 Ls.), was im Hinblick auf § 78 Abs. 2 Satz 2 auch dann gilt, wenn der Hauptausschuss die Funktion des Aufsichtsrats erfüllt.

6. Die Vorschrift des Abs. 5 über die Zustimmung der Vertretung zur **Aufnahme von Krediten,** kann Wirkung nur entfalten, wenn die Gesellschafter- oder die Hauptversammlung dafür zuständig ist, was regelmäßig nicht der Fall ist.

7. Bei leicht fahrlässigem Verhalten haben sowohl die Vertreter der Kommune in den Mitgliederorganen als auch die von ihnen entsandten oder auf ihre Veranlassung bestellten Mitglieder in Aufsichtsräten und anderen Organen von Unternehmen und Einrichtungen, denen sie mit Rücksicht auf ihre Zugehörigkeit zur Vertretung angehören, einen Anspruch gegen die Kommune auf Freistellung von der **Verpflichtung zum Schadensersatz** (Abs. 6, 8). Bei grob fahrlässigem Verhalten und Vorsatz haben sie diesen Anspruch auch, wenn sie eine Weisung dazu verpflichtete. Als Vertreter der Kommune sind nicht nur diejenigen anzusehen, die durch Beschluss oder Wahl der Vertretung in das betreffende Organ entsandt worden sind, sondern auch diejenigen, die ihm als geborene Mitglieder aufgrund des von der Vertretung beschlossenen Statuts (Gesellschaftsvertrag, Satzung) angehören.

8. Regelmäßig gehört die Tätigkeit als Vertreter der Kommune in den Organen von Gesellschaften für Mandatsträger nicht zur „normalen" Mandatstätigkeit (vgl. Erl. 3 zu § 55), so dass der Aufwand nicht durch die **Entschädigung** nach § 55 Abs. 1 abgegolten ist. Deshalb ist die Gewährung einer Aufwandsentschädigung durch die Gesellschaft gerechtfertigt. Wird sie nicht gewährt, kann das als ein Indiz dafür gewertet werden, dass die Tätigkeit abweichend von der Regel als durch die nach § 55 bereits entschädigte Mandatstätigkeit angesehen wird; kommt das nicht in Betracht, kann eine von der Kommune zu gewährende Entschädigung nach § 44 gerechtfertigt sein. Bei Beschäftigten entscheidet der

Dienstherr im Rahmen seiner Organisationsgewalt darüber, ob die Tätigkeit als Vertreter im Haupt- oder im Nebenamt wahrgenommen wird (vgl. schon BVerwG, Urt. v. 23.9.1975, BVerwGE 49 S. 184; zum HVB s. oben Erl. 1 a. E.). In beiden Fällen kann eine Aufwandsentschädigung gerechtfertigt sein, und zwar auch, wenn bereits eine solche nach § 3 NKBesVO gewährt wird, weil diese nur den „normalen" Aufwand abdeckt. Die Regelungen über die **Ablieferungspflicht** (Abs. 7 Satz 1) verdrängen als besondere Normen die sonst diesbezüglich bestehenden Vorschriften (z. B. §§ 9, 10 NNVO). Sämtliche Vertreter der Kommune in den Organen privatrechtlich organisierter Unternehmen und Einrichtungen, also auch diejenigen, die weder Beschäftigte noch Abgeordnete sind, unterliegen unabhängig davon, ob sie ehren- oder neben- amtlich oder -beruflich dort tätig sind, der Ablieferungspflicht für den das Maß einer angemessenen Aufwandsentschädigung übersteigenden Teil gezahlter Vergütungen. Seit 2006 hat die Vertretung für jede Vertretungstätigkeit die Höhe der angemessenen Aufwandsentschädigung festzusetzen und den Beschluss wie eine Satzung zu veröffentlichen (Abs. 7 Sätze 2, 3). Eine allgemein gültige Höhe der danach zulässigen Aufwandsentschädigung lässt sich nicht festlegen. Sie hängt von zahlreichen Faktoren, insbesondere dem zeitlichen und sonstigen Aufwand ab, der mit der Wahrnehmung des Mandats verbunden ist; dabei kann die Größe der Gesellschaft oder Vereinigung ebenso eine Rolle spielen wie die wahrgenommene Funktion in einer Mitgliederversammlung oder einem Aufsichtsrat oder die Eigenschaft als einfaches Mitglied oder als Vorsitzender. Einen Anhaltspunkt kann die Höhe der den Mitgliedern des Hauptausschusses gewährten zusätzlichen Aufwandsentschädigung bieten; für Beschäftigte der Kommune kommt als Maßstab § 17 BBesG in Betracht. Für die Festsetzung der Höhe empfiehlt sich nach dem Vorbild der Regelung für Abgeordnete und des § 3 NKBesVO die abstrakte Bezeichnung der jeweiligen Vertretungsfunktion (z. B. Mitgliedschaft in einer Mitglieder-/Gesellschafterversammlung, Mitgliedschaft in einem Aufsichtsrat, Vorsitz in einer Versammlung oder einem Aufsichtsrat) und die Bestimmung eines Höchstbetrags. S. dazu näher R&R 2/2007 S. 14. Abgeordnete, deren Mitgliedschaft im Aufsichtsrat an die Zugehörigkeit zur Vertretung gekoppelt ist, sind haftungs- und entschädigungsrechtlich den Vertretern der Kommune gleichgestellt (Abs. 8). Dasselbe gilt bei gleicher Fallgestaltung für Abgeordnete in anderen Organen von privatrechtlich organisierten Unternehmen und Einrichtungen und im Verwaltungsrat einer kommunalen und gemeinsamen kommunalen Anstalt. Der HVB gehört derartigen Organen regelmäßig als solcher an und nicht als Mitglied der Vertretung.

§ 139 Selbstständige Wirtschaftsführung von Einrichtungen

(1) Einrichtungen nach § 136 Abs. 3 können abweichend von § 113 Abs. 1 Satz 1 wirtschaftlich selbstständig geführt werden, wenn dies wegen der Art und des Umfangs der Einrichtung erforderlich ist.

(2) Das für Inneres zuständige Ministerium hat durch Verordnung die selbstständige Wirtschaftsführung zu regeln.

§ 110 NGO

ERLÄUTERUNGEN zu § 139

1. Nach Einführung des am kaufmännischen Rechnungswesen orientierten Haushalts- und Rechnungswesens ist der Grund für die Ausgliederung einer Einrichtung, um sie als sog. optimierten Regiebetrieb nach kaufmännischen Grundsätzen zu führen, entfallen. Gleichwohl besteht auch weiterhin die Möglichkeit, solche Einrichtungen selbstständig, d. h. **organisatorisch getrennt** und mit **eigenem Wirtschaftsplan** zu führen. Im Übrigen gelten für sie die Vorschriften über die Haushaltswirtschaft im 1. Abschnitt des Sechsten Teils (§§ 110 bis 129) einschließlich der sie ergänzenden Verordnungen sowie nach ihrem Erlass die besondere Verordnung nach Abs. 2.

2. Ob Art und Umfang einer Einrichtung nach § 136 Abs. 3 eine **selbstständige Wirtschaftsführung** erfordern, kann nur im Einzelfall mit dem Blick darauf beurteilt werden, ob die organisatorische Trennung mit eigenem Wirtschaftsplan sachgerecht ist; dabei hat die Kommune eine **Einschätzungsprärogative,** die von der Kommunalaufsichtsbehörde, der die Entscheidung anzuzeigen ist (§ 152 Abs. 1 Satz 1 Nr. 4), nur darauf überprüfbar ist, ob die Grundlagen für die Annahme des Erfordernisses der selbstständigen Wirtschaftsführung verkannt worden sind. Die Entscheidung, bei seiner Annahme die Haushaltswirtschaft selbstständig zu führen, ist eine **Ermessensentscheidung** der Vertretung (§ 40 Abs. 1 Nr. 11).

3. Nach der **Übergangsregelung** des Art. 6 Abs. 5 des Gesetzes v. 15.11.2005 (GVBl. S. 342) bleibt für Einrichtungen, die am 31.12.2005 bestanden haben, auf Beschluss der Vertretung § 110 NGO a. F. bis 2011 anwendbar. Regelungen zur selbstständigen Wirtschaftsführung enthält die VO über die Haushaltswirtschaft kaufmännisch geführter kommunaler Einrichtungen (EinrVO-Kom).

§ 140 Eigenbetriebe

(1) Die Kommune hat für ihre Eigenbetriebe Betriebssatzungen zu erlassen.

(2) Für die Eigenbetriebe sind Betriebsausschüsse zu bilden.

(3) [1]Die Vertretung kann den Betriebsausschüssen durch die Betriebssatzung bestimmte Angelegenheiten zur eigenen Entscheidung übertragen. [2]Ist die Hauptverwaltungsbeamtin oder der Hauptverwaltungsbeamte der Auffassung, dass ein Beschluss des Betriebsausschusses das Gesetz verletzt, die Befugnisse des Ausschusses überschreitet oder das Wohl der Kommune gefährdet, so hat sie oder er eine Entscheidung des Hauptausschusses herbeizuführen.

(4) Die laufenden Geschäfte des Eigenbetriebs führt die Betriebsleitung.

(5) Die Wirtschaftsführung und das Rechnungswesen der Eigenbetriebe richten sich im Übrigen nach den erlassenen Verordnungsregelungen für Eigenbetriebe nach § 178 Abs. 1 Nr. 12.

§ 113 NGO

ERLÄUTERUNGEN zu § 140

1. Eigenbetriebe sind als Sondervermögen der Kommune (§ 130 Abs. 1) Unternehmen ohne eigene Rechtspersönlichkeit (§ 136 Abs. 2) und Einrichtungen, die nach § 136 Abs. 4 Sätze 1, 4 als Eigenbetriebe geführt werden. Nach Aufhebung des § 113 Abs. 1 Satz 2 NGO durch Gesetz v. 2.5.2009 (GVBl. S. 191) gab es, sofern Kommunen nicht von der Übergangsregelung des Art. 6 Abs. 4 des Gesetzes v. 15.11.2005 (GVBl. S. 342) Gebrauch gemacht hatten, für Eigenbetriebe keine Regelungen über die Art ihrer Wirtschaftsführung und ihres Rechnungswesens. Diese Lücke ist durch die **Eigenbetriebsverordnung** (EigBetrVO) v. 27.1.2011 (GVBl. S. 21) geschlossen worden: Die Kommune bestimmt, ob die Wirtschaftsführung und das Rechnungswesen nach den Vorschriften des HGB oder der NGO (NKomVG) erfolgen (§ 5 EigBetrVO). Zur Organisation des Eigenbetriebs hat die Vertretung (§ 58 Abs. 1 Nrn. 5, 11) eine Betriebssatzung zu erlassen, für die die EigBetrVO (§ 4) bestimmte Vorgaben enthält. Der Eigenbetrieb ist finanzwirtschaftlich als Sondervermögen zu verwalten und nachzuweisen (§ 130 Abs. 3) und bleibt im Übrigen in den Verantwortungsbereich der kommunalen Organe eingegliedert. Zur Befreiung von der Anwendung der Eigenbetriebsverordnung s. § 35 EigBetrVO.

2. Mindestinhalt der **Betriebssatzung** sind Vorschriften über den Gegenstand, die Aufgaben und den Namen des Eigenbetriebs, die Kapitalausstattung, die Art der Wirtschaftsführung und des Rechnungswesens nach Ausübung des Wahlrechts (§ 5 EigBetrVO) sowie die Zusammensetzung der Betriebsleitung und des Betriebsausschusses (§ 4 EigBetrVO).
Einschränkungen des **Gegenstandes** bei Einrichtungen i. S. des § 136 Abs. 3 bestehen nicht mehr (§ 136 Abs. 4), so dass für alle Einrichtungen, wenn auch unter unterschiedlichen Voraussetzungen (s. Erl. 4 zu § 136), die Rechtsform des Eigenbetriebs zulässig ist.
Die Höhe des **Stammkapitals** muss dem Gegenstand und dem Betriebsumfang des Eigenbetriebs angemessen sein (§ 6 Abs. 1 EigBetrVO).
Die Zusammensetzung des **Betriebsschusses** regelt die Betriebssatzung, d. h. sie bestimmt, aus wie vielen Mitgliedern er besteht, ob ihm nur Mitglieder der Vertretung oder auch außenstehende Dritte angehören, ob andere Personen i. S. des § 71 Abs. 7 zu berufen sind und ob bei nichtwirtschaftlichen Einrichtungen, die als Eigenbetriebe geführt werden (§ 136 Abs. 4), § 110 NPersVG über die Vertretung der Beschäftigten angewendet werden soll. Die Anwendung des § 110 a. a. O. auf als Eigenbetriebe geführte Einrichtungen ist anders als bei (wirtschaftlichen) Unternehmen in der Form des Eigenbetriebs nicht obligatorisch, weil sie nicht als wirtschaftliche Einrichtungen i. S. des NPersVG anzusehen sind (OVG Lüneburg, Beschl. v. 18.12.1996, KommP N 1997 S. 183, für Krankenhäuser). Während die Vertreter der Beschäftigten in den Betriebsausschüssen von Unternehmen das Stimmrecht haben (§ 73 Satz 2), kann die Betriebssatzung, da die Mitgliedschaft dieser Vertreter in Betriebsausschüssen von Einrichtungen nicht verpflichtend ist, auch regeln, dass sie kein Stimmrecht haben. Die Bildung des Betriebsausschusses erfolgt nach § 73 (s. dort Erl. 2). Es kann für mehrere Eigenbetriebe ein Betriebsausschuss gebildet werden, wobei bei der Zusammenfassung eines Unternehmens und einer Einrichtung auf die

richtige Zusammensetzung des Betriebsausschusses nach § 110 Nds.PersVG Bedacht zu nehmen ist.
Werden dem Betriebsausschuss durch die Betriebssatzung **Aufgaben** übertragen (Abs. 3), hat er insoweit die Stellung eines Organs. Übertragen werden können alle Aufgaben, die nicht den anderen Organen in ausschließlicher Zuständigkeit obliegen und die nicht als laufende Geschäfte des Eigenbetriebs nach Abs. 4 die Betriebsleitung führt. Der Begriff der laufenden Geschäfte in Abs. 4 ist enger als der der Geschäfte der laufenden Verwaltung (§ 85 Abs. 1 Satz 1 Nr. 7), so dass dem Betriebsausschuss auch aus diesem Bereich Aufgaben übertragen werden können. Auch die Entscheidung über Widersprüche in Angelegenheiten des Eigenbetriebs kann übertragen werden, weil die Ausschließlichkeit der Zuständigkeit durch § 76 Abs. 4, 5 schon sehr relativiert ist.
Die **Betriebsleitung** kann je nach Art und Größe des Betriebs aus einer Person oder mehreren Personen, die für unterschiedliche Bereiche zuständig sind, bestehen; sie kann vom HVB oder einem anderen Bediensteten als Teil seines Hauptamtes oder nebenamtlich (§ 70 ff. NBG) oder von einer dritten Person hauptamtlich wahrgenommen werden. Die notwendigen Regelungen trifft die Betriebssatzung. Vorschriften über die Einstufung der Ämter hauptamtlicher Betriebsleiter bestehen nicht mehr; für die Vergütung nicht beamteter Betriebsleiter können die Grundsätze Anwendung finden, die das Nds. OVG (Beschl. v. 30.4.2010, R&R 3/2010 S. 9) für die Vergütung des Vorstands einer kommunalen Anstalt entwickelt hat (s. Erl. 1 zu § 145); ein Laufbahnbeamter als hauptamtlicher Betriebsleiter kann eine Aufwandsentschädigung erhalten (§ 3 Abs. 1 NKBesVO). Die Aufgaben der Betriebsleitung ergeben sich aus Abs. 4 und § 2 EigBetrVO und sind in der Betriebssatzung zu konkretisieren; zur Übertragung personalrechtlicher Befugnisse s. Erl. 4 a. E. zu § 107. Die Betriebsleitung und die für den Eigenbetrieb tätigen Beschäftigten sind Teil der Kommunalverwaltung, die der HVB gem. § 85 Abs. 3, allerdings unter Berücksichtigung der selbstständigen Leitung des Eigenbetriebs durch die Betriebsleitung (Abs. 4, § 2 EigBetrVO) leitet und beaufsichtigt.
Zur Vertretung des Eigenbetriebs s. § 2 Abs. 3 EigBetrVO. Die Regelung über das Zeichnungsrecht der Betriebsleitung in Angelegenheiten des Eigenbetriebs stellt, wie auch § 2 Abs. 1 EigBetrVO erkennen lassen, eine Einschränkung der Außenvertretung der Kommune durch den HVB (§ 86 Abs. 1) dar. In diesen Angelegenheiten vertritt die Betriebsleitung unter Zusatz des Namens des Eigenbetriebs die Kommune.

3. Hält der HVB im Falle des Abs. 3 die Entscheidung des Hauptausschusses für rechtswidrig, hat er zu den Mitteln des § 88 zu greifen.

§ 141 Errichtung von kommunalen Anstalten des öffentlichen Rechts

(1) ¹Die Kommune kann Unternehmen und Einrichtungen in der Rechtsform einer rechtsfähigen Anstalt des öffentlichen Rechts (kommunale Anstalt) nach Maßgabe des § 136 errichten oder bestehende Eigenbetriebe im Wege der Gesamtrechtsnachfolge in kommunale Anstalten umwandeln. ²Zulässig ist eine solche Umwandlung auch

1. von Unternehmen und Einrichtungen, die nach § 136 Abs. 1 und 2 oder nach § 136 Abs. 4 als Eigenbetrieb geführt werden können, und
2. von Einrichtungen, die nach § 139 wirtschaftlich selbstständig geführt werden oder geführt werden können. [3]Die Umwandlung nach Satz 2 muss auf der Grundlage einer Eröffnungsbilanz erfolgen. [4]Unternehmen und Einrichtungen in privater Rechtsform, an denen die Kommune über die Anteile verfügt, können in kommunale Anstalten umgewandelt werden. [5]Unternehmen und Einrichtungen nach den Sätzen 1 und 2 können in eine Umwandlung nach Satz 4 einbezogen werden. [6]Für die Umwandlungen nach den Sätzen 4 und 5 gelten die Vorschriften des Umwandlungsgesetzes über Formwechsel entsprechend.

(2) Auf kommunale Anstalten ist, soweit sich aus dieser Vorschrift oder den §§ 142 bis 147 nichts anderes ergibt, § 137 entsprechend anzuwenden.

(3) [1]Die kommunale Anstalt kann sich nach Maßgabe ihrer Satzung an anderen Unternehmen beteiligen, wenn der öffentliche Zweck der kommunalen Anstalt dies rechtfertigt. [2]Auf eine Beteiligung nach Satz 1 sind die §§ 137 und 138 entsprechend anwendbar, § 138 mit der Maßgabe, dass an die Stelle der Kommune die kommunale Anstalt, an die Stelle der Vertretung der Verwaltungsrat sowie an die Stelle des Hauptausschusses und der Hauptverwaltungsbeamtin oder des Hauptverwaltungsbeamten der Vorstand tritt.

§ 113a NGO

ERLÄUTERUNGEN zu § 141

1. Nach der Gesetzesbegründung (Drs. 14/3720) hat die Einführung der **kommunalen Anstalt** das Ziel, die kommunalen Handlungsmöglichkeiten zu erweitern und die Konkurrenzfähigkeit der öffentlichen Rechtsform bei der wirtschaftlichen Betätigung der Kommune wiederherzustellen. Den Kommunen soll zur Organisation ihrer wirtschaftlichen Betätigung eine Rechtsform des öffentlichen Rechts zur Verfügung stehen, die eine größere Selbstständigkeit bietet als der Regie- und der Eigenbetrieb und die insoweit mit der GmbH vergleichbar ist, aber der Vertretung ihr gegenüber bessere Steuerungs- und Kontrollmöglichkeiten erhält. Vorbild für die Struktur und Funktionsweise der kommunalen Anstalt ist die GmbH, weshalb sie bisweilen als öffentlich-rechtliche GmbH bezeichnet wird. Eine kommunale Anstalt kann zu jedem beliebigen im Zuständigkeitsbereich der Kommune liegenden Zweck **errichtet** werden (s. Erl. 1 zu § 143). Voraussetzung für die Zulässigkeit der Errichtung ist die Einhaltung der in § 136 Abs. 1 genannten Grundsätze (Abs. 1 Satz 1). Da die kommunale Anstalt nach dem Willen des Gesetzgebers als Alternative zur GmbH konzipiert ist, kommen für sie vorrangig Angelegenheiten in Betracht, die in der kommunalen Praxis bisher in dieser gesellschaftsrechtlichen Form ausgegliedert worden sind.

2. Bestehende Eigenbetriebe, und zwar unabhängig von der Rechtsgrundlage ihrer Errichtung (§ 136 Abs. 2 und 4), können in Erweiterung der bestehenden gesetzlichen Möglichkeiten (§§ 1 Abs. 2, 226 UmwG), in kommunale Anstalten

umgewandelt werden; für Unternehmen und Einrichtungen in privater Rechtsform (z. B. GmbH) gilt das ebenso (Abs. 1 Satz 4), wenn die Kommune über sämtliche Anteile verfügt, also kein Dritter daran beteiligt ist. Das Gesetz erstreckt die Umwandlungsmöglichkeit auf Unternehmen und Einrichtungen, die nach § 136 Abs. 1 und 2 oder Abs. 4 als Eigenbetriebe, und Einrichtungen, die wirtschaftlich selbstständig (§ 139) geführt werden oder geführt werden können. Bestehende Eigenbetriebe und Unternehmen und Einrichtungen, die als Eigenbetriebe oder wirtschaftlich selbstständig geführt werden oder geführt werden können, werden im Wege der Gesamtrechtsnachfolge, d. h. des unmittelbaren Übergangs des Vermögens einschließlich der Schulden mit allen Rechten und Pflichten, umgewandelt (Abs. 1 Sätze 1 und 2). In die Umwandlung eines Unternehmens oder einer Einrichtung in Privatrechtsform kann im Wege der Gesamtrechtsnachfolge ein Unternehmen oder eine Einrichtung, die als Eigenbetrieb oder als Regiebetrieb nach § 139 geführt werden oder geführt werden können, einbezogen werden (Abs. 1 Satz 5). Bei Unternehmen und Einrichtungen, die als Eigenbetriebe geführt werden können oder die als Regiebetriebe wirtschaftlich selbstständig geführt werden oder geführt werden können, erfolgt die Umwandlung und die Einbeziehung in eine Umwandlung (Abs. 1 Satz 5) auf der Grundlage einer Eröffnungsbilanz (Abs. 1 Satz 3) nach den für alle Kaufleute geltenden Vorschriften des HGB (§ 242 ff.), soweit nicht, wie für Krankenhäuser mit der Krankenhaus-BuchführungsVO, besondere Vorschriften bestehen. Für die Umwandlung als Verwaltungsrechtsgeschäft in Satzungsform gilt mit Blick auf dessen Abs. 3 § 613a BGB und bei Umwandlung eines Regie- oder Eigenbetriebes in eine kommunale Anstalt bei Übertragung auch hoheitlicher Befugnisse für dessen Beamte §§ 16 ff. BeamtStG, 29 NBG.

3. Ihrer **Rechtsnatur** nach ist die kommunale Anstalt eine **rechtlich selbstständige juristische Person** des öffentlichen Rechts, die ihre Angelegenheiten im Rahmen der Gesetze in eigener Verantwortung regelt (Art. 57 Abs. 1 NV). Träger einer kommunalen Anstalt können außer Gemeinden und Samtgemeinden auch Landkreise und Zweckverbände (§ 7 Abs. 2 NKomZG) sein; zur Zulässigkeit einer gemeinsamen kommunalen Anstalt s. § 3 NKomZG. Die Errichtung der kommunalen Anstalt und die ihr gleichstehende Umwandlung eines Unternehmens oder einer Einrichtung mit anderer Rechtsform in eine kommunale Anstalt erfolgt durch die Anstaltssatzung (§ 142), die die Vertretung beschließt (§ 58 Abs. 1 Nrn. 5 und 11) und die erst mit der Verkündung wirksam wird; der Beschluss ist nach § 152 Abs. 1 Satz 1 Nr. 6 anzeigepflichtig (s. Erl. 1 zu § 152). Anders als der Gesellschaftsvertrag einer GmbH bedarf die Satzung keiner notariellen Beurkundung. Einer Eintragung in das Handelsregister, die ggf. keine konstitutive Bedeutung hat, bedarf die kommunale Anstalt unter den in § 33 Abs. 1 HGB bezeichneten Voraussetzungen. Die entsprechende Anwendung des in Abs. 2 genannten § 137 bedeutet insbesondere, dass mit der an der Leistungsfähigkeit und dem Bedarf der Kommune ausgerichteten kommunalen Anstalt öffentliche Zwecke verfolgt werden müssen und bei wirtschaftlicher Betätigung die Subsidiarität beachtet wird (§ 136 Abs. 1), dass für das Stammkapital (§ 142), eine Nachschusspflicht und die Festlegung einer Verlustübernahme (§ 144 Abs. 1) die Grundsätze des § 137 Abs. 1 Nrn. 3 und 4 zu Grunde zu legen sind.

4. Die Unternehmenssatzung kann vorsehen, dass sich die kommunale Anstalt wie die Kommune selbst an anderen Unternehmen **beteiligen** kann, unabhängig davon, ob diese in öffentlich- oder in privatrechtlicher Form betrieben werden; als Beteiligung gilt auch die Errichtung einer privatrechlichen Gesellschaft, an der die kommunale Anstalt alle Anteile hält. Für diesen Fall gelten für die kommunale Anstalt die §§ 137 und 138, d. h. sie hat in den der Beteiligung zugrunde liegenden Organisationsstatuten und im Falle eines Tochterunternehmens die Grundsätze des § 137 Abs. 1 und 3 zum Tragen zu bringen und bezüglich der Vertretung in den Organen der Beteiligung nach § 138 zu verfahren; in der Unternehmenssatzung können dazu Regelungen getroffen werden, z. B. zur Vertretung der kommunalen Anstalt in den Organen der Beteiligung. Die Beteiligung an einer privatrechtlich geführten Einrichtung ist der Anstalt nach dem Wortlaut des Gesetzes nicht gestattet, jedoch erscheint die Beschränkung auf die Beteiligung an Unternehmen als wenig plausibel, sodass nicht ausgeschlossen werden kann, dass der Begriff Unternehmen an dieser Stelle nicht zur Abgrenzung von Einrichtungen, sondern allgemein unter deren Einbeziehung verwendet wird. Zur Beteiligung der kommunalen Anstalt an einer Zweckvereinbarung und an einem Zweckverband s. §§ 5 und 7 NKomZG und speziell für die Abfallentsorgung § 6 Abs. 3 NAbfG. Eine kommunale Anstalt kann nicht ihrerseits eine kommunale Anstalt errichten.

§ 142 Satzung der kommunalen Anstalt

[1]Die Kommune regelt die Rechtsverhältnisse der kommunalen Anstalt durch eine Satzung. [2]Diese Satzung muss Bestimmungen über den Namen und den Zweck der kommunalen Anstalt, die Anzahl der Mitglieder des Verwaltungsrates und die Höhe des Stammkapitals enthalten.

§ 113b NGO

ERLÄUTERUNGEN zu § 142

1. Die von der Vertretung zu beschließende **Anstaltssatzung** ist das „Grundgesetz" der kommunalen Anstalt. Durch sie wird nicht nur die Anstalt errichtet, in ihr regelt die Kommune vielmehr auch deren Rechtsverhältnisse. Je größer die Gestaltungsfreiheit der Anstalt sein soll, desto geringer muss die Zahl der Regelungen über die gesetzlich vorgeschriebenen hinaus sein, die in der Unternehmenssatzung getroffen werden. Umgekehrt kann eine detaillierte Regelung ihrer Rechtsverhältnisse eine enge Anbindung der Anstalt an die Kommune und die Entscheidung ihrer Organe gewährleisten.

2. Zum gesetzlichen **Mindestinhalt** der Anstaltssatzung gehört die Bestimmung des **Namens** der kommunalen Anstalt, unter dem sie im Geschäfts- und Rechtsverkehr auftritt. Weiter ist in ihr der **Unternehmenszweck** durch Bezeichnung der Aufgaben, die die kommunale Anstalt erfüllen soll, festzulegen. Außerdem

ist die **Zahl der Mitglieder des Verwaltungsrats** (§ 145 Abs. 4 bis 7) festzusetzen und abweichend von § 110 Abs. 2 Satz 2 NPersVG zu bestimmen, wie viele davon Vertreter der Beschäftigten sind, deren Anteil ein Drittel aller Mitglieder des Verwaltungsrats jedoch nicht übersteigen darf (§ 145 Abs. 5 Satz 1). Darüber hinaus hat sie die Höhe des **Stammkapitals** zu bezeichnen, die in angemessenem Verhältnis zur Leistungsfähigkeit der Gemeinde stehen muss (§ 141 Abs. 2, § 137 Abs. 1 Nr. 3). Es müssen in ihr Bestimmungen über die Wahl und das Stimmrecht der **Beschäftigtenvertreter** enthalten sein (§ 145 Abs. 5 Satz 2). Schließlich sind in ihr Bestimmungen über die **Abberufung** von Mitgliedern des Verwaltungsrats und die Amtsausübung bis zum Amtsantritt der neuen Mitglieder zu treffen (§ 145 Abs. 7 Satz 3). **Weisungsrechte** der Vertretung gegenüber den Mitgliedern des Verwaltungsrats müssen, wenn sie bestehen sollen, in der Unternehmenssatzung festgelegt werden (§ 145 Abs. 3 Satz 5).
Über den Mindestinhalt hinaus kann die Vertretung, gestützt auf Satz 1, in der Anstaltssatzung dem Verwaltungsrat über die in § 145 Abs. 1 Sätze 1 bis 3 genannten und sich aus § 147 Abs. 1 für den Personalbereich ergebenden Zuständigkeiten hinaus **weitere Aufgaben** übertragen, z. B. Beschlüsse in Angelegenheiten der kommunalen Anstalt nach dem Vorbild der nach § 58 Abs. 1 der Vertretung vorbehaltenen. Ohne dass dafür eine gesetzliche Verpflichtung besteht, empfiehlt sich, in der Unternehmenssatzung anzugeben, ob der kommunalen Anstalt das Recht eingeräumt ist, an Stelle der Kommune **Satzungen** – ggf. mit Anordnung eines Anschluss- und Benutzungszwangs – zu erlassen (§ 143 Abs. 1 Satz 3), ob sie **Dienstherrnfähigkeit** besitzt, weil ihr hoheitliche Aufgaben übertragen sind (§ 146 Satz 1) und zu regeln, ob der **Vorstand** aus einer einzelnen Person oder aus mehreren Mitgliedern besteht, für welche Dauer die Bestellung erfolgt (§ 145 Abs. 3 Satz 2) und ggf. welche Befugnisse zur Vertretung des Unternehmens bestehen. Möglich ist es auch, die kommunale Anstalt in der Anstaltssatzung zu verpflichten, Mitglied des **kommunalen Arbeitgeberverbandes** zu sein. Regelungen über die Wirtschaftsführung, die Vermögensverwaltung, die Rechnungslegung und die Rechnungsprüfung sind so lange erforderlich, wie nicht die VO nach § 147 Abs. 2 erlassen ist. Für den Fall einer **Beteiligung** nach § 141 Abs. 3 kann die Anstaltssatzung Regelungen für deren Ausgestaltung enthalten, z. B. für die Vertretung der Anstalt in den Organen der Beteiligung.
Eine Regelung der Rechtsverhältnisse stellt auch der Erlass von Vorschriften für das **Verfahren** des Verwaltungsrats und des Vorstandes und die **Zusammenarbeit** der beiden Organe der kommunalen Anstalt mit den Organen der Kommune und untereinander dar, so dass auch sie ggf. in die Unternehmenssatzung aufzunehmen sind. In Betracht kommen z. B. Bestimmungen über die **Durchführung der Sitzungen** und darüber, welche **Berichtspflichten** dem Vorstand gegenüber dem Verwaltungsrat und diesem und mit Blick auf § 150 Satz 2 dem Vorstand gegenüber der Vertretung obliegen; dabei können auch Einsichtsrechte der Kommune in den Betrieb, die Bücher und Schriften der Anstalt bestimmt werden. Die Anstaltssatzung kann jedoch auch, statt selbst das Verfahren des Verwaltungsrats und des Vorstandes zu regeln, den Verwaltungsrat zum Erlass der Geschäftsordnungen verpflichten oder beide Organe zum Erlass der eigenen.

§ 143 Aufgabenübergang auf die kommunale Anstalt

(1) ¹Die Kommune kann der kommunalen Anstalt einzelne oder alle mit dem in der Satzung bestimmten Zweck zusammenhängende Aufgaben ganz oder teilweise übertragen. ²Sie kann zugunsten der kommunalen Anstalt nach Maßgabe des § 13 durch Satzung einen Anschluss- und Benutzungszwang vorschreiben. ³Sie kann der kommunalen Anstalt auch das Recht einräumen, an ihrer Stelle nach Maßgabe der §§ 10, 11 und 13 Satzungen, einschließlich der Satzung über den Anschluss- und Benutzungszwang, für das übertragene Aufgabengebiet zu erlassen.

(2) Die Kommune kann der kommunalen Anstalt zur Finanzierung der von ihr wahrzunehmenden Aufgaben durch die Satzung der kommunalen Anstalt das Recht übertragen, gegenüber den Nutzern und den Leistungsnehmern der kommunalen Anstalt Gebühren, Beiträge und Kostenerstattungen nach den kommunalabgabenrechtlichen Vorschriften zu erheben, festzusetzen und zu vollstrecken.

§ 113c NGO

ERLÄUTERUNGEN zu § 143

1. Der kommunalen Anstalt können ganz oder teilweise einzelne oder alle mit einem bestimmten Zweck zusammenhängende Aufgaben aus dem **eigenen** und dem **übertragenen Wirkungskreis** übertragen werden, und zwar je nach Regelung in der Anstaltssatzung mit für die Kommune befreiender Wirkung oder nur zur Durchführung ohne Aufgabenübergang. Für die Abfallentsorgung als pflichtige Selbstverwaltungsaufgabe enthält die entsprechende – klarstellende – Regelung § 6 Abs. 1 NAbfG; für die Abwasserbeseitigung ergibt sich das aus der entsprechenden Anwendung des § 97 NWG. Die Übertragung nur dem übertragenen Wirkungskreis zugehöriger Aufgaben ist zwar nach dem Wortlaut des Gesetzes nicht ausgeschlossen, der Ausschluss ergibt sich aber aus der entsprechenden Anwendung des § 136 Abs. 1 (§ 141 Abs. 1). Soweit § 146 Satz 1 die Wahrnehmung hoheitlicher Aufgaben voraussetzt, können das die des eigenen Wirkungskreises sein, bei denen die Kommune wie bei der Anordnung eines Anschluss- und Benutzungszwanges oder in Abgabensachen dem Bürger „obrigkeitlich" gegenübertritt, und solche des übertragenen Wirkungskreises, die im Zusammenhang mit Aufgaben im Rahmen der wirtschaftlichen Betätigung, z. B. mit der Abfallentsorgung oder der Abwasserbeseitigung auch Funktionen der unteren Abfall- oder Wasserbehörde, nach Abs. 1 Satz 1 übertragen werden können.

2. Einen Anschluss- und Benutzungszwang kann die Kommune durch eine eigene **Satzung zugunsten der kommunalen Anstalt** vorschreiben oder der kommunalen Anstalt das **Recht zum Erlass von Satzungen** nach Maßgabe der § 13, sinnvollerweise einschließlich der Satzungen über den Anschluss- und Benutzungszwang, für die übertragenen Aufgaben – zweckmäßigerweise in der Anstaltssatzung – einräumen. Ob die Vorschrift, wie zunächst angenommen

(Schriftlicher Bericht Drs. 14/4097), auch zur Übertragung des Rechts, Abgabensatzungen zu erlassen, ermächtigt, war zunehmend in Zweifel gezogen worden. Abs. 2 trägt diesen Zweifeln Rechnung und ermächtigt die Kommune, durch die Anstaltssatzung der Anstalt das Recht zum Erlass von Abgabensatzungen zu übertragen. Die Abgabenerhebungsbefugnis, die weiter reicht als die Befugnis zum Satzungserlass, umfasst den verfahrensrechtlichen Vollzug der Abgabenerhebung und Kostenerstattungen nach dem NKAG und spezialgesetzlichen Vorschriften (z. B. § 12 NAbfG). Eine Ermächtigung, der kommunalen Anstalt das Recht zum Erlass von Verordnungen zu übertragen, besteht nicht; soweit das für den übertragenen Aufgabenbereich erforderlich sein sollte, muss die Kommune die Verordnung erlassen. Der Erlass von Satzungen ist ausschließliche Zuständigkeit des Verwaltungsrats; er bedarf der Zustimmung der Vertretung (§ 145 Abs. 3 Satz 3 Nr. 1).

§ 144 Unterstützung der kommunalen Anstalt durch die Kommune

(1) Bei der Erfüllung ihrer Aufgaben wird die kommunale Anstalt von der Kommune mit der Maßgabe unterstützt, dass ein Anspruch der kommunalen Anstalt gegen die Kommune oder eine sonstige Verpflichtung der Kommune, der kommunalen Anstalt Mittel zur Verfügung zu stellen, nicht besteht.

(2) ¹Die kommunale Anstalt haftet für ihre Verbindlichkeiten mit ihrem gesamten Vermögen. ²Die Kommune haftet nicht für die Verbindlichkeiten der kommunalen Anstalt. ³Im Fall der Zahlungsunfähigkeit oder der Überschuldung der kommunalen Anstalt haftet die Kommune gegenüber dem Land für Leistungen, die das Land gemäß § 12 Abs. 2 der Insolvenzordnung aus diesem Anlass erbringt.

§ 113d NGO

ERLÄUTERUNGEN zu § 144

1. In Anlehnung an die Regelung für Sparkassen verzichtet das Gesetz auf die Normierung einer Anstaltslast und einer Gewährträgerhaftung mit dem Inhalt, dass die Kommune der kommunalen Anstalt die für die Aufrechterhaltung ihres Betriebes erforderlichen Mittel zur Verfügung zu stellen hat und für deren Verbindlichkeiten haftet. Die Kommune hat lediglich die Anstalt zu **unterstützen**, ohne dass ein Anspruch der Anstalt auf Zahlung von Mitteln besteht (Abs. 1). Der Umfang der Unterstützung muss sich nach den gem. § 141 Abs. 2 anzuwendenden Grundsätzen des § 137 auf ein angemessenes Verhältnis zur Leistungsfähigkeit der Kommune beschränken. Für ihre Verbindlichkeiten haftet allein die kommunale Anstalt mit ihrem gesamten Vermögen. Diese Regelungen haben nicht den Zweck, Kommunen zu ermöglichen, sich durch ihre Übertragung auf eine kommunale Anstalt von der ordnungsgemäßen Erfüllung von Aufgaben des übertragenen oder Pflichtaufgaben des eigenen Wirkungskreises zu befreien.

Mit dem Verzicht auf eine Gewährträgerhaftung sollte zugleich der kommunalen Anstalt ermöglicht werden, als Bieterin in Vergabeverfahren aufzutreten, von denen nach der Rechtsprechung des OLG Celle (Beschl. v. 3.9.2001 Nds-VBl. 2002 S. 221) Unternehmen, die keinem Insolvenzrisiko unterliegen, ausgeschlossen sind, weil anderenfalls der Wettbewerb verzerrt und gegen das Gebot der Chancengleichheit verstoßen würde. Ob dieses Ziel für die kommunale Anstalt erreicht worden ist, erscheint als zweifelhaft, weil nach § 1 des Nds. Insolvenzunfähigkeitsgesetzes (in der Fassung des Gesetzes v. 21.11.2002, GVBl. S. 730) über das Vermögen einer kommunalen Anstalt ein Insolvenzverfahren nicht stattfindet.

2. Abs. 2 Satz 3 reagiert auf § 12 Abs. 2 InsO, wonach im Falle der Zahlungsunfähigkeit oder Überschuldung einer juristischen Person, deren Insolvenzunfähigkeit das Land bestimmt hat, deren Arbeitnehmer vom Land verlangen können, bezüglich des Insolvenzgeldes so gestellt zu werden wie im Falle einer Insolvenz.

§ 145 Organe der kommunalen Anstalt

(1) Organe der kommunalen Anstalt sind der Vorstand und der Verwaltungsrat.

(2) [1]Der Vorstand leitet die kommunale Anstalt in eigener Verantwortung, soweit nicht durch die Satzung der kommunalen Anstalt etwas anderes bestimmt ist. [2]Der Vorstand vertritt die kommunale Anstalt gerichtlich und außergerichtlich. [3]Die Bezüge im Sinne des § 285 Nr. 9 Buchst. a HGB, die den einzelnen Vorstandsmitgliedern im abgelaufenen Geschäftsjahr gewährt worden sind, sind im Jahresabschluss der kommunalen Anstalt darzustellen.

(3) [1]Der Verwaltungsrat überwacht die Geschäftsführung des Vorstands. [2]Der Verwaltungsrat bestellt die Vorstandsmitglieder auf höchstens fünf Jahre; eine erneute Bestellung ist zulässig. [3]Der Verwaltungsrat entscheidet außerdem über
1. den Erlass von Satzungen gemäß § 143 Abs. 1 Satz 3,
2. die Festlegung von Gebühren, Beiträgen, Kostenerstattungen sowie allgemein geltender Tarife und Entgelte für die Nutzer und die Leistungsnehmer der kommunalen Anstalt,
3. die Beteiligung der Anstalt an anderen Unternehmen und
4. die Feststellung des Jahresabschlusses und die Ergebnisverwendung.
[4]Entscheidungen nach Satz 3 Nrn. 1 und 4 bedürfen der Zustimmung der Vertretung. [5]Die Satzung der kommunalen Anstalt kann vorsehen, dass die Vertretung den Mitgliedern des Verwaltungsrates in bestimmten anderen Fällen Weisungen erteilen kann. [6]Entscheidungen des Verwaltungsrates werden in ihrer Wirksamkeit nicht dadurch berührt, dass seine Mitglieder Weisungen nicht beachtet haben.

(4) [1]Der Verwaltungsrat besteht aus dem vorsitzenden Mitglied, den übrigen Mitgliedern sowie mindestens einer bei der kommunalen Anstalt beschäftigten Person. [2]Beschäftigte der Kommunalaufsichtsbehörde, die unmittelbar mit Aufgaben der Aufsicht über die kommunale Anstalt befasst sind, können nicht Mitglieder des Verwaltungsrates sein.

(5) ¹Die Zahl der Vertreterinnen und Vertreter der Beschäftigten darf ein Drittel aller Mitglieder des Verwaltungsrates nicht übersteigen. ²Die Satzung der kommunalen Anstalt trifft Bestimmungen über die Wahl und das Stimmrecht der Vertreterinnen und Vertreter der Beschäftigten nach Maßgabe des Niedersächsischen Personalvertretungsgesetzes und der aufgrund dieses Gesetzes erlassenen Vorschriften über die Vertretung der Beschäftigten bei Einrichtungen der öffentlichen Hand mit wirtschaftlicher Zweckbestimmung.

(6) ¹Den Vorsitz im Verwaltungsrat führt die Hauptverwaltungsbeamtin oder der Hauptverwaltungsbeamte. ²Mit ihrer oder seiner Zustimmung kann die Vertretung eine andere Person zum vorsitzenden Mitglied bestellen.

(7) ¹Das vorsitzende Mitglied nach Absatz 6 Satz 2 und die übrigen Mitglieder des Verwaltungsrates werden von der Vertretung auf fünf Jahre bestellt. ²Die Amtszeit von Mitgliedern des Verwaltungsrates, die der Vertretung angehören, endet mit dem Ablauf der Wahlzeit oder dem vorzeitigen Ausscheiden aus der Vertretung. ³Die Satzung der kommunalen Anstalt trifft Bestimmungen über die Abberufung von Mitgliedern des Verwaltungsrates und über die Amtsausübung bis zum Amtsantritt der neuen Mitglieder.

(8) Für Mitglieder des Verwaltungsrates gilt § 138 Abs. 6 und 7 entsprechend.

§ 113e NGO

ERLÄUTERUNGEN zu § 145

1. Vorstand und Verwaltungsrat sind die beiden Organe der kommunalen Anstalt und entsprechen der Geschäftsführung und dem Aufsichtsrat der GmbH. Der **Vorstand** kann aus einer Person oder mehreren Personen bestehen; es empfiehlt sich, darüber Bestimmung in der Anstaltssatzung zu treffen. Der Vorstand kann haupt- oder nicht hauptberuflich tätig sein. Wenn der kommunalen Anstalt hoheitliche Aufgaben übertragen sind (s. Erl. 1 zu § 143), müssen seine Mitglieder, soweit sie für diese Aufgaben zuständig sind, nach der Regel des § 3 Abs. 2 BeamtStG Beamte sein (s. auch § 146). Die Mitglieder des Vorstandes werden vom Verwaltungsrat für die Dauer von höchstens fünf Jahren berufen, wobei eine erneute Berufung zulässig ist (Abs. 3 Satz 2); die Amtszeit sollte in der Unternehmenssatzung festgelegt sein. Die vorzeitige Abberufung des gesamten Vorstandes oder einzelner seiner Mitglieder ist allgemeinen Rechtsgrundsätzen folgend aus wichtigem Grund möglich (ebenso Nds. OVG, Beschl. v. 30.4.2010, R&R 3/2010 S. 9 = NdsVBl. 2010 S. 251). Im Übrigen können die Voraussetzungen der vorzeitigen Abberufung in der Anstaltssatzung bestimmt werden, eventuell verbunden mit dem Erfordernis einer qualifizierten Mehrheit für den Abberufungsbeschluss. Soweit das nicht in der Anstaltssatzung geregelt ist, entscheidet über die Anstellungsbedingungen unter Berücksichtigung des Grundsatzes der Sparsamkeit und Wirtschaftlichkeit (§§ 147 Abs. 1, 110 Abs. 2) der Verwaltungsrat (s. dazu Nds. OVG, Beschl. v. 30.4.2010 a. a. O.). Dem Vorstand obliegt die **geschäftsführende Leitung** der kommunalen Anstalt. Er ist in allen Angelegenheiten der Anstalt entscheidungsbefugt mit Ausnahme derjenigen, die nach Abs. 3 und § 147 Abs. 1 und durch die Anstaltssatzung dem Verwaltungsrat vorbehalten sind. Er **vertritt** die kommunale Anstalt gerichtlich und außergerichtlich; bei mehreren Vorstandsmitgliedern kann durch die Unternehmenssatzung geregelt werden, ob und ggf. für welche Rechtshandlungen Einzel- oder Gesamtvertretung besteht. Vorstandsmitglieder sind keine Arbeitnehmer i. S. d. § 107 Abs. 2, der auf sie auch nicht nach § 147 Abs. 1 entsprechend anwendbar ist, sodass für sie eine bei vergleichbaren Unternehmen gezahlte Vergütung zulässig ist (Nds. OVG, Beschl. v. 30.4.2010 a. a. O.). Im Jahresabschluss der kommunalen Anstalt sind die Bezüge nach § 285 Nr. 9 Buchst. a HGB, die den Vorstandsmitgliedern im abgelaufenen Geschäftsjahr gewährt worden sind, nicht nur für den Vorstand insgesamt, sondern für jedes seiner Mitglieder offenzulegen. Die Anstaltssatzung kann dem Vorstand eine Geschäftsordnung geben, das aber auch dem Verwaltungsrat oder dem Vorstand selbst überlassen.

2. Der **Verwaltungsrat** besteht aus dem Vorsitzenden, den weiteren Mitgliedern, deren Zahl in der Anstaltssatzung festzulegen ist (§ 142), und mindestens einem Vertreter der Beschäftigten (Abs. 4). **Vorsitzender** ist der HVB kraft Gesetzes und ohne Bestellungsakt der Vertretung (Abs. 7 Satz 1), jedoch kann die Vertretung mit seiner Zustimmung durch Beschluss (§ 66) eine andere Person zum Vorsitzenden bestellen (Abs. 6); gesetzlich ist nicht ausgeschlossen, dass der HVB Mitglied des Verwaltungsrats, aber nicht sein Vorsitzender ist. Die Zustimmung des HVB bezieht sich auch auf die Person, die statt seiner Vorsitzender sein soll. Zum **weiteren Mitglied** kann jede Person bestellt werden, die nicht als Beschäftigter der Kommunalaufsichtsbehörde unmittelbar mit Aufgaben der Aufsicht über die kommunale Anstalt befasst ist; dazu gehört, wer nach § 50 Abs. 1 Nr. 7 und Abs. 2 im Hinblick auf die Kommunalaufsicht ausgeschlossen ist (s. Erl. 6 zu § 50) einschließlich derjenigen, die vorbereitend an den betreffenden Maßnahmen mitwirken. Diese Personen müssen nicht Bürger oder Einwohner der Kommune sein. Ihre Bestellung obliegt der Vertretung (Abs. 7 Satz 1) nach den Grundsätzen des § 71 Abs. 6. Schließlich muss unter Verdrängung der Regelungen des NPersVG dem Verwaltungsrat mindestens eine bei der kommunalen Anstalt **beschäftigte Person** angehören, jedoch kann die Anstaltssatzung eine höhere Zahl bestimmen, die jedoch ein Drittel aller Mitglieder des Verwaltungsrats nicht übersteigen darf (Abs. 5). In der Anstaltssatzung ist das Wahlverfahren nach Maßgabe des NPersVG und der auf ihm beruhenden Wahlordnung für die Vertretung der Beschäftigten bei Einrichtungen der öffentlichen Hand mit wirtschaftlicher Zweckbestimmung (WO-EwZ) zu regeln. Die Anstaltssatzung hat auch zu bestimmen, ob der oder die Beschäftigtenvertreter Stimmrecht haben oder nicht. Verfassungsrechtlichen Bedenken gegen die Mitwirkung von Personen an öffentlicher Verwaltung, die ihre Legitimation nicht auf das Volk, sondern nur auf die bei der Anstalt Beschäftigten zurückführen können (s. zu derselben Problematik beim Betriebsausschuss Erl. 2 zu § 73), begegnet der Gesetzgeber (s. Schriftlicher Bericht Drs. 14/4097) mit dem Hinweis darauf, dass durch den nach § 110 Abs. 4 des in Abs. 5 in Bezug genommenen NPersVG notwendigen bestätigenden Beschluss der Vertretung die erforderliche Legitimation vermittelt würde. In der Anstaltssatzung kann die **Stellvertretung** der Verwaltungsratsmitglieder geregelt werden. Die Mitglieder

des Verwaltungsrats sind ehrenamtlich tätig, vergleichbar den Mitgliedern des Aufsichtsrats einer GmbH; ihnen kann eine **Vergütung** in Form einer Aufwandsentschädigung gezahlt werden, deren Höhe durch die Anstaltssatzung oder, wenn der Anstalt insoweit das Satzungsrecht verliehen ist, durch eine Entschädigungssatzung bestimmt werden kann; im Hinblick auf eine nach § 138 Abs. 8 bestehende Ablieferungspflicht empfiehlt sich, die Höhe der Vergütung mit dem nach § 138 Abs. 7 als angemessen festgesetzten Betrag zu harmonisieren. Die Mitglieder des Verwaltungsrats, ob Mitglieder der Vertretung oder Dritte, unterliegen einem **Weisungsrecht** der Vertretung nur in den in der Anstaltssatzung bezeichneten Fällen (Abs. 3 Satz 5); das Weisungsrecht besteht nicht gegenüber den die Interessen der Beschäftigten wahrnehmenden Beschäftigtenvertretern. Wegen Fehlens des allgemeinen Weisungsrechts sind sie nicht Vertreter der Kommune, jedoch gilt aufgrund von Abs. 8 für ihre Haftung und ihre Vergütung § 138 Abs. 6 und 7; ihnen obliegt auch nicht die Unterrichtungspflicht nach § 138 Abs. 4 gegenüber der Vertretung, jedoch kann diese in der Anstaltssatzung bestimmt werden (s. Erl. 2 a. E. zu § 142). Zum Unterrichtungsrecht der Kommune gegenüber der Anstalt im Rahmen des Beteiligungsmanagements s. Erl. 2 zu § 150. Zu Genehmigungen s. unten Erl. 3.

Die regelmäßige **Amtszeit** der Mitglieder des Verwaltungsrats mit Ausnahme des HVB als Vorsitzenden, der das ist, solange er HVB ist oder mit seiner Zustimmung ein anderer Vorsitzender bestellt wird, beträgt fünf Jahre (Abs. 7). Für Abgeordnete im Verwaltungsrat endet sie vorzeitig mit dem Ende der Wahlzeit (§ 47 Abs. 2) oder bei Verlust des Mandats (§ 52). In der Unternehmenssatzung kann die vorzeitige Abberufung von Mitgliedern des Verwaltungsrats geregelt werden. Als Voraussetzung kommt dafür neben wichtigem Grund (z. B. Nichtbeachtung einer Weisung der Vertretung, Bruch der Verschwiegenheitspflicht) auch die Umbildung des Verwaltungsrats wegen veränderter Stärkeverhältnisse in der Vertretung in Betracht. Es kann bestimmt werden, dass ein ausgeschiedenes Mitglied bis zum Amtsantritt des neuen seine Tätigkeit fortführt und dass nach Ablauf der fünfjährigen Amtszeit der Verwaltungsrat vergleichbar dem Hauptausschuss (§ 75 Abs. 2) übergangsweise bis zur Bestellung der neuen Mitglieder tätig bleibt.

3. Die gesetzlichen **Aufgaben** des Verwaltungsrats sind (Abs. 3)
- die Bestellung der Vorstandsmitglieder,
- die Überwachung der Geschäftsführung des Vorstandes,
- der Erlass von Satzungen, wenn der Anstalt das Recht dazu nach § 143 Abs. 1 Satz 3 eingeräumt ist,
- die Festsetzung von Abgaben und Kostenerstattungen sowie allgemein geltender Tarife und Entgelte für die Nutzer und Leistungsnehmer (§ 143 Abs. 2),
- die Beschlussfassung über eine Beteiligung der Anstalt an anderen Unternehmen (§ 113a Abs. 3) und
- die Feststellung des Jahresabschlusses und die Ergebnisverwendung.

Verschiedene frühere Zuständigkeiten des Verwaltungsrats sind gestrichen worden, weil sie mit der geänderten Rechtslage nicht mehr im Einklang standen (Bestellung des Abschlussprüfers, Feststellung des Wirtschaftsplans). Infolge der entsprechenden Geltung des § 107 (§ 147 Abs. 1) ist der Verwaltungsrat auch für die dort der Vertretung der Kommune vorbehaltenen personalrechtlichen Entscheidungen zuständig (s. Erl. 1 zu § 147). Durch die Anstaltssatzung können ihm weitere Aufgaben übertragen werden (s. Erl. 2 zu § 142). Die Anstaltssatzung kann die Einrichtung beratender Ausschüsse des Verwaltungsrats vorsehen (§ 142 Satz 1).

Beschlüsse über den Erlass von Satzungen und über die Beteiligung an anderen Unternehmen sind nur mit **Zustimmung** der Vertretung wirksam, und zwar auch die über die in Nr. 2 bezeichneten Festlegungen, soweit sie allein in Form einer Satzung ergehen können; der Zustimmungsvorbehalt kann nicht auf weitere der in Abs. 3 genannten Gegenstände ausgedehnt werden. Da insoweit nicht wie in § 138 Abs. 5 für die Gesellschaft geregelt, bedarf die Aufnahme von Darlehen nicht der **Genehmigung** der Vertretung. Hat sich die Vertretung in anderen Fällen des gesetzlichen oder satzungsmäßigen Aufgabenbereichs des Verwaltungsrats Weisungsrechte vorbehalten, sind Beschlüsse auch dann wirksam, wenn gegen eine Weisung verstoßen worden ist (Abs. 3 Satz 6); der Verstoß kann Anlass für eine Abberufung sein (s. oben Erl. 2).

Zur Regelung des Verfahrens des Verwaltungsrats s. Erl. 2 zu § 142.

§ 146 Dienstherrnfähigkeit der kommunalen Anstalt

[1]Die kommunale Anstalt hat das Recht, Dienstherr von Beamtinnen und Beamten zu sein, wenn ihr nach § 143 hoheitliche Aufgaben übertragen sind. [2]Wird sie aufgelöst, so hat die Kommune die Beamtinnen und Beamten und die Versorgungsempfängerinnen und Versorgungsempfänger zu übernehmen. [3]Wird das Vermögen der kommunalen Anstalt ganz oder teilweise auf andere juristische Personen des öffentlichen Rechts mit Dienstherrnfähigkeit übertragen, so gilt für die Übernahme und die Rechtsstellung der Beamtinnen und Beamten und der Versorgungsempfängerinnen und Versorgungsempfänger der kommunalen Anstalt § 29 NBG.

§ 113f NGO

ERLÄUTERUNGEN zu § 146

1. Wenn der kommunalen Anstalt durch die Anstaltssatzung hoheitliche Aufgaben übertragen sind, hat sie **kraft Gesetzes** das Recht, Beamte zu haben. Die Feststellung der **Dienstherrnfähigkeit** in der Anstaltssatzung hat allein deklaratorische Bedeutung, die Satzung bedarf deshalb nicht etwa der Genehmigung nach § 2 Satz 2 NBG. In der Anstaltssatzung ist ggf. zu bestimmen, wer in der Anstalt die Funktionen der obersten Dienstbehörde und des Dienstvorgesetzten für ihre Beamten wahrnimmt.

2. Bei **Auflösung** der kommunalen Anstalt, hat die Kommune als ihre Trägerin ihre **Beamten und Versorgungsempfänger** zu übernehmen; diese treten also nicht kraft Gesetzes in den Dienst der Kommune über (vgl. dagegen § 16 Abs. 1 BeamtStG). Die Übernahme ist entsprechend §§ 29 NBG, 17 Abs. 3 BeamtStG von der Kommune zu verfügen, einer erneuten Ernennung der Beamten bedarf es nicht; für Versorgungsempfänger gilt gem. § 29 NBG § 19 BeamtStG entsprechend. Dasselbe gilt entsprechend bei vollständiger oder teilweiser Übertragung des Vermögens der kommunalen Anstalt auf andere juristische Personen des öffentlichen Rechts mit Dienstherrnfähigkeit.

Für die aufgrund **privatrechtlichen Vertrages Beschäftigten** der kommunalen Anstalt sind deren Auflösung als Gegenstück der Errichtung und die Übertragung des Vermögens Rechtsgeschäfte i. S. von § 613a BGB mit den dort geregelten Folgen.

§ 147 Sonstige Vorschriften für die kommunale Anstalt

(1) ¹Auf kommunale Anstalten sind § 22 Abs. 1, die §§ 41 und 107 Abs. 1 Satz 1 und Abs. 2 bis 6, § 110 Abs. 1 und 2, § 111 Abs. 1 und 5 bis 7, die §§ 116, 118 und 157 sowie die Vorschriften des Zehnten Teils entsprechend anzuwenden. ²Dabei tritt an die Stelle der Vertretung der Verwaltungsrat sowie an die Stelle des Hauptausschusses und der Hauptverwaltungsbeamtin oder des Hauptverwaltungsbeamten der Vorstand.

(2) Das für Inneres zuständige Ministerium erlässt im Einvernehmen mit dem für Finanzen zuständigen Ministerium durch Verordnung allgemeine Vorschriften über Aufbau, Verwaltung, Wirtschaftsführung, Rechnungswesen und die Prüfung kommunaler Anstalten.

§ 113g NGO

ERLÄUTERUNGEN zu § 147

1. Die entsprechende Anwendung des § 22 Abs. 1 ermöglicht der kommunalen Anstalt die Annahme eines **Wappens** und einer **Flagge**, ein Dienstsiegel führt sie dagegen nicht. Für den Verwaltungsrat gelten die Vorschriften des § 41 über das **Mitwirkungsverbot** entsprechend. Aus der entsprechenden Geltung des § 107 über die Rechtsverhältnisse der Beschäftigten und der Regelung des Abs. 1 Satz 2 ergibt sich die Zuständigkeit des Verwaltungsrats für die der Vertretung und des Vorstands für die dem Verwaltungsausschuss vorbehaltenen **personalrechtlichen Zuständigkeiten** mit den Möglichkeiten der Delegation entsprechend § 107 Abs. 4 Sätze 1 und 2 auf den Vorstand. Personalrechtliche Beschlüsse des Verwaltungsrats sind zu ihrer Wirksamkeit an das Einvernehmen des Vorstands gebunden. Es gilt die Angleichungspflicht des § 197 Abs. 2 Satz 1 entsprechend, von der nur im Einzelfall Ausnahmen zugelassen werden; zur Rechtstellung des Vorstandes s. Erl. 1 zu § 145. Für die **Haushaltswirtschaft** der Anstalt gelten die Grundsätze der stetigen Aufgabenerfüllung sowie der Sparsamkeit und Wirtschaftlichkeit und die der Finanzmittelbeschaffung, die Regelungen über die vorläufige Haushaltsführung und über die mittelfristige Planung, das für Eigenbetriebe bestehende **Prüfungsrecht** (s. Erl. 2 zu § 157) und die Vorschriften über die Durchführung der **Aufsicht**. Die kommunale Anstalt unterliegt damit unmittelbar der Aufsicht der für die Kommune, die sie errichtet hat, zuständigen Kommunal- und Fachaufsichtsbehörden, deren Maßnahmen sich also gegen sie, nicht gegen die Kommune richten. Nach § 1 des Nds. Insolvenzunfähigkeitsgesetzes findet ein Insolvenzverfahren über das Vermögen der kommunalen Anstalt nicht statt.

2. Von der **Verordnungsermächtigung** des Abs. 2 muss Gebrauch gemacht werden, wenn vor allem Regelungen über die Wirtschaftsführung und das Rechnungswesen bestehen sollen, nachdem der Verweis auf die entsprechenden für Kommunen geltenden Vorschriften entfallen ist, und den Kommunen nicht überlassen werden soll, das eigenständig zu regeln.

§ 148 Umwandlung und Veräußerung von Unternehmen und Einrichtungen

(1) [1]Folgende Maßnahmen sind nur zulässig, wenn sie im wichtigen Interesse der Kommune liegen:
1. die Umwandlung eines Eigenbetriebs in eine Eigengesellschaft,
2. die Veräußerung eines Eigenbetriebs, einer Eigengesellschaft oder eines Teils der in Besitz der Kommune befindlichen Anteile an einem Unternehmen oder einer Einrichtung mit eigener Rechtspersönlichkeit,
3. die Beteiligung von Privatpersonen oder Privatgesellschaften an Eigengesellschaften,
4. der Zusammenschluss von kommunalen Unternehmen und Einrichtungen mit privaten Unternehmen,
5. der Abschluss eines Verpachtungs-, Betriebsführungs- oder Anlagenüberlassungsvertrags über
   a) einen Eigenbetrieb oder eine Eigengesellschaft oder
   b) ein Unternehmen oder eine Einrichtung, wenn die Kommune über die Mehrheit der Anteile verfügt,
sowie
6. andere Rechtsgeschäfte, durch die die Kommune ihren Einfluss auf das Unternehmen, die Einrichtung oder die Gesellschaft verliert oder mindert. [2]§ 137 Abs. 1 Nrn. 2 bis 8 gilt entsprechend.

(2) [1]Die Kommune darf Verträge über die Lieferung von Energie in das Kommunalgebiet sowie Konzessionsverträge, durch die sie einem Energieversorgungsunternehmen die Benutzung von Kommunaleigentum einschließlich der öffentlichen Straßen, Wege und Plätze für Leitungen zur Versorgung der Einwohnerinnen und Einwohner überlässt, nur abschließen, wenn die Erfüllung der kommunalen Aufgaben nicht gefährdet wird und die berechtigten wirtschaftlichen Interessen der Kommune und ihrer Einwohnerinnen und Einwohner gewahrt sind. [2]Dasselbe gilt für die Verlängerung oder die Ablehnung der Verlängerung sowie für wichtige Änderungen derartiger Verträge. [3]Die Kommunalaufsichtsbehörde kann mit Zustimmung der Kommune auf deren Kosten ein Sachverständigengutachten einholen, wenn nur dies noch zur Ausräumung erheblicher Bedenken im Rahmen des Anzeigeverfahrens nach § 152 Abs. 1 Satz 1 Nr. 10 führen kann.

§ 115 NGO

ERLÄUTERUNGEN zu § 148

1. Die Verpflichtung der Kommunen, ihren Besitzstand an ihren wirtschaftlichen Unternehmen und denen, an denen sie beteiligt sind, zu erhalten und ihren Einfluss zu wahren, ist in die Verpflichtung zur **Wahrung des Einflusses** auf die Unternehmen und Einrichtungen in einer Rechtsform des privaten Rechts umgewandelt worden; die entsprechenden Regelungen enthalten die §§ 136 Abs. 4 und 137 Abs. 1 und 2.

2. Die in Abs. 1 genannten Rechtsgeschäfte, zu denen auch die Übertragung von Gesellschaftsanteilen auf eine private Stiftung gehört, sind bei Vorliegen eines **wichtigen Interesses** der Kommune zulässig; für die Auslegung dieses unbestimmten Rechtsbegriffes s. Erl. 4 zu § 136. In den zugrundeliegenden Vereinbarungen sind die in § 137 Nrn. 2 bis 8 normierten Vorkehrungen gegen finanzielle Risiken und zur Wahrung des kommunalen Einflusses vorzunehmen (Abs. 1 Satz 2; s. Erl. 3 bis 5 zu § 137). Hinzuweisen ist darauf, dass auch bei den in § 136 Abs. 4 Satz 1 genannten Einrichtungen, die ohne weitere Voraussetzungen als Eigenbetrieb und in der Rechtsform des privaten Rechts geführt werden können, wenn die Kommune über die Mehrheit der Anteile verfügt, die Umwandlung eines Eigenbetriebs in eine Eigengesellschaft das Vorliegen eines wichtigen Interesses erfordert. Die Beteiligung von Privatpersonen oder Privatgesellschaften an einer Einrichtung, die in einer anderen Privatrechtsform als der Gesellschaft geführt wird, stellt ein Rechtsgeschäft dar, durch das die Kommune ihren Einfluss auf die Einrichtung mindert, und erfordert deshalb ein wichtiges Interesse.

Soweit die Rechtsgeschäfte solche nach § 152 Abs. 2 sind, bedürfen sie der **Genehmigung** der Aufsichtsbehörde, die zu prüfen hat, ob ein wichtiges Interesse der Kommune vorliegt und die Voraussetzungen des § 137 Abs. 1 Nrn. 2 bis 8 erfüllt sind.

3. Abs. 2 enthält Regelungen zur Wahrung der kommunalen Interessen beim Abschluss und bei der Verlängerung oder Änderung von **Energielieferungs- und Konzessionsverträgen**; zu Konzessionsverträgen s. §§ 46, 48 Energiewirtschaftsgesetz und KonzessionsabgabenVO. Sie sollen die Kommunen veranlassen, sich vor dem Abschluss, der Verlängerung, der Ablehnung und einer wichtigen Änderung der Verträge insbesondere zur Wahrung der berechtigten wirtschaftlichen Interessen der Kommune sachkundig beraten zu lassen, wofür die Aufsichtsbehörden regelmäßig nicht das erforderliche Personal haben. Daraus erklärt sich auch die Bestimmung über die Einholung eines Sachverständigengutachtens für den Fall erheblicher Bedenken im Rahmen des Anzeigeverfahrens.

§ 149 Wirtschaftsgrundsätze

(1) Unternehmen sollen einen Ertrag für den Haushalt der Kommunen erwirtschaften, soweit dies mit ihrer Aufgabe der Erfüllung des öffentlichen Zwecks in Einklang zu bringen ist.

(2) ¹Die Erträge jedes Unternehmens sollen mindestens alle Aufwendungen einschließlich der marktüblichen Verzinsung des Eigenkapitals decken und die Zuführungen zum Eigenkapital (Rücklagen) ermöglichen, die zur Erhaltung des Vermögens des Unternehmens sowie zu seiner technischen und wirtschaftlichen Fortentwicklung notwendig sind. ²Zu den Aufwendungen gehören auch
1. **angemessene Abschreibungen,**
2. **die Steuern,**
3. **die Konzessionsabgabe,**
4. **die Zinsen für die zu Zwecken des Unternehmens aufgenommenen Schulden,**
5. **die marktübliche Verzinsung der von der Kommune zur Verfügung gestellten Betriebsmittel sowie**
6. **die angemessene Vergütung der Leistungen und Lieferungen von Unternehmen und Verwaltungszweigen der Kommune für das Unternehmen.**

§ 114 NGO

ERLÄUTERUNGEN zu § 149

Die Vorschrift gilt für **Unternehmen,** unabhängig davon, ob sie als Eigenbetrieb, in einer Rechtsform des privaten Rechts oder als kommunale Anstalt geführt werden (§ 136 Abs. 1 und 2); Abs. 1 verdeutlicht, dass im Vordergrund der wirtschaftlichen Betätigung die Verfolgung des öffentlichen Zwecks steht (§ 136 Abs. 1), die Erwirtschaftung eines Ertrags für den Haushalt als Nebeneffekt aber erwünscht ist. Für **Einrichtungen** (§ 136 Abs. 3) gilt, auch wenn sie als Eigenbetriebe oder in einer Privatrechtsform geführt werden, die Vorschrift nicht.

Neben der Verfolgung öffentlicher Zwecke **sollen** die Unternehmen auch Gewinne erzielen. Auf die Gewinnerzielung kann also aus wichtigem Grund verzichtet werden, z. B. um bei Entgelten und Tarifen sozialen Gesichtspunkten Rechnung zu tragen. Die Gewinnerzielung setzt außerdem ihre Vereinbarkeit mit der Erfüllung des öffentlichen Zwecks voraus. Zumindest sollen die Erträge jedes Unternehmens die Erhaltung seines Vermögens und seine technische und wirtschaftliche Fortentwicklung ermöglichen (Abs. 2).

Bei Unternehmen, die als Eigenbetrieb geführt werden, sind die für ihn verantwortlichen Organe zur Wahrung der in dieser Vorschrift normierten Grundsätze verpflichtet, die für sie unmittelbar gelten. Bei Unternehmen in Privatrechtsform haben die Organe der Kommune für die Durchsetzung der Grundsätze über ihre Vertreter in den Organen der privatrechtlichen Organisationen auf der Grundlage der nach § 137 Abs. 1 ausgestalteten Gesellschaftsverträge oder Satzungen zu sorgen.

§ 150 Beteiligungsmanagement

¹Die Kommune überwacht und koordiniert ihre Unternehmen und ihre nach § 136 Abs. 4 und 139 geführten Einrichtungen sowie Beteiligungen an ihnen im Sinne der von ihr zu erfüllenden öffentlichen Zwecke. ²Die Kommune ist berechtigt, sich jederzeit bei den jeweiligen Unternehmen, Gesellschaften und Einrichtungen zu unterrichten. ³Die Sätze 1 und 2 gelten auch für mittelbare Beteiligungen im Sinne des § 137 Abs. 2. ⁴Die Sätze 2 und 3 gelten nicht, soweit ihnen zwingende Vorschriften des Gesellschaftsrechts entgegenstehen.

§ 114a NGO

ERLÄUTERUNGEN zu § 150

1. Seit der Novelle des kommunalen Unternehmensrechts vom 27.1.2003 (Nds. GVBl. S. 36) erstreckt sich das **Beteiligungsmanagement** nicht mehr nur auf Unternehmen in Privatrechtsform, sondern auch auf die neu eingeführte kommunale Anstalt, auf Unternehmen als Eigenbetriebe und auf Einrichtungen, die nach § 136 Abs. 4 oder § 139 geführt werden. Es erstreckt sich auch auf Beteiligungen, auch z. B. in den Formen des NKomZG, und auf mittelbare Beteiligungen (§ 137 Abs. 2). Sein gesetzlicher Zweck besteht darin, durch Koordinierung und Überwachung zu gewährleisten, dass die Beteiligungsunternehmen nicht vorrangig ihre originären unternehmerischen Ziele, insbesondere die Gewinnmaximierung, verfolgen, sondern die öffentlichen Zwecke, die Grundlage auch der wirtschaftlichen Betätigung der Kommune sind, nicht aus den Augen verlieren. Darüber hinaus gehören zum Beteiligungsmanagement nach allgemeiner Meinung auch die Beteiligungspolitik und -verwaltung, das Beteiligungscontrolling und die Mandatsbetreuung, so dass inhaltlich das Beteiligungsmanagement sich auf die Bestimmung der strategischen Unternehmensziele, ihre Koordinierung mit den Gesamtinteressen der Kommune, die konsequente Verfolgung der Ziele mit den Mitteln des Kommunal- und des Gesellschaftsrechts vor allem über die Vertreter der Kommune in den Organen von Unternehmen oder Einrichtung sowie die Überwachung der Geschäftsentwicklung und der Zielerreichung erstreckt. Der in § 151 geforderte Beteiligungsbericht ist als Informationsquelle für das Beteiligungsmanagement um so ergiebiger, je mehr er über die gesetzlich geforderten Angaben hinaus vorausschauende Daten, Hinweise und Indikatoren enthält; er bezieht sich allerdings nur auf kommunale Anstalten sowie Unternehmen und Einrichtungen in Privatrechtsform, also insbesondere nicht auf Eigenbetriebe. Die Koordinierungs- und Überwachungspflicht besteht auch dann, wenn nur ein einziger Bereich in einer Anstalt oder Einrichtung oder einem Unternehmen ausgegliedert ist.

2. Die Aufgaben des Beteiligungsmanagements erfordern die Kenntnis der Lage der Anstalten, Unternehmen und Einrichtungen. Dem dienen die **Auskunftspflichten** der Vertreter der Kommune in privatrechtlich organisierten Unternehmen und Einrichtungen (§ 138 Abs. 4), die bei kommunalen Anstalten den Vertretern der Kommune im Verwaltungsrat und dem Vorstand durch die Un-

ternehmenssatzung auferlegt werden können (Erl. 2 a. E. zu § 142). Ergänzend dazu steht der Kommune ein jederzeitiges Unterrichtungsrecht zu (Satz 2), das unabhängig von dem gesetzlichen oder vertraglichen Unterrichtungsrecht des Rechnungsprüfungsamts besteht. Das Recht besteht darin, von dem zuständigen Organ, bei einer Anstalt vom Vorstand, bei Gesellschaften und anderen privatrechtlichen Vereinigungen von der Geschäftsführung, Auskünfte verlangen zu können. Ein Einsichtsrecht in den Betrieb, die Bücher und Schriften vermittelt das kommunale Unterrichtungsrecht anders als den Prüfungseinrichtungen nicht, es besteht auch keine Verpflichtung, es in der Unternehmenssatzung oder im Gesellschaftsvertrag festzulegen. Das Unterrichtungsrecht besteht im Rahmen des höherrangigen Gesellschaftsrechts: Zum Auskunftsrecht des Aktionärs einer AG s. § 131 AktG, zu dem des Gesellschafters einer GmbH § 51a GmbHG, der außerdem ein Einsichtsrecht in Bücher und Schriften normiert. Vertretung und Hauptausschuss können die Unterrichtung als Grundlage von Beschlüssen zur Koordinierung und Überwachung verlangen. Zuständig für die Geltendmachung des Auskunftsrechts gegenüber dem Unternehmen oder der Einrichtung ist der HVB. Die für das Beteiligungsmanagement zuständige Organisationseinheit hat gegenüber dem Unternehmen oder der Einrichtung keine eigenständigen Kompetenzen, arbeitet vielmehr den kommunalen Organen zu, die darauf gestützt die ihnen gesetzlich zustehenden Einflussmöglichkeiten nutzen können, z. B. durch entsprechende Ausgestaltung der Unternehmens- oder Betriebssatzung oder des Gesellschaftsvertrages oder durch Weisungen an die Vertreter der Kommune in den Organen von Anstalten und Gesellschaften oder an die Betriebsleitung.

Dem Beteiligungsmanagement unterliegen neben den kommunalen Anstalten, Eigengesellschaften, Eigenbetrieben und privatrechtlichen Vereinigungen unter ausschließlicher Beteiligung der Kommune auch alle Unternehmen und Einrichtungen in Privatrechtsform, an denen die Kommune unmittelbar (§ 137 Abs. 1) oder mittelbar über eine Tochter mit mehrheitlich kommunaler Beteiligung (§ 137 Abs. 2) beteiligt ist.

§ 151 Beteiligungsbericht

[1]Die Kommune hat einen Bericht über ihre Unternehmen und Einrichtungen in der Rechtsform des privaten Rechts und über ihre Beteiligungen daran sowie über ihre kommunalen Anstalten (Beteiligungsbericht) zu erstellen und jährlich fortzuschreiben. [2]Der Beteiligungsbericht enthält insbesondere Angaben über

1. den Gegenstand des Unternehmens oder der Einrichtung, die Beteiligungsverhältnisse, die Besetzung der Organe und die von dem Unternehmen oder der Einrichtung gehaltenen Beteiligungen,
2. den Stand der Erfüllung des öffentlichen Zwecks durch das Unternehmen oder die Einrichtung,
3. die Grundzüge des Geschäftsverlaufs, die Lage des Unternehmens oder der Einrichtung, die Kapitalzuführungen und -entnahmen durch die Kommune und die Auswirkungen auf die Haushalts- und Finanzwirtschaft sowie
4. das Vorliegen der Voraussetzungen des § 136 Abs. 1 für das Unternehmen.

³Die Einsicht in den Beteiligungsbericht ist jedermann gestattet. ⁴Wird der Beteiligungsbericht durch den konsolidierten Gesamtabschluss nach § 128 Abs. 6 Satz 4 ersetzt, so ist die Einsichtnahme nach Satz 3 auch hierfür sicherzustellen. ⁵Auf die Möglichkeit zur Einsichtnahme ist in geeigneter Weise öffentlich hinzuweisen.

§ 116a NGO

ERLÄUTERUNGEN zu § 151

Die Vorschrift verpflichtet die Kommune, in einem **Beteiligungsbericht** die Lage ihrer Unternehmen und Einrichtungen in Privatrechtsform und derjenigen, an denen sie beteiligt ist, sowie die ihrer kommunalen Anstalten darzustellen und jährlich fortzuschreiben; für Eigenbetriebe und Einrichtungen nach § 139 gilt das nicht. Die Pflicht zur Erstellung und jährlichen Fortschreibung ist durch die Novelle 2001 durch die Normierung konkreter Angaben zur besseren und verwertbareren Information der Entscheidungsträger, der Kommunalaufsicht und der Bürger ausgeweitet worden. Aus seinem Zweck, Vertretung und Öffentlichkeit zu informieren, ergibt sich, dass der Bericht vom HVB zu erstellen ist und eine Beschlussfassung der Vertretung oder des Hauptausschusses über seinen Inhalt nicht in Betracht kommt. Eine generelle Vorlagepflicht gegenüber der Aufsichtsbehörde besteht nicht, jedoch kann diese ihn im Rahmen des § 172 oder im Zusammenhang mit konkreten Prüfungsmaßnahmen anfordern.

Mindestinhalt des Berichts sind die in Satz 2 genannten Gegenstände. Bei dem **öffentlichen Zweck,** über dessen Erfüllung Angaben zu machen sind (Satz 2 Nr. 2), geht es um den nach § 136 Abs. 1 Satz 2 Nr. 1, dessen Erfüllung gem. § 137 Abs. 1 Nr. 5 sicherzustellen ist. Angaben über das Vorliegen der **Voraussetzungen des § 136 Abs. 1** (Satz 2 Nr. 4) sind nur zu machen, wenn ein Unternehmen, auch in der Rechtsform der kommunalen Anstalt, nicht dagegen eine Einrichtung, auf die § 136 Abs. 1 keine Anwendung findet, im Berichtszeitraum errichtet, übernommen oder wesentlich erweitert worden ist; der Nachweis dauerhaften Vorliegens der Voraussetzungen wird nicht gefordert (s. Erl. 1 a. E. zu § 136).

Der Beteiligungsbericht ist Anlage zum Haushaltsplan (§ 1 Abs. 2 Nr. 10 GemHKVO) und deshalb mit diesem nach § 114 Abs. 2 öffentlich auszulegen; wird er unabhängig von der Auslegung des Haushaltsplans veröffentlicht, ist auf die Möglichkeit der Einsichtnahme wie beim Haushaltsplan hinzuweisen (Erl. 3 zu § 114). Der konsolidierte Gesamtabschluss ist nach § 129 Abs. 2 öffentlich auszulegen, weshalb die Bestimmung des Satzes 4 über die Einsichtnahme in ihn nur klarstellende Bedeutung hat. Das Recht zur Einsichtnahme, das unbefristet ist, ergibt sich für den Bericht als Anlage der Haushaltssatzung auch aus § 10 Abs. 4.

§ 152 Anzeige und Genehmigung

(1) [1]Folgende Entscheidungen der Kommune sind der Kommunalaufsichtsbehörde unverzüglich schriftlich anzuzeigen:
1. Entscheidungen über die Errichtung, Übernahme oder wesentliche Erweiterung von Unternehmen und Einrichtungen in der Rechtsform des Eigenbetriebs oder einer Eigengesellschaft (§§ 136, 137 Abs. 1),
2. Entscheidungen über die Beteiligung an Unternehmen und Einrichtungen in der Rechtsform des privaten Rechts (§ 136 Abs. 4, § 137 Abs. 1),
3. Entscheidungen über die Beteiligung eines Unternehmens oder einer Einrichtung in einer Rechtsform des privaten Rechts, bei dem oder bei der die Kommune allein oder zusammen mit anderen Kommunen oder Zweckverbänden über die Mehrheit der Anteile verfügt, an einer Gesellschaft oder an einer anderen Vereinigung in einer Rechtsform des privaten Rechts oder deren Gründung,
4. Entscheidungen über die selbstständige Wirtschaftsführung von Einrichtungen (§ 139),
5. Entscheidungen über die Umwandlung eines Eigenbetriebs in eine Eigengesellschaft,
6. Entscheidungen über die Errichtung oder Auflösung kommunaler Anstalten sowie die Umwandlung der in § 141 Abs. 1 genannten Eigenbetriebe, Eigengesellschaften und Einrichtungen in kommunale Anstalten,
7. Entscheidungen über die Beteiligung von Privatpersonen oder Privatgesellschaften an Eigengesellschaften bei einer kommunalen Mehrheitsbeteiligung,
8. Entscheidungen über die Veräußerung von Anteilen an Unternehmen und Einrichtungen mit eigener Rechtspersönlichkeit, sofern eine kommunale Mehrheitsbeteiligung nicht aufgegeben wird,
9. Entscheidungen über den Zusammenschluss von kommunalen Unternehmen und Einrichtungen mit einem privaten Unternehmen bei einer kommunalen Mehrheitsbeteiligung,
10. Entscheidungen über den Abschluss eines Verpachtungs-, Betriebsführungs- oder Anlagenüberlassungsvertrags über
    a) einen Eigenbetrieb oder eine Eigengesellschaft oder
    b) ein Unternehmen oder eine Einrichtung, wenn die Kommune über die Mehrheit der Anteile verfügt, und
11. Entscheidungen über den Abschluss, die Verlängerung oder die Änderung von Verträgen über die Lieferung von Energie oder von Konzessionsverträgen (§ 148 Abs. 2).
[2]Aus der Anzeige muss zu ersehen sein, ob die gesetzlichen Voraussetzungen erfüllt sind. [3]Die Entscheidung darf erst sechs Wochen nach der Anzeige vollzogen werden. [4]Die Kommunalaufsichtsbehörde kann im Einzelfall aus besonderem Grund die Frist verkürzen oder verlängern.

(2) Eine Genehmigung der Kommunalaufsichtsbehörde ist erforderlich für Entscheidungen der Kommune über
1. die Veräußerung eines Eigenbetriebs, einer Eigengesellschaft oder einer Mehrheitsbeteiligung an einem Unternehmen oder einer Einrichtung mit eigener Rechtspersönlichkeit,
2. die Umwandlung einer Eigengesellschaft in eine Gesellschaft, an der Personen des Privatrechts eine Mehrheitsbeteiligung eingeräumt wird, und

3. den Zusammenschluss eines kommunalen Unternehmens oder einer Einrichtung mit einem privaten Unternehmen ohne Einräumung eines beherrschenden kommunalen Einflusses.

(3) Für kommunale Anstalten gelten Absatz 1 Satz 1 Nrn. 1 bis 3, 8, 10 und 11 sowie Absatz 2 entsprechend.

§ 116 NGO

ERLÄUTERUNGEN zu § 152

1. Die Vorschrift fasst die bei der wirtschaftlichen Betätigung der Kommunen bestehenden Anzeige- (Abs. 1) und Genehmigungspflichten (Abs. 2) zusammen. Die **Anzeige** ist der Aufsichtsbehörde unverzüglich, d. h. ohne schuldhaftes Zögern (§ 121 Abs. 1 BGB), mindestens sechs Wochen vor dem Beginn des Vollzugs des betreffenden Rechtsgeschäfts schriftlich vorzulegen. Die Frist wird nur bei Vorlage der vollständigen Anzeige in Lauf gesetzt. Dazu gehört außer der Anzeige als solcher je nach dem Rechtsgeschäft z. B. die Vorlage des Gesellschaftsvertrages, aus dem sich die Erfüllung der Voraussetzungen des § 137 Abs. 1 Nrn. 2 bis 8 ergibt, der Nachweis, dass die Kommune allein oder zusammen mit anderen kommunalen Körperschaften über die Mehrheit der Anteile verfügt, der Nachweis des wichtigen Interesses und die Vorlage des Berichts nach § 136 Abs. 4 Satz 4, die Vorlage der Betriebs- oder der Anstaltssatzung. Verträge sind vor ihrem Abschluss, also auch vor der notariellen Beurkundung, in dem von der Vertretung beschlossenen Vertragsentwurf vorzulegen. Die Vorlage eines Entwurfs für eine Beratung durch die Aufsichtsbehörde ist keine Anzeige, die die Frist in Lauf setzt.

Die Entscheidungen in Fällen **mittelbarer Gründungen** von Unternehmen und Einrichtungen und Beteiligungen daran (Abs. 1 Nr. 3) treffen die Organe der Mutterunternehmen und -einrichtungen, nicht die der Kommune. Die Vorschrift ist deshalb so zu verstehen, dass die Kommune verpflichtet ist, die Entscheidungen der zuständigen Organe unter Vorlage der Gesellschaftsverträge anzuzeigen und auf die Organe einzuwirken, dass sie die Frist zum Beginn des Vollzugs einhalten. Gründen die mittelbaren Unternehmen und Einrichtungen ihrerseits Unternehmen und Einrichtungen oder beteiligen sich daran (sog. Urenkel), hat die Kommune darauf regelmäßig keinen Einfluss mehr, so dass ihr in diesen Fällen keine Anzeigepflicht auferlegt sein kann; außerdem verfehlte diese ihren Zweck, weil die Kommunalaufsichtsbehörde wegen des fehlenden Einflusses der Kommune keine Steuerungsmöglichkeit hat.

2. Die **Frist** für den Beginn des Vollzugs soll die Aufsichtsbehörde in die Lage versetzen, das Rechtsgeschäft rechtlich zu prüfen und die Kommune zu beraten, ggf. beschlossene Maßnahmen zu beanstanden, um die Kommune vor Schaden zu bewahren. Der Vollzug ist Dritten gegenüber auch dann rechtswirksam, wenn die Anzeige unterlassen und die Frist nicht eingehalten wird.

3. Genehmigungspflichtig sind nach Abs. 2 nur noch drei Rechtsgeschäfte, durch die Unternehmen und Einrichtungen oder eine Mehrheitsbeteiligung daran an einen Dritten abgegeben werden oder eine kommunale Mehrheits- in eine Minderheitsbeteiligung umgewandelt wird. Zu den Fristen und Wirkungen der Genehmigungspflicht s. § 176.

4. Für die **kommunale Anstalt** gelten bei entsprechenden Rechtsgeschäften dieselben Anzeigepflichten und Genehmigungsvorbehalte wie für die Kommune, die sie errichtet hat.

Vierter Abschnitt: **Prüfungswesen**

§ 153 Rechnungsprüfungsamt

(1) Zur Durchführung der Rechnungsprüfung richten die Landkreise, die Region Hannover, die kreisfreien Städte, die großen selbstständigen Städte und die selbstständigen Gemeinden ein Rechnungsprüfungsamt ein; andere Gemeinden und Samtgemeinden können ein Rechnungsprüfungsamt einrichten, wenn ein Bedürfnis hierfür besteht und die Kosten in angemessenem Verhältnis zum Umfang der Verwaltung stehen.

(2) ¹Die Rechnungsprüfung kann ganz oder teilweise in den Formen kommunaler Zusammenarbeit nach dem Niedersächsischen Gesetz über die kommunale Zusammenarbeit erfolgen, wenn die ordnungsgemäße Erledigung der Rechnungsprüfung gesichert ist. ²Hat eine Kommune die Aufgabe der Rechnungsprüfung vollständig übertragen, so braucht sie kein eigenes Rechnungsprüfungsamt einzurichten.

(3) Haben Gemeinden oder Samtgemeinden kein Rechnungsprüfungsamt und haben sie die Rechnungsprüfung nicht vollständig nach dem Niedersächsischen Gesetz über die kommunale Zusammenarbeit übertragen, so wird die Rechnungsprüfung vom Rechnungsprüfungsamt des Landkreises oder der Region Hannover auf Kosten der Gemeinde oder der Samtgemeinde durchgeführt.

§§ 117, 120 Abs. 2, 122 NGO, 67 NLO, 79 RegionsG

ERLÄUTERUNGEN zu § 153

1. Die Rechnungsprüfung ist eine allen Gemeinden und Gemeindverbänden obliegende Aufgabe des eigenen Wirkungskreises. Landkreise, die Region Hannover, kreisfreie Städte (vgl. §§ 14 Abs. 6, 15 Abs. 2, 16 Abs. 2), große selbstständige Städte (vgl. § 14 Abs. 5) und selbstständige Gemeinden (vgl. Erl. 2 zu § 14) sind zur Einrichtung eines **Rechnungsprüfungsamts verpflichtet**. Andere Gemeinden und Samtgemeinden **können** bei Bedarf und angemessenen Kosten ein Rechnungsprüfungsamt einrichten.

2. Die Rechnungsprüfung ganz oder teilweise in den **Formen des NKomZG** durchzuführen, ist rechtlich zugelassen, wenn ihre ordnungsgemäße Erledigung gesichert ist (Abs. 2). Das ermöglicht es den Kommunen, und zwar unabhängig davon, ob sie zur Einrichtung eines Rechnungsprüfungsamts verpflichtet sind oder nicht, die Rechnungsprüfung ganz oder teilweise gemeinsam vorzunehmen, horizontal auf einer kommunalen Ebene oder auch ebenenübergreifend. In Betracht kommt die Einrichtung eines gemeinsamen Rechnungsprüfungsamts durch Übertragung der Rechnungsprüfung auf eine Kommune, die zur Einrichtung eines Rechnungsprüfungsamts verpflichtet ist oder es freiwillig einrichtet, durch Errichtung einer gemeinsamen kommunalen Anstalt oder Zusammenschluss zu einem Zweckverband mit der Aufgabe der Rechnungsprüfung für die Träger oder Mitglieder. Zulässig ist auch die gemeinsame Erfüllung einzelner Prüfungsaufgaben aufgrund einer Zweckvereinbarung (§ 5 NKomZG), z. B. die Vergabeprüfung. Beabsichtigt eine Samtgemeinde, die zur Einrichtung eines Rechnungsprüfungsamts verpflichtet ist und damit die Rechnungsprüfung auch für ihre Mitgliedsgemeinden durchführt (§ 98 Abs. 5), die Rechnungsprüfung gemeinsam mit einer anderen Kommune durchzuführen, dann hat sie die Mitgliedsgemeinden zu beteiligen; auch wenn die Samtgemeinde kein Rechnungsprüfungsamt eingerichtet hat, empfiehlt sich bei gemeinsamer Durchführung der Rechnungsprüfung ein abgestimmtes Vorgehen von Samtgemeinde und Mitgliedsgemeinden. Sinngemäß dasselbe gilt für einen Landkreis und die Region Hannover im Falle der Durchführung der Rechnungsprüfung ihrer kreis- oder regionsangehörigen Gemeinden (Abs. 3).

3. Für Gemeinden ohne Rechnungsprüfungsamt, die die Rechnungsprüfung nicht vollständig im Rahmen kommunaler Zusammenarbeit übertragen haben, nimmt deren Rechnungsprüfung (§ 155 Abs. 1) das **Rechnungsprüfungsamt des Landkreises/der Region Hannover** gegen Kostenerstattung in Organleihe wahr. Die Prüfung bleibt eine Aufgabe der Gemeinden. Das Rechnungsprüfungsamt ist bei der Rechnungsprüfung für die Gemeinde sachlich dem Rat, nicht dem Kreistag/der Regionsversammlung unterstellt; eine sie regelnde Rechnungsprüfungsordnung kann deshalb nur der Rat, nicht der Kreistag/die Regionsversammlung erlassen. Bezogen auf die Gegenstände der gesetzlichen Rechnungsprüfung kann der Verwaltungsausschuss dem Rechnungsprüfungsamt Einzelaufträge erteilen; die Erteilung von Einzelaufträgen durch den Verwaltungsausschuss außerhalb der gesetzlichen Aufgaben ist zum Schutz der Organisationshoheit des Landkreises/der Region ebenso wenig möglich wie die Erweiterung der Aufgaben nach § 155 Abs. 2 durch den Rat. Zu den gesetzlichen Aufgaben gehört, wie sich aus dem Regelungszusammenhang ergibt, auch die Vergabeprüfung nach § 119 Abs. 2. Wegen der fehlenden Möglichkeit der Aufgabenerweiterung können weder der Rat noch der Verwaltungsausschuss dem Rechnungsprüfungsamt Prüfaufträge zur auch fachtechnischen Prüfung der Schlussrechnungen von Bauvorhaben der Sondervermögen nach § 130 Abs. 1 Nrn. 3 und 4 erteilen.

§ 154   Unabhängigkeit des Rechnungsprüfungsamts

(1) ¹Das Rechnungsprüfungsamt der Kommune ist der Vertretung unmittelbar unterstellt und nur dieser verantwortlich. ²Der Hauptausschuss hat das Recht, dem Rechnungsprüfungsamt Aufträge zur Prüfung der Verwaltung zu erteilen. ³Das Rechnungsprüfungsamt ist bei der sachlichen Beurteilung der Prüfungsvorgänge unabhängig und insoweit an Weisungen nicht gebunden.

(2) ¹Die Vertretung beruft die Leiterin oder den Leiter und erforderlichenfalls die Prüferinnen und Prüfer des Rechnungsprüfungsamts und beruft sie ab. ²Für die Berufung und Abberufung der Leiterin oder des Leiters des Rechnungsprüfungsamts ist die Mehrheit der Mitglieder der Vertretung erforderlich. ³Die Abberufung bedarf der Zustimmung der Kommunalaufsichtsbehörde.

(3) Die Leiterin oder der Leiter des Rechnungsprüfungsamts darf nicht mit der Hauptverwaltungsbeamtin oder dem Hauptverwaltungsbeamten, der oder dem für das Finanzwesen zuständigen Beschäftigten und der Kassenleitung in einer der folgenden Beziehungen stehen:
1. Verwandtschaft bis zum dritten Grad,
2. Schwägerschaft bis zum zweiten Grad,
3. Ehe oder Lebenspartnerschaft im Sinne des Lebenspartnerschaftsgesetzes.

(4) Die Leiterin oder der Leiter und die Prüferinnen und Prüfer des Rechnungsprüfungsamts dürfen eine andere Stellung in der Kommune nur innehaben, wenn dies mit den Aufgaben des Rechnungsprüfungsamts vereinbar ist und die Unabhängigkeit des Rechnungsprüfungsamts nicht beeinträchtigt wird.

(5) Die Leiterin oder der Leiter und die Prüferinnen und Prüfer des Rechnungsprüfungsamts dürfen Zahlungen durch die Kommune weder anordnen noch ausführen.

§ 118 NGO

ERLÄUTERUNGEN zu § 154

1. Zur wirksamen Wahrnehmung seiner Kontrollaufgaben bedarf das Rechnungsprüfungsamt eines hohen Maßes an **Unabhängigkeit**. Dem dient für seinen sachlichen Aufgabenbereich die unmittelbare Unterstellung unter die Vertretung und die Verantwortlichkeit nur ihr gegenüber. **Organisations- und dienstrechtlich** bleiben das Rechnungsprüfungsamt und seine Mitarbeiter in die Verwaltung eingegliedert, d. h. das Amt kann Teil eines Dezernats sein und § 107 Abs. 5 sowie für Arbeitnehmer die entsprechenden arbeits- oder tarifvertraglichen Regelungen bleiben unberührt mit der Folge, dass für dienstrechtliche Entscheidungen in persönlichen Angelegenheiten, wie z. B. Urlaub, Dienstaufsichtsbeschwerden, Nebentätigkeiten, der HVB als Dienstvorgesetzter zuständig ist.

Die innere Organisation des Rechnungsprüfungsamts, die Geschäftsverteilung und der Arbeitsablauf gehören nicht zu den dienstrechtlichen, sondern den sachlichen Befugnissen. Sie stehen der Vertretung zu. Sie ist, gestützt auf § 58

Abs. 1 Nr. 2, für den Erlass einer Rechnungsprüfungsordnung zuständig, die Regelungen über weitere Aufgaben (§ 155 Abs. 2) sowie Vorlage-, Auskunfts- und Beteiligungsrechte im Verhältnis zu den der Prüfung unterliegenden Organisationseinheiten treffen kann. Im Übrigen kann sie die diesbezüglichen Regelungen, z. B. den Erlass einer inneren Dienstanweisung, dem Leiter überlassen. Die Unabhängigkeit des Rechnungsprüfungsamts besteht nur im Rahmen seiner rechtmäßigen Aufgabenerfüllung; überschreitet es seine Kompetenzen oder vernachlässigt es die ihm obliegenden Aufgaben, kann sowohl die Vertretung mit Weisungen gegenüber dem Leiter als auch die Kommunalaufsichtsbehörde mit ihren Mitteln gegenüber der Kommune tätig werden.
Die Unmittelbarkeit und Verantwortlichkeit des Rechnungsprüfungsamts im Verhältnis zur Vertretung hat zur Folge, dass dessen Leiter ein vom Weisungsrecht des HVB unabhängiges Rederecht in den Sitzungen der Vertretung, des Hauptausschusses und der Fachausschüsse in Prüfungsangelegenheiten hat. Allerdings hat er keinen Anspruch auf Teilnahme an Sitzungen und Worterteilung und kann auch nicht verlangen, dass ein bestimmter Punkt seines Aufgabengebietes auf die Tagesordnung gesetzt wird.

2. Dem Rechnungsprüfungsamt obliegen gesetzlich die in § 155 Abs. 1 genannten **Aufgaben**. Weitere Aufgaben können ihm von der Vertretung auf Dauer übertragen werden (§ 155 Abs. 2). Im Einzelfall kann schließlich der Hauptausschuss dem Rechnungsprüfungsamt Aufträge zur Prüfung der Verwaltung übertragen (Abs. 1 Satz 2). Dem HVB steht dieses Recht nicht zu, er kann also ohne Beschluss des Hauptausschusses nur Anregungen zur Prüfung im Rahmen der gesetzlichen oder von der Vertretung zusätzlich übertragenen Aufgaben geben.

3. Bei der sachlichen Beurteilung der Prüfungsvorgänge im Rahmen seiner Aufgaben ist das Rechnungsprüfungsamt auch an **Weisungen** der Vertretung und des Hauptausschusses nicht gebunden. Mit dieser Regelung soll verhindert werden, dass je nach den politischen Mehrheitsverhältnissen Vorgänge unter den Teppich gekehrt oder grundlos angeprangert werden; das setzt auch voraus, dass die Vertretung durch Weisung ebenso wenig verhindern oder erreichen kann, dass ein bestimmter Vorgang zu bestimmter Zeit überhaupt geprüft oder nicht geprüft wird.

4. Die **Berufung** und **Abberufung** des Leiters und der Prüfer ist ausschließliche Zuständigkeit der Vertretung; das Erfordernis der absoluten Mehrheit für die Berufung und Abberufung des Leiters soll dessen Stellung stärken. Die Berufung hat vergleichbaren Rechtscharakter wie die Beauftragung des allgemeinen Stellvertreters (§ 81 Abs. 3), allerdings ist hier ein Vorschlagsrecht des HVB nicht normiert. Die Abberufung stellt folgerichtig keinen Verwaltungsakt dar, ihr kann deshalb nur mit der allgemeinen Leistungsklage begegnet werden (OVG Lüneburg, Beschl. v. 9.7.1992, Nds. MBl. 1993 S. 158 – Ls.; Saarl. OVG, Beschl. v. 3.12.1999, SKZ 2001 S. 79; s. auch Erl. 3 zu § 81). Gründe für die Abberufung können Mängel sowohl der fachlichen Leistungen als auch der persönlichen Eignung sein (VGH Baden-Württemberg, Beschl. v. 11.10.1991, VBlBW 1992 S. 268; Saarl. OVG, Beschl. v. 3.12.1999 a. a. O.). Die Abberufung bedarf im Interesse der Unabhängigkeit des Rechnungsprüfungsamts der Zustimmung der Aufsichtsbehörde.

5. Der Unabhängigkeit des Rechnungsprüfungsamts dienen auch die Voraussetzungen des Lebenszeitbeamtenverhältnisses für den Leiter und das Verbot der Verwandtschaft, Schwägerschaft, Ehe und Lebenspartnerschaft; zu seiner Reichweite vgl. Erl. 2 zu § 126 und 2 zu § 41. Zur unterschiedlichen Behandlung bezüglich des HVB und der anderen Mitglieder der Vertretung vgl. Erl. 2 a. E. zu § 126.

6. Über die schon länger bestehende Möglichkeit, dem Leiter oder einem Prüfer die Stellung des **Datenschutzbeauftragten** (§ 8a NDSG) zu übertragen, hinaus können sie nun auch weitere Funktionen in der Kommune innehaben, wenn das nicht mit den Aufgaben des Rechnungsprüfungsamts unvereinbar ist und dessen Unabhängigkeit beeinträchtigt; zu denken ist dabei insbesondere an ehrenamtliche Tätigkeiten im Rahmen des § 38. Zur Wählbarkeit des Leiters für den Personalrat s. § 107 Abs. 1 NPersVG.

§ 155 Rechnungsprüfung

(1) Die Rechnungsprüfung umfasst:
1. **die Prüfung des Jahresabschlusses,**
2. **die Prüfung des konsolidierten Gesamtabschlusses,**
3. **die laufende Prüfung der Kassenvorgänge und der Belege zur Vorbereitung des Jahresabschlusses,**
4. **die dauernde Überwachung der Kassen der Kommune und ihrer Eigenbetriebe sowie die Vornahme der regelmäßigen und unvermuteten Kassenprüfungen, unbeschadet der Vorschriften über die Kassenaufsicht, und**
5. **die Prüfung von Vergaben vor Auftragserteilung.**

(2) Die Vertretung kann dem Rechnungsprüfungsamt weitere Aufgaben übertragen, insbesondere
1. **die Prüfung der Vorräte und Vermögensbestände,**
2. **die Prüfung der Verwaltung auf Ordnungsmäßigkeit, Zweckmäßigkeit und Wirtschaftlichkeit,**
3. **die Prüfung der Wirtschaftsführung der Eigenbetriebe und der kommunalen Stiftungen,**
4. **die Prüfung der Betätigung der Kommune als Gesellschafterin oder Aktionärin in Unternehmen und Einrichtungen mit eigener Rechtspersönlichkeit und**
5. **die Kassen-, Buch- und Betriebsprüfung, soweit sich die Kommune eine solche Prüfung bei einer Beteiligung, bei der Gewährung eines Kredits oder sonst vorbehalten hat.**

(3) Das Rechnungsprüfungsamt kann die Prüfung nach pflichtgemäßem Ermessen beschränken und auf die Vorlage einzelner Prüfungsunterlagen verzichten.

(4) Andere gesetzliche Bestimmungen über die Prüfungspflicht der Wirtschaftsbetriebe der öffentlichen Hand werden hierdurch nicht berührt.

§ 119 NGO

ERLÄUTERUNGEN zu § 155

1. Die Vorschrift regelt die **Pflichtaufgaben** des Rechnungsprüfungsamts (Abs. 1) und ermächtigt die Vertretung zur Übertragung **weiterer Aufgaben** (Abs. 2).

2. Zu den Pflichtaufgaben gehören die Prüfung des innerhalb von drei Monaten nach Ablauf des Haushaltsjahres aufzustellenden **Jahresabschlusses** (§ 129 Abs. 1) sowie des **konsolidierten Gesamtabschlusses**, der innerhalb von sechs Monaten nach dem Ende des Haushaltsjahres aufgestellt sein soll (§ 129 Abs. 1). Die Prüfung erfolgt unter den in § 156 Abs. 1 und 2 enthaltenen Gesichtspunkten und nach den dort aufgestellten Regeln; seine Bemerkungen fasst das Rechnungsprüfungsamt in einem Schlussbericht zusammen (§ 156 Abs. 3), der nach Vorlage durch den HVB (§ 129 Abs. 1) Grundlage für die Beschlussfassung der Vertretung über den Jahresabschluss, den konsolidierten Gesamtabschluss und die Entlastung des HVB ist (§ 129 Abs. 1).
Die Rechnungsprüfung umfasst weiter die **laufende Prüfung** der Kassenvorgänge und der Belege zur Vorbereitung des Jahresabschlusses. Sie dient auch der Beschleunigung, weil vermieden wird, dass diese Prüfungen erst nach Eingang des aufgestellten Jahresabschlusses beginnen; auch für sie gelten die Regeln des § 156 Abs. 1.
Die zur Rechnungsprüfung außerdem zählende Pflicht zur dauernden **Überwachung der Kassen** lässt ausdrücklich die Kassenaufsicht (§ 126 Abs. 5) unberührt, tritt vielmehr zu ihr hinzu, damit die Wirksamkeit der Kontrolle noch erhöht wird. Zur Durchführung der Überwachung sind in der Dienstanweisung Bestimmungen zu treffen (§ 41 GemHKVO).
Schließlich sind **Vergaben** vor der Auftragserteilung zu prüfen. Zweck der Prüfung ist die Vergabekontrolle in Bezug auf Rechtmäßigkeit und Wirtschaftlichkeit (vgl. Erl. 3 zu § 110), der verfehlt würde, wenn die Prüfung erst nach Auftragserteilung erfolgte. Die Pflicht des Rechnungsprüfungsamts zur Vergabeprüfung bei wirtschaftlichen Unternehmen ohne eigene Rechtspersönlichkeit und öffentlichen Einrichtungen, für die aufgrund gesetzlicher Vorschriften Sonderrechnungen geführt werden, also vornehmlich Eigenbetriebe, ergibt sich aus § 130 Abs. 3.
Die Pflicht zur **Programmprüfung** bei Automation der Kassengeschäfte durch das Rechnungsprüfungsamt ist ebenso wie die Regelung über die Feststellung der Unbedenklichkeit der Programme in § 99 NGO durch die Novelle von 2001 gestrichen worden, nicht weil die Programmprüfung für überflüssig angesehen wird, sondern um der Kommune die Entscheidung zu überlassen, wie zu verfahren ist. Die Programmprüfung kann durch die Vertretung dem Rechnungsprüfungsamt übertragen werden (Abs. 2), denn sie gewährleistet im Interesse größerer technischer Programmsicherheit, dass die Prüfungsbehörden bei der Aufstellung, insbesondere beim Testen der Programme mitwirken. Dabei ist es Prüfungsziel, den Nachweis der Übereinstimmung angewendeter neuer Verfahren mit den Grundsätzen der Rechtmäßigkeit (einschließlich des Datenschutzes), der Ordnungsmäßigkeit (einschließlich der Datendokumentation) und der Sicherheit zu erbringen und gegebenenfalls eine Grundlage für die zur Sicherung der Systeme notwendigen organisatorischen und technischen Maßnahmen zu schaffen. Mit den entsprechenden Aufgaben können zentrale Einrichtungen be-

traut werden (§ 153 Abs. 2). Die Sicherung des Verfahrens bei Automation und die Programmfreigabe ist Aufgabe des HVB.

Zur Verpflichtung des Rechnungsprüfungsamts, zum Haushaltssicherungsbericht Stellung zu nehmen (§ 110 Abs. 6 Satz 6) s. Erl. 6 zu § 110.

3. Für die Übertragung **weiterer Aufgaben** ist die Vertretung ausschließlich zuständig. Da es sich um Daueraufgaben handelt, kommt die Übertragung durch Rechnungsprüfungsordnung (vgl. Erl. 1 zu § 154) in Betracht. Die Aufzählung der möglichen Aufgaben ist beispielhaft und nicht abschließend.

Die Prüfung der **Vorräte** und **Vermögensgegenstände** erfolgt auch im Rahmen des Jahresabschlusses (§ 156 Abs. 1 Nr. 4) mit der zu ihm gehörigen Bilanz (§ 128 Abs. 2), die alle Vermögensgegenstände einschließlich der Vorräte angibt (§ 54 GemHKVO).

Die Prüfung der **Verwaltung** auf Ordnungsmäßigkeit, Zweckmäßigkeit und Wirtschaftlichkeit kann sich auf deren Organisation, Geschäftsverteilung und Dienstbetrieb erstrecken. Die Prüfungsergebnisse können allerdings nicht mehr sein als Grundlagen für Entscheidungen der für die Prüfgebiete zuständigen Organe, also insbesondere des HVB als Leiter der Verwaltung und für ihre Organisation Verantwortlichen (vgl. Erl. 7 zu § 85) und der Vertretung bei der Wahrnehmung ihrer Richtlinienkompetenz (vgl. Erl. 2 Nr. 2 zu § 58). Kompetenzen über die Feststellung eines bestimmten Zustandes und Anregungen zu seiner Veränderung hinaus vermittelt die Vorschrift dem Rechnungsprüfungsamt nicht.

Unbeschadet der ihm für Eigenbetriebe obliegenden Jahresabschlussprüfung (§ 157), die nach Absatz 4 unberührt bleibt, kann die **Prüfung der Wirtschaftsführung** von Eigenbetrieben und den rechtlich selbstständigen Stiftungen dem Rechnungsprüfungsamt übertragen werden.

Die **Betätigungsprüfung** (s. dazu auch Erl. 4 zu § 158) bezieht sich auf das Verhalten der Kommune als Gesellschafter oder Aktionär und das ihrer Vertreter in den Gesellschaftsorganen; im Wesentlichen geht es dabei um die Feststellung, ob und in welcher Weise die in § 138 normierten Rechte und Pflichten zur Wahrung der in § 137 Abs. 1 enthaltenen Bedingungen der Führung von Unternehmen und Einrichtungen wahrgenommen und erfüllt werden, die mit eigener Rechtspersönlichkeit in einer Rechtsform des privaten Rechts oder als kommunale Anstalten geführt werden. Für die Prüfung der Gesellschaften und Anstalten selbst bleiben § 158 und §§ 147, 157 unberührt (Abs. 4).

Fälle der vorbehaltenen **Kassen-, Buch- und Betriebsprüfung** sind vorbehaltene Rechte bei Rechtsgeschäften im Rahmen des § 121 Abs. 2, 3 und 5 und nach § 158 Abs. 2 und 3 i. V. m. § 54 HGrG.

4. Nach Abs. 3 kann das Rechnungsprüfungsamt die Prüfung zur **Konzentration auf das Wesentliche** nach pflichtgemäßem Ermessen beschränken und auf die Vorlage von Unterlagen verzichten. Abs. 4 betrifft nicht nur den selbstverständlichen Vorrang bundesrechtlich normierter Prüfungspflichten, sondern auch solche aufgrund Landesrechts. Die Intensität und den Umfang der Prüfung legt das Rechnungsprüfungsamt gestützt auf seine Unabhängigkeit (§ 154 Abs. 1) fest; insoweit sind Regelungen in einer von der Vertretung erlassenen Rechnungsprüfungsordnung (Erl. 1 zu § 153) unzulässig. Beschränkungen sind im Rahmen pflichtmäßigen Ermessens möglich, dürfen also nicht willkürlich sein.

§ 156 Jahresabschlussprüfung und Prüfung des konsolidierten Gesamtabschlusses

(1) Der Jahresabschluss ist dahingehend zu prüfen, ob
1. der Haushaltsplan eingehalten worden ist,
2. die Grundsätze ordnungsmäßiger Buchführung eingehalten worden sind,
3. bei den Erträgen und Aufwendungen sowie bei den Einzahlungen und Auszahlungen des kommunalen Geld- und Vermögensverkehrs nach den bestehenden Gesetzen und Vorschriften unter Beachtung der maßgebenden Verwaltungsgrundsätze und der gebotenen Wirtschaftlichkeit verfahren worden ist und
4. sämtliche Vermögensgegenstände, Schulden, Rechnungsabgrenzungsposten, Erträge, Aufwendungen, Einzahlungen und Auszahlungen enthalten sind und der Jahresabschluss die tatsächliche Vermögens-, Ertrags- und Finanzlage darstellt.

(2) ¹Der konsolidierte Gesamtabschluss ist dahin zu prüfen, ob er nach den Grundsätzen ordnungsmäßiger Buchführung aufgestellt ist. ²Bei der Prüfung des konsolidierten Gesamtabschlusses sind die Ergebnisse einer Prüfung nach den §§ 157 und 158 und vorhandene Jahresabschlussprüfungen zu berücksichtigen. ³Das Rechnungsprüfungsamt kann mit der Durchführung der Prüfung des konsolidierten Gesamtabschlusses eine Wirtschaftsprüferin, einen Wirtschaftsprüfer, eine Wirtschaftsprüfungsgesellschaft oder andere Dritte beauftragen oder zulassen, dass die Beauftragung im Einvernehmen mit dem Rechnungsprüfungsamt unmittelbar durch die Kommune erfolgt.

(3) Das Rechnungsprüfungsamt hat seine Bemerkungen jeweils in einem Schlussbericht zusammenzufassen.

(4) ¹Der um die Stellungnahme der Hauptverwaltungsbeamtin oder des Hauptverwaltungsbeamten ergänzte Schlussbericht des Rechnungsprüfungsamts ist frühestens nach seiner Vorlage in der Vertretung (§ 129 Abs. 1 Satz 2) an sieben Tagen öffentlich auszulegen; die Auslegung ist öffentlich bekannt zu machen. ²Dabei sind die Belange des Datenschutzes zu beachten. ³Bekanntmachung und Auslegung können mit dem Verfahren nach § 129 Abs. 2 verbunden werden. ⁴Die Kommune gibt Ausfertigungen des öffentlich ausgelegten und um die Stellungnahme der Hauptverwaltungsbeamtin oder des Hauptverwaltungsbeamten ergänzten Schlussberichts gegen Kostenerstattung ab.

§ 120 NGO

ERLÄUTERUNGEN zu § 156

1. Die Prüfung nach Absatz 1 betrifft den **Jahresabschluss** der Kommune mit allen seinen Bestandteilen (§ 128 Abs. 2), und dient der Vorbereitung des Beschlusses der Vertretung über ihn, den konsolidierten Gesamtabschluss und über die Entlastung (§ 129 Abs. 1).

Zu prüfen ist die **Einhaltung des Haushaltsplans** (Abs. 1 Nr. 1). Ergebnis- und Finanzhaushalt sind im Rahmen des Plan-Ist-Vergleichs (§ 52 GemHKVO) darauf zu kontrollieren, ob Erträge und Aufwendungen und Einzahlungen und

Auszahlungen mit den Festsetzungen übereinstimmen, und ob die einschlägigen gesetzlichen Vorschriften des NKomVG und der GemHKVO beachtet worden sind.
Während die Prüfung der einzelnen Buchungsvorgänge vorbereitend schon im Rahmen der Prüfung der Kassenvorgänge und Belege nach § 155 Abs. 1 Nr. 3 erfolgt (vgl. Erl. 2 zu § 155), ist bei der Jahresabschlussprüfung die Einhaltung der **Grundsätze ordnungsmäßiger Buchführung** zu prüfen (Abs. 1 Nr. 2), nach der gem. § 110 Abs. 3 die Haushaltswirtschaft zu führen ist (s. dazu Erl. 4 zu 110).
Über die Einhaltung der haushaltsrechtlichen Vorschriften hinaus (Abs. 1 Nr. 1) ist auch zu prüfen, ob bei den Rechnungsvorgängen nach den sonstigen **Gesetzen und Vorschriften**, einschließlich der in Verwaltungsvorschriften enthaltenen Grundsätze, verfahren und den Erfordernissen der **Wirtschaftlichkeit** Rechnung getragen worden ist (Abs. 1 Nr. 3). Im Hinblick auf diese Rechtmäßigkeits- und Wirtschaftlichkeitsprüfung auch einzelner Verwaltungsvorgänge können Schlussrechnungen von Bauvorhaben der Kommune fachtechnisch geprüft werden, und zwar auch im Rahmen der vorbereitenden Prüfung (§ 155 Abs. 1 Nr. 3). Die Schlussrechnung von Bauvorhaben der Sondervermögen nach § 130 Abs. 1 Nrn. 3 und 4 können im Einzelfall nur aufgrund Beschlusses des Hauptausschusses (§ 154 Abs. 1 Satz 2) und generell nur geprüft werden, wenn die Vertretung dem Rechnungsprüfungsamt diese Aufgabe überträgt (§ 155 Abs. 3).
Die Prüfung des richtigen **Vermögensnachweises** (Abs. 1 Nr. 4) erfordert nicht die Aufstellung einer Vermögensrechnung, sondern besteht in der Kontrolle, ob bei der Inventur am Schluss des Haushaltsjahres das Vermögen nach den Vorschriften der GemHKVO (vgl. §§ 37, 38) richtig aufgenommen ist.
Die Bestimmung, dass das Rechnungsprüfungsamt sich für seine ihm nach Satz 1 obliegende Prüfung der Kommune auch bei einer kommunalen Anstalt unmittelbar unterrichten und dazu deren Betrieb, Bücher und Schriften einsehen kann, ist entfallen und wird ggf. in der Verordnung nach § 147 Abs. 2 Aufnahme finden.

2. Nach Abs. 2 ist nun auch ausdrücklich Aufgabe des Rechnungsprüfungsamts die Prüfung des **konsolidierten Gesamtabschlusses**. Bei der Prüfung des konsolidierten Gesamtabschlusses geht es nicht um die Prüfung der Jahresabschlüsse der Aufgabenträger nach § 128 Abs. 4 Satz 1, die in die Konsolidierung einzubeziehen sind, sondern um die eher formale Prüfung, ob die Konsolidierung nach den Regeln des § 128 Abs. 4 Satz 3, Abs. 5 und 6 vollständig und richtig vorgenommen worden ist und der Konsolidierungsbericht den Anforderungen des § 58 GemHKVO entspricht.
Die Regelung über die **Einschaltung eines Dritten** bei der Prüfung des konsolidierten Gesamtabschlusses ist der schon länger bestehenden entsprechenden Möglichkeit bei der Jahresabschlussprüfung eines Eigenbetriebs (§ 157 Satz 2) nachgebildet. Sie ist auf die Prüfung des konsolidierten Gesamtabschlusses beschränkt, kann also nicht auf die Prüfung des Jahresabschlusses ausgedehnt werden.

3. Seine Bemerkungen hat das Rechnungsprüfungsamt in zwei **Schlussberichten**, zum Jahresabschluss und zum konsolidierten Gesamtabschluss, zusammenzufassen. Mit Rücksicht auf die Bedeutung der Schlussberichte als wesentliche

Grundlage der Entlastung (§ 129) sind in ihn alle dafür relevanten Bemerkungen aufzunehmen, wobei aber schon darauf Bedacht zu nehmen ist, dass der Bericht nicht nur für die Vertretung bestimmt ist. Im Hinblick auf § 154 Abs. 1 Satz 1 ist Adressat der Schlussberichte der Vorsitzende der Vertretung, daneben mit Blick auf § 129 Abs. 1 Satz 2 der HVB; das nähere Verfahren der Übermittlung einschließlich einer etwaigen Reihenfolge kann in der Rechnungsprüfungsordnung festgelegt werden. Nach der Vorlage in der Vertretung (§ 129 Abs. 1) sind die Schlussberichte mit der sie ergänzenden Stellungnahme des HVB **öffentlich auszulegen**; das kann gemeinsam mit der Auslegung des Jahresabschlusses und des konsolidierten Gesamtabschlusses (§ 129 Abs. 2) geschehen (vgl. Erl. 5 zu § 129). Die öffentliche Auslegung dient der Transparenz und Offenheit auch der Kommunalverwaltung. Deshalb müssen die Belange des **Datenschutzes** beachtet werden. Sofern es notwendig ist, Bemerkungen von besonderer Bedeutung in Einzelfällen in den Schlussbericht aufzunehmen, kann in ihm zur Anonymisierung z. B. auf die Belegnummern, nach denen die Kassenbelege geordnet sind, hingewiesen werden; der Darstellung unbedeutender Einzelfälle, die nach dem pflichtgemäßen Ermessen des Rechnungsprüfungsamts für die Entscheidung der Vertretung als unerheblich erscheinen, bedarf es nicht. Ebenso dürfte grundsätzlich auch eine nach Anzahl und Gesamtsummen gebündelte Angabe von Beschaffungs-, Vergabe- und Zahlfällen ausreichen, um die Aufwendungs- und Auszahlungsstruktur des Haushalts sowie dessen Abwicklung zu verdeutlichen. Sollten ausnahmsweise zusätzlich personenbezogene Daten für die Stellungnahme des HVB und die Entscheidung der Vertretung erforderlich sein, genügen mündliche Erläuterungen in der Schlussbesprechung und während der Beratung. Durch Schwärzung wird regelmäßig die erforderliche Anonymisierung nicht erreicht. Die Erstellung von zwei Schlussberichten mit personenbezogenen Daten für die interne Verwendung und ohne solche Daten für die Veröffentlichung ist nicht notwendig.

4. Zur **Abgabe** von Ausfertigungen des ausgelegten Schlussberichts einschließlich der Stellungnahme des HVB ist die Kommune verpflichtet; dasselbe gilt für die Haushaltssatzung (§ 10 Abs. 4). Sie kann auch Ausfertigungen des ausgelegten Jahres- und konsolidierten Gesamtabschlusses (§ 129 Abs. 2) abgeben. In allen Fällen erfolgt die Abgabe gegen Kostenerstattung.

§ 157 Jahresabschlussprüfung bei Eigenbetrieben

¹Die Jahresabschlussprüfung eines Eigenbetriebs erfolgt durch das für die Kommune zuständige Rechnungsprüfungsamt. ²Es kann mit der Durchführung der Jahresabschlussprüfung eine Wirtschaftsprüferin, einen Wirtschaftsprüfer, eine Wirtschaftsprüfungsgesellschaft oder andere Dritte beauftragen oder zulassen, dass die Beauftragung im Einvernehmen mit dem Rechnungsprüfungsamt unmittelbar durch den Eigenbetrieb erfolgt. ³Die Kosten der Jahresabschlussprüfung trägt der Eigenbetrieb.

§ 123 NGO

ERLÄUTERUNGEN zu § 157

1. Der Jahresabschluss des Eigenbetriebs i. S. des § 136 Abs. 2 Nr. 1 und Abs. 4 ist in derselben Weise zu prüfen wie der der Kommune (s. Erl. 1 zu § 156). Für die Jahresabschlussprüfung gelten, gestützt auf § 178 Abs. 1 Nr. 12, die Vorschriften der EigBetrVO. Der Umfang der Prüfungspflicht ergibt sich aus § 29 EigBetrVO. Danach sind zunächst der Jahresabschluss, der Lagebericht und die Buchführung auf Einhaltung der für ihn geltenden Vorschriften zu prüfen. Die weiteren Gegenstände der Jahresabschlussprüfung (§ 29 Abs. 1 Satz 2 EigBetrVO) entsprechen den Regelungen des § 53 Abs. 1 HGrG. Die Jahresabschlussprüfung erfolgt jährlich (§ 29 Abs. 2 EigBetrVO), jedoch besteht eine Befreiungsmöglichkeit (§ 34 EigBetrVO). Das Verfahren regeln die §§ 31 bis 34 EigBetrVO.

2. Die Jahresabschlussprüfung obliegt dem Rechnungsprüfungsamt, das mit ihrer Durchführung jedoch einen Wirtschaftsprüfer, eine Wirtschaftsprüfungsgesellschaft oder einen anderen **Dritten beauftragen** kann; Ausschlusstatbestände für die Beauftragung enthält § 30 EigBetrVO. Aus steuerrechtlichen Gründen im Hinblick auf die Anrechnung der Prüfungskosten ist die Möglichkeit eröffnet worden, dass der Eigenbetrieb die Beauftragung unmittelbar vornimmt. Die Kosten der Jahresabschlussprüfung muss der Eigenbetrieb tragen. Da es sich bei der Jahresabschlussprüfung durch das Rechnungsprüfungsamt um eine Angelegenheit des eigenen Wirkungskreises der Kommune handelt, sind alle diesbezüglichen Erlassregelungen außer Kraft.

Zur Rechnungslegung und internen Buchführung von Energieversorgungsunternehmen s. § 10 des Energiewirtschaftsgesetzes, wonach Energieversorgungsunternehmen ungeachtet ihrer Eigentumsverhältnisse und ihrer Rechtsform diesbezüglich den für Kapitalgesellschaften bestehenden Vorschriften des HGB unterliegen (s. auch § 35 Abs. 4 EigBetrVO). Nach § 147 Abs. 1 gilt für kommunale Anstalten zwar der § 157, jedoch nicht die EigBetrVO, sodass erwartet werden kann, dass die VO nach § 147 Abs. 2 auch nähere Regelungen für die Prüfung enthalten wird.

§ 158 Jahresabschlussprüfung bei privatrechtlichen Unternehmen

(1) ¹Ist eine Kommune allein oder zusammen mit anderen Kommunen, einem Land oder dem Bund an einem rechtlich selbstständigen, privatrechtlichen Unternehmen in dem in § 53 des Haushaltsgrundsätzegesetzes (HGrG) bezeichneten Umfang beteiligt, so hat sie dafür zu sorgen, dass in der Satzung oder im Gesellschaftsvertrag die Durchführung einer Jahresabschlussprüfung nach den Vorschriften über die Jahresabschlussprüfung bei Eigenbetrieben vorgeschrieben und ein zuständiges Rechnungsprüfungsamt bestimmt wird. ²Dies gilt nicht, wenn der Jahresabschluss aufgrund anderer Rechtsvorschriften zu prüfen ist. ³In diesen Fällen hat die Kommune eine Abschlussprüferin oder einen Abschlussprüfer nach § 319 Abs. 1 Satz 1 HGB zu wählen und die Rechte nach § 53 HGrG auszuüben. ⁴Der Kommunalaufsichtsbehörde ist eine Ausfertigung des Prüfungsberichts zu übersenden.

(2) Bei einer Beteiligung nach Absatz 1 Satz 1 hat die Kommune darauf hinzuwirken, dass den für sie zuständigen Prüfungseinrichtungen die in § 54 HGrG[1)] vorgesehenen Befugnisse eingeräumt werden.

(3) [1]Ist eine Kommune allein oder zusammen mit anderen Kommunen, einem Land oder dem Bund an einem rechtlich selbstständigen, privatrechtlichen Unternehmen nicht in dem in § 53 HGrG bezeichneten Umfang beteiligt, so soll die Kommune, soweit ihr Interesse dies erfordert, darauf hinwirken, dass ihr in der Satzung oder im Gesellschaftsvertrag die Rechte nach § 53 Abs. 1 HGrG sowie ihr und den für sie zuständigen Prüfungseinrichtungen die Befugnisse nach § 54 HGrG eingeräumt werden. [2]Bei mittelbaren Beteiligungen gilt das nur, wenn die Kommune allein oder zusammen mit anderen Kommunen, einem Land oder dem Bund in dem in § 53 HGrG bezeichneten Umfang an einem Unternehmen beteiligt ist, dessen Anteil an einem anderen Unternehmen wiederum 25 Prozent aller Anteile übersteigt.

§ 124 NGO

ERLÄUTERUNGEN zu § 158

1. Die Vorschrift betrifft die Prüfung des Jahresabschlusses von rechtlich selbstständigen **Unternehmen** und (von dem hier verwendeten allgemeinen Unternehmensbegriff erfassten) **Einrichtungen** des privaten Rechts, an denen die Kommune allein oder mit anderen Kommunen, einem Land oder dem Bund beteiligt ist. Dabei trifft das Gesetz unterschiedliche Regelungen nach dem Maß der Beteiligung der Kommune und danach, ob aufgrund anderer Rechtsvorschriften eine Prüfungspflicht besteht.

2. Ist die Kommune **allein** oder mit der **Mehrheit** der Anteile oder bei einer Mehrheitsbeteiligung von Gebietskörperschaften mit einem Mindestanteil von 25 v. H. an Unternehmen oder Einrichtungen beteiligt (§ 53 HGrG), dann hat sie bei denjenigen, die **keiner spezialgesetzlichen Prüfungspflicht** unterliegen, dafür zu sorgen, dass in der Satzung oder im Gesellschaftsvertrag die Durchführung der für Eigenbetriebe durch § 157 und die EigBetrVO normierten erweiterten Jahresabschlussprüfung durch das Rechnungsprüfungsamt (vgl. Erl. 1 zu § 157) vorgeschrieben wird (Absatz 1 Satz 1). Für die Berechnung der maßgeblichen Anteile sind nach § 53 Abs. 2 HGrG auch Anteile zu berücksichtigen, die einem Sondervermögen der Kommune (§ 130 Abs. 1) gehören. Kommunale Sparkassen sind kein Sondervermögen, ihre Anteile an einem Unternehmen können deshalb nicht berücksichtigt werden. Anderweitige Prüfungspflichten gibt es nach § 316 Abs. 1 HGB nur für Kapitalgesellschaften (GmbH, AG, KaG), die nicht kleine sind; kleine Kapitalgesellschaften sind solche, die zwei der nachfolgenden Merkmale nicht überschreiten (§ 267 Abs. 1 HGB):
   – 4 840 000 Euro Bilanzsumme nach Abzug eines auf der Aktivseite ausgewiesenen Fehlbetrags,
   – 9 680 000 Euro Umsatzerlöse in den zwölf Monaten vor dem Abschlussstichtag,
   – 50 Arbeitnehmer im Jahresdurchschnitt (berechnet nach § 267 Abs. 5 HGB).

Für kleine Kapitalgesellschaften normiert Abs. 1 Satz 1 die Pflicht, sie der gesetzlichen Prüfung nach § 157 zu unterwerfen mit den sich daraus ergebenden Konsequenzen für die Kosten (s. Erl. 2 zu § 157).

Bei den großen und mittelgroßen Kapitalgesellschaften, die der **Prüfungspflicht** nach § 316 ff. HGB **unterliegen**, hat die Kommune einen Abschlussprüfer nach § 319 Abs. 1 Satz 1 HGB zu wählen und die Rechte nach § 53 HGrG auszuüben (Absatz 1 Satz 3). Dabei ist die Regelung für den Fall, dass die Kommune Minderheitsgesellschafterin mit Anteilen von mehr als 25 v. H. ist, zur Vermeidung einer Kollision mit § 318 Abs. 1 Satz 1 HGB, wonach die Gesellschafter den Abschlussprüfer wählen, dahin zu verstehen, dass die Kommune im Rahmen ihrer Rechte als Gesellschafterin auf die Wahl hinzuwirken hat; zur Wahl ist ein Minderheitsgesellschafter nur befugt, wenn ihm das Recht im Gesellschaftsvertrag nach § 318 Abs. 1 Satz 2 HGB eingeräumt ist. Abschlussprüfer kann nur ein Wirtschaftsprüfer oder eine Wirtschaftsprüfungsgesellschaft sein. Die nach § 319 Abs. 1 Satz 2 HGB für mittelgroße GmbH (§ 267 Abs. 2 HGB) zugelassene Wahl eines vereidigten Buchprüfers oder einer Buchprüfungsgesellschaft ist im Hinblick darauf, dass zur Sicherstellung des in § 53 HGrG bezeichneten Prüfungsumfangs eine durchgängig einheitliche Beauftragung geboten ist, ausgeschlossen worden. Bei Vorliegen der Voraussetzungen der Art. 25 Abs. 1 Einführungsgesetz zum HGB kann die Prüfung bei kommunalen Wohnungsunternehmen auch der Prüfungsverband vornehmen, dem das Unternehmen angehört. Die Rechte nach § 53 HGrG bestehen darin zu verlangen, dass das Unternehmen oder die Einrichtung

– im Rahmen der Abschlussprüfung auch die Ordnungsmäßigkeit prüfen lässt,
– die Abschlussprüfer beauftragt, in ihrem Bericht auch die Entwicklung der Vermögens- und Ertragslage sowie die Liquidität und Rentabilität der Gesellschaft, verlustbringende Geschäfte und die Ursachen der Verluste, wenn diese Geschäfte und die Ursachen für die Vermögens- und Ertragslage von Bedeutung waren, sowie die Ursachen eines in der Gewinn- und Verlustrechnung ausgewiesenen Jahresfehlbetrags darzustellen,
– der Kommune den Prüfungsbericht der Abschlussprüfer und, wenn das Unternehmen einen Konzernabschluss aufzustellen hat, auch den Prüfungsbericht der Konzernabschlussprüfer unverzüglich nach Eingang übersendet.

Von den Prüfungsberichten des Rechnungsprüfungsamts und des Abschlussprüfers bei großen und mittelgroßen Kapitalgesellschaft ist eine Ausfertigung der Kommunalaufsichtsbehörde zu übersenden (Absatz 1 Satz 4).

Aufgrund ihrer mehrheitlichen Anteilsverhältnisse hat die Kommune darauf hinzuwirken, dass in der Satzung oder im Gesellschaftsvertrag den für sie zuständigen Prüfungseinrichtungen die Befugnis eingeräumt wird, sich zur Klärung von Fragen, die bei der Prüfung ihrer Betätigung in dem Unternehmen auftreten, unmittelbar zu unterrichten und zu diesem Zweck den Betrieb, die Bücher und die Schriften des Unternehmens einzusehen (Abs. 2, § 54 HGrG).

3. Ist die **Beteiligung** der Kommune allein oder zusammen mit anderen Gebietskörperschaften **geringer** als in den in Erl. 2 behandelten Fällen, dann soll die Kommune, soweit ihr Interesse das erfordert, darauf hinwirken, dass ihr in der Satzung oder im Gesellschaftsvertrag die Rechte nach § 53 HGrG sowie ihr und ihren Prüfungseinrichtungen die Befugnisse nach § 54 HGrG eingeräumt werden (Abs. 3 Satz 1). Aufgrund ihrer geringen Anteilsrechte kann die Kommune nur versuchen, dieses Ziel im Verhandlungswege zu erreichen, die nachdrücklich zu führen sind, damit prüfungsfreie Räume grundsätzlich nicht entstehen. Bei **mittelbaren Beteiligungen** gilt Absatz 3 Satz 1 nur, wenn das Unternehmen, an dem die Gemeinde in dem Umfang des § 53 HGrG beteiligt ist, an einem anderen Unternehmen mit mehr als 25 v. H. beteiligt ist.

4. Die Einräumung der Rechte nach § 54 HGrG (Abs. 2) dient der Durchführung der **Betätigungsprüfung** nach § 155 Abs. 2 Nr. 4 (s. Erl. 3 zu 155). Ihr Gegenstand ist nicht das private Unternehmen, sondern die Verwaltung der Kommune. Nicht das private Unternehmen soll einer besonderen Kontrolle unterstellt, sondern es soll gewährleistet werden, dass die in privaten Unternehmen eingesetzten Mittel der öffentlichen Hand nach haushaltsrechtlichen Gesichtspunkten geprüft werden können. Die kommunalen Prüfungseinrichtungen haben bei ihrer Entscheidung, inwieweit sie von ihrem Recht auf Selbstunterrichtung Gebrauch machen, darauf Bedacht zu nehmen, dass das Unternehmen hierdurch nicht unvertretbar belastet wird und keine Doppelprüfung stattfindet. Je aussagekräftiger die Berichte der Abschlussprüfer und die sonstigen verfügbaren Unterlagen sind, um so weniger werden klärungsbedürftige Fragen übrig bleiben, die eine Selbstunterrichtung erfordern. Die Einsichtnahme in Unterlagen bei dem privaten Unternehmen ist keine Prüfung dessen Geschäftsführung, sondern ist ausschließlich Erkenntnismittel für die Prüfung der kommunalen Betätigung.

NEUNTER TEIL: Besondere Aufgaben- und Kostenregelungen

Erster Abschnitt: **Region Hannover, Landeshauptstadt Hannover und übrige regionsangehörige Gemeinden**

§ 159 Grundsätze der Aufgabenverteilung

(1) Die Region Hannover erfüllt
1. in ihrem gesamten Gebiet neben den Aufgaben nach § 5 Abs. 1 Nr. 3 die Aufgaben der Landkreise im eigenen Wirkungskreis nach § 5 Abs. 1 Nr. 4, soweit diese Aufgaben nicht
    a) der Landeshauptstadt Hannover durch Rechtsvorschriften ausdrücklich zugewiesen werden oder nach §§ 162 und 163 zugewiesen sind oder
    b) den übrigen regionsangehörigen Gemeinden nach § 163 für ihr Gebiet zugewiesen sind,
2. in ihrem Gebiet mit Ausnahme des Gebiets der Landeshauptstadt Hannover die Aufgaben der Landkreise im übertragenen Wirkungskreis, soweit sich nicht aus Absatz 3 Nr. 3 oder den §§ 161 und 164 etwas anderes ergibt,
3. die ihr nach den §§ 160 und 161 besonders zugewiesenen Aufgaben und
4. weitere ihr durch Rechtsvorschrift zugewiesene Aufgaben.

(2) Die Landeshauptstadt Hannover erfüllt neben ihren Aufgaben als Gemeinde in ihrem Gebiet
1. die Aufgaben des eigenen Wirkungskreises, die den Landkreisen obliegen, soweit sie der Landeshauptstadt Hannover durch § 162 zugewiesen werden,
2. die besonderen Aufgaben des eigenen Wirkungskreises nach § 163,
3. die Aufgaben des übertragenen Wirkungskreises, die den Landkreisen obliegen, soweit sich aus § 161 nichts anderes ergibt oder eine andere Rechtsvorschrift dies nicht ausdrücklich ausschließt, und
4. die ihr nach § 164 zugewiesenen Aufgaben des übertragenen Wirkungskreises.

(3) Die übrigen regionsangehörigen Gemeinden erfüllen neben ihren Aufgaben als Gemeinde in ihrem Gebiet
1. die besonderen Aufgaben des eigenen Wirkungskreises nach § 163,
2. die besonderen Aufgaben des übertragenen Wirkungskreises nach § 164 Abs. 1 und nach § 164 Abs. 2 bis 4, soweit die dort genannten Voraussetzungen vorliegen, und
3. die Aufgaben nach § 17, soweit es sich um selbstständige Gemeinden nach § 14 Abs. 3 handelt.

§ 7 RegionsG

ERLÄUTERUNGEN zu § 159

1. Die wesentlichen Ziele und Zwecke der Neuordnung der Strukturen im Raum Hannover durch die Bildung der Region Hannover (Gesetz v. 5.6.2001, GVBl. S. 348) bestanden darin, insbesondere für die **entwicklungsbestimmenden Aufgaben** auf der überörtlichen Ebene eine für das gesamte Gebiet der Region einheitliche Verantwortung herzustellen. In diese Betrachtungsweise sind auch die **umweltbezogenen Aufgaben** aus den Bereichen Naturschutz, Wasser, Abfallbeseitigung, Bodenschutz, Wald und Immissionsschutz einbezogen worden, sodass der Bündelung dieser Aufgaben auf der Ebene der Region der Vorzug vor einer konsequenten Dezentralisierung gegeben worden ist, die für die Zuordnung weniger entwicklungsbestimmender Aufgaben maßgebendes Prinzip gewesen ist. Die Verteilung der Aufgaben auf Region, Landeshauptstadt Hannover und die regionsangehörigen Gemeinden ist nach dieser Konzeption vorgenommen worden (s. zur Entstehungsgeschichte KommP N 1999 S. 48).

2. Grundsätzlich erfüllt die Region Hannover im **eigenen Wirkungskreis** die Aufgaben der Kreisebene in ihrem gesamten Gebiet (Abs. 1 Nr. 1). Die Landeshauptstadt Hannover und die übrigen regionsangehörigen Gemeinden sind im eigenen Wirkungskreis grundsätzlich für die Aufgaben der örtlichen Gemeinschaft zuständig (Abs. 2 und 3). Im **übertragenen Wirkungskreis** bleiben die Region Hannover (Abs. 1 Nr. 2) und die Landeshauptstadt Hannover (Abs. 2 Nr. 3) grundsätzlich jeweils in ihrem Gebiet (die Region mit Ausnahme des Gebiets der Landeshauptstadt) für die den Landkreisen obliegenden Aufgaben zuständig. Auf der mit dieser Aufgabenverteilung im eigenen Wirkungskreis verbundenen faktischen Einkreisung der Landeshauptstadt Hannover beruht ihr Sonderstatus (§ 15).

§ 160 Aufgaben der Region Hannover in ihrem gesamten Gebiet im eigenen Wirkungskreis

(1) Die Region Hannover ist Träger der Regionalplanung im Sinne des Niedersächsischen Gesetzes über Raumordnung und Landesplanung.

(2) ¹Die Region Hannover ist zuständig für die regionale Wirtschafts- und Beschäftigungsförderung, soweit sie keine staatliche Aufgabe ist. ²Sie ist ferner zuständig für die kommunale Förderung der regional bedeutsamen Naherholung und kann auf Antrag der Gemeinden die Trägerschaft von Anlagen und Einrichtungen übernehmen, die diesem Zweck dienen. ³Die Zuständigkeit nach den Sätzen 1 und 2 schließt eine Förderung durch die Standortgemeinde nicht aus.

(3) Die Region Hannover nimmt die Aufgaben nach § 1 des Niedersächsischen Gesetzes zum Bundesgesetz zur wirtschaftlichen Sicherung der Krankenhäuser und zur Regelung der Krankenhauspflegesätze (Nds. KHG) wahr.

(4) ¹Die Region Hannover ist der örtliche Träger der öffentlichen Jugendhilfe, soweit dazu nicht regionsangehörige Gemeinden bestimmt worden sind. ²Sie ist Träger zentraler Einrichtungen und Leistungsangebote auch für das Gebiet anderer örtlicher Träger der Jugendhilfe, soweit diese eine solche Aufgabenübernahme mit ihr vereinbart haben. [3]Sie ist ferner dafür zuständig, die Jugendhilfeplanung innerhalb der Region Hannover durch eine Rahmenplanung aufeinander abzustimmen, auch mit anerkannten Trägern der freien Jugendhilfe und mit der überörtlichen Planung. [4]Die Region Hannover ist auch zuständig für die Förderung der auf ihrer Ebene bestehenden Jugendverbände und ihrer Zusammenschlüsse. [5]Anderen örtlichen Trägern der öffentlichen Jugendhilfe gewährt sie auf Antrag einen angemessenen pauschalierten Kostenausgleich bis zu 80 Prozent der Personal- und Sachkosten für Leistungen nach den §§ 19, 21, 29 bis 35a, 41 bis 43, 52, 55, 56, 59 und 90 Abs. 3 des Achten Buchs des Sozialgesetzbuchs (SGB VIII). [6]Voraussetzung dafür ist, dass diese Träger ihre Jugendhilfeplanung mit der Region Hannover abstimmen und ihr den Abschluss von Vereinbarungen nach § 78b SGB VIII übertragen. [7]Die Region Hannover kann die Sätze 4 und 5 auf weitere Aufgaben und Leistungen nach dem Achten Buch des Sozialgesetzbuchs anwenden.

(5) [1]Die Region Hannover ist Träger der berufsbildenden Schulen, der Förderschulen mit Ausnahme der Förderschulen für Lernhilfe, der Abendgymnasien, der Kollegs und der kommunalen Schullandheime. [2]Der Kreiselternrat (§ 97 des Niedersächsischen Schulgesetzes – NSchG) wird unter der Bezeichnung Regionselternrat für das gesamte Gebiet der Region Hannover eingerichtet, der Kreisschülerrat (§ 82 NSchG) in gleicher Weise unter der Bezeichnung Regionsschülerrat. [3]§ 102 Abs. 3 bis 5 und die §§ 117 und 118 NSchG sind im gesamten Gebiet der Region Hannover nicht anzuwenden. [4]§ 103 NSchG ist mit der Maßgabe anzuwenden, dass die Region Hannover nach Ermessen entscheidet, ob sie die laufende Verwaltung einzelner ihrer Schulen überträgt.

(6) [1]Die Region Hannover ist öffentlich-rechtlicher Entsorgungsträger im Sinne des Kreislaufwirtschafts- und Abfallgesetzes, des Batteriegesetzes und des Elektro- und Elektronikgerätegesetzes. [2]Sie übernimmt von dem Landkreis Hannover und der Landeshauptstadt Hannover die diesem Zweck dienenden Einrichtungen und Anlagen, soweit sie nicht zugleich anderen Zwecken dienen und dafür weiterhin benötigt werden.

(7) Die Region Hannover ist neben ihren Aufgaben nach dem Zweiten Abschnitt des Niedersächsischen Pflegegesetzes zuständig für den Abschluss von Vergütungsvereinbarungen über die ambulante und die stationäre Pflege sowie die Kurzzeit- und die Tagespflege nach dem Elften Buch des Sozialgesetzbuchs.

(8) Die Region Hannover ist für die Planung und Finanzierung der kommunalen Förderung des sozialen Wohnungsbaus zuständig.

§ 8 RegionsG

ERLÄUTERUNGEN zu § 160

Die Vorschrift ergänzt den Grundsatz der Verteilung der Aufgaben des eigenen Wirkungskreises nach § 159 Abs. 1 Nr. 1 um wichtige entwicklungsrelevante Aufgaben, die der Region Hannover über die ihr durch § 159 Abs. 1 hinaus für ihr gesamtes Gebiet zugewiesen werden.

§ 161 Besondere Aufgaben der Region Hannover im übertragenen Wirkungskreis

Die Region Hannover ist in ihrem gesamten Gebiet zuständig für
1. die Aufgaben der unteren Landesplanungsbehörde nach dem Niedersächsischen Gesetz über Raumordnung und Landesplanung,
2. die Aufgaben der höheren Verwaltungsbehörde nach dem Baugesetzbuch, ausgenommen
    a) Entscheidungen nach § 6 Abs. 1 und § 10 Abs. 2 BauGB für Bauleitpläne, die die Region Hannover selbst erarbeitet hat,
    b) Entscheidungen nach § 37 Abs. 1 und 2 BauGB,
    c) die der Enteignungsbehörde (§ 104 BauGB) obliegenden Aufgaben,
3. die Aufgaben der unteren Naturschutzbehörde nach § 32 Abs. 1 Satz 1 des Niedersächsischen Ausführungsgesetzes zum Bundesnaturschutzgesetz (NAGBNatSchG), soweit nicht nach § 164 Abs. 4 dieses Gesetzes einzelne Aufgaben regionsangehörigen Gemeinden übertragen worden sind,
4. die Aufgaben, die durch Bundes- und Landesrecht den Gesundheitsämtern, den unteren Gesundheitsbehörden und den Amtsärztinnen und Amtsärzten zugewiesen sind, sowie für die Aufgaben der Landkreise
    a) in Bezug auf das Infektionsschutzgesetz (IfSG) und darauf gestützte Verordnungen, ausgenommen die Überwachung, ob die Nachweispflichten nach § 43 Abs. 5 Satz 2 IfSG eingehalten worden sind, und die Zulassung von Abweichungen für Lebensmittelbetriebe nach § 10 Abs. 1 der Trinkwasserverordnung,
    b) nach dem Niedersächsischen Gesetz über Hilfen und Schutzmaßnahmen für psychisch Kranke,
    c) nach dem Niedersächsischen Ausführungsgesetz zum Betreuungsgesetz,
5. die Aufgaben der Landkreise nach dem Dritten Abschnitt des Niedersächsischen Pflegegesetzes,
6. die Aufgaben der Ämter für Ausbildungsförderung
    a) nach § 41 des Bundesausbildungsförderungsgesetzes (BAföG), soweit nicht ein nach § 3 Abs. 8 Satz 1 des Niedersächsischen Hochschulgesetzes eingerichtetes Amt für Ausbildungsförderung zuständig ist,
    b) nach § 45 Abs. 4 Satz 1 BAföG in Bezug auf eine Ausbildung in den Staaten, für die durch Rechtsverordnung nach § 45 Abs. 4 Satz 2 BAföG das Land Niedersachsen zuständig ist; abweichend davon ist bis zum 31. Dezember 2011 für Förderungsanträge für Ausbildungen an in Asien gelegenen Ausbildungsstätten für Bewilligungszeiträume, die ab dem 1. März 2010 beginnen, das Studentenwerk Oldenburg als Amt für Ausbildungsförderung zuständig,
7. die Aufgaben des Versicherungsamts nach dem Vierten Buch des Sozialgesetzbuchs,
8. die Aufgaben des Ausgleichsamts nach dem Lastenausgleichsgesetz und nach darauf verweisenden Gesetzen,
9. die Aufgaben der unteren Deichbehörden nach dem Niedersächsischen Deichgesetz und die Aufgaben der Aufsichtsbehörden nach dem Wasserverbandsgesetz,
10. die Aufgaben der unteren Wasserbehörde, ausgenommen die Zuständigkeiten
    a) nach § 164 Abs. 3, soweit sie regionsangehörigen Gemeinden übertragen worden sind,

b) für die Genehmigung von Einleitungen in öffentliche Abwasseranlagen im Bereich der selbstständigen Gemeinden und der Landeshauptstadt Hannover nach § 58 des Wasserhaushaltsgesetzes (WHG),

11. die Aufgaben auf dem Gebiet des Schornsteinfegerrechts, die den Landkreisen sowie den kreisfreien Städten und den großen selbstständigen Städten zugewiesen sind,

12. die Aufgaben der unteren Bodenschutzbehörden nach § 10 des Niedersächsischen Bodenschutzgesetzes,

13. die Aufgaben der Waldbehörden, mit Ausnahme der Aufgaben nach § 31 Abs. 3 und 4 und § 35 Abs. 4 des Niedersächsischen Gesetzes über den Wald und die Landschaftsordnung in der Landeshauptstadt Hannover, sowie die Aufgaben der Landkreise nach dem Forstschäden-Ausgleichsgesetz und der Verordnung zur Durchführung des Bundeswaldgesetzes,

14. die Aufgaben nach dem Bundes-Immissionsschutzgesetz und den darauf gestützten Verordnungen, die nur den Landkreisen und den kreisfreien und großen selbstständigen Städten zugewiesen sind,

15. die den Landkreisen und kreisfreien Städten zugewiesenen Aufgaben nach dem Chemikaliengesetz und den darauf gestützten Verordnungen und

16. die Festsetzung nach § 4 Abs. 2 Satz 2 des Niedersächsischen Straßengesetzes (NStrG), die Festlegung der seitlichen Begrenzung der Ortsdurchfahrten nach § 43 Abs. 6 NStrG, soweit Landesstraßen betroffen sind, sowie die Aufgabe der Anhörungs- und Planfeststellungsbehörde nach § 38 Abs. 5 NStrG für Bundes- und Landesstraßen.

§ 9 RegionsG

ERLÄUTERUNGEN zu § 161

Zu den Aufgaben der Region Hannover im übertragenen Wirkungskreis nach § 150 Abs. 1 Nr. 2 treten die in dieser Vorschrift aufgezählten hinzu, vorwiegend um sie, vor allem die umweltrelevanten, bei einer Behörde zu bündeln (s. Erl. 1 zu § 159).

§ 162   Besondere Aufgaben der Landeshauptstadt Hannover im eigenen Wirkungskreis

(1) Die Landeshauptstadt Hannover ist in ihrem Gebiet zuständig für die den Landkreisen zugewiesenen Aufgaben

1. nach dem Niedersächsischen Brandschutzgesetz,

2. nach dem Niedersächsischen Rettungsdienstgesetz,

3. der kommunalen Förderung der Träger der Jugendarbeit nach dem Jugendförderungsgesetz,

4. des Straßenbaulastträgers für Kreisstraßen nach dem Niedersächsischen Straßengesetz und der Anhörungs- und Planfeststellungsbehörde nach § 38 Abs. 5 NStrG für diese Straßen und

5. der Festsetzung der Grenzen der Ortsdurchfahrten nach § 4 Abs. 2 Satz 1 NStrG sowie die Festlegung der seitlichen Begrenzung der Ortsdurchfahrten nach § 43 Abs. 6 NStrG, soweit Kreisstraßen betroffen sind.

(2) Die Erfüllung der Aufgaben nach Absatz 1 durch die Landeshauptstadt Hannover ist bei der Regionsumlage zu berücksichtigen.

(3) Die Landeshauptstadt Hannover bleibt in dem Umfang für die Unterhaltung der Gewässer zweiter Ordnung zuständig, wie sie dies bis zum 31. Oktober 2001 war.

§ 10 RegionsG

ERLÄUTERUNGEN zu § 162

Nach § 159 Abs. 2 erfüllt die Landeshauptstadt Hannover im eigenen Wirkungskreis neben den ihr nach § 5 Abs. 1 als Gemeinde obliegenden auch die ihr nach dieser Vorschrift zugewiesenen fünf für die Entwicklung des Gesamtraumes nicht als entscheidend angesehenen Aufgaben der Kreisebene, die folgerichtig der Region Hannover, die nach dem Grundsatz (§ 159 Abs. 1 Nr. 1) für die Kreisaufgaben zuständig ist, vorenthalten sind (§ 159 Abs. 1 Nr. 2).

§ 163 Besondere Aufgaben der Landeshauptstadt Hannover und der übrigen regionsangehörigen Gemeinden im eigenen Wirkungskreis

(1) [1]Die Landeshauptstadt Hannover und die übrigen regionsangehörigen Gemeinden sind Träger der öffentlichen Schulen, soweit nicht nach § 160 Abs. 5 die Region Hannover zuständig ist. [2]Schulträger, die Schülerinnen und Schüler aus anderen regionsangehörigen Gemeinden (Herkunftsgemeinde) aufnehmen, erhalten von dem für die Herkunftsgemeinde zuständigen Schulträger einen Schulbeitrag. [3]Grundlage für diesen Beitrag ist ein Pro-Kopf-Betrag, den die Region Hannover pauschal nach Schulformen durch Satzung festlegt. [4]Der Anspruch auf Zahlung des Schulbeitrags besteht nur, wenn
1. der für die Herkunftsgemeinde zuständige Schulträger die gewählte Schulform oder den gewählten Bildungsgang nicht anbietet,
2. der Schulbesuch den schulrechtlichen Vorschriften entspricht und
3. zwischen den beteiligten Schulträgern nichts anderes vereinbart ist.
[5]Die Sätze 2 bis 4 gelten entsprechend für Schulträger, die Träger einer Schule für Lernhilfe sind.

(2) Die Landeshauptstadt Hannover und die übrigen regionsangehörigen Gemeinden sind zuständig für die kommunalen Aufgaben der Erwachsenenbildung; das Recht der kommunalen Zusammenarbeit bleibt unberührt.

(3) Die Landeshauptstadt Hannover und die übrigen regionsangehörigen Gemeinden sind für die kommunale Förderung des sozialen Wohnungsbaus und neben der Region Hannover auch für die Finanzierung dieser Förderung zuständig.

(4) [1]Neben den in § 1 Abs. 2 Satz 1 des Gesetzes zur Ausführung des Kinder- und Jugendhilfegesetzes (AG KJHG) bestimmten örtlichen Trägern der öffentlichen Jugendhilfe können auf Antrag auch die übrigen regionsangehörigen Gemeinden mit mehr als 30 000 Einwohnerinnen und Einwohnern sowie die

Stadt Springe durch das zuständige Ministerium hierzu bestimmt werden. ²Die Bestimmung nach Satz 1 ist aufzuheben, wenn die Gemeinde dies beantragt.

§ 11 RegionsG

ERLÄUTERUNGEN zu § 163

In Verfolg der mit der Regionsgründung beabsichtigten Ziele und Zwecke, insbesondere der Dezentralisierung von Aufgaben (Erl. zu § 159), trifft die Vorschrift im Wesentlichen eine von den Vorschriften des NSchG abweichende Regelung der **Schulträgerschaft**. Außerdem wird die Zuständigkeit für die **Erwachsenenbildung**, die Förderung des **sozialen Wohnungsbaus** und die Trägerschaft für das **Jugendamt** in der Region Hannover geregelt. Soweit dadurch Kreisaufgaben den Gemeinden übertragen werden, enthält § 159 Abs. 1 Nr. 1 den entsprechenden Vorbehalt.

§ 164 Besondere Aufgaben der Landeshauptstadt Hannover und der übrigen regionsangehörigen Gemeinden im übertragenen Wirkungskreis

(1) Abweichend von § 159 Abs. 1 Nr. 2 nehmen neben der Landeshauptstadt Hannover auch alle übrigen regionsangehörigen Gemeinden folgende Aufgaben der Landkreise im übertragenen Wirkungskreis wahr:
1. die Überwachung des fließenden und des ruhenden Verkehrs nach der Straßenverkehrsordnung (StVO), wobei sie insoweit Straßenverkehrsbehörde im Sinne des § 44 Abs. 1 Satz 1 StVO sind,
2. die Aufgaben nach dem Wohnungsbindungsgesetz,
3. die Aufgaben der zuständigen Stelle nach dem Niedersächsischen Wohnraumfördergesetz,
4. die Aufgaben der Wohngeldbehörde nach dem Wohngeldgesetz und
5. die Durchführung der Vorschriften des Ersten Abschnitts des Bundeserziehungsgeldgesetzes und die Aufgaben der Erziehungsgeldstelle nach dem Zweiten Abschnitt jenes Gesetzes.

(2) ¹Abweichend von § 63 Abs. 1 Satz 1 der Niedersächsischen Bauordnung (NBauO) nehmen neben der Landeshauptstadt Hannover auch die übrigen regionsangehörigen Gemeinden mit mehr als 30 000 Einwohnerinnen und Einwohnern die Aufgaben der unteren Bauaufsichtsbehörden wahr. ²Entsprechendes gilt für regionsangehörige Gemeinden, die diese Aufgaben am 31. Oktober 2001 wahrgenommen haben. ³Die oberste Bauaufsichtsbehörde kann anderen regionsangehörigen Gemeinden mit mehr als 20 000 Einwohnerinnen und Einwohnern die Aufgaben der unteren Bauaufsichtsbehörden übertragen; hierfür gilt § 63 Abs. 2 NBauO entsprechend.

(3) ¹Die Region Hannover kann der Landeshauptstadt Hannover oder einer der übrigen regionsangehörigen Gemeinden für deren Gebiet Aufgaben nach dem Niedersächsischen Wassergesetz und dem Wasserhaushaltsgesetz übertragen, wenn die Gemeinde dies beantragt und eine ordnungsgemäße Erledigung zu erwarten ist. ²Dies betrifft folgende Aufgaben:

1. die Erteilung der Erlaubnis, Abwasser aus Kleinkläranlagen einzuleiten (§ 10 WHG),
2. die Erteilung der Genehmigung nach § 57 NWG für Gewässer dritter Ordnung und
3. die Erteilung der Genehmigung von Abwasserbehandlungsanlagen (§ 60 Abs. 3 WHG), deren Abwässer in eine öffentliche Abwasseranlage eingeleitet werden sollen, wenn die Gemeinde für die Genehmigung dieser Einleitungen nach § 98 Abs. 1 Satz 1 NWG für zuständig erklärt worden ist.

[3]Die Gemeinde hat im Umfang der Übertragung die Aufgaben und Befugnisse der Wasserbehörde; sie ist insoweit für die behördliche Überwachung zuständig.

(4) [1]Die Region Hannover kann der Landeshauptstadt Hannover oder einer der übrigen regionsangehörigen Gemeinden für deren Gebiet die Aufgaben der Naturschutzbehörde nach den §§ 28 und 30 des Bundesnaturschutzgesetzes sowie den §§ 21 und 24 NAGBNatSchG übertragen, wenn die Gemeinde dies beantragt und eine ordnungsgemäße Erledigung zu erwarten ist. [2]Soweit die Aufgaben übertragen wurden, hat die Gemeinde die Stellung einer unteren Naturschutzbehörde und kann entsprechend § 34 NAGBNatSchG ehrenamtlich tätige Beauftragte für Naturschutz bestellen.

(5) [1]Wurde eine Aufgabe nach den Absätzen 2 bis 4 auf Antrag übertragen oder ist die Aufgabenübertragung beendet worden, ist dies durch diejenige Behörde öffentlich bekannt zu machen, die über die Aufgabenübertragung entscheidet oder entschieden hat. [2]Die Aufgabenübertragung kann aufgehoben werden, wenn die regionsangehörige Gemeinde dies beantragt oder wenn die Voraussetzungen der Aufgabenübertragung nicht mehr erfüllt sind. [3]Satz 2 gilt entsprechend, wenn im Fall des Absatzes 2 Satz 1 die Einwohnerzahl auf weniger als 30 001 sinkt und im Fall des Absatzes 2 Satz 2.

(6) In den Fällen der Absätze 2 bis 4 und § 63a Abs. 1 NBauO übt die Region Hannover die Fachaufsicht über die regionsangehörigen Gemeinden aus; davon ausgenommen ist die Landeshauptstadt Hannover.

(7) [1]Die Region Hannover hat den betroffenen regionsangehörigen Gemeinden 90 Prozent der notwendigen, pauschaliert zu berechnenden Verwaltungskosten für die Aufgaben zu erstatten, die die Gemeinden nach den Absätzen 3 und 4 übernommen haben. [2]Sie übernimmt jedoch höchstens den Betrag, den sie durch die Aufgabenübertragung an Nettoaufwendungen einspart. [3]Soweit in den Gemeinden die Kosten durch andere Einnahmen gedeckt sind oder gedeckt werden können, sind sie nicht zu erstatten. [4]Die Gemeinden können mit der Region Hannover den Kostenausgleich auch abweichend vereinbaren oder ganz auf ihn verzichten.

§ 12 RegionsG

ERLÄUTERUNGEN zu § 164

Durch Abs. 1 und 2 werden unter dem Gesichtspunkt der Dezentralisierung auch den übrigen regionsangehörigen Gemeinden Aufgaben des übertragenen Wirkungskreises zugewiesen, die sonst als Kreisaufgaben nach dem Grundsatz des § 159 Abs. 1 Nr. 2 und Abs. 2 Nr. 3 der Region Hannover und der Landeshauptstadt Hannover oblägen.

§ 165 Wahrnehmung von Aufgaben aufgrund einer Vereinbarung

(1) [1]Die Region Hannover kann alle oder einzelne regionsangehörige Gemeinden durch Vereinbarung beauftragen, bestimmte Aufgaben im Namen der Region Hannover durchzuführen, soweit es sich um Geschäfte der laufenden Verwaltung handelt. [2]Sie bleibt für die ordnungsgemäße Durchführung der Aufgaben verantwortlich.

(2) [1]Eine regionsangehörige Gemeinde kann die Region Hannover durch Vereinbarung beauftragen, bestimmte Aufgaben, für die die Gemeinde zuständig ist, im Namen der Gemeinde durchzuführen, soweit es sich um Geschäfte der laufenden Verwaltung handelt. [2]Sie bleibt für die ordnungsgemäße Durchführung der Aufgaben verantwortlich.

(3) Die Beauftragung mit der Durchführung von Aufgaben nach Absatz 1 oder 2 und ihre Rücknahme sind durch die beauftragende Körperschaft öffentlich bekannt zu machen.

(4) [1]Soweit von den Möglichkeiten des Absatzes 1 und 2 Gebrauch gemacht wird, ist in einer Vereinbarung der Beteiligten die Erstattung der notwendigen Verwaltungskosten durch die beauftragende Körperschaft zu regeln. [2]Dies gilt nicht für Aufgaben der Landkreise oder der Gemeinden im eigenen Wirkungskreis, wenn der Auftrag einheitlich für das gesamte Gebiet der Region Hannover erfolgt.

(5) [1]Aufgabenübertragungen nach dem Recht der kommunalen Zusammenarbeit und Maßnahmen der Verwaltungshilfe bleiben von den Absätzen 1 und 2 unberührt. [2]Hängt nach Bestimmungen dieses Teils des Gesetzes die Übertragung einer Aufgabe davon ab, ob eine regionsangehörige Gemeinde eine bestimmte Einwohnerzahl hat, so gilt diese Voraussetzung für alle Beteiligten als erfüllt, wenn die nach dem Recht der kommunalen Zusammenarbeit vereinbarte gemeinsame Erfüllung dieser Aufgabe ein Gebiet betrifft, dessen Einwohnerzahl die Mindestgrenze erreicht.

(6) [1]Einrichtungen, die dazu dienen, sowohl Aufgaben der Landeshauptstadt Hannover als auch gesetzliche Aufgaben der Region Hannover zu erfüllen, können gemeinsam betrieben werden; die Vorschriften des Rechts der kommunalen Zusammenarbeit sind entsprechend anzuwenden. [2]Andere Möglichkeiten der Zusammenarbeit bleiben unberührt.

§ 13 RegionsG

ERLÄUTERUNGEN zu § 165

Die Bildung der Region Hannover basierte auf dem übereinstimmenden Wunsch der bei den Vorgängerkörperschaften Landkreis Hannover, Landeshauptstadt Hannover und Kommunalverband Großraum Hannover politisch

Verantwortlichen, die Potentiale der Region in einer einzigen kommunalen Körperschaft zu bündeln. Sie haben dazu ein recht detailliertes Konzept zu den Kompetenzen und der Aufgabenverteilung vorgelegt, das Landesregierung und Landtag ohne entscheidende Veränderungen übernommen haben, auch um den bestehenden Konsens nicht zu gefährden. Die Möglichkeit der wechselseitigen Beauftragung mit der Durchführung von Aufgaben unter alleiniger Verantwortung der Beteiligten entspricht dem Geist und den Intentionen der Entstehung der Region Hannover (s. Erl. zu 159).

§ 166 Finanzielle Zuweisungen für Aufgaben, Umlagen

(1) Die Region Hannover erhält vom Land für die Erfüllung von Aufgaben, für die sie über die Aufgaben des übertragenen Wirkungskreises der Landkreise hinaus seit dem 1. Januar 2005 erstmals anstelle einer staatlichen Behörde zuständig ist,

1. **einen Ausgleich ihrer nicht durch Einnahmen gedeckten, notwendigen Personal- und Sachkosten, der vom Land nach Pauschalsätzen berechnet werden kann, und**

2. **die Erstattung ihrer nicht durch Einnahmen gedeckten notwendigen Zweckausgaben.**

(2) ¹Die regionsangehörigen Gemeinden erhalten von der Region Hannover finanzielle Zuweisungen für Aufgaben des übertragenen Wirkungskreises der Landkreise, die sie nach § 164 Abs. 1 oder 2 wahrnehmen. ²Die Höhe dieser Zuweisungen bemisst sich anteilig nach dem Verhältnis der Einwohnerzahlen an den Zuweisungen, die die Region Hannover für diese Aufgaben nach § 12 NFAG oder § 4 des Niedersächsischen Finanzverteilungsgesetzes erhält. ³Die Gemeinden erhalten die Zuweisungen nur soweit, wie die Kosten für diese Aufgaben nicht bereits in den ihnen unmittelbar zustehenden Zuweisungen dieser Art berücksichtigt sind. ⁴Die regionsangehörigen Gemeinden haben der Region Hannover für Aufgaben des übertragenen Wirkungskreises, die die Region Hannover nach diesem Gesetz oder aufgrund dieses Gesetzes an ihrer Stelle wahrnimmt und für die sie solche Zuweisungen erhalten, die Anteile zur Verfügung zu stellen, die auf diese Aufgaben entfallen. ⁵Die Beteiligten können von den Sätzen 1 bis 4 abweichende Vereinbarungen treffen.

(3) ¹Abweichend von § 15 Abs. 2 Satz 2 gilt die Landeshauptstadt Hannover bei der Anwendung der Vorschriften des Niedersächsischen Gesetzes über den Finanzausgleich über die Schlüsselzuweisungen und die Kreisumlage sowie bei der Erhebung der Umlage nach § 2 Abs. 3 Nds. KHG als kreisangehörige Gemeinde. ²Abweichend von den Vorschriften des Niedersächsischen Gesetzes über den Finanzausgleich ist die Regionsumlage so zu berechnen, dass ein Betrag in Höhe von 75 Prozent der Zinszahlungen für die Schulden des Landkreises Hannover zum Zeitpunkt seiner Auflösung ausschließlich von dessen Gemeinden getragen wird. ³Bei der Verteilung dieses besonderen Umlageanteils sind allein die Steuerkraftzahlen nach § 11 Abs. 1 NFAG zu berücksichtigen. ⁴Ebenfalls abweichend von den Vorschriften des Niedersächsischen Gesetzes über den Finanzausgleich ist die Regionsumlage des Weiteren so zu berechnen, dass ein nach Maßgabe des Satzes 5 zu bestimmender Betrag allein von den regionsangehörigen Gemeinden, die nicht örtliche Träger der Jugendhilfe sind, getragen wird. ⁵Zur Bestimmung des Betrages nach Satz 4

wird von einem Betrag in Höhe der nicht durch Einnahmen gedeckten Ausgaben der Region für die Erbringung der von § 160 Abs. 4 Sätze 5 bis 7 erfassten Leistungen aus dem zur betreffenden Regionsumlage vorvergangenen Jahr ein Betrag in Höhe des Prozentsatzes abgezogen, der den regionsangehörigen Gemeinden, die Träger der öffentlichen Jugendhilfe sind, nach § 160 Abs. 4 Sätze 5 bis 7 als Kostenausgleich erstattet worden ist.

§ 14 RegionsG

ERLÄUTERUNGEN zu § 166

Auch die finanziellen Regelungen beruhen auf Vereinbarungen der Beteiligten, die damit auf der Basis der vorhandenen Finanzzuweisungen einen gerechten Ausgleich der Belastungen durch die Neuverteilung der Aufgaben herbeizuführen trachteten. Landesregierung und Landtag haben das zur Förderung des Vorhabens akzeptiert (s. Erl. zu § 165). Eine Nachsteuerung als Folge davon, dass weniger Gemeinden als ursprünglich erwartet von der Möglichkeit Gebrauch gemacht haben, zum Träger der öffentlichen Jugendhilfe bestimmt zu werden, stellt die Regelung des Abs. 3 Sätze 4 und 5 dar. Durch sie sollen die Benachteiligungen der Gemeinden mit Jugendamt, dessen Kosten durch die Regelung des § 160 Abs. 4 Satz 5 nicht vollständig abgegolten werden, die aber wie die Gemeinden ohne Jugendamt zur Regionsumlage herangezogen werden, abgemildert werden.

§ 167 Verordnungsermächtigungen

(1) ¹Die Landesregierung wird ermächtigt, durch Verordnung
1. der Region Hannover weitere Aufgaben zu übertragen, die im übrigen Landesgebiet staatliche Behörden wahrnehmen,
2. der Region Hannover Aufgaben des übertragenen Wirkungskreises vorzubehalten gegenüber
   a) der Landeshauptstadt Hannover oder
   b) den ihr angehörigen selbstständigen Gemeinden, auch abweichend von im übrigen Landesgebiet geltenden Bestimmungen,
3. der Landeshauptstadt Hannover und den übrigen regionsangehörigen Gemeinden weitere Aufgaben des übertragenen Wirkungskreises der Landkreise zu übertragen.
²Ein Fachministerium kann von der Verordnungsermächtigung nach Satz 1 anstelle der Landesregierung Gebrauch machen, soweit es die Zuständigkeiten für Aufgaben außerhalb der Region Hannover bestimmen kann und es diese Zuständigkeiten landesweit regelt. ³Für die finanziellen Folgen der Aufgabenübertragungen und -vorbehalte nach Satz 1 gilt § 166 entsprechend.

(2) Führen nicht schon die allgemeinen Kostenregelungen zu einem Ausgleich der Kosten bei der die Aufgabe wahrnehmenden Stelle, gilt bei antragsabhän-

gigen Zuständigkeiten regionsangehöriger Gemeinden § 164 Abs. 7, im Übrigen § 166 Abs. 2 entsprechend.

§ 15 RegionsG

ERLÄUTERUNGEN zu § 167

Auf möglichst unkomplizierte Art und Weise sollen entsprechend den Zielen und Zwecken der Regionsgründung (Erl. zu § 159) Aufgaben des übertragenen Wirkungskreises der Region Hannover übertragen, gegenüber der Landeshauptstadt Hannover und den übrigen privilegierten regionsangehörigen Gemeinden vorbehalten oder den regionsangehörigen Gemeinden übertragen werden können.

Zweiter Abschnitt: **Landkreis Göttingen und Stadt Göttingen**

§ 168   Abweichende Bestimmungen, Aufgabenübertragungen

(1) Abweichend von § 16 Abs. 2 gilt die Stadt Göttingen bei der Anwendung der Vorschriften des Niedersächsischen Schulgesetzes als kreisangehörige Gemeinde.

(2) Der Landkreis Göttingen nimmt die Aufgaben nach § 1 Nds. KHG auch für die Stadt Göttingen wahr.

(3) ¹Die Landesregierung kann durch Verordnung Aufgaben des übertragenen Wirkungskreises, die die Stadt Göttingen nach § 18 in Verbindung mit § 16 Abs. 2 erfüllt, auf den Landkreis Göttingen übertragen, wenn dies zweckmäßig erscheint. ²Der Landkreis Göttingen und die Stadt Göttingen sind vor dem Erlass einer Verordnung nach Satz 1 anzuhören.

§§ 3, 4 GöttingenG

ERLÄUTERUNGEN zu § 168

Durch das Göttingen-Gesetz (v. 1.7.1964, GVBl. S. 134, zuletzt geändert durch Gesetz v. 9.6.2010, GVBl. S. 236) sind vier Gemeinden des damaligen Landkreises Göttingen in die damals kreisfreie Stadt Göttingen eingegliedert worden mit der Folge, dass dadurch die Existenz des Landkreises berührt worden wäre. Deshalb ist die Stadt in den Landkreis einbezogen worden, wobei ihr Status als kreisfreie Stadt aber möglichst erhalten bleiben sollte. Darauf beruht ihr Sonderstatus (§ 16), den sie wunschgemäß auch behalten hat, nachdem ihr nach Erweiterung des Landkreises Göttingen um die Landkreise Münden und Duderstadt im Zuge der Gemeindereform (Gesetz v. 20.11.1972, GVBl. S. 475) der Status der großen selbstständigen Stadt zur Wahl gestellt worden war. Über die Regelungen der Abs. 1 und 2 hinaus gilt Göttingen auch im Rahmen bundesrechtlicher Zuständigkeitsregelungen, soweit sie noch bestehen, als kreisangehörig (s. Erl. zu § 16). Von der Verordnungsermächtigung, die seit 1964 besteht, ist nie Gebrauch gemacht worden.

§ 169 Finanzielle Zuweisungen für Aufgaben, Umlagen

(1) Abweichend von § 16 abs. 2 gilt die Stadt Göttingen bei der Anwendung der Vorschriften des Niedersächsischen Gesetzes über den Finanzausgleich über die Schlüsselzuweisungen und die Kreisumlage sowie bei der Erhebung der Umlage nach § 2 Abs. 3 Nds. KHG als kreisangehörige Gemeinde.

(2) [1]Die Stadt Göttingen erhält einen Anteil von den Schlüsselzuweisungen für Kreisaufgaben des Landkreises Göttingen. [2]Zur Berechnung des Anteils wird von diesen Schlüsselzuweisungen zunächst derjenige Betrag abgezogen, mit dem die in § 7 Abs. 1 Satz 1 NFAG genannte Ausgabenbelastung berücksichtigt wird. [3]Aus den so verbleibenden Schlüsselzuweisungen wird ein Anteil von 41,6 Prozent gebildet und von diesem anteiligen Betrag derjenige Betrag abgezogen, der rechnerisch für die Stadt Göttingen auf die Entschuldungsumlage nach § 14c Abs. 3 NFAG entfällt.

§ 2 GöttingenG

ERLÄUTERUNGEN zu § 169

Von den beiden Möglichkeiten, Göttingen finanzausgleichs- und umlagerechtlich als kreisfrei oder als kreisangehörig anzusehen mit den im Hinblick auf den Sonderstatus jeweils notwendigen Korrekturen, ist schon in § 2 GöttingenG die zweite Möglichkeit gewählt worden, an der auch weiterhin festgehalten wird.

ZEHNTER TEIL: **Aufsicht**

§ 170 Ausübung der Aufsicht

(1) ¹Die Aufsichtsbehörden schützen die Kommunen in ihren Rechten und sichern die Erfüllung ihrer Pflichten. ²Sie stellen sicher, dass die Kommunen die geltenden Gesetze beachten (Kommunalaufsicht) und die Aufgaben des übertragenen Wirkungskreises rechtmäßig und zweckmäßig ausführen (Fachaufsicht). ³Die Aufsicht soll so gehandhabt werden, dass die Entschlusskraft und die Verantwortungsfreude nicht beeinträchtigt werden.

(2) Soweit die Kommunen bei der Erfüllung ihrer Aufgaben an Weisungen gebunden sind, richtet sich die Aufsicht nach den hierfür geltenden Gesetzen.

§§ 127 NGO, 69 NLO, 6 RegionsG

ERLÄUTERUNGEN zu § 170

1. Nach Art. 28 Abs. 2 GG und Art. 57 Abs. 1 NV ist den Kommunen das Recht zur eigenverantwortlichen Regelung ihrer Angelegenheiten im Rahmen der Gesetze eingeräumt. Die Kommunalaufsicht stellt als Korrelat dieses Rechts im Wege der Rechtsaufsicht sicher, dass die Kommunen dabei die Gesetze beachten (Art. 57 Abs. 5 NV). Im übertragenen Wirkungskreis nehmen die Kommunen staatliche Aufgaben wahr und sind deshalb insoweit wie staatliche Behörden dem staatlichen Weisungsrecht und der Rechtmäßigkeits- und Zweckmäßigkeitskontrolle umfassenden staatlichen Fachaufsicht unterworfen. Zur Kommunalaufsicht zählen Sonderformen der Aufsicht, die geschaffen worden sind, um bei bestimmten Selbstverwaltungsaufgaben der auf Rechtskontrolle beschränkten Kommunalaufsicht im Rahmen des zulässigen Beurteilungsspielraums die Berücksichtigung fachlicher Gesichtspunkte zu ermöglichen. Der Grund für diese Konstruktion liegt darin, dass es wegen der Vielgestaltigkeit der Fälle nicht möglich ist, diese Gesichtspunkte gesetzlich so zu umschreiben, dass ihre Beachtung mit Mitteln der Rechtsaufsicht überwacht werden könnte. Sie hat den Vorteil, dass darauf verzichtet werden kann, die in Betracht kommenden Selbstverwaltungsaufgaben in solche des übertragenen Wirkungskreises umzuwandeln und sie dadurch in vollem Umfange der Kontrolle durch die Fachaufsicht zu unterwerfen. Beispielsfälle dieser sog. verstärkten Kommunalaufsicht (vgl. Erl. 6 zu § 50) sind die **Straßenaufsicht**, die die Erfüllung der Aufgaben überwacht, die den Trägern der Straßenbaulast nach den gesetzlichen Vorschriften obliegen (§ 57 NStrG), die **Sparkassenaufsicht**, die die Errichtung und Übernahme der Trägerschaft einer Sparkasse zu genehmigen hat (§ 1 Abs. 2 NSpG), die **Aufsicht der Wasserbehörde**, die der Abwasserbeseitigungssatzung zuzustimmen hat (§ 96 Abs. 5 NWG). Ausschließlich Rechtskontrolle stellt die **Genehmigung der Bauleitplanung** dar (vgl. §§ 6, 10 BauGB); zuständig sind für die Genehmigung der Bebauungspläne der kreisangehörigen Gemeinden mit Ausnahme der großen selbstständigen Städte grundsätzlich die Landkreise

(§ 1 DVO-BauGB), im Übrigen das Sozialministerium (Art. 1 § 1 d. Ges. v. 5.11.2004, GVBl. S. 394); sie ist Aufsicht im Rahmen der Kommunalaufsicht. Zur Sonderaufsicht in Form der verstärkten Kommunalaufsicht **im Rahmen des NBrandSchG** s. OVG Lüneburg, Urt. v. 18.9.1996, KommP N 1997 S. 89.

2. Die **Kommunalaufsicht** erstreckt sich auf den gesamten Selbstverwaltungsbereich der Kommune, und zwar sowohl auf die Aufgabenwahrnehmung als auch die Ausübung der aus der kommunalen Hoheit fließenden Befugnisse (z. B. die Geltendmachung von Schadensersatzansprüchen gegen Kommunalbedienstete im Rahmen der Personalhoheit: VG Hannover, Beschl. v. 29.12.1983 – 1 Hi VG D 57/83). Die Gesetzmäßigkeitskontrolle erstreckt sich auf die Einhaltung der Gesetze im formellen und materiellen Sinne, also auch der kommunalen Satzungen, und der ungeschriebenen Rechtsordnung (vgl. VG Münster, Urt. v. 18.12.1962, DÖV 1963 S. 622). Sie erstreckt sich auch auf das Verfahren; zu Verstößen gegen die Geschäftsordnung vgl. aber Erl. 2 zu § 69.

3. Die Kommunalaufsicht darf nur **im Interesse des öffentlichen Wohls** eingreifen, nicht aber mit dem Ziel, einem Einzelnen zu seinem Recht zu verhelfen, wenn dieser seine Rechte in einem Zivilprozess oder in einem Verwaltungsstreitverfahren geltend machen kann (OVG Münster, Urt. v. 23.1.1963, DVBl. 1963 S. 862; Beschl. v. 17.4.1975, OVGE 31 S. 51 mit weiterem Nachweis; OVG Lüneburg, Urt. v. 9.5.1984, NSt-N 1985 S. 20, insoweit nicht abgedruckt); auch sonst ist es unzulässig, bei dem Erlass einer kommunalaufsichtlichen Entscheidung und bei der Anordnung ihrer sofortigen Vollziehung tragend auf private Interessen eines Dritten abzustellen (VG Oldenburg, Beschl. v. 27.2.1998, VwRR N S. 43); auch die Kommune, ihre Organe oder deren Teile haben keinen Anspruch auf Maßnahmen der Kommunalaufsichtsbehörde oder auf fehlerfreien Gebrauch des ihr eingeräumten Ermessens (OVG Koblenz, Beschl. v. 29.5.1985, der Landkreis 1986 S. 39). Das gilt unabhängig davon, ob man insoweit von einer immanenten Beschränkung des Instituts der Kommunalaufsicht ausgeht (so das OVG Münster, Urt. v. 23.1.1963 a. a. O.) oder von einer Handhabung des pflichtgemäßen Ermessens im Rahmen des Opportunitätsprinzips (vgl. dazu unten Erl. 4).

4. Ob und inwieweit die Aufsichtsbehörden von den Mitteln der §§ 172 bis 175 Gebrauch machen, unterliegt dem **Opportunitätsprinzip**. Die Aufsichtsbehörde „kann" die Mittel einsetzen, ist also nicht in jedem Falle dazu verpflichtet (Nds. OVG, Beschl. v. 15.8.2007, NdsVBl. 2007 S. 308). Die Vorschriften der §§ 172 bis 175 sind nicht nur Zuständigkeitsregelungen, die die Aufsichtsbehörden zur Reaktion auf rechtswidrige Maßnahmen generell verpflichten, wie das VG Hannover (Urt. v. 30.6.1974, DVBl. 1975 S. 555) annimmt. Auch bei Rechtsverletzungen kann entsprechend dem Grad ihrer Schwere und ihrer Auswirkungen von aufsichtsbehördlichen Maßnahmen abgesehen werden. Nur dadurch wird eine individuelle und verständnisvolle Handhabung der Aufsicht gewährleistet, zu der das Gesetz (Abs. 1 Satz 3) die Aufsichtsbehörden verpflichtet. Die Rechtsprechung (OVG Lüneburg, Urt. v. 9.5.1984, NST-N 1985 S. 20; Urt. v. 25.3.1987, NVwZ 1988 S. 464) betrachtet deshalb den Erlass einer kommunalaufsichtlichen Maßnahme als eine in vollem Umfang überprüfbare Ermessensentscheidung, und zwar sowohl bezüglich der Entscheidung, ob als auch der, mit welchem Mittel eingeschritten wird. Bei einer materiell rechtswidrigen Satzung ist das Ermessen regelmäßig auf ein Einschreiten der Aufsicht gerichtet (sog. intendiertes Ermessen), sodass dieses keiner weiteren Begründung bedarf (NdsOVG, Beschl. v. 15.8.2007 a. a. O.).

5. Bei der Auswahl der nach den §§ 172 bis 175 zur Verfügung stehenden Aufsichtsmittel ist die Aufsichtsbehörde an den allgemein im Verwaltungsrecht geltenden **Grundsatz der Verhältnismäßigkeit** gebunden, der gebietet, bei Eingreifen in die Rechtssphäre des Gewaltunterworfenen das zur Zweckerreichung notwendige Maß nicht zu überschreiten (OVG Münster, Urt. v. 28.8.1963, OVGE 19 S. 67; OVG Lüneburg, Urt. v. 18.9.1996, KommP N 1997 S. 89). Beinhaltet eine Anordnung nach § 174 zugleich auch die Aufhebung eines ihr entgegenstehenden Beschlusses, hat die Aufsichtsbehörde die Wahl, ob sie sich zunächst auf eine Beanstandung beschränkt oder unmittelbar von ihrem Anordnungsrecht Gebrauch macht (OVG Münster, Beschl. v. 3.4.1995, NWVBl. 1995 S. 304). Richtiger Adressat kommunalaufsichtlicher Maßnahmen ist die Kommune, nicht das für den Gegenstand der Aufsichtsmaßnahme im Einzelfall kommunalverfassungsrechtlich zuständige Organ (OVG Münster, Urt. v. 5.9.1980, DVBl. 1981 S. 227, OVG Lüneburg, Urt. v. 28.2.1984, Fundstelle Rdnr. 488).

6. Alle Maßnahmen der Kommunalaufsicht nach den §§ 172 bis 175 sind **Verwaltungsakte,** die den Regelungen des VwVfG unterliegen und nach den Vorschriften der VwGO angefochten werden können. Kläger ist die Kommune, nicht das kommunale Organ, dessen Beschluss oder sonstige Maßnahmen das Einschreiten der Kommunalaufsicht veranlasst hat; nach § 86 Abs. 1 wird die Kommune im Verfahren vom HVB vertreten (vgl. OVG Münster, Urt. v. 5.9.1980, a. a. O., OVG Lüneburg, Urt. v. 28.2.1984 a. a. O.). Für die Vertretung im Verfahren nach Einspruch des HVB vgl. Erl. 4 zu § 88.

7. Im übertragenen Wirkungskreis unterliegen die Kommunen der **Fachaufsicht,** deren Mittel die Weisung entsprechend den dafür geltenden Gesetzen (Abs. 2) und die Unterrichtung (§ 172 Abs. 2) sind. Soweit notwendig, werden Weisungen der Fachaufsichtsbehörden von den Kommunalaufsichtsbehörden mit diesen zur Verfügung stehenden Mitteln durchgesetzt (§ 171 Abs. 5 Satz 3; s. dort Erl. 4). Ordnungsbehördliche Maßnahmen gegenüber Kommunen, um sie zur ordnungsgemäßen Wahrnehmung der ihnen obliegenden öffentlichen Aufgaben des eigenen Wirkungskreises (z. B. im Rahmen der Abwasserbeseitigung, § 95 ff. NWG) anzuhalten, sind unzulässig; die ordnungsgemäße Erfüllung dieser Aufgaben durch die Kommune hat die Kommunalaufsicht zu gewährleisten (OVG Lüneburg, Beschl. v. 21.9.1990, dng 1991 S. 131; Beschl. v. 4.9.1992, dng 1993 S. 62; Beschl. v. 25.11.1994, NST-N 1995 S. 67, in dem die Umdeutung einer ordnungsbehördlichen Verfügung in eine kommunalaufsichtliche Anordnung mit Rücksicht auf das dabei auszuübende Ermessen abgelehnt wird; HessVGH, Beschl. v. 7.3.1996, NVwZ 1997 S. 304; VG Lüneburg, Beschl. v. 2.4.2003, R&R 3/2003 S. 6). Die Anfechtung einer Weisung der Fachaufsicht ist nur mit der Begründung zulässig, die Grenzen der Fachaufsichtszuständigkeit seien überschritten, im Übrigen aber unzulässig, weil die Kommune bei der Wahrnehmung einer staatlichen Aufgabe durch eine von ihren Wünschen und Vorstellungen abweichende

Weisung der staatlichen Fachaufsicht grundsätzlich nicht in ihren Rechten verletzt sein kann (BVerwG, Urt. v. 9.7.1964, DVBl. 1965 S. 86; BVerwG, Urt. v. 20.4.1994, DVBl. 1994 S. 1194; VG Lüneburg, Urt. v. 21.1.1964, DVBl. 1964 S. 367).

Ausnahmsweise besteht ein Anfechtungsrecht dann, wenn eine Maßnahme der Fachaufsicht unmittelbare Auswirkungen auf den kommunalen Selbstverwaltungsbereich hat, die über die naturgemäß mit einer solchen Maßnahme verbundenen Auswirkungen hinausgehen (BVerwG Urt. v. 11.3.1970, DVBl. 1970 S. 580).

Bei der Durchsetzung fachaufsichtlicher Maßnahmen durch die Kommunalaufsicht mit deren Mitteln sind Einwendungen nur gegen die Art und Weise der Durchsetzung, durch die Rechte der Kommune verletzt werden können, zulässig, z. B. wegen Verstoßes gegen den Grundsatz der Verhältnismäßigkeit der Mittel; unzulässige Einwendungen gegen die Maßnahme selbst können auch nicht gegen ihre Durchsetzung geltend gemacht werden. Auch die Kommunalaufsichtsbehörden sind nur zur Prüfung der Berechtigung zum Erlass einer fachaufsichtlichen Maßnahme berechtigt und verpflichtet, können insoweit also insbesondere nicht eigene Zweckmäßigkeitserwägungen anstellen.

§ 171 Kommunalaufsichtsbehörden, Fachaufsichtsbehörden

(1) Die Kommunalaufsicht über die Landkreise, die Region Hannover, die kreisfreien Städte, die großen selbstständigen Städte, die Landeshauptstadt Hannover und die Stadt Göttingen führt das für Inneres zuständige Ministerium als Kommunalaufsichtsbehörde.

(2) Die Kommunalaufsicht über die übrigen kreisangehörigen Gemeinden sowie über die Samtgemeinden führen der Landkreis als Kommunalaufsichtsbehörde und das für Inneres zuständige Ministerium als oberste Kommunalaufsichtsbehörde.

(3) Die Kommunalaufsicht über die übrigen regionsangehörigen Gemeinden führt die Region Hannover als Kommunalaufsichtsbehörde und das für Inneres zuständige Ministerium als oberste Kommunalaufsichtsbehörde.

(4) [1]Ist ein Landkreis in einer von ihm als Kommunalaufsichtsbehörde zu entscheidenden Angelegenheit auch noch in anderer Weise beteiligt, tritt an seine Stelle die oberste Kommunalaufsichtsbehörde; diese entscheidet auch darüber, ob die Voraussetzung für ihre Zuständigkeit gegeben ist. [2]Satz 1 gilt für die Region Hannover entsprechend.

(5) [1]Soweit durch Rechtsvorschrift nichts anderes bestimmt ist, wird die Fachaufsicht wahrgenommen von
1. der jeweils fachlich zuständigen obersten Landesbehörde gegenüber den Landkreisen, der Region Hannover, den kreisfreien und großen selbstständigen Städten, der Landeshauptstadt Hannover und der Stadt Göttingen,
2. der Region Hannover und der jeweils zuständigen obersten Landesbehörde als oberster Fachaufsichtsbehörde gegenüber den übrigen regionsangehörigen Gemeinden sowie

3. den Landkreisen und der jeweils fachlich zuständigen obersten Landesbehörde als oberster Fachaufsichtsbehörde gegenüber den übrigen kreisangehörigen Gemeinden. ²Soweit die Landkreise und die Region Hannover die Fachaufsicht gegenüber den selbstständigen Gemeinden wahrnehmen, erstreckt sich diese auch auf die Erfüllung der nach § 17 Satz 1 übertragenen Aufgaben. ³Die Kommunalaufsichtsbehörden unterstützen die Fachaufsichtsbehörden.

§§ 128 NGO, 70 NLO, 6 RegionsG

ERLÄUTERUNGEN zu § 171

1. Kommunalaufsichtsbehörden sind (Abs. 1 bis 3)

für die kreisangehörigen/regionsangehörigen Gemeinden/Samtgemeinden (vgl. § 14 Abs. 1 bis 4) mit Ausnahme der großen selbstständigen Städte sowie Hannovers und Göttingens

Landkreis/Region Hannover (Landrat/Regionspräsident, § 85 Abs. 2) als Kommunalaufsichtsbehörde Innenministerium als oberste Kommunalaufsichtsbehörde

für die Landkreise, die Region Hannover, die kreisfreien und die großen selbstständigen Städte (§ 14 Abs. 5, 6) sowie Hannover (§ 15) und Göttingen (§ 16)

Innenministerium als Kommunalaufsichtsbehörde.

Den Landkreisen/der Region Hannover ist die Kommunalaufsicht als Aufgabe des übertragenen Wirkungskreises zugewiesen. Die Verlagerung der Kommunalaufsicht über die selbstständigen Gemeinden auf die Landkreise (Gesetz v. 18.2.1982, GVBl. S. 53) beeinträchtigt wegen ihres Charakters als bloße Rechtsaufsicht nicht gemeindliche Selbstverwaltungsrechte (BVerfG, Beschl. v. 21.6.1988, NST-N 1988 S. 326). Im Verkehr mit der obersten Aufsichtsbehörde haben die der Aufsicht des Landkreises der Region Hannover unterliegenden Gemeinden/Samtgemeinden den Dienstweg über ihre Aufsichtsbehörde einzuhalten. Mit Rücksicht auf ihre Kreisangehörigkeit versteht es sich von selbst, dass große selbstständige Städte ihren Landkreis bei dessen Betroffenheit in Aufsichtsangelegenheiten mit dem Innenministerium unterrichten.
Die Aufgaben der Kommunalaufsicht des Landkreises/der Region Hannover erfüllt deren HVB, der bei bestimmten Maßnahmen der Zustimmung des Hauptausschusses bedarf (§ 85 Abs. 2; s. dazu Erl. 6 zu § 85).

2. Abs. 4 ist eine Sonderregelung, die ihre historischen Wurzeln in § 2 Abs. 1 der VO betreffend die Kommunalaufsicht über die Gebietskörperschaften v. 21.6.1948 (GVBl. S. 72) hat und bei Interessenwiderstreit statt des Kreistages den Minister des Innern als Aufsichtsbehörde bestimmte; es handelt sich deshalb nicht um die Beteiligung i. S. des VwVfG. Vielmehr gilt die Vorschrift für den Fall, dass der Landkreis (für die Region Hannover gilt das ebenso) an einer

Angelegenheit als kommunale Gebietskörperschaft im eigenen Wirkungskreis beteiligt ist und deshalb die Objektivität seiner Funktion als Aufsichtsbehörde in Zweifel gezogen werden könnte. Nach den Grundsätzen des Mitwirkungsverbots, die hier entsprechend angewendet werden können, ist eine Beteiligung des Landkreises anzunehmen, wenn er unmittelbar im Sinne eines besonderen Vor- oder Nachteils betroffen ist; die Entscheidung darüber trifft das Innenministerium, nicht der Landkreis der ihm den Vorgang vorzulegen hat, wenn seine Beteiligung zweifelhaft ist oder behauptet wird. Als Ausnahmevorschrift gilt Abs. 4 nicht für den Landkreis, wenn er als Fachaufsichtsbehörde beteiligt ist (so für die frühere Bezirksregierung OVG Lüneburg, Urt. v. 9.11.1983 – 2 OVG A 28/80).

3. Die sachliche und instanzielle Zuständigkeit der **Fachaufsichtsbehörden** in Angelegenheiten des übertragenen Wirkungskreises ergibt sich aus den jeweiligen Gesetzen. Soweit nicht jeweils aufgrund entsprechender Regelung eine Sonderbehörde zuständig ist, sind für die Landkreise, die Region Hannover, die kreisfreien und die großen selbstständigen Städte einschließlich Göttingens und Hannovers die obersten Landesbehörden, für die übrigen Gemeinden/Samtgemeinden der Landkreis/die Region Hannover (der HVB, § 85 Abs. 2) Fachaufsichtsbehörde und die obersten Landesbehörden oberste Fachbehörden (Abs. 5 Satz 1); oberste Landesbehörden sind die jeweils zuständigen Ministerien. Die Fachaufsicht des Landkreises/der Region Hannover erstreckt sich auch auf die ihm/ihr angehörenden selbstständigen Gemeinden (Abs. 5 Satz 2). Die jeweiligen Fachaufsichtsbehörden sind im Widerspruchsverfahren die nächsthöheren Behörden i. S. des § 73 Abs. 1 VwGO.

4. Zur **Unterstützung** der Fachaufsichtsbehörden stehen den Kommunalaufsichtsbehörden nur die gesetzlichen Mittel der §§ 172 ff. zur Verfügung. Dabei haben die Kommunalaufsichtsbehörden das Vorliegen sämtlicher Voraussetzungen für den Einsatz dieser Mittel zu prüfen, also auch die Rechtmäßigkeit der fachaufsichtlichen Weisung. Soweit sondergesetzlich ein Selbsteintrittsrecht der Fachaufsichtsbehörde nicht normiert ist, wie z. B. in § 102 Nds. SOG, kommt die Durchsetzung einer fachaufsichtlichen Weisung durch die Kommunalaufsichtsbehörde im Wege der Ersatzvornahme nur bei Vorliegen der Voraussetzungen des § 174 in Betracht (s. VGH Mannheim, Urt. v. 24.2.1992, NVwZ-RR 1992 S. 602).

§ 172 Unterrichtung

(1) ¹Die Kommunalaufsichtsbehörde kann sich jederzeit über die Angelegenheiten der Kommunen unterrichten. ²Sie kann Personen mit Prüfungen und Besichtigungen vor Ort beauftragen sowie mündliche und schriftliche Berichte, Protokolle der Vertretung, des Hauptausschusses, der Stadtbezirksräte, der Ortsräte und der Ausschüsse der Vertretung sowie Akten und sonstigen Unterlagen anfordern oder einsehen.

(2) Die Fachaufsichtsbehörde kann Auskünfte, Berichte, die Vorlage von Akten und sonstigen Unterlagen fordern und Geschäftsprüfungen durchführen.

§§ 129 NGO, 71 NLO

ERLÄUTERUNGEN zu § 172

1. Dem Unterrichtungsrecht der Aufsichtsbehörde entspricht eine Unterrichtungspflicht der Kommunen. Umfassende Information ist die beste Grundlage für eine verständnisvolle Handhabung der Aufsicht, weil sie rechtzeitige Beratung ermöglicht und schwerwiegendere Maßnahmen vermeiden hilft. Das Unterrichtungsrecht bezieht sich deshalb auf alle Angelegenheiten des eigenen und des übertragenen Wirkungskreises. Die Unterrichtung ist ein Mittel der Kommunalaufsicht, ihr Verlangen ist ein Verwaltungsakt (VG Stade, Urt. v. 27.10.1994, KommP N 1997 S. 121; VG Hannover, Urt. v. 13.2.2002, NdsVBl. 2003 S. 61). Das bedeutet, dass das Unterrichtungsrecht, wie die Aufsicht überhaupt (§ 170 Abs. 1 Satz 3) so gehandhabt werden soll, dass Entschlusskraft und Verantwortungsfreude der Kommune nicht beeinträchtigt werden. Für seine Handhabung gilt der Grundsatz der Verhältnismäßigkeit. Damit wäre das Verlangen, laufend alle Sitzungsprotokolle zu übersenden, ohne dass dafür ein konkreter Anlass besteht, nicht zu vereinbaren. Als zulässig wäre aber anzusehen, wenn die Aufsichtsbehörde, die Anhaltspunkte dafür hat, dass die Kommune im Begriff steht, eine rechtswidrige Maßnahme zu beschließen und auszuführen, sich zur näheren Prüfung durch Übersendung von Unterlagen und Anforderung eines Berichts unterrichten lässt. Denn nur dadurch ist es ihr möglich, die Kommune rechtzeitig zu beraten und schärfere Aufsichtsmittel möglicherweise zu vermeiden. Das VG Stade (Urt. v. 27.10.1994 a. a. O.) hält demgegenüber das Unterrichtungsverlangen nicht erst für zulässig, wenn der konkrete Verdacht einer Rechtsverletzung oder jedenfalls ernstliche Zweifel in dieser Richtung bestehen, betrachtet die Anhebung einer Stellenbewertung im Stellenplan ohne eine entsprechende Erläuterung als ausreichenden Anlass für ein Unterrichtungsverlangen und neigt dazu, auch das regelmäßige Unterrichtungsrecht der Aufsicht in solchen Fällen anzuerkennen. Die Unterrichtung hat jedoch keine aufschiebende Wirkung, so dass die Kommune nicht gehindert ist, die Maßnahme, die Gegenstand der Unterrichtung ist, weiterzuverfolgen.

2. Das Unterrichtungsrecht, dessen Mittel in Abs. 1 nur beispielhaft beschrieben sind, umfasst das Recht der Aufsichtsbehörde, durch einen Vertreter an öffentlichen und nichtöffentlichen Sitzungen der Vertretung, des Hauptausschusses, der Fachausschüsse sowie der Orts- und Stadtbezirksräte teilzunehmen. Der Vertreter hat Rederecht, aber keine besonderen Vorrechte.

3. Die Fachaufsichtsbehörden haben auf dem ihrer Aufsicht unterliegenden Gebiet dasselbe vorbeschriebene Unterrichtungsrecht.

§ 173 Beanstandung

(1) ¹Die Kommunalaufsichtsbehörde kann Beschlüsse und andere Maßnahmen einer Kommune sowie Bürgerentscheide beanstanden, wenn sie das Gesetz verletzen. ²Beanstandete Maßnahmen dürfen nicht vollzogen werden. ³Die Kommunalaufsichtsbehörde kann verlangen, dass bereits getroffene Maßnahmen rückgängig gemacht werden.

(2) Enthalten Haushaltssatzungen Rechtsverletzungen in nicht genehmigungsbedürftigen Teilen, so kann die Kommunalaufsichtsbehörde die Wirkung der Beanstandung auf diese Teile beschränken.

§§ 130 NGO, 72 NLO

ERLÄUTERUNGEN zu § 173

1. Die **Beanstandung** dient dem Ziel, die Ausführung gesetzwidriger Beschlüsse und andere Maßnahmen der Kommune im öffentlich-rechtlichen wie im privatrechtlichen Bereich zu verhindern. Anders als der Einspruch des HVB (§ 88) stellt die Beanstandung der Kommunalaufsichtsbehörde nicht nur einen Anstoß zu einer internen Selbstkorrektur dar, sondern hat zur Folge, dass der beanstandete Beschluss oder die beanstandete Maßnahme gegenstandslos ist; Aufgabe der Kommune, nicht der Aufsichtsbehörde, ist es, die sich daraus ergebenden Folgen, ggf. auf Anordnung der Aufsichtsbehörde, zu beseitigen; das Verlangen, Maßnahmen rückgängig zu machen, kann mit der Beanstandung verbunden oder selbstständig durch Anordnung (§ 174) geltend gemacht werden. Das Recht zur Beanstandung haben nur die Kommunalaufsichtsbehörden. Die Beanstandung ist wie die anderen Aufsichtsmaßnahmen der Kommunalaufsichtsbehörden ein Verwaltungsakt und kann nach den Vorschriften der VwGO/des Nds. AGVwGO angefochten werden. Adressat der Beanstandung ist die Kommune, nicht das Organ, das den Beschluss gefasst oder die Maßnahme getroffen hat (vgl. Erl. 5 zu § 170). Das an keine Frist gebundene Beanstandungsrecht verjährt nicht; die Verwirkung setzt erheblichen Zeitablauf und konkrete Umstände voraus, die Anlass zu der Annahme geben, dass von der Beanstandung abgesehen wird (OVG Lüneburg, Urt. v. 28.10.1986 – 5 OVG A 117/85).
Bürgerentscheide haben nach § 33 Abs. 4 die Wirkung von Beschlüssen der Vertretung und können deshalb wie diese beanstandet werden. Die Regelung des Abs. 2 dient der Klarstellung, dass Rechtsverstößen in Haushaltssatzungen mit genehmigungspflichtigen Teilen nicht allein durch Versagung der Genehmigung oder ihrer Erteilung mit Maßgaben begegnet werden kann, sondern auch durch eine Beanstandung.

2. Beschlüsse der Kommune sind auch Wahlen, und zwar auch der Losentscheid gem. § 67 Satz 6 (OVG Münster, Urt. v. 29.3.1967, DVBl. 1968 S. 392). Andere Maßnahmen sind Entscheidungen der Kommune, die nicht durch Beschlüsse getroffen werden (z. B. die des HVB), und tatsächliche Handlungen. Zur Gesetzesverletzung vgl. Erl. 2 zu § 170; maßgebend ist das Recht zum Zeitpunkt des

Ergehens der Beschlüsse oder anderen Maßnahmen, nicht das zum Zeitpunkt der Beanstandung (OVG Münster, Urt. v. 23.3.1960, OVGE 15 S. 274). Keine Beschlüsse i. S. dieser Vorschrift sind die im Rahmen ihrer vorbereitenden Tätigkeit beschlossenen Empfehlungen der Fachausschüsse und des Hauptausschusses; sie können allenfalls als andere Maßnahmen Gegenstand einer Beanstandung sein. Einem pflichtwidrigen Unterlassen ist mit den Mitteln des § 174 zu begegnen. Das VG Braunschweig (Urt. v. 9.12.1987, KStZ 1989 S. 154) hält demgegenüber den gewollten satzungslosen Zustand, wenn die Verpflichtung zum Erlass der Satzung besteht, für eine Maßnahme, die beanstandet werden kann.

Ob von dem Mittel der Beanstandung Gebrauch gemacht wird, ist eine Ermessensentscheidung (s. Erl. 4 zu § 170). Es kommt grundsätzlich nicht mehr in Betracht, wenn ein Beschluss oder eine andere Maßnahme vollzogen ist und nicht mehr rückgängig gemacht werden kann. Allerdings ist die Vollziehbarkeit eines Beschlusses, wie z. B. einer Resolution, nicht Voraussetzung für eine Beanstandung.

3. Beanstandete Beschlüsse und andere Maßnahmen dürfen nicht vollzogen werden. Diese „**aufschiebende**" Wirkung der Beanstandung wird gem. § 80 Abs. 1 VwGO durch Widerspruch und Anfechtungsklage aufgehoben. Will die Aufsichtsbehörde die Durchführung des beanstandeten Beschlusses oder der beanstandeten anderen Maßnahme für die Dauer des Widerspruchs- und Klageverfahrens verhindern, muss sie die sofortige Vollziehung ihrer Beanstandungsverfügung anordnen (OVG Münster, Beschl. v. 9.1.1962, DÖV 1962 S. 953).

Die Aufsichtsbehörde kann verlangen, dass getroffene Maßnahmen rückgängig gemacht werden, z. B. auch anordnen, dass der beanstandete Beschluss, z. B. ein rechtswidriger Satzungsbeschluss im Interesse der Rechtssicherheit und zur Vermeidung des „bösen Scheins", aufgehoben wird. Jedoch erweitert die Beanstandung nicht die rechtlichen Möglichkeiten der Kommune, z. B. zur Rücknahme eines rechtswidrigen Verwaltungsakts oder zur Kündigung oder Aufhebung eines rechtswidrig abgeschlossenen Vertrags, über die gesetzlich oder vertraglich bestehenden hinaus (OVG Münster, Urt. v. 20.8.1958, OVGE 14 S. 7).

4. Auch Maßnahmen, die aufsichtsbehördlich genehmigt worden sind oder zu denen die Kommune angewiesen worden ist, können beanstandet werden, wenn die Abwägung ergibt, dass das Interesse an der Durchsetzung eines rechtmäßigen Zustandes das Vertrauensinteresse der Kommune überwiegt (s. auch Erl. 1 zu § 176; zur Genehmigung von Satzungen s. Erl. 4 zu § 10).

§ 174 Anordnung und Ersatzvornahme

(1) Erfüllt eine Kommune die ihr gesetzlich obliegenden Pflichten und Aufgaben nicht, so kann die Kommunalaufsichtsbehörde anordnen, dass die Kommune innerhalb einer bestimmten Frist das Erforderliche veranlasst.

(2) Kommt eine Kommune einer Anordnung der Kommunalaufsichtsbehörde nicht innerhalb der Frist nach, kann die Kommunalaufsichtsbehörde die An-

ordnung anstelle und auf Kosten der Kommune selbst durchführen oder durch einen anderen durchführen lassen (Ersatzvornahme).

§§ 131 NGO, 73 NLO

ERLÄUTERUNGEN zu § 174

1. Durch Abs. 1 soll gewährleistet werden, dass die Kommune alle ihr gesetzlich obliegenden öffentlich-rechtlichen Pflichten und Aufgaben erfüllt, sie kommt deshalb bei pflichtwidrigem Unterlassen in Betracht. Die Erfüllung privatrechtlicher Verpflichtungen kann dagegen nur durch gerichtliche Maßnahmen erzwungen werden (vgl. OVG Münster, Urt. v. 24.6.1970, DÖV 1970 S. 785). Zum Verhältnis von Beanstandung nach § 173 und Anordnung s. Erl. 5 zu § 170.

Anordnung und Ersatzvornahme dürfen nur das zur Pflichten- und Aufgabenerfüllung **Erforderliche** zum Gegenstand haben (OVG Lüneburg, Urt. v. 18.9.1996, KommP N 1997 S. 89), bestimmte Entscheidungsinhalte dürfen also nicht vorgegeben werden, wenn auch andere möglich sind. Sie kommen auch in Betracht, wenn die Kommune gegen die Verpflichtung zur Vornahme innerorganisatorischer Maßnahmen verstößt, z. B. die Wahl des Vorsitzenden der Vertretung, die Bildung eines gesetzlich vorgeschriebenen Ausschusses. Ebenso kann der Erlass einer gesetzlich vorgeschriebenen Satzung durchgesetzt werden. Das Einvernehmen der Gemeinde gem. § 36 BBauG kann mit Blick auf dessen Abs. 2 nicht durch Ersatzvornahme erklärt werden.

Der Verstoß des HVB gegen die Pflicht zur Ausführung der Beschlüsse (§ 85 Abs. 1 Satz 1 Nr. 2) kann nur dann ein Eingreifen der Kommunalaufsicht rechtfertigen, wenn damit zugleich eine der Kommune obliegende Verpflichtung verletzt wird; in Betracht kommt eine kommunalverfassungsrechtliche Klage des Beschlussorgans (Erl. 5 zu § 66) oder eine disziplinarrechtliche Maßnahme.

2. Aus der Anordnung muss sich ergeben, welche Pflichten die Kommune nicht erfüllt hat und welche Maßnahmen zu treffen sind. Der Kommune ist eine bestimmte angemessene Frist zu setzen, innerhalb derer sie das Erforderliche zu veranlassen hat. Gleichzeitig kann, soweit tunlich, die Ersatzvornahme angedroht werden. Zu den Formalien vgl. im Übrigen die einschlägigen Vorschriften des Verwaltungsverfahrensgesetzes.

3. Die Anordnung gem. Abs. 1 ist ein Verwaltungsakt, der in dem dafür in der VwGO vorgesehenen Verfahren angefochten werden kann. Sie ist Voraussetzung für die Ersatzvornahme. Wird die Anordnung unanfechtbar, sind gegen die Ersatzvornahme nur noch Einwendungen zulässig, die sich auf Mängel der Ersatzvornahme selbst stützen (BVerwG, Urt. v. 25.4.1972, DVBl. 1972 S. 828). Eine im Wege der Ersatzvornahme erlassene Abgabensatzung kann von einem betroffenen Bürger nicht als Verwaltungsakt angegriffen werden (BVerwG, Beschl. v. 2.4.1993, NWVBl. 1993 S. 386).

§ 175 Bestellung von Beauftragten

¹Wenn und solange nicht gewährleistet ist, dass eine Kommune ordnungsgemäß verwaltet wird und die Befugnisse der Kommunalaufsichtsbehörde nach den §§ 172 bis 174 nicht ausreichen, kann die Kommunalaufsichtsbehörde eine Beauftragte oder einen Beauftragten bestellen, die oder der alle oder einzelne Aufgaben der Kommune oder eines Kommunalorgans auf Kosten der Kommune wahrnimmt. ²Beauftragte haben im Rahmen ihres Auftrags die Stellung eines Organs der Kommune.

§§ 132 NGO, 74 NLO

ERLÄUTERUNGEN zu § 175

1. Die **Bestellung eines Beauftragten** ist das einschneidendste Mittel der Kommunalaufsicht und kommt deshalb nur in Betracht, wenn alle anderen Mittel nicht ausreichen, um den geordneten Gang der Verwaltung einer Kommune zu gewährleisten. Jedoch müssen die anderen Mittel nicht zuvor ausgeschöpft worden sein; es genügt, dass die Aufsicht nach pflichtgemäßer Prüfung die Bestellung eines Beauftragten für das allein Erfolg versprechende Mittel hält.

Nach dem Wortlaut des Gesetzes kann der Beauftragte alle oder einzelne Aufgaben der Kommune oder eines Kommunalorgans wahrnehmen. Das spricht dafür, dass er Aufgaben aller oder bestimmter Organe wahrnehmen kann. Wird er für die Wahrnehmung der Aufgaben eines Organs bestellt, dann übernimmt er die Funktion dieses Organs als Ganzes, und nicht für einen Teil desselben (vgl. OVG Saarlouis, Urt. v. 28.7.1966, DÖV 1967 S. 794). Ein Beauftragter hat die Stellung eines Organs (Satz 2).

In Betracht kommt die Bestellung eines Beauftragten z. B. bei der Ungültigkeit einer Wahl, bei der Vertretung eines Organs in Rechtsgeschäften mit der Kommune oder einer vergleichbar nachhaltigen Störung der Verwaltungsarbeit.

2. Bei der Auswahl des Beauftragten ist die Aufsichtsbehörde frei. Der Beauftragte ist an Weisungen der Aufsichtsbehörde gebunden, da er zwar die Stellung eines Organs hat, es aber im Verhältnis zur Aufsichtsbehörde nicht selbst ist. Für seine Amtspflichtverletzungen haftet jedoch die Kommune, es sei denn, die sie begründende Maßnahme beruht auf einer Weisung der Aufsichtsbehörde.

3. Der Beauftragte nimmt Aufgaben der Kommune auf deren **Kosten** wahr, wird nicht auf Kosten der Kommune bestellt. Das spricht dafür, dass nur die unmittelbaren Kosten der Aufgabenwahrnehmung der Kommune zur Last fallen (z. B. Reisekosten), die Erstattung einer Vergütung, die dem Beauftragten ein Dritter zahlt, in dessen Diensten er steht, von der Kommune dagegen nicht verlangt werden kann.

§ 176 Genehmigungen

(1) ¹Satzungen, Beschlüsse und andere Maßnahmen der Kommune, für die eine Genehmigung der Aufsichtsbehörde erforderlich ist, werden erst mit der Genehmigung wirksam. ²Die Genehmigung gilt als erteilt, wenn über einen Genehmigungsantrag von der zuständigen Aufsichtsbehörde nicht innerhalb eines Monats nach seinem Eingang entschieden worden ist. ³Dies gilt nicht, wenn die Kommune einer Fristverlängerung zugestimmt hat. ⁴Der Kommune ist auf Antrag zu bescheinigen, dass die Genehmigung als erteilt gilt. ⁵Satz 2 gilt nicht für die Zulassung von Ausnahmen. ⁶Für Genehmigungen nach § 119 Abs. 4, § 120 Abs. 2 und 6, § 121 Abs. 2 und 3, § 122 Abs. 2 sowie § 152 Abs. 2 gilt Satz 2 mit der Maßgabe, dass an die Stelle der Frist von einem Monat eine Frist von drei Monaten tritt, in den Fällen des § 119 Abs. 4 und des § 120 Abs. 2 jedoch nur, wenn für die Genehmigung eine besondere Prüfung erforderlich ist. ⁷Ein besonderer Prüfungsbedarf liegt vor, wenn
1. in der letzten bestandskräftigen Entscheidung nach 120 Abs. 2 festgestellt worden ist, dass die Kreditverpflichtungen mit der dauernden Leistungsfähigkeit der Kommune nicht in Einklang stehen,
2. der Gesamtbetrag der Kreditaufnahmen für Investitionen und Investitionsförderungsmaßnahmen höher als die zu leistende ordentliche Tilgung ist oder
3. zugleich ein Genehmigungserfordernis nach § 122 Abs. 2 besteht.
⁸Die Sätze 4 und 5 gelten für Genehmigungen, die nach § 130 Abs. 3 für die Haushalts- oder Wirtschaftspläne der Eigenbetriebe der Kommune erteilt werden, mit der Maßgabe entsprechend, dass sich der besondere Prüfungsbedarf nach Satz 7 Nrn. 1 bis 3 auch auf die Haushalts- oder Wirtschaftspläne der Eigenbetriebe beziehen kann.

(2) Absatz 1 gilt entsprechend für Geschäfte des bürgerlichen Rechtsverkehrs, für die eine Genehmigung der Aufsichtsbehörde erforderlich ist.

(3) Das für Inneres zuständige Ministerium kann durch Verordnung Beschlüsse, Rechtsgeschäfte und andere Maßnahmen der Kommune, für die eine Genehmigung der Kommunalaufsichtsbehörde erforderlich ist, von dem Genehmigungserfordernis allgemein oder unter bestimmten Voraussetzungen freistellen und stattdessen vorschreiben, dass diese Maßnahmen vorher der Kommunalaufsichtsbehörde anzuzeigen sind.

§§ 133 NGO, 77, 78 NLO

ERLÄUTERUNGEN zu § 176

1. Das NKomVG (z. B. §§ 25 Abs. 1, 65 Abs. 3, 116 Abs. 2, 119 Abs. 4, 120 Abs. 2 und 4 bis 6, 121 Abs. 2 und 5, 122 Abs. 2, 135 Abs. 2, 152 Abs. 2) und andere Gesetze (z. B. § 15 Abs. 6 NFAG) verlangen für zahlreiche Maßnahmen der Kommunen die Genehmigung der Aufsichtsbehörde. Angesichts der weiten Auslegung des Begriffs Genehmigung durch das OVG Lüneburg (Urt. v. 24.6.1975 – II OVG A 99/72), das dazu auch Ausnahmebewilligungen rechnet (z. B. § 107 Abs. 2, § 129 Abs. 7, s. dazu aber Abs. 1 Satz 5), fallen darunter auch Zustimmungen (vgl. z. B. § 154 Abs. 2). Abs. 1 Satz 1 stellt klar, dass diese Maßnahmen erst mit der Genehmigung oder Zustimmung wirksam werden. Das Genehmigungserfordernis stellt auch bei privatrechtlichen Rechtsgeschäften eine Maßnahme präventiver Aufsicht dar und ist deshalb kein Eingriff des Landesgesetzgebers in das Zivilrecht (OLG Celle, Urt. v. 12.7.2000, VwRR N 2001 S. 4); eine Haftung der Kommune aus Verschulden beim Vertragsabschluss kommt in Betracht, wenn sie nicht darauf hinweist, dass ein von ihr abgeschlossener Vertrag der aufsichtsbehördlichen Genehmigung bedarf, oder sich nicht um deren Erteilung bemüht (BGH, Urt. v. 10.6.1999, NJW S. 3335). Die Genehmigung wie ihre Versagung stellen gegenüber der Kommune Verwaltungsakte dar, die den Vorschriften des VwVfG unterliegen. Obwohl nach der Rechtsprechung des BVerwG (Urt. v. 14.10.1982, NJW 1983 S. 2044) die Versagung eines begünstigenden Verwaltungsaktes nicht in die Rechte eines Beteiligten eingreift (§ 28 Abs. 1 VwVfG), empfiehlt sich in Zweifelsfällen die Anhörung, die allerdings in einer großen Zahl der Fälle mit der Antragstellung als erfolgt angesehen werden kann (s. auch OVG Münster, Urt. v. 1.7.1983, NVwZ 1983 S. 746). Hat die Aufsichtsbehörde ein Rechtsgeschäft genehmigt, kann sie dennoch den zugrundeliegenden Beschluss beanstanden, wenn sie nachträglich dessen Rechtswidrigkeit erkennt (OVG Münster, Urt. v. 6.5.1986, DVBl. 1987 S. 143). Zur Genehmigung von Satzungen vgl. Erl. 5 zu § 10.

2. Die **Genehmigungsfiktion** dient der Beschleunigung der aufsichtsbehördlichen Entscheidung im Interesse der Kommune, deren Handlungsspielraum durch die vorbehaltene Genehmigung eingeschränkt wird. Aus diesem Grunde gilt sie nur im Bereich des eigenen Wirkungskreises, und zwar unabhängig davon, ob der Genehmigungsvorbehalt im NKomVG oder spezialgesetzlich geregelt ist (VG Hannover, Urt. v. 22.3.1990 – 6 A 294/89), nicht dagegen bei der Erledigung von Aufgaben des übertragenen Wirkungskreises, wie z. B. bei der bis 2009 erforderlichen Genehmigung des Schulentwicklungsplanes gem. § 26 Abs. 4 NSchG (VG Hannover, Urt. v. 25.11.1981 – 1 VG A 186/79). Stichtag für den Beginn der Frist von inzwischen grundsätzlich nur noch einem Monat ist der Tag des Eingangs des vollständigen Genehmigungsantrages bei der zuständigen Aufsichtsbehörde, nicht bei der Aufsichtsbehörde, bei der der Antrag in Einhaltung des Dienstweges eingereicht wird (VG Oldenburg, Urt. v. 9.7.1963, MBl. 1963 Rspr.-Beil. Nr. 9 S. 38). Auf die Zulassung von Ausnahmen findet die Fiktion der Genehmigung gem. Abs. 1 Satz 5 keine Anwendung. Gegenstand der Fiktion ist, dass die Genehmigung als erteilt gilt, so dass für sie die für die Genehmigung als Verwaltungsakt geltenden Vorschriften, insbesondere die über die Rücknahme (§ 48 VwVfG), anwendbar sind (BVerwG, Urt. v. 28.2.1975, BVerwGE 48 S. 87 zur Bodenverkehrsgenehmigung, Urt. v. 3.4.1987, NJW 1988 S. 275 zur Teilungsgenehmigung); bei Genehmigung von Satzungen s. aber Erl. 5 zu § 10. In der Wirkung, mit Ablauf der Frist an die Stelle der erteilten Genehmigung zu treten, erschöpft sich die Genehmigungsfiktion (OVG Lüneburg, Urt. v. 9.2.1989 – 3 L 26/89).
Will bei Gemeinden unter der Aufsicht des Landkreises der Landrat eine kommunalaufsichtliche Genehmigung versagen, bedarf er dazu der Entscheidung des Kreisausschusses; wird die Zustimmung versagt, entscheidet das Innenministerium (§ 85 Abs. 2). Auf die Beteiligung des Kreisausschusses kann der

Landrat auch dann nicht verzichten, wenn die Aufsichtsbehörde eine Weisung zur Versagung erteilt hat (OVG Lüneburg, Urt. v. 22.12.1986 – 2 OVG 197/85 – MBl. 1987 S. 800, Ls.).
Bis 2009 betrug die Frist generell drei Monate und ist seitdem auf grundsätzlich **einen Monat** abgekürzt. Bei einigen haushaltsrechtlichen Genehmigungen gilt wegen der besonderen Bedeutung der zu genehmigenden Maßnahme für die Kommune weiterhin die Frist von drei Monaten, so für Verpflichtungsermächtigungen (§ 119 Abs. 4) und Krediten (§ 120 Abs. 2), wenn ein besonderer Prüfungsbedarf nach Abs. 1 Satz 7 besteht, für kreditähnliche Geschäfte (§ 120 Abs. 6), für Bürgschaften und Gewährverträge (§ 121 Abs. 2, 3), für Liquiditätskredite (§ 122 Abs. 2) mit möglichen Auswirkungen auf die Genehmigung von Verpflichtungsermächtigungen und Krediten sowie für Veräußerungen, Umwandlungen und Zusammenschlüssen im Bereich des Wirtschaftsrechts (§ 152 Abs. 2). Diese Regelungen gelten auch für Genehmigungen bei Haushalts- und Wirtschaftsplänen der Eigenbetriebe (Abs. 1 Satz 8).

3. Welche **Rechtsqualität** dem Genehmigungsvorbehalt zukommt, ob er auf eine Rechtskontrolle beschränkt oder auch Ermessenserwägungen zulässt, ist umstritten. Das OVG Lüneburg (Beschl. v. 3.9.1969, OVGE 26 S. 350) unterscheidet, ob es sich bei den der Genehmigung unterliegenden Gegenständen um solche handelt, die ausschließlich im Interesse der örtlichen Gemeinschaft als eigene zu erfüllen oder als eigene Aufgaben zugewiesen sind oder deren richtige Behandlung von der Anwendung eines unbestimmten Rechtsbegriffes abhängt, oder ob es sich bei der Genehmigung um ein Zusammenwirken von Staat und Kommune im Grenzbereich zwischen kommunaler Eigenverantwortlichkeit und Staatsverwaltung im engeren Sinne, die dem Staat allein zugeordnete Ziele verfolgt, handelt. Im ersten Fall lässt das OVG nur Rechtskontrolle zu, im zweiten auch Ermessenserwägungen. Wo die Grenze zwischen ausschließlicher Rechtskontrollbefugnis und staatseigenem Beteiligungsinteresse zu ziehen ist, muss nach Ansicht des OVG im Einzelfall ermittelt werden. Das OLG Celle (Urt. v. 12.7.2000 VwRR N 2001 S. 4) hält im Falle der Genehmigung nach § 121 Abs. 2 (Bürgschaften, Verpflichtungen aus Gewährverträgen und ihnen gleichkommende Geschäfte) auch Zweckmäßigkeitserwägungen für zulässig. Das OVG Münster (Urt. v. 15.12.1989, NVwZ 1990, S. 689), das ebenfalls zwei Formen der Genehmigung unterscheidet, betrachtet die Genehmigung der Kreisumlagesätze als ausschließliche Rechtskontrolle und beschränkt bei Kommunen, die Bedarfszuweisungen erhalten, die Genehmigung des Gesamtbetrages der Kreditaufnahmen (§ 120 Abs. 2) und der Verpflichtungsermächtigungen (§ 119 Abs. 4) nicht nur auf eine Rechtskontrolle.
Die Staatspraxis in Niedersachsen betrachtet Genehmigungsvorbehalte als ausschließlich **präventive Rechtskontrolle**, wie die im Krediterlass (Nr. 1.4, s. Anhang zu § 120) niedergelegten Kriterien der Genehmigungen in der Kreditwirtschaft und bei Bürgschaften und gleichgestellten Rechtsgeschäften erkennbar machen. Als Grundlagen des Genehmigungsverfahrens werden die Grundsätze einer geordneten Haushaltswirtschaft und der Einklang mit der dauernden Leistungsfähigkeit der Kommune genannt (§ 120 Abs. 2) und damit zur Voraussetzung der Genehmigungen ausschließlich die Einhaltung der für die Kommunen verbindlichen haushaltswirtschaftlichen Vorschriften gemacht, bei

denen es um die Anwendung von unbestimmten Rechtsbegriffen geht. Eigenständige staatliche Interessen werden nicht beschrieben.

4. Die frühere Regelung, die gegen die **Versagung** der Genehmigung oder der Bescheinigung nach Abs. 1 Satz 4 die verwaltungsgerichtliche Klage (in der Regel die Verpflichtungsklage) ohne Durchführung des Widerspruchsverfahrens zuließ, ist durch die weitgehende generelle Entbehrlichkeit des Vorverfahrens (§ 8a Nds. AGVwGO) überflüssig geworden. Maßnahmen der Aufsichtsbehörden nach einer Anzeige, die gem. Abs. 4 anstelle der Genehmigung vorgeschrieben ist (s. z. B. § 152 Abs. 1), sind gesetzlich der Versagung einer Genehmigung nicht gleichgestellt.

5. Die Regelung des Abs. 2 stellt keinen Eingriff in das Zivilrecht dar, für den der Landesgesetzgeber keine Kompetenz besitzt, sondern normiert ein Mittel **aufsichtlicher Kontrolle** (OLG Celle, Urt. v. 12.7.2000, VwRR 2001 S. 4).

6. Nach Aufhebung der Genehmigungspflicht für Maßnahmen nach §§ 121 Abs. 4 und 125 Abs. 3 ist die auf Abs. 4 gestützte VO v. 26.6.1997 (GVBl. S. 307) gegenstandslos geworden.

7. Regelungen über die Nichtigkeit bestimmter Rechtsgeschäfte wie sie noch in § 133 Abs. 4 NGO und § 77 Abs. 3 NLO enthalten waren, sind gestrichen worden, weil sich die Nichtigkeit bei ihnen und vergleichbaren Rechtsgeschäften bereits unmittelbar aus der entsprechenden Anwendung des § 134 BGB ergibt.

ELFTER TEIL: **Übergangs- und Schlussvorschriften**

§ 177 Maßgebende Einwohnerzahl

(1) [1]Als Einwohnerzahl der Kommune gilt die Zahl, die die Landesstatistikbehörde aufgrund einer allgemeinen Zählung der Bevölkerung (Volkszählung) und deren Fortschreibung für den Stichtag des Vorjahres ermittelt hat. [2]Stichtag ist der 30. Juni; in Jahren, in denen eine Volkszählung stattgefunden hat, ist es der Tag der Volkszählung.

(2) [1]Die Zahl der Abgeordneten der Vertretung nach § 46 ist nach der Einwohnerzahl zu bestimmen, die die Landesstatistikbehörde aufgrund einer Volkszählung oder deren Fortschreibung für einen Stichtag ermittelt hat, der mindestens 12 Monate und höchstens 18 Monate vor dem Wahltag liegt. [2]Hat nach dem Stichtag eine Gebietsänderung stattgefunden, so gilt das Gebiet der Kommune am Wahltag als Gebiet der Kommune am Stichtag.

(3) [1]Für jede Wohnung, die am 30. Juni des vergangenen Jahres von nicht kaserniertem Personal der Stationierungsstreitkräfte und den Angehörigen dieses Personals belegt war und die der Landesstatistikbehörde gemeldet wurde, wird
1. bei der Bestimmung der Zahl der Abgeordneten der Vertretung nach § 46 die nach den Absätzen 1 und 2 maßgebende Einwohnerzahl sowie
2. bei der Bestimmung der Bedarfsansätze und der Aufteilung der Zuweisungen für Aufgaben des übertragenen Wirkungskreises die nach den Bestimmungen des Niedersächsischen Gesetzes über den Finanzausgleich maßgebende Einwohnerzahl

um drei Personen erhöht. [2]Satz 1 gilt nur, soweit das Personal von Mitgliedstaaten der Europäischen Union gestellt wird.

§§ 137 NGO, 79 NLO

ERLÄUTERUNGEN zu § 177

1. Die Einwohnerzahl ist in zahlreichen Vorschriften der NKomVG (vgl. z. B. §§ 14 Abs. 3, 4, 31 Abs. 2, 32 Abs. 4, 46 Abs. 1, 2 und 4, 90 Abs. 2, 96 Abs. 1, 97, 108 Abs. 1 und 2) und anderer kommunalrechtlicher Vorschriften (vgl. z. B. NKBesVO), die allerdings regelmäßig entsprechende Hinweise auf § 177 NKomVG enthalten, von Bedeutung. Für sie gilt die Regelung dieser Vorschrift, sofern nicht gesetzlich etwas anderes bestimmt ist. Aufgrund der Entstehungsgeschichte der Vorschrift ist davon auszugehen, dass sie für andere als kommunalrechtliche Regelungen nicht gilt, sofern diese Regelungen sie nicht für anwendbar erklären (s. § 63 NBauO).
Maßgebende Einwohnerzahl bleibt bis zur Vorlage des Ergebnisses der Volkszählung auch im Jahr der Volkszählung und danach die vom Landesbetrieb für Statistik und Kommunikationstechnologie Niedersachsen (LSKN) fortgeschriebene.

2. Abweichungen von Absatz 1 gelten für die Einwohnerzahlen, die der Bestimmung der Zahl der Mitglieder der Vertretung (§ 46) und im NFAG der Bestimmung für den Bedarfsansatz (§§ 5, 7 NFAG) und die Zuweisungen des übertragenen Wirkungskreises (§ 12 NFAG) zugrunde gelegt werden. Zum abweichenden Stichtag bei § 46 vgl. Erl. 1 zu § 46. Anders als nach früherem Recht findet für die Regelungen des NFAG die Erhöhung der Einwohnerzahl in Gemeinden mit nichtkaserniertem Personal nur der Stationierungsstreitkräfte von Mitgliedstaaten der EU statt.

§ 178 Ausführung des Gesetzes

(1) Das für Inneres zuständige Ministerium erlässt im Einvernehmen mit dem für Finanzen zuständigen Ministerium durch Verordnung allgemeine Vorschriften über

1. den Inhalt
   a) des Haushaltsplans,
   b) der mittelfristigen Ergebnis- und Finanzplanung und
   c) des Investitionsprogramms,
2. die Haushaltsführung und die Haushaltsüberwachung,
3. die Veranschlagung für einen vom Haushaltsjahr abweichenden Wirtschaftszeitraum,
4. die Bildung, vorübergehende Inanspruchnahme, Verwendung und Auflösung von Rücklagen, Sonderposten und Rückstellungen,
5. die Erfassung, den Nachweis, die Bewertung und die Abschreibung der Vermögensgegenstände,
6. die Erfassung, die Bewertung und den Nachweis der Schulden,
7. die Geldanlagen und ihre Sicherung,
8. den getrennten Ausweis des Verwaltungsvermögens und des realisierbaren Vermögens in der Vermögensrechnung und der Bilanz sowie die Bewertung der Gegenstände des realisierbaren Vermögens mit dem Veräußerungswert in den Fällen, in denen die Kommune bis zum 31. Dezember 2005 in ihrer Haushaltsführung einen getrennten Nachweis von Verwaltungsvermögen und realisierbarem Vermögen beschlossen hat,
9. die Stundung, die Niederschlagung und den Erlass von Forderungen sowie Vorschriften darüber, wie mit Kleinbeträgen umzugehen ist,
10. den Inhalt und die Gestaltung des Jahresabschlusses und des konsolidierten Gesamtabschlusses sowie die Abdeckung von Fehlbeträgen,
11. die Aufgaben und die Organisation der Kommunalkasse und der Sonderkassen, deren Beaufsichtigung und Prüfung sowie die Abwicklung des Zahlungsverkehrs und die Buchführung, wobei bestimmt werden kann, dass im Rahmen von vorgegebenen Kassensicherheitsstandards Dienstanweisungen zu erlassen sind,
12. die Wirtschaftsführung und das Rechnungswesen, wobei jeweils abweichend von 130 Abs. 3 Regelungen getroffen werden können, sowie den Aufbau, die Verwaltung und die Prüfung der Eigenbetriebe, wobei für Eigenbetriebe eine Freistellung von diesen Vorschriften vorgesehen werden kann, wenn die Eigenbetriebe unterhalb einer Geringfügigkeitsgrenze des Versorgungs- oder Einzugsbereichs liegen oder sonst von geringfügiger wirtschaftlicher Bedeutung für die Kommune sind,

13. die Anwendung der Vorschriften zur Durchführung des Kommunalwirt-
    schaftsrechts auf das Sondervermögen und das Treuhandvermögen,
14. die Prüfung von Unternehmen, und zwar über
    a) die Zuständigkeiten für die Prüfung nach § 158 Abs. 1 Satz 1, wenn
       mehrere Kommunen Gesellschafter sind,
    b) die Befreiung von der Prüfungspflicht nach den §§ 157 und 158 Abs. 1,
       wenn der geringe Umfang des Unternehmens oder des Versorgungs-
       gebiets dies rechtfertigt,
    c) die Grundsätze des Prüfungsverfahrens und
    d) die Bestätigung des Prüfungsergebnisses
15. die Anwendung von Vorschriften zur doppelten Buchführung im Haushalts-
    und Rechnungswesen, und zwar auch in Bezug auf die Aufstellung der
    Eröffnungsbilanz sowie auf die Bilanz und deren Fortführung, und
16. das Verfahren bei der Vergabe öffentlicher Aufträge.

(2) Das für Inneres zuständige Ministerium kann im Einvernehmen mit dem für
Finanzen zuständigen Ministerium durch Verordnung
1. regeln, dass Erträge und Aufwendungen sowie Einzahlungen und Auszahlungen, für die ein Dritter Kostenträger ist oder die von einer zentralen
   Stelle angenommen oder ausgezahlt werden, nicht im Haushalt der Kommune abgewickelt werden und dass für Sanierungs-, Entwicklungs- und
   Umlegungsmaßnahmen Sonderrechnungen zu führen sind,
2. die Einrichtung von Zahlstellen und Geldannahmestellen bei einzelnen
   Dienststellen der Kommune sowie die Gewährung von Handvorschüssen
   regeln und
3. die Anforderungen an das Haushaltssicherungskonzept und den Haushaltssicherungsbericht regeln.

(3) Die Kommunen sind verpflichtet, Muster zu verwenden, die das für Inneres
zuständige Ministerium aus Gründen der Vergleichbarkeit der Haushalte für
verbindlich erklärt hat, insbesondere für die Haushaltssatzung und die Nachtragshaushaltssatzung.

(4) ¹Die Landesstatistikbehörde stellt einen Kontenrahmen und einen Produktrahmen auf und benennt die dazu erforderlichen Zuordnungskriterien. ²Die
Kommunen sind zur Verwendung der Buchführungshilfen nach Satz 1 verpflichtet.

§ 142 NGO

ERLÄUTERUNGEN zu § 178

Aufgrund der Ermächtigungen des Abs. 1 sind bisher erlassen worden
– die Gemeindehaushalts- und -kassenverordnung GemHKVO) vom
  22.12.2005 (GVBl. S. 458, ber. GVBl. 2006 S. 441), zul. geänd. durch VO v.
  18.12.2009 (GVBl. S. 490),
– die Eigenbetriebsverordnung vom 27.1.2011 (GVBl. S. 21).
Durch RdErl. d. MI v. 4.12.2006 (MBl. 2007 S. 42) sind nach Abs. 3 Haus-
halts-Muster und eine Abschreibungstabelle für verbindlich erklärt worden.

Die Landesstatistikbehörde hat nach Abs. 4 einen Konten- und einen Produktrahmen aufgestellt und die Zuordnungskriterien benannt (Bek. d. NLS v.
27.4.2006, MBl. S. 579, zul. geänd. d. Bek. v. 29.7.2010, MBl. S. 722).

§ 179 Haushaltswirtschaftliche Übergangsregelungen

**(1) Artikel 6 Abs. 2 bis 13 des Gesetzes zur Neuordnung des Gemeindehaus-
haltsrechts und zur Änderung gemeindewirtschaftsrechtlicher Vorschriften
vom 15. November 2005 (Nds. GVBl. S. 342), geändert durch Artikel 6 des Gesetzes vom 18. Mai 2006 (Nds. GVBl. S. 203), ist unter Zugrundelegung der
Vorschriften dieses Gesetzes anzuwenden.**

**(2) Solange der Rechnungsstil der doppelten Buchführung nicht aufgrund des
Artikels 6 Abs. 2 Satz 1 des Gesetzes zur Neuordnung des Gemeindehaushaltsrechts und zur Änderung gemeindewirtschaftsrechtlicher Vorschriften
vorgeschrieben ist, bestimmen die Samtgemeinden den Zeitpunkt, zu dem der
Rechnungsstil der Haushaltswirtschaft ihrer Mitgliedsgemeinden auf die doppelte Buchführung umzustellen ist.**

**(3) Die Pflicht, nach § 128 Abs. 6 Satz 3 dem Konsolidierungsbericht eine Ka-
pitalflussrechnung beizufügen, ist erstmals für das Haushaltsjahr 2013 zu erfüllen.**

§ 72 Abs. 5 NGO zu Abs. 2

ERLÄUTERUNGEN zu § 179

Absätze 1 und 2 tragen dem Umstand Rechnung, dass die Doppik erst nach dem
Haushaltsjahr 2011 für alle Kommunen verpflichtend ist und bis dahin, soweit
von der Vertretung beschlossen, noch die kamerale Haushaltsführung zulässig
ist. Dazu ist die Fortgeltung von Vorschriften der NGO notwendig, die im
Übrigen am 31.10.2011 aufgehoben wird (Art. 4 und 6 des Gesetzes zur Zusammenfassung und Modernisierung des niedersächsischen Kommunalverfassungsrechts).
Die nach § 128 Abs. 6 Satz 3 dem Konsolidierungsbericht beizufügende Kapitalflussrechnung setzt eine Gesamteröffnungsbilanz voraus, die nach dem Inkrafttreten des Gesetzes für 2012 noch nicht vorliegen wird, weshalb nach Absatz 3 die Pflicht zur Beifügung erst ab 2013 besteht.

§ 180 Sonstige Übergangsregelungen

**(1) Ein Bürgerbegehren nach § 22b Abs. 11 der Niedersächsischen Gemeinde-
ordnung, § 17b Abs. 11 der Niedersächsischen Landkreisordnung oder § 24
Abs. 11 des Gesetzes über die Region Hannover, das die Missbilligung einer
Maßnahme der Kommune zum Gegenstand hat und vor dem 1. November 2011**

angezeigt worden ist, wird durch die Aufhebung der genannten Vorschriften nicht unzulässig; die §§ 32 und 33 sind entsprechend anzuwenden.

(2) Bei Inkrafttreten dieses Gesetzes nicht durch Hauptsatzung eingerichtete Stadtbezirke gelten als durch Hauptsatzung eingerichtet; die Hauptsatzung ist vor Ablauf des 31. Oktober 2012 dem § 90 Abs. 2 anzupassen.

(3) Hat der Rat vor dem 1. November 2011 beschlossen, einen Bauleitplan aufzustellen, so ist § 94 Abs. 2 für das Verfahren zur Aufstellung dieses Bauleitplans auf Ortsräte nicht anzuwenden.

(4) Wird die Region Hannover als Gewährträger für Verbindlichkeiten der Sparkasse Hannover nach § 32 Abs. 1 des Niedersächsischen Sparkassengesetzes (NSpG) in Anspruch genommen, so ist bei der Festsetzung der Regionsumlage sicherzustellen, dass die Belastungen von der Landeshauptstadt Hannover und den anderen regionsangehörigen Gemeinden je zur Hälfte getragen werden.

§ 81 Abs. 8 RegionsG zu Abs. 4

ERLÄUTERUNGEN zu § 180

Absatz 1 betrifft die Zulässigkeit eines vor Inkrafttreten eingeleiteten Missbilligungs-Bürgerbegehrens, das es nach neuem Recht nicht mehr gibt, weil davon niemals Gebrauch gemacht worden ist.

Nach neuem Recht bedürfen auch die Stadtbezirke in Hannover und Braunschweig, die seinerzeit durch Gesetz geschaffen worden sind, der Grundlage in der Hauptsatzung (§ 90 Abs. 2). Das hat nach Absatz 2 bis zum 31.10.2012 zu geschehen.

Nach Absatz 3 findet die intensivierte Beteiligung der Ortsräte an der Bauleitplanung (§ 94 Abs. 2) auf Bauleitpläne, deren Aufstellung vor dem 1.11.2011 beschlossen worden ist, noch keine Anwendung.

Absatz 4 übernimmt eine Übergangsregelung des RegionsG im Zusammenhang mit der Zusammenlegung der Stadt- und der Kreissparkasse Hannover.

Grundgesetz für die Bundesrepublik Deutschland

Vom 23. Mai 1949 (BGBl. S. 1), zuletzt geändert durch Gesetz vom 29. Juli 2009 (BGBl. I S. 2248) – Auszug

Art. 28 Verfassung der Länder

(1) [1]Die verfassungsmäßige Ordnung in den Ländern muss den Grundsätzen des republikanischen, demokratischen und sozialen Rechtsstaates im Sinne dieses Grundgesetzes entsprechen. [2]In den Ländern, Kreisen und Gemeinden muss das Volk eine Vertretung haben, die aus allgemeinen, unmittelbaren, freien, gleichen und geheimen Wahlen hervorgegangen ist. [3]Bei Wahlen in Kreisen und Gemeinden sind auch Personen, die die Staatsangehörigkeit eines Mitgliedsstaates der Europäischen Gemeinschaft besitzen, nach Maßgabe von Recht der Europäischen Gemeinschaft wahlberechtigt und wählbar. [4]In Gemeinden kann an die Stelle einer gewählten Körperschaft die Gemeindeversammlung treten.

(2) [1]Den Gemeinden muss das Recht gewährleistet sein, alle Angelegenheiten der örtlichen Gemeinschaft im Rahmen der Gesetze in eigener Verantwortung zu regeln. [2]Auch die Gemeindeverbände haben im Rahmen ihres gesetzlichen Aufgabenbereiches nach Maßgabe der Gesetze das Recht der Selbstverwaltung. [3]Die Gewährleistung der Selbstverwaltung umfasst auch die Grundlagen der finanziellen Eigenverantwortung; zu diesen Grundlagen gehört eine den Gemeinden mit Hebesatzrecht zustehende wirtschaftskraftbezogene Steuerquelle.

(3) Der Bund gewährleistet, dass die verfassungsmäßige Ordnung der Länder den Grundrechten und den Bestimmungen der Absätze 1 und 2 entspricht.

Art. 116 Deutsche Staatsangehörigkeit

(1) Deutscher im Sinne dieses Grundgesetzes ist vorbehaltlich anderweitiger gesetzlicher Regelung, wer die deutsche Staatsangehörigkeit besitzt oder als Flüchtling oder Vertriebener deutscher Volkszugehörigkeit oder als dessen Ehegatte oder Abkömmling in dem Gebiete des Deutschen Reiches nach dem Stande vom 31. Dezember 1937 Aufnahme gefunden hat.

(2) [1]Frühere deutsche Staatsangehörige, denen zwischen dem 30. Januar 1933 und dem 8. Mai 1945 die Staatsangehörigkeit aus politischen, rassischen oder religiösen Gründen entzogen worden ist, und ihre Abkömmlinge sind auf Antrag wieder einzubürgern. [2]Sie gelten als nicht ausgebürgert, sofern sie nach dem 8. Mai 1945 ihren Wohnsitz in Deutschland genommen haben und nicht einen entgegengesetzten Willen zum Ausdruck gebracht haben.

Niedersächsische Verfassung

Vom 19. Mai 1993 (Nds. GVBl. S. 107), zuletzt geändert durch Gesetz vom 18. Juni 2009 (Nds. GVBl. S. 276) – Auszug

Artikel 57 Selbstverwaltung

(1) Gemeinden und Landkreise und die sonstigen öffentlich-rechtlichen Körperschaften verwalten ihre Angelegenheiten im Rahmen der Gesetze in eigener Verantwortung.

(2) [1]In den Gemeinden und Landkreisen muss das Volk eine Vertretung haben, die aus allgemeinen, unmittelbaren, freien, gleichen und geheimen Wahlen hervorgegangen ist. [2]In Gemeinden kann an die Stelle einer gewählten Vertretung die Gemeindeversammlung treten.

(3) Die Gemeinden sind in ihrem Gebiet die ausschließlichen Träger der gesamten öffentlichen Aufgaben, soweit die Gesetze nicht ausdrücklich etwas anderes bestimmen.

(4) [1]Den Gemeinden und Landkreisen und den sonstigen kommunalen Körperschaften können durch Gesetz oder aufgrund eines Gesetzes durch Verordnung Pflichtaufgaben zur Erfüllung in eigener Verantwortung zugewiesen werden und staatliche Aufgaben zur Erfüllung nach Weisung übertragen werden. [2]Für die durch Vorschriften nach Satz 1 verursachten erheblichen und notwendigen Kosten ist unverzüglich durch Gesetz der entsprechende finanzielle Ausgleich zu regeln. [3]Soweit sich aus einer Änderung der Vorschriften nach Satz 1 erhebliche Erhöhungen der Kosten ergeben, ist der finanzielle Ausgleich entsprechend anzupassen; im Fall einer Verringerung der Kosten kann er angepasst werden. [4]Der finanzielle Ausgleich für Vorschriften nach Satz 1, die vor dem 1. Januar 2006 erlassen worden sind, richtet sich nach dem bisherigen Recht; für den Fall einer Aufgabenverlagerung gilt Satz 3 uneingeschränkt, im Übrigen mit der Maßgabe, dass eine Anpassung im Fall der Verringerung der Kosten nicht erfolgt. [5]Satz 1 gilt entsprechend, soweit sonstigen öffentlich-rechtlichen Körperschaften Aufgaben zugewiesen oder übertragen werden, wenn unverzüglich Bestimmungen über die Deckung der Kosten getroffen werden.

(5) Das Land stellt durch seine Aufsicht sicher, dass die Gesetze beachtet und die Auftragsangelegenheiten weisungsgemäß erfüllt werden.

(6) Bevor durch Gesetz oder Verordnung allgemeine Fragen geregelt werden, welche die Gemeinden oder die Landkreise unmittelbar berühren, sind die kommunalen Spitzenverbände zu hören.

(7) Wird das Land wegen eines Rechtsverstoßes einer kommunalen Körperschaft in Anspruch genommen, so kann es nach Maßgabe eines Landesgesetzes bei der Kommune Rückgriff nehmen.

Artikel 58   Finanzwirtschaft der Gemeinden und Landkreise

Das Land ist verpflichtet, den Gemeinden und Landkreisen die zur Erfüllung ihrer Aufgaben erforderlichen Mittel durch Erschließung eigener Steuerquellen und im Rahmen seiner finanziellen Leistungsfähigkeit durch übergemeindlichen Finanzausgleich zur Verfügung zu stellen.

Artikel 59   Gebietsänderung von Gemeinden und Landkreisen

(1) Aus Gründen des Gemeinwohls können Gemeinden und Landkreise aufgelöst, vereinigt oder neu gebildet und Gebietsteile von Gemeinden oder Landkreisen umgegliedert werden.

(2) Gebietsänderungen bedürfen eines Gesetzes. Gebietsteile können auch durch Vertrag der beteiligten Gemeinden oder Landkreise mit Genehmigung des Landes umgegliedert werden.

(3) Vor der Änderung von Gemeindegebieten ist die Bevölkerung der beteiligten Gemeinden zu hören.

Stichwortverzeichnis

Die fett gedruckten Zahlen verweisen auf die Paragrafen, die mager gedruckten auf die Nrn. der Erläuterungen des NKomVG.

Stichwortverzeichnis

Stichwortverzeichnis

Stichwortverzeichnis

Stichwortverzeichnis

Textausgabe

Robert Thiele

Niedersächsisches Kommunalverfassungsgesetz

Mengenpreise:
ab 10 Ex. € 10,20
ab 20 Ex. € 9,30
ab 50 Ex. € 8,70
ab 100 Ex. € 8,20

2011. VIII, 206 Seiten. Kart.
€ 10,90
ISBN 978-3-555-01522-4
Kommunale Schriften für Niedersachsen

Robert Thiele

Niedersächsisches Kommunalverfassungsgesetz

Textausgabe

herausgegeben vom Niedersächsischen Städte- und Gemeindebund

Das ab November 2011 geltende Niedersächsische Kommunalverfassungsgesetz (NKomVG) fasst die bisher in der Niedersächsischen Gemeindeordnung, der Niedersächsischen Landkreisordnung, dem Gesetz über die Region Hannover, dem Göttingen-Gesetz und der Bekanntmachungsverordnung enthaltenen Regelungen zusammen und vereinheitlicht sie.

Auch die neugewählten Mandatsträger werden sich erstmals mit diesem neuen Niedersächsischen Kommunalverfassungsgesetz näher auseinandersetzen müssen. Dabei wird ihnen das Werk von Robert Thiele den Einstieg in die Materie ermöglichen und eine wertvolle Hilfe darstellen.

Kohlhammer Deutscher Gemeindeverlag

Deutscher Gemeindeverlag GmbH · 70549 Stuttgart
Tel. 0711/7863 - 7280 · Fax 0711/7863 - 8430

Erläuterte Textausgabe

Joachim Rose

Kommunales Haushaltsrecht Niedersachsen

2. Auflage

Kohlhammer Deutscher Gemeinde Verlag

2. Auflage 2011
X, 417 Seiten. Kart.
€ 36,90
ISBN 978-3-555-01535-4
Kommunale Schriften für Niedersachsen

Joachim Rose

Kommunales Haushaltsrecht Niedersachsen

Anlass für die Neuauflage des Werkes zum Haushaltsrecht in Niedersachsen ist das neue Niedersächsische Kommunalverfassungsgesetz, das am 1.11.2011 in Kraft tritt.
Die 2. Auflage der erläuterten Textausgabe enthält wiederum die wichtigsten Gesetze, Verordnungen, Erlasse und Hinweise der Arbeitsgruppen des Landes zur Planung und Ausführung des kommunalen Haushalts. Kurze, praxisnahe Anmerkungen zu vielen Paragrafen helfen bei der Anwendung der Vorschriften.

Dipl. Verwaltungswirt (FH) **Joachim Rose,** Kämmerer der Gemeinde Wedemark und Lehrbeauftragter am Niedersächsischen Studieninstitut Hannover sowie an der Kommunalen Hochschule für Verwaltung in Niedersachsen.

Kohlhammer Deutscher Gemeindeverlag

Deutscher Gemeindeverlag GmbH · 70549 Stuttgart
Tel. 0711/7863 - 7280 · Fax 0711/7863 - 8430

Studienreihe öffentliche Verwaltung

Joachim Rose

Kommunale Finanzwirtschaft Niedersachsen

Grundriss für die
Aus- und Fortbildung

5. Auflage

5. Auflage 2011
XX, 644 Seiten. Kart.
€ 32,-
ISBN 978-3-555-01520-0
Studienreihe öffentliche Verwaltung

Joachim Rose

Kommunale Finanzwirtschaft Niedersachsen

Grundriss für die Aus- und Fortbildung

Der bewährte Grundriss erläutert fundiert das aktuelle niedersächsische Haushaltsrecht mit der Planung und Durchführung des Haushalts sowie dem Jahresabschluss einschließlich der Bilanzierung und dem Gesamtabschluss. Der Grundriss umfasst darüber hinaus auch die Themen Finanzmittelbeschaffung, kommunaler Finanzausgleich, doppelte Buchführung, Kassenwesen, Kosten- und Leistungsrechnung sowie wirtschaftliche Betätigung. Auch dem kommunalen Abgabenrecht ist ein umfangreiches Kapitel gewidmet. Zahlreiche Beispiele und Schaubilder tragen zur Verdeutlichung bei. In dieser vollständig überarbeiteten Neuauflage wurden sämtliche seit der 4. Auflage ergangenen Rechtsänderungen, insbesondere das neue Niedersächsische Kommunalverfassungsgesetz, berücksichtigt und eingearbeitet.

Kohlhammer
Deutscher Gemeindeverlag

Deutscher Gemeindeverlag GmbH · 70549 Stuttgart
Tel. 0711/7863 - 7280 · Fax 0711/7863 - 8430